Я бы хотел посвятить эту книгу Мишель, чье терпение и поддержка сделали создание книги возможным, а также четверым моим детям — Райану, Брендану, Кендре и Кирану, у которых я черпал вдохновение

ASWATH DAMODARAN
www.damodaran.com

Investment VALUATION

Tools and Techniques for Determining the Value of *Any* Asset

Third Edition

John Wiley & Sons, Inc.

АСВАТ ДАМОДАРАН
www.damodaran.com

Инвестиционная оценка

Инструменты и методы оценки любых активов

11-е издание, переработанное и дополненное

Перевод с английского

альпина паблишер
МОСКВА
2020

УДК 330.322:658
ББК 65.290-56
Д16

Перевод В. Ионова

Дамодаран А.

Д16 Инвестиционная оценка: Инструменты и методы оценки любых активов / Асват Дамодаран ; Пер. с англ. — 11-е изд., перераб. и доп. — М. : Альпина Паблишер, 2020. — 1316 с.

ISBN 978-5-9614-6650-8

Оценка находится в основе любого инвестиционного решения независимо от того, связано ли это решение с покупкой, продажей или хранением активов.

Книга Асвата Дамодарана является классической работой в области инвестиционной оценки. Она содержит инструменты и методы определения стоимости практически любого актива, от акций и опционов до компаний финансового сектора и социальных сетей. Книга имеет ярко выраженную практическую направленность. Помимо алгоритмов оценки она содержит множество примеров из реального бизнеса. В новом издании автор учел уроки финансового кризиса 2008 г., а также добавил главу по вероятностным методам оценки.

Книга ориентирована на менеджеров высшего звена, предпринимателей, инвесторов, профессиональных оценщиков, сотрудников инвестиционных компаний и банков, а также преподавателей и студентов.

УДК 330.322:658
ББК 65.290-56

ISBN 978-5-9614-6650-8 (рус.)
ISBN 978-1-118-01152-2 (англ.)

Содержание

Предисловие к русскому изданию

Уважаемые читатели!

Представляем вашему вниманию специальный русскоязычный тираж книги профессора А. Дамодарана «Инвестиционная оценка», изданной при поддержке Банковской группы ЗЕНИТ. Асват Дамодаран является крупнейшим исследователем теории стоимости и процесса оценки, признанным в мировом финансовом сообществе. Его издания и практические модели давно стали повседневными инструментами для специалистов-оценщиков, аналитиков и даже финансовых руководителей государств. В данном издании раскрываются философские и экономические аспекты теории стоимости и риска, подробно рассматриваются основные подходы и методы оценки (как традиционные, так и современные), приводятся практические рекомендации.

Определение рыночной стоимости любого актива (особенно такого комплексного актива, как бизнес предприятия) является весьма сложной и творческой задачей, решение которой требует от специалиста четкого понимания макроэкономических и отраслевых аспектов, финансовой, бухгалтерской, юридической и налоговой специфики бизнеса. Результат оценки часто опирается на ряд спорных предположений и экспертных суждений, поэтому проведение корректной оценки требует от специалиста высокого профессионализма, четкого понимания факторов, влияющих на результат, точного знания методик и подходов.

В российских условиях определение рыночной стоимости является особенно сложной задачей. Практические трудности, связанные с построением долгосрочных макроэкономических и отраслевых прогнозов, ограниченность российского фондового рынка, небольшое количество сделок купли-продажи (по сравнению с экономически более развитыми странами), а также недостаток публичной и достоверной финансовой информации о компаниях и сделках существенно осложняют работу специалиста-оценщика и приводят к повышенному влиянию субъективных факторов.

Оценка является повседневным инструментом при современном ведении бизнеса, при этом ее методы и подходы непрерывно совершенствуются. Основание новых технологических компаний и развитие финансовых рынков привело к появлению новых, «креативных» методик оценки, которые делают акцент на исследовании факторов риска и неопределенности.

Приятного чтения!

Банковская группа ЗЕНИТ

Предисловие

Эта книга посвящена оценке: оценке акций, облигаций, опционов, фьючерсов и реальных активов. В основе книги лежит предположение, что любой актив можно оценить, пусть и не всегда точно. Я попытаюсь не только дать представление об отличиях между моделями, используемыми для оценки различного рода активов, но и рассказать об общих чертах этих моделей.

Последнее десятилетие оказалось очень насыщенным с точки зрения оценщиков по целому ряду причин. Во-первых, быстрый рост азиатских и латиноамериканских рынков вывел на первый план компании развивающихся стран. В настоящем издании им уделено более значительное внимание. Во-вторых, мы стали свидетелями того, как макроэкономические факторы обрушивают стоимость компаний во время банковского кризиса 2008 г. и как стираются границы между развитыми и развивающимися рынками. Наблюдения, сделанные мною во время кризиса относительно безрисковых процентных ставок, премий за риск и оценки денежных потоков, включены в эту книгу. В-третьих, в последнее десятилетие появились социальные сети с незначительной выручкой и чрезмерной рыночной капитализацией, в которых видится повтор доткомовского пузыря 1990 гг. В общем, чем больше все меняется, тем больше остается прежним. Наконец, выход на фондовые рынки новых игроков (хедж-фондов, фондов прямых инвестиций и активных трейдеров) изменил ситуацию на рынках и в сфере инвестирования до неузнаваемости. Каждый такой поворот заставляет задавать один и тот же вопрос: «Актуальна ли оценка стоимости на этом рынке?» Я отвечаю на него однозначно: «Да, и даже в большей мере, чем прежде».

По мере того как технологии превращают печатные издания в анахронизм, меняются и мои подходы к представлению информации. Прежде всего, эта книга доступна в электронном формате, и я надеюсь, что она не менее полезна, чем и печатная версия. Потом, все методы оценки, приведенные в книге, освещаются на веб-сайте (www.damodaran.com), где также можно найти большое количество баз данных и электронных таблиц. Примеры из этой книги там постоянно обновляются, что позволяет приблизить их к реальности.

В процессе представления и обсуждения различных аспектов оценки я попытался придерживаться четырех базовых принципов. Во-первых, я старался как можно более полно отобразить весь спектр моделей, которые могут быть использованы аналитиками для оценки, выделяя в этих моделях общие элементы и предоставляя теоретическую основу для выбора моделей, наиболее адекватных в конкретных ситуациях. Во-вторых, модели сопровождаются примерами из реального мира, во всем их несовершенстве и со всеми особенностями, что позволяет охватить некоторые проблемы, возникающие в процессе применения этих моделей. Существует очевидный риск, что при ретроспективном рассмотрении некоторые из этих оценок окажутся безнадежно ошибочными, однако этот риск полностью окупается выигрышами. В-третьих, отдавая дань своей вере в универсальность моделей оценки и возможность приложения их к любому рынку, я привел в книге иллюстрации с различных рынков, находящихся за пределами США. Наконец, я попытался сделать части этой книги как можно более независимыми друг от друга, стремясь дать читателю возможность читать разделы в любом порядке, не теряя при этом нить изложения.

Глава 1

НАЧАЛЬНЫЕ СВЕДЕНИЯ ОБ ОЦЕНКЕ

Любой актив, как финансовый, так и реальный, обладает определенной стоимостью. Для успешного инвестирования и управления активами требуется не только понимание того, что такое «стоимость», но и знание тех факторов, которые на нее влияют. Оценить можно любой актив, хотя в отношении одних активов это сделать легче, чем в отношении других. При этом параметры оценки могут меняться в зависимости от конкретных условий. Например, определение стоимости недвижимости требует иной информации и другого формального представления, чем оценка ценных бумаг, обращающихся на публичном рынке. Тем не менее поразительны не различия в методиках оценки, а степень сходства основополагающих принципов. Оценка предполагает некоторую неопределенность, которая часто связана со спецификой оцениваемого актива, хотя свой вклад в нее может вносить и модель оценки.

В данной главе представлены философские обоснования оценки. Кроме того, обсуждается вопрос о применимости оценки активов в различных ситуациях: от управления портфелями ценных бумаг до работы с корпоративными финансами.

ФИЛОСОФСКИЕ ОБОСНОВАНИЯ ОЦЕНКИ

Оскару Уайльду принадлежит определение циника как человека, «знающего цену всякой вещи, но не имеющего никакого представления относительно ее стоимости». Писателю прекрасно удалось бы описание некоторых аналитиков, а также многих инвесторов, придерживающихся в деле инвестирования теории «еще большего болвана». Согласно данной теории, стоимость актива не имеет никакого значения, если находится «еще больший болван», готовый приобрести данный актив. Хотя шанс получить некоторую прибыль при таком подходе определенно остается, подобные игры могут оказаться небезопасными, поскольку нет никакой гарантии, что в нужный момент найдется подходящий инвестор.

Постулат, лежащий в основе здравого подхода к инвестициям, гласит: «никакой инвестор не платит за актив больше того, что он стоит». Данное утверждение выглядит вполне разумным и очевидным, но, тем не менее, каждому очередному поколению приходится всякий раз открывать его заново на всех без исключения рынках. Только не вполне искренние люди способны утверждать, будто оценка полностью находится в ведении держателя актива и любую цену можно оправдать, если другие инвесторы готовы ее заплатить. Это очевидная нелепость. Личное восприятие и в самом деле многое значит, если речь идет об оценке картины или скульптуры, но в большинстве случаев инвесторы покупают активы, руководствуясь вовсе не эстетическими или эмоциональными мотивами. Финансовые активы приобретаются в ожидании денежных потоков (cash flows). Следовательно, восприятие стоимости должно основываться на реальном положении дел, а это предполагает, что цена, уплачиваемая за любой актив, должна отражать будущие денежные потоки, которые он может принести. В моделях оценки, описанных в данной книге, предпринята попытка связать стоимость активов с уровнем и ожидаемым ростом генерируемых ими денежных потоков.

Существует много областей, где оценка оставляет место для споров, включая такие вопросы, как определение истинной стоимости, а также время, необходимое для того, чтобы цены к ней приблизились. Но существует вопрос, в котором не бывает разногласий, — цену актива нельзя оправдать лишь на том основании, что есть инвесторы, готовые приобрести его по этой цене.

РАСПРОСТРАНЕННЫЕ МНЕНИЯ ПО ПОВОДУ ОЦЕНКИ

В теории оценки, как и во всех других аналитических дисциплинах, со временем распространились собственные мифы. В данном разделе исследуются и развенчиваются некоторые из них.

Миф 1. Оценка объективна, поскольку для ее проведения используются количественные модели

Оценка не является наукой, что бы ни говорили некоторые из ее поборников. Не является она и объективным поиском истинной стоимости, как бы ни желали этого идеалисты. Используемые при оценке модели, возможно, относятся к количественным, однако входные данные оставляют много простора для субъективных суждений. Соответственно, итоговая стоимость, полученная при помощи определенной модели, будет отмечена влиянием привнесенных в процесс оценки предубеждений. В действительности же оценка зачастую следует за уже установившимися ценами.

На первый взгляд, необходимо всего лишь устранить любые предубеждения еще до начала оценки. Но это легче сказать, чем сделать. При современном уровне доступа к внешней информации, аналитическим исследованиям и суждениям о фирме, едва ли удастся избежать определенной степени предвзятости в полученных оценках. Уменьшить влияние предубеждений при проведении оценки можно двумя способами. Во-первых, до завершения оценки не следует прислушиваться к радикальному общественному мнению по поводу стоимости фирмы. Слишком часто решение о том, переоценена ли или недооценена фирма, предшествует ее реальной оценке[1], что приводит к весьма предвзятому анализу. Во-вторых, прежде чем приступать к оценке, следует свести к минимуму влияние собственных убеждений по поводу того, насколько переоценена или недооценена фирма.

Кроме того, при определении степени предвзятости оценки играют роль и институциональные факторы. Известно, например, что аналитики, изучающие рынок ценных бумаг, чаще дают рекомендации[2] о покупке, чем о продаже (т. е. они чаще считают фирмы недооцененными, чем переоцененными). Отчасти это связано с трудностями, которые аналитики испытывают при получении доступа к информации по отдельным фирмам, а также при ее сборе, а отчасти — с давлением портфельных менеджеров, которые могут держать длинные позиции на рынке ценных бумаг. В последние годы указанная тенденция еще более усугубилась вследствие давления на аналитиков ценных бумаг, вынужденных заниматься проблемами инвестиционной деятельности банков.

Прежде чем принимать решения на основе оценки, выполненной третьей стороной, следует учесть допущенную аналитиками предвзятость (bias). Например, самооценка фирмы при проведении слияния будет, по всей вероятности, искажена в собственную пользу. Хотя это еще и не свидетельствует о бесполезности подобной оценки, аналитики должны подходить к ней с долей скептицизма.

---

[1] С особой очевидностью это проявляется при поглощении, когда решение о приобретении фирмы зачастую предшествует проведению ее оценки. Стоит ли удивляться тому, что аналитики почти всегда оказываются сторонниками данного решения?

[2] На протяжении длительного периода времени число рекомендаций о покупке превышало количество рекомендаций о продаже в соотношении 10:1. В последние годы данная тенденция только усилилась.

ПРЕДВЗЯТОСТЬ ПРИ АНАЛИЗЕ СОБСТВЕННОГО КАПИТАЛА

Граница между анализом собственного капитала и умением продавать стирается, по большей части, в периоды «иррационального оптимизма». В конце 1990-х гг., отмеченных бурным ростом рыночной стоимости (market value) компаний, которые представляют «новую экономику», можно было видеть многих аналитиков ценных бумаг — в особенности на продающей стороне, — вышедших за границы роли экспертов и ставших «заводилами» рынка ценных бумаг. Хотя эти аналитики, возможно, были совершенно искренни в своих рекомендациях, но остается фактом, что инвестиционные банки, на которые они работали, лидировали в приобретении первых выпусков акций рекомендуемых компаний. Это делает их открытыми для обвинений в предвзятости или еще худших.

В 2001 г. крах на рынке акций, представляющих новую экономику, и отчаянные крики инвесторов, потерявших свои накопления в результате этого падения цен, привели к бурным спорам. Прошли слушания Конгресса, где законодатели запросили сведения относительно того, что именно знали аналитики о рекомендованных ими компаниях и когда конкретно они это узнали. Кроме того, они настаивали на том, чтобы Комиссия по ценным бумагам и биржам (Securities and Exchange Commission) выступила с заявлением о необходимости беспристрастного отношения при проведении анализа акционерного капитала. Они потребовали также, чтобы в решениях, принимаемых некоторыми инвестиционными банками, просматривалась хотя бы видимость объективности. Пока эта книга готовилась к печати, американская финансовая компания Merrill Lynch и банк Credit Suisse First Boston (CSFB) приняли решение о том, что их аналитики более не имеют права обладать ценными бумагами в рекомендуемых ими компаниях. К сожалению, действительно существующий источник предвзятости — взаимосвязь между инвестиционными банками и предоставлением консультационных услуг в области инвестиций — так и остался нетронутым.

Следует ли государству регулировать экспертные услуги в области анализа акционерного капитала? Это не слишком разумно, поскольку подобное регулирование обычно осуществляется довольно неуклюже. Таким образом, вмешательство государства приведет к побочным расходам, которые быстро превысят все выгоды от подобных мер. Более эффективные шаги могли бы предпринять портфельные менеджеры и инвесторы. Анализ собственного капитала фирм, оставляющий место для предвзятости, необходимо корректировать, а в особо вопиющих случаях — даже игнорировать его результаты.

Миф 2. Хорошо обоснованная и тщательно проведенная оценка останется верной всегда

Стоимость, получаемая при помощи любых моделей оценки, зависит как от специфики фирмы, так и от информации, относящейся ко всему рынку. Вследствие этого она меняется по мере появления новой информации. При постоянном потоке новой информации, поступающей на финансовые рынки, оценки в отношении какой-либо фирмы быстро устаревают и подлежат обновлению с целью учета новой информации. Данная информация может касаться только определенной фирмы, относиться к целому сектору экономики или же изменять ожидания относительно всех фирм на рынке.

Наиболее общим примером информации, характеризующей определенную фирму, является отчет о прибыли (earnings report), который не только содержит сведения об эффективности фирмы в недавнем прошлом, но и — что более важно — на его основе можно выяснить, какую именно модель бизнеса использует фирма в своей деятельности. Существенное падение в 1999–2001 гг. стоимости многих акций, относящихся к новой экономике, можно, по крайней мере частично, связать с осознанием того, что эти фирмы способны скорее порождать потребителей, чем приносить прибыль даже в долгосрочной перспективе. В 2010 г. такие социальные сети, как Linkedin и Zynga, были настолько популярными на рынке, что возникает вопрос, не повторение ли это уже известной истории. Хотя эти компании кажутся невероятно перспективными из-за широкой базы участников, они делают лишь первые шаги на пути коммерциализации своих перспектив.

В некоторых случаях новая информация может повлиять на стоимость всех фирм из определенного сектора экономики. Так, в начале 2008 г. высокую оценку получали компании финансового сектора на ожидании того, что их темпы роста и доходность сохранятся и в будущем. Однако уже в начале 2009 г. они оценивались намного ниже, поскольку банковский кризис 2008 г. обнажил слабые места и скрытые риски этого бизнеса.

Наконец, на все экономические оценки влияет информация относительно состояния экономики и уровня процентных ставок. Ослабление экономики может привести к повсеместной переоценке темпов роста, хотя воздействие на доходы будет наибольшим в фирмах, отличающихся цикличностью (cyclic firms). Повышение процентных ставок также влияет на все инвестиции, хотя и в разной степени.

Когда аналитики меняют свои оценки, от них требуют обоснования, особенно с учетом того, что в некоторых случаях изменение оценок становится проблемой. В данной ситуации уместно вспомнить слова Джона Мейнарда Кейнса, сказанные в ответ на критику по поводу изменения позиции по одной фундаментальной экономической проблеме: «Когда факты изменяются, я меняю свое мнение. Разве вы, сэр, поступаете по-другому?»

Миф 3. Качественно проведенная оценка позволяет точно определить стоимость

Даже по завершении чрезвычайно дотошной и детальной оценки останется неопределенность по поводу заключительных величин стоимости, поскольку они будут «окрашены» предположениями относительно будущего компании и экономики в целом. Было бы нереалистично ожидать или требовать абсолютной определенности в оценках, поскольку денежные потоки и ставки дисконтирования остаются оценочными величинами. Кроме того, это означает, что при составлении рекомендаций, базирующихся на оценках, аналитики должны установить для себя разумные границы ошибки.

Вероятно, степень точности оценок будет меняться в широких пределах в зависимости от конкретных инвестиций. Оценка крупной и «зрелой» компании с продолжительной финансовой историей будет, скорее всего, куда более точной, чем оценка молодой компании, работающей в неустойчивом секторе. Если эта компания работает на формирующемся рынке, по поводу будущего которого также возникают значительные разногласия, то неопределенность умножится. Далее, в главе 23, мы покажем, что трудности с оценкой могут быть связаны с тем, какой именно период своего жизненного цикла переживает компания. «Зрелые» компании обычно легче оценивать, чем растущие, а молодые, только что стартовавшие компании труднее оценивать, чем компании с установившимися продукцией и рынками. Однако проблема заключается не в используемой модели оценки, а в тех трудностях, с которыми мы сталкиваемся, пытаясь оценить будущее. Многие инвесторы и аналитики оправдывают не вполне обоснованные оценки неопределенностью будущего или указывают на отсутствие информации. Но в действительности выигрыш, который можно получить при обоснованной оценке, оказывается наибольшим именно в тех фирмах, где проведение оценки является наиболее трудной задачей.

Миф 4. Чем более «количественной» будет модель, тем точнее оценка

Кажется очевидным, что более сложная и полная модель приведет к более качественным оценкам. Однако это не всегда так. По мере усложнения модели количество входных данных, необходимых для оценки фирмы, скорее всего, будет расти, что приведет к увеличению вероятности ошибок на входе. Данная проблема еще больше усугубляется, когда модель становится настолько сложной, что превращается в некий «черный ящик», где, с одной стороны, аналитик «утопает» во входных данных, а с другой стороны — в оценках. Слишком часто, когда оценка оказывается некорректной, обвинение переводится на модель, а не на самих аналитиков. Из их уст звучит рефреном: «Это не моя вина. Во всем виновата модель».

Существуют три аспекта, которые важны для любой оценки. Первый из них — это принцип экономии, суть которого заключается в том, что не следует использовать больше входных данных, чем требуется для оценки актива. Второй аспект состоит в необходимости балансировать между дополнительными преимуществами от более детальной оценки и дополнительными издержками (и ошибками), связанными с получением необходимых данных. Третий аспект заключается в том, что оценивают компании не модели, а вы сами. В мире, где проблема оценки часто состоит не в недостатке информации, а в ее избытке, отделение существенной информации от несущественной почти столь же важно, как и те модели и методы, которые вы используете для оценки фирмы.

Миф 5. Чтобы делать деньги, полагаясь на оценку, необходимо допустить существование определенной неэффективности рынка

По умолчанию в процессе оценки присутствует предположение, что рынки делают ошибки, а мы можем эти ошибки найти. При этом часто используется информация, которая доступна десяткам тысяч других инвесторов. Таким образом, будет целесообразным заявить, что тем, кто верит в неэффективность рынков, следует уделять часть своего времени и ресурсов на оценку, в то время как людям, уверенным в эффективности рынков, в качестве наилучшей оценки стоит принять рыночную цену.

Однако данное утверждение не отражает внутренних противоречий в обеих позициях. Те, кто верит в эффективность рынка, могут все же усмотреть некоторую пользу в оценках, особенно когда им приходится оценивать результаты изменений при ведении бизнеса или анализировать причины отклонений рыночных цен со временем. Более того, остается неясным, как рынки могли бы оказаться эффективными, если бы инвесторы не пытались обнаружить переоцененные и недооцененные акции и торговать ими на основе сделанных ими оценок. Другими словами, предварительным условием эффективности рынка, по-видимому, является существование миллионов инвесторов, верящих в неэффективность рынков.

С другой стороны, те, кто верит в то, что рынки совершают ошибки, и покупают или продают ценные бумаги, основываясь на этом предположении, должны верить и в то, что рынки, в конечном итоге, откорректируют эти ошибки (т. е. станут эффективными), поскольку только таким образом эти люди могут заработать деньги. Это весьма удобное определение неэффективности — рынки неэффективны до тех пор, пока вы не заняли длинную позицию по недооцененным, как вам кажется, ценным бумагам, но они сразу превратятся в эффективные, как только вы эту позицию займете.

Лучше всего подходить к вопросу о рыночной эффективности с позиции осторожного скептицизма. Следует признать, что, с одной стороны, рынки совершают ошибки, но, с другой стороны, для обнаружения этих ошибок требуется сочетание навыков и удачи. Данный подход к рынкам приводит к следующим заключениям: во-первых, если что-то выглядит слишком хорошо, чтобы быть истинным (например, ценная бумага выглядит, со всей очевидностью, недооцененной или переоцененной), то, вероятнее всего, это не является истинным. Во-вторых, когда оценка, произведенная в результате анализа, существенно отличается от рыночной цены, исходите из того, что правым будет рынок. Затем, прежде чем заключать, переоценен ли или недооценен ваш объект, вам следует доказать самому себе, что ваше исходное предположение было ошибочным. Этот более высокий стандарт поможет вам соблюдать бо́льшую осмотрительность при выполнении оценок. Однако, учитывая трудности в попытках перехитрить рынок, это все же не такой уж плохой результат.

Миф 6. Важен лишь результат оценки (т. е. установленная стоимость). Сам же процесс оценки не играет роли

Поскольку в этой книге представлены модели оценки, существует опасность сосредоточиться исключительно на результате (т. е. стоимости компании и вопросе о том, является ли данная компания переоцененной или недооцененной) и упустить при этом некоторые важные моменты, связанные с процессом оценки. Между тем сам по себе он способен предоставить нам огромное количество информации относительно детерминантов стоимости и оказать помощь в ответе на некоторые фундаментальные вопросы. Какую цену можно заплатить за высокий рост? Какова стоимость торговой марки (бренда)? Насколько важно добиваться более высокой доходности проекта? Каково влияние размера прибыли на стоимость? Благодаря столь высокой информативности процесса оценки некоторую пользу в моделях оценки смогут увидеть даже те, кто верит в эффективность рынка (а также в то, что рыночная цена является наилучшей оценкой стоимости).

РОЛЬ ОЦЕНКИ

Оценка полезна при решении широкого круга задач. Тем не менее роль, которую она играет, зависит от той области, где она применяется. В следующем разделе рассматривается использование оценки в таких областях, как: управление портфелем активов, анализ с целью приобретения и корпоративные финансы.

Оценка при управлении портфелем активов

Роль, которую играет оценка при управлении портфелем активов, в значительной степени определяется инвестиционной философией инвестора.

Если речь идет о пассивном инвесторе, то при управлении портфелем роль оценки невелика. Для активного же инвестора ее роль значительно возрастает. Даже среди активных инвесторов природа и роль оценки различаются в зависимости от вида активного управления капиталом. «Рыночные тактики» (market timers), т. е. финансовые специалисты, предсказывающие оптимальное время для операций на рынке, используют оценку в гораздо меньшей степени, чем инвесторы, покупающие ценные бумаги на длительный срок, — их внимание в большей степени сосредоточено на рыночной стоимости, чем на стоимости, основанной на конкретном положении дел на фирме. Если речь идет о задаче выбора ценных бумаг, то оценка при управлении портфелями играет центральную роль для фундаментальных аналитиков и второстепенную — для технических аналитиков.

Фундаментальные аналитики (fundamental analysts). Центральное положение фундаментального анализа основывается на том, что истинная стоимость фирмы может быть соотнесена с ее финансовыми характеристиками: перспективами роста, характером риска и денежными потоками. Любое отклонение от этой истинной стоимости становится сигналом, что акции данной фирмы переоценены или недооценены. В этом состоит долгосрочная стратегия инвестирования, и предположения, лежащие в ее основе, заключаются в следующем:

- связь между стоимостью и основополагающими финансовыми факторами может иметь количественное выражение;
- эта связь устойчива во времени;
- отклонения от этой взаимосвязи корректируются за некоторый разумный период времени.

Оценка находится в центре внимания фундаментального анализа. Некоторые аналитики используют для оценки фирм модель дисконтирования денежных потоков, в то время как другие прибегают к многофакторным построениям, таким как мультипликаторы «цена/прибыль» (price/earnings) и «цена/балансовая стоимость» (price/book value). Поскольку инвесторы, использующие данный подход, в своих портфелях держат значительные объемы недооцененных ценных бумаг, они надеются на то, что стоимость их портфелей будет расти в среднем быстрее, чем рынок.

Покупатель франшизы (franchise buyer). Философию покупателя франшизы (франчайзи) лучше всего выразил Уоррен Баффетт, инвестор, добившийся наибольшего успеха в этом виде деятельности: «Мы пытаемся придерживаться тех видов бизнеса, которые, как нам думается, мы понимаем. Это означает, что они должны быть относительно простыми и устойчивыми по природе. Если бизнес сложен и подвержен постоянным переменам, мы не настолько умны, чтобы предсказывать будущие денежные потоки»[1]. Покупатели франшизы сосредоточивают внимание на небольшом числе видов бизнеса, которые они хорошо понимают, и пытаются приобрести недооцененные фирмы. Часто, как в случае с Баффеттом, покупатели франшизы достигают влияния на руководство этих фирм и приобретают возможность менять их финансовую и инвестиционную политику. Долгосрочная стратегия строится здесь на следующих базовых принципах:

- инвесторы, хорошо понимающие бизнес, способны оценить его более адекватно;
- недооцененные виды бизнеса можно приобретать, не рассчитывая на вздутие цены выше их истинной стоимости.

Оценка играет в этой философии ключевую роль, поскольку покупателей франшизы привлекает определенный вид бизнеса, который, как они верят, является недооцененным. Их также интересует, какую величину дополнительной стоимости они смогут создать путем реструктуризации бизнеса и его корректного управления.

Технические аналитики, или чартисты (chartists). Технические аналитики верят, что умонастроения инвесторов влияют на изменение цен в столь же высокой степени, как и любые фундаментальные финансовые переменные. Информация, становящаяся известной в процессе торгов — движение цен, объем торгов, сделки без покрытия и т. д., — дает представление о психологии инвесторов и будущем движении цен. Предположение, лежащее в основе подобных прогнозов, заключается в следующем: цены движутся, следуя определенным образцам, так называемым «моделям»; количество финансовых инвесторов, применяющих эти модели в свою пользу, слишком мало для их устранения; а средний инвестор на рынке руководствуется скорее своими эмоциями, чем рациональным анализом.

Хотя оценка не играет такой уж значительной роли в техническом анализе, у технических аналитиков существуют способы интеграции оценок в свою работу. Например, оценку можно использовать для определения линий поддержки и сопротивления на ценовых графиках[2].

---

1 Это цитата из послания Баффетта к держателям акций Berkshire Hathaway за 1993 г.

2 На ценовых графиках «линия поддержки» обычно означает нижнюю ценовую границу, ниже которой цена едва ли опустится, а линия сопротивления означает верхнюю ценовую границу, которую цена, скорее всего, не преодолеет. Хотя эти уровни обычно оцениваются на основе прошлых цен, для их определения можно использовать интервал стоимости, полученный с помощью методик оценки (т. е.

«Торговцы на информации» (information traders). Цены движутся на основе информации о фирме. «Торговцы на информации» пытаются совершать торговые сделки либо опережая поступление информации, либо вскоре после ее поступления на финансовые рынки. Хорошие новости побуждают их к покупке, а плохие — к продаже. Основополагающее предположение заключается здесь в том, что эти торговцы могут предвидеть появление определенной информации и оценить реакцию рынка на эту информацию лучше, чем средний инвестор на данном рынке.

Внимание «торговца на информации» сосредоточено на связи между информацией и изменением стоимости, а не на стоимости самой по себе. Таким образом, «торговец на информации» может купить акции даже переоцененной фирмы, если верит, что грядущее сообщение заставит цены подняться, поскольку оно будет содержать более позитивные, чем ожидалось, новости. Если существует связь между степенью переоценки или недооценки фирмы и реакцией цены акции на новую информацию, то для «торговца на информации» оценка может сыграть свою роль в инвестировании.

«Рыночные тактики» (market timers). «Рыночные тактики» заметили (на достаточно законных основаниях), что выигрыш от критических изменений рынков гораздо значительнее, чем доходы, возникающие благодаря верному выбору ценных бумаг. Они доказывают, что легче предсказать движения рынка, чем выбирать ценные бумаги, и что эти предсказания можно обосновывать наблюдаемыми факторами.

Хотя оценка конкретных ценных бумаг, возможно, и бесполезна для подобного рода торговцев, ее можно использовать в стратегиях, связанных с выбором точного момента входа в рынок, по крайней мере двумя следующими способами:

1. Можно оценивать рынок в целом, а затем сравнивать полученную оценку с текущим уровнем цен.
2. Можно использовать модель оценки для определения стоимости всех акций, а результаты сравнительного анализа различных фрагментов рынка можно будет использовать для выяснения, является ли конкретный рынок переоцененным или недооцененным. Например, если количество акций, переоцененных, согласно модели дисконтирования дивидендов, увеличивается по отношению к количеству недооцененных акций, то, по всей вероятности, появляется повод считать рынок переоцененным.

максимальная стоимость становится «линией сопротивления», а минимальная стоимость — «линией поддержки»).

«Эффективные рыночники» (efficient marketers). «Эффективные рыночники» полагают, что рыночная цена в любой момент времени представляет наилучшую оценку истинной стоимости фирмы. Таким образом, любая попытка поживиться на собственных субъективных представлениях об эффективности рынка принесет больше убытков, чем прибыли. «Эффективные рыночники» предполагают, что рынки быстро и точно обобщают поступающую информацию, а финансовые инвесторы мгновенно используют любое проявление неэффективности рынка. При этом считается, что все ошибки рынка вызваны существующими на нем «трениями», они проявляются, например, в транзакционных издержках, которые нельзя устранить посредством арбитражных решений.

Для «эффективных рыночников» оценка является полезным упражнением по выяснению причин продажи акции именно по той цене, по которой она продается. Поскольку фундаментальная предпосылка здесь заключается в том, что рыночная цена является наилучшей оценкой истинной стоимости компании, то целью становится выявление предположений относительно риска и роста, неявно присутствующих в рыночной цене, а не поиск переоцененных и недооцененных фирм на ее основе.

Оценка при проведении анализа с целью приобретения

При рассмотрении вопроса о покупке фирмы оценка играет ключевую роль. Фирма или индивидуальный покупатель должны принять решение относительно справедливой стоимости приобретаемой фирмы, прежде чем предлагать цену за нее, а фирма, предназначенная к продаже, должна определить собственную разумную цену, прежде чем принять или отвергнуть предложение.

Кроме того, при проведении подобной сделки существуют особые факторы, которые необходимо учитывать. Во-первых, прежде чем принимать решение о покупке, следует учитывать эффект синергизма, или синергии (совместное действие), комбинированной стоимости обеих фирм (фирмы-цели и фирмы-покупателя). Те, кто полагает, что синергию невозможно оценить и выразить в количественной форме, оказываются неправыми. Во-вторых, при определении справедливой цены необходимо также принимать во внимание то воздействие на стоимость, которое могут оказать изменения в управлении и реструктуризация покупаемой фирмы. Это важно, особенно при враждебном поглощении (поглощении конкурирующей фирмы).

Наконец, существуют значительные трудности, обусловленные предвзятостью в оценках подобного рода. Покупаемые фирмы часто бывают чересчур оптимистичны в своих оценках. Это особенно характерно при поглощении конкурирующей фирмы, когда ее представители пытаются убедить своих акционеров, что предлагаемая цена слишком мала. Аналогично, если фирма-покупатель решила осуществить приобретение из стратегических соображений, то из аналитиков начнут «выжимать» оценки, обосновывающие данную сделку.

Оценка в корпоративных финансах

Если при работе с корпоративными финансами целью является максимальное увеличение стоимости фирмы[1], то следует очертить отношения между финансовыми решениями, корпоративной стратегией и стоимостью фирмы. В последние годы фирмы, занимающиеся консалтинговыми услугами в сфере менеджмента, начали давать советы предприятиям по поводу способов увеличения стоимости[2]. На основе их советов зачастую проводилась финансовая реструктуризация этих фирм.

Стоимость фирмы можно непосредственно соотнести с принимаемыми ею решениями: реализуемыми проектами, их финансированием и политикой в области выплаты дивидендов. Понимание данных взаимоотношений является ключевым в принятии решений, направленных на увеличение стоимости, а также при проведении продуманной финансовой реструктуризации.

ЗАКЛЮЧЕНИЕ

Оценка играет ключевую роль во многих сегментах финансовой сферы: в корпоративных финансах, при слиянии и приобретении фирм, а также при управлении портфелями. Методики, содержащиеся в этой книге, предоставляют широкий спектр инструментов, которые могут использовать аналитики в каждом из этих сегментов, однако здесь следует повторить предостережение, высказанное в этом разделе. Оценка не является вполне объективным методом, и любые установки и предубеждения, которые аналитик привносит в процесс оценки, отражаются на полученной величине стоимости. И, наконец, даже самая лучшая оценка представляет собой расчет, которому присуща значительная вероятность ошибки.

---

1 На этом предположении построена бóльшая часть теории корпоративных финансов.

2 Главным стимулом для этого стал страх перед враждебным поглощением. Компании все чаще обращаются к «консультантам по увеличению стоимости» за советом, как реструктуризировать финансы, повысить стоимость и избежать поглощения.

КОНТРОЛЬНЫЕ ВОПРОСЫ

В приведенных ниже заданиях, если не указано иное, премия за риск инвестирования в акции принимается равной 5,5%.

1. Стоимость инвестиции — это:
   а) текущая стоимость денежных потоков на инвестицию;
   б) величина, определяемая восприятием инвестора;
   в) величина, определяемая спросом и предложением;
   г) зачастую субъективная оценка, в которой отражаются предубеждения аналитика;
   д) все указанное выше.
2. Многие утверждают, что стоимость основывается на восприятии инвестора, и только на нем, а денежные потоки и доходы не имеют значения. Данное соображение неверно по следующим причинам:
   а) Стоимость определяется доходностью и денежными потоками, а восприятие инвестора не имеет значения.
   б) Восприятие имеет значение, но оно подвержено изменениям. Стоимость должна основываться на чем-то более устойчивом.
   в) Инвесторы иррациональны. Следовательно, их восприятие не может определять стоимость.
   г) Стоимость определяется восприятием инвестора и помимо всего прочего базовой доходностью и денежными потоками. Восприятие должно основываться на реальном положении вещей.
3. При помощи некоей модели оценки вы получаете стоимость, равную $15 за акцию. Рыночная цена акции — $25. Разницу можно объяснить:
   а) неэффективностью рынка — рынок переоценивает акцию;
   б) использованием некорректной модели оценки акции;
   в) ошибками во входных данных модели;
   г) всем вышеперечисленным.

Глава 2

ПОДХОДЫ К ОЦЕНКЕ

Аналитики используют на практике широкий круг моделей — от самых элементарных до весьма изощренных. Предположения, лежащие в основе этих моделей, зачастую сильно различаются, и все же модели имеют общие черты, которые можно отнести к нескольким широким категориям. Используемая классификация имеет свои преимущества. С ее помощью стало легче определить место отдельных моделей в общей картине, понять различия, возникающие в результате их применения, и, возможно, даже усмотреть фундаментальные логические ошибки.

Вообще говоря, существуют три подхода к оценке. Первый из них — оценка дисконтированных денежных потоков (discounted cash flow — DCF) — соотносит стоимость актива с текущей стоимостью ожидаемых в будущем денежных потоков, приходящихся на данный актив. Согласно второму подходу, определяемому как сравнительная оценка, стоимость актива следует вычислять, анализируя ценообразование сходных активов, связывая его с какой-либо переменной (например, с прибылью, денежными потоками, балансовой стоимостью или объемом продаж). Третий подход — оценка условных требований — предполагает использование модели ценообразования опционов для измерения стоимости активов, имеющих характеристики опциона. Некоторые из таких активов — это финансовые активы, обращающиеся на рынке (такие, как варранты), другие — не являются торгуемыми на рынке и основываются на реальных активах (проекты, патенты, запасы нефти). Последний вид опционов часто называют реальными опционами. Результаты оценки могут оказаться совершенно различными в зависимости от применяемого подхода. Одна из целей этой книги — объяснить причины подобных различий в стоимости, получаемой с помощью разных моделей, и помочь выбрать правильную модель для решения конкретной задачи.

ОЦЕНКА ДИСКОНТИРОВАННЫХ ДЕНЕЖНЫХ ПОТОКОВ

Хотя оценка дисконтированных денежных потоков — это всего лишь один из трех подходов к оценке, и большинство оценок, выполняемых в реальном мире, основывается на сравнительной оценке, данный подход служит основой для построения всех остальных. Для получения корректной относительной оценки необходимо понимание основных идей оценки дисконтированных денежных потоков. Скажем, для оценки активов при помощи модели ценообразования опционов часто приходится начинать с оценки дисконтированных денежных потоков. Любой, кто понимает основы первого подхода, способен проанализировать и другие подходы. В данном разделе обсуждаются основополагающие идеи этого подхода, рассматривается философское обоснование оценки дисконтированных денежных потоков, а также исследуются вариации данного подхода.

Основы оценки дисконтированных денежных потоков

Фундамент, лежащий в основе данного подхода, — это правило приведенной стоимости (present value — PV), согласно которому стоимость любого актива соответствует приведенной стоимости ожидаемых денежных потоков, приходящихся на данный актив:

$$\text{Стоимость} = \sum_{t=1}^{t=n} \frac{CF_t}{(1+r)^t},$$

где n = срок жизни актива;

CF_t = денежные потоки за период t;

r = ставка дисконтирования, отражающая риск ожидаемых денежных потоков.

Денежные потоки различаются в зависимости от вида актива — это могут быть дивиденды (в случае акций), купоны (проценты) и номинальная стоимость (в случае облигаций), а также денежные поступления после уплаты налогов (в случае реальных проектов). Ставка дисконтирования есть функция риска ожидаемых денежных потоков. При этом более высокие ставки приписываются более рискованным активам, а пониженные — проектам с большей безопасностью.

В действительности, можно расположить оценки дисконтированных денежных потоков на некоторой непрерывной шкале. С одного ее края будет находиться свободная от риска дефолта облигация с нулевым купоном и гарантированными денежными потоками в будущем. Дисконтирование этих денежных поступлений по безрисковой ставке покажет стоимость облигации. Далее по шкале следуют корпоративные облигации, для которых денежные потоки создаются купонами и существует риск отказа от платежей. Стоимость данных облигаций можно определить при помощи дисконтирования денежных потоков по процентной ставке, отражающей риск отказа от платежей. Двигаясь вверх по шкале рискованности, мы приходим к акциям без фиксированного дивиденда (equities), когда ожидаемые денежные потоки характеризуются высокой степенью неопределенности. Стоимость в данном случае следует определять на основе приведенной стоимости ожидаемых денежных потоков, дисконтированных по ставке, которая отражает уровень данной неопределенности.

Исходные положения оценки дисконтированных денежных потоков

Оценивая дисконтированные денежные потоки, мы пытаемся определить внутреннюю стоимость (intrinsic value) актива, основанную на фундаментальных факторах. Что такое внутренняя стоимость? За недостатком лучшего определения будем считать, что это — «стоимость, приписанная фирме хорошо известным аналитиком, который не только корректно оценил ожидаемые денежные потоки фирмы, но и верно определил ставку дисконтирования для данных потоков, при этом его оценки были абсолютно точными». Даже если задача определения внутренней стоимости может показаться невыполнимой, особенно при оценке молодых компаний с присущей им неопределенностью относительно будущего, эти оценки могут отличаться от рыночных цен, приписанных таким компаниям. Другими словами, рынки делают ошибки. Значит ли это, что рынки неэффективны? Не совсем так. Хотя рыночные цены могут отклоняться от внутренней стоимости (основанной на фундаментальных факторах), ожидается, что эти две величины рано или поздно сойдутся.

Классификация моделей оценки дисконтированных денежных потоков

Существуют буквально тысячи моделей дисконтированных денежных потоков. Инвестиционные банки или консультационные фирмы часто заявляют, что их модели лучше или точнее, чем используемые другими фирмами. Однако в конечном итоге модели дисконтированных денежных потоков могут отличаться лишь несколькими деталями.

Оценка собственного капитала и оценка фирмы. Существуют два подхода к оценке бизнеса. Первый — это оценка на основе собственного капитала, а второй — оценка бизнеса в целом, при котором помимо собственного капитала учитывают капитал других держателей требований к фирме (владельцы облигаций, привилегированных акций). Хотя в обоих случаях дисконтируются ожидаемые денежные потоки, соответствующие величины денежных потоков и применяемые ставки дисконтирования различаются в зависимости от выбранного способа. На рис. 2.1 представлена сущность этих подходов.

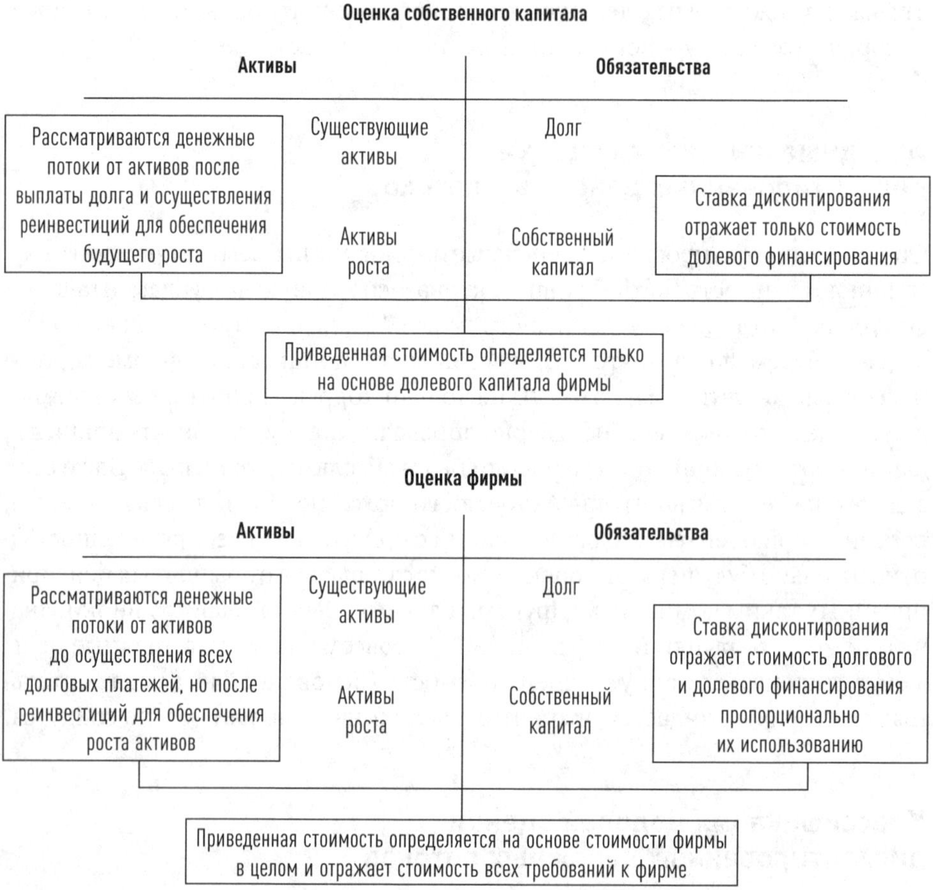

Рис. 2.1. *Различия подходов к оценке на основе стоимости собственного капитала и на основе стоимости фирмы*

Стоимость собственного капитала определяется путем дисконтирования денежных потоков, приходящихся на собственный капитал (т. е. сальдо денежных потоков после всех расходов, реинвестирования, выплат по налоговым обязательствам, а также платежей по процентам и по основной сумме долга), по ставке дисконтирования, равной стоимости привлечения собственного капитала (т. е. нормы доходности, требуемой инвесторами в собственный капитал фирмы):

$$\text{Стоимость собственного капитала} = \sum_{t=1}^{t=n} \frac{\text{CF на собств. капитал}_t}{(1+k_e)^t},$$

где n = срок жизни актива;

CF на собств. капитал$_t$ = ожидаемые денежные потоки, приходящиеся на собственный капитал за период t;

k_e = стоимость привлечения собственного капитала.

Модель дисконтированных дивидендов — это вариант оценки собственного капитала, когда стоимость собственного капитала определяется приведенной стоимостью ожидаемых будущих дивидендов.

Стоимость фирмы определяется путем дисконтирования ожидаемых денежных потоков фирмы (т. е. это сальдо денежных потоков после всех операционных расходов, реинвестирования и выплаты налогов, но до любых выплат владельцам обязательств и акций) по средневзвешенной стоимости привлечения капитала (т. е. стоимости привлечения используемых фирмой компонентов финансирования, взвешенных пропорционально их рыночной стоимости):

$$\text{Стоимость фирмы} = \sum_{t=1}^{t=n} \frac{\text{CFфирмы}_t}{(1+\text{WACC})^t},$$

где n = срок жизни актива;

CF фирмы$_t$ = ожидаемые денежные потоки, создаваемые фирмой в период t;

WACC = средневзвешенная стоимость привлечения капитала.

Хотя эти подходы используют разные определения денежных потоков и ставок дисконтирования, они создают согласующиеся между собой оценки стоимости до тех пор, пока используется тождественный набор допущений, сделанных при оценке. Главная ошибка, которой следует избегать, заключается в использовании несопоставимых показателей денежных потоков и ставок дисконтирования, поскольку дисконтирование денежных потоков на собственный капитал по ставке дисконтирования, равной стоимости капитала, приведет к завышенной оценке собственного капитала. Дисконтирование же денежных потоков, приходящихся на фирму, по ставке дисконтирования, равной стоимости собственного капитала, приведет к завышенной оценке фирмы. Иллюстрация 2.1 показывает тождественность оценки собственного капитала и оценки фирмы.

ИЛЛЮСТРАЦИЯ 2.1. *Результаты использования несоответствующих денежных потоков и ставок дисконтирования*

Предположим, мы анализируем компанию со следующими объемами денежных потоков, которые ожидаются в последующие пять лет. Предположим также, что стоимость привлечения собственного капитала равна 13,625% и фирма может привлечь заемные средства на долгосрочной основе по ставке 10% (налоговая ставка для фирмы — 50%). Текущая рыночная стоимость собственного капитала равна $1073 млн, а стоимость непогашенных долгов — $800 млн.

Год	Денежные потоки, приходящиеся на собственный капитал ($ млн)	Процент (долгосрочный) выплаты ($ млн)	Денежные потоки, приходящиеся на фирму ($ млн)
1	50	40	90
2	60	40	100
3	68	40	108
4	76,2	40	116,2
5	83,49	40	123,49
Заключительная стоимость	1603,008		2363,008

Стоимость привлечения собственного капитала приведена в качестве одного из входных данных и равна 13,625%, а стоимость долга после уплаты налогов равна 5%.

Стоимость долга = ставка до уплаты налогов × (1 — налоговая ставка) =

= 10% × (1 – 0,5) = 5%.

При данной рыночной стоимости собственного капитала и долга можно оценить стоимость привлечения капитала.

WACC = Стоимость собственного капитала ×
× [собственный капитал/(долг + собственный капитал)] + стоимость долга ×
× [долг/(долг + собственный капитал)] =
= 13,625% × (1073/1873) + 5% × (800/1873) = 9,94%.

Метод 1. Дисконтирование денежных потоков на собственный капитал по ставке, равной стоимости собственного капитала, для получения стоимости собственного капитала

Мы дисконтируем денежные потоки на собственный капитал по стоимости собственного капитала:

Приведенная стоимость (PV) собственного капитала = $50/1{,}13625 + 60/1{,}13625^2$ +
+ $68/1{,}13625^3 + 76{,}2/1{,}13625^4$ + (83,49 + $1603 млн)/$1{,}13625^5$ = $1073 млн.

Метод 2. Дисконтирование денежных потоков фирмы по ставке, равной стоимости капитала, для получения стоимости фирмы

Приведенная стоимость (PV) фирмы = $90/1{,}0994 + 100/1{,}0994^2 + 108/1{,}0994^3$ +
+ $116{,}2/1{,}0994^4$ + (123,49 + $2363 млн)/$1{,}0994^5$ = $1873 млн.

Приведенная стоимость собственного капитала = приведенная стоимость фирмы –
– рыночная стоимость долга = $1873 млн – $800 = $1073 млн.

Заметим, что, согласно обоим подходам, стоимость собственного капитала равна $1073 млн. Легко сделать ошибку, дисконтируя денежные потоки на собственный капитал по стоимости капитала или денежные потоки фирмы по стоимости собственного капитала.

Ошибка 1. Дисконтирование денежных потоков на собственный капитал по стоимости капитала, ведущее к завышению стоимости собственного капитала

$$\text{Приведенная стоимость (PV) собственного капитала} = 50/1{,}0994 + 60/1{,}0994^2 + 68/1{,}0994^3 + 76{,}2/1{,}0994^4 + (83{,}49 + \$1603\text{ млн})/1{,}0994^5 = \$1248\text{ млн.}$$

Ошибка 2. Дисконтирование денежных потоков фирмы по стоимости собственного капитала, ведущее к занижению стоимости фирмы

$$\text{Приведенная стоимость (PV) фирмы} = 90/1{,}13625 + 100/1{,}13625^2 + 108/1{,}13625^3 + 116{,}2/1{,}13625^4 + (123{,}49 + \$2363\text{ млн})/1{,}13625^5 = \$1613\text{ млн.}$$

Приведенная стоимость собственного капитала = приведенная стоимость фирмы – – рыночная стоимость долга = $1612,86 млн – $800 млн = $813 млн.

Результаты использования неверно выбранной ставки дисконтирования со всей очевидностью проявляются в двух последних примерах (ошибка 1 и ошибка 2). Когда стоимость капитала ошибочно используется для дисконтирования денежных потоков на собственный капитал, то стоимость собственного капитала начинает превышать (на $175 млн) его истинную стоимость ($1073 млн). Когда денежные потоки, приходящиеся на фирму, ошибочно дисконтируются по стоимости собственного капитала, стоимость фирмы занижается на $260 млн. Однако следует отметить, что на практике достичь соответствия между стоимостью собственного капитала и стоимостью фирмы может оказаться значительно сложнее, чем в данном примере. Мы вернемся к этой теме в главах 14 и 15 и обсудим допущения, необходимые для достижения данного результата.

Оценка собственного капитала и оценка скорректированной приведенной стоимости. На рис. 2.1 видно, что фирма может финансировать свои активы как путем привлечения собственного, так и долгового капитала. Как использование долгового капитала влияет на стоимость? Его плюсом является вычет процентных расходов из налогооблагаемой базы, т. е. налоговая льгота, которая возрастает с ростом ставки налогообложения прибыли. Минусом является то, что долг повышает вероятность неисполнения фирмой ее обязательств и принудительного банкротства. Чистый эффект может быть как положительным, так и нейтральным или отрицательным. При оценке на основе стоимости собственного капитала мы учитываем влияние долга в ставке дисконтирования.

Стоимость капитала = стоимость собственного капитала × × (доля собственного капитала в финансировании фирмы) + + доналоговая стоимость долга × (1 – налоговая ставка) × × (доля долгового капитала в финансировании фирмы)

Дисконтируемые денежные потоки берутся до налогообложения и не учитывают налоговые льготы, связанные с долгом (поскольку иначе получится двойной учет).

В варианте, который называется подходом на основе *скорректированной приведенной стоимости* (adjusted present value — APV), мы отделяем влияние долгового финансирования на стоимость от стоимости активов фирмы. Оценка фирмы начинается так, словно финансирование осуществляется только за счет собственного капитала, а затем отдельно оценивается влияние долга — определяются налоговые выгоды и вычитаются ожидаемые издержки банкротства.

Стоимость фирмы = стоимость фирмы при 100%-ном долевом финансировании + приведенная стоимость налоговых выгод от долгового финансирования – ожидаемая стоимость банкротства.

Хотя эти два подхода отличаются друг от друга, они дают сходные результаты при одинаковых допущениях в отношении денежных потоков и риска. В главе 15 эти подходы рассматриваются более детально.

Модели совокупных денежных потоков и модели избыточных денежных потоков. Стандартная модель дисконтированных денежных потоков оценивает актив посредством оценки приведенной стоимости всех денежных потоков, создаваемых данным активом, по соответствующей дисконтной ставке. В моделях избыточных доходов (и избыточных денежных потоков) только денежные поступления, заработанные сверх необходимых доходов, рассматриваются как создающие стоимость, и текущую стоимость этих избыточных денежных потоков можно прибавлять к сумме, инвестируемой в актив, для оценки его стоимости. Для иллюстрации сказанного предположим: у нас есть актив, в который инвестировано $100 млн, и мы ожидаем в бесконечной перспективе получить $12 млн после уплаты налогов. Далее предположим, что стоимость привлечения капитала на эту инвестицию составляет 10%. Согласно модели совокупных денежных потоков, стоимость данного актива может быть оценена следующим образом:

$$\text{Стоимость актива} = \frac{\$12\text{ млн}}{0{,}1} = \$120\text{ млн.}$$

Согласно модели избыточных доходов, мы сначала вычислим избыточный доход, полученный на данный актив:

Избыточный доход = добавочные денежные потоки –
– стоимость привлечения капитала ×
× инвестированный в актив капитал =
= $12 млн – 0,10 × $100 млн = $2 млн.

Затем мы добавляем приведенную стоимость этих избыточных доходов к инвестициям в актив:

Стоимость актива = приведенная стоимость избыточных доходов +
+ инвестиции в актив = $2 млн/0,1 + $100 млн = $120 млн.

Заметим, что ответы в двух подходах тождественны. Почему же в таком случае мы хотим использовать модель избыточных доходов? Сосредотачиваясь на избыточных доходах, данная модель подчеркивает, что стоимость создают не сами по себе доходы, а лишь те, которые превышают требуемую доходность. В главе 32 будут рассмотрены варианты модели избыточных доходов. Как видно из приведенного выше простого примера, при согласующихся допущениях модели общих денежных потоков и модели избыточных доходов тождественны.

ПРОСТОЙ ТЕСТ ДЛЯ ДЕНЕЖНЫХ ПОТОКОВ

Существует простой тест, который можно использовать для определения, являются ли используемые для оценки денежные потоки поступлениями на собственный капитал или на фирму. Если дисконтируются денежные потоки после выплаты процентов и основной суммы, то речь идет о денежных потоках на собственный капитал и в качестве ставки дисконтирования должна использоваться стоимость собственного капитала. Если же дисконтируются денежные потоки до уплаты процентов и основной суммы, то обычно речь идет о денежных потоках, поступающих в фирму. Излишне напоминать, что есть и другие нюансы, которые следует учитывать при оценке данных денежных потоков. Они будут рассмотрены детально в последующих главах.

Применимость и ограничения оценки дисконтированных денежных потоков

Оценка дисконтированных денежных потоков основывается на ожидаемых в будущем денежных потоках и ставках дисконтирования. С учетом необходимой для расчетов информации данный подход легче всего использовать применительно к активам (фирмам), чьи денежные потоки в данный момент положительны и могут оцениваться с достаточной степенью надежности на будущие периоды, а также можно приблизительно оценить риск, необходимый для определения ставки дисконтирования. Чем дальше мы отходим от этих идеализированных условий, тем более сложной (и полезной) оказывается оценка дисконтированных денежных потоков. Существует несколько ситуаций, где оценка дисконтированных денежных потоков сталкивается с проблемами и подлежит корректировке.

Проблемные фирмы. Находящаяся в кризисном состоянии фирма имеет отрицательную прибыль и денежные потоки, и, как ожидается, будет терять деньги в течение некоторого времени в будущем. Применительно к таким фирмам затруднительно производить оценку, опираясь на будущие денежные потоки, поскольку существует высокая вероятность банкротства. Близкие к краху фирмы не слишком хорошо поддаются оценке через дисконтирование денежных потоков, поскольку данный подход оценивает фирму как действующее предприятие, генерирующее положительные денежные потоки для своих инвесторов. Даже если ожидается, что фирма выживет, денежные потоки придется оценивать, пока они не станут положительными, поскольку расчет приведенной стоимости отрицательных денежных потоков дает отрицательную стоимость собственного капитала[1] или фирмы. Мы вернемся к рассмотрению таких фирм в главах 22 и 30.

Циклические фирмы. Прибыль и денежные потоки циклических фирм обладают тенденцией следовать за экономической ситуацией: повышаться в периоды экономических подъемов и понижаться во время рецессий. Если для таких фирм применяется оценка дисконтированных денежных потоков, то аналитики обычно сглаживают ожидаемые в будущем денежные потоки, чтобы избежать риска необходимости предсказаний моментов наступления и завершения экономических спадов и подъемов, а также их продолжительности. В разгар экономического спада многие циклические фирмы выглядят как проблемные фирмы с присущими им отрицательными доходами и денежными поступлениями. В этом случае предсказания аналитика относительно времени и масштабов будущего оживления экономики переплетаются с оценкой будущих денежных потоков, что приводит к завышенной оценке аналитиками-оптимистами. Таким образом, прежде чем использовать эти оценки, необходимо учесть экономические предубеждения экспертов.

Фирмы с неиспользуемыми активами. Оценка дисконтированных денежных потоков отражает стоимость всех активов, создающих денежные потоки. Если же у фирмы есть активы, которые не используются и вследствие этого не генерируют денежные потоки, то стоимость этих активов не находит отражения в стоимости, полученной путем дисконтирования ожидаемых денежных потоков. В меньшей степени то же самое предостережение применимо, если речь идет о недоиспользуемых активах, поскольку их стоимость будет недооценена при оценке дисконтированных денежных потоков. Хотя данное обстоятельство и представляет собой определенную проблему, тем не менее она не является непреодолимой. Стоимость данных активов всегда можно получить, основываясь на внешних данных[2], и добавить к стоимости, полученной путем дисконтирования будущих денежных потоков. Кроме того, стоимость активов можно оценить, предполагая их оптимальное использование.

---

1 Ограниченная ответственность приводит к тому, что ни одна акция не может продаваться по цене меньше нуля. Цена акции не может быть отрицательной.

2 Если активы обращаются на внешних рынках, то можно использовать рыночные цены этих активов. Если нет, то стоимость можно определить, экстраполировав денежные потоки и основываясь на предположении о полном использовании активов.

Фирмы, обладающие патентами и опционами на продукт. Фирмы часто обладают неиспользуемыми патентами или лицензиями, которые не генерируют никаких текущих денежных потоков и, как ожидается, не создадут их в ближайшем будущем. Тем не менее данные активы обладают стоимостью. Если это так, то стоимость, полученная путем дисконтирования ожидаемых денежных потоков, которые приходятся на фирму, окажется ниже истинной стоимости фирмы. Опять же, данную проблему можно преодолеть, воспользовавшись в данном случае оценкой таких активов на открытом рынке или же применив модель ценообразования опционов, а затем добавив стоимость, полученную дисконтированием денежных потоков. В главе 28 рассматривается использование моделей ценообразования опционов для оценки патентов.

Фирмы в процессе реструктуризации. Фирмы в процессе реструктуризации часто продают часть своих активов, приобретают другие активы, а также меняют структуру капитала и дивидендную политику. Кроме того, некоторые из них меняют структуру собственности (например, превращаясь из публичной в частную, и наоборот), а также схемы вознаграждения менеджмента. Каждая из этих перемен затрудняет оценку будущих денежных потоков и влияет на риск деятельности фирмы. Использование исторических данных для таких фирм может создать ложное представление относительно их стоимости. Тем не менее подобные фирмы поддаются оценке даже на фоне фундаментальных перемен в инвестиционной и финансовой политике, если будущие денежные потоки отражают ожидаемые воздействия этих перемен, а ставка дисконтирования скорректирована с учетом новых деловых и финансовых рисков. В главе 31 показано, как форма управления фирмой влияет на ее оценку.

Фирмы, вовлеченные в процесс приобретения. Существуют по меньшей мере два специфических вопроса, относящихся к приобретению, которые следует учитывать, применяя для оценки стоимости фирм-целей модели дисконтированных денежных потоков. Первый из них — это трудный вопрос о том, присутствует ли синергия при данном поглощении и можно ли оценить ее влияние на стоимость. Это вполне осуществимо, однако потребует принять предположения относительно той формы, которую приняла синергия, а также и ее воздействия на денежные потоки. Второй вопрос, особенно при враждебном поглощении (hostile takeover), — это воздействие изменений в менеджменте на денежные потоки и риск. Опять же, влияние изменений можно и нужно учитывать при оценке будущих денежных потоков и ставок дисконтирования, а следовательно — при оценке стоимости. В главе 25 рассматривается оценка синергии и контроля при поглощении.

Частные фирмы. При использовании оценки дисконтированных денежных потоков для определения стоимости частных фирм главная проблема состоит в измерении риска (при оценке ставок дисконтирования), поскольку большинство моделей «риск/доходность» требуют оценки параметров риска, исходя из анализа исторических цен на активы. Поскольку частная фирма не выпускает свои акции в публичный оборот, такой подход становится невозможным. Одним из решений здесь может быть рассмотрение риска сопоставимых фирм, акции которых выпущены в свободный оборот. Другим способом является соотнесение меры риска с переменными, извлеченными из бухгалтерской отчетности частной фирмы. В главе 24 показано, как должны адаптироваться модели к оценке частных фирм.

Мы далеки от утверждения, что во всех упомянутых случаях нельзя выполнить оценку, дисконтируя денежные потоки. Тем не менее, сталкиваясь с подобными ситуациями, мы должны применять достаточно гибкий подход. Естественно, несложно оценить стоимость фирм с четко идентифицируемыми активами, генерирующими денежные потоки, поскольку легко строить предположения относительно их будущего. Реальные проблемы, связанные с оценкой, возникают, когда необходимо расширить границы оценки, чтобы охватить фирмы, далекие от идеализированных условий. Значительная часть этой книги посвящена работе именно с такими фирмами.

СРАВНИТЕЛЬНАЯ ОЦЕНКА

Хотя при рассмотрении оценки главное внимание мы уделили оценке, использующей дисконтирование денежных потоков, в действительности большинство оценок являются сравнительными. Стоимость большинства активов, начиная с дома, который вы покупаете, и заканчивая акциями, в которые вы вкладываете свои деньги, основывается на том, каким образом складывается цена на аналогичный актив на рынке. Данный раздел начинается с центральных идей сравнительной оценки, далее мы перейдем к обоснованиям соответствующей модели, а затем обсудим стандартные варианты в рамках сравнительной оценки.

Основы сравнительной оценки

При сравнительной оценке стоимость актива можно вывести, отталкиваясь от ценообразования на сопоставимые активы, стандартизированные при помощи какой-либо общей переменной, такой как прибыль (earnings), денежные потоки, балансовая стоимость или выручка (revenues). Одной из иллюстраций данного подхода является использование среднеотраслевого мультипликатора «цена/прибыль» для оценки фирмы. При этом используется предположение, что другие фирмы отрасли сопоставимы с оцениваемой фирмой, а рынок в среднем правильно определяет цены на эти фирмы. Другим широко используемым коэффициентом является мультипликатор «цена/балансовая стоимость» (т. е. фирмы, у которых цены, по сравнению с балансовой стоимостью, ниже, чем у сопоставимых фирм, считаются недооцененными). Для оценки фирм также используется отношение цены к продажам, т. е. для сравнения применяется средний мультипликатор «цена/объем продаж» фирм со сходными характеристиками. Хотя три этих показателя относятся к наиболее употребляемым, существуют и другие, также играющие определенную роль в анализе, например «стоимость фирмы/прибыль до налогообложения, процентов и амортизации», «стоимость компании/инвестированный капитал», «цена/денежные потоки», «цена/дивиденды», «рыночная стоимость/стоимость замещения» (Q Тобина).

Исходные положения сравнительной оценки

В отличие от оценки через дисконтирование денежных потоков, которая направлена на поиск внутренней стоимости, сравнительная оценка в большей степени опирается на рынок. Другими словами, мы предполагаем, что рынок корректно определяет цены на акции в среднем, но совершает ошибки, формируя цены отдельных акций. Мы также предполагаем, что сравнение мультипликаторов позволит нам выявить эти ошибки, и они будут со временем скорректированы.

Предположение о том, что рынки со временем исправляют свои ошибки, присуще как оценке через дисконтирование денежных потоков, так и сравнительной оценке. Тем не менее те, кто использует мультипликаторы и сравнимые величины для выбора акций, не без основания утверждают, что ошибки в ценообразовании некоторых акций в секторе более заметны и потому скорректируются быстрее. Например, они доказывают, что если у фирмы — производителя программного обеспечения мультипликатор «цена/прибыль» равен 10, в то время как аналогичный мультипликатор остальных фирм сектора равен 25, то явно акции данной компании недооценены, поэтому рано или поздно произойдет коррекция в сторону среднего для сектора показателя. В то же время сторонники оценки дисконтированных денежных потоков посчитали бы это слабым утешением, если весь сектор переоценен на 50%.

Классификация моделей сравнительной оценки

Аналитики и инвесторы бесконечно изобретательны, когда речь идет об использовании сравнительных оценок. Некоторые из них сравнивают мультипликаторы, выполняя сравнения между различными фирмами, другие — выбирают для сравнения относящиеся к прошлому показатели торговой активности фирмы. Хотя большинство сравнительных оценок стоимости основывается на сопоставимых переменных, существуют также оценки, основанные на фундаментальных переменных.

Фундаментальные переменные и сопоставимые переменные. При оценке дисконтированных денежных потоков стоимость фирмы определяется ожидаемыми денежными потоками. При прочих равных условиях значительные денежные потоки, меньший риск и более высокий рост ведут к повышению стоимости. Некоторые аналитики, использующие мультипликаторы, возвращаются для их получения к моделям дисконтированных денежных потоков. Другие аналитики сравнивают мультипликаторы разных фирм или те, что существовали в разные моменты времени, делая явные или неявные допущения относительно того, насколько сходны или различны фундаментальные показатели фирм.

Использование фундаментальных переменных. В первом подходе мультипликаторы оцениваемой фирмы используют такие фундаментальные переменные, как темпы роста прибыли и денежных потоков, коэффициенты окупаемости и риск. Данный подход к оценке мультипликаторов тождественен применению моделей дисконтированных денежных потоков, требует той же информации и приводит к тем же результатам. Его основное преимущество состоит в том, что он показывает связь между мультипликаторами и характеристиками фирмы, позволяя нам исследовать изменение мультипликаторов по мере изменения этих характеристик. Например, каково будет воздействие изменения размера прибыли на мультипликатор «цена/объем продаж»? Что случится с мультипликатором «цена/прибыль» при повышении темпов роста? Каково отношение между мультипликатором «цена/балансовая стоимость» и рентабельностью собственного капитала?

Использование сопоставимых переменных. Более распространенным подходом к использованию мультипликаторов является сравнение оценки фирмы с ценообразованием фирм-аналогов на рынке или в некоторых случаях с оценкой фирмы в предыдущие периоды. Как мы увидим в последующих главах, поиск сходных и подходящих для сравнения фирм часто оказывается нелегкой задачей, и часто нам приходится останавливать свой выбор на тех из них, которые в том или ином отношении отличны от оцениваемой фирмы. В подобных обстоятельствах мы явно или неявно должны учитывать различия между фирмами в части показателей роста, риска и денежных потоков. На практике контроль над этими переменными простирается от наивных форм (применение среднеотраслевых значений) до изощренных методов (модели многомерной регрессии, в которых идентифицируются и контролируются соответствующие переменные).

Перекрестные сравнения и сравнения временных рядов. В большинстве случаев аналитики назначают цену на акцию, сравнивая мультипликаторы, характеризующие торговую деятельность фирмы, с аналогичными мультипликаторами других фирм в том же самом бизнесе. Однако в некоторых случаях, особенно применительно к зрелым фирмам с длительной историей, сравнение осуществляется на основе исторических данных.

Перекрестные сравнения. Когда мы сравниваем мультипликатор «цена/прибыль» какой-либо фирмы, работающей в области программного обеспечения, со средним мультипликатором по данной отрасли, мы производим сравнительную оценку и осуществляем перекрестное сравнение. Выводы могут сильно различаться — в зависимости от наших исходных предпосылок, касающихся оцениваемой фирмы и сопоставимых фирм. Например, если мы предполагаем аналогичность оцениваемой нами фирмы среднеотраслевой фирме, то придем к заключению, что данная фирма имеет невысокую стоимость, если ее мультипликатор окажется ниже среднего. Однако если мы предполагаем, что деятельность оцениваемой фирмы связана с более высоким риском, чем деятельность среднеотраслевой фирмы, то мы можем заключить, что для данной фирмы характерны более низкие значения мультипликаторов по сравнению с другими фирмами в данном бизнесе. Короче говоря, нельзя сравнивать фирмы, не делая предположений относительно их фундаментальных переменных.

Сравнения во времени. Если речь идет о зрелой фирме с продолжительной историей, то можно сравнить мультипликатор, при котором она торгуется сегодня, с мультипликатором, при котором она торговалась в прошлом. Так, компанию Ford Motor можно оценивать как дешевую, поскольку соотношение ее сегодняшних мультипликаторов, сопоставленных (с учетом прибыли) с историческими, равно 6:10. Однако для того, чтобы выполнить подобное сравнение, необходимо предположить, что фундаментальные переменные фирмы со временем не подвергались изменениям. Например, можно ожидать со временем снижения мультипликатора «цена/прибыль» у быстро растущей фирмы и снижения ожидаемых темпов роста по мере увеличения размера фирмы. Кроме того, сравнение мультипликаторов во времени может усложниться вследствие изменения процентных ставок и поведения рынка в целом. Например, когда процентные ставки падают ниже исторических норм, а стоимость всего рынка растет, можно ожидать, что большинство компаний будут торговаться при более высоких мультипликаторах, основывающихся на прибыли и балансовой стоимости, чем наблюдалось ранее.

Применимость и ограничения мультипликаторов

Главное, что привлекает в мультипликаторах, это простота и легкость их использования. Их можно быстро применять для оценки фирм и активов, и они становятся особенно полезными, когда на финансовых рынках торгуют акциями большого числа сопоставимых фирм, а рынки в среднем корректно назначают цены на эти фирмы. Труднее использовать рыночные цены для оценки единичных фирм, не имеющих аналогов на рынке, с небольшими или нулевыми доходами и отрицательной прибылью.

Равным образом мультипликаторами легко манипулировать и злоупотреблять, особенно когда используются сопоставимые фирмы. Учитывая то, что не существует двух фирм, которые были бы совершенно одинаковыми в отношении показателей роста и риска, выявление сопоставимых фирм становится субъективным делом. Следовательно, предвзятый аналитик может выбрать группу сопоставимых фирм для подтверждения своих предубеждений относительно стоимости какой-то фирмы. Иллюстрация 2.2 представляет пример подобного рода. Хотя возможности для предвзятости существуют и в случае оценки дисконтированных денежных потоков, пользующийся данным методом оценки аналитик вынужден быть более открытым в части своих допущений, определяющих заключительную стоимость. При использовании мультипликаторов указанные допущения часто оказываются скрытыми.

ИЛЛЮСТРАЦИЯ 2.2. *Возможности манипуляций с сопоставимыми фирмами*

Предположим, что аналитик оценивает первичное предложение акций (initial public offering) фирмы, производящей программное обеспечение для компьютеров. При этом мультипликаторы «цена/прибыль»[1] других публичных корпораций, производящих программное обеспечение, следующие:

Фирма	*Мультипликатор*
Adobe Systems	23,2
Autodeck	20,4
Broderbund	32,8
Computer Associates	18,0
Lotus Development	24,1
Microsoft	27,4
Novell	30,0

[1] Здесь взяты значения мультипликатора по состоянию на конец 1992 г.

Фирма	*Мультипликатор*
Oracle	37,8
Software Publishing	10,6
System Software	15,7
Средний мультипликатор «цена/прибыль»	*24,0*

Хотя средний мультипликатор для всех фирм в представленном списке равен 24, его можно существенно изменить, удалив пару фирм в группе. Например, если устранить две фирмы с наименьшим мультипликатором «цена/прибыль» (Software Publishing и System Software), то средний мультипликатор повысится до 27. Если же будут удалены две фирмы с наивысшим мультипликатором в группе (Broderbund и Oracle), то средний мультипликатор «цена/прибыль» снизится до 21.

Другая проблема при использовании мультипликатора на основе сопоставимых фирм заключается в том, что он подвержен ошибкам (переоценке или недооценке), которые рынок мог совершить, оценивая данные фирмы. Например, если рынок переоценил все производящие программное обеспечение фирмы, представленные в иллюстрации 2.2, то использование среднего мультипликатора «цена/прибыль» для оценки первичного

МОДЕЛИ ОЦЕНКИ НА ОСНОВЕ АКТИВОВ

Некоторые аналитики добавляют к трем подходам, описанным в данной главе, еще один — четвертый подход. Они доказывают, что можно оценить отдельные активы, принадлежащие фирме, и суммировать их для получения стоимости фирмы (модели оценки на основе активов). В действительности, существуют несколько вариантов моделей оценки на основе активов. Во-первых, можно найти ликвидационную стоимость (liquidation value), получаемую посредством суммирования оцененной выручки от продажи активов, принадлежащих фирме. Во-вторых, можно выяснить восстановительную стоимость (replacement cost) — когда оценивается стоимость замещения всех активов, которыми фирма располагает на данный момент. И, наконец, в самом простом случае можно принять балансовую стоимость за показатель стоимости активов, осуществляя ее корректировку при необходимости.

Хотя аналитики могут использовать для оценки подходы на основе активов, последние не являются альтернативой тем подходам, которые основаны на дисконтировании денежных потоков, а также моделям сравнительной оценки или оценки опционов, поскольку при вычислении как ликвидационной, так и стоимости замещения приходится прибегать к одному из трех основных подходов. В конечном счете все модели оценки пытаются определить стоимость активов. Различия относятся к способу идентификации активов и методу приписывания стоимости каждому активу. При вычислении ликвидационной стоимости мы рассматриваем только активы и оцениваем их стоимость, проводя сравнение с рыночными ценами активов-аналогов. При традиционной оценке дисконтированных денежных потоков для выяснения стоимости мы включаем в рассмотрение все активы, учитывая ожидаемый потенциал роста. В действительности, два подхода могут привести к одинаковым оценкам, если речь идет о фирме, не имеющей активов роста, и рыночная оценка стоимости отражает ожидаемые денежные потоки.

предложения акций приведет к переоценке и данного выпуска. В отличие от этого, оценка дисконтированных денежных потоков базируется на темпах роста и денежных потоках фирмы, поэтому данный метод с меньшей вероятностью будет подвержен влиянию ошибок рынка при оценке фирмы.

ОЦЕНКА УСЛОВНЫХ ТРЕБОВАНИЙ

Возможно, самым значительным и революционным продвижением в теории и практике оценки стало признание того факта, что по крайней мере в некоторых случаях стоимость актива может быть больше, чем текущая стоимость ожидаемых денежных потоков, если они зависят от наступления или ненаступления некоторого события. Принятие этого факта стало обычным делом вследствие развития моделей определения стоимости опциона. Хотя данные модели первоначально использовались исключительно для оценки опционов, в последние годы были предприняты попытки расширения применимости этих моделей на более традиционные оценки. Многие доказывают, что такие активы, как патенты или неразработанные запасы природных ресурсов, на самом деле есть вид опциона, а потому они должны оцениваться как опционы, а не с позиций традиционных моделей дисконтированных денежных потоков.

Основы подхода

Условное требование (contingent claim), или опцион, представляет собой требование, выплата по которому производится только при определенных условиях: если стоимость базового актива (underlying asset) превосходит предварительно определенное значение колл-опциона (call option), или опциона покупателя, или же она окажется меньше предварительно определенного значения пут-опциона (put option), или опциона продавца. За последние 20 лет была проделана значительная работа по развитию моделей оценки опционов, и эти модели можно использовать для оценки любых активов, обладающих чертами опционов.

Рисунок 2.2 иллюстрирует выплаты по опционам продавца и покупателя в качестве функции стоимости базового актива. Стоимость опциона можно оценить как функцию таких переменных, как приведенная стоимость, дисперсия стоимости базового актива, цена исполнения опциона, время до истечения срока опциона, а также безрисковая процентная ставка. Впервые формула ценообразования опциона была выведена Фишером Блэком и Майроном Шоулзом (Fisher Black и Myron Scholes) в 1972 г., позднее она была последовательно расширена и детализирована и сейчас представлена во множестве версий. Хотя модель ценообразования опционов Блэка–Шоулза (Black — Sholes option pricing model — BSOPM) игнорировала дивиденды и предполагала, что опционы не подлежат исполнению раньше срока, ее можно модифицировать для учета обеих возможностей. Свой вклад в развитие линии моделей, предназначенных для оценки опционов, внесли также: версия с дискретным временем, биномиальная модель ценообразования для опциона и прочие модели.

Если выплаты являются функцией стоимости базового актива, то можно произвести оценку актива как опциона. Актив можно определить как опцион покупателя, если при росте стоимости базового актива, превышающем предварительно определенный уровень, разница стоимости между ними стирается, а при снижении стоимости базового актива опцион теряет свою стоимость вплоть до нуля. Актив можно оценивать как опцион продавца, если его стоимость увеличивается, когда стоимость базового актива падает ниже предварительно определенного уровня, и он не стоит ничего, когда стоимость базового актива превышает заранее определенный уровень.

Исходные положения оценки условных требований

Фундаментальная предпосылка, лежащая в основе использования моделей ценообразования опционов, заключается в том, что модели дисконтированных денежных потоков приводят к недооценке активов, обеспечивающих выплаты по достижении определенных условий. В качестве простого примера можно привести недооцененные нефтяные запасы, принадлежащие компании Petrobras. Можно оценивать эти запасы на основе ожиданий, опираясь на цену нефти в будущем, но в данной оценке не учитывается тот факт, что нефтяная компания будет разрабатывать данные запасы, только если цены на нефть пойдут вверх, и не будет разрабатывать, если цены снизятся. Модель ценообразования опционов дает оценку, которая учитывает это.

Когда мы используем модели ценообразования опционов для оценки таких активов, как патенты и неразрабатываемые запасы природных ресурсов, мы предполагаем, что рынки — достаточно искушенные, чтобы быть в состоянии распознать подобные опционы и включить их в рыночную цену. Если рынки не оправдывают наших ожиданий, то мы предполагаем, что со временем они исправят эту ошибку. Выигрыши от использования данных моделей возникают именно после такой коррекции.

Рисунок 2.2. *Диаграмма выплат для опционов на покупку и на продажу*

Классификация моделей ценообразования на опционы

Первая классификация опционов основывается на различии между финансовыми и реальными базовыми активами. Чаще всего встречаются опционы, основывающиеся на финансовых активах (например, на акциях и облигациях), включая опционы, торгуемые на Чикагской бирже опционов, а также опционы, основывающиеся на ценных бумагах с фиксированным доходом, которые можно выкупить досрочно. Однако опционы могут основываться и на реальных активах, таких как товары, недвижимость и даже инвестиционные проекты. Такие опционы часто называют реальными опционами.

Вторая и во многом пересекающаяся с первой классификация основывается на различии между обращающимися и не находящимися в обороте базовыми активами. Данная классификация исходит из того, что большинство финансовых активов находится в торговом обороте, в то время как лишь немногие реальные активы являются обращающимися. Вообще говоря, опционы на обращающиеся активы легче оценивать, поскольку все входные данные для моделей оценки опционов можно получить напрямую с финансовых рынков. Опционы на основе не находящихся в обращении активов оценить значительно труднее, поскольку входные данные, касающиеся базовых активов, в таком случае оказываются недоступными.

Применимость и ограничения моделей ценообразования опционов

Существует несколько непосредственных примеров ценных бумаг, которые являются опционами, — это опционы LEAPS, представляющие собой долгосрочные опционы на основе обращающихся акций; условные права на компенсацию (contingent value rights), обеспечивающие держателям акций защиту от падения цен на акции; а также варранты, являющиеся долгосрочными опционами покупателя, выпускаемыми фирмами.

Некоторые активы обычно не рассматриваются в качестве опционов, хотя и обладают определенными их характеристиками. Например, собственный капитал можно рассматривать как опцион на покупку, в основе которого лежит стоимость базовой фирмы, при этом номинальная стоимость долга представляет цену исполнения, а срок долга выражает продолжительность жизни опциона. Патент можно рассматривать как опцион на покупку продукта, где инвестиционные расходы, необходимые для реализации проекта, представляют собой цену исполнения опциона, а срок жизни патента — срок до истечения опциона.

При использовании моделей ценообразования опционов для оценки долгосрочных опционов на необращающиеся активы существуют определенные ограничения. Предположения, принимаемые в отношении постоянной дисперсии и размера дивидендов, которые трудно серьезно оспаривать применительно к краткосрочным опционам, становятся куда более проблематичными, когда речь идет о долгосрочных опционах. Когда базовые активы не являются обращающимися, входные данные по поводу стоимости базового актива и вариаций данной стоимости невозможно получить на финансовых рынках, поэтому их приходится оценивать. Таким образом, в данной ситуации заключительная оценка стоимости на основе модели ценообразования опционов в значительно большей степени оказывается подверженной ошибкам, чем более стандартная оценка краткосрочных опционов.

ЗАКЛЮЧЕНИЕ

Существуют три, причем не взаимоисключающих друг друга, подхода к оценке стоимости. Первый — это оценка дисконтированных денежных потоков, когда для получения оценки денежные потоки дисконтируются по ставке, зависящей от риска. Можно выполнить анализ, основываясь только на видении будущего со стороны тех, кто инвестирует в собственный капитал, т. е. дисконтируя денежные потоки на собственный капитал по стоимости собственного капитала. А можно отталкиваться от позиции всех обладателей требований к фирме (claimholders), когда дисконтируются ожидаемые денежные потоки фирмы по ставке, равной средневзвешенной стоимости привлечения капитала (WACC). Второй метод — это сравнительная оценка, при которой стоимость актива определяется на основе цены сопоставимых активов. Третий подход — это оценка условных требований, когда некий актив с характеристиками опциона оценивается при помощи модели ценообразования опционов. В арсенале каждого аналитика, занимающегося оценкой, должны присутствовать все эти методы.

КОНТРОЛЬНЫЕ ВОПРОСЫ

В приведенных ниже заданиях, если не указано иное, премия за риск инвестирования в акции принимается равной 5,5%.

1. Оценка дисконтированных денежных потоков основывается на идее о том, что стоимость актива является текущей стоимостью ожидаемых денежных потоков, создаваемых этим активом и дисконтированных по ставке, которая отражает риск этих потоков. Вынесите свое суждение относительно истинности или ложности следующих утверждений, касающихся оценки дисконтированных денежных потоков. При этом предполагается, что все переменные постоянны, за исключением одной, упомянутой отдельно.
   а) По мере увеличения ставки дисконтирования стоимость актива растет.
   Верно_____ Не верно_____
   б) По мере повышения ожидаемых темпов роста денежных потоков стоимость актива увеличивается.
   Верно_____ Не верно_____
   в) При удлинении срока жизни актива его стоимость повышается.
   Верно_____ Не верно_____
   г) При увеличении неопределенности относительно ожидаемых денежных потоков стоимость актива повышается.
   Верно_____ Не верно_____
   д) Актив с бесконечным сроком жизни (т. е. ожидается, что он будет существовать всегда) будет иметь бесконечную стоимость.
   Верно_____ Не верно_____
2. Почему оценку дисконтированных денежных потоков трудно выполнить применительно к следующим видам фирм:
   а) частная фирма, собственники которой собираются ее продать;
   б) биотехнологическая фирма, ничего не производящая и не продающая в данный момент, но имеющая на подходе несколько перспективных патентов;
   в) циклическая фирма во время спада;
   г) проблемная фирма, потерпевшая значительные убытки, в отношении которой не предвидится никаких улучшений в течение нескольких лет;

д) фирма, находящаяся в процессе реструктуризации, продающая некоторые из своих активов и меняющая финансовую стратегию;
е) фирма, владеющая значительными угодьями ценной земли, которые в данный момент не используются.

3. Далее приведены планируемые денежные потоки на собственный капитал некоей фирмы в течение будущих пяти лет.

Год	*Денежные потоки, приходящиеся на собственный капитал ($ млн.)*	*Процент (1 – t) выплаты ($ млн)*	*Денежные потоки, приходящиеся на фирму ($ млн)*
1	250,00	90,00	340,00
2	262,00	94,50	357,00
3	275,63	99,23	347,85
4	289,41	104,19	393,59
5	303,88	109,40	413,27
Заключительная стоимость	3946,50		6000,00

(Заключительная стоимость равна стоимости собственного капитала или фирмы в конце пятого года.)

Стоимость привлечения собственного капитала фирмы равна 12%, а стоимость привлечения капитала — 9,94%. Ответьте на следующие вопросы:

а) Какова стоимость собственного капитала фирмы?
б) Какова стоимость фирмы?

4. Вы оцениваете мультипликатор «цена/прибыль» для оценки Paramount Corporation, сопоставляя со средним показателем для сопоставимых фирм. Далее следуют мультипликаторы «цена/прибыль» фирм в развлекательном бизнесе:

Фирма	*Мультипликатор «цена/прибыль»*
Disney (Walt)	22,09
Time Warner	36,00
King World Production	14,10
New Line Cinema	26,70

а) Каков средний мультипликатор «цена/прибыль»?
б) Стали бы вы использовать все фирмы при вычислении среднего значения? Почему стали бы или почему не стали бы?
в) Какие предположения вы бы сделали при использовании среднего по отрасли мультипликатора «цена/прибыль» для оценки Paramount Corporation?

Глава 3

ОСНОВЫ ФИНАНСОВОЙ ОТЧЕТНОСТИ

Финансовые отчеты предоставляют фундаментальную информацию, используемую для анализа и решения задач оценки. По этой причине важно понимать принципы, лежащие в основе финансовой отчетности. И здесь необходимо ответить на четыре следующих вопроса:

1. Какова стоимость активов фирмы? Активы фирмы бывают нескольких видов: активы длительного срока жизни, такие как земля и строения; активы более короткого срока жизни, такие как материально-производственные запасы; а также нематериальные активы, генерирующие доходы для фирмы (к ним относятся, например, патенты и торговые марки).
2. Каким образом фирма мобилизует средства для финансирования своих активов? Для приобретения активов фирмы могут использовать средства собственников (собственный или акционерный капитал) или заимствованные деньги (обязательства, долг), а также сочетание различных источников, которое, по всей вероятности, будет изменяться на протяжении жизни активов.
3. Насколько прибыльны данные активы? Инвестицию можно назвать удачной, если доход от нее выше, чем издержки на ее финансирование. Для оценки сделанных фирмой инвестиций нужно оценить доходность данных инвестиций.
4. Какая степень неопределенности (или риска) связана с данными активами? Пока мы не столкнулись непосредственно с проблемой риска, первым шагом, по всей вероятности, является оценка степени неопределенности в существующих инвестициях и последствия их для фирмы.

В настоящей главе рассмотрены методы, на основе которых бухгалтеры отвечают на все эти вопросы. Кроме того, здесь обсуждается вопрос, почему при выполнении оценки ответы могут быть различными. Некоторые из этих расхождений могут быть сведены к различиям в целях — бухгалтеры пытаются измерить текущее состояние фирмы и результаты предыдущего периода, в то время как оценка в значительно большей степени ориентирована на будущее.

ОСНОВЫ БУХГАЛТЕРСКОЙ ОТЧЕТНОСТИ

Существуют три вида бухгалтерской отчетности, которые представляют обобщенную информацию о фирме. Первый — это бухгалтерский баланс (balance sheet) (см. рисунок 3.1), в котором суммируются активы, принадлежащие фирме, стоимость данных активов, а также их источники (обязательства и собственный капитал), используемые для финансирования данных активов в определенный момент времени.

Затем следует отчет о прибылях и убытках (income statement) (см. рисунок 3.2), который дает информацию относительно доходов и затрат фирмы, а также информирует об итоговой прибыли фирмы за определенный период. Этот период может быть равен кварталу (в случае квартального отчета о прибылях и убытках) или году (в случае годового отчета).

И наконец, существует отчет о движении денежных средств (statement of cash flow) (см. рисунок 3.3), определяющий источники и использование денежных средств фирмы от основной деятельности, инвестиций и финансовой активности за отчетный период. Отчет о движении денежных средств можно рассматривать в качестве попытки детализировать движение денежных средств, а также как попытку ответить на вопрос, почему кассовый остаток менялся в течение данного периода.

Рисунок 3.1. *Бухгалтерский баланс*

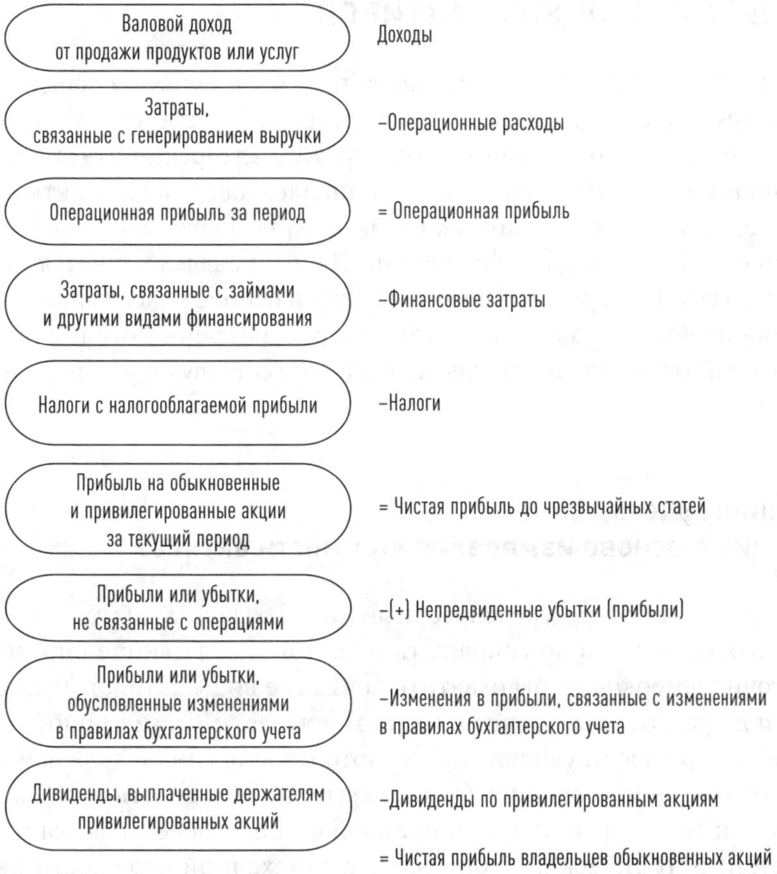

Рисунок 3.2. *Отчет о прибылях и убытках*

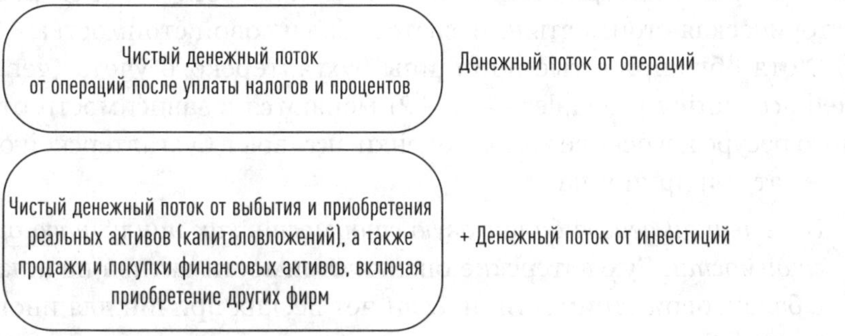

Рисунок 3.3. *Отчет о движении денежных средств*

ИЗМЕРЕНИЕ И ОЦЕНКА АКТИВОВ

При анализе какой-либо фирмы мы хотели бы в первую очередь узнать классы принадлежащих ей активов, их стоимость и степень неопределенности относительно данной стоимости. Бухгалтерские отчеты хорошо выполняют задачу классификации принадлежащих фирме активов, неплохо справляются с оценкой их стоимости, но плохо отражают неопределенность относительно ее величины. Данный раздел начнется с обзора принципов бухгалтерского учета, лежащих в основе классификации и измерения стоимости активов, а также с рассмотрения ограниченности финансовой отчетности, раскрывающей соответствующую информацию об активах.

Принципы учета, лежащие в основе измерения стоимости активов

Актив — это любой ресурс, способный либо создавать в будущем приток денежных средств, либо сокращать их отток. Хотя данное определение достаточно широко, чтобы охватить почти все виды активов, бухгалтеры поясняют: ресурс может считаться активом, если фирма приобрела его в какой-то предшествующей сделке, которая способна с должной точностью количественно оценить будущие выгоды. Стоимость активов с бухгалтерской точки зрения в значительной степени основывается на представлении исторической стоимости, т. е. исходной стоимости актива, скорректированной в сторону повышения с учетом улучшений, произведенных над активом с момента покупки, а также и в направлении понижения — с учетом потери стоимости, связанной с устареванием ресурса. Эта историческая стоимость называется «балансовой стоимостью» (book value). Хотя общепринятые принципы бухгалтерского учета (generally accepted accounting principles — GAAP) меняются в зависимости от конкретного ресурса, в основе метода оценки активов в бухгалтерской отчетности лежат три принципа:

1. *Неизменная вера в балансовую стоимость как наилучшую оценку стоимости*. Бухгалтерские оценки стоимости актива начинаются с балансовой стоимости, и, если нет веских причин для иного решения, бухгалтеры рассматривают историческую стоимость в качестве наилучшей оценки стоимости актива.
2. *Недоверие к рыночной или оценочной стоимости*. Когда текущая рыночная стоимость актива отличается от балансовой стоимости, бухгалтерское сообщество склонно относиться к рыночной

стоимости с подозрением. Рыночная цена актива часто считается слишком уж изменчивой и подверженной манипуляциям, чтобы использовать ее для оценки стоимости актива. Подозрения еще больше углубляются, когда стоимость актива оценивается на основе движения денежных средств, ожидаемого в будущем.

3. *Предпочтение отдается недооцененной стоимости перед переоцененной*. Когда существует несколько подходов к оценке стоимости актива, в бухгалтерском деле принято использовать более консервативную (более низкую), а не более оптимистичную (более высокую) оценку стоимости. Таким образом, когда известны рыночная и балансовая стоимости актива, требования бухгалтерского учета часто предполагают использование наименьшей из двух величин.

Измерение стоимости актива

Финансовый отчет, где бухгалтеры указывают и суммируют стоимость активов, называется «бухгалтерским балансом». Измерение стоимости активов мы начнем изучать с рассмотрения методики классификации активов в бухгалтерском балансе. Во-первых, существуют основные средства, включающие долгосрочные активы, такие как фабрики, оборудование, земля и строения. Затем следуют краткосрочные активы фирмы, охватывающие материально-производственные запасы (сырье, незавершенное производство и готовые изделия), дебиторскую задолженность (все денежные средства, заимствованные фирмой), а также денежные средства. Данные активы классифицируются как оборотные средства. Затем следуют инвестиции в активы и ценные бумаги других фирм, обычно классифицируемые как финансовые инвестиции. Наконец, следует то, что неопределенно классифицируется как нематериальные активы. Они включают не только такие активы, как патенты и торговые марки, предположительно создающие будущие доходы и движение денежных средств, но и индивидуально оцениваемые активы, такие как гудвилл, возникающий вследствие приобретений, сделанных фирмой.

Основные средства. Общепринятые принципы бухгалтерского учета (GAAP) в США требуют оценки основных средств на основе исторической стоимости, скорректированной в соответствии с любой потерей в стоимости вследствие старения данных активов. Хотя теоретически корректировки, связанные с устареванием, должны отражать потерю в способности создавать доход по мере старения, на практике они в большей степени являются продуктом правил и соглашений, принятых в бухгалтерском деле. При этом данная поправка называется «износом» (depreciation). Методы начисления износа в широком смысле можно разбить на две категории: существует равномерный износ (когда потеря в стоимости актива предполагается одинаковой каждый год на протяжении всей жизни актива) и ускоренный износ (при котором актив в первые годы теряет в стоимости больше, чем в последующие). Хотя налоговые правила, по крайней мере в США, ограничивают свободу фирмы в выборе срока жизни активов и метода износа, компании все же обладают значительным простором действий в целях отчетности. Таким образом, износ, указываемый в годовых отчетах, может оказаться неравным (и обычно не соответствует) износу, используемому в налоговых декларациях.

Поскольку основные средства оцениваются согласно балансовой стоимости, причем их оценка корректируется с учетом износа, то стоимость этих основных средств в значительной степени зависит и от срока, и от используемого метода начисления износа. Многие фирмы в США для целей составления финансовой отчетности используют равномерный износ, а для налоговых целей — ускоренный, поскольку фирмы могут представить более выгодные показатели, пользуясь первым способом, по крайней мере в первые годы после приобретения актива[1]. В отличие от этого, в других странах часто используется ускоренный износ как для финансовых, так и для налоговых отчетов, что приводит к недооценке прибыли по сравнению с американскими коллегами.

Оборотные средства. Оборотные средства включают материально-производственные запасы, наличные денежные средства и счета к получению. Именно в этой категории бухгалтеры наиболее склонны использовать рыночную стоимость, особенно при оценке ликвидных ценных бумаг.

Счета к получению (accounts receivable). Счета к получению представляют деньги, которые другие организации должны данной фирме за продажу продуктов в кредит. Когда Home Depot продает материалы строителям-подрядчикам и дает им несколько недель отсрочки для осуществления платежей, возникают счета к получению. Согласно общепринятым в бухгалтерском деле стандартам, счета к получению записываются как сумма, которую другие организации должны фирме, на основе счета, выписанного в момент продажи в кредит. Серьезные задачи бухгалтерской оценки возникают, когда фирма вынуждена признать некоторые счета к получению не подлежащими оплате. Фирмы могут зарезервировать часть своих доходов для покрытия безнадежных долгов, возникших в результате

---

[1] Износ рассматривается как вид бухгалтерских издержек (accounting expense). По этой причине использование равномерного начисления (более низкого, чем ускоренный износ в течение первых нескольких лет после приобретения актива) приведет к более низким расходам и более высокой прибыли.

продажи в кредит. При этом счета к получению сокращаются на величину этого резерва. Кроме того, безнадежные долги могут признаваться по мере их возникновения, и фирма может сокращать в соответствии с этим счета к получению. Однако существует риск, что в отсутствие решительного признания безнадежного долга фирмы могут продолжать указывать в качестве счетов к получению суммы, которые, по их представлению, едва ли будут когда-либо оплачены.

Денежные средства (cash). Денежные средства — один из немногих активов, относительно стоимости которого у бухгалтеров и финансовых аналитиков отсутствуют разногласия. Стоимость кассового остатка не вызывает разногласий. Тем не менее следует заметить, что все меньшее число фирм действительно держит наличность в прямом смысле этого слова (в виде монет и банкнот или счетов до востребования в банках). Фирмы часто помещают ее на процентных счетах или вкладывают в краткосрочные казначейские векселя, чтобы получать доход от своих вкладов. В любом случае рыночная стоимость может отклоняться от балансовой стоимости, особенно если вложения носят долгосрочный характер. Хотя в обоих видах инвестиций отсутствует серьезный риск дефолта, изменения процентной ставки могут влиять на их стоимость. Оценка ликвидных ценных бумаг будет рассмотрена ниже.

Материально-производственные запасы (inventory). Существуют три базовых подхода к оценке стоимости материально-производственных запасов, допускаемые стандартом GAAP, — FIFO, LIFO и метод средневзвешенной стоимости.

1. *«Первым пришел — первым ушел»* (first in, first out — FIFO). Согласно FIFO, стоимость продаваемых благ основывается на стоимости материала, купленного в начале периода, в то время как стоимость материально-производственных запасов основывается на стоимости материала, купленного в конце года. Это приводит к тому, что материально-производственные запасы оцениваются близко к текущей стоимости замещения. В период инфляции использование FIFO приводит к самой низкой оценке стоимости продаваемых благ среди всех трех подходов к оценке, а также к наивысшей величине чистой прибыли.
2. *«Последним пришел — первым ушел»* (last in, first out — LIFO). Согласно LIFO, стоимость продаваемых благ основывается на стоимости материала, купленного к концу периода, а это приводит к тому, что стоимость близко приближается к текущей стоимости. Однако материально-производственные запасы оцениваются на основе

стоимости материалов, купленных в начале года. В период инфляции использование LIFO приведет к наивысшей оценке стоимости продаваемых благ, по сравнению с другими подходами, и соответственно — к самому низкой величине чистой прибыли.

3. *Метод средневзвешенной стоимости* (weighted average). Согласно подходу средневзвешенной стоимости, и материально-производственные запасы, и стоимость продаваемых благ основываются на средней стоимости всех материалов, купленных в течение данного периода. Когда материально-производственные запасы оборачиваются быстро, данный подход напоминает скорее FIFO, чем LIFO.

Подход LIFO фирмы часто применяют ради получения налоговых выгод в периоды инфляции. Стоимость продаваемых товаров в таком случае становится выше, поскольку она основывается на ценах, уплачиваемых в конце отчетного периода. Это, в свою очередь, приводит к сокращению указываемой в отчетности налогооблагаемой и чистой прибыли, а также к увеличению движения денежных средств. Исследования показывают, что в значительно большей степени к применению подхода LIFO склонны крупные фирмы с растущими ценами на сырье и рабочую силу, отличающиеся непостоянством увеличения материально-производственных запасов и отсутствием других налоговых убытков, перенесенных на будущие периоды.

Учитывая влияние методов оценки материально-производственных запасов на величины прибыли и движения денежных средств, часто трудно бывает сравнивать доходность фирм, применяющих различные методы. Однако существует один способ сглаживания этих различий. Фирмы, выбирающие подход LIFO для оценки стоимости материально-производственных запасов, должны определить в примечаниях разницу в оценке материально-производственных запасов между FIFO и LIFO. Указанная разница называется «резервом LIFO». Он может использоваться для корректировки величин первоначальных и заключительных материально-производственных запасов и, следовательно, стоимости продаваемых благ, а также для определения величины прибыли на основе FIFO.

Инвестиции (финансовые) и ликвидные ценные бумаги. В данную категорию бухгалтеры помещают инвестиции фирмы в ценные бумаги или активы других фирм, а также другие ликвидные ценные бумаги, включая краткосрочные казначейские векселя или облигации. Способ оценки данных активов зависит от метода классификации инвестиций и мотивов, лежащих в основе данных инвестиций. Вообще говоря, инвестиции в ценные бумаги другой фирмы могут быть разбиты на несколько категорий: *миноритарная пассивная инвестиция* (minority passive investment); *мино-*

ритарная активная инвестиция (minority active investment); контрольная активная инвестиция (majority active investment). При этом правила бухгалтерского учета меняются в зависимости от категории инвестиций.

Миноритарные пассивные инвестиции (minority passive investment). Если ценные бумаги или активы другой фирмы представляют менее 20% совокупной собственности данной фирмы, то инвестиция рассматривается как миноритарная пассивная инвестиция. Стоимость данных инвестиций представляет собой сумму, первоначально уплаченную фирмой за ценные бумаги. Эта величина часто равна рыночной стоимости. Стандарты бухгалтерского учета требуют, чтобы данные активы были разбиты на три группы: инвестиции, которые будут храниться до завершения их срока; инвестиции, доступные для продажи; торговые инвестиции. Принципы оценки во всех трех случаях различны.

- Применительно к инвестициям, сохраняемым до завершения их срока, оценка основывается на исторической стоимости или на балансовой стоимости, а процент или дивиденд от подобной инвестиции отображается в отчете о прибылях и убытках.
- Применительно к инвестициям, доступным для продажи, оценка производится по рыночной стоимости, а нереализованные доходы или убытки отражаются в бухгалтерском балансе и не отражаются в отчете о прибылях и убытках. Таким образом, нереализованные убытки уменьшают балансовую стоимость собственного капитала фирмы, а нереализованные прибыли повышают балансовую стоимость собственного капитала.
- Для торговых инвестиций оценка выполняется по рыночной стоимости, а нереализованные прибыли и убытки отражаются в отчете о прибылях и убытках.

Фирмы обладают определенной свободой действий при выборе способа инвестиций и, следовательно, при выборе метода оценки этих активов. Данная классификация гарантирует, что такие предприятия, как инвестиционные банки — активы которых по большей части представляют ценные бумаги других фирм, предназначенные для участия в торгах, — будут заново оценивать их стоимость в соответствии с рыночными курсами в каждый период. Это называется «переоценкой по рынку» (marking to market) и представляет собой один из немногих примеров, когда рыночная стоимость «побивает» балансовую стоимость в бухгалтерской отчетности.

Миноритарные активные инвестиции (minority active investment). Если ценные бумаги или активы, представляющие собой инвестицию в другую фирму, составляют 20–50% от всей собственности этой фирмы, то инвестиция считается миноритарной активной инвестицией. Хотя эти инвестиции имеют начальную стоимость приобретения, эта стоимость корректируется на основе пропорциональной доли чистой прибыли и убытков (основанной на пропорции владения), созданных фирмой, в которую была сделана инвестиция. Кроме того, полученные от инвестиции дивиденды сокращают первоначальную стоимость. Данный подход к оценке инвестиций называется «подходом на основе собственного капитала».

Рыночная стоимость инвестиций не принимается во внимание, пока эти инвестиции не ликвидированы. После этого прибыль или убыток от продажи, соотнесенные со скорректированной стоимостью приобретения, отображаются как часть общей прибыли за этот период.

Контрольные активные инвестиции (majority active investment). Если ценные бумаги или активы, представляющие инвестиции в другую фирму, составляют более 50% совокупной собственности этой фирмы, то инвестиция считается контрольной (мажоритарной) активной инвестицией. В этом случае инвестиция больше не отображается в отчетности как финансовая инвестиция, а вместо этого она заменяется активами и пассивами фирмы, в которую осуществлена инвестиция. Данный подход приводит к консолидации бухгалтерских балансов двух фирм, когда активы и пассивы двух фирм сливаются, выступая в виде единого бухгалтерского баланса[1]. Доля собственного капитала, принадлежащая остальным инвесторам, отображается как миноритарный интерес (minority interest) на стороне пассивов бухгалтерского баланса. В качестве иллюстрации предположим, что фирма А имеет 60%-ную долю собственности в фирме Б. В этом случае от фирмы А требуют, чтобы она включала 100% доходов, прибылей и активов фирмы Б в свою отчетность, и показывала обязательства (миноритарный интерес), отражающие учетную оценку стоимости 40% собственного капитала фирмы Б, которые не принадлежат ей. Подобная консолидация происходит и с другими финансовыми отчетами фирмы. При этом отчет о движении денежных средств отражает совместные притоки (cash inflows) и оттоки наличности (cash outflows) объединенной фирмы. Данный подход представляет собой противоположность оценке на основе собственного капитала, применяемой к миноритарным активным инвестициям, где в отчете о движении денежных средств в виде притока наличности отображаются только дивиденды, приходящиеся на инвестицию.

Опять же, рыночная стоимость данной инвестиции не принимается во внимание, пока не ликвидирована доля участия. После этого разница

---

[1] Фирма избегает требования о консолидации, обладая долей в других фирмах на уровне ниже 50%.

между рыночной ценой и чистой стоимостью доли в собственном капитале рассматривается как прибыль или убыток за период.

Нематериальные активы (intangible assets). Нематериальные активы включают широкий круг активов: от патентов и торговых марок до гудвилла. Бухгалтерские стандарты в отношении различных нематериальных активов различаются.

Патенты и торговые марки (patents and trademarks). Патенты и торговые марки оцениваются по-разному в зависимости от того, были ли они произведены внутри фирмы или приобретены. Когда патенты и торговые марки произведены в результате усилий самой фирмы, издержки на создание данных активов записываются в расходы данного периода, даже если срок жизни актива может составлять несколько отчетных периодов. Таким образом, нематериальные активы не получают оценки в бухгалтерском балансе фирмы. В отличие от этого, когда нематериальный актив приобретен извне, он считается активом.

Нематериальные активы амортизируются на протяжении их ожидаемого срока жизни при максимальном периоде в 40 лет. Вообще говоря, для налоговых целей фирмам не разрешается амортизировать гудвилл и другие нематериальные активы, не обладающие определенным сроком жизни, хотя последние изменения в налоговом законодательстве дают некоторую свободу в этом отношении.

Гудвилл (goodwill). Нематериальные активы иногда становятся побочным продуктом приобретений. Когда фирма приобретает другую фирму, цена покупки сначала причисляется к материальным активам, а затем избыточная цена причисляется к любым нематериальным активам, таким как патенты или торговые марки. Любые остатки становятся гудвиллом. Хотя бухгалтерские принципы требуют, чтобы гудвилл включал стоимость любых плохо поддающихся учету нематериальных активов, на самом деле он является отражением разницы между балансовой стоимостью активов и рыночной стоимостью фирмы, обладающей активами. Данный подход называется учетом приобретений как покупки, и он создает нематериальный актив (гудвилл), со временем амортизируемый. До 2000 г. фирмы, которые не хотели подвергать свою прибыль подобной нагрузке, часто использовали другой подход, он называется учетом приобретений методом слияния и предполагает, что цена покупки никогда не появляется в бухгалтерском балансе. Вместо этого балансовые стоимости двух компаний, вовлеченных в слияние, агрегировались для создания консолидированного баланса объединенной фирмы. Правила учета поглощений значительно изменились в последнее десятилетие как в США, так и в других странах. Учет по методу покупки требуется теперь не только при поглощениях, фирмам не разрешается автоматически амортизировать гудвилл в течение длительных периодов (как они когда-то делали). Вместо этого поглощающие фирмы должны переоценивать стоимость приобретенных предприятий каждый год. При этом если стоимость упала после поглощения, величина гудвилла должна уменьшаться для отражения этого падения. В случае ее роста гудвилл не увеличивается[1].

ИЛЛЮСТРАЦИЯ 3.1. Стоимость активов компании Boeing и фирмы Home Depot

В таблице содержится информация о стоимости активов, указанных в бухгалтерских балансах компании Boeing, гиганта самолетостроения, и фирмы Home Depot, торгующей строительными материалами, на конец 1998 финансового года ($ млн):

	Boeing	**Home Depot**
Остаточная стоимость основного капитала (net fixed assets)	8589	8160
Репутация	2312	140
Инвестиции и векселя к получению (notes receivable)	41	0
Отсроченные налоги на прибыль (deferred income taxes)	411	0
Авансированные расходы на пенсионное обеспечение (prepaid pension expense)	3513	0
Финансирование клиентов (customer financing)	4930	0
Прочие активы	542	191
Текущие активы (current assets)		
Денежные средства	2183	62
Краткосрочные ликвидные инвестиции (Short-term marketable investments)	279	0
Счета к получению	3288	469
Текущая часть финансирования клиентов	781	0
Отсроченные налоги на прибыль	1495	0
Товарно-материальные запасы	8349	4293
Прочие оборотные средства	0	109
Итого оборотных активов	16 375	4933
Итого активов	36 672	13 465

В отношении стоимости данных активов следует сделать пять замечаний:

1. *Гудвилл*. Компания Boeing, которая приобрела Rockwell в 1996 г. и McDonnell Douglas в 1997 г., использовала метод покупки в отношении Rockwell и метод объединения в отношении McDonnell Douglas. В случае с Rockwell гудвилл в бухгалтерском балансе отражает превышение стоимости приобретения над балансовой стоимостью и амортизируется в течение 30 лет (что Boeing не может сделать в соответствии с действующими правилами).

[1] После завершения поглощения разница между рыночной и балансовой стоимостью объекта поглощения превращается в гудвилл не автоматически. Существующие активы можно сначала переоценить по справедливой стоимости и уже после этого определить разницу, которая превращается в гудвилл.

В случае McDonnell Douglas выплаченная премия в активах не отражается, поскольку поглощение было структурировано по методу объединения, что также не разрешается действующими в настоящее время правилами.

2. *Финансирование клиентов и счета к получению.* Компания Boeing часто финансирует своих клиентов при покупке или аренде производимых ею самолетов. Поскольку подобные контракты обычно заключаются на несколько лет, приведенная стоимость платежей, осуществляемых в будущем, а также арендных платежей отображается как финансирование клиентов. Текущая стоимость этих платежей отображается как счета к получению. Компания Home Depot также предоставляет финансирование своим клиентам, но эти платежи отображаются только как счета к получению вследствие их краткосрочного характера.
3. *Товарно-материальные запасы.* Boeing оценивает товарно-материальные запасы, используя метод средневзвешенной стоимости, в то время как Home Depot при оценке товарно-материальных запасов прибегает к методу FIFO.
4. *Ликвидные ценные бумаги.* Boeing классифицирует свои краткосрочные инвестиции как торговые (trading investments) и отражает их по рыночной стоимости. Home Depot обладает смесью торговых, доступных для продажи и хранимых до погашения инвестиций, поэтому прибегает к сочетанию балансовой и рыночной стоимости для оценки этих инвестиций.
5. *Авансовые расходы на пенсионное обеспечение.* Boeing записывает превышение активов своего пенсионного фонда над ожидаемыми обязательствами пенсионного фонда как актив в бухгалтерском балансе.

Наконец, бухгалтерский баланс Boeing не отражает стоимость одного очень важного актива. Речь идет о результатах произведенных в прошлом затрат на научно-исследовательские и опытно-конструкторские работы (НИОКР). Общепринятые бухгалтерские правила требуют, чтобы они относились на расходы в том же году, когда они возникли, и не капитализировались, поэтому в бухгалтерском балансе отсутствуют активы, имеющие отношение к исследованиям. В главе 9 обсуждаются способы капитализации расходов на НИОКР, а также их влияние на бухгалтерские балансы.

ИЗМЕРЕНИЕ ФИНАНСИРУЮЩЕЙ КОМБИНАЦИИ

Вторая группа вопросов, которую хотелось бы обсудить — и тема финансовой отчетности вносит здесь некоторую ясность, — относится к используемой фирмой комбинации обязательств и собственного капитала, а также к текущей стоимости каждого из этих элементов. Значительную часть информации по этим вопросам обеспечивает пассивная сторона бухгалтерского баланса и примечания к ней.

Принципы учета, лежащие в основе измерения пассивов и собственного капитала

Как и в случае с измерением стоимости активов, бухгалтерская классификация пассивов и собственного капитала определяется набором достаточно жестких принципов. Первый из них — это *строгое разделение видов финансирования на пассивы (обязательства) и собственный капитал*, основанное на природе обязательства. Чтобы обязательство (obligation) рассматривалось как пассив (liability), оно должно отвечать трем требованиям.

1. Ожидается, что обязательство должно обеспечивать в будущем отток денежных средств (cash outflow) или потерю будущих денежных поступлений в некую указанную или определяемую дату.
2. Фирма не может избежать обязательства.
3. Сделка, создавшая обязательство, уже совершилась.

В соответствии с изложенным ранее принципом консерватизма при оценке стоимости актива бухгалтеры признают пассивами только обязательства в отношении денежных потоков, которых невозможно избежать.

Второй принцип основывается на том, что стоимость пассивов и собственного капитала фирмы *правильнее оценивать, используя скорректированные исторические издержки*, прибегая к помощи бухгалтерских корректировок и не обращаясь к ожидаемым будущим денежным потокам или рыночной стоимости. Процесс выяснения стоимости задолженностей и собственного капитала неразрывно связан с методом оценки активов. Главным образом, они оцениваются на основе исторических издержек или балансовой стоимости, поэтому и долг, и собственный капитал в основном тоже оцениваются исходя из балансовой стоимости. В следующем разделе мы рассмотрим бухгалтерское измерение пассивов и собственного капитала.

Измерение стоимости пассивов и собственного капитала

Бухгалтеры разделяют пассивы на: текущие пассивы (current liabilities), долгосрочные долги (long-term debt) и долгосрочные обязательства (long-term liabilities), которые не относятся ни к долгам, ни к собственному капиталу. Далее мы изучим способ измерения каждого из этих видов обязательств.

Текущие пассивы (current liabilities). К категории текущих пассивов относятся все обязательства, по которым срок оплаты приходится на следующий год. Как правило, они включают следующие обязательства.

- *Счета к оплате*, представленные кредитами, которые получены от поставщиков и других продавцов, чьи товары приобретала фирма. Стоимость счетов к оплате представляет суммы, которые фирма должна таким кредиторам. Для данной категории рыночная и балансовая стоимости должны быть близки друг к другу.
- *Краткосрочные заимствования*, представленные краткосрочными ссудами (сроком менее одного года), которые взяты для финансирования операций или текущих расходов по активам. Опять же,

отражаемая стоимость представляет суммы, подлежащие к оплате по этим ссудам. При этом балансовая и рыночная стоимости должны быть аналогичными, если только риск дефолта фирмы кардинально не изменился с момента взятия ссуды в долг.

- *Краткосрочная часть долгосрочных заимствований* представляет часть долгосрочных долгов или облигаций, платежи по которым наступают в следующем году. Как и в предыдущем случае, отображаемая стоимость представляет собой реальную сумму, подлежащую к оплате по этим заимствованиям, причем рыночная и балансовая стоимости должны сходиться по мере приближения даты платежей.
- *Прочие краткосрочные обязательства* охватывают все другие краткосрочные пассивы, которые фирма может иметь, в том числе обязательства по заработной плате сотрудникам, а также налоги.

Из всех этих статей бухгалтерского баланса (если отсутствует очевидное мошенничество) бухгалтерские оценки балансовой стоимости и финансовые оценки рыночной стоимости текущих пассивов должны быть в значительной степени сходны.

Долгосрочные долги (long-term debt). Долгосрочные долги для фирм могут принимать одну из двух форм. Это могут быть долгосрочная ссуда банка или другого финансового института либо долгосрочная облигация, выпущенная и размещенная на финансовом рынке. В последнем случае кредиторами становятся инвесторы, вложившие свои деньги в данную облигацию. Бухгалтеры измеряют стоимость долгосрочных долгов на основе текущих платежей, полагающихся по ссуде или облигации на время получения кредита. Приведенная (текущая) стоимость банковских ссуд равна их номинальной стоимости. Что же касается облигаций, то здесь есть три возможности. Например, когда облигации выпускаются по номинальной стоимости, стоимость долгосрочного долга обычно измеряется по номиналу облигации (т. е. основной суммы, подлежащей выплате по заимствованию). Когда же выпуск осуществляется с премией или с дисконтом к номинальной стоимости, то облигации учитываются по цене выпуска, но премия или дисконт амортизируются на протяжении жизни облигации. Компании, выпускающие облигации с нулевым купоном, должны отражать долг по цене выпуска, которая значительно меньше основной (номинальной) цены, подлежащей выплате в момент погашения. Разница между ценой выпуска и номинальной стоимостью амортизируется в каждом периоде и рассматривается как безналичные выплаты по процентам, вычитаемые из налогов.

Во всех этих случаях стоимость долга не подвержена воздействию изменений процентных ставок в течение срока жизни ссуды или облигации.

Стоит заметить, что при повышении или снижении рыночных процентных ставок приведенная стоимость долговых обязательств должна понизиться или подняться. Но это обновление рыночной стоимости долга не находит отражения в бухгалтерском балансе. Если долг выкупается раньше срока погашения, то разница между балансовой стоимостью и выплаченной при выкупе суммой рассматривается в отчете о прибылях и убытках как чрезвычайная прибыль или убыток.

Наконец, компании, имеющие долгосрочные долги, которые выражены в иностранных валютах, должны скорректировать балансовую стоимость долга с учетом изменений курса обмена валют. Поскольку изменения валютного курса отражают фундаментальные изменения в процентных ставках, это предполагает, что, скорее всего, данный долг будет оцениваться гораздо ближе к рыночной стоимости, чем долг в местной валюте.

Прочие долгосрочные обязательства (other long-term liabilities). Фирмы часто имеют долгосрочные обязательства, которые не попадают в категорию долгосрочных долгов. Они включают обязательства перед арендодателями, сдающими фирме внаем активы, перед работниками — по пенсионному и медицинскому страхованию, подлежащие выплате, а также перед правительством — в виде отсроченных налогов. В течение двух прошедших десятилетий бухгалтеры интенсивно двигались в сторону количественного отражения этих задолженностей именно как долгосрочных обязательств.

Аренда (leases). Фирмы часто предпочитают арендовать долгосрочные активы, а не покупать их. Платежи по аренде создают тот же вид обязательств, что и процентные платежи по долгу, поэтому их следует рассматривать аналогичным образом. Если фирма может арендовать значительную часть своих активов, не отражая их в своих финансовых отчетах, то внимательное прочтение отчетности даст весьма искаженное представление о финансовой мощи компании. По этой причине правила бухгалтерского учета были разработаны таким образом, чтобы принудить фирмы раскрывать в отчетах объемы своих обязательств по аренде.

Существуют два способа бухгалтерского учета аренды. При операционной аренде (operating lease) арендодатель (или собственник) передает арендатору только право использовать свою собственность. В конце периода аренды арендатор возвращает арендуемое имущество арендодателю. Поскольку арендатор не принимает на себя риска владения, расходы по аренде в отчете о прибылях и убытках трактуются как операционные расходы (operating expense) и аренда не влияет на бухгалтерский баланс. В случае финансовой аренды (capital lease) арендатор принимает некоторые риски владения, одновременно получая определенные выгоды от владения собственностью. Следовательно, аренда при отражении в бухгалтерском балансе интерпретируется и как актив, и как задолженность (в отношении арендных платежей). Каждый год фирма объявляет величину износа актива, ежегодно вычитая при этом компонент процентной платы по этим арендным платежам. Как правило, при финансовой аренде признание расходов происходит раньше, чем при эквивалентной операционной аренде.

Поскольку фирмы предпочитают не показывать аренду в отчетности и иногда откладывают расходы, у них существует сильный стимул отражать все виды аренды как операционную аренду. Поэтому Совет по стандартам бухгалтерского учета (Financial Accounting Standards Board — FASB) постановил, что аренда должна считаться финансовой арендой, если она удовлетворяет любому из следующих четырех условий:

1. Срок аренды превышает 75% от срока жизни актива.
2. По завершении срока аренды происходит передача собственности арендатору.
3. По завершении срока аренды существует возможность приобретения актива по договорной цене.
4. Приведенная стоимость платежей по аренде, дисконтированных по соответствующей ставке, превышает 90% от справедливой рыночной стоимости данного актива.

Для определения вида аренды (операционная или финансовая аренда) и, соответственно, способа его отражения в бухгалтерской отчетности арендодатель использует те же самые критерии. Если речь идет о финансовой аренде, то арендодатель записывает приведенную стоимость будущих денежных потоков как доход и учитывает издержки. Арендуемое имущество также отображается в бухгалтерском балансе как актив, а процентный доход по мере оплаты учитывается на протяжении всего срока аренды.

С точки зрения налогов арендатор может претендовать на извлечение налоговых выгод, связанных со сдаваемым в аренду активом, только если речь идет об операционной аренде, хотя налоговый кодекс использует несколько иные критерии для определения, является ли аренда операционной[1].

[1] Требования к операционной аренде в налоговом кодексе следующие: 1) в конце срока аренды имущество может использоваться лицом, необязательно являющимся арендатором; 2) арендатор не может приобретать актив, используя продажу со скидкой; 3) арендодатель рискует по меньшей мере 20% своего капитала; 4) арендодатель имеет положительные денежные потоки от аренды вне зависимости от налоговых выгод; 5) у арендатора отсутствуют инвестиции в арендуемом имуществе.

Пособия работающим по найму (employee benefits). Наниматель может обеспечивать своим работникам пенсии и выплаты по медицинскому страхованию. Во многих случаях обязательства, создаваемые этими выплатами, оказываются сильно растянутыми во времени, поэтому неспособность фирмы финансировать эти обязательства в необходимом объеме должна найти отражение в финансовой отчетности.

Пенсионные планы (*pension plans*). Частная (добровольная) система пенсионного обеспечения, получившая название «пенсионные планы», предполагает, что фирма соглашается обеспечивать пенсионные выплаты своим работникам либо путем фиксированных взносов (когда работодатель делает фиксированные ежегодные взносы в систему без каких-либо обещаний относительно выплат), либо путем фиксированных выплат (когда работодатель обещает работникам выплату определенных сумм). В последнем случае работодатель должен на каждый период вносить в пенсионную систему достаточные средства для обеспечения фиксированных выплат.

Если действует пенсионный план с фиксированными взносами, то фирма выполняет свои обязательства сразу по внесении взноса в пенсионную систему. При пенсионном плане с фиксированными выплатами обязательства фирмы оценить куда сложнее, поскольку они определяются многими переменными, включая пособия, назначенные работникам, предыдущие взносы, сделанные работодателем, и доходы, которые они заработали, а также нормы доходности, которые работодатель ожидает получить от текущих вкладов. При изменении этих переменных стоимость активов пенсионного фонда может оказаться больше или меньше обязательств пенсионного фонда (которые включают приведенную стоимость обещанных пенсий) либо равной им. Пенсионный фонд, чьи активы превышают обязательства, представляет собой пенсионный план с избыточными фондами (overfunded pension plan), в то время как пенсионный фонд, активы которого меньше его обязательств, представляет собой пенсионный план с недостаточными фондами (underfunded pension plan). Сведения о существующем положении дел должны включаться в финансовые отчеты (как правило, в примечания).

Когда пенсионный фонд имеет избыточные фонды, у фирмы есть несколько возможностей. Она может отозвать лишние активы из фонда, прекратить осуществлять взносы в план, либо продолжать делать взносы, предполагая, что избыточные фонды — это временное явление, которое вполне может исчезнуть к началу следующего периода. Если фонд имеет недостаточные фонды, это означает, что фирма имеет обязательство, хотя стандарты бухгалтерского учета требуют, чтобы фирма отражала только превышение накопленных обязательств пенсионного фонда над его активами[1].

Система медицинского страхования (*health care benefits*). Фирма может предоставлять обеспечение медицинского страхования двумя способами: осуществляя фиксированные взносы в систему медицинского страхования, не обещая определенных выплат (аналогично системе пенсионных фиксированных взносов) либо обещая фиксированные выплаты по медицинскому страхованию, не акцентируя при этом внимание на фондах для финансирования этих выплат (аналогично системе фиксированных выплат). Отчетность в области медицинского страхования очень похожа на отчетность в сфере пенсионного обеспечения.

Отсроченные налоги (deferred taxes). Поднимая вопрос, какой вид примут налоговые обязательства в отчетах, фирмы часто используют для финансовых и налоговых целей различные методы бухгалтерского учета. Методы ускоренного начисления износа и благоприятной оценки товарно-материальных запасов, используемые в целях составления налоговой отчетности, ведут к отсрочке с выплатой налогов, поэтому налоги на прибыль, указываемые в отчетности для финансовых целей, скорее всего, окажутся значительно выше, чем реально уплачиваемые налоги. Те же принципы приведения расходов в соответствие с доходом, лежащие в основе учета по методу начислений, предполагают, что в финансовой отчетности признается отсроченный налог на прибыль. Таким образом, компания, которая платит $55 000 на облагаемую прибыль на основе составленной для налоговых целей отчетности — и заплатила бы налогов на сумму $75 000 на прибыль, указанную в финансовых отчетах, — должна учитывать разницу ($20 000) в виде отсроченных налогов. Поскольку отсроченные налоги будут уплачены в последующие годы, их учтут по факту уплаты.

Следует отметить: компании, действительно платящие больше налогов, по сравнению с тем, что они указывают в своих отчетах, создают так называемый «отсроченный налоговый актив» (deferred tax asset). Данная практика указывает на тот факт, что прибыль фирмы в будущем окажется больше, поскольку она кредитует отсроченные налоги.

Вопрос, можно ли отнести отсроченные налоговые обязательства к пассивам, достаточно любопытен. С одной стороны, фирма не должна никакой определенной организации сумму, классифицированную как отсроченный налог, причем рассмотрение данного обязательства представляет фирму

---

[1] Когда выполняются актуарные оценки будущих выплат, в накопленных обязательствах пенсионного фонда не учитываются планируемые обязательства по выплатам. Следовательно, накопленные обязательства оказываются значительно меньше, чем совокупные обязательства пенсионного фонда.

более рискованной, чем она есть в действительности. С другой стороны, фирма должна постепенно выплачивать свои отсроченные налоги, и интерпретация данной суммы как обязательства, по всей вероятности, является достаточно безопасным решением.

Привилегированные акции (preferred stock). Когда компания выпускает привилегированные акции, она берет на себя обязательство выплачивать фиксированные дивиденды по этим бумагам. Бухгалтерские правила обычно не относят привилегированные акции к долгу, поскольку невозможность заплатить дивиденды по привилегированным акциям не ведет к банкротству. В то же самое время тот факт, что по привилегированным акциям накапливаются дивиденды, делает данный вид бумаг более обременительным, чем обыкновенные акции. Таким образом, привилегированные акции — это гибридные ценные бумаги, обладающие одновременно чертами и долга, и собственного капитала.

В бухгалтерском балансе привилегированные акции оцениваются по их первоначальной цене выпуска, с добавлением любых невыплаченных накопленных дивидендов. Конвертируемые привилегированные акции оцениваются сходным образом, но при конвертации они рассматриваются как собственный капитал.

Собственный капитал (equity). В бухгалтерской отчетности собственный капитал измеряется на основе первоначальной стоимости. Стоимость собственного капитала, которая отражается в бухгалтерском балансе, — это первоначальная выручка, полученная фирмой при выпуске акций, увеличенная на размер полученной прибыли (или сокращенная на размер убытков) и уменьшенная на размер любых дивидендов, выплаченных за конкретный период. Хотя эти три статьи относятся к тому, что можно назвать балансовой стоимостью собственного капитала, следует сделать три замечания относительно данной оценки:

1. Когда компании на непродолжительный срок выкупают акции с намерением выпустить акции повторно или использовать их для исполнения опционов, они имеют право отображать выкупленные бумаги как сохраняемые акции (treasury stocks) — которые называют также собственными акциями в портфеле фирмы, — что сокращает балансовую стоимость собственного капитала. Фирмам не разрешается хранить собственные акции на протяжении длительного времени, и в случае выкупа акций они обязаны сокращать балансовую стоимость собственного капитала на стоимость выкупленных акций. Поскольку их выкуп происходит по текущей рыночной цене, подобные операции могут привести к значительному сокращению балансовой стоимости собственного капитала.

2. Фирмы, претерпевшие значительные убытки на протяжении нескольких периодов или осуществившие массовый выкуп акций, могут закончить отчетный период с отрицательной балансовой стоимостью собственного капитала.
3. Возвращаясь назад, к теме ликвидных ценных бумаг, можно отметить, что любой нереализованный доход или убыток в стоимости ценных бумаг, которые попадают в категорию «доступные для продажи» (available for sale), отображается как увеличение или уменьшение балансовой стоимости в бухгалтерском балансе.

В своей финансовой отчетности фирмы представляют итоги изменений в собственном капитале за определенный период, суммируя все изменения, которые произошли с бухгалтерскими показателями стоимости собственного капитала.

В заключение следует отметить, что, по-видимому, бухгалтерские правила все еще рассматривают привилегированные акции с их фиксированным дивидендом в качестве составной части собственного капитала или близкой к нему категории. В основном это делается на том основании, что выплату привилегированных дивидендов можно отсрочить или накапливать без риска банкротства. Поскольку существует возможность потери управления фирмой (как альтернатива банкротству), мы склонны согласиться с тем, что привилегированные акции по своим характеристикам почти в той же степени сходны с необеспеченным долгом, как и с собственным капиталом.

ИЛЛЮСТРАЦИЯ 3.2. *Измерение задолженностей и собственного капитала*

Нижеследующая таблица содержит оценки задолженностей и собственного капитала компании Boeing и фирмы Home Depot в 1988 финансовом году ($ млн):

	Boeing	**Home Depot**
Счета к оплате и прочие обязательства	10 733	1586
Начисленная заработная плата и расходы	0	1010
Авансы сверх издержек	1251	0
Налоги к уплате	569	247
Краткосрочные и текущие долгосрочные долги	869	14
Общие текущие пассивы	13 422	2857
Накопленные начисления по медицинскому страхованию	4831	0
Прочие долгосрочные обязательства	0	210
Отсроченный налог на прибыль	0	83
Долгосрочные долги	6103	1566
Миноритарные интересы (minority interests)	9	0

Собственный капитал		
Номинальная стоимость	5059	37
Дополнительный оплаченный капитал (additional paid-in capital)	0	2891
Нераспределенная прибыль	7257	5812
Итого собственный капитал	12 316	8740
Итого пассивов	36 672	13 465

В наибольшей степени разница между компаниями проявляется в таком показателе, как накопленные начисления по медицинскому страхованию у компании Boeing. Данный показатель представляет собой превышение текущей стоимости ожидаемых обязательств по медицинскому страхованию, обещанных работникам, над активами в части медицинского страхования. Категория «собственный капитал» представляет балансовую стоимость собственного капитала у обеих фирм, а его величина существенно отличается от рыночной стоимости собственного капитала. Следующая таблица представляет суммарную разницу на конец 1988 г. ($ млн):

	Boeing	**Home Depot**
Балансовая стоимость собственного капитала	12 316	8740
Рыночная стоимость собственного капитала	32 595	85 668

Следует сделать еще одно замечание относительно обязательств Home Depot. Компания имеет значительный объем операционной аренды. Поскольку данный вид аренды интерпретируется как текущие расходы, он не находит отражения в бухгалтерском балансе. Так как операционная аренда представляет собой обязательство совершить платежи в будущем, можно было бы показать, что операционную аренду следует капитализировать и интерпретировать как часть обязательств фирмы. Как сделать это наилучшим образом, будет показано в главе 9.

ИЗМЕРЕНИЕ ПРИБЫЛИ И ДОХОДНОСТИ

Насколько прибыльна фирма? Какую прибыль она получила от инвестиции в активы? Это именно те фундаментальные вопросы, ответы на которые мы ждем от финансовой отчетности. Бухгалтеры используют отчеты о прибылях и убытках для предоставления информации об операционной деятельности на протяжении определенного периода времени. Отчеты о прибылях и убытках предназначены для измерения прибыли, создаваемой используемыми активами. В данном разделе мы обсудим принципы, лежащие в основе измерения прибыли и выручки в бухгалтерском деле, а также способы применения данных принципов на практике.

Бухгалтерские принципы, лежащие в основе измерения прибыли и доходности

В основе измерения бухгалтерской прибыли и доходности лежат два главных принципа. При учете по методу начислений доходы от продажи определенного товара или услуги относятся к тому периоду, когда был продан товар или оказана услуга (полностью или частично). Аналогичный подход применяется на стороне издержек — для сопоставления расходов с доходами[1]. Существует и противоположная система бухгалтерского учета, основанная на потоках денежных средств, где доходы учитываются при получении платежа, а расходы признаются по факту совершения оплаты.

Второй принцип классификации расходов разделяет их на операционные расходы (operating expenses), финансовые расходы (financing expenses) и капитальные затраты (capital expenses). Операционными называются расходы, которые, по крайней мере теоретически, обеспечивают экономический эффект только на текущий период. Хорошим примером являются расходы на оплату труда и на материалы, произведенные для создания проданной в данный период продукции. Финансовыми расходами считаются те, которые связаны с привлечением капитала (кроме собственного) для ведения бизнеса. Наиболее характерный пример — это расходы на выплату процентов. Капитальными считаются затраты, относительно которых ожидается, что они будут создавать экономический эффект на протяжении многих периодов. Например, расходы на приобретение земли и зданий рассматриваются как капитальные затраты.

Для определения операционной прибыли (operating earnings) фирмы текущие расходы вычитаются из доходов текущего периода. Для оценки прибыли, полученной инвесторами на собственный капитал, или чистой прибыли (net income) финансовые расходы вычитают из операционной прибыли. Капитальные расходы списываются на протяжении срока полезного действия (в смысле способности создавать экономический эффект) в качестве начисленного износа или амортизации.

Измерение бухгалтерской прибыли и доходности

Существует множество источников создания дохода, поэтому общепринятые принципы бухгалтерского учета (GAAP) требуют, чтобы отчеты о прибылях и убытках были разделены на четыре раздела: прибыль от текущих операций; прибыль от прекращенных операций; непредусмотренные прибыли или убытки; поправки на случай изменений в бухгалтерских правилах.

Общепринятые принципы бухгалтерского учета требуют учитывать доход, когда услуга, за которую фирма получила оплату, была произведена полностью или частично, а сама фирма получила взамен либо деньги, либо долговое обязательство, которое одновременно и поддается наблюдению, и измеряется. Расходы, непосредственно связанные с созданием доходов (подобно труду и материалам), признаются в том же периоде, в котором

[1] Если издержки (такие, как административные затраты) трудно привязать к определенным доходам, то обычно они относятся к периоду, в котором были произведены.

учитываются и доходы. Любые расходы, не связанные непосредственно с созданием доходов, относятся на тот период, когда фирма воспользовалась услугами. Изменение метода учета опционов работников в бухгалтерском учете устранило давнюю проблему. В отличие от старых правил, в соответствии с которыми предоставленные опционы не классифицировались как расходы до момента их исполнения, новые правила требуют, чтобы опционы работников оценивались и относились на расходы в момент предоставления (с соответствующими скидками на амортизацию). Поскольку опционы работников являются частью оплаты труда, которая относится к операционным затратам, новые правила более разумны.

Хотя в фирмах, производящих и продающих товары, учет по методу начисления не вызывает трудностей, в некоторых случаях он может усложняться из-за природы предлагаемых продуктов или услуг. Например, фирмы, заключающие долгосрочные контракты со своими клиентами, имеют право учитывать выручку на основе процента от выполненного контракта. Когда выручка учитывается как процент, учету подлежит и соответствующая доля расходов. Хотя существует значительная неопределенность относительно способности покупателя товара или услуги расплатиться за них, фирма, поставляющая блага, может признавать доход только по мере получения доли продажной цены, вытекающей из существующей системы кредитования покупки.

Возвращаясь к теме разницы между капитальными и операционными расходами, следует сказать, что операционные расходы отражают только те расходы, которые создают выручку в данном периоде. Однако на практике некоторые расходы, причисляемые к операционным, не вполне отвечают данному правилу. Во-первых, это относится к износу и амортизации. Хотя и разумно распределять капитальные затраты по нескольким периодам, износ в бухгалтерском смысле, вычисляемый на основе исторических издержек, часто имеет мало общего с экономическим износом. Вторым исключением являются расходы на НИОКР, которые, согласно американским бухгалтерским стандартам, должны классифицироваться как операционные расходы. Однако выгоды от подобных затрат будут ощущаться на протяжении многих периодов. Существующая классификация затрат на НИОКР основывается на том, что выгоды от них трудно подсчитать или выразить количественно.

Львиная доля финансового анализа посвящена ожидаемой в будущем прибыли фирмы. И многие из прогнозов, созданных по его результатам, основываются на текущей прибыли. Таким образом, важно знать, какая часть прибыли появилась в результате текущих операций фирмы, а какую следует приписать необычным или чрезвычайным событиям, ожидать регулярного повторения которых едва ли возможно. С этой точки зрения полезно разделять расходы фирмы на операционные и единовременные, поскольку в прогнозах имеет смысл использовать только прибыль без учета чрезвычайных событий. К категории единовременных расходов относятся следующие:

- *Статьи расходов, связанные с необычными или редкими событиями*, например доходы или убытки вследствие изъятия актива или филиала, а также списания и восстановительные затраты. Компании иногда учитывают такие статьи как часть операционных расходов. Например, компания Boeing в 1997 г. списала $1,4 млрд с целью корректировки стоимости активов, полученных в результате приобретения компании McDonnell Douglas, и отразила это как часть текущих расходов.
- *Чрезвычайные статьи*, которые определяются как «события, необычные по своей природе, редкие по частоте своего появления и ощутимые по своему воздействию». В качестве примеров можно привести выигрыш за отчетный период, связанный с рефинансированием долга с высоким купоном при помощи долга с низким купоном, а также прибыли или убытки, возникшие в результате владения ликвидными ценными бумагами.
- *Убытки, связанные с прекращением операций*, которые охватывают как убытки за период прекращения производства, так и ожидаемый убыток от распродажи связанных с ним активов. Тем не менее для того, чтобы квалифицировать данные убытки, должна существовать возможность отделения операций от фирмы.
- *Прибыли и убытки, связанные с изменениями в правилах бухгалтерского учета*. Они измеряют изменения в доходах, вызванные изменениями в порядке отчетности, причиной которых могут быть как сама фирма (если она добровольно вводит, например, изменения в оценке товарно-материальных запасов), так и перемены в бухгалтерских стандартах.

ИЛЛЮСТРАЦИЯ 3.3. *Измерение прибыли*

Следующая таблица суммирует отчеты о прибылях и убытках компании Boeing и фирмы Home Depot за 1998 финансовый год:

	Boeing ($ млн)	Home Depot ($ млн)
Продажи и прочие операционные доходы	56 154	30 219
– Операционные издержки и расходы (operating costs and expenses)	51 022	27 185
– Износ (depreciation)	1517	373
– Расходы на НИОКР (research and development expenses)	1895	0
Операционная прибыль	1720	2661

+ Прочие доходы (включая доход в виде процента)	130	30
— Затраты на выплату процентов	453	37
Прибыль до уплаты налогов	1397	2654
— Налог на прибыль	277	1040
Чистая прибыль (убытки)	1120	1614

Операционная прибыль компании Boeing сокращена на величину расходов на НИОКР, которые рассматриваются бухгалтерами как операционные расходы. Операционные расходы фирмы Home Depot включают операционную аренду. Как указывалось ранее, учет этих статей искажает прибыль, и способы корректировки прибыли — при наличии подобного рода расходов — будут обсуждены в главе 9.

Измерение доходности. Хотя отчеты о прибылях и убытках позволяют нам оценивать доходность фирмы в абсолютных величинах, столь же важно измерять ее в процентном выражении. Для выражения отдачи существуют два основных коэффициента. Один из них отражает доходность по отношению к капиталу, привлеченному для достижения определенной рентабельности инвестиций. Это может быть проделано либо с точки зрения инвесторов (т. е. по отношению к собственному капиталу), либо с точки зрения фирмы в целом. Другой коэффициент отражает доходность применительно к продажам на основе оценки нормы прибыли.

Рентабельность активов и рентабельность капитала. *Рентабельность активов* (return on assets — ROA) фирмы измеряет эффективность усилий по извлечению прибыли из активов до возникновения эффекта от финансирования:

Рентабельность активов = прибыль до уплаты процентов и налогов × × (1 – налоговая ставка) / совокупные активы.

Прибыль до уплаты процентов и налогов (earnings before interest and taxes — EBIT) есть бухгалтерская мера операционной прибыли, взятая из отчета о прибылях и убытках, а совокупные активы определяются на основе бухгалтерской оценки активов, т. е. речь идет о балансовой (книжной) стоимости (book value — BV) большинства активов. По-другому рентабельность активов может быть записана следующим образом:

Рентабельность активов = [чистая прибыль + + затраты на выплату процентов × × (1 – налоговая ставка)] / совокупные активы.

За счет отделения результатов финансовой деятельности от результатов основной деятельности предприятия этот показатель дает более чистую оценку истинной рентабельности активов. Деление на совокупные активы предотвращает занижение доходности фирм, имеющих значительный объем оборотных активов.

Рентабельность активов можно вычислить и без учета уплаченных налогов, не теряя при этом степени обобщения. Для этого необходимо использовать прибыль до уплаты процентов и налогов и без поправки на налоговую ставку:

Рентабельность активов без учета налогов =
= прибыль до уплаты процентов и налогов/совокупные активы.

Данный показатель полезен, если фирма или ее подразделение оцениваются с целью приобретения покупателем с иной налоговой ставкой.

Более полезной мерой рентабельности может оказаться та, что соотносит операционную прибыль с капиталом, вложенным в фирму, когда капитал определяется как сумма балансовой стоимости долгов и собственного капитала без денежных средств. Данный показатель называется рентабельностью инвестированного капитала (return on invested capital — ROC или ROIC) и дает не только более точную меру доходности, но и позволяет сравнивать ее со стоимостью привлечения капитала с целью оценки качества инвестиций фирмы:

$$\text{Рентабельность инвестированного капитала} =$$
$$= \frac{\text{EBIT} \times (1-t)}{\text{BV долга} + \text{BV собственного капитала} - \text{Денежные средства}}.$$

Знаменатель, обычно называемый инвестированным капиталом, показывает балансовую стоимость операционных активов. Для обоих показателей балансовую стоимость можно измерить либо на начало периода, либо как среднее от значений в начале и по завершении периода.

ИЛЛЮСТРАЦИЯ 3.4. *Оценка рентабельности капитала — Boeing и Home Depot в 1998 г.*

Следующая таблица содержит оценки посленалоговой рентабельности активов и рентабельности капитала компании Boeing и фирмы Home Depot. При этом капитал за 1998 г. определялся с использованием как метода средних, так и значений на начало периода.

	Boeing ($ млн)	**Home Depot ($ млн)**
Операционная прибыль после уплаты налогов	1118	1730
Балансовая стоимость капитала в начале периода	19 807	8525
Балансовая стоимость капитала на конец периода	19 288	10 320
Среднее значение балансовой стоимости	19 548	9423
Рентабельность капитала (на основе средней)	5,72%	18,36%
Рентабельность капитала (на начало года)	5,64%	20,29%

Если говорить о прибыли после уплаты налогов, то для компании Boeing год сложился весьма неудачно. В этом смысле куда более успешной в том же году оказалась фирма Home Depot.

Декомпозиция рентабельности капитала. Рентабельность капитала фирмы можно записать как функцию нормы операционной прибыли, получаемой от продаж, и коэффициента оборачиваемости ее капитала.

$$\text{Рентабельность капитала} = \frac{\text{EBIT} \times (1-t)}{\text{BVкапитала}} =$$

$$= \frac{\text{EBIT} \times (1-t)}{\text{объем продаж}} \times \frac{\text{объем продаж}}{\text{BV капитала}}$$

$$= \text{посленалоговая операционная прибыль} \times$$

$$\times \text{коэффициент оборачиваемости капитала.}$$

Таким образом, фирма может достичь более высокой рентабельности капитала либо через увеличение нормы прибыли, либо за счет более эффективного использования своего капитала для увеличения объема продаж. Скорее всего, возможности увеличения объема продаж ограничиваются конкуренцией и имеющимися технологиями. Тем не менее, даже оставаясь в рамках этих ограничений, фирма всегда может выбрать такое сочетание маржи прибыли и оборачиваемости капитала, которое максимально увеличит рентабельность ее капитала. Этот показатель различается в зависимости от вида фирм в разных секторах экономики. В значительной степени это связано с различиями в норме прибыли и коэффициентах оборачиваемости капитала.

mgnroc.xls — размещенная в Интернете база данных, содержащая информацию о норме прибыли, оборачиваемости капитала и рентабельности капитала в США, с классификацией по отраслям.

Рентабельность собственного капитала. В то время как рентабельность капитала отражает доходность фирмы в целом, рентабельность собственного капитала (return on equity — ROE) выражает доходность с точки зрения инвесторов в собственный капитал. В данном показателе соотносится прибыль инвесторов от собственного капитала (чистая прибыль после уплаты налогов и процентов) с балансовой стоимостью инвестиций в собственный капитал.

$$\text{Рентабельность собств. капитала} = \frac{\text{чистая прибыль}}{\text{баланс. стоимость собств. капитала}}.$$

Поскольку владельцы привилегированных акций предъявляют к фирме другие притязания по сравнению с держателями обыкновенных акций, чистая прибыль должна оцениваться после выплаты дивидендов на привилегированные акции, а собственный капитал не должен включать балансовую стоимость привилегированных акций.

Детерминанты рентабельности собственного капитала. Поскольку рентабельность собственного капитала основывается на прибыли после выплаты процентов, ее величина зависит от комбинации, которую фирма использует для финансирования своих проектов. Как правило, фирма оказывается в состоянии повысить рентабельность собственного капитала благодаря средствам, занимаемым на цели финансирования проектов, если зарабатываемая на них прибыль на собственный капитал превышает проценты после выплаты налогов, которые фирма платит по своим долгам. Рентабельность собственного капитала (ROE) можно записать следующим образом[1]:

$$ROE = ROC + \frac{D}{E}[ROC - i \times (1 - t)],$$

где ROC (рентабельность собств. капитала) = EBIT (1 – t)/(балансовая стоимость долга + балансовая стоимость собственного капитала — денежные средства);

D/E = балансовая стоимость долга/балансовая стоимость собственного капитала;

i = расходы на выплату процентов по долгам/балансовая стоимость долгов;

t = налоговая ставка по обычной прибыли.

Второй член данного уравнения учитывает прибыль, являющуюся следствием применения финансового рычага.

ИЛЛЮСТРАЦИЯ 3.5. *Вычисление рентабельности собственного капитала*

Нижеследующая таблица содержит информацию о рентабельности собственного капитала компании Boeing и фирмы Home Depot за 1998 г.:

Коэффициенты дохода	Boeing ($ млн)	Home Depot ($ млн)
Чистая прибыль	1120	1614
Балансовая стоимость собственного капитала на начало года	12 953	7214
Балансовая стоимость собственного капитала на конец года	12 316	8740
Средняя балансовая стоимость собственного капитала	12 635	7977
Рентабельность собственного капитала (на основе средней)	8,86%	20,23%
Рентабельность собственного капитала (по данным на начало года)	8,65%	22,37%

Снова мы видим, что для компании Boeing 1998 г. сложился неудачно, в то время как рентабельность собственного капитала фирмы Home Depot оказалась более впечатляющей. Рентабельность собственного капитала также можно оценить (с использованием корректировки данных на начало и конец года), как указано в таблице:

	Boeing (%)	Home Depot (%)
Рентабельность капитала после уплаты налогов	5,82	16,37
Коэффициент долг/собственный капитал	35,18	48,37
Балансовая налоговая ставка (1 — налоговая ставка)	4,22	4,06
Рентабельность собственного капитала	6,38	22,33

[1] ROC + (D/E) [ROC – i (1 – t)] = [NI + Int (1 – t)]/(D + E) + D/E { [NI + Int (1 – t)]/(D+ + E) – Int (1 – t)/D} = { [NI + Int (1 – t)]/(D + E)} (1 + D/E) – Int (1 – t)/E = NI/E + + Int (1 – t)/E – Int (1 – t)/E = NI/E = ROE.

Обратите внимание: налоговая ставка, равная 35%, используется применительно и к рентабельности капитала, и к балансовой процентной ставке. Результат, полученный с помощью данного подхода, отличается от оценки, выполненной на основе чистой прибыли и балансовой стоимости собственного капитала.

rocroe.xls — размещенная в Интернете база данных, содержащая информацию о рентабельности капитала, величине отношения долга и собственного капитала, а также рентабельности собственного капитала фирм США с классификацией по отраслям.

ИЗМЕРЕНИЕ РИСКА

Насколько рискованны инвестиции, сделанные фирмой за определенный период времени? Как сильно рискуют те, кто инвестирует в собственный капитал? Это еще два вопроса, ответы на которые мы хотели бы прояснить, анализируя инвестиции. В реальности бухгалтерская отчетность не претендует на измерение или количественное выражение риска на систематической основе. Представление о риске, присущем данному предприятию, можно получить разве что из примечаний к отчетам и при раскрытии соответствующей документации. В этом разделе обсуждаются пути, которые позволяют оценить риск на основе бухгалтерской отчетности.

Принципы бухгалтерского учета, лежащие в основе измерения риска

Поскольку с помощью бухгалтерской отчетности и коэффициентов все же можно попытаться хоть как-то измерить риск, в этой связи возникают две общие проблемы.

Первая проблема состоит в том, что риск, который мы пытаемся измерить, — это риск дефолта, т. е. риск того, что обязательства по фиксированным выплатам, таким как выплаты основной суммы и процентов, не будут исполнены. Более широкое понимание риска, при котором измеряется отклонение реальной доходности от ожидаемой, по-видимому, пользуется меньшей популярностью. Таким образом, все фирмы, финансирующиеся за счет собственного капитала, получают положительную прибыль и не обладают (или почти не обладают) никакими обязательствами с точки зрения бухгалтерского учета, поэтому они могут рассматриваться как фирмы с невысоким риском, несмотря на непредсказуемость прибыли.

Вторая проблема заключается в том, что бухгалтерские измерения риска, как правило, отображают риск статически. При этом учитывается способность фирмы в определенный момент времени выполнить свои обязательства. Например, когда для оценки риска фирмы применяют коэффициенты, которые почти всегда используют данные бухгалтерского баланса и отчета о прибылях и убытках за один период.

Бухгалтерское измерение риска

Бухгалтерские показатели риска могут быть разделены на две широкие группы. К первой группе относятся данные относительно обязательств и потери стоимости, которые включаются в примечания к бухгалтерским балансам. Благодаря этим данным потенциальные или действительные инвесторы могут оценить вероятность значительных убытков. Вторая группа показателей включает коэффициенты, предназначенные для измерения риска ликвидности (риск потерь в связи со снижением ликвидности) и риска дефолта.

Раскрытие данных в финансовых отчетах. В последние годы раскрытие фирмами данных относительно будущих обязательств стало весьма распространенным явлением. В качестве примера рассмотрим случай условных обязательств. Речь идет о потенциальных обязательствах, которые возникнут при определенных условиях: например, в том случае, когда фирма является ответчиком в каком-нибудь процессе. Фирмы часто следовали общему правилу, состоявшему в игнорировании условных обязательств, которые обеспечивали исполнение сделок, предназначенных для покрытия риска (хеджирование), поскольку обязательства по условным притязаниям будут где-нибудь компенсированы[1]. Однако в последнее время из-за значительных убытков, понесенных фирмами, прибегавшими к хеджированию через такие производные инструменты (деривативы), как опционы и фьючерсы, FASB потребовал, чтобы эти инструменты раскрывались в финансовых отчетах. На практике пенсионные фонды и обязательства по выплатам на медицинское страхование переместились из примечаний к отчетам в раздел обязательств фирмы.

Финансовые коэффициенты. Финансовые отчеты давно используются в качестве основы для получения финансовых коэффициентов, измеряющих риск, доходность и рычаг. Ранее, в разделе о прибыли, рассматривались два показателя доходности: рентабельности собственного капитала и рентабельность капитала. В данном разделе будут обсуждены некоторые из финансовых коэффициентов, часто используемых для измерения финансовых рисков фирмы.

---

[1] Предполагается, что хеджирование осуществляется профессионально. Однако может случиться так, что небрежно выполненное хеджирование обернется убытками для фирмы.

Риск краткосрочной ликвидности. Риск краткосрочной ликвидности вытекает из потребности в финансировании текущих операций. Фирма вынуждена сначала платить по счетам своим поставщикам, а затем уже получать выплаты за проданные ею товары и оказанные услуги, поэтому возникает определенная нехватка денежных средств, которую необходимо восполнять, как правило, с помощью краткосрочных заимствований. Хотя данный вид финансирования оборотного капитала регулярно используется в большинстве фирм, финансовые коэффициенты создаются скорее для измерения риска неспособности фирмы выполнить свои обязательства. Два наиболее популярных коэффициента для измерения риска краткосрочной ликвидности — это коэффициент ликвидности (current ratio) и коэффициент быстрого (немедленного) покрытия (quick ratio).

Коэффициент ликвидности. Коэффициент ликвидности — это соотношение между текущими активами, или оборотными средствами, фирмы (денежные средства, товарно-материальные запасы, счета к получению) и ее текущими пассивами (обязательства, подлежащие выполнению в следующем периоде):

$$\text{Коэффициент ликвидности} = \frac{\text{текущие активы}}{\text{текущие обязательства}}.$$

Коэффициент ликвидности, составляющий, например, менее единицы, означает, что обязательства фирмы на следующий год превышают активы, которые могут быть обращены в денежные средства. Данный коэффициент может послужить выражением риска ликвидности.

Хотя традиционный анализ советует фирмам иметь коэффициент ликвидности, равный 2 или более, существует компромисс между минимизацией риска ликвидности и связыванием все больших и больших денежных средств в чистом оборотном капитале (Чистый оборотный капитал = текущие активы – текущие обязательства). На практике же разумно предположить, что чрезмерно высокий коэффициент ликвидности говорит о неспособности фирмы сократить свои товарно-материальные запасы, а это является признаком нездоровья. В последнее время фирмы затратили много усилий, направленных на сокращение коэффициента ликвидности и повышение эффективности управления чистым оборотным капиталом.

Привлекательность коэффициента ликвидности может быть объяснена несколькими соображениями. Во-первых, фирма легко может употребить данный коэффициент для создания в финансовых отчетах иллюзии о своей надежности. Во-вторых, текущие активы (оборотные средства) и текущие обязательства могут измениться на равную величину, однако воздействие на коэффициент ликвидности будет зависеть от его величины до изменения[1].

Коэффициент быстрого покрытия, или «кислотного» теста. Одним из вариантов коэффициента ликвидности является коэффициент быстрого покрытия (quick ratio), или коэффициент «кислотного» теста (acid test ratio). При его расчете оборотные средства, которые можно быстро обратить в денежные средства (денежные средства, ликвидные ценные бумаги), отделяются от менее ликвидных оборотных средств (товарно-материальные запасы, счета к получению).

Коэффициент быстрого покрытия = (денежные средства +
+ ликвидные ценные бумаги)/текущие обязательства.

Исключение из расчетов таких категорий, как счета к получению и товарно-материальные запасы, не является непреложным правилом. Если один из данных активов можно быстро обратить в денежные средства, то позволительно учитывать его при расчете коэффициента быстрого покрытия.

Коэффициенты оборачиваемости. Коэффициенты оборачиваемости (turnover ratios) измеряют эффективность управления оборотным капиталом, поскольку они учитывают соотношение счетов к получению и товарно-материальных запасов к объему продаж и стоимости проданных товаров:

Оборачиваемость счетов к получению = объем продаж/
/средний размер счетов к получению.

Оборачиваемость товарно-материальных запасов =
= стоимость проданных товаров/
/средний размер товарно-материальных запасов.

Данные показатели можно рассматривать как измерение скорости, с которой фирма превращает счета к получению в денежные средства или в товарно-материальные запасы. Данные коэффициенты часто выражаются как число дней просрочки:

Число дней просрочки по счетам к получению =
= 365/оборачиваемость счетов к получению.

Число дней хранения товарно-материальных запасов =
= 365/оборачиваемость товарно-материальных запасов.

---

[1] Если оборотные средства и текущие пассивы увеличиваются на равную величину, коэффициент ликвидности уменьшается, если перед этим он был больше 1, и возрастает, если он был меньше 1.

Аналогичный показатель может быть рассчитан в отношении счетов к оплате, соотносимых с объемом покупок:

Оборачиваемость счетов к оплате =
= объем покупок/средний размер счетов к оплате.

Число дней просрочки по счетам к оплате =
= 365/оборачиваемость счетов к оплате.

Поскольку счета к получению и товарно-материальные запасы — это активы, а счета к оплате — обязательства, эти три показателя (представленные как число дней просрочки) можно комбинировать для получения оценки того, в какой степени фирма нуждается в привлечении средств со стороны для финансирования оборотного капитала.

Требуемый период финансирования =
= число дней просрочки по счетам к получению +
+ число дней хранения товарно-материальных запасов –
– число дней просрочки по счетам к оплате.

Чем больше период финансирования для фирмы, тем выше ее риск краткосрочной ликвидности.

wcdata.xls — размещенная в Интернете база данных, содержащая информацию о коэффициентах оборотного капитала для фирм США и классифицированная по отраслям.

finratio.xls — таблица, которая позволяет вычислять коэффициенты оборотного капитала фирмы на основе данных, взятых из финансовых отчетов.

Долгосрочная платежеспособность и риск дефолта. Показатели долгосрочной платежеспособности предназначены для определения способности фирмы выплачивать процентные и основные платежи. Очевидно, что коэффициенты доходности, которые обсуждались ранее в этом разделе, являются существенными элементами этого анализа. Коэффициенты, созданные специально для измерения долгосрочной платежеспособности, соотносят доходность с уровнем платежей по долгам, чтобы определить, насколько легко фирма может расстаться со своими средствами для совершения данных платежей.

Коэффициенты покрытия процентов. Коэффициент покрытия процентов (interest coverage ratio) измеряет способность фирмы осуществлять процентные платежи из прибыли без учета уплаты налогов и долгов.

$$\text{Коэффициент покрытия процентов} = \frac{\text{EBIT}}{\text{затраты на выплату процентов}}.$$

Чем выше коэффициент покрытия процентов, тем больше гарантия, что фирма способна выделять средства из прибыли на выплату процентных платежей. Однако данное соображение нельзя воспринимать как абсолютную истину, поскольку величина прибыли до уплаты налогов и выплаты процентов весьма изменчива и может значительно снизиться в случае наступления экономического кризиса. Следовательно, две фирмы могут обладать одинаковыми коэффициентами покрытия процентов и все же с точки зрения риска находиться в совершенно разных категориях. Знаменатель коэффициента покрытия процентов можно легко расширить таким образом, чтобы он охватывал другие фиксированные обязательства, такие как арендные платежи. Если мы прибегнем к этому варианту, то данный коэффициент будет называться коэффициентом покрытия постоянных затрат (fixed charges coverage ratio):

$$\text{Коэффициент покрытия постоянных затрат} = \frac{\text{EBIT (до постоянных затрат)}}{\text{постоянные затраты}}.$$

Наконец, данный коэффициент, определяемый на основе прибыли, можно модифицировать с учетом денежных потоков, подставив в числитель прибыль до уплаты процентов, налогов, начисления износа и амортизации (earnings before interest, taxes, depreciation, and amortization — EBIDTA), а в знаменатель — постоянные денежные затраты (cash fixed charges).

$$\text{Коэффициент покрытия постоянных затрат} = \frac{\text{EBITDA}}{\text{постоянные денежные затраты}}.$$

Коэффициенты покрытия процентов и покрытия постоянных затрат открыты для критики, поскольку в них не учитываются капитальные затраты, т. е. денежные потоки, которые могут быть произвольными только в краткосрочном, а не в долгосрочном периоде, если фирма хочет поддерживать свой рост. Один из способов расчета объема данного вида денежных потоков по отношению к операционным денежным потокам заключается в определении отношения этих двух величин:

$$\text{Коэффициент «операционный денежный поток /}$$
$$\text{/капитальные затраты»} = \frac{\text{денежный поток от операций}}{\text{капитальные затраты}}.$$

Хотя существует достаточно большое число различных определений денежных потоков, проистекающих из характера операций, наиболее разумным представляется измерение денежных потоков от текущих операций без учета выплаты процентов, но с учетом выплаченных налогов и прироста оборотного капитала.

$$\text{Денежный поток} = \text{EBIT} \times$$
$$\times\ (1 - \text{ставка налога}) - \Delta\ \text{оборотного капитала.}$$

covratio.xls — размещенная в Интернете база данных, которая содержит коэффициенты покрытия процентов и постоянных затрат американских фирм, классифицируемых по отраслям.

ИЛЛЮСТРАЦИЯ 3.6. *Коэффициенты покрытия процентов и постоянных затрат*

Следующая таблица содержит коэффициенты процентного покрытия и покрытия постоянных затрат для компании Boeing и фирмы Home Depot за 1998 г.:

	Boeing ($ млн)	**Home Depot ($ млн)**
Прибыль до уплаты процентов и налогов (EBIT)	1720	2661
Расходы на выплату процентов	453	37
Коэффициент покрытия процентов	3,80	71,92
Прибыль до уплаты процентов и налогов (EBIT)	1720	2661
Расходы на операционную аренду	215	290
Расходы на выплату процентов	453	37
Коэффициент покрытия постоянных затрат	2,90	9,02
Прибыль до уплаты процентов, налогов, начисления износа и амортизации (EBITDA)	3341	3034
Постоянные денежные затраты	668	327
Коэффициент покрытия денежных постоянных затрат	5,00	9,28
Денежные потоки от операций	2161	1662
Капитальные затраты	1584	2059
Денежные потоки/капитальные затраты	1,36	0,81

Компания Boeing, если судить по ее операционной прибыли за 1998 г., выглядит более рискованным предприятием, чем Home Depot, и на основе коэффициента покрытия процентов, и если обратиться к коэффициенту покрытия постоянных затрат. Однако если судить по денежным потокам, то Boeing выглядит значительно лучше. В действительности же, если рассматривать капитальные затраты, то у Home Depot коэффициент ниже. Что касается компании Boeing, то еще одно соображение отталкивается от того факта, что операционная прибыль в 1988 г. была меньше, чем в предыдущие годы, и это оказало некоторое влияние на общие коэффициенты. Данное обстоятельство могло бы иметь больший смысл при вычислении этих коэффициентов для рассмотрения среднего операционного дохода за какой-то период времени.

finratio.xls — таблица, которая позволяет вычислять коэффициенты покрытия процентов и постоянных затрат различных фирм, основываясь на данных, взятых из финансовых отчетов.

Коэффициенты долга. Коэффициенты покрытия процента измеряют способность фирмы выплачивать проценты, однако они не показывают, способна ли фирма выплатить основную сумму по неуплаченным долгам. Для этого необходимы коэффициенты, соотносящие долги с общей величиной капитала или собственного капитала:

Коэффициент «долг/капитал» =
= долг/(долг + собственный капитал);

Коэффициент «долг/собственный капитал» =
= долг/собственный капитал.

Первый коэффициент измеряет долг как долю в общей сумме капитала фирмы; он не может превышать 100%. Второй коэффициент измеряет долг как долю в балансовой стоимости собственного капитала фирмы, и его можно легко вывести из первого коэффициента:

Коэффициент «долг/собственный капитал» =
= (коэффициент «долг/капитал»)/
/(1 – коэффициент «долг/капитал»).

Эти коэффициенты предполагают, что источником капитала являются только долги и собственный капитал, но их легко преобразовать, чтобы охватить другие источники финансирования, такие как привилегированные акции. Хотя привилегированные акции иногда относят к классу «собственного капитала» вместе с обыкновенными акциями, разумнее различать эти два источника финансирования и вычислять коэффициент «привилегированные акции/капитал» (который включает долг, собственный капитал и привилегированные акции).

Есть два близких друг другу варианта коэффициента долга. В первом используется только долгосрочный, а не совокупный долг на том основании, что краткосрочный долг является преходящим явлением и не влияет на долгосрочную платежеспособность фирмы:

Коэффициент «долгосрочный долг/капитал» =
= долгосрочный долг/(долгосрочный долг + собственный капитал);

Коэффициент «долгосрочный долг/собственный капитал» =
= долгосрочный долг/собственный капитал.

С учетом той легкости, с какой фирмы могут управляться с краткосрочными долгами, и их готовности использовать эти долги для финансирования долгосрочных проектов, данные варианты коэффициента долга могут дать несколько искаженную картину риска финансового рычага фирмы.

Во втором варианте коэффициента долга вместо балансовой стоимости используется рыночная стоимость долга (market value of debt — MV), в основном для отражения того факта, что некоторые фирмы обладают гораздо большей способностью занимать средства, чем это может показаться на основе их балансовой стоимости.

Коэффициент «рыночная стоимость долга/капитал» =
= рыночная стоимость долга/(рыночная стоимость долга +
+ рыночная стоимость собственного капитала);

Коэффициент «рыночная стоимость долга/собственный капитал» =
= рыночная стоимость долга/рыночная стоимость
собственного капитала.

Многие аналитики отвергают использование рыночной стоимости для вычислений, утверждая, что она изменчива, поэтому ненадежна (не говоря уже о том, что не так просто выяснить рыночную стоимость долга). Но эти возражения можно оспорить. Действительно, трудно выяснить рыночную стоимость долга фирм, которые не выпускают свои облигации на публичный рынок, причем рыночную стоимость собственного капитала недостаточно просто выяснить, следует учесть ее постоянное изменение, поскольку это отражается на фирме и рынке в целом. Кроме того, использование балансовой стоимости долга в качестве приближенной оценки для рыночной стоимости в тех случаях, когда облигации не обращаются на открытом рынке, существенно не влияет на большинство коэффициентов долга, основанных на рыночной стоимости[1].

ИЛЛЮСТРАЦИЯ 3.7. *Коэффициенты балансовой стоимости долга и варианты для компании Boeing и фирмы Home Depot*

Следующая таблица содержит различные оценки коэффициентов долга для компании Boeing и фирмы Home Depot на основе балансовой стоимости долга и собственного капитала для обеих фирм:

	Boeing ($ млн)	**Home Depot ($ млн)**
Долгосрочный долг	6103	1566
Краткосрочный долг	869	14
Балансовая стоимость собственного капитала	12 316	8740
Долгосрочный долг/собственный капитал	49,55%	17,92%
Долгосрочный долг/(долгосрочный долг + собственный капитал)	33,13%	15,20%
Долг/собственный капитал	56,61%	18,08%
Долг/(долг + собственный капитал)	36,15%	15,31%

Учитывая долгосрочный или общий долг, в 2008 г. у компании Boeing был значительно больший коэффициент долга на основе балансовой стоимости, чем у фирмы Home Depot.

[1] Отклонения рыночной стоимости собственного капитала от балансовой обычно значительно больше отклонений долга и потому сильнее влияют на расчеты большинства коэффициентов долга.

dbtfund.xls — база данных, которая содержит информацию о коэффициентах долга, основанных на балансовой и рыночной стоимостях для фирм США, классифицированных по отраслям.

ДРУГИЕ ВОПРОСЫ ФИНАНСОВОЙ ОТЧЕТНОСТИ

Стандарты и методы бухгалтерского учета в разных странах могут значительно различаться, и эти различия способны повлиять на сравнение компаний.

Различия в стандартах бухгалтерского учета и практике

Различия в стандартах бухгалтерского учета между разными странами влияют на измерение прибыли. Тем не менее эти различия не столь велики, как кажется некоторым аналитикам, и они не могут оправдать существенные отклонения от фундаментальных принципов оценки. Чои и Левич (Choi and Levich) в своем обзоре бухгалтерских стандартов на различных рынках за 1990 г. отметили, что большинство стран при ведении бухгалтерского учета придерживаются принципов неизменности методов учета, признания доходов по реализации и учета по первоначальной стоимости. Поскольку все больше стран переходят на международные стандарты финансовой отчетности (МСФО), стоит отметить, что во многих отношениях американские стандарты бухгалтерского учета US GAAP и МСФО довольно близки. Вместе с тем существуют и различия, некоторые из которых представлены в таблице 3.1.

Большинство этих различий можно учесть и скорректировать при сравнении американских компаний с компаниями на других финансовых рынках. Такие показатели, как мультипликатор «цена/прибыль», при определении которых используется объявленная и нескорректированная прибыль, могут вводить в заблуждение, когда стандарты бухгалтерского учета сильно различаются.

ЗАКЛЮЧЕНИЕ

Финансовые отчеты остаются главным источником информации для большинства инвесторов и аналитиков. Тем не менее в ответах на ключевые вопросы с финансовой и бухгалтерской точек зрения существуют различия.

Первый вопрос касается происхождения и стоимости активов, находящихся во владении фирмы. Активы можно классифицировать по признаку

ТАБЛИЦА 3.1. *Ключевые различия МСФО и GAAP*

	МСФО	US GAAP	Результат
Философия	Основаны на принципах	Основаны на правилах	МСФО позволяют в большей мере действовать по своему усмотрению, что приводит к более значительным различиям между фирмами
Признание выручки	Выручка признается только тогда, когда риски и выгоды от владения переходят к покупателю продукта или услуги	Выручка признается, когда есть свидетельство осуществления поставки продукта или услуги	По МСФО признание выручки может происходить позже, чем по GAAP
Долгосрочные материальные активы	Если долгосрочный актив состоит из множества компонентов, то каждый компонент капитализируется и амортизируется отдельно. У фирм есть право оценивать целый класс активов по рыночной стоимости при наличии надежного и регулярного источника информации о рыночной стоимости	Активы могут капитализироваться и амортизироваться консолидированно на основе общего срока службы активов	Расчет амортизации более трудоемок по МСФО. Чистый эффект амортизации неясен. МСФО допускают появление мешанины рыночных и балансовых оценок для активов, которая варьирует от компании к компании
Краткосрочные активы	Товарно-материальные запасы оцениваются по наименьшей из двух величин — себестоимости или чистой стоимости реализации. Метод LIFO не применяется	Товарно-материальные запасы оцениваются по наименьшей из двух величин — себестоимости или рыночной стоимости. Выбор между методами FIFO и LIFO	МСФО позволяют оценивать товарно-материальные запасы ближе к текущей стоимости
Долгосрочные обязательства	Конвертируемый долг разбивается на долговой и долевой компоненты на основе стоимости	Конвертируемый долг классифицируется как долг вплоть до момента конверсии	В соответствии с МСФО компании с конвертируемым долгом имеют более низкие коэффициенты долга
Консолидация	Консолидация требуется, когда имеется эффективный контроль над компанией. Доля меньшинства является составной частью собственного капитала в балансе	Консолидация требуется при наличии 51% прав голоса в компании. Доля меньшинства отделена от собственного капитала в балансе	МСФО чаще требуют консолидации, чем GAAP. В соответствии с МСФО акционерный капитал включает в себя долю меньшинства
Инвестиции в другие компании	Инвестиции в ценные бумаги могут классифицироваться как торговые, доступные для продажи и находящиеся во владении до истечения срока. Инвестиции в компании учитываются как долевое участие	Все инвестиции, включая инвестиции в компании, могут классифицироваться как торговые, доступные для продажи и находящиеся во владении до истечения срока. В случае совместных предприятий возможна пропорциональная консолидация	В соответствии с МСФО вложения в другие компании иногда можно переоценивать по рынку. GAAP допускает переоценку по рынку только для ценных бумаг
Затраты на НИОКР	Стоимость исследований относится на затраты, а стоимость разработок можно капитализировать, если установлена их техническая и экономическая осуществимость	Стоимость как исследований, так и разработок относится на затраты	В соответствии с МСФО у компаний, которые вкладывают значительные средства в НИОКР, увеличивается балансовая стоимость собственного капитала

уже осуществленных инвестиций (размещенные или установленные активы — assets in place) и предстоящих инвестиций (активы роста — growth assets). Бухгалтерская отчетность предоставляет значительный объем исторической информации о первом виде активов и очень маленький — о втором. Акцент на исходной цене размещенных активов (балансовой стоимости) в бухгалтерских отчетах может привести к существенным различиям между учтенной стоимостью этих активов и их рыночной стоимостью. Что касается активов роста, то бухгалтерские правила приводят к низкой или даже «нулевой» оценке стоимости активов, полученных на основе внутреннего анализа.

Второй вопрос — это измерение доходности. Методику измерения прибыли определяют два принципа. Первый принцип — это учет по методу начислений, согласно которому доходы и расходы относятся на период, в котором были совершены соответствующие сделки, а не на период, когда была произведена или получена оплата. Второй принцип основывается на разделении расходов на операционные, финансовые и капитальные. В то время как операционные и финансовые расходы отображаются в отчетах о прибылях и убытках, капитальные затраты распределяются по нескольким периодам, принимая форму начисления износа и амортизации. Бухгалтерские стандарты ошибочно относят операционную аренду, а также расходы на НИОКР к операционным расходам (хотя следовало бы первую из этих категорий отнести к финансовым расходам, а вторую — к капитальным затратам).

Финансовые отчеты также имеют дело с риском краткосрочной ликвидности и долгосрочным риском дефолта. Бухгалтерские же отчеты акцентируются на исследовании риска, обусловленного неспособностью фирм осуществить платеж, который они должны выполнить.

КОНТРОЛЬНЫЕ ВОПРОСЫ

В приведенных ниже заданиях, если не указано иное, премия за риск инвестирования в акции принимается равной 5,5%.

Далее представлен бухгалтерский баланс компании Coca-Cola на декабрь 1998 г. ($ млн), который потребуется для решения девяти задач, представленных ниже.

Денежные и близкие к ним средства (cash and near-cash)	1648	Счета к оплате (accounts payable)	3141
Ликвидные ценные бумаги (marketable securities)	1049	Краткосрочные заимствования (short-term borrowings)	4462

Счета к получению (accounts receivable)	1666	Прочие краткосрочные обязательства (other short-term liabilities)	1037
Прочие текущие активы (other current assets)	2017	*Текущие пассивы (current liabilities)*	*8640*
Текущие активы (current assets)	*6380*	Долгосрочные заимствования (long-term borrowings)	687
Долгосрочные инвестиции (Long-term investments)	*1863*	Прочие долгосрочные обязательства (other long-term liabilities)	1415
Изнашиваемые основные активы (depreciable fixed assets)	5486	*Долгосрочные обязательства (noncurrent liabilities)*	*2102*
Не поддающиеся износу основные активы (nondepreciable fixed assets)	199		
Накопленные начисления на износ (accumulated depreciation)	2016	Акционерный капитал (оплаченная часть) (share capital — paid-in)	3060
Чистые основные активы (net fixed assets)	*3669*	Нераспределенная прибыль (retained earnings)	5343
Прочие активы (other assets)	*7233*	*Собственный капитал (shareholder's equity)*	*8403*
Итого активы (total assets)	**19 145**	**Итого пассивы и собственный капитал (total liabilities and equity)**	**19 145**

1. Изучите активы, содержащиеся в бухгалтерском балансе компании Coca-Cola, и ответьте на следующие вопросы.
   а) Какие активы будут, по всей вероятности, оценены наиболее близко к рыночной стоимости? Объясните.
   б) Coca-Cola имеет $3669 млн основных активов. Попробуйте оценить, сколько заплатила компания Coca-Cola за эти активы. Существует ли какой-то способ узнать возраст этих активов?
   в) По-видимому, Coca-Cola имеет больше инвестиций в текущих активах, чем в основных активах. Существенно ли это? Объясните.
   г) В начале 1980-х гг. Coca-Cola распродала свои производства, связанные с розливом продукции в бутылки. Предприятия, занимающиеся данным видом деятельности, стали независимыми компаниями. Какое воздействие оказал этот шаг на активы ком-

пании в бухгалтерском балансе? (Обрабатывающие производства, по всей вероятности, являются частью операций по розливу.)

2. Изучите пассивы в бухгалтерском балансе компании Coca-Cola.
   а) В какой степени процентные долги компании Coca-Cola являются непогашенными? (Вы можете предположить, что другие краткосрочные обязательства представляют различные долги, подлежащие оплате, а другие долгосрочные представляют обязательства, связанные с медицинским страхованием и пенсионными обязательствами.)
   б) Какую величину компания Coca-Cola добавила к собственному капиталу, выпустив и разместив свои акции на первичном рынке?
   в) Имеет ли какое-либо значение тот факт, что нераспределенная прибыль значительно больше оплаченной части первоначального собственного капитала?
   г) Рыночная стоимость собственного капитала компании Coca-Cola составляет $140 млрд. Какова балансовая стоимость собственного капитала компании Coca-Cola?
3. Наиболее ценный актив компании Coca-Cola — ее торговая марка. Каким образом стоимость данного актива представлена в бухгалтерском балансе? Есть ли способ скорректировать бухгалтерский баланс таким образом, чтобы он отражал стоимость торговой марки?
4. Предположим, что вы должны проанализировать управление оборотным капиталом компании Coca-Cola.
   а) Оцените чистый оборотный капитал и безналичный оборотный капитал компании Coca-Cola.
   б) Оцените коэффициент ликвидности фирмы.
   в) Оцените коэффициент быстрого покрытия фирмы.
   г) Можете ли вы сделать какие-либо заключения относительно риска компании Coca-Cola как фирмы, основываясь на приведенных цифрах? Аргументируйте свой ответ.

Отчеты о прибылях и убытках компании Coca-Cola за 1997 и 1998 гг.:

	1997	*1998*
Чистая выручка	18 868	18 813
Себестоимость проданных товаров	6015	5562
Общие, сбытовые и административные расходы (selling, general, and administrative (SG&A) expenses)	7852	8284

Прибыль до уплаты процентов и налогов (earnings before interest and taxes)	5001	4967
Затраты на выплату процентов (interest expenses)	258	277
Неоперационная прибыль (nonoperating gains)	1312	508
Расходы на выплату налога на прибыль	1926	1665
Чистая прибыль (net income)	4129	3533
Дивиденды	1387	1480

В связи с отчетом о прибылях и убытках компании Coca-Cola возникают следующие вопросы.

5. Какова величина операционной прибыли до выплаты налогов, заработанной компанией Coca-Cola в 1998 г.? Сравните с показателями 1997 г. В чем причина различий?
6. Самые крупные расходы компании Coca-Cola — это издержки на рекламу, являющиеся частью общих, сбытовых и административных расходов. Значительная часть этих расходов нацелена на поддержание торговой марки компании. Следует ли интерпретировать расходы на рекламу как операционные расходы или же на самом деле их нужно отнести к капитальным затратам? В случае причисления их к капитальным затратам, каким образом произвести их капитализацию (в качестве руководства используйте способ капитализации расходов на НИОКР).
7. Какую величину составляла фактическая налоговая ставка компании в 1998 г.? Попытайтесь сравнить ее с суммой, уплаченной компанией в 1997 г., согласно фактической налоговой ставке. Что может быть причиной подобных различий?
8. Вы должны оценить рентабельность компании Coca-Cola как предприятия. С этой точки зрения оцените для этой фирмы операционную и чистую прибыль до уплаты налогов в 1997 и 1998 гг. Какие выводы можно сделать, проводя сравнение между двумя годами?
9. Балансовая стоимость собственного капитала компании Coca-Cola в 1997 г. составляла $7274 млн. Балансовая стоимость процентного долга (interest-bearing debt) составляла $3875 млн. Оцените:
   а) рентабельность собственного капитала на начало 1998 г.;
   б) рентабельность капитала до уплаты налогов (на начало года) в 1998 г.;
   в) рентабельность собственного капитала до уплаты налогов на начало 1998 г., зная фактическую налоговую ставку в 1998 г.
10. Компания SeaSaw Toys объявила, что балансовая стоимость ее собственного капитала составила $1,5 млрд на конец 1998 г., а в об-

ращении находятся 100 млн акций. В течение 1999 г. компания выкупила 10 млн акций по рыночной цене $40 за акцию. Фирма также объявила, что ее чистая прибыль составила $150 млн за 1999 г., а величина выплаченных дивидендов была равна $50 млн. Оцените:

а) балансовую стоимость собственного капитала на конец 1999 г.;
б) рентабельность собственного капитала, используя начальную балансовую стоимость собственного капитала;
в) рентабельность собственного капитала, используя среднюю балансовую стоимость собственного капитала.

Глава 4

НАЧАЛЬНЫЕ СВЕДЕНИЯ О РИСКЕ

При оценке фирм и отдельных активов нам необходимо знать дисконтные ставки, отражающие рискованность денежных потоков. В частности, в стоимости долга должен учитываться риск дефолта, а стоимость собственного капитала должна включать в себя премию за риск изменения курса акций (equity risk). Но как измерить риск дефолта и рыночный риск?

В данной главе изложены основы анализа риска, используемые в теории оценки. Мы рассмотрим альтернативные модели измерения риска и преобразования данных показателей в подходящие коэффициенты. Глава открывается дискуссией о риске, связанном с акциями. При этом анализ разделяется на три этапа. На первом этапе риск измеряется статистическими методами, т. е. мы оцениваем его на основе дисперсии фактической доходности по отношению к ожидаемой доходности. Чем выше дисперсия, тем более рискованной следует считать инвестицию. На следующем, основном этапе мы разделим этот риск на диверсифицируемый инвесторами и тот, в отношении которого диверсификация невозможна. На третьем этапе мы рассмотрим, каким образом этот не поддающийся диверсификации риск в финансовой сфере можно измерить с помощью различных моделей риска и доходности. Мы сравним модель оценки капитальных активов (capital asset pricing model — CAPM), которая является наиболее популярной, с другими моделями и разберем, как они приходят к различным оценкам риска и выводам относительно премии за риск собственного капитала.

В последней части данной главы мы обсудим риск дефолта и методы его измерения рейтинговыми агентствами. В конце этой главы мы уже сможем оценить риск дефолта и риск собственного капитала для любой фирмы.

ЧТО ТАКОЕ РИСК

Для большинства из нас риск означает вероятность того, что, играя в наши каждодневные «игры», мы получим исход, который нас не совсем устраивает. Например, при излишне быстром вождении машины мы рискуем заработать штраф или, что хуже, попасть в аварию. Согласно словарю Merriam-Webster's Collegiate Dictionary, слово «рисковать» означает «подвергать себя опасности или случайности». Таким образом, риск определяется преимущественно с помощью терминов, имеющих негативный оттенок.

В финансовой сфере риск понимается по-иному и несколько шире. С точки зрения финансиста, риск означает вероятность того, что доход на сделанную инвестицию будет отличаться от ожидаемого. Таким образом, риск включает в себя не только неблагоприятные (доходы ниже ожидаемых), но и благоприятные (доходы выше ожидаемых) исходы. На практике первый вид риска можно назвать риском снижения (downside risk), а второй вид — риском повышения (upside risk), и при измерении риска мы будем учитывать оба этих вида. Суть финансовой точки зрения на риск лучше всего выражена китайскими иероглифами, обозначающими риск:

危機

Первый иероглиф означает «опасность», в то время как второй — «благоприятную возможность». Представленная комбинация опасности и благоприятной возможности прекрасно символизирует риск. Сказанное очень четко иллюстрирует выбор, стоящий перед инвестором, — чем выше награда, связанная с благоприятной возможностью, тем выше риск, порождаемый опасностью.

Значительная часть этой главы посвящена рассмотрению модели, на основе которой можно наиболее точно измерять опасность, характеризующую инвестицию. Затем необходимо попытаться связать риск с благоприятной возможностью, которая необходима для компенсации опасности. В финансовой терминологии опасность мы называем «риском», а благоприятную возможность — «ожидаемой доходностью».

Измерение риска и ожидаемой доходности оказывается сложной задачей, потому что ее содержание меняется в зависимости от выбранной точки зрения. Например, при анализе риска фирмы мы можем измерять его с позиций менеджеров этой фирмы. С другой стороны, можно заявить, что собственный капитал фирмы принадлежит акционерам, и их точку зрения на риск также стоит принимать во внимание. Акционеры фирмы, многие из которых держат ее акции в своих портфелях среди ценных бумаг других компаний, вероятно, воспринимали бы риск фирмы совсем по-иному, чем менеджеры фирмы, которые вложили в нее значительные капитальные, финансовые и людские ресурсы.

В этой главе мы попытаемся доказать, что риск инвестиции следует рассматривать с точки зрения инвесторов фирмы. Поскольку фирмы нередко имеют тысячи инвесторов, обладающих зачастую различными точками зрения, можно утверждать, что риск следует измерять не с позиции любого инвестора в акционерный капитал фирмы, а с позиции так называемого финансового инвестора, т. е. такого инвестора, который способен продать акции в любой момент времени. В корпоративных финансах основная цель состоит в максимальном увеличении стоимости фирмы и цены ее акций. Если мы хотим оставаться верными этой цели, нам следует обратиться к умонастроению тех, кто устанавливает цены на акции, т. е. к финансовым инвесторам.

РИСК СОБСТВЕННОГО КАПИТАЛА И ОЖИДАЕМАЯ ДОХОДНОСТЬ

Для того чтобы лучше продемонстрировать, как видится риск с финансовой точки зрения, мы разделим наше обсуждение анализа риска на три этапа. Сначала мы определим риск с помощью понятий из области распределения фактических доходностей относительно ожидаемой доходности. На втором этапе мы проведем различие между риском, характерным для одной или нескольких инвестиций, и риском, оказывающим влияние на значительно более широкий спектр инвестиций (на рынке, где финансовый инвестор обладает хорошо диверсифицированным портфелем, вознаграждается только последняя разновидность риска, называемая «рыночным риском»). На третьем этапе мы обсудим альтернативные модели для измерения рыночного риска и связанных с ним ожидаемых доходностей.

Определение риска

Инвесторы, покупающие активы, за время владения ими ожидают получить определенную отдачу. Фактическая доходность, полученная в течение данного промежутка времени, может сильно отличаться от ожидаемой, и именно это различие между ожидаемой и фактической доходностью является источником риска. Предположим, вы являетесь инвестором, купившим казначейский вексель сроком на один год (или любую другую, не подверженную риску дефолта облигацию сроком на один год). Ожидаемая доходность векселя составляет 5%. По завершении однолетнего периода владения данной ценной бумагой доходность составит 5%, что будет равно ожидаемой доходности. Распределение доходностей для этой инвестиции показано на рисунке 4.1. Данная инвестиция не подвержена риску.

Можно привести примеры другого рода. Возьмем инвестора, купившего акцию какой-то компании, скажем Boeing. Этот инвестор изучил положение компании и пришел к выводу, что стоит ожидать доходности, составляющей 30% в год. Однако фактическая доходность за этот период едва ли будет равна 30%. Скорее всего, она окажется значительно выше или ниже ожидаемой. Распределение доходности данной инвестиции показано на рисунке 4.2.

Помимо ожидаемой доходности инвестор должен принять во внимание следующие факторы. Во-первых, заметим, что фактические доходности в данном случае отличаются от ожидаемых. Разброс фактических доходностей относительно ожидаемых характеризуется дисперсией (или стандартным отклонением) распределения. Чем выше отклонение фактических доходностей от ожидаемых, тем выше дисперсия. Во-вторых, предположение относительно положительных или отрицательных доходностей выражается при помощи асимметрии распределения (skewness of the distribution). Распределение на рисунке 4.2 имеет положительную асимметрию, поскольку значительным положительным доходностям приписывается более высокая вероятность, чем значительным отрицательным доходностям. В-третьих, для выражения формы «хвостов» распределения служит такой показатель, как эксцесс кривой распределения (kurtosis of the distribution). Чем толще «хвосты», тем выше эксцесс. С точки зрения инвестиций данный показатель показывает склонность цены данной инвестиции «скакать» в любом направлении (вверх или вниз относительно текущего уровня).

В особом случае, когда распределение доходностей представлено нормальной кривой, инвесторы могут не беспокоиться об асимметрии и эксцессах, поскольку в этих условиях нет никакой асимметрии (нормальное распределение симметрично), а эксцесс нормального распределения по определению равен нулю. Рисунок 4.3 иллюстрирует распределение доходностей двух инвестиций с симметричными кривыми.

Когда распределение доходностей является нормальным, характеристики любой инвестиции могут быть выражены двумя переменными: ожидаемой доходностью, представляющей положительный потенциал данной инвестиции, и стандартным отклонением, или дисперсией, представляющей опасность. В данном сценарии рациональный инвестор, столкнувшийся с двумя инвестициями, характеризуемыми одинаковыми стандартными отклонениями, но различными ожидаемыми доходностями, без сомнения, выберет инвестицию с более высокой доходностью.

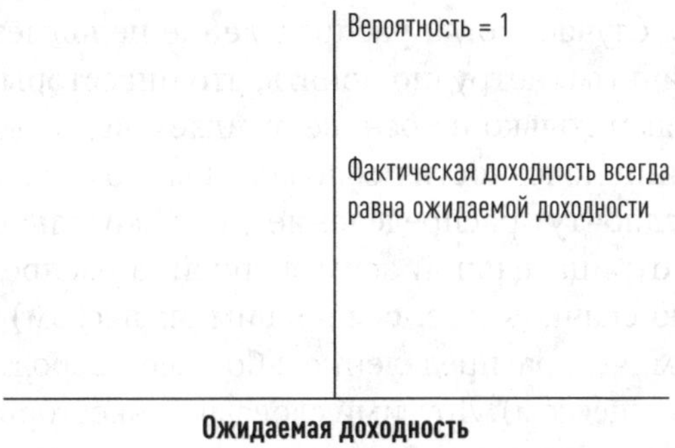

Рисунок 4.1. *Вероятностное распределение доходностей для безрисковой инвестиции*

Рисунок 4.2. *Распределение доходностей для рискованной инвестиции*

Рисунок 4.3. *Сравнение распределений доходностей*

В более общем случае, когда распределение не является ни нормальным, ни симметричным, нетрудно понять, что инвесторы будут выбирать между инвестициями только на основе ожидаемой доходности и дисперсии, если их функции полезности позволяют им это сделать[1]. Однако, скорее всего, они предпочтут распределение с положительной асимметрией распределению с отрицательной асимметрией, а распределение с меньшей вероятностью скачков (т. е. с меньшим эксцессом) окажется более предпочтительным, чем распределение с большей вероятностью скачков (с более высоким эксцессом). Другими словами, инвесторы, предпринимая инвестицию, предпочтут скорее благоприятное ожидание (более высокие ожидаемые доходности и большая позитивная асимметрия), чем неблагоприятное ожидание (более высокие дисперсия и эксцесс).

В заключение следует заметить, что ожидаемая доходность и дисперсия, используемые на практике, почти всегда оцениваются на основе прошлых, а не будущих доходностей. Предположение, лежащее в основе использования дисперсии прошлых периодов, заключается в том, что распределение доходностей, полученных в прошлом, является хорошим показателем будущего распределения доходностей. При нарушении данного предположения, например в том случае, когда характеристики активов значительно меняются со временем, исторические оценки не могут служить хорошей мерой риска.

optvar.xls — в этой базе данных, размещенной в Интернете, содержатся данные о стандартном отклонении и дисперсии акций в различных секторах экономики Соединенных Штатов.

Диверсифицируемый и недиверсифицируемый риск

Хотя существует множество причин, по которым фактические доходности могут отличаться от ожидаемых, все их можно сгруппировать в две категории: касающиеся конкретных фирм и затрагивающие рынок в целом.

[1] Функция полезности — это способ приведения предпочтений инвестора к одному показателю, который называется «полезностью», на основе некоторых переменных выбора. Например, в данном случае полезность, или удовлетворенность, инвестора определяется как функция богатства. Приняв данное положение, мы сумеем успешно ответить на следующие вопросы. Станут ли инвесторы в два раза счастливее, если их богатство увеличится в два раза? Приводит ли каждое приращение богатства к меньшему приросту полезности, чем предыдущее приращение? В том случае когда функция полезности принимает специфическую форму (форму квадратичной функции), полную полезность инвестора можно выразить в виде ожидаемого богатства и стандартного отклонения в данном богатстве.

Риски, возникающие на уровне фирмы, затрагивают одну или несколько инвестиций, а общерыночные риски влияют на многие или все инвестиции. Это различие принципиально важно для способа оценки риска в сфере финансов.

Компоненты риска. Когда инвестор покупает акцию или долю в собственном капитале фирмы, он подвергает себя множеству рисков. Некоторые виды риска могут касаться только одной или нескольких фирм, и этот вид риска классифицируется как риск на уровне фирмы, т. е. так называемый специфический риск фирмы (firm-specific risk), который является риском инвестирования в определенную компанию. В пределах этой категории можно увидеть широкий спектр рисков, начиная с риска того, что фирма неправильно оценит спрос на свою продукцию со стороны потребителей. Мы называем этот вид риска проектным риском (project risk). Рассмотрим для примера инвестицию компании Boeing в самолет Super Jumbo. Эта инвестиция основывается на предположении, что авиакомпании предъявляют спрос на более крупные самолеты и готовы платить за них повышенную цену. Если компания Boeing просчиталась в своей оценке спроса, это очевидным образом окажет влияние на прибыль и стоимость этой компании, однако едва ли значительно скажется на других фирмах, действующих на этом же рынке. Кроме того, риск возникает в связи с тем, что конкуренты могут оказаться сильнее или слабее, чем предполагалось. Подобный вид риска называется конкурентным риском (competitive risk). Предположим, Boeing и Airbus борются за заказ от австралийской авиакомпании Qantas. Вероятность того, что конкурс выиграет Airbus, является потенциальным источником риска для компании Boeing и, по всей вероятности, для некоторых из его поставщиков, но, опять же, этим риском будут затронуты лишь немногие фирмы. Аналогично: компания Disney недавно начала выпускать журналы для девочек-подростков в расчете сыграть на своем успехе в ТВ-шоу. Успешность этого проекта важна для Disney и ее конкурентов, однако едва ли она касается остального рынка. В действительности, меру риска можно расширить таким образом, чтобы она включала риски, затрагивающие целый сектор, и при этом была ограничены этим сектором. Мы называем данный вид риска секторным риском (sector risk). Например, сокращение военного бюджета в Соединенных Штатах неблагоприятно скажется на всех фирмах сектора оборонной промышленности, включая Boeing, но не окажет при этом значительного влияния на другие секторы. Все три описанных вида риска — проектный, конкурентный и секторный — имеют одну общую черту: все они затрагивают только небольшое подмножество фирм.

Существует и другой вид риска, с куда более широким охватом, влияющий на многие, если не на все инвестиции. Например, повышение процентных ставок негативным образом скажется на всех инвестициях, хотя и в различной степени. Аналогично, при ослаблении экономики все фирмы ощутят воздействие спада, хотя циклические фирмы (такие, как автомобильные, сталелитейные и строительные), возможно, будут затронуты в большей степени. Мы называем данный вид риска рыночным риском (market risk).

Наконец, существуют риски, занимающие промежуточное положение, в зависимости от того, на сколь большое число активов они оказывают влияние. Например, когда доллар усиливается относительно других валют, это влияет на прибыль и стоимость фирм, работающих на международном уровне. Если большинство фирм на рынке имеет значительный объем международных операций, то риск усиления доллара можно отнести к рыночному риску. Если же международными операциями заняты лишь немногие фирмы, то этот риск скорее ближе к риску на уровне фирмы. Рисунок 4.4 показывает спектр рисков — от специфического риска фирмы до рыночных рисков.

Рисунок 4.4. *Схема воздействия риска*

Почему диверсификация уменьшает или устраняет риск на уровне фирмы: интуитивное объяснение. Как инвестор вы можете вложить все средства в один актив. Если вы поступаете именно таким образом, то подвергаете себя как рыночному риску, так и специфическому риску фирмы. Если же вы расширяете свой портфель, включая в него другие активы или акции, то вы диверсифицируете портфель, снижая тем самым уровень своей зависимости от риска инвестирования в отдельную фирму. Существуют две причины, по которым диверсификация снижает или в определенных рамках устраняет специфический риск фирмы. Во-первых, каждая инвестиция в диверсифицированном портфеле обладает значительно меньшим весом по сравнению с недиверсифицированным портфелем. Любое действие, повышающее или понижающее стоимость только одной инвестиции или небольшой группы инвестиций, окажет лишь незначительное влияние на портфель в целом, в то время как не распределившие свои вложения инвесторы в гораздо большей степени зависят от изменений стоимости активов, входящих в портфель. Вторая причина обусловлена тем, что влияние деятельности отдельной фирмы на цены единичных активов в портфеле может оказаться как положительным, так и отрицательным для любого актива в данный период времени. Таким образом, в очень большом портфеле специфический риск фирмы в среднем окажется равным нулю и не повлияет на общую стоимость портфеля.

Наоборот, изменения внешней среды, затрагивающие весь рынок в целом, будут действовать в одном и том же направлении для большинства инвестиций в портфеле, хотя воздействие на некоторые активы, возможно, окажется сильнее, чем на другие. Например, при прочих равных условиях повышение процентных ставок приведет к снижению стоимости большинства активов в портфеле. Расширение диверсификации не устранит этого риска.

Статистический анализ риска, снижающегося при диверсификации. Воздействие диверсификации на риск можно ярко продемонстрировать, рассмотрев влияние роста числа активов в портфеле на дисперсию портфеля. Дисперсия портфеля отчасти определяется дисперсией отдельных активов в портфеле, а частично — их взаимосвязью. С точки зрения статистики взаимосвязь измеряется при помощи коэффициентов корреляции или ковариации инвестиций в портфеле. Именно ковариация может объяснить, почему и в какой степени диверсификация снижает риск.

Обсудим портфель, состоящий из двух активов. Актив А имеет ожидаемую доходность, равную μ_A, и дисперсию доходов, равную $\sigma^2{}_A$. У актива В ожидаемая доходность равна μ_B, а дисперсия — $\sigma^2{}_B$. Корреляция между доходностями, создаваемыми двумя активами, которая измеряет, насколько согласованно изменяются доходности, равна ρ_{AB}. Ожидаемые доходности и дисперсия портфеля из двух активов записываются как функция этих входных данных и доли каждого актива в портфеле:

$$\mu_{\text{портфеля}} = w_A \mu_A + (1 - w_A)\mu_B,$$

$$\sigma^2_{\text{портфеля}} = w_A^2 \sigma_A^2 + (1 - w_A)^2 \sigma_B^2 + 2 w_A (1 - w_A) \rho_{AB} \sigma_A \sigma_B,$$

где w_A = доля актива А в портфеле.

Последний член в формуле дисперсии также называют ковариацией доходностей двух активов, которая равна:

$$\sigma_{AB} = \rho_{AB}\sigma_A\sigma_B.$$

Экономия, возникающая благодаря диверсификации, является функцией коэффициента корреляции. При этом одна вещь остается неизменной: чем выше корреляция доходности двух активов, тем меньше потенциальный выигрыш от диверсификации. Стоит добавить, что корреляция приносит выгоду, даже если она положительна, и перестает давать эффект, только когда она равна единице.

Модели измерения рыночного риска

Бóльшая часть моделей риска и доходности, используемых в корпоративных финансах, на двух первых этапах анализа риска в значительной степени идентична: риск обусловлен распределением фактических доходностей относительно ожидаемой доходности и его следует измерять с точки зрения хорошо диверсифицированного финансового инвестора. Но эти модели расходятся в вопросе, касающемся измерения недиверсифицируемого (или рыночного) риска. В этом разделе мы обсудим различные модели, предназначенные для измерения риска в финансовой области, а также причины их различий. Мы начнем наше обсуждение со стандартной модели, позволяющей измерить рыночный риск в финансовой сфере, а именно: модели оценки капитальных (финансовых) активов (capital asset pricing model — CAPM), а затем обсудим альтернативы этой модели, разработанные за последние два десятилетия. Несмотря на то что при обсуждении будут подчеркиваться различия, мы также рассмотрим и общие черты этих моделей.

Модель оценки капитальных активов (CAPM). Эта модель является моделью риска и доходности, имеющей самую долгую историю использования и все еще остающейся стандартом в большинстве аналитических приложений. В данном разделе изучаются предположения, на которых построена эта модель, и показатели рыночного риска, возникающие из этих предположений.

Предположения. Хотя диверсификация сокращает подверженность инвесторов специфическому риску фирмы, большинство из них ограничивает свою диверсификацию, обладая небольшим количеством активов. Даже крупные взаимные фонды редко держат более нескольких сотен видов акций, а многие из них включают в портфель 10–20 бумаг. Есть две причины, толкающие инвесторов ограничивать уровень диверсификации.

Одна из них состоит в том, что инвестор или управляющий взаимным фондом может получить большинство преимуществ диверсификации, используя относительно небольшой портфель, поскольку по мере расширения диверсификации портфеля прирост выигрыша от нее становится все меньше. Следовательно, эти выигрыши могут и не покрыть прирост издержек на диверсификацию, включающий в себя издержки по операциям и затраты, связанные с отслеживанием текущей рыночной ситуации. Еще одна причина ограничения диверсификации обусловлена тем, что многие инвесторы (а также фонды) верят в свою способность находить недооцененные активы, поэтому предпочитают не держать активы, которые, по их мнению, оценены верно или переоценены.

ПОЧЕМУ СЧИТАЕТСЯ, ЧТО ФИНАНСОВЫЕ ИНВЕСТОРЫ ДОЛЖНЫ ДИВЕРСИФИЦИРОВАТЬСЯ?

Утверждение, что диверсификация снижает подверженность инвестора риску, понятно и на интуитивном уровне, и с точки зрения статистики, однако модели риска и доходности в финансах идут дальше. Они рассматривают риск с точки зрения инвестора, который может продать акции в любой момент времени. Такой инвестор называется финансовым. При этом доказывается, что этот инвестор, устанавливающий цены на инвестиции, имеет хорошую диверсификацию. Таким образом, единственный риск, который его волнует, — это риск, добавляемый к диверсифицированному портфелю, или рыночный риск. Этот аргумент легко обосновать. Риск, характеризующий инвестицию, всегда будет оцениваться выше инвестором, не обладающим диверсификацией, по сравнению с тем, кто ею обладает, поскольку последний не принимает на себя специфический риск фирмы, а первый — принимает. Если у обоих инвесторов одинаковые ожидания относительно будущей доходности и денежных потоков, приходящихся на актив, то «диверсифицированный» инвестор пожелает заплатить более высокую цену за этот актив, поскольку он оценивает риск как более низкий. Следовательно, со временем актив окажется в портфелях «диверсифицированных» инвесторов.

Данное соображение — весьма действенное доказательство, особенно на рынках, где торговля активами ничем не затруднена и связана с низкими издержками. Таким образом, это утверждение хорошо работает применительно к акциям, обращающимся в США, поскольку инвесторы могут стать «диверсифицированными» при низких издержках. Кроме того, значительная доля торговли акциями в США осуществляется институциональными инвесторами, которые, как правило, хорошо «диверсифицированы». Обоснование оказывается более проблематичным, если торговля активами связана с трудностями или предполагает высокие издержки. На таких рынках финансовый инвестор может быть плохо «диверсифицированным», а потому специфический риск фирмы способен сохранять свое влияние при рассмотрении отдельных инвестиций. Например, в большинстве стран недвижимостью владеют «недиверсифицированные» инвесторы, которые хранят значительную часть своих сбережений в этих инвестициях.

Модель оценки капитальных активов предполагает, что транзакционные издержки отсутствуют, все активы обращаются на открытом рынке, а инвестиции бесконечно делимы (т. е. можно купить любую долю от единицы данного актива). Кроме того, предполагается возможность свободного доступа к одной и той же информации для всех инвесторов, и из этого следует, что инвесторы не могут выявить на рынке переоцененные и недооцененные активы. Все эти предположения позволяют инвестору быть «диверсифицированным» без дополнительных издержек. В предельном случае их портфели не только будут включать каждый из обращающихся на рынке активов, но и, помимо всего прочего, рискованные активы будут обладать одинаковыми весами (на основе их рыночной стоимости).

Тот факт, что в данный портфель включаются все обращающиеся на рынке активы, служит основанием для того, чтобы его называли рыночным портфелем. В этом нет ничего удивительного, учитывая выигрыши от диверсификации и отсутствие транзакционных издержек в модели оценки капитальных активов. Если диверсификация сокращает степень подверженности риску на уровне фирмы и отсутствуют издержки, связанные с добавлением дополнительных активов в портфель, то логическим ограничением диверсификации станет владение небольшой долей каждого из активов, обращающихся в экономике. Если это определение кажется слишком абстрактным, представим себе, что рыночный портфель представляет собой очень хорошо диверсифицированный взаимный фонд, который держит акции и реальные активы. В модели САРМ все инвесторы будут держать комбинации, состоящие из более рискованного актива и этого взаимного фонда[1].

Портфели инвесторов в САРМ. Если все инвесторы на рынке имеют одинаковые рыночные портфели, то каким образом выражается реакция инвесторов, обусловленная неприятием риска в совершаемых ими инвестициях? В модели оценки капитальных активов, когда инвесторы при распределении средств решают: сколько им следует вложить в безрисковый актив, а сколько — в рыночный портфель, они опираются на свои предпочтения в области риска. Инвесторы, избегающие риска, могут принять решение вложить все свои сбережения в безрисковый актив. Инвесторы, желающие принять на себя больше риска, вложат значительную часть своих сбережений, или даже все, в рыночный портфель. Инвесторы, уже вложившие все свои средства в рыночный портфель и, тем не менее, желающие принять на себя еще больше риска, могли бы добиться этого,

---

[1] Важность введения безрискового актива в комбинацию выбора и предпосылки для портфельного выбора впервые была отмечена Шарпом (Sharp, 1964) и Линтнером (Lintner, 1965). По этой причине модель иногда называется «моделью Шарпа–Линтнера».

заняв средства по безрисковой ставке и инвестировав их в тот же самый рыночный портфель, следуя примеру всех остальных.

Данные предположения основываются на двух дополнительных допущениях. Во-первых, существует безрисковый актив, ожидаемая доходность которого известна с абсолютной определенностью. Во-вторых, инвесторы могут ссужать и занимать средства по безрисковой ставке для достижения оптимальности размещения средств. В то время как ссуда по безрисковой ставке не доставляет особых проблем (индивиду для этого достаточно приобрести казначейские векселя или казначейские облигации), получение ссуд по безрисковой ставке может оказаться куда более затруднительным для отдельного лица. Существуют версии модели САРМ, позволяющие несколько смягчить эти допущения и, тем не менее, получить выводы, совместимые с моделью.

Измерение рыночного риска отдельного актива. Риск любого актива для инвестора — это риск, добавляемый данным активом к портфелю инвестора в целом. В мире САРМ, где все инвесторы владеют рыночным портфелем, риск отдельного актива для инвестора — это риск, который данный актив добавляет к рыночному портфелю. На интуитивном уровне понятно, что если движение актива происходит независимо от рыночного портфеля, то этот актив не добавит слишком уж много риска к рыночному портфелю. Другими словами, бóльшая часть риска данного актива является специфическим риском фирмы, а потому может быть диверсифицирована. С другой стороны, если стоимость актива имеет тенденцию к росту одновременно с повышением стоимости портфеля, равно как и тенденцию к падению при снижении стоимости рыночного портфеля, то актив увеличивает риск портфеля. Такой актив обладает в большей степени рыночным риском и в меньшей — специфическим риском фирмы. Статистически, добавленный риск измеряется ковариацией актива с рыночным портфелем.

Измерение недиверсифицируемого риска. В мире, где инвесторы держат комбинацию только двух активов: безрискового актива и рыночного портфеля, риск любого отдельного актива будет измеряться по отношению к рыночному портфелю. В частности, риск какого-либо актива будет риском, добавляемым им к рыночному портфелю. Чтобы получить адекватную меру для этого добавляемого риска, предположим, что σ_m^2 есть дисперсия рыночного портфеля до того, как в него включили новый актив, а дисперсия отдельного актива, добавляемого к портфелю, равна σ_i^2. Вес данного актива в рыночной стоимости портфеля составляет w_i, а ковариация доходностей отдельного актива и рыночного портфеля равна σ_{im}. Дисперсию рыночного портфеля до и после включения в портфель отдельного актива можно записать следующим образом:

$$\text{Дисперсия до добавления актива i} = \sigma_m^2.$$

$$\text{Дисперсия после добавления актива i} = \sigma_{m'}^2 = w_i^2\sigma_i^2 + (1-w_i)^2\sigma_m^2 + 2w_i(1-w_i)\sigma_{im}.$$

Вес рыночной стоимости любого отдельного актива в рыночном портфеле может быть небольшим, поскольку рыночный портфель включает в себя все активы, обращающиеся в экономике. Следовательно, первый член уравнения должен стремиться к нулю, а второй должен стремиться к $\sigma_{m'}^2$, оставляя третий член (ковариацию $\sigma_{im'}$) в качестве меры риска, добавляемого активом i.

Стандартизация ковариации. Ковариация измеряется в процентах, поэтому трудно вынести решение по поводу относительного риска инвестиции, основываясь на ее значении. Другими словами, знание ковариации компании Boeing с рыночным портфелем (составляющей 55%) не дает нам подсказки, в большей или в меньшей степени рискованна компания по сравнению со средним активом. По этой причине мы стандартизируем меру риска путем деления ковариации каждого актива с рыночным портфелем на дисперсию рыночного портфеля. Это позволяет получить показатель риска, который называется коэффициентом бета данного актива:

$$\text{Бета актива i} = \frac{\text{Ковариация актива i с рыночным портфелем}}{\text{Дисперсия рыночного портфеля}} = \frac{\sigma_{im}}{\sigma_m^2}.$$

Поскольку ковариация рыночного портфеля с самим собой является его дисперсией, бета рыночного портфеля (как и его среднего актива) равна 1. Активы, чья рискованность выше среднего уровня (если использовать эту меру риска), будут иметь коэффициент бета выше единицы, а активы, которые безопаснее среднего уровня, будут обладать бетой менее единицы. У безрисковых активов коэффициент бета равен нулю.

Получение ожидаемой доходности. Наличие у каждого инвестором некоторой комбинации безрискового актива и рыночного портфеля приводит к заключению, что ожидаемая доходность актива линейно зависит от беты актива. В частности, ожидаемая доходность актива можно записать как функцию безрисковой ставки и беты этого актива:

$$E(R_i) = R_f + \beta_i\left[E(R_m) - R_f\right],$$

где $E(R_i)$ = ожидаемая доходность актива i;
R_f = безрисковая ставка;
$E(R_m)$ = ожидаемая доходность на рыночный портфель;
β_i = коэффициент бета актива i.

Для использования модели оценки финансовых активов нам необходимо иметь три входные величины. Следующая глава будет посвящена детальному разбору процесса оценки, поэтому пока только заметим, что каждая из этих входных величин оценивается следующим образом:

- Безрисковый актив определяется как актив, относительно которого инвестору с абсолютной определенностью известна ожидаемая доходность для временного горизонта анализа.
- Премия за риск является премией, запрашиваемой инвесторами за инвестирование в рыночный портфель, включающий все рисковые активы на рынке, вместо инвестирования в безрисковый актив.
- Коэффициент бета, который определяется как ковариация актива, поделенная на дисперсию рыночного портфеля, измеряет риск, добавляемый инвестицией к рыночному портфелю.

Таким образом, в модели оценки капитальных активов весь рыночный риск охватывается одним коэффициентом бета, измеренным по отношению к рыночному портфелю, который, хотя бы теоретически, должен содержать все обращающиеся на рынке активы пропорционально их рыночной стоимости.

Модель арбитражной оценки. Ограничивающие предположения, касающиеся транзакционных издержек и получения информации в модели оценки финансовых активов, а также зависимость модели от рыночного портфеля на протяжении длительного времени воспринимались академическими кругами и специалистами-практиками со скептицизмом. Росс (Ross, 1976) предложил альтернативную модель для измерения риска, которая называется моделью арбитражной оценки (arbitrage pricing model — APM).

Предположения. Если инвесторы могут инвестировать без риска и зарабатывать больше, чем по безрисковой ставке, то это означает, что они нашли возможность арбитража. Предположение, лежащее в основе модели арбитражной оценки, заключается в том, что инвесторы пользуются выгодами возможности совершения арбитража и устраняют их в процессе торгов. Если два портфеля в одинаковой степени подвержены риску, но предлагают различную ожидаемую доходность, то инвесторы приобретут портфель с более высокой ожидаемой доходностью и продадут портфель с меньшей ожидаемой доходностью. Заработанная разница будет безрисковой прибылью. Для предотвращения возможности арбитража два портфеля должны приносить одинаковые ожидаемые доходности.

Подобно модели оценки капитальных активов, модель арбитражной оценки начинает с разделения риска на специфический риск фирмы и рыночный риск. Как и в модели оценки капитальных активов, специфический риск фирмы охватывает информацию, которая влияет в основном на саму фирму. Рыночный риск касается многих или всех фирм и предполагает непредвиденные изменения в определенном числе экономических переменных, включая ВНП, инфляцию и процентные ставки. Включив оба типа риска в модель доходности, мы получаем:

$$R= E\ (R) + m + \varepsilon,$$

где R — фактическая доходность, E (R) — ожидаемая доходность, m — компонент непредвиденного риска в масштабе всего рынка, ε — компонент отдельной фирмы. Таким образом, фактическая доходность может отличаться от ожидаемой доходности либо по причине рыночного риска, либо вследствие специфического риска фирмы.

Источники рыночного риска. Хотя и модель оценки капитальных активов, и модель арбитражной оценки различают риск отдельной фирмы и рыночный риск, они измеряют рыночный риск по-разному. Модель САРМ предполагает, что рыночный риск полностью охватывается рыночным портфелем, в то время как модель арбитражной оценки допускает множество источников рыночного риска, измеряя чувствительность инвестиций к изменениям в каждом идентифицированном источнике. Вообще говоря, рыночный компонент непредвиденной доходности можно разложить на экономические факторы:

$$R = E\ (R) + m + \varepsilon = R + (\beta_1 F_1 + \beta_2 F_2 + \ldots + \beta_n F_n) + \varepsilon,$$

где β_j = чувствительность инвестиции к непредвиденным изменениям в факторе j;

F_j = непредвиденные изменения в факторе j.

Отметим, что измерение чувствительности инвестиции к любому макроэкономическому фактору принимает форму коэффициента бета, который называется фактором бета. В действительности, данный фактор бета во многом сходен с рыночным коэффициентом бета в модели САРМ.

Результаты диверсификации. Преимущества диверсификации обсуждались ранее в контексте разделения на рыночный и специфический риск фирмы. Основные положения этой дискуссии связаны с устранением этой диверсификации специфического риска фирмы. Модель арбитражной оценки привлекает ту же самую аргументацию и приводит к выводу, что доходность портфеля не будет содержать компонент непредвиденной доходности отдельной фирмы. Доходность портфеля можно записать как сумму двух средневзвешенных — ожидаемой доходности портфеля и рыночных факторов:

$$R_p = (w_1R_1 + w_2R_2 + \ldots + w_nR_n) + (w_1\beta_{1,1} + w_2\beta_{1,2} + \ldots + w_n\beta_{1,n})\,F_1 + \\ + (w_1\beta_{2,1} + w_2\beta_{2,2} + \ldots + w_n\beta_{2,n})\,F_2 \ldots,$$

где w_j = вес актива j в портфеле (в котором имеется n активов);
R_j = ожидаемая доходность актива j;
$\beta_{i,j}$ = бета-фактор i для актива j.

Ожидаемая доходность и коэффициенты бета. Заключительным шагом в этом процессе является оценка ожидаемой доходности как функции только что определенных коэффициентов бета. Заметим сначала, что бета портфеля является средневзвешенной величиной коэффициентов бета различных активов, входящих в портфель. Данная особенность, в сочетании с отсутствием возможности арбитража, приводит к заключению, что ожидаемые доходности находятся в линейной зависимости от коэффициентов бета. Чтобы понять причины этого, предположим, что существуют только один фактор и три портфеля. Коэффициент бета портфеля A равен 2,0, а ожидаемая доходность — 20%. Коэффициент бета портфеля B равен 1,0, а ожидаемая доходность — 12%. Портфель C имеет коэффициент бета, равный 1,5, а ожидаемая доходность составляет 14%. Отметим также, что инвесторы могут вложить половину своего состояния в портфель A, а другую половину — в портфель B, что создаст портфель с коэффициентом бета, равным 1,5, и ожидаемой доходностью 16%. Соответственно, ни один инвестор не станет держать портфель C, пока стоимость этого портфеля не упадет и ожидаемая доходность не повысится до 16%. По тем же причинам ожидаемая доходность каждого портфеля должна находиться в линейной зависимости от коэффициента бета. Если бы этой зависимости не было, то мы смогли бы скомбинировать два других портфеля — один с более высоким коэффициентом бета, а другой с более низким, чтобы добиться более высокой доходности по сравнению с исходным портфелем. Тем самым мы заработали бы более высокую доходность, чем та, которую приносит рассматриваемый портфель, создавая возможность для арбитража. Данный аргумент можно распространить на ситуацию с множественными факторами и тем же результатом. Следовательно, ожидаемую доходность актива можно записать следующим образом:

$$E(R) = R_f + \beta_1\,[E(R_1) - R_f] + \beta_2\,[E(R_2) - R_f] \ldots + \beta_K\,[E(R_K) - R_f],$$

где R_f = ожидаемая доходность портфеля с нулевым коэффициентом бета;
$E(R_j)$ = ожидаемая доходность портфеля с коэффициентом бета, равным 1 для фактора j и 0 для всех прочих факторов (где j = факторы 1, 2,…, K).

Элементы в квадратных скобках можно рассматривать как премии за риск каждого фактора в модели.

Модель оценки капитальных активов можно рассматривать как особый случай модели арбитражной оценки, где присутствует только один экономический фактор, создающий доходность в масштабах всего рынка, и этим фактором является рыночный портфель.

$$E(R) = R_f + \beta_m [E(R_m) - R_f].$$

Модель арбитражной оценки на практике. Модель арбитражной оценки позволяет оценить коэффициенты бета для каждого фактора и премии за риск по факторам в дополнение к безрисковой ставке. На практике они обычно оцениваются при помощи исторических данных по доходностям активов и факторного анализа. На интуитивном уровне понятно, что в факторном анализе мы изучаем исторические данные на основе исторических образов, характерных скорее для значительных групп активов (чем для одного сектора или нескольких активов). Факторный анализ дает два итоговых показателя:

1) позволяет определить число общих факторов, влияющих на исторические данные по доходностям;
2) дает возможность измерить коэффициент бета каждой инвестиции относительно любого из общих факторов и обеспечивает оценку фактических премий за риск, заработанных каждым фактором.

Тем не менее факторный анализ не занимается идентификацией факторов с экономических позиций. Как правило, в модели арбитражной оценки рыночный риск измеряется по отношению к множеству не поддающихся определению макроэкономических переменных. При этом чувствительность инвестиции соотносится с каждым фактором, измеренным при помощи коэффициента бета. Количество факторов риска, коэффициенты бета для факторов, премии за факторы риска — все эти величины можно оценить при помощи факторного анализа.

Многофакторные модели для риска и доходности. Отказ от идентификации факторов в модели арбитражной оценки, по всей вероятности, можно оправдать, обращаясь к статистическим методам, но, вместе с тем, интуиция подсказывает, что это свидетельствует о слабости подобного подхода. Решение кажется простым: заменить неопределяемые статистические факторы специальными экономическими факторами, и результирующая модель будет обладать экономической основой, вместе с тем сохраняя в себе многие достоинства модели арбитражной оценки. Именно на это и нацелены многофакторные модели.

Создание многофакторной модели. Как правило, многофакторные модели основаны на исторических данных, а не на экономическом моделировании. Как только в модели арбитражной оценки выявлено определенное количество факторов, их поведение можно выяснить с помощью данных. Поведение неназванных факторов во времени можно сравнить с поведением макроэкономических переменных за тот же период с целью проверки, коррелируют ли во времени какие-либо из переменных с идентифицированными факторами.

Например, Чен, Ролл и Росс (Chen, Roll and Ross, 1986) предполагают, что с факторами, полученными при помощи факторного анализа, в значительной степени коррелируют следующие макроэкономические переменные: промышленная продукция, изменения размера премии за дефолт, сдвиги во временной структуре, непредвиденная инфляция и изменения в фактической доходности. Затем можно выяснить корреляцию этих переменных с доходностью (что даст нам модель ожидаемой доходности), а также с коэффициентами бета отдельных фирм, рассчитанными по отношению к каждой переменной.

$$E(R) = R_f + \beta_{GNP}[E(R_{GNP}) - R_f] + \beta_I[E(R_I) - R_f] \ldots + \beta_\delta[E(R_\delta) - R_f],$$

где β_{GNP} = коэффициент бета по отношению к изменениям в промышленном производстве;

$E(R_{GNP})$ = ожидаемая доходность портфеля с коэффициентом бета, равным единице для фактора промышленного производства и нулю для всех других факторов;

GNP = ВНП (валовой национальный продукт);

β_I = коэффициент бета по отношению к изменениям в инфляции;

$E(R_I)$ = ожидаемая доходность портфеля с коэффициентом бета, равным единице для фактора инфляции и нулю для всех других факторов.

Издержки перехода от модели арбитражной оценки к макроэкономическим многофакторным моделям можно отнести к ошибкам, возникающим при идентификации факторов. Экономические факторы в модели могут со временем изменяться, как и премия за риск, связанная с каждым из них. Например, изменения цен на нефть оставались в 1970-е гг. важным экономическим фактором, определяющим ожидаемую доходность, однако в другие периоды времени они не были столь важны. Использование ошибочных факторов или игнорирование важных факторов в многофакторной модели может привести к недостоверным оценкам ожидаемой доходности.

АЛЬТЕРНАТИВНЫЕ МОДЕЛИ ДЛЯ ОЦЕНКИ РИСКА СОБСТВЕННОГО КАПИТАЛА

САРМ, модель арбитражной оценки и многофакторная модель являются результатом попыток экономистов построить модель взаимосвязи риска и доходности на основе анализа среднего и дисперсии, предложенного

Гарри Марковицом (Harry Markowitz, 1991). Вместе с тем многие считают, что такой подход ошибочен и необходимо искать альтернативы. В этом разделе мы рассмотрим некоторые из них.

Разные распределения доходности

Противоречия в подходе на основе анализа среднего и дисперсии проявляются с самого начала. Учитывая, что многие сомневаются в его применимости, рассмотрим высказываемые возражения, разделив противников на три группы. Первая группа настаивает на том, что цены акций в частности и доходность инвестиций в целом слишком высоки и не могут вытекать из нормального распределения. Ее представители утверждают, что толстые хвосты в распределениях цен акций больше подходят распределениям, которые называют степенными. Такие распределения характеризуются неопределенностью дисперсии и длинными периодами зависимости от цен. Вторая группа делает акцент на симметричности нормального распределения и предлагает учитывать асимметрию реальных распределений в показателях риска. Третья группа склоняется к тому, что распределения, допускающие ценовые скачки, более реалистичны и что показатели риска должны учитывать вероятность и размах таких скачков.

Толстые хвосты и степенные распределения. Бенуа Мандельброт (1961; Mandelbrot and Hudson, 2004), математик и автор новаторского исследования поведения цен акций, был одним из тех, кто занимался проблемой использования нормальных и логнормальных распределений. Наблюдая за поведением цен акций и реальных активов, он пришел к выводу, что степенное распределение более правильно характеризует его. В степенном распределении взаимосвязь между двумя переменными Y и k, выражается следующим образом:

$$Y = \alpha^k.$$

В этом уравнении α является константой (константой пропорциональности), а k — показателем степени. Идея Мандельброта заключалась в том, что нормальные и логнормальные распределения лучше всего подходят для рядов с умеренными и стабильными флуктуациями, а степенное распределение больше подходит для рядов с сильными движениями и тем, что называется *чрезмерными флуктуациями*. Чрезмерная флуктуация возникает, когда отдельно взятое наблюдение может повлиять на всю совокупность непропорциональным образом. Цены акций и биржевых товаров демонстрируют чрезмерные флуктуации. Цены акций и биржевых товаров, где длительные периоды относительно небольших движений нарушаются очень сильными отклонениями в обоих направлениях, более подходят для включения в группу с чрезмерными флуктуациями.

Как это сказывается на величине риска? Если цены активов следуют степенному распределению, то стандартное отклонение или волатильность не может правильно характеризовать риск и служить хорошей базой для расчета вероятностей. Допустим, стандартное отклонение годовой доходности акции составляет 15%, а средняя доходность — 10%. При использовании нормального распределения в качестве основы для предсказания вероятностей мы получаем, что доходность более 40% (средняя величина плюс два стандартных отклонения) может быть достигнута только раз в 44 года, а 55% (средняя величина плюс три стандартных отклонения) — только раз в 740 лет. Ну а доходность свыше 85% (средняя величина плюс пять стандартных отклонений) случается всего лишь раз в 3,5 млн лет. В реальности доходность акции превышает эти величины намного чаще, т.е. значительно более соответствует степенному распределению, где вероятность высоких значений снижается линейно как функция показателя распределения. С удвоением значения вероятность его появления падает как квадрат показателя. Таким образом, если показатель распределения равен двум, вероятность доходности 25%, 50% и 100% выглядит следующим образом:

Доходность более 25% — раз в 6 лет;
Доходность более 50% — раз в 24 года;
Доходность более 100% — раз в 96 лет.

Обратите внимание на то, что с удвоением доходности вероятность снижается в четыре раза (квадрат показателя). Со снижением показателя вероятность крупных значений увеличивается. Величина показателя в интервале от 0 до 2 дает экстремальные значения чаще, чем нормальное распределение. Показатель в интервале от 1 до 2 дает степенное распределение, известное как стабильное распределение Парето, которое имеет бесконечную дисперсию. В одной из своих первых работ Фама (Fama, 1965) оценивал показатель для акций как 1,7–1,9, однако впоследствии обнаружил, что он выше как на фондовом, так и на валютном рынках[1].

На практике сторонники степенного распределения утверждают, что такие измерители, как волатильность (и ее производные величины вроде беты) занижают риск крупных движений. Степенное распределение для активов, по их мнению, дает инвесторам более надежную базу для из-

[1] В одной из работ, опубликованных в журнале Nature (Gabaix, X., Gopikrishnan, P., Plerou, V., and Stanley, H. E., 2003, A theory of power law distributions in financial markets fluctuations, Nature 423, 267–70), исследователи на основе анализа цен 500 акций в период 1929–1987 гг. пришли к выводу, что показатель для доходности акций равен примерно 3.

мерения риска. Активы с более высокими показателями степени менее рискованны (поскольку экстремальные значения появляются реже), чем активы с низкими показателями.

Сомнения Мандельброта в отношении применимости нормального распределения являются не только процедурными. Мир Мандельброта в отличие от гауссовского мира является таким, где возможны скачкообразные изменения цен со временем без определенной формы при взгляде издалека, однако где при ближайшем рассмотрении выявляются повторяющиеся формы. В 1970-х гг. Мандельброт положил начало такому направлению математики, как *фрактальная геометрия*, где процессы описываются не общепринятой статистикой или математическими показателями, а фракталами. Фрактал — это геометрическая форма, которая может быть разбита на части, приближенно представляющие собой уменьшенную копию целого. Чтобы проиллюстрировать идею, он приводил в пример береговую линию, которая издалека кажется нерегулярной, а вблизи выглядит довольно однообразно — фрактальные формы все время повторяются. Во фрактальной геометрии измерения более высокого порядка преобразуются во множество неправильных форм. Сильно изрезанное корнуэльское побережье имеет фрактальную размерность 1,25, а более ровное побережье Южной Африки — 1,02. В соответствии с этой логикой цены акций, которые выглядят случайными на более длительных отрезках времени, формируют повторяющие модели на более коротких временных отрезках. Более волатильные акции имеют более высокую фрактальную размерность, а значит она может использоваться как мера риска. Фрактальная геометрия позволила Мандельброту объяснить не только более высокую частоту ценовых скачков (относительно нормального распределения), но и более длительные периоды движения цен в одном направлении, которое приводит к ценовым пузырям.

Асимметричные распределения. Интуитивно нас должен беспокоить риск снижения цен, а не риск их роста. Иными словами, головную боль нам приносят не те инвестиции, которые сильно растут, а те, которые сильно падают. В случае анализа среднего и дисперсии учитываются как отклонения вверх, так и отклонения вниз, и различие между ними не делается. При нормальном и любом другом симметричном распределении различие между риском роста и риском падения не принимается в расчет, поскольку эти риски эквивалентны. При асимметричном распределении риск роста и риск падения можно разграничить. Исследования, касающиеся неприятия риска людьми, показывают, что: 1) люди не принимают убытки, т. е. у них страдания от убытков перевешивают радость от эквивалентного выигрыша, и 2) их привлекают очень крупные выигрыши от рискованных ставок намного больше, чем следовало бы, учитывая вероятность их получения.

На практике выплаты по акциям и другим активам несимметричны. Доходность активов демонстрирует толстые хвосты (т. е. больше скачков) и с большей вероятностью принимает экстремальные положительные значения, чем экстремальные отрицательные (просто потому, что доходность не может быть меньше –100%). Как следствие распределение доходностей акций имеет более высокую частоту экстремальных значений (толстые хвосты или эксцесс) и смещено в направлении очень высоких положительных доходностей (положительная асимметрия). Критики подхода на основе анализа среднего и дисперсии утверждают, что он дает слишком узкое представление о вознаграждении и риске. По их мнению, более полное измерение доходности должно учитывать не только размах ожидаемых доходностей, но и вероятность очень крупных положительных доходностей, или асимметрию, а более полное измерение риска должно отражать как дисперсию, так и возможность крупных скачков (ко-эксцесс). Обратите внимание на то, что хотя при этом подходе риск определяется иначе, чем при анализе среднего и дисперсии, риск портфеля оценивается правильно. Другими словами, необходимо учитывать не возможность крупных положительных выплат (асимметрия) или сильных скачков (эксцесс), а только ту часть асимметрии (ко-асимметрия) и эксцесса (ко-эксцесс), которая связана с рынком и не поддается диверсификации.

Модели скачкообразных процессов. Нормальное, степенное и асимметричное распределения, лежащие в основе рассмотренных в этом разделе моделей, являются непрерывными. В реальности цены акций движутся скачкообразно, и некоторые считают, что для оценки риска необходимо использовать распределения, описывающие скачкообразные процессы.

Пресс (Press, 1967), который в одной из своих ранних работ пытался смоделировать скачки цен акций, утверждал, что движение цен акций со скачками через нерегулярные интервалы можно описать с помощью комбинации непрерывного распределения и распределения Пуассона. Ключевыми параметрами распределения Пуассона являются ожидаемый размер ценового скачка (μ), его дисперсия (δ^2) и вероятность ценового скачка на заданном отрезке времени (λ), и Пресс оценил их величины для 10 акций. Позднее Беккерс (Beckers, 1981), Балл и Торус (Ball and Torous, 1983) предложили способы уточнения этих оценок. В попытке связать CAPM с моделями скачкообразных процессов Джарроу и Розенфельд (Jarrow and Rosenfeld, 1984) создали версию модели оценки капитальных активов, которая учитывает вероятность рыночных скачков и корреляцию отдельных активов с этими скачками.

Хотя модели скачкообразных процессов и получили определенное применение в опционном ценообразовании, они мало используются на фондовых рынках в основном из-за того, что параметры таких моделей трудно оценить точно. Если с тем, что цены акций движутся скачкообразно, согласны все, то в отношении наилучшего подхода к определению частоты скачков, возможности их диверсификации и учета влияния на риск согласия нет.

Регрессия, или Приближенные модели

Традиционные модели оценки риска и доходности в финансах (CAPM, модель арбитражной оценки и даже многофакторные модели) начинают с допущений в отношении поведения инвесторов и функционирования рынка, чтобы получить значение риска и связать его ожидаемой доходностью. Несмотря на то, что эти модели опираются на экономическую теорию, они не могут объяснить различия доходности для разных инвестиций. Причинами являются нереалистичность допущений в отношении рынка (отсутствие транзакционных издержек, идеальная информация) и нерациональное поведение инвесторов (поведенческие финансы прямо говорят об этом).

В промежуточных моделях мы отходим от экономической теории. Их создание начинается с изучения рыночной оценки инвестиций и с установления взаимосвязи полученной доходности с наблюдаемыми переменными. Чтобы не вдаваться в абстрактные рассуждения, обратимся к работе Фамы и Френча, выполненной ими в начале 1990-х гг. Анализируя доходности индивидуальных акций в период 1962–1990 гг., они пришли к выводу, что бета модели CAPM не объясняет наблюдаемых изменений. Тогда они решили поискать специфические для компаний переменные, которые лучше объясняли различия доходности, и остановились на двух — рыночной капитализации фирмы и отношение «цена/балансовая стоимость» (мультипликатор «рыночная капитализация/балансовая стоимость собственного капитала»). Если говорить конкретно, то Фама и Френч обнаружили, что акции компаний с низкой рыночной капитализацией и высоким мультипликатором «цена/балансовая стоимость» имеют значительно более высокую доходность в годовом исчислении. Они не стали рассматривать это как доказательство рыночной неэффективности (как это делалось в прежних исследованиях), а предположили, что если акции приносят более высокую доходность на протяжении длительных периодов, значит они должны быть более рискованными, чем акции, доходность которых ниже. Фактически рыночная капитализация и мультипликатор «цена/балансовая стоимость», лучше характеризовали риск, чем бета. Фама и Френч установили зависимость доходности акций от рыночной капитализации компании и ее мультипликатора «цена/балансовая стоимость» и получили следующую регрессию для американских акций:

Ожидаемая месячная доходность = 1,77% – 0,11 [ln (рыночная капитализация в млн)] + 0,35 [ln (балансовая стоимость/цена)],

В чисто приближенную модель можно подставить рыночную капитализацию и отношение балансовой стоимости к рыночной и получить ожидаемую месячную доходность.

Два десятилетия спустя после выхода работы Фамы и Френча к приближенным моделям вновь возник интерес, а исследователи стали тестировать данные в поиске более точных и новых измерителей риска. Некоторые из них перечислены ниже.

- *Импульс прибыли*. Аналитики в сфере собственного капитала нашли в исследованиях подтверждение того, что компании, демонстрировавшие рост выше ожидаемого в прошлом, приносят более высокую доходность, чем остальной рынок.
- *Импульс цен*. Технические аналитики могут скептически улыбаться при виде этого, но исследователи пришли к выводу, что ценовой импульс сохраняет свое действие в будущем. Таким образом, ожидаемая доходность будет выше у тех акций, которые превосходили рынок в последнее время, и ниже у тех акций, которые отставали у рынка.
- *Ликвидность*. При взгляде с позиции затрат, существующих в реальном мире, ясно видно, что менее ликвидные акции (с низким объемом торгов, с высоким спредом бид-аск) приносят более высокую доходность, чем более ликвидные акции.

Хотя на практике чисто приближенные модели используются редко, выводы, сделанные с их помощью, находят повседневное применение. Многие аналитики создали на основе CAPM и приближенных моделей комбинированные, или объединенные модели. Так, те, кто занимается оценкой небольших компаний, добавляют премию за низкую капитализацию к ожидаемой доходности, полученной с помощью CAPM:

Ожидаемая доходность = безрисковая ставка + рыночная бета × премия за риск собственного капитала + премия за низкую капитализацию.

Порог, с которого капитализация начинает считаться низкой, меняется со временем, однако обычно он приходится на нижний дециль публично торгуемых компаний, а размер премии за низкую капитализацию оценивается на основе исторических премий, которые компании с низкой капитализацией приносили относительно рынка. Учитывая результаты исследований Фамы и Френча, в CAPM вводят такие дополнительные переменные, как рыночная капитализация и мультипликатор «цена/балансовая стоимость»:

Ожидаемая доходность = безрисковая ставка + рыночная бета × × премия за риск собственного капитала + бета, связанная с размером × премия за риск низкой капитализации + бета, связанная с отношением «балансовая стоимость/рыночная стоимость» × × премия за отношение «балансовая стоимость/рыночная стоимость».

Беты, связанные с размером и отношением «балансовая стоимость/рыночная стоимость», оцениваются путем регрессии доходностей акции по премии за размер и премии за отношение «балансовая стоимость/рыночная стоимость» во времени. Этот процесс подобен получению рыночной беты путем регрессии доходности акции по доходности рынка в целом.

Хотя использование приближенных и объединенных моделей и позволяет корректировать ожидаемую доходность для отражения рыночных реалий, применение таких моделей связано с тремя опасностями.

1. *Поиск данных*. По мере роста объема и доступности данных о компаниях неизбежно увеличивается количество переменных, связанных с доходностью. Большинство этих переменных слабо связаны с риском, а корреляция является функцией времени. В результате приближенные модели являются статистическими, а не экономическими моделями. При этом трудно отделить значимые переменные от незначимых.
2. *Стандартная ошибка*. Поскольку приближенные модели строятся на основе исторических данных, на их результаты очень влияет шум. Доходность акций чрезвычайно волатильна, и любые исторические премии, которые мы рассчитываем (для рыночной капитализации или любой другой переменной), должны иметь значительную стандартную ошибку. Стандартная ошибка беты для размера и отношения «балансовая стоимость/рыночная стоимость» в трехфакторной модели Фамы–Френча может быть настолько большой, что их использование на практике добавляет столько же шума, сколько и точности.
3. *Индикатор ошибки оценки или риска*. Инвесторы в стоимость уже не одно десятилетие говорят о том, что инвестировать надо в акции с низким коэффициентом «цена/прибыль», которые торгуются с низким мультипликатором балансовой стоимости и имеют высокую дивидендную доходность, если вы хотите получить более высокую доходность. (На самом деле, внимательное изучение фильтров Бенджамина Грэхема из анализа ценных бумаг[1] для отбора дешевых компаний дает большинство индикаторов, которые используются сегодня.) Приближенные модели учитывают все эти переменные при определении ожидаемой доходности и, таким образом, дают справедливую оценку активов. Исходя из циклической логики этих моделей, рынки всегда эффективны, поскольку любая существующая неэффективность — это всего лишь еще один индикатор риска, который надо включить в модель.

---

[1] Graham, B., The Intelligent Investor (New York: HarperBusiness, reprinted in 2005).

СРАВНИТЕЛЬНЫЙ АНАЛИЗ МОДЕЛЕЙ РИСКА СОБСТВЕННОГО КАПИТАЛА

При выборе подходов к оценке ожидаемой рентабельности собственного капитала или стоимости собственного капитала у нас есть ряд возможностей, варьирующих от CAPM до приближенных моделей. В табл. 4.1 представлены разные модели с указанием их плюсов и минусов.

Таблица 4.1. *Альтернативные модели для оценки стоимости собственного капитала*

Модель	Ожидаемая рентабельность собственного капитала	Плюсы	Минусы
CAPM	$E(R) = R_f + \beta, \times ERP$	Простота вычисления	Плохо объясняет различия между акциями
APM (n факторов)	$E(R) = R_f + \sum_{j-=1}^{j=n} \beta_j [E(R_j) - R_f]$	Более тонкая разбивка рыночного риска	Статистические и безымянные факторы
Многофакторная модель (n факторов)	$E(R) = R_f + \sum_{k-=1}^{k=n} \beta_k [E(R_k) - R_f]$	Более интуитивна, чем APM	Факторы нестабильны и меняются во времени
Альтернативные распределения	Зависит от модели	Более реалистичны	Параметры моделей крайне трудно оценить
Приближенные модели	$E(R) = a + b\,X1 + c\,X2$	Хорошо объясняют различия в прошлых доходностях	Переменные в модели могут не быть индикаторами риска и отражают результаты поиска данных

R_f — безрисковая ставка; ERP — премия за риск собственного капитала = E (Rm) – R_f; X1, X2 — переменные, специфические для компании.

Решение должно опираться в равной мере и на теоретические предпосылки, и на практические предпосылки. CAPM — простейшая из моделей в том смысле, что для нее необходима только одна специфическая для фирмы переменная (бета), и эту переменную довольно легко определить на основе публично доступной информации. Чтобы переходить с CAPM на альтернативную модель, относящуюся к семейству среднего и дисперсии (модель арбитражной оценки или многофакторные модели), к семейству альтернативной доходности (модели на основе степенных и асимметричных распределений, а также скачкообразных процессов) или к приближенным моделям, надо иметь подтверждение существенного повышения точности прогнозов (а не объяснения прошлых доходностей).

В конечном итоге живучесть модели ценообразования капитальных активов в качестве модели оценки риска, используемой по умолчанию в условиях реального мира, является свидетельством как ее интуитивной привлекательности, так и неспособности более сложных моделей обеспечить значительное улучшение оценки ожидаемой доходности. Можно утверждать, что осмотрительное использование модели ценообразования капитальных активов без чрезмерного увлечения историческими данными до сих пор является самым эффективным путем учета риска при оценке в большинстве случаев. В некоторых секторах (биржевые товары) и сегментах (компании закрытого типа, неликвидные акции) применение более полных моделей оправданно. Далее будет показано, что повышение качества оценки входных параметров CAPM способно принести более высокую отдачу, чем переход на более сложные модели оценки стоимости собственного капитала.

МОДЕЛИ РИСКА ДЕФОЛТА

Пока в данной главе мы касались оценки риска, связанного с денежными потоками по инвестициям, которые отличаются от ожидаемых. Однако есть инвестиции, где денежные потоки гарантированы с момента осуществления инвестиции. В качестве примера можно привести предоставление кредита предприятию или покупку корпоративной облигации. Заемщик, однако, может оказаться не в состоянии осуществить процентные или основные платежи по займу. Вообще говоря, заемщик с повышенным риском дефолта должен платить более высокий процент по займу, чем заемщик с меньшим риском дефолта. В этом разделе обсуждается измерение риска дефолта, а также связь между риском дефолта и процентными ставками по заимствованиям.

В отличие от общих моделей риска и доходности собственного капитала, оценивающих воздействие рыночного риска на ожидаемую доходность, модели риска дефолта измеряют влияние специфического для фирмы риска дефолта на обещанную доходность. Если отсутствие учета специфического риска фирмы в ожидаемой доходности собственного капитала можно объяснить диверсификацией, то в отношении ценных бумаг с ограниченным потенциалом роста и значительно более существенным потенциалом снижения в результате специфических для фирмы событий этого сделать нельзя. Чтобы понять, что имеется в виду под ограниченным потенциалом роста, обсудим инвестирование в облигацию, выпущенную компанией. Купоны фиксируются в момент выпуска, и они представляют собой гарантированный денежный поток на облигацию. Лучший исход для инвестора — это получение гарантированных денежных потоков. Инвестор не имеет права на получение большего, даже если компания оказывается более успешной. Все другие сценарии предполагают менее благоприятное развитие событий — хотя и в разной мере, но поступающие денежные потоки оказываются меньше обещанных. Таким образом, ожидаемая доходность корпоративных облигаций, скорее всего, будет отражать специфический риск фирмы, выпускающей облигации.

Детерминанты риска дефолта

Риск дефолта фирмы является функцией двух переменных. Первая — это способность фирмы создавать денежные потоки в результате операционной деятельности, вторая — характер финансовых обязательств фирмы, которые складываются из процентных и основных платежей[1]. Фирмы, создающие значительные по сравнению с финансовыми обязательствами денежные потоки, должны иметь более низкий риск дефолта, чем фирмы, создающие меньшие денежные потоки относительно обязательств. Таким образом, фирмы с крупными инвестициями, генерирующие значительные денежные потоки, имеют меньший риск дефолта, чем фирмы, не обладающие подобным объемом инвестиций.

Помимо размера денежных потоков фирмы риск дефолта зависит от их волатильности. Чем стабильнее денежные потоки, тем меньше риск дефолта фирмы. Более стабильный и предсказуемый бизнес имеет меньший риск дефолта, чем цикличный и неустойчивый бизнес.

Большинство моделей риска по умолчанию использует финансовые коэффициенты для измерения степени покрытия денежных потоков (т. е. объем денежного потока, соотнесенный с обязательствами), а также учитывает изменения в отрасли для оценки изменчивости денежных потоков.

Рейтинги облигаций и процентные ставки

Наиболее широко используемым показателем риска дефолта фирмы является рейтинг ее облигаций, который обычно определяется независимыми рейтинговыми агентствами. Два наиболее широко известных рейтинга

---

[1] Финансовое обязательство означает любые платежи, которые фирма обязана совершить по закону, к ним относятся, в частности, процентные и основные платежи. Финансовое обязательство не включает дискреционные денежные потоки, вроде дивидендных выплат или новых капитальных затрат, которые можно отсрочить или отложить без юридических последствий, хотя это может повлечь экономические последствия.

составляются агентствами Standard & Poor's и Moody's. Тысячи компаний оцениваются этими двумя агентствами, и эти оценки оказывают наибольшее влияние на финансовые рынки.

Процесс определения рейтинга. Процесс составления рейтинга начинается с запроса компанией-эмитентом рейтинга облигации у рейтингового агентства. Для его получения агентство получает информацию как из открытых источников (финансовые отчеты и пр.), так и от самой компании, а затем, в соответствии со своей методикой, присваивает рейтинг. Если компания не соглашается с рейтингом, то ей дается возможность предоставить дополнительную информацию. Данный процесс для агентства Standard & Poor's (S&P) схематически представлен на рисунке 4.5.

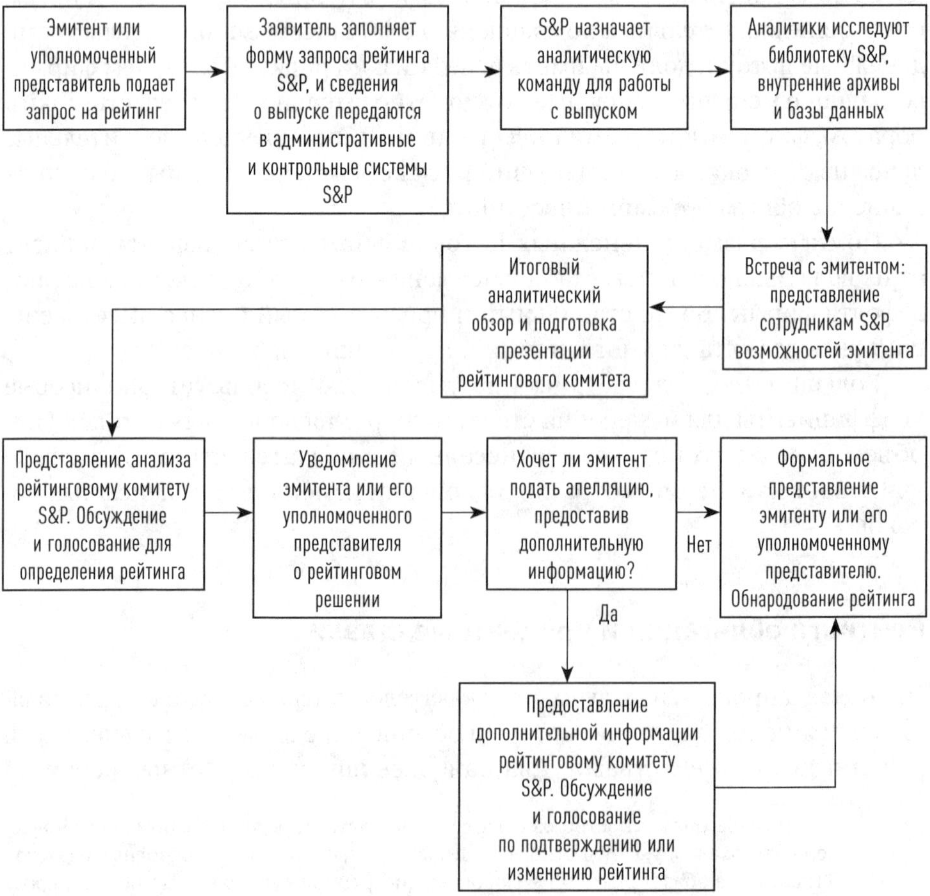

***Рисунок 4.5.** Процесс присвоения рейтинга*

Рейтинги, присваиваемые этими агентствами, имеют буквенное обозначение. Рейтинг AAA агентства Standard & Poor's и рейтинг Aaa агентства Moody's означают наивысший рейтинг, предоставленный фирме, которая имеет самый низкий риск дефолта. При повышении риска дефолта рейтинги понижаются до D — для фирм в состоянии дефолта (Standard & Poor's). Рейтинг BBB Standard & Poor's (или Baa Moody's) и выше считается рейтингом инвестиционного уровня и означает, что, по мнению рейтингового агентства, инвестиция в облигации данной фирмы связана с небольшим риском дефолта.

Определение рейтинга облигаций. Рейтинги облигаций, присваиваемые рейтинговыми агентствами, опираются преимущественно на открытую информацию, хотя предоставляемая фирмой частная информация также имеет значение. Рейтинг, присвоенный облигации компании, в значительной степени зависит от финансовых коэффициентов, характеризующих способность компании выполнять обязательства по долгам и создавать предсказуемые и устойчивые денежные потоки. Финансовых коэффициентов очень много, в таблице 4.2 представлены лишь ключевые коэффициенты для измерения риска дефолта.

Отмечается строгая зависимость между рейтингом облигаций компании и результатами ее деятельности, характеризуемыми финансовыми коэффициентами. Таблица 4.3 содержит сводку медианных значений коэффициентов[1] за период 2007–2009 гг. для различных рейтингов S&P для производственных предприятий.

Таблица 4.2. *Финансовые коэффициенты, используемые S&P*

Коэффициент	Определение
EBITDA/выручка	EBITDA/Выручка
ROIC	ROIC = EBIT/(балансовая стоимость долга + балансовая стоимость собственного капитала — денежные средства)
EBIT/процентные расходы	Коэффициент покрытия процентов
EBITDA/проценты	EBITDA/процентные расходы
Средства от операций/долг	(Чистая прибыль + амортизация)/долг
Свободный операционный денежный поток/долг	Средства от операций/долг
Дисконтированный денежный поток/долг	Дисконтированный денежный поток/долг
Долг/EBITDA	Балансовая стоимость долга/EBITDA
Долг/(долг + собственный капитал)	Балансовая стоимость долга/(балансовая стоимость долга + балансовая стоимость собственного капитала)

[1] См. сайт Standard & Poor's (www.standardandpoors.com/ratings/criteria/index.htm).

Таблица 4.3. Финансовые коэффициенты и рейтинги S&P

	AAA	AA	A	BBB	BB	B	CCC
EBITDA/выручка, %	22,20	26,50	19,80	17,00	17,20	16,20	10,50
ROIC, %	27,00	28,40	21,80	15,20	12,40	8,70	2,70
EBIT/процентные расходы	26,20	16,40	11,20	5,80	3,40	1,40	0,40
EBITDA/проценты	32,00	19,50	13,50	7,80	4,80	2,30	1,10
Средства от операций/долг, %	155,50	79,20	54,50	35,50	25,70	11,50	2,50
Свободный операционный денежный поток/долг, %	129,90	40,60	31,20	16,10	7,10	2,20	–3,60
Дисконтированный денежный поток/долг, %	84,40	23,30	19,90	10,30	5,50	0,70	–3,60
Долг/EBITDA	0,40	0,90	1,50	2,20	3,10	5,50	8,60
Долг/(долг + собственный капитал), %	12,30	35,20	36,80	44,50	52,50	73,20	98,90

Не удивительно, что с большей вероятностью высокие рейтинги получают фирмы, прибыль и денежные потоки которых значительно превосходят долговые платежи; которые являются прибыльными и имеют низкие коэффициенты долга, чем фирмы, не обладающие такими характеристиками. Однако существуют фирмы, рейтинги которых не согласуются с их финансовыми коэффициентами, поскольку рейтинговые агентства привносят субъективное суждение в окончательную оценку. Таким образом, фирма с неблагоприятными финансовыми коэффициентами может получить более высокий рейтинг (чем это диктуется текущими финансовыми показателями), если ожидается, что ее результаты существенно улучшатся в будущем. Тем не менее для большинства фирм финансовые коэффициенты являются надежным базисом для определения рейтинга облигаций.

Рейтинги облигаций и процентные ставки. Процентная ставка по корпоративным облигациям есть функция риска дефолта, определяемого рейтингом. Если рейтинг — хорошая мера риска дефолта, то цены облигаций с более высоким рейтингом должны установиться на уровне, обеспечивающем более низкую процентную ставку по сравнению с облигациями более низкого рейтинга. На практике разница между процентной ставкой по облигации, обладающей риском дефолта, и процентной ставкой безрисковой государственной облигации называется дефолтным спредом. Дефолтный спред зависит от времени до погашения облигации и может меняться от периода к периоду под влиянием разных экономических обстоятельств. В главе 7 обсуждается вопрос, связанный с оптимальными способами оценки дефолтного спреда, а также исследуется изменение его величины со временем.

ЗАКЛЮЧЕНИЕ

Риск в финансовой сфере измеряется на основе отклонения фактической доходности инвестиций от ожидаемой доходности. Есть два вида риска. Первый вид называется риском собственного капитала, он возникает в связи с инвестициями, по которым нет гарантированных денежных потоков, но существуют ожидания, связанные с их величиной. Второй вид риска — это риск дефолта, характеризующий инвестиции с гарантированными денежными потоками.

В отношении инвестиций с риском собственного капитала риск измеряется на основе дисперсии фактических доходностей относительно ожидаемой доходности: чем выше дисперсия, тем выше риск. Риск можно разделить на риск, затрагивающий одну или несколько инвестиций (так называемый специфический риск фирмы), и риск, затрагивающий многие инвестиции (так называемый рыночный риск). Диверсификация позволяет инвесторам сократить степень их подверженности специфическому риску фирмы. Если считать, что финансовые инвесторы хорошо диверсифицированы, то риск, на который следует обращать внимание при инвестировании в акции, это рыночный риск. Различные модели риска собственного капитала, представленные в этой главе, ориентированы на одну и ту же цель — оценку рыночного риска, но решают данную задачу различными способами. В модели оценки капитальных активов подверженность рыночному риску измеряется рыночным коэффициентом бета, который показывает, сколько риска добавляет инвестиция к портфелю, включающему все торгуемые активы. Модель арбитражной оценки и многофакторная модель позволяют учитывать множество источников рыночного риска и оценивать коэффициенты бета для инвестиции по отношению к каждому фактору влияния. В моделях регрессии или приближенных моделях для оценки риска анализируются характеристики фирмы, такие как размер, коррелирующие с высокой доходностью в прошлом. Полученные результаты используются для измерения рыночного риска. Во всех этих моделях измерение риска основывается на использовании оценки ожидаемой доходности инвестиции в собственный капитал. Эту ожидаемую доходность можно рассматривать как стоимость собственного капитала компании.

В случае инвестиций с риском дефолта риск оценивается как вероятность того, что обещанные денежные потоки не поступят. Инвестиции с более высоким риском дефолта должны иметь более высокие процентные ставки, а премия, которую мы требуем сверх безрисковой ставки, называется дефолтным спредом. По многим американским компаниям риск дефолта определяется рейтинговыми агентствами как рейтинг облигаций. Эти рейтинги в значительной степени определяют процентные ставки, по которым фирмы осуществляют заимствования. Даже в отсутствие рейтингов процентные ставки включают дефолтный спред, который отражает мнение кредиторов относительно риска дефолта. Эти процентные ставки, скорректированные с учетом риска дефолта, представляют собой стоимость заимствования или долгового обязательства для бизнеса.

КОНТРОЛЬНЫЕ ВОПРОСЫ

В приведенных ниже заданиях, если не указано иное, премия за риск инвестирования в акций принимается равной 5,5%.

1. Нижеследующая таблица содержит ценовой ряд акций компании Microsoft за период 1989–1998 гг. В течение этого периода компания не выплачивала никаких дивидендов.

Год	*Цена, $*
1989	1,20
1990	2,09
1991	4,64
1992	5,34
1993	5,05
1994	7,64
1995	10,97
1996	20,66
1997	32,31
1998	69,34

а) Оцените среднюю годовую доходность, которую вы бы получили по данной инвестиции.

б) Оцените стандартное отклонение и дисперсию годовой доходности.

в) Инвестируя сегодня в Microsoft, можно ли рассчитывать на то, что историческая дисперсия и стандартные отклонения сохранятся и в будущем? Объясните, почему да (или нет).

2. Unicom — регулируемое коммунальное предприятие, которое обслуживает Северный Иллинойс. Следующая таблица представляет ценовой ряд акций и дивидендов Unicom за период 1989–1998 гг.:

Год	*Цена, $*	*Дивиденд, $*
1989	36,10	3,00
1990	33,60	3,00
1991	37,80	3,00
1992	30,90	2,30
1993	26,80	1,60

Год	*Цена, $*	*Дивиденд, $*
1994	24,80	1,60
1995	31,60	1,60
1996	28,50	1,60
1997	24,25	1,60
1998	35,60	1,60

а) Оцените среднюю годовую доходность, которую вы могли бы получить от данной инвестиции.

б) Оцените стандартное отклонение и дисперсию годовой доходности.

в) Инвестируя в Unicom сегодня, можно ли рассчитывать на то, что существовавшие в прошлом дисперсия и стандартные отклонения сохранятся в будущем? Почему да (или нет)?

3. Нижеследующая таблица содержит информацию о годовой доходности, которую можно было получить от инвестиций в две компании: Scientific Atlanta (производитель оборудования для передачи данных по кабельным и спутниковым сетям) и AT&T (телекоммуникационный гигант) за период 1989–1998 гг.

Год	*Scientific Atlanta*	*AT&T*
1989	80,95%	58,26%
1990	–47,37%	–33,79%
1991	31,00%	29,88%
1992	132,44%	30,35%
1993	32,02%	2,94%
1994	25,37%	–4,29%
1995	–28,57%	28,86%
1996	0,00%	–6,36%
1997	11,67%	48,64%
1998	36,19%	23,55%

а) Оцените среднюю годовую доходность и стандартное отклонение годовой доходности для каждой компании.

б) Оцените ковариацию и корреляцию доходностей двух компаний.

в) Оцените дисперсию портфеля, поровну составленного из двух инвестиций.

4. Вы живете в мире, где есть только два вида активов: золото и акции. Предположим, вы хотели бы инвестировать свои деньги в один из этих активов или в оба актива. С этой целью вы собрали следующие данные о доходности этих активов за последние шесть лет (%):

	Золото	*Фондовый рынок*
Средняя доходность	8	20
Стандартное отклонение	25	22
Корреляция	–0,4	

а) Если бы вам пришлось выбирать один из активов, что бы вы предпочли?

б) Ваш друг доказывает вашу неправоту. Он утверждает, что вы пренебрегаете высокой отдачей, которую можно получить от другого актива. Как бы вы могли посеять в нем сомнения?

в) Что можно сказать о средней доходности и о дисперсии портфеля, поровну составленного из золота и акций?

г) Вы узнали, что GPEC (картель золотодобывающих стран) собирается поставить объем производимого золота в зависимость от цен на акции в США (GPEC будет производить меньше золота при повышении цен на акции и больше — при снижении). Какое влияние это окажет на портфель? Поясните.

5. Вы хотели бы создать портфель из акций двух компаний: Coca-Cola и Texas Utilities. За последнее десятилетие средняя годовая доходность акций Coca-Cola составляла 25%, а стандартное отклонение было равно 36%. Инвестиции в акции Texas Utilities приносили среднюю годовую доходность 12%, а стандартное отклонение составило 22%. Корреляция между акциями двух компаний была равна 0,28.

а) Предположив, что средняя доходность и стандартное отклонение, оценка которых была выполнена на основе прошлых доходностей, сохранятся и в будущем, оцените будущую среднюю годовую доходность и стандартное отклонение портфеля, состоящего на 60% из акций Coca-Cola и на 40% из акций Texas Utilities.

б) Предположим, международная диверсификация компании Coca-Cola сократит корреляцию до 0,20, а стандартное отклонение доходности Coca-Cola повысится до 45%. При неизменности этих цифр оцените стандартное отклонение портфеля, описанного в пункте «а».

6. Предположим, вы инвестировали половину своих денег в медиакомпанию Times Mirror, а другую половину — в компанию Unilever, выпускающую продукцию потребительского назначения. Ожидаемая доходность и стандартное отклонение двух инвестиций равны:

	Times Mirror	*Unilever*
Ожидаемая доходность, %	14	18
Стандартное отклонение, %	25	40

Оцените дисперсию портфеля как функцию коэффициента корреляции (начните с –1 и повышайте корреляцию с шагом 0,2 до +1).

7. Вам необходимо проанализировать стандартное отклонение портфеля, составленного из трех следующих активов:

	Ожидаемая доходность (%)	*Стандартное отклонение (%)*
Sony Corporation	11	23
Tesoro Petroleum	9	27
Storage Technology	16	50

У вас есть данные о корреляции между тремя инвестициями:

	Sony Corporation	*Tesoro Petroleum*	*Storage Technology*
Sony Corporation	1,00	–0,15	0,20
Tesoro Petroleum	–0,15	1,00	–0,25
Storage Technology	0,20	–0,25	1,00

Оцените дисперсию портфеля, состоящего из трех активов в равной пропорции.

8. Предположим, что средняя дисперсия доходности отдельной ценной бумаги равна 50, а средняя ковариация — 10. Какова средняя дисперсия портфеля, составленного из 5, 10, 20, 50 и 100 ценных бумаг? Сколько ценных бумаг требуется ввести в портфель, чтобы его риск оказался на 10% больше минимального?

9. Предположим, все ваше состояние ($1 млн) инвестировано в индексный фонд Vanguard 500, и вы ожидаете 12%-ную годовую доходность со стандартным отклонением 25%. Скажем, вы изменили свое мнение о риске и решили перевести $200 000 из Vanguard 500 в казначейские векселя. Ставка по векселям равна 5%. Оцените ожидаемую доходность и стандартное отклонение вашего нового портфеля.

10. Каждый инвестор в модели оценки капитальных активов имеет комбинацию рыночного портфеля и безрискового актива. Предположим, стандартное отклонение рыночного портфеля равно 30%, а ожидаемая доходность портфеля — 15%. Какую часть своего состояния, по вашему мнению, следует вложить указанным ниже инвесторам в рыночный портфель, а какую — в безрисковый актив? Ожидаемая доходность безрискового актива составляет 5%.
    а) Инвестор, желающий иметь портфель без стандартного отклонения.

б) Инвестор, желающий иметь портфель со стандартным отклонением, равным 15%.
в) Инвестор, желающий иметь портфель со стандартным отклонением, равным 30%.
г) Инвестор, желающий иметь портфель со стандартным отклонением, равным 45%.
д) Инвестор, желающий иметь портфель с ожидаемой доходностью 12%.

11. В таблице ниже приведены доходности рыночного портфеля и акции Scientific Atlanta за период 1989–1998 гг. (%):

Год	*Scientific Atlanta*	*Рыночный портфель*
1989	80,95	31,49
1990	–47,37	–3,17
1991	31,00	30,57
1992	132,44	7,58
1993	32,02	10,36
1994	25,37	2,55
1995	–28,57	37,57
1996	0,00	22,68
1997	11,67	33,10
1998	36,19	28,32

а) Оцените ковариацию доходностей Scientific Atlanta и рыночного портфеля.
б) Оцените дисперсию доходностей обеих инвестиций.
в) Оцените коэффициент бета для Scientific Atlanta.

12. Компания United Airlines имеет коэффициент бета, равный 1,5. Стандартное отклонение рыночного портфеля составляет 22%, а стандартное отклонение United Airlines — 66%.
а) Оцените корреляцию United Airlines и рыночного портфеля.
б) Какую долю риска United Airlines составляет рыночный риск?

13. Вы используете модель арбитражной оценки для определения ожидаемой доходности акций компании Bethlehem Steel. Выведены следующие оценки коэффициентов бета для факторов и премий за риск:

Фактор	*Коэффициент бета*	*Премия за риск (%)*
1	1,2	2,5
2	0,6	1,5
3	1,5	1,0
4	2,2	0,8
5	0,5	1,2

а) Какому фактору риска Bethlehem Steel подвержена в наибольшей степени? Существует ли способ идентифицировать этот фактор риска в рамках модели арбитражной оценки?
б) Предположим, безрисковая ставка равна 5%. Оцените ожидаемую доходность Bethlehem Steel.
в) Предположим, коэффициент бета в модели оценки капитальных активов для Bethlehem Steel равен 1,1, а премия за риск для рыночного портфеля — 5%. Оцените ожидаемую доходность, используя CAPM.
г) Почему ожидаемые доходности оказываются различными при использовании разных моделей?

14. Вы используете многофакторную модель для оценки ожидаемой доходности акций компании Emerson Electric. При этом получены следующие оценки коэффициентов бета для факторов и премий за риск:

Макроэкономический фактор	*Показатель*	*Коэффициент бета*	*Премия за риск (Rfactor — Rf) (%)*
Уровень процентных ставок	Ставка по казначейским облигациям	0,5	1,8
Временная структура	Ставка по казначейским облигациям — ставка по казначейским векселям	1,4	0,6
Уровень инфляции	Индекс потребительских цен	12	1,5
Экономический рост	Темпы роста ВНП	1,8	4,2

При безрисковой ставке 6% оцените ожидаемую доходность акций Emerson Electric.

15. Следующее уравнение выведено на основе анализа доходностей компаний, выполненного Фамой и Френчем с 1963 по 1990 г.:

$$R_t = 1{,}77 - 0{,}11 \ln (MV) + 0{,}35 \ln (BV/MV),$$

где MV — рыночная стоимость собственного капитала ($ сотни млн);
BV — балансовая стоимость собственного капитала ($ сотни млн).

Доходность берется месячная.

а) Оцените ожидаемую годовую доходность акций Lucent Technologies, если рыночная стоимость собственного капитала компании составляет $180 млрд, а балансовая стоимость собственного капитала равна $73,5 млрд.

б) Lucent Technologies имеет коэффициент бета, равный 1,55, безрисковая ставка равна 6%, а премия за риск составляет 5,5%. Оцените ожидаемую доходность.

в) Почему ожидаемая доходность в двух подходах различается?

Глава 5

ТЕОРИЯ И МОДЕЛИ ЦЕНООБРАЗОВАНИЯ ОПЦИОНОВ

Как правило, стоимость любого актива определяется как приведенная стоимость ожидаемых денежных потоков, приходящихся на этот актив. В этой главе рассматривается исключение из этого правила, когда речь идет об активе с двумя специфическими характеристиками:

1. Стоимость актива есть производная от стоимости других активов.
2. Денежные потоки, создаваемые данным активом, обусловлены наступлением определенных событий.

Активы подобного рода называют опционами (options), и приведенная стоимость ожидаемых денежных потоков от этих активов занижает их действительную стоимость. В этой главе описываются характеристики денежных потоков, создаваемых опционами, рассматриваются факторы, определяющие их стоимость, а также исследуются оптимальные способы оценки.

ОСНОВЫ ЦЕНООБРАЗОВАНИЯ ОПЦИОНОВ

Опцион дает держателю (владельцу) право на покупку или продажу базового актива в определенном объеме по фиксированной цене (называемой страйком, или ценой исполнения) на дату истечения опциона или до ее наступления. Поскольку речь идет о праве, а не об обязательстве, владелец опциона может не воспользоваться своим правом и дать возможность опциону истечь без исполнения. Существуют два класса опционов — колл-опционы и пут-опционы.

Колл-опционы и пут-опционы: описание и диаграммы выплат

Колл-опцион дает покупателю опциона право купить базовый актив (underlying asset) по цене страйк, или цене исполнения (strike price, exercise price), в любой момент до даты истечения (expiration date). За это право покупатель платит определенную цену. Если в момент истечения опциона стоимость актива меньше цены исполнения, то опцион не исполняется и истекает без последствий. Однако если стоимость актива оказывается выше цены исполнения, то опцион исполняется, и покупатель опциона приобретает базовый актив по цене исполнения. При этом разница между стоимостью актива и ценой исполнения составляет валовую прибыль инвестиции. Чистая прибыль инвестиции — это разница между валовой прибылью и ценой колл-опциона, уплаченной при его приобретении.

Диаграмма выплат иллюстрирует денежные выплаты за опцион при его истечении. Для колл-опциона чистая выплата отрицательна (и равна цене, заплаченной за опцион), если стоимость базового актива меньше цены исполнения. Если стоимость базового актива превышает цену исполнения, то валовая выплата равна разнице между стоимостью базового актива и ценой исполнения, а чистая выплата равна разнице между валовой выплатой и ценой колл-опциона (рисунок 5.1).

Пут-опцион дает покупателю опциона право продать базовый актив по фиксированной цене, которая называется страйком, или ценой исполнения, в любой момент до даты истечения опциона. За это право покупатель платит определенную цену. Если стоимость базового актива выше цены исполнения опциона, то он не будет исполнен и истечет без последствий. Однако если стоимость базового актива окажется ниже цены исполнения, держатель опциона исполнит его и продаст ценную бумагу по цене исполнения, получив разницу между ценой исполнения и рыночной стоимостью актива в качестве валовой прибыли. Как и в случае с колл-опционом, вычитание из полученной выручки первоначальной стоимости, заплаченной при покупке пут-опциона, дает чистую прибыль от сделки.

Выплата по пут-опциону отрицательна, если стоимость базового актива превышает цену исполнения. Валовая выплата равна разнице между ценой исполнения и стоимостью базового актива, если она меньше цены исполнения (рисунок 5.2).

ДЕТЕРМИНАНТЫ СТОИМОСТИ ОПЦИОНА

Стоимость опциона определяется шестью переменными, связанными с базовым активом и финансовыми рынками:

Рисунок 5.1. *Выплаты по колл-опциону*

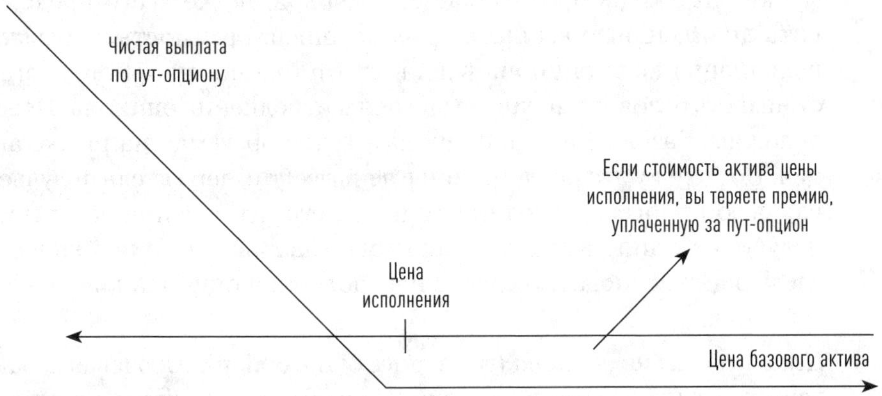

Рисунок 5.2. *Выплаты по пут-опциону*

1. *Текущая стоимость базового актива* (current value of the underlying asset). Опционы — это активы, стоимость которых является производной от базового актива. Следовательно, изменения стоимости базового актива влияют на стоимость опционов как актива. Поскольку колл-опционы обеспечивают право купить базовый актив по фиксированной цене, то повышение стоимости актива приведет к увеличению стоимости опционов на покупку. Пут-опционы, напротив, становятся дешевле по мере повышения стоимости актива.
2. *Дисперсия стоимости базового актива* (variance in value of the underlying asset). Покупатель опциона приобретает право купить или продать базовый актив по фиксированной цене. Чем выше диспер-

сия стоимости базового актива, тем выше стоимость опциона[1]. Это справедливо в отношении как колл-опционов, так и пут-опционов. Тот факт, что рост показателя риска (дисперсии) повышает стоимость опционов, может показаться контринтуитивным, но эти инструменты отличаются от других ценных бумаг, поскольку покупатели опционов не могут потерять больше, чем ту цену, которую они за них заплатили. При этом они обладают высоким потенциалом заработка на крупных движениях стоимости базового актива.

3. *Дивиденды, выплачиваемые по базовому активу* (dividends paid on the underlying asset). Можно ожидать снижения стоимости базового актива, если на протяжении жизни опциона производятся выплаты дивидендов на актив. Следовательно, стоимость колл-опциона на актив является *убывающей* функцией размера ожидаемых выплат дивидендов, а стоимость пут-опциона является *возрастающей* функцией ожидаемых выплат дивидендов. Легче всего представить дивидендные выплаты, рассматривая стоимость задержки исполнения колл-опциона в-деньгах (in-the-money option), когда стоимость базового актива выше цены исполнения опциона. Предположим, базовый актив опциона — это торгуемая на рынке акция. Поскольку это колл-опцион в деньгах (т. е. держатель получает валовую прибыль, исполнив опцион), его исполнение обеспечит получение акции, а вместе с нею права на дивиденды по ней в последующих периодах. В случае неисполнения опциона дивиденды теряются.
4. *Цена исполнения опциона* (strike price of the option). Ключевая характеристика, используемая для описания опциона, — это цена исполнения. Если речь идет о колл-опционах, где владелец приобретает право купить базовый актив по фиксированной цене, то стоимость опциона понижается при росте цены исполнения. Что касается пут-опциона, когда покупатель приобретает право продать базовый актив по фиксированной цене, его стоимость будет повышаться при повышении цены исполнения.
5. *Срок до истечения опциона* (time to expiration on the option). Как колл-опцион, так и пут-опцион оказываются тем ценнее, чем больше срок до истечения. Это связано с тем, что более длительный срок до истечения дает больше возможностей для изменения стоимости базового актива, повышая тем самым стоимость обоих

[1] Не следует забывать, однако, что высокая дисперсия может снижать стоимость базового актива. А чем более колл-опцион в деньгах, тем сильнее он похож на базовый актив. В результате высокая дисперсия может снижать стоимость колл-опционов, когда они очень глубоко в деньгах.

классов опционов. Кроме того, в случае колл-опциона, где покупатель имеет право заплатить фиксированную цену при истечении опциона, приведенная стоимость этой фиксированной цены снижается при увеличении срока жизни опциона, увеличивая стоимость колл-опциона.

6. *Безрисковая процентная ставка, соответствующая продолжительности жизни опциона* (riskless interest rate corresponding to the life of the option). Поскольку покупатель опциона платит цену опциона вперед, возникают скрытые издержки. Эти издержки зависят от уровня процентных ставок и срока до истечения опциона. Безрисковая процентная ставка также должна учитываться при оценке опциона, когда вычисляется приведенная стоимость цены исполнения, поскольку покупатель опциона не обязан платить (получать) цену исполнения ранее срока истечения опциона колл или пут. Рост процентной ставки повышает стоимость коллов и понижает стоимость путов.

В таблице 5.1 представлены переменные, оказывающие влияние на стоимость опциона, а также их предположительное воздействие на цены коллов и путов.

Таблица 5.1. *Переменные, оказывающие влияние на стоимость опционов колл и пут*

Фактор	Воздействие	
	Стоимость колл-опциона	Стоимость пут-опциона
Увеличение стоимости базового актива	Увеличивается	Уменьшается
Увеличение дисперсии базового актива	Увеличивается	Увеличивается
Увеличение цены исполнения	Уменьшается	Увеличивается
Увеличение выплачиваемых дивидендов	Уменьшается	Увеличивается
Увеличение срока до истечения	Увеличивается	Увеличивается
Увеличение процентных ставок	Увеличивается	Уменьшается

Американский и европейский опционы: переменные, связанные с ранним исполнением

Основное различие между европейским и американским опционами состоит в том, что американский опцион можно исполнить в любой момент до срока истечения, в то время как европейский опцион можно исполнить только при наступлении срока истечения (или в непосредственной близости от него). Возможность более раннего исполнения повышает стоимость американских опционов по сравнению с аналогичными европейскими опционами. Кроме того, данный аспект создает дополнительные трудности при оценке опционов. Существует компенсирующий фактор, позволяющий проводить оценку американского опциона, используя модели, предназначенные для оценки европейских опционов. В большинстве случаев временная премия (time premium), связанная с оставшимся сроком жизни опциона, и транзакционные издержки делают раннее исполнение опциона неоптимальным. Другими словами, владельцы опциона в-деньгах обычно выигрывают гораздо больше, продавая опционы третьей стороне, а не исполняя их.

МОДЕЛИ ЦЕНООБРАЗОВАНИЯ ОПЦИОНОВ

Прорыв в теории оценки опционов произошел в 1972 г., когда Фишер Блэк и Майрон Шоулз (Fischer Black, Myron Scholes) опубликовали свою революционную работу, где описывалась модель, позволяющая проводить оценку стоимости европейских опционов без дивидендов. Блэк и Шоулз использовали «портфель соответствия» (replication portfolio), т.е. портфель, составленный из базового актива и безрискового актива, который создает те же денежные потоки, что и оцениваемый опцион. Для получения результирующей формулировки был задействован механизм арбитража. Вывод модели с математической точки зрения является достаточно сложным, но существует более простая биномиальная модель для оценки опционов, использующая ту же логику.

Биномиальная модель

В основе биномиальной модели ценообразования опционов (binomial option pricing model) лежит элементарная формулировка процесса установления цены опциона, в котором актив в любой период времени может двигаться к одной из двух возможных цен. Общая формулировка процесса установления цены акции по биномиальной схеме показана на рисунке 5.3. На этом рисунке S — это текущая цена акции. Цена движется вверх к цене Su с вероятностью p и вниз к цене Sd с вероятностью 1 – p в любой период времени.

Создание портфеля соответствия. Цель формирования портфеля соответствия — это использование комбинации безрискового заимствования/кредитования и базового актива для создания денежного потока,

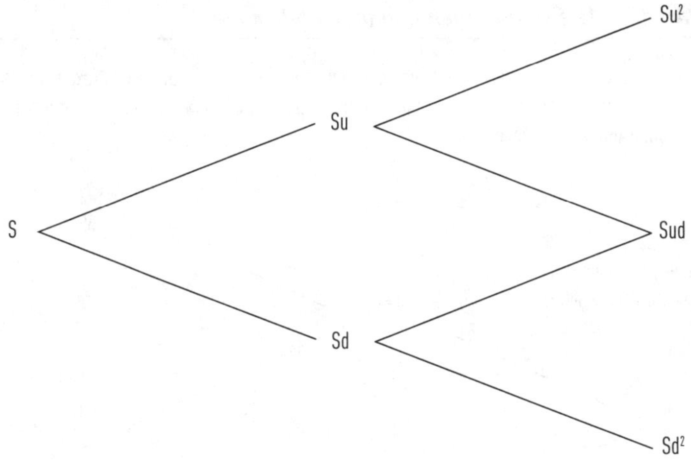

Рисунок 5.3. *Общая формулировка пути изменения цены в биномиальной модели*

аналогичного денежному потоку, генерируемому оцениваемым опционом. В данном случае применяются принципы арбитража, и стоимость опциона должна быть равна стоимости портфеля соответствия. В общей формулировке, представленной на рисунке 5.3, где цена акции может двигаться вверх к Su или вниз к Sd в любой период времени, портфель соответствия для колл-опциона с ценой исполнения K включает заимствование B ($) и приобретение Δ базового актива, где

$$\Delta = \text{число покупаемых единиц базового актива} = \frac{C_u - C_d}{Su - Sd},$$

где C_u = стоимость колл-опциона, если цена акции равна Su,
C_d = стоимость колл-опциона, если цена акции равна Sd.

В биномиальном процессе с множеством периодов оценка должна производиться итерационно (т. е. начиная с заключительного временного периода и двигаясь назад во времени к текущему моменту). Портфели, воспроизводящие опцион, создаются для каждого шага и каждый раз оцениваются, это позволяет выяснить стоимость опциона в данный период времени. Заключительный результат биномиальной модели оценки опциона — это определение стоимости опциона как портфеля соответствия, составленного из Δ акций (дельты опциона) базового актива и безрискового заимствования или кредита.

$$\text{Стоимость колл-опциона} = \text{текущая стоимость базового актива} \times \\ \times \text{дельта опциона} - \text{заимствование, необходимое для имитации опциона.}$$

ИЛЛЮСТРАЦИЯ 5.1. *Биномиальная оценка опциона*

Предположим, что необходимо оценить колл-опцион с ценой исполнения $50, который истекает через два временных периода, с базовым активом, цена которого в данный момент равна $50, при этом предполагается изменение цены в соответствии с биномиальным процессом.

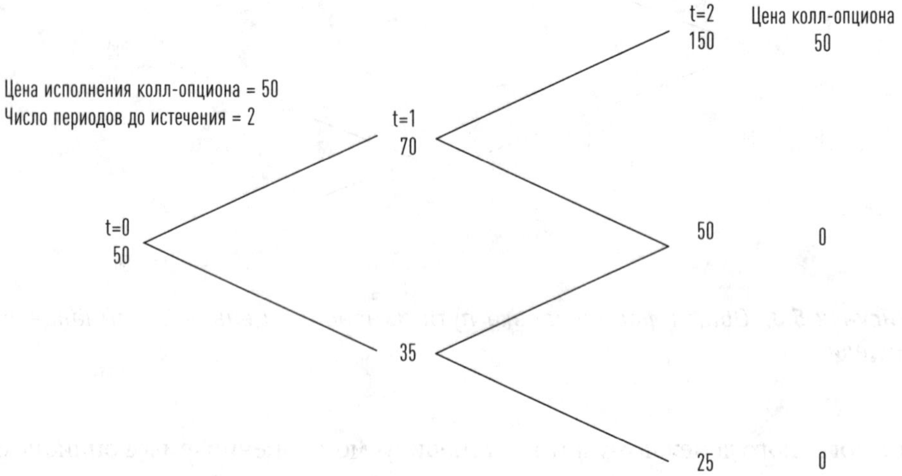

Предположим, процентная ставка равна 11%, а также определим:

Δ = число акций в портфеле соответствия,
B = сумма заимствования в портфеле соответствия ($).

Цель — создать комбинацию из Δ акций и B заимствованных долларов для воспроизведения денежных потоков, получаемых от колл-опциона с ценой исполнения $50. Этого можно добиться при помощи итеративного процесса, начиная с последнего периода и двигаясь назад по биномиальному дереву.

Шаг 1. Начните с конечных узлов и двигайтесь назад:

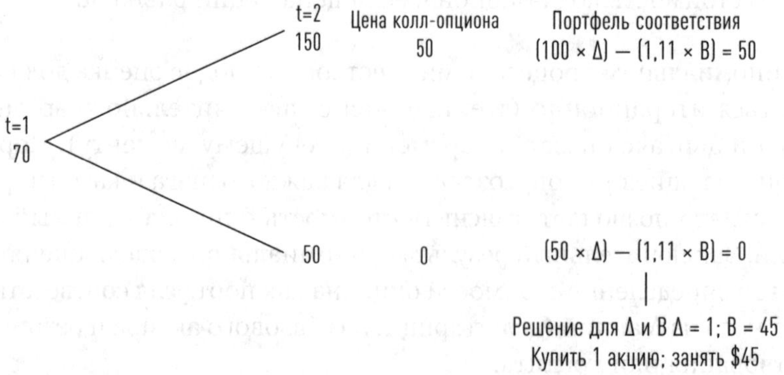

Таким образом, если цена акции равна $70 при t = 1, то заимствование $45 и покупка одной акции создадут те же самые денежные потоки, что и приобретение одного колл-опциона. Следовательно, если цена акции равна $70, то при t = 1 стоимость колл-опциона равна:

Стоимость колл-опциона = стоимость позиции соответствия = $70\Delta - B = 70 - 45 = 25$.

Рассмотрим другую ветвь биномиального дерева при t = 1:

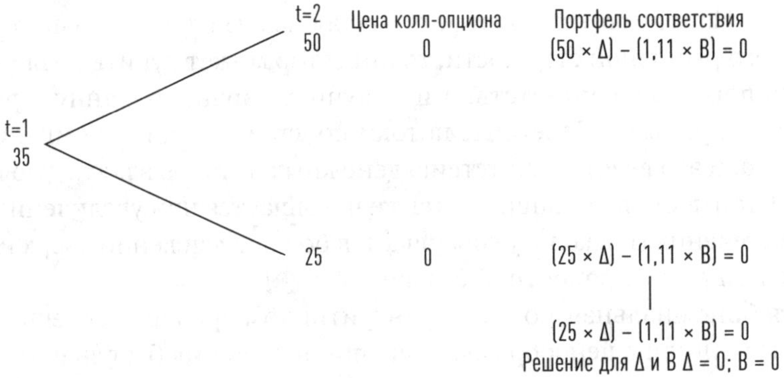

Если цена акции равна \$35 при t = 1, то колл-опцион ничего не стоит.

Шаг 2. Двигаться назад в более ранний период времени и сформировать портфель соответствия, который создаст денежные потоки, аналогичные потокам, генерируемым опционом.

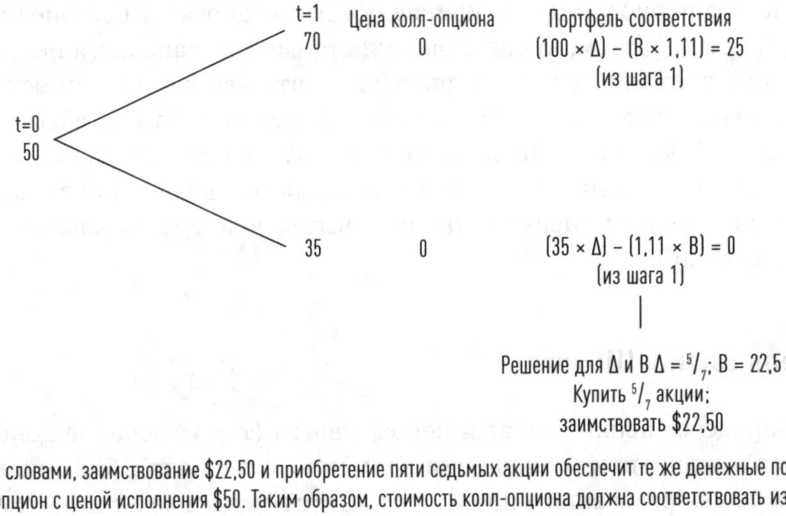

Другими словами, заимствование \$22,50 и приобретение пяти седьмых акции обеспечит те же денежные потоки, что и колл-опцион с ценой исполнения \$50. Таким образом, стоимость колл-опциона должна соответствовать издержкам на создание этой позиции.

$$\text{Стоимость колл-опциона} = \text{стоимость позиции соответствия} = \left(\frac{5}{7}\right) \times$$
$$\times \text{ текущая цена акции} - \text{заимствование} = \left(\frac{5}{7}\right)(50) - 22{,}5 = \$13{,}21.$$

Детерминанты стоимости. Биномиальная модель дает представление о детерминантах стоимости опциона. Она определяется не ожидаемой ценой актива, а его *текущей* ценой, которая, естественно, отражает ожидания, связанные с будущим. Это прямое следствие арбитража. Если стоимость опциона отклоняется от стоимости портфеля соответствия, инвесторы могут создать арбитражную позицию (т. е. позицию, которая не требует никаких инвестиций, не связана с риском и обеспечивает положительную доходность). Например, если портфель, воспроизводящий колл-опцион, стоит больше его рыночной стоимости, то инвестор может купить колл-опцион, продать портфель соответствия и получить гарантированную разницу в качестве прибыли. Денежные потоки по двум позициям компенсируют друг друга, и это ведет к отсутствию денежных потоков в последующие периоды. Стоимость колл-опциона также повышается при увеличении срока до его истечения (поскольку совершается больше движений вверх и вниз), а также при росте процентной ставки.

Хотя биномиальная модель на интуитивном уровне обеспечивает понимание принципа ценообразования опциона, она требует значительного числа исходных данных (если говорить с позиции ожидаемых в будущем цен в каждом узле). Если сократить периоды времени в биномиальной модели, то появляется возможность выбрать один из двух вариантов изменения цены актива, поскольку можно предположить, что колебания цен становятся меньше по мере сокращения периода. При стремлении временного периода к нулю изменения цен становятся бесконечно малыми (таким образом, процесс оценки стоимости становится непрерывным). Как вариант можно предположить, что изменения цен остаются значительными даже в случае сокращения периода. Это приводит к модели со скачкообразным процессом установления цен, когда цены могут скачкообразно изменяться в любой период времени. В данном разделе мы рассмотрим модели оценки опционов, вытекающие из каждого из этих предположений.

Модель Блэка–Шоулза

Когда процесс оценки является непрерывным (т. е. изменение цены становится меньше при сокращении временного периода), биномиальная модель ценообразования опциона сближается с моделью Блэка — Шоулза. Модель, названная в честь ее создателей (Фишера Блэка и Майрона Шоулза), позволяет оценивать стоимость любого опциона, используя небольшое число данных на входе. Данная модель доказала свою состоятельность при оценке многих биржевых опционов.

Модель. Вывод модели Блэка–Шоулза слишком сложен, чтобы его здесь приводить. Тем не менее центральная идея модели состоит в создании портфеля на основе базового актива и безрискового актива с теми же денежными потоками, а потому с той же стоимостью, что и оцениваемый опцион. Стоимость колл-опциона в модели Блэка–Шоулза можно записать как функцию пяти переменных:

S = текущая стоимость базового актива;

K = цена исполнения опциона;

t = срок до истечения опциона;

r = безрисковая процентная ставка, соответствующая сроку жизни опциона;

σ^2 = дисперсия натурального логарифма стоимости базового актива.

Стоимость колл-опциона равна:

$$\text{Стоимость колл-опциона} = S \times N(d_1) - K \times e^{-rt} N(d_2),$$

$$\text{где } d_1 = \frac{\ln\left(\frac{S}{K}\right) + \left(r + \frac{\sigma^2}{2}\right) \times t}{\sigma\sqrt{t}} \text{ и } d_2 = d_1 - \sigma\sqrt{t}.$$

Заметим, что e^{-rt} представляет собой фактор приведенной (текущей) стоимости и отражает тот факт, что цена исполнения колл-опциона необязательно выплачивается до его истечения, поскольку модель ориентирована на европейские опционы. $N(d_1)$ и $N(d_2)$ — это вероятности, оцененные посредством использования кумулятивной функции стандартизированного нормального распределения, а также величин d_1 и d_2 для данного опциона. Рисунок 5.4 иллюстрирует кумулятивную (интегральную) функцию распределения.

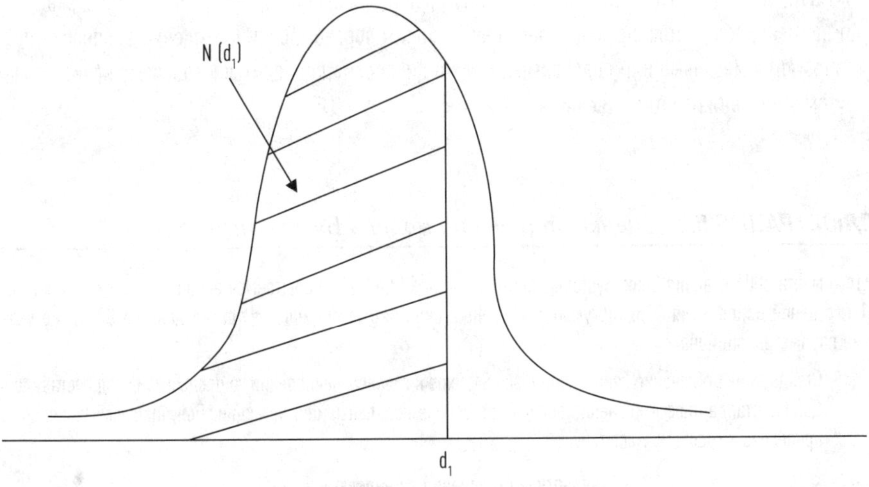

Рисунок 5.4. *Кумулятивная функция нормального распределения*

Говоря проще, эти вероятности характеризуют способность опциона создавать положительные денежные потоки для его владельца при исполнении опциона (т. е. S > K в случае колл-опциона и K > S для пут-опциона). Портфель, который воспроизводит колл-опцион, создается путем приобретения $N(d_1)$ единиц базового актива и заимствования суммы $K \times e^{-rt} N(d_2)$. Портфель будет иметь те же самые денежные потоки, что и колл-опцион, а следовательно, и ту же стоимость, что и опцион. Величина $N(d_1)$, которая представляет собой число единиц базового актива, требуемых для создания портфеля соответствия, называется дельтой опциона.

ОЦЕНКА ВХОДНЫХ ДАННЫХ В МОДЕЛИ БЛЭКА–ШОУЛЗА

Модель Блэка–Шоулза требует, чтобы в исходных данных корректно учитывался фактор времени. Данный фактор влияет на оценки двояким образом. Во-первых, факт непрерывности, а не дискретности времени приводит к тому, что мы используем вариант приведенной стоимости с непрерывным временем (e^{-rt}), а не дискретный вариант $(1 + r)^{-t}$. К тому же это означает, что входные данные, такие как безрисковая ставка, должны модифицироваться для соответствия непрерывному времени. Например, если ставка по однолетней казначейской облигации равна 6,2%, то безрисковая ставка, используемая в модели Блэка–Шоулза, составит:

$$\text{Непрерывная безрисковая ставка} = \ln(1 + \text{дискретная безрисковая ставка}) = \ln(1{,}062) = 0{,}06015 \text{ или } 6{,}015\%.$$

Во-вторых, это период, на котором оцениваются входные данные. Предположим, что нам известна исходная годовая ставка. Дисперсию, которая используется в модели, также следует представить в годовом исчислении. Дисперсию, оцененную на основе величины ln (цена актива), можно легко привести к годовому уровню, поскольку дисперсия линейно зависит от времени, если автокорреляция равна нулю. Таким образом, если для оценки дисперсии используются месячные или недельные цены, то дисперсия приводится к годовому исчислению путем умножения соответственно на 12 или на 52.

ИЛЛЮСТРАЦИЯ 5.2. *Оценка опциона по модели Блэка–Шоулза*

Шестого марта 2001 г. акция Cisco Systems торговалась по \$13,62. Мы попытаемся оценить июльский колл-опцион 2001 г. с ценой исполнения \$15, торгующийся на Чикагской бирже опционов в тот же день по \$2. Ниже указаны другие параметры опциона.

- Стандартное отклонение цены акции Cisco Systems в годовом исчислении за предыдущий год составило 81%. Данное стандартное отклонение оценено на основе недельных цен на акции. Получившаяся величина была приведена к годовому масштабу:

$$\text{Стандартное отклонение за неделю} = 11{,}23\%,$$
$$\text{Стандартное отклонение в годовом исчислении} = 11{,}23\% \times \sqrt{52} = 81\%.$$

- Дата истечения опциона — пятница, 20 июля 2001 г. До истечения осталось 103 дня, а процентная ставка по казначейским векселям в годовом исчислении, соответствующая сроку жизни опциона, составляет 4,63%.

Ниже приведены исходные данные для модели Блэка–Шоулза:

Текущая цена акции (S) = \$13,62;

Цена исполнения опциона = \$15;

Срок жизни опциона = 103/365 = 0,2822;

Стандартное отклонение ln (цены акции) = 81%;

Безрисковая ставка = 4,63%.

Введя эти данные в модель, мы получим:

$$d_1 = \frac{\ln\left(\frac{13,62}{15,00}\right) + \left(0,0463 + \frac{0,81^2}{2}\right) \times 0,2822}{0,81 \times \sqrt{0,2822}} = 0,0212,$$

$$d_2 = 0,0212 - 0,81 \times \sqrt{0,2822} = -0,4091.$$

Используя нормальное распределение, можно выяснить $N(d_1)$ и $N(d_2)$:

$$N(d_1) = 0,5085,$$
$$N(d_2) = 0,3412.$$

Теперь можно оценить колл-опцион на акции Cisco с ценой исполнения \$15:

$$\text{Стоимость опциона в июле} = SN(d_1) - K \times e^{-rt} N(d_2) =$$
$$= 13,62 \times (0,5085) - \$15 \times e^{-(0,0463)(0,2822)} (0,3412) = \$1,87.$$

Поскольку опцион колл продается по цене \$2, он слегка переоценен, если считать верной использованную нами оценку стандартного отклонения.

Ограниченность и неоднозначность модели. Модель Блэка–Шоулза предназначена для оценки опционов, которые можно исполнить только при наступлении их срока, а по базовому активу дивиденды не выплачиваются. Кроме того, опционы оцениваются исходя из предположения об отсутствии влияния исполнения опциона на стоимость базового актива. На практике активы приносят дивиденды, опционы иногда исполняются раньше срока, а исполнение опциона может повлиять на стоимость базового актива. Существуют поправки, хотя и несовершенные, которые призваны частично исправить недостатки модели Блэка–Шоулза.

Дивиденды. Выплата дивидендов уменьшает цену акции. Заметим: на эксдивидендную дату цена акций обычно снижается. Следовательно, опционы колл становятся менее ценными, а пут-опционы — более ценными по мере повышения ожидаемых выплат дивидендов. Есть два способа учета дивидендов в модели Блэка–Шоулза:

1. *Краткосрочные опционы.* Первый способ учета дивидендов — это оценка приведенной стоимости ожидаемых дивидендов, выплачиваемых по базовому активу в течение срока жизни опциона, а также

ПОДРАЗУМЕВАЕМАЯ ВОЛАТИЛЬНОСТЬ

Единственная входная величина, относительно которой существуют значительные расхождения в оценке, — это дисперсия. Хотя дисперсия зачастую оценивается через анализ исторических данных, стоимость опционов, вычисленная на основе прошлых значений дисперсии, может отличаться от рыночных цен. Тем не менее для любого опциона есть определенное значение дисперсии, при котором полученная при оценке стоимость будет равна рыночной цене. Данная величина дисперсии называется подразумеваемой дисперсией (implied variance).

Рассмотрим опцион на акции Cisco, процедура оценки которого показана в иллюстрации 5.2. При стандартном отклонении, равном 81%, стоимость колл-опциона с ценой исполнения $15 была определена на уровне $1,81. Поскольку рыночная цена выше вычисленной нами стоимости, мы попробуем применить более высокое стандартное отклонение, получив следующие результаты: при стандартном отклонении 85,40% стоимость опциона равна $2 (т. е. рыночной цене). Эта величина и есть подразумеваемое стандартное отклонение, или подразумеваемая волатильность (implied volatility).

вычет полученной величины из текущей стоимости актива, что дает оценку величины S для использования в модели.

Модифицированная цена акции = текущая цена акции –
– приведенная – стоимость ожидаемых дивидендов
на протяжении жизни опциона.

2. *Долгосрочные опционы*. Чем продолжительнее срок жизни опциона, тем менее целесообразна оценка приведенной стоимости дивидендов, поэтому можно использовать альтернативный подход. Если на протяжении жизни опциона ожидается неизменность дивидендной доходности (y = дивиденды/текущая стоимость актива), то модель Блэка–Шоулза можно модифицировать следующим образом:

$$C = S \times e^{-yt} N(d_1) - K \times e^{-rt} N(d_2),$$

$$\text{где } d_1 = \frac{\ln\left(\frac{S}{K}\right) + \left(r - y + \frac{\sigma^2}{2}\right) \times t}{\sigma\sqrt{t}}$$

$$\text{и } d_2 = d_1 - \sigma\sqrt{t}.$$

Интуитивно понятно, что коррекция приводит к двум результатам. Во-первых, стоимость актива дисконтируется к текущему уровню (принимая во внимание размер дивидендов) для учета ожидаемого снижения стоимости актива, следующего за выплатой дивидендов. Во-вторых, процентная ставка компенсируется выплатой дивидендов для учета более низких издержек владения активом (в портфеле соответствия). Чистым эффектом окажется снижение стоимости опционов колл, оцененных при помощи модели.

ИЛЛЮСТРАЦИЯ 5.3. *Оценка краткосрочного опциона с поправкой на дивиденды — поправка к базовой модели Блэка–Шоулза*

Предположим, что оценка производится 6 марта 2001 г., когда акции AT&T торгуются по цене $20,50 за штуку. Рассмотрим колл-опцион на акции, цена исполнения которых равна $20, он истекает 20 июля 2001 г. Стандартное отклонение, вычисленное на основе исторических цен акций AT&T, равно 60%. Дивиденд составляет $0,15 и выплачивается через 23 дня. Безрисковая ставка равна 4,63%.

$$\text{Приведенная стоимость ожидаемых дивидендов} = \$0{,}15/1{,}0463^{23/365} = \$0{,}15;$$

$$\text{Цена акций, скорректированная с учетом дивидендов} = \$20{,}50 - \$0{,}15 = \$20{,}35;$$

$$\text{Время до даты истечения} = 103/365 = 0{,}2822;$$

$$\text{Дисперсия ln (цены акции)} = 0{,}6^2 = 0{,}36;$$

$$\text{Безрисковая ставка} = 4{,}63\%.$$

Теперь можно выяснить стоимость по модели Блэка–Шоулза:

$$d_1 = 0{,}2551 \quad N(d_1) = 0{,}6007$$
$$d_2 = -0{,}0636 \quad N(d_2) = 0{,}4745$$

$$\text{Стоимость опциона в июле} = \$20{,}35\,(0{,}6007) - \$20 \times e^{-(0{,}0463)(0{,}2822)}(0{,}4745) = \$2{,}86.$$

Колл-опцион в тот день торговался по $2,60.

ИЛЛЮСТРАЦИЯ 5.4. *Оценка долгосрочного опциона с поправкой на дивиденды — системы Prime и Score*

Чикагская биржа опционов (Chicago Board Options Exchange — CBOE) предлагает долгосрочные опционы на некоторые акции. Например, 6 марта 2001 г. можно было приобрести колл-опцион на акции AT&T, истекающий 17 января 2003 г. Цена акций AT&T составляет $20,50 (как в предыдущем примере). Ниже следует оценка колл-опциона с ценой исполнения $20. Но вместо оценки текущей (приведенной) стоимости дивидендов за два будущих года мы предположим, что дивиденды по AT&T останутся в этот период неизменными на уровне 2,51%, а безрисковая ставка по двухлетним казначейским облигациям составляет 4,85%. Входные данные для модели Блэка–Шоулза следующие:

S = Текущая стоимость актива = $20,50.

K = Цена исполнения = $20.

Время до истечения = 1,8333 года.

Стандартное отклонение как ln (цены акции) = 60%.

Безрисковая ставка = 4,85%. Дивиденды = 2,51%.

Стоимость, полученная по модели Блэка–Шоулза:

$$d_1 = \frac{\ln\left(\frac{20{,}50}{20{,}00}\right) + \left(0{,}0485 - 0{,}0251 + \frac{0{,}6^2}{2}\right) \times 1{,}8333}{0{,}6 \times \sqrt{1{,}8333}} = 0{,}4894 \qquad N(d_1) = 0{,}6877,$$

$$d_2 = 0{,}4894 - 0{,}6 \times \sqrt{1{,}8333} = -0{,}3230, \qquad N(d_2) = 0{,}3733.$$

$$\text{Стоимость опциона в январе} = \$20{,}50 \times e^{-(0{,}0251)(1{,}8333)}(0{,}6877) - \$20 \times e^{-(0{,}0485)(1{,}8333)}(0{,}3733) = \$6{,}63.$$

8 марта 2001 г. опцион торговался по цене $5,80.

optst.xls — таблица, которая позволяет проводить оценку краткосрочных опционов, когда можно сформулировать ожидание относительно дивидендов, приносимых в течение жизни опциона в результате владения соответствующей акцией.

optlt.xls — таблица, которая позволяет проводить оценку опциона, когда базовый актив приносит постоянную дивидендную доходность.

Досрочное исполнение. Модель Блэка–Шоулза предназначена для оценки европейских опционов, которые могут исполняться только в момент истечения. В действительности же большинство опционов, с которыми мы встречаемся на практике, являются американскими и могут быть исполнены в любой момент до истечения их срока. Как уже говорилось, возможность досрочного исполнения делает американские опционы более ценными по сравнению с аналогичными европейскими, одновременно затрудняя их оценку. Следует отметить, что обращающиеся на рынке опционы почти всегда лучше продать кому-то еще, а не исполнять их, поскольку опционы имеют временную премию (т.е. они продаются за цену, превышающую цену исполнения). Однако существуют два исключения. Первое связано с тем случаем, когда базовый актив приносит большие дивиденды, снижая тем самым ожидаемую стоимость актива. В этом случае колл-опционы могут исполняться *непосредственно перед экс-дивидендной датой*, если временная премия опциона меньше, чем ожидаемое снижение стоимости актива, которое последует за выплатой дивидендов. Другое исключение возникает, когда инвестор имеет в своем портфеле и базовый актив, и пут-опционы *глубоко в деньгах* на этот актив (т.е. пут-опционы с ценой исполнения, значительно превышающей текущую цену базового актива) в момент, когда процентные ставки высоки. В этом случае временная премия пут-опциона может оказаться меньше, чем потенциальный выигрыш от его досрочного исполнения плюс проценты на цену исполнения.

Существуют два основных способа учета возможности досрочного исполнения опциона. Во-первых, можно продолжать использовать нескорректированную модель Блэка–Шоулза и рассматривать получившееся значение стоимости в качестве минимальной или консервативной оценки истинной стоимости. Кроме того, можно попытаться скорректировать стоимость опциона для учета возможности досрочного исполнения. К решению этой проблемы есть два подхода. Первый — это использовать модель Блэка–Шоулза для оценки опциона на каждую потенциальную дату исполнения. Для случая опционов на акции потребуется провести оценку для каждой экс-дивидендной даты и выбрать наибольшее из полученных значений стоимости опциона. Второй подход основывается на использовании модифицированной версии биномиальной модели, позволяющей рассмотреть возможность досрочного исполнения. В этой версии движения цены актива вверх и вниз в каждом периоде можно оценить, отталкиваясь от дисперсии[1].

Подход 1. Оценка псевдоамериканского опциона

Шаг 1: определить, когда будут выплачены дивиденды и в каком размере.

Шаг 2: оценить опцион на каждую экс-дивидендную дату, применяя поправку по дивидендам, описанную выше, когда цена исполнения сокращается на приведенную стоимость ожидаемых дивидендов.

Шаг 3: выбрать наибольшую стоимость опциона колл, оцененную на каждый день, предшествующий экс-дивидендной дате.

ИЛЛЮСТРАЦИЯ 5.5. *Использование оценки псевдоамериканского опциона для корректировки на досрочное исполнение*

Рассмотрим опцион с ценой исполнения $35 на акцию, торгующуюся по $40. Дисперсия ln (цены акции) равна 0,05, а безрисковая ставка 4%. До истечения срока опциона осталось 8 месяцев, и в течение этого периода ожидаются три выплаты дивидендов:

[1] Например, если σ^2 — это дисперсия в ln (цены акции), то движения вверх и вниз по биномиальной схеме можно оценить следующим образом:

$$u = \exp\left[(r - \sigma^2 / 2)(T / m) + \sqrt{(\sigma^2 T / m)}\right],$$

$$d = \exp\left[(r - \sigma^2 / 2)(T / m) - \sqrt{(\sigma^2 T / m)}\right],$$

где u и d = движения вверх и вниз за единицу времени по биномиальной схеме;
T = срок жизни опциона;
m = число периодов, охватываемых сроком жизни.

Ожидаемые дивиденды ($)	*Экс-дивидендная дата*
0,80	Через 1 месяц
0,80	Через 4 месяца
0,80	Через 7 месяцев

Колл-опцион сначала оценивается на дату, предшествующую первой экс-дивидендной дате:

$$S = \$40 \quad K = \$35 \quad t = 1/12 \quad \sigma^2 = 0{,}05 \quad r = 0{,}04$$

Стоимость по модели Блэка–Шоулза равна:

Стоимость колл-опциона = \$5,131.

Колл-опцион оценивается на дату, предшествующую второй экс-дивидендной дате:

Скорректированная цена акции = $\$40 - \$0{,}80/1{,}04^{1/12} = \$39{,}20$.

$$K = \$35 \quad t = 4/12 \quad \sigma^2 = 0{,}05 \quad r = 0{,}04$$

Оценка колл-опциона на основе этих параметров:

Стоимость колл-опциона = \$5,073.

Колл-опцион оценивается на дату, предшествующую третьей экс-дивидендной дате:

Скорректированная цена акции = $\$40 - \$0{,}80/1{,}04^{1/12} - \$0{,}80/1{,}04^{4/12} = \$38{,}41$.

$$K = \$35 \quad t = 7/12 \quad \sigma^2 = 0{,}05 \quad Mr = 0{,}04$$

Оценка колл-опциона на основе этих параметров:

Стоимость колл-опциона = \$5,128.

Далее колл-опцион оценивается на дату истечения срока:

Скорректированная цена акции = $\$40 - \$0{,}80/1{,}04^{1/12} - \$0{,}80/1{,}04^{4/12} - \$0{,}80/1{,}04^{7/12} = \$37{,}63$.

$$K = \$35 \quad t = 8/12 \quad \sigma^2 = 0{,}05 \quad r = 0{,}04$$

Оценка колл-опциона на основе этих параметров:

Стоимость колл-опциона = \$4,757.

Стоимость псевдоамериканского колл-опциона = maximum (\$5,131, \$5,073, \$5,128, \$4,757) = \$5,131.

Подход 2. Использование биномиальной модели. Биномиальная модель в гораздо большей степени приспособлена для анализа досрочного исполнения опциона, поскольку в ней учитываются денежные потоки в каждом периоде времени, а не только на момент истечения. Самое серьезное ограничение биномиальной модели — это определение цены в конце каждого периода. Однако его можно преодолеть, используя схему, позволяющую оценивать движения цены на акцию вверх и вниз на основе полученной оценки дисперсии. Реализация данной схемы состоит из четырех этапов.

Шаг 1. Если дисперсия была оценена как ln (цены акции) в модели Блэка–Шоулза, то следует использовать ее в качестве входных данных для биномиальной модели:

$$u = e^{\sigma\sqrt{dt} + \left(r - \frac{\sigma^2}{2}\right)dt},$$

$$d = e^{-\sigma\sqrt{dt} + \left(r - \frac{\sigma^2}{2}\right)dt}.$$

где u и d = движения цены вверх и вниз за единицу времени в биномиальной схеме;

dt = число периодов в каждом году (или в единице времени).

Шаг 2: определить период, в который будут выплачены дивиденды. При этом делается предположение, что цена снизится на величину, равную дивидендам за данный период времени.

Шаг 3: оценить колл-опцион в каждом узле дерева, допуская возможность досрочного исполнения незадолго до экс-дивидендной даты. Произойдет раннее исполнение, если остающаяся временная премия опциона меньше, чем ожидаемое снижение цены опциона вследствие выплаты дивидендов.

Шаг 4: оценить опцион колл в момент 0, используя стандартный биномиальный подход.

bstobin.xls — таблица, которая позволяет оценивать параметры для биномиальной модели на основе входных данных, используемых в модели Блэка–Шоулза.

Влияние исполнения на стоимость базового актива. Модель Блэка–Шоулза основывается на предположении о том, что исполнение опциона не влияет на стоимость базового актива. Это может быть истиной для биржевых опционов на акции, но для некоторых видов опционов это не так. Например, исполнение варрантов повышает число акций компании, находящихся в обращении, и вливает свежую кровь в фирму. При этом оба этих фактора оказывают воздействие на цену акций[1]. Ожидаемое отрицательное влияние (вследствие разводнения) исполнения опциона понизит стоимость других варрантов, которые аналогичны опционам на покупку. Поправка на разводнение, оказывающее влияние на цену акции, в модели Блэка–Шоулза достаточно проста. Цена акции корректируется с поправкой на ожидаемое разводнение, являющееся следствием исполнения опциона. В случае варрантов, например:

$$S \text{ с учетом разводнения} = (S\, n_s + W\, n_w)/(n_s + n_w),$$

[1] Варранты — опционы колл, выпущенные фирмой либо для выполнения контракта, предусматривающего вознаграждение менеджмента, либо для привлечения долевого капитала.

где S = текущая стоимость акции;
n_w = число варрантов в обращении;
W = стоимость варрантов в обращении;
n_s = количество акций в обращении.

При исполнении варрантов число акций в обращении повысится, что приведет к сокращению цены акций. Числитель отражает рыночную стои-

ОТ МОДЕЛИ БЛЭКА–ШОУЛЗА К БИНОМИАЛЬНОЙ МОДЕЛИ

Процесс преобразования применяемой в модели Блэка–Шоулза непрерывной дисперсии в биномиальное дерево довольно прост. Предположим, что у нас есть актив, торгующийся в данный момент по \$30, а оценка стандартного отклонения стоимости актива в годовом исчислении дала значение в 40%. Безрисковая ставка в годовом исчислении — 5%. Для упрощения предположим, что срок жизни опциона, подлежащего оценке, равен 4 годам, а период равен 1 году. Для определения цен к окончанию каждого года мы сначала оценим движения вверх и вниз по биномиальной схеме:

$$u = \exp^{0,4\sqrt{1}+\left(0,05-\frac{0,4^2}{2}\right)\times 1} = 1,4477,$$

$$d = \exp^{-0,4\sqrt{1}+\left(0,05-\frac{0,4^2}{2}\right)\times 1} = 0,6505.$$

На основе этих оценок мы можем получить цены для оконечности первого узла дерева (завершение первого года):

Верхняя цена = \$30 (1,4477) = \$43,43.
Нижняя цена = \$40 (0,6505) = \$19,52.

Продвигаясь через оставшуюся часть дерева, мы получим следующие цифры:

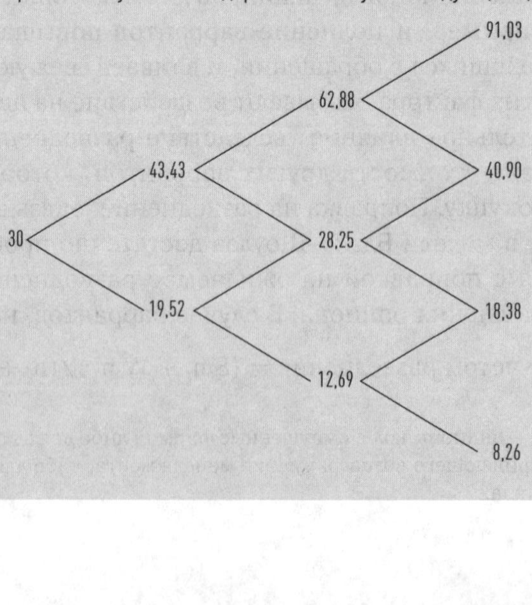

мость собственного капитала, включая и акции, и варранты в обращении. Сокращение S уменьшит стоимость опциона колл.

В этом анализе есть что-то вроде замкнутого круга, поскольку для оценки S с учетом разводнения требуется знать стоимость варранта, а для его оценки необходимо иметь S с учетом разводнения. Данную проблему можно разрешить, начиная процесс расчета с предположения по поводу стоимости варранта (например, цены исполнения или текущей рыночной стоимости варранта). Это даст необходимую нам величину стоимости варранта, и полученную величину можно использовать в качестве входного параметра для переоценки, откуда можно начинать требуемый процесс расчета.

ИЛЛЮСТРАЦИЯ 5.6. *Оценка варранта на акции Avatek Corporation*

Avatek Corporation — фирма, занимающаяся недвижимостью. В обращении находится 19,637 млн акций, торгующихся по $0,38 за штуку. В марте 2001 г. компания имела 1,8 млн выпущенных опционов, которым осталось 4 года до истечения срока, с ценой исполнения $2,25. По акциям дивиденды не выплачивались, а стандартное отклонение в ln (цены акции) составило 93%. Ставка по четырехлетним казначейским облигациям равна 4,9% (варранты торговались по $0,12 за варрант в момент проведения этого анализа). Входные данные для модели оценки варранта таковы:

S = (0,38 × 19,637 + 0,12 × 1,8)/(19,637 + 1,8) = 0,3544.

K = цена исполнения варранта = 2,25.

t = время до истечения срока варранта = 4 года.

r = безрисковая ставка, соответствующая сроку жизни опциона = 4,9%.

σ^2 = дисперсия стоимости акции = $0{,}93^2$.

y = дивидендная доходность на акцию = 0,0%.

Результаты оценки по модели Блэка–Шоулза:

$$d_1 = 0{,}0418 \quad N(d_1) = 0{,}5167$$
$$d_2 = -1{,}8182 \quad N(d_2) = 0{,}0345$$

$$\text{Стоимость варранта} = 0{,}3544 \times (0{,}5167) - 2{,}25 \times e^{(-0{,}049)(4)} \times (0{,}0345) = \$0{,}12.$$

В марте 2001 г. варранты торговались по цене $0,12. Поскольку стоимость оказалась тождественной рыночной цене, необходимость в дальнейших итерациях отсутствует. Если бы существовала разница, нам пришлось бы заново оценить скорректированную цену акции и стоимость варранта. Если бы опционы были неторгуемыми (как в случае опционов для руководства), то расчет потребовал бы ряда приближений, в которых стоимость опциона используется для получения скорректированной стоимости акции, а стоимость акции — для получения стоимости опциона.

warrant.xls — таблица, позволяющая оценивать стоимость опционов, когда существует потенциал разводнения в результате исполнения.

Модель Блэка–Шоулза для оценки опционов пут. Стоимость пут-опциона можно вывести из колл-опциона с той же самой ценой исполнения и тем же самым сроком истечения:

$$C - P = S - K \times e^{-rt},$$

где C = стоимость опциона колл;
P = стоимость опциона пут.

Связь между стоимостью опционов колл и пут называется «пут-колл паритетом», и любое отклонение от него инвесторы могут использовать для получения безрисковой прибыли. Чтобы объяснить, почему возникает пут-колл паритет, рассмотрим продажу колл-опциона и покупку пут-опциона с ценой исполнения K и сроком истечения t; при этом одновременно покупается базовый актив по текущей цене S. Выплаты по этой позиции — безрисковые и всегда приносят K в момент истечения срока t. Чтобы убедиться в этом, предположим, что цена исполнения к моменту срока истечения опциона равна S*. Выплаты на каждую позицию в портфеле представлены ниже:

Позиция	*Выплата в момент t, если S* > K*	*Выплата в момент t, если S* < K*
Продажа опциона колл	–(S* – K)	0
Покупка опциона пут	0	K – S*
Покупка акции	S*	S*
Итого	K	K

Эта позиция со всей определенностью приносит сумму K, а издержки на создание этой позиции должны равняться приведенной стоимости K при безрисковой ставке Ke^{-rt}.

$$S + P - C = Ke^{-rt},$$

$$C - P = S - Ke^{-rt}.$$

Подставив стоимость опциона колл, полученного по модели Блэка–Шоулза, мы получим:

Стоимость пут-опциона = $Ke^{-rt}\,[1 - N(d_2)] - Se^{-yt}\,[1 - N(d_1)]$,

$$\text{где } d_1 = \frac{\ln\left(\frac{S}{K}\right) + \left(r - y + \frac{\sigma^2}{2}\right) \times t}{\sigma\sqrt{t}} \text{ и } d_2 = d_1 - \sigma\sqrt{t}.$$

Таким образом, создается портфель соответствия путем короткой продажи $[1 - N(d_1)]$ акций и инвестирования $Ke^{-rt}\,[1 - N(d_2)]$ в безрисковый актив.

ИЛЛЮСТРАЦИЯ 5.7. *Оценка опциона пут с использованием пут-колл паритета: Cisco Systems и AT&T*

Возьмем колл-опцион Cisco Systems, рассмотренный ранее в иллюстрации 5.2. Колл-опцион имеет цену исполнения $15 за акцию. До истечения срока осталось 103 дня, и он был оценен в $1,87. Акция торговалась по $13,62. Безрисковая ставка составляет 4,63%. Пут-опцион можно оценить следующим образом:

$$\text{Стоимость пут-опциона} = C - S + Ke^{-rt} = \$1{,}87 - \$13{,}62 + \$15 \times e^{-(0{,}0463)(0{,}2822)} = \$3{,}06.$$

Пут-опцион в этот момент торговался по $3,38.

Кроме того, иллюстрация 5.4 демонстрирует оценку долгосрочного опциона на акции AT&T. Цена исполнения колл-опциона — $20, до истечения опциона осталось 1,8333 года, а его стоимость равна $6,63. Акция торговалась по $20,50, ожидаемая дивидендная доходность за период составляла 2,51%, а безрисковая ставка 4,85%. Стоимость пут-опциона можно оценить следующим образом:

$$\text{Стоимость пут-опциона} = C - Se^{-yt} + Ke^{-rt} = \$6{,}63 - \$20{,}5 \times e^{-(0{,}0251)(1{,}8333)} + \$20 \times e^{-(0{,}0485)(1{,}8333)} = \$5{,}35.$$

Пут-опцион торговался по $3,80. Как пут-опцион, так и колл-опцион продавались по ценам, отличающимся от наших оценок, что может указывать на неверную оценку волатильности акции.

Модель ценообразования опционов при скачкообразном процессе

Если изменения цены остаются большими, когда временные периоды в биномиальной модели сокращаются, то уже нельзя предполагать, что цены меняются непрерывно. Когда изменения цен остаются значительными, процесс ценообразования, допускающий возможность скачков, представляется более реалистичным. Кокс и Росс (Cox and Ross, 1976) оценивали опционы в условиях скачкообразного процесса ценообразования, где скачки могут быть только положительными. То есть в очередном интервале цена акции либо совершит скачок в сторону повышения с определенной вероятностью, либо поползет вниз с определенной скоростью.

Мертон (Merton, 1976) рассмотрел распределение, где ценовые скачки накладываются на непрерывный ценовой процесс. Он определил скорость, с которой совершаются скачки (λ), и средний размер скачка (k), выраженный в процентах от цены акции. Модель оценки, основывающейся на данном процессе, называется моделью диффузионных скачков (jump diffusion model). В ней стоимость опциона определяется пятью переменными, установленными в модели Блэка–Шоулза, а также параметрами скачкообразного процесса (λ, k). К сожалению, сложность оценки параметров скачкообразного процесса для большинства фирм настолько велика, что она перевешивает любые преимущества использования более реалистичной модели. Это обуславливает ограниченность использования этих моделей на практике.

ДОПОЛНИТЕЛЬНО ОБ ОЦЕНКЕ ОПЦИОНОВ

Все модели ценообразования опционов, описанные до сих пор — биномиальная модель, модель Блэка–Шоулза, модель скачкообразного процесса, — предназначены для оценки опционов с ясно определенными ценами исполнения и сроками для базовых активов, обращающихся на рынке. Однако опционы, с которыми мы сталкиваемся в инвестиционном анализе или при оценке, часто основываются на реальных, а не на финансовых активах. Реальные активы могут принимать куда более сложные формы. В данном разделе рассмотрены некоторые из этих вариаций.

Опционы с верхним пределом и барьерные опционы

В случае простого колл-опциона отсутствуют какие-либо предопределенные верхние границы прибыли, которая может быть получена покупателем опциона. Цена актива (по крайней мере, в теории) может свободно расти, пропорционально повышая выплаты. Однако в случае некоторых опционов покупатель имеет право получать прибыль только до определенной цены, но не выше. Рассмотрим колл-опцион с ценой исполнения K_1 на актив. В случае неограниченного колл-опциона выплата по этому опциону будет повышаться по мере роста цен базового актива сверх величины K_1. Предположим, что по достижении цены K_2 выплаты ограничиваются величиной $(K_2–K_1)$. Диаграмма выплат этого опциона показана на рисунке 5.5.

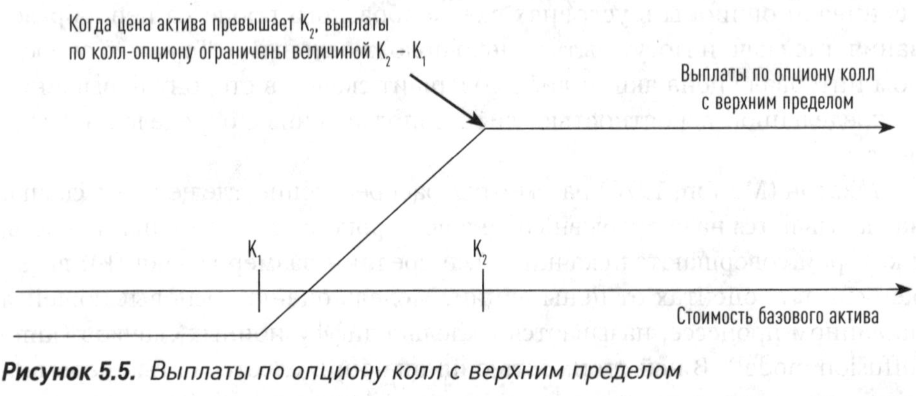

Рисунок 5.5. *Выплаты по опциону колл с верхним пределом*

Данный вид опциона называют опционом колл с верхним пределом, или опционом кэп (capped option). Следует заметить, что как только цена достигает K_2, временная премия опциона исчезает, поэтому опцион будет исполнен. Опционы колл с верхним пределом относятся к семейству опционов, которые называют барьерными опционами (barrier option), отличающихся тем, что выплаты и срок жизни опционов зависят от достижения ценой базового актива определенного уровня в течение установленного периода.

Стоимость опциона колл с верхним пределом всегда ниже, чем стоимость аналогичного колл-опциона, у которого отсутствуют ограничения выплат. Простое приближение для стоимости такого опциона можно получить путем оценки колл-опциона дважды: первый раз — при данной цене исполнения, а второй раз — при цене исполнения, соответствующей границе, после чего следует найти разницу между двумя значениями стоимости. В предыдущем примере стоимость колл-опциона с ценой исполнения $К_1$ и границей на уровне $К_2$ можно записать следующим образом:

$$\text{Стоимость опциона колл с верхним пределом} =$$
$$= \text{стоимость колл-опциона } (К = К_1) - \text{стоимость колл-опциона } (К = К_2).$$

Барьерные опционы могут принимать разнообразные формы. В случае опциона выбытия (knockout option) опцион прекращает свое существование, если базовый актив достигает определенной цены. В случае колл-опциона цена выбытия устанавливается ниже цены исполнения, и этот опцион называется опционом с нижней границей (down-and-out option). В случае пут-опциона цена выбытия устанавливается выше цены исполнения, и его называют опционом с верхней границей (up-and-out option). Подобно колл-опционам с верхним пределом, эти опционы стоят меньше, чем их аналоги, не имеющие подобных ограничений. Многие реальные опционы обладают ограничениями, связанными с потенциалом движения цены актива вверх, или может наблюдаться условие выбытия. Игнорирование таких ограничений может привести к завышению стоимости опционов.

Сложные опционы

Стоимость некоторых опционов является производной не базовых активов, а других опционов. Подобные опционы называются сложными (compound option). Сложные опционы могут принимать любую из четырех форм: колл-опцион на основе колл-опциона, пут-опцион на основе пут-опциона, колл-опцион на основе пут-опциона или пут-опцион на основе колл-опциона. Геске (Geske, 1979) разработал аналитическую формулировку для оценки сложных опционов, заменив при вычислении стандартное нормальное распределение для оценки сложных опционов, используемое в простых моделях, двумерным нормальным распределением.

Рассмотрим опцион на расширение проекта, который будет описан в главе 30. Хотя мы будем оценивать этот опцион с помощью простой модели ценообразования опционов, на самом деле расширение может происходить в несколько этапов. При этом каждый этап представляет собой опцион для последующего этапа. В этом случае мы недооценим опцион, интерпретируя его как простой, а не как сложный опцион.

Даже если принять во внимание наши рассуждения, оценка сложных опционов усложняется по мере добавления к цепочке новых опционов. В этом случае лучше принять за основу консервативную оценку стоимости, предоставляемую простой моделью оценки, чем потерпеть кораблекрушение, пытаясь преодолеть подводные камни оценки.

Радужные опционы

В случае простого опциона существует неопределенность относительно цены базового актива. Некоторые опционы подвержены двум или более видам неопределенности, и эти опционы называются радужными опционами (rainbow option). Использование для них простой модели оценки опционов может привести к искаженной оценке стоимости. Рассмотрим для примера опцион, представляющий собой неразработанное месторождение нефти. При этом фирма, владеющая им, имеет право разрабатывать его. Здесь существуют по меньшей мере два источника неопределенности. Очевидно, что первый — это цена на нефть, а второй — объем извлекаемой нефти. Для их оценки можно сделать упрощающее предположение, что нам точно известен оставшийся объем нефти. Но в действительности неопределенность относительно количества влияет на стоимость данного опциона и затрудняет решение о его исполнении[1].

ЗАКЛЮЧЕНИЕ

Опцион — это актив, выплаты по которому зависят от стоимости базового актива. Колл-опцион предоставляет держателю право купить базовый актив по фиксированной цене, в то время как пут-опцион дает право продать базовый актив по фиксированной цене в любое время до истечения срока опциона. Стоимость опциона определяется шестью переменными: текущей стоимостью базового актива, дисперсией этой стоимости, ожидаемыми дивидендами на актив, ценой исполнения и сроком жизни опциона, а также безрисковой процентной ставкой. Это демонстрируется и в биномиальной модели, и в модели Блэка–Шоулза, в которой опционы оцени-

[1] Аналогичной представляется ситуация с опционом на акции, котируемым на бирже, когда мы не знаем со всей определенностью цену акции в момент исполнения опциона. Чем более неопределенна цена акции, тем больший допуск на ошибку следует заложить при исполнении опциона, чтобы гарантировать получение прибыли.

ваются через создание портфелей соответствия, составленных из базовых активов, а также безрисковых кредитов или займов. Можно использовать эти модели для оценки активов, обладающих чертами опционов.

КОНТРОЛЬНЫЕ ВОПРОСЫ

В приведенных ниже заданиях, если не указано иное, премия за риск инвестирования в акции принимается равной 5,5%.

1. Ниже представлены цены опционов на акции Microsoft Corporation, не приносящие дивидендов.

	Колл-опцион		*Пут-опцион*	
	K = 85	*K = 90*	*K = 85*	*K = 90*
Один месяц	2,75	1,00	4,50	7,50
Три месяца	4,00	2,75	5,75	9,00
Шесть месяцев	7,75	6,00	8,00	12,00

Акции торгуются по $83, безрисковая ставка в годовом выражении равна 8,2%. Стандартное отклонение логарифма цен на акцию (на основе исторических данных) составляет 30%.

а) Оцените стоимость трехмесячного колл-опциона с ценой исполнения $85.

б) Используя входные данные для модели Блэка–Шоулза, определите, как бы вы воспроизвели этот колл-опцион.

в) Каково подразумеваемое стандартное отклонение в этом колл-опционе?

г) Предположим, вы покупаете колл-опцион с ценой исполнения $85 и продаете колл-опцион с ценой исполнения $90. Выведите диаграмму выплат для этой позиции.

д) Используя пут-колл паритет, оцените стоимость трехмесячного пут-опциона с ценой исполнения $85.

2. Вы пытаетесь оценить трехмесячные колл-опционы и пут-опционы на акции Merck с ценой исполнения $30. Акции торгуются по $28,75, и компания планирует через два месяца выплатить квартальные дивиденды в размере $0,28 на акцию. Безрисковая процентная ставка в годовом выражении равна 3,6%, а стандартное отклонение как логарифм цен на акцию составляет 20%.

а) Оцените стоимость опционов колл и пут, используя модель Блэка–Шоулза.

б) Каково влияние ожидаемых выплат дивидендов на стоимость колл-опционов? А на стоимость пут-опционов? Почему?

3. Существует возможность, что опционы на акции Merck, описанные в предыдущем задании, могут быть исполнены досрочно.
   а) Используйте метод псевдоамериканского опциона, чтобы определить, повлияет ли это на стоимость колл-опциона.
   б) Почему существует возможность досрочного исполнения? Какие классы опционов с наибольшей вероятностью будут исполняться досрочно?
4. У вас есть следующая информация о трехмесячном колл-опционе:

$$S = 95 \quad K = 90 \quad t = 0{,}25 \quad r = 0{,}04$$

$$N(d_1) = 0{,}5750 \quad N(d_2) = 0{,}4500$$

   а) Если бы вы хотели имитировать покупку данного колл-опциона, сколько денег вам пришлось бы занять?
   б) Если бы вы пожелали воспроизвести покупку данного колл-опциона, сколько акций вам пришлось бы приобрести?
5. Акции производителя видеомагнитофонов Go Video в мае 1994 г. торговались по $4 за акцию. В обращении было 11 млн акций. В то же самое время в обращении находились 550 000 варрантов с ценой исполнения $4,25. Акции характеризовались стандартным отклонением 60%. На акции дивиденды не выплачивались. Безрисковая ставка составляла 5%.
   а) Оцените стоимость варрантов, пренебрегая разводнением.
   б) Оцените стоимость варрантов с учетом разводнения.
   в) Почему разводнение снижает стоимость варрантов?
6. Вы пытаетесь оценить долгосрочный колл-опцион на индекс NYSE Composite, который истекает через пять лет и цена исполнения которого 275 пунктов. В настоящее время индекс равен 250 пунктам, а стандартное отклонение стоимости индекса в годовом выражении составило 15%. Средний дивиденд на индекс равен 3%, и ожидается, что он останется неизменным в последующие пять лет. Ставка по пятилетним казначейским облигациям составляет 5%.
   а) Оцените стоимость долгосрочного колл-опциона.
   б) Оцените стоимость пут-опциона с теми же параметрами.
   в) Какие неявные предположения следует сделать при использовании модели Блэка–Шоулза для оценки этого опциона? Какие из этих предположений, скорее всего, будут нарушены? Какие последствия это будет иметь для оценки?
7. Новые ценные бумаги на AT&T дают инвесторам право на все дивиденды AT&T в последующие три года. При этом потенциал повы-

шения ограничивается 20%, обеспечивая помимо всего прочего защиту от падения более чем на 10%. Акции AT&T торгуются по $50, а трехлетние опционы колл и пут торгуются на бирже по следующим ценам:

	Колл-опционы ($)		*Пут-опционы ($)*	
K	*1 год*	*3 года*	*1 год*	*3 года*
45	8,69	13,34	1,99	3,55
50	5,86	10,89	3,92	5,40
55	3,78	8,82	6,59	7,63
60	2,35	7,11	9,92	10,23

Сколько вы готовы заплатить за такую ценную бумагу?

Глава 6

РЫНОЧНАЯ ЭФФЕКТИВНОСТЬ — ОПРЕДЕЛЕНИЕ, ТЕСТЫ И ОБОСНОВАНИЯ

Что такое «эффективность рынка»? Как она влияет на инвестиции и модели оценки стоимости? Определение термина «рыночная эффективность» вследствие его противоречивости вызывает бурные споры. Проблема заключается не столько в разногласиях между оппонентами относительно того, что конкретно каждый из них имеет в виду, сколько в том, что «эффективность рынка» принадлежит к ключевым установкам инвестора, в значительной степени определяющим его подход к инвестированию. В данной главе дано определение рыночной эффективности, обсуждается применение данной концепции инвесторами, а также подытожены некоторые базовые подходы, используемые для тестирования схем инвестирования, которые доказывают или опровергают наличие эффективности рынка. Кроме того, представлены итоги масштабного исследования, посвященного проблеме рыночной эффективности.

ЭФФЕКТИВНОСТЬ РЫНКА И ОЦЕНКА ИНВЕСТИЦИЙ

При оценке инвестиции центральными являются вопросы о том, эффективны ли рынки и, если ответ отрицательный, в чем состоит эта неэффективность. Если рынки действительно эффективны, то рыночная цена обеспечивает наилучшую оценку стоимости, и тем самым процесс оценки становится способом оправдания рыночной цены. Если же рынки неэффективны, то рыночная цена может отклоняться от истинной стоимости, и процесс оценки в этом случае направлен на получение обоснованной оценки этой стоимости. Инвесторы, корректно производящие оценку, смогут получить более высокую доходность, чем другие инвесторы, благодаря их способности выявлять недооцененные и переоцененные фирмы. Однако для получения более высокой доходности рынки должны со временем корректировать свои ошибки (т. е. становиться эффективными). От того, сколько времени потребуется для этих корректировок, полгода или пять лет, очень сильно зависит выбор подхода к инвестированию, а также временного горизонта, необходимого для успешной реализации выбранного инвестиционного стиля.

Кроме того, много полезной информации можно получить из исследований эффективности рынка, освещающих те его сегменты, где может проявиться неэффективность. Неэффективность является базой для поиска недооцененных акций в море ценных бумаг. С учетом масштаба рынка акций это не только сокращает время анализа, но и значительно повышает шансы обнаружения переоцененных и недооцененных акций. Например, некоторые исследования эффективности указывают на то, что акции, игнорируемые институциональными инвесторами, с большей вероятностью являются недооцененными и приносят дополнительную доходность. Стратегия, при помощи которой производится «отсеивание» фирм, отмеченных низким интересом со стороны институциональных инвесторов (выраженным в соответствующей доле от акций в обращении), может дать выборку игнорируемых фирм, которые затем при помощи моделей оценки можно оценить для создания портфеля недооцененных фирм. Если исследование проведено корректно, то шансы найти недооцененные акции в этой выборке достаточно высоки.

ЧТО ТАКОЕ ЭФФЕКТИВНЫЙ РЫНОК?

Эффективным считается рынок, на котором рыночная цена определяется путем непредвзятой оценки истинной стоимости инвестиции. Данное определение подразумевает несколько ключевых положений.

- Вопреки популярному мнению, эффективность рынка не требует, чтобы рыночная цена была равна истинной стоимости в каждый момент времени. Необходимо лишь, чтобы ошибки в рыночной цене были непредвзяты. Цены могут быть больше или меньше истинной стоимости, пока отклонения носят случайный характер.
- Факт случайности отклонения цен от истинной стоимости предполагает, что вероятность переоценки равна вероятности недооценки в любой момент времени, причем наблюдаемые отклонения не коррелируют с какими-либо наблюдаемыми переменными. Например,

на эффективном рынке акции с меньшим коэффициентом (мультипликатором) «цена/прибыль» недооценены с не меньшей вероятностью, чем акции с высоким коэффициентом «цена/прибыль».

- Если отклонения рыночной цены от истинной стоимости носят случайный характер, то никакая группа инвесторов не в состоянии регулярно находить недооцененные или переоцененные акции даже при использовании каких-либо инвестиционных стратегий.

Определение рыночной эффективности должно соотноситься не только с конкретным рассматриваемым рынком, но и с принимаемой во внимание группой инвесторов. Крайне сомнительно, чтобы все рынки оказались эффективными для всех инвесторов, хотя вполне вероятно, что какой-то определенный рынок (например, Нью-Йоркская фондовая биржа) эффективен для среднего инвестора. То есть очень может быть, что рынок эффективен не для всех инвесторов, а только для некоторых из них. Это является прямым следствием различных налоговых ставок и операционных издержек, которые даруют преимущества одним инвесторам относительно других.

Определение рыночной эффективности также связано с предположением относительно информации, которая доступна инвесторам и отражается в цене. Например, строгое определение эффективности рынка, предполагающее, что вся информация, как общественная, так и частная, отражена в рыночной цене, означало бы, что даже инвесторы с достоверной инсайдерской информацией не смогут переиграть рынок. Одна из самых ранних классификаций уровней эффективности рынка была представлена Фамой (Fama, 1971), который доказывал, что, согласно информации, нашедшей отражение в ценах, возможны три уровня эффективности рынка. При низкой эффективности рынка текущая цена учитывает информацию, содержащуюся во всех прошлых ценах, подразумевая тем самым, что графики изменения цен и технический анализ, опирающийся только на исторические данные, не смогут быть полезными при обнаружении недооцененных акций. В случае средней эффективности текущие цены отражают информацию, содержащуюся не только в прошлых ценах, но и всю открытую информацию (включая финансовую отчетность и новости). Таким образом, при поиске недооцененных акций любой подход, в основе которого лежат заключения, базирующиеся на использовании и обработке этой информации, окажется бесполезным. В случае высокой эффективности, текущая цена отражает всю информацию, как публичную, так и приватную, поэтому никакой инвестор не сумеет обнаружить недооцененные акции, предполагая делать это на регулярной основе.

ПОСЛЕДСТВИЯ РЫНОЧНОЙ ЭФФЕКТИВНОСТИ

Непосредственным и прямым следствием рыночной эффективности (или эффективности рынка) является то, что никакая группа инвесторов не имеет возможности регулярно переигрывать рынок, используя обычную инвестиционную стратегию. Кроме того, эффективный рынок оказывает отрицательное влияние на многие рыночные стратегии.

- На эффективных рынках анализ и оценка собственного капитала оказываются дорогостоящей задачей, которая не приносит никакой прибыли. Шансы найти недооцененные акции всегда равны 50/50, отражая случайность ошибок ценообразования. В лучшем случае выгоды сбора информации и анализа собственного капитала лишь покрывают издержки, связанные с исследованиями.
- На эффективных рынках стратегия случайной (рендомизированной) диверсификации между акциями или следования рыночному индексу, которая обеспечивает небольшие или нулевые издержки, связанные с получением информации, и минимальную стоимость применения такого подхода, оказывается более эффективной, чем любые другие стратегии, предполагающие большие затраты на их исполнение и на получение информации. На рынках, отличающихся эффективностью, ни один активный портфельный менеджер и/или сторонник активных инвестиционных стратегий не сумеет обеспечить добавленную стоимость.
- На эффективном рынке стратегии минимизации торговли (т.е. создание портфеля и отказ от торговли, если нет необходимости в денежных средствах) должны быть более эффективными, чем стратегии, требующие частых торговых сделок.

Таким образом, неудивительно, что концепция эффективности рынка вызывает мощное неприятие со стороны портфельных менеджеров и аналитиков, вполне справедливо рассматривающих ее как вызов своему существованию.

Кроме того, важно отметить, чего эффективность рынка не предполагает. Эффективность рынка *не* означает, что:

- цены на акции не могут отклоняться от истинной стоимости. В действительности, могут иметь место лишь серьезные отклонения рыночной цены от истинной стоимости. Единственное требование состоит в том, чтобы отклонения носили случайный характер;
- ни один инвестор не в состоянии переиграть рынок на каком-либо отрезке времени. Напротив, если не учитывать транзакционных из-

держек, то примерно половина инвесторов окажется успешнее рынка в любой период времени[1];

- никакая группа инвесторов не может переигрывать рынок на протяжении длительного периода времени. С учетом количества инвесторов на финансовых рынках законы вероятности определяют, что довольно большое число инвесторов регулярно окажется успешнее рынка на протяжении длительного периода времени, причем благодаря не своим инвестиционным стратегиям, а везению. Но было бы странным, если бы непропорционально большое число[2] таких инвесторов использовало одну и ту же инвестиционную стратегию.

На эффективных рынках ожидаемая доходность любых инвестиций соответствует риску, связанному с этими инвестициями в долгосрочной перспективе, хотя и возможны отклонения от этой ожидаемой доходности в краткосрочной перспективе.

НЕОБХОДИМЫЕ УСЛОВИЯ ДЛЯ РЫНОЧНОЙ ЭФФЕКТИВНОСТИ

Рынки не становятся эффективными автоматически. Рыночная эффективность — это результат деятельности инвесторов, стремящихся к выгодным сделкам и реализующих схемы, которые нацелены на то, чтобы переиграть рынок. Для устранения рыночной неэффективности необходимы следующие условия.

- Неэффективность рынка должна обеспечить основу для создания схемы, нацеленной на переигрывание рынка и получение избыточной доходности. Для этого необходимо, чтобы:
  - актив или активы, являющиеся источником неэффективности, были торгуемыми;
  - транзакционные издержки от реализации схемы были меньше ожидаемой прибыли от применения данной схемы.
- Должны существовать инвесторы, которые максимизируют свою прибыль и вместе с тем:

---

1 Так как доходности положительно асимметричны, т. е. значительная положительная доходность более вероятна, чем значительная отрицательная доходность (на акции нельзя потерять более 100%), то менее половины всех инвесторов, по всей вероятности, переиграют рынок.

2 Одним из живых свидетельств, указывающих на отсутствие рыночной эффективности, является успешность многих инвесторов, прослушавших лекции Бенджамина Грэхема в 1950-е гг. Никакая математическая статистика не в состоянии объяснить регулярность и превосходство достигнутых ими результатов.

— осознают потенциал получения избыточной доходности;
— способны воспроизвести схему переигрывания рынка, благодаря которой можно получить избыточную доходность;
— имеют ресурсы, позволяющие им вести торговлю акциями вплоть до момента исчезновения неэффективности.

Многие эксплуатировали внутреннее противоречие (заключающееся в утверждении о невозможности переигрывать эффективный рынок), сопоставляя его с требованием о существовании инвесторов, максимизирующих свою прибыль, которые постоянно ищут пути для обыгрывания рынка, делая его тем самым эффективным. Если бы рынки в действительности были эффективными, то инвесторы прекратили бы поиск неэффективности, что снова привело бы рынки к неэффективности. Имеет смысл говорить о рыночной эффективности как о самокорректирующемся или саморегулирующемся механизме, где неэффективность регулярно возникает, но почти мгновенно исчезает в тех случаях, когда инвесторы обнаруживают ее и пытаются сыграть на ней.

ПРЕДПОЛОЖЕНИЯ ОТНОСИТЕЛЬНО РЫНОЧНОЙ ЭФФЕКТИВНОСТИ

Изучение условий, при которых рынки становятся эффективными, ведет к общим предположениям по поводу того, где именно на финансовых рынках инвесторы с наибольшей вероятностью могут найти неэффективность.

Предположение 1. Вероятность нахождения рыночной неэффективности актива понижается по мере повышения удобства торговли данным активом. Пока инвесторы испытывают трудности при торговле каким-либо активом — либо вследствие отсутствия открытого рынка, либо вследствие значительных препятствий дли торговли, — неэффективность ценообразования может существовать на протяжении длительных периодов времени.

Данное предположение можно использовать, выясняя разницу между рынками различных активов. Например, гораздо легче торговать акциями, чем недвижимостью, поскольку фондовые рынки гораздо более открыты, цены устанавливаются за более мелкие единицы (тем самым сокращаются барьеры для входа в рынок) и сам по себе актив не меняется от транзакции к транзакции (одна акция IBM аналогична другой, в то время как один объект недвижимости может очень сильно отличаться от другого). Указанные отличия приводят к большей вероятности нахождения неэффективности (как переоценки, так и недооценки) на рынке недвижимости.

Предположение 2. Вероятность обнаружения неэффективности актива на рынке повышается с увеличением транзакционных и информационных издержек, связанных с использованием неэффективности. Затраты на сбор информации и торговлю значительно варьируют от рынка к рынку и даже от инвестиции к инвестиции на одном и том же рынке. При повышении этих издержек попытка эксплуатировать какую-либо неэффективность приносит все меньше и меньше выигрыша.

Например, возьмем кажущуюся очевидной мудрость инвестирования в «несчастливые» акции (т. е. акции, для которых предшествующий период сложился неудачно). Возможно, такая стратегия действительно оказалась бы мудрым шагом, если говорить о валовой доходности, однако транзакционные издержки, по всей вероятности, окажутся для этих акций значительно выше по следующим причинам.

- Скорее всего, они окажутся недорогими акциями (т. е. будут иметь невысокую стоимость), характеризующимися более высокими брокерскими комиссионными и расходами.
- На разницу между ценой продавца и покупателя, т. е. транзакционную стоимость, уплачиваемую в момент покупки, приходится более высокая доля общей уплаченной цены по сравнению с другими акциями.
- Торговля этими акциями обычно вялая, и сделки с незначительным объемом могут способствовать существенному изменению цен, приводя тем самым к более высокой цене покупки и более низкой цене продажи.

Следствие 1. Инвесторы, которые могут добиться экономии на издержках (информационных или транзакционных), скорее сумеют воспользоваться небольшой неэффективностью, чем инвесторы, не обладающие возможностью экономии.

Существует ряд исследований, анализирующих воздействие торговли крупными пакетами на цены. Они приходят к выводу, что, хотя такая торговля влияет на цены, инвесторы не пользуются этой неэффективностью, поскольку число сделок, которые они должны совершить, ограничено транзакционными издержками. Эти соображения едва ли важны для торгующего на бирже специалиста, который может торговать быстро, часто и с очень низкими или нулевыми издержками. Однако следует заметить, что если рынок для специалистов эффективен, то стоимость места на бирже должна отражать текущую стоимость потенциальных выгод от работы на бирже.

Данное следствие также говорит о том, что инвесторы, которые играют на более низких издержках, особенно связанных с получением информации, вполне вероятно окажутся в состоянии получить избыточную доходность. Так, Джон Темплтон, который задолго до других портфельных менеджеров занялся инвестициями на японском и азиатском рынках, имел информационные преимущества перед своими коллегами и получал избыточную доходность по своему портфелю.

Предположение 3. Скорость устранения неэффективности находится в прямой зависимости от легкости, с которой схема эксплуатации неэффективности может быть воспроизведена другими инвесторами. Легкость воспроизведения схемы зависит от времени, ресурсов и информации, требуемой для ее реализации. Поскольку лишь немногие инвесторы единолично обладают ресурсами, позволяющими устранять неэффективность путем торговли, гораздо более вероятным оказывается сценарий быстрого исчезновения неэффективности, если схема, используемая для эксплуатации неэффективности, является прозрачной и может быть скопирована другими инвесторами.

Предположим, акции могут принести избыточную доходность в месяц, следующий за их дроблением. Поскольку фирмы открыто объявляют о дроблении акции и любой инвестор имеет возможность купить акции сразу после дробления, было бы странно, если бы эта неэффективность существовала слишком долго. Подобную ситуацию можно сравнить со случаем избыточной доходности, получаемой некоторыми арбитражными фондами на индексном арбитраже, когда индексные фьючерсы покупаются (продаются), в то время как входящие в индекс акции продаются в короткую (покупаются). Данная стратегия требует, чтобы инвесторы могли немедленно получать информацию об индексе и ценах, были в состоянии (в смысле обладания необходимыми ресурсами и покрытия требований маржи) торговать индексными фьючерсами и занимать короткие позиции по акциям, а также обладали ресурсами для занятия и поддержания очень крупных позиций вплоть до исполнения арбитража. Таким образом, неэффективность при ценообразовании индексных фьючерсов, по всей вероятности, будет сохраняться как минимум в отношении наиболее успешных арбитражеров, которые имеют самые низкие издержки и самые короткие сроки исполнения торговых сделок.

ТЕСТЫ НА ЭФФЕКТИВНОСТЬ РЫНКА

Тесты на эффективность рынка позволяют выявить возможность получения избыточной доходности за счет применения определенной инвестиционной стратегии. Некоторые тесты также позволяют учитывать транзакционные издержки и возможность исполнения торговых сделок. Поскольку избыточная доходность инвестиции есть разница между фактической и ожидаемой доходностью этой инвестиции, то в каждом тесте на эффективность рынка неявно присутствует модель для определения ожидаемой доходности. В некоторых случаях эта ожидаемая доходность соотносится с риском с помощью модели оценки капитальных активов или модели арбитражной оценки, а в других — ожидаемая доходность выводится на основании доходности, создаваемой аналогичными или тождественными инвестициями. Во всех случаях тест на эффективность рынка предполагает совместное тестирование и рынка, и модели, используемой для определения ожидаемой доходности. Когда тест на рыночную эффективность свидетельствует о наличии избыточной доходности, это может говорить о неэффективности рынков или об ошибочности модели, используемой для вычисления ожидаемой доходности, либо об одновременном наличии обоих явлений. Хотя это может показаться неразрешимой дилеммой, если выводы из исследования нечувствительны к различным характеристикам модели, то гораздо более вероятно, что результаты вызваны рыночной неэффективностью, а не ошибочными характеристиками модели.

Существует несколько способов провести тест на рыночную эффективность, и используемый подход в значительной степени зависит от тестируемой схемы инвестиции. Схема торговли на информационных событиях (дробление акций, объявления о доходности или о поглощениях), по всей видимости, будет тестироваться при помощи «анализа событий». То есть доходности, возникающие вследствие наступления события, исследуются на предмет выявления их избыточности. Схемы торговли на наблюдаемых характеристиках фирмы (коэффициент «цена/прибыль», коэффициент «цена/балансовая стоимость» или дивидендная доходность), скорее всего, будут тестироваться на основе портфельного подхода, где создаваемый портфель акций обладает аналогичными характеристиками. При этом поведение портфеля отслеживается во времени с целью выявления избыточной доходности. Далее представлены ключевые этапы для каждого из этих подходов, а также некоторые потенциальные подводные камни, которые представляют опасность при проведении или использовании тестов.

Событийный анализ

Событийный анализ предназначен для исследования реакции рынка на информационные события, а также их влияния на избыточную доходность. Информационные события могут касаться всего рынка в целом (например, объявления о макроэкономических показателях) или же относиться к конкретной фирме (например, объявление о прибыли или дивидендах). Анализ событий состоит из пяти шагов.

1. Изучаемое событие должно быть ясно идентифицировано, а дата объявления события указана точно. Предположение, лежащее в основе анализа событий, состоит в том, что дата события известна

с приемлемой определенностью. Поскольку финансовые рынки реагируют на информацию о событии, а не на само событие, то большинство подходов к событийному анализу акцентируется на дате объявления события[1].

Дата объявления

______________ | ______________

2. Поскольку даты событий известны, то доходности каждой фирмы в исследуемой выборке группируются во временном интервале, примыкающем к данному событию. При этом следует принять два решения. Во-первых, аналитик должен решить, какой следует избрать интервал группировки доходности относительно даты события: недельный, дневной или еще более короткий. Отчасти решение зависит от того, насколько точно известна дата события (чем более точно, тем больше вероятность того, что можно избрать менее короткий период доходности), а отчасти от того, насколько быстро информация отражается в ценах (чем быстрее происходит коррекция, тем короче используемый период доходности). Во-вторых, аналитик должен определить, сколько периодов доходности до и после даты объявления будет включено в окно события. Данное решение также будет определяться точностью нашего знания о дате события, поскольку менее достоверные знания потребуют больших временных окон:

R_{-jn}........ R_{j0}...........R_{+jn}

__________ | __________ | __________ | __________

Окно доходности: от –n до +n,

где R_{-jn} = доходность фирмы j за период t (t = –n, ..., 0,..., +n).

3. Доходность за периоды, примыкающие к дате объявления, сопоставляется с доходностью рынка и риском, принимаемым для получения избыточной доходности для каждой фирмы в выборке. Например, для учета риска используется модель оценки капитальных активов:

Избыточная доходность за период t = доходность в день t –
– (безрисковая ставка + коэффициент бета × доходность рынка в день t).

ER_{-jn}........ ER_{j0}........... ER_{+jn}

__________ | __________ | __________ | __________

Окно доходности: от –n до +n,

[1] В большинстве финансовых сделок дата объявления события, как правило, предшествует дате события, опережая его на несколько дней, а иногда и недель.

где ER_{jt} = избыточная доходность фирмы j за период t (t = –n, ..., 0, ..., +n) = $R_{jt} - E(R_{jt})$

4. Избыточная доходность за каждый период усредняется по всем фирмам, и вычисляется стандартная ошибка.

$$\text{Средняя избыточная доходность в день } t = \sum_{j=1}^{j=N} \frac{ER_{jt}}{N}.$$

Стандартная ошибка получения избыточной доходности в день t =

$$= \sum_{d=1}^{d=N} \frac{(ER_{dt} - \text{среднее значение } ER)^2}{(N-1)},$$

где N = число событий (фирм) в событийном анализе.

5. Ответ на вопрос о том, отлична ли от нуля избыточная доходность вблизи даты объявления, можно получить через оценку t-статистики для каждого периода путем деления средней избыточной доходности на стандартную ошибку:

t-статистика для избыточной доходности в день t =
= средняя избыточная доходность/стандартная ошибка.

Если t-статистика статистически значима[1], то событие влияет на доходность. Знак избыточной доходности определяет, какое воздействие — положительное или отрицательное — оказали исследуемые события на избыточную доходность.

ИЛЛЮСТРАЦИЯ 6.1. *Пример событийного анализа — воздействие торгуемых на бирже опционов на цены акций*

Ученые и практики с давних пор ведут споры относительно влияния опционов на акции, зарегистрированные для торговли на бирже, на волатильность цен этих акций. Одни утверждают: опционы привлекают спекулянтов, а потому повышают волатильность цен на акции. Другие доказывают, что опционы обеспечивают рост числа возможностей для инвесторов и увеличивают поток информации, поступающей на финансовые рынки, обеспечивая меньшую волатильность цен на акции и стимулируя их рост.

Одним из способов протестировать эти гипотезы является событийный анализ, посвященный влиянию, оказываемому зарегистрированными на бирже опционами на стоимость базовых акций. Конрад (Conrad, 1989) провел подобное исследование, следуя указанным ниже шагам.

Шаг 1. Были идентифицированы даты объявления о регистрации опционов на определенную акцию на Чикагской бирже опционов.

Шаг 2. Были собраны ценовые ряды по базовым активам (j) для каждого из 10 дней, предшествующих дате объявления о регистрации опционов, для дня объявления, а также для каждого из 10 дней после даты объявления.

---

[1] Стандартные уровни значимости для t-статистики следующие:

Уровень	Однохвостовой	Двуххвостовой
1%	2,33	2,55
5%	1,66	1,96

Шаг 3. Была вычислена доходность по всем исследуемым акциям (R_{jt}) для каждого из этих торговых дней.

Шаг 4. Был оценен коэффициент бета для каждой акции (β_j) на основе доходности за временной период, лежащий вне границ окна события (использовалось 100 торговых дней перед событием и 100 торговых дней после события).

Шаг 5. Была вычислена доходность рыночного индекса (R_{mt}) для каждого из 21 рыночного дня.

Шаг 6. Были вычислены избыточные доходности для каждого из 21 рыночного дня:

$$ER_{jt} = R_{jt} - \beta_j R_{mt} \qquad t = -10, -9, -8, \ldots, +8, +9, +10.$$

Избыточная доходность была суммирована для каждого торгового дня.

Шаг 7. Были вычислены средняя величина и стандартная ошибка избыточной доходности по всем акциям прошедших процедуру регистрации опционов для каждого из 21 рыночного дня. Была рассчитана t-статистика на основе средних и стандартных ошибок для каждого торгового дня. В нижеследующей таблице представлены средняя избыточная доходность и t-статистика в сопоставлении с датой объявления о регистрации опционов.

Торговый день	*Средняя избыточная доходность (%)*	*Накопленная избыточная доходность (%)*	*t-статистика*
–10	0,17	0,17	1,30
–9	0,48	0,65	1,66
–8	–0,24	0,41	1,43
–7	0,28	0,69	1,62
–6	0,04	0,73	1,62
–5	–0,46	0,27	1,24
–4	–0,26	0,01	1,02
–3	–0,11	–0,10	0,93
–2	0,26	0,16	1,09
–1	0,29	0,45	1,28
0	0,01	0,46	1,27
1	0,17	0,63	1,37
2	0,14	0,77	1,44
3	0,04	0,81	1,44
4	0,18	0,99	1,54
5	0,56	1,55	1,88
6	0,22	1,77	1,99
7	0,05	1,82	2,00
8	–0,13	1,69	1,89
9	0,09	1,78	1,92
10	0,02	1,80	1,91

Основываясь на этих данных относительно избыточной доходности, не удается обнаружить фактов, свидетельствующих в пользу существования эффекта объявления исследуемого события в сам день этого объявления. Однако существует слабое свидетельство положительного влияния события, проявляющегося на период объявления в целом[1].

1 Предельный уровень значимости t-статистики — 5% (95%-ный доверительный уровень).

Портфельный анализ

При использовании некоторых инвестиционных стратегий считается, что фирмы со специфическими характеристиками с большей вероятностью недооценены, а потому имеют избыточную доходность по сравнению с фирмами, не обладающими этими особенностями. В таких случаях стратегии можно протестировать, создав портфели фирм, обладающих этими характеристиками в начале временного периода, а затем исследовать доходы за данный временной период. Чтобы удостовериться, что полученные результаты не привязаны к одному временному периоду, данный анализ повторяется для нескольких периодов. Портфельный анализ состоит из семи шагов.

1. На основе инвестиционной стратегии определяется переменная, по которой классифицируются исследуемые фирмы. Переменная должна быть наблюдаемой, хотя и не обязательно выражаться в числовом виде. В качестве примеров можно привести рыночную стоимость собственного капитала, рейтинг облигаций, цену акций, коэффициенты «цена/прибыль» или «цена/балансовая стоимость».
2. Сведения о переменной собираются в определенном экономическом пространстве[1] *в начале* периода тестирования, а затем фирмы разбиваются на портфели на основе значимости этой переменной. Таким образом, если используемой переменной является коэффициент «цена/прибыль», то фирмы разбиваются на портфели по данному мультипликатору, начиная с его низкого значения и заканчивая высокими величинами. Число классов зависит от размера исследуемого поля, поскольку в каждом портфеле должно быть достаточное количество фирм для получения определенного уровня диверсификации.
3. Собираются сведения о доходности каждой фирмы в каждом портфеле за период тестирования, и вычисляются доходности, приходящиеся на каждый портфель. При этом обычно предполагается, что различные акции имеют одинаковый вес в портфеле или взвешиваются по стоимости.
4. Оценивается коэффициент бета (при использовании однофакторной модели) или несколько коэффициентов бета (в многофакторной модели) каждого портфеля либо путем вычисления коэффици-

---

1 Хотя и существуют практические границы возможного размера исследуемой области, следует убедиться в том, что на этой стадии в исследовательский процесс не закралась предвзятость. Очевидной причиной ее может стать выбор только тех акций, для которых временной период в этом пространстве (экономическом, биржевом и т. п.) оказался успешным.

ента бета для отдельных акций в портфеле, либо путем регрессии доходности портфеля относительно доходности рынка на предыдущем временном отрезке (например, на годовом интервале, предшествующем периоду тестирования).

5. Вычисляется избыточная доходность, заработанная каждым портфелем, в сочетании со стандартной ошибкой избыточной доходности.
6. Существует несколько статистических тестов, нацеленных на проверку того, различаются ли фактически средние избыточные доходности портфелей. Некоторые из этих тестов — параметрические[1] (в них используются определенные предположения по поводу распределения избыточных доходов), а другие — непараметрические[2].
7. Итоговым тестом является сравнение друг с другом портфелей с экстремальными показателями для выявления статистически значимых различий между этими портфелями.

ИЛЛЮСТРАЦИЯ 6.2. *Пример портфельного анализа — мультипликатор «цена/прибыль»*

Практики заявляют, что акции с низким мультипликатором «цена/прибыль», как правило, оказываются выгодной покупкой и проявляют себя значительно лучше, чем рынки или акции с высокими мультипликаторами «цена/прибыль». Эту гипотезу можно проверить, используя портфельный подход.

Шаг 1. На основе данных мультипликаторов «цена/прибыль» с конца 1987 г. фирмы были разбиты на 5 групп. Первая группа состояла из акций с самыми низкими мультипликаторами «цена/прибыль», а пятая группа — из акций с самыми высокими значениями. Фирмы с отрицательными мультипликаторами игнорировались (поскольку это могло привести к предвзятому результату).

Шаг 2. Рассчитывались доходности по каждому портфелю на основе данных за период с 1988 по 1992 г. Акциям обанкротившихся фирм, а также тем, которые потеряли регистрацию, была приписана –100%-ная доходность.

Шаг 3. Были рассчитаны коэффициенты бета для каждой акции в портфеле на основе месячной доходности за период с 1983 по 1987 г. Кроме того, был оценен средний коэффициент бета каждого портфеля. Предполагалось, что портфели имеют одинаковую весовую структуру акций.

Шаг 4. Была рассчитана доходность рыночного индекса за период с 1988 по 1992 г.

Шаг 5. Были рассчитаны избыточные доходности, приходящиеся на каждый портфель за период с 1988 по 1992 г. В нижеследующей таблице содержится информация об избыточной доходности в каждый годовой период между 1988 и 1992 гг. для каждого портфеля.

---

[1] Одним из параметрических тестов является F-тест, при помощи которого проверяется равенство средних между различными группами. Этот тест можно провести либо в предположении о равенстве дисперсии у всех групп, либо основываясь на предположении о различии дисперсии.

[2] Примером непараметрического теста является тест отдельной категории, который ранжирует доходности в выборке, а затем суммирует оценки внутри каждой группы для проверки, является ли ранжирование систематическим или случайным.

Группы фирм по мультипликатору «цена/прибыль	*1988 г. (%)*	*1989 г. (%)*	*1990 г. (%)*	*1991 г. (%)*	*1992 г. (%)*	*1988–1992 гг. (%)*
Самый низкий	3,84	–0,83	2,10	6,68	0,64	2,61
2	1,75	2,26	0,19	1,09	1,13	1,56
3	0,20	–3,15	–0,20	–0,17	0,12	–0,59
4	–1,25	–0,94	–0,65	–1,99	–0,48	–1,15
Самый высокий	–1,74	–0,63	–1,44	–4,06	–1,25	–1,95

Шаг 6. Хотя ранжирование доходностей между классами портфеля, похоже, подтверждает нашу гипотезу о том, что акции с низкими мультипликаторами «цена/прибыль» приносят более высокую доходность, нужно определить, являются ли различия между портфелями статистически значимыми. Для этой цели можно прибегнуть к нескольким тестам. Приведем некоторые из них:

- F-тест можно использовать для подтверждения или отвержения гипотезы о том, что средняя доходность у всех портфелей одинакова. Высокие значения, согласно этому тесту, означали бы, что различия слишком велики, чтобы являться случайными.
- Проверка по критерию хи-квадрат является непараметрическим тестом, который можно использовать для проверки гипотезы о том, что средние одинаковы во всех пяти классах портфелей.
- Мы могли бы изолированно рассмотреть акции с низкими и высокими мультипликаторами «цена/прибыль» и оценить t-статистику относительно разницы средних между портфелями.

ОСНОВНЫЕ НАРУШЕНИЯ ПРИ ТЕСТИРОВАНИИ РЫНОЧНОЙ ЭФФЕКТИВНОСТИ

В процессе проверки инвестиционных стратегий следует избегать нескольких подводных камней. Шесть из них перечислены ниже.

1. *Использование смехотворных обоснований для принятия или отклонения инвестиционной стратегии.* Смехотворное обоснование есть палка о двух концах. Оно может быть использовано для поддержки или опровержения одной и той же гипотезы. Поскольку цены акций дают противоречивую информацию, а любые инвестиционные схемы (независимо от степени их абсурдности) время от времени оказываются как успешными, так и неудачными, всегда найдутся ситуации, где некая схема будет работать или потерпит фиаско.
2. *Проверка инвестиционной стратегии на тех же данных и в тот же временной период, для которого она была создана.* Этим орудием пользуются недобросовестные советники в области инвестиций. Инвестиционная схема выбирается из тысяч других на основе данных за определенный период. Затем эта инвестиционная схема тестируется в тот же самый период с предсказуемыми результатами (схема оказывается фантастически эффективной и позволяет получить впечатляющие доходы). Инвестиционную схему всегда следует проверять на временном отрезке, отличном от периода, данные

за который использовались для ее создания. В противном случае тест следует проводить в пространстве, которое отличается от того, что было использовано для создания схемы.

3. *Предвзято составленная выборка.* Предвзятость может возникнуть при составлении выборки, на которой проводится тестирование. Поскольку существуют тысячи акций, претендующих на то, чтобы считаться частью этого пространства, исследователи часто решали использовать выборки меньшего размера. Когда выбор случаен, это ограничивает неблагоприятное влияние на результаты исследования. Если выбор предвзят, он может дать результаты, способные оказаться неверными в более крупном пространстве.
4. *Пренебрежение доходностью рынка.* Пренебрежение доходностью рынка может привести к заключению о том, что инвестиционная схема работает просто потому, что она приносит хорошую доходность (большинство схем обеспечит хорошую доходность, если рынок в целом доходен; вопрос же состоит в том, приносит ли схема доходность, превышающую ожидаемую), или же к заключению о неэффективности схемы (хотя большинство схем будет приносить низкую доходность, если рынок переживает трудные времена). Таким образом, критически важно, чтобы инвестиционная схема принимала во внимание доходность рынка в период тестирования.
5. *Пренебрежение риском.* Пренебрежение риском приводит к предвзятости в принятии рискованных инвестиционных схем и в отклонении инвестиционных схем с невысоким риском, поскольку первые обеспечивают доходность, превышающую доходность рынка в целом, а последние обеспечивают доходность ниже рыночной, не создавая избыточной доходности.
6. *Ошибочная корреляция для определения причинно-следственной связи.* Рассмотрим исследование акций с различными мультипликаторами «цена/прибыль», которое мы обсудили в предыдущем разделе. Мы заключили, что акции с низкими мультипликаторами «цена/прибыль» приносят более высокую избыточную доходность по сравнению с акциями с высокими мультипликаторами «цена/прибыль». Было бы ошибкой заключать, что низкие мультипликаторы «цена/прибыль» приводят к избыточной доходности, поскольку сами по себе высокие доходности и низкие мультипликаторы «цена/прибыль» могли бы оказаться вызванными высоким риском, связанным с инвестированием в эти акции. Другими словами, высокий риск есть обусловливающий фактор, который приводит к двум наблюдаемым явлениям: с одной стороны, к низким мультипликаторам «цена/прибыль», а с другой — к высокой

доходности. Понимание этого заставляет нас быть более осторожными при реализации стратегии покупки, в первую очередь акций с низкими мультипликаторами «цена/прибыль».

МЕНЕЕ СЕРЬЕЗНЫЕ НАРУШЕНИЯ, СПОСОБНЫЕ ВЫЗВАТЬ ПРОБЛЕМЫ

1. *Предубеждение выживания*. Большинство исследователей исходят из существующего множества публичных компаний и тестируют стратегии на исторических данных. Это может создать определенное предубеждение, поскольку автоматически исключает фирмы, переживавшие трудные времена в течение исследуемого периода, создавая тем самым отрицательные последствия для их доходности. Если инвестиционная схема особо чувствительна к выбору фирм, имеющих высокий риск банкротства, это может привести к переоценке доходности, приносимой этой схемой.

   Предположим, что инвестиционная схема рекомендует инвестирование в акции, по которым наблюдается значительная отрицательная доходность. При этом используется аргумент о том, что эти акции, скорее всего, принесут значительный выигрыш после восстановления. Некоторые из фирм в таком портфеле потерпят банкротство, а пренебрежение этими фирмами приведет к переоценке доходности, создаваемой этой стратегией.

2. *Пренебрежение транзакционными издержками*. Некоторые инвестиционные схемы являются более дорогостоящими, чем другие, из-за таких транзакционных издержек, как стоимость оформления сделок, разница между ценами продавца и покупателя, а также колебания цен (price impact). В полном тесте все эти факторы учитываются, до того как делается вывод об эффективности стратегии. Это легче сказать, чем осуществить, поскольку разные инвесторы будут нести различные издержки по сделкам, и при этом неясно, торговые издержки какого инвестора следует использовать в тесте. Большинство исследователей, игнорирующих транзакционные издержки, утверждают, что отдельные инвесторы могут сами решить вопрос — принимая во внимание возникающие у них издержки по сделкам, — оправдывает ли избыточная доходность инвестиционную стратегию.

3. *Пренебрежение трудностями при реализации*. Некоторые стратегии выглядят хорошо на бумаге, однако их трудно осуществить на практике либо вследствие трудностей при торговле, либо из-за того, что торговля приводит к колебаниям цен. Таким образом, стратегия

инвестирования в очень маленькие компании может, по всей вероятности, создавать избыточную доходность на бумаге, но в жизни она может не существовать из-за значительных колебаний цен.

ДОКАЗАТЕЛЬСТВА РЫНОЧНОЙ ЭФФЕКТИВНОСТИ

В этом разделе мы попытаемся осветить доказательства наличия рыночной эффективности, полученные благодаря проведенным исследованиям. Не претендуя на полноту освещения вопроса, мы разделили факты на четыре категории: анализ изменения цен и свойства временных рядов; исследование воздействия информационных сообщений на эффективность рынка; существование аномальной доходности среди фирм во времени; анализ эффективности действий инсайдеров, аналитиков и управляющих финансовыми ресурсами.

СВОЙСТВА ВРЕМЕННЫХ РЯДОВ ИЗМЕНЕНИЯ ЦЕН

Инвесторы использовали ценовые графики и ценовые модели в качестве инструментов для предсказания будущего движения цен на протяжении всей истории финансовых рынков. Таким образом, неудивительно, что первые исследования рыночной эффективности сосредотачивались на связи между изменениями цен во времени и пытались определить, возможны ли в действительности подобные предсказания. Некоторые из этих проверок были стимулированы применением теории случайных блужданий к теории ценовых изменений. При этом предполагалось, что цены меняются во времени случайным образом. Поскольку уже было проведено множество исследований свойств временных рядов ценовых изменений, результаты можно разбить на две категории: исследования, которые сосредоточивались на краткосрочном ценовом поведении (внутридневные, дневные, недельные движения цен), и исследования, посвященные долгосрочным ценовым движениям (месячные, годовые и многолетние).

Краткосрочные движения цен

Представление о том, что сегодняшнее движение цен дает информацию о завтрашнем поведении цен, глубоко укоренилось в умах большинства инвесторов. Существует несколько способов проверки этой гипотезы.

Сериальная корреляция. Сериальная корреляция измеряет корреляцию между изменениями цен в следующие друг за другом временные периоды (например, часовые, дневные или недельные) и служит показателем, в какой степени ценовые изменения в любой из периодов зависят от ценовых изменений в предшествующие периоды. Сериальная корреляция, равная нулю, свидетельствует об отсутствии корреляции между изменениями цен в следующих друг за другом периодах, что говорит против возможности предсказания будущих цен на основе прошлого. Положительная и статистически значимая сериальная корреляция свидетельствует о наличии ценового импульса на рынках и подтверждает, что доходность за определенный период времени, скорее всего, окажется положительной (отрицательной) величиной, если доходность предыдущего периода была положительной (отрицательной). Отрицательная и статистически значимая сериальная корреляция свидетельствует о противоположно направленном движении цен и соответствует рынку, где положительная доходность, по большей части, сменяется отрицательной доходностью, и наоборот.

С точки зрения инвестиционной стратегии сериальную корреляцию можно использовать, зарабатывая на избыточной доходности. В случае положительной сериальной корреляции следует покупать после периодов с положительной корреляцией и продавать после интервалов с отрицательной корреляцией. Отрицательная сериальная корреляция стимулирует стратегию покупки после периодов с отрицательной доходностью и стратегию продажи — после отрезков с положительной доходностью. Поскольку эти стратегии порождают транзакционные издержки, корреляция должна быть достаточно сильной, чтобы прибыль, полученная инвесторами, покрыла их издержки. Таким образом, очень может быть, что существует сериальная корреляция доходности, однако у большинства инвесторов нет возможности заработать избыточную доходность.

Самые ранние исследования сериальной корреляции, принадлежащие Александеру (Alexander, 1963), Кутнеру (Cootner, 1962) и Фаме (Fama, 1965), по большей части, посвящались анализу американских акций. Они приводили к выводу о том, что сериальная корреляция цен на акции незначительна. Например, Фама обнаружил, что 8 из 30 акций, содержащихся в индексе Dow, имели отрицательную сериальную корреляцию, и значение сериальной корреляции в основном не превышает 0,05. Другие исследования подтвердили эти выводы, не только применительно к акциям менее крупных американских фирм, но и в отношении других рынков. Например, Дженнергрен и Корсволд (Jennergren and Korsvold, 1974) обнаружили слабую сериальную корреляцию для шведского рынка акций, а Кутнер (Cootner, 1961) пришел к выводу о незначительной сериальной корреляции на товарной бирже. Хотя в некоторых случаях статистически значимая корреляция все же может наблюдаться, едва ли она достаточна для получения избыточной доходности.

Сериальная корреляция в отношении краткосрочной доходности подвержена влиянию ликвидности рынка, а также спреда между ценой продавца и покупателя. Не все входящие в индекс бумаги ликвидны, и в некоторых случаях акции не торгуются на рынке в течение рассматриваемого периода. Когда акция торгуется на предшествующем временном отрезке, возникшие ценовые колебания могут создать положительную сериальную корреляцию. Чтобы понять почему, предположим, что рынок сильно рос в день 1, однако в этот день три акции в индексе не торговались на рынке. Если эти акции будут торговаться в день 2, они, по всей вероятности, поднимутся в цене, чтобы отразить рост рынка в предыдущий день. В конечном итоге можно ожидать положительную сериальную корреляцию дневной или часовой доходности неликвидных рыночных индексов.

Спред между ценами продавца и покупателя создает предубеждение, действующее в противоположном направлении, если для вычисления доходности используются цены сделок, поскольку ценовое движение имеет равные шансы завершиться по цене как продавца, так и покупателя. Скачки, являющиеся следствием существования в реальности разницы между ценами продавца и покупателя (бид/аск спред), способны привести к отрицательной сериальной корреляции в доходности. Ролл (Roll, 1984) предложил простую меру для этого соотношения:

$$\text{Бид / аск спред} = -\sqrt{2(\text{сериальная ковариация в доходности})},$$

где сериальная ковариация в доходности измеряет ковариацию между изменениями в доходности в следующих друг за другом временных периодах. На кратких интервалах эффект влияния бид/аск спреда, учтенного в сериальной корреляции, способен доминировать и создавать ошибочное мнение о том, что изменения цены в следующие друг за другом периоды имеют отрицательную корреляцию.

Правило фильтра. При использовании правила фильтра инвестор покупает инвестиционный инструмент, если цена возросла на X% относительно предыдущего минимума, и держит его, пока цена не упадет на X% от ранее достигнутого максимума. Величина изменения (X%), которая заставляет принимать то или иное торговое решение, может разниться от одного правила фильтра к другому. При этом чем меньше изменения, тем больше происходит связанных с ними транзакций за период и тем выше транзакционные издержки. Рисунок 6.1 демонстрирует обычное правило фильтра.

Данная стратегия основывается на предположении, что изменения цен характеризуются сериальной корреляцией и существует ценовой импульс (т. е. цены акций, которые пережили резкий рост в прошлом, скорее будут идти вверх, чем вниз). Таблица 6.1 обобщает результаты исследований (Fama and Blume, 1966; Jensen and Bennington, 1970), посвященных доходности (с учетом и без учета транзакционных издержек), а также торговым стратегиям, основанным на правилах фильтра (от 0,5 до 20%). Правило 0,5% предполагает, что акция покупается, когда ее цена поднимается на 0,5% от предыдущего минимума, и продается, когда цена опускается на 0,5% от предыдущего максимума.

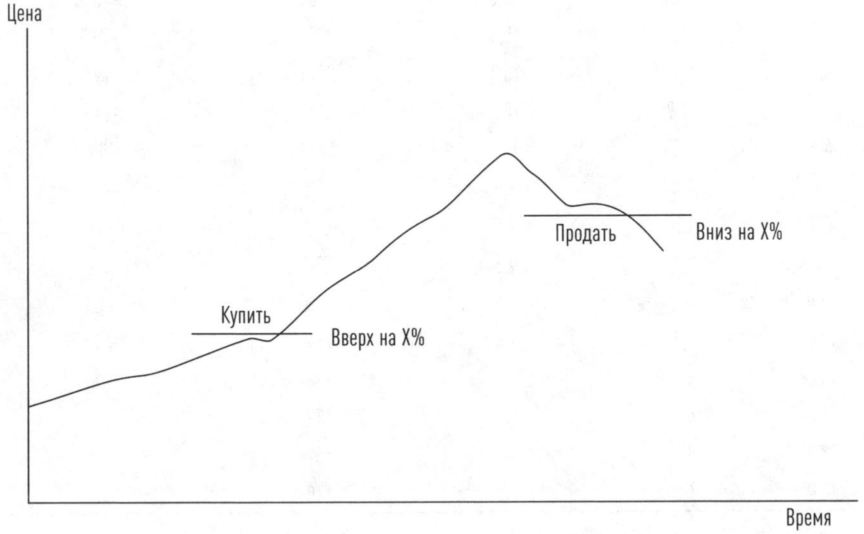

Рисунок 6.1. *Правило фильтра*

Единственным правилом фильтра, которое приносит больший доход, чем стратегия «купить и держать» (buy-and-hold), является правило 0,5%, но оно справедливо лишь без учета транзакционных издержек. Данная стратегия порождает 12 514 торговых сделок за период, эти сделки приводят к операционным затратам, достаточным для потери основного капитала, вложенного инвестором. Хотя этот тест устарел, он также иллюстрирует основную проблему, связанную со стратегиями, которые требуют совершения частых краткосрочных торговых сделок. Данные стратегии могут принести избыточную доходность без учета транзакционных издержек, но поправка на них способна уничтожить любую избыточную доходность.

Одним из популярных среди инвесторов индикаторов (который представляет собой вариант правила фильтра) является индекс относительной силы; он выражается отношением недавних цен на акции или другие инвестиции к другим средним ценам за рассматриваемый период (скажем, 6 месяцев) или к цене в начале оцениваемого периода. Акции с высоким индексом относительной силы рассматриваются как удачные инвестиции. Данная инвестиционная стратегия также основывается на предположении о ценовом импульсе.

Таблица 6.1. *Доходность стратегий, основанных на правиле фильтра*

Значение X (%)	Доходность стратегии (%)	Доходность стратегии «купить и держать» (%)	Число транзакций в стратегии	Доходность после учета транзакционных издержек (%)
0,5	11,5	10,4	12 514	–103,6
1,0	5,5	10,3	8660	–74,9
2,0	0,2	10,3	4764	–45,2
3,0	–1,7	10,1	2994	–30,5
4,0	0,1	10,1	2013	–19,5
5,0	–1,9	10,0	1484	–16,6
6,0	1,3	9,7	1071	–9,4
7,0	0,8	9,6	828	–7,4
8,0	1,7	9,6	653	–5,0
9,0	1,9	9,6	539	–3,6
10,0	3,0	9,6	435	–1,4
12,0	5,3	9,4	289	2,3
14,0	3,9	10,3	224	1,4
16,0	4,2	10,3	172	2,3
18,0	3,6	10,0	139	2,0
20,0	4,3	9,8	110	3,0

Источники: Fama and Blume (1966); Jensen and Bennington (1970).

Тест направленности. Тест направленности, или тест серий, является непараметрической дисперсией сериальной корреляции, которая основывается на подсчете числа серий (т. е. последовательностей повышений и понижений цены), наблюдаемых при ценовых колебаниях. Так, временные ряды ценовых колебаний, где U означает движение цены вверх, а D — движение вниз, будут состоять из следующих серий:

UUU DD U DDD UU DD U D UU DD U DD UUU DD UU D UU D

В этом ценовом ряду из 33 периодов содержится 18 серий. Фактическое число серий в ценовом ряду сравнивается с количеством, которое можно ожидать в ряду такой же длины, предполагая случайность колебания цен[1]. Если фактическое число серий превышает их ожидаемое количество, то это свидетельствует об отрицательной корреляции ценовых колебаний. Если меньше, то говорит в пользу существования положительной корреляции. Исследование ценовых колебаний 30 акций, входящих в индекс Dow, проведенное в 1996 г. Нидерхоффером и Осборном на одно-, четырех-, де-

[1] Существуют статистические таблицы, в которых представлено ожидаемое число серий в рядах любой длины на основе предположения о случайности ценовых колебаний.

вяти- и шестнадцатидневных отрезках достигнутой доходности, — дало следующие результаты:

	Дифференцированные интервалы			
	1-дневный	*4-дневный*	*9-дневный*	*16-дневный*
Фактический процесс	735,1	175,7	74,6	41,6
Ожидаемый процесс	759,8	175,8	75,3	41,7

На основе этих результатов можно сделать вывод о положительной корреляции, наблюдаемой в дневной доходности, но не существует никаких свидетельств наличия отклонений от нормы на более продолжительных отрезках времени.

Опять же, хотя данные исследования устарели, они хорошо иллюстрируют точку зрения, которая утверждает, что протяженные ряды положительных и отрицательных колебаний сами по себе недостаточно доказывают отсутствие случайности в движениях рынка, поскольку такое поведение сочетается с ценовыми колебаниями, возникающими на случайной основе. Именно повторяемость этих рядов можно привести в качестве свидетельства против случайности поведения цен.

Долгосрочные ценовые движения

В то время как большинство ранних исследований поведения цен фокусировалось на доходности в более кратких интервалах, в последние годы больше внимания уделялось ценовым колебаниям на более длительных периодах (от одного года до пяти лет). Здесь существует интересная двойственность результатов. Когда в качестве «длительного срока» выбран месяц, а не год, то, по-видимому, существует тенденция, формирующая положительную сериальную корреляцию или ценовой импульс. Однако когда в качестве «длительного срока» выбраны годы, существует отрицательная корреляция в доходности, что приводит к предположению об изменении рыночной тенденции на длительных промежутках времени.

Недельный и месячный ценовой импульс

В предыдущем разделе мы отметили, что существование краткосрочных ценовых моделей подтверждается слабо, и что цены в течение очень коротких периодов (минуты или часы) зависят скорее от структуры рынка (ликвидности, бид/аск спред), а не от неэффективности. Мы также сказали о том, что, хотя игроков на этих краткосрочных движениях цен великое множество, мало кто из них может похвастаться стабильными успехами. При увеличении периодов с минут до дней и с дней до недель начинают появляться признаки ценового импульса. Иначе говоря, акции, которые росли последние несколько недель или месяцев, склонны превосходить рынок и в ближайшие недели или месяцы, а акции, которые падали последние несколько недель или месяцев, склонны слабеть еще несколько недель или месяцев.

Джегадиш и Титман (Jegadeesh and Titman, 1993, 2001) представили свидетельство существования того, что они назвали импульсом цен акций, на протяжении периода продолжительностью до восьми месяцев — акции, которые росли последние шесть месяцев, имели тенденцию продолжать рост, а акции, которые падали последние шесть месяцев, демонстрировали тенденцию снижаться и дальше. Эффект импульса не менее силен и на европейских рынках, хотя на развивающихся рынках он не так заметен. Чем он обусловлен? Одним из потенциальных объяснений является то, что взаимные фонды намного охотнее покупают прошлых победителей и сбрасывают проигравших, способствуя сохранению тенденции.

Годовой или многолетний разворот цен

Когда продолжительность долгосрочного периода измеряется годами, доходности демонстрируют отрицательную корреляцию, свидетельствуя о том, что рынки разворачиваются на очень больших отрезках времени. Фама и Френч (Fama and French, 1988) исследовали пятилетнюю доходность акций с 1941 по 1985 г. и представили свидетельства, подтверждающие это явление. Они обнаружили, что сериальная корреляция принимает отрицательные значения в отношении пятилетней доходности в большей степени, чем при исследовании однолетней доходности. Причем она принимает куда большие отрицательные значения для акций малых фирм, чем для акций крупных компаний. На рисунке 6.2 представлено изменение однолетней и пятилетней сериальной корреляции в зависимости от размера фирм, чьи акции торгуются на Нью-Йоркской фондовой бирже.

Поскольку существуют доказательства, что цены разворачиваются в долгосрочной перспективе, возникает вопрос, могут ли инвесторы использовать эти ценовые развороты для получения прибыли. Чтобы изолировать воздействие подобных разворотов цен на экстремальные портфели, ДеБондт и Талер сконструировали портфель победителя из 35 акций, стоимость которого росла на протяжении большей части прошлого года, а также портфель неудачника из 35 акций, чья стоимость уменьшалась на протяжении большей части прошлого года. Исследования охватили каждый год в интервале 1933–1978 гг., а доходности этих портфелей отслеживались на протяжении 60 месяцев после их создания. На рисунке 6.3

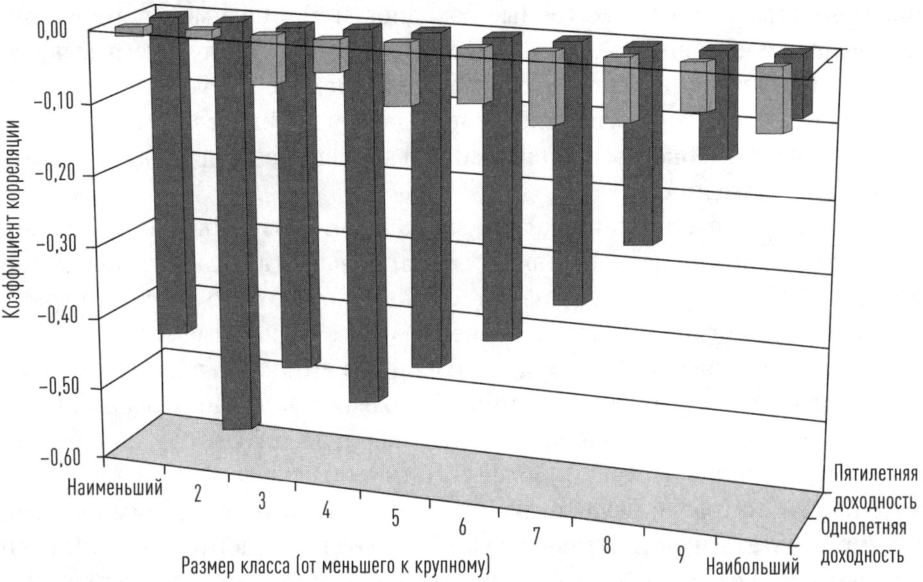

Рисунок 6.2. *Сериальная корреляция в доходности акций*

Источник: Fama and French (1988).

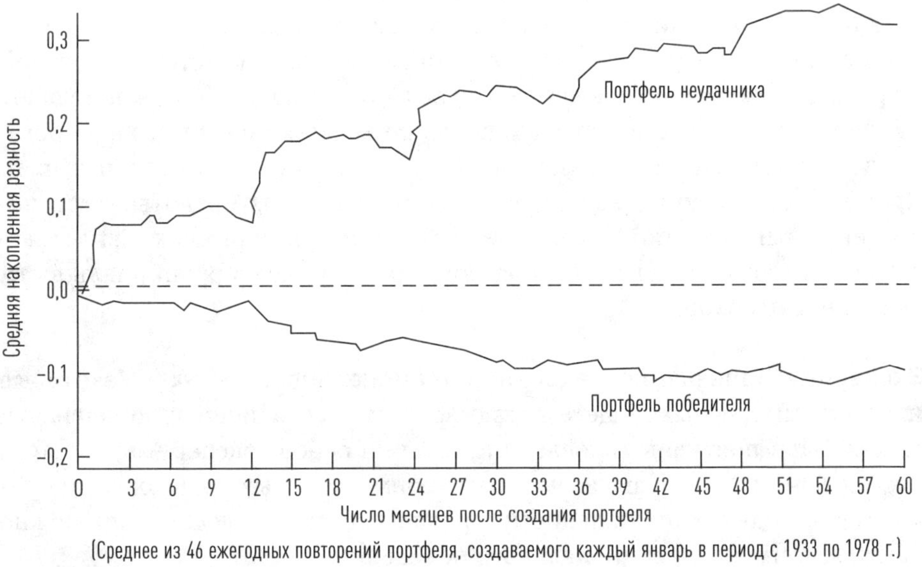

Рисунок 6.3. *Избыточная доходность, создаваемая портфелями победителя и неудачника*

Источник: DeBondt and Thaler (1985).

продемонстрированы избыточные доходности, приносимые портфелями победителя и неудачника. Данный анализ приводит к следующему выводу: в течение 60 месяцев, следующих за созданием портфелей, показатели неудачника очевидно превосходили показатели победителя. Этот факт согласуется с чрезмерной реакцией рынка и коррекцией в продолжительных интервалах доходности.

Многие ученые и практики утверждают, что эти выводы, возможно, и интересны, но они переоценивают потенциальную доходность портфелей неудачников. Например, портфели неудачников, скорее всего, содержат недорогие акции (продающиеся менее чем за $5), которые создают высокие транзакционные издержки и с высокой вероятностью приносят сильно смещенную доходность (т. е. избыточная доходность связана с несколькими видами акций, обеспечивающих феноменальную доходность, а не со стабильной результативностью). Более того, значительную часть избыточной доходности портфеля неудачника можно приписать недорогим акциям, и эти результаты чувствительны к моменту создания портфеля. Портфели неудачника, создаваемые каждый декабрь, обеспечивают значительно более высокую доходность, чем портфели, создаваемые каждый июнь.

Спекулятивные пузыри, крахи и паника

Историки, исследующие поведение финансовых рынков во времени, поставили под сомнение предположение о рациональности, лежащее в основе теории эффективных рынков. Они указывают на частоту, с которой на рынках возникают спекулятивные пузыри, когда инвесторы покупают из чистой прихоти или соблазнившись возможностью «быстрого обогащения», а также на крахи, завершающие существование этих пузырей. Кроме того, они утверждают, что ничто не в силах предотвратить повторение этих явлений на современных финансовых рынках. Свидетельства тому можно найти в литературе, посвященной иррациональности рыночных игроков.

Экспериментальные исследования рациональности рынка. Некоторые из самых интересных свидетельств и эффективности, и иррациональности рынка были получены в последние годы на основе экспериментальных исследований. Хотя бóльшая часть экспериментальных исследований приводит к выводу о рациональности торговцев, в этих исследованиях можно найти и примеры иррационального поведения.

Одно из таких исследований было проведено в Аризонском университете. В экспериментальном исследовании трейдерам было сказано: выплаты будут объявляться после каждого торгового дня: случайным образом на основе выбора из четырех вариантов — 0, 8, 28 или 60 центов. Средняя выплата была равна 24 центам. Таким образом, ожидаемая стоимость акции в первый торговый день 15-дневного эксперимента составляла $3,60 (24 цента по 15 раз), во второй день — $3,36 и т. д. Трейдеры имеют право торговать каждый день. Результаты 60 экспериментов при подобных условиях показаны на рисунке 6.4.

Существует очевидное свидетельство возникновения спекулятивного пузыря, формирующегося в интервале между периодами 3 и 5, когда цены превышают ожидаемую стоимость на значительную величину. Пузырь в конечном итоге лопается, и цены к концу периода приближаются к ожидаемой стоимости. Если неправильная оценка устранима на простых рынках, где каждый инвестор получает одинаковую информацию, она со всей очевидностью может быть исправлена и на реальных финансовых рынках, где информация куда более дифференцирована, и существует значительно больше неопределенности относительно ожидаемой стоимости.

Следует отметить, что часть экспериментов была проведена со студентами, а другая часть — с бизнесменами из компании Tucson, обладающими опытом работы в реальном мире. Результаты, показанные в обеих группах, оказались аналогичными. Более того, когда был установлен предел изменения цен, равный 15 центам, бум продолжался даже дольше, поскольку трейдеры знали, что цена не упадет более чем на 15% за период. Таким образом, представление о том, что ценовые пределы способны предотвратить возникновение спекулятивных пузырей, похоже, ошибочно.

Рисунок 6.4. *Торговая цена в различные торговые дни*

Поведенческие финансы. Иррациональность, иногда проявляемая инвесторами, породила целую область финансовой теории, называемую «поведенческими финансами». На основе свидетельств, собранных экспериментальной психологией, исследователи пытались моделировать реакцию инвесторов на информацию, а также предсказывать масштаб последующего изменения цен. Решение первой задачи оказалось значительно более успешным делом, чем второй. Например, факты говорят о следующем.

- Инвесторы не любят признавать своих ошибок. Следовательно, они, как правило, держатся за акции, курс которых падает на протяжении слишком длительного периода времени, или в некоторых случаях даже удваивают свои ставки (инвестиции), когда акции теряют в стоимости.

ПОВЕДЕНЧЕСКИЕ ФИНАНСЫ И ОЦЕНКА

В 1999 г. Роберт Шиллер (Robert Shiller) вызвал шумиху в академических и инвестиционных кругах своей книгой под названием «Иррациональный оптимизм» (Irrational Exuberance, 1999). Он заявил, что инвесторы зачастую не просто иррациональны, а иррациональны предсказуемым образом, поскольку они чрезмерно реагируют на определенную информацию и совершают покупки и продажи под влиянием толпы. Его работа внесла значительный теоретический и практический вклад в растущую теорию поведенческих финансов, которая возникла на стыке психологии, статистики и финансов.

Хотя доказательства иррациональности инвесторов достаточно сильны, практические выводы для целей оценки не столь основательны. Можно рассмотреть оценку через дисконтирование денежных потоков в качестве антитезиса поведенческих финансов, поскольку данная методика предполагает, что стоимость актива — это приведенная стоимость ожидаемых денежных потоков, приходящихся на этот актив. В этом контексте есть два способа рассмотрения находок в поведенческих финансах:

1. Иррациональное поведение может объяснить, почему цены способны отклоняться от истинной стоимости (оцененной по модели дисконтированных денежных потоков). Следовательно, оно обеспечивает фундамент для избыточной доходности, получаемой рациональными инвесторами, которые основывают свои решения на вычисленной по модели стоимости. Здесь присутствует неявное предположение о том, что рынки по итогу признают иррациональность и скорректируют себя сами.
2. Иррациональное поведение также может объяснить, почему стоимость, полученная по модели дисконтированных денежных потоков, может отклоняться от сравнительной стоимости (оцененной при помощи мультипликаторов). Поскольку относительная стоимость определяется на основе анализа того, каким образом рынок назначает цены на аналогичные активы, существующее иррациональное поведение окажет свое влияние на стоимость актива.

- Больший объем информации не всегда ведет к лучшим инвестиционным решениям. По-видимому, инвесторы страдают как от переизбытка информации, так и от склонности реагировать на последнее сообщение. Это приводит к инвестиционным решениям, понижающим доходность в долгосрочном периоде.

Если поведение инвесторов столь очевидно, то возникает вопрос, почему так противоречивы предсказания, вытекающие из моделей? Вероятно, ответ кроется в том, что любая модель, которую пытаются применить для предсказания фобий и иррационального поведения, по своей природе едва ли остается стабильной. Поведенческие финансы в лучшем случае могут объяснить, почему и насколько цены акций отклоняются от истинной стоимости, но их роль в разработке инвестиционной стратегии остается под вопросом.

РЕАКЦИЯ РЫНКА НА ИНФОРМАЦИОННЫЕ СОБЫТИЯ

Одной из самых мощных проверок наличия рыночной эффективности является событийный анализ, когда свидетельства неэффективности пытаются обнаружить при анализе реакции рынка на информационные события (такие, как объявления о доходах или слиянии). Хотя реакция рынка на новую информацию совместима с эффективностью рынка, она должна быть немедленной и непредвзятой. Это положение представлено на рисунке 6.5, где сравниваются три различные реакции рынка на обнародование информации.

Из трех вариантов реакции рынка, представленных здесь, только первый совместим с эффективным рынком. Во втором варианте обнародование информации приводит к постепенному росту цен, что позволяет инвесторам заработать избыточную доходность после обнародования информации. Это медленно обучающийся рынок, где некоторые инвесторы зарабатывают избыточную доходность на сдвиге цен (price drift). В третьем

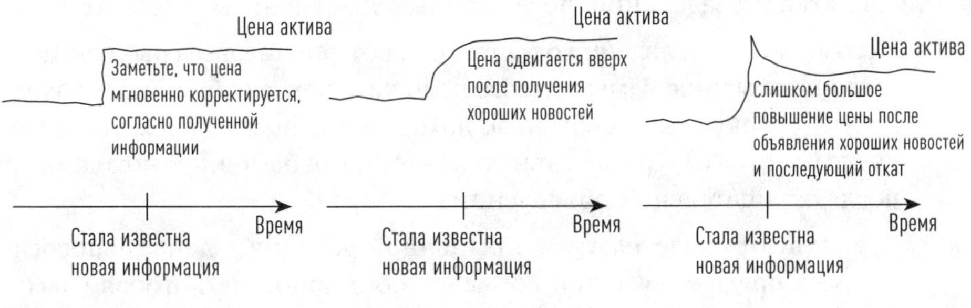

Рисунок 6.5. *Информация и корректировка цены*

варианте цена постоянно откликается на появление новой информации, но корректирует себя в течение последующих дней, предполагая чрезмерность реакции на информацию, проявившуюся в первоначальных изменениях цены. Опять же активный инвестор мог бы совершить продажу сразу после объявления и, по всей вероятности, заработать избыточную доходность благодаря ценовой коррекции.

Объявление прибыли

Когда фирмы объявляют о прибыли, они поставляют на финансовые рынки информацию о текущих и будущих перспективах. Важность информации и масштаб реакции рынка, по-видимому, зависят от того, насколько отчет о прибыли превзошел ожидания инвесторов или разочаровал их. На эффективном рынке реакция на отчет о прибыли должна быть мгновенной, если он содержит неожиданную информацию, и цены должны повыситься вследствие благоприятных новостей или понизиться в результате опубликования неблагоприятных данных.

Поскольку фактические прибыли сравниваются с ожиданиями инвесторов, одним из ключевых моментов событийного анализа в отношении отчета о прибыли является измерение этих ожиданий. В некоторых ранних исследованиях использовались прибыли за соответствующий квартал прошлого года в качестве меры для оценки ожидаемой в будущем прибыли (т. е. фирмы, которые объявляют о повышении прибыли по сравнению с кварталом прошлого года, создают «положительную новость», а фирмы, объявляющие о понижении прибыли по сравнению с кварталом прошлого года, создают «отрицательную новость»). В более поздних исследованиях оценки прибыли аналитиками использовались в качестве основы для определения ожидаемой прибыли, которая потом сравнивалась с фактической прибылью.

На рисунке 6.6 представлен график реакции цен на новости о прибыли, разделенные на четыре класса по своей важности: от «самых негативных» отчетов о прибыли (группа 1) до «самых позитивных» (группа 10). Выводы, вытекающие из этих графиков, совместимы с результатами, полученными в большинстве исследований, посвященных объявлениям о прибыли.

- Несомненно, объявления о прибыли дают финансовым рынкам ценную информацию. Имеют место положительные избыточные доходности (совокупные необычные доходности) после положительных уведомлений и отрицательные значения избыточной доходности после отрицательных объявлений.
- Существуют свидетельства о рыночной реакции в день, непосредственно предшествующий объявлению о прибыли, которая совместима с природой сообщений (т. е. цены, как правило, идут вверх

в день, предшествующий положительному объявлению, и вниз — в день, предшествующий отрицательному объявлению). Это можно рассматривать как свидетельство инсайдерской торговли, утечки информации или неправильной идентификации даты уведомления[1].

- Существуют свидетельства (хотя и слабые) сдвига цен в день, следующий за датой объявления. Таким образом, положительный отчет вызывает положительную реакцию рынка на дату объявления, и имеет место небольшой положительный доход в дни, следующие за обнародованием прибыли. Аналогичные выводы можно сделать в отношении отрицательных отчетов о прибыли.

Менеджмент фирмы обладает определенной свободой действий при выборе времени появления отчетов о прибыли, и существуют свидетельства того, что выбор времени влияет на ожидаемые прибыли. Исследование Дамодарана (1989), посвященное отчетам о прибыли, классифицированным согласно дню недели, в который появилось уведомление о прибыли, показывает, что объявления о прибыли и дивидендах, обнародованные в пятницу, с гораздо большей вероятностью содержат негативную информацию, чем объявления, выпущенные в другие дни недели. Это показано на рисунке 6.7.

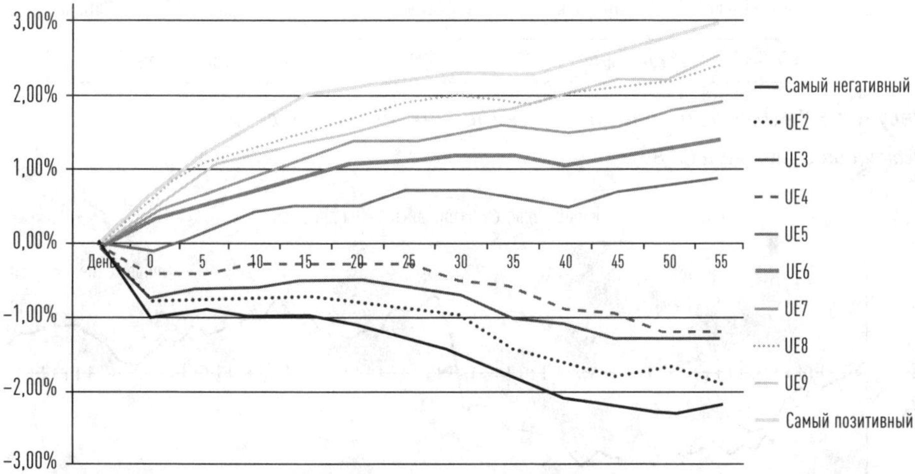

Рисунок 6.6. *Реакция цены на квартальный отчет о прибыли: американские компании в период 1988–2002 гг.*

Источник: Updated version of Rendelman, Jones and Latrane (1982).

---

[1] *Wall Street Journal* часто используется в качестве источника информации о дате объявления прибыли. В отношении некоторых фирм известия об объявлении могут в действительности попасть в сводки новостей еще до его публикации в *Wall Street Journal*, что приведет к неправильной идентификации даты отчета и сдвигу в доходности за день до уведомления.

Кроме того, существуют свидетельства, представленные Чамбером и Пенманом (Chamber and Penman, 1984), что объявления о прибыли, опубликованные позднее запланированной даты, с гораздо большей вероятностью содержат негативную информацию, чем объявления, появившиеся раньше или вовремя. Это отображено на рисунке 6.8, где

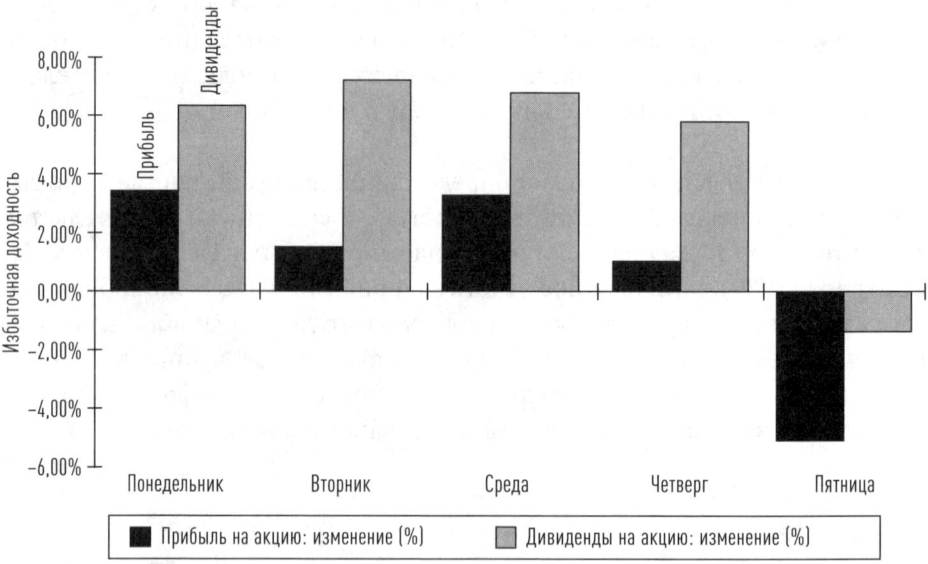

Рисунок 6.7. *Отчеты о прибыли и дивидендах по дням недели*

Источник: Damodaran (1989).

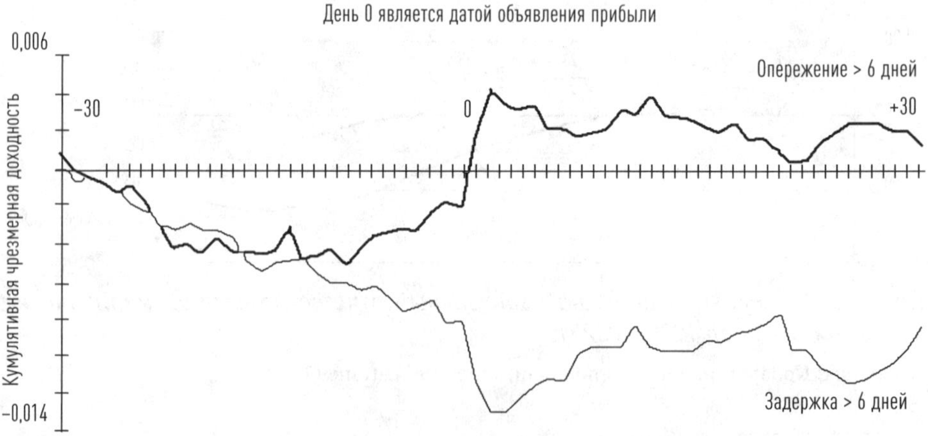

* Здесь и на ряде других рисунков сохранилась американская система обозначения дробных чисел на осях.

Рисунок 6.8. *Кумулятивная чрезмерная (анормальная) доходность и задержка объявления о прибыли*

Источник: Chambers and Penman (1984).

видно, что объявления, появившиеся на шесть дней позднее ожидаемой даты, с гораздо большей вероятностью содержат плохие новости и вызывают негативную реакцию рынка, чем объявления о прибыли, обнародованные раньше или вовремя.

Объявления об инвестициях и проектах

Фирмы часто объявляют о своих намерениях инвестировать ресурсы в проекты, а также в НИОКР. Существуют свидетельства, что финансовые рынки откликаются на уведомления подобного рода. На вопрос о том, учитывают ли рынки долгосрочную или краткосрочную перспективу, можно частично ответить, основываясь на анализе реакции рынка. Если финансовые рынки настолько краткосрочны, как считают эксперты, то они должны реагировать негативно на объявления фирмы о своих планах по инвестированию в НИОКР. Факты же говорят об обратном. В таблице 6.2 представлены реакции рынка на различные классы объявлений об инвестициях, сделанных фирмой.

Эта таблица не включает самые крупные инвестиции, производимые фирмами, т. е. поглощения других фирм. В данном случае свидетельства не столь благоприятны. Примерно в 55% всех поглощений цены акций приобретающей фирмы падают при объявлении о поглощении, показывая веру рынка в то, что фирмы, как правило, переплачивают при поглощении.

Таблица 6.2. *Реакция рынка на объявления об инвестициях*

	Чрезмерная доходность	
Характер уведомления	**в день уведомления (%)**	**в месяц уведомления (%)**
Образование совместного предприятия	0,399	1,412
Затраты на НИОКР	0,251	1,456
Стратегии относительно продуктов	0,440	–0,35
Капитальные затраты	0,290	1,499
Все уведомления	0,355	0,984

Источник: Chan, Martin and Kensinger (1990); McConnell and Muscarella (1985).

РЫНОЧНЫЕ АНОМАЛИИ

Merriam-Webster Collegiate Dictionary определяет аномалию как «отклонение от обычного правила». Исследования эффективности рынка позволили обнаружить множество примеров рыночного поведения, которые несовместимы с существующими моделями риска и доходности и часто не поддаются рациональным объяснениям. Живучесть подобных поведенческих моделей подсказывает, что проблема (по крайней мере, некоторых аномалий) лежит в моделях риска и доходности, а не в поведении финансовых рынков. В следующем разделе описываются некоторые из наиболее часто наблюдаемых аномалий на финансовых рынках Соединенных Штатов и других стран.

Аномалии, основанные на характеристиках фирмы

Есть несколько видов аномалий, обусловленных наблюдаемыми характеристиками фирм, включая рыночную стоимость собственного капитала, мультипликаторы «цена/прибыль» и «цена/балансовая стоимость».

Эффект небольших фирм. Исследования, аналогичные тем, что были проведены Банцем (Banz, 1981) и Кеймом (Keim, 1983), показали, что небольшие фирмы добиваются более высокой доходности (в сопоставлении с рыночной стоимостью собственного капитала), чем более крупные фирмы с аналогичным риском (при этом риск выражается при помощи рыночного коэффициента бета). На рисунке 6.9 содержится информация о доходности акций, разбитых на 10 классов согласно их рыночной стоимости за период 1927–2010 гг.

Размер премии за инвестирование в акции небольшой фирмы хотя и варьировал во времени, как правило, оставался положительным. Он был самым высоким в течение 1970-х и в начале 1980-х гг. и самым низким — в течение 1990-х, пока не восстановился в середине последнего десятилетия. Стабильность этой премии имеет несколько возможных объяснений.

1. Транзакционные издержки инвестирования в акции небольших фирм существенно выше, чем транзакционные затраты от инвестирования в акции более крупных фирм, а премии оцениваются без учета этих издержек. Хотя, как правило, все так и есть, разница в транзакционных издержках едва ли может объяснить значительность премии на протяжении всех временных периодов, к тому же она становится существенно менее важной для более длительных инвестиционных перспектив. Трудности воспроизведения премий небольших фирм, наблюдаемые в исследованиях в реальном времени, продемонстрированы на рисунке 6.10, где сравнивается доходность гипотетического портфеля малых фирм (CRSP Small Stocks) с фактической доходностью инвестирования во взаимный фонд малых фирм (DFA Small Stock Fund), который придерживается стратегии пассивного инвестирования в акции малых фирм.

2. Возможно, модель оценки капитальных активов не столь уж подходит для оценки риска, и коэффициенты бета занижают реальный риск акций небольших фирм. Таким образом, премия малых фирм в действительности оказывается мерой трудностей, связанных с оценкой коэффициента бета и риска. Дополнительный риск, связанный с акциями малых фирм, может возникать из нескольких источников. Во-первых, риск оценки, обусловленный оценкой коэффициента бета для малых фирм, гораздо выше, чем риск оценки, связанный с оцен-

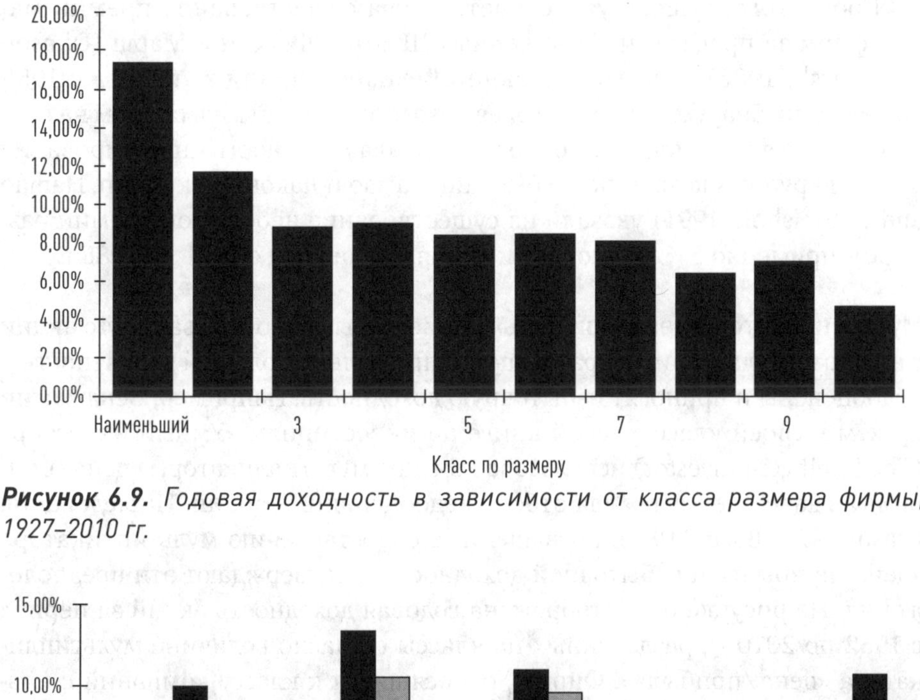

Рисунок 6.9. *Годовая доходность в зависимости от класса размера фирмы, 1927–2010 гг.*

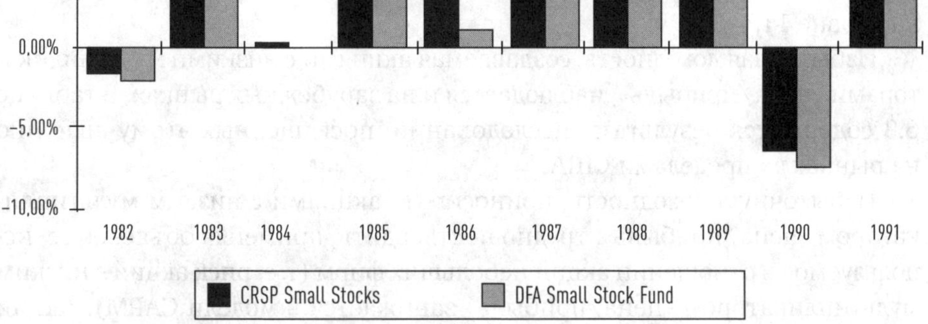

Рисунок 6.10. *Доходность портфеля CRSP Small Stocks и DFA Small Stock Fund*

кой коэффициента бета более крупных фирм. Премию малых фирм можно рассматривать как награду за принятие этого дополнительного оценочного риска. Во-вторых, дополнительный риск может возникнуть при инвестировании в акции малых фирм, поскольку в отношении подобных акций доступно гораздо меньше информации. В действительности исследования показали, что акции, которыми пренебрегают аналитики и институциональные инвесторы, обеспечивают избыточную доходность, сходную с премией малых фирм.

Кроме того, существуют свидетельства существования премии малых фирм за пределами Соединенных Штатов. Димсон и Марш (Dimson and Marsh, 1986) исследовали акции Великобритании за период с 1955 по 1984 г. и обнаружили, что годовая доходность акций малых фирм на протяжении всего периода ежегодно превышала доходность инвестирования в акции крупных компаний на 6%. Чан, Хамао и Лаконишок (Chan, Hamao and Lakonishok, 1991) указали на существование небольшой премии размером примерно 5% по японским акциям за период с 1971 по 1988 г.

Мультипликатор «цена/прибыль». Инвесторы давно доказали, что акции с низкими мультипликаторами «цена/прибыль» с большей вероятностью недооценены и приносят избыточную доходность. Например, Бенджамин Грэхем в своей классической книге по инвестициям «Умный инвестор» (The Intelligent Investor) использовал низкие мультипликаторы «цена/прибыль» в качестве «сита» для отбора недооцененных акций. Исследования (Basu, 1977; Basu, 1983), посвященные сопоставлению мультипликатора «цена/прибыль» и избыточной доходности, подтверждают эти предположения. На рисунке 6.11 отображена годовая доходность акций за период с 1952 по 2010 г., разделенных на классы согласно величине мультипликатора «цена/прибыль». Фирмы, относящиеся к классу компаний с низкими мультипликаторами, приносят среднюю доходность, равную 18,9%, в течение исследованного периода, в то время как фирмы с наивысшими мультипликаторами «цена/прибыль» обеспечивают среднюю доходность на уровне 11,4%.

Избыточная доходность, создаваемая акциями с низкими мультипликаторами «цена/прибыль», наблюдается и на зарубежных рынках. В таблице 6.3 содержатся результаты исследований, посвященных этому явлению на рынках за пределами США.

Избыточную доходность, приносимую акциями с низким мультипликатором «цена/прибыль», трудно подтвердить, применяя объяснение, используемое в отношении акций небольших фирм (т. е. риск акций с низким мультипликатором «цена/прибыль» занижается в модели CAPM). Акции с низким мультипликатором «цена/прибыль», как правило, принадлежат

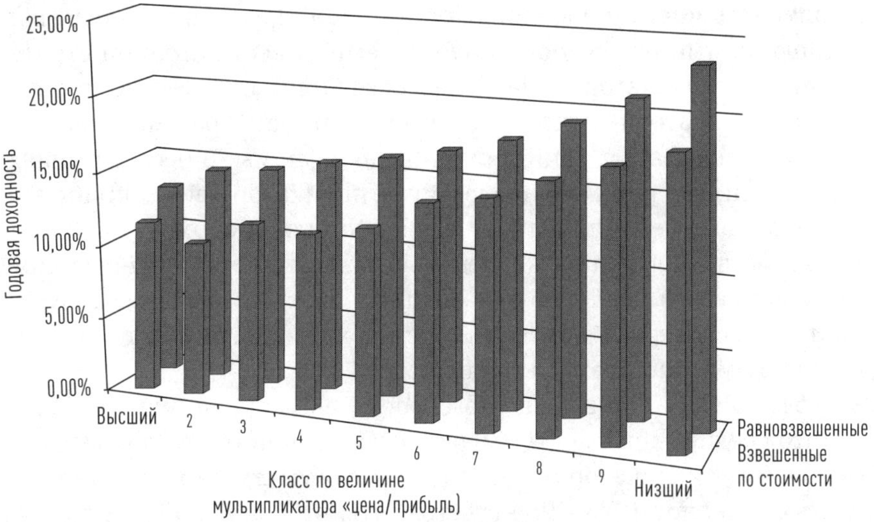

Рисунок 6.11. *Годовая доходность, классифицированная по мультипликатору «цена/прибыль», 1952–2010 гг.*

фирмам с низкими темпами роста, имеющим большой размер, отличающимся устойчивостью бизнеса, которые работают скорее над сокращением риска, чем над его повышением. Единственно возможное объяснение этому явлению, совместимое с эффективным рынком, состоит в том, что низкие мультипликаторы «цена/прибыль» обеспечивают высокие дивиденды, которые создали бы повышенную налоговую нагрузку, поскольку дивиденды облагаются по более высоким ставкам.

Таблица 6.3. *Избыточная доходность акций с низкими мультипликаторами «цена/прибыль» в различных странах, 1989–1994 гг.*

Страна	Годовая премия, создаваемая акциями с низкими мультипликаторами «цена/прибыль» (нижний квинтиль) (%)
Австралия	3,03
Великобритания	2,40
Германия	1,06
Гонконг	6,60
Италия	14,16
Франция	6,40
Швейцария	9,02
Япония	7,30

Годовая премия: Премия, создаваемая индексом, составленным как равновзвешенная совокупность акций за период с 1 января 1989 г. по 31 декабря 1994 г. Данные получены из обзора Merrill Lynch Survey of Proprietary Indices.

Мультипликатор «цена/балансовая стоимость». Другой показатель, широко используемый при выборе инвесторами инвестиционной стратегии, — это мультипликатор «цена/балансовая стоимость». Невысокие значения мультипликатора «цена/балансовая стоимость» рассматриваются как надежный показатель заниженной оценки фирмы. В исследованиях, сходных с теми, где рассматривался мультипликатор «цена/прибыль», была изучена связь между доходностью и мультипликатором «цена/балансовая стоимость». Довольно ожидаемым результатом стало обнаружение отрицательной связи между ними — акции с низкими значениями мультипликатора обеспечивают более высокую доходность, чем акции с высокими значениями данного мультипликатора.

Розенберг, Рейд и Ланштейн (Rosenberg, Reid and Lanstein, 1985) выяснили, что средняя доходность американских акций имеет положительную связь с мультипликатором «балансовая стоимость фирмы/рыночная стоимость». В период 1973–1984 гг. стратегия отбора акций с высокими мультипликаторами «балансовая стоимость/цена» (низкое значение соотношения «цена/балансовая стоимость») обеспечивала избыточную доходность в 36 пунктов за месяц. Фама и Френч (Fama and French, 1992) при изучении структуры ожидаемой доходности на акции за период 1963–1990 гг. установили, что положительная связь между мультипликатором «балансовая стоимость/цена» и средней доходностью выявляется как при помощи одномерных, так и многомерных тестов. Причем данная связь даже сильнее, чем влияние размера, объясняющего доходность. Когда исследователи разбивали фирмы по критерию мультипликатора «балансовая стоимость/цена» на 12 портфелей, фирмы в категории с самыми низкими значениями (самыми высокими мультипликаторами «цена/балансовая стоимость») добивались среднемесячной доходности в 0,3%. В то же время фирмы из класса с самыми высокими мультипликаторами «балансовая стоимость/цена» (самые низкие мультипликаторы «цена/балансовая стоимость») добивались среднемесячной доходности, равной 1,83%, за период 1963–1990 гг.

Чан, Хамао и Лаконишок (Chan, Hamao and Lakonishok, 1991) обнаружили, что мультипликатор «балансовая стоимость/рыночная стоимость» играет важную роль при объяснении структуры средней избыточной доходности японских акций. Капол, Роули и Шарп (Capaul, Rowley and Sharpe, 1993) проанализировали мультипликаторы «цена/балансовая стоимость» на других международных рынках и заключили, что недооцененные акции (value stocks) (т. е. акции с низкими мультипликаторами «цена/балансовая стоимость») приносят избыточную доходность на всех рынках, которые они анализировали с 1981 по 1992 г. Оценка доходностей в годовом исчислении для акций с низкими значениями «цена/балансовая стоимость» приведена в нижеследующей таблице:

Страна	*Дополнительная доходность портфеля с низким мультипликатором «цена/балансовая стоимость» (%)*
Великобритания	1,09
Германия	1,39
Франция	3,26
Швейцария	1,17
Соединенные Штаты	1,06
Япония	3,43
Европа	1,30
Мир в целом	1,88

Следует сделать одно предостережение: Фама и Френч указали, что низкие мультипликаторы «цена/балансовая стоимость» могут играть роль меры риска, поскольку фирмы со значительно более низкими ценами, чем балансовая стоимость, с большей вероятностью находятся в бедственном положении, имея больше шансов на выход из бизнеса. Таким образом, инвесторы должны оценить, оправдывает ли создаваемая этими фирмами избыточная доходность дополнительный риск, возникающий при инвестировании в них.

Временны́е аномалии

Некоторые особенности доходности, которые проявляются в колебаниях ее величины в разные календарные периоды, трудно объяснить рационально. Более того, они свидетельствуют в пользу неэффективности рынка. Лишь часть из этих временны́х аномалий следует приписать эффекту малых фирм, описанному в предыдущем разделе.

Эффект января. Исследования доходности акций в США, а также на других основных финансовых рынках (Roll, 1983; Haugen and Lakonishok, 1988) постоянно указывают на сильные различия в доходности, создаваемой в разные месяцы года. На рисунке 6.12 отображена средняя доходность в разные месяцы за период 1926–1983 гг. Доходность в январе существенно выше, чем доходность, достигнутая в другие месяцы. Это явление называется «эффектом конца года», или «эффектом января», и его можно проследить в первые две недели января.

Связь между эффектом января и эффектом малых фирм (Keum, 1983; Reinganum, 1983) еще больше усложняет это явление. Эффект января в большей степени проявляется в отношении малых фирм, чем более

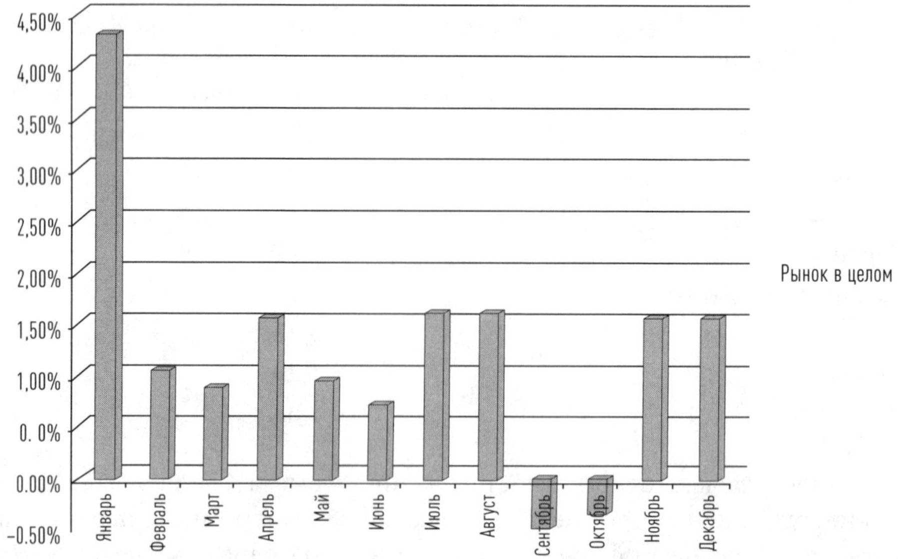

Рисунок 6.12. *Доходность американских акций по месяцам года, 1927–2010 гг.*

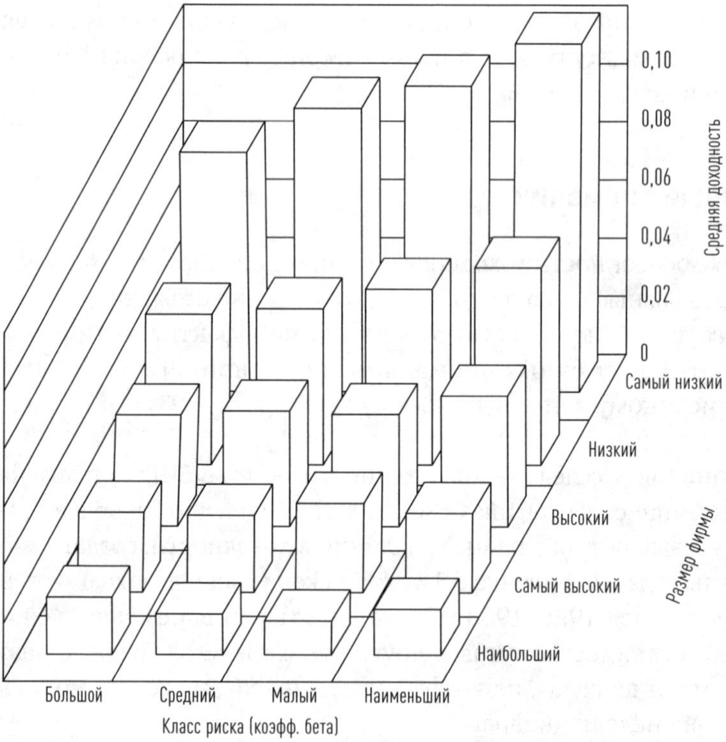

Рисунок 6.13. *Доходность в январе в зависимости от размера фирмы и класса риска, 1935–1986 гг.*

Источник: Ritter and Chopra (1989).

крупных, и приблизительно половина премии малых фирм, описанной в предыдущем разделе, зарабатывается в первые две недели января. На рисунке 6.13 представлены январские доходности, классифицированные по размеру фирмы и риску за период 1935–1986 гг.

Был выдвинут ряд объяснений эффекту января, однако лишь немногие из них выдержали серьезную проверку. Рейнганум предположил, что данный феномен связан с продажей инвестором в конце года акций, которые принесли убыток, чтобы избежать налогов на прирост капитала (tax loss selling). Данные действия в декабре толкают цены вниз, предположительно, ниже их истинной стоимости, а обратный выкуп акций в январе[1] приводит к более высокой доходности. Тот факт, что эффект января в большей степени проявляется на акциях, для которых прошедший год оказался неудачным, часто используется как свидетельство в пользу объяснения феномена. Однако есть и свидетельства, которые ему противоречат. Во-первых, в таких странах, как Австралия, налоговый год отличается от общепринятого, однако эффект января все же наблюдается. Во-вторых, в среднем эффект января в годы, которые следуют за неудачными годами, на финансовых рынках не больше, чем в другие годы.

Второе объяснение обусловлено тем, что эффект января связан с институциональным торговым поведением накануне и в начале года. Например, было замечено, что коэффициент «продажи/покупки» у институциональных инвесторов падает существенно ниже среднего уровня в те дни, которые предшествуют завершению старого и началу нового года, и поднимается выше среднего в последующие месяцы. Это проиллюстрировано рисунком 6.14 и доказывает, что отсутствие институциональных покупок в дни перед началом нового года толкает цены вниз, в последующие дни — вверх.

Универсальность эффекта января проиллюстрирована на рисунке 6.15, где январские доходности сравниваются с другими месяцами на нескольких финансовых рынках. При этом выявляются очевидные свидетельства существования эффекта января на всех рынках (Haugen and Lakonishok, 1988; Gultekin and Gultekin, 1983).

Эффект выходных. Эффект выходных является другим феноменом, связанным с доходностью, который наблюдался на протяжении значительных промежутков времени, причем на разных международных рынках. Этот эффект относится к различиям в доходности между понедельником

[1] Поскольку правила относительно фиктивного выкупа акций предупреждают продажу и обратный выкуп инвесторами одних и тех же акций в течение 30 дней, среди акций должна наблюдаться определенная субституция. Иными словами, инвестор 1 продает акции A, а инвестор 2 продает акции B, но, когда приходит время выкупать акции обратно, инвестор 1 покупает акции B, а инвестор 2 покупает акции A.

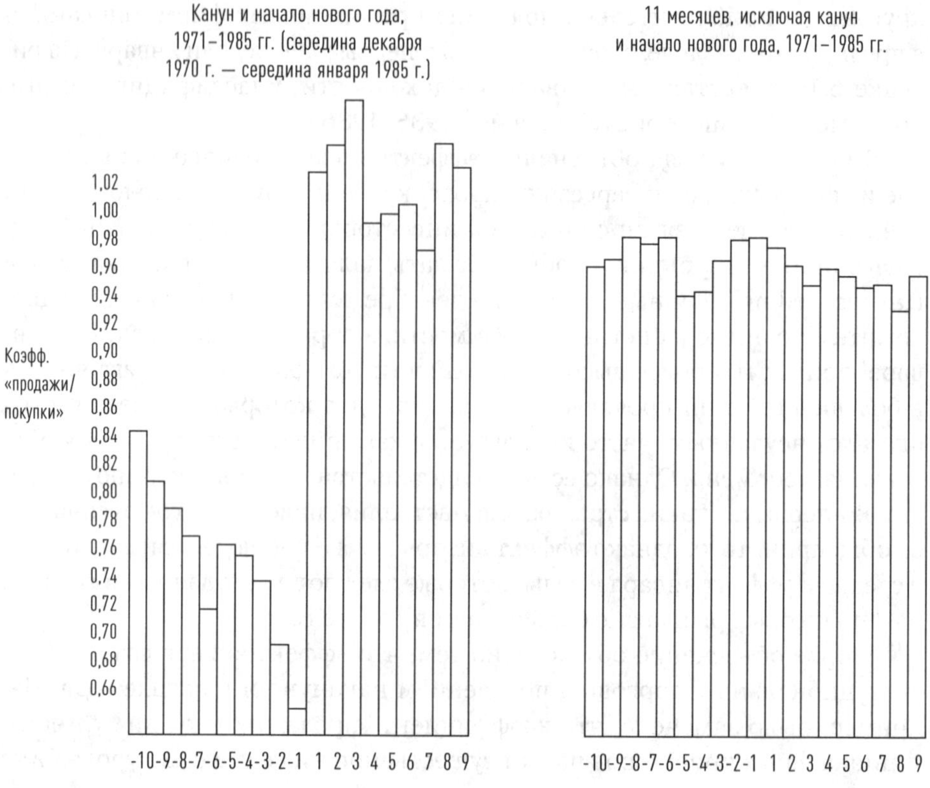

Рисунок 6.14. *Институциональные покупки и продажи в конце года*

и другими днями недели. Значительность расхождений показана на рисунке 6.16, на котором отображена доходность за период с 1962 по 1978 г. (Gibbons and Hess, 1981).

Доходность, полученная в понедельник, характеризуется значительными отрицательными значениями, в то время как доходность в другие дни недели не демонстрирует подобного эффекта. Существуют и другие открытия, связанные с эффектом выходных, конкретизирующие этот феномен. Во-первых, показатели понедельника на самом деле есть следствие эффекта выходных, поскольку основная часть отрицательной доходности выявляется в пятничных ценах закрытия и при открытии рынка в понедельник. Фактически внутридневная доходность понедельника не определяет образования отрицательной доходности. Во-вторых, эффект понедельника сильнее проявляется на акциях малых, а не крупных фирм. В-третьих, эффект понедельника в трехдневные выходные не сильнее, чем в двухдневные.

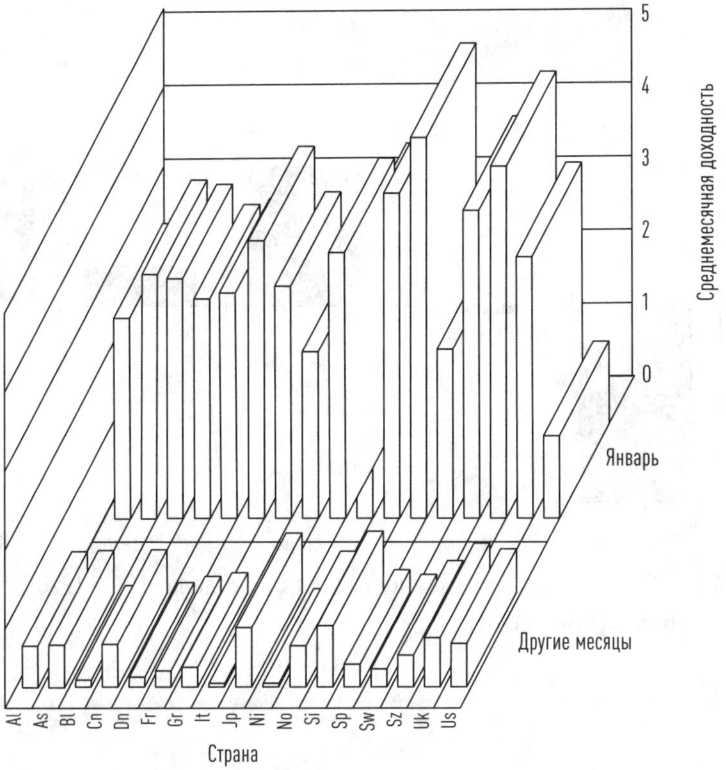

Рисунок 6.15. *Доходность в январе и в другие месяцы года на основных финансовых рынках*

Источник: Gultekin and Gultekin (1983).

Некоторые утверждают, что эффект выходных есть результат плохих новостей, публикуемых после закрытия торгов в пятницу и в течение выходных. В качестве доводов они указывают на данные, представленные на рисунке 6.7, где обнаруживается, что более негативные отчеты о прибылях обнародуются после закрытия торгов в пятницу. Даже если бы это было широко распространенным явлением, поведение доходности не укладывается в концепцию рационального рынка, поскольку рациональный инвестор включил бы ожидание плохих новостей в выходные в цену перед их наступлением, что привело бы к устранению эффекта выходных.

Эффект выходных заметно проявляется на большинстве международных рынков (см. рисунок 6.17). Он силен в Японии, это выявлено в изученном периоде, когда торговля велась в субботу. Данное обстоятельство указывает на существование более непосредственных причин отрицательной доходности в понедельник, чем неблагоприятная информация, появляющаяся в выходные.

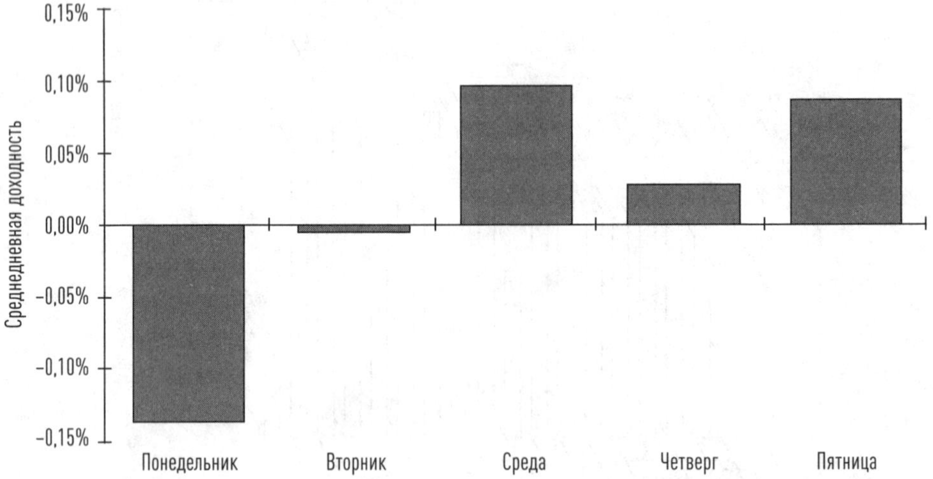

Рисунок 6.16. *Среднедневная доходность по дням недели, 1962–1978 гг.*

Источник: Gibbons and Hess (1981).

Рисунок 6.17. *Эффект выходных на международных рынках*

В завершение заметим, что отрицательную доходность в понедельник нельзя приписать только отсутствию торгов в выходные. Доходность в дни, следующие за днями перерыва торгов, как правило, положительна, а не отрицательна. На рисунке 6.18 показаны доходности в дни торгов, происходящих после крупных праздников, которые подтверждают данную модель.

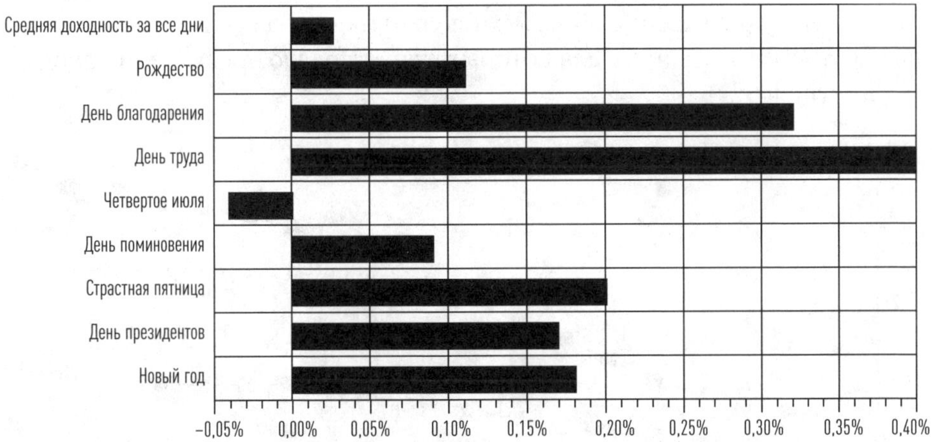

Рисунок 6.18. *Эффект праздничных дней? Средняя рыночная доходность в торговые дни после праздников*

ПРИЗНАКИ ТОРГОВЛИ ИНСАЙДЕРОВ И ПРОФЕССИОНАЛЬНЫХ ИНВЕСТОРОВ

Можно предположить, что инсайдеры, аналитики и портфельные менеджеры могут иметь преимущество перед средним инвестором на рынке и способны обратить это преимущество в избыточную доходность. Свидетельства о том, насколько эффективны действия этих инвесторов, как ни странно, довольно противоречивы.

Инсайдерская торговля

Комиссия по ценным бумагам и биржам США (SEC) определяет инсайдера как должностное лицо, или директора фирмы, или же мажоритарного акционера (держателя акций, который обладает более чем 5% обращающихся на рынке акций фирмы). Инсайдерам запрещено торговать при заблаговременном получении конкретной информации о компании, и от них требуется информировать SEC о покупке или продаже акций компании. Если предполагается (и это кажется разумным), что инсайдеры обладают большей информацией о компании и, следовательно, способны лучше определить стоимость активов, чем другие инвесторы, то решения инсайдеров о покупке или продаже акций влияют на их цены. Рисунок 6.19, созданный на основе ранних исследований инсайдерской торговли (Jaffe, 1974), представляет избыточную доходность двух групп акций, которые классифицированы согласно видам инсайдерской торговли. Группа «покупки» охватывает акции, по которым наблюдается наибольшее превышение объемов покупки над продажей. К группе «продажи» отнесены те акции, для которых существовало превышение продаж над покупками.

***Рисунок 6.19.** Кумулятивная доходность, возникающая вследствие инсайдерской торговли: группы покупки и продажи*

Источник: Jaffe (1974).

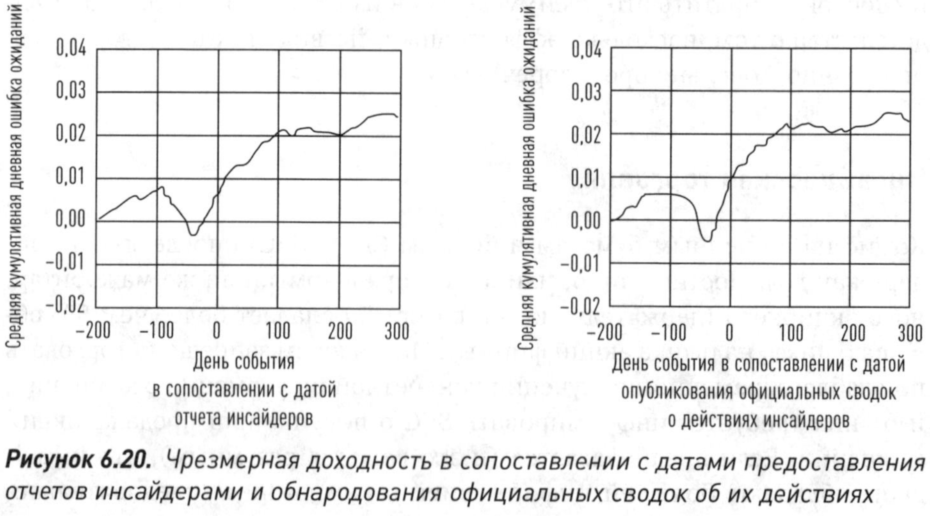

***Рисунок 6.20.** Чрезмерная доходность в сопоставлении с датами предоставления отчетов инсайдерами и обнародования официальных сводок об их действиях*

По-видимому, хотя в этом исследовании группа покупки не превосходит группу продажи, прогресс в информационных технологиях делает информацию по поводу инсайдерской торговли доступной все большему и большему числу инвесторов. Более поздние исследования инсайдерской торговли (Seyhun, 1998) посвящены распределению избыточной доходности в сопоставлении с датой предоставления инсайдерами отчетов в SEC, а также датой, когда эта информация становится доступной инвесторам посредством официальных сводок соответствующих сообщений. На рисунке 6.20 продемонстрирован контраст между двумя датами.

При наличии возможности покупки в день представления инсайдерами отчетов в SEC инвесторы могли бы получить предельную избыточную доходность, однако она уменьшается и становится статистически незначимой, если инвесторы вынуждены дожидаться даты опубликования официальных данных.

Ни в одном из этих исследований не рассмотрен вопрос о том, могут ли инсайдеры самостоятельно достичь избыточной доходности. Финансовая отчетность, как установлено SEC, в большей степени уделяет внимание законным и менее прибыльным торговым сделкам, оставляя без внимания незаконные и более прибыльные сделки. Хотя это предположение не может быть подкреплено доказательствами, непосредственно свидетельствующими о данных фактах, незаконная инсайдерская торговля на основе внутренней информации должна приносить избыточную доходность.

Рекомендации аналитиков

Очевидно, что аналитики занимают привилегированное положение на рынке, работая на пересечении приватной и публичной информации. Используя оба вида информации, аналитики дают советы о продаже и покупке своим клиентам, которые торгуют на основе полученных ими рекомендаций.

Хотя советы как о покупке, так и о продаже влияют на цены акций, неблагоприятное влияние советов о продаже на цены значительно сильнее, чем благоприятное воздействие рекомендаций о покупке. В этом ракурсе любопытное документальное доказательство представил Вомак (Womak, 1996). Он утверждает, что влияние на цены рекомендаций о покупке, как правило, проявляется немедленно, и при этом нет доказательств долгосрочной тенденции изменения цен после получения данных советов. В то же время цены сохраняют понижающую тенденцию после получения рекомендаций о продаже. На рисунке 6.21 представлены полученные им данные. Цены акций повышаются примерно на 3% при получении советов о покупке и понижаются примерно на 4% после рекомендаций о продаже в момент их выдачи (в течение трех дней, примыкающих к соответствующим публикациям). В течение шести последующих месяцев цены падают еще на 5% после опубликования советов о продаже, в то время как влияние рекомендаций о покупке перестает проявляться.

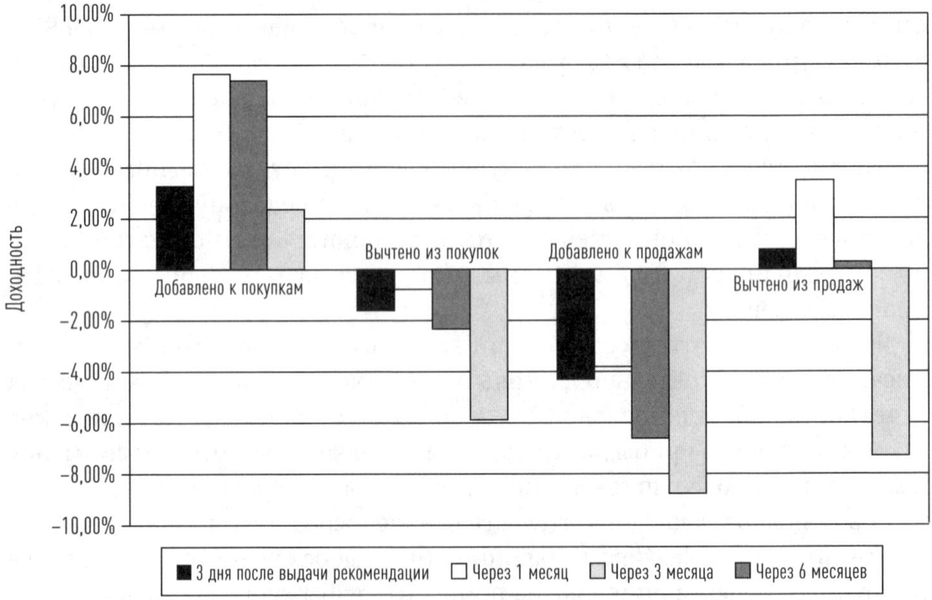

Рисунок 6.21. *Реакция рынка на рекомендации, 1989–1990 гг.*

Источник: Womak (1996).

Хотя аналитики выполняют ценную работу, собирая приватную информацию (а, может быть, и вследствие этого), существует отрицательная связь между доходностью, приносимой акциями, и числом аналитиков, рекомендующих данные акции. Аналогичная взаимосвязь существует и между другой инвестиционной парой — собственностью, находящейся у институциональных инвесторов, и доходностью. Данный факт (Arbel and Strebel, 1983) означает, что игнорируемые акции, т. е. акции, рекомендуемые немногими аналитиками и не удерживаемые большинством инвесторов, обеспечивают более высокую доходность, чем широко рекомендуемые и находящиеся на руках инвесторов бумаги.

Управляющие капиталом

Профессиональные управляющие капиталом работают в качестве экспертов в сфере инвестиций. Предполагается, что они лучше информированы, имеют меньшие транзакционные издержки и в целом являются лучшими инвесторами, чем прочие мелкие инвесторы. В самом первом исследовании взаимных фондов, проведенном Дженсеном (Jensen, 1968), доказывалось, что данное предположение на практике может оказаться неверным. Выводы его работы (рисунок 6.22), показывающие избыточную доходность взаимных фондов, заключаются в следующем: средний портфельный менеджер в действительности действовал менее эффективно, чем рынок в период с 1955 по 1964 г.

Эти результаты были затем подтверждены другими изысканиями с некоторыми вариациями в выводах. В исследованиях, наиболее благоприятных для профессиональных управляющих капиталом, последние дости-

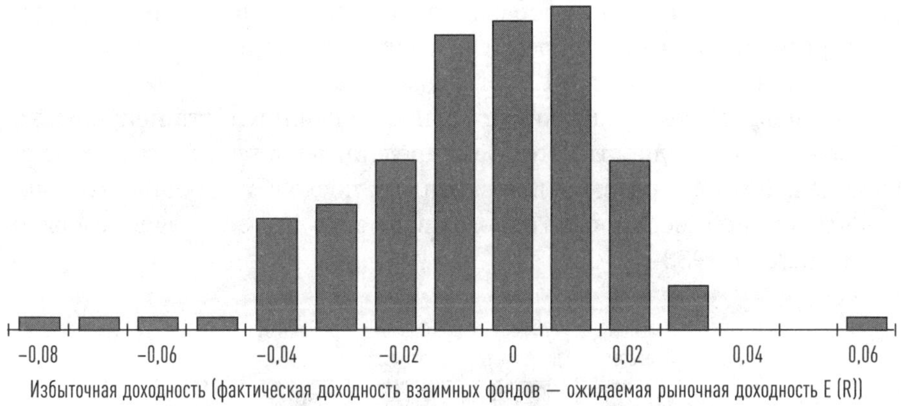

Рисунок 6.22. *Доходность взаимных фондов, исследования Дженсена 1955–1964 гг.*

Источник: Jensen (1968).

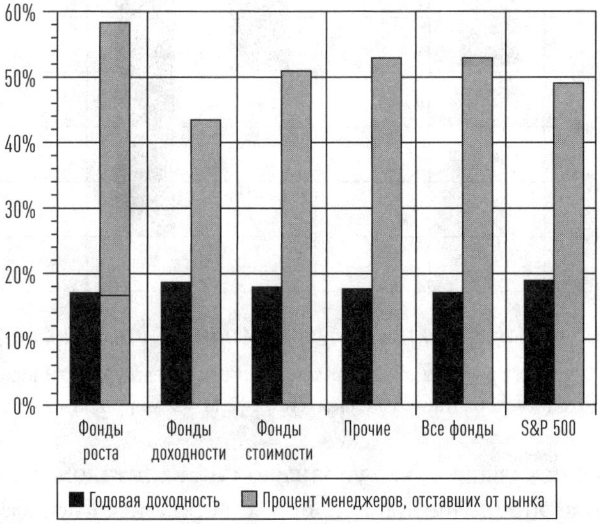

Рисунок 6.23. *Данные по фондам акций, 1983–1990 гг.*

гали уровня безубыточности относительно рынка с учетом транзакционных издержек, причем в тех случаях, когда профессиональные менеджеры выглядели в наименее благоприятном свете, доходность рынка не достигалась даже без учета транзакционных издержек.

Классификация этих результатов по различным критериям не дает серьезного повода для утешения. Например, рисунок 6.23 показывает избыточную доходность в 1983–1990 гг. и процент управляющих капиталом, переигравших рынок, которые классифицированы по стилю инвестирования. Управляющие капиталом при любом стиле инвестирования обеспечивают меньшую доходность, чем соответствующий рыночный индекс.

На рисунке 6.24 представлены выплаты при активном портфельном менеджменте, измеряющие добавленную стоимость в течение года активной торговли. При этом выявляется, что из-за подобного стиля доходность снижается на величину 0,5–1,5% в год.

Наконец, мы не обнаруживаем никаких свидетельств непрерывного распределения доходности. Этот факт представлен в таблице 6.4, где управляющие капиталом разбиты по квартилям, после чего проанализирована вероятность перемещения из одного квартиля в другой в течение каждого года за период 1983–1990 гг.

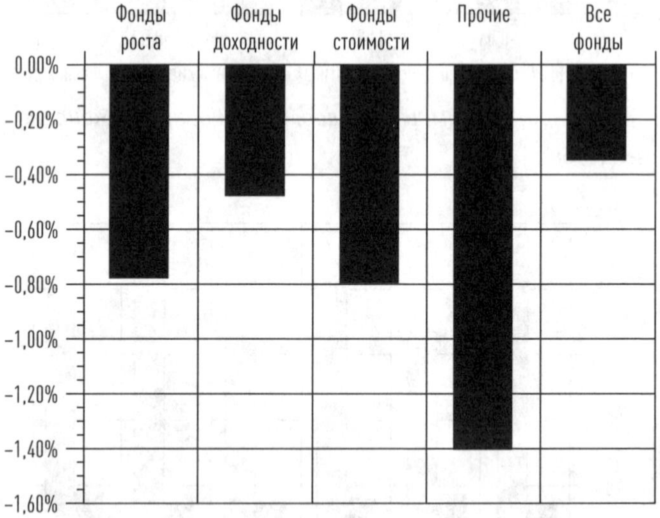

Рисунок 6.24. *Выплаты при активном управлении капиталом: фонды акций*

Примечание. На данном графике представлена разница между фактической доходностью фондов акций и доходностью гипотетического портфеля, «замороженного» в начале периода.

Таблица 6.4 показывает, что управляющий капиталом, попавший в первый квартиль в определенный период, с вероятностью 26% может оказаться в нем же и в последующий период, а с вероятностью 27% может

Таблица 6.4. Вероятность перемещения из одного квартиля в другой

Ранжирование в данном периоде	Ранжирование в следующем периоде			
	1 (%)	2 (%)	3 (%)	4 (%)
1	26	24	23	27
2	20	26	29	25
3	22	28	26	24
4	32	22	22	24

переместиться в нижний квартиль. Наблюдаются свидетельства инверсии портфельных менеджеров в самом нижнем квартиле, но отчасти этот факт можно считать воздействием, оказываемым портфелями с высоким риском, который они берут на себя.

Итак, в целом факты говорят о том, что управляющие капиталом как группа мало что дают инвесторам, несмотря на свои активные стратегии. Тем не менее исследования все же выявили кое-что, свидетельствующее в их пользу.

- *Феномен импульса*. Хотя практически нет подтверждений тому, что достигнутая результативность взаимного фонда сохранится в будущем, некоторые факты говорят о том, что управляющие капиталом, демонстрировавшие хорошие результаты в недавнем прошлом, скорее всего будут переигрывать рынок и в ближайшем будущем. Неясно, правда, как долго этот импульс может продолжаться до наступления разворота. Это согласуется с результатами нашего более раннего анализа цен акций, которые демонстрируют импульс в течение недель и месяцев, однако неизбежно разворачиваются в долгосрочной перспективе. Однако к этой новости следует относиться с толикой осторожности, поскольку не исключено, что более высокая результативность является простой случайностью и необъективностью выборки.
- *Мастерство против удачи*. Время от времени возникают споры относительно, не является ли разница в доходности, генерируемой управляющими капиталом в долгосрочной перспективе, результатом удачи. Фама и Френч (Fama and French, 2010) утверждают, что, если доходность определять за вычетом затрат, то мало какие взаимные фонды переигрывают рынок. Однако когда анализируется валовая доходность, становятся очевидными различия в мастерстве. По их оценкам, более способные управляющие приносят примерно на 1,25% больше среднего.
- *Налоги, ликвидность и временной арбитраж*. Управляющий капиталом со значительно более низким налогообложением, чем у других

> управляющих, более низкой потребности в ликвидности или низких транзакционных издержках, чем у других инвесторов, может на отдаленном временном горизонте реализовать эти преимущества и получить избыточную доходность. Если бы такие инвесторы существовали, большинство из них заканчивали бы крахом в результате, как ни странно, их же успеха. По мере привлечения все более значительных денег они теряли бы сфокусированность и конкурентное преимущество.

Итог такой — переиграть рынок можно, но сделать это очень трудно. Не существует чудодейственного средства или простой формулы инвестиционного успеха. Управляющие капиталом, которые стабильно переигрывают рынок в долгосрочной перспективе, крайне немногочисленны. Хотя они могут применять различные стратегии и по-разному смотреть на рынки, у них есть нечто общее. Они хорошо продумывают свою инвестиционную философию, играют на своих преимуществах и соблюдают дисциплину.

ЗАКЛЮЧЕНИЕ

Вопрос о том, эффективны ли рынки, всегда вызывает бурные споры, учитывая практическое значение, которое рыночная эффективность имеет для инвестиционного менеджмента и исследований. Если эффективный рынок определен как «рынок, где рыночная цена есть непредвзятая оценка истинной стоимости», то становится очевидным, что некоторые рынки всегда будут более эффективными для одних инвесторов, чем для других. Способность рынка быстро устранять неэффективность отчасти зависит от легкости торговли, транзакционных издержек, а также бдительности стремящихся к прибыли инвесторов на этом рынке.

Хотя рыночную эффективность можно протестировать многими способами, два самых популярных теста на эффективность — это событийный анализ, когда изучается реакция рынка на информационные события, и портфельный анализ, когда исследуется доходность портфелей, созданных на основе наблюдаемых характеристик. Здесь необходимо проявлять бдительность, поскольку в исследования — преднамеренно или нет — может вкрасться предвзятость и привести к необоснованным выводам или, что еще хуже, к бесполезным инвестиционным стратегиям.

Существуют веские доказательства наличия аномалий в поведении рынка по отношению к таким систематическим факторам влияния, как размер фирмы, мультипликаторы «цена/прибыль» и «цена/балансовая стоимость», а также период времени (например, эффекты января и выходных). Хотя эти аномалии могут представлять собой неэффективности рынка, не следует думать, что профессиональным менеджерам, способным использовать эти неэффективности, очень легко регулярно переигрывать финансовые рынки. Существование аномалий и неспособность управляющих капиталом опередить рынок в одних случаях является хорошим свидетельством разрыва между эмпирическими тестами на бумаге и реальным управлением финансовыми средствами, а в других — подтверждением неэффективности моделей, связывающих риск и доходность.

РЫНОЧНАЯ НЕЭФФЕКТИВНОСТЬ И РЕЗУЛЬТАТИВНОСТЬ УПРАВЛЯЮЩИХ КАПИТАЛОМ

Данные по рынкам противоречивы. С одной стороны, существуют многочисленные модели движения цен на акции (они разворачиваются в долгосрочной перспективе, а январские доходности являются более высокими) и свидетельства рыночных аномалий (фирмы с малой капитализацией и низкими мультипликаторами «цена/балансовая стоимость» и «цена/прибыль», похоже, всегда переигрывают рынок). С другой стороны, практически нет подтверждений того, что управляющие капиталом способны использовать эти явления для достижения более высоких результатов, чем среднерыночные.

Есть целый ряд объяснений такой ситуации. Наиболее доступное заключается в том, что неэффективности обнаруживаются по большей части в теоретических исследованиях и что транзакционные издержки и проблемы исполнения, связанные с преобразованием этих неэффективностей в портфели намного выше получаемой избыточной доходности. В соответствии с другим объяснением исследования обычно касаются долгосрочных периодов, зачастую 20–50-летних. На более коротких периодах значительно больше неопределенности относительно того, окажутся ли акции небольших компаний результативнее акций крупных компаний, и принесет ли покупка проигравших избыточную доходность. Инвестиционных стратегий, ориентированных только на короткие периоды, не существует. Прадхьюман (Pradhuman, 2000) заметил, что приблизительно на протяжении одного года из четырех за прошедшие 50 лет акции небольших фирм проигрывали акциям крупных фирм. Бернстайн (Bernstein, 1998) отметил, что, хотя стоимостное инвестирование (покупка акций с низкими мультипликаторами «цена/прибыль» и «цена/балансовая стоимость») способно принести избыточную доходность на длительных периодах, инвестирование в рост в пятилетнем цикле превосходило стоимостное инвестирование в последние три десятилетия. Третье объяснение состоит в том, что портфельные менеджеры не следуют постоянно одной стратегии, а перескакивают с одной стратегии на другую, повышая свои расходы и сокращая вероятность генерирования определенной стратегией избыточной доходности в длительной перспективе.

КОНТРОЛЬНЫЕ ВОПРОСЫ

В приведенных ниже заданиях, если не указано иное, премия за риск инвестирования в акции принимается равной 5,5%.

1. Что из перечисленного ниже является практическим следствием эффективности рынка? (Возможно, правильными будут несколько ответов.)
   а) Ресурсы эффективно распределяются между фирмами (т.е. используются наилучшим образом).
   б) Ни один инвестор не в состоянии действовать эффективнее рынка в любой временной период.
   в) Ни один инвестор не в состоянии действовать эффективнее рынка на регулярной основе.
   г) Ни один инвестор не в состоянии регулярно действовать эффективнее рынка с учетом риска.
   д) Ни один инвестор не в состоянии действовать эффективнее рынка регулярно с учетом риска и транзакционных издержек.
   е) Никакая группа инвесторов не в состоянии действовать эффективнее рынка регулярно с учетом риска и транзакционных издержек.
2. Предположим, вы следите за продающимися в розницу акциями, продажи которых отличаются наличием сильных сезонных моделей. Следует ли в этом случае ожидать повторения такой же модели в отношении цен акций?
3. Тесты на эффективность рынка часто называются совместными тестами двух гипотез — гипотезы об эффективности рынка и модели ожидаемой доходности. Объясните данное утверждение. Можно ли протестировать рыночную эффективность саму по себе (т.е. не тестируя одновременно модель оценки активов)?
4. Вы ожесточенно спорите с техническим аналитиком. Он доказывает, что вы нарушаете фундаментальные законы экономики, пытаясь найти внутреннюю стоимость: «Цена определяется спросом и предложением, а не какой-то внутренней стоимостью». Является ли поиск внутренней стоимости несовместимым с законом спроса и предложения?
5. Вы тестируете влияние объявления о слиянии на цены акций (событийный анализ). Процедура тестирования состоит из следующих шагов.

   Шаг 1. Вы отбираете 20 крупнейших слияний года.

   Шаг 2. Вы выясняете дату, когда слияние вступает в силу, определяя ее как ключевой день, относительно которого изучаются данные.

Шаг 3. Вы изучаете доходность за пять дней после даты вступления слияния в силу.

На основе изучения полученных показателей доходности (0,13%) вы заключаете, что невозможно было заработать деньги на объявлениях о слиянии. Можно ли найти какие-либо ошибки в этом тесте? Как можно их исправить? Можете ли вы разработать более эффективный тест?

6. Цена на эффективном рынке считается «непредвзятой оценкой» истинной стоимости. Это предполагает, что (выберите один вариант):
   а) рыночная цена всегда равна истинной стоимости;
   б) рыночная цена не имеет никакого отношения к истинной стоимости;
   в) рынки совершают ошибки в отношении рыночной стоимости, и инвесторы могут использовать эти ошибки для получения дохода;
   г) рыночные цены содержат ошибки, но они случайны, поэтому не могут быть использованы инвесторами;
   д) никто не способен переиграть рынок.
7. Оцените, как повлияют (по всей вероятности) нижеследующие события на эффективность фондового рынка: повысят, понизят или оставят неизменной. Объясните почему.
   а) Правительство вводит налог в 1% на все операции с акциями.
   Эффективность повышается ______
   Эффективность понижается ______ Остается неизменной ______
   б) Регулятор фондовых бирж наложил ограничение на все короткие продажи для предотвращения чрезмерной спекуляции.
   Эффективность повышается ______
   Эффективность понижается ______ Остается неизменной ______
   в) Открывается опционный рынок, где торгуются опционы пут и колл многих акций, зарегистрированных на бирже.
   Эффективность повышается ______
   Эффективность понижается ______ Остается неизменной ______
   г) На фондовом рынке устраняются все ограничения на приобретение иностранными инвесторами корпоративных акций и владение ими.
   Эффективность повышается ______
   Эффективность понижается ______ Остается неизменной ______
8. Ниже представлен график кумулятивной избыточной доходности относительно момента объявления крупными корпорациями о выбытии активов.

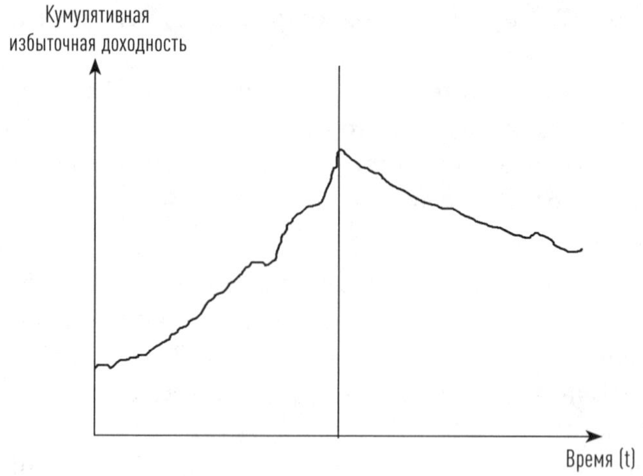

Как бы вы объяснили следующее:

а) поведение рынка перед объявлением;

б) реакцию рынка на объявление;

в) реакцию рынка после объявления.

9. В чем проявляется влияние размера на доходность акции? Как это соотносится с эффектом кануна нового года и его начала? Можете ли вы предложить какое-либо убедительное объяснение, почему акции небольших фирм даже с учетом коэффициента бета более доходны, чем акции крупных компаний? Какой стратегии нужно следовать, чтобы использовать данную аномалию? Какие факторы следует принимать во внимание?
10. Исследование, посвященное реакции рынка на новости о прибылях, показало, что цены, как правило, испытывают сдвиг после объявления подобных новостей. Какой из этого можно сделать вывод о способности рынка учиться на событиях и новой информации? Каких межгрупповых различий можно ожидать в результате такого обучения? (Следует ли ожидать большего ценового сдвига у одних типов фирм по сравнению с другими? Почему?) Как бы вы попытались использовать эту аномалию? Какие возможные издержки следует принимать во внимание?
11. Одно из объяснений эффекта кануна нового года или эффекта января связано с продажами и покупками, обусловленными завершением налогового года.

а) Представьте гипотезу эффекта налогов.

б) Исследования показали, что эффект января наблюдается во всем мире, даже в тех странах, где налоговый год не начинается в январе. Обдумайте веские причины данного обстоятельства.

12. Ниже представлены две составляющие доходности (ожидаемый рост цены и дивидендная доходность) двух портфелей: портфель с высокой дивидендной доходностью и портфель с низкой дивидендной доходностью.

Портфель	*Ожидаемый рост цены (%)*	*Ожидаемая дивидендная доходность (%)*
Высокая дивидендная доходность	9	5
Низкая дивидендная доходность	12	1

Вы — подпадающий под налогообложение инвестор, а налоговая ставка на дивиденды равна 40%. Какова должна быть налоговая ставка на прирост капитала, чтобы вам было безразлично, какой портфель выбрать?

13. Охарактеризуйте словами «Верно» или «Не верно» следующие утверждения:
   а) Акции с низким мультипликатором «цена/прибыль» в среднем приносят более высокую доходность, чем ожидалось, в то время как акции с высоким мультипликатором «цена/прибыль» в среднем приносят более низкую доходность, чем ожидалось. В основном это связано с тем, что более низкие мультипликаторы «цена/прибыль» предполагают меньший риск.
   Верно ______ Не верно ______
   б) Эффект малых фирм, который предполагает положительную избыточную доходность, приносимую в среднем малыми фирмами, в основном обусловлен наличием нескольких малых фирм, которые приносят очень высокую положительную доходность.
   Верно ______ Не верно ______
   в) Инвесторы, как правило, не в состоянии делать деньги на рекомендациях аналитиков, поскольку цены акций не подвержены влиянию этих рекомендаций.
   Верно ______ Не верно ______

14. Вы изучаете доходность двух взаимных фондов. Фонд AD Value Fund существует с 1 января 1988 г. и в основном инвестирует в акции с низким мультипликатором «цена/прибыль» и высокой дивидендной доходностью. AD Growth Fund также существует с 1 января 1988 г., но инвестирует в основном в быстро растущие акции с высоким мультипликатором «цена/прибыль» и низкими или нулевыми дивидендами. Доходность этих фондов за последние пять лет представлена ниже:

	Среднее за период 1988–1992 гг.		
	Рост цены (%)	*Дивидендная доходность (%)*	*Коэффициент бета*
NYSE Composite	13	3	1,0
AD Value	11	5	0,8
AD Growth	15	1	1,2

Средняя безрисковая ставка за период составляла 6%. Текущая безрисковая ставка равна 3%.

а) Насколько успешными или неуспешными были эти фонды с учетом риска?

б) Предположим, что разовый сбор в каждом из этих фондов составляет 5% (т. е. если вы вкладываете $1000 в каждый из этих фондов сегодня, то инвестируете только $950 после первоначальной комиссии). Предположим также, что вычисленная вами (в пункте а) избыточная доходность будет существовать и в будущем, и вы решили инвестировать в фонд, доходность которого выше доходности рынка. Сколько лет нужно держать инвестиции в этом фонде для достижения точки безубыточности?

Глава 7

БЕЗРИСКОВЫЕ СТАВКИ И ПРЕМИИ ЗА РИСК

Все модели риска и доходности в финансах отталкиваются от процентной ставки, доступной инвесторам при безрисковых инвестициях, а также от премии (или премий) за риск, которую инвесторы должны требовать, осуществляя инвестиции при риске, отличном от нулевого. В модели оценки капитальных активов (CAPM), где есть только один источник рыночного риска, таковой является премия, которую инвестор запросил бы при инвестировании в актив. В многофакторных моделях существует множество премий за риск, каждая из них выражает премию, требуемую инвестором за то, что он подвергает себя воздействию определенного фактора рыночного риска. В данной главе рассматриваются оптимальные методы измерения безрисковой ставки и оценки премии или премий за риск, используемых в этих моделях.

Как отмечалось в главе 4, риск оценивается как риск дефолта по облигациям, а последний представляют в виде дефолтного спреда, который фирмы должны оплачивать сверх безрисковой ставки. Данная глава завершается обсуждением оптимальных методов оценки дефолтного спреда и факторов, способных приводить к изменению этого спреда в зависимости от времени.

БЕЗРИСКОВАЯ СТАВКА

Большинство моделей риска и доходности в финансах исходит из определения свободного от риска актива и использует ожидаемую доходность этого актива в качестве безрисковой ставки. Затем ожидаемая доходность рисковой инвестиции сравнивается с безрисковой ставкой и определяется премия за ожидаемый риск, которая добавляется к безрисковой ставке. Но что делает актив безрисковым? И как быть, если подобного актива не найти? Поиску ответов на эти вопросы посвящен данный раздел.

Требования к безрисковым активам

В главе 4 были рассмотрены некоторые требования к безрисковым активам. В частности, актив является безрисковым, если мы с определенностью знаем связанную с ним ожидаемую доходность (т. е. фактическая доходность всегда равна ожидаемой). При каких условиях фактическая доходность инвестиции будет равна ожидаемой? Во-первых, *должен отсутствовать риск дефолта*. В сущности, это условие исключает любые ценные бумаги, выпущенные фирмами, поскольку даже самые крупные и надежные компании в какой-то мере обладают риском дефолта. Единственный вид ценных бумаг у которых есть шанс считаться безрисковыми, — это правительственные ценные бумаги. Правительство вовсе не лучше, чем корпорации, но оно может печатать деньги, что и является причиной определения его бумаг как «безрисковых». По крайней мере, хотя бы номинально, правительство должно быть в состоянии выполнить свои обещания. Даже это предположение, каким бы прямолинейным оно ни казалось, не всегда соблюдается, особенно когда правительства отказываются выполнять обязательства, взятые на себя предыдущими режимами, а также в случае заимствования средств в валютах, отличных от национальной денежной единицы.

Существует второе, часто упускаемое из виду условие, которому должны отвечать безрисковые ценные бумаги. Чтобы доходность инвестиции была равна ожидаемой, *должен отсутствовать риск реинвестирования*. Предположим, вы пытаетесь оценить ожидаемую доходность за пятилетний период и желаете узнать безрисковую ставку. Ставка по шестимесячным казначейским векселям, хотя и свободна от риска дефолта, все же не является безрисковой, поскольку существует риск реинвестирования, когда неизвестен размер ставки по казначейским векселям через шесть месяцев. Даже пятилетние казначейские облигации не относятся к безрисковым бумагам, поскольку купоны по этим облигациям будут реинвестированы по ставкам, не известным на текущий момент. Безрисковой ставкой для пятилетнего временного горизонта следует считать ожидаемую доходность по безрисковой (правительственной) пятилетней облигации с нулевым купоном. Очевидно, что данный факт имеет неприятные практические последствия для тех, кто занимается корпоративными финансами или оценкой, когда ожидаемую доходность приходится оценивать для периода от 1 года до 10 лет. Педантичный подход к безрисковым ставкам потребовал бы различных безрисковых ставок для каждого периода и различных ожидаемых доходностей.

В качестве практичного компромисса можно отметить следующее: воздействие на приведенную стоимость при использовании соответствующих определенному сроку безрисковых ставок, как правило, является небольшим для большинства нормальных временных структур[1]. Кроме того, можно использовать стратегию привязки к оцениваемому временному периоду. В этом случае срок безрисковой ценной бумаги, используемой в качестве безрискового актива, при анализе привязывается к сроку[2] денежных потоков. Но если существуют очень большие различия — в любом направлении — между краткосрочными и долгосрочными ставками, то при вычислении ожидаемой доходности стоит осуществлять привязку к безрисковым ставкам, соответствующим оцениваемому сроку.

Практические последствия наличия безрисковой структуры

На большинстве развитых рынков, где правительство может считаться безрисковой структурой (по крайней мере, когда оно заимствует в местной валюте), практические последствия довольно просты. В качестве безрисковой ставки при выполнении инвестиционного анализа долгосрочных проектов или при проведении оценки следует считать ставку по долгосрочным правительственным облигациям. Если анализ делается для краткосрочного периода, то в качестве безрисковой должна использоваться ставка по краткосрочной правительственной ценной бумаге. Выбор безрисковой ставки также имеет практические последствия для оценки премий за риск. Если же (как это часто случается) используются премии за риск, существовавшие в прошлом, — при этом премией за риск считается избыточная доходность, приносимая в прошлом акциями сверх ставки по правительственным ценным бумагам, — то выбранная ценная бумага должна быть той же самой, что и бумага, используемая для определения безрисковой ставки. Таким образом, для целей долгосрочного анализа исторической премией за риск, используемой в Соединенных Штатах, должна считаться избыточная доходность акций сверх доходности казначейских облигаций, а не казначейских векселей.

---

1 Нормальная временная структура предполагает нормальную, монотонно возрастающую кривую доходности, где долгосрочные ставки максимум на 2–3% выше краткосрочных ставок.

2 Когда мы рассматриваем проекты в инвестиционном анализе, этот срок обычно лежит в интервале от 3 до 10 лет. При оценке срок обычно значительно больше, поскольку предполагается, что фирмы имеют бесконечный срок жизни. Оцениваемый период в этих случаях часто значительно превышает 10 лет и увеличивается с ростом ожидаемого потенциала фирмы.

Денежные потоки и безрисковые ставки: принцип соответствия

Безрисковые ставки, используемые для сравнения с ожидаемой доходностью, должны соответствовать измерению денежных потоков. Так, если денежные потоки измеряются в долларах США, то безрисковой ставкой является ставка по американским казначейским облигациям. Это также предполагает, что выбор безрисковой ставки определяется вовсе не юридическим адресом фирмы, а валютой, в которой оцениваются ее денежные потоки. Таким образом, компанию Nestlé можно оценить, используя денежные потоки, выраженные в швейцарских франках, которые дисконтируются по ставке, равной ожидаемой доходности, оцененной на основе ставки по долгосрочным облигациям швейцарского правительства. Оценку можно выполнить также в британских фунтах, выражая как денежные потоки, так и безрисковую ставку в британских фунтах. Учитывая, что одна и та же фирма может быть оценена в разных валютах, всегда ли результаты будут согласовываться друг с другом? Если исходить из паритета покупательной способности, то различия в процентных ставках отражают разницу в ожидаемой инфляции. Как денежные потоки, так и ставка дисконтирования подвержены влиянию предполагаемой инфляции. Таким образом, низкая ставка дисконтирования, вытекающая из низкой безрисковой ставки, будет в точности компенсирована понижением реальных темпов ожидаемого роста денежных потоков, и стоимость останется неизменной.

Если различие в процентных ставках по двум валютам неадекватно отражает разницу в темпах инфляции данных валют, то могут оказаться различными стоимости, полученные на основе различных валют. В частности, фирмы будут оценены более высоко, когда используемая валюта характеризуется низкими процентными ставками относительно темпов инфляции. Тем не менее риск заключается в том, что процентные ставки должны подняться до определенного уровня, чтобы учесть данное расхождение и в конечном счете сойтись.

Реальные и номинальные безрисковые ставки

При условии высокой и устойчивой инфляции оценка часто выполняется в реальном выражении. На самом деле это значит, что денежные потоки оцениваются на основе реальных темпов роста и без учета роста, вытекающего из высокой ценовой инфляции. В целях последовательного выполнения оценки ставки дисконтирования, используемые в этих случаях, должны быть реальными ставками дисконтирования. Для получения реальной ожидаемой доходности нам нужно отталкиваться от реальной безрисковой ставки. В то время как правительственные облигации и векселя предлагают доходность, которая в номинальном выражении является безрисковой, в реальном выражении ее нельзя назвать таковой из-за волатильности ожидаемых темпов инфляции. Стандартный подход, состоящий в вычете ожидаемых темпов инфляции из номинальной процентной ставки для получения реальной безрисковой ставки, в лучшем случае обеспечивает оценку реальной безрисковой ставки.

До недавнего времени лишь некоторые из обращающихся безрисковых ценных бумаг могли использоваться для оценки реальных безрисковых ставок, однако введение защищенных от инфляции казначейских бумаг заполнило этот пробел. Защищенная от инфляции казначейская облигация не предлагает гарантированной номинальной доходности своему держателю, а вместо этого обеспечивает гарантированную реальную доходность. Таким образом, защищенная от инфляции казначейская облигация, предполагающая 3%-ную реальную доходность, принесет примерно 7% в номинальном выражении, если инфляция равна 4%, и только 5%, если инфляция составляет 2%.

Единственная проблема состоит в том, что потребность в реальных оценках возникает редко или они выполняются в Соединенных Штатах с их исторически стабильной и низкой ожидаемой инфляцией. На рынках, где нам более всего необходимы реальные оценки, к сожалению, нет защищенных от инфляции безрисковых ценных бумаг. Реальные безрисковые ставки на этих рынках можно оценить, отталкиваясь от двух соображений:

1. Первое соображение состоит в том, что пока капитал может свободно течь в эти экономики, принося наивысшую реальную доходность, между рынками не могут существовать какие бы то ни было различия в реальных безрисковых ставках. На основе этого соображения в качестве реальной безрисковой ставки для любого рынка можно применить американскую реальную безрисковую ставку, оцененную по защищенной от инфляции казначейской облигации.

2. Второе соображение вступает в силу, если существуют помехи и ограничения при движении капитала между рынками. В этом случае ожидаемая реальная доходность в экономике в долгосрочном периоде должна быть равна ожидаемым реальным темпам роста опять же в долгосрочном периоде для экономики в состоянии равновесия. Так, реальная безрисковая ставка для зрелой экономики (например, немецкой) должна быть значительно ниже, чем реальная безрисковая ставка для экономики с более значительным потенциалом роста, такой как венгерская.

Безрисковые ставки в отсутствие структуры, свободной от риска дефолта

Пока наше обсуждение основывалось на предположении, что правительства не объявляют дефолта, по крайней мере если заимствуют средства в местной валюте. Однако существуют развивающиеся рыночные экономики, где данное предположение вряд ли можно считать разумным. Считается, что правительства на этих рынках способны объявить дефолт даже при заимствовании в местной валюте. В сочетании с тем фактом, что многие правительства не занимают средства на длительный срок на местных рынках, существуют сценарии, когда получение местных безрисковых ставок, в особенности долгосрочных, оказывается затруднительным делом. В подобных случаях необходимо искать альтернативы.

Правительственные облигации в местной валюте. Если правительство выпускает облигации, деноминированные в местной валюте, и эти облигации являются обращающимися, то можно использовать процентные ставки по ним в качестве отправной точки для определения безрисковой ставки по этой валюте. В начале 2011 г., например, индийское правительство выпустило 10-летние облигации в рупиях, которые торговались с доходностью 8%. Эта доходность, впрочем, не являлась безрисковой ставкой, поскольку инвесторы считали, что у индийского правительства существует риск дефолта. Чтобы определить, какая часть доходности обусловлена риском дефолта, возьмем суверенный рейтинг[1] местной валюты Ba2, присвоенный Индии агентством Moody's, и расчетный дефолтный спред[2] для этого рейтинга, равный 2,40%.

Безрисковая ставка для рупии составит:

Безрисковая ставка для рупии = ставка по правительственной облигации – дефолтный спред = 8% – 2,40% = 5,60%.

Конечно, этот расчет подразумевает, что рейтинговое агентство правильно оценило суверенный риск и что дефолтный спред, основанный на этом рейтинге, правильный. Альтернативный подход к оценке дефолтных спредов, появившийся в последние годы, заключается в использовании

---

1 Рейтинговые агентства присваивают стране рейтинги для заимствований в местной валюте и иностранной валюте. Последний обычно ниже первого (поскольку вероятность объявления странами дефолта по заимствования в иностранной валюте выше), однако для нашего анализа нужен рейтинг для местной валюты. Если он будет равен Aaa (Moody's) или AAA (S&P), то ставку по правительственным облигациям можно считать безрисковой.

2 Дефолтный спред для рейтинга определяется путем сравнения ставок по облигациям в долларах с рейтингом Ba2, выпущенных другими правительствами, со ставками по казначейским облигациям США.

данных рынка дефолтных свопов (credit default swap — CDS), где инвесторы могут купить страховку от дефолта. Хотя дефолтные свопы по Индии не торговались в начале 2011 г., в марте 2011 г. на рынке были доступны контракты примерно по 60 странам. Бразильские CDS торговались в марте 2011 г. по 75 базисных пунктов (0,75%), и этот показатель можно использовать в сочетании со ставкой 8,25% по 10-летним правительственным облигациям в реалах для определения безрисковой ставки для бразильского реала:

Безрисковая ставка для реала = ставка по правительственной облигации – дефолтный спред = 8,25% – 0,75%.

Рынок дефолтных свопов представляет собой более динамичное средство определения дефолтного спреда, однако его данные намного более волатильны. Он дает к тому же и спреды для доллара и евро, которые нельзя применять к облигациям в этой валюте.

Использование фундаментальных показателей. Существуют такие страны, где либо правительства не выпускают облигации в местной валюте, либо эти облигации не торгуются. В этом случае единственной альтернативой является определение безрисковой ставки на основе фундаментальных показателей:

Безрисковая ставка = ожидаемая инфляция + ожидаемый долгосрочный реальный темп роста.

Поскольку безрисковую ставку для любой валюты можно представить как сумму ожидаемой инфляции в этой валюте и ожидаемой реальной ставки, мы можем попытаться оценить эти компоненты отдельно. Оценку ожидаемой инфляции можно начать с текущего темпа инфляции и экстраполировать его на будущий период. В случае реальной ставки можно использовать ставку по защищенной от инфляции казначейской облигации США, считая, что реальные ставки глобально должны быть одинаковыми. В 2011 г., например, сложение 6%-ного ожидаемого темпа инфляции в Индии с 1%-ной ставкой по защищенной от инфляции казначейской облигации США дало бы безрисковую ставку для индийской рупии, равную 7%.

Рынки производных инструментов. Форвардные и фьючерсные контракты на валюту дают информацию по процентным ставкам для валютных пар, поскольку паритет процентных ставок определяет взаимосвязь между спотовыми и форвардными курсами. Например, форвардный курс для тайского бата и доллара США можно представить следующим образом:

$$\text{Форвардный курс}^{t}_{\text{бат},\$} = \text{курс спот}_{\text{бат},\$}\frac{(1+\text{процентная ставка}_{\text{бат}})^{t}}{(1+\text{процентная ставка}_{\$})^{t}},$$

Если спот-курс равен 38,10 тайского бата за один доллар США, 10-летний форвардный курс равен 61,36 тайских бат за доллар, а текущая ставка по 10-летним казначейским облигациям США равна 5%, то десятилетняя безрисковая ставка для Таиланда (в номинальных батах) может быть оценена следующим образом:

$$61{,}3 = 38{,}10\,\frac{(1+\text{процентная ставка}_{\text{бат}})^{10}}{1{,}05^{10}}.$$

Таким образом, 10-летняя безрисковая ставка для тайской валюты составляет 10,12%. Самым серьезным ограничением в этом подходе является то, что долгосрочные форвардные ставки трудно получить для периодов, превышающих год, особенно для развивающихся рынков, где мы в наибольшей степени заинтересованы в их использовании[1].

Пересчет безрисковой ставки. Если единственной причиной разницы в безрисковых ставках для различных валют является ожидаемая инфляция, то можно преобразовать безрисковую ставку на зрелом валютном рынке (доллары США, евро) в безрисковую ставку для валюты развивающейся страны, используя разницу в инфляции между валютами.

$$r_{\text{местная валюта}} = (1+r_{\text{иностранная валюта}})\times\frac{1+\text{ожидаемая инфляция}_{\text{местная валюта}}}{1+\text{ожидаемая инфляция}_{\text{иностранная валюта}}}-1.$$

Например, предположим, что безрисковая ставка по долларам США составляет 4% и что ожидаемый темп инфляции в индонезийских рупиях равен 11% (по сравнению в 2% в долларах США). Безрисковую ставку для Индонезии можно записать следующим образом:

$$\text{Стоимость привлечения капитала}_{\text{рупия}} = 1{,}04\times\frac{1{,}11}{1{,}02}-1 = 0{,}131764,\ \text{или } 13{,}18\%.$$

Чтобы осуществить такой пересчет, нам нужно оценить ожидаемую инфляцию в местной валюте в зрелой рыночной валюте.

Но что, если ни один из перечисленных выше вариантов не работает? Другими словами, что если правительство не выпускает облигаций в местной валюте, нет форвардных или фьючерсных контрактов на нужную ва-

[1] В тех случаях, когда существует только однолетняя форвардная ставка, можно получить приблизительное значение для долгосрочной ставки, исключив однолетнюю ставку заимствования в местной валюте, взяв величину превышения над однолетней ставкой по казначейским векселям, а затем добавив ее к долгосрочной ставке по казначейским облигациям. Например, в случае однолетней форвардной ставки 39,95% по тайской облигации мы получим однолетнюю безрисковую ставку по тайским батам, равную 9,04% (при условии, что однолетняя ставка по тайским векселям равна 4%). Добавление спреда в 5,04% к ставке по 10-летней казначейской облигации в размере 5% дает 10-летнюю ставку для тайских батов, равную 10,04%.

люту, а ожидаемую инфляцию в местной валюте трудно оценить? В случае таких проблем лучше всего перейти для оценки на другую валюту. Например, нигерийскую или вьетнамскую компанию надо оценивать не в национальной валюте, а в долларах или в евро. При этом все равно придется оценивать ожидаемые будущие валютные курсы, чтобы конвертировать денежные потоки в национальной валюте в иностранную валюту, однако эта задача может оказаться более выполнимой.

ПРЕМИЯ ЗА РИСК ИНВЕСТИРОВАНИЯ В АКЦИИ

Мнение о том, что риск имеет значение и более рискованные инвестиции должны обеспечивать повышенную ожидаемую доходность по сравнению с более безопасными инвестициями (и только в этом случае инвестиции можно считать хорошими), кажется понятным на интуитивном уровне. Таким образом, ожидаемую доходность любой инвестиции можно записать как сумму безрисковой ставки и дополнительной доходности, компенсирующей принимаемый риск. Остаются разногласия — как с теоретических, так и с практических позиций — относительно того, как измерять этот риск и как трансформировать его в компенсирующую ожидаемую доходность. В данном разделе рассматривается оценка соответствующей премии за риск для использования в моделях риска и доходности вообще и в модели оценки капитальных активов (CAPM) в частности.

Соперничающие взгляды на премию за риск

В главе 4 мы обсудили несколько альтернативных моделей риска — от модели оценки капитальных активов до многофакторных моделей. Несмотря на различные выводы, их объединяет несколько общих положений, имеющих отношение к риску. Во-первых, все эти модели выражают риск при помощи дисперсии фактической доходности относительно ожидаемой. Таким образом, инвестиция является безрисковой, если ожидаемая доходность всегда равна фактической доходности. Во-вторых, во всех этих моделях доказывается, что риск должен измеряться с точки зрения финансового инвестора, причем его инвестиции хорошо диверсифицированы. Иными словами, должен измеряться и компенсироваться только тот риск, который инвестиция добавляет к диверсифицированному портфелю. В действительности, именно этот взгляд на риск приводит модели риска к разделению риска инвестиций на два компонента. Во-первых, существует риск на уровне фирмы, он относится только к данной инвестиции или к нескольким инвестициям, подобным этой. Во-вторых, существует рыночный риск, включающий риск, который влияет на значительное подмножество инвестиций или на все инвестиции. Последний вид риска не поддается диверсификации и требует вознаграждения.

Хотя все модели риска и доходности сходятся на этом достаточно важном разграничении, они расходятся, когда речь идет о способах измерения рыночного риска. В таблице 7.1 обобщены особенности четырех моделей и способов измерения риска в них.

В первых трех моделях ожидаемая доходность любой инвестиции можно записать следующим образом:

$$\text{Ожидаемая доходность} = \text{безрисковая ставка} + \sum_{j=1}^{j=k} \beta_j (\text{премия за риск}_j),$$

где β_j = коэффициент бета инвестиции относительно фактора j;
премия за риск$_j$ = премия за риск для фактора j.

Заметим, что в случае однофакторной модели (например, CAPM) доходность каждой инвестиции определяется ее коэффициентом бета по отношению к одному фактору.

Предполагая, что известна безрисковая ставка, эти модели требуют двух типов входных данных. Во-первых, это — коэффициент(ы) бета анализируемой инвестиции, а во-вторых, это — соответствующая(ие) премия(ии) за риск для фактора или факторов в этой модели. Вопрос оценки коэффи-

Таблица 7.1. *Сравнение моделей риска и доходности*

Модель	Предположения	Измерение рыночного риска
Модель оценки капитальных активов (CAPM)	Отсутствуют транзакционные издержки или непубличная информация. Следовательно, диверсифицированный портфель включает все обращающиеся инвестиционные инструменты пропорционально их рыночной стоимости	Коэффициент бета, измеренный относительно данного рыночного портфеля
Модель арбитражной оценки (APM)	Инвестиции в одинаковой степени подвергаются рыночному риску и должны торговаться по одинаковым ценам (отсутствие возможности для арбитража)	Коэффициенты бета, измеренные относительно множества неспецифических факторов рыночного риска
Многофакторная модель	Предположение об отсутствии арбитража, аналогичное используемому в модели APM	Коэффициенты бета измеряются относительно множества специфических макроэкономических факторов
Приближенная модель	На очень длительных периодах более высокая доходность инвестиций должна служить компенсацией за повышенный рыночный риск	Приближенные оценки рыночного риска опираются на рыночную капитализацию и мультипликатор «цена/балансовая стоимость»

циента бета будет рассмотрен в следующей главе, а данный раздел в основном посвящен измерению премии за риск.

Что именно мы измеряем? Пока речь идет о премии за риск, по каждому фактору нам хотелось бы знать, какую премию в среднем требуют инвесторы сверх безрисковой ставки при инвестировании со средней степенью риска.

Без ущерба универсальности рассуждений рассмотрим оценку коэффициента бета и премии за риск в модели оценки капитальных активов. Премия за риск должна измерять, какую дополнительную доходность в среднем требуют инвесторы при инвестировании в рыночный портфель в сопоставлении с безрисковым активом.

Исторические премии за риск

На практике мы обычно оцениваем премии за риск по историческим премиям по акциям относительно свободных от дефолта ценных бумаг на длительных промежутках времени. Подход к оценке исторических премий прост. Фактическая доходность, приносимая акциями в долгосрочном периоде, оценивается и сравнивается с фактической доходностью свободных от дефолта (обычно правительственных) ценных бумаг. Определяется разница между двумя доходностями в годовом исчислении, она и дает историческую премию за риск. Данный подход может обеспечить обоснованные оценки на рынках, аналогичных американскому, где существуют крупные и диверсифицированные фондовые рынки и длительная история доходности акций и правительственных ценных бумаг. Однако он может дать бесполезные оценки премии за риск для других стран, где фондовый рынок представляет небольшую долю всей экономики и данные об исторической доходности существуют только за небольшой период времени.

Хотя пользователи различных моделей риска и доходности могут соглашаться с тем, что исторические премии в принципе являются наилучшим способом оценки премии за риск, мы наблюдаем на удивление значительные различия в фактических премиях за риск, используемых на практике. Например, оценки премии за риск на рынках США, выполненные различными инвестиционными банками, консультантами и корпорациями, колеблются в интервале 3–12%. С учетом того, что почти все мы используем одинаковые базы данных по историческим доходностям (которые предоставляются Ibbotson Associates[1] и содержат данные с 1926 г.), эти различия

[1] См.: Stocks, Bonds, Bills and Inflation — ежегодное издание, содержащее информацию о годовой доходности акций, казначейских векселей и облигаций, а также данные по темпам инфляции с 1926 г. по настоящее время (www.ibbotson.com).

кажутся удивительными. Однако существуют три причины появления разногласий относительно премий за риск.

1. *Используемый временной период*. Хотя многие используют все данные вплоть до 1926 г., не меньше исследователей при определении исторических премий за риск опираются на сведения за менее продолжительные временные периоды, например 50, 20 и даже 10 лет. Обоснование, приводимое теми, кто прибегает к более коротким временным периодам, заключается в том, что подход к устранению риска средним инвестором, по всей вероятности, со временем изменяется, поэтому использование более коротких периодов дает более адекватные оценки. Таким образом, должны компенсироваться издержки, связанные с использованием более коротких периодов (т. е. больший шум при оценке премий за риск). В действительности, с учетом годового стандартного отклонения цен на акции[1] за период с 1926 по 2010 г., составляющего 20%, стандартную ошибку[2], связанную с оценкой премии за риск, можно оценить различными способами (табл. 7.2).

   Отметим, что для получения приемлемой стандартной ошибки необходимо обратиться к очень длительным периодам исторических доходностей. Напротив, стандартные ошибки при 10- и 20-летней оценке почти всегда столь же велики, что и оцененная фактическая премия за риск, или даже превышают ее. Данная плата за использование более коротких временных периодов, на наш взгляд, сводит на нет все преимущества, связанные с получением более точных оценок.

Таблица 7.2. *Стандартные ошибки в оценках премий за риск*

Период оценки	Стандартная ошибка оценки премии за риск
5 лет	$20\%\ \sqrt{5} = 8{,}94\%$
10 лет	$20\%\ \sqrt{10} = 6{,}32\%$
25 лет	$20\%\ \sqrt{25} = 4{,}00\%$
50 лет	$20\%\ \sqrt{30} = 2{,}83\%$

[1] Исторические данные о доходности акций, облигаций и векселей см. раздел Updated Data на сайте www.stern.nyu.edu/~adamodar.

[2] Эти оценки стандартной ошибки, по всей вероятности, преуменьшены, поскольку они основываются на предположении о том, что годовые доходности не коррелируют во времени. Существуют веские эмпирические доказательства того, что доходности коррелируют во времени, значительно увеличивая полученную оценку стандартной ошибки.

2. *Выбор безрисковой ценной бумаги.* В базе данных Ibbotson содержится информация о доходности как казначейских векселей США (T-bills), так и казначейских облигаций США (T-bonds). С учетом того, что кривая доходности в Соединенных Штатах для большинства из семи последних десятилетий была монотонно возрастающей, премия за риск больше, когда она оценивается по более краткосрочным правительственным ценным бумагам (например, по казначейским векселям). *Выбранная для вычисления премии безрисковая ставка должна согласовываться со ставкой, используемой при вычислении ожидаемой доходности.* Таким образом, если в качестве безрисковой ставки используется ставка по казначейским векселям, то премией за риск является премия, принесенная акциями сверх этой ставки. Если в качестве безрисковой используется ставка по казначейским облигациям, то премия должна вычисляться относительно этой ставки. В корпоративных финансах и при решении задач, связанных с оценкой, безрисковой ставкой в основном служит ставка по долгосрочным, свободным от риска дефолта правительственным облигациям, а не ставка по казначейским векселям. Таким образом, используемой премией за риск должна быть премия, приносимая акциями сверх ставки по казначейским облигациям.
3. *Арифметические и геометрические средние.* Еще одним камнем преткновения при оценке исторических премий является способ вычисления средней доходности акций, казначейских облигаций и векселей. Среднеарифметическая доходность выражает простое среднее значение ряда годовых доходностей, в то время как среднегеометрическая доходность вычисляется в сложных процентах[1]. Как правило, к использованию среднеарифметического относятся более благосклонно. В самом деле, если годовые доходности не коррелируют во времени и нашей целью является оценка премии за риск на следующий год, то среднеарифметическая премия будет лучшей непредвзятой оценкой этой премии. Но в действительности, существуют серьезные доводы в пользу применения среднегеометрического. Во-первых, эмпирические исследования показывают, что доходность акций статистически коррелирует во времени[2]. Сле-

---

1 Доходность в сложных процентах вычисляется на основе стоимости инвестиции в начале периода (стоимость$_0$) и при завершении периода (стоимость$_N$), подставленных в следующее уравнение:

$$\text{Среднегеометрическое} = \left(\frac{\text{стоимость}_N}{\text{стоимость}_0}\right)^{\frac{1}{N}} - 1.$$

2 Иными словами, удачные годы с большей вероятностью сменяются неудачными годами, и наоборот. Свидетельства в пользу отрицательной сериальной корреля-

довательно, среднеарифметическая доходность, скорее всего, завышает премию. Во-вторых, хотя модели оценки капитальных активов могут быть моделями с одним периодом, их использование для получения ожидаемой доходности на длительных периодах (например, 5- или 10-летних) предполагает, что единичный период может значительно превышать один год. В этом контексте доводы в пользу среднегеометрических премий могут стать еще убедительнее.

В целом оценки премий за риск варьируют у различных пользователей в зависимости от используемых временных периодов, выбора ставки по казначейским облигациям или векселям в качестве безрисковой ставки и использования арифметических или геометрических средних. Воздействие вариантов выбора показано в таблице 7.3, где использованы доходности за период с 1928 по 2010 г. Заметим, что премии могут колебаться в интервале от –4,11 до 7,62%. В действительности, эти различия усиливаются из-за того, что многие используемые сегодня премии за риск были оценены на основе исторических данных 3–4 года или даже 10 лет назад. Если выбирать премию за риск по этой таблице, то мы склонились бы к значению 4,31% — среднегеометрической премии за риск по акциям относительно казначейских облигаций в период с 1928 по 2010 г.

Таблица 7.3. *Исторические премии за риск для США*

Год	Акции минус казначейские векселя		Акции минус казначейские облигации	
	Арифметические средние (%)	Геометрические средние (%)	Арифметические средние (%)	Геометрические средние (%)
1928–2010	7,62 (2,25)	5,67	6,03 (2,38)	4,31
1960–2010	5,83 (2,42)	4,44	4,13 (2,69)	3,09
2000–2010	1,37 (6,73)	–0,79	–2,26 (9,00)	–4,11

Источник: S&P и Федеральный резервный банк.

histretSP.xls — размещенная в Интернете база данных, которая содержит информацию об исторической доходности акций, казначейских облигаций, казначейских векселей в США вплоть до 1928 г.

ции исчерпывающи, и их можно найти в исследованиях Фамы и Френча (Fama and French, 1988). Хотя они обнаружили, что годовая корреляция невысока, пятилетняя сериальная корреляция принимает значительные отрицательные значения для всех пяти классов.

Исторические премии за риск: другие рынки. Трудно получить надежную оценку исторической премии для рынка США. Вдвойне трудной эта задача становится, когда мы рассматриваем рынки с короткой и изменчивой историей. Это особенно справедливо для развивающихся рынков, но также верно и в отношении европейских фондовых рынков. Хотя экономики Германии, Италии и Франции и являются зрелыми, их фондовые рынки обладают различными характеристиками. Еще два десятилетия назад на них доминировали несколько крупных компаний, многие компании оставались частными, а торговалось лишь небольшое число акций.

Некоторые практики все же используют исторические оценки, опираясь на данные по этим рынкам. Чтобы хотя бы отчасти осознать опасность, с которой мы сталкиваемся на практике, в таблице 7.4 представлены исторические премии за риск[1] для основных неамериканских рынков за период 1970–2010 гг.

Таблица 7.4. *Исторические премии за риск на рынках за пределами США*

Страна	Акции минус долгосрочные правительственные ценные бумаги			
	Геометрические средние (%)	Арифметические средние (%)	Стандартная ошибка (%)	Стандартное отклонение (%)
Австралия	5,9	7,8	1,9	19,8
Бельгия	2,5	4,9	2,0	21,4
Великобритания	3,9	5,2	1,6	17,0
Германия	5,4	8,8	2,7	28,4
Дания	2,0	3,4	1,6	17,2
Ирландия	2,9	4,9	1,9	19,8
Испания	2,3	4,3	2,0	20,8
Италия	3,7	7,2	2,8	29,6
Канада	3,7	5,3	1,7	18,2
Нидерланды	3,5	5,8	2,1	22,2
Новая Зеландия	3,8	5,4	1,7	18,1
Норвегия	2,5	5,5	2,7	28,0
Финляндия	5,6	9,2	2,9	30,3
Франция	3,2	5,6	2,2	22,9
Швейцария	2,1	3,6	1,7	17,6
Швеция	3,8	6,1	2,1	22,3
Южная Африка	5,5	7,2	1,9	19,6
Япония	5,0	9,1	3,1	32,8
США	4,4	6,4	1,9	20,5
Мир без США	3,8	5,0	1,5	15,5
Мир в целом	3,8	5,0	1,5	15,5

Источник данных: Dimson, Marsh, and Stauton (2010).

[1] Эти данные взяты из Credit Swiss Global Investment Returns Sourcebook 2011 и были обновлены Димсоном, Маршом и Стонтоном из Лондонской школы бизнеса.

Обратите внимание на то, что одни страны имеют очень низкие исторические премии за риск, а другие — высокие. Прежде чем мы попытаемся объяснить подобное положение вещей, необходимо отметить, что стандартная ошибка для всех этих оценок и каждой из них в отдельности высокая, хотя премии и оценивались за очень продолжительный период.

Если стандартные ошибки даже для этих оценок высоки, то представьте себе, насколько велик шум в оценках исторических премий за риск для развивающихся фондовых рынков, которые часто имеют надежную историю за 10 или менее лет, и очень значительное стандартное отклонение годовой доходности акций. Исторические премии за риск для развивающихся рынков могут служить поводом для шуток, но они вряд ли пригодны для моделей, соотносящих риск и доходность.

МЕТОД ИСТОРИЧЕСКИХ ПРЕМИЙ: ПРЕДОСТЕРЕЖЕНИЯ

Учитывая широту использования метода исторических премий, удивительно осознавать степень его некорректности, а также отсутствие внимания к его недостаткам. Для начала рассмотрим базовое предположение о том, что премии за риск для инвесторов не меняются со временем, а инвестиция со средним риском (в рыночном портфеле) остается неизменной в рассматриваемый временной период. Сомнительно, что удастся найти хотя бы одного человека, который будет отстаивать такие допущения.

Очевидный выход из этой ситуации, обусловленной использованием более близких по времени временных периодов, приводит нас ко второй проблеме — значительной стандартной ошибке, связанной с оценками премий за риск. В то время как для очень длительных временных периодов эти ошибки могут быть терпимыми, при использовании более кратких интервалов времени они становятся неприемлемо высокими.

Наконец, даже если есть достаточно длительный временной период и склонность инвесторов к риску не менялась кардинальным образом за это время, возникает еще одна проблема. Рынки, обладающие данной характеристикой, представляют собой так называемые «рынки выжившего» (можно предположить, что американский рынок является одним из примеров такого типа рынков). Другими словами, предположим, что некто вложил в 1928 г. деньги в 10 крупнейших фондовых рынков мира, одним из которых являлся американский. В период с 1928 по 2010 г. инвестиции ни в один из других фондовых рынков не принесли такой крупной премии, как инвестиции в американский фондовый рынок, а некоторые рынки (например, австрийский) принесли инвестору небольшую или отрицательную доходность в течение этого периода. Таким образом, предубеждение выжившего проявится в исторических премиях, превышающих ожидаемые премии для таких рынков, как американский, даже если предположить, что инвесторы действуют рационально и риск учтен в ценах.

Модифицированная историческая премия за риск. Хотя исторические премии за риск на рынках за пределами США не могут использоваться в моделях, связывающих риск и доходность, нам все же необходимо оценивать премии за риск на этих рынках. Обсуждение вопроса об оценках подобного рода мы начнем с базового предположения о том, что премию за риск на любом фондовом рынке можно записать следующим образом:

Премия за риск акций =
= базовая премия для зрелого фондового рынка + суверенная премия.

Суверенная премия может отражать дополнительный риск данного рынка. Это предположение сводит проблему оценки к ответу на два вопроса:

1. Какой должна быть базовая премия на зрелом фондовом рынке?
2. Должна ли в формуле присутствовать суверенная премия, и если да, то как ее оценить?

Для ответа на первый вопрос можно сначала доказать, что фондовый рынок США является зрелым рынком и что есть достаточный объем исторических данных по американскому рынку, чтобы получить приемлемую оценку премии за риск. В действительности, если вернуться к нашему обсуждению исторических премий на рынке США, мы будем использовать среднегеометрическую премию, приносимую акциями относительно казначейских облигаций и равную 4,31% за период 1928–2010 гг. Мы выбрали столь длительный интервал в целях сокращения стандартной ошибки, казначейские облигации США, как наиболее подходящие для выбора безрисковой ставки, среднее геометрическое для отражения нашего желания получить премию за риск, которую можно использовать для оценки долгосрочной ожидаемой доходности.

Что касается вопроса о суверенной премии, то некоторые доказывают, что суверенный риск является диверсифицируемым, поэтому данную премию за риск учитывать не следует. После того как мы рассмотрим основания для подобной аргументации и альтернативные взгляды на премию за суверенный риск, мы представим подходы к оценке премии за суверенный риск, один из которых основан на дефолтных спредах для облигаций, а другой — на волатильности фондового рынка.

Следует ли учитывать премию за суверенный риск? Являются ли инвестиции в малайзийские или бразильские акции более рискованными, чем вложения в американские бумаги? По-видимому, большинство ответило бы на этот вопрос положительно. Тем не менее это еще не дает ответа на вопрос о том, стоит ли учитывать дополнительную премию за риск, требуемую при инвестировании на этих рынках.

Заметим, что единственный риск, имеющий отношение к целям оценки стоимости привлечения собственного капитала, — это рыночный риск, т. е. риск, который нельзя устранить диверсификацией. В этом случае ключевым моментом становится вопрос о том, является ли риск на развивающихся рынках диверсифицируемым или он не поддается диверсификации. Если в действительности дополнительный риск при инвестировании, скажем, на бразильском или малазийском рынке можно устранить путем диверсификации, то дополнительную премию за риск применять не стоит. Если же подобное устранение риска невозможно, то имеет смысл подумать об оценке премии за суверенный риск.

Однако кто должен производить устранение риска путем диверсификации? В собственном капитале малайзийской или бразильской фирмы могут участвовать сотни или тысячи инвесторов, и некоторые из них, возможно, держат только местные акции в своих портфелях, в то время как другие обладают международными портфелями. С целью анализа суверенного риска мы рассмотрим финансового инвестора, т. е. инвестора, который зарабатывает на торговле акциями. Если финансовый инвестор диверсифицировал свой портфель, введя в него акции других стран (глобальная диверсификация), то он по крайней мере обладает потенциалом для глобальной диверсификации. Если же финансовый инвестор не обладает глобальным портфелем, то вероятность устранения суверенного риска путем диверсификации существенно снижается. Штульц (Stulz, 1999) высказал аналогичное мнение, используя иную терминологию. Он разграничил сегментированные рынки, где премии за риск могут быть разными в каждом случае, поскольку инвесторы не могут или не будут осуществлять инвестиции вне границ местных рынков, и открытые рынки, где инвесторам доступны иностранные инвестиции. На сегментированном рынке финансовый инвестор будет диверсифицирован только в отношении инвестиций на этом рынке, в то время как на открытом рынке он имеет возможность (даже если он ею и не пользуется) инвестировать на рынках за пределами своей страны.

Даже если финансовый инвестор глобально диверсифицирован, существует еще один критерий, который должен соблюдаться, чтобы суверенный риск не имел значения. Весь или подавляющая часть суверенного риска должны относиться только к данной стране. Другими словами, должна наблюдаться низкая корреляция между рынками. Только в этом случае данный риск можно устранить при помощи глобально диверсифицированного портфеля. Однако если доходность, получаемая в разных странах, имеет существенную положительную корреляцию, то суверенный риск обладает существенной рыночной компонентой, не является диверсифицируемым и может потребовать премии. Коррелируют ли доходности в разных странах — это эмпирический вопрос. Исследования за 1970-е и 1980-е гг. показали, что корреляция в этот период оставалась невысокой, стимулируя стремление к глобальной диверсификации. В какой-то степени благодаря успешному предложению товаров, а также все более интенсивному процессу переплетения друг с другом экономик во всем мире, которое наблюдается в последние десятилетия, более поздние исследования показали, что корреляция между рынками возросла. В частности, данный факт нашел подтверждение в темпах, с которыми проблемы на одних рынках, например на российском, распространялись на рынки, слабо связанные или никак не связанные с ними, например на бразильский.

Так на чем же нам остановиться? Мы полагаем, что, хотя барьеры для торговли между рынками пали, инвесторы предпочитают держать акции местных экономик, а рынки остаются частично сегментированными. Хотя глобально диверсифицированные инвесторы играют все более значимую роль в ценообразовании акций по всему миру, повышение корреляции между рынками привело к тому, что суверенный риск стал частично недиверсифицируемым, или рыночным риском. В следующем разделе мы обсудим оптимальные методы для измерения суверенного риска и учтем его в ожидаемой доходности.

Измерение премий за суверенный риск. Если суверенный риск имеет значение и приводит к более высоким премиям для стран с более значительным риском, то возникает очевидный вопрос: каким образом измерять эту дополнительную премию. В данном разделе мы обсудим три подхода. Первый из них отталкивается от оценки дефолтного спреда для государственных облигаций, выпускаемым каждой страной, а во втором подходе в качестве основы используется волатильность фондового рынка. Третий подход представляет собой синтез первых двух.

Спред риска дефолта. Существует несколько показателей суверенного риска, но одним из простейших и легко доступных источников остается рейтинг, присваиваемый суверенному долгу рейтинговым агентством. Рейтинги стран определяют такие агентства, как Standard & Poor's (S&P), Moody's Investors Service и Fitch. Эти рейтинги отражают риск дефолта (а не риск, связанный с инвестированием в акции), однако они подвержены влиянию многих факторов, воздействующих на риск инвестирования в акции, к которым относятся, например, стабильность валюты страны, ее бюджета и торгового баланса, а также политическая стабильность в стране[1]. Другим преимуществом использования рейтингов является возможность их использования для оценки дефолтных спредов относительно безрисковой ставки. Дефолтные спреды оцениваются путем

[1] Процесс получения рейтинга страны объяснен на сайте Standard & Poor's www.standardandpoors.com.

сравнения правительственных облигаций в долларах или евро с одинаковым суверенным рейтингом. Например, 10-летняя облигация в долларах, выпущенная перуанским правительством, которой агентство Moody's присвоило рейтинг Baa, имела ставку 5,2% в январе 2011 г. со спредом в 1,7% к казначейской облигации США, ставка по которой составляла 3,5% в то время. Поскольку на такие ставки могут влиять специфические для стран факторы, мы усредняем спреды для каждого класса рейтингов, чтобы получить средний спред для каждого суверенного рейтинга. Для шести стран, имевших рейтинг Baa в январе 2011 г., например, средний дефолтный спред был равен 2,00%.

В последние несколько лет были получены документальные подтверждения опасностей использования суверенных рейтингов. Так, рейтинговые агентства отстают от рынков при изменении суверенного риска. Альтернативным подходом к оценке дефолтных спредов является использование рынка дефолтных свопов (CDS). Как уже говорилось в разделе о безрисковых ставках, в начале 2011 г. торговались CDS примерно для 60 стран. В январе 2011 г., например, спред по CDS для Перу составлял 160 базисных пунктов (1,6%), что очень близко к дефолтному спреду, определенному по деноминированной в долларах облигации. В таблице 7.5 представлены дефолтные спреды для некоторых стран по состоянию на январь 2011 г., определенные как на основе суверенного рейтинга, так и на основе CDS.

Таблица 7.5. *Дефолтные спреды для некоторых стран, январь 2011 г.*

Страна	Рейтинг (Moody's)	Дефолтный спред[а] (%)	Спред по 10-летнему CDS[б] (%)
Аргентина	B3	6,00	6,62
Бразилия	Baa3	2,00	1,59
Индия	Ba1	2,40	—
Индонезия	Ba2	2,75	2,06
Китай	Aa3	0,70	0,99
Малайзия	A3	1,15	0,99
Перу	Baa3	2,00	1,52
Польша	A2	1,00	1,64
Россия	Baa1	1,50	1,78
Турция	Ba2	2,75	2,01
Чили	Aa3	0,70	1,00
Южная Африка	A3	1,15	1,65

[а] Средние дефолтные спреды по странам с данным суверенным рейтингом.

[б] Рыночная цена на 10-летние CDS.

Рыночный спред измеряет разницу между ставкой по деноминированным в долларах облигациям, выпущенным данной страной, и ставкой по казначейским облигациям США. Хотя это рыночная ставка, отражающая текущие ожидания, спред по суверенным облигациям весьма волатилен и может ежедневно значительно меняться. Для учета этой изменчивости типичный спред оценивался путем усреднения дефолтного спреда по всем странам мира с рейтингом, превышающим соответствующую безрисковую ставку. Эти спреды обычно менее изменчивы и более надежны при использовании в долгосрочном анализе.

Аналитики, использующие дефолтный спред в качестве меры суверенного риска, обычно добавляют данную величину к стоимости привлечения собственного и заемного капитала любой компании, ведущей операции в этой стране. Например, стоимость привлечения собственного капитала бразильской компании, оцененная в долларах США, будет на 2,00% выше, чем стоимость привлечения собственного капитала аналогичной американской компании. Если мы предположим, что премия за риск в США и на других зрелых фондовых рынках составляет 4,31%, то стоимость привлечения собственного капитала для перуанской компании с коэффициентом бета 1,2 можно оценить следующим образом (при ставке по американским казначейским облигациям в 3,5%):

$$\text{Стоимость привлечения собственного капитала} = \text{безрисковая ставка} + \\ + \text{коэффициент бета} \times \text{премия за риск в США} + \text{дефолтный спред} = \\ = 3{,}5\% + 1{,}2\ (4{,}31\%) + 2{,}00\% = 10{,}67\%.$$

В некоторых случаях аналитики добавляют дефолтный спред к премии за риск в США, умножая ее на коэффициент бета. Это увеличивает стоимость привлечения собственного капитала для компаний с высоким коэффициентом бета и понижает ее для фирм с низким коэффициентом бета.

Хотя рейтинги являются удобным измерителем суверенного риска, их использование в качестве единственной меры связано с определенными недостатками. Во-первых, рейтинговые агентства часто отстают от рынков, когда речь идет о реакции на изменения в базовом риске дефолта. Во-вторых, концентрация внимания рейтинговых агентств на риске дефолта может оттеснять на задний план другие риски, оказывающие влияние на фондовые рынки. Каковы же альтернативы? Существуют численные показатели суверенного риска, разработанные некоторыми организациями, а также более полные меры риска. Например, журнал *Economist* составляет показатель, изменяющийся в интервале от 0 до 100 (где 0 — риск отсутствует, а 100 — наибольший риск), который используется для ранжирования развивающихся рынков. Кроме того, суверенный риск можно оценить на основе фундаментальных экономических показателей каждой страны. Естественно, это требует обработки значительно большего объема информации по сравнению с другими подходами. Наконец, дефолтный спред характеризует риск инвестирования в облигации, выпускаемые странами, а не риск инвестирования в местные акции. Поскольку акции на любых рынках более рискованны, чем облигации, можно утверждать, что дефолтный спред занижает премию за риск акций.

Относительное стандартное отклонение. Некоторые аналитики полагают, что инвесторы на фондовых рынках осуществляют выбор, основываясь на оценке рискованности, а премии за риск должны отражать отличие риска, связанного с акциями. Обычной мерой для оценки риска инвестирования в акции является стандартное отклонение цен акций. Более высокое стандартное отклонение, как правило, связывается с большим риском. Если вы сравниваете стандартное отклонение на разных рынках, то получаете меру относительного риска.

$$\text{Относительное стандартное отклонение}_{\text{страна X}} = \\ = \text{стандартное отклонение}_{\text{США}}/\text{стандартное отклонение}_{\text{страна X}}.$$

Данное относительное стандартное отклонение при умножении на премию за риск инвестирования в американские акции должно демонстрировать меру общей премии за риск для любого рынка.

$$\text{Премия за риск инвестирования в акции}_{\text{страна X}} = \\ = \text{премия за риск}_{\text{США}} \times \text{относительное стандартное отклонение}_{\text{страна X}}.$$

Предположим на мгновение, что вы используете премию зрелого рынка для США, равную 4,31%, а годовое стандартное отклонение американских акций составляет 20%. Если годовое стандартное отклонение индонезийских акций равно 35%, то оценка общей премии за риск инвестирования на индонезийском рынке равна:

$$\text{Премия за риск инвестирования в акции}_{\text{Индонезия}} = \\ = 4{,}31\% \times (35\%/20\%) = 7{,}54\%.$$

ОПАСНОСТЬ ДВОЙНОГО УЧЕТА РИСКА

При оценке суверенного риска возрастает вероятность того, что один и тот же риск может быть учтен более одного раза. Так, некоторые аналитики используют деноминированные в долларах суверенные облигации (например, бразильские долларовые облигации), рассматривая их в качестве безрисковой ставки при оценке стоимости привлечения собственного капитала для бразильских компаний. Процентная ставка по этим облигациям уже включает дефолтный спред, рассмотренный в предыдущем разделе. Если премия за риск еще и корректируется в сторону увеличения с целью учета суверенного риска, то происходит двойной учет риска. Данный эффект усугубляется, когда коэффициенты бета корректируются в сторону увеличения, а денежные потоки — в сторону понижения (процесс называется «стрижкой») из-за наличия суверенного риска.

Тогда премия за суверенный риск может быть представлена следующим образом:

$$\text{Премия за суверенный риск}_{\text{Индонезия}} = 7{,}54\% - 4{,}31\% = 3{,}23\%.$$

Хотя данный подход обладает интуитивной привлекательностью, возникают проблемы с использованием стандартных отклонений, вычисленных на рынках с сильно различающимися рыночными структурами и ликвидностью. Существуют очень рискованные развивающиеся рынки с очень низким стандартным отклонением для их фондовых рынков, поскольку рынки неликвидны. В результате данный подход приводит к занижению премии за риск инвестирования в акции на этих рынках. Вторая проблема связана с валютами, так как при вычислении стандартного отклонения обычно используется местная валюта. Стандартное отклонение на рынке США приведено к долларовому стандарту, в то время как стандартное отклонение на индонезийском рынке основано на рупиях. Данную проблему не так уж сложно решить, поскольку стандартное отклонение можно измерить на основе одинаковой валюты, оценивая его в долларовой доходности на индонезийском рынке.

Дефолтный спред + относительное стандартное отклонение. Дефолтный спред по стране, согласующийся с рейтингами, обеспечивает первый важный шаг. Тем не менее он измеряет только премию за риск дефолта. Интуитивно можно предположить, что премия за суверенный риск инвестирования в акции будет больше, чем спред риска дефолта по стране. Для рассмотрения вопроса, насколько он будет больше, можно изучить волатильность национального фондового рынка по отношению к волатильности суверенных облигаций, используемых для оценки спреда. Это даст следующую оценку премии за суверенный риск инвестирования в акции:

$$\text{Премия за суверенный риск} = \text{суверенный дефолтный спред} \times \left(\frac{\sigma_{\text{фондового рынка}}}{\sigma_{\text{суверенной облигации}}} \right).$$

В качестве примера рассмотрим Бразилию. В январе 2011 г. Бразилия имела рейтинг Baa3, присвоенный агентством Moody's, что давало дефолтный спред 2,00%. Стандартное отклонение в годовом выражении бразильского фондового индекса за предыдущие два года составляло 17,65%, в то время как стандартное отклонение в годовом выражении для деноминированной в долларах бразильской облигации составило 7,32%. В итоге премия за суверенный риск инвестирования в акции была равна:

$$\text{Премия за суверенный риск Бразилии} =$$
$$= 2{,}00\%\ (17{,}65\%/7{,}32\%) = 4{,}82\%.$$

Заметим, что премия за суверенный риск повышается, если рейтинг страны падает или в случае повышения относительной волатильности фондового рынка.

Почему премии за риск инвестирования в акции должны иметь какое бы то ни было отношение к спреду суверенной облигации? Простое объяснение заключается в том, что инвестор, который может заработать 11%, инвестируя в деноминированную в долларах бразильскую правительственную облигацию, не согласился бы на ожидаемую доходность вложения в бразильскую акцию в 10,5% (в долларовом выражении). Тем не менее упорный критик мог бы настаивать на том, что процентная ставка по правительственной облигации, по которой определяется дефолтный спред, не является на самом деле ожидаемой доходностью, поскольку основывается на обещанных денежных потоках (купоны и основная сумма), возникающих в результате владения облигацией, а не на ожидаемых денежных потоках. В действительности, если мы хотим выяснить премию за риск облигации, нам нужно оценивать ожидаемую доходность на основе ожидаемых денежных потоков с учетом риска дефолта. Это приводит к значительно более низкому дефолтному спреду и премии за риск инвестирования в акции.

Как данный подход, так и предыдущий используют стандартное отклонение для акций на рынке для получения суждения о премии за суверенный риск, но они измеряют его по отношению к различным базисам. В данном подходе в качестве основы используется суверенная облигация, в то время как в предыдущем подходе использовалось стандартное отклонение на рынке США. Данный подход предполагает, что инвесторы выбирают скорее между бразильскими облигациями и бразильскими акциями, в то время как предыдущий подход предполагал, что выбор производится между различными фондовыми рынками.

Выбор подхода. Три подхода к оценке премии за суверенный риск, как правило, приводят к различным оценкам. При этом подход на основе дефолтного спреда для облигации и относительного стандартного отклонения цен акций дает более низкую премию за суверенный риск, чем смешанный подход, когда используются как суверенный дефолтный спред по облигации, так и стандартное отклонение по акциям. Мы полагаем, что более значительные премии за суверенный риск, возникающие в последнем подходе, наиболее реалистичны для ближайшего будущего, но они со временем меняются. Подобно тому, как компании могут стать зрелыми и менее рискованными, страны также могут становится зрелыми и менее рискованными.

В одном из способов коррекции премий за суверенный риск во времени мы исходим из премии, возникающей из комбинированного подхода, и корректируем эту премию в сторону понижения в соответствии или с суверенным дефолтным спредом по облигации, или с суверенной премией, оцененной с помощью стандартного отклонения по акциям. Другим способом представления данного аргумента является учет того, что разница между стандартным отклонением цен акций и облигаций сужается на более длительных периодах, и результирующая относительная волатильность, как правило, уменьшается[1]. Таким образом, премия за риск инвестирования в акции будет сближаться со спредом суверенной облигации, когда мы анализируем более долгосрочные ожидаемые доходности. Например, в следующем году премия за суверенный риск для Бразилии будет равна 4,82%, но она понизится со временем до 2,00% (суверенный дефолтный спред) или еще ниже.

Оценка зависимости стоимости активов от премии за суверенный риск. После оценки премии за суверенный риск остается вопрос о степени подверженности этому риску отдельных национальных компаний. Существуют три альтернативных взгляда на суверенный риск.

1. *Предположим, что все компании в стране одинаково подвержены суверенному риску.* Таким образом, для Бразилии с расчетной премией за суверенный риск, равной 4,82%, каждая компания на рынке должна добавлять к ожидаемой доходности премию за суверенный риск в размере 4,82%. Например, стоимость привлечения собственного капитала в долларах США для интегрированной нефтяной компании Petrobras, котирующейся в Бразилии и обладающей коэффициентом бета 0,80, (если предположить, что ставка по американским казначейским облигациям 3,5%, а премия за риск на зрелом рынке (американском) = 4,31%), будет такой:

Ожидаемая стоимость привлечения собственного капитала =
= 3,50% + 0,80 (4,31%) + 4,82% = 11,77%.

Заметим, что в качестве безрисковой ставки используются ставки по американским облигациям, а премия за риск инвестирования в акции для зрелого фондового рынка равна 4,31% (на основе исторических данных для американского рынка). Самым серьезным ограничением данного подхода является предположение о том, что все фирмы в стране, вне зависимости от их специализации и размера, одинаково подвержены суверенному риску. Для обращения стоимости привлечения собственного капитала (рассчитанной на долларовой основе) в стоимость привлечения

1 Джереми Сигел (Jeremy Siegel) приводит данные о стандартных отклонениях на фондовых рынках в своей книге Stocks for the Very Long Run: The Definitive Guide to Investment Strategies (New York, McGraw-Hill, 2007), замечая при этом, что они со временем сокращаются.

собственного капитала на базе местной валюты нам необходимо откорректировать оценку с учетом инфляции. Например, если темпы инфляции в Бразилии составляют 6%, а темпы инфляции в США 2%, то стоимость привлечения собственного капитала для Petrobras в бразильских реалах (BR) равна:

$$\text{Ожидаемая стоимость привлечения собственного капитала}_{BR} = \\ = 1{,}1177 \times (1{,}06/1{,}02) - 1 = 0{,}1615 \text{ или } 16{,}15\%.$$

Подобный подход обеспечивает согласованность оценок в различных валютах.

2. *Предположим, что степень подверженности компании суверенному риску пропорциональна степени воздействия на нее других видов рыночного риска, измеряемого при помощи коэффициента бета.* Для Petrobras это приведет к следующей оценке стоимости привлечения собственного капитала:

$$\text{Ожидаемая стоимость привлечения собственного капитала} = \\ = 3{,}50\% + 0{,}80 \times (4{,}31\% + 4{,}82\%) = 10{,}80\%.$$

Данный подход дифференцирует фирмы. При этом предполагается, что коэффициенты бета, измеряющие степень подверженности другим видам рыночного риска, учитывают также степень подверженности суверенному риску. Таким образом, компании с низким коэффициентом бета менее подвержены суверенному риску, чем компании с высоким коэффициентом бета.

3. *Наиболее общим и предпочтительным подходом является индивидуализация степени воздействия на компанию суверенного риска и ее подверженности другим видам рыночного риска.* Измерение степени данной подверженности осуществляется с помощью λ, и стоимость привлечения собственного капитала равна:

$$\text{Ожидаемая доходность} = R_f + \text{бета (премия за риск на зрелом рынке)} + \\ + \lambda \text{ (премия за суверенный риск)}.$$

Как оптимальным образом оценить λ? Данный вопрос гораздо подробнее рассмотрен в следующей главе, но мы отметим, что сырьевые компании, получающие подавляющую часть своих доходов в долларах США[1] при продаже на международных рынках, должны быть в меньшей степени подвержены риску, чем производящие компании, обслуживающие местные рынки. С учетом этого компания Petrobras, которая получает доходы

[1] Хотя я разделил доходы на «доходы в долларах» и «долларовые доходы», анализ можно сделать более обобщенно, чтобы рассмотреть доходы в стабильных валютах (например, в долларах, евро) и доходы в рискованных валютах.

главным образом на международном нефтяном рынке в долларах, должна быть менее подвержена суверенному риску[1] по сравнению с типичной бразильской компанией. Используя λ, например, равную 0,50, мы получаем стоимость привлечения капитала в долларах США для компании Petrobras:

$$\text{Ожидаемая доходность} = 3{,}5\% + 0{,}80 \times (4{,}31\%) + 0{,}50 \times (4{,}82\%) = 9{,}36\%.$$

Отметим, что третий подход, в сущности, обращает нашу модель ожидаемой доходности в двухфакторную модель, где вторым фактором является суверенный риск, а λ измеряет степень подверженности суверенному риску. Кроме того, данный подход, по-видимому, наиболее перспективен при анализе компаний, которые подвергаются рискам во многих странах, таких как Coca-Cola и Nestlé. Хотя это и развитые компании, они подвергаются значительному риску на развивающихся рынках, и стоимость привлечения их собственного капитала должна отражать это. В принципе можно оценить премии за суверенный риск для каждой страны, в которой они работают, и λ относительно каждой страны и использовать их для оценки стоимости привлечения собственного капитала для любой компании.

ctryprem.xls — размещенная в Интернете таблица, представляющая собой базу данных, которая содержит обновляемые рейтинги для различных стран и премии за суверенные риски.

Альтернативный подход: подразумеваемые премии за инвестиции в акции

Существует альтернативный подход для оценки премий за риск, который не требует исторических данных или поправки на суверенный риск, но предполагает, что рынок в целом правильно назначает цены. Для примера рассмотрим простую модель оценки для акций:

$$\text{Стоимость} = \frac{\text{ожидаемые в следующем периоде дивиденды}}{\text{требуемая доходность на собственный капитал} - \text{ожидаемые темпы роста}}.$$

В сущности, это приведенная стоимость дивидендов, растущих с постоянной скоростью. Три из четырех входных величин в этой модели можно получить из внешних источников: текущий уровень рынка (стоимость), ожидаемые дивиденды последующего периода, ожидаемые темпы роста прибыли и дивидендов в долгосрочном периоде. Единственной неизвестной величиной остается требуемая доходность на собственный капитал.

[1] $\lambda_{\text{Petrobras}}$ = % от местного рынка$_{\text{Petrobras}}$/% от местного рынка$_{\text{средняя бразильская фирма}}$ = 0,20/0,80 = 0,25.

Решив эту проблему, мы получаем подразумеваемую ожидаемую доходность акций. Вычитание безрисковой ставки даст нам подразумеваемую премию за риск инвестирования в акции.

Для примера: предположим, что текущий уровень индекса S&P 500 равен 900, ожидаемая дивидендная доходность индекса равна 2%, а ожидаемые темпы роста прибыли и дивидендов в долгосрочном периоде составляют 7%. Найдя требуемую доходность собственного капитала, мы получим:

$$900 = (0{,}02 \times 900)/(r - 0{,}07).$$

Находим r:

$$r = (18 + 63)/900 = 9\%.$$

Если текущая безрисковая ставка равна 6%, то премия составит 3%.

Данный подход можно обобщить для учета высокого роста за период. Кроме того, его можно расширить так, чтобы он включал модели, основанные на денежных потоках, а не на дивидендах. В качестве примера возьмем индекс S&P 500 по состоянию на 1 января 2011 г. Индекс находился на уровне 1257,64, а денежные потоки от дивидендов и обратного выкупа акций в течение 2010 г. составили 53,96. Кроме того, консенсусная оценка[1] роста прибыли компаний, входящих в индекс, приблизительно составляла 6,95% на последующие пять лет. Поскольку такие темпы роста не могут поддерживаться вечно, мы использовали двухфазную модель оценки ставки по казначейским облигациям[2], где предполагаем темпы роста на уровне 6,95% в течение пяти лет, а затем понижаем их до 3,29%. В нижеследующей таблице представлены данные относительно ожидаемых денежных потоков в последующие пять лет при высоких темпах роста и в первый год после этих пяти лет при устойчивом росте:

Год	*Денежные потоки, создаваемые индексом*
1	53,96 × (1,0695) = 57,72
2	57,72 × (1,0695) = 61,73
3	61,73 × (1,0695) = 66,02
4	66,02 × (1,0695) = 70,60
5	70,60 × (1,0695) = 75,51
6	75,51 × (1,0329) = 77,99

[1] Мы использовали усредненную оценку различных аналитиков для отдельных фирм (на основе фундаментальных показателей). Кроме того, можно было бы использовать нисходящую оценку прибыли S&P 500 (предоставляемую экономистами).

[2] Ставка по казначейской облигации является суммой ожидаемой инфляции и ожидаемой реальной ставки. Если мы предположим, что реальный рост равен реальной ставке, то темпы долгосрочного устойчивого роста должны быть равны ставке по казначейской облигации.

Если мы предположим, что эти величины являются приемлемыми оценками денежных потоков, а индекс оценен правильно, то:

$$\text{Значение индекса} = 1257{,}64 = 57{,}72/(1 + r) + 61{,}73/(1 + r)^2 + 66{,}02/(1 + r)^3 + 70{,}60/(1 + r)^4 + [75{,}51 + 77{,}99/(r - 0{,}0329)]/(1 + r)^5.$$

Заметим, что последний член в уравнении есть окончательное значение индекса на основе устойчивых темпов роста на уровне 3,29%, дисконтированных к текущему уровню. Если мы решим это уравнение, приняв r в качестве неизвестного, то получим требуемую доходность на собственный капитал, равную 8,49%. Вычитание ставки по казначейским облигациям, равной 3,29%, дает подразумеваемую премию за риск инвестирования в акции в размере 5,20%.

Преимуществом этого подхода является то, что он определяется только текущим уровнем рынка и не требует привлечения исторических данных. Таким образом, его можно использовать для оценки подразумеваемых премий за риск инвестирования в акции, причем на любом рынке. Однако данный подход зависит от того, правильна ли модель, используемая для оценки, а также от того, насколько доступны и надежны входные данные для этой модели. Например, премия за риск инвестирования в акции для бразильского рынка на 30 сентября 2009 г. была оценена на основе следующих данных. Индекс (Bovespa) был равен 61 172, а совокупный денежный поток по нему составлял 4,95%. Ожидаемый рост прибыли в компаниях, входящих в этот индекс, составлял 6% (при расчетах в долларах США) в последующие пять лет и 3,45% — после этого периода. Указанные входные данные дают требуемую доходность на собственный капитал на уровне 9,17%. Этот уровень доходности — при сравнении со ставкой по казначейской облигации США в этот же день (3,45%) — дает подразумеваемую премию за риск инвестирования в акции 5,72%. Для простоты мы использовали номинальные темпы роста на базе доллара[1] и ставки по казначейским облигациям, но этот анализ можно полностью провести на основе местной валюты.

Подразумеваемые премии за риск инвестирования в акции со временем изменяются по мере изменения цен акций, прибыли и процентных ставок. В действительности, контраст между этими премиями и историческими премиями лучше всего иллюстрируется графиком подразумевае-

[1] Из всех входных данных ожидаемые темпы долгосрочного роста наиболее трудно поддаются оценке. В отношении бразильских акций я использовал среднюю консенсусную оценку роста прибыли для крупнейших бразильских компаний, по которым существовали котируемые американские депозитарные расписки (American Depositary Receipts — ADR). Вследствие данного обстоятельства представленная оценка может оказаться предвзятой.

мых премий на индекс S&P 500 за период с 1960 г., который представлен на рисунке 7.1. С точки зрения механики сглаженные темпы исторического роста прибыли и дивидендов использовались в качестве прогнозных темпов роста, а также применялась двухфазная модель дисконтирования дивидендов. Анализ этих цифр может привести к следующим выводам.

- Среднеарифметическая историческая премия за риск инвестирования в акции, которая используется многими практиками, была выше подразумеваемой премии на протяжении практически всего 50-летнего периода (исключая лишь 2009 г.). Среднегеометрическая премия дает более интересные результаты — подразумеваемые премии превосходили исторические премии в середине 1970-х гг. и в 2008 г.

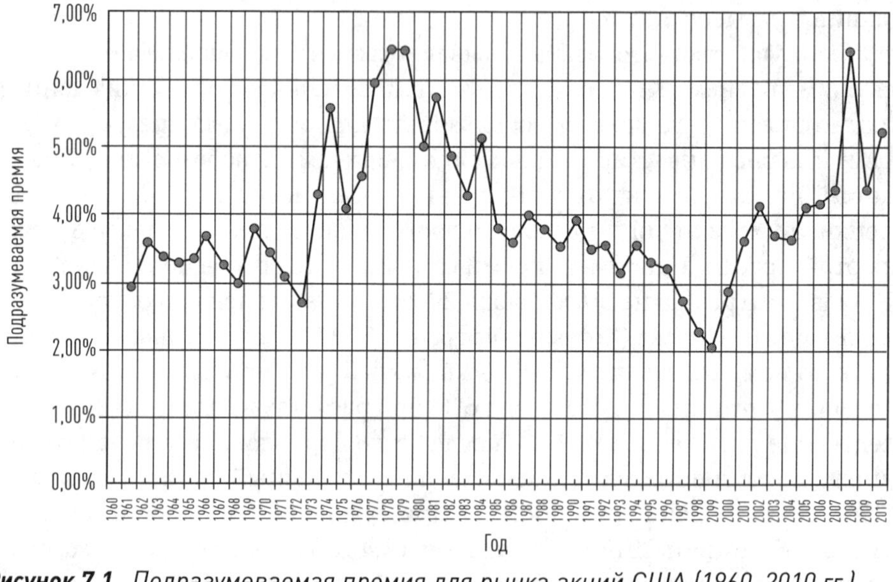

Рисунок 7.1. *Подразумеваемая премия для рынка акций США (1960–2010 гг.)*

- Подразумеваемая премия за риск инвестирования в акции повышалась в 1970-е гг. по мере роста инфляции. Это имеет интересные практические последствия для оценки премии за риск. Вместо предположения (используемого в отношении исторических премий за риск) о том, что премия за риск является постоянной и не зависит от уровня инфляции и процентных ставок, реалистичней бы было повышать премию за риск по мере повышения ожидаемых темпов инфляции и процентных ставок.
- Хотя исторические премии за риск медленно понижались на протяжении нескольких последних десятилетий, у подразумеваемых премий наблюдается сильная тенденция возврата к среднему. Таким образом, премия, которая достигла пика на уровне 6,5% в 1978 г.,

снизилась и приблизилась к средней в 1980-х гг. В 1990-х гг. премия, достигшая уровня 2% в конце доткомовского бума, развернулась и быстро приблизилась к среднему во время рыночной коррекции 2000–2003 гг. С учетом этой тенденции не исключено, что оценка подразумеваемой премии за инвестирование в акции будет намного лучше, если брать в расчет не только текущую премию, но и исторические линии тренда.

Наконец, кризис 2008 г. был беспрецедентным с точки зрения воздействия на премии за риск инвестирования в акции. Подразумеваемые премии за риск выросли за этот год больше, чем за предыдущие 50 лет. При этом изменение в основном пришлось на последние 15 недель года, когда американский и другие развитые рынки испытали потрясения, более характерные для развивающихся рынков. Повышение в значительной мере сошло на нет в 2009 г., однако вернулось в 2010 и 2011 гг.

В качестве заключительного положения заметим, что на финансовых рынках существует сильная тенденция возврата к среднему. Учитывая это, вполне возможно, что можно получить гораздо лучший результат при оценке подразумеваемой премии за риск инвестирования в акции, если анализировать не только текущую премию, но и исторические данные. Для этого существуют два способа.

1. Можно использовать среднюю подразумеваемую премию за риск инвестирования в акции за более долгие периоды, скажем 10–15 лет. Заметим, что здесь нам не требуются данные за столько же лет, сколько необходимо при оценке исторической премии, поскольку стандартные ошибки, как правило, меньше.
2. Возможен и более строгий подход, но он требует взаимоувязки подразумеваемых премий за риск инвестирования в акции с фундаментальными макроэкономическими данными за период. Например, учитывая, что подразумеваемые премии за риск инвестирования в акции, как правило, выше в периоды с более высокими темпами инфляции (и процентными ставками), можно выполнить регрессию подразумеваемых премий за риск инвестирования в акции, соотнося их со ставками по казначейским облигациям и изменяющейся временной структурой за период 1996–2010 гг.:

Подразумеваемая премия за риск инвестирования в акции =
= 2,97% + 0,2903 (ставка по казначейским облигациям).
[2,89]

Регрессия создает достаточно серьезные объяснения. При этом коэффициент соответствия между доходностью портфеля ценных бумаг и рыночным индексом R-квадрат (R-squared), равный 15%, а также t-статистика (в скобках под коэффициентами) показывают статистическую значимость используемых независимых переменных. Подстановка текущей ставки по казначейским облигациям в это уравнение должно дать скорректированную оценку[1] подразумеваемой премии за риск инвестирования в акции.

ИСТОРИЧЕСКИЕ И ПОДРАЗУМЕВАЕМЫЕ ПРЕМИИ ЗА РИСК ИНВЕСТИРОВАНИЯ В АКЦИИ: ВОЗДЕЙСТВИЕ РЫНОЧНЫХ МНЕНИЙ

Как можно видеть из предшествующего обсуждения, исторические премии могут сильно отличаться от подразумеваемых премий за риск инвестирования в акции. В конце 2000 г. историческая премия за риск акций, получаемая сверх ставок по облигациям, в США составляла 5,51%, в то время как подразумеваемая премия за риск инвестирования в акции была равна 2,87%. В конце 2008 г. историческая премия за риск составляла 3,88%, а подразумеваемая премия — 6,43%. При проведении оценки дисконтированных денежных потоков вы должны решить, какая из премий за риск будет использоваться при оценке, и ваш выбор будет определяться как умонастроениями рынка, так и задачей, которую вы преследуете при проведении оценки.

Умонастроения рынка: если вы полагаете, что *рынок в целом прав,* хотя и может совершать ошибки в отношении отдельных акций, то в качестве премии за риск вам следует использовать подразумеваемую премию за риск инвестирования в акции. Если же вы полагаете, что рынок в целом часто совершает ошибки, и *премии за риск на рынке обычно возвращаются к историческим нормам* (возврат к среднему), то вам следует обратиться к исторической премии (4,31% на конец 2000 г.). Одним из способов найти компромисс является предположение о том, что *рынки в целом правы, но могут совершать ошибки в отдельные моменты времени.* Если вы сделали это предположение, то вам следует использовать среднюю подразумеваемую премию за риск инвестирования в акции. Средняя подразумеваемая премия за риск акций в период 1960–2010 гг. равнялась 3,95%. В данной книге историческая премия используется в оценках всего несколько раз, в большинстве случаев мы будем придерживаться средней подразумеваемой премии.

Цель оценки: если ваша оценка требует нейтральности к рынку, то вам следует использовать текущую подразумеваемую премию за риск инвестирования в акции. Это частая ситуация, если вы — аналитик по акциям или должны оценить компанию в целях покупки.

histimpl.xls — размещенная в Интернете таблица, которая содержит необходимые данные, используемые для вычисления премий за каждый год для рынка США.

[1] Например, для данных на 30 апреля 2011 г. я подставил значение ставки по казначейским облигациям в 3,5% в уравнение регрессии, в результате чего получил:

$$0{,}0297 + 0{,}149\ (0{,}035) = 0{,}0349 \text{ или } 3{,}49\%.$$

implprem.xls — таблица, позволяющая оценивать подразумеваемую премию за риск инвестирования в акции на рынке.

ДЕФОЛТНЫЙ СПРЕД ПО ОБЛИГАЦИЯМ

Процентная ставка по облигациям определяется риском дефолта, который, с точки зрения инвесторов, имеет эмитент облигаций. Риск дефолта часто измеряется при помощи рейтинга облигаций, а процентная ставка соответствует рейтингу и оценивается посредством добавления дефолтного спреда к безрисковой ставке. В главе 4 мы рассматривали процедуру, используемую рейтинговыми агентствами для оценки риска фирм. В данной главе мы обратимся к оценке дефолтного спреда для данного класса рейтингов, а также к причинам изменения этих спредов со временем.

Оценка дефолтного спреда

Самый простой способ оценки дефолтного спреда для каждого рейтингового класса — это формирование выборки облигаций в пределах данного рейтингового класса и выяснение текущей рыночной процентной ставки по этим облигациям. Почему необходимо использовать выборку, а не просто одну облигацию? Облигация может быть ошибочно оценена или отнесена к ошибочной рейтинговой группе. Использование выборки уменьшает или даже полностью устраняет данную проблему. При формировании выборки следует пытаться сосредоточить внимание на наиболее ликвидных облигациях, обладающих как можно меньшим числом особых характеристик. Корпоративные облигации часто отличаются неликвидностью, а процентные ставки по ним могут не отражать текущие рыночные ставки. Присутствие особых характеристик у облигаций, таких как конвертируемость, может повлиять на ценообразование этих облигаций и, следовательно, на оценку процентных ставок по ним.

Как только определена выборка облигаций в пределах каждого рейтингового класса, необходимо оценить процентные ставки по этим облигациям. Существуют два широко используемых подхода. Первый заключается в оценке доходности облигации, которая равна купонной ставке, деленной на рыночную цену. Второй предполагает оценку доходности облигации к погашению, определяемую как процентную ставку, которая делает приведенную стоимость купонов и номинальную стоимость облигации равными рыночной цене. Как правило, доходность к погашению оказывается наилучшей мерой рыночной процентной ставки по облигации.

Выяснив процентную ставку, соответствующую выборке облигаций, следует принять два решения. Первое относится к взвешиванию. Можно вычислить простую среднюю величину из процентных ставок по облигациям, входящим в выборку, или же взвешенную среднюю величину, связывая при этом веса с объемом торговли: более ликвидные облигации получают больший вес, чем менее ликвидные облигации. Второе решение относится к индексу казначейской ставки, поскольку средняя процентная ставка для определенного рейтингового класса сравнивается с этой ставкой для выяснения дефолтного спреда. Как правило, срок истечения казначейской ценной бумаги должен соответствовать среднему сроку корпоративной ценной бумаги, выбранной для оценки средней процентной ставки. Таким образом, для получения спреда по облигациям с рейтингом BBB средняя процентная ставка для пятилетних корпоративных облигаций с рейтингом BBB должна сравниваться со средней процентной ставкой для пятилетних казначейских бумаг.

Хотя такие издания, как *Barron's*, исторически предоставляли процентные ставки по облигациям с наивысшими рейтингами (BBB или выше), сегодня ту же информацию по всем облигациям, имеющим рейтинги, дает все большее количество сетевых служб. В таблице 7.6 приведены данные одной из таких служб, работающей в режиме онлайн, на начало 2011 г. для 10-летних облигаций с использованием 3,5%-ной ставки по 10-летней казначейской облигации в качестве безрисковой ставки.

Детерминанты дефолтного спреда

В таблице 7.6 представлена информация о дефолтном спреде в определенный момент времени, причем спред варьирует в зависимости не только от времени, но и от облигаций, имеющих одинаковый рейтинг, но разные сроки погашения. В данном разделе обсуждается, как дефолтный спред изменяется со временем и различается для облигаций с разными сроками погашения.

Таблица 7.6. *Дефолтный спред и процентные ставки — январь 2011 г.*

Рейтинг облигации	Дефолтный спред (%)	Долговая процентная ставка (%)
AAA	0,50	4,00
AA	0,65	4,15
A+	0,85	4,35
A	1,00	4,50
A–	1,10	4,60

Окончание табл. 7.6

Рейтинг облигации	Дефолтный спред (%)	Долговая процентная ставка (%)
BBB	1,60	5,10
BB+	3,00	6,50
BB	3,35	6,85
B+	3,75	7,25
B	5,00	8,50
B–	5,25	8,75
CCC	8,00	11,50
CC	10,00	13,50
C	12,00	15,50
D	15,00	18,50

Источник: BondsOnline.com.

Дефолтный спред и срок погашения облигации. С эмпирической точки зрения дефолтный спред для корпоративных облигаций, принадлежащих к определенному рейтинговому классу, как правило, повышается с увеличением срока до погашения облигации. На рисунке 7.2 представлены дефолтные спреды, оцененные для облигаций с рейтингами Ааа, Ваа и Саа и сроками погашения от 1 до 30 лет в январе 2011 г.

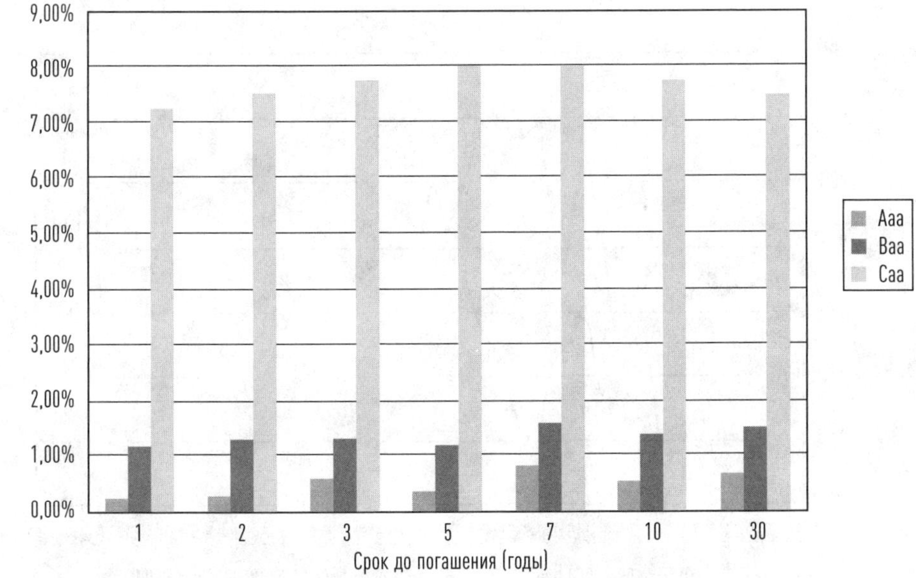

***Рисунок 7.2.** Дефолтный спред в зависимости от срока погашения, январь 2011 г.*

Источник: BondsOnline.com.

По крайней мере в 2011 г. какой-либо явной зависимости дефолтных спредов от срока до погашения не наблюдалось. Другими словами, дефолтный спред по 10-летней облигации не сильно отличается от спреда по 1-летней облигации. Такая ситуация, однако, существует не всегда. В истории бывали периоды, когда дефолтные спреды возрастали и когда они сокращались с увеличением срока облигаций.

Изменения дефолтного спреда со временем. Дефолтные спреды, представленные в таблице 7.6, — после спада на рынке и замедления темпов экономического роста на протяжении года — были существенно выше, чем дефолтные спреды годом ранее. Этот феномен не нов. Исторически дефолтные спреды для каждого рейтингового класса повышались во время спада и понижались в период экономического подъема. На рисунке 7.3 график спреда между 10-летней облигацией с рейтингом Baa (Moody's) и 10-летней казначейской облигацией в течение 1960–2010 гг. сопоставляется с графиком подразумеваемой премии за риск инвестирования в акции. Дефолтный спред повышался в периоды низкого экономического роста. Обратите внимание на повышения, наблюдавшиеся в 1973–1974 гг. и в особенности в 1979–1981 гг. Хотя дефолтные спреды и премии за риск инвестирования в акции в большинстве периодов двигались согласованно, на некоторых отрезках времени они шли в разных направлениях. В конце 1990-х гг., например, бум доткомов на фондовом рынке привел к снижению премий за риск инвестирования в акции, а дефолтные спреды оставались относи-

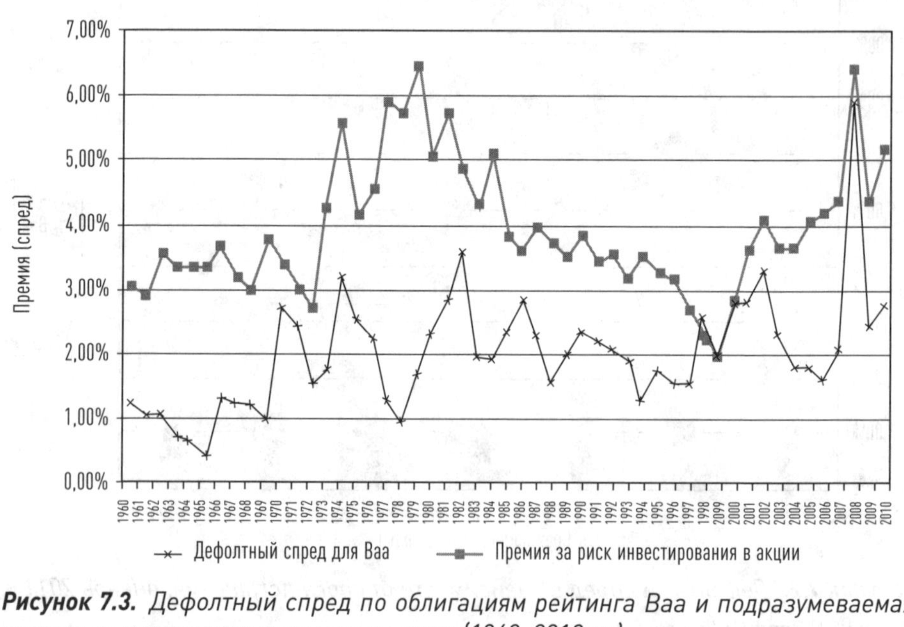

Рисунок 7.3. *Дефолтный спред по облигациям рейтинга Baa и подразумеваемая премия за риск инвестирования в акции (1960–2010 гг.)*

тельно стабильными. В противоположность этому в период бума низкокачественных кредитов в 2004–2007 гг. дефолтные спреды понижались, а премия за риск инвестирования в акции сохранялась неизменной.

rating.xls — размещенная в Интернете база данных, которая содержит информацию о дефолтных спредах по рейтинговым классам для большинства недавних периодов.

ЗАКЛЮЧЕНИЕ

Безрисковая ставка — это исходный пункт для всех моделей оценки ожидаемой доходности. Чтобы актив был безрисковым, он должен быть свободен от риска дефолта и риска реинвестиции. Если полагаться на эти критерии, то безрисковой ставкой для получения ожидаемой доходности должна служить безрисковая ставка облигаций (правительственных) с нулевым купоном, которая выясняется через дисконтирование денежных потоков. Однако обычно на практике целесообразно сопоставлять срок жизни безрискового актива с продолжительностью анализируемых денежных потоков. В задачах оценки это приводит к использованию ставок по долгосрочным правительственным облигациям в качестве безрисковых ставок. Важно также, чтобы безрисковая ставка соответствовала дисконтируемым денежным потокам. В частности, валюта, для которой устанавливается безрисковая ставка, а также определение того, идет ли речь о номинальной или о реальной безрисковой ставке, должны зависеть от валюты, в которой оцениваются денежные потоки, а также от того, производится ли оценка в реальных или номинальных величинах.

Премия за риск — это фундаментальный и критически важный компонент в портфельном менеджменте, корпоративных финансах и оценке. Несмотря на ее важность, удивляет то, что практическим вопросам оценки не уделяется достаточного внимания. В данной главе был рассмотрен стандартный подход к оценке премии за риск, т. е. использование исторической доходности акций и правительственных ценных бумаг, и были изучены его некоторые недостатки. Также исследовалось, как распространить этот подход на развивающиеся рынки, где исторические данные обычно ограничены и волатильны. Альтернативой историческим премиям является оценка премии за риск инвестирования в акции, подразумеваемой ценами на акции. Данный подход требует, чтобы мы отталкивались от модели оценки обыкновенных акций и совместно оценили ожидаемый рост и денежные потоки, возникающие в результате инвестиции в акции. Этот подход обладает тем преимуществом, что он не требует исторических данных и основывается на текущих показателях рынка.

КОНТРОЛЬНЫЕ ВОПРОСЫ

В приведенных ниже заданиях, если не указано иное, премия за риск инвестирования в акции принимается равной 5,5%.

1. Предположим, вы оцениваете индонезийскую фирму в долларах США. Что бы вы использовали в качестве безрисковой ставки?
2. Объясните, почему ставка по шестимесячному казначейскому векселю не может использоваться в качестве безрисковой ставки при дисконтировании пятилетних денежных потоков (за период пять лет).
3. Вам требуется оценить безрисковую ставку в индонезийских рупиях. Индонезийское правительство выпустило облигации, деноминированные в рупиях, с процентной ставкой 17%. Агентство S&P определило рейтинг этих облигаций как BB, а типичный спред для страны с рейтингом BB составляет 5% сверх безрисковой ставки. Оцените безрисковую ставку для рупий.
4. Вы оцениваете индийскую компанию в рупиях. Текущий обменный курс соответствует 45 рупиям за $1, и вы можете получить 10-летний форвардный курс 70 рупий за доллар. Если ставка по казначейским облигациям США равна 5%, оцените безрисковую ставку для индийских рупий.
5. Вы пытаетесь произвести оценку чилийской компании в реальном выражении. Хотя вы не смогли получить реальную безрисковую ставку в Латинской Америке, вам известно, что защищенные от инфляции казначейские облигации в США приносят 3%. Возможно ли использовать эту величину в качестве безрисковой ставки? Почему да или почему нет? Каковы альтернативы?
6. Предположим, вы оценили историческую премию за риск как 6%, основываясь на данных за 50 лет. Оцените стандартную ошибку в оценке премии за риск при условии, что годовое стандартное отклонение цен акций равно 30%.
7. Когда вы используете историческую премию за риск в качестве ожидаемой премии за будущий риск, какие предположения по поводу инвесторов и рынков вы делаете? При этих условиях даст ли историческая премия за риск слишком высокую величину (при использовании в качестве ожидаемой премии)?
8. Вы пытаетесь оценить премию за суверенный риск инвестирования в акции для Польши. Вы знаете, что агентство S&P назначило ей рейтинг A, и Польша выпустила облигации, деноминированные в евро и приносящие в настоящий момент 7,6% на рынке. (Гер-

мания, страна с рейтингом ААА, имеет обращающиеся на рынке облигации, приносящие 5,1%.)

а) Оцените премию за риск по стране, используя дефолтный спред по суверенной облигации в качестве приблизительной оценки.

б) Вы узнали, что стандартное отклонение на польском фондовом рынке составляет 25%, а стандартное отклонение по польской еврооблигации — 15%. Оцените премию за суверенный риск.

9. Стандартное отклонение мексиканского фондового индекса (Mexican Equity Index) равно 48%, а стандартное отклонение индекса S&P 500 составляет 20%. Вы используете премию за риск инвестирования в акции, равную 5,5% для Соединенных Штатов.

   а) Оцените премию за суверенный риск инвестирования в акции для Мексики, используя относительное стандартное отклонение по акциям.

   б) Теперь предположите, что агентство Standard & Poor's присвоило Мексике рейтинг BBB и страна выпустила облигации в долларах, которые торгуются со спредом примерно 3% сверх ставки по казначейским облигациям США. Предполагая, что стандартное отклонение по этим облигациям составляет 24%, оцените премию за суверенный риск Мексики.

10. Индекс S&P 500 находится на уровне 1400. Дивиденды и денежные потоки, создаваемые акциями из индекса, в следующем году ожидаются на уровне 5%. Если долгосрочный ожидаемый темп роста дивидендов и денежных потоков находится на уровне 6%, а безрисковая ставка — 5,5%, оцените подразумеваемую премию за риск инвестирования в акции.

11. Bovespa (бразильский фондовый индекс) находится на уровне 15 000. Дивиденды по индексу в прошлом году равнялись 5% от стоимости индекса. Аналитики ожидают, что в реальном выражении они будут расти на 15% ежегодно в течение последующих 5 лет. Через пять лет ожидается, что темпы снизятся до 5% в реальном выражении и данные темпы будут сохраняться и далее в обозримом будущем. Оцените подразумеваемую премию за риск инвестирования в акции на этом рынке, если реальная безрисковая ставка равна 6%.

12. По мере роста цен на акции подразумеваемые премии за риск инвестирования в акции снижаются. Всегда ли верно данное утверждение? Если не верно, то в каких случаях?

Глава 8

ОЦЕНКА ПАРАМЕТРОВ РИСКА И СТОИМОСТИ ФИНАНСИРОВАНИЯ

В предыдущей главе были изложены основы оценки стоимости привлечения собственного и долгового капитала. Для этого мы рассмотрели оптимальные способы оценки безрисковой ставки, лежащей в основе определения любых издержек, премии за риск инвестирования в акции — для измерения стоимости привлечения собственного капитала, а также дефолтного спреда — для оценки стоимости привлечения долгового капитала. Однако мы не коснулись вопроса о том, каким образом оценивать параметры риска для отдельных фирм. В данной главе будет обсуждаться процесс оценки параметров риска отдельных фирм с целью определения стоимости привлечения собственного и долгового капитала.

Касаясь стоимости привлечения собственного капитала, мы рассмотрим стандартный процесс оценки коэффициента бета для фирмы и обсудим альтернативные подходы. Обращаясь к стоимости привлечения долгового капитала, мы проанализируем рейтинги облигаций, используемые в качестве меры риска дефолта, а также детерминанты этих рейтингов.

Глава завершается сведением воедино оценок параметров риска отдельных фирм и общеэкономических оценок безрисковой ставки и премий за риск, чтобы оценить стоимость привлечения капитала для фирмы. Для этого источники капитала должны быть взвешены по их относительной рыночной стоимости.

СТОИМОСТЬ ПРИВЛЕЧЕНИЯ СОБСТВЕННОГО И ДОЛГОВОГО КАПИТАЛА

В качестве источника средств для финансирования своих инвестиций фирмы используют инвесторов в акции, а также кредиторов. В главе 4 доказывается, что ожидаемая доходность для инвесторов в акции должна включать премию за риск инвестирования в акции, содержащийся в этой инвестиции. Мы называем эту ожидаемую доходность стоимостью привлечения собственного капитала. Аналогично этому, доходность, которую кредиторы ожидают получить от своих инвестиций, включает премию за риск дефолта. Мы называем эту ожидаемую доходность стоимостью привлечения долгового капитала. Если мы рассмотрим финансирование фирмы в целом, то общая стоимость финансирования окажется средневзвешенной величиной стоимости привлечения собственного и долгового капитала.

Данная глава начинается с оценки риска фирмы, связанного с акциями. При этом мы используем риск инвестирования в акции для оценки стоимости привлечения собственного капитала. Затем мы перейдем к измерению риска дефолта, который необходим для оценки стоимости привлечения долгового капитала. В завершение мы займемся определением весов — их следует присвоить каждой из этих стоимостей для получения стоимости финансирования.

СТОИМОСТЬ ПРИВЛЕЧЕНИЯ СОБСТВЕННОГО КАПИТАЛА

Стоимость привлечения собственного капитала — это доходность, которую инвесторы ожидают от инвестиций в собственный капитал фирмы. Модели риска и доходности, описанные в главе 4, требовали безрисковых ставок и премии за риск (модель CAPM) или множества премий (модель APM и многофакторная модель), подход к определению которых был представлен в предыдущей главе. Кроме того, эти модели требуют измерения подверженности фирмы рыночному риску, реализуемого в форме коэффициента бета. Эти входные данные используются для получения оценки ожидаемой доходности от инвестиции в акции:

$$\text{Ожидаемая доходность} = \text{безрисковая ставка} + \text{коэфф. бета} \\ (\text{премия за риск}).$$

Эта ожидаемая доходность для инвесторов в акции включает компенсацию за рыночный риск, свойственный инвестиции, а также стоимость привлечения собственного капитала. В данном разделе основное внимание мы уделим оценке коэффициента бета фирмы. Хотя значительная часть этого обсуждения посвящена модели CAPM, его выводы можно распространить на арбитражную модель оценки и на многофакторную модель.

Коэффициенты бета

В модели CAPM коэффициент бета инвестиции — это риск, который инвестиция добавляет к рыночному портфелю. В модели APM и многофакторной модели коэффициенты бета инвестиции должны измеряться относительно каждого фактора. Существуют три подхода к оценке этих параметров. Один из них — использование исторических данных о рыночных ценах для конкретной инвестиции. Второй подход связан с оценкой коэффициента бета на основе фундаментальных характеристик инвестиции. А третий подход использует данные отчетности фирмы.

Исторические рыночные коэффициенты бета. Общепринятый подход к оценке коэффициента бета инвестиции основывается на регрессионном анализе доходности инвестиции относительно доходности рыночного индекса. Для фирмы, акции которой на протяжении длительного периода торгуются на открытом рынке, не так уж трудно оценить доходность, которую инвестор получит от своей инвестиции в акции на различных интервалах (например, месячных или недельных) в течение периода. В теории для оценки коэффициентов бета активов эти показатели доходности вложений в акции должны быть соотнесены с доходностью рыночного портфеля (т. е. портфеля, который включает все торгуемые активы). На практике же мы обычно в качестве приблизительной оценки рыночного портфеля используем какой-нибудь фондовый индекс (например, S&P 500) и оцениваем коэффициенты бета для акций относительно индекса.

Оценки регрессии коэффициентов бета. Стандартная процедура для оценки коэффициентов бета предусматривает выяснение регрессии доходности акции (R_j) относительно рыночной доходности (R_m):

$$R_j = a + b\,R_m,$$

где a = точка пересечения на оси абсцисс;

b = наклон линии регрессии = ковариация $(R_j, R_m)/\sigma^2_m$.

Наклон линии регрессии соответствует коэффициенту бета акции и выражает рискованность этой акции.

Точка пересечения линии регрессии с осью ординат дает простую оценку эффективности инвестиции в течение периода регрессии, когда доходность измеряется в сравнении с ожидаемой доходностью, полученной по модели оценки капитальных активов. Чтобы понять почему, обсудим следующую запись модели оценки капитальных активов:

$$R_j = R_f + \beta (R_m - R_f) = R_f (1 - \beta) + \beta R_m.$$

Сравните эту формулировку доходности инвестиции с уравнением доходности из регрессии:

$$R_j = a + b\,R_m.$$

Таким образом, сравнение точки пересечения с $R_f (1 - \beta)$ должно предоставить меру доходности акции, по крайней мере для случая модели оценки капитальных активов[1]. Суммируя, можно определить:

если $a > R_f (1 - \beta)$… акция была более доходной, чем ожидалось в течение периода регрессии.

$a = R_f (1 - \beta)$… доходность акции в течение периода регрессии соответствовала ожиданиям.

Rf $(1 - \beta)$… акция оказалась менее доходной, чем ожидалось в течение периода регрессии.

Разница между a и $R_f (1 - \beta)$ называется альфой Дженсена[2], которая предоставляет собой меру того, создает ли рассматриваемая инвестиция доход — больший или меньший, чем требуемый, с учетом рыночной доходности и риска. Например, фирма, заработавшая 15% в течение периода, когда фирмы с аналогичными коэффициентами бета заработали 12%, обеспечила себе избыточную доходность в 3%. Точка пересечения также превысит $R_f (1 - \beta)$ на 3%.

Третьим показателем, который выводится на основе регрессионного анализа, является R-квадрат (R^2) регрессии. Хотя с точки зрения статистики R-квадрат трактуется как «мера добротности построения регрессии», с позиции экономической теории данный показатель позволяет оценить долю риска фирмы, которую можно приписать рыночному риску. В этом случае остаток $(1 - R^2)$ можно отнести к специфическому риску фирмы.

---

[1] Регрессия иногда вычисляется на основе доходности сверх безрисковой ставки как для акции, так и для рынка. В этом случае точкой пересечения линии регрессии должна служить нулевая отметка, если фактическая доходность равна ожидаемой доходности, полученной на основе CAPM. Точка пересечения будет больше нуля, если акции оказались более доходны, чем ожидалось, и меньше нуля, если акции показали меньшую доходность, чем ожидалось.

[2] Терминология может ввести в заблуждение, поскольку точка пересечения линии регрессии иногда также называется альфой и сравнивается с нулем в качестве меры доходности с учетом риска. Точку пересечения с осью ординат можно определять на нулевой отметке, только если регрессия выводится с избыточной доходностью и для акции, и для индекса. Безрисковую ставку в каждом случае следует вычесть из валовой доходности месяца для обеих инвестиций.

Последний показатель, на который стоит обратить внимание, — это стандартная ошибка оценки коэффициента бета. Наклон линии регрессии, подобно любой статистической оценке, может отличаться от действительного значения, и стандартная ошибка показывает, насколько ошибочной может быть полученная оценка. Стандартную ошибку можно также использовать для получения доверительного интервала для «истинной» величины коэффициента бета, основываясь на оценке угла наклона.

ИЛЛЮСТРАЦИЯ 8.1. *Оценка регрессионного коэффициента бета для компании Boeing*

Компания Boeing — одна из лидирующих фирм в авиакосмической отрасли и на рынке вооружений. Ее акции торгуются на Нью-Йоркской фондовой бирже (NYSE) уже не одно десятилетие. При оценке параметров риска для компании Boeing мы вычисляем доходность акций и рыночного индекса в два этапа.

1. Доходность для акционера компании Boeing вычисляется месяц за месяцем с января 1996 г. по декабрь 2000 г. В доходность включаются дивиденды и прирост стоимости по следующему алгоритму:

$$\text{Доходность акции}_{\text{Boeing}, j} = (\text{цена}_{\text{Boeing}, j} - \text{цена}_{\text{Boeing}, j-1} + \text{дивиденды}_j)/\text{цена}_{\text{Boeing}, j-1},$$

где $\text{доходность акции}_{\text{Boeing}, j}$ = доходность для акционера компании Boeing в месяц j;

$\text{цена}_{\text{Boeing}, j}$ = цена акции Boeing в конце месяца j;

дивиденды_j = дивиденды, выплачиваемые на акцию Boeing в месяце j.

Дивиденды включаются в доходность месяца, в котором акционер имеет право получить дивиденды[1].

2. Доходность рыночного индекса S&P 500 вычисляется для каждого месяца в периоде с использованием уровня индекса на конец каждого месяца и ежемесячных дивидендов, выплачиваемых по акциям, которые входят в этот индекс.

$$\text{Рыночная доходность}_j = (\text{индекс}_j - \text{индекс}_{j-1} + \text{дивиденды}_j)/\text{индекс}_{j-1},$$

где индекс_j — это уровень индекса в конце месяца j, а дивиденды_j — это дивиденды, выплачиваемые на индекс в месяц j. Хотя S&P 500 и NYSE Composite — это наиболее часто используемые фондовые индексы США, они, в лучшем случае, являются лишь несовершенными приближениями для рыночного портфеля в модели CAPM, которая предполагает включение в себя всех активов.

На рисунке 8.1 представлен график месячной доходности, создаваемой компанией Boeing, относительно индекса S&P 500 с января 1996 г. по декабрь 2000 г.

Характеристики регрессии для компании Boeing представлены ниже.

а) Наклон линии регрессии = 0,56. Это число является коэффициентом бета компании Boeing, выясненным по данным месячной доходности в 1996–2000 гг. Использование другого временного периода для регрессии или иного интервала доходов (недельного или дневного) для того же периода может привести к другому значению коэффициента бета.

б) Точка пересечения для линии регрессии = 0,54%. Это мера доходности компании Boeing, когда она сравнивается с $R_f(1 - \beta)$. Месячная безрисковая ставка (поскольку в регрессии используются месячные доходности) в 1996–2000 гг. в среднем равна 0,4%, что приводит к следующей оценке доходности:

[1] Акция должна быть куплена до так называемой экс-дивидендной даты, чтобы инвесторы могли получить право на дивиденды. Доходность периода включает дивиденды, если экс-дивидендная дата находится в этом периоде.

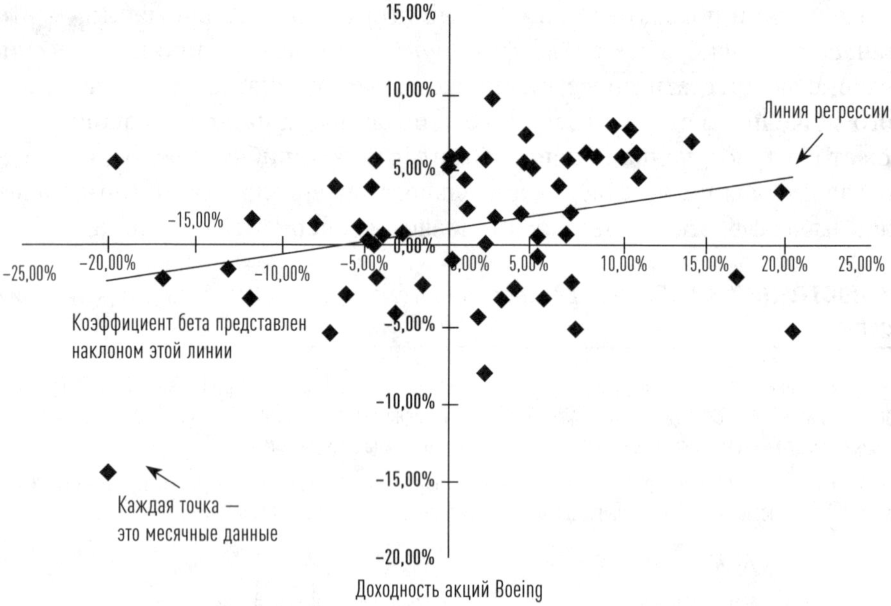

Рисунок 8.1. *Месячная доходность, создаваемая компанией Boeing, относительно индекса S&P 500 в 1996–2000 гг.*

$$R_f\,(1 - \beta) = 0{,}4\%\,(1 - 0{,}56) = 0{,}18\%.$$

$$\text{Точка пересечения: } R_f\,(1 - \beta) = 0{,}54\% - 0{,}18\% = 0{,}36\%.$$

Анализ показывает, что доходность акций компании Boeing на 0,36% выше, чем ожидалось исходя из модели CAPM на месячной основе за период с января 1996 г. по декабрь 2000 г. Таким образом, избыточная доходность в годовом выражении равна 4,41%:

$$\text{Годовая избыточная доходность} =$$
$$= (1 + \text{месячная избыточная доходность})^{12} - 1 =$$
$$= (1 - 0{,}0036)^{12} - 1 = 4{,}41\%.$$

Тем не менее, основываясь на полученных данных, мы не можем сделать вывод о том, что Boeing и в будущем окажется хорошей инвестицией.

Кроме того, выясненная оценка доходности не позволяет определить, какую часть избыточной доходности можно отнести на результаты целого сектора (аэрокосмического или оборонного), а какую — на результаты конкретной фирмы. Для этого нам пришлось бы вычислить избыточную доходность в том же периоде для других фирм из аэрокосмической и оборонной отраслей промышленности и сравнить ее с избыточной доходностью компании Boeing. Полученную таким образом разницу можно было бы отнести на деятельность данной фирмы. Например, в данном случае средняя годовая доходность других фирм из аэрокосмической/оборонной отраслей в 1996–2000 гг. составляла −0,85%. Это означает, что компонент доходности, обусловленный результатами деятельности компании Boeing, равен 5,26% [альфа Дженсена, специфическая для фирмы = 4,41% − (−0,85%)].

в) R-квадрат регрессии = 9,43%. Данный показатель свидетельствует о том, что 9,43% риска (дисперсии) акций компании Boeing приходится на рыночные источники, а остаток в размере 90,57% общего риска возникает на уровне фирмы. Последний тип риска является диверсифицируемым, и, следовательно, он не будет вознагражден повышенной ожидаемой доходностью. R-квадрат компании Boeing меньше, чем медианный R-квадрат фирм, котирующихся на Нью-Йоркской фондовой бирже, который в 2000 г. был равен примерно 19%.

г) Стандартная ошибка оценки коэффициента бета = 0,23. Данный показатель предполагает, что истинный коэффициент бета для компании Boeing может находиться в интервале от 0,33 до 0,79 (получается в результате вычитания и прибавления стандартной ошибки к оценке коэффициента бета, равного 0,56) с достоверностью 67% и в интервале с 0,10 до 1,02 (получается в результате вычитания и прибавления двух стандартных ошибок к оценке коэффициента бета, равного 0,56) с достоверностью 95%. Хотя эти интервалы могут показаться значительными, они не являются чем-то необычным для американских компаний. Это предполагает, что нам следует осторожно относиться к оценкам коэффициентов бета с помощью регрессионного анализа.

Использование коэффициентов бета, полученных от специализированных фирм. Большинство из тех, кто использует коэффициенты бета, получает их от фирм, специализирующихся на оценке. Merrill Lynch, Barra, Value Line, Standard & Poor's, Morningstar и Bloomberg — это лишь небольшой список наиболее известных служб подобного рода. Все они исходят из регрессионных (только что описанных) коэффициентов бета и корректируют их с целью отражения ими ожидаемого в будущем риска, полагаясь на собственное мнение по этому поводу. Многие из этих сервисных служб не раскрывают свои процедуры оценки, в то время как компания Bloomberg является исключением. На рисунке 8.2 представлен оригинальный лист с вычислениями коэффициента бета компании Boeing, выполненными Bloomberg в том же периоде, который был нами рассмотрен ранее (январь 1996 г. — декабрь 2000 г.).

Хотя временной период аналогичен периоду, использованному в нашем предыдущем регрессионном анализе, между данной регрессией и регрессией на рисунке 8.1 отмечаются небольшие различия. Во-первых, при оценке коэффициентов бета Bloomberg использует прирост стоимости акций и рыночный индекс, игнорируя дивиденды[1]. Факт игнорирования дивидендов не играет столь уж большой роли для компании, подобной Boeing, но становится важным для акций компании, которая либо не выплачивает дивидендов, либо выплачивает их в значительно большем размере по сравнению с рынком. Это объясняет разницу между точкой пересечения (0,50% против 0,54%) и коэффициентом бета (0,57 против 0,56).

Во-вторых, служба Bloomberg вычисляет также показатель, который она называет скорректированным коэффициентом бета. Он записывается следующим образом:

$$\text{Скорректирован. коэфф. бета} =$$
$$= \text{необработ. коэфф. бета } (0{,}67) + 1{,}00\ (0{,}33).$$

Использованные веса (0,67 и 0,33) для различных акций не отличаются, и данный процесс заставляет двигаться все коэффициенты бета к единице. Большинство служб использует аналогичные процедуры для

1 Это сделано только для облегчения вычислений.

Исторический коэффициент бета для компании Boeing

Число точек на графике может быть недостаточным для достоверной оценки коэфф. бета.

BA US Equity

Соотносимый индекс (SPX)

Период месячный

Интервал 31.01.1996 г. — 29.12 2000 г.

Рыночная сделка

СКОРРЕКТИРОВАННЫЙ КОЭФФИЦИЕНТ БЕТА	0,71
НЕОБРАБОТАННЫЙ КОЭФФИЦИЕНТ БЕТА	0,57
Альфа (точка пересечения)	0,50
R^2 (коэфф. корреляции)	0,10
Стандартное отклонение ошибки	8,17
Стандартное отклонение коэфф. бета	0,23
Количество точек	59

ADJ BETA = (0.67) * RAU BETA
+ (0.33) * 1.0

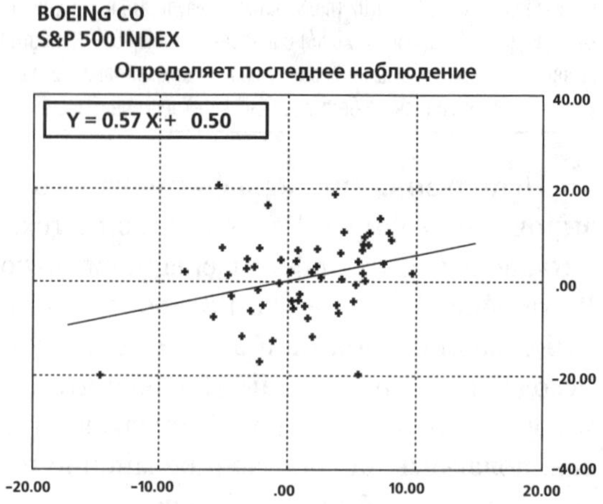

Скорректированная бета = 0,67 * необработанная бета
+ 0,33 * 1,0

Рисунок 8.2. *Оценка коэффициента бета для компании Boeing*

корректировки коэффициентов бета в сторону единицы. Делая это, они прибегают к эмпирическим данным, свидетельствующим о том, что коэффициенты бета для большинства компаний обладают тенденцией со временем возвращаться к среднему коэффициенту бета, равному единице. Это может быть объяснено тем фактом, что фирмы по мере своего роста становятся более диверсифицированными в своих продуктовой комбинации и клиентской базе. Хотя можно согласиться с тем, что коэффициент бета смещается к единице со временем, процесс взвешивания, используемый большинством служб, поражает своей произвольностью и относительной бесполезностью.

Выбор оценки для определения коэффициента бета. Возникают три вопроса, которые необходимо решить при проведении регрессионного анализа, описанного выше. Первый из них касается продолжительности периода оценки. Большинство оценок коэффициента бета, включая выводы Value Line и Standard & Poor's, предполагают обращение к данным за пять лет, в то время как в оценках Bloomberg используются двухлетние данные. Компромисс прост: более длительный период обеспечивает больший объем данных, но характеристики специфического риска фирмы могут в течение этого периода измениться. Скажем, компания Boeing в течение рассматриваемого периода приобрела Rockwell и McDonnell Douglas, что изменило комбинацию бизнеса и базовые характеристики риска.

Второй вопрос относится к интервалу доходности. Данные о доходности акций доступны на недельной, дневной или даже внутридневной основе. Использование дневных или внутридневных доходностей повышает количество наблюдений в регрессии, но подвергает процесс оценки коэффициента бета значительному воздействию необъективности, связанному с периодами отсутствия торговли[1]. Например, коэффициенты бета малых фирм, которые с большей вероятностью страдают из-за отсутствия торгов, как правило, будут иметь заниженные величины при использовании дневной доходности. Использование недельной или месячной доходности может значительно сократить необъективность вследствие отсутствия торговли[2]. В этом случае использование недельной доходности за два года дает оценку коэффициента бета для компании Boeing, равную всего лишь 0,88, в то время как оценка коэффициента бета в месячном масштабе оказывается равной 0,96.

Третья проблема, связанная с оценкой, относится к выбору рыночного индекса для использования в регрессионном анализе. Стандартная практика, применяемая большинством служб, которые занимаются оценкой коэффициента бета, заключается в оценке коэффициентов бета компании относительно рыночного индекса, в который входят ее акции. Таким образом, коэффициенты бета немецких акций оцениваются в сопоставлении с индексом Frankfurt DAX, британские акции — с FTSE, японские акции — Nikkei, американские акции — NYSE Composite или S&P 500. Хотя данная практика может обеспечить оценку, оказывающуюся приемлемой мерой риска для местного инвестора, возможно, она не будет наилучшим под-

---

1 Необъективность из-за отсутствия торговли возникает вследствие нулевой доходности в этот период (даже если в это время рынок может значительно двигаться вверх или вниз). Использование доходности неторговых интервалов в регрессии снижает корреляцию между доходностью акции, рынком и коэффициентом бета акции.

2 Необъективность может быть, помимо всего прочего, сокращена с помощью статистических методов, предложенных Димсоном и Шоулзом–Уилльямсом (Dimson, 1979; Scholes and Williams, 1977).

ходом для зарубежного или работающего на международном рынке инвестора, которому лучше бы подошел коэффициент бета, оцененный в сопоставлении с международным индексом. Например, коэффициент бета компании Boeing за период 1996–2000 гг., оцененный по индексу Morgan Stanley Capital International, который составлен из акций с различных глобальных рынков, равен 0,82.

Поскольку разные службы используют неодинаковые периоды при проведении оценки, обращаются к различным рыночным индексам и по-разному корректируют регрессионный коэффициент бета, они часто дают отличающиеся оценки коэффициента бета для одной и той же фирмы в один и тот же момент времени. Эти различия в значениях коэффициента бета вызывают затруднения, поэтому стоит обратить внимание на то, что оценки, предоставляемые каждой из этих служб, характеризуются определенной стандартной ошибкой и, весьма вероятно, что все коэффициенты бета, назначенные для определенной фирмы, находятся в интервале стандартных ошибок, полученных в регрессионном анализе.

Оценка исторических коэффициентов бета для компаний на небольших (или развивающихся) рынках. Процесс оценки коэффициентов бета на рынках с небольшим количеством зарегистрированных акций не отличается от процесса, описанного выше. Однако выбор интервалов доходности, рыночного индекса и периода доходности может привести к значительно более серьезным различиям в оценках.

- Когда ликвидность ограничена, как это бывает для многих акций на развивающихся рынках, коэффициент бета, оцененный на коротких интервалах доходности, оказывается очень предвзятой оценкой. Фактически использование дневной или даже недельной доходности на этих рынках дает коэффициент бета, не отвечающий критериям надежной меры истинного рыночного риска компании.
- На многих развивающихся рынках как анализируемые компании, так и сам по себе рынок существенно меняются на протяжении относительно коротких интервалов времени. Использование 5-летних периодов, как в случае с компанией Boeing, для регрессионного анализа может дать коэффициент бета для компании (и рынка), имеющий мало общего с истинным текущим положением дел с акциями компании (и рынка).
- Наконец, в индексах, представляющих рыночную доходность на многих небольших рынках, как правило, доминирует несколько крупных компаний. Например, в индексе Bovespa (бразильский индекс) несколько лет доминировала компания Telebras, представлявшая почти половину индекса. Эта проблема касается не только развивающихся

ИНДЕКСНЫЕ ДОМИНАНТЫ И ОЦЕНКА КОЭФФИЦИЕНТА БЕТА

В некоторых индексах доминируют одна или несколько акций. В качестве наиболее поразительного примера можно привести Хельсинкскую фондовую биржу (Helsinki Stock Exchange — HEX) конца 1990-х гг. Компания Nokia, телекоммуникационный гигант, представляла 75% индекса Helsinki Index по рыночной стоимости. Неудивительно, что регрессия Nokia относительно HEX дала результаты, показанные на рисунке 8.3.

Регрессия выглядит безукоризненной. В действительности же здесь просто исчезает проблема шума, замеченная нами при анализе компании Boeing, которая проистекает из высоких стандартных ошибок. Оценка коэффициента бета имеет стандартную ошибку, равную 0,03, однако эти результаты обманчивы. Низкая стандартная ошибка есть итог регрессии Nokia на саму себя, поскольку она доминирует в индексе. Коэффициент бета лишен смысла для типичного инвестора в Nokia, который, по всей вероятности, диверсифицирован, если не глобально, то по крайней мере в отношении европейских акций. Что еще хуже: коэффициенты бета всех финских акций относительно HEX становятся коэффициентами бета, оцененными по Nokia. В действительности коэффициент бета любой другой финской акции в момент проведения этого регрессионного анализа был менее 1. «Как такое возможно, — спросите вы, — если средний коэффициент бета равен единице?» Этот взвешенный средний коэффициент бета равен единице, и если Nokia (составляющая три четверти индекса) обладает коэффициентом бета, превосходящим единицу (а это так и есть), то любая другая акция в индексе должна иметь коэффициент бета меньше единицы.

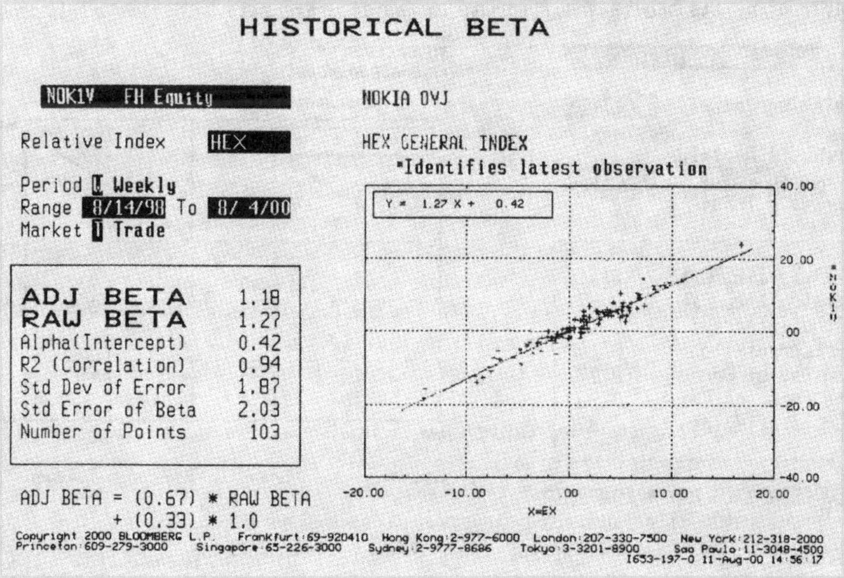

Рисунок 8.3. *Оценка коэффициента бета для Nokia*

Обозначения см. в примечании к рисунку 8.2.

рынков. В германском фондовом индексе DAX одно время доминировали фирмы Allianz, Deutsche Bank, Siemens и Daimler. Когда в индексе доминируют одна или несколько компаний, коэффициенты бета, оцененные в сопоставлении с этим индексом, вряд ли будут истинной мерой рыночного риска. На практике они, скорее всего, будут близки к единице для крупных компаний, доминирующих в индексе, и сильно отличаться для остальных компаний.

ИЛЛЮСТРАЦИЯ 8.2. *Оценка коэффициента бета для компании Titan Cement Company*

Titan Cement — это греческая компания, которая производит цемент и занимается строительством. На рисунке 8.4 представлена оценка коэффициента бета для Titan за период с апреля 1999 г. по апрель 2001 г. (на основе недельной доходности), полученная от службы оценки коэффициента бета (Bloomberg). Заметьте, используемым индексом является индекс Афинской фондовой биржи. Основываясь на регрессионном анализе, мы приходим к следующему уравнению:

$$\text{Доходность}_{\text{Titan Cement}} = 0{,}31\% + 0{,}93\ \text{Доходность}_{\text{ASE}} \qquad \text{R-квадрат} = 57\%.$$
$$[0{,}08]$$

Коэффициент бета для Titan Cement на основе этой регрессии равен 0,93. Стандартная ошибка этой оценки, показанная в скобках ниже, составляет 0,08, но предостережение, касающееся обращения к узким индексам, применимо и к индексу Афинской фондовой биржи.

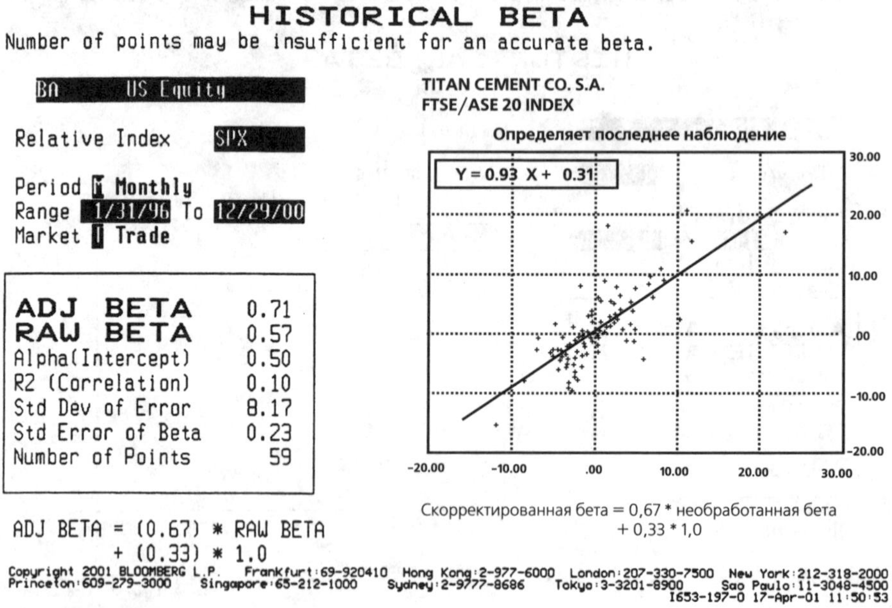

Рисунок 8.4. *Оценка коэффициента бета Titan Cement: индекс Афинской фондовой биржи*

Обозначения см. в примечании к рисунку 8.2.

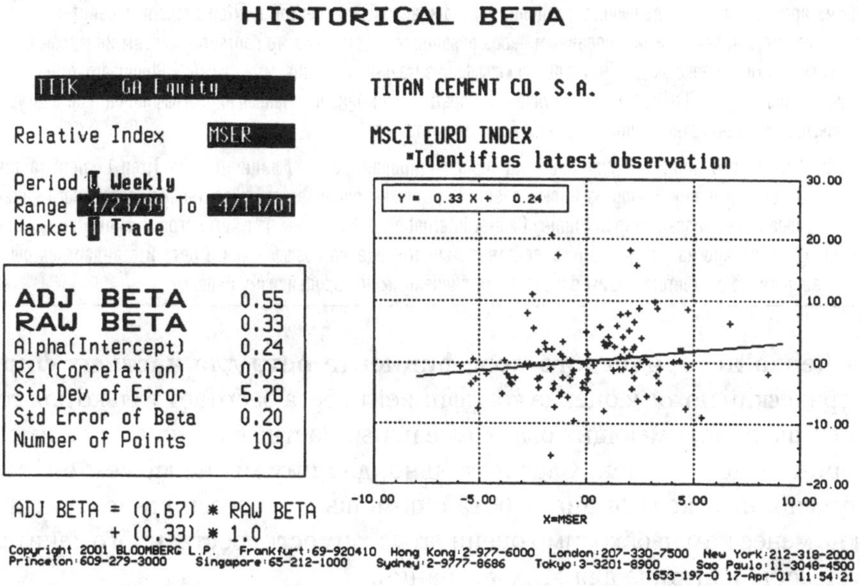

Рисунок 8.5. *Оценка коэффициента бета для Titan Cement: европейский индекс MSCI*

Обозначения см. в примечании к рисунку 8.2.

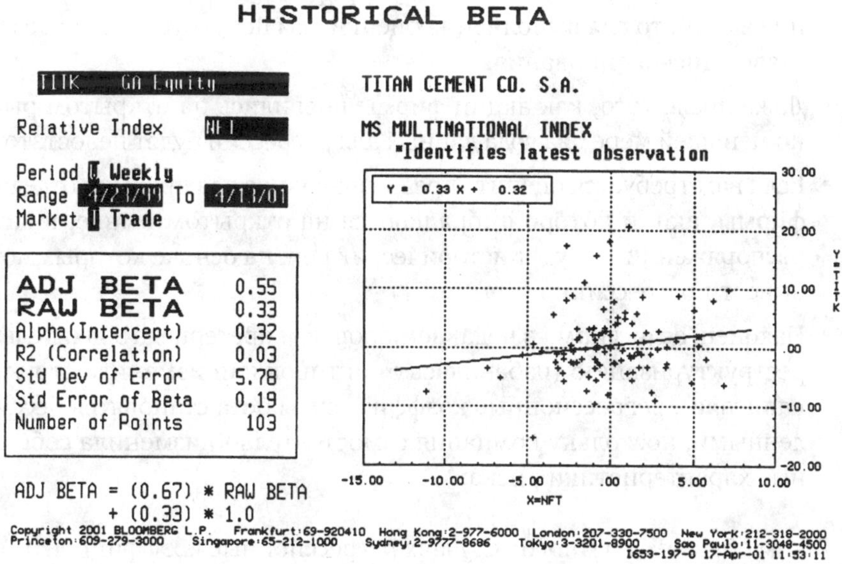

Рисунок 8.6. *Оценка коэффициента бета для компании Titan Cement: глобальный индекс MSCI*

Обозначения см. в примечании к рисунку 8.2.

Исходя из аргументации предыдущего раздела, если финансовый инвестор в Titan Cement в действительности является инвестором, диверсифицированным через европейские компании, то соответствующим индексом следует считать европейский индекс акций. Вычисления коэффициента бета, выполняемые службой Bloomberg, относительно европейского индекса MSCI показаны на рисунке 8.5. Обратите внимание на уменьшение коэффициента бета до уровня 0,33 и повышение стандартной ошибки оценки коэффициента бета.

Если финансовый инвестор глобально диверсифицирован, то коэффициент бета Titan Cement (а также коэффициент бета компании Boeing из иллюстрации 8.1) должны оцениваться относительно глобального индекса. Используя глобальный индекс Morgan Stanley Capital International (MSCI), мы получим регрессионный коэффициент бета 0,33, как показано на рисунке 8.6. В действительности, оценка коэффициента бета и стандартная ошибка выглядят аналогично соответствующим показателям, оцененным по европейскому индексу.

Оценка исторического коэффициента бета для частных фирм. Исторический поход к оценке коэффициента бета работает только для торгуемых активов, имеющих рыночные цены. Частные компании не имеют истории рыночных цен. Следовательно, для них мы не можем оценить регрессионный коэффициент бета с помощью регрессионного анализа. Тем не менее нам необходимо оценивать стоимость собственного капитала и стоимость капитала для этих компаний.

Можно заявить, что данная проблема возникает только при оценке частных компаний. Тем не менее вы столкнетесь с ней даже при оценке фирм, акции которых торгуются на открытом рынке. Например, рассмотрим следующие сценарии.

- Если необходимо оценить частную фирму для первичного размещения акций, то для выполнения оценки вам потребуется определение ставок дисконтирования.
- Даже после того, как акции фирмы появились на открытом рынке, по меньшей мере два года данных для регрессии будет недостаточно.
- Если вам требуется оценить предназначенное для продажи отделение фирмы, акции которой обращаются на открытом рынке, в вашем распоряжении не будет исторических цен, на основе которых можно вывести регрессию.
- Наконец, если фирма в недавнем прошлом претерпела значительную реструктуризацию (избавилась от активов или изменила структуру капитала), регрессионные коэффициенты бета становятся бессмысленными, поскольку компания самостоятельно изменила собственные характеристики риска.

Таким образом, во многих случаях регрессионные коэффициенты бета либо недоступны, либо бессмысленны.

Одни аналитики считают, что в этих сценариях оценка через дисконтирование денежных потоков невозможна, и применяют мультипликаторы. Другие делают предположения о ставках дисконтирования, пользуясь эмпирическими методами. Ни один из этих подходов не выглядит привлекательным. В последующем разделе будет предложен достаточно общий подход к оценке коэффициента бета, который применим ко всем компаниям подобного рода.

risk.xls — таблица, позволяющая выводить регрессии доходности акции в сопоставлении с рыночной доходностью и оценивать параметры риска.

Ограничения регрессионных коэффициентов бета. Значительная часть материала, помещенного в этом разделе, представляет собой обвинительный акт для регрессионных коэффициентов бета. В случае с компанией Boeing самой большой проблемой была значительная стандартная ошибка коэффициента бета. В действительности данная проблема касается не только компании Boeing. На рисунке 8.7 представлено распределение стандартных ошибок для оценки коэффициента бета для американских компаний.

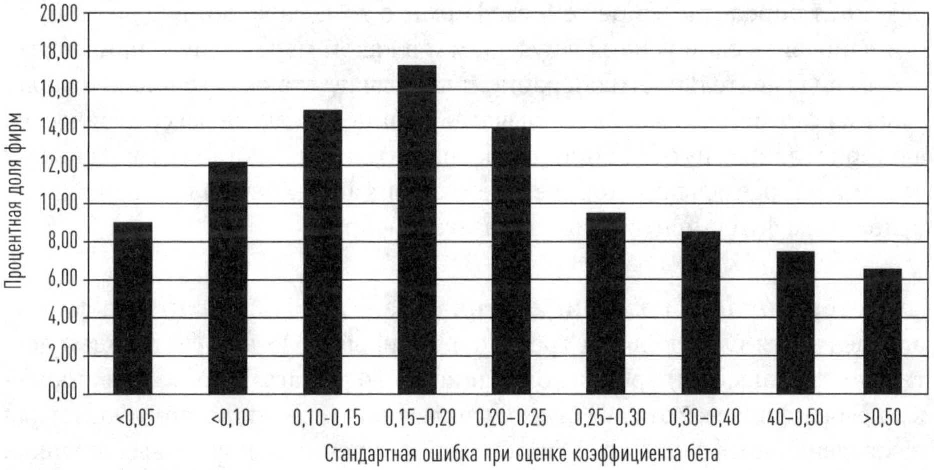

Рисунок 8.7. *Распределение стандартных ошибок при оценке коэффициента бета для американских фирм (2008–2010 гг.)*

Источник данных: Bloomberg.

Относительно регрессии Nokia можно сказать, что здесь мы, по-видимому, решаем проблему стандартной ошибки, но очень дорогой ценой. Низкая стандартная ошибка отражает господство в индексе одной из акций, что приводит к коэффициентам бета, которые, по всей вероятности, точны, но не имеют отношения к действительному риску.

Изменение рыночного индекса, периода доходности, а также интервала доходности не дает никакого облегчения. Если индекс становится более представительным, то стандартная ошибка для коэффициента бета повышается, отражая тот факт, что более значительная часть риска в акциях относится к конкретной фирме. Если коэффициент бета изменяется по мере изменения периода доходности или оцениваемого интервала, то это повышает неопределенность истинного значения коэффициента бета компании.

Короче говоря, регрессионные коэффициенты бета почти всегда слишком подвержены воздействию рыночного шума или слишком асимметричны под влиянием выбора методики оценки, позволяющей получить полезную меру риска инвестирования в акции компании. Стоимость привлечения собственного капитала является слишком важной входной величиной в модели дисконтирования денежных потоков, чтобы ее отдавать на откуп статистической случайности.

Фундаментальные коэффициенты бета. Вторым способом оценки коэффициента бета является анализ фундаментальных показателей бизнеса. Коэффициент бета фирмы можно оценить исходя из регрессии. Однако результат определяется решением фирмы о том, на какой вид деятельности направить свои усилия в будущем и в какой мере следует привлекать в этом виде деятельности операционный рычаг, а также степенью использования фирмой финансового рычага. В данном разделе рассматривается альтернативный путь оценки коэффициентов бета, когда мы в меньшей степени опираемся на исторические коэффициенты бета и в большей мере используем фундаментальные показатели фирм.

Детерминанты коэффициентов бета. Коэффициенты бета фирмы определяются следующими тремя переменными: 1) вид (или виды) деятельности фирмы; 2) уровень операционного рычага фирмы; 3) финансовый рычаг фирмы. Хотя мы будем использовать все эти детерминанты для нахождения коэффициентов бета в модели оценки капитальных активов, тот же самый анализ можно выполнить при вычислении коэффициента бета в модели арбитражной оценки и многофакторной модели.

Вид деятельности (бизнеса). Коэффициент бета измеряет риск фирмы в сопоставлении с рыночным индексом, поэтому чем чувствительнее вид деятельности к рыночным обстоятельствам, тем выше получаемый коэффициент бета. Таким образом, при прочих равных условиях циклические фирмы обычно имеют более высокий коэффициент бета, чем нециклические. Компании, занимающиеся жилищным строительством и производством автомобилей (два весьма чувствительных к экономическим обстоятельствам сектора экономики), должны обладать повышенными коэффициентами бета по сравнению с компаниями, занимающимися переработкой пищевых продуктов или табака, которые относительно нечувствительны к деловым циклам.

Данную точку зрения можно распространить и на продукцию компаний. Степень дискреционности приобретения продуктов потребителями влияет на коэффициент бета фирмы, производящей продукцию. Фирмы, продукция которых не относится к разряду обязательных покупок потребителей (т. е. они могут отсрочить или отложить покупку данной продукции), должны обладать более высокими коэффициентами бета, чем фирмы, продукция которых считается необходимой. Таким образом, коэффициент бета компании Procter & Gamble, производящей детские памперсы и продукцию повседневного потребления, должен быть ниже, чем коэффициент бета фирмы Gucci, выпускающей предметы роскоши.

Уровень операционного рычага. Уровень операционного рычага является функцией структуры издержек фирмы и обычно выражается соотношением между фиксированными и общими издержками. Предполагается, что фирма, имеющая высокие фиксированные издержки по сравнению с общими издержками, обладает высоким операционным рычагом. Фирма с высоким операционным рычагом также будет отличаться повышенным непостоянством операционной прибыли по сравнению с фирмой, выпускающей аналогичную продукцию, но обладающей низким операционным рычагом. При прочих равных условиях более высокая волатильность операционной прибыли приведет к повышенному коэффициенту бета для фирмы с высоким операционным рычагом.

Способна ли фирма изменить свой операционный рычаг? Хотя иногда структура издержек фирмы определяется видом ее деятельности (энергетические предприятия должны строить дорогостоящие электростанции, а авиакомпании покупать или арендовать дорогие самолеты), американские фирмы становятся все более изобретательными в вопросах снижения доли фиксированных издержек в общих затратах. Например, фирмы делают структуру своих издержек более гибкой благодаря нескольким способам:

- заключение трудовых договоров, предполагающих гибкость и позволяющих фирмам ставить затраты на рабочую силу в зависимость от финансовых успехов;
- заключение соглашений о создании смешанных предприятий, где фиксированные издержки распределяются между несколькими сторонами;
- производство на основе субдоговоров и аутсорсинг, которые сокращают потребность в дорогостоящих основных средствах.

РАЗМЕР, ПОТЕНЦИАЛ РОСТА И КОЭФФИЦИЕНТЫ БЕТА

Как правило, мелкие фирмы с высоким потенциалом роста считаются более рискованными, чем крупные стабильные фирмы. Хотя обоснование данного положения очевидно, если говорить об общем риске, оно становится затруднительным при рассмотрении рыночного риска или коэффициента бета. Должна ли небольшая фирма, производящая программное обеспечение, обладать более высоким риском, чем более крупная фирма, занимающаяся тем же видом деятельности? Одна из причин подобного мнения — это операционный рычаг. Если существуют издержки запуска в производство новых продуктов, связанные с инвестированием в инфраструктуру или экономией на масштабах, то более мелкие фирмы будут нести более значительные фиксированные издержки по сравнению с более крупными фирмами, что, в свою очередь, приведет к повышенным коэффициентам бета для этих фирм.

Что касается растущих фирм, то доводы в пользу более высоких коэффициентов бета основываются на противопоставлении дискреционных и недискреционных покупок (товаров немассового спроса и повседневного спроса). Для обеспечения роста быстро растущей фирмы необходимо появление новых покупателей ее продукции или же ее старые покупатели должны покупать дополнительный объем этой продукции. Но будут ли они это делать — в значительной степени зависит от того, насколько обеспеченными они себя чувствуют. Это, в свою очередь, ставит прибыль быстро растущих фирм в прямую зависимость от благополучия экономики в целом, что повышает их коэффициенты бета.

Хотя доводы в пользу подобных действий можно сформулировать с позиции достижения конкурентного преимущества и гибкости, они все же сокращают операционный рычаг фирмы и приближают ее к рыночному риску.

Несмотря на то, что операционный рычаг влияет на коэффициент бета, его трудно измерить, по крайней мере внешнему наблюдателю, поскольку фиксированные и переменные издержки часто агрегируются в отчетах о прибылях и убытках. Приблизительную меру операционного рычага фирмы можно получить путем анализа изменений в операционной прибыли как функции колебания уровня продаж.

Уровень операционного рычага = %-ное изменение операционной прибыли/%-ное изменение объема продаж.

У фирм с высоким операционным рычагом при изменении объема продаж операционная прибыль может изменяться с более ярко выраженной пропорциональностью.

Уровень финансового рычага. При прочих равных условиях увеличение финансового рычага повышает коэффициент бета собственного капитала фирмы. С интуитивной точки зрения следовало бы ожидать, что фиксированные процентные платежи, возникающие в связи с долгом, приведут к повышению прибыли в хорошие времена и к ее понижению в плохие периоды. Более значительный финансовый рычаг повышает дисперсию чистой прибыли и делает инвестиции в фирму более рискованными. Если весь риск фирмы несут акционеры (т.е. коэффициент бета долга равен нулю)[1], а долг позволяет получить налоговые преимущества, то:

$$\beta_L = \beta_u[1 + (1 - t)(D/E)].$$

где β_L = коэффициент бета собственного капитала фирмы с учетом долгового бремени;

β_u = коэффициент бета фирмы без учета долгового бремени;

t = предельная налоговая ставка;

D/E = коэффициент «долг/собственный капитал» (рыночная стоимость).

Интуитивно можно ожидать, что по мере повышения рычага (измеренного с помощью коэффициента «долг/собственный капитал») инвестор в акции будет подвергаться все большему рыночному риску, приходящемуся на фирму, что выразится в более высоких коэффициентах бета. Налоговый фактор в уравнении отражает исключение процентных выплат из налогооблагаемой базы.

Коэффициент бета фирмы без учета долгового бремени определяется видами деятельности, которыми занимается фирма, и ее операционным рычагом. Часто данный коэффициент бета называется «коэффициентом бета активов», поскольку он определяется активами, принадлежащими фирме. Таким образом, коэффициент бета с учетом налогов, который также является коэффициентом бета инвестиций в собственный капитал фирмы, определяется как «рискованность сферы деятельности фирмы», а также зависит от степени принимаемого риска, связанного с финансовым рычагом.

Финансовый рычаг умножает базовый риск, связанный с видом деятельности, поэтому предполагается, что фирмы, характеризующиеся высокой степенью этого вида риска, должны неохотно принимать на себя финансовый

---

[1] Данная формула была первоначально предложена Хомадой (Homada) в 1972 г. Она имеет две простых модификации. В одной из них пренебрегают налоговыми эффектами, и коэффициент бета вычисляется с учетом долга следующим образом:

$$\beta_L = \beta_u 1 + (1 - t)(D/E).$$

Если долг характеризуется рыночным риском (т.е. его коэффициент бета больше нуля), то первоначальную формулу можно преобразовать, приняв во внимание данное обстоятельство. Если коэффициент бета долга равен β_D, то коэффициент бета собственного капитала может быть записан следующим образом:

$$\beta_L = \beta_u[1 + (1 - t)(D/E)] - \beta_D(1 - t)\, D/E.$$

рычаг. Кроме того, предполагается, что фирмы, занимающиеся стабильным видом деятельности, в значительно большей степени склонны к повышению доли заемных средств. Например, коммунальные предприятия исторически обладают высокими долговыми коэффициентами, но вовсе не отличаются при этом высокими коэффициентами бета. В основном это обусловлено тем, что их основной вид деятельности стабилен и хорошо предсказуем.

ИЛЛЮСТРАЦИЯ 8.3. *Влияние рычага на коэффициенты бета: компания Boeing*

С учетом регрессии за период 1996–2000 гг. компания Boeing имела исторический коэффициент бета, равный 0,56. Поскольку в этом регрессионном анализе использовались цены акций компании Boeng за этот период, мы начали с оценки среднего коэффициента «долг/собственный капитал» за период 1996–2000 гг., используя рыночную стоимость долга и собственного капитала.

Средний коэффициент «долг/собственный капитал» за период 1996–2000 гг.= 15,56%.

Коэффициент бета за период 1996–2000 гг. отражает этот средний леверидж (рычаг). Для оценки безрычагового коэффициента бета (без долга) за период используется предельная налоговая ставка:

Безрычаговый коэффициент бета = текущий коэффициент бета/[1 + (1 — налоговая ставка) (средний долг/ /собственный капитал)] = 0,56/[1 + (1 – 0,35) (0,1556)] = 0,51.

Безрычаговый коэффициент бета для компании Boeing за период 1996–2000 гг. равен 0,51. Коэффициент бета с учетом долгового бремени при различных уровнях задолженности может быть оценен следующим образом:

Рычаговый коэффициент бета = безрычаговый коэффициент бета × × [1 + (1 — налоговая ставка) (долг/собственный капитал)].

Например, если компания Boeing повысит свой коэффициент «долг/собственный капитал» до 10%, то коэффициент бета ее собственного капитала составит:

Рычаговый коэффициент бета (@10% D/E) = 0,51 × [1 + (1 – 0,35) (0,10)] = 0,543.

Если коэффициент «долг/собственный капитал» повысится до 25%, то коэффициент бета собственного капитала окажется равным:

Рычаговый коэффициент бета (@25% D/E) = 0,51 × [1 + (1 – 0,35) (0,25)] = 0,59.

В нижеследующей таблице представлены оценки коэффициента бета для различных уровней финансового рычага в интервале от 0 до 90%-ного долга.

Долг/капитал (%)	*Коэффициент «долг/собственный капитал» (%)*	*Коэффициент бета*	*Воздействие рычага*
0	0,00	0,51	0,00
10	11,11	0,55	0,04
20	25,00	0,59	0,08
30	42,86	0,65	0,14
40	66,67	0,73	0,22
50	100,00	0,84	0,33
60	150,00	1,00	0,50
70	233,33	1,28	0,77
80	400,00	1,83	1,32
90	900,00	3,48	2,98

При повышении финансового рычага компании Boeing коэффициент бета также повышается.

levbeta.xls — таблица, позволяющая оценивать коэффициент бета фирмы без учета долгового бремени и вычислять его как функцию рычага фирмы.

Восходящие коэффициенты бета. Разделение коэффициентов бета на компоненты риска, связанного с бизнесом, и компоненты финансового рычага предоставляет нам альтернативный способ оценки коэффициентов бета. При использовании этого подхода мы не нуждаемся в исторических ценах акций отдельной фирмы или стоимости активов для оценки их коэффициентов бета.

Для развития этого альтернативного подхода нам нужно ввести дополнительную характеристику коэффициента бета. Коэффициенты бета двух отдельных активов, сложенные вместе, оказываются средневзвешенным коэффициентом бета совокупности этих активов. При этом веса определяются в соответствии с рыночной стоимостью. Таким образом, коэффициент бета фирмы равен средневзвешенной величине коэффициентов бета, порождаемых всеми видами деятельности. Мы можем оценить коэффициент бета фирмы в пять этапов.

Шаг 1. Определить вид (или виды) деятельности, которым занимается фирма.

Шаг 2. Найти другие фирмы, занимающиеся соответствующими видами деятельности, акции которых обращаются на открытом рынке. Получить для них регрессионные коэффициенты бета, которые мы используем для вычисления среднего коэффициента бета фирм.

Шаг 3. Оценить средний коэффициент бета без учета долгового бремени для данного вида деятельности путем деления среднего (или медианного) коэффициента бета фирм на средний (или медианный) коэффициент «долг/собственный капитал». Кроме того, мы можем оценить коэффициент бета без учета долга для каждой фирмы в отдельности, а затем вычислить средний коэффициент бета без учета долга. Первый подход предпочтительнее, поскольку деление ошибочно определенного регрессионного коэффициента бета на коэффициент «долг/собственный капитал», по всей вероятности, компенсирует ошибку:

$$\text{Безрычаговый коэфф. бета}_{\text{вид деятельности}} =$$
$$= \text{коэфф. бета}_{\text{сопоставимые фирмы}} / [1 + (1 - t)\ (\text{коэфф. } D/E_{\text{сопоставимые фирмы}})].$$

Шаг 4. Оценить коэффициент бета без (учета) долга для анализируемой фирмы на основе средневзвешенных безрычаговых коэффициентов бета для различных видов деятельности, которыми занимается фирма, используя в качестве веса долю стоимости фирмы в каждом виде деятельности.

Если нет в распоряжении необходимых значений стоимости, то в качестве весов следует использовать операционную прибыль или выручку. Полученная средневзвешенная величина называется восходящим бездолговым (безрычаговым) коэффициентом бета (bottom-up unlevered beta).

$$\text{Безрычаговый коэфф. бета}_{\text{фирмы}} = \\ = \sum_{j=1}^{j=k} (\text{безрычаговый коэфф. бета}_j \times \text{доля стоимости}_j).$$

В этой формуле предполагается, что фирма участвует в k видах деятельности.

Шаг 5. Наконец, следует оценить текущую рыночную стоимость долга и собственного капитала фирмы, используя полученный коэффициент «долг/собственный капитал» для оценки коэффициента бета с учетом долга.

Коэффициенты бета, оцененные при помощи данной процедуры, называют восходящими коэффициентами бета (bottom-up betas).

Случай восходящих коэффициентов бета. На первый взгляд, восходящие коэффициенты бета могут оставить нас с теми же проблемами, что и регрессионные коэффициенты бета. В конце концов, коэффициенты бета других фирм, акции которых обращаются на открытом рынке и которые работают в данном бизнесе, получают на основе регрессионного анализа. Тем не менее восходящие коэффициенты бета представляют собой значительное усовершенствование по сравнению с регрессионными коэффициентами бета по следующим причинам.

- Хотя любой регрессионный коэффициент бета оценивается со стандартной ошибкой, среднее из нескольких регрессионных коэффициентов бета имеет значительно более низкую стандартную ошибку. Этот факт объяснить просто. Большая стандартная ошибка при оценке коэффициента бета означает, что он может оказаться значительно выше или ниже, чем истинный коэффициент бета. Усреднение этих коэффициентов бета приведет к среднему коэффициенту бета, значительно более точному, чем отдельные коэффициенты бета, входящие в него. Действительно, если ошибки при оценке коэффициентов бета отдельных фирм не коррелируют между собой, то стандартную ошибку можно представить в виде функции средней стандартной ошибки или оценок коэффициента бета и числа фирм в выборке:

$$\text{Стандартная ошибка}_{\text{восходящий коэфф. бета}} = \\ = \frac{\text{средняя стандартная ошибка}_{\text{сопоставимые фирмы}}}{\sqrt{n}},$$

где n — число фирм в выборке. Таким образом, если стандартная ошибка при оценке коэффициента бета фирм, производящих программное обеспечение, составляет 0,50, а число таких фирм = 100, то стандартная ошибка среднего коэффициента бета равна всего лишь 0,05 $(0{,}50/\sqrt{100})$.

- Восходящий коэффициент бета можно использовать для представления действительных изменений, происходящих в комбинации видов деятельности фирмы и ожидаемых в будущем изменений. Таким образом, если фирма распродала значительную часть своих операций на прошлой неделе, то веса отдельных видов деятельности должны быть преобразованы для отражения этой распродажи. Так же следует обращаться и с приобретениями. Тем самым стратегические планы фирмы по введению новых видов деятельности в будущем могут быть учтены в оценках коэффициентов бета, проводимых для будущих периодов.
- Со временем фирмы изменяют свои долговые коэффициенты. Хотя регрессионные коэффициенты бета отражают средний коэффициент «долг/собственный капитал», наблюдаемый у фирмы в течение периода регрессии, в восходящих коэффициентах бета используется текущий коэффициент «долг/собственный капитал». Если фирма в будущем планирует изменить свой коэффициент «долг/собственный капитал», то коэффициент бета может быть скорректирован с учетом этих изменений.
- Наконец, восходящие коэффициенты бета освобождают нас от зависимости от исторических цен на акции. Хотя нам по-прежнему нужны цены для получения коэффициентов бета сопоставимых фирм, непосредственно для анализа фирмы нам требуется лишь классификация видов деятельности, которыми она занимается. Таким образом, восходящие коэффициенты бета можно оценить для частных фирм, филиалов и акций, которые только что появились в продаже на финансовом рынке.

Особенности вычислений. Хотя идея, лежащая в основе восходящих коэффициентов бета, довольно проста, есть несколько особенностей вычисления, заслуживающих особого внимания.

- *Определение сопоставимых фирм.* Во-первых, нам следует решить, насколько широко или узко мы хотим определить бизнес. Для примера рассмотрим фирму, которая производит развлекательное программное обеспечение. Мы хотим определить бизнес как «развлекательное программное обеспечение» и рассматривать в качестве сопоставимых фирм только те компании, которые производят в основном такое же программное обеспечение. Но мы можем пойти еще дальше и считать подходящими для сравнения такие фирмы, которые производят развлекательное программное обеспечение и обладают доходами, аналогичными доходам анализируемой компании. Существуют определенные преимущества в сужении определения сопоставимых фирм, но это связано и с ростом издержек. Любой дополнительный критерий, добавляемый к определению «сопоставимых фирм», приведет к уменьшению числа фирм в выборке, обусловив снижение стандартной ошибки на меньшую величину, что, собственно, и создает преимущество восходящих коэффициентов бета. Здравый смысл подсказывает принцип, к которому необходимо прибегнуть. Если определенным видом деятельности занимаются сотни фирм, как это наблюдается в секторе программного обеспечения, то можно позволить себе избирательно подходить к формированию выборки. Если существует относительно небольшое число фирм, то потребуется не только стать менее избирательным, но и, вполне вероятно, расширить определение сопоставимых фирм для включения других фирм в комбинацию.

- *Оценка коэффициентов бета.* После того как были определены сопоставимые фирмы в данном бизнесе, мы должны оценить коэффициенты бета этих фирм. Хотя лучше оценить коэффициент бета для каждой из этих фирм в сопоставлении с широким, хорошо диверсифицированным индексом акций, обычно легче использовать коэффициенты бета для каждой из этих фирм, предоставляемые специализированными службами. Эти коэффициенты бета могут иметь оценку в сопоставлении с различными индексами. Например, если вы относите бизнес к глобальным телекоммуникациям и получаете коэффициенты бета для глобальных телекоммуникационных фирм в агентстве Bloomberg, то эти коэффициенты бета могут быть оценены в сопоставлении с местными индексами. Обычно это не является серьезной проблемой, особенно в случае больших выборок, поскольку ошибки в оценке обычно усредняются.
- *Метод усреднения.* Средний коэффициент бета для фирм в секторе можно вычислить тремя способами. Можно использовать средневзвешенные величины на основе рыночных стоимостей, но снижение стандартной ошибки, которая докучала нам в предыдущем разделе, будет смазано, особенно если в выборке присутствуют одна или несколько крупных фирм. Можно оценить простой средний коэффициент бета компаний, назначая всем коэффициентам бета одинаковые веса. Взвешивание самых небольших фирм в выборке происходит непропорционально (их рыночной стоимости), но экономия на стандартной ошибке будет, скорее всего, максимально увеличена. Если данные в усредненных показателях (коэффициенты бета, коэффициенты «долг/собственный капитал») имеют крупные отклонения, то можно использовать медианные значения.

ДЕНЕЖНЫЕ СРЕДСТВА И КОЭФФИЦИЕНТЫ БЕТА

Для оценки восходящих коэффициентов бета мы предложили двухступенчатый процесс: получение средневзвешенных коэффициентов бета для видов деятельности, которыми занимается фирма, используя средние для сектора беты других публично торгуемых фирм по каждому виду деятельности, а потом учесть коэффициент «долг/собственный капитал» для нашей фирмы.

При осуществлении такой корректировки может оказаться, что существенную часть активов фирмы составляют денежные средства. Поскольку денежные средства обычно вкладываются в близкие к безрисковым ликвидные инструменты, они должны иметь коэффициент бета, близкий к нулю. А раз так, то как ввести денежные средства в расчет? Это нужно в двух местах. Когда вычисляются средние для сектора коэффициенты бета, мы предлагаем исключить долг из среднего регрессионного коэффициента бета для сектора, используя средний коэффициент «долг/собственный капитал» и предельную налоговую ставку для сектора. Таким образом, при среднем коэффициенте бета 1,30, среднем коэффициента «долг/собственный капитал» 50% и средней налоговой ставке 40% мы оцениваем значение среднего безрычагового коэффициента бета для сектора как 1,00 для фирмы из индустрии развлечений:

$$\text{Безрычаговый коэфф. бета} = 1{,}30/(1 + (1 - 0{,}40)\ (0{,}50)) = 1{,}00.$$

Итак, мы получили безрычаговый коэффициент бета для компаний, занимающихся этим видом деятельности, а часть стоимости таких компаний обычно составляют денежные средства. Предположим, например, что средний денежный остаток фирм индустрии развлечений в секторе составляет 10%. Тогда безрычаговый коэффициент бета для развлекательного бизнеса будет выглядеть так:

$$\text{Безрычаговый коэфф. бета для развлекательного бизнеса } (0{,}90) + \\ + \text{ коэффициент бета для денежных средств } (0{,}10) = 1{,}00.$$

Вводя в формулу нулевой коэффициент бета для денежных средств, мы получаем бету для развлекательного бизнеса:

$$\text{Безрычаговый коэфф. бета для развлекательного бизнеса} = 1{,}00/0{,}90 = 1{,}11.$$

Мы называем эту величину секторным коэффициентом бета, скорректированным на денежные средства, и используем ее для определения восходящего коэффициента бета.

Еще раз денежные средства появляются, когда мы определяем восходящий коэффициент бета для компании. Для того чтобы оценить восходящую бету только для оборотных активов компании вроде Boeing, нужно взять средневзвешенный безрычаговый коэффициент бета, скорректированный на денежные средства, для аэрокосмических и оборонных компаний. Именно эту бету необходимо использовать для определения стоимости привлечения собственного и долгового капитала. Чтобы получить восходящий коэффициент бета для Boeing как компании, мы должны представить денежные средства как отдельный актив и присвоить ему нулевой коэффициент бета. Именно этот коэффициент будет бетой для всех активов Boeing и для собственного капитала Boeing в этих активах. Каждая бета находит применение в процессе оценки.

- *Учет различий.* В сущности, используя коэффициенты бета сопоставимых фирм, мы предполагаем, что все фирмы, которые занимаются определенным видом деятельности, в одинаковой мере подвержены риску, связанному с этим видом деятельности, и имеют одинаковый операционный рычаг. Заметим, что процесс «обременения» и «разгрузки» коэффициентов бета с точки зрения долга позволяет нам учитывать различия в финансовом рычаге. Если наблюдаются значительные различия в операционном рычаге — скажем, в силу различий в структуре издержек, — они также могут быть учтены. Для этого потребуется оценить коэффициент бета для вида деятельности, где воздействия операционного рычага получаются на основе безрычагового коэффициента бета:

$$\text{Коэффициент бета вида деятельности} = \text{безрычаговый коэффициент бета} / [1 + (\text{фиксированные издержки} / \text{переменные издержки})].$$

Отметим здесь схожесть с корректировкой финансового рычага. Единственное различие проявляется в том, что и фиксированные, и переменные издержки могут не облагаться налогом, и налоговая ставка, таким образом, больше не рассматривается как фактор воздействия. Коэффициент бета вида деятельности может быть снова приведен к виду, учитывающему налоги, чтобы отразить различия в операционном рычаге между фирмами.

betas.xls — размещенная в Интернете база данных по США; содержит обновляемые коэффициенты бета и безрычаговые коэффициенты бета (без учета долгов), классифицированные по секторам.

ИЛЛЮСТРАЦИЯ 8.4. *Оценка восходящего коэффициента бета для компании Vans Shoes, январь 2001 г.*

Компания Vans Shoes — производитель обуви с рыночной капитализацией $191 млн. Для оценки восходящего коэффициента бета компании Vans Shoes рассмотрим коэффициенты бета всех производителей обуви, акции которых торгуются на открытом рынке. Данные по ним представлены в нижеследующей таблице:

Название компании	*Коэффициент бета*	*Рыночный коэффициент «долг/собственный капитал» (%)*	*Налоговая ставка (%)*	*Фиксированные/ переменные издержки (%)*
Barry (R. G.)	1,00	40,51	36,89	75,66
Brown Shoe	0,80	106,64	37,06	61,41
Candie's Inc.	1,20	75,86	0,00	29,78
Converse Inc.	0,60	653,46	0,00	39,64
Deckers Outdoor Corp.	0,80	82,43	0,00	62,52

Название компании	*Коэффициент бета*	*Рыночный коэффициент «долг/собственный капитал» (%)*	*Налоговая ставка (%)*	*Фиксированные/переменные издержки (%)*
Florsheim Group Inc.	0,65	96,79	32,47	79,03
K-Swiss Inc.	0,65	0,69	40,94	56,92
Kenneth Cole 'A'	1,05	0,29	39,50	56,97
LaCrosse Footwear Inc.	0,55	81,15	39,25	30,36
Maxwell Shoe Inc.	0,75	2,24	33,28	20,97
Nike Inc. 'B'	0,90	9,47	39,50	46,07
Reebok Int'l.	1,05	171,90	32,28	35,03
Rocky Shoes & Boots Inc.	0,80	93,51	0,00	26,89
Saucony Inc.	0,15	34,93	31,11	49,33
Shoe Carnival	0,85	2,18	39,97	35,03
Stride Rite Corp.	0,80	0,00	36,80	48,23
Timberland Co. 'A'	1,10	15,23	32,00	49,50
Vulcan Int'l.	0,65	3,38	5,61	11,92
Wellco Enterprises Inc.	0,60	48,89	0,00	11,52
Weyco Group	0,30	11,91	35,74	24,69
Wolverine World Wide	1,35	44,37	32,62	32,31
Средняя величина (простая)	*0,79*	*75,04*	*25,95*	*42,08*
Vans Shoes		*9,41*	*34,06*	*31,16*

В дополнение к коэффициентам бета для каждой фирмы таблица содержит рыночный коэффициент «долг/собственный капитал», эффективную налоговую ставку и уровень операционного рычага, полученный делением общих, сбытовых и административных расходов (которые мы рассматриваем как фиксированные издержки) на другие операционные расходы (которые мы рассматриваем как переменные). Мы можем оценивать безрычаговый коэффициент бета для данного вида деятельности, используя средние этих величин:

Средний коэффициент бета = 0,79,
Средний коэффициент «долг/собственный капитал» = 75,04%.

Используя среднюю налоговую ставку в размере 25,95%, мы можем оценить безрычаговый коэффициент бета:

Безрычаговый коэффициент бета = 0,79/[1 + (1 – 0,2595) 0,7504] = 0,5081.

Коэффициент бета компании Vans Shoes можно в этом случае получить, используя предельную налоговую ставку фирмы = 34,06% и ее коэффициент «долг/собственный капитал» в размере 9,41%.

Рычаговый коэффициент бета (с учетом долга) $_{\text{Vans}}$ = 0,5081 [1 + (1 – 0,3406) 0,0941] = 0,5397.

Этот коэффициент бета, полученный с учетом долга, основывается на неявном предположении о том, что все производители обуви имеют аналогичный операционный рычаг. Фактически мы можем откорректировать безрычаговый коэффициент бета, принимая во внимание средний коэффициент «фиксированные/переменные издержки» для бизнеса, а затем устранить эффект операционного рычага для Vans Shoes:

Средний коэффициент «фиксированные/переменные издержки» = 42,08%,
Коэффициент бета для вида деятельности = безрычаговый коэффициент бета/
/(1 + фиксированные/переменные издержки) = 0,5081/1,4208 = 0,3576.

Затем мы можем использовать отношение фиксированных издержек Vans к переменным издержкам, равное 31,6%, для оценки скорректированного коэффициента бета с учетом и без учета рычага (долга).

$$\text{Безрычаговый коэффициент бета}_{Vans} = 0{,}3576\ (1 + 0{,}3116) = 0{,}4691,$$
$$\text{Рычаговый коэффициент} = 0{,}4691\ [1 + (1 - 0{,}3406)\ 0{,}0941] = 0{,}4981.$$

Имея коэффициент «долг/собственный капитал» и операционный рычаг, который ниже среднего для отрасли, Vans Shoes приходит к коэффициенту бета, который намного меньше, чем коэффициент бета по отрасли.

ИЛЛЮСТРАЦИЯ 8.5. *Оценка восходящего коэффициента бета для компании Boeing, сентябрь 2000 г.*

Компания Boeing за последние пять лет претерпела значительные изменения как в комбинации видов деятельности, так и в финансовом рычаге. Компания не только приобрела Rockwell и McDonnell Douglas, что обеспечило ей мощный плацдарм в оборонном бизнесе, но и сделала значительные заимствования, чтобы осуществить эти приобретения. Поскольку эти события заняли время, исторический регрессионный коэффициент бета не полностью отражает эффект этих изменений. Для оценки коэффициента бета компании Boeing в 2000 г. мы разделили бизнес на две области:

1. *Коммерческая авиация,* которая является основным видом деятельности компании Boeing, производящей коммерческие реактивные самолеты и обеспечивающей сопутствующие услуги.
2. *Информационные, космические и оборонные системы (ISDS)* — эта область включает в себя исследования, развитие, производство и поддержку военной авиации, вертолетов и ракетных комплексов.

Эти области имеют очень разные характеристики риска, и безрычаговый коэффициент бета для каждого вида деятельности оценивается через рассмотрение сопоставимых компаний в каждом виде бизнеса. В нижеследующей таблице представлены эти оценки:

Сегмент	*Выручка ($ млн)*	*Коэф-т «стоимость/продажи» для сегмента*	*Оцененная стоимость ($ млн)*	*Безрычаговый коэф-т бета*	*Вес сегмента (%)*	*Взвешенный коэф-т бета*
Коммерческая авиация	26 929	1,12	30 160	0,91	70,39	0,6405
ISDS	18 125	0,70	12 688	0,80	29,61	0,2369
Boeing	45 054		42 848		100,00	0,8774

В коммерческой авиации не существует фирм, которые можно было бы по-настоящему сравнивать. Мы рассматривали собственный коэффициент бета компании Boeing перед ее экспансией в сферу оборонного бизнеса и вычислили безрычаговый коэффициент бета (без учета долга), используя эту оценку. Для ISDS мы использовали 17 фирм, которые получали основной объем своей выручки от оборонных контрактов, и вычислили средний коэффициент бета и коэффициент «долг/собственный капитал» для этих фирм. Безрычаговые коэффициенты бета были вычислены с использованием этих средних. Стоимость каждого подразделения оценивалась по выручке от каждого сегмента[1] и стандартного коэффициента на ее основе[2] для данного вида деятельности. Безрычаговый коэффициент бета для компании Boeing в 2000 г. можно оценить, если взять взвешенный на основе стоимости средний коэффициент бета каждой из различных сфер бизнеса. Он отображен в последнем столбце как величина 0,8774.

Коэффициент бета собственного капитала может быть оценен с использованием текущего финансового рычага для компании Boeing как для фирмы в целом. Сочетая рыночную стоимость собственного капитала в размере $55 млрд и стоимость долга в размере $7,85 млрд и используя 35%-ную налоговую ставку для фирмы, мы получим текущий коэффициент бета для компании Boeing.

---

[1] Отметим, что компания Boeing в финансовой отчетности разделила свой бизнес на эти два сегмента. Для получения стоимости мы могли бы использовать операционную прибыль или EBITDA и какой-нибудь стандартный мультипликатор.

[2] Для оценки этих коэффициентов мы рассмотрели рыночную стоимость публичных компаний относительно их доходов: это мультипликатор стоимости предприятия по отношению к выручке.

НАСКОЛЬКО СОПОСТАВИМЫ КОЭФФИЦИЕНТЫ БЕТА НА РАЗЛИЧНЫХ РЫНКАХ?

Часто при анализе фирм на небольших или развивающихся рынках мы должны оценивать коэффициенты бета, рассматривая фирмы, которые занимаются одним и тем же видом деятельности, но акции которых торгуются на других рынках. Именно это мы и делали при оценке коэффициента бета для компании Titan Cement. Насколько это адекватно? Можно ли сравнивать коэффициент бета сталелитейной компании в Соединенных Штатах с коэффициентом бета сталелитейной компании в Индонезии? Мы не видим причин, почему так делать нельзя. Вместе с тем можно возразить, что индонезийская компания характеризуется куда большим риском. Мы согласны с этим, но факт использования аналогичных коэффициентов бета не предполагает нашу веру в идентичность стоимости привлечения собственного капитала у всех сталелитейных компаний. Действительно, если использовать подход, описанный в предыдущей главе, то премия за риск, на основе которой оценивалась стоимость привлечения собственного капитала для индонезийской компании, будет включена в премию за суверенный риск, в то время как стоимость привлечения капитала для американской компании — нет. Таким образом, даже если используемые для двух компаний коэффициенты бета идентичны, стоимость привлечения собственного капитала для индонезийской компании будет значительно выше.

Из данного предположения существует несколько исключений. Вспомните, что одним из ключевых детерминантов коэффициента бета является степень дискреционности покупки товара или услуги. Вполне возможно, что продукт или услуга, являющиеся дискреционными (немассового спроса) на одном рынке — что приводит к высоким коэффициентам бета, — могут быть недискреционными (повседневного спроса) на других рынках (это приводит к низким коэффициентам бета). Например, телефонные услуги — это обязательный продукт на большинстве развитых рынков, но они не являются предметом массового спроса на развивающихся рынках. Следовательно, средний коэффициент бета, оцененный через анализ телекоммуникационных фирм на развитых рынках, будет занижать истинный коэффициент бета телекоммуникационных фирм на развивающихся рынках. В отношении последнего коэффициента бета список сопоставимых фирм должен быть ограничен, чтобы включать только телекоммуникационные фирмы на развивающихся рынках.

Коэффициент бета собственного капитала для компании Boeing = 0,8774 [1 + (1 − 0,35) (7,85/55,2)] = 0,9585.

Такой результат сильно отличается от исторического коэффициента бета, равного 0,56, который мы получили на основе регрессионного анализа, но, как представляется, это более реалистичное отражение риска для компании Boeing в 2000 г.

ИЛЛЮСТРАЦИЯ 8.6. *Оценка восходящего коэффициента бета для компании Titan Cement, январь 2000 г.*

Оценку коэффициента бета компании Titan Cement мы начинаем с определения сопоставимых фирм (т. е. с поиска других греческих компаний, производящих цемент). Однако мы нашли только одну сопоставимую фирму. Если мы расширим наш список, чтобы включить туда цементные компании со всей Европы, то увеличим выборку до девяти фирм. Поскольку у нас нет причин ограничивать наше сравнение только европейскими фирмами, мы можем рассмотреть средний коэффициент бета для цементных компаний по всему миру. В эту выборку попадают 108 фирм со средним коэффициентом бета 0,99, средней налоговой ставкой 34,25% и средним коэффициентом «долг/собственный капитал» 27,6%. Мы использовали эти величины для получения безрычагового коэффициента бета, который оказался равным 0,84.

Безрычаговый коэффициент бета для компаний, производящих цемент = 0,99/[1 + (1 – 0,342) (0,2706)] = 0,84.

Затем мы используем рыночную стоимость компании Titan (566,95 млн греческих драхм) и ее долг (13,38 млн греческих драхм) для оценки коэффициента бета собственного капитала компании с учетом рычага.

Рычаговый коэффициент бета = 0,84 [1 + (1 – 0,2414) (13,38/566,95)] = 0,86.

Мы использовали в этом вычислении предельную налоговую ставку Titan в размере 24,14%.

Вычисление коэффициентов бета после капитальной реструктуризации. Восходящий процесс оценки коэффициентов бета обеспечивает решение и в том случае, когда фирмы проходят через капитальную реструктуризацию, меняющую комбинацию их видов деятельности и рычаг. В этих случаях регрессионные коэффициенты бета вводят в заблуждение, поскольку они не вполне отражают воздействия этих изменений. Коэффициент бета компании Boeing, оцененный с помощью восходящего подхода, по всей вероятности, даст более точную оценку, чем исторический коэффициент бета, полученный на основе регрессионного анализа цен акций компании Boeing при условии покупки ею компаний Rockwell и McDonnell Douglas и повышения рычага. Действительно, можно оценить коэффициент бета фирмы на основе восходящего подхода даже до того, как реструктуризация вступит в силу. Например, в иллюстрации 8.7 оценен коэффициент бета компании Boeing до и после покупки ею McDonnell Douglas с учетом изменения комбинации видов деятельности и рычага.

ИЛЛЮСТРАЦИЯ 8.7. *Коэффициент бета фирмы после приобретения: Boeing и McDonnell Douglas*

В 1997 г. компания Boeing объявила о приобретении McDonnell Douglas — другой компании, занимающейся авиакосмическим и оборонным бизнесом. В момент приобретения фирмы имели следующие рыночные стоимости и коэффициенты бета:

Компания	*Коэффициент бета*	*Долг ($ млн)*	*Собственный капитал ($ млн)*	*Стоимость фирмы ($ млн)*
Boeing	0,95	3980	32 438	36 418
McDonnell Douglas	0,90	2143	12 555	14 698

Отметим, что рыночная стоимость собственного капитала, используемая для двух фирм, отражает рыночную стоимость после объявления о приобретении и представляет цену покупки, оговоренную в отношении акций McDonnell Douglas.

Для оценки воздействия приобретения на коэффициент бета компании Boeing мы сначала изучим воздействие слияния на риск, связанный с данным видом деятельности, объединенной фирмы — путем оценки безрычагового коэффициента бета (без учета долга) каждой из двух компаний и вычисления общего безрычагового коэффициента бета объединенной фирмы.

Безрычаговый коэффициент бета компании Boeing = 0,95/[1 + (1 – 0,35) × (3980/32 438)] = 0,88.

Безрычаговый коэффициент бета компании McDonnell Douglas = 0,90/[1 + (1 – 0,35) × (2143/12 555)] = 0,81.

Безрычаговый коэффициент бета для объединенной фирмы может быть вычислен как средневзвешенная величина двух безрычаговых коэффициентов бета, когда веса основываются на рыночных стоимостях двух фирм:

Безрычаговый коэффициент бета объединенной фирмы = 0,88 (36 418/51 116) + 0,81 (14 698/51 116) = 0,86.

Приобретение компании McDonnell Douglas было выполнено путем эмиссии новых акций компании Boeing для покрытия стоимости собственного капитала McDonnell Douglas в размере $12 555 млн. Поскольку для финансирования сделки не использовались никакие новые займы, непогашенные долги фирмы после приобретения представляют собой просто-напросто сумму непогашенных долгов двух компаний до приобретения.

Долг = прежний долг компании McDonnell Douglas +
+ прежний долг компании Boeing = $3980 млн + $2143 млн = $6123 млн.

Собственный капитал = прежний собственный капитал компании Boeing +
+ новый собственный капитал, использованный для приобретения = $32 438 млн + $12 555 млн = $44 993 млн.

Коэффициент «долг/собственный капитал» может быть вычислен следующим образом:

Коэффициент «долг/собственный капитал» = 6123/44 993 = 13,61%.

Коэффициент «долг/собственный капитал» в сочетании с новым безрычаговым коэффициентом бета для объединенной фирмы даст новый коэффициент бета:

Новый коэффициент бета = 0,86 [1 + (1 – 0,35) (0,1361)] = 0,94.

Бухгалтерские коэффициенты бета. Третий подход основывается на оценке параметров рыночного риска на основе бухгалтерских показателей прибыли, а не на рыночных ценах. Таким образом, изменения прибыли в филиале или фирме на квартальной или годовой основе могут быть отнесены к изменениям прибыли для рынка в те же периоды, которые используются для получения оценки бухгалтерского коэффициента бета, используемого в модели CAPM. Хотя данный подход обладает определенной привлекательностью, в нем таятся три потенциальных подводных камня. Во-первых, бухгалтерская прибыль, как правило, сглаживается по отношению к базовой стоимости компании, поскольку бухгалтеры разносят расходы и доходы на множество периодов. Это приводит к коэффициентам бета, характеризуемым как «смещенные в сторону занижения», особенно в отношении рискованных фирм, или «смещенные в сторону завышения», если дело касается более безопасных фирм. Другими словами, коэффициенты бета, по всей вероятности, будут близки к 1 для всех фирм, использующих бухгалтерские данные.

Во-вторых, бухгалтерская прибыль может подвергаться влиянию неоперационных факторов — таких как изменения в методах начисления износа или учета товарно-материальных запасов — или же влиянию распределения корпоративных расходов по филиалам. Наконец, бухгалтерская прибыль определяется, по большей части, раз в квартал, а нередко — даже раз в год. В результате получается, что регрессия строится на небольшом числе наблюдений и обладает незначительной достоверностью (низкие значения R-квадрата, высокие стандартные ошибки).

ИЛЛЮСТРАЦИЯ 8.8. Оценка бухгалтерских коэффициентов бета: оборонное подразделение компании Boeing, 1995 г.

Работая в течение десятилетий в оборонном бизнесе, компания Boeing имеет достаточную базу данных о его прибыльности. Данные о прибыли представлены в нижеследующей таблице вместе с изменениями в прибыли для компаний из индекса S&P 500 в период с 1980 по 1994 г.

Год	*S&P 500 (%)*	*Оборонный бизнес компании Boeing (%)*
1980	–2,10	–12,70
1981	–6,70	–35,56
1982	–45,50	27,59
1983	37,70	159,36
1984	41,80	13,11
1985	–11,80	–26,81
1986	7,00	–16,83
1987	41,50	20,24
1988	41,80	18,81
1989	2,60	–29,70
1990	–18,00	–40,00
1991	–47,40	–35,00
1992	64,50	10,00
1993	20,00	–7,00
1994	25,30	11,00

Представляя изменения в прибыли оборонного подразделения ($\Delta прибыль_{оборона}$) в виде регрессии по отношению к изменениям в прибыли для индекса S&P 500 ($\Delta прибыль_{S\&P}$), получим следующее:

$$\Delta прибыль_{оборона} = -0{,}03 + 0{,}65\Delta прибыль_{S\&P}.$$

Коэффициент бета для оборонного подразделения, основанный на этой регрессии, составит 0,65.

accbeta.xls — таблица, позволяющая оценивать бухгалтерский коэффициент бета для подразделения или фирмы.

spearn.xls — размещенная в Интернете база данных; содержит данные о годовых изменениях прибыли для индекса S&P 500 начиная с 1960 г.

Рыночные, восходящие и бухгалтерские коэффициенты бета: какой из них использовать? Для большинства фирм, акции которых торгуются на открытом рынке, коэффициенты бета могут быть оценены на основе бухгалтерских или рыночных данных либо же на основе восходящего подхода. Поскольку коэффициенты бета почти никогда не являются одинаковыми при использовании указанных подходов, вопрос состоит в том, какой из них нам использовать? Мы бы почти никогда не стали применять бухгалтерские коэффициенты бета по причинам, указанным ниже. Почти с той же неохотой мы используем исторические рыночные коэффициенты бета для отдельных фирм — из-за стандартных ошибок при оценке коэффициента бета, ошибок в местных индексах (для большинства компаний с развивающихся рынков) и неспособности этих регрессий отразить воздействия фундаментальных изменений в комбинации видов деятельности и в финансовом риске фирмы. Похоже, что наилучшими оценками нас снабжают восходящие коэффициенты бета — по трем причинам:

1. Они позволяют рассматривать изменения в комбинации видов деятельности и финансовой комбинации даже до того, как они произошли.
2. В них используются средние коэффициенты бета по значительному числу фирм, они обычно имеют меньший уровень шума, чем коэффициенты бета отдельных фирм.
3. Они позволяют вычислять коэффициенты бета, ориентируясь на сферу бизнеса фирмы, что является полезным в контексте анализа инвестиций и оценки.

Измерение подверженности суверенному риску (лямбда). В главе 7 представлены концепция подверженности суверенному риску и идея «лямбды» как меры подверженности компании суверенному риску. В этом разделе мы бы хотели с интуитивной точки зрения обсудить, какие факторы определяют эту подверженность и как наилучшим образом оценить лямбду. Воздействие на компанию суверенного риска зависит почти от всех аспектов ее деятельности, начиная с того, где расположены ее фабрики и кто ее клиенты, и заканчивая тем, в какой валюте заключаются контракты и насколько успешно фирма справляется с валютным риском. Однако значительная часть этих данных относится к внутренней информации, которая недоступна при проведении оценки фирмы сторонним аналитиком. На практике в таких случаях мы можем оценить лямбду, основываясь на одном из следующих подходов.

- *Классификация выручки.* Самый простой способ оценки лямбды — это использование доли выручки фирмы, полученной в определенной стране, и сравнение ее с долей выручки средней фирмы в стране.

$$\lambda = \frac{\text{Доля выручки в стране}_{\text{фирмы}}}{\text{Доля выручки в стране}_{\text{средней фирмы}}}.$$

Возьмем для примера Embraer, аэрокосмическую компанию, которая в 2008 г. получала около 9% своей выручки в Бразилии. Если средняя бразильская компания генерирует 60% своей выручки в Бразилии, то это даст лямбду в размере 0,15 (0,09/0,60). Следует учитывать, что если Embraer получает хотя бы часть оставшейся выручки на других рискованных развивающихся рынках, то лямбду необходимо определять и для этих рынков.

- *Регрессия и государственные облигации.* Второй подход к оценке лямбды связан с выведением регрессий доходности акций для каждой фирмы на развивающемся рынке в сопоставлении с доходностью государственных облигаций, выпущенных данной страной. Фактически мы исходим из допущения, что доходность государственной облигации отражает изменения суверенного риска: цены государственных облигаций повышаются, когда суверенный риск понижается, и падают, когда суверенный риск возрастает. При составлении регрессии доходности мы измеряем чувствительность цены акций компании к изменениям воспринимаемого суверенного риска. Например, регрессия цен акций компании Embraer относительно деноминированной в долларах бразильской правительственной облигации в период с 2006 по 2008 г. дает наклон (лямбду) 0,27. На интуитивном уровне это означает, что доходность Embraer изменяется на 0,27% при изменении доходности облигации на 1%. Это и есть лямбда для компании.

От коэффициентов бета к стоимости привлечения собственного капитала

Оценив безрисковую ставку и премию за риск (в главе 7), а также коэффициенты бета (в данной главе), мы можем оценить ожидаемую доходность инвестиций в акции любой фирмы. В модели CAPM эту ожидаемую доходность можно записать следующим образом:

$$\text{Ожидаемая доходность} = \text{безрисковая ставка} + \text{коэффициент бета} \times$$
$$\times \text{ ожидаемая премия за риск},$$

где безрисковой ставкой является ставка по долгосрочным правительственным облигациям, коэффициент бета является историческим, фундаментальным или бухгалтерским (см. описание выше), а премия за риск есть либо историческая, либо подразумеваемая премия.

ЛЯМБДА: СТОИТ ЛИ ОВЧИНКА ВЫДЕЛКИ

Интуитивно использование лямбды строится на том, что риск компании должен зависеть от того, где она ведет деятельность, а не где зарегистрирована. Таким образом, компания с развивающегося рынка, которая получает основную часть выручки на развитых рынках, должна быть в меньшей степени подвержена суверенному риску этого развивающегося рынка. И наоборот, компания с развитого рынка, которая получает значительную часть выручки на развивающихся рынках, должна иметь более высокую стоимость привлечения собственного капитала в результате соответствующего риска.

Сказать это легко, однако получить информацию, необходимую для оценки лямбды, нередко очень трудно. Лямбда для компании должна зависеть не только от того, откуда поступает выручка, но и от того, где производятся товары и в какой мере компания защищает себя от суверенного риска с помощью деривативов или обычного страхования. Для большинства компаний эта исходная информация либо недоступна, либо неполна. Как результат погрешность оценки лямбды может свести на нет любые выгоды от получения этого показателя. В случае фирм, у которых структура выручки аналогична структуре других фирм на рынке, имеет смысл придерживаться стандартного подхода с использованием коэффициента бета для отражения риска. Существуют два сценария, при которых стоит заниматься оценкой лямбды.

1. *Компании развивающихся рынков с непропорционально большой долей выручки, получаемой на развитых рынках.* Практически на каждом развивающемся рынке есть зарегистрированные на нем компании, которые получают львиную долю выручки на других рынках. Хорошим примером являются Tata Consulting Services в Индии и Embraer в Бразилии, у которых на местный рынок приходится менее 10% выручки. У таких компаний следует ожидать низкие лямбды для местных рынков, отражающие пониженный суверенный риск.
2. *Компании развитых рынков, получающие значительную выручку на рискованных развивающихся рынках.* Заметьте, что проблема связана не с выручкой, получаемой на иностранных рынках, как таковой, а с выручкой, поступающей с рынков со значительным политическим и экономическим риском. Nestlé и Coca-Cola, например, являются компаниями развитых рынков, которые получают значительную выручку в странах Азии и Латинской Америки. Для этих компаний необходимо корректировать стоимость привлечения собственного капитала с учетом дополнительного риска стран с развивающимися рынками.

В модели арбитражной оценки и многофакторной модели ожидаемая доходность описывается следующим образом:

$$\text{Ожидаемая доходность} = \text{безрисковая ставка} + \sum_{j-1}^{j=n} \beta_j \times \text{премия за риск}_j,$$

где безрисковая ставка — это ставка по долгосрочным правительственным облигациям; β_j — коэффициент бета относительно фактора j, оцененный на основе исторических данных или фундаментальных показателей, а премия за риск$_j$ — это премия за риск по отношению к фактору j, оцененная на основе исторических данных.

Ожидаемая доходность инвестиции в акции фирмы при данном уровне риска имеет серьезные практические последствия как для инвесторов в акции фирмы, так и для ее менеджеров. Что касается инвесторов в акции, то это — ставка, которую они должны получить, чтобы компенсировать принятый ими риск при инвестировании в акции фирмы. Если после анализа инвестиции они придут к выводу, что им не удастся получить эту доходность, они вряд ли купят акции. Если же они решат, что могут получить более высокую доходность, то согласятся вложить средства. Что касается менеджеров, то доходность, требуемая инвесторами для достижения точки безубыточности при инвестировании в акции, превращается в доходность, которая необходима менеджерам для удержания этих инвесторов от беспокойства и бунтов. Таким образом, она становится уровнем, которого они должны достичь с точки зрения рентабельности вложений собственных средств в проект. Другими словами, это стоимость привлечения собственного капитала фирмы.

ИЛЛЮСТРАЦИЯ 8.9. *Оценка стоимости привлечения собственного капитала компании Boeing, декабрь 2000 г.*

Теперь, когда мы имеем коэффициент бета компании Boeing (он равен 0,9585), основанный на восходящих оценках, мы можем определить стоимость привлечения собственного капитала. Для этого мы использовали действующую ставку по казначейским облигациям США, равную 5%, и историческую премию за риск в размере 5,51%.

Стоимость привлечения собственного капитала = 5,00% + 0,9585 (5,51%) = 10,28%.

Необходимо сделать два замечания по поводу этой оценки. Во-первых, стоимость привлечения капитала была бы значительно ниже, если бы мы решили использовать подразумеваемую премию за риск инвестирования в акции, которая на 31 декабря 2000 г. составляла 2,87% (см. главу 7).

Стоимость привлечения собственного капитала = 5,00% + 0,9585 (2,87%) = 7,75%.

Второе замечание касается того, что мы не рассматриваем подверженность компании Boeing риску на развивающихся рынках, возникающему в связи с ее видом деятельности. Если риск значителен, нам следует добавить премию за суверенный риск к оценке стоимости привлечения собственного капитала.

ИЛЛЮСТРАЦИЯ 8.10. *Оценка стоимости привлечения капитала для фирмы Embraer, март 2008 г.*

Embraer — бразильская аэрокосмическая фирма. Для оценки стоимости привлечения ее собственного капитала мы сначала оценим безрычаговый коэффициент бета путем рассмотрения аэрокосмических фирм по всему миру.

Безрычаговый коэффициент бета для аэрокосмических фирм = 0,75.

Коэффициент «долг/собственный капитал» для фирмы Embraer в момент проведения анализа был равен 26,84%[1], что давало рычаговый коэффициент бета для Embraer (при предельной налоговой ставке 34% для Бразилии):

[1] При выполнении этой оценки мы использовали совокупный долг. Далее в этой главе мы рассмотрим альтернативную практику использования отношения чистого долга (полученного путем вычитания денежных средств из долга).

Рычаговый коэффициент бета Embraer = 0,75 [1 + (1–0,34) 0,2684] = 0,88.

Для оценки стоимости привлечения собственного капитала Embraer в долларах США мы исходили из 3,8%-ной ставки по казначейским облигациям США, наблюдавшейся в момент анализа, но в премию за риск мы включили суверенный риск Бразилии. На основе подхода, описанного в главе 7, мы оценили премию за суверенный риск в размере 3,66% на март 2008 г. Дефолтный спред для Бразилии на тот момент составлял 2,00%, а индекс Bovespa был примерно в 1,83 раза более волатильным, чем облигация бразильского правительства. В сочетании с премией за риск на зрелом рынке в размере 4% для США это даст стоимость привлечения собственного капитала = 10,54%.

Стоимость привлечения собственного капитала для Embraer = 3,8% + 0,88 (4,00% + 3,66%) = 10,54%.

Опять же есть несколько замечаний, которые стоит сделать относительно этой оценки. Во-первых, можно ожидать, что стоимость привлечения собственного капитала будет со временем меняться по мере повышения «зрелости» Бразилии и уменьшения суверенного и рыночного риска. Во-вторых, мы предположили, что коэффициенты бета измеряют степень подверженности суверенному риску. Относительно компании, подобной Embraer, которая значительную часть своих доходов зарабатывает за пределами Бразилии, можно сказать, что она в меньшей степени подвержена суверенному риску. В предыдущем разделе мы ввели показатель лямбда и получили две ее оценки для Embraer: 0,15 (на основе доли выручки) и 0,27 (на основе регрессии доходности акций Embraer относительно бразильской облигации в долларах). Воспользуемся последним значением для определения стоимости привлечения собственного капитала:

Стоимость привлечения собственного капитала в долларах США = безрисковая ставка + коэфф. бета (премия за риск на зрелом рынке) + λ (премия за суверенный риск) = 3,8% + 0,88 (4,00%) + + 0,27 (3,66%) = 8,31%.

Последнее замечание связано с тем, что стоимость привлечения собственного капитала в долларовом выражении можно конвертировать в номинальные бразильские реалы на основе простого рассмотрения разницы в ожидаемых темпах инфляции в Бразилии и США. Например, если ожидаемые темпы инфляции в Бразилии составляют 6%, а ожидаемые темпы инфляции в США равны 2%, то стоимость привлечения собственного капитала в номинальных бразильских реалах будет следующей:

Стоимость привлечения собственного капитала$_{\text{номинальные бразильские реалы}}$ = = (1 + стоимость привлечения собственного капитала$_{\$}$) (темпы инфляции$_{\text{Бразилия}}$/ /темпы инфляции$_{\text{США}}$) – 1 = (1,0831) (1,06/1,02) – 1 = 12,56%.

Неявно мы предполагаем, что безрисковые ставки для реала по всему миру аналогичны (в рамках этого подхода), а премия за риск повышается с ростом инфляции. Альтернативой является оценка стоимости привлечения собственного капитала с самого начала, начиная с номинальной безрисковой ставки для реала (которая была равна 8% в момент проведения анализа), а затем добавляя премии, полученные ранее:

Стоимость привлечения собственного капитала$_{\text{номинальные бразильские реалы}}$ = = безрисковая ставка + коэффициент бета (премия за риск на зрелом рынке) + + λ (премия за суверенный риск) = 8% + 0,88 (4,00%) + 0,27 (3,66%) = 12,51%.

Подставив реальную безрисковую ставку в уравнение, мы получим реальную стоимость привлечения собственного капитала. Если считать, что реальная безрисковая ставка составляет 1,5% (ставка по защищенной от инфляции облигации), то реальная стоимость привлечения собственного капитала будет равна:

Стоимость привлечения капитала = 1,5% + 0,88 (4,00%) + 0,27 (3,66%) = 6,01%.

ОТ СТОИМОСТИ ПРИВЛЕЧЕНИЯ СОБСТВЕННОГО КАПИТАЛА К СТОИМОСТИ ПРИВЛЕЧЕНИЯ КАПИТАЛА

Хотя собственный капитал, без сомнения, является важным и необходимым элементом финансовой комбинации для каждого вида деятельности, это всего лишь один из элементов. Большинство предприятий финанси-

СТОИМОСТЬ ПРИВЛЕЧЕНИЯ СОБСТВЕННОГО КАПИТАЛА И ПРЕМИЯ ЗА РАЗМЕР ДЛЯ МАЛЫХ ФИРМ

В главе 6 говорилось о премиях за малую величину фирмы — акции с небольшой рыночной капитализацией приносят более высокую доходность, чем акции со значительной рыночной капитализацией при условии равенства коэффициентов бета. Размер и постоянство премии за малую величину фирмы можно рассматривать как свидетельство того, что модель оценки капитальных активов занижает риск небольших компаний, и стоимость привлечения собственного капитала, основанная исключительно на коэффициенте бета в модели CAPM, дает, таким образом, слишком небольшое значение для этих фирм. Некоторые аналитики утверждают, что для небольших фирм необходимо добавлять определенную премию к оцененной стоимости привлечения собственного капитала. Поскольку акции фирм с небольшой капитализацией приносили примерно на 4% больше, чем акции фирм с высокой капитализацией за последние несколько десятилетий, можно заключить, что это является приемлемой оценкой премии за малую величину фирмы. Для оценки стоимости привлечения собственного капитала для фирм с небольшой капитализацией и коэффициентом бета, равным 1,2, например, можно сделать следующее (предполагая, что безрисковая ставка равна 3,5%, а премия за рыночный риск составляет 5%):

Стоимость привлечения собственного капитала
для небольших фирм =
= безрисковая ставка + коэффициент бета ×
× премия за рыночный риск + премия за малую величину фирмы =
= 3,5% + 1,2 × 5% + 4% = 13,5%.

Следует сделать два предостережения относительно данного подхода. Во-первых, он открывает дорогу для серии корректировок стоимости привлечения собственного капитала, которые можно произвести, учитывая многочисленные недостатки, перечисленные в главе 6. Например, можно оценить премию за низкий коэффициент «цена/прибыль» (PE), премию за низкий коэффициент «цена/балансовая стоимость» и премию за высокие дивиденды, а затем добавить их все к стоимости привлечения собственного капитала. Если нашей целью при оценке является обнаружение ошибок рынка, то было бы неверно исходить из предположения о том, что рынки правы в своих оценках. Во-вторых, более правильный путь для рассмотрения премии за малую величину фирмы — определить причины существования премии и разработать более подходящие показатели риска. Предположим, что более высокий риск акций фирм с небольшой капитализацией проистекает из повышенного операционного рычага этих фирм по отношению к их более крупным конкурентам. Можно откорректировать коэффициенты бета для операционного рычага (как мы это делали применительно к компании Vans Shoes выше) и использовать для малых фирм более высокие коэффициенты бета. В-третьих, премия в размере 4% за малую величину фирмы, которую мы получили на основе исторических данных, имеет значительную стандартную ошибку (примерно 2%). Таким образом, реальная премия может составлять как 8, так и 0%. В-четвертых, даже если ваша компания является небольшой сегодня и заслуживает премии за малую величину, при высоком темпе роста она раньше или позже станет крупной. Иначе говоря, следует ожидать сокращения премии за малую величину фирмы со временем.

рует некоторые или значительную часть своих операций, используя заимствования или ценные бумаги, т.е. сочетание собственного капитала и долга. Стоимость привлечения долгового капитала обычно существенно отличается от стоимости привлечения собственного капитала, а стоимость финансирования фирмы должна также отражать и эту стоимость пропорционально степени использования заимствований в финансовой комбинации. На интуитивном уровне понятно, что стоимость привлечения капитала есть средневзвешенная стоимость различных компонентов финансирования (включая долг, собственный капитал и гибридные ценные бумаги), используемые фирмой для обеспечения финансовых нужд. В данном разделе исследуются процесс оценки стоимости финансирования, отличного от собственного капитала, а также веса для вычисления стоимости привлечения капитала.

Вычисление стоимости заимствования

Стоимость заимствования измеряет текущую стоимость, по которой обходится фирме заимствование средств для финансирования ее проектов. В общем выражении она определяется следующими переменными:

- *Безрисковая ставка.* Когда безрисковая ставка повышается, стоимость заимствования для фирм также растет.
- *Риск дефолта компании (и связанный с ним дефолтный спред).* При повышении риска дефолта компании стоимость заимствования денежных средств также растет. В главе 7 было показано, как дефолтный спред меняется со временем и каким образом он может варьировать в зависимости от срока погашения.
- *Налоговые преимущества, связанные с долгом.* Поскольку проценты вычитаются из налогооблагаемой базы, стоимость заимствования после уплаты налогов оказывается функцией налоговой ставки. Выигрыш на налогах, получаемый при выплате процентов, делает стоимость заимствования после уплаты налогов ниже, чем стоимость до уплаты налогов. Более того, этот выигрыш повышается с ростом налоговой ставки.

$$\text{Стоимость заимствования после уплаты налогов} = \\ = \text{стоимость заимствования до уплаты налогов} \times \\ \times (1 - \text{налоговая ставка}).$$

В этом разделе основное внимание будет уделено оптимальной оценке риска дефолта фирмы и конвертированию этого риска в дефолтный спред, который можно использовать для получения стоимости заимствования.

Оценка риска дефолта и дефолтного спреда для фирмы. Самый простой сценарий для оценки стоимости заимствования реализуется, когда фирма выпускает долгосрочные облигации, широко обращающиеся на рынке. Рыночная цена облигации в сочетании с ее купоном и сроком погашения может использоваться для определения доходности, которая и является стоимостью заимствования. Например, этот подход работает применительно к фирмам, имеющим десятки облигаций в обращении, которые обладают высокой ликвидностью и часто продаются и покупаются.

Выпущенные некоторыми фирмами облигации не торгуются на регулярной основе. Поскольку обычно этим фирмам присваивается рейтинг, мы можем оценить для них стоимость заимствования на основе рейтинга и связанного с ним дефолтного спреда. Так, можно ожидать, что фирма с рейтингом A имеет стоимость заимствования приблизительно на 1,00% выше ставки по казначейским облигациям США, поскольку именно этот спред обычно выплачивают фирмы с рейтингом A.

Многие компании обходятся без рейтингов. В эту категорию попадают многие небольшие предприятия и большинство частных фирм. Хотя рейтинговые агентства появляются на многих развивающихся рынках, тем не менее на некоторых рынках компании не получают рейтингов на основе риска дефолта. При отсутствии рейтинга, при помощи которого можно оценить стоимость заимствования, есть две альтернативы:

1. *Недавняя история заимствования*. Многие фирмы, не имеющие рейтинга, тем не менее заимствуют средства у банков и других финансовых институтов. Рассматривая недавние заимствования, сделанные фирмой, мы можем получить представление о дефолтном спреде, характеризующим фирму, и использовать его для определения стоимости заимствования.
2. *Оценить синтетический рейтинг*. Можно самим сыграть роль рейтингового агентства и присвоить рейтинг фирме, основываясь на ее финансовых мультипликаторах. Такой рейтинг называется синтетическим. Для выполнения оценки мы рассматриваем фирмы, обладающие рейтингом, и изучаем финансовые характеристики фирм, относящихся к каждому рейтинговому классу. Для примера в таблице 8.1 приведены диапазоны коэффициентов покрытия процентов для небольших фирм из сферы нефинансовых услуг (рыночная капитализация менее $5 млрд) в каждом рейтинговом классе агентства S&P[1].

---

[1] В эту таблицу мы включили все фирмы с рыночной капитализацией менее $5 млрд, имеющие рейтинг, и их коэффициенты процентного покрытия на начало 2011 г. Затем фирмы рассортировали исходя из рейтинга их облигаций. Интервалы откорректированы для устранения маргинальных фирм во избежание пересекающихся интервалов.

ТАБЛИЦА 8.1. *Коэффициенты процентного покрытия и рейтинги для фирм с невысокой рыночной капитализацией*

Коэффициент процентного покрытия	Рейтинг	Спред (%)
Более 12,5	AAA	0,50
9,5–12,5	AA	0,65
7,5–9,5	A+	0,85
6–7,5	A	1,00
4,5–6	A–	1,10
3,5–4,5	BBB	1,60
3–3,5	BB	3,35
2,5–3	B+	3,75
2–2,5	B	5,00
1,5–2	B–	5,25
1,25–1,5	CCC	8,00
0,8–1,25	CC	10,00
0,5–0,8	C	12,00
Менее 0,5	D	15,00

Источник исходных данных: Capital IQ, BondsOnline.com.

Рассмотрим теперь небольшую фирму, рейтинга которой не существует и при этом ее коэффициент процентного покрытия равен 6,15. Исходя из этого коэффициента синтетический рейтинг для фирмы следует считать равным A, а к безрисковой ставке необходимо добавлять 1,00% для получения стоимости заимствования до налогообложения.

Коэффициент процентного покрытия более крупных фирм (рыночная капитализация более $5 млрд), как правило, меньше в любом рейтинге. Эти коэффициенты приведены в таблице 8.2.

Данный подход можно расширить, если учесть составные коэффициенты и качественные характеристики. Если определяется синтетический рейтинг, то его можно использовать для оценки дефолтного спреда, который при добавлении к безрисковой ставке дает стоимость заимствования фирмы до налогообложения.

ТАБЛИЦА 8.2. *Коэффициенты процентного покрытия и рейтинги для фирм с высокой рыночной капитализацией*

Коэффициент процентного покрытия	Рейтинг	Спред (%)
Более 8,5	AAA	0,50
6,5–8,5	AA	0,65
5,5–6,5	A+	0,85
4,25–5,5	A	1,00

Окончание табл. 8.2

Коэффициент процентного покрытия	Рейтинг	Спред (%)
3–4,25	A–	1,10
2,5–3	BBB	1,60
2–2,5	BB	3,35
1,75–2	B+	3,75
1,5–1,75	B	5,00
1,25–1,5	B–	5,25
0,8–1,25	CCC	8,00
0,65–0,8	CC	10,00
0,2–0,65	C	12,00
Менее 0,2	D	14,00

Источник: Capital IQ, BondsOnline.com.

Оценка налоговой ставки. При оценке стоимости заимствования после уплаты налогов следует учитывать тот факт, что процентные расходы вычитаются из налогооблагаемой базы. Хотя вычисления довольно просты — необходимо умножить стоимость заимствования до уплаты налогов на величину (1 – налоговая ставка), — достаточно сложно дать ответ на вопрос о том, какую налоговую ставку использовать, поскольку существует много вариантов. Например, фирмы часто объявляют эффективную налоговую ставку, оцененную путем деления полагающихся к уплате налогов на налогооблагаемую прибыль. Однако эффективная налоговая ставка обычно весьма отличается от предельной налоговой ставки, т. е. ставки, по которой облагается дополнительный доллар прибыли. Поскольку процентные расходы снижают ваши налоги на пределе (они вычитаются из дополнительного доллара прибыли), то корректной налоговой ставкой, которую можно использовать, будет предельная налоговая ставка.

Еще одно предостережение, которое следует иметь в виду, — это создание выплатой процентов выигрыша на налогах, но только если фирма получает достаточную прибыль для покрытия процентных расходов. Фирмы, имеющие операционные убытки, не получают выигрыша на налогах в результате вычета процентных расходов, по крайней мере в год убытка. Стоимость заимствования после уплаты налогов будет равна стоимости заимствования до уплаты налогов в этом году. Если вы ожидаете, что фирма будет прибыльной в последующие годы, то вам придется корректировать стоимость заимствования после уплаты налогов в эти годы.

Мы еще вернемся в этой книге к данному вопросу и рассмотрим его более детально в главе 10, где проанализируем его в контексте оценки денежных потоков после уплаты налогов.

РАЗВИТИЕ МЕТОДА СИНТЕТИЧЕСКИХ РЕЙТИНГОВ

Основывая рейтинги только на коэффициенте процентного покрытия, мы рискуем упустить информацию, содержащуюся в других финансовых мультипликаторах, которые используются рейтинговыми агентствами. Данный поход можно развить, включая другие коэффициенты. Первым шагом может быть разработка показателя на основе мультипликаторов. Например, коэффициент Z Альтмана, используемый в качестве приблизительной меры риска дефолта, является функцией пяти финансовых мультипликаторов, взвешиваемых для получения коэффициента Z. Используемые мультипликаторы и их относительные веса обычно основываются на эмпирических данных о прошлых дефолтах. Второй шаг — это соотнесение величины коэффициента с рейтингом облигаций, как это было сделано в таблицах 8.1 и 8.2 с коэффициентами процентного покрытия.

Однако усложнение имеет свою цену. Хотя опора на коэффициент Z в действительности может дать более точные оценки синтетических рейтингов, чем те, что основаны на коэффициентах процентного покрытия, изменения в рейтингах, вытекающих из других мультипликаторов, значительно труднее объяснить, чем в рейтингах на основе коэффициентов процентного покрытия. По этой причине предпочтительнее оказываются пусть и не совсем корректные, но более простые рейтинги, определенные на основе коэффициента процентного покрытия.

ИЛЛЮСТРАЦИЯ 8.11. *Оценка стоимости заимствования: компания Boeing в декабре 2000 г.*

Агентство S&P присвоило компании Boeing рейтинг AA. Используя типичный дефолтный спред для фирм рейтинга AA, мы можем оценить стоимость заимствования до уплаты налогов для компании Boeing в 2000 г., добавив дефолтный спред, равный 1,00%[1], к безрисковой ставке 5%:

$$\text{Стоимость заимствования до уплаты налогов}_{\text{фактический рейтинг}} = 5\% + 1\% = 6\%.$$

Компания Boeing имеет эффективную налоговую ставку, равную 27%, но для того, чтобы оценить стоимость заимствования после уплаты налогов для компании Boeing, мы используем предельную налоговую ставку в 35%, которой является федеральная предельная корпоративная ставка в США.

$$\text{Стоимость заимствования после уплаты налогов} = 6\% \ (1-0{,}35) = 3{,}90\%.$$

Обратите внимание на то, что мы присваиваем эту стоимость заимствования после уплаты налогов всем долгам Boeing, как краткосрочным, так долгосрочным. Хотя это может показаться несправедливым, поскольку Boeing осуществляет краткосрочные заимствования по более низким ставкам, мы считаем, что стоимость возобновления краткосрочного долга примерно соответствует стоимости долгосрочного долга. Более того, мы не хотим систематически вознаграждать компании с краткосрочными заимствованиями, присваивая им более низкую стоимость капитала.

И последнее соображение относительно рейтингов. Рейтинговые агентства оценивают как индивидуальные выпуски облигаций, так и компании в целом. Рейтинг, используемый для оценки доналоговой стоимости заимствования, должен относиться к компании, а не к отдельной облигации. Даже рискованная компания способна структурировать и выпустить безопасную облигацию, и оценка стоимости заимствования на основе рейтинга этой облигации приведет к занижению общей стоимости привлечения долга.

---

[1] Дефолтный спред взят из таблицы 8.2.

Оценка стоимости заимствования для фирм на развивающихся рынках. Как правило, определяя стоимость заимствования для фирм на развивающихся рынках, мы сталкиваемся с тремя проблемами. Во-первых, рейтинги этих фирм не оцениваются, не оставляя нам никакого иного выбора, кроме оценки синтетических рейтингов (и связанных с этим издержек). Во-вторых, синтетические рейтинги могут быть искажены под воздействием различий в процентных ставках между развивающимися рынками и США. Коэффициенты процентного покрытия обычно понижаются по мере роста процентных ставок, и компании на развивающемся рынке, возможно, значительно сложнее достичь такого коэффициента процентного покрытия, который имеют компании на развитых рынках. Наконец, существование риска суверенного дефолта нависает над стоимостью заимствования фирм в этих странах.

Вторую проблему можно решить либо путем модификации имеющихся таблиц с использованием фирм США, либо за счет пересчета процентных расходов (и коэффициентов процентного покрытия) в долларах. Вопрос суверенного риска — более противоречивый. Консервативные аналитики часто предполагают, что компании в стране не могут заимствовать по ставке, которая ниже той, по которой заимствует сама страна. С учетом этого стоимость заимствования для компании на развивающемся рынке будет включать суверенный дефолтный спред для данной страны:

$$\text{Стоимость заимствования}_{\text{компания на развивающемся рынке}} = \text{безрисковая ставка} + \\ + \text{суверенный дефолтный спред}_{\text{развивающийся рынок}} + \\ + \text{дефолтный спред компании}_{\text{синтетический рейтинг}}.$$

Контраргументом здесь является то соображение, что компании могут быть безопаснее, чем страны, в которых они работают, и то, что они несут на себе только часть суверенного дефолтного спреда либо вообще не несут его.

ИЛЛЮСТРАЦИЯ 8.12. *Оценка стоимости заимствования: фирма Embraer в марте 2008 г.*

Для оценки стоимости заимствования фирмы Embraer мы сначала оценили ее синтетический рейтинг. Основываясь на операционной прибыли в размере $527 млн и процентных расходах, равных $176 млн в 2007 г., мы получили коэффициент процентного покрытия 2,99 и рейтинг BBB. Хотя дефолтный спред в тот момент для облигаций с рейтингом BBB был равен только 1,50%, к этому добавляется то соображение, что Embraer является бразильской фирмой. Поскольку деноминированная в долларах бразильская правительственная облигация в момент проведения анализа имела дефолтный спред 2,00%, можно утверждать, что каждая бразильская компания должна выплачивать эту премию в дополнение к собственному дефолтному спреду. С учетом этого стоимость заимствования фирмы Embraer до уплаты налогов в долларах США (считая, что ставка по казначейским облигациям США равна 3,8%) может быть рассчитана следующим образом:

$$\text{Стоимость заимствования} = \text{безрисковая ставка} + \text{суверенный дефолтный спред} + \\ + \text{дефолтный спред для фирмы} = 3{,}8\% + 2{,}00\% + 1{,}50\% = 7{,}30\%.$$

Используя предельную налоговую ставку в 34%, мы можем оценить стоимость заимствования для Embraer после уплаты налогов:

Стоимость заимствования после уплаты налогов = 7,30% (1–0,34) = 4,82%.

При данном подходе стоимость заимствования для фирмы никогда не будет меньше, чем стоимость заимствования для страны, в которой она работает. Однако отметим, что фирма Embraer получает значительную часть своих доходов в долларах по контрактам с небразильскими авиакомпаниями. Следовательно, можно утверждать, что она менее подвержена риску, чем бразильское правительство, а потому должна иметь меньшую стоимость заимствования. Иными словами, у некоторых компаний (главным образом крупных компаний со значительным масштабом зарубежных операций) к стоимости заимствования следует добавлять не весь суверенный дефолтный спред, а только его часть.

rating.xls — таблица, которая позволяет оценивать синтетический рейтинг и стоимость заимствования для любой фирмы.

Вычисление стоимости гибридных ценных бумаг

Хотя долг и собственный капитал представляют фундаментальные элементы финансирования, доступные для фирмы, существует несколько типов финансирования, имеющих характеристики как долга, так и собственного капитала. Они называются гибридными ценными бумагами. Этот раздел посвящен оценке стоимости таких ценных бумаг.

Стоимость привилегированных акций. Привилегированные акции имеют некоторые общие характеристики и с долгом (привилегированные дивиденды определяются в момент выпуска и выплачиваются прежде обыкновенных дивидендов), и с собственным капиталом (привилегированные дивиденды не подлежат вычету из налогооблагаемой базы). Если привилегированные акции рассматривать как бессрочные ценные бумаги (как это обычно и происходит), то их стоимость можно записать следующим образом:

$$k_{ps} = \frac{\text{привилегированные дивиденды на акцию}}{\text{рыночная цена привилегированной акции}}.$$

Данный подход предполагает, что дивиденды всегда остаются постоянными в долларовом выражении, а привилегированные акции не имеют особых свойств (конвертируемость, возможность досрочного выкупа и т. д.). Если же подобные особые свойства существуют, то они должны оцениваться отдельно, когда определяется стоимость привилегированных акций. С точки зрения риска привилегированные акции более безопасны, чем обыкновенные акции, поскольку привилегированные дивиденды выплачиваются прежде, чем дивиденды по обыкновенным акциям. Однако они являются более рискованными, чем долг, поскольку выплаты процентов происходят до выплаты привилегированных дивидендов. Следовательно, если рассматривать ситуацию до выплаты налогов, то привилегированные акции предполагают более высокую стоимость, чем долг, и менее высокую стоимость, чем собственный капитал.

ИЛЛЮСТРАЦИЯ 8.13. *Определение стоимости привилегированных акций: компания Ford в 2011 г.*

В апреле 2011 г. компания Ford Motor Company имела привилегированные акции, по которым ежегодно выплачивались дивиденды в размере $1,875 на акцию и которые торговались по $26,475. Стоимость привилегированной акции можно оценить следующим образом:

Стоимость привилегированных акций = привилегированные дивиденды на акцию/
/цена привилегированной акции = $1,875/$26,475 = 7,08%.

В то же время стоимость привлечения собственного капитала Ford при расчетном коэффициенте бета 1,40, безрисковой ставке 3,5% и премии за риск инвестирования в акции была равна 10,5%; стоимость заимствования до уплаты налогов на основе рейтинга B+, присвоенного агентством S&P, составляла 8,50%, а стоимость заимствования после уплаты налогов — 5,10%. Неудивительно, что ее привилегированные акции были менее дорогостоящими, чем собственный капитал, но значительно более дорогими, чем долг.

Вычисление стоимости других гибридных ценных бумаг. Конвертируемая облигация — это облигация, которую можно конвертировать в обыкновенные акции по желанию ее держателя. Конвертируемую облигацию можно рассматривать как комбинацию простой облигации (долга) и опциона на конвертирование (акции). Вместо того чтобы пытаться выяснить стоимость этих гибридных бумаг в целом, мы можем разбить их на долговой и долевой компоненты и рассмотреть по отдельности.

ИЛЛЮСТРАЦИЯ 8.14. *Разбивка конвертируемой облигации на долговой и долевой компоненты: компания MGM Resorts*

В 2010 г. MGM Resorts, компания, владеющая казино, выпустила пятилетние конвертируемые облигации с купонной ставкой 4,25%. Поскольку фирма несла убытки, агентство S&P присвоило ей рейтинг CCC+. Если бы она выпустила в тот момент простые облигации, ей пришлось бы выплачивать 10%. Год спустя облигации торговались по 112% от номинала, а общая номинальная стоимость выпуска конвертируемых облигаций была $1,15 млрд. Конвертируемую облигацию можно разбить на компоненты: простая облигация и опцион конвертирования.

Простая облигация = стоимость простой облигации с купоном 4,25%, со сроком до погашения 4 года
и с 10%-ной ставкой = $818 (предполагая годовые купоны).

Опцион конвертирования = $1120 – $818 = $302.

Простая облигация стоимостью $818 рассматривается как долг и имеет ту же стоимость привлечения, что и остальной долг. Опцион конвертирования стоимостью $302, рассматривается как собственный капитал с той же стоимостью привлечения, что и остальной собственный капитал, привлеченный фирмой. Для всего выпуска облигаций стоимостью $1,15 млрд с общей рыночной стоимостью $1,288 млрд стоимость долга составит $916 млн, а стоимость собственного капитала — $372 млн.

Вычисление весов долгового и долевого компонентов

Теперь, когда мы имеем стоимость заимствования, привлечения собственного капитала и гибридных ценных бумаг, нам следует оценить веса, которые необходимо присвоить каждому компоненту. Прежде чем обсуждать оптимальные способы оценки весов, мы определяем, что включается в долг. Затем мы опираемся на следующее соображение: веса должны основываться на рыночной, а не на балансовой стоимости. Это связано с тем, что стоимость привлечения капитала характеризует стоимость выпуска ценных бумаг — как акций, так и облигаций, — для финансирования проектов, и эти ценные бумаги выпускаются по рыночной, а не по балансовой стоимости.

Что такое долг? Ответ на этот вопрос может показаться очевидным, поскольку бухгалтерский баланс фирмы представляет ее непокрытые обязательства (пассивы). Однако существуют ограничения при использовании этих показателей в качестве долга при вычислении стоимости привлечения капитала. Во-первых, некоторые обязательства в бухгалтерском балансе фирмы, такие как счета к оплате и кредиты поставщика, не предполагают уплату процентов. Следовательно, применение стоимости заимствования после уплаты налогов к этим статьям может дать обманчивое впечатление об истинной стоимости привлечения капитала фирмы. Второе ограничение состоит в том, что остаются статьи за пределами бухгалтерского баланса, создающие фиксированные обязательства для фирмы и предполагающие такие же налоговые вычеты, как и процентные платежи по долгу. Наиболее важная из этих забалансовых статей — операционная аренда. В главе 3, где сравнивались операционная и финансовая аренда, отмечается, что операционная аренда связывается с операционными, а не финансовыми расходами. Обсудим, что включает операционная аренда. Предприятие розничной торговли арендует помещение для торговли на 12 лет и заключает соглашение об аренде с собственником помещения, соглашаясь платить фиксированную сумму каждый год за указанный период. Мы не видим большой разницы между этим обязательством и заимствованием денег у банка при условии выплаты суммы долга в течение 12 лет равными годовыми взносами.

Таким образом, при оценке размера долга фирмы мы будем придерживаться двух правил:

1. Мы рассматриваем только процентные обязательства. Мы учитываем в качестве долга как краткосрочные, так и долгосрочные заимствования.
2. Мы капитализируем операционную аренду и рассматриваем ее как долг.

Капитализация операционной аренды. Преобразование расходов по операционной аренде в долговой эквивалент является довольно простым. Будущие обязательства по операционной аренде, которые раскрываются в примечаниях к финансовой отчетности (для фирм США), должны дисконтироваться по ставке, отражающей их статус как необеспеченного и довольно рискованного долга. Как приближение в качестве ставки дисконтирования можно использовать текущую стоимость заимствования фирмы до уплаты налогов, что дает хорошую оценку стоимости операционной аренды.

В некоторых странах фирмы не обязаны раскрывать инвесторам свои обязательства по операционной аренде. Когда же у них есть подобные обязательства, можно получить довольно точную оценку стоимости заимствования по операционной аренде путем определения приведенной стоимости годовой выплаты, равной платежу в текущем году за период, отражающий типичный арендный период (8–10 лет).

Есть еще один вопрос, касающийся капитализации. Ранее в этой главе утверждалось, что коэффициент процентного покрытия можно использовать для оценки синтетического рейтинга фирмы, не имеющей рейтинга. Для фирм с небольшим долгом в обычном смысле и значительным объемом операционной аренды следует применить коэффициент процентного покрытия, используемый для оценки синтетического рейтинга, чтобы включить расходы на операционную аренду.

Модифицированный коэффициент процентного покрытия =
= (EBIT + расходы на операционную аренду в текущем году) /
/ (процентные расходы +
+ расходы на операционную аренду в текущем году).

Этот коэффициент затем можно использовать для оценки синтетического рейтинга, опираясь на данные таблиц 8.1 и 8.2.

ИЛЛЮСТРАЦИЯ 8.15. *Стоимость заимствования по операционной аренде: компания Boeing в декабре 2000 г.*

Компания Boeing имела обыкновенный долг и обязательства по операционной аренде. В данной иллюстрации оценивается «стоимость заимствования» по операционной аренде компании Boeing на основе приведенной стоимости расходов по операционной аренде во времени. Для ее вычисления из нижеследующей таблицы мы используем стоимость заимствования до уплаты налогов для фирмы, оцененную в иллюстрации 8.11 как 6%.

Год	*Расходы по операционной аренде ($ млн)*	*Приведенная стоимость по стоимости заимствования 6% ($ млн)*
1	205	193,40
2	167	146,83
3	120	100,75

Год	*Расходы по операционной аренде ($ млн)*	*Приведенная стоимость по стоимости заимствования 6% ($ млн)*
4	86	68,12
5	61	45,58
6–15	—	0,00
Приведенная стоимость расходов по операционной аренде		556,48

Таким образом, у компании Boeing на $556 млн больше долгов, чем указано в бухгалтерском балансе.

Oplease.xls — таблица, позволяющая преобразовывать расходы на операционную аренду в долг.

Коэффициенты на основе балансовой и рыночной стоимости. Существуют три стандартных аргумента против использования рыночной стоимости, но ни один из них не является убедительным. Во-первых, некоторые финансовые менеджеры доказывают, что балансовая стоимость более надежна, чем рыночная стоимость, поскольку она не столь изменчива. В самом деле, балансовая стоимость не меняется со временем так же сильно, как рыночная стоимость. Однако это в большей степени недостаток балансовой стоимости, чем ее достоинство, поскольку истинная стоимость фирмы меняется со временем по мере раскрытия сведений о фирме и рыночной информации. Скорее можно считать, что рыночная стоимость и ее изменчивость более точно отражают истинную стоимость фирмы, чем ее балансовая стоимость[1].

Во-вторых, защитники балансовой стоимости считают, что использование балансовой, а не рыночной стоимости является более консервативным подходом к оценке долговых мультипликаторов (коэффициентов). Это предполагает всегда более низкое значение мультипликатора «рыночная стоимость/долг» по сравнению с мультипликатором «балансовая стоимость/долг». Однако данное предположение не находит подтверждения. Более того, даже если мультипликатор «рыночная стоимость/долг» меньше мультипликатора «балансовая стоимость/долг», то стоимость привлечения капитала, определенная с использованием мультипликаторов на основе балансовой стоимости, будет ниже, чем стоимость, определенная через мультипликаторы на основе рыночной стоимости, что делает эти оценки более консервативными, но не более. Для примера предположим, что

[1] Иногда утверждают, что цены акций более изменчивы, чем базовая истинная стоимость. Даже если этот аргумент оправдан (хотя это убедительно не доказано), разница между рыночной и истинной стоимостью, по всей вероятности, меньше, чем разница между балансовой и истинной стоимостью.

мультипликатор «рыночная стоимость/долг» составляет 10%, в то время как мультипликатор «балансовая стоимость/долг» равен 30% для фирмы со стоимостью привлечения капитала 15% и стоимостью заимствования после уплаты налогов 5%. Стоимость привлечения капитала можно вычислить следующим образом.

При помощи мультипликатора «рыночная стоимость/долг»:

$$15\%\ (0{,}9) + 5\%\ (0{,}1) = 14\%.$$

При помощи мультипликатора «балансовая стоимость/долг»:

$$15\%\ (0{,}7) + 5\%\ (0{,}3) = 12\%.$$

В-третьих, считается, что кредиторы не предоставляют средства на основе рыночной стоимости, однако это предположение скорее основывается на субъективном восприятии, чем на фактах. Любой домовладелец, получающий вторую ипотеку под дом, стоимость которого возросла, знает, что кредиторы предоставляют средства на основе рыночной стоимости. Следует, однако, заметить, что с повышением воспринимаемой волатильности рыночной стоимости актива, потенциал заимствования под этот актив снижается.

Оценка рыночной стоимости собственного капитала и долга. Рыночная стоимость собственного капитала, как правило, равна количеству акций в обращении, умноженному на текущую цену акции. Если существуют другие притязания на долю в капитале фирмы, такие как варранты или опционы менеджмента, они также должны оцениваться и добавляться к стоимости собственного капитала фирмы.

Рыночную стоимость долга обычно труднее получить напрямую, поскольку мало у каких фирм весь долг представлен выпущенными облигациями, торгующимися на рынке. Многие фирмы имеют необращающийся долг, например банковский, стоимость которого определяется по балансовой, а не по рыночной стоимости. Простой способ получения рыночной стоимости балансового долга заключается в представлении всего долга в бухгалтерской отчетности как купонной облигации, купонные выплаты по которой равны процентным расходам по всему долгу, а срок погашения равен номинальному средневзвешенному сроку погашения долга, а затем оценить эту купонную облигацию по текущей стоимости заимствования для компании. Таким образом, рыночная стоимость долга в $1 млрд с годовыми процентными расходами в размере $60 млн и сроком погашения в шесть лет, когда текущая стоимость заимствования равна 7,5%, может быть оценена следующим образом:

$$\text{Оцененная рыночная стоимость долга} = 60\left(\frac{1-\dfrac{1}{1{,}075^{6}}}{0{,}075}\right) + \frac{1{,}000}{1{,}075^{6}} = \$930\ \text{млн}.$$

ИЛЛЮСТРАЦИЯ 8.16. *Разница между долговыми коэффициентами на основе рыночной и балансовой стоимости компании Boeing в июне 2000 г.*

В этой иллюстрации балансовая стоимость долга и собственного капитала противопоставляется рыночной стоимости. Для долга мы оцениваем его рыночную стоимость, используя балансовую стоимость долга, процентные расходы, средний срок погашения долга и стоимость заимствования до уплаты налогов для фирмы. Для компании Boeing балансовая стоимость долга равна $6972 млн, процентные расходы составляют $453 млн, средний срок погашения долга равен 13,76 года, а стоимость заимствования до уплаты налогов составляет 6%. Оцененная рыночная стоимость равна:

ВАЛОВОЙ ДОЛГ И ЧИСТЫЙ ДОЛГ

Валовой долг означает весь непогашенный долг фирмы. Чистый долг — это разница между валовым долгом и кассовыми остатками фирмы. Например, фирма с непогашенным процентным долгом в размере $1,25 млрд и кассовым остатком $1 млрд имеет чистый долг $250 млн. Практика вычета кассовых остатков из долга обычна в Латинской Америке и Европе, а долговые коэффициенты обычно оцениваются на основе чистого долга.

Как правило, безопаснее оценивать фирму по валовому непогашенному долгу и добавлять кассовый остаток к стоимости операционных активов для получения стоимости фирмы. Процентные платежи по общему долгу затем вычитаются из налогооблагаемой базы, и возникает возможность оценить, насколько эффективно компания инвестирует свои кассовые остатки.

В некоторых случаях, особенно когда фирмы в рутинном порядке поддерживают крупные кассовые остатки, аналитики предпочитают работать с коэффициентами на основе чистого долга. Если мы решили использовать коэффициенты на основе чистого долга, это необходимо делать последовательно на протяжении всего процесса оценки. Для начала коэффициент бета для фирмы должен оцениваться при помощи коэффициента «чистый долг/собственный капитал», а не коэффициента «валовой долг/собственный капитал». Стоимость привлечения собственного капитала, которая получается на основе оценки коэффициента бета, можно использовать для определения стоимости привлечения капитала в целом, однако вес рыночной стоимости долга должен основываться по чистому долгу. Как только мы дисконтировали денежные потоки фирмы по стоимости привлечения капитала, нам не следует добавлять обратно денежные потоки. Вместо этого мы должны вычесть чистый непогашенный долг для получения оценочной стоимости собственного капитала.

При вычитании чистого кассового остатка из долга для вычисления коэффициентов на основе чистого долга подразумевается, что денежные средства и долг имеют примерно один и тот же риск. Хотя это предположение, возможно, не кажется необычным при анализе фирмы с высоким рейтингом, оно становится более шатким, когда долг становится более рискованным. Например, долг фирмы с рейтингом BB гораздо рискованнее, чем ее кассовый остаток, а получение чистых остатков путем вычитания долга может дать обманчивое представление о риске дефолта фирмы. Как правило, использование коэффициентов на основе чистого долга завышает стоимость более рискованных фирм.

$$\text{Оцененная рыночная стоимость долга Boeing} = 453\left(\frac{1-\frac{1}{1{,}06^{13{,}76}}}{0{,}06}\right) + \frac{6{,}972}{1{,}06^{13{,}76}} = \$7291\,\text{млн.}$$

К этой величине нам нужно добавить приведенную стоимость операционной аренды $556 млн, чтобы получить общую рыночную стоимость долга, равную $7847 млн.

Балансовая стоимость собственного капитала компании Boeing была равна $12 316 млн, в то время как рыночная стоимость собственного капитала составляла $55 197 млн. Долговые коэффициенты на основе рыночной и балансовой стоимости вычисляются следующим образом:

	Рыночная стоимость (%)	*Балансовая стоимость (%)*
Долг/собственный капитал	7847/55 197 = 14,22	6972/12 316 = 56,61
Долг/(долг + собственный капитал)	7847/(7847 + 55 197) = 12,45	6972/(6972 + 12 316) = 36,15

Мультипликатор «рыночная стоимость/долг» значительно ниже, чем мультипликатор «балансовая стоимость/долг».

wacccalc.xls — таблица, которая позволяет преобразовать балансовую стоимость долга в рыночную стоимость.

Оценка стоимости привлечения капитала

Поскольку фирма может привлекать средства из трех источников: собственный капитал, долг и привилегированные акции, то стоимость привлечения капитала определяется как средневзвешенная величина каждого из этих видов издержек. Стоимость привлечения собственного капитала (k_e) отражает рискованность инвестиции в собственный капитал фирмы, стоимость заимствования после уплаты налогов (k_d) — функция риска дефолта фирмы, а стоимость привилегированных акций (k_{ps}) есть функция ее промежуточного положения, если судить по риску, между долгом и собственным капиталом. Веса каждого из этих компонентов должны быть пропорциональны их рыночным стоимостям, поскольку эти пропорции наилучшим образом измеряют то, как финансируется данная фирма. Таким образом, если E, D и PS — это рыночные стоимости собственного капитала, долга и привилегированных акций соответственно, то стоимость привлечения капитала можно записать следующим образом:

$$\text{Стоимость привлечения капитала} = k_e\,[E/(D + E + PS)] + k_d\,[D/(D + E + PS)] + k_{ps}\,[PS/(D + E + PS)].$$

ИЛЛЮСТРАЦИЯ 8.17. Оценка стоимости привлечения капитала компании Boeing, декабрь 2000 г.

Оценив стоимость заимствования и привлечения собственного капитала в предыдущих иллюстрациях и коэффициент «рыночная стоимость/долг» в иллюстрации 8.16, мы можем соединить их вместе для получения стоимости привлечения капитала компании Boeing.

Стоимость привлечения собственного капитала = 10,28% (из иллюстрации 8.9).

Стоимость заимствования = 3,90% (из иллюстрации 8.11).

Коэффициент «рыночная стоимость/долг» = 12,45% (из иллюстрации 8.16).

Стоимость привлечения капитала = 10,28% (0,8755) + 3,90% (0,1245) = 9,49%.

ИЛЛЮСТРАЦИЯ 8.18. Оценка стоимости привлечения капитала фирмы Embraer, март 2008 г.

Для оценки стоимости привлечения капитала Embraer мы снова используем оценки стоимости привлечения собственного капитала и долга, полученные в предыдущих иллюстрациях. Стоимость привлечения капитала оценивается на основе валового долга и сначала в долларах США.

Стоимость привлечения собственного капитала = 8,31% (из иллюстрации 8.10).

Стоимость заимствования после уплаты налогов = 4,82% (из иллюстрации 8.12).

Рыночная стоимость долга = 2915 млн бразильских реалов (балансовая стоимость = 3128 млн бразильских реалов).

Рыночная стоимость собственного капитала = 12 729 млн бразильских реалов.

Стоимость привлечения капитала фирмы Embraer оценивается следующим образом:

Стоимость привлечения капитала = 8,31% [12 729/(12 729 + 2915)] + 4,82% [2915 (12 729 + 2915)] = 7,66%.

Для преобразования этой величины в номинальную стоимость привлечения капитала в бразильских реалах мы должны применить различные темпы инфляции (6% в Бразилии и 2% в США):

$$\text{Стоимость привлечения капитала}_{\text{номинальные бразильские реалы}} = (1 + \text{стоимость привлечения капитала}_{\$})\ (\text{темпы инфляции}_{\text{Бразилия}}/\text{темпы инфляции}_{\text{США}}) - 1 = 1{,}0766\ (1{,}06/1{,}02) - 1 = 11{,}88\%.$$

Для оценки стоимости привлечения капитала на основе чистого долга введем в расчет кассовый остаток в размере 4437 бразильских реалов, который Embraer имела на момент проведения анализа:

Чистый долг = валовой долг — денежные средства = 2915 млн — 4437 млн = –1422 млн бразильских реалов

Коэффициент «чистый долг/собственный капитал» = –1422/12 729 = –11,17%

Коэффициент «чистый долг/капитал» = –1422/(12 729–1422) = –12,58%

Безрычаговый коэффициент бета = 0,75

Рычаговый коэффициент бета с использованием коэффициента «чистый долг/собственный капитал» = = 0,75[1 + (1 – 0,34)(–0,1117)] = 0,695.

Интуитивно рычаговый коэффициент бета здесь ниже, чем безрычаговый коэффициент, поскольку мы не учитываем денежные средства при расчете беты (на основании допущения, что денежные средства являются безрисковыми).

Стоимость привлечения собственного капитала (в долларах США) = 3,8% + 0,695(4%) + 0,27(3,66%) = 7,57.

Стоимость привлечения капитала = 0,75%[12 729/(12 729 – 1422)] + 4,82%[–1422/(12 729 – 1422)] = 7,91%.

Обратите внимание на то, что вес собственного капитала превышает 100% (112,57%), а вес долга является отрицательной величиной (–12,57) в результате отрицательности чистого долга. Несмотря на это, стоимость привлечения капитала близка к стоимости привлечения, полученной с использованием стандартного подхода. Разницу можно объяснить тем, что при использовании чистого долга из налоговых выгод по долгу вычитается процентный доход от денежных средств.

ЛУЧШАЯ ПРАКТИКА

Мы посвятили эту главу обсуждению того, как фирмам следует оценивать стоимость привлечения капитала. Что они делают на самом деле? Брюнер, Идз, Харрис и Хиггинз (Bruner, Eades, Harris and Higgins, 1998) рассмотрели 27 известных компаний. Полученные данные представлены в таблице 8.3.

ЗАКЛЮЧЕНИЕ

Когда мы анализируем инвестиции фирмы или оцениваем ее стоимость, нам нужно знать стоимость привлечения собственного капитала, долга и финансирования. Для оценки стоимости привлечения собственного капитала и финансирования фирмы может быть использована модель риска и доходности, описанная в предшествующих главах.

Если исходить из предположения о том, что стоимость привлечения собственного капитала должна отражать рискованность собственного капитала для инвесторов, то существуют три базиса исходных данных, которые нам нужны для оценки стоимости привлечения собственного

ТАБЛИЦА 8.3. *Текущая практика оценки стоимости привлечения капитала*

Статья затрат	Текущая практика
Стоимость привлечения собственного капитала	• 81% фирм используют модель оценки капитальных активов для оценки стоимости привлечения капитала, 4% — модифицированную модель оценки финансовых активов, а 15% точно не могут сказать, как они оценивают стоимость привлечения собственного капитала. • 70% фирм используют 10-летние или более долгосрочные казначейские бумаги в качестве основы для безрисковой ставки, 7% используют 3–5-летние казначейские бумаги, а 4% — ставку по казначейским векселям. • 52% фирм используют публичные источники для оценки коэффициента бета, а 30% оценивают его сами. • Имеет место широкий разброс в премиях за рыночный риск. При этом 37% используют премию в интервале 5–6%.
Стоимость заимствования	• 52% фирм используют предельную ставку заимствования и предельную налоговую ставку, в то время как 37% применяют среднюю текущую ставку заимствования и эффективную налоговую ставку.
Веса для долга и собственного капитала	• 59% используют веса на основе рыночной стоимости для долга и собственного капитала в стоимости привлечения капитала, 15% — веса на основе балансовой стоимости, а 19% точно не могут сказать, какие веса они применяют.

Источник: Bruner, Eades, Harris, and Higgins (1998).

капитала любой фирмы. Безрисковая ставка — это ожидаемая доходность инвестиции без риска дефолта и риска реинвестиции. Поскольку значительная часть анализа в корпоративных финансах является долгосрочной, безрисковой должна считаться процентная ставка по долгосрочной правительственной облигации. Премия за риск измеряет то, что инвесторы требуют в качестве премии за инвестирование в рискованные инструменты вместо безрисковых вложений. Данную премию за риск, которая может варьировать от инвестора к инвестору, можно оценить либо путем рассмотрения исторической доходности акции и правительственных ценных бумаг, либо путем рассмотрения текущих рыночных цен акции. Коэффициент бета фирмы обычно измеряется через регрессионный анализ доходности акций фирмы в сопоставлении с доходностью рыночного индекса. Данный подход дает неточные оценки коэффициента бета, и более оптимальным способом оказывается оценка коэффициента бета через рассмотрение коэффициентов бета видов деятельности, которыми занимается фирма.

Стоимость привлечения капитала — это средневзвешенная стоимости различных компонентов финансирования. При этом веса основываются на рыночной стоимости каждого компонента. Стоимость заимствования — это рыночная ставка, по которой фирма может занять средства с учетом любых налоговых выгод, полученных благодаря заимствованию. Однако стоимость привилегированных акций определяется размером привилегированных дивидендов.

Стоимость привлечения капитала полезна на двух уровнях. Во-первых, это та величина, которую фирма должна получать суммарно на свои инвестиции, чтобы достичь точки безубыточности. Кроме того, это адекватная ставка дисконтирования для ожидаемых денежных потоков, выполняемого для оценки стоимости фирмы.

КОНТРОЛЬНЫЕ ВОПРОСЫ

В приведенных ниже заданиях, если не указано иное, премия за риск инвестирования в акции принимается равной 5,5%, а налоговая ставка — 40%.

1. В декабре 1995 г. акции компании Boise Cascade имели коэффициент бета 0,95. Ставка по казначейским векселям США составляла в то время 5,8%, а ставка по казначейским облигациям США — 6,4%. Фирма имела непогашенных долгов на сумму $1,7 млрд, а рыночная стоимость собственного капитала составляла $1,5 млрд. Предельная корпоративная налоговая ставка была равна 36%. (Историческая премия за риск инвестирования в акции составляла по отношению к казначейским векселям 8,5%, а к казначейским облигациям — 5,5%.)

а) Оцените ожидаемую доходность акций для краткосрочного инвестора в компанию.

б) Оцените ожидаемую доходность акций для долгосрочного инвестора в компанию.

в) Оцените стоимость привлечения собственного капитала компании.

2. В продолжение задачи 1: помимо всего прочего компания Boise Cascade имеет непогашенных долгов на сумму $1,7 млрд. Рыночная стоимость собственного капитала составляет $1,5 млрд. Предельная корпоративная налоговая ставка равна 36%.

   а) Предполагая, что текущий коэффициент бета для акции, равный 0,95, является приемлемым, оцените безрычаговый коэффициент бета (без учета долга) компании.

   б) Какую долю риска следует присвоить риску, связанному с видом деятельности, а какую — риску финансового рычага?

3. Биотехнологическая фирма Biogen Inc. в 1995 г. имела коэффициент бета 1,70. В конце того же года у нее не было непогашенных долгов.

   а) Оцените стоимость привлечения собственного капитала компании Biogen, если ставка по казначейским облигациям США составляет 6,4%.

   б) Какое воздействие будет иметь повышение ставок по долгосрочным облигациям до 7,5% на стоимость привлечения собственного капитала фирмы?

   в) Какую долю риска компании Biogen следует присвоить риску, связанному с видом деятельности.

4. Genting Berhard — малайзийский конгломерат, владеющий плантациями и туристическими ресурсами. Коэффициент бета, оцененный для фирмы в сопоставлении с Малайзийской фондовой биржей, равен 1,15, а ставка долгосрочного правительственного заимствования Малайзии составляет 11,5%. (Малайзийская премия за риск равна 12%, а дефолтный спред для долга в местной валюте Малайзии составляет 2%.)

   а) Оцените ожидаемую доходность акции.

   б) Будь вы международным инвестором, какими бы вопросами вы задались (если бы задались вообще) по поводу использования коэффициента бета, оцененного в сопоставлении с малайзийским индексом. Если все же у вас возникли вопросы, как бы вы модифицировали коэффициент бета?

5. Вы произвели регрессионный анализ ежемесячной доходности акций компании HeavyTech Inc., производителя продукции тяжелого машиностроения, в сопоставлении с месячной рыночной доходностью за последние пять лет и получили следующую формулу для регрессии:

$$R_{HeavyTech} = 0{,}5\% + 1{,}2\ R_M.$$

Дисперсия акции равна 50%, а дисперсия рынка равна 20%. Текущая ставка по казначейским векселям США — 3% (год назад она была равна 5%). Акции в настоящее время торгуются по цене $50, что на $4 ниже прошлогоднего уровня. В прошлом году акции приносили дивиденды в размере $2. В следующем году ожидаются дивиденды, равные $2,50. Индекс NYSE Composite за прошлый год потерял 8% при дивидендной доходности 3%. HeavyTech Inc. имела налоговую ставку, равную 40%.

а) Какова ожидаемая доходность компании HeavyTech в следующем году?

б) Какую цену за акции HeavyTech следует ожидать через год?

в) Какой доходности следовало бы ожидать по акциям HeavyTech в прошлом году?

г) Какова была фактическая доходность акций HeavyTech в прошлом году?

д) HeavyTech имеет $100 млн собственного капитала и $50 млн долга. Компания планирует выпустить обыкновенные акции на $50 млн и ликвидировать $50 млн долга. Оцените новый коэффициент бета.

6. Компания Safecorp, владеющая и управляющая бакалейными магазинами, расположенными в США, в настоящее время имеет $50 млн долга и на $100 млн в обыкновенных акциях в обращении. Ее акция имеет коэффициент бета, равный 1,2. Компания планирует выкуп с использованием заемных средств (leveraged buy-out — LBO), что повысит ее коэффициент «долг/собственный капитал», сейчас равный 8. Если налоговая ставка 40%, то каков будет коэффициент бета собственного капитала фирмы после LBO?

7. Компания Novell, рыночная стоимость собственного капитала которой $2 млрд, а коэффициент бета — 1,50, объявила, что она покупает компанию WordPerfect, чей собственный капитал имеет рыночную стоимость $1 млрд, а коэффициент бета — 1,30. В момент приобретения ни одна из фирм не имеет долга в своей финансовой структуре, а корпоративная налоговая ставка равна 40%.

   а) Оцените коэффициент бета для Novell после приобретения, предполагая, что покупка будет финансироваться полностью за счет собственного капитала.

   б) Предположим, компания Novell должна занять $1 млрд для приобретения WordPerfect. Оцените коэффициент бета после приобретения.

8. Вы анализируете коэффициент бета для Hewlett-Packard (HP), классифицировав при этом деятельность компании по четырем категориям. Коэффициенты бета и рыночные стоимости каждой группы перечислены ниже:

Вид деятельности	*Рыночная стоимость собственного капитала ($ млрд)*	*Коэффициент бета*
Большие вычислительные машины	2,0	1,10
Персональные компьютеры	2,0	1,50
Программное обеспечение	1,0	2,00
Принтеры	3,0	1,00

а) Оцените коэффициент бета для Hewlett-Packard как компании. Будет ли этот коэффициент бета равен коэффициенту бета, оцененному на основе регрессионного анализа прошлой доходности акций HP в сопоставлении с рыночным индексом? Почему да или почему нет?

б) Если ставка по казначейской облигации США равна 7,5%, оцените стоимость привлечения собственного капитала компании Hewlett-Packard. Оцените стоимость привлечения собственного капитала каждого подразделения. Какую стоимость привлечения собственного капитала вы бы использовали для оценки производства принтеров?

в) Предположите, что компания изъяла свой капитал из производства больших вычислительных машин и выплатила полученную сумму в качестве дивидендов. Оцените коэффициент бета HP после изъятия (Hewlett-Packard имела непогашенный долг на сумму в $1 млрд).

9. В нижеследующей таблице представлены процентные изменения операционной прибыли, выручки и коэффициент бета четырех фармацевтических фирм.

Фирма	*Процентные изменения выручки (%)*	*Процентные изменения операционной прибыли (%)*	*Коэффициент бета*
PharmaCorp	27	25	1,00
SynerCorp	25	32	1,15
BioMed	23	36	1,30
Safemed	21	40	1,40

а) Определите уровень операционного рычага для каждой из этих фирм.

б) Используйте операционный рычаг для объяснения, почему фирмы имеют различные коэффициенты бета.

10. Известная служба по оценке коэффициента бета определила этот показатель для компании Comcast Corporation, одного из крупнейших операторов кабельного телевидения, равным 1,45. Для оценки коэффициентов бета служба использует недельную доходность акции за предыдущие пять лет и индекс NYSE Composite в качестве рыночного индекса. Вы проводите регрессионный анализ, применяя недельную доходность за тот же самый период, и получаете оценку коэффициента бета в размере 1,60. Как можно примирить эти две оценки?

11. Battle Mountain — горнодобывающая компания, владеющая золотыми, серебряными и медными шахтами в Южной Америке, Африке и Австралии. Коэффициент бета ее акций оценен равным 0,30. Учитывая волатильность цен на сырьевые товары, чем бы вы объяснили столь низкий коэффициент бета?

12. Вам известна доходность компании AnaDone Corporation (AD Corp.), крупной, диверсифицированной производственной фирмы, и индекс NYSE за пять лет:

Год	*AD Corp. (%)*	*NYSE (%)*
1981	10	5
1982	5	15
1983	–5	8
1984	20	12
1985	–5	–5

а) Оцените точку пересечения (альфа) и наклон (коэффициент бета) линии регрессии.

б) Если вы сегодня купили акции AD Corp., какую доходность можно ожидать в следующем году? Ставка по шестимесячным казначейским векселям равна 6%.

в) Оглядываясь на пять лет назад, как бы вы оценили доходность AD Corp. относительно доходности рынка?

г) Предположите теперь, что вы — недиверсифицированный инвестор и все свои средства инвестировали в AD Corp. Что было бы наилучшей мерой риска, который вы на себя приняли? Какую часть этого риска можно было бы устранить путем диверсификации?

д) AD Corp. планирует продать одно из своих подразделений. Рассматриваемое подразделение имеет активы, на которые приходится половина балансовой стоимости AD Corp. и 20% ее рыночной стоимости. Его коэффициент бета в два раза больше среднего коэффициента бета AD Corp. (перед продажей). Какой будет коэффициент бета AD Corp. после продажи этого подразделения?

13. Вы получили регрессию месячной доходности Mapco Inc., нефтегазовой фирмы, в сопоставлении с индексом S&P 500, и у вас получились следующие результаты за период 1991–1995 гг.:

    Точка пересечения регрессии = 0,06%.
    Наклон регрессии = 0,46.
    Стандартная ошибка X-коэффициента = 0,20.
    R-квадрат = 5%.

    В обращении находится 20 млн акций. Текущая цена акции равна $2 за штуку. Фирма имела непогашенный долг на сумму $20 млн (налоговая ставка фирмы 36%).

    а) Какой доходности потребовал бы инвестор в акции Mapco, если ставка по казначейским облигациям США составила 6%.
    б) Какая часть риска фирмы является диверсифицируемой?
    в) Предположим теперь, что Mapco имеет три подразделения равного размера (с точки зрения рыночной стоимости). Компания планирует продать одно из своих подразделений за $20 млн в денежных средствах и приобрести другое подразделение за $50 млн (она заимствовала $30 млн для получения всей суммы). Подразделение, которое фирма собирается ликвидировать, относится к виду деятельности, где средний безрычаговый коэффициент бета равен 0,20, а приобретаемое подразделение относится к виду деятельности со средним безрычаговым коэффициентом бета = 0,80. Каким будет коэффициент бета Mapco после этого приобретения?

14. Вы вывели регрессию месячной доходности American Airlines (AMR Corporation) в сопоставлении с индексом S&P 500 за прошедшие пять лет. Вам не хватает некоторых выходных данных, и вы пытаетесь вывести их из того, что у вас есть.

    а) Вы знаете, что R-квадрат регрессии равен 0,36, и ваши акции имеют дисперсию 67%. Дисперсия рынка — 12%. Каков будет коэффициент бета AMR?
    б) Вы также помните, что компания AMR представляла собой не очень хорошую инвестицию в течение периода, исследуемого в регрессионном анализе, а ее доходность была хуже, чем ожидалось (с учетом риска), на 0,39% в месяц за 5 лет регрессии.

В течение этого периода средняя безрисковая ставка составляла 4,84%. Какова точка пересечения кривой регрессии?

в) Вы сравниваете AMR Inc. с другой фирмой, которая имеет R-квадрат, также равный 0,48. Будут ли обе фирмы обладать одинаковыми коэффициентами бета? Если нет, то почему?

15. Вы получили регрессию месячной доходности Agmen, крупной биотехнологической фирмы, в сопоставлении с месячной доходностью индекса S&P 500, и у вас получились следующие результаты:

$$R_{stock} = 3{,}28\% + 1{,}65\ R_{рынок} \qquad R^2 = 0{,}20.$$

Текущая ставка по однолетней казначейскому векселю США равна 4,8%, а текущая ставка по 30-летней казначейской облигации США — 6,4%. Фирма имеет 265 млн акций в обращении, торгуемых по цене $30 за акцию.

а) Какой доходности акции следует ожидать в следующем году?

б) Изменилась бы оценка ожидаемой доходности, если бы целью было получение ставки дисконтирования для оценки компании?

в) Аналитик корректно оценил, что акция ежегодно приносила на 51,10% больше, чем ожидалось на протяжении периода регрессии. Можно ли оценить приведенную к годовому выражению безрисковую ставку, которую этот аналитик использовал для оценки?

г) Коэффициент «долг/собственный капитал» фирмы равен 3%, а налоговая ставка = 40%. Фирма планирует выпустить новый долг на $2 млрд и приобрести за счет него новое производство, которое обладает тем же риском, что и существующее. Каков будет коэффициент бета после приобретения?

16. Вы получили регрессию месячной доходности корпорации MAD Inc., издателя газет и журналов, в сопоставлении с индексом S&P 500, и получили следующие результаты:

$$R_{MAD} = -0{,}05\% + 1{,}20 R_{S\&P}.$$

R-квадрат регрессии равен 22%. Текущая ставка по казначейским векселям США = 5,5%, а текущая ставка по казначейским облигациям = 6,5%. Безрисковая ставка за период регрессии составляла 6%. Ответьте на следующие вопросы относительно этой регрессии:

а) На основе точки пересечения определите, насколько оправдала или обманула ожидания MAD в период регрессии.

б) Теперь вы узнали, что MAD Inc. прошла через капитальную реструктуризацию в конце прошлого месяца (который был последним месяцем вашего регрессионного анализа) и провела следующие изменения:

- Фирма продала свое журнальное подразделение, имевшее безрычаговый коэффициент бета, равный 0,6, за $20 млн.
- Она дополнительно заимствовала $20 млн и выкупила свои акции на сумму $40 млн.

После продажи подразделения и обратного выкупа акций у MAD Inc. оказалось $40 млн долга и $120 млн в обыкновенных акциях в обращении. Если налоговая ставка для фирмы равна 40%, переоцените коэффициент бета после проведенных изменений.

17. Time Warner Inc., развлекательный конгломерат, имел коэффициент бета 1,61 в 1995 г. Одна из причин высокого значения коэффициента бета — это долг, оставшийся от выкупа контрольного пакета акций Time со стороны Warner за счет кредита в 1989 г., который в 1995 г. составлял $10 млрд. Рыночная стоимость собственного капитала в Time Warner в 1995 г. также составляла $10 млрд. Предельная налоговая ставка равнялась 40%.
    а) Оцените безрычаговый коэффициент бета Time Warner.
    б) Оцените воздействие на коэффициент бета акций сокращения долгового коэффициента на 10% каждый год в течение следующих двух лет.
18. Компания Chrysler, производитель автомобилей, в 1995 г. имела коэффициент бета, равный 1,05. Компания в том же году имела непогашенный долг в размере $13 млрд и 355 млн акций в обращении по цене $50 за штуку. Кассовый остаток фирмы на конец 1995 г. составлял $8 млрд. Предельная налоговая ставка составляла 36%.
    а) Оцените безрычаговый коэффициент бета фирмы.
    б) Оцените воздействие выплаты специальных дивидендов в размере $5 млрд на этот безрычаговый коэффициент бета (без учета долга).
    в) Оцените коэффициент бета для компании Chrysler после выплаты специальных дивидендов.
19. Вы пытаетесь оценить коэффициент бета частной фирмы, производящей бытовую технику. Вам удалось получить коэффициенты бета для публичных компаний, производящих бытовую технику:

Фирма	*Коэффициент бета*	*Долг ($ млн)*	*Рыночная стоимость собственного капитала ($ млн)*
Black & Decker	1,40	2500	3000
Fedders Corp.	1,20	5	200
Maytag Corp.	1,20	540	2250
National Presto	0,70	8	300
Whirlpool	1,50	2900	4000

У этой частной фирмы коэффициент «долг/собственный капитал» равен 25%, а налоговая ставка составляет 40%. Публичные компании также имеют предельные налоговые ставки, равные 40%.

а) Оцените коэффициент бета для частной фирмы.

б) Следует ли побеспокоиться (и если да, то о чем) при использовании коэффициентов бета сопоставимых фирм?

20. Под давлением акционеров фирма RJR Nabisco подумывает об отделении своего продовольственного подразделения. Вам требуется оценить коэффициент бета этого подразделения. Вы решили приступить к этой задаче, используя коэффициент бета сопоставимых публичных компаний. Средний коэффициент бета сопоставимых компаний равен 0,95, а средний коэффициент «долг/собственный капитал» = 35%. Ожидается, что подразделение будет иметь долговой коэффициент в размере 25%. Предельная корпоративная налоговая ставка 36%.

    а) Каков коэффициент бета подразделения?

    б) Имеет ли значение информация о том, что фирма RJR Nabisco имела значительно более высокие фиксированные издержки, чем сопоставимые фирмы, используемые здесь?

21. Southwestern Bell, телефонная компания, рассматривает расширение своих операций в медийном бизнесе. Коэффициент бета компании в конце 1995 г. составлял 0,90, а коэффициент «долг/собственный капитал» был равен 1. Ожидается, что медийный бизнес должен составлять 30% всей стоимости фирмы в 1999 г., а средний коэффициент бета сопоставимых фирм 1,20. Средний коэффициент «долг/собственный капитал» для этих фирм был равен 50%. Предельная корпоративная налоговая ставка составляла 36%.

    а) Оцените коэффициент бета для компании Southwestern Bell в 1999 г., предполагая, что она поддерживает свой текущий коэффициент «долг/собственный капитал».

    б) Оцените коэффициент бета для компании Southwestern Bell в 1999 г., предполагая, что она решила финансировать свои медийные операции с коэффициентом «долг/собственный капитал» в размере 50%.

22. Финансовый директор Adobe Systems, растущего предприятия по производству программного обеспечения, хочет проконсультироваться у вас относительно коэффициента бета его компании. Он подписывается на услуги некоей службы, оценивающей коэффициент бета Adobe Systems каждый год, и заметил, что оценки коэффициента бета понижаются с каждым годом начиная с 1991 г. (с 2,35 в 1991 г. до 1,40 в 1995 г.). Его интересуют следующие вопросы:

а) Является ли падение коэффициента бета необычным для растущей фирмы?
б) Почему коэффициент бета со временем понижается?
в) Будет ли продолжаться падение коэффициента бета в дальнейшем?

23. Вы анализируете Tiffany & Company, крупную компанию, занимающуюся розничными продажами, и находите, что регрессионная оценка коэффициента бета фирмы равна 0,75. Стандартная ошибка для оценки коэффициента бета составляет 0,50. Вы также замечаете, что средний безрычаговый коэффициент бета (без учета долга) сопоставимых фирм, работающих в той же области, равен 1,15.
   а) Если коэффициент «долг/собственный капитал» Tiffany равен 20%, оцените коэффициент бета компании на основе сопоставимых фирм (налоговая ставка 40%).
   б) Оцените интервал коэффициента бета исходя из регрессии.
   в) Предположим, что Tiffany присвоен рейтинг BBB и дефолтный спред для фирм с рейтингом BBB равен 1% сверх ставки по казначейским облигациям США. Если ставка по казначейским облигациям США равна 6,5%, оцените стоимость привлечения капитала фирмы.

24. Вам требуется оценить стоимость привлечения капитала NewTel, телекоммуникационной фирмы. Фирма обладает следующими характеристиками:
   - В обращении находится 100 млн акций, торгуемых по $250 за штуку.
   - Балансовая стоимость долга фирмы со сроком погашения шесть лет равна $10 млрд, а процентные расходы по долгу составили $600 млн. Для фирмы не определен рейтинг, но ее операционная прибыль была равна $2,5 млрд в прошлом году (рейтинг фирм с коэффициентом процентного покрытия от 3,5 до 4,5 определялся как BBB, а дефолтный спред составлял 1%).
   - Налоговая ставка для фирмы равна 35%.

   Ставка по казначейским облигациям составляет 6%, а безрычаговый коэффициент бета других телекоммуникационных фирм равен 0,80.
   а) Оцените рыночную стоимость долга фирмы.
   б) Опираясь на синтетический рейтинг, оцените стоимость заимствования фирмы.
   в) Оцените стоимость привлечения капитала фирмы.

Глава 9

ИЗМЕРЕНИЕ ПРИБЫЛИ

При оценке денежных потоков мы обычно начинаем с измерения прибыли. Свободные денежные потоки, поступающие в фирму, например, проистекают от операционной прибыли после уплаты налогов. В то же время оценка свободных денежных потоков на акции начинается с чистой прибыли. Хотя мы получаем данные об операционной и чистой прибыли из бухгалтерской отчетности, учетные прибыли многих фирм дают слабое представление об истинной прибыли фирмы или вообще его не дают.

Эта глава начинается с рассмотрения философских различий между взглядами на фирму с бухгалтерской и финансовой точек зрения. Затем мы обсудим, как прибыль фирмы, по крайней мере измеренная бухгалтерами, должна корректироваться в целях оценки. В частности, мы рассмотрим, как интерпретировать расходы на операционную аренду, которые, как мы докажем, в действительности являются финансовыми расходами, а также расходы на НИОКР, трактуемые нами как капитальные затраты. Эти поправки влияют не только на наши оценки прибыли, но и на суждения относительно балансовой стоимости капитала. Мы также уделим внимание чрезвычайным статьям (как на стороне доходов, так и на стороне расходов), а также разовым сборам, использование которых значительно расширилось за последние несколько лет на фоне повышения агрессивности управления прибылями. Методы, используемые для сглаживания прибыли по временным периодам и превышения аналитических оценок, могут исказить объявляемую прибыль и оценку стоимости, получаемые на их основе, если мы не будем проявлять необходимую осторожность.

БУХГАЛТЕРСКИЙ И ФИНАНСОВЫЙ БАЛАНСЫ

На какие вопросы мы бы хотели получить ответы при анализе фирмы? Фирма, как определяется здесь, имеет как уже сделанные инвестиции (размещенные активы), так и инвестиции, планируемые к осуществлению (активы роста). Кроме того, фирма может либо заимствовать средства, которые ей необходимы для осуществления инвестиции (т. е. она использует долг), либо привлечь их от своих владельцев в виде собственного капитала. На рисунке 9.1 представлено описание фирмы в форме финансового баланса.

Заметим, что хотя данный отчет чем-то напоминает бухгалтерский баланс, существуют и ключевые различия. Самое важное из них то, что при изучении вопроса о том, что же принадлежит фирме, мы здесь явно рассматриваем активы роста.

При проведении финансового анализа фирмы мы бы хотели ответить на несколько вопросов, относящихся к каждой из этих статей. Эти вопросы перечислены на рисунке 9.2. Как мы увидим в этой главе, бухгалтерская

Активы		Пассивы (обязательства)	
• Произведенные инвестиции • Создают денежные потоки сегодня • Включают долгоживущие (фиксированные) и короткоживущие (оборотный капитал) активы	Размещенные (установленные) активы	Долг	• Фиксированные требования к денежным потокам • Незначительная роль в управлении или ее отсутствие • Фиксированные сроки погашения • Вычет из налогооблагаемой базы
• Ожидаемая стоимость, которая будет создана будущими инвестициями	Активы роста	Собственный капитал	• Остаточные требования к денежным потокам • Значительная роль в управлении • Бесконечный срок жизни

Рисунок 9.1. *Финансовый баланс*

Активы		Пассивы (обязательства)	
• Что собой представляют размещенные активы? • Сколько стоят эти активы? • Насколько рискованны эти активы?	Размещенные (установленные) активы	Долг	• Какова стоимость долга? • Насколько рискован долг?
• Что собой представляют активы роста? • Сколько стоят эти активы?	Активы роста	Собственный капитал	• Какова стоимость собственного капитала? • Насколько рискован собственный капитал?

Рисунок 9.2. *Ключевые финансовые вопросы*

отчетность позволяет нам получить определенную информацию относительно каждого из этих вопросов, но ей недостает как своевременности раскрытия нужных сведений, так и средств измерения стоимости активов, прибыли и риска.

КОРРЕКЦИЯ ПРИБЫЛИ

Отчет о прибылях и убытках дает представление об операционной прибыли и позволяет оценить доход на собственный капитал в виде прибыли до уплаты процентов и налогов (earnings before interest and taxes — EBIT) и чистой прибыли. В процессе оценки фирмы при использовании этих показателей возникают два важных соображения. Во-первых, оценка должна быть настолько свежей, насколько это вообще возможно, принимая во внимание быстроту изменения бизнеса со временем. Во-вторых, объявляемые прибыли могут иметь мало общего с истинной прибылью из-за ограничений, связанных с бухгалтерскими правилами и действиями фирмы.

Важность обновления данных о прибыли

Фирмы раскрывают свои прибыли в финансовой отчетности и годовых отчетах для держателей акций. Годовые отчеты обнародуются лишь в конце финансового года, но часто необходимо оценивать фирму на протяжении всего года. Следовательно, самый последний годовой отчет, который оказывается доступным для проведения оценки фирмы, может содержать информацию, полученную несколько месяцев назад. В случае фирм, быстро меняющихся со временем, опасно основывать оценки стоимости на столь старой информации. Вместо этого надо использовать более свежую информацию. Поскольку американские фирмы должны ежеквартально составлять отчеты для Комиссии по ценным бумагам и биржам США по форме 10-Q и публиковать их, более свежие оценки ключевых статей финансовых отчетов можно получить, агрегируя показатели за четыре последних квартала. Оценки выручки и прибыли, вытекающие из этого подхода, называются выручкой и прибылью за последние 12 месяцев, и они могут сильно отличаться от значений тех же самых переменных в последнем годовом отчете.

Обновление имеет свою цену. К сожалению, не все статьи годового отчета обновляются в квартальных отчетах. Приходится либо использовать показатели из последнего годового отчета (что ведет к несогласованным входным данным), либо оценивать значения нужных статей на конец последнего квартала (что ведет к ошибочной оценке). Например, фирмы не показывают в квартальных отчетах детали, касающиеся выпущенных опционов (выпущенных для руководителей и работников), но при этом они раскрывают эти сведения в годовых отчетах. Так как оценивать эти опционы необходимо, можно использовать выпущенные опционы, например из последнего годового отчета, или же предположить, что существующие выпущенные опционы изменились с учетом вариаций других переменных (например, если выручка удвоилась, опционы тоже удвоились).

Что касается более молодых фирм, то здесь важно придерживаться самых свежих цифр, которые только можно найти, даже если они носят расчетный характер. Эти фирмы часто растут экспоненциально, и использование данных за прошедший финансовый год приведет к ошибочным оценкам стоимости. Даже фирмы, не переживающие рост, существенно меняются от квартала к кварталу, и обновленная информация может дать вам шанс уловить эти перемены.

Существует ряд финансовых рынков, где фирмы представляют финансовую отчетность только раз в год, тем самым лишая нас возможности обращения к квартальной отчетности. При оценке фирм на таких рынках аналитикам приходится привлекать неофициальные источники для обновления оценок.

ИЛЛЮСТРАЦИЯ 9.1. *Обновленные данные по прибыли компании Apple, апрель 2011 г.*

Предположим, что вы оцениваете Apple в апреле 2011 г. Последний отчет по форме 10-K был выпущен в сентябре 2010 г., компания опубликовала также два квартальных отчета по форме 10-Q — один за период, завершившийся в декабре 2010 г., а другой в марте 2011 г. Чтобы показать, насколько фундаментальные входные данные для оценки изменились за шесть месяцев, информация в последней отчетности по форме 10-K сравнивается с данными за последние 12 месяцев в последней отчетности по форме 10-Q — выручкой, операционной прибылью, расходами на НИОКР и чистой прибылью.

	За шесть месяцев, завершившихся в марте 2010 г. ($ млн)	*За шесть месяцев, завершившихся в марте 2011 г. ($ млн)*	*Годовые данные на сентябрь 2010 г. ($ млн)*	*За последние 12 месяцев ($ млн)*
Выручка	29 182	51 408	65 225	87 451
Операционная прибыль	3332	4815	18 385	19 868
Расходы на НИОКР	824	1156	1782	2114
Чистая прибыль	6452	11 191	14 013	18 752

Последние 12 месяцев = годовые данные на сентябрь 2010 г. — шестимесячные данные на март 2010 г. + шестимесячные данные на март 2011 г.

Выручка за последние 12 месяцев на 40% превышает выручку, объявленную в последнем отчете по форме 10-K, а такие показатели, как операционная и чистая прибыль, значительно выросли. Apple в апреле 2011 г. была намного прибыльнее, чем в сентябре 2010 г. Отметим, что изменяются не только эти данные. У молодых компаний от периода к периоду может также кардинальным образом меняться число выпущенных акций. Использование самых последних данных дает более реалистичную оценку.

Корректировка неверной классификации прибыли

Компании имеют три типа расходов:

1. Операционные расходы — это расходы, которые создают выгоды для фирмы только в текущем периоде. Например, топливо, используемое авиакомпанией для организации полетов своих самолетов, относится к операционным расходам. То же самое можно сказать и о затратах на рабочую силу для автомобильной компании, связанных с производством транспортных средств.
2. Капитальные затраты — это расходы, создающие выгоды на протяжении многих периодов. Например, расходы, связанные со строительством и оснащением нового завода, для производителя автомобилей относятся к капитальным затратам, поскольку завод будет приносить доходы на протяжении не одного года.
3. Финансовые расходы — это расходы, связанные с несобственным капиталом, привлекаемым фирмой. Так, процент, выплачиваемый по банковскому кредиту, относится к финансовым расходам.

Операционная прибыль фирмы, измеренная правильно, должна быть равна ее выручке за вычетом операционных расходов. Ни финансовые расходы, ни капитальные затраты не должны включаться в операционные расходы в том году, когда они были сделаны, хотя капитальные затраты можно списать на износ или амортизировать в тот период, в который фирма получила выгоды от этих расходов. Чистая прибыль фирмы равна выручке фирмы за вычетом операционных расходов и финансовых расходов.

Бухгалтерское измерение прибыли может ввести в заблуждение, поскольку операционные, капитальные и финансовые расходы иногда классифицируются неверно. В данном разделе будут рассмотрены две самые распространенные неверные классификации, а также способы их корректировки. Первая ошибка состоит во включении капитальных затрат, таких как расходы на НИОКР, в операционные расходы, что искажает оценку как операционной, так и чистой прибыли. Вторая ошибка касается включения в операционные расходы финансовых расходов, таких как расходы на операционную аренду. Это влияет на измерение операционной прибыли и свободных денежных потоков фирмы.

Третий фактор, который следует обсудить, — это влияние так называемого «управления прибылью» в этих фирмах. Фирмы иногда используют бухгалтерские методы, позволяющие им показывать прибыль, превосходящую аналитические оценки и, таким образом, вводящую в заблуждение.

Капитальные затраты, рассматриваемые как операционные расходы. Хотя теоретически операционная прибыль получается в результате вычета только операционных расходов, в действительности некоторые виды расходов интерпретируются как операционные расходы. Например, существенным недостатком бухгалтерской отчетности является присущий ей способ трактовки расходов на НИОКР. Основываясь на том, что продукты исследований слишком неопределенны и с трудом поддаются количественному выражению, бухгалтерские стандарты обычно требуют, чтобы все расходы на НИОКР относились на период, в котором они возникли. Это имеет несколько последствий, но одно из наиболее глубоких связано с тем, что стоимость активов, созданных благодаря исследованиям, не отражается в балансе как часть совокупных активов фирмы. Это, в свою очередь, создает эффект расходящейся волны в отношении измерения капитала и коэффициентов прибыльности фирмы. Мы рассмотрим вопрос, как капитализировать расходы на НИОКР, в первой части раздела, а затем, во второй части раздела, распространим нашу аргументацию на другие капитальные затраты.

Капитализация расходов на НИОКР. Расходы на исследования, несмотря на неопределенность будущих выгод, следует капитализировать. Для капитализации и оценки исследовательских активов мы делаем предположение относительно того, сколько в среднем времени требуется для превращения результатов исследований в коммерческие продукты. Данный период называется сроком амортизации этих активов. Этот срок варьирует в зависимости от фирмы и отражает время, затрачиваемое на превращение исследований в продукт. К примеру, расходы на НИОКР в фармацевтической компании должны иметь достаточно длительные сроки амортизации, поскольку процесс одобрения для лекарств долог. В отличие от этого расходы на НИОКР в фирме, занимающейся производством программного обеспечения, в которой продукт появляется в результате исследований гораздо быстрее, должны амортизироваться на протяжении более короткого периода.

После оценки срока амортизации расходов на НИОКР следующим шагом является сбор данных о расходах по этой статье за последние годы, ранжированных согласно сроку амортизации исследовательского актива. Так, если исследовательский актив имеет срок жизни, равный пяти годам, то должны быть получены расходы на НИОКР за каждый из пяти лет, предшествующих текущему году. Для простоты можно предположить, что амортизация происходит во времени равномерно, подводя к последующей оценке остаточной стоимости исследовательского актива на текущий момент времени:

$$\text{Стоимость исследовательского актива} = \sum_{t=-(n-1)}^{t=0} \text{НИОКР}_t \frac{n+t}{n}.$$

Таким образом, для исследовательского актива с пятилетним сроком жизни вы накапливаете одну пятую расходов на НИОКР (R&D) четырехлетней давности, две пятых расходов на НИОКР трехлетней давности, три пятых расходов на НИОКР двухлетней давности, четыре пятых расходов на НИОКР прошлого года, а также все расходы на НИОКР этого года и получаете стоимость исследовательского актива. Это увеличивает стоимость активов фирмы, а следовательно, и балансовую стоимость собственного капитала.

Скорректированная балансовая стоимость собственного капитала =
= балансовая стоимость собственного капитала +
+ стоимость исследовательского актива.

Наконец, операционная прибыль корректируется с учетом капитализации расходов на НИОКР. Во-первых, расходы на НИОКР, которые были вычтены для получения операционной прибыли, прибавляются снова к операционной прибыли, что отражает их новую классификацию как капитальных затрат. Затем амортизация исследовательского актива рассматривается тем же способом, что и начисление износа, и вычитается для получения скорректированной операционной прибыли:

Скорректированная операционная прибыль = операционная прибыль +
+ расходы на НИОКР – амортизация исследовательского актива.

Скорректированная операционная прибыль, как правило, повышается для фирм, у которых расходы на НИОКР со временем растут. Эта корректировка также влияет на чистую прибыль:

Скорректированная чистая прибыль = чистая прибыль +
+ расходы на НИОКР – амортизация исследовательского актива.

Хотя обычно мы рассматриваем только ту часть этой величины, которая остается после выплаты налогов, тот факт, что затраты на НИОКР полностью вычитаются из налогооблагаемой базы, устраняет потребность в этой коррекции[1].

---

[1] Если бы амортизация вычиталась из налогооблагаемой базы, то выигрыш на налогах от расходов на НИОКР был бы равен:

Амортизация × налоговая ставка.

Этот дополнительный выигрыш на налогах, который мы получаем из всех исследований и разработок, вычитаемых из налогооблагаемой базы, записывается следующим образом:

(НИОКР – амортизация) × налоговая ставка.

Если мы вычитаем величину (НИОКР – амортизация) (1 – налоговая ставка), а затем добавляем дифференцированный выигрыш на налогах, вычисленный выше, то величина (1 – налоговая ставка) выпадает из уравнения.

R&DConv.xls — таблица, позволяющая переводить затраты на НИОКР из операционных расходов в капитальные затраты.

ИЛЛЮСТРАЦИЯ 9.2. *Капитализация расходов на НИОКР в фирме Amgen, март 2009 г.*

Amgen — это биотехнологическая фирма. Подобно большинству фармацевтических фирм, она несет значительные расходы на НИОКР, и в этом разделе мы попытаемся их капитализировать. Первый шаг в этом преобразовании — определение срока амортизации для расходов на НИОКР. Сколько времени понадобится на то, чтобы исследования, которые проводятся фирмой Amgen, окупились? С учетом продолжительности процесса одобрения новых лекарств, установленного Управлением по контролю за качеством пищевых продуктов, медикаментов и косметических средств США (Federal Drug Administration — FDA), мы предполагаем, что срок амортизации составит 10 лет.

Второй шаг анализа — выяснение расходов на НИОКР за предыдущие годы. При этом число лет зависит от срока амортизации. В нижеследующей таблице представлена информация за каждый год:

Год	*Расходы на НИОКР ($ млн)*
Текущий (2008 г.)	3030
–1	3266
–2	3366
–3	2314
–4	2028
–5	1655
–6	1117
–7	864
–8	845
–9	823
–10	663

Информация за текущий год отражает расходы на НИОКР за последний финансовый год (2008 календарный год).

Рассматриваются доля расходов в прошлые годы, которая уже была бы амортизирована, и амортизация этого года. Для упрощения предположим, что эти расходы амортизируются во времени линейно. При 10-летнем сроке амортизации каждый год амортизируется 10%. Это позволяет оценивать стоимость исследовательского актива, создаваемого каждый год этой фирмой, а также амортизацию расходов на НИОКР в текущем году. Эта процедура проиллюстрирована нижеследующей таблицей:

Год	*Расходы на НИОКР ($ млн)*	*Неамортизированная часть исследовательского актива*		*Амортизация этого года ($ млн)*
		(%)	*($ млн)*	
Текущий	3030,00	100,00	3030,00	0,00
–1	3266,00	90,00	2939,40	326,60
–2	3366,00	80,00	2692,80	336,60
–3	2314,00	70,00	1619,80	231,40
–4	2028,00	60,00	1216,80	202,80
–5	1655,00	50,00	827,50	165,50
–6	1117,00	40,00	446,80	111,70
–7	864,00	30,00	259,20	86,40

Год	*Расходы на НИОКР ($ млн)*	*Неамортизированная часть исследовательского актива*		*Амортизация этого года ($ млн)*
–8	845,00	20,00	169,00	84,50
–9	823,00	10,00	82,30	82,30
–10	663,00	0,00	0,00	66,30
Стоимость исследовательского актива			13 283,60	
Амортизация исследовательского актива в текущем году				1694,10

Обратите внимание на то, что расходы текущего года не амортизировались, поскольку предполагается, что это должно происходить в конце года, а 50% расходов пятилетней давности амортизированы. Сумма неамортизированных расходов на НИОКР составляет $13,284 млрд. Эту величину можно рассматривать как стоимость исследовательского актива Amgen, и она должна быть добавлена к балансовой стоимости собственного капитала для вычисления доходности собственного капитала и измерения капитала. Сумма амортизации в текущем году для всех расходов предыдущего года составляет $1694 млн.

Завершающий шаг процесса — это корректировка операционной прибыли с учетом капитализации расходов на НИОКР. Мы добавляем расходы на НИОКР к операционной прибыли (для отражения его новой классификации как капитальных затрат) и вычитаем амортизацию исследовательского актива, оцененную в предыдущем шаге. Применительно к компании Agmen, объявившей в своем отчете о прибылях и убытках за 2008 г. операционную прибыль в размере $5594 млн, скорректированная операционная прибыль составит:

Скорректированная операционная прибыль = операционная прибыль + расходы на НИОКР текущего года –
– амортизация исследовательского актива = 5594 + 3030 – 1694 = $6930 млн.

Объявленная чистая прибыль в размере $4196 млн может быть скорректирована аналогичным образом.

Скорректированная чистая прибыль = чистая прибыль + расходы на НИОКР текущего года –
– амортизация исследовательского актива = 4196 + 3030 – 1694 = $5532 млн.

Почему нет необходимости учитывать налоговые эффекты, мы объяснили в предыдущем разделе.

Как балансовая стоимость собственного капитала, так и балансовая стоимость капитала увеличиваются на стоимость исследовательского актива. Поскольку измерения доходности капитала и собственного капитала основываются на данных предыдущего года, мы вычислили стоимость исследовательского актива на конец 2007 г., используя тот же самый подход, который применяли к 2008 г.:

Стоимость исследовательского актива$_{2007\ г.}$ = $11 948 млн.

Скорректированная балансовая стоимость собственного капитала$_{2007\ г.}$ = балансовая стоимость собственного капитала$_{2007\ г.}$ + стоимость исследовательского актива = $17 869 млн + $11 948 млн = $29 817 млн.

Скорректированная балансовая стоимость капитала$_{2007\ г.}$ = балансовая стоимость капитала$_{2007\ г.}$ + + стоимость исследовательского актива = $21 985 млн + $11 948 млн = $33 843 млн.

Доходность (рентабельность) капитала представлена как в скорректированном, так и в нескорректированном виде:

	Нескорректированная (%)	*Скорректированная для НИОКР (%)*
Доходность капитала	4196/17 869 = 23,48	5532/29 817 = 18,55
Доходность капитала до уплаты налогов	5594/21 985 = 25,44	6930/33 843 = 20,48

Хотя коэффициенты прибыльности для фирмы Amgen остаются впечатляющими даже после корректировки, они значительно снизились по сравнению с нескорректированными показателями. Скорее всего, такое должно наблюдаться у всех фирм, имеющих высокую рентабельность собственного капитала и капитала при наличии существенных расходов на НИОКР[1].

---

[1] Если рентабельность капитала, полученная фирмой, существенно ниже стоимости привлечения капитала, то корректировка может привести к более высокой рентабельности.

Капитализация других операционных расходов. В то время как расходы на НИОКР остаются наиболее ярким примером капитальных затрат, рассматриваемых как операционные расходы, существуют и другие статьи затрат, которые следует трактовать как капитальные затраты. Компании, производящие потребительские продукты, такие как Gillette и Coca-Cola, могут утверждать, что часть расходов на рекламу следует рассматривать как капитальные затраты, поскольку она нацелена на увеличение стоимости торговой марки. Для консультационной фирмы стоимость набора и обучения сотрудников тоже можно рассматривать как капитальные затраты, поскольку консультанты, по всей вероятности, будут основным активом фирмы, обеспечивая получение выгод на многие годы вперед. Для многих интернет-компаний, таких как Amazon.com, самой большой статьей операционных расходов являются общие, сбытовые и административные расходы. Эти фирмы могут утверждать, что часть таких расходов можно рассматривать как капитальные затраты, поскольку они нацелены на рост репутации торговой марки и направлены на привлечение новых клиентов.

Хотя данный аргумент имеет определенные основания, для оправдания капитализации подобных расходов его следует использовать очень осмотрительно. Чтобы капитализировать операционные расходы, должны быть серьезные аргументы в пользу того, что выгоды от расходов накапливаются на протяжении многих периодов. Продолжит ли клиент, который под влиянием рекламы или других способов продвижения поддался искушению купить товар у Amazon.com, и далее покупать у той же фирмы? Некоторые аналитики утверждают, что это так и есть, и приписывают добавленную стоимость при появлении каждого нового клиента[1]. В подобных обстоятельствах было бы логично капитализировать эти расходы, используя процедуру, аналогичную той, которая использовалась для капитализации расходов на НИОКР:

- Определить период, на котором будут возникать выгоды от операционных расходов (например, общих, сбытовых и административных расходов).
- Оценить стоимость актива (аналогично исследовательскому активу), созданного этими расходами. В случае общих, сбытовых и административных расходов, это будет актив общих, сбытовых и административных расходов.
- Откорректировать операционную прибыль с учетом расходов и амортизации созданного актива.

---

[1] Например, Хайме Кигген (Jamie Kiggen), аналитик по акциям компании Donaldson, Lufkin & Jenrette, в отчете за 1999 г. оценил клиента фирмы Amazon.com в $2400. Данная стоимость была основана на том предположении, что клиент будет продолжать покупать у Amazon.com, и на ожидаемой прибыли от этих покупок.

Откорректированная операционная прибыль =
=операционная прибыль + общие, сбытовые и административные расходы за текущий период – амортизация актива общих, сбытовых и административных расходов.

Аналогичная коррекция должна быть сделана в отношении чистой прибыли:

Откорректированная чистая прибыль = чистая прибыль +
+ общие, сбытовые и административные расходы за текущий период –
– амортизация актива общих, сбытовых и административных расходов.

Что касается исследовательского актива, то капитализация этих расходов создает актив, который увеличивает балансовую стоимость собственного капитала (и капитала).

ИЛЛЮСТРАЦИЯ 9.3. *Следует ли капитализировать общие, сбытовые и административные расходы? Анализ Amazon.com*

Давайте обсудим общие, сбытовые и административные расходы компании Amazon.com. Чтобы высказать суждение о том, следует ли капитализировать эти расходы, необходимо понять, что они собой представляют и как долго существуют выгоды, связанные с этими расходами. Предположим, что реклама Amazon (расходы, которые включаются в общие, сбытовые и административные расходы) привлекает новых клиентов на веб-сайт, и клиенты, однажды воспользовавшись услугами Amazon, продолжают обращаться к сервису компании в среднем в течение трех лет. Тогда вы можете использовать трехлетний срок амортизации для общих, сбытовых и административных расходов компании и капитализировать их тем же самым способом, каким капитализировались расходы на НИОКР, — путем сбора исторической информации об этих расходах, их ежегодной амортизации, оценки стоимости продающегося актива, а затем корректировки операционной прибыли.

На наш взгляд, общие, сбытовые и административные расходы компании должны и далее интерпретироваться как операционные расходы и не капитализироваться применительно к Amazon по двум причинам. Во-первых, розничных покупателей трудно удержать, особенно в Интернете, и Amazon сталкивается с серьезной конкуренцией не только со стороны онлайновых продавцов, но и со стороны традиционных розничных компаний, таких как Wal-Mart, налаживающих свои операции в Сети. Следовательно, клиенты, которых Amazon может привлечь своей рекламной деятельностью, едва ли останутся верными ей на протяжении длительного периода только благодаря первоначальному импульсу. Во-вторых, по мере укрупнения компании ее общие, сбытовые и административные расходы становятся все в большей степени направленными на генерирование доходов в текущем периоде, а не в будущем.

ИЛЛЮСТРАЦИЯ 9.4. *Капитализация издержек на набор и обучение сотрудников в фирме Cyber Health Consulting*

Cyber Health Consulting (CHC) — это фирма, специализирующаяся на консультировании по вопросам управления и предоставляющая свои услуги для фирм, работающих в сфере здравоохранения. CHC объявила операционную прибыль (EBIT) в размере $51,5 млн и чистую прибыль в $23 млн в прошлом году. Однако расходы фирмы включали издержки, связанные с набором новых консультантов ($5,5 млн) и стоимостью их обучения ($8,5 млн). Консультант, присоединившийся к фирме, остается в ней работать в среднем на протяжении четырех лет.

Для капитализации издержек набора и обучения сотрудников мы взяли сведения о них за четыре предшествующих года. В нижеследующей таблице представлены эти затраты, связанные с человеческим капиталом, а также амортизация этих издержек на протяжении четырех лет.

Год	*Расходы на обучение и набор сотрудников ($ млн)*	*Неамортизированная часть*		*Амортизация за этот год ($ млн)*
		(%)	*($ млн)*	
Текущий	14,00	100	14,00	
–1	12,00	75	9,00	3,00
–2	10,40	50	5,20	2,60
–3	9,10	25	2,28	2,28
–4	8,30	—	0,00	2,08
	Стоимость актива «человеческий капитал» =		30,48	9,95

Корректировка операционной и чистой прибыли выполняется следующим образом:

Откорректированная операционная прибыль = операционная прибыль + + расходы на обучение и набор сотрудников – амортизация расходов за этот год = \$51,5 млн + \$14 млн – – \$9,95 млн = \$55,55 млн.

Чистая прибыль = чистая прибыль + расходы на обучение и набор сотрудников – – амортизация расходов за этот год = \$23 млн + \$14 млн – \$9,95 млн = \$27,05 млн.

Как и в случае с расходами на НИОКР, тот факт, что расходы на обучение и набор сотрудников полностью вычитаются из налогооблагаемой базы, позволяет не учитывать налоговые эффекты при корректировке чистой прибыли.

Поправка на финансовые расходы. Вторая поправка относится к финансовым расходам, которые трактуются бухгалтерами как операционные. Наиболее заметный пример — это расходы на операционную аренду, которые рассматриваются как операционные расходы, в отличие от капитальной аренды, трактуемой как долг.

Конвертирование операционной аренды в долг. В главе 8 был представлен базовый подход к конвертированию операционной аренды в долг. Мы дисконтировали будущие обязательства по операционной аренде по стоимости долга фирмы до уплаты налогов. Приведенная стоимость обязательств по операционной аренде затем добавлялась к стандартному долгу фирмы для получения общей величины непогашенного долга:

Откорректированный долг = долг +
+ приведенная стоимость обязательств по аренде.

После того как операционная аренда была переклассифицирована как долг, операционную прибыль можно откорректировать в два этапа. Во-первых, расходы на операционную аренду добавляются к операционной прибыли, поскольку это финансовые расходы. Далее вычитаются начисления на износ арендуемого актива для получения откорректированной операционной прибыли:

Откорректированная операционная прибыль =
=операционная прибыль + расходы по операционной аренде –
– начисления на износ арендуемого актива.

Если предположить, что начисления на износ приблизительно равны основной части выплачиваемого долга, то откорректированную операционную прибыль можно вычислить, добавив вмененные процентные расходы по долговой стоимости затрат на операционную аренду.

Откорректированная операционная прибыль =
= операционная прибыль + долговая стоимость расходов
по операционной аренде × процентная ставка по долгу.

ИЛЛЮСТРАЦИЯ 9.5. *Корректировка операционной прибыли с учетом операционной аренды для фирмы Gap в 2011 г.*

Фирма Gap как специализированный розничный торговец имеет сотни арендуемых магазинов. При этом аренда считается операционной. В последнем финансовом году (2010 г.) расходы фирмы Gap на операционную аренду составили $1129 млн. В нижеследующей таблице представлены обязательства по операционной аренде для фирмы на пять последующих лет и общая сумма обязательств за пределами этого срока.

Год	*Обязательства ($ млн)*
1	997
2	841
3	710
4	602
5	483
6 и далее	1483

Стоимость заимствования у Gap до уплаты налогов равна 5,5% исходя из рейтинга BB+, присвоенному ее облигациям агентством S&P. Для вычисления приведенной стоимости обязательств нужно составить мнение относительно общей суммы обязательств в шестом году. На основе среднегодовых обязательств по аренде за первые пять лет ($727 млн) мы приходим к двухлетнему аннуитету[1]:

Приблизительный срок выплаты (для суммы шестого года) = $1483 млн/$727 млн = 2,04.

Приведенная стоимость обязательств при стоимости заимствования до уплаты налогов в размере 5,5% оценивается в следующей таблице:

Год	*Обязательства ($ млн)*	*Приведенная стоимость ($ млн)*
1	997	945,02
2	841	755,60
3	710	604,65
4	602	485,94
5	483	369,56
6 и 7	741,40	1047,50
Долговая стоимость аренды		4208,28

Приведенная стоимость операционной аренды рассматривается как эквивалент долга и добавляется к стандартному долгу фирмы. Фирма Gap не имеет на своем балансе процентного долга. Накопленный долг для фирмы составляет:

[1] Значение округляется в сторону ближайшего целого числа.

Откорректированный долг = процентный долг +
+ приведенная стоимость обязательств по аренде = \$0 млн + \$4208 млн = \$4208 млн.

Для корректировки операционной прибыли фирмы Gap мы сначала используем полную коррекцию. Для расчета начислений на износ арендуемого актива мы исходим из равномерного начисления износа на протяжении срока аренды[1] (7 лет) на стоимость арендуемого актива, которая равна долговой стоимости обязательств по аренде.

Равномерное начисление износа = стоимость арендуемого актива/срок аренды = \$4208 млн/7 = \$601 млн.

Объявленная операционная прибыль фирмы Gap в размере \$1968 млн корректируется следующим образом:

Откорректированная операционная прибыль = операционная прибыль +
+ расходы по операционной аренде в текущем году – начисления на износ арендуемого актива = \$1968 млн +
+ \$1129 млн – \$601 млн = \$2496 млн.

Приблизительная корректировка производится, если мы прибавляем добавленные вмененные процентные расходы, используя стоимость заимствования до уплаты налогов:

Откорректированная операционная прибыль = операционная прибыль + долговая стоимость аренды ×
× стоимость заимствования до уплаты налогов = \$1968 млн + \$4202 млн × 0,055 = \$2199 млн.

Oplease.xls — таблица, позволяющая конвертировать расходы по операционной аренде в долг.

ДРУГИЕ ВИДЫ ОБЯЗАТЕЛЬСТВ

Соображения относительно аренды можно применить и к другим долгосрочным обязательствам, когда фирма не может пойти на попятную и не имеет возможностей для отказа или же когда платежи не связаны с результатами или прибылью. Например, рассмотрим профессиональную спортивную команду, с которой «звездный» игрок подписывает 10-летний контракт при условии выплаты \$5 млн ежегодно. Если эти выплаты не связаны с результативностью игрока, то, подписывая этот контракт, фирма создает эквивалент долга.

Забавно, что фирма, в бухгалтерском балансе которой нет никакого долга, может быть серьезно обременена обязательствами и, вследствие этого нести риск дефолта. Например, Марио Лемье, игроку Pittsburgh Penguins, профессиональной хоккейной команды, была передана часть прав собственности на команду из-за невозможности выполнить контрактные обязательства перед ним.

Бухгалтерские прибыли и истинная прибыль

Фирмы приобрели большой опыт в том, чтобы добиваться соответствия аналитическим оценкам прибыли и превосходить их каждый квартал. Хотя превышение ожидаемой прибыли можно рассматривать как положитель-

[1] Срок жизни аренды вычисляется путем добавления вычисленного срока аннуитета (2 года) к первоначальным пяти годам.

ное явление, некоторые фирмы применяют бухгалтерские методы, являющиеся сомнительным средством для достижения этой цели. При оценке этих фирм для получения правильной операционной прибыли необходимо корректировать операционную прибыль с учетом подобных манипуляций.

Управление прибылью. В 1990-е гг. такие фирмы, как Microsoft и Intel, служили образцом технологических фирм. Действительно, показатели фирмы Microsoft превосходили аналитические оценки прибыли в 39 из 40 кварталов в течение десятилетия. Фирма Intel показала себя почти столь же хорошо. Когда рыночная стоимость этих фирм взлетела вверх, другие технологические фирмы последовали за ними в попытке достичь прибылей, хотя бы немного превышающих аналитические оценки. Существуют убедительные свидетельства, что это явление получило широкое распространение. В течение 18 беспрецедентных кварталов в 1996–2000 гг. фирмы чаще превосходили консенсусные оценки прибыли, чем не достигали их[1]. Другим признаком управления прибылью на протяжении последнего десятилетия является рост разрыва между прибылью, объявляемой фирмами для Налогового управления США, и прибылью, которую они объявляли владельцам собственного капитала.

Учитывая, что аналитические оценки являются ожиданиями, о чем это говорит? Один из возможных ответов состоит в том, что аналитики постоянно недооценивают прибыли и не учатся на своих ошибках. Хотя этот вариант исключать нельзя, едва ли подобное могло длиться целое десятилетие. Еще один возможный ответ заключается в том, что технологические фирмы, в частности, имеют куда больше свободы в методах определения и объявления своей прибыли, и они используют эту свободу, чтобы регулярно превышать аналитические оценки. В частности, интерпретация расходов на НИОКР как операционных дает этим фирмам преимущество, когда речь идет об управлении прибылью.

Действительно ли управление прибылью повышает цену акций фирмы? Превосходить оценки аналитиков квартал за кварталом вполне возможно, но остаются ли столь же доверчивыми рынки? Разумеется, нет, и появление так называемых «нашептанных» оценок прибыли становится реакцией на постоянное превышение реальных прибылей над ожидаемыми. Что такое «нашептанные» прибыли? «Нашептанные» прибыли — это неявные оценки прибыли, которую фирмы должны превзойти, чтобы удивить рынок, и эти оценки обычно на несколько центов выше, чем оценки аналитиков. Например, 10 апреля 1997 г. компания Intel объявила о прибыли в размере $2,10 на акцию, что оказалось выше, чем оценка аналитиков ($2,06 на акцию). Однако ее акции упали на 5 пунктов, поскольку «на-

[1] Оценки I/B/E/S.

шептанная» оценка прибыли составляла $2,15. Другими словами, рынки встроили в ожидания величину, на которую компания Intel превзошла историческую оценку прибыли.

Почему фирмы управляют прибылью? Как правило, фирмы управляют прибылью, поскольку полагают, что будут вознаграждены рынками за достижение более стабильных показателей прибыли, постоянно превосходящих оценки аналитиков. В качестве доказательства они указывают на успех таких компаний, как Microsoft и Intel, а также на суровое наказание, понесенное фирмами, не оправдавшими ожиданий рынка.

Многие финансовые менеджеры, по-видимому, также полагают, что инвесторы воспринимают прибыль на основе ее номинальной величины, поэтому они стремятся к обеспечению результатов, отражающих эту веру. Это может объяснить, почему усилия Совета по стандартам бухгалтерского учета (FASB) по изменению способов измерения прибыли встречают столь яростное сопротивление, даже когда имеют смысл. Например, любые попытки со стороны FASB оценить опционы, предоставляемые фирмами менеджерам, по справедливой стоимости и отнести их на прибыль или изменить методы учета слияний наталкиваются на упорное противодействие со стороны технологических фирм.

Кроме того, управление прибылью может отвечать самым сокровенным интересам менеджеров. Менеджеры знают, что их, по всей вероятности, ждет увольнение, если прибыль значительно упадет в сопоставлении с предшествующими периодами. Более того, в некоторых фирмах вознаграждение менеджеров основывается на целевых показателях прибыльности, и достижение этих целей может привести к щедрым бонусам.

Методы управления прибылью. Как фирмы управляют прибылью? Один из аспектов успешного управления прибылью — это внимание к ожиданиям аналитиков — практика, которую компания Microsoft довела до совершенства в 1990-е гг. Топ-менеджмент компании отслеживал аналитические оценки прибыли и отступал к более низким ожиданиям, когда полагал, что эти оценки слишком завышены[1]. Используются и другие методы, часть которых, из числа самых распространенных, будет рассмотрена в этом разделе. Не все они являются вредными для фирм, а некоторые вполне могут считаться здравым инструментом управления.

- *Перспективное планирование*. Фирмы могут планировать инвестиции и продажи активов для обеспечения плавного роста прибыли.

[1] Компания Microsoft поддерживает доверие со стороны аналитиков, в том числе давая им знать, когда их оценки слишком низки. Фирмы, которые постоянно пессимистичны в представлении результатов деятельности аналитикам, теряют их доверие, вследствие чего снижается эффективность их управления прибылью.

- *Признание дохода.* Фирмы имеют определенную свободу действий, когда дело касается признания дохода. Например, компания Microsoft в 1995 г. приняла крайне консервативный подход к учету доходов от продаж Windows 95 и решила не отражать крупные поступления, которые она имела право (но не была обязана) показывать[1]. Фактически к концу 1996 г. у фирмы накопились незаработанные доходы на сумму $1,1 млрд, которую можно было использовать для поддержания уровня прибыли в квартале с низкими показателями.
- *Досрочное отражение доходов в учете.* Противоположный феномен состоит в том, что фирмы иногда отгружают продукцию своим дистрибьюторам и розничным продавцам в последние дни квартала с низкими показателями и сразу же признают доходы. Рассмотрим случай MicroStrategy, технологической фирмы, превратившейся в публичную компанию в 1998 г. В последние два квартала 1999 г. фирма объявляла рост доходов на 20 и 27% соответственно, но в значительной мере этот рост был обусловлен крупными сделками, объявленными через несколько дней после завершения каждого квартала. При этом только часть доходов можно было отнести к только что завершившемуся кварталу[2]. В более изощренном варианте этой стратегии две технологические фирмы, стремящиеся повысить доходы, могут войти в своп по доходам.
- *Капитализация операционных расходов.* Как и в случае с признанием доходов, фирмы имеют определенную свободу классификации расходов в качестве операционных или капитальных, особенно применительно к таким статьям, как НИОКР в сфере программного обеспечения. Например, практика AOL по капитализации и списанию издержек, связанных с CD- и флоппи-дисками, поставляемыми компанией вместе с журналами, позволила ей объявлять о положительной прибыли на протяжении значительной части второй половины 1990-х гг.

---

1 Фирмы, купившие Windows 95 в 1995 г., также купили право на обновление и поддержку в 1996 и 1997 гг. Компания Microsoft могла бы показать эти доходы в 1995 г.

2 Журнал *Forbes* 6 марта 2000 г. опубликовал статью, посвященную фирме MicroStrategy. Вот цитата оттуда: «Четвертого октября MicroStrategy и NCR объявили о том, что они называют “соглашением о лицензировании и технологии на $52,5 млн”». Компания NCR согласилась уплатить фирме MicroStrategy $27,5 млн за лицензию на ее программное обеспечение. Фирма MicroStrategy купила отделение NCR, составлявшее ей конкуренцию, за $14 млн с платежом в акциях и согласилась заплатить $11 млн денежными средствами за систему хранения данных. Фирма MicroStrategy представила $17,5 млн за лицензирование как доход за третий квартал, который завершился четырьмя днями ранее».

- *Списания.* Затраты на крупную реструктуризацию могут привести к более низкой прибыли в текущем периоде, но, тем не менее, они дают несущим их фирмам два преимущества. Поскольку операционная прибыль объявляется как до, так и после расходов по реструктуризации, это позволяет фирме отделять расходы от операций. Кроме того, это облегчает демонстрацию более высокой прибыли в будущих кварталах. Чтобы понять, как реструктуризация может повысить прибыль, рассмотрим случай компании IBM. Списав старые производства в год их закрытия, IBM получила возможность снизить расходы на износ до 5% от дохода 1996 г. со средних 7% в 1990–1994 гг. Разница в доходе 1996 г. составила $1,64 млрд, или 18% от $9,02 млрд прибыли до уплаты налогов в предыдущем году. Технологические фирмы особенно навострились в списании значительной доли издержек по статье «приобретение незавершенных НИОКР», регистрируя тем самым повышение прибыли в последующих кварталах. Денг и Лев (Deng and Lev, 1998) изучили 389 фирм, списавших незавершенные НИОКР за период 1990–1996 гг.[1] Эти списания составили в среднем до 72% от продажной цены подобных приобретений и в четвертом квартале после приобретения повышали прибыль приобретающей фирмы на 22%.
- *Использование резервов.* Фирмам разрешается накапливать резервы на случай безнадежных долгов, возврата продукции и других потенциальных убытков. Некоторые фирмы склоняются к консервативным оценкам в удачные годы и используют избыточные резервы, которые они накапливают в эти периоды, для сглаживания прибыли в другие времена.
- *Доход от инвестиций.* Фирмы с существенными пакетами ликвидных ценных бумаг или вложениями в другие фирмы часто учитывают эти вложения в своих бухгалтерских регистрах по стоимости, которая значительно ниже их рыночной стоимости. Таким образом, ликвидация этих инвестиций может привести к существенному приросту капитала, способному увеличить прибыль в данный период.

Корректировка прибыли. В связи с возможностью управления прибылями следует соблюдать осторожность при использовании прибыли текущего года в качестве базы для прогнозирования. В этом разделе будет рассмотрен ряд поправок, которые нужно внести в объявленную прибыль, прежде чем использовать ее в качестве базы для прогнозов. Мы начнем с обсуждения зачастую неуловимого различия между разовыми, периодическими

[1] Только три фирмы списали незавершенные НИОКР в течение предыдущего десятилетия (1980–1989 гг.).

и необычными статьями. Затем мы рассмотрим, как лучше поступить с остатками, возникшими в результате учета приобретений. Далее мы обсудим, как учитывать доходы от долевого участия в других компаниях и от инвестиций в ликвидные ценные бумаги. Наконец, мы обратимся к ряду тестов, способных помочь нам оценить, является ли объявленная прибыль фирмы надежным индикатором истинной прибыли.

Чрезвычайные, периодические и необычные статьи. Правило оценки как операционной, так и чистой прибыли простое. Операционная прибыль, используемая в качестве основы для прогнозов, должна отражать продолжающиеся операции и не включать какие-либо разовые и чрезвычайные статьи. Реализация этого положения на практике часто затруднительна, поскольку существуют четыре вида чрезвычайных статей:

1. *Разовые расходы или прибыли.* Расходы на крупную реструктуризацию, которые возникали только раз за последние 10 лет, должны послужить хорошим примером. Эти расходы могут быть исключены из анализа, и операционная, а также чистая прибыль вычисляются без них.
2. *Расходы и прибыли, которые не возникают каждый год, но повторяются через постоянные интервалы времени.* Например, рассмотрим фирму, которая несла расходы на реструктуризацию каждые три года за последние 12 лет. Хотя и нельзя утверждать наверняка, но данное обстоятельство может говорить о том, что чрезвычайные расходы, в действительности, относятся к обычным расходам, которые аккумулируются и осуществляются фирмой каждые три года. Пренебрегать этими расходами опасно, поскольку ожидаемая операционная прибыль в будущие годы может оказаться переоцененной. Имеет смысл учитывать эти расходы на ежегодной основе. Так, если расходы на реструктуризацию каждые три года составляют в среднем $1,5 млрд, то операционная прибыль для текущего года должна быть сокращена на $0,5 млрд для отражения ежегодного бремени, связанного с этими расходами.
3. *Расходы и прибыли, которые возникают ежегодно, но очень волатильны.* Наилучший способ работы с такими статьями — это их нормализация путем усреднения расходов во времени и сокращения годовой прибыли на данную сумму.
4. *Ежегодно повторяющиеся статьи, меняющие свой знак: положительные в одни годы и отрицательные в другие.* Например, рассмотрим влияние курсовых разниц на прибыль. Для американской фирмы оно может оказаться отрицательным в годы, когда доллар укрепляется, и положительным, когда доллар ослабевает. Наиболее

разумное поведение в отношении этих расходов — это их игнорирование.

Для выделения таких статей необходим доступ к финансовой истории фирмы. Для молодых фирм разграничение затрат, которые нужно игнорировать, которые требуют нормализации и которые подлежат полному учету, может оказаться невозможным.

Поправки на случай приобретений и продажи частей бизнеса. Учет приобретения может оказывать разрушительное воздействие на объявляемую прибыль на протяжении многих лет. Наиболее обычное побочное следствие приобретения, если используется учет по методу покупки, — это амортизация гудвилла. Она может сократить объявленную прибыль последующих периодов. Следует ли рассматривать амортизацию в качестве операционных расходов? Представляется, что нет, поскольку данное бремя не связано с движением денежных средств и часто не подлежит вычету из налогооблагаемой базы. Самый безопасный способ обращения с амортизацией гудвилла — это рассматривать прибыли до учета амортизации.

В последние годы технологические компании используют необычный прием для списания гудвилла, возникающего при уплате премии сверх балансовой стоимости. На том основании, что львиная доля рыночной стоимости, выплачиваемая технологическим компаниям, связана со стоимостью исследований, проводимых фирмой в течение длительного времени, они списывают так называемые незавершенные НИОКР для сохранения согласованности учета. В конце концов, утверждают они, исследования и разработки, которые проводятся своими силами, относятся на затраты. Что касается амортизации гудвилла, то списание незавершенных НИОКР создает невычитаемые из налогооблагаемой базы расходы, не порождающие денежного потока, поэтому следует рассматривать прибыль до такого списания.

Когда фирмы продают активы, они могут получать прибыль в виде прироста капитала. Нечастые продажи можно рассматривать как разовые статьи и пренебрегать ими, однако некоторые фирмы продают активы на регулярной основе. Для таких фирм лучше игнорировать прибыль, обусловленную продажами, и учитывать денежные потоки, связанные с ними, за вычетом налогов на прирост капитала, когда оцениваются чистые капитальные затраты. Например, фирма, имеющая каждый год \$500 млн в виде капитальных затрат, \$300 млн в виде износа и \$120 млн в виде дохода от продаж, несет чистые капитальные затраты в размере \$80 млн.

$$\text{Чистые капитальные затраты} = \text{капитальные затраты} - \text{начисления на износ} - \text{доходы от продаж} = \$500 \text{ млн} - \$300 \text{ млн} - \$120 \text{ млн} = \$80 \text{ млн}.$$

Доход от инвестиций и перекрестных портфелей. Инвестиции в ликвидные ценные бумаги приносят два вида дохода. Первый принимает форму процента или дивидендов, а второй — форму прироста капитала (или убытка), связанного с продажей ценных бумаг по ценам, отличным от цены их приобретения. В 1990-е гг., когда фондовый рынок переживал бум, некоторые технологические фирмы использовали этот источник дохода для повышения прибыли и улучшения результатов по сравнению с аналитическими прогнозами. Представляется, что ни один из этих видов дохода не может рассматриваться как часть прибыли, используемой в оценках, для любых фирм, кроме тех, которые занимаются предоставлением финансовых услуг и основной деятельностью которых является покупка и продажа ценных бумаг (например, хедж-фондов). Процент, заработанный на ликвидных ценных бумагах, должен игнорироваться при оценке фирмы, поскольку гораздо легче добавить рыночную стоимость этих ценных бумаг по окончании процесса, чем смешивать их с другими активами. Предположим, что мы имеем фирму, генерирующую денежный поток после налогообложения в размере $100 млн, но 20% от него поступают от портфелей ликвидных ценных бумаг с текущей рыночной стоимостью $500 млн. Оставшиеся 80% поступают от оборотных (операционных) активов. Этот денежный поток, как ожидается, будет расти на 5% ежегодно с безграничным горизонтом времени, а стоимость привлечения капитала (исходя из риска этих активов) составляет 10%. Стоимость этой фирмы легче всего оценить следующим образом:

Стоимость оборотных активов фирмы = $80 млн (1,05) / (0,10–0,05)	$1680 млн
Стоимость ликвидных ценных бумаг	$500 млн
Стоимость фирмы	$2180 млн

Если мы решили дисконтировать денежный поток после уплаты налогов в размере $100 млн целиком, то нам следует скорректировать стоимость привлечения капитала в сторону понижения (для отражения риска ликвидных ценных бумаг). Правильно выполненная корректировка должна дать такое же значение, какое было получено при оценке[1]. Прирост капитала или убыток от продажи ликвидных ценных бумаг должны игнорироваться по иной причине. Если вы включаете этот прирост в прибыль и используете ее для прогнозов, то не просто рассчитываете, что всегда сможете продать ценные бумаги по более высоким ценам, но и рискуете дважды учесть стоимость этих ценных бумаг, особенно если добавите их стоимость к стоимости операционных активов при оценке.

[1] Это происходит только в том случае, если ликвидные ценные бумаги правильно оценены, и вы получаете по ним справедливую рыночную доходность. Если это не так, то значения при использовании разных подходов могут отличаться.

Фирмы, имеющие значительное число перекрестных портфелей в других фирмах, будут часто объявлять о повышениях или понижениях прибыли, отражающих поведение этих портфелей. Воздействие на прибыль варьирует в зависимости от классификации портфеля. В главе 3 приводится три категории таких портфелей:

1. Миноритарная пассивная инвестиция, когда в прибыль включаются только дивиденды, получаемые от портфеля.
2. Миноритарная активная инвестиция, когда часть чистой прибыли (или убытка) от дочерней компании отражается в отчете о прибылях и убытках в качестве поправки к чистой прибыли (но не к операционной прибыли).
3. Контрольная активная инвестиция, когда отчеты о прибылях и убытках консолидируются, и вся операционная прибыль дочернего предприятия (или холдинга) отображается как часть операционной прибыли фирмы. В таких случаях чистая прибыль обычно корректируется с учетом доли дочернего предприятия, находящейся во владении других (миноритарные интересы).

Безопаснее всего в отношении двух первых категорий портфелей — это игнорирование дохода от них при оценке фирмы. Их лучше оценивать отдельно и добавлять к стоимости, полученной для других активов. В качестве простого примера рассмотрим фирму (Holding Inc.), оборотные активы которой приносят денежный поток в размере $100 млн после уплаты налогов. Предположим, что этот денежный поток растет на 5% каждый год бесконечно долго. Кроме того, представим, что фирма владеет 10% другой фирмы (Subsidiary Inc.) с денежным потоком $50 млн, растущим на 4% каждый год бесконечно долго. Наконец, предположим, что стоимость привлечения капитала обеих фирм составляет 10%. Стоимость Holding Inc. можно оценить следующим образом:

Стоимость операционных активов Holding Inc. = 100 (1,05)/(0,10 – 0,05)	$2100 млн
Стоимость операционных активов Subsidiary Inc. = 50 (1,04)/(0,10 – 0,04)	$867 млн
Стоимость Holding Inc. = $2100 млн + 0,10 (867)	$2187 млн

Когда прибыль консолидируется, можно оценить стоимость объединенной фирмы при помощи консолидированного отчета о прибылях и убытках, а затем вычесть стоимость миноритарных вложений. Однако для этого необходимо предположить, что эти две фирмы занимаются одним и тем же видом деятельности и имеют аналогичные риски, поскольку к денежным потокам обеих фирм будет применяться одна и та же стоимость привлечения капитала. Кроме того, можно исключить всю операционную прибыль дочерней фирмы из консолидированной операционной прибыли и следовать только что изложенному процессу для оценки портфеля. Мы вернемся к этому вопросу в главе 16.

ИЛЛЮСТРАЦИЯ 9.6. *Корректировка прибыли с учетом разовых затрат*

В 1997–1999 гг. объявленная прибыль фирмы Xerox включала значительное число разовых, чрезвычайных и необычных статей.

	1999 г. ($ млн)	*1998 г. ($ млн)*	*1997 г. ($ млн)*
Продажи	10 346	10 696	9881
Услуги и арендная плата	7856	7678	7257
Финансовая прибыль	1026	1073	1006
Выручка	*19 228*	*19 447*	*18 144*
Издержки и расходы			
Себестоимость продаж	5744	5662	5330
Стоимость услуг и аренды	4481	4205	3778
Расходы, связанные с материально-производственными запасами	0	113	0
Долевое участие в финансировании оборудования	547	570	520
Расходы на НИОКР	979	1040	1065
Общие, сбытовые и административные расходы	5144	5321	5212
Расходы на реструктуризацию и обесценение активов	0	1531	0
Прочие чистые расходы	297	242	98
Итого расходов	*17 192*	*18 684*	*16 003*
Прибыль до уплаты налогов, выплаты доходов на собственный капитал и до миноритарного интереса	2036	763	2141
— Налог на прибыль	631	207	728
+ Собственный капитал в чистой прибыли неконсолидированных филиалов	68	74	127
— Миноритарный интерес в прибыли дочерних компаний	49	45	88
Чистая прибыль от продолжающихся операций	*1424*	*585*	*1452*
— Прекращенные операции	0	190	0
Чистая прибыль	*1424*	*395*	*1452*

Существует несколько очевидных корректировок к прибыли, которые представляют собой разовые расходы и другие статьи. Обсудим сначала очевидные корректировки.

- По-видимому, расходы, связанные с материально-производственными запасами, и расходы на реструктуризацию есть разовые траты, хотя, возможно, они представляют более серьезную базовую проблему, которая может создать расходы в будущих периодах. Расходы на прекращенные операции также влияют только на прибыль одного года. Эти расходы должны быть снова добавлены для получения скорректированной операционной прибыли и чистой прибыли.
- Статья «прочие (чистые) расходы» представляет собой периодические, но волатильные расходы. Их следует усреднять при прогнозировании будущей прибыли.

- Кроме того, для получения скорректированной чистой прибыли мы должны вернуться к двум последним поправкам, вычтя собственный капитал в чистой прибыли дочерних компаний (отражающий миноритарные портфели корпорации Xerox в других фирмах) и снова добавив прибыли от миноритарных пакетов (отражающие доли меньшинства в контрольных портфелях корпорации Xerox).

В нижеследующей таблице представлена коррекция чистой прибыли за каждый рассмотренный год:

	1999 г. ($ млн)	*1998 г. ($ млн)*	*1997 г. ($ млн)*
Чистая прибыль от продолжающихся операций	1424	585	1452
— Собственный капитал в чистой прибыли неконсолидированных филиалов	68	74	127
+ Миноритарный интерес в прибыли дочерних компаний	49	45	88
+ Расходы на реструктуризацию (1 — налоговая ставка)	0	1116	0
+ Расходы, связанные с материально-производственными запасами (1 — налоговая ставка)	0	82	0
+ Прочая чистая прибыль (1 — налоговая ставка)	205	176	65
— Нормализованная прочая, чистая прибыль (1 — налоговая ставка)	147	155	140
Откорректированная чистая прибыль	1463	1776	1338

Расходы, связанные с реструктуризацией и материально-производственными запасами, вычитались из налогооблагаемой базы, и часть после налогообложения прибавлялась обратно. Налоговая ставка вычислялась по уплаченным налогам и налогооблагаемой прибыли в этом году:

Налоговая ставка в 1998 г. = уплаченные налоги/налогооблагаемая прибыль = 207/763 = 27,13%.

Мы также добавляем сумму прочих расходов (чистых) после уплаты налогов и вычитаем средние годовые расходы за три года:

Средние прочие годовые расходы = (297 + 242 + 98)/3 = $212 млн.

Аналогичную корректировку следует выполнить в отношении операционной прибыли. Чтобы получить объявляемую прибыль, корпорация Xerox вычитает процентные расходы из процентного дохода в своем дочернем предприятии Capital. Необходимо отделить процентные расходы от процентного дохода для получения оценки операционной прибыли фирмы.

Что можно сказать по поводу других вопросов? Многообразие разовых расходов предполагает, что они могут оказаться текущей операционной проблемой в корпорации Xerox, способной привести в будущем к расходам. Поэтому неудивительно, что Xerox пришлось задержать свой отчет по форме 10-К за 2000 г. из-за бухгалтерских проблем.

ЗАКЛЮЧЕНИЕ

Финансовая отчетность остается основным источником информации для большинства инвесторов и аналитиков. Однако существуют различия в том, как бухгалтерский и финансовый анализы отвечают на ключевые вопросы относительно фирмы.

В данной главе наш анализ прибыли начинается с рассмотрения бухгалтерского деления расходов на операционные, финансовые и капитальные. В то время как операционные и финансовые расходы отображаются в отчете о прибылях и убытках, капитальные затраты распределяются

ПРЕДУПРЕДИТЕЛЬНЫЕ СИГНАЛЫ В ОТЧЕТАХ О ПРИБЫЛЯХ

Наибольшие затруднения в отчетах о прибылях возникают в связи с тем, что нас часто сбивают с толку не отраженные в них статьи (например, чрезвычайные расходы), а статьи, которые скрываются в других категориях. Для того чтобы оценить возможность подобных помех, можно посоветовать при рассмотрении любых отчетов о прибыли ответить на следующие вопросы:

- Опережает ли рост прибыли рост выручки на значительную величину год за годом? Это может быть знаком высокой эффективности, но, когда различие велико и сохраняется год за годом, следует поинтересоваться источником такой эффективности.
- Часто ли разовые или внеоперационные расходы оказывают влияние на прибыль? Такие расходы могут классифицироваться по-разному каждый год: как расходы, связанные с материально-производственными запасами, в один год или как расходы на реструктуризацию — в другой. Хотя это, возможно, покажется не очень приятным, но такие действия могут отражать сознательные усилия компании по отнесению регулярных операционных расходов к этим внеоперационным статьям.
- Сильно ли колеблются операционные расходы как процент от выручки год от года? Это может говорить о том, что данная статья расходов (например, общие, сбытовые и административные расходы) включает внеоперационные расходы, которые на самом деле следует исключить и отображать отдельно.
- Удается ли компании квартал за кварталом превосходить аналитические оценки на цент или два? Не каждая компания ровня Microsoft. Компании, превосходящие оценки год за годом, по всей вероятности, занимаются управлением прибылью, распределяя ее во времени. Когда темпы роста выровняются, эта практика может прекратиться.
- Поступает ли существенная доля выручки от дочерних предприятий или связанных с ними инвестиций? Несмотря на законность продаж, система цен может позволить фирме перемещать прибыль от одного подразделения к другому и создавать обманчивое представление об истинной прибыли фирмы.
- Часто ли изменяются правила оценки материально-производственных запасов и начисления износа?
- Следует ли за поглощением фантастический рост прибыли? Трудно сделать стратегию поглощений успешной в долгосрочном периоде. Фирма, претендующая на постоянный успех в результате подобной стратегии, нуждается в тщательном наблюдении.
- Раздувается ли оборотный капитал вместе с взрывным ростом выручки и прибыли? Иногда это позволяет выявить фирмы, создающие выручку, кредитуя собственных покупателей.

Ни один из этих факторов сам по себе не является поводом для недоверия к прибылям этих фирм, однако их сочетание должно служить сигналом о том, что объявленную прибыль следует рассматривать с особой тщательностью.

по нескольким временным периодам и принимают форму начислений износа и амортизации. Бухгалтерские стандарты неверно относят операционную аренду и расходы на НИОКР к операционным расходам (хотя первые следует классифицировать как финансовые расходы, а последние — как капитальные затраты). Мы предлагаем методы, при помощи которых прибыли можно откорректировать для лучшего измерения влияния этих статей.

Во второй части этой главы мы обсудили влияние разовых, непериодических и необычных статей на прибыль. Хотя прибыль должна учитывать только нормальные расходы, этот базовый принцип многие компании пытаются трансформировать, относя обычные операционные расходы к непериодическим расходам, а внеоперационные (не от основной деятельности) прибыли к операционной прибыли.

КОНТРОЛЬНЫЕ ВОПРОСЫ

В приведенных ниже заданиях, если не указано иное, премия за риск инвестирования в акции принимается равной 5,5%.

1. Фирма Derra Foods — специализированный торговец продовольственными товарами. В своем бухгалтерском балансе фирма отразила собственный капитал в размере $1 млрд и отсутствие долга, однако всеми своими магазинами она распоряжается на правах операционной аренды. В прошлом году фирма заплатила $85 млн за операционную аренду, и ее обязательства по этой аренде на следующие пять лет и далее таковы:

Год	*Расходы на операционную аренду ($ млн)*
1	90
2	90
3	85
4	80
5	80
6–10	75 (ежегодно)

   Если текущая стоимость заимствования фирмы составляет 7%, оцените долговую стоимость операционной аренды. Оцените мультипликаторы «балансовая стоимость/долг», «балансовая стоимость/собственный капитал».

2. Предположим, что компания Derra Foods, описанная в предыдущем задании, объявила о прибыли до уплаты процентов и налогов

(и после выплаты платежей по операционной аренде) в размере $200 млн. Оцените скорректированную операционную прибыль, предполагая, что операционная аренда капитализируется.

3. FoodMarkets Inc. — это сеть бакалейных магазинов. Она объявила о коэффициенте «долг/капитал», равном 10%, и 25%-ной рентабельности инвестированного капитала, балансовая стоимость которого составляет $1 млрд. Предположим, что фирма обладает значительным объемом операционной аренды. Если расходы на операционную аренду в текущем году составляют $100 млн, а приведенная стоимость обязательств по аренде — $750 млн, то переоцените коэффициент «долг/капитал» компании FoodMarkets и рентабельность капитала. (Можно считать, что стоимость заимствования до уплаты налогов равна 8%.)

4. Zif Software — фирма со значительными расходами на НИОКР. В предыдущем году она потратила на них $100 млн. Расходы на исследования и разработки амортизируются за пять лет, и на протяжении последних пяти лет они составляли:

Год	*Расходы на НИОКР ($ млн)*
–5	50
–4	60
–3	70
–2	80
–1	90
Текущий год	100

Исходя из равномерного начисления амортизации (за пятилетний период), оцените:

а) Стоимость исследовательского актива.

б) Объем амортизации НИОКР в этом году.

в) Корректировку операционной прибыли.

5. Stellar Computers имеет заслуженную репутацию прибыльной фирмы с высокой рентабельностью капитала. В 1999 г. рентабельность инвестированного капитала в размере $1,5 млрд фирмы составила 100%. Предположим, что вы оценили стоимость исследовательского актива в $1 млрд. Кроме того, расходы на НИОКР в этом году составляли $250 млрд, а амортизация исследовательского актива была равна $150 млн. Переоцените рентабельность капитала фирмы Stellar Computer.

Глава 10

ОТ ПРИБЫЛИ К ДЕНЕЖНЫМ ПОТОКАМ

Стоимость актива зависит от его способности генерировать денежные потоки. При оценке фирмы эти денежные потоки должны рассматриваться после уплаты налогов, до платежей по долговым обязательствам и после удовлетворения потребностей в реинвестиции. При оценке собственного капитала денежные потоки также должны рассматриваться после выплаты долгов. Таким образом, при оценке денежных потоков необходимо совершить три основных шага. Первый связан с оценкой прибыли, полученной фирмой от своих активов и инвестиций (процесс, который мы изучили в предыдущей главе). Второй шаг — это определение доли этой прибыли, идущей на уплату налогов. Третий шаг — измерение, сколько фирма реинвестирует в будущий рост.

В данной главе исследуются два последних шага. Она начинается с изучения различия между эффективными и предельными налогами, а также с рассмотрения эффектов переноса на будущие периоды существенного чистого операционного убытка. При определении, сколько фирма реинвестирует, мы разделяем реинвестиции в материальные и долгосрочные активы (чистые капитальные затраты) и реинвестиции в краткосрочные активы (оборотный капитал). Мы используем гораздо более широкое определение реинвестиций, включающее вложения в НИОКР, а также в поглощения, которые рассматриваются как часть капитальных затрат.

ВЛИЯНИЕ НАЛОГОВ

Для вычисления операционной прибыли после уплаты налогов вы умножаете прибыль до уплаты процентов и налогов на расчетную налоговую ставку. Эта простая процедура может осложняться из-за трех нюансов, нередко возникающих при оценке. Первый из них — часто наблюдаемое значительное различие между эффективными и предельными налоговыми ставками и необходимость выбора между этими двумя ставками при оценке. Второй нюанс возникает обычно в случае фирм с крупными убытками, что ведет к чистым операционным убыткам, которые переносятся на будущие периоды и могут создать экономию на налогах в будущем. Третья проблема связана с капитализацией расходов на НИОКР и прочих расходов. Немедленное списание этих расходов ведет к значительно более крупным налоговым выгодам для фирмы.

Эффективные и предельные налоговые ставки

Перед оценщиком стоит проблема выбора между несколькими налоговыми ставками. Наиболее часто в финансовой отчетности используется эффективная налоговая ставка, которая вычисляется на основе данных из отчета о прибылях и убытках:

Эффективная налоговая ставка =
= причитающиеся к уплате налоги/налогооблагаемая прибыль.

Кроме того, можно использовать предельную налоговую ставку, т.е. ставку, по которой облагается каждый дополнительный доллар прибыли. Эта ставка определяется налоговым кодексом и отражает размер выплат фирмы в качестве налогов со своей предельной прибыли. Например, в Соединенных Штатах федеральная корпоративная налоговая ставка на предельную прибыль составляет 35%, но если учесть налоги штатов и местные налоги, то большинство фирм имеет дело с корпоративной налоговой ставкой, равной 40% и более.

Хотя предельные налоговые ставки для большинства американских фирм должны быть примерно равны, в эффективных налоговых ставках существуют большие различия между фирмами. На рисунке 10.1 представлено распределение эффективных налоговых ставок для фирм в США на январь 2011 г. Заметим, что у одних фирм объявленная эффективная налоговая ставка составляет менее 10%, а у других превышает 50%. Кроме того, необходимо отметить, что данный рисунок не включает 2000 фирм, которые не платили налоги в последнем финансовом году (большинство из них — убыточные) или имели отрицательные эффективные налоговые ставки[1].

---

[1] Отрицательная эффективная налоговая ставка обычно возникает при наличии у фирмы прибыли в налоговом учете (с которой она платит налоги) и убытка в финансовом учете.

Причины различий между предельными и эффективными налоговыми ставками. Подавляющая часть налогооблагаемой прибыли публичных компаний попадает в разряд с наивысшими предельными налоговыми ставками. Почему же эффективная налоговая ставка фирмы должна отличаться от ее предельной налоговой ставки? Это объясняется по меньшей мере тремя причинами:

1. Многие фирмы в Соединенных Штатах следуют различным стандартам учета в налоговых целях и в целях финансовой отчетности. Например, фирмы часто используют равномерное начисление износа для целей отчетности и ускоренное начисление износа для налоговых целей. Вследствие этого объявляемая прибыль значительно выше налогооблагаемой прибыли[1].
2. Для сокращения уплачиваемых налогов фирмы иногда используют налоговый зачет. Это, в свою очередь, может сделать эффективную налоговую ставку ниже предельной налоговой ставки.

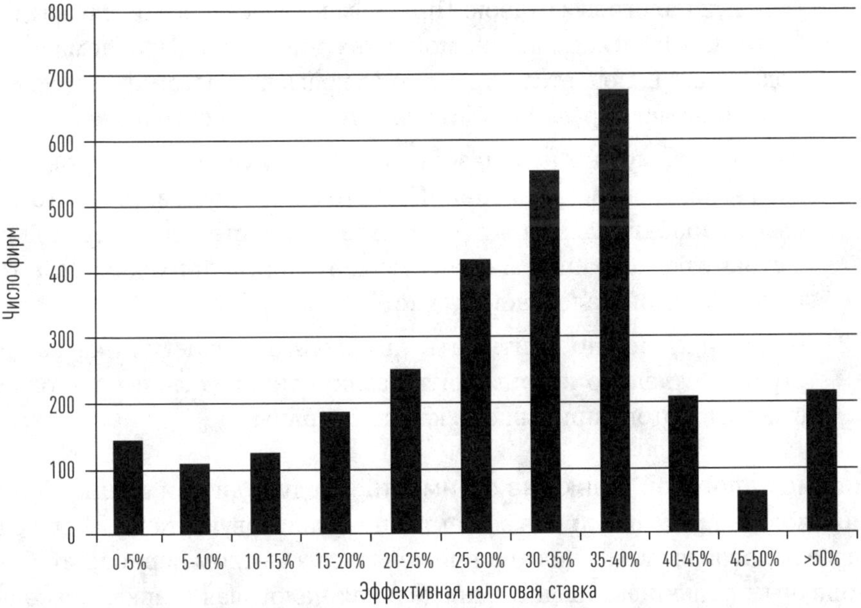

Рисунок 10.1. *Эффективные налоговые ставки для фирм в США, январь 2001 г.*

Источник: Value Line.

[1] Поскольку эффективная налоговая ставка основана на выплачиваемых налогах (указываемых в налоговой отчетности) и объявленной прибыли, эффективная налоговая ставка оказывается ниже предельной налоговой ставки для фирм, изменяющих методы учета с целью раздувания объявляемой прибыли.

3. Фирмы иногда могут переносить выплату налогов на прибыль на будущие периоды. Если фирмы откладывают выплату налогов, то выплаты в текущий период осуществляются по ставке ниже предельной. Однако в последующие периоды при выплате отложенных налогов эффективная налоговая ставка будет выше предельной налоговой ставки.
4. Фирмы, получающие значительную прибыль из иностранных юрисдикций с низкими налоговыми ставками, не обязаны платить внутренние налоги до тех пор, пока прибыль не будет возвращена в страну регистрации фирмы.

Предельные налоговые ставки для транснациональных корпораций. Когда фирма ведет операции по всему миру, ее прибыль облагается налогами в разных местах по различным ставкам. Какая из них должна служить предельной ставкой для фирмы? Существуют три метода обращения с отличающимися налоговыми ставками:

1. Во-первых, можно использовать средневзвешенную величину предельных налоговых ставок. При этом в качестве весов служат прибыли, зарабатываемые фирмой в каждой стране. Проблема с этим подходом заключается в том, что со временем веса меняются, если прибыли растут различными темпами в разных странах.
2. Во-вторых, можно использовать предельную ставку страны, где компания зарегистрирована. При этом подразумевается, что прибыль, зарабатываемая в других странах, постепенно переводится в страну регистрации, и в этот момент фирме приходится платить по предельной налоговой ставке.
3. В-третьих, можно учитывать прибыль, получаемую из каждой страны, отдельно и применять различные предельные налоговые ставки к потоку прибыли из каждой страны.

Влияние налоговой ставки на стоимость. Следует ли при оценке фирмы использовать предельную или эффективную налоговую ставку? Если одна и та же налоговая ставка должна применяться в каждом периоде, то более безопасным решением является предельная налоговая ставка, поскольку ни одна из четырех вышеуказанных причин не может действовать постоянно. При уменьшении новых капитальных затрат разница между объявленной и налогооблагаемой прибылью сокращается. Налоговые зачеты редко действуют вечно, и фирмам, в конце концов, приходится заплатить отсроченные налоги. Однако нет причин, по которым налоговые ставки, используемые для вычисления денежных потоков после уплаты налогов, не могут меняться со временем. Так, при оценке фирмы, имеющей в текущий период эффективную налоговую ставку 24%, а предельную ставку — 35%, денежные потоки в первый год могут оцениваться с использованием налоговой ставки в размере 24% с последующим повышением ее до 35%. Важно, чтобы налоговой ставкой, используемой в бесконечном временном горизонте для вычисления окончательной стоимости, была именно предельная ставка.

При оценке собственного капитала мы часто исходим из чистой прибыли или прибыли на акцию, которые являются прибылью после уплаты налогов. Может показаться, что мы хотим избежать оценки налоговых ставок, используя прибыль после уплаты налогов, но это не так. Текущие прибыли фирмы после уплаты налогов отражают налоги, уплаченные в этом году. Поскольку налоговое планирование и отсроченное налогообложение понижает эти платежи (низкие эффективные налоговые ставки) или повышает их (высокие эффективные налоговые ставки), то мы рискуем построить свои расчеты на их основе, если не скорректируем чистую прибыль с учетом изменений в налоговых ставках в будущие годы.

ИЛЛЮСТРАЦИЯ 10.1. *Воздействие предположений о налоговых ставках на стоимость*

Convoy Inc. — телекоммуникационная фирма, заработавшая $150 млн операционной прибыли до уплаты налогов и реинвестировавшая $30 млн в последнем финансовом году. В результате налоговых отсрочек фирма имеет эффективную налоговую ставку 20%, хотя ее предельная налоговая ставка равна 40%. Как ожидается, операционная прибыль и реинвестиции будут расти на 10% в год на протяжении 5 лет и на 5% впоследствии. Стоимость привлечения капитала для фирмы составляет 9% и, предположительно, в дальнейшем останется неизменной. Мы определим стоимость Convoy, используя три подхода: 1) эффективную налоговую ставку, действующую неограниченно долго; 2) предельную налоговую ставку, действующую неограниченно долго; 3) смешанный подход, при котором сочетаются две ставки.

Подход 1. Эффективная налоговая ставка, действующая неограниченно долго

Сначала мы оценим стоимость Convoy, предполагая, что налоговая ставка всегда остается на уровне 20%.

Налоговая ставка	*20%* *Текущий год* *($ млн)*	*20%* *1* *($ млн)*	*20%* *2* *($ млн)*	*20%* *3* *($ млн)*	*20%* *4* *($ млн)*	*20%* *5* *($ млн)*	*20%* *Заключ. год* *($ млн)*
EBIT	150,00	165,00	181,50	199,65	219,62	241,58	253,66
EBIT (1 – t)	120,00	132,00	145,20	159,72	175,69	193,26	202,92
– Реинвестиции	30,00	33,00	36,30	39,93	43,92	48,32	50,73
Свободные денежные потоки, создаваемые фирмой	90,00	99,00	108,90	119,79	131,77	144,95	152,19
Заключительная стоимость						3804,83	
Приведенная стоимость		90,83	91,66	92,50	93,35	2567,08	
Стоимость фирмы	2935,42						

Полученная стоимость основана на предположении о том, что отсроченные налоги никогда не будут заплачены фирмой.

Подход 2. Предельная налоговая ставка, действующая неограниченно долго

Далее мы определим стоимость Convoy, предполагая, что налоговой ставкой является предельная налоговая ставка, равная 40% и действующая неограниченно долго.

Налоговая ставка	*40% Текущий год ($ млн)*	*40% 1 ($ млн)*	*40% 2 ($ млн)*	*40% 3 ($ млн)*	*40% 4 ($ млн)*	*40% 5 ($ млн)*	*40% Заключ. год ($ млн)*
EBIT	150,00	165,00	181,50	199,65	219,62	241,58	253,66
EBIT (1 – t)	120,00	99,00	108,90	119,79	131,77	144,95	152,19
– Реинвестиции	30,00	33,00	36,30	39,93	43,92	48,32	50,73
Свободные денежные потоки, создаваемые фирмой	90,00	66,00	72,60	79,86	87,85	96,63	101,46
Заключительная стоимость						2536,55	
Приведенная стоимость		60,55	61,11	61,67	62,23	1711,39	
Стоимость фирмы	1956,94						

Стоимость основывается на предположении о том, что фирма не может далее оттягивать выплату налогов. В действительности, даже более консервативная трактовка предполагала бы, что мы должны уменьшить полученную стоимость на величину накопленных отсроченных налогов из прошлого. Так, если фирма накопила за предыдущие годы отсроченных налогов на сумму $200 млн и предполагает выплатить эти налоги в последующие четыре года равными долями по $50 млн, мы сначала должны найти приведенную стоимость этих налоговых платежей:

Приведенная стоимость отсроченных налоговых платежей =
= $50 млн (приведенная стоимость аннуитета, 9%, 4 года) = $161,99 млн.

Таким образом, стоимость фирмы будет равна $1794,96 млн.

Стоимость фирмы с учетом отсроченных налогов = $1956,94 млн – $161,99 млн = $1794,96 млн.

Подход 3. Смешанные налоговые ставки

В последнем подходе мы будем исходить из того, что эффективная налоговая ставка останется на уровне 20% на протяжении пяти лет, а для вычисления заключительной стоимости используем предельную налоговую ставку:

Налоговая ставка	*20% Текущий год ($ млн)*	*20% 1 ($ млн)*	*20% 2 ($ млн)*	*20% 3 ($ млн)*	*20% 4 ($ млн)*	*20% 5 ($ млн)*	*40% Заключ. год ($ млн)*
EBIT	150,00	165,00	181,50	199,65	219,62	241,58	253,66
EBIT (1 – t)	120,00	132,00	145,20	159,72	175,69	193,26	152,19
– Реинвестиции	30,00	33,00	36,30	39,93	43,92	48,32	50,73
Свободные денежные потоки, создаваемые фирмой	90,00	99,00	108,90	119,79	131,77	144,95	101,46
Заключительная стоимость						2536,55	
Приведенная стоимость		90,83	91,66	92,50	93,35	1742,79	
Стоимость фирмы	2111,12						

Заметим, что использование эффективной налоговой ставки для первых пяти лет повышает задолженность фирмы по отсроченным налогам. Предполагая, что фирма завершила текущий год с накопленной задолженностью по отсроченным налогам в размере $200 млн, мы можем вычислить задолженность по отсроченным налогам к концу пятого года:

Ожидаемая задолженность по отсроченным налогам = \$200 млн + (\$165 млн + \$181,5 млн + \$199,65 млн + + \$219,62 млн + \$241,58 млн) × (0,40 – 0,20) = \$401,47 млн.

Предположим, что фирма выплатит задолженность по отсроченным налогам через пять лет, однако распределение платежей на 10 лет даст приведенную стоимость, равную \$167,45 млн.

Приведенная стоимость отсроченных налоговых платежей = = (\$401,47 млн/10) (приведенная стоимость аннуитета, 9%, 10 лет)/$1{,}09^5$ = \$167,45 млн.

Отметим, что платежи не начнутся ранее шестого года, поэтому дисконтируем дополнительно на пять лет. Таким образом, стоимость фирмы можно определить следующим образом:

Стоимость фирмы = \$2111,12 млн – \$167,45 млн = \$1943,67 млн.

taxrate.xls — размещенная в Интернете база данных, которая содержит средние эффективные налоговые ставки, классифицированные по отраслевым группам в Соединенных Штатах за последний квартал.

Влияние чистых операционных убытков

У фирм со значительными чистыми операционными убытками, перенесенными на будущие периоды, или постоянными операционными убытками имеется существенный потенциал сокращения налогов в первые несколько лет после появления положительной прибыли. Существуют два способа учета этого эффекта.

Первый способ заключается в изменении налоговых ставок со временем. В первые годы фирмы будут иметь нулевую налоговую ставку, поскольку убытки, перенесенные на будущие периоды, будут относиться на прибыль. По мере зачета операционных убытков налоговые ставки будут двигаться вверх к предельной налоговой ставке. По мере изменения налоговых ставок, используемых для оценки операционной прибыли после уплаты налогов, ставки, применяемые для вычисления стоимости заимствования после уплаты налогов, при расчете стоимости привлечения капитала также следует изменять. Так, для фирмы с перенесенными на будущие периоды чистыми операционными убытками налоговая ставка, используемая для вычисления операционной прибыли после уплаты налогов и стоимости привлечения капитала, будет равна нулю на протяжении периода, когда убытки покрывают прибыль.

Часто используется другой подход, когда оцениваются фирмы, уже имевшие положительную прибыль, но обладающие значительным чистым операционным убытком, который переносится на будущие периоды. Аналитики часто оценивают такую фирму, игнорируя экономию на налогах, полученную благодаря чистым операционным убыткам, а затем добавляют к стоимости фирмы ожидаемую экономию на налогах за счет чистых операционных убытков. Нередко ожидаемое сокращение налогов оценивается путем умножения налоговой ставки на чистый операционный убыток. Ограниченность этого способа связана с предположением о том, что экономия на налогах возникает гарантированно и мгновенно. Поскольку фирма должна зарабатывать прибыль для создания этой экономии на налогах, а прибыль всегда неопределенна, то величина экономии на налогах будет завышаться.

Следует сделать еще два замечания по поводу операционных убытков. Потенциальный покупатель может претендовать на сокращение налогов за счет чистого операционного убытка в большей мере, чем фирма, генерирующая этот убыток, ввиду налоговой синергии, которую мы рассмотрим в главе 26, посвященной поглощениям. Кроме того, нужно отметить, что есть страны, где существуют значительные ограничения на перенос операционных убытков. В подобных случаях стоимость этих чистых операционных убытков может быть уменьшена.

ИЛЛЮСТРАЦИЯ 10.2. *Воздействие чистых операционных убытков на стоимость фирмы Tesla Motors*

В этой иллюстрации рассматривается воздействие чистых операционных убытков, переносимых на будущие периоды, и ожидаемых убытков будущих периодов на налоговую ставку фирмы Tesla Motors, производителя электромобилей, в 2011 г. В 2010 г. Tesla объявила об операционном убытке в $65,5 млн при выручке $116,74 млн и накопила чистый операционный убыток в размере $140,64 млн к концу этого года.

Хотя ситуация кажется не слишком благоприятной для фирмы, мы предположим, что выручка в течение следующего десятилетия значительно вырастет, и операционная маржа приблизится к среднему значению по отрасли, равному 10% для зрелых автопроизводителей. В нижеследующей таблице представлены наши прогнозы по выручке и операционной прибыли Tesla на последующие 10 лет:

Год	*Выручка ($ млн)*	*Операционная прибыль или убыток ($ млн)*	*Чистый операционный убыток на конец года ($ млн)*	*Налогооблагаемая прибыль ($ млн)*	*Налоги ($ млн)*	*Налоговая ставка (%)*
Текущий	117	–81	141	0	0	0,00
1	292	–125	266	0	0	0,00
2	584	–107	413	0	0	0,00
3	1051	–147	555	0	0	0,00
4	1681	–142	650	0	0	0,00
5	2354	–95	661	0	0	0,00
6	3060	–10	568	0	0	0,00
7	3672	197	371	0	0	0,00
8	4222	292	79	0	0	0,00
9	4645	369	—	289	116	31,40
10	4877	421	—	421	168	40,00

Отметим, что фирма Tesla продолжает терять деньги на протяжении последующих пяти лет, увеличивая свои чистые операционные убытки. На 6-й, 7-й и 8-й годы она получает положительную операционную прибыль, но фирма все еще не платит налоги в результате вычета накопленного за прошлые годы чистого операционного убытка. На 9-й год

Tesla может сократить налогооблагаемую прибыль на оставшийся чистый операционный убыток ($79 млн), но она начинает платить налоги. Мы принимает налоговую ставку 40% и используем ее в качестве предельной после 9-го года. Выигрыш от чистых операционных убытков отражается на денежных потоках и стоимости фирмы.

Выигрыш на налогах от расходов на НИОКР

В предшествующей главе говорилось о том, что расходы на НИОКР должны капитализироваться. Если мы решили поступать подобным образом, возникает выигрыш на налогах, который можно упустить из виду. Фирмам позволено вычитать все расходы на НИОКР в налоговых целях. В то же время в отношении капитальных расходов им разрешено вычитать только амортизацию. Следовательно, для оценки налогового выигрыша нужно добавить экономию на налогах (на разнице между всеми расходами на НИОКР и амортизируемой суммой исследовательского актива) к операционной прибыли фирмы после уплаты налогов:

$$\text{Дополнительный выигрыш на налогах}_{\text{расходы на НИОКР}} = \\ = (\text{расходы на НИОКР текущего года} - \\ - \text{амортизация исследовательского актива}) \times \text{налоговая ставка.}$$

Аналогичную коррекцию нужно сделать для любых других операционных расходов, которые вы решили капитализировать. В главе 9 мы отметили, что коррекция операционной прибыли до налогообложения в связи с капитализацией расходов на НИОКР имеет следующий вид:

$$\text{Скорректированная операционная прибыль} = \\ = \text{операционная прибыль} + \text{расходы на НИОКР текущего года} - \\ - \text{амортизация исследовательского актива.}$$

Для оценки операционной прибыли после уплаты налогов мы должны умножить эту величину на коэффициент (1 – налоговая ставка) и добавить дополнительный выигрыш на налогах, полученный выше:

$$\text{Скорректированная операционная прибыль после уплаты налогов} = \\ = (\text{операционная прибыль} + \text{расходы на НИОКР текущего года} - \\ - \text{амортизация исследовательского актива}) \times \\ \times (1 - \text{налоговая ставка}) + (\text{расходы на НИОКР текущего года} - \\ - \text{амортизация исследовательского актива}) \times \text{налоговая ставка} = \\ = \text{операционная прибыль } (1 - \text{налоговая ставка}) + \\ + \text{текущие расходы на НИОКР} - \text{амортизация исследовательского актива.}$$

Другими словами, налоговый выигрыш от расходов на НИОКР позволяет добавлять разницу между расходами на НИОКР и амортизацией непосредственно к операционной прибыли после уплаты налогов (и к чистой прибыли).

ИЛЛЮСТРАЦИЯ 10.3. *Налоговый выигрыш за счет списания расходов: фирма Amgen, 2011 г.*

В главе 9 мы капитализировали расходы на НИОКР для фирмы Amgen и вычислили для нее стоимость исследовательского актива и скорректированную операционную прибыль. Вновь рассматривая иллюстрацию 9.2, мы видим следующие поправки:

Расходы на НИОКР в текущем году = $3030 млн.
Амортизация исследовательского актива в этом году = $1694 млн.

Для оценки налогового выигрыша от расходов для фирмы Amgen сначала предположим, что налоговая ставка для этой фирмы равна 35%. Заметим при этом, что фирма Amgen может вычесть все $3030 млн для налоговых целей:

Налоговый выигрыш от вычета расходов на НИОКР = расходы на НИОКР ×
× налоговая ставка = 3030 × 0,35 = $1060,5 млн.

Если в 2010 г. разрешается налоговый вычет только амортизации, то налоговый выигрыш окажется равен:

Налоговый выигрыш от вычета амортизации НИОКР = $1694 млн × 0,35 = $592,9 млн.

Списывая расходы вместо капитализации, фирма Amgen получает куда больший выигрыш на налогах. Дифференциальный выигрыш на налогах можно записать так:

Дифференциальный выигрыш на налогах = $1060,5 млн – $592,9 млн = $468,6 млн.

Таким образом, фирма Amgen получает налоговый выигрыш в размере $468 млн, поскольку может отнести расходы на НИОКР на прибыль, а не капитализировать их. В завершении анализа мы вычислим откорректированную операционную прибыль после уплаты налогов для фирмы Amgen. Заметим, что в иллюстрации 9.2 мы оценили откорректированную операционную прибыль до уплаты налогов и пришли, таким образом, к следующему выражению:

Откорректированная операционная прибыль = операционная прибыль +
+ расходы текущего года на НИОКР – амортизация исследовательского актива =
= $5594 млн + $3030 млн – $1694 млн = $6930 млн.

Эту операционную прибыль до налогообложения можно преобразовать в посленалоговую величину и прибавить обратно налоговый выигрыш:

Операционная прибыль после уплаты налогов = 6930 (1 – 0,35) + 468 = $4972 млн.

Ту же саму величину можно получить, если определить нескорректированную операционную прибыль после уплаты налогов и скорректировать ее с учетом расходов на НИОКР:

Откорректированная операционная прибыль после уплаты налогов =
= операционная прибыль после уплаты налогов +
+ расходы текущего года на НИОКР — амортизация исследовательского актива =
= $5594 млн (1–0,35) + $3030 млн — $1694 млн = $4972 млн.

Налоговый и финансовый учет. Не секрет, что многие фирмы в Соединенных Штатах ведут два вида учета: один для налоговых целей, а другой для финансовой отчетности, и эта практика не только законна, но и нашла широкое признание. Хотя особенности могут различаться в зависимости от компании, объявляемая держателям акций прибыль, как правило, гораздо выше прибыли, определяемой для налоговых целей. При оценке фирмы мы обычно имеем доступ только к данным финансового учета, и это может повлиять на наши выводы.

- Разделив уплачиваемые налоги (вычисляемые на основе налогооблагаемой прибыли) на объявляемую прибыль, которая обычно гораздо выше, мы получим налоговую ставку меньшего размера, по сравнению с действительной налоговой ставкой. Использование этой налоговой ставки для прогнозирования может привести к завышению стоимости компании. Это еще одна причина для применения предельной налоговой ставки для будущих периодов.

ИСПОЛЬЗОВАНИЕ НАЛОГОВЫХ ЛЬГОТ

Фирмы иногда получают налоговые льготы от правительства за инвестирование в определенные виды деятельности. Эти налоговые льготы могут принимать форму либо уменьшенных налоговых ставок, либо налоговых кредитов. В любом случае они должны повышать стоимость фирмы. Разумеется, вопрос состоит в том, как наилучшим образом учесть воздействие этих льгот в денежных потоках. Пожалуй, самым простым подходом было бы сначала оценить фирму, игнорируя налоговые льготы, а затем добавить прирост стоимости, возникающий благодаря наличию льгот.

Предположим, что мы оцениваем фармацевтическую фирму с операциями в Пуэрто-Рико, которые обеспечили ей налоговые послабления в форме более низкого налога на прибыль от этих операций. Мы можем оценить фирму, используя нормальную предельную налоговую ставку, а затем добавить к полученной стоимости приведенную стоимость налогового выигрыша, который принесли пуэрториканские операции. У этого подхода есть три преимущества:

1. Он позволяет выделить налоговую льготу и учитывать ее только в те периоды, в которые она действует. Когда результат этих налоговых поблажек смешивается с другими денежными потоками, возникает риск того, что они могут показаться бессрочными.
2. Ставка дисконтирования, используемая для вычисления налоговых послаблений, может значительно отличаться от ставки дисконтирования, используемой для других денежных потоков. Таким образом, если налоговое послабление представляет собой гарантированный налоговый кредит со стороны правительства, то можно использовать значительно более низкую ставку дисконтирования для выяснения приведенной стоимости денежных потоков.
3. Исходя из пословицы о том, что «бесплатный сыр бывает только в мышеловке», можно утверждать, что правительство предоставляет налоговые послабления для инвестиций только потому, что фирмы несут более высокие издержки или повышенный риск в этих инвестициях. Выделяя стоимость налоговых послаблений, фирмы могут оценить, действует ли они в их пользу. Предположим, что вы — производитель сахара, которому предлагается налоговый кредит за то, чтобы остаться в бизнесе. Взамен правительство вводит контроль над ценами на сахар. Фирма может сравнить стоимость, создаваемую налоговым кредитом, со стоимостью, потерянной вследствие введения контроля над ценами, и решить, стоит ли бороться за сохранение этого налогового кредита.

- Если мы основываем прогнозы на объявленной прибыли, то завышаем ожидаемую в будущем прибыль. Скорее всего, влияние на денежные потоки будет не таким явным. Чтобы понять причину, рассмотрим разницу между отчетной и налоговой прибылью: для первой используется равномерное начисление износа, а для второй — ускоренное. Поскольку для получения денежных потоков мы добавляем износ к прибыли после уплаты налогов, уменьшение износа компенсирует повышение прибыли. Проблема в том, что мы занижаем налоговый выигрыш от износа.
- Некоторые компании капитализируют расходы для целей финансовой отчетности (и начисляют на них износ в последующие периоды), однако относят их на прибыль для налоговых целей. Опять же, использование прибыли и капитальных затрат из финансовой отчетности приведет к занижению выигрыша на налогах.

Таким образом, проблемы, создаваемые использованием различных стандартов для налогового и финансового учета, значительно возрастают, если мы концентрируемся на объявленной прибыли (а это происходит, когда используются мультипликаторы), а не на денежных потоках. Если есть возможность выбора, то предпочтительнее основывать оценки на данных налогового учета, а не финансового.

ПОТРЕБНОСТИ В РЕИНВЕСТИРОВАНИИ

Денежные потоки, приходящиеся на фирму, вычисляются после реинвестирования. При оценке реинвестирования учитываются два компонента. Первый — это чистые капитальные затраты, т. е. разница между капитальными затратами и износом. Другой — это инвестиции в неденежный оборотный капитал.

Чистые капитальные затраты

При оценке чистых капитальных затрат мы, как правило, вычитаем износ из капитальных затрат. Обоснованием является то, что положительные денежные потоки от начисления износа оплачивают хотя бы часть капитальных затрат, и утечку денежных потоков фирмы представляет только избыток. Хотя информация о капитальных затратах и износе обычно легко доступна в финансовой отчетности, прогнозирование этих затрат может оказаться затруднительным по трем причинам. Первой является то, что фирмы часто осуществляют капитальные затраты неравномерно —

за крупными вложениями в один год могут последовать небольшие вложения в последующие годы. Вторая причина заключается в том, что бухгалтерское определение капиталовложений не включает капитальные затраты, классифицируемые как операционные расходы (например, расходы на НИОКР). Третья причина связана с тем, что поглощения не классифицируются бухгалтерами как капитальные затраты. У фирм, которые растут в основном за счет поглощений, это ведет к занижению чистых капитальных затрат.

Неравномерность капитальных затрат и потребность в сглаживании. Фирмы редко имеют ровные потоки капитальных затрат. Бывают периоды, когда капитальные затраты очень высокие (например, в случае выпуска нового продукта или строительства новой фабрики), затем они сменяются периодами относительно невысоких капитальных затрат. Следовательно, при оценке капитальных затрат с целью предсказания будущих денежных потоков следует нормализовать капитальные затраты. Существуют по крайней мере два способа, помогающих нормализовать капитальные затраты.

Простейший метод нормализации — это усреднение капитальных затрат за ряд лет. Например, можно оценить средние капитальные затраты на протяжении последних четырех или пяти лет для производственной фирмы и использовать именно эту величину, а не капитальные затраты за последний год. Это позволяет учесть тот факт, что фирма может производить инвестиции в новую фабрику каждые четыре года. Если вместо этого мы используем капитальные затраты за последний год, то либо завысим капитальные затраты (если фирма построила новую фабрику в тот год), либо занизим их (если фабрика была построена годом ранее).

При оценке необходимо решить два вопроса. Один относится к историческому горизонту в годах, который следует использовать. Ответ варьирует от фирмы к фирме и зависит от того, насколько редко фирма совершает крупные инвестиции. Второй — это вопрос о том, требует ли усреднение капитальных затрат во времени также и усреднения износа. Поскольку износ и без того распределяется во времени, потребность в нормализации должна быть значительно меньше. Кроме того, выигрыш на налогах, полученный фирмой, отражает фактический износ за последний год, а не средний износ за определенный срок. Если износ не столь изменчив, как капитальные траты, то есть смысл не трогать его.

Для фирм с ограниченной историей или фирм, которые со временем меняли свой портфель видов деятельности, усреднение во времени или невозможно, или дает величины, не являющиеся показателями истинной потребности в капитальных затратах. Для таких фирм альтернативой является использование среднего уровня капитальных затрат по отрасли.

Поскольку размеры фирм в рамках определенной отрасли могут сильно различаться, обычно вычисляется среднее отношение капитальных затрат к какой-то базовой величине (стандартный выбор в данном случае — это выручка и совокупные активы). Представляется, что предпочтительнее рассматривать капитальные затраты как процент износа и усреднять данный статистический показатель по отрасли. Если в выборке не хватает фирм, то можно взять среднюю величину для подмножества фирм, находящихся на том же этапе жизненного цикла, что и анализируемая фирма.

ИЛЛЮСТРАЦИЯ 10.4. *Оценка нормализованных чистых капитальных затрат для фирмы Reliance Industries*

Reliance Industries — одна из крупнейших индийских фирм, занимающаяся множеством видов производственной деятельности: от химикатов до текстиля. Фирма осуществляет крупные инвестиции в эти виды деятельности, и в нижеследующей таблице приведены данные о капитальных затратах и износе за период 1997–2000 гг.:

Год	*Капитальные затраты (млн индийских рупий)*	*Износ (млн индийских рупий)*	*Чистые капитальные затраты (млн индийских рупий)*
1997	24 077	4101	19 976
1998	23 247	6673	16 574
1999	18 223	8550	9673
2000	21 118	12 784	8334
Среднее	21 666	8027	13 639

Капитальные затраты фирмы были неравномерными, но ее начисления по износу имели тенденцию к повышению. Существуют два способа нормализации чистых капитальных затрат. Один из них — это вычисление средних капитальных затрат за 4-летний период, что дает чистые капитальные затраты в размере 13 639 млн рупий. Однако здесь существует одно затруднение, поскольку износ, используемый при вычислении, равен 8027 млн рупий, что значительно меньше фактического износа в размере 12 784 млн рупий. Оптимальный метод для нормализации капитальных затрат состоит в использовании средних капитальных затрат за 4-летний период (21 166 млн рупий) и износа за текущий год (12 784 млн рупий) для получения нормализованного значения чистых капитальных затрат:

Нормализованные чистые капитальные затраты = 21 166 млн рупий – 12 784 млн рупий = 8382 млн рупий.

Отметим, что в этом случае нормализация не дает большого различия, поскольку фактические чистые капитальные затраты в 2000 г. составляли 8334 млн. индийских рупий.

Капитальные затраты, классифицируемые как операционные расходы. В главе 9 мы обсудили капитализацию таких расходов, как расходы на НИОКР и обучение персонала, когда выигрыш распространяется на многие периоды, а также изучили его влияние на прибыль. Также должно быть очевидным воздействие на проведенные оценки таких статей, как капитальные затраты, износ и, следовательно, чистые капитальные затраты.

- Если мы решили переклассифицировать некоторые операционные затраты, как капитальные, то должны интерпретировать величину этих статей в текущем периоде в качестве капитальных затрат. Например, если мы решили капитализировать расходы на НИОКР, то сумма, потраченная на НИОКР в текущем периоде, должна быть добавлена к капитальным затратам.

Скорректированные капитальные затраты =
= капитальные затраты + расходы на НИОКР в текущем периоде.

- Капитализация операционных расходов создает актив, поэтому амортизация этого актива должна добавляться к износу в текущем периоде. Таким образом, капитализация расходов на НИОКР создает исследовательский актив, который генерирует амортизацию в текущем периоде.

Скорректированный износ и амортизация =
= износ и амортизация + амортизация исследовательского актива.

- Если мы добавляем затраты текущего периода к капитальным затратам и амортизацию актива к износу, то чистые капитальные затраты фирмы повышаются на разницу между этими двумя величинами:

Скорректированные чистые капитальные затраты =
= чистые капитальные затраты +
+ расходы на НИОКР в текущем периоде –
– амортизация исследовательского актива.

Заметим, что поправка, которую мы вносим в чистые капитальные затраты, отражает корректировку, выполняемую в отношении операционной прибыли. Поскольку чистые капитальные затраты вычитаются из операционной прибыли после уплаты налогов, мы в некотором смысле обнуляем воздействие на денежные потоки капитализации расходов на НИОКР.

ИЛЛЮСТРАЦИЯ 10.5. *Влияние капитализации расходов на НИОКР на примере фирмы Amgen в марте 2009 г.*

В иллюстрации 9.2 мы капитализировали расходы фирмы Amgen на НИОКР и создали исследовательский актив. В иллюстрации 10.3 мы рассмотрели дополнительный налоговый выигрыш, возникший благодаря возможности отнесения на прибыль всей суммы. В этой иллюстрации мы завершаем анализ, рассматривая влияние капитализации на чистые капитальные затраты.

Если вновь обратиться к представленным показателям, то расходы фирмы Amgen на НИОКР в 2010 г. составляли $3030 млн. Капитализация расходов на НИОКР — если использовать срок амортизации, равный 10 годам, — дает стоимость исследовательского актива в размере $13 283 млн и амортизацию в текущем году (2008 г.) в размере $1694 млн. Кроме того, заметим, что фирма Amgen объявила о капитальных затратах в размере $1646 млн в 2008 г., а также об амортизации, равной $1073 млн. Корректировка для капитальных затрат, износа, амортизации и чистых капитальных затрат:

Скорректированные капитальные затраты = капитальные затраты +
+ расходы на НИОКР в текущем периоде = $1646 млн + $3030 млн = $4676 млн.

Скорректированный износ и амортизация = износ и амортизация +
+ амортизация исследовательского актива = $1073 млн + $1694 млн = $2767 млн.

Скорректированные чистые капитальные затраты =
= чистые капитальные затраты + расходы на НИОКР в текущем периоде –
– амортизация исследовательского актива = $4676 млн – $2767 млн = $1909 млн.

Изменения в чистых капитальных затратах, рассматриваемые в сочетании с корректировкой операционной прибыли после уплаты налогов в иллюстрации 10.2, в точности равны изменениям в операционной прибыли после уплаты налогов. Таким образом, капитализация расходов на НИОКР не оказывает никакого влияния на свободные денежные потоки, создаваемые фирмой. Хотя итоговые денежные потоки не меняются, капитализация расходов на НИОКР существенно изменяет оценки прибыли и реинвестирования. Таким образом, это помогает нам лучше понять, насколько прибыльна фирма и какую сумму она реинвестирует для будущего роста.

Поглощения. При оценке капитальных затрат мы не должны различать внутренние инвестиции (которые в отчетах о движении денежных средств обычно классифицируются как капитальные затраты) и внешние инвестиции (т.е. поглощения). Следовательно, капитальные затраты фирмы должны включать поглощения. Поскольку фирмы редко осуществляют поглощения каждый год, а каждое из них имеет свою цену, возрастает важность нормализации капитальных затрат. Таким образом, планы капитальных затрат для фирмы, осуществляющей поглощение (приблизительно на $100 млн каждые пять лет), должны включать примерно $20 млн, скорректированных на каждый год с учетом инфляции.

Следует ли различать поглощения, финансируемые с помощью денежных средств, и поглощения, финансируемые с помощью акций? Представляется, что нет. Хотя в последнем случае фирма может не потратить никаких денежных средств, она увеличивает количество акций в обращении. В соответствии с одной точкой зрения на поглощения, финансируемые с помощью акций, фирма перепрыгивает через определенный этап в процессе финансирования. Она может выпустить акции в публичное обращение, а затем использовать денежные средства для финансирования поглощения. В соответствии с другой точкой зрения, фирма год за годом использует акции для финансирования поглощений и будет, как ожидается, поступать так и в будущем, увеличивая число акций в обращении. Это разводняет стоимость, приходящуюся на одну акцию, для существующих акционеров.

ИЛЛЮСТРАЦИЯ 10.6. *Оценка чистых капитальных затрат для компании Cisco Systems в 1999 г.*

Компания Cisco Systems в течение 1990-х гг. повысила свою рыночную стоимость в 100 раз, в основном используя свою способность увеличивать выручку и прибыль при годовых темпах роста в 60–70%. Значительная часть этого роста обеспечивалась тем, что Cisco приобретала небольшие компании с перспективными технологиями и способствовала их коммерческому успеху. Оценку чистых капитальных затрат компании Cisco мы начинаем с оценки капитальных затрат ($584 млн) и износа ($486 млн) по форме 10-K. На основе этих цифр мы можем заключить, что чистые капитальные затраты компании Cisco в 1999 г. составляли $98 млн.

Первая поправка, которую мы делаем, должна учесть влияние расходов на НИОКР. Мы используем 5-летний срок амортизации и вычисляем стоимость исследовательского актива и амортизацию в 1999 г. в нижеследующей таблице:

Год	*Расходы на НИОКР ($ млн)*	*Сумма, не амортизированная на конец года*		*Амортизация в этом году ($ млн)*
		(%)	*($ млн)*	
Текущий	1594,00	100,00	1594,00	
–1	1026,00	80,00	820,80	205,20
–2	698,00	60,00	418,80	139,60
–3	399,00	40,00	159,60	79,80
–4	211,00	20,00	42,20	42,20
–5	89,00	0,00	—	17,80
Стоимость исследовательского актива			3035,40	
Амортизация в этом году				484,60

Чистые капитальные затраты для компании Cisco были скорректированы путем добавления расходов на НИОКР за последний финансовый год ($1594 млн) и вычитания амортизации исследовательского актива ($485 млн).

Вторая корректировка должна отразить влияние поглощений, осуществленных компанией Cisco в прошлом финансовом году. В нижеследующей таблице представлены поглощения, совершенные в течение года, и заплаченная за них цена:

Приобретено	*Метод учета*	*Уплаченная цена ($ млн)*
GeoTel	Объединение	1344
Fibex	Объединение	318
Sentient	Объединение	103
American Internet Corporation	Покупка	58
Summa Four	Покупка	129
Clarity Wireless	Покупка	153
Selsius Systems	Покупка	134
PipeLinks	Покупка	118
Amteva Technologies	Покупка	159
Итого	Покупка	2516

Отметим, что в список включены и приобретения методом покупки, и приобретения методом объединения интересов, а общая сумма этих приобретений добавляется к чистым капитальным затратам в 1999 г. Учитывая достижения компании Cisco, мы предполагаем, что ее приобретения в 1999 г. не являются чем-то необычным и отражают реинвестиционную политику этой компании. Амортизация, связанная с этими приобретениями, уже включена в расчеты как часть износа фирмы[1]. В нижеследующей таблице представлены чистые капитальные затраты для компании Cisco в 1999 г.:

	($ млн)
Капитальные затраты	584,00
– Износ	486,00
Чистые капитальные затраты (из финансовых отчетов)	98,00
+ Расходы на НИОКР	1594,00
– Амортизация расходов на НИОКР	484,99
+ Приобретения	2516,00
Скорректированные чистые капитальные затраты	3723,40

[1] Имеет значение только вычитаемая из налогооблагаемой базы амортизация. В той степени, в которой амортизация не вычитается, следует рассматривать EBIT до амортизации и не учитывать ее при оценке чистых капитальных затрат.

capex.xls — размещенная в Интернете база данных, которая содержит данные о капитальных затратах (в виде процентов от выручки и стоимости фирмы), классифицированные по отраслям в Соединенных Штатах за последний квартал.

Инвестиции в оборотный капитал

Второй компонент реинвестирования — это денежные средства, которые требуется отложить для пополнения оборотного капитала. Увеличение оборотного капитала связывает денежные средства, поэтому создает отрицательные денежные потоки. И наоборот, уменьшение оборотного капитала высвобождает денежные средства и создает положительные денежные потоки.

ВОЗМОЖНО ЛИ ИГНОРИРОВАНИЕ ПОГЛОЩЕНИЙ ПРИ ОЦЕНКЕ?

Включение поглощений в чистые капитальные затраты и стоимость может быть затруднительным, особенно для фирм, которые редко совершают крупные поглощения. Предсказывать, состоятся ли поглощения, в какую сумму они обойдутся и что они дадут, если подходить с позиций более высокого роста, почти невозможно. Существует подход, при котором мы игнорируем поглощения, но он имеет свою цену. Если предположить, что фирмы платят за приобретения справедливую цену (т. е. цену, отражающую истинную стоимость целевой компании), а акционеры целевой компании претендуют на всю или частичную стоимость, создаваемую синергией или менеджментом, то приобретения не имеют никакого влияния на стоимость вне зависимости от их размера и возможного вклада в рост. Причина проста: приобретения по справедливой цене являются инвестицией, которая обеспечивает требуемую доходность (т. е. инвестицией с чистой нулевой приведенной стоимостью).

Если вы решили не рассматривать поглощения при оценке фирмы, то вам следует сохранять внутреннюю согласованность. Часть роста, которая обеспечивается поглощениями, не должна учитываться при оценке. Зачастую при оценке компаний, демонстрирующих внушительные показатели роста, полученные благодаря поглощениям, совершается необоснованная экстраполяция на основе роста, игнорирующая поглощения. Это приводит к завышению стоимости рассматриваемой фирмы, поскольку выигрыш от поглощений учитывается, а плата за них нет.

Каковы издержки игнорирования поглощений? Не все поглощения осуществляются по справедливой цене, и не вся стоимость синергии и управления компанией достается держателям акций целевой компании. Игнорирование издержек и выигрышей от поглощений приводит к занижению стоимости фирм, подобных компании Cisco, заработавшей репутацию за умение обеспечивать рост за счет поглощений. Мы занижаем стоимость фирм, которые создают стоимость путем осуществления хороших поглощений, и завышаем стоимость фирм, которые уничтожают стоимость, переплачивая за поглощения.

Определение оборотного капитала. Оборотный капитал обычно определяется как разница между текущими активами и текущими пассивами. Однако, измеряя оборотный капитал для целей оценки, мы можем модифицировать это определение.

- Мы исключаем денежные средства и инвестиции в ликвидные ценные бумаги из текущих активов. Это связано с тем, что денежные средства, особенно в больших количествах, инвестируются фирмами в казначейские векселя, краткосрочные правительственные бумаги или коммерческие бумаги. Хотя рентабельность этих инвестиций может быть ниже, чем рентабельность реальных инвестиций фирмы, она представляет собой справедливую доходность безрисковых инвестиций. В отличие от материально-производственных запасов, счетов к получению и других текущих активов, денежные средства в этом случае приносят справедливую доходность и не должны включаться в оборотный капитал. Существуют ли исключения из этого правила? При оценке фирмы, которой приходится поддерживать значительный остаток денежных средств для повседневных операций, или фирмы, работающей на рынке с плохо развитой банковской системой, можно рассматривать денежные средства, необходимые для операций, как часть оборотного капитала, но только если они не приносят справедливую рыночную доходность. Чем больше мы отходим от экономики, основанной на наличном денежном обращении, тем меньше потребность в поддержании значительного остатка денежных средств.
- Мы также исключаем из текущих пассивов весь процентный долг — краткосрочный долг и часть долгосрочного долга, которую необходимо выплачивать в текущий период. Этот долг учитывается при вычислении стоимости привлечения капитала, и его не следует считать дважды.

Неденежный оборотный капитал широко варьирует в зависимости от секторов и часто в зависимости от фирм в одном секторе. Рисунок 10.2 показывает распределение неденежного оборотного капитала в виде процента от выручки для американских фирм в январе 2011 г.

ИЛЛЮСТРАЦИЯ 10.7. *Оборотный капитал и неденежный оборотный капитал на примере компании Marks and Spencer*

Компания Marks and Spencer управляет сетью розничных магазинов в Великобритании и держит значительные средства в розничных фирмах по всему миру. В нижеследующей таблице детализированы компоненты оборотного капитала фирмы в 1999 и 2000 гг. и отображены как оборотный капитал, так и неденежный оборотный капитал в каждом из представленных периодов:

	1999 г. ($ млн)	2000 г. ($ млн)
Денежные средства и эквивалентные им инструменты	282	301
Ликвидные ценные бумаги	204	386
Дебиторская задолженность	1980	2186
Материально-производственные запасы	515	475
Прочие текущие активы	271	281
Текущие активы, итого	3252	3629
Неденежные оборотные активы	2766	2942
Кредиторская задолженность	215	219
Краткосрочный долг	913	1169
Прочие краткосрочные обязательства	903	774
Текущие обязательства, итого	2031	2162
Недолговые текущие обязательства	1118	993
Оборотный капитал	1221	1467
Неденежный оборотный капитал	1648	1949

Неденежный оборотный капитал существенно выше, чем оборотный капитал, в оба представленных года. Можно предположить, что он гораздо лучше отражает денежные средства, связанные оборотным капиталом.

Оценка ожидаемых изменений в неденежном оборотном капитале. Хотя мы довольно легко можем, используя финансовую отчетность, оценить изменения в неденежном оборотном капитале в любом году, подобная оценка должна использоваться с осторожностью. Неденежный оборотный капитал неустойчив, он характеризуется сильным ростом в одни годы и серьезными спадами в последующие годы. Чтобы убедиться в том, что прогнозы не являются результатом необычного базового года, вы должны связать изменения в оборотном капитале с ожидаемыми изменениями в выручке или себестоимости реализованной продукции фирмы. Для оценки прогнозируемых изменений в неденежном оборотном капитале за определенное время можно использовать неденежный оборотный капитал в виде процента от выручки в сочетании с изменениями в ожидаемой выручке за каждый период. Можно получить оборотный капитал в виде процента от выручки на основе исторических данных по фирме или отраслевых показателей.

Следует ли производить более детальную разбивку оборотного капитала? Другими словами, есть ли преимущество в изучении отдельных статей, таких как дебиторская задолженность, материально-производственные запасы и кредиторская задолженность? Ответ зависит от анализируемой фирмы и от горизонта прогнозирования оборотного капитала. Очевидно, для фирм, где материально-производственные запасы и дебиторская задолженность ведут себя по-разному с ростом выручки, имеет смысл более подробная классификация. Разумеется, это приведет к увели-

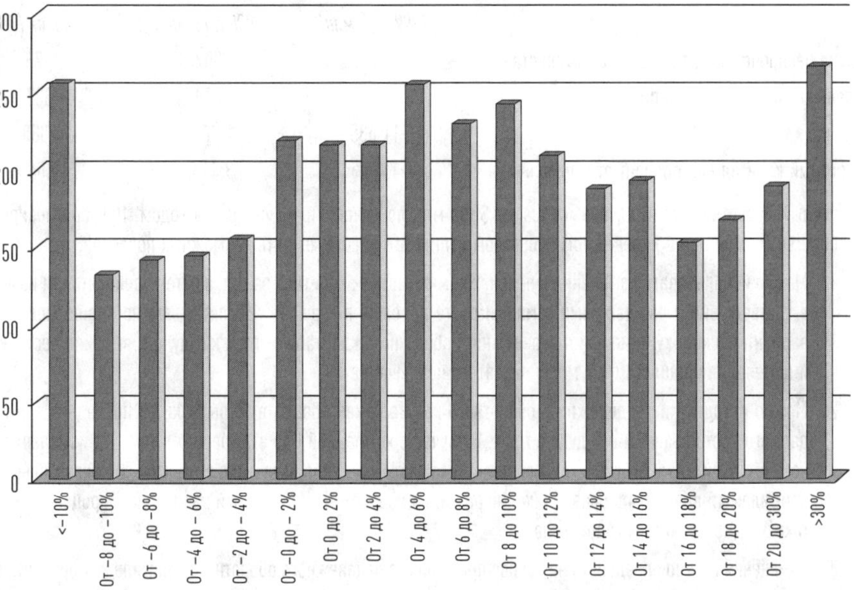

Рисунок 10.2. *Неденежный оборотный капитал как процент от выручки, американские фирмы в 2011 г.*

Источник: Value Line.

чению объема входных данных, необходимых для оценки фирмы. Преимущества разбивки оборотного капитала по отдельным статьям уменьшаются по мере отдаления горизонта прогнозирования. Для большинства фирм легче произвести оценку неденежного оборотного капитала в целом и нередко с большей точностью, чем при его разбивке.

ИЛЛЮСТРАЦИЯ 10.8. *Оценка потребностей в неденежном оборотном капитале на примере компании Gap*

Как специализированный розничный продавец Gap имеет значительные потребности в материально-производственных запасах и оборотном капитале. В конце 2000 финансового года (который закончился в январе 2001 г.) компания Gap объявила о материально-производственных запасах в размере $1904 млн и $335 млн в прочих неденежных оборотных активах. В то же самое время кредиторская задолженность составляла $1067 млн, а прочие беспроцентные текущие обязательства — $702 млн. Неденежный оборотный капитал для компании Gap в январе 2001 г. можно оценить следующим образом:

Неденежный оборотный капитал = $1904 млн + $335 млн – $1067 млн – $702 млн = $470 млн.

В нижеследующей таблице представлены данные о неденежном оборотном капитале на конец предшествующего года и общая выручка за каждый год:

	1999 г. ($ млн)	*2000 г. ($ млн)*	*Изменения ($ млн)*
Материально-производственные запасы	1462	1902	442
Прочие неденежные оборотные активы	285	335	50
Кредиторская задолженность	806	1067	261

	1999 г. ($ млн)	*2000 г. ($ млн)*	*Изменения ($ млн)*
Другие беспроцентные текущие обязательства	778	702	–76
Неденежный оборотный капитал	163	470	307
Выручка	11 635	13 673	2038
Оборотный капитал как процент от выручки	1,40%	3,44%	15,06%

Неденежный оборотный капитал повысился на $307 млн по сравнению с прошлым годом. При прогнозировании потребностей фирмы Gap в неденежном оборотном капитале существуют пять возможных подходов:

1. Можно использовать изменения в неденежном оборотном капитале за год, а затем увеличить эти изменения в соответствии с ожидаемыми темпами роста прибыли в будущем. Вероятно, это наименее желательный вариант, поскольку изменения неденежного оборотного капитала от года к году чрезвычайно нестабильны, и изменения прошлого года могут оказаться исключением.
2. Можно исходить из неденежного оборотного капитала как процента от выручки за последний год и ожидаемого роста выручки в будущие годы. В случае с компанией Gap это говорит о том, что изменения неденежного капитала в будущие годы составят 3,44% от изменения выручки в этом году. Это значительно более приемлемый вариант по сравнению с первым, но неденежный оборотный капитал как процент от выручки также может меняться год от года.
3. Изменения можно определять на основе предельного неденежного оборотного капитала как процента от выручки за последний год, вычисленного при помощи деления изменений в неденежном оборотном капитале за последний год на изменения в выручке за последний год, а также на ожидаемый рост выручки в будущие годы. В случае с компанией Gap изменения неденежного оборотного капитала по отношению к выручке в будущие периоды составят 15,06%. Этот подход лучше использовать для фирм, изменивших вид деятельности, и тех, чей рост происходил в новых сферах деятельности. Например, если рост розничного продавца, имеющего традиционные магазины, в основном обеспечивается за счет продаж в Интернете, он может иметь совершенно иные потребности в предельном оборотном капитале, чем бизнес в целом.
4. Можно основывать изменения на неденежном оборотном капитале как проценте от выручки за определенный исторический период. Например, неденежный оборотный капитал как процент от выручки за 1997–2000 гг. в среднем составляет 4,5%. Преимущество этого подхода состоит в том, что он выравнивает годовые колебания, но при этом он может оказаться непригодным, если существует тенденция к повышению или понижению оборотного капитала.
5. Последний подход — это игнорирование истории оборотного капитала, когда прогнозы основываются на среднеотраслевом неденежном оборотном капитале как проценте от выручки. Данный подход наиболее пригоден, когда история фирмы говорит об изменчивости и непредсказуемости оборотного капитала. Это также наилучший метод оценки неденежного оборотного капитала для очень небольших фирм, которые могут получать экономию масштаба в процессе роста. Хотя компания Gap не удовлетворяет данным условиям, тем не менее мы можем подобным образом оценить потребность в неденежном оборотном капитале, используя среднюю величину неденежного оборотного капитала в виде процента от выручки для специализированных продавцов, равного 7,54%.

Для демонстрации того, каким образом каждое из этих предположений может повлиять на потребность в оборотном капитале, в нижеследующей таблице представлены прогнозы ожидаемых изменений в неденежном оборотном капитале, сделанные при помощи каждого из этих методов. При выполнении этих оценок было сделано предположение, что темпы роста выручки и прибыли для компании Gap составляют 10% в последующие пять лет.

	Текущий год	*1 ($ млн)*	*2 ($ млн)*	*3 ($ млн)*	*4 ($ млн)*	*5 ($ млн)*
Выручка	$13 673,00 млн	15 040,30	16 544,33	18 198,76	20 018,64	22 020,50
Изменения в выручке		1367,30	1504,03	1654,43	1819,88	2001,86

	Текущий год	1 ($ млн)	2 ($ млн)	3 ($ млн)	4 ($ млн)	5 ($ млн)
1. Изменения в неденежном оборотном капитале	$307,00 млн	337,70	371,47	408,62	449,48	494,43
2. Текущие: оборотный капитал/выручка	3,44%	47,00	51,70	56,87	62,56	68,81
3. Предельные: оборотный капитал/выручка	15,06%	205,97	226,56	249,22	274,14	301,56
4. Историческая средняя	4,50%	61,53	67,68	74,45	81,89	90,08
5. Отраслевая средняя	7,54%	103,09	113,40	124,74	137,22	150,94

Инвестиции в неденежный оборотный капитал варьируют в пяти разных подходах, описанных выше.

Отрицательный оборотный капитал (или изменения). Могут ли изменения в неденежном оборотном капитале быть отрицательными? Очевидно, что ответ будет утвердительным. Рассмотрим практические следствия подобных изменений. При уменьшении объема неденежного оборотного капитала высвобождаются связанные денежные средства и увеличиваются денежные потоки фирмы. Если фирма раздувает материально-производственные запасы или слишком легко раздает кредиты, то более эффективное управление одним или обоими компонентами может сократить оборотный капитал и стать источником положительных денежных потоков в ближайшем будущем — в течение трех, четырех и даже пяти лет. Однако вопрос состоит в том, может ли это стать источником денежных потоков на более длительный срок. Раньше или позже любая неэффективность устраняется, и дальнейшие сокращения оборотного капитала могут иметь отрицательные последствия для роста выручки и прибыли. Следовательно, для фирмы с положительным оборотным капиталом понижение оборотного капитала возможно только на коротких периодах. Действительно, если оборотным капиталом управляют эффективно, то изменения в оборотном капитале год от года должны оцениваться при помощи оборотного капитала как процента от выручки. Например, рассмотрим фирму с неденежным оборотным капиталом, составляющим 10% от выручки, и при этом мы полагаем, что улучшение управления оборотным капиталом может сократить эту величину до 6%. Вы можете позволить оборотному капиталу снизиться за четыре следующих года с 10 до 6% и далее оценивать потребности в оборотном капитале в каждом году как 6% от дополнительной выручки. В нижеследующей таблице представлены оценки изменений в неденежном оборотном капитале фирмы с учетом предположения о том, что текущая выручка равна $1 млрд и в последующие 15 лет ожидается рост выручки на 10% в год.

Год	*Текущий*	*1*	*2*	*3*	*4*	*5*
Выручка ($ млн)	1000,00	1100,00	1212,00	1331,00	1464,10	1610,51
Неденежный оборотный капитал как процент от выручки (%)	10	9	8	7	6	6
Неденежный оборотный капитал ($ млн)	100,00	99,00	96,80	93,17	87,85	96,63
Изменения в неденежном оборотном капитале ($ млн)		–1,00	–2,20	–0,63	–5,32	8,78

Может ли оборотный капитал сам по себе быть отрицательным? Ответ — снова утвердительный. Фирма, текущие обязательства которой превышают неденежные оборотные средства, имеет отрицательный неденежный оборотный капитал. Это более деликатная тема, чем отрицательные изменения в оборотном капитале. Фирма с отрицательным оборотным капиталом в определенном смысле использует кредит поставщика в качестве источника капитала, особенно если отрицательный оборотный капитал увеличивается с ростом фирмы. Некоторые фирмы (самым примечательным примером здесь служит Amazon) используют такую стратегию роста. Хотя она может показаться экономически эффективной стратегией, здесь существуют и подводные камни. Во-первых, кредит поставщика, как правило, не совсем бесплатен. Отсрочка платежей по счетам поставщика может привести к потере скидок при оплате наличными и другим потерям при оплате, поскольку фирмы платят за привилегию. Таким образом, фирма, решившая применить эту стратегию, должна будет сравнить стоимость привлечения этого капитала с более традиционными формами заимствования.

Вторым подводным камнем является то, что отрицательный неденежный оборотный капитал, как правило, рассматривается и аудиторами, и рейтинговыми агентствами как источник риска дефолта. Со снижением рейтинга фирмы и с повышением выплачиваемых фирмой процентных ставок из-за использования кредита поставщика могут возникнуть издержки, связанные с привлечением других видов капитала. На практике для фирмы, которая имеет отрицательный оборотный капитал, по-прежнему существует проблема оценки при прогнозировании потребностей в оборотном капитале. Как и в предыдущем сценарии с отрицательными изменениями в неденежном оборотном капитале, нет причин, по которым фирма не может продолжать пользоваться кредитом поставщика в качестве источника капитала в краткосрочном периоде. Однако в долгосрочном периоде нам не следует предполагать, что неденежный оборотный капитал будет становиться со временем все более и более отрицательным. Мы должны предположить, что в определенный момент в будущем или изменения в неденежном оборотном капитале станут равными нулю, или возникнет давление в сторону увеличения оборотного капитала.

wcdata.xls — размещенная в Интернете база данных, которая содержит данные о потребностях в неденежном оборотном капитале, классифицированных по отраслям в США за последний квартал.

ЗАКЛЮЧЕНИЕ

При оценке фирмы дисконтируемые денежные потоки должны использоваться с учетом налогов и потребностей в реинвестировании, но без учета долговых платежей. В данной главе рассмотрены некоторые проблемы, возникающие при работе с этим показателем.

Глава началась с разбора скорректированной и обновленной версии прибыли, описанной в главе 9. Для определения прибыли после налогообложения необходимо знать налоговую ставку. Как правило, фирмы объявляют в финансовой отчетности эффективные налоговые ставки, но они могут отличаться от предельных налоговых ставок. Хотя эффективную налоговую ставку можно использовать для получения операционной прибыли после уплаты налогов в первые годы, используемая налоговая ставка должна приближаться к предельной ставке в последующие периоды. Для фирм, несущих убытки и не платящих налоги, чистые операционные убытки, которые они аккумулируют, защищают в определенной мере будущую прибыль от налогообложения.

Реинвестирование, предпринимаемое фирмами в своих операциях, обсуждается в два этапа. Во-первых, существуют чистые капитальные затраты, представляющие собой разницу между капитальными затратами (оттоком денежных средств) и износом (притоком денежных средств). В чистые капитальные затраты мы включаем капитализированные операционные расходы (например, расходы на НИОКР) и поглощения. Второй этап относится к инвестициям в неденежный оборотный капитал, состоящий в основном из материально-производственных запасов и дебиторской задолженности. Увеличение неденежного оборотного капитала означает для фирмы отток денежных средств, в то время как снижение — их приток. Как правило, неденежный оборотный капитал нестабилен, и при оценке будущих денежных потоков может потребоваться сглаживание.

КОНТРОЛЬНЫЕ ВОПРОСЫ

В приведенных ниже заданиях, если не указано иное, премия за риск инвестирования в акции принимается равной 5,5%.

1. Вы оцениваете GenFlex, небольшую производственную фирму, объявившую в прошлом году об уплате $12,5 млн в виде налогов с налогооблагаемой прибыли в размере $50 млн и о реинвестировании $15 млн. У фирмы нет непогашенных долгов, стоимость привлечения капитала составляет 11%, а предельная налоговая ставка для фирмы — 35%. Оцените стоимость этой фирмы, исходя из предположения о том, что рост прибыли фирмы и реинвестирования составляет 10% в течение трех лет и 5% далее:
   а) Используя эффективную налоговую ставку для оценки операционной прибыли после уплаты налогов.
   б) Используя предельную налоговую ставку для оценки операционной прибыли после уплаты налогов.
   в) Используя эффективную налоговую ставку для последующих трех лет и предельную налоговую ставку в четвертый год.
2. Вы пытаетесь оценить свободные денежные потоки технологической фирмы RevTech. Она объявила о прибыли до уплаты процентов и налогов в размере $80 млн, о капитальных затратах $30 млн и износе $20 млн за последний год. Отмечаются два дополнительных осложнения:
   - Фирма в последнем году несла расходы на НИОКР в размере $50 млн. Вы полагаете, что для фирмы подходит срок амортизации, равный трем годам, и расходы на НИОКР за последние три года составляли $20 млн, $30 млн и $40 млн соответственно.
   - Фирма также осуществила два поглощения в течение года — за $45 млн с расчетом денежными средствами и за $35 млн с расчетом акциями.

   Оцените свободные денежные потоки фирмы за последний год, если у нее отсутствует потребность в оборотном капитале, а налоговая ставка равна 40%.
3. Lewis Clark, фирма, занимающаяся туристическим бизнесом, объявила о прибыли до уплаты процентов и налогов за прошлый год в размере $60 млн. Однако вам удалось выяснить следующее:
   - Расходы фирмы по операционной аренде составили $50 млн за прошлый год, и фирма имеет обязательство совершать равные платежи на протяжении последующих восьми лет.
   - Фирма объявила о капитальных затратах в $30 млн и о начислении износа в размере $50 млн за прошлый год. Однако фирма

совершила также два поглощения, одно из которых финансировалось за счет денежных средств ($50 млн), а второе — через своп акций ($30 млн). Амортизация этих поглощений уже включена в износ текущего года.

- Общий оборотный капитал возрос с $180 млн в начале года до $200 млн в конце года. Однако кассовый остаток фирмы составлял существенную долю этого оборотного капитала и повысился с $80 млн в начале года до $120 млн в конце года (денежные средства инвестируются в казначейские векселя).
- Налоговая ставка составляет 40%, а стоимость заимствования до уплаты налогов — 6%.

Оцените свободные денежные потоки фирмы в прошлом году.

4. Ниже представлен бухгалтерский баланс компании Ford Motor Company на 31 декабря 1994 г.

Актив ($ млн)		*Пассив ($ млн)*	
Денежные средства	19 927	Кредиторская задолженность	11 635
Дебиторская задолженность	132 904	Долг, причитающийся к уплате в течение одного года	36 240
Материально-производственные запасы	10 128	Прочие текущие обязательства	2721
Текущие активы	*91 524*	*Текущие обязательства*	*50 596*
Основные средства	45 586	Краткосрочный долг	36 200
		Долгосрочный долг	37 490
		Собственный капитал	12 824
Совокупные активы	137 110	Совокупные обязательства	137 110

Фирма получила выручку в размере $154 951 млн в 1994 г., а себестоимость реализованной продукции составила $103 817 млн.

а) Оцените чистый оборотный капитал.

б) Оцените неденежный оборотный капитал.

в) Оцените неденежный оборотный капитал как процент от выручки.

5. В продолжение задачи 4: предположим, что вы ожидаете рост выручки компании Ford на 10% в год в течение последующих пяти лет.

а) Оцените ожидаемые изменения в неденежном оборотном капитале за каждый год, предполагая, что неденежный оборотный капитал как процент от выручки остается на уровне 1994 г.

б) Оцените ожидаемые изменения в неденежном оборотном капитале за каждый год, предполагая, что неденежный оборотный капитал как процент от выручки приближается к средней величине по отрасли, равной 4,3% от выручки.

6. Newell Stores, фирма, занимающаяся розничными продажами, объявила о выручке в размере $1 млрд, операционной прибыли после уплаты налогов в размере $80 млн и неденежном оборотном капитале, равном $50 млн за прошлый год.

   а) Предполагая, что оборотный капитал как процент от выручки останется неизменным в следующем году и что не существует чистых капитальных затрат, оцените свободные денежные потоки фирмы, если ожидается 10%-ный рост выручки.

   б) Если вы прогнозируете свободные денежные потоки фирмы на следующие 10 лет, то вы бы выдвинули те же самые предположения относительно оборотного капитала? Почему да или почему нет?

Глава 11

ОЦЕНКА РОСТА

Стоимость фирмы представляет собой приведенную стоимость ожидаемых в будущем денежных потоков, генерируемых фирмой. Самым важным элементом входных данных при оценке фирм, особенно быстро растущих, являются темпы роста, используемые для предсказания будущих доходов и прибылей. В данной главе мы обсудим, как наилучшим способом оценить эти темпы роста для фирм, в том числе фирм с небольшой выручкой и отрицательной прибылью.

Существуют три основных способа оценки роста любой фирмы. Один из них — это изучение роста прошлых прибылей фирмы — ее исторических темпов роста. Хотя эти сведения могут послужить полезным элементом входных данных при оценке устойчивых фирм, в случае быстро растущих фирм их использование связано с опасностями и ограничениями. Исторические темпы роста часто невозможно оценить, а если и возможно, то на них нельзя опираться в целях оценки будущих темпов роста.

Второй способ — обратиться к оценкам фондовых аналитиков, дающим корректные заключения, и использовать эти показатели при определении стоимости. Хотя многие фирмы широко отслеживаются аналитиками, качество оценок роста невысоко, особенно в долгосрочном периоде. Опора на эти оценки роста при определении стоимости может привести к ошибочным и противоречивым результатам.

Третий способ — оценка роста фирмы на основе ее фундаментальных показателей. Рост фирмы, в конечном счете, определяется объемом ее реинвестирования в новые активы и качеством этих инвестиций. При этом инвестиции определяются достаточно широко, чтобы включать поглощения, создание каналов дистрибуции и даже расширение возможностей маркетинга. Оценивая эти входные данные, в каком-то смысле вы оцениваете фундаментальные темпы роста фирмы.

ВАЖНОСТЬ РОСТА

Фирма обладает стоимостью, поскольку ее активы могут приносить денежные потоки сейчас, или она, как ожидается, приобретет подобные активы в будущем. Первая группа активов классифицируется как размещенные активы (assets in place), а вторая группа — как активы роста (growth assets). На рисунке 11.1 представлен финансовый баланс фирмы. Заметим, что бухгалтерский баланс может сильно отличаться от финансового баланса, поскольку бухгалтерская отчетность в отношении активов роста, как правило, консервативна и противоречива.

В случае быстро растущих фирм бухгалтерские балансы плохо справляются с определением суммарной стоимости активов, поскольку полностью игнорируют основной компонент стоимости, т. е. будущий рост. Для фирм, инвестирующих в исследовательские активы, проблемы усугубляются, поскольку балансовая стоимость не включает наиболее важный актив этих фирм — исследовательский.

Рисунок 11.1. *Финансовая точка зрения на фирму*

ИСТОРИЧЕСКИЙ РОСТ

При оценке ожидаемого роста фирмы мы обычно начинаем с рассмотрения ее истории. Насколько быстро росли в недавнем прошлом операции фирмы с точки зрения выручки или прибыли? Хотя прошлый рост не всегда оказывается хорошим показателем будущего роста, он дает информацию, которая может быть полезной при оценке будущего. Этот раздел начинается с рассмотрения вопросов измерения, возникающих при оценке прошлого роста, а затем мы обсудим, как рост, который отмечался в прошлом, можно использовать в прогнозах.

Оценка исторического роста

При наличии данных об исторической прибыли фирмы оценка исторических темпов роста может казаться простой задачей, однако она связана с рядом проблем измерения. В частности, средние темпы роста могут различаться в зависимости от того, как оценивалось среднее, и учитывался ли сложный процент. Оценка темпов роста может осложниться также по причине наличия отрицательной прибыли в прошлом или в текущем периоде.

Арифметические и геометрические средние. Средние темпы роста могут сильно отличаться в зависимости от того, какая средняя величина используется, арифметическая или геометрическая. Среднеарифметическое — это простое среднее прошлых темпов роста, в то время как в среднегеометрическом учитывается сложный процент, накапливаемый от периода к периоду.

$$\text{Арифметическое среднее} = \frac{\sum_{t=-n}^{t=-1} g_t}{n},$$

где g_t = темпы роста в год t.

$$\text{Геометрическое среднее} = \left(\frac{\text{прибыль}_0}{\text{прибыль}_{-n}}\right)^{(1/n)} - 1,$$

где прибыль_t = прибыль в год t.

Две оценки могут сильно различаться, особенно у фирм с изменчивой прибылью. Геометрическое среднее — более точная мера истинного роста прибыли в прошлом, особенно если рост претерпевал сильные изменения год от года.

В действительности, положение относительно среднеарифметического и среднегеометрического темпов роста также приложимо и к выручке, хотя разница между двумя темпами роста, как правило, меньше для выручки, чем для прибыли. Для фирм с неустойчивыми прибылью и выручкой предостережение относительно среднеарифметических темпов роста приобретает еще большее значение.

ИЛЛЮСТРАЦИЯ 11.1. *Разница между средними арифметическими и средними геометрическими темпами роста на примере компании Motorola (1994–1999 гг.)*

В нижеследующей таблице представлена выручка, EBITDA, EBIT и чистая прибыль компании Motorola за каждый год в период 1994–1999 гг. Арифметические и геометрические средние темпы роста в каждой серии показаны внизу таблицы:

Год	*Выручка ($ млн)*	*Изменение (%)*	*EBITDA ($ млн)*	*Изменение (%)*	*EBIT ($ млн)*	*Изменение (%)*	*Чистая прибыль ($ млн)*	*Изменение (%)*
1994	22 245		4151		2604		1560	
1995	27 037	21,54	4850	16,84	2931	12,56	1781	14,17
1996	27 973	3,46	4268	–12,00	1960	–33,13	1154	–35,20

Год	*Выручка ($ млн)*	*Изменение (%)*	*EBITDA ($ млн)*	*Изменение (%)*	*EBIT ($ млн)*	*Изменение (%)*	*Чистая прибыль ($ млн)*	*Изменение (%)*
1997	29 794	6,51	4276	0,19	1947	–0,66	1180	2,25
1998	29 398	–1,33	3019	–29,40	822	–57,78	212	–82,03
1999	30 931	5,21	5398	78,80	3216	291,24	817	285,38
Среднее арифметическое		7,08		10,89		42,45		36,91
Среднее геометрическое		6,82		5,39		4,31		–12,13
Стандартное отклонение		8,61		41,56		141,78		143,88

Среднее геометрическое = $(\text{прибыль}_{1999\text{ г.}}/\text{прибыль}_{1994\text{ г.}})^{1/5} - 1$

Средние арифметические темпы роста выше, чем средние геометрические темпы роста для всех статей, но разница значительно больше для чистой прибыли и операционной прибыли (EBIT), чем для выручки и EBITDA (прибыль до уплаты процентов, налогов, начисления износа и амортизации). Это связано с тем, что чистая и операционная прибыль являются наиболее изменчивыми величинами, стандартное отклонение которых изменяется год от года более чем на 140%. При взгляде на чистую и операционную прибыль в 1994–1999 гг. становится очевидным, что средние геометрические значения — это гораздо лучшие индикаторы роста. Операционная прибыль компании Motorola за этот период росла в минимальной степени, и это отражено в средних геометрических темпах роста, равных 4,31%, в отличие от средних арифметических темпов роста, показывающих куда более быстрый рост. Чистая прибыль компании Motorola за период упала почти на 50%. Это отражено в отрицательных средних геометрических темпах роста, однако средние арифметические темпы роста составляли 36,91%.

Модели линейной и логарифмически-линейной регрессии. В среднем арифметическом равным образом взвешиваются процентные изменения прибыли за каждый период и игнорируются эффекты сложных процентов на изменение прибыли. В среднем геометрическом учитываются сложные проценты, но главное внимание уделяется первому и последнему наблюдениям прибыли в серии — игнорируются информация в промежуточных наблюдениях и любые тенденции изменения в темпах роста, которые могли проявиться за период. Эти проблемы, по крайней мере частично, преодолеваются с помощью использования регрессий прибыли на акцию (earnings for share — EPS) на основе обычного метода наименьших квадратов[1] по отношению ко времени. Линейная версия этой модели записывается следующим образом:

$$EPS_t = a + bt,$$

где EPS_t = прибыль на акцию в период t;

t = временной период t.

---

[1] Регрессия по методу наименьших квадратов оценивает коэффициенты регрессии путем минимизации квадратов разности между предсказанными и фактическими величинами.

Коэффициент наклона при временной переменной является мерой изменения прибыли за временной период. Проблема с линейной моделью состоит в том, что она определяет рост с точки зрения долларового значения прибыли на акцию и не годится для прогнозирования будущего роста с учетом сложных процентов.

Логарифмически-линейная версия этой модели преобразует коэффициент в процентное изменение:

$$\ln(EPS_t) = a + bt,$$

где $\ln(EPS_t)$ = натуральный логарифм прибыли на акцию за период t;
t = временной период t.

Коэффициент b при временной переменной становится мерой процентного изменения прибыли за единицу времени.

ИЛЛЮСТРАЦИЯ 11.2. *Линейная и логарифмически-линейная модели роста на примере компании General Electric (1991–2000 гг.)*

В нижеследующей таблице представлена прибыль на акцию с 1991 по 2000 г. для компании General Electric (GE) — с процентными изменениями и натуральным логарифмом прибыли на акцию, вычисленными за каждый год:

Год	*Календарный год*	*Прибыль на акцию (EPS)*	*Изменения EPS (%)*	*ln (EPS)*
1	1991	0,42		–0,8675
2	1992	0,41	–2,38	–0,8916
3	1993	0,4	–2,44	–0,9163
4	1994	0,58	45,00	–0,5447
5	1995	0,65	12,07	–0,4308
6	1996	0,72	10,77	–0,3285
7	1997	0,82	13,89	–0,1985
8	1998	0,93	13,41	–0,0726
9	1999	1,07	15,05	0,0677
10	2000	1,27	18,69	0,2390

Существует несколько методов оценки темпов роста прибыли на акцию для компании GE за период с 1991 по 2000 г. Первый — это вычисление средних арифметических и средних геометрических:

Средние арифметические темпы роста прибыли на акцию = 13,79%,

Средние геометрические темпы роста прибыли на акцию = $(1{,}27/0{,}42)^{1/9} - 1$ = 13,08%.

Второй способ заключается в выведении линейной регрессии прибыли на акцию по отношению к временной переменной (где самый ранний год имеет значение –1, следующий –2 и т. д.):

Линейная регрессия: EPS = 0,2033 + 0,0952 EPS R^2 = 94,5%.

[4,03] [11,07]

Данная регрессия означает, что прибыль на акцию повышалась в 1991–2000 гг. на 9,52 цента в год. Мы можем обратить эту величину в процентный рост прибыли на акцию, разделив это изменение на среднюю прибыль на акцию (EPS) за период:

Темпы роста прибыли на акцию = коэффициент линейной регрессии/ /средняя прибыль на акцию = 0,0952/0,727 = 13,10%.

Наконец, можно вывести регрессию ln (EPS) относительно временной переменной:

$$\text{Логарифмически-линейная регрессия: } \ln(EPS) = -1{,}1288 + 0{,}1335t \quad R^2 = 95{,}8\%.$$
$$[19{,}53] \quad [14{,}34]$$

Коэффициент при временной переменной можно рассматривать как меру сложного процентного роста прибыли на акцию — исходя из этой регрессии прибыль на акцию компании GE росла на 13,35% в год.

Величины, получающиеся с использованием всех подходов, близки, поскольку темпы роста прибыли на акцию компании GE не очень изменчивы. Для компаний с более изменчивыми доходами разница окажется значительно больше.

Отрицательная прибыль. Показатели исторического роста искажаются при наличии отрицательной прибыли. Процентное изменение прибыли за год определяется следующим образом:

$$\text{Процент изменения прибыли на акцию за период } t = (EPS_t - EPS_{t-1})/EPS_{t-1}.$$

Если EPS_{t-1} — величина отрицательная, то данное вычисление даст не имеющий смысла результат. Это относится и к вычислению среднего геометрического. Если величина EPS в начальный временной период меньше или равна нулю, то среднее геометрическое теряет смысл.

При использовании логарифмически-линейной регрессии возникают аналогичные проблемы, поскольку прибыль на акцию должна быть больше нуля, чтобы стало возможным логарифмическое преобразование. Попытаться получить значимые оценки роста для фирм с отрицательной прибылью можно по меньшей мере двумя способами. Во-первых, можно вывести линейную регрессию EPS по времени, определенному в предыдущей регрессии:

$$EPS = a + bt.$$

Тогда темпы роста можно приблизительно представить следующим образом:

$$\text{Темпы роста EPS} = b/\text{средняя прибыль на акцию (EPS) за временной период регрессии.}$$

Это предполагает, что средняя величина EPS за временной период является положительной. Другой подход к оценке роста для этих фирм — это использование в знаменателе наибольшей из двух величин (EPS_t или EPS_{t-1}):

$$\text{Процентное изменение EPS} = (EPS_t - EPS_{t-1})/\text{Max}(EPS_t, EPS_{t-1}).$$

Кроме того, можно использовать абсолютное значение EPS в предыдущий период.

Отметим, что эти подходы к оценке исторического роста не дают никакой информации относительно того, будут ли эти темпы роста полезными при прогнозировании будущего роста. Вполне можно заключить, что исторические темпы роста не имеют смысла, когда прибыли отрицательны, и при прогнозировании будущего роста проигнорировать их.

ИЛЛЮСТРАЦИЯ 11.3. *Отрицательная прибыль на примере фирм Tesla Motors и Aracruz Celulose*

Проблемы оценки роста прибыли, когда прибыль отрицательна, возникают даже в том случае, если фирма имеет только отрицательную прибыль. Например, фирма Tesla Motors, производитель электромобилей, объявила об операционной прибыли (EBIT) в размере –$52 млн в 2009 г. и –$154 млн — в 2010 г. Очевидно, что показатель прибыли фирмы ухудшился, но оценка стандартных темпов роста прибыли дала следующий результат:

Рост прибыли Tesla Motors в 2010 г. = [–154 — (–52)]/–52 = 1,9615 или 196,15%.

Рассмотрим теперь бразильскую целлюлозно-бумажную компанию Aracruz, которая, как и все фирмы в отрасли, чувствительна к снижению и повышению цен на продукцию. В нижеследующей таблице представлена прибыль на акцию фирмы за период 1995–2000 гг.

Год	*EPS (в бразильских реалах)*
1995	0,302
1996	0,041
1997	0,017
1998	–0,067
1999	0,065
2000	0,437

Отрицательная чистая прибыль (и прибыль на акцию) в 1998 г. делает оценку темпов роста в 1999 г. проблематичной. Например, если фирма имеет убыток на акцию в размере 0,067 бразильского реала в 1998 г. и прибыль в размере 0,065 бразильского реала в 1999 г., то темпы роста прибыли на акцию, оцененные при помощи стандартного уравнения, равны:

Темпы роста прибыли в 1999 г. = [0,065 браз. реала – (–0,067 браз. реала)]/–0,067 браз. реала = –197%.

Данные темпы роста, представляющие собой отрицательную величину, не имеют смысла, учитывая повышение прибыли в течение года. Существуют два решения этой проблемы. Одно из них — это замена фактической прибыли на акцию в знаменателе на абсолютную величину:

Темпы роста прибыли в 1999 г. $_{\text{абсолютная величина}}$ =
= [0,065 браз. реала – (–0,067 браз. реала)]/(0,067 браз. реала) = 192%.

Кроме того, можно использовать наибольшую из величин прибыли на акцию за два года:

Темпы роста прибыли в 1999 г. $_{\text{наибольшее значение}}$ =
= [0,065 браз. реала – (–0,067 браз. реала)]/(0,065 браз. реала) = 203%.

Хотя темпы роста теперь являются положительной величиной, значения темпов роста сами по себе не слишком полезны для проведения оценок на будущее.

Модели временных рядов для предсказания прибыли на акцию. Модели временных рядов используют ту же историческую информацию, что и более простая модель, описанная в предыдущем разделе. Они представляют собой попытку получить более точные предсказания на основе этих же данных, но при использовании более сложных статистических методов.

Модели временных рядов Бокса–Дженкинса. Бокс и Дженкинс (Box and Jenkins) разработали процедуру для анализа и прогнозирования данных одномерных временных рядов при помощи авторегрессионной интегрированной модели скользящего среднего. Авторегрессионная интегрированная модель скользящего среднего (autoregressive integrated moving average — ARIMA) моделирует значение во временном ряде как линейную комбинацию исторических значений и прошлых ошибок (шоков). Поскольку здесь используются исторические данные, эти модели работают до тех пор, пока данные не начинают демонстрировать временную тенденцию или зависимость от внешних событий или переменных. Модель ARIMA обычно записывается следующим образом:

$$\text{ARIMA}(p, d, q),$$

где p = степень авторегрессионной части;
d = степень дифференцирования;
q = степень процесса скользящего среднего.

Тогда математическую модель можно записать следующим образом:

$$w_t = \varphi_1 w_{t-1} + \varphi_2 w_{t-2} + \ldots + \varphi_p w_{t-p} + \theta_0 - \theta_1 a_{t-1} - \theta_2 a_{t-2} - \ldots - \theta_q a_{t-q} + \varepsilon_t,$$

где w_t = оригинальный ряд данных или разница степени d оригинальных данных;
$\varphi_1, \varphi_2 \ldots \varphi_p$ = авторегрессионные параметры;
θ_0 = постоянный член;
$\theta_1, \theta_2, \ldots \theta_q$ = параметры скользящего среднего;
ε_t = независимые возмущения, или случайная ошибка.

Модели ARIMA можно откорректировать с учетом сезонности данных. В этом случае модель (SARIMA) выглядит следующим образом:

$$\text{SARIMA}(p, d, q) \times (p, d, q)_{s=n},$$

где s = сезонный параметр длины n.

Модели временных рядов в прибыли. Большинство моделей временных рядов, используемых при прогнозировании прибыли, построено на основе квартальных данных о прибыли на акцию. В своей обзорной статье Батке и Лорек (Bathke and Lorek, 1984) указали, что три модели временных рядов принесли пользу в предсказании квартальной прибыли на акцию. Все три модели являются сезонными авторегрессионными интегрированными моделями скользящего среднего (SARIMA), поскольку квартальные прибыли на акцию имеют сильный сезонный компонент. Первая модель, разработанная Фостером (Foster, 1977), учитывает сезонность в прибыли, что дает:

$$\text{Модель 1: SARIMA } (1, 0, 0) \times (0, 1, 0)_{s=4},$$
$$EPS_t = \varphi_1 EPS_{t-1} + EPS_{t-4} - \varphi_1 EPS_{t-5} + \theta_0 + \varepsilon_t.$$

Данная модель была расширена Гриффином[1] и Уоттсом[2] с учетом параметра скользящего среднего:

$$\text{Модель 2: SARIMA } (0, 1, 1) \times (0, 1, 1)_{s=4},$$
$$EPS_t = EPS_{t-1} + EPS_{t-4} - EPS_{t-5} - \theta_1 \varepsilon_{t-1} - \Theta \varepsilon_{t-4} - \Theta \theta_1 \varepsilon_{t-5} + \varepsilon_t,$$

где θ_1 = параметр скользящего среднего первого порядка;
Θ = параметр сезонного среднего первого порядка;
ε_t = реализация возмущения в конце квартала t.

Третья модель временных рядов, разработанная Брауном и Розеффом (Brown and Rozeff, 1979), аналогична в своем использовании параметра сезонного скользящего среднего:

$$\text{Модель 3: SARIMA } (1, 0, 0) \times (0, 1, 1)_{s=4},$$
$$EPS_t = \varphi_1 EPS_{t-1} + EPS_{t-4} - \varphi_1 EPS_{t-5} + \theta_0 + \Theta \varepsilon_{t-4}.$$

Насколько хороши модели временных рядов в предсказании прибыли? Модели временных рядов более эффективны в предсказании прибыли на акцию в следующем квартале, чем простые модели (использующие историческую прибыль). Ошибка предсказания (т. е. разница между фактической и предсказанной прибылью на акцию), связанная с моделями временных рядов, в среднем меньше ошибки, связанной с простыми моделями (например, простыми средними прошлого роста). Превосходство этих моделей над простыми оценками уменьшается с увеличением срока предсказаний, что говорит о непостоянстве оцениваемых параметров временных рядов.

Не существует свидетельств тому, что какая-то модель временных рядов обладает преимуществом в смысле минимизации ошибки предсказания для каждой фирмы в выборке. Выигрыш от использования моделей, созданных для конкретной фирмы, по сравнению с моделями, которые применяются ко всем фирмам, относительно мал.

Ограничения при использовании в процессе оценки моделей временных рядов. При использовании моделей временных рядов в предсказа-

[1] Griffin, P. A., "The Time-Series Behavior of Quarterly Earnings: Preliminary Evidence," Journal of Accounting Research 15 (Spring 1977): 71–83.

[2] Watts, R. L., "The Time-Series Behavior of Quarterly Earnings," Working Paper, University of Newcastle, 1975.

нии прибыли возникает несколько вопросов. Во-первых, модели временных рядов требуют множества данных, и именно поэтому большинство из них строится на основе квартальной прибыли на акцию. В большинстве же оценок внимание сконцентрировано на предсказании годовой прибыли на акцию, а не квартальной прибыли. Во-вторых, даже в случае квартальной прибыли на акцию число наблюдений в отношении большинства фирм ограничено данными за 10–15 лет (т. е. данными за 40–60 кварталов), что приводит к значительным ошибкам при оценке[1] — в параметрах модели временных рядов и в предположениях о будущем. В-третьих, превосходство предсказанной прибыли на основе моделей временных рядов уменьшается при увеличении периода оценки. Если учесть, что прибыль при оценке должна предсказываться на несколько лет, а не кварталов, то модели временных рядов, по всей вероятности, имеют ограниченную ценность. Наконец, исследования показали, что предсказания аналитиков превосходят даже лучшие модели временных рядов для оценки будущей прибыли.

В заключение добавим, что применение моделей временных рядов более успешно для фирм с длительной историей получения прибыли и там, где параметры моделей не сдвинуты существенно во времени. Однако по большей части издержки использования этих моделей превышают их преимущества, по крайней мере в контексте оценки.

Использование исторического роста

Являются ли прошлые темпы роста хорошим индикатором роста в будущем? Не обязательно. В этом разделе мы рассмотрим, насколько успешно может использоваться исторический рост для прогнозирования будущего роста фирм и почему изменение размера и неустойчивость бизнеса многих фирм могут ухудшить прогнозы роста.

Беспорядочный рост. Прошлые темпы роста полезны для предсказания будущего роста, однако с ним связан значительный уровень шума. В своем исследовании связи между прошлыми и будущими темпами роста Литтл (Little, 1960) предложил термин «беспорядочный рост» (higgledy piggledy growth), поскольку он практически не нашел свидетельств в пользу того, что быстро растущие в одном периоде фирмы продолжали расти быстро и в следующем периоде. В процессе выведения ряда корреляций между темпами роста в следующие друг за другом периоды различной длины он часто обнаруживал отрицательную корреляцию между темпами роста

[1] Модели временных рядов, как правило, могут быть выведены, если есть по крайней мере 30 наблюдений, а с ростом числа наблюдений ошибка оценки уменьшается.

в двух периодах, а средняя корреляция между двумя периодами оказалась близкой к нулю (0,02).

Если прошлый рост не является хорошим индикатором будущего роста для многих фирм, то для фирм небольших размеров он теряет смысл еще в большей степени. Как правило, темпы роста небольших фирм более изменчивы по сравнению с другими фирмами на рынке. Корреляция между темпами роста прибыли в следующие друг за другом временные периоды (5 лет, 3 года и 1 год) для американских фирм, классифицированных согласно рыночной стоимости, представлена на рисунке 11.2.

Хотя корреляция, как правило, выше для однолетних темпов роста прибыли, чем для трех- или пятилетних, у небольших фирм она проявляется меньше, чем у остальной части рынка. Из этого следует, что при прогнозировании будущего роста этих фирм — с использованием роста в прошлом, особенно в отношении прибыли — необходимо проявлять осторожность.

Рост выручки в сравнении с ростом прибыли. Как правило, рост выручки более постоянен и предсказуем, чем рост прибыли. Это связано с тем, что учетная политика оказывает значительно меньшее влияние на выручку, чем на прибыль. На рисунке 11.3 сравнивается корреляция роста выручки и прибыли за пятилетний период для фирм США. Рост выручки последовательно более сильно коррелирует во времени, чем рост прибыли. Практическое следствие этого заключается в том, что при решении задачи прогнозирования исторический рост выручки — гораздо более полезная величина, чем исторический рост прибыли.

Влияние размера фирмы. Поскольку темпы роста выражаются в процентах, при анализе необходимо учитывать размер фирмы. Фирме с прибылью $10 млн легче обеспечить 50%-ный рост, чем фирме с прибылью $500 млн. Поскольку с увеличением размеров становится труднее поддерживать высокие темпы роста, то для фирм после сильного увеличения размера может быть трудно поддерживать в будущем такие же темпы роста, как в прошлом. Хотя это является проблемой для всех фирм, особенно серьезным затруднением этот аспект становится при анализе небольших и растущих фирм. Фундаментальные показатели таких фирм, включая менеджмент, продукцию и базовые рынки, могут остаться теми же, но фирме, которая удвоилась или утроилась в размерах, будет сложно удерживать на прежнем уровне исторические темпы роста.

Настоящим испытанием для небольшой фирмы оказывается ее способность справляться с ростом. Одни фирмы продолжают эффективную поставку продукции и услуг по мере роста. Другими словами, они успешно наращивают свои масштабы. Другие фирмы сталкиваются с большими трудностями, пытаясь повторить свой успех в процессе роста. Следова-

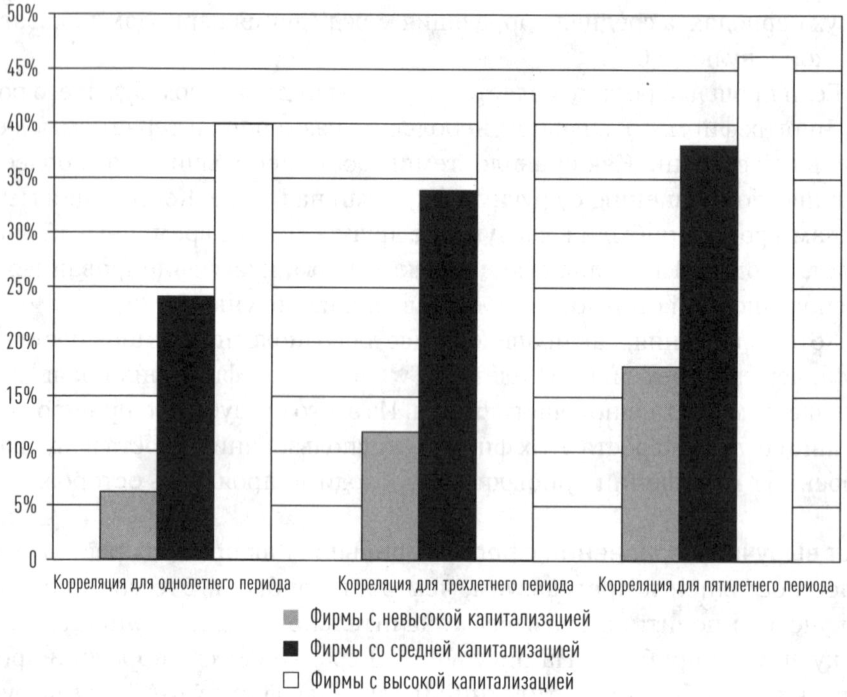

***Рисунок 11.2.** Корреляция темпов роста прибыли для однолетнего, трехлетнего и пятилетнего периодов*

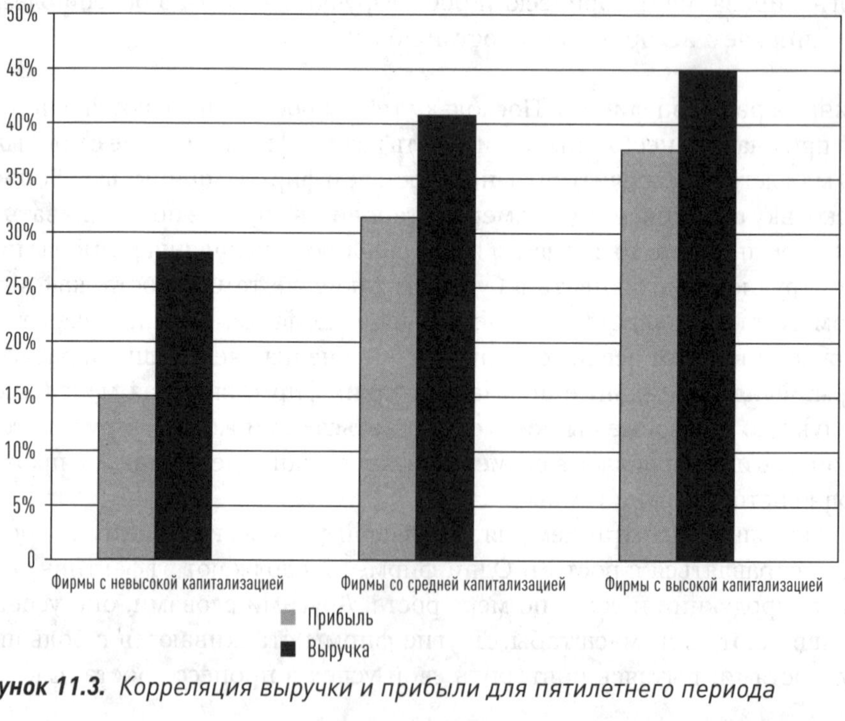

***Рисунок 11.3.** Корреляция выручки и прибыли для пятилетнего периода*

тельно, при анализе небольших фирм важно изучать планы повышения темпов роста, однако еще более важно исследовать системы, используемые для управления этим ростом.

ИЛЛЮСТРАЦИЯ 11.4. Рост прибыли и размера фирмы на примере фирмы Cisco (успех в 1989–1999 гг. и дальнейшее развитие)

Эволюция от фирмы с выручкой в $28 млн и чистой прибылью примерно в $4 млн в 1989 г. к фирме с выручкой более $12 млрд и чистой прибылью $2 млрд в 1999 г. отображена в нижеследующей таблице.

Год	*Выручка ($ млн)*	*Изменение (%)*	*EBIT ($ млн)*	*Изменение (%)*	*Чистая прибыль ($ млн)*	*Изменение (%)*
1989	28		7		4	
1990	70	152,28	21	216,42	14	232,54
1991	183	162,51	66	209,44	43	210,72
1992	340	85,40	129	95,48	84	95,39
1993	649	91,10	264	103,70	172	103,77
1994	1243	91,51	488	85,20	315	83,18
1995	2233	79,62	794	62,69	457	45,08
1996	4096	83,46	1416	78,31	913	99,78
1997	6440	57,23	2135	50,78	1049	14,90
1998	8488	31,80	2704	26,65	1355	29,17
1999	12 154	43,19	3455	27,77	2096	54,69
Среднее арифметическое		87,81		95,64		96,92
Среднее геометрическое		83,78		86,57		86,22

Хотя эта таблица представляет результаты феноменально успешного десятилетия фирмы Cisco, она говорит о том, что подходить к предположению о сохранении прежних темпов роста фирмы в будущем следует с осторожностью по двум причинам. Во-первых, темпы роста уменьшались по мере увеличения размеров фирмы к концу 1990-х гг. Во-вторых, если вы предполагаете, что фирма Cisco в течение последующих пяти лет сохранит свой исторический рост 1990–1999 гг. (оцененный при помощи среднего геометрического), то рост выручки и прибыли, который фирма должна будет продемонстрировать, окажется недостижимым. Например, если операционная прибыль будет расти темпами 86,57% с 2000 по 2005 г., то операционная прибыль фирмы Cisco через пять лет составит $78 млрд. В-третьих, рост фирмы Cisco, по большей части, был связан с поглощениями небольших фирм с перспективными технологиями и коммерческим использованием этих технологий. Например, в 1999 г. фирма Cisco приобрела 15 фирм, и эти приобретения составили почти 80% ее реинвестиций в этом году. Если вы предполагаете, что фирма Cisco продолжит расти темпами, равными историческим, то это означает, что количество поглощений будет расти теми же темпами. Таким образом, чтобы поддержать исторический рост, фирма Cisco должна за пять лет приобрести почти 80 фирм. Трудности масштабирования роста становятся очевидными в 2000–2010 гг. Хотя стратегия Cisco не изменилась — она продолжает поглощать компании и подстегивать рост, — агрегированные выручка и прибыль не реагируют на усилия фирмы как хотелось бы. Совокупный годовой рост выручки снизился до 7,78% в период с 2000 по 2010 г., совокупный годовой рост операционной прибыли составил всего 7,12%.

histgr.xls — размещенная в Интернете база данных, которая обобщает исторические темпы роста выручки и прибыли по отраслям в Соединенных Штатах.

ИСТОРИЧЕСКИЙ РОСТ БЫСТРОРАСТУЩИХ И МОЛОДЫХ ФИРМ

Наличие отрицательной прибыли, изменчивых темпов роста, а также быстрые изменения, через которые проходят быстрорастущие фирмы, делают исторические данные ненадежным индикатором будущего роста. Тем не менее можно учесть информацию об историческом росте в оценках будущего роста, если следовать общим правилам:

- Для получения показателя темпов роста и импульса, который можно перенести на будущие годы, главное внимание уделяйте росту выручки, а не росту прибыли. Рост выручки менее волатилен, чем рост прибыли, и с гораздо меньше подвержен учетным корректировкам и влиянию учетной политики.
- Обращайте внимание скорее на годовой, а не на средний рост за несколько последних лет. Это даст информацию о том, как рост менялся по мере увеличения размеров фирмы, и поможет сделать прогнозы на будущее.
- Исторические темпы роста используйте в качестве основы только для прогнозов на ближайшее будущее (год или два), поскольку технологии могут быстро измениться и исказить будущие оценки.
- Учитывайте исторический рост рынка в целом и исторический рост других фирм, работающих на нем. Данная информация может оказаться полезной при выборе темпов роста, к которым со временем будет приближаться оцениваемая фирма.

ОЦЕНКИ АНАЛИТИКОВ

Аналитики, изучающие рынок акций, выдают не только рекомендации относительно изучаемой фирмы, но и оценки прибыли и роста прибыли в будущем. Насколько полезны оценки ожидаемого роста, исходящие от аналитиков, и как их можно (если вообще можно) использовать при оценке фирм? В данном разделе изучается процесс, которому следуют аналитики при оценке ожидаемого роста. А затем мы изучим вопрос о том, почему данные темпы роста могут оказаться неадекватными при оценке некоторых фирм.

Кого отслеживают аналитики?

Число аналитиков, отслеживающих фирмы, широко колеблется в зависимости от фирмы. С одной стороны, такие фирмы, как Apple, GE и Microsoft, отслеживаются десятками аналитиков. С другой стороны, есть сотни фирм, которые вообще никем не отслеживаются.

Почему одни фирмы отслеживаются более тщательно, чем другие? Здесь существуют, по-видимому, три определяющих фактора:

- *Рыночная капитализация.* Чем выше рыночная капитализация фирмы, тем с большей вероятностью она отслеживается аналитиками.
- *Количество институциональных акционеров.* Чем больший процент акций фирмы находится в руках у институциональных инвесторов, тем более вероятно, что она отслеживается аналитиками. Тем не менее остается открытым вопрос о том, аналитики следуют за институтами или же институты следуют за аналитиками. Если учесть, что институциональные инвесторы — это самые крупные клиенты экспертов в области акций, то, по всей видимости, причинно-следственная связь действует в обе стороны.
- *Объем торговли.* Аналитики с большей вероятностью будут отслеживать ликвидные акции. Опять же, стоит заметить, что наличие аналитиков и рекомендации на покупку (или продажу) акции могут сыграть свою роль в повышении объема торгов.

Информация в прогнозах аналитиков

Есть простая причина полагать, что опираться на прогнозы аналитиков относительно роста лучше, чем на исторические темпы роста. Аналитики, помимо исторических данных, могут воспользоваться пятью другими типами информации, полезной при прогнозировании будущего роста:

1. *Информация о конкретной фирме, которая появляется после опубликования последнего отчета о прибыли.* Для прогнозирования будущего роста аналитики могут использовать информацию о фирме, которая поступила после появления последнего отчета о прибыли. Она иногда может привести к значительной переоценке ожидаемых денежных потоков фирмы.
2. *Макроэкономическая информация, способная повлиять на будущий рост.* Ожидаемые темпы роста всех фирм подвержены влиянию экономических новостей о росте ВНП, о процентных ставках и инфляции. Аналитики могут скорректировать свои прогнозы будущего роста при поступлении новой информации об экономике в целом и изменениях в налогово-бюджетной и кредитно-денежной политике. Например, информация, которая свидетельствует о более быстром экономическом росте, чем предсказывалось, приведет к тому, что аналитики повысят свои оценки ожидаемого роста для циклических фирм.
3. *Информация относительно перспектив, открываемая конкурентами.* Аналитики могут также обосновать свои оценки роста

фирмы, полагаясь на информацию относительно ценовой политики и будущего роста, открываемую конкурентами. Например, объявление об отрицательной прибыли, сделанное какой-нибудь телекоммуникационной фирмой, может привести к переоценке прибыли для других телекоммуникационных фирм.

4. *Внутренняя информация о фирме.* Аналитики иногда имеют доступ к внутренней информации отслеживаемых фирм, которая может помочь в прогнозировании будущего роста. Мы уклонимся от ответа на деликатный вопрос о том, когда подобная информация становится незаконной инсайдерской. Однако нет сомнений в том, что хорошая внутренняя информация позволяет гораздо более качественно оценивать будущий рост. В попытке ограничить утечку данного типа информации Комиссия по ценным бумагам и биржам выпустила новые правила, не позволяющие фирмам избирательно предоставлять информацию отдельным аналитикам или инвесторам. Однако за пределами США фирмы регулярно поставляют информацию аналитикам, отслеживающим их.
5. *Публичная информация, не касающаяся прибыли.* Модели для прогнозирования прибыли, зависящей исключительно от данных о прошлой прибыли, могут игнорировать другую имеющуюся в публичном доступе полезную информацию. Например, было показано, что другие финансовые переменные, такие как нераспределенная прибыль, валовая прибыль и оборачиваемость активов, оказываются полезными в прогнозировании будущего роста. Аналитики могут учитывать в своих прогнозах эти переменные.

Качество прогнозирования прибыли

Если фирмы отслеживаются значительным числом аналитиков[1], и эти аналитики на самом деле лучше информированы, чем остальной рынок, то прогнозы будущего роста, исходящие от них, должны быть более качественными, чем оценки, основанные на историческом росте или другой информации, находящейся в открытом доступе. Но оправданно ли это предположение? Являются ли прогнозы роста, выполненные аналитиками, более качественными, чем другие прогнозы?

[1] Аналитики на стороне продажи (sell-side analysts) работают на брокерские дома и инвестиционные банки, и их исследования предлагаются клиентам таких фирм в качестве услуги. Аналитики на стороне покупки (buy-side analysts) работают на институциональных инвесторов, и их исследования, как правило, являются собственностью фирм.

Общепринятый вывод из исследований краткосрочных прогнозов прибыли (на 1–4 квартала вперед) заключается в том, что аналитики предоставляют более качественные оценки прибыли, чем модели, зависящие только от исторических данных. Средняя относительная абсолютная ошибка, измеряющая абсолютную разницу между фактической и предсказанной прибылью на следующий квартал, в процентном выражении меньше в прогнозах аналитиков, чем в прогнозах, основанных на исторических данных. Два других исследования пролили свет на стоимость прогнозов аналитиков. Кричфилд, Дикман и Лаконишок (Crichfield, Dyckman and Lakonishok, 1978) исследовали относительную точность прогнозов в Earnings Forecaster, издании Standard & Poor's, в котором приводятся прогнозы прибыли, сделанные более полусотней инвестиционных фирм. Исследователи измерили квадратичные ошибки прогнозов прибыли по месяцам года и вычислили отношение ошибки предсказания аналитиков к ошибке, вытекающей из модели временных рядов. Они обнаружили, что модели временных рядов в период с апреля по август действительно обеспечивают более эффективные предсказания, чем аналитики, но менее эффективные — в период с сентября по январь. Они объяснили это тем, что в последней части года аналитики получают доступ к большему объему информации, имеющей отношение к фирмам. В другом исследовании, проведенном О'Брайеном (O'Brien, 1988), сравнивались консенсусные прогнозы аналитиков, предоставляемые организацией Institutions Brokers Estimate System (I/B/E/S), с прогнозами на основе временных рядов на 1–4 квартала вперед. Прогнозы аналитиков превосходили прогнозы, сделанные на основе модели временных рядов для сроков 1–2 квартала, были столь же эффективны для периода в три квартала и менее эффективны на отрезке в четыре квартала. Таким образом, преимущество, полученное аналитиками от информации, которая имеет отношение к конкретным фирмам, по-видимому, уменьшается при расширении временного горизонта прогнозов.

При оценке большее внимание уделяется долгосрочным темпам роста прибыли, чем прибыли следующего квартала. Когда горизонт прогнозирования достигает трех или пяти лет, практически нет оснований предполагать, что аналитики предоставляют более качественные прогнозы прибыли. В раннем исследовании, проведенном Крэггом и Малкиелом (Cragg and Malkiel, 1968), сравнивались долгосрочные прогнозы, выполненные в 1962 и 1963 г. пятью фирмами, которые занимались управлением инвестициями, с фактическим ростом свыше трех последующих лет. Они пришли к заключению, что аналитики не проявили должной прозорливости в долгосрочных предположениях. Данная точка зрения оспаривалась Вандером Вейде и Карлетоном (Vander Veide and Carleton, 1988), которые обнаружили, что консенсусный прогноз пятилетнего роста в I/B/E/S превосходит по качеству показатели роста, ориентированные на исторический рост, в предсказании будущего роста. Существует интуитивная основа для аргументации в пользу того, что предсказания аналитиками темпов роста могут оказаться лучше, чем модели временных рядов или другие модели, основанные на исторических данных, поскольку они используют больший объем информации. Однако факты говорят о том, что это преимущество в предсказаниях на удивление мало для долгосрочных прогнозов, а прошлые темпы роста играют существенную роль в создаваемых аналитиками прогнозах.

Сделаем итоговое замечание. Как правило, аналитики предсказывают прибыль на акцию, и большинство агентств публикует эти оценки. При оценке фирмы вам необходимы предсказания операционной прибыли и роста прибыли на акцию, которая обычно не эквивалентна росту операционной прибыли. Как правило, темпы роста операционной прибыли оказываются ниже, чем темпы роста прибыли на акцию. Таким образом, даже если вы решили использовать прогнозы аналитиков, то вам придется корректировать их для отражения потребностей в предсказании роста операционной прибыли или выручки.

Как использовать прогнозы аналитиков при оценке будущего роста

Информация, содержащаяся в темпах роста, которые оценены другими аналитиками, может включаться и должна включаться в оценку ожидаемого роста в будущем. Значение, придаваемое прогнозам аналитиков при оценке будущего роста, определяют четыре фактора:

1. *Объем недавней информации о фирме.* Предсказания аналитиков имеют преимущество над моделями, основанными на исторических данных, поскольку они включают более свежую информацию о фирме и ее перспективах. Данное преимущество, как правило, больше в отношении фирм, переживших в недавнем прошлом значительные изменения в менеджменте или условиях бизнеса, например, реструктуризацию или влияние изменений в государственной политике в отношении основного вида деятельности фирмы.

2. *Число аналитиков, отслеживающих акции.* Вообще говоря, чем больше число отслеживающих акции аналитиков, тем более информативен их консенсусный прогноз и тем большее значение следует придавать ему в анализе. Информационный выигрыш от наличия большего числа аналитиков несколько уменьшается из-за того, что большинство аналитиков, как точно установлено, не действует независимо, поэтому наблюдается сильная корреляция между оценками ожидаемой аналитиками прибыли.

3. *Степень несогласия между аналитиками.* Хотя консенсусные темпы роста прибыли при оценке полезны, степень несогласия между аналитиками, измеренная посредством стандартного отклонения прогнозов роста, также является важной мерой надежности и консенсусных прогнозов. Гиволи и Лаконишок (Givoly and Lakonishok, 1984) обнаружили, что дисперсия прибыли коррелирует с другими мерами риска, такими как коэффициент бета, и оказывается хорошим инструментом при оценке ожидаемой прибыли.
4. *Компетентность аналитиков, отслеживающих акции.* Эту переменную труднее всего выразить в количественной форме. Одна из мер качества — это величина ошибки предположений аналитиков, которые отслеживают акции, по отношению к моделям, привлекающим только исторические данные. Чем меньше относительная ошибка, тем большие веса следует придать предсказаниям аналитиков. Другая мера — это влияние оценок аналитиков на цены акций. Чем более информативно предсказание, тем большее влияние оно оказывает на цены. Некоторые доказывают, что при акценте на консенсусные прогнозы упускается из виду то обстоятельство, что предсказания некоторых аналитиков более эффективны по сравнению с предсказаниями других, поэтому их прогнозы должны быть отделены от предположений их коллег и взяты с большим весом.

Прогнозы аналитиков могут оказаться полезными при прогнозировании темпов роста фирм, но опасно слепо следовать консенсусным предсказаниям. Аналитики часто совершают серьезные ошибки, прогнозируя прибыль, отчасти из-за их зависимости от одних и тех же источников данных (которые могут быть ошибочными или вводящими в заблуждение), а отчасти из-за того, что они иногда упускают из виду существенные сдвиги фундаментальных характеристик фирмы. Секрет успешной оценки часто лежит в раскрытии несогласованности между предполагаемым аналитиками ростом и фундаментальными показателями фирмы. Более подробно эта связь изучается в следующем разделе.

ФУНДАМЕНТАЛЬНЫЕ ДЕТЕРМИНАНТЫ РОСТА

В случае как исторических, так и аналитических оценок рост является экзогенной переменной, влияющей на стоимость, но он стоит особняком от операционных характеристик фирмы. Самый здравый способ включения роста в стоимость — это придать ему эндогенный характер, т.е. привязать его более тесно к действиям, которые фирма предпринимает для обеспечения и поддержания роста. Данный раздел начинается с обсуждения связи между фундаментальными показателями и ростом прибыли от использования собственного капитала, а затем мы перейдем к обсуждению факторов роста операционной прибыли.

Рост рентабельности собственного капитала

При оценке денежных потоков на собственный капитал мы обычно начинаем с оценки чистой прибыли, если оцениваем собственный капитал в целом, или прибыли на акцию — если оцениваем долю собственного капитала, приходящуюся на акцию. Данный раздел начинается с представления фундаментальных показателей, определяющих ожидаемый рост прибыли на акцию, а затем в нем рассматривается расширенная версия модели, созданной для изучения роста чистой прибыли.

Рост прибыли на акцию. Простейшее соотношение, выражающее рост, основывается на коэффициенте нераспределенной прибыли (процент прибыли, удерживаемый фирмой) и рентабельности собственного капитала в проектах. Фирмы с наивысшим коэффициентом нераспределенной прибыли и более высокой рентабельностью собственного капитала, должны иметь гораздо более высокие темпы роста прибыли на акцию, чем фирмы с иными характеристиками.

$$g_t = (NI_t - NI_{t-1})/NI_{t-1},$$

где g_t = темпы роста чистой прибыли;
NI_t = чистая прибыль в год t.

Учитывая, что рентабельность собственного капитала (return on equity — ROE) равна NI за период t, деленной на балансовую стоимость собственного капитала в период t – 1, чистую прибыль за год t – 1 можно представить следующим образом:

$$NI_{t-1} = \text{балансовая стоимость собственного капитала}_{t-2} \times ROE_{t-1},$$

где ROE_{t-1} = рентабельность собственного капитала в год t – 1.

Чистую прибыль в год t можно записать следующим образом:

$$NI_t = (\text{балансовая стоимость собственного капитала}_{t-2} + \text{нераспределенная прибыль}_{t-1}) \times ROE_t.$$

Если предположить, что рентабельность капитала не изменяется (т. е. $ROE_t = ROE_{t-1} = ROE$), то:

$$g_t = \text{нераспределенная прибыль}_{t-1}/NI_{t-1} \times ROE =$$
$$= \text{коэффициент нераспределенной прибыли} \times ROE = b \times ROE,$$

где b — коэффициент нераспределенной прибыли.

Отметим, что фирме не позволено привлекать собственный капитал, выпуская новые акции. Следовательно, темпы роста чистой прибыли и темпы роста прибыли на акцию в данной формулировке одинаковы.

ИЛЛЮСТРАЦИЯ 11.5. Рост прибыли на акцию

В данной иллюстрации рассматриваются ожидаемые темпы роста прибыли на основе коэффициентов нераспределенной прибыли и рентабельности собственного капитала для трех фирм в 2010 г.: Consolidated Edison (регулируемое коммунальное предприятие, обеспечивающее электроэнергией Нью-Йорк и его окрестности); Procter & Gamble (ведущая компания, выпускающая потребительские товары и обладающая признанной торговой маркой) и Intel (технологический гигант). В нижеследующей таблице представлены рентабельность собственного капитала, коэффициенты нераспределенной прибыли, а также ожидаемые темпы роста прибыли для трех фирм:

	Рентабельность собственного капитала (%)	*Коэффициент нераспределенной прибыли (%)*	*Ожидаемые темпы роста (%)*
Consolidated Edison	9,79	36,00	3,52
Procter & Gamble	20,09	50,26	10,10
Intel	32,00	70,00	22,40

Intel обладает наивысшими ожидаемыми темпами роста прибыли на акцию, если предположить, что она способна сохранить текущую рентабельность собственного капитала и коэффициент нераспределенной прибыли. От компании Procter & Gamble также можно ожидать хороших темпов роста, несмотря на то что она выплачивает более 50% своей прибыли в качестве дивидендов, вследствие высокой рентабельности собственного капитала. Фирма Consolidated Edison имеет очень низкие ожидаемые темпы роста, поскольку ее рентабельность собственного капитала и коэффициент нераспределенной прибыли не слишком впечатляют.

Рост чистой прибыли. Если мы отступим от предположения о том, что единственным источником собственного капитала является нераспределенная прибыль, то рост чистой прибыли может оказаться иным, чем рост прибыли на акцию. На интуитивном уровне понятно, что фирма может существенно увеличить чистую прибыль, выпуская новые акции для финансирования новых проектов, и при этом прибыль на акцию останется невысокой. Для получения соотношения между ростом чистой прибыли и фундаментальными показателями нам нужен показатель инвестиций, выходящий за рамки нераспределенной прибыли. Первый способ получить подобный показатель — это оценка объема собственного капитала фирмы, реинвестируемого в дело в виде чистых капитальных затрат и инвестиций в оборотный капитал.

$$\text{Собственный капитал, реинвестированный в дело} =$$
$$= \text{капитальные затраты} - \text{износ} + \text{изменения оборотного капитала} -$$
$$- (\text{новый долг} - \text{погашенный долг}).$$

Разделив эту величину на чистую прибыль, мы получим более широкое измерение коэффициента реинвестирования собственного капитала:

Коэффициент реинвестирование собственного капитала =
= реинвестированный собственный капитал/чистая прибыль.

В отличие от коэффициента нераспределенной прибыли, эта величина должна значительно превышать 100%, поскольку фирма может привлекать новый собственный капитал. Таким образом, ожидаемый рост чистой прибыли можно записать следующим образом:

Ожидаемый рост чистой прибыли =
= коэффициент реинвестирования собственного капитала ×
× рентабельность собственного капитала.

ИЛЛЮСТРАЦИЯ 11.6. *Рост чистой прибыли*

Для оценки роста операционной прибыли на основе фундаментальных показателей мы рассмотрим три фирмы: Coca-Cola, Nestlé и Sony. В нижеследующей таблице оцениваются компоненты реинвестирования собственного капитала, которые применяются для оценки коэффициента реинвестирования для каждой фирмы. В ней также представлена рентабельность собственного капитала и ожидаемые темпы роста чистой прибыли этих фирм в 2010 г.:

Фирма	*Чистая прибыль*	*Чистые капитальные затраты*	*Изменения оборотного капитала*	*Чистый выпущенный (погашенный) долг*	*Коэффициент реинвестирования собственного капитала (%)*	*ROE (%)*	*Ожидаемые темпы роста (%)*
Coca-Cola	$11 809 млн	$3006 млн	$335 млн	$1848 млн	12,64	46,59	5,89
Nestlé	SFr 34 233 млн	SFr 1394 млн	SFr 828 млн	SFr 292 млн	5,64	63,83	3,60
Sony	JY 126,33 млрд	–JY 33 млрд	–JY 15 млрд	–JY 14 млрд	–26,91	3,30	–0,89

Плюсы и минусы этого подхода видны из таблицы. Данный подход значительно более точно отражает истинные реинвестиции фирмы, акцентируя внимание не на том, сколько прибыли не было распределено, а на том, сколько было реинвестировано. Ограниченность этого подхода заключается в том, что элементы, идущие на реинвестирование (капитальные затраты, изменения оборотного капитала и чистый выпущенный долг), — величины изменчивые. Заметим, что у Sony в 2010 г. износ превышал капитальные затраты, она сократила оборотный капитал и погасила долг. Ее чистый темп реинвестирования отрицателен. Если эта тенденция сохранится, у Sony будет отрицательный рост. В действительности, куда реалистичней посмотреть на средний коэффициент реинвестирования за три или пять лет, а не просто на показатели текущего года. Мы вернемся к более подробному рассмотрению этого вопроса, когда будем изучать рост операционной прибыли.

Детерминанты рентабельности собственного капитала. Прибыль на акцию, как и рост чистой прибыли, зависит от рентабельности собственного капитала фирмы. Рентабельность собственного капитала зависит от объема заемных средств, используемых для финансирования проектов. В более широком смысле увеличение долга ведет к повышению рентабельности собственного капитала, если рентабельность капитала после уплаты налогов превышает выплачиваемую процентную ставку по долгу после уплаты налогов. Это отражено в следующей формулировке рентабельности собственного капитала:

$$ROE = ROC + D/E\,[ROC - i\,(1 - t)],$$

где ROC = EBIT (1 – t)/(балансовая стоимость долга + + балансовая стоимость собственного капитала – денежные средства);
D/E = балансовая стоимость долга/балансовая стоимость собственного капитала;
i = расходы на выплату процента по долгу/балансовая стоимость долга;
t = налоговая ставка на обычную прибыль.

Учитывая, что рентабельность капитала основана на балансовой стоимости, все входные величины нужно представлять с точки зрения балансовой стоимости. Вывод формулы прост[1]. Используя эту расширенную версию ROE, мы можем записать темпы роста следующим образом:

$$g = b\,\{ROC + D/E\,[ROC - i\,(1 - t)]\}.$$

Преимущества этой формулы заключаются в том, что она явно учитывает изменения рычага и последствия их влияния на рост.

ИЛЛЮСТРАЦИЯ 11.7. *Разбивка рентабельности собственного капитала*

Для рассмотрения компонентов рентабельности собственного капитала мы представили в таблице данные по Consolidated Edison, Procter & Gamble и Intel — трем фирмам, для которых рентабельность собственного капитала была представлена в иллюстрации 11.5.

	Рентабельность капитала (%)	*Балансовый D/E (%)*	*Балансовая процентная ставка (%)*	*Налоговая ставка (%)*	*Рентабельность собственного капитала (%)*
Consolidated Edison	6,66	103,41	5,75	35,33	9,70
Procter & Gamble	12,19	58,33	2,56	27,25	18,22
Intel	27,89	5,32	5,49	28,55	29,16

Если сравнивать эти цифры со значениями из иллюстрации 11.5, то можно заметить, что рентабельность собственного капитала близка к нашим более ранним оценкам для фирм Consolidated Edison и Procter & Gamble. Рентабельность собственного капитала, определенная здесь, ниже прежней оценки для Intel, поскольку она включила существенную внеоперационную прибыль в чистую прибыль. Мы же решили рассматривать только операционную прибыль при вычислении рентабельности капитала. Когда фирмы регулярно объявляют о внеоперационной прибыли (или убытке), рентабельность собственного капитала, определенная стандартным методом (чистая прибыль, деленная на балансовую стоимость собственного капитала) будет отличаться от значения, полученного здесь.

Хотя в случае трех рассматриваемых фирм это отличие не так значительно, следует соблюдать осторожность, если высокая рентабельность капитала обусловлена высоким отношением D/E, низкой эффективной налоговой

---

[1] $ROC + D/E\,[ROC - i\,(1 - t)] = [NI + Int\,(1 - t)]/(D + E) + D/E\,\{[NI + Int\,(1 - t)]/(D + E) - Int\,(1 - t)/D\} = \{[NI + Int\,(1 - t)]/(D + E)\}\,(1 + D/E) - Int\,(1 - t)/E = NI/E + Int\,(1 - t)/E - Int\,(1 - t)/E = NI/E = ROE.$

ставкой или внеоперационной прибылью. Если фирма теряет налоговые послабления и ее источники внеоперационной прибыли истощаются, то она вполне может очутиться в ситуации, когда рентабельность капитала ниже балансовой процентной ставки. В этом случае рычаг может снизить рентабельность собственного капитала фирмы.

СРЕДНЯЯ И ПРЕДЕЛЬНАЯ РЕНТАБЕЛЬНОСТЬ

Рентабельность собственного капитала обычно определяют делением чистой прибыли за последний год на балансовую стоимость собственного капитала в конце предыдущего года. Следовательно, рентабельность собственного капитала характеризует качество как старых проектов, которые отражались в учете на протяжении длительного времени, так и новых, начатых в более поздние периоды. Поскольку на старые инвестиции приходится значительная доля прибыли, средняя рентабельность может не претерпевать существенных изменений в крупных фирмах при падении рентабельности новых инвестиций вследствие насыщения рынка или конкуренции. Другими словами, низкая рентабельность новых проектов сказывается на общей рентабельности фирмы не сразу. При оценке именно рентабельность последних инвестиций наилучшим образом характеризует качество проектов фирмы. Для измерения этой рентабельности мы можем использовать предельную рентабельность собственного капитала, разделив изменение чистой прибыли в последнем году на изменение балансовой стоимости собственного капитала в предыдущем году.

$$\text{Предельная рентабельность собственного капитала} = \\ = \Delta\text{чистая прибыль}_t/\Delta\text{балансовая стоимость собственного капитала}_{t-1}.$$

Например, фирма Disney объявила о чистой прибыли в $3963 млн на балансовую стоимость собственного капитала в $35 425 млн в 2010 г., что дает среднюю рентабельность собственного капитала, равную 11,87%:

Средняя рентабельность собственного капитала = 1963/35 425 = 11,87%.

Предельная рентабельность собственного капитала вычисляется следующим образом:

Изменение чистой прибыли с 2009 по 2010 г. = 3963 – 3307 = $656 млн.

Изменение балансовой стоимости собственного капитала с 2009 по 2010 г. =
= 35 425 – 33 667 = $1758 млн.

Предельная рентабельность собственного капитала = 656/1758 = 37,32%.

Мы, конечно, не утверждаем, что Disney получит 37,32% на новые инвестиции в 2010 г., однако эта величина показывает восходящий импульс рентабельности собственного капитала фирмы. Таким образом, перспективная оценка выше 11,87% вполне оправдана.

Влияние изменения рентабельности собственного капитала. До сих пор в данном разделе мы опирались на предположение о том, что рентабельность собственного капитала неизменна во времени. Отступая от этого предположения, мы вводим новый компонент в рост: воздействие изменения рентабельности собственного капитала на существующие инвестиции с течением времени. Рассмотрим фирму с балансовой стоимостью собственного капитала, равной \$100 млн, и с рентабельностью собственного капитала 10%. Если эта фирма увеличивает рентабельность собственного капитала до 11%, то она получит темп роста прибыли в размере 10%, даже если не реинвестирует никаких средств. Этот дополнительный рост можно записать как функцию изменения рентабельности собственного капитала:

$$\text{Дополнение к ожидаемым темпам роста} = (ROE_t - ROE_{t-1})/ROE_{t-1},$$

где ROE_t — рентабельность собственного капитала в период t. Это прибавка к фундаментальным темпам роста, вычисленным как произведение рентабельности собственного капитала и коэффициента нераспределенной прибыли.

Если повышение рентабельности собственного капитала подстегивает темпы роста в период повышения, понижение рентабельности собственного капитала провоцирует более чем пропорциональное падение темпов роста в период спада.

Стоит разграничивать рентабельность собственного капитала для новых инвестиций и рентабельность собственного капитала для существующих инвестиций. Дополнительный рост, который мы оценили выше, обусловлен не новыми инвестициями, а изменением рентабельности существующих инвестиций. За отсутствием лучшего термина, можно назвать это «ростом, генерируемым эффективностью».

ИЛЛЮСТРАЦИЯ 11.8. *Влияние изменения рентабельности собственного капитала на примере фирмы Consolidated Edison*

В иллюстрации 11.5 мы рассмотрели ожидаемые темпы роста фирмы Consolidated Edison, основанные на рентабельности ее собственного капитала в размере 9,79% и коэффициенте нераспределенной прибыли, равном 36%. Предположим, что фирма в следующем году окажется в состоянии увеличить общую рентабельность собственного капитала до 11%, а коэффициент нераспределенной прибыли останется на уровне 36%. В таком случае ожидаемые темпы роста прибыли на акцию в следующем году можно записать следующим образом:

$$\text{Ожидаемые темпы роста прибыли на акцию (EPS)} =$$
$$= ROE_t \times \text{коэффициент нераспределенной прибыли} + (ROE_t - ROE_{t-1})/ROE_{t-1} =$$
$$= 0{,}11 \times 0{,}36 + (0{,}11 - 0{,}0979)/0{,}0979 = 0{,}1632 \text{ или } 16{,}32\%.$$

Через год темпы роста снизятся до более устойчивого уровня 3,96% (0,11 × 0,36).

Может ли ответ быть другим, если увеличение рентабельности собственного капитала коснулось только новых инвестиций, а не существующих активов? Ожидаемые темпы роста прибыли на акцию можно в таком случае записать следующим образом:

$$\text{Ожидаемые темпы роста EPS} = ROE_t \times \text{коэффициент нераспределенной прибыли} = 0{,}11 \times 0{,}36 = 0{,}0396.$$

Таким образом, в этом случае не создается дополнительного роста. А что, если бы увеличение коснулось только существующих активов, а не новых инвестиций? Тогда ожидаемые темпы роста прибыли на акцию можно было бы записать следующим образом:

Ожидаемые темпы роста EPS = ROE_t × коэффициент нераспределенной прибыли + $(ROE_t - ROE_{t-1})/ROE_{t-1}$ = = 0,0979 × 0,36 + (0,11 – 0,0979)/0,0979 = 0,1588 или 15,88%.

Рост операционной прибыли

Рост прибыли от использования собственного капитала определяется реинвестированным в бизнес собственным капиталом и рентабельностью данной инвестиции, поэтому рост операционной прибыли можно связать с осуществленными в фирму совокупными инвестициями и рентабельностью инвестированного капитала.

В этом разделе мы обсудим три сценария, а также исследуем, как в каждом из них оценивать рост. Первый сценарий возникает, когда фирма получает высокую рентабельность капитала, которую она рассчитывает сохранить и в будущем. Второй сценарий вступает в силу, когда фирма получает положительную рентабельность капитала, которую она планирует со временем увеличить. Третий, наиболее общий сценарий, реализуется, когда фирма ожидает, что операционная маржа со временем изменится — иногда от отрицательных значений до положительных.

Сценарий постоянной рентабельности капитала. Когда фирма имеет постоянную рентабельность капитала, ожидаемый рост ее операционной прибыли является производной от коэффициента реинвестирования (т. е. доли операционной прибыли после уплаты налогов, инвестируемой в чистые капитальные затраты и неденежный оборотный капитал), а также от качества этих реинвестиций, представленного как рентабельность инвестированного капитала.

$$\text{Ожидаемый рост}_{EBIT} =$$
$$= \text{коэффициент реинвестирования} \times \text{рентабельность капитала},$$
$$\text{где коэффициент реинвестирования} =$$
$$= \frac{\text{капитальные затраты} - \text{износ} + \Delta\text{неденежный оборотный капитал},}{\text{EBIT}(1 - \text{налоговая ставка})}$$
$$\text{рентабельность капитала} = \text{EBIT}\ (1 - t)/$$
$$/(\text{балансовая стоимость собственного капитала} +$$
$$+ \text{балансовая стоимость долга} - \text{денежные средства}$$
$$\text{и ликвидные ценные бумаги}).$$

Оба показателя — и коэффициент реинвестирования, и рентабельность капитала — должны отражать будущее состояние дел. При этом рентабельность капитала должна представлять ожидаемую рентабельность капитала в будущих инвестициях. В оставшейся части этого раздела мы рассмотрим, как наилучшим образом оценивать коэффициент реинвестирования и рентабельность капитала.

Коэффициент реинвестирования. Коэффициент реинвестирования измеряет объем обращенных в капитал средств, предназначенных для создания будущего роста. Коэффициент реинвестирования часто измеряется на основе последней финансовой отчетности фирмы. Хотя это хорошая исходная точка, но она не обязательно оказывается лучшей оценкой будущего коэффициента реинвестирования. Коэффициент реинвестирования фирмы может переживать рост и падение, особенно у фирм, инвестирующих в относительно небольшое число крупных проектов или поглощений. Для этих фирм лучшей оценкой будущего оказывается средний коэффициент реинвестирования для периода. Кроме того, по мере роста и становления фирм, их потребность в реинвестировании (и коэффициенты реинвестирования) обычно понижаются. Для фирм, значительно выросших за последние несколько лет, исторический коэффициент реинвестирования, скорее всего, окажется выше ожидаемого в будущем коэффициента реинвестирования. Что касается этих фирм, то среднеотраслевое значение коэффициентов реинвестирования может дать лучшее представление о будущем, чем использование исторических показателей. Наконец, важно, чтобы мы продолжали согласованно рассматривать расходы на НИОКР, а также расходы по операционной аренде. В частности, для измерения коэффициента реинвестирования требуется интерпретировать расходы на НИОКР как часть капитальных расходов.

Рентабельность капитала. Этот показатель часто основывается на рентабельности капитала для существующих инвестиций, когда балансовая стоимость капитала считается мерой капитала, направленного на эти инвестиции. Подразумевается, что текущая учетная рентабельность капитала является хорошей мерой истинной рентабельности существующих инвестиций, и эта рентабельность — хорошее приближение для рентабельности будущих инвестиций. Безусловно, данное предположение открыто для вопросов по следующим причинам:

- Балансовая стоимость капитала может быть хорошим измерителем капитала, вложенного в существующие инвестиции, поскольку она отражает историческую стоимость этих активов и учетную политику по начислению износа. Если балансовая стоимость занижает инвестированный капитал, то рентабельность капитала будет завышенной. Если балансовая стоимость завышает инвестированный капитал, то рентабельность капитала будет заниженной. Эта проблема усугубляется, если балансовая стоимость капитала не корректируется с учетом стоимости исследовательского актива или капитальной стоимости операционной аренды.

- Операционная прибыль, подобно балансовой стоимости капитала, является учетной мерой прибыли, полученной фирмой в течение периода. Все проблемы при использовании нескорректированной операционной прибыли, описанные в главе 9, остаются в силе.
- Даже если операционная прибыль и балансовая стоимость капитала измерены корректно, рентабельность капитала для существующих инвестиций может не соответствовать предельной рентабельности, которую фирма ожидает получить от новых инвестиций, особенно если углубляться дальше в будущее.

Учитывая эти проблемы, мы должны рассматривать не только текущую рентабельность капитала фирмы, но и тенденции в ее изменении, а также среднеотраслевую рентабельность капитала. Если текущая рентабельность капитала у фирмы существенно выше среднеотраслевого показателя, то прогнозная рентабельность капитала должна быть ниже текущей рентабельности, чтобы отразить размывание, которое, по всей вероятности, возникнет вследствие конкуренции.

Наконец, любая фирма, у которой рентабельность капитала выше стоимости привлечения капитала, получает избыточную доходность. Избыточная доходность есть результат конкурентных преимуществ фирмы или барьеров на вход в отрасль. Высокая избыточная доходность, сохраняющаяся на протяжении длительного времени, предполагает, что фирма имеет постоянное конкурентное преимущество.

ИЛЛЮСТРАЦИЯ 11.9. *Измерение коэффициента реинвестирования, рентабельности капитала и ожидаемых темпов роста на примере фирмы Tata Motors в 2010 г.*

Мы рассмотрим состояние мае 2010 г. Tata Motors, индийского автопроизводителя, который на протяжении большей части последнего десятилетия проводил агрессивную политику роста, используя как внутренние инвестиции, так и поглощения. На основе данных его финансовой отчетности за 2009 г. его коэффициент реинвестирования составляет 116,83%, а рентабельность капитала — 11,81%:

$$\text{Коэффициент реинвестирования} = \frac{\text{чистые капитальные затраты} + \text{изменение недежного оборотного капитала}}{\text{EBIT}(1-t)} =$$

$$= \frac{\text{Rs } 40\,291 - \text{Rs}25\,072) + \text{Rs}957}{\text{Rs } 17\,527(1-21)} = 116{,}83\%.$$

$$\text{Рентабельность капитала} = \frac{\text{EBIT}(1-t)\text{в 2009 г.}}{(\text{баланс. стоим. собственного капитала} + \text{баланс.стоим. долга} - \text{денежные средства})_{\text{конец 2008 г.}}} =$$

$$= \frac{\text{Rs } 17\,527(1-0{,}21)}{\text{Rs } 78\,395 + \text{Rs } 62\,805 - \text{Rs } 23\,973} = 11{,}81\%.$$

Обратите внимание на то, что при расчете операционной прибыли после налогообложения для определения и коэффициента реинвестирования, и рентабельности капитала использовалась эффективная налоговая ставка 21%. Инвестированный капитал был получен путем сложения балансовой стоимости долга и собственного капитала на конец 2008 финансового года (начало 2009 финансового года) и вычитания остатка денежных средств и ликвидных ценных бумаг на тот момент.

Если фирма Tata Motors и в дальнейшем сохранит эти рентабельность капитала и коэффициент реинвестирования, то ожидаемый темп роста составит:

Ожидаемый темп роста = коэффициент реинвестирования ×
× рентабельность капитала = 116,83% × 11,81% = 13,80%.

Как мы увидим в следующей иллюстрации, сохранение роста в будущем может быть очень проблематичным.

ИЛЛЮСТРАЦИЯ 11.10. Текущее, историческое среднее и среднее по отрасли: коэффициент реинвестирования и рентабельность капитала на примере фирмы Tata Motors

Tata Motors имеет очень нестабильную историю как с точки зрения реинвестирования, так и рентабельности капитала. В предыдущей иллюстрации мы определили показатели для 2009 г., однако их значения постоянно изменялись на протяжении последних пяти лет, мы обобщили их (в млн рупий) в следующей таблице:

	2005 г.	2006 г.	2007 г.	2008 г.	2009 г.	Сводный показатель
EBIT (1 – t)	12 197	12 322	25 203	15 160	13 846	78 728
Капитальные затраты	8175	11 235	24 612	44 113	40 291	120 251
Износ	5377	6274	6850	7826	25 072	46 022
Изменения в оборотном капитале	4410	23 191	4520	–37 137	957	–8469
Реинвестирование	7208	28 152	22 282	–850	16 176	65 760
Коэффициент реинвестирования (%)	59,10	228,46	88,41	–5,61	116,83	83,53

Коэффициент реинвестирования за период колебался от –5,61% до 228,46%, однако сводный показатель составил 83,53%.

Аналогичный расчет был сделан также для рентабельности капитала в период 2005–2009 гг.

	2005 г.	2006 г.	2007 г.	2008 г.	2009 г.	Сводный показатель
EBIT (1 – t)	12 197	12 322	25 203	15 160	13 846	78 728
Балансовая стоимость долга (входящая)	33 621	27 142	63 293	97 479	62 805	284 340
Балансовая стоимость собственного капитала (входящая)	37 019	44 602	63 054	79 717	78 395	302 787
Денежные средства	5546	20 209	4838	6998	23 973	61 564
Инвестированный капитал	65 094	51 535	121 509	170 198	117 227	525 563
Рентабельность инвестированного капитала (ROIC) (%)	18,74	23,91	20,74	8,91	11,81	14,98

Средняя рентабельность капитала в период 2005–2009 гг. составила 14,98%.

Используя средние величины коэффициента реинвестирования и рентабельности капитала, мы получит темп роста 12,51%:

Ожидаемый темп роста = коэффициент реинвестирования × рентабельность капитала = 83,53% × 14,98% = 12,51%.

Это значение, пожалуй, более подходит для будущего.

fundgrEB.xls — размещенная в Интернете база данных, которая содержит данные о коэффициентах реинвестирования и рентабельности капитала, классифицированные по отраслям промышленности в Соединенных Штатах, за последний квартал.

Сценарий положительной и меняющейся рентабельности. В предыдущем разделе анализ основывается на предположении, что рентабельность капитала остается стабильной во времени. Если она со временем меняется, то в ожидаемом темпе роста для фирмы появляется второй компонент, который повышает темп роста, когда рентабельность капитала увеличивается, и понижает темп роста, когда рентабельность капитала падает.

$$\text{Ожидаемый темп роста} = ROC_t \times \text{коэффициент реинвестирования} + (ROC_t - ROC_{t-1})/ROC_t.$$

Например, фирма, у которой рентабельность капитала повышается с 10 до 11% при сохранении коэффициента реинвестирования на уровне 40%, будет иметь следующий ожидаемый темп роста:

ОТРИЦАТЕЛЬНЫЕ КОЭФФИЦИЕНТЫ РЕИНВЕСТИРОВАНИЯ: ПРИЧИНЫ И СЛЕДСТВИЯ

Коэффициент реинвестирования фирмы может быть отрицательным, если начисления на износ превышают капитальные затраты или если оборотный капитал существенно понижается в течение года. Для большинства фирм этот отрицательный коэффициент оказывается временным явлением, отражающим неравномерность капитальных затрат или изменчивость оборотного капитала. Для этих фирм текущий коэффициент реинвестирования (который отрицателен) можно заменить на средний коэффициент реинвестирования за несколько последних лет или на среднеотраслевой коэффициент. Но у некоторых фирм отрицательный коэффициент реинвестирования может оказаться отражением политики фирмы, и наше к нему отношение будет зависеть от того, почему фирма вступила на этот путь.

- Фирмы, которые слишком много вложили в капитальное оборудование или оборотный капитал в прошлом, могут жить за счет прошлых инвестиций в течение нескольких лет, реинвестируя небольшие суммы и получая более высокие денежные потоки на протяжении этого периода. Если дело обстоит так, то в прогнозах следует использовать отрицательный коэффициент реинвестирования и оценивать рост на основе увеличения рентабельности капитала. Однако если фирма достигла уровня, при котором она эффективно использует свои ресурсы, то для отражения ожидаемого роста надо изменить коэффициент реинвестирования.
- Более экстремальный сценарий возникает в случае фирмы, решившей самоликвидироваться со временем, не заменяя активы по мере их выхода из строя и списывая оборотный капитал. В этом случае ожидаемый рост должен оцениваться при помощи отрицательного коэффициента реинвестирования. Неудивительно, что это приведет к отрицательным ожидаемым темпам роста и снижению прибыли со временем.

Ожидаемый темп роста = 0,11 × 0,40 + (0,11 – 0,10)/0,10 = 14,40%.

Фактически увеличение рентабельности капитала повышает прибыль на существующие активы, и данное изменение переходит в дополнительный рост, равный 10%.

Предельная и средняя рентабельность капитала. Пока что мы рассматривали только рентабельность капитала как показатель рентабельности. В реальности существуют два показателя рентабельности капитала. Один из них — это рентабельность, полученная фирмой для всех инвестиций, которую мы определяем как среднюю рентабельность капитала. Другой — рентабельность, полученная фирмой только для новых инвестиций, которые она осуществила за год, — называется предельной рентабельностью капитала.

Изменения предельной рентабельности капитала не создают эффекта второго порядка, и ожидаемый рост является произведением предельной рентабельности капитала и коэффициента реинвестирования. В то же время изменения средней рентабельности капитала приводят к дополнительному влиянию на рост, описанному выше.

Кандидаты на изменение средней рентабельности капитала. Какие типы фирм, скорее всего, столкнутся с изменением рентабельности капитала со временем? Одна из категорий включает фирмы с небольшой рентабельностью капитала, увеличивающие свою операционную эффективность и норму прибыли. В этих фирмах ожидаемые темпы роста значительно выше, чем произведение коэффициента реинвестирования и рентабельности капитала. Поскольку рентабельность капитала в этих фирмах перед изменением ситуации обычно невысока, ее небольшие колебания оборачиваются крупными изменениями темпа роста. Таким образом, повышение рентабельности капитала, вложенного в существующие активы, на 1–2% удваивает прибыль (что выражается в 100%-ном темпе роста).

Другая категория охватывает фирмы, имеющие очень высокую рентабельность капитала для существующих инвестиций: скорее всего, по мере вхождения конкурентов в бизнес они будут сталкиваться с падением рентабельности не только новых, но и существующих инвестиций.

ИЛЛЮСТРАЦИЯ 11.11. *Оценка ожидаемого роста с изменением рентабельности капитала на примере компаний Titan Cement и Motorola*

В 2000 г. греческая цементная компания Titan Cement объявила об операционной прибыли 55 467 млн драхм на инвестированный капитал в размере 135 376 млн драхм. Используя эффективную налоговую ставку в размере 24,5%, мы оцениваем рентабельность капитала фирмы:

Рентабельность капитала = 55 467 (1 – 0,245)/135 376 = 30,94%.

Предположим, что фирма столкнется с падением рентабельности капитала как для существующих активов, так и для новых инвестиций до 29% в следующем году, а ее коэффициент реинвестирования останется на уровне 35%. Ожидаемые темпы роста в следующем году оцениваются следующим образом:

$$\text{Ожидаемые темпы роста} = 0{,}29 \times 0{,}35 + (0{,}29 - 0{,}3094)/0{,}3094 = 3{,}88\%.$$

Рассмотрим для контраста компанию Motorola. В 1999 г. она имела коэффициент реинвестирования в размере 52,99% и рентабельность капитала 12,18%. Предположим, что рентабельность капитала у компании Motorola повысится до средней по отрасли величины 22,27%, когда фирма избавится от своих неудачных инвестиций в Iridium и вернется к своим истокам. Предположим, что в последующие пять лет рентабельность капитала повысится с 12,18 до 17,22%[1]. Для упрощения также предположим, что в течение пяти лет изменения во времени происходят линейно. Ожидаемые годовые темпы роста операционной прибыли в течение пяти последующих лет можно оценить следующим образом[2]:

$$\text{Ожидаемые темпы роста} = ROC_{\text{предельная}} \times \text{коэффициент реинвестирования}_{\text{текущий}} + \{[1 + (ROC_{\text{через пять лет}} - ROC_{\text{текущая}})/ROC_{\text{текущая}}]^{1/5} - 1\} = 0{,}1722 \times 0{,}5299 + \{[1 + (0{,}1722 - 0{,}1218)/0{,}1218]^{1/5} - 1\} = 0{,}1630$$

или 16,30%.

Увеличение рентабельности капитала в последующие пять лет приведет к более высоким темпам роста операционной прибыли компании Motorola на протяжении исследуемого периода. Заметим, это вычисление предполагает, что рентабельность капитала для новых инвестиций в следующем году будет равна 17,22%.

chgrowth.xls — таблица, позволяющая оценивать ожидаемые темпы роста операционной прибыли для фирмы, где ожидается изменение рентабельности капитала со временем.

Сценарий отрицательной рентабельности капитала. Третьим, самым трудным сценарием для оценки роста оказывается ситуация, когда фирма теряет деньги и имеет отрицательную рентабельность капитала. Поскольку фирма теряет деньги, коэффициент реинвестирования тоже, по всей видимости, будет отрицательным. Для оценки роста таких фирм мы должны привлечь отчеты о прибылях и убытках, для начала спрогнозировав рост выручки. Затем для оценки операционной прибыли в будущие годы мы используем ожидаемую операционную маржу в эти годы. Если ожидаемая маржа в будущем положительна, то ожидаемая операционная прибыль также окажется положительной, позволяя при оценке этих фирм применить традиционные подходы. Мы также оцениваем объем реинвестиций фирмы, необходимый для достижения роста выручки, связав выручку с капиталом, инвестированным в фирму.

Рост выручки. Многие быстро растущие фирмы, объявляя об убытках, демонстрируют при этом значительное увеличение выручки от периода

[1] Заметим, что 17,22% находятся ровно «на полпути» между текущей рентабельностью капитала и средней по отрасли величиной (22,27%).

[2] Вы учитываете сложные темпы роста. Так, если ожидаемая прибыль вырастет на 25% за три года, то ожидаемые темпы роста оцениваются следующим образом:

$$\text{Ожидаемые темпы роста каждый год} = (1{,}25)^{1/3} - 1.$$

к периоду. Первым шагом в прогнозировании денежных потоков является предсказание выручки в будущие годы, обычно путем прогнозирования темпов роста выручки за каждый период. При выполнении этих оценок следует учитывать пять моментов:

1. С ростом выручки фирмы темпы роста выручки понижаются. Таким образом, для фирмы с выручкой в $2 млн десятикратное повышение выручки вполне возможно, а для фирмы с выручкой в $2 млрд — маловероятно.
2. При использовании сложного процента темпы роста выручки со временем могут казаться низкими, но это обманчивое впечатление. Сложные годовые темпы роста выручки в 20% за 10 лет приведут к шестикратному увеличению выручки, а темпы роста в 40% — к 30-кратному повышению.
3. Хотя темпы роста выручки могут служить инструментом для прогнозирования будущей выручки, нужно также отслеживать абсолютные размеры, чтобы убедиться в их разумности с учетом общего размера рынка, на котором работает фирма. Если на прогнозную выручку фирмы через 10 лет будет приходиться 90, 100% (или больше) всего рынка, то, со всей очевидностью, темпы роста следует пересмотреть.
4. Предположения о росте выручки и об операционной марже должны быть внутренне согласованы. Фирмы могут получить повышенные темпы роста выручки путем применения более агрессивных стратегий ценообразования, однако экстенсивный рост выручки будет сопровождаться пониженной маржей.
5. Для получения оценки роста выручки необходимо составить определенное количество субъективных суждений о характере конкуренции, способности оцениваемой фирмы управляться с ростом выручки и ее маркетинговых способностях.

ИЛЛЮСТРАЦИЯ 11.12. *Оценка выручки компаний Tesla Motors и Linkedin*

В данной иллюстрации рассматриваются две молодые быстро растущие компании — Tesla Motors, производитель электромобилей, и Linkedin, социальная сеть.

	Tesla Motors		*Linkedin*	
Год	*Ожидаемые темпы роста (%)*	*Выручка ($ млн)*	*Ожидаемые темпы роста (%)*	*Выручка ($ млн)*
Текущий		117		243
1	150,00	292	80,00	437
2	100,00	584	70,00	744
3	80,00	1051	60,00	1190

Год	*Tesla Motors* Ожидаемые темпы роста (%)	*Tesla Motors* Выручка ($ млн)	*Linkedin* Ожидаемые темпы роста (%)	*Linkedin* Выручка ($ млн)
4	60,00	1681	50,00	1785
5	40,00	2354	40,00	2498
6	30,00	3060	32,00	3298
7	20,00	3672	24,00	4089
8	15,00	4222	16,00	4744
9	10,00	4645	8,00	5123
10	5,00	4877	4,00	5328
Завершающий год (11)	3,50	5047	3,50	5515

Оценки роста для фирм в начальные годы основаны на росте выручки за прошлый год, однако темпы роста начинают снижаться по мере увеличения выручки и приближаются к темпу роста экономики к 10 году.

В качестве теста мы также проверили, какая сумма выручки будет приходиться на каждую из этих фирм через 10 лет по сравнению с более зрелыми компаниями сектора в настоящее время:

- Мы сравнили выручку Tesla Motors через 10 лет с выручкой Ford, Volvo, Toyota и Fiat. Со своей выручкой более $5 млрд Tesla Motors остается очень маленькой фирмой на большом рынке.
- Трудно найти компанию, которую можно непосредственно сопоставлять с Linkedin, кроме Yahoo! С выручкой около $6 млрд в 2010 г. Мы считаем, что Linkedin будет иметь выручку близкую к этой величине (примерно $5,5 млрд) через 10 лет.

Прогнозы операционной маржи. Прежде чем обсуждать, как наилучшим образом оценивать операционную маржу, рассмотрим состояние многих быстро растущих фирм, находящихся на ранних этапах жизненного цикла в начале процесса оценки. Они обычно имеют невысокую выручку и отрицательную операционную маржу. Если в результате роста выручка становится высокой, а операционная маржа остается отрицательной, это означает, что данные фирмы не только не будут стоить ничего, но вряд ли выживут. Чтобы фирма имела стоимость в конечном итоге, более высокая выручка должна приводить к положительной прибыли. В модели оценки это выражается в положительной операционной марже в будущем. При оценке быстро растущей фирмы ключевым элементом входных данных является операционная маржа, которую фирма, предположительно, будет иметь по достижении зрелости.

При оценке этой маржи следует начать с рассмотрения вида деятельности, которым занимается фирма. Хотя многие фирмы претендуют на звание пионера своего вида деятельности, а некоторые полагают, будто они не имеют конкурентов, более вероятно другое: они просто первыми открыли новый способ поставки продукта или услуги, ранее поставлявшихся по другим каналам. Так, Amazon.com, возможно, и была одним из первых онлайновых розничных продавцов, однако розничная торговля — очень старый бизнес с сотнями игроков. Фактически, можно рассматривать онлайновых розничных продавцов как логическое продолжение фирм, занимавшихся розничной продажей по каталогам, таких как L. L. Bean и Lillian Vernon. Аналогичным образом, можно рассматривать Yahoo! как один из первых (и наиболее успешных) порталов в Интернете, но он следовал примеру газет, которые привлекали публику своим содержанием и другими особенностями, а также использовали круг своих читателей для привлечения рекламы. Применение средней операционной маржи конкурентов может показаться некоторым критикам чересчур консервативным. Кроме того, они могут указать, что у компании Amazon есть возможность иметь меньше материально-производственных запасов и она не отягощена таким грузом операционной аренды, как традиционные торговые сети, что позволяет ей более эффективно генерировать выручку. Наверное, так и есть, но вряд ли можно ожидать, что операционная маржа онлайновых розничных продавцов постоянно будет выше, чем у их традиционных коллег. Будь так, традиционные розничные продавцы ринулись бы в онлайновую торговлю, усилили ценовую и продуктовую конкуренцию и снизили маржу.

Хотя маржа для вида деятельности, которым занимается фирма, дает целевую величину, существуют еще два вопроса оценки, с которыми вам придется столкнуться. С учетом того, что операционная маржа на ранних этапах жизненного цикла отрицательна, сначала необходимо рассмотреть, как маржа будет повышаться от текущего уровня до целевых значений. Как правило, рост маржи является наибольшим в ранние годы (по крайней мере, в процентном выражении), а затем уменьшается по мере приближения фирмы к зрелости. Второй вопрос связан с ростом выручки. Фирмы способны обеспечить более высокий рост выручки при более низкой марже, но необходимо учитывать за счет чего. Хотя фирмы, как правило, желают получить одновременно более высокий рост выручки и более высокую маржу, предположения о росте маржи и выручки должны быть согласованы.

ИЛЛЮСТРАЦИЯ 11.13. *Оценка операционной маржи*

Оценку операционной маржи фирмы Tesla Motors мы начинаем с оценки операционной маржи крупных фирм автомобильного сектора. В 2010 г. средняя операционная маржа до уплаты налогов для фирм в этом секторе составляла 10%. Для фирмы Linkedin мы используем среднюю операционную маржу до уплаты налогов таких фирм как Yahoo!, Google и Baidu, которая равна 25%.

Предположим, что и Tesla Motors, и Linkedin будут двигаться в сторону целевой маржи. При этом наибольшее увеличение[1] маржи будет наблюдаться в первые годы, а затем оно станет меньше. Следующая таблица содержит ожидаемые значения маржи в разные годы для обеих фирм:

---

[1] Маржа за каждый год вычисляется следующим образом:

Для Linkedin: (маржа в этом году + целевая маржа)/2.

Для Tesla Motors: (маржа в этом году – целевая маржа)/3.

Год	*Маржа Tesla Motors (%)*	*Маржа Linkedin (%)*
Текущий	−69,87	8,23
1	−43,25	11,62
2	−25,50	13,31
3	−13,67	14,15
4	−5,78	14,58
5	−0,52	14,79
6	2,99	14,89
7	5,33	14,95
8	6,88	14,97
9	7,92	14,99
10	8,61	14,99
Завершающий год	10,00	15,00

Хотя улучшение маржи наблюдается у обеих компаний, мы исходим из того, что этот процесс будет быстрее у Linkedin, компании, которая уже является прибыльной, а не у Tesla Motors, перед которой стоят более серьезные операционные проблемы. Поскольку мы оценили рост выручки (в предыдущем разделе) и маржу (в этом разделе), мы можем теперь оценить операционную прибыль до уплаты налогов для каждой из фирм в последующие 10 лет:

Год	*Tesla Motors*			*Linkedin*		
	Выручка ($ млн)	*Операционная маржа (%)*	*EBIT ($ млн)*	*Выручка ($ млн)*	*Операционная маржа (%)*	*EBIT ($ млн)*
Текущий	117	−69,87	−82	243	8,23	20
1	292	−43,25	−126	473	11,62	51
2	584	−25,50	−149	744	13,31	99
3	1051	−13,67	−144	1190	14,15	168
4	1681	−5,78	−97	1785	14,58	260
5	2354	−0,52	−12	2498	14,79	369
6	3060	2,99	91	3298	14,89	491
7	3672	5,33	196	4089	14,95	611
8	4222	6,88	291	4744	14,97	710
9	4645	7,92	368	5123	14,99	768
10	4877	8,61	420	5328	14,99	799
Завершающий год	5047	10,00	505	5515	15,00	827

По мере приближения маржи к целевым уровням и роста выручки повышается и операционная прибыль каждой фирмы.

Мультипликатор «объем продаж/капитал». Очевидно, что высокий рост выручки — цель желаемая, особенно в сочетании с положительной операционной маржей в будущие годы. Но фирмы должны осуществлять инвестиции для достижения роста выручки и положительной операционной маржи в будущие годы. Эти инвестиции способны принять традиционные формы (основные средства), но они также могут включать поглощения других фирм, партнерства, инвестиции в механизмы распределения и продвижения продукции, а также НИОКР.

Чтобы связать рост выручки с потребностями в реинвестировании, мы рассмотрим выручку, которую приносит каждый инвестированный доллар капитала. Данный коэффициент, называемый мультипликатором «объем продаж/капитал», позволяет оценивать, какой объем дополнительных инвестиций фирма должна произвести, чтобы достичь планируемого роста выручки. Эти инвестиции могут быть произведены во внутренний проект, в поглощения или оборотный капитал. В этом случае для оценки потребности в реинвестировании в любой год необходимо разделить планируемый рост выручки (в денежном выражении) на мультипликатор «объем продаж/капитал». Таким образом, если вы ожидаете рост выручки на $1 млрд и используете коэффициент «объем продаж/капитал» в размере 2,5, то потребность в реинвестировании этой фирмы составит $400 млн ($1 млрд/2,5). Более низкий мультипликатор «объем продаж/капитал» повышает потребность в реинвестировании (и сокращает денежные потоки), а более высокий мультипликатор «объем продаж/капитал» понижает потребность в реинвестировании (и увеличивает денежные потоки).

Для оценки мультипликатора «объем продаж/капитал» мы рассматриваем как прошлое фирмы, так и вид деятельности, которым она занимается. Для определения значения этого мультипликатора изменение выручки за год делят на реинвестирование, выполненное в том же году. Необходимо также учитывать средний мультипликатор «объем продаж/балансовая стоимость капитала, инвестированного в основной вид деятельности фирмы».

Связать операционную маржу с потребностями в реинвестировании гораздо труднее, поскольку способность фирмы зарабатывать операционную прибыль и поддерживать высокую рентабельность зависит от достигнутых ею конкурентных преимуществ, отчасти посредством внутренних инвестиций, а частично — через поглощения. Фирмы, применяющие «двухдорожечную» стратегию при инвестировании, где одна дорожка должна вести к генерированию более высокой выручки, а другая — к созданию конкурентных преимуществ, должны обладать большими операционной маржей и стоимостью, чем фирмы, акцентирующие внимание только на росте выручки.

Вмененная рентабельность капитала. Одна из опасностей, с которой мы сталкиваемся при использовании мультипликатора «объем продаж/капитал» для получения оценки потребностей в реинвестировании, — это занижение или завышение потребностей в реинвестировании. Если нечто

РАЗМЕР РЫНКА, ДОЛЯ РЫНКА И РОСТ ВЫРУЧКИ

Оценка темпов роста выручки молодой фирмы в новом бизнесе может показаться бесплодным занятием. Хотя эту задачу трудно выполнить, существуют способы облегчения этого процесса.

Один из них — это обратная процедура, когда сначала рассматривается доля рынка, которую, согласно ожиданиям, фирма займет по достижении зрелости, а затем определяются темпы роста, необходимые для достижения этой цели. Предположим, что вы анализируете продавца игрушек в Интернете с текущей выручкой в $100 млн. Допустим также, что вся выручка рынка игрушек составила $70 млрд в прошлом году. Предполагая 3%-ные темпы роста на этом рынке в течение 10 ближайших лет и долю рынка для этой фирмы в размере 5%, вы получите ожидаемую выручку для фирмы в $4,703 млрд через 10 лет, а сложные темпы роста выручки составят 46,98%.

$$\text{Ожидаемая выручка через 10 лет} = \$70 \text{ млрд} \times 1{,}03^{10} \times 0{,}05 = \$4{,}703 \text{ млрд.}$$

$$\text{Ожидаемые сложные темпы роста} = (4{,}703/100)^{1/10} - 1 = 0{,}4698.$$

Другой подход заключается в прогнозировании ожидаемых темпов роста выручки за 3–5 последующих лет на основе исторических темпов роста. Когда вы оценили выручку в третий или пятый год, то получаете возможность предсказать темпы роста на основе темпов, которые характерны для роста компаний с аналогичной выручкой в настоящее время. Предположим, что сетевой продавец игрушек в прошлом году имел рост выручки в 200% (с $33 до $100 млн). На следующие четыре года можно предсказать темпы роста в 120, 100, 80 и 60% соответственно, что через четыре года даст выручку в $1,267 млрд. Затем можно взять средние темпы роста розничных продавцов с выручкой $1–1,5 млрд в прошлом году и использовать их в качестве темпов роста, которые будут достигнуты на пятый год.

подобное происходит, можно отслеживать подобные случаи и вносить поправки, ежегодно аналитически оценивая рентабельность капитала фирмы. Для оценки рентабельности капитала в будущем году расчетную операционную прибыль после уплаты налогов в исследуемом году делят на совокупный капитал, инвестированный в фирму в том же году. Первая величина получается на основе оценок роста выручки и операционной маржи, в то время как вторую можно оценить, агрегируя реинвестиции, которые фирма собирается сделать в следующем году. Например, если фирма имеет капитал в размере $500 млн, инвестированный сегодня, и ей требуется инвестировать $300 млн в следующем году, а $400 млн еще через год, то она будет иметь в конце второго года инвестированный капитал $1,2 млрд.

Что касается фирм, теряющих деньги сегодня, то их рентабельность капитала будет отрицательной величиной в начале оценки, однако по мере роста маржи она возрастет. Если реинвестировать слишком мало, то рентабельность капитала в последующие годы окажется слишком высокой, однако если реинвестировать недостаточно, рентабельность капитала будет слишком низкой. «Слишком низкой или высокой по отношению к чему?» — спросите вы. Здесь стоит сделать два сравнения. Во-первых, относительно средней рентабельности капитала зрелых фирм, занимающихся тем же видом деятельности. В случае с фирмой Tesla Motors это будут зрелые автомобильные компании. Во-вторых, относительно стоимости привлечения капитала фирмы. Прогнозная рентабельность капитала, равная 40%, для фирмы со стоимостью привлечения капитала 10% в секторе, где рентабельность капитала колеблется в районе 15%, говорит о том, что для достижения планируемого роста выручки и операционной маржи фирма инвестирует слишком мало. Было бы разумным снижение мультипликатора «объем продаж/капитал» до тех пор, пока рентабельность капитала не приблизится к 15%.

ИЛЛЮСТРАЦИЯ 11.14. *Оценка мультипликаторов «объем продаж/капитал» и рентабельности капитала*

Для оценки того, какой объем средств компании Tesla Motors и Linkedin должны инвестировать для достижения ожидаемого роста выручки, мы определим текущий мультипликатор «объем продаж/капитал» для каждой фирмы, предельный мультипликатор «объем продаж/капитал» в последний год и средний мультипликатор «объем продаж/капитал» для того вида деятельности, которым занимается каждая из рассматриваемых фирм.

	Tesla Motors	*Linkedin*
Мультипликатор «объем продаж/капитал»	0,26	1,93
Предельный мультипликатор «объем продаж/капитал» в последний год	0,31	2,15
Среднеотраслевой мультипликатор «объем продаж/капитал»	1,69	2,20
Мультипликатор «объем продаж/капитал», используемый в оценке	2,00	2,20

Для Linkedin мы используем среднеотраслевой мультипликатор «объем продаж/капитал», равный 2,20, т. е. значение, которое немного выше текущего мультипликатора и близко к предельному мультипликатору в последний год. Для Tesla Motors мы установили мультипликатор «объем продаж/капитал» на уровне 2,00, немного выше среднеотраслевого значения, и считаем, что текущий мультипликатор является отражением инфраструктурных инвестиций, статуса стартапа и технологических корней компании.

На основе этих оценок мультипликатора «объем продаж/капитал» для каждой фирмы мы можем оценить, как много фирма должна каждый год реинвестировать в течение последующих 10 лет, а также результирующую рентабельность капитала:

	Tesla Motors		*Linkedin*	
Год	*Увеличение выручки ($ млн)*	*Реинвестиции ($ млн)*	*Увеличение выручки ($ млн)*	*Реинвестиции ($ млн)*
1	175	88	194	88
2	292	146	306	139
3	467	233	446	203
4	630	315	595	270
5	672	336	714	324

Год	*Tesla Motors*		*Linkedin*	
	Увеличение выручки ($ млн)	*Реинвестиции ($ млн)*	*Увеличение выручки ($ млн)*	*Реинвестиции ($ млн)*
6	706	353	799	363
7	612	306	792	360
8	551	275	654	297
9	422	211	379	172
10	232	116	205	93

Год	*Tesla Motors*			*Linkedin*		
	Инвестированный капитал на начало года ($ млн)	*EBIT (1 – t) ($ млн)*	*Рентабельность капитала (%)*	*Инвестированный капитал на начало года ($ млн)*	*EBIT (1 – t) ($ млн)*	*Рентабельность капитала (%)*
1	311	–126	–40,64	126	50	40,07
2	398	–149	–37,38	214	59	27,70
3	544	–144	–26,39	354	101	28,58
4	778	–97	–12,49	556	156	28,06
5	1093	–12	–1,12	827	222	26,82
6	1429	91	6,40	1151	295	25,60
7	1782	196	10,97	1515	3677	24,21
8	2088	291	13,92	1874	426	22,74
9	2363	257	10,89	2172	461	21,21
10	2574	252,08	9,79	2344	479	20,45

Рентабельность капитала обеих фирм к завершающему году приближается к устойчивому уровню, по крайней мере к среднему по отрасли. Это говорит о том, что наши оценки мультипликаторов «объем продаж/капитал» являются разумными.

margins.xls — размещенная в Интернете база данных, которая содержит сведения об операционных и чистых маржах, классифицированные по отраслям промышленности США.

КАЧЕСТВЕННЫЕ АСПЕКТЫ РОСТА

Акцент на количественных элементах — рентабельности капитала и коэффициентах реинвестирования для прибыльных фирм, а также марже, росте выручки, мультипликаторе «объем продаж/капитал» для неприбыльных фирм — может показаться однобоким. В конце концов, рост определяется множеством субъективных факторов — качеством менеджмента, маркетинговыми преимуществами, способностью фирмы создавать альянсы с другими фирмами, а также стратегическим видением менеджмента и многими другими факторами. «Где же, — можете спросить вы, — место для этих факторов в уравнениях роста, представленных в этой главе?»

Ответ заключается в том, что качественные факторы имеют значение, и все они, в конечном итоге, должны проявиться в одном или нескольких количественных параметрах, определяющих рост. Обсудим следующие положения.

- Качество менеджмента существенно влияет на рентабельность капитала, которая, как предполагается, фирмы могут получить при осуществлении новых инвестиций, а также на то, как долго они смогут ее поддерживать. Таким образом, тот факт, что фирма управляется солидной командой менеджеров, может быть причиной, по которой рентабельность капитала остается значительно выше стоимости привлечения капитала.
- Маркетинговые преимущества фирмы и ее выбор маркетинговой стратегии отражаются в операционной марже и коэффициенте оборачиваемости, которые вы выбираете для фирм. Так, если мы предполагаем высокий коэффициент оборачиваемости и высокую целевую маржу для компании Coca-Cola, это означает, что мы верим в ее способность эффективно продвигать на рынок свою продукцию. В действительности же можно рассмотреть различные маркетинговые стратегии, которые изменяют баланс маржи и коэффициента оборачиваемости, а потом определить их влияние на стоимость фирмы. На эти оценки влияют также марка продукции фирмы и мощь системы ее распределения.
- Широкое определение реинвестирования, включающее поглощения, НИОКР, а также инвестиции в маркетинг и дистрибуцию, позволяет учитывать различные методы достижения фирмой роста. У одних фирм реинвестирование и рост связаны с поглощениями, а у других — с традиционными вложениями в основные средства. Эффективность этих инвестиционных стратегий отражается в рентабельности капитала, которую вы выбираете для будущего. При этом более высокую рентабельность капитала имеют более эффективные фирмы.
- Сила конкуренции, с которой сталкивается фирма, является фоновым явлением, однако она определяет, насколько высокой окажется избыточная доходность (рентабельность капитала за вычетом стоимости привлечения капитала) и как быстро она будет двигаться в сторону нуля.

Таким образом, каждый качественный фактор находит свое количественное выражение и учитывается при определении роста. Если вам не удается выразить влияние факторов количественно, то следует скептически отнестись к реальной значимости этих факторов.

Почему при определении роста следует применять все эти механизмы количественной оценки? Одна из самых больших опасностей при оценке технологических фирм заключается в том, что всевозможные россказни могут стать обоснованием для предсказания темпов роста, не являющихся ни разумными, ни устойчивыми. Так, вам могут рассказать о том, что фирма Tesla Motors будет расти на 100% в год из-за сильного давления «зеленых», а компания Coca-Cola будет расти на 20% в год, поскольку обладает столь великой маркой. Хотя в этих историях есть правда, анализ путей превращения этих качественных мнений в количественные элементы роста принципиально важен для получения сообразных оценок.

Могут ли инвесторы, рассматривая одни и те же качественные факторы, прийти к разным практическим выводам относительно рентабельности капитала, маржи, коэффициентов реинвестирования и, следовательно, роста? Естественно. В реальности следует ожидать разногласий по поводу будущего, а также различных оценок стоимости. Лучшее знание фирмы и сектора, в котором она работает, по сравнению с другими инвесторами, позволяет сделать более качественную оценку роста и стоимости. К сожалению, это не гарантирует, что ваши инвестиции окажутся более удачными, чем их инвестиции.

ЗАКЛЮЧЕНИЕ

При любой оценке рост является ключевым элементом входных данных. Существуют три источника информации о темпах роста. Во-первых, прошлое, хотя как оценка, так и использование исторических темпов роста может оказаться затруднительным для большинства фирм с их изменчивыми, а иногда и отрицательными прибылями. Второй источник — оценки аналитиков. Хотя аналитики могут обладать информацией, недоступной для остальной части рынка, это не приводит к оценкам, превосходящим по качеству оценки роста на основе исторических данных. Более того, акцент аналитиков на прибыли на акцию может оказаться проблемой при прогнозировании операционной прибыли. Третьим и самым надежным источником информации для оценки роста являются фундаментальные показатели фирмы.

Связь между ростом и фундаментальными показателями зависит от того, какие темпы роста мы оцениваем. При оценке роста прибыли на акцию мы рассматриваем рентабельность собственного капитала и коэффициент нераспределенной прибыли. При оценке роста чистой прибыли мы заменяем коэффициент нераспределенной прибыли на коэффициент реинвестирования собственного капитала. При оценке роста операционной прибыли мы используем рентабельность капитала и коэффициент реинвестирования. Хотя отдельные детали подходов могут отличаться, у них есть общие моменты. Во-первых, рост и реинвестиции связаны между собой, и оценка одной из этих величин должна быть связана с оценкой другой. Фирмы, которые хотят расти высокими темпами на протяжении длительных периодов, должны осуществлять реинвестиции для создания подобного роста. Во-вторых, качество роста может различаться в зависимости от фирмы, и лучшей мерой качества роста является рентабельность инвестиций. Фирмы с более высокой рентабельностью собственного капитала и капитала имеют не просто более высокий рост, а рост, который больше увеличивает их стоимость.

КОНТРОЛЬНЫЕ ВОПРОСЫ

В приведенных ниже заданиях, если не указано иное, премия за риск инвестирования в акции принимается равной 5,5%.

1. Компания Walgreen Company объявляла о следующей прибыли на акцию в 1989–1994 гг.:

Год	EPS ($)
1989	1,28
1990	1,42
1991	1,58
1992	1,78
1993	1,98
1994	2,30

   а) Оцените средние арифметические и средние геометрические темпы роста прибыли на акцию за период 1989–1994 гг. Почему они различны? Что является более надежным показателем?
   б) Оцените темпы роста, используя линейную модель роста.
   в) Оцените темпы роста, используя логарифмически-линейную модель роста.

2. Корпорация BIP Corporation объявила о рентабельности собственного капитала в размере 20% и выплатила 37% своей прибыли в качестве дивидендов за последний год.
   а) Предполагая, что эти фундаментальные показатели не меняются, оцените ожидаемые темпы роста прибыли на акцию.
   б) Теперь предположим, вы ожидаете, что в будущем году рентабельность собственного капитала повысится до 25% как в но-

вых, так и в существующих инвестициях. Оцените ожидаемые темпы роста прибыли на акцию.

3. Вы пытаетесь оценить ожидаемый рост чистой прибыли Metallica Corporation, производственной фирмы, объявившей о $150 млн чистой прибыли, заработанной в только что завершившимся финансовом году. Балансовая стоимость собственного капитала на начало года составляла $1 млрд. Капитальные затраты фирмы были на уровне $160 млн, износ составил $100 млн — при повышении оборотного капитала на $40 млн в течение года. Непогашенный долг возрос на $40 млн в течение года. Оцените коэффициент реинвестирования собственного капитала и ожидаемый рост чистой прибыли.
4. Вы пытаетесь оценить темпы роста HipHop Inc. — звукозаписывающей и дистрибьюторской фирмы. Фирма заработала $100 млн операционной прибыли после уплаты налогов на инвестированный в прошлом году капитал, составивший $800 млн. Кроме того, фирма объявила о чистых капитальных затратах в размере $25 млн и о повышении неденежного оборотного капитала на $15 млн.
   а) Предполагая, что рентабельность капитала фирмы и коэффициент реинвестирования остаются неизменными, оцените ожидаемый рост операционной прибыли в следующем году.
   б) Как бы вы ответили на вопрос пункта а, если бы узнали, что рентабельность капитала фирмы повысилась на 2,5% (рентабельность капитала в следующем году = рентабельность капитала в этом году + 2,5%).
5. InVideo Inc. — розничный распространитель видеокассет и дисков DVD в Интернете. Фирма объявила об операционном убытке в $10 млн при выручке в $100 млн за последний финансовый год. Вы ожидаете рост выручки в размере 100% на следующий год и 75% — во 2-й год; 50% — в 3-й год; 30% — в 4-й и 5-й годы. Вы также ожидаете, что операционная маржа до уплаты налогов увеличится до 8% от выручки к 5-му году. Оцените ожидаемую выручку и операционную прибыль (или убыток) за каждый год в течение последующих пяти лет.
6. SoftTech Inc. — небольшой производитель развлекательного программного обеспечения, объявивший о выручке в $25 млн за последний финансовый год. Вы ожидаете, что фирма со временем значительно вырастет и через 10 лет завоюет 8% всего рынка развлекательного программного обеспечения. Общая выручка от развлекательного программного обеспечения за последний год составила $2 млрд, и вы ожидаете годовых темпов роста этой выручки на уровне 6% в течение 10 лет. Оцените сложные годовые темпы роста выручки SoftTech за следующие 10 лет.

Глава 12

ЗАВЕРШЕНИЕ ОЦЕНКИ: ОЦЕНКА ЗАКЛЮЧИТЕЛЬНОЙ СТОИМОСТИ

В предыдущей главе мы исследовали факторы ожидаемого роста. Фирмы, инвестирующие значительную часть своей прибыли и обеспечивающие высокую рентабельность этих инвестиций, должны расти высокими темпами. Но как долго этот рост будет продолжаться? И что будет дальше? В данной главе рассматриваются два способа завершения оценки: подход, предполагающий продолжение деятельности, при котором мы исходим из того, что фирма будет генерировать денежные потоки бесконечно долго, и ликвидационный подход, при котором мы предполагаем, что предприятие закрывается, а активы распродаются в определенный момент.

Сначала остановимся на подходе, предполагающем продолжение деятельности. По мере роста фирме все труднее поддерживать его высокие темпы, и в конечном итоге они становятся такими же, как темпы роста экономики, в которой эта фирма работает, или даже ниже. Такие темпы, означающие стабильный рост, можно поддерживать до бесконечности; это позволяет нам принять стоимость всех денежных потоков за пределами этого поворотного момента как заключительную (терминальную) стоимость для действующего предприятия. Ключевым вопросом, с которым мы сталкиваемся, является оценка — когда и как произойдет переход оцениваемой нами фирмы к стабильному росту. Произойдет ли резкое падение темпов роста до стабильного уровня, или переход будет постепенным? Для ответа на поставленные вопросы мы рассмотрим размер фирмы (по отношению к рынку, на котором она работает), ее текущие темпы роста, а также ее конкурентные преимущества.

Мы также рассмотрим альтернативный сценарий, согласно которому фирмы не существуют вечно и будут ликвидированы в определенный момент в будущем. Мы обсудим, как наилучшим образом оценивать ликвидационную стоимость и когда следует предпочесть этот подход подходу, предполагающему продолжение деятельности.

ЗАВЕРШЕНИЕ ОЦЕНКИ

Нельзя оценивать денежные потоки вечно, поэтому приходится подводить некий итог в проводимой оценке, остановив ее в какой-то момент в будущем, а затем вычислив заключительную (терминальную) стоимость, отражающую стоимость фирмы в данный момент времени.

$$\text{Стоимость фирмы} = \sum_{t=1}^{t=n} \frac{CF_t}{(1+k_c)^t} + \frac{\text{заключительная стоимость}_n}{(1+k_c)^n}.$$

Заключительную стоимость можно найти тремя путями. Во-первых, можно предположить, что в заключительном году произойдет ликвидация активов фирмы, и оценить, какую сумму за активы, накопленные фирмой к этому моменту, заплатили бы другие. В двух других подходах фирма на момент оценки заключительной стоимости рассматривается как действующее предприятие. В одном из них изучаются мультипликаторы на основе прибыли, выручки или балансовой стоимости для оценки стоимости в завершающем году. В другом предполагается, что денежные потоки фирмы будут расти неограниченно долго с постоянной скоростью, т.е. темпы роста — стабильные. С учетом этого стабильного роста заключительная стоимость может быть оценена при помощи модели неограниченного роста.

Ликвидационная стоимость

В некоторых случаях мы можем предположить, что фирма прекратит свои операции в какой-то момент времени в будущем и продаст накопленные активы покупателю, предложившему наивысшую цену. Результат оценки в этой ситуации называется «ликвидационной стоимостью». Ликвидационную стоимость можно оценить двумя способами. Во-первых, можно основывать оценку на балансовой стоимости активов, скорректированной с учетом инфляции за период. Так, если ожидается, что через 10 лет балансовая стоимость активов составит $2 млрд, средний возраст активов в этот момент будет равен пяти годам, а темпы инфляции 3%, то ожидаемую ликвидационную стоимость можно оценить следующим образом:

$$\text{Ожидаемая ликвидационная стоимость} = \\ = \text{балансовая стоимость активов}_{\text{заключительный год}} \times \\ \times (1 + \text{темпы инфляции})^{\text{средний срок жизни активов}} = \\ = \$2\ \text{млрд} \times (1{,}03)^5 = \$2{,}319\ \text{млрд.}$$

Ограниченность этого подхода состоит в том, что он основывается на учетной балансовой стоимости и не отражает рентабельность этих активов.

Альтернативный подход заключается в оценке стоимости на основе рентабельности активов. Чтобы произвести эту оценку, мы сначала должны оценить ожидаемые денежные потоки, генерируемые активами, а затем дисконтировать их к текущему уровню, используя соответствующую ставку. Например, в вышеприведенном примере, если бы мы выяснили, что рассматриваемые активы могут принести $400 млн денежных потоков после уплаты налогов за 15 лет (после заключительного года), а стоимость привлечения капитала равняется 10%, то наша оценка ожидаемой ликвидационной стоимости будет выглядеть следующим образом:

$$\text{Ожидаемая ликвидационная стоимость} = \\ = \$400\ \text{млн (приведенная стоимость аннуитета, 15 лет @ 10\%)} = \\ = \$3{,}042\ \text{млрд.}$$

При оценке собственного капитала следует сделать дополнительный шаг. Оцененную стоимость непогашенного долга в конечном году следует вычесть из ликвидационной стоимости, что в результате даст выручку от ликвидации для инвесторов в собственный капитал.

Подход на основе мультипликаторов

В данном подходе стоимость фирмы в том или ином будущем году оценивается при помощи мультипликатора на основе прибыли или выручки фирмы в том же году. Например, расчетная заключительная стоимость фирмы с ожидаемой выручкой в $6 млрд через 10 лет будет равна $12 млрд, если использовался мультипликатор «стоимость/объем продаж», равный двум. При оценке собственного капитала для получения заключительной стоимости мы используем мультипликаторы на основе величины собственного капитала, такие как коэффициент «цена/прибыль».

Хотя данный подход хорош своей простотой, мультипликатор имеет значительное влияние на заключительную стоимость, и способ его получения может оказаться решающим. Если, как это часто бывает, основой для определения мультипликатора служит рыночная оценка сопоставимых фирм в данном виде деятельности, то такая оценка становится сравнительной, а не оценкой по методу дисконтированных денежных потоков. Если мультипликатор оценивается на основе фундаментальных показателей, то оценка сходится с оценкой на основе модели стабильного роста, описанной в следующем разделе.

В конечном итоге использование мультипликаторов для оценки заключительной стоимости, когда эти коэффициенты определяются на основе показателей сопоставимых фирм, создает опасную смесь сравнительной оценки и оценки по методу дисконтированных денежных потоков. Хотя сравнительная оценка имеет свои преимущества (которые мы обсудим в одной из следующих глав), оценка дисконтированных денежных потоков дает нам внутреннюю, а не сравнительную стоимость. Следовательно, единственно последовательным путем оценки заключительной стоимости в модели дисконтированных денежных потоков является либо использование ликвидационной стоимости, либо применение модели стабильного роста.

Модель стабильного роста

При использовании ликвидационного подхода предполагается, что фирма имеет конечный срок жизни и по окончании этого срока она будет ликвидирована. Однако фирмы могут реинвестировать часть денежных потоков в новые активы и увеличить срок своей жизни. Если вы предполагаете, что денежные потоки за пределами завершающего года будут расти с постоянной скоростью неограниченно долго, то заключительная стоимость может быть определена следующим образом:

$$\text{Заключительная стоимость}_t = \\ = \text{денежные потоки}_{t+1}/(r - \text{стабильный рост}).$$

Денежные потоки и используемая ставка дисконтирования зависят от того, что вы оцениваете — фирму или собственный капитал. Если вы оцениваете собственный капитал, то его заключительную стоимость можно записать следующим образом:

$$\text{Заключительная стоимость собственного капитала}_n = \\ = \text{денежные потоки на собственный капитал}_{n+1}/ \\ /(\text{стоимость привлечения собственного капитала}_{n+1} - g_n).$$

Денежные потоки на собственный капитал могут быть строго определены как дивиденды (в модели дисконтирования дивидендов) или как свободные денежные потоки на собственный капитал. При оценке фирмы заключительная стоимость может быть записана так:

$$\text{Заключительная стоимость}_n = \text{свободные денежные потоки на фирму}_{n+1} / (\text{стоимость привлечения капитала}_{n+1} - g_n),$$

где стоимость привлечения капитала и темпы роста в модели сохраняются на устойчивом уровне неограниченно долго.

Этот раздел мы начнем с рассмотрения того, насколько высокими могут быть стабильные темпы роста, как лучше осуществлять оценку, когда фирма находится на стадии стабильного роста, а также с того, какие данные следует корректировать по мере приближения фирмы к стадии стабильного роста.

Ограничения на стабильный рост. Из всех элементов входных данных для модели оценки дисконтированных денежных потоков ни один не имеет столь большого значения, как стабильные темпы роста. Отчасти это связано с тем, что небольшие отклонения стабильных темпов роста могут существенно изменить заключительную стоимость. При этом эффект расширяется по мере того, как темпы роста приближаются к ставке дисконтирования, используемой при оценке.

Однако тот факт, что стабильные темпы роста остаются постоянными бесконечно долго, накладывает жесткие ограничения на то, насколько высокими они могут быть. Поскольку никакая фирма не может расти вечно с темпами, превышающими темпы роста экономики, в которой она работает, постоянные темпы роста не могут быть выше, чем темпы экономического роста. При выработке мнения об ограничениях стабильного роста мы должны рассмотреть три следующих вопроса:

1. *Ограничены ли операции компании только местной экономикой, или компания действует (или способна это делать) на международном уровне?* Если фирма является исключительно локальной компанией вследствие внутренних ограничений (например, налагаемых менеджментом) или из-за ограничений внешнего порядка (например, налагаемых правительством), то пороговым значением будут служить темпы роста местной экономики. Если компания — международная или имеет стремление быть таковой, то пороговым значением станут темпы роста мировой экономики (по крайней мере, в тех частях мира, где работает фирма).
2. *В каком выражении производится оценка: в номинальном или реальном?* Если оценка номинальная, то стабильные темпы роста также должны быть номинальными (т.е. включать компонент ожидаемой инфляции). Если оценка является реальной, то стабильные темпы роста должны быть ниже. Если взять в качестве примера американскую компанию в 2011 г., то стабильные темпы роста могут достигать 2,0% в случае проведения оценки на основе номиналь-

ных долларов США и только 1%, если она выполняется на основе реальных долларов.

3. *Какая валюта используется для определения денежных потоков и ставок дисконтирования при оценке?* Пределы для стабильных темпов роста будут варьировать в зависимости от того, какая валюта используется при оценке. Если для оценки денежных потоков и ставок дисконтирования применяется валюта, характеризующаяся высокой инфляцией, то стабильные темпы роста будут существенно выше, поскольку ожидаемые темпы инфляции добавляются к реальному росту. Если для оценки денежных потоков и ставок дисконтирования используется валюта с низкой инфляцией, то стабильные темпы роста будут значительно ниже. Например, стабильные темпы роста, которые использовались бы для оценки мексиканской цементной компании Cemex, будут значительно выше при проведении оценки в мексиканских песо, чем в американских долларах.

МОЖЕТ ЛИ СТАБИЛЬНЫЙ РОСТ БЫТЬ ОТРИЦАТЕЛЬНЫМ?

В предыдущем разделе отмечалось, что стабильные темпы роста должны быть ниже, чем темпы роста экономики, или равны им. Но могут ли они быть отрицательными? Не существует причин, по которым ответ должен быть «нет», поскольку заключительную стоимость все же оценить можно. Например, фирма с денежными потоками после уплаты налогов в размере $100 млн, растущая на –5% в год бесконечно долго при стоимости привлечения капитала 10%, имеет следующую стоимость:

$$\text{Стоимость фирмы} = 100\,(1-0{,}05)/[0{,}10 - (-0{,}05)] = \$633 \text{ млн.}$$

Но что означают отрицательные темпы роста? В сущности, они позволяют фирме частично ликвидировать себя каждый год вплоть до исчезновения. Таким образом, данная ситуация служит промежуточным выбором между полной ликвидацией и действующим предприятием, которое вечно увеличивается каждый год.

Такой подход может быть правильным выбором при оценке фирм в тех отраслях, которые сворачиваются в результате технического прогресса (например, производители стационарных телефонов с появлением сотовой связи), или там, где внешний и основной покупатель уменьшает покупки в долгосрочном периоде (например, в случае оборонных заказчиков по окончании холодной войны).

Хотя стабильные темпы роста не могут превышать темпы роста экономики, в которой работает фирма, они могут быть ниже. Ничто не мешает нам предположить, что зрелая фирма станет более скромной частью экономики, и, в действительности, это предположение кажется разумным. Заметим, что темпы роста экономики отражают вклад как молодых и быстро растущих фирм, так и зрелых фирм, характеризуемых стабильным ростом. Если первые растут темпами, значительно превышающими темпы роста экономики, то последние должны расти более низкими темпами.

Задание стабильных темпов роста, которые ниже темпов роста экономики или равны им, не только логично, но и гарантирует, что темпы роста будут меньше, чем ставка дисконтирования. Это связано с отношением между безрисковой ставкой, которая входит в ставку дисконтирования, и темпами роста экономики. Заметим, что безрисковую ставку можно записать следующим образом:

Номинальная безрисковая ставка = реальная безрисковая ставка + + ожидаемые темпы инфляции.

В долгосрочном периоде реальная безрисковая ставка стремится к реальным темпам роста экономики, а номинальная безрисковая ставка приближается к номинальным темпам роста экономики. Фактически простое эмпирическое правило относительно стабильных темпов роста говорит о том, что стабильные темпы роста не должны превышать используемую при оценке безрисковую ставку.

Ключевые предположения о стабильном росте. При любой оценке дисконтированных денежных потоков следует сделать три решающих предположения по поводу стабильного роста. Первое предположение касается времени превращения фирмы в стабильно растущую, если этого до сих пор не произошло. Второе предположение относится к характеристикам фирмы в период стабильного роста с точки зрения инвестиций, стоимости привлечения капитала и собственного капитала. Последнее предположение относится к тому, как именно оцениваемая фирма совершает переход от быстрого роста к стабильному.

Продолжительность периода быстрого роста. Вопрос о том, как долго фирма будет в состоянии поддерживать высокие темпы роста, является, пожалуй, одним из самых трудных вопросов, на которые предстоит ответить в процессе оценки, однако здесь стоит отметить два момента. Во-первых, вопрос заключается не в том, достигнет ли фирма стабильного роста, а в том, когда она это сделает. В конечном итоге фирмы становятся в лучшем случае стабильно растущими — по причине того, что высокие темпы роста делают фирму крупнее, и ее размер в конце концов оказывается барьером для высокого роста. В худшем случае фирмы могут не выжить и ликвидироваться. Во-вторых, высокий рост при оценке или по меньшей мере высокий рост, создающий стоимость[1], приходится

[1] Рост без избыточной доходности делает фирму крупнее, но не добавляет стоимости.

на фирмы, получающие избыточную доходность от своих предельных инвестиций. Другими словами, стоимость повышается у фирм, имеющих рентабельность капитала, значительно превышающую стоимость привлечения капитала (или рентабельность собственного капитала, превышающую стоимость привлечения собственного капитала). Так, если вы предполагаете, что фирма будет переживать период быстрого роста на протяжении 5–10 лет, вы также предполагаете, что она будет получать избыточную доходность (в дополнение к требуемой доходности) в течение этого периода. На конкурентном рынке избыточная доходность в конце концов привлекает новых конкурентов, и избыточная доходность исчезает.

При рассмотрении срока, в течение которого фирма сможет поддерживать высокие темпы роста, следует принять во внимание три фактора:

1. *Размер фирмы*. Более мелкие фирмы с большей вероятностью смогут получать и поддерживать избыточную доходность, чем аналогичные, но более крупные фирмы. Это связано с тем, что они имеют больше простора для роста и больший потенциальный рынок. Небольшие фирмы на крупных рынках обладают потенциалом для высокого роста (по крайней мере, для роста выручки) на протяжении длительного периода. При рассмотрении размера фирмы следует учитывать не только текущую долю на рынке, но и потенциал роста для ее продукции или услуг на рынке в целом. Фирма может обладать значительной долей рынка, но, несмотря на это, иметь потенциал быстрого роста, поскольку рынок в целом растет значительными темпами.
2. *Существующие темпы роста и избыточную доходность*. Импульс имеет значение при прогнозировании роста. Фирмы, объявившие о быстром росте выручки в недавнем прошлом, с большей вероятностью будут отличаться быстрым ростом выручки, по крайней мере в ближайшем будущем. Фирмы, имеющие высокую рентабельность капитала и высокую избыточную доходность в текущем периоде, скорее всего, сохранят эту избыточную доходность в ближайшие несколько лет.
3. *Масштаб и устойчивость конкурентных преимуществ*. Пожалуй, это самый главный фактор, определяющий продолжительность периода высокого роста. Когда существуют значительные барьеры для входа в бизнес и устойчивые конкурентные преимущества, фирмы могут поддерживать быстрый рост более продолжительное время. С другой стороны, если для входа в бизнес барьеров не существует или они небольшие, или же существующие конкурентные преимущества фирмы постепенно исчезают, то следует придерживаться

более консервативных оценок продолжительности периода высокого роста. Рост зависит также от качества существующего менеджмента. Некоторые топ-менеджеры обладают способностями принимать стратегические решения, которые повышают уже известные конкурентные преимущества и создают новые[1].

ПЕРИОД КОНКУРЕНТНЫХ ПРЕИМУЩЕСТВ

Совокупность высокого роста и избыточной доходности, которая является источником стоимости, привела к появлению термина «период конкурентных преимуществ» (competitive advantage period — CAP), который должен выразить совместный эффект. Данный термин, введенный Мишелем Мобуссеном из Credit Suisse First Boston, означает период, в течение которого можно ожидать, что фирма будет получать избыточную доходность. В этом случае стоимость данной фирмы можно записать как сумму капитала, инвестированного в настоящий момент, и приведенной стоимости избыточных доходов, заработанных фирмой на протяжении своей жизни. Поскольку по истечении периода конкурентных преимуществ избыточная доходность исчезает, то нет и никакой добавленной стоимости.

Иногда аналитики прибегают к более сложному подходу — пытаясь оценить, насколько продолжительным должен быть период конкурентных преимуществ для поддержания текущей рыночной стоимости, они исходят из того, что текущая рентабельность капитала и стоимость привлечения капитала останутся неизменными. Полученный в результате подразумеваемый период конкурентных преимуществ для данного рынка (market implied competitive advantage period — MICAP) можно затем сравнить между фирмами сектора либо оценить его на качественной основе.

ИЛЛЮСТРАЦИЯ 12.1. Продолжительность периода быстрого роста

Для того чтобы проиллюстрировать оценку продолжительности периода быстрого роста, рассмотрим несколько компаний и сделаем некоторые субъективные суждения относительно того, как долго каждая из них сможет поддерживать быстрый рост.

Consolidated Edison

Общая ситуация. Фирма является монополистом в производстве и продаже электроэнергии в окрестностях Нью-Йорка. Но в качестве платы за монополию на деятельность фирмы наложены некоторые ограничения — как в инвестиционной политике, так и в политике ценообразования. Регулирующий орган определяет, насколько Consolidated Edison может поднять цены, и принимает это решение на основе рентабельности инвестиций компании. Если фирма получает высокую рентабельность инвестиций, вряд ли ей позволят повышать цены. Кроме того, спрос на электроэнергию в Нью-Йорке устойчив, поскольку численность населения стабильна.

Вывод. Фирма уже является стабильно растущей. Отсутствует большой потенциал для высокого роста или для получения избыточной доходности.

---

[1] Джек Уэлч из компании General Electric и Роберто Гизуэта из компании Coca-Cola являются хорошими примерами генеральных директоров, чьи решения существенно повлияли на рост своих фирм. Стив Джобс из Apple дал новый пример того, насколько все может зависеть от генерального директора.

Procter & Gamble

Общая ситуация. Компания Procter & Gamble имеет несколько очевидных преимуществ. На протяжении последних десятилетий известность бренда позволяет ей получать высокую избыточную доходность (в 2010 г. она объявила о рентабельности собственного капитала в размере 20,09%) и поддерживать высокий рост прибыли. Фирма сталкивается с двумя препятствиями. Во-первых, она обладает значительной долей зрелого рынка в США. При этом ее бренд не так признан, поэтому в меньшей степени способен обеспечить ей премию за границей. Во-вторых, возрастают атаки на ее бренд со стороны производителей-конкурентов.

Вывод. Бренд может обеспечивать избыточную доходность и рост, превышающий стабильный, но в течение короткого периода (предположительно в течение пяти лет). Представляется, что затем фирма войдет в период стабильного роста, хотя и характеризуемого остаточной избыточной доходностью. Если фирма окажется способной продвинуть свой бренд на зарубежные рынки, потенциал ее роста значительно увеличится.

Amgen

Общая ситуация. Компания Amgen производит патентованные лекарства, приносящие в настоящий момент денежные потоки. Кроме того, некоторые лекарства находятся на стадии исследований. Хотя она является крупнейшей биотехнологической фирмой в мире, рынок продуктов биотехнологии быстро растет, и эта тенденция будет сохраняться. Наконец, Amgen имеет внушительную историю обеспечения высоких темпов роста прибыли.

Вывод. Патенты, которыми обладает Amgen, защищают ее от конкуренции, а длительный срок, необходимый для одобрения лекарств, гарантирует, что для выхода новых продуктов на рынок потребуется время. На протяжении 10 лет можно ожидать быстрого роста и избыточной доходности.

Очевидно, что в суждениях о продолжительности периода высоких темпов роста содержится значительный элемент субъективности. Многое из того, что было сказано о взаимосвязи между качественными переменными и ростом в конце главы 11, применимо и к этой иллюстрации.

Характеристики стабильно растущих фирм. Когда фирма переходит от высоких темпов роста к стабильным, ей следует присвоить и другие характеристики стабильно растущих фирм. Фирма в период стабильного роста отличается от таковой в период быстрого роста в нескольких отношениях. Как правило, от стабильно растущих фирм следует ожидать среднего риска, более значительных объемов долга, незначительности или отсутствия избыточной доходности и меньших объемов реинвестиций, чем у быстро растущих фирм. В данном разделе мы обсудим, как наилучшим образом учитывать каждую из этих характеристик.

Риск инвестирования в акции. Если мы обратимся к стоимости привлечения собственного капитала, то обнаружим, что быстро растущие фирмы, как правило, в большей степени подвержены рыночному риску (и обладают более высоким коэффициентом бета), чем стабильно растущие фирмы. Отчасти это обусловлено тем, что обычно они являются игроками, занимающими определенные ниши и поставляющими дискреционную продукцию, а отчасти — высоким операционным рычагом. Так, молодые технологические фирмы или социальные сети обладают высокими коэффициентами бета. По мере наступления зрелости этих фирм следует ожидать меньшей подверженности их рыночному риску и коэффициентов бета, близких к 1 (т. е. к среднему значению для рынка). Одним из вариантов является присвоение коэффициента бета, равного 1, всем стабильно растущим фирмам, причем в качестве аргумента используется то обстоятельство, что стабильно растущие фирмы должны иметь средний риск. Другим вариантом является допущение небольших различий даже у стабильно растущих фирм — когда фирмы, работающие на более изменчивых рынках, обладают повышенными коэффициентами бета по сравнению с фирмами, занимающимися более стабильными видами деятельности. Можно рекомендовать в качестве эмпирического правила использовать для периодов стабильного роста коэффициент бета, не превышающий 1,2[1].

Но что сказать относительно фирм, у которых коэффициенты бета значительно ниже 1, что характерно, например, для сырьевых компаний? Если считать, будто эти фирмы продолжат заниматься тем, чем они занимались раньше, то не будет большого вреда, если мы допустим, что коэффициенты бета останутся на существующем уровне. Однако если оценки роста на бесконечном временном горизонте потребуют отнести такие фирмы к другому виду деятельности, то следует скорректировать коэффициенты бета в сторону 1. В соответствии с еще одним эмпирическим правилом беты стабильного периода не должны быть ниже 8[2].

betas.xls — размещенная в Интернете база данных, которая содержит сведения о средних рычаговых и безрычаговых коэффициентах бета (с учетом и без учета долга), классифицированных по отраслям для фирм в США.

Рентабельность проектов. Как правило, быстро растущие фирмы имеют высокую рентабельность капитала (и собственного капитала) и получают избыточную доходность. В период стабильного роста избыточную доходность становится значительно труднее зарабатывать. Некоторые полагают, что единственным предположением, согласующимся со стабильным ростом, является отсутствие избыточной доходности. Рентабельность капитала становится равной стоимости его привлечения. Хотя в принципе избыточная доходность на бесконечном временном горизонте невозможна, трудно на практике представить внезапную потерю фирмой способности зарабатывать избыточную доходность, скажем через пять или 10 лет. В качестве примера возьмем компанию Procter & Gamble, для которой мы в иллюстрации 12.1 определили продолжительность высоких темпов роста как

[1] Две трети фирм США имеют коэффициенты бета в интервале между 0,8 и 1,2. Это диапазон для коэффициентов бета стабильного периода.

[2] Если вы оцениваете сырьевую компанию и предполагаете, что ее темпы роста превышают инфляцию, это означает, что оцениваемая фирма будет заниматься и другими видами деятельности и необходимо соответствующим образом скорректировать коэффициент бета.

пять лет. Хотя темпы роста P&G могут упасть до стабильного уровня на шестой год, сильный бренд и другие конкурентные преимущества скорее всего никуда не денутся и будут сохраняться значительно дольше (скажем, 30–40 лет). Вместо оценки денежных потоков на протяжении 30–40 лет мы остановились на пятом году, позволив, однако, компании и дальше зарабатывать больше, чем стоимость привлечения капитала. Поскольку целые отрасли часто получают избыточную доходность на протяжении длительных периодов времени, предположение о приближении рентабельности капитала и собственного капитала фирмы к среднеотраслевым значениям даст более приемлемую оценку стоимости.

eva.xls — размещенная в Интернете база данных, которая содержит данные о рентабельности капитала (и собственного капитала), о стоимости привлечения капитала (собственного капитала), а также об избыточной доходности, классифицированные по отраслям для фирм в США.

Долговые коэффициенты и стоимость заимствования. Быстро растущие фирмы, как правило, в меньшей степени используют долг, чем стабильно растущие. По мере достижения зрелости их способность привлекать долговой капитал возрастает. При оценке фирмы это изменяет долговой коэффициент, используемый для вычисления стоимости привлечения капитала. А при оценке собственного капитала изменение долгового коэффициента приведет к изменению как стоимости его привлечения, так и ожидаемых денежных потоков. Невозможно ответить на вопрос о том, следует ли откорректировать долговой коэффициент в сторону более устойчивого значения в период стабильного роста, если мы не примем во внимание отношение к долгу ключевых менеджеров, а также степень влияния владельцев акций этой фирмы. Если менеджеры намереваются изменить финансовую политику, а акционеры имеют определенное влияние, то разумно предположить, что долговой коэффициент будет в период стабильного роста стремиться к более высокому уровню. В противном случае безопаснее оставить долговой коэффициент на существующем уровне.

По мере повышения прибыли и денежных потоков воспринимаемый риск дефолта для фирмы также изменяется. Фирма, теряющая $10 млн при выручке в $100 млн, получит рейтинг B, однако если вы прогнозируете выручку в $10 млрд и операционную прибыль на уровне $1 млрд и прогноз реализуется, то ее рейтинг должен быть гораздо выше. Фактически внутренняя согласованность требует при изменении выручки и операционной прибыли переоценки рейтинга и стоимости заимствования фирмы. Обычно фирмы в период стабильного роста имеют как минимум рейтинг инвестиционного уровня (Baa или выше).

При ответе на вопрос практического характера, какие величины долгового коэффициента и стоимости заимствования следует использовать в период стабильного роста, стоит рассмотреть финансовый рычаг более крупных и зрелых фирм отрасли. Решение состоит в использовании среднеотраслевых значений долгового коэффициента и стоимости заимствования в качестве долгового коэффициента и стоимости заимствования для фирмы в период стабильного роста.

wacc.xls — размещенная в Интернете база данных, которая содержит сведения о долговых коэффициентах и стоимости заимствования, классифицированные по отраслям для фирм в США.

Коэффициенты реинвестирования и нераспределенной прибыли. Стабильно растущие фирмы обычно реинвестируют меньше, чем быстро растущие. По этой причине крайне важно учесть влияние более слабого роста на реинвестирование, а также убедиться, что фирма реинвестирует достаточно для поддержания стабильных темпов роста в заключительной фазе. Фактическая коррекция будет зависеть от того, дисконтируем ли мы дивиденды, свободные денежные потоки на собственный капитал или свободные денежные потоки фирмы.

Если говорить о модели дисконтирования дивидендов, то ожидаемые темпы роста прибыли на акцию можно записать как функцию коэффициента нераспределенной прибыли и рентабельности собственного капитала.

Ожидаемые темпы роста = коэффициент нераспределенной прибыли ×
× рентабельность собственного капитала.

Алгебраические преобразования позволяют выразить коэффициент нераспределенной прибыли как функцию ожидаемых темпов роста и рентабельности собственного капитала:

Коэффициент нераспределенной прибыли =
= ожидаемые темпы роста/рентабельность собственного капитала.

Если мы предположим, что стабильные темпы роста, например компании Procter & Gamble, составляют 3% (на основе роста экономики), а рентабельность собственного капитала равна 12% (на основе среднеотраслевого значения), то можно вычислить коэффициент нераспределенной прибыли для фирмы в период стабильного роста:

Коэффициент нераспределенной прибыли = 3%/12% = 25%.

Для получения ожидаемого роста на уровне 3% компания Procter & Gamble должна реинвестировать 25% своей прибыли. Она сможет выплатить оставшиеся 75%.

В модели свободных денежных потоков на собственный капитал, в которой мы акцентируем свое внимание на росте чистой прибыли, ожидаемые темпы роста являются функцией коэффициента реинвестирования собственного капитала, а также рентабельности собственного капитала:

Ожидаемые темпы роста =
= коэффициент реинвестирования собственного капитала ×
× рентабельность собственного капитала.

В таком случае коэффициент реинвестирования собственного капитала можно вычислить следующим образом:

Коэффициент реинвестирования собственного капитала =
= ожидаемые темпы роста/рентабельность собственного капитала.

Например, мы предполагаем, что компания Coca-Cola будет иметь стабильные темпы роста на уровне 3% и рентабельность собственного капитала в период стабильного роста 15%. Отталкиваясь от этих предположений, мы получаем коэффициент реинвестирования собственного капитала 20%. Оставшиеся 80% могут быть выплачены инвесторам в акции:

Коэффициент реинвестирования собственного капитала =
= 3%/15% = 20%.

Наконец, рассматривая свободные потоки фирмы, мы оцениваем ожидаемый рост операционной прибыли как функцию рентабельности капитал в период стабильного роста и коэффициента реинвестирования:

Ожидаемые темпы роста = коэффициент реинвестирования ×
× рентабельность капитала.

И опять же, алгебраические преобразования дают следующее выражение для коэффициента реинвестирования в период стабильного роста:

Коэффициент реинвестирования в период стабильного роста =
= коэффициент стабильного роста/ROC_n,

где ROC_n — рентабельность капитала, которую фирма может поддерживать в период стабильного роста. Данный коэффициент реинвестирования затем можно использовать для получения приходящихся на фирму свободных денежных потоков в первый год стабильного роста.

Привязка коэффициентов реинвестирования и нераспределенной прибыли к стабильным темпам роста также делает оценку менее чувствительной к предположениям относительно последних. При повышении стабильных темпов роста и постоянстве остальных величин стоимость может существенно повыситься, что приведет к изменению коэффициента реинвестирования, в то время как изменения темпов роста будут создавать компенсирующий эффект. Выигрыши от повышения темпов роста будут частично компенсированы снижением денежных потоков вследствие более высокого коэффициента реинвестирования. Увеличивается ли или уменьшается стоимость по мере повышения стабильных темпов роста, полностью зависит от ваших предположений относительно избыточной доходности. Если рентабельность капитала выше стоимости привлечения капитала в период стабильного роста, то повышение темпов стабильного роста может увеличить стоимость. *Если рентабельность капитала равна стабильным темпам роста, то увеличение этих темпов не оказывает никакого влияния на стоимость.* В этом легко убедиться:

$$\text{Заключительная стоимость} = \frac{EBIT_{n+1}(1-t)(1-\text{коэффициент реинвестирования})}{\text{стоимость привлечения капитала}_n - \text{стабильные темпы роста}}.$$

Представляя в уравнении стабильные темпы роста как функцию коэффициента реинвестирования, мы получим:

$$\text{Заключительная стоимость} = \frac{EBIT_{n+1}(1-t)(1-\text{коэффициент реинвестирования})}{\text{стоимость привлечения капитала}_n - (\text{коэффициент реинвестирования} \times \text{рентабельность капитала})}.$$

Если принять рентабельность капитала равной стоимости привлечения капитала, то получим:

$$\text{Заключительная стоимость} = \frac{EBIT_{n+1}(1-t)(1-\text{коэффициент реинвестирования})}{\text{стоимость привлечения капитала}_n - (\text{коэффициент реинвестирования} \times \text{стоимость привлечения капитала})}.$$

Упрощая, можно представить заключительную стоимость следующим образом:

$$\text{Заключительная стоимость}_{ROC=WACC} = \frac{EBIT_{n+1}(1-t)}{\text{стоимость привлечения капитала}_n}.$$

Проще говоря, при отсутствии избыточной доходности предположения относительно ожидаемого роста не влияют на заключительную стоимость. Можно установить аналогичную взаимосвязь и с прибылью на собственный капитал, и с денежными потоками, а также показать, что рентабельность собственного капитала, равная стоимости привлечения собственного капитала в период стабильного роста, сводит к нулю положительное влияние роста.

divfund.xls — размещенная в Интернете база данных, которая содержит сведения о коэффициентах нераспределенной прибыли, классифицированные по отраслям для фирм в США.

capex.xls — размещенная в Интернете база данных, которая содержит сведения о коэффициентах реинвестирования, классифицированные по отраслям для фирм в США.

ИЛЛЮСТРАЦИЯ 12.2. Стабильные темпы роста и избыточная доходность

Alloy Mills — текстильная фирма, которая только что объявила об операционной прибыли после уплаты налогов в размере $100 млн. В настоящий момент фирма имеет рентабельность капитала 20% и реинвестирует 50% прибыли в развитие, что дает ожидаемый рост в 10% на последующие пять лет:

$$\text{Ожидаемые темпы роста} = 20\% \times 50\% = 10\%.$$

Через пять лет ожидается падение темпов роста до 5%, а рентабельность капитала, предположительно, останется на уровне 20%. Заключительную стоимость можно определить следующим образом:

$$\text{Ожидаемая операционная прибыль в 6-й год} = 100\,(1{,}10)^5\,(1{,}05) = 169{,}10 \text{ млн.}$$

$$\text{Ожидаемый коэффициент реинвестирования в 5-й год} = g/ROC = 5\%/20\% = 25\%.$$

$$\text{Заключительная стоимость в 5-й год} = \$169{,}10 \text{ млн } (1 - 0{,}25)/(0{,}10 - 0{,}05) = \$2537 \text{ млн.}$$

Стоимость фирмы в настоящий момент должна выглядеть следующим образом:

$$\text{Стоимость фирмы сегодня} = \$55 \text{ млн}/1{,}10 + \$60{,}5 \text{ млн}/1{,}10^2 + \\ + \$66{,}55 \text{ млн}/1{,}10^3 + \$73{,}21 \text{ млн}/1{,}10^4 + \$80{,}53 \text{ млн}/1{,}10^5 + \$2537 \text{ млн}/1{,}10^5 = \$2075 \text{ млн.}$$

Если бы мы приняли рентабельность капитала в период стабильного роста равной 10%, сохраняя темпы роста на уровне 5%, то влияние на стоимость оказалось бы огромным:

$$\text{Ожидаемая операционная прибыль в 6-й год} = \$100 \text{ млн } (1{,}10)^5\,(1{,}05) = \$169{,}10 \text{ млн.}$$

$$\text{Ожидаемый коэффициент реинвестирования в 5-й год} = g/ROC = 5\%/10\% = 50\%.$$

$$\text{Заключительная стоимость в 5-й год} = \$169{,}10 \text{ млн } (1 - 0{,}5)/(0{,}10 - 0{,}05) = \$1691 \text{ млн.}$$

$$\text{Стоимость фирмы сегодня} = \$55 \text{ млн}/1{,}10 + \$60{,}5 \text{ млн}/1{,}10^2 + \\ + \$66{,}55 \text{ млн}/1{,}10^3 + \$73{,}21 \text{ млн}/1{,}10^4 + \$80{,}53 \text{ млн}/1{,}10^5 + \$1691 \text{ млн}/1{,}10^5 = \$1300 \text{ млн.}$$

Теперь рассмотрим влияние снижения темпов роста до 4% при сохранении рентабельности капитала в размере 10% в период стабильного роста:

$$\text{Ожидаемая операционная прибыль в 6-й год} = \$100 \text{ млн } (1{,}10)^5\,(1{,}04) = \$167{,}49 \text{ млн.}$$

$$\text{Ожидаемый коэффициент реинвестирования в 5-й год} = g/ROC = 4\%/10\% = 40\%.$$

$$\text{Заключительная стоимость в 5-й год} = \$167{,}49 \text{ млн } (1 - 0{,}4)/(0{,}10 - 0{,}04) = \$1675 \text{ млн.}$$

$$\text{Стоимость фирмы сегодня} = \$55 \text{ млн}/1{,}10 + \$60{,}5 \text{ млн}/1{,}10^2 + \\ + \$66{,}55 \text{ млн}/1{,}10^3 + \$73{,}21 \text{ млн}/1{,}10^4 + \$96{,}63 \text{ млн}/1{,}10^5 + \$1675/1{,}10^5 = \$1300 \text{ млн.}$$

Отметим, что заключительная стоимость понижается на $16 млн, однако денежные потоки в пятый год повышаются на $16 млн, поскольку коэффициент реинвестирования в конце пятого года падает до 40%. Стоимость фирмы остается неизменной на уровне $1300 млн. В действительности, даже присвоение стабильным темпам роста нулевого значения не оказывает никакого влияния на стоимость:

$$\text{Ожидаемая операционная прибыль в 6-й год} = \$100\ \text{млн}\ (1{,}10)^5 = \$161{,}05\ \text{млн}.$$

$$\text{Ожидаемый коэффициент реинвестирования в 5-й год} = g/ROC = 0\%/10\% = 0\%.$$

$$\text{Заключительная стоимость в 6-й год} = \$161{,}05\ \text{млн}\ (1 - 0{,}0)/(0{,}10 - 0{,}0) = \$1610{,}5\ \text{млн}.$$

$$\text{Стоимость фирмы сегодня} = \$55\ \text{млн}/1{,}10 + \$60{,}5\ \text{млн}/1{,}10^2 + \\ + \$66{,}55\ \text{млн}/1{,}10^3 + \$73{,}21\ \text{млн}/1{,}10^4 + \$161{,}05\ \text{млн}/1{,}10^5 + \$1610{,}5\ \text{млн}/1{,}10^5 = \$1300\ \text{млн}.$$

ИЛЛЮСТРАЦИЯ 12.3. *Исходные данные, относящиеся к стабильному росту*

Для иллюстрации того, как изменяются исходные данные для оценки при переходе от высокого роста к стабильному, мы проанализируем три фирмы с помощью различных подходов. Компанию Procter & Gamble мы исследуем с помощью модели дисконтирования дивидендов, компанию Coca-Cola — с помощью модели свободных денежных потоков на акции и Amgen — с помощью модели свободных денежных потоков, приходящихся на фирму.

Рассмотрим сначала Procter & Gamble в контексте модели дисконтирования дивидендов. Хотя оценку мы произведем в следующей главе, заметим здесь, что в модели дисконтирования дивидендов существуют только три реальных элемента входных данных: коэффициент выплат (определяющий дивиденды), ожидаемая рентабельность собственного капитала (определяет ожидаемые темпы роста), а также коэффициент бета (влияющий на стоимость привлечения собственного капитала). В иллюстрации 12.1 мы определили, что Procter & Gamble может иметь пятилетний период быстрого роста. В нижеследующей таблице содержатся входные данные для модели дисконтирования дивидендов, необходимые для оценки Procter & Gamble:

	Период быстрого роста	*Период стабильного роста*
Коэффициент выплат	50,00%	75,00%
Рентабельность собственного капитала	20,00%	12,00%
Ожидаемые темпы роста	10%	3,00%
Коэффициент бета	0,90	1,00

Отметим, что коэффициент выплат, рентабельность собственного капитала и коэффициент бета для периода быстрого роста основаны на данных текущего года. Ожидаемые темпы роста на уровне 10% для следующих пяти лет являются результатом произведения рентабельности собственного капитал и коэффициента нераспределенной прибыли. В период стабильного роста мы приравниваем коэффициент бета к 1, хотя данная корректировка не оказывает большого влияния на стоимость, поскольку он и так близок к 1. Мы предполагаем, что стабильные темпы роста будут равны 3%, что несколько ниже номинальных темпов роста глобальной экономики (и безрисковой ставки, которая составляет 3,5%). Мы также предполагаем, что рентабельность капитала упадет до 12%. Это отражает наше предположение о снижении рентабельности капитала для всей отрасли в результате того, что конкуренция со стороны коллег начнет съедать маржу. При снижении роста и рентабельности собственного капитала коэффициент нераспределенной прибыли понизится до 25%.

Для анализа компании Coca-Cola в рамках модели свободных денежных потоков на собственный капитал нам потребуются исходные данные для периодов быстрого и стабильного роста, представленные в нижеследующей таблице:

	Период быстрого роста	*Период стабильного роста*
Рентабельность собственного капитала	30,00%	15,00%
Коэффициент реинвестирования собственного капитала	25,00%	20,00%
Ожидаемые темпы роста	7,50%	3,00%
Коэффициент бета	0,80	0,80

В период быстрого роста высокая рентабельность собственного капитала обеспечивает ожидаемые темпы роста на уровне 7,50% в год. В период стабильного роста мы снижаем рентабельность собственного капитала для компании

Coca-Cola до среднего значения для компаний, производящих безалкогольные напитки, и оцениваем ожидаемый коэффициент реинвестирования собственного капитала на основе стабильных темпов роста, равных 3%. Коэффициент бета для фирмы остается неизменным уровне, поскольку менеджмент компании Coca-Cola не распылялся и концентрировал внимание на основном бизнесе.

Наконец, оценим компанию Amgen на начало 2010 г. В нижеследующей таблице представлены рентабельность капитала, коэффициент реинвестирования и долговой коэффициент фирмы в периоды быстрого и стабильного роста:

	Период быстрого роста	*Период стабильного роста*
Рентабельность собственного капитала	17,41	10,00%
Коэффициент реинвестирования	33,23%	30,00%
Ожидаемые темпы роста	5,78%	3,00%
Коэффициент бета	1,65	1,10

Обратите внимание на то, что коэффициент реинвестирования и рентабельность капитала отражают наше решение капитализировать расходы на НИОКР и операционную аренду. Операционная прибыль корректируется с учетом расходов на НИОКР, а балансовая стоимость собственного капитала увеличивается на капитализированную сумму (см. главу 9). В настоящий момент фирма имеет высокую рентабельность капитала, и мы предполагаем, что она понизится в период стабильного роста до 10%, когда фирма станет крупнее, а также истечет срок действия патентов. Поскольку стабильные темпы роста падают до 3%, коэффициент реинвестирования для Amgen снижается до 30%. Мы также считаем, что коэффициент бета для Amgen будет приближаться к среднерыночному значению.

Стоит отметить, что в отношении всех этих фирм мы предполагаем неограниченно долгое сохранение избыточной доходности, задавая для рентабельности капитала более высокое значение, чем стоимость привлечения капитала. Хотя потенциально это может привести к трудностям, конкурентные преимущества, которые на протяжении своей истории создали эти фирмы или создадут еще в течение периода быстрого роста, не исчезнут в одночасье. Избыточная доходность со временем исчезнет, однако ее приближение к стоимости привлечения капитала в период стабильного роста кажется разумным компромиссом.

Переход к стабильному росту. Раз вы решили, что фирма в определенный момент в будущем окажется в состоянии стабильного роста, то вам необходимо определить, как она будет меняться по мере приближения к этому состоянию. Существуют три сценария. В соответствии с одним из них фирма сохраняет высокие темпы роста в течение определенного времени, а затем сразу превращается в стабильно растущую. В данном случае речь идет о двухфазной модели. В соответствии с другим фирма сохраняет высокие темпы роста в течение определенного времени, а затем вступает в переходный период, когда характеристики постепенно приближаются к показателям стабильного роста. В данном случае речь идет о трехфазной модели. В третьем случае характеристики фирмы меняются каждый год от начального до периода стабильного роста. Эту модель можно рассматривать как n-фазную.

Какой из этих сценариев следует выбрать, зависит от оцениваемой фирмы. Поскольку в двухфазной модели фирма за один год переходит от периода быстрого роста к периоду стабильного роста, эта модель в большей степени подходит для фирм с умеренными темпами роста, где данный переход не слишком резок. В отношении фирм с очень высокими темпами роста операционной прибыли фаза перехода включает постепенную коррекцию не только темпов роста, но и характеристик риска, рентабельности капитала и коэффициентов реинвестирования в сторону стабильного роста. Для очень молодых фирм или фирм с отрицательной операционной маржей разумно предположение о ежегодных изменениях (n-фазная модель).

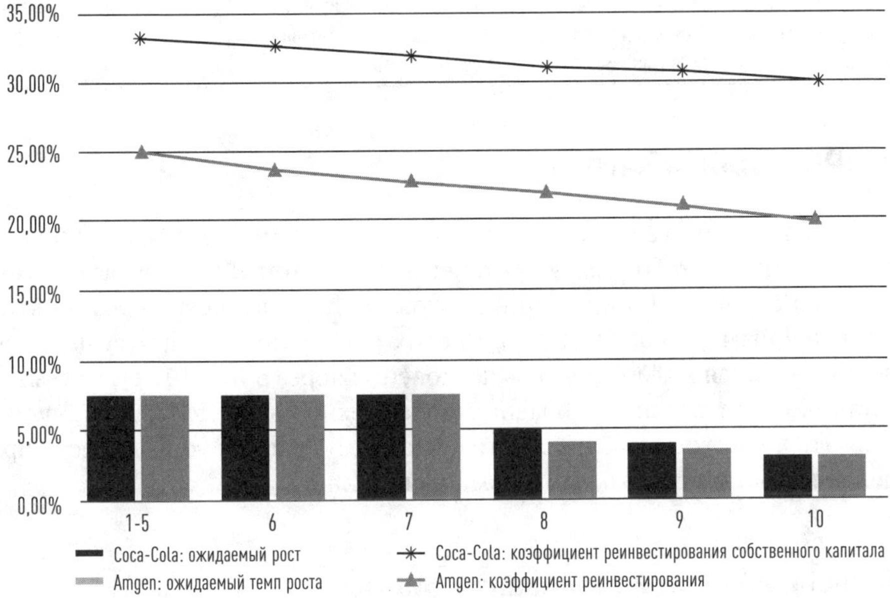

Рисунок 12.1. *Оценки для переходного периода для фирм Coca-Cola и Amgen*

ПЕРИОДЫ ИСКЛЮЧИТЕЛЬНОГО РОСТА БЕЗ ВЫСОКИХ ТЕМПОВ ИЛИ ПРИ ИХ ОТРИЦАТЕЛЬНОЙ ВЕЛИЧИНЕ

Могут ли существовать периоды исключительного роста у фирм, ожидаемые темпы роста которых равны темпам роста экономики или даже ниже их? Для некоторых фирм ответ на этот вопрос положителен. Это связано с тем, что стабильный рост требует не только более низких темпов роста, чем у экономики в целом, но и соответствия других входных данных для оценки статусу стабильно растущей фирмы. Рассмотрим фирму, операционная прибыль которой растет на 2% в год, рентабельность капитала равна 20%, а коэффициент бета составляет 1,5. При этом требуется переходный период, в течение которого рентабельность капитала понизится до более устойчивого уровня (например, 12%), а коэффициент бета сместится в сторону 1.

Кроме того, может существовать период исключительного роста, когда темпы роста сначала ниже темпов стабильного роста, а затем повышаются до этого уровня. Например, можно представить себе фирму, у которой прибыль снижается на 5% в год в течение пяти лет, а потом начинают расти на 2% в год.

ИЛЛЮСТРАЦИЯ 12.4. *Выбор модели роста*

Рассмотрим три фирмы, проанализированные в иллюстрации 12.3. Мы предположили для компании P&G темпы роста 10% и пятилетний период быстрого роста, для Coca-Cola — темпы роста 7,5% и период быстрого роста 10 лет, а для Amgen — темпы роста 5,78% и период быстрого роста 10 лет. Для Procter & Gamble мы будем использовать двухфазную модель — рост 10% в течение 5 лет, а далее — 3%. В отношении Coca-Cola и Amgen мы предположим наличие переходного периода между шестым и 10 годами, когда входные данные постепенно изменяются от уровня быстрого роста к уровню стабильного роста. На рисунке 12.1 показано изменение коэффициента реинвестирования собственного капитала и ожидаемого роста для компании Coca-Cola в период между шестым и 10 годами, а также изменение ожидаемого темпа роста и коэффициента реинвестирования Amgen в том же периоде.

ВОПРОС ВЫЖИВАНИЯ

При использовании заключительной стоимости в модели дисконтированных денежных потоков мы подразумеваем, что стоимость фирмы основывается на ее функционировании в качестве действующего предприятия с бесконечным сроком жизни. У многих рискованных фирм существует вполне реальная возможность исчезновения через 5 или 10 лет, учитывая неустойчивость прибылей и меняющиеся технологии. Должна ли оценка отражать возможность банкротства фирмы, и если да, то как учесть при оценке вероятность того, что фирма не выживет?

Жизненный цикл и выживание фирмы

Существует связь между периодом жизненного цикла, переживаемого фирмой, и выживанием. Молодые фирмы с отрицательными денежными потоками и прибылью могут столкнуться с серьезными проблемами, обусловленными этими денежными потоками, и закончить свою жизнь, когда их купят по бросовым ценам фирмы, имеющие более значительные ресурсы. Почему молодые фирмы подвержены подобному риску? Отрицательные денежные потоки от операций в сочетании со значительными потребностями в реинвестировании могут привести к быстрому истощению денежных резервов. Когда доступны финансовые рынки и можно привлечь дополнительный собственный капитал (или долг), то получение средств для финансирования этих потребностей не составляет проблем. Однако, когда цены на акции падают и доступ к долговому рынку становится ограниченным, эти фирмы сталкиваются с затруднениями.

Широко используемым измерителем потенциала проблем с денежными потоками для фирм с отрицательной прибылью является коэффициент прожигания денег (cash burn ratio), вычисляемый путем деления кассового остатка фирмы на ее прибыль до уплаты процентов, налогов, начисления износа и амортизации (EBITDA).

Коэффициент прожигания денег = кассовый остаток/EBITDA,

где EBITDA является отрицательной величиной, и для оценки данного коэффициента используется абсолютное значение этого показателя. Таким образом, фирма с кассовым остатком в $1 млрд и доходом EBITDA в размере –$1,5 млрд «сожжет» свои кассовые остатки за восемь месяцев.

Вероятность банкротства и оценка

Одна точка зрения на выживание заключается в том, что ожидаемые денежные потоки, которые используются в оценке, отражают денежные потоки при очень разных сценариях (от очень хороших до катастрофических), а также вероятность их реализации. Таким образом, в ожидаемую стоимость уже включена вероятность того, что фирма не выживет. Любой рыночный риск, связанный с выживанием или банкротством, предположительно, уже включен в стоимость капитала. Следовательно, фирмы с высокой вероятностью банкротства будут иметь повышенные ставки дисконтирования и более низкие ожидаемые денежные потоки.

Другая точка зрения на выживание заключается в том, что оценка дисконтированных денежных потоков, связанная, как правило, с позитивным предубеждением, и вероятность ухода фирмы из бизнеса не находит адекватного отражения в стоимости. С учетом данной точки зрения оценка дисконтированных денежных потоков, появляющаяся на основе анализа в предыдущем разделе, завышает стоимость операционных активов и должна быть скорректирована с учетом вероятности того, что фирма не выживет и не сможет обеспечить заключительную стоимость или даже положительные денежные потоки, которые вы спрогнозировали на будущие годы.

Следует ли дисконтировать стоимость с учетом вероятности выживания

Для фирм, обладающих значительными размещенными активами и относительно небольшой вероятностью финансовых трудностей, положительный ответ на этот вопрос более уместен. Применение дополнительного дисконтирования с учетом возможности исчезновения с рынка приводит к двойному учету риска.

Применительно к молодым и небольшим фирмам это более трудный вопрос, ответ на который зависит от того, отражают ли ожидаемые потоки вероятность того, что эти фирмы, возможно, не просуществуют дольше нескольких лет. Если это происходит, то оценка уже отражает вероятность того, что фирмы не переживут первые несколько лет. В тех случаях, когда этого не наблюдается, следует дисконтировать стоимость с учетом вероятной неспособности фирмы выжить в ближайшем будущем. Один из способов оценки этого дисконта заключается в определении вероятности банкротства и в корректировке стоимости операционных активов с ее учетом:

Откорректированная стоимость =
= стоимость дисконтированных денежных потоков ×
× (1 – вероятность финансовых трудностей) +
+ стоимость при вынужденной продаже ×
× (вероятность финансовых трудностей).

Для фирмы со стоимостью дисконтированных денежных потоков, приходящихся на ее активы, равной $1 млрд, стоимостью при вынужденной

ОЦЕНКА ВЕРОЯТНОСТИ ФИНАНСОВЫХ ТРУДНОСТЕЙ

Для оценки вероятности выживания фирмы мы можем использовать два способа. Во-первых, можно основываться на прошлом — рассмотреть фирмы, потерпевшие банкротство, и сравнить их с фирмами, которые этого избежали, а затем выявить переменные, различающие их. Например, фирмы с отрицательными долговыми коэффициентами и отрицательными денежными потоками от операций с большей вероятностью потерпят банкротство, чем фирмы, не обладающие этими свойствами. Кроме того, для оценки вероятности банкротства фирмы можно использовать статистические методы (например, пробиты). Для выведения пробитов следует начать со всех котировавшихся на бирже в 1990 г. фирм и их финансовых характеристик, а затем определить те фирмы, которые потерпели банкротство в 1991–1999 гг., и оценить вероятность банкротства как функцию переменных, наблюдавшихся в 1990 г. Результат, напоминающий результат регрессии, позволит оценить вероятность дефолта для любой фирмы в настоящий момент времени.

Другой способ оценки вероятности дефолта состоит в использовании рейтинга облигаций фирмы, если он существует. Предположим, что фирма Tesla Motors имеет рейтинг B. Эмпирическое исследование облигаций рейтинга B за последнее десятилетие показывает, что вероятность дефолта при наличии этого рейтинга составляет 36,80%[1]. Хотя данный подход проще, он ограничен, поскольку его можно использовать только для фирм, имеющих рейтинг. Кроме того, при этом предполагается, что стандарты, используемые рейтинговыми агентствами, со временем не меняются.

---

[1] Профессор Олтман из Школы бизнеса Стерна при Нью-Йоркском университете оценивает эти вероятности в виде годовых рядов, постоянно им обновляемых. Последняя версия содержится в серии рабочих докладов Школы бизнеса Стерна.

продаже в размере $500 млн и вероятностью финансовых трудностей 20% откорректированная стоимость будет равна:

$$\text{Откорректированная стоимость} = \$1000 \text{ млн} \times (0{,}8) + \\ + \$500 \text{ млн} \times (0{,}2) = \$900 \text{ млн.}$$

Здесь следует сделать два замечания. Во-первых, к потере стоимости приводит не сама неспособность фирмы к выживанию, а тот факт, что стоимость в случае вынужденной продажи меньше истинной стоимости на величину определенной скидки. Во-вторых, данный подход вращается вокруг оценки вероятности банкротства. Эту вероятность трудно оценить, поскольку она зависит как от денежных резервов (по отношению к потребностям в денежных средствах), так и от состояния рынка. При растущем фондовом рынке способны выжить даже фирмы с незначительным остатком денежных средств или без него, поскольку они могут получить финансирование на рынке. При менее благоприятных рыночных обстоятельствах под угрозой банкротства могут оказаться даже фирмы со значительными кассовыми остатками.

ИТОГОВЫЕ СООБРАЖЕНИЯ ПО ПОВОДУ ЗАКЛЮЧИТЕЛЬНОЙ СТОИМОСТИ

Роль, которую играет заключительная (терминальная) стоимость при использовании подхода, связанного с оценкой дисконтированных денежных потоков, часто оказывается предметом сильной критики. Критики данного подхода доказывают, что слишком большую долю стоимости, получаемой через дисконтированные денежные потоки, можно отнести на счет заключительной стоимости — ею слишком легко манипулировать для получения любой желаемой величины. Но в обоих случаях они ошибаются.

Утверждение, что значительная доля стоимости акции или собственного капитала в любом виде деятельности может быть отнесена на счет заключительной стоимости, верно, однако было бы удивительно, если бы это было не так. Рассмотрим, как вы получаете доход, покупая акцию или инвестируя в акции в определенном бизнесе. Если ваша инвестиция удачна, то основная часть доходов поступает не в период, когда вы держите акции (от дивидендов и других денежных потоков), а в момент, когда продаете их (вследствие прироста стоимости). Заключительная стоимость предназначена для выражения последней части. Следовательно, чем больше потенциал роста бизнеса, тем выше доля стоимости, обязанная своим возникновением заключительной стоимости.

Легко ли манипулировать заключительной стоимостью? Мы допускаем, что заключительной стоимостью манипулируют часто и легко, но это связано с тем, что для получения этих значений аналитики используют мультипликаторы, или с нарушениями одного из двух основных принципов (или их обоих) в моделях стабильного роста. Один из этих принципов заключается в следующем: темпы роста не могут превышать темпы роста экономики. Второй состоит в том, что фирмы должны осуществлять реинвестиции в период стабильного роста — для поддержания темпов роста. Как мы показали выше в этой главе, стабильные темпы роста определяют стоимость далеко не в той степени, в которой это делает избыточная доходность на бесконечном временном горизонте. Когда избыточная доходность равна нулю, изменения темпов стабильного роста не оказывают на стоимость никакого влияния.

ЗАКЛЮЧЕНИЕ

Стоимость фирмы представляет собой приведенную стоимость ожидаемых денежных потоков на протяжении ее жизни. Поскольку фирмы имеют бесконечный срок жизни, необходимо подвести итог оценки, вычислив денежные потоки за определенный период, а затем оценив стоимость фирмы к концу этого периода (т. е. ее заключительную стоимость). Многие аналитики оценивают заключительную стоимость, применяя мультипликаторы, основанные на прибыли или выручке в последний год оценки. Если вы предполагаете, что фирмы имеют бесконечный срок жизни, то подход, в большей степени согласующийся с оценкой дисконтированных денежных потоков, состоит в предположении о том, что денежные потоки фирмы будут расти постоянными темпами неограниченно долго после определенного момента времени. Вопрос о том, когда оцениваемая фирма достигает темпов роста, которые вы определили как стабильные, является ключевой частью любой оценки денежных потоков. Небольшие фирмы, обладающие высокими темпами роста и значительными конкурентными преимуществами, оказываются в состоянии поддерживать быстрый рост на протяжении гораздо более длительного периода, чем более крупные и зрелые фирмы, не имеющие подобных конкурентных преимуществ. Если вы не желаете исходить из бесконечности срока жизни фирмы, то можете оценить ликвидационную стоимость, основываясь на сумме, которую другие могут заплатить за активы, накопленные фирмой в период высокого роста.

КОНТРОЛЬНЫЕ ВОПРОСЫ

В приведенных ниже заданиях, если не указано иное, премия за риск инвестирования в акции принимается равной 5,5%.

1. Судоходная корпорация Ulysses Inc. с прибылью до уплаты процентов и налогов $100 млн, предположительно, будет иметь рост прибыли 10% в течение последующих пяти лет. В конце пятого года вы оцениваете заключительную стоимость, используя мультипликатор, равный восьмикратному значению операционной прибыли (он представляет собой среднюю для сектора величину).
   а) Оцените заключительную стоимость фирмы.
   б) Если стоимость привлечения капитала для Ulysses составляет 10%, налоговая ставка равна 40% и вы ожидаете стабильного роста на уровне 5%, то какую можно ожидать рентабельность капитала на бесконечном временном горизонте при использовании восьмикратного мультипликатора операционной прибыли.
2. Компания Genoa Pasta производит продукты итальянской кухни и в настоящий момент ее прибыль равна $80 млн до уплаты налогов и процентов. Вы ожидаете, что прибыль фирмы будет расти на 20% в год в течение следующих шести лет, а далее ее рост составит 5% в год. Текущая рентабельность капитала после уплаты налогов равна 28%, но через шесть лет вы ожидаете ее уменьшения в два раза. При условии, что стоимость привлечения капитала для фирмы предполагается на уровне 10% на бесконечном временном горизонте, оцените заключительную стоимость фирмы (налоговая ставка для фирмы равна 40%).
3. Корпорация Lamp Galore Inc. производит настольные лампы и обеспечивает рентабельность инвестированного капитала после уплаты налогов в размере 15% (который сейчас равен $100 млн). Вы ожидаете, что фирма будет реинвестировать 80% своей операционной прибыли после уплаты налогов в течение последующих четырех лет и 30% после этого (в период стабильного роста). Стоимость привлечения капитала фирмы составляет 9%.
   а) Оцените заключительную стоимость фирмы (к исходу четвертого года).
   б) Если ожидается падение рентабельности капитала после уплаты налогов до 9% после четвертого года, то как бы вы оценили заключительную стоимость в этом случае?
4. Корпорация Bevan Real Estate Inc. является холдинговой компанией, занимающейся недвижимостью, с четырьмя объектами недвижимости. Согласно вашей оценке, создаваемая этими объектами прибыль после уплаты налогов, которая в настоящее время равна $50 млн, будет расти на 8% в год в последующие 10 лет и на 3% — по истечении этого срока. Текущая рыночная стоимость объектов

недвижимости составляет $500 млн, и вы ожидаете, что в последующие 10 лет эта стоимость будет повышаться на 3% в год.

а) Оцените заключительную стоимость объектов недвижимости, основываясь на их текущей рыночной стоимости и ожидаемых темпах повышения стоимости.

б) Предполагая, что ваши прогнозы роста прибыли верны, какова заключительная стоимость в виде мультипликатора операционной прибыли после уплаты налогов в 10 год?

в) Если вы предполагаете, что после 10 года не потребуется никаких реинвестиций, оцените стоимость привлечения капитала, которую вы неявно допустили при оценке заключительной стоимости.

5. Latin Beats Corporation — фирма, специализирующаяся на испанской музыке и видеофильмах. В текущем году она объявила об операционной прибыли после уплаты налогов в размере $20 млн, $15 млн капитальных затрат и $5 млн износа. Фирма ожидает, что все три перечисленных показателя будут расти на 10% в год в последующие пять лет. Через пять лет ожидается переход фирмы в фазу стабильного роста на уровне 4% в год, который сохраняется до бесконечности. Вы предполагаете, что прибыль, капитальные затраты и износ будут расти на 4% в год бесконечно долгое время, а стоимость привлечения капитала равна 12% (оборотный капитал отсутствует).

   а) Оцените заключительную стоимость фирмы.

   б) Каковы при такой оценке коэффициент реинвестирования и рентабельность капитала на бесконечном временном горизонте, которые вы неявно допускаете?

   в) Какова будет заключительная стоимость, если предположить, что капитальные затраты компенсируют износ в период стабильного роста?

   г) Какова рентабельность капитала на бесконечном временном горизонте, неявно предполагаемая вами, если вы приравниваете капитальные затраты к износу?

6. Компания Crabbe Steel владеет несколькими сталелитейными заводами в Пенсильвании. Фирма объявила об операционной прибыли после уплаты налогов за последний год, равной $40 млн на инвестированный капитал в размере $400 млн. Фирма ожидает рост операционной прибыли на 7% в год в последующие три года и на 3% после этого.

   а) Если стоимость привлечения капитала фирмы составляет 10%, и вы ожидаете, что текущая рентабельность капитала фирмы будет оставаться неизменной до бесконечности, то оцените стоимость на конец третьего года.

б) Если вы ожидаете, что операционная прибыль будет постоянной через три года (прибыль, полученная в третий год, будет зарабатываться и далее), оцените заключительную стоимость.

в) Если вы ожидаете, что через три года операционная прибыль будет падать на 5% в год до бесконечности, оцените заключительную стоимость.

7. Как бы вы решили предыдущее задание, если бы стоимость привлечения капитала для фирмы составляла 8% в год?

Глава 13

МОДЕЛЬ ДИСКОНТИРОВАНИЯ ДИВИДЕНДОВ

Строго говоря, единственный вид денежных потоков, получаемых от фирмы после покупки ее акций на открытом рынке, — это дивиденды. Простейшая модель для оценки собственного капитала — модель дисконтирования дивидендов, где стоимость акции представляет собой приведенную стоимость ожидаемых дивидендов на нее. Хотя большая часть аналитиков отвернулась от этой модели, считая ее старомодной, многие интуитивно очевидные положения, на которых основывается модель дисконтирования денежных потоков, присущи и модели дисконтирования дивидендов. И в самом деле, применительно к некоторым компаниям модель дисконтирования дивидендов остается полезным инструментом для определения стоимости.

В данной главе исследуются общая модель, а также особые варианты, основанные на различных предположениях относительно будущего роста. Кроме того, мы рассмотрим использование модели дисконтирования дивидендов и результаты исследований, посвященных ее эффективности.

ОБЩАЯ МОДЕЛЬ

Когда инвестор покупает акцию, он, как правило, рассчитывает получить два вида денежных потоков: дивиденды за период владения акцией, а также ожидаемую цену на конец периода. Поскольку ожидаемая цена сама по себе определяется будущими дивидендами, стоимость акции представляет собой приведенную стоимость дивидендов для бесконечного временного горизонта.

$$\text{Стоимость акции} = \sum_{t=1}^{t=\infty} \frac{E(DPS_t)}{(1+k_e)^t},$$

где DPS_t = ожидаемые дивиденды на акцию;
k_e = стоимость привлечения собственного капитала.

Обоснование модели лежит в правиле приведенной стоимости: стоимость любого актива представляет собой приведенную стоимость ожидаемых в будущем денежных потоков, дисконтированных по ставке, соответствующей степени риска дисконтируемых денежных потоков.

Существуют два базовых элемента исходных данных для этой модели: ожидаемые дивиденды и стоимость привлечения собственного капитала. Для выяснения ожидаемых дивидендов мы делаем предположения относительно ожидаемых в будущем темпов роста прибыли и коэффициентов выплат. Требуемая доходность акции определяется ее риском, измеряемым в каждой модели по-разному (с помощью рыночного коэффициента бета в модели оценки капитальных активов (CAPM) и коэффициентов бета — в арбитражной и многофакторной моделях). Однако модели достаточно гибки, чтобы учесть меняющиеся во времени ставки дисконтирования, причем эти временные изменения связаны с ожидаемыми изменениями процентных ставок или риска со временем.

ВАРИАНТЫ МОДЕЛИ

Поскольку прогнозы на долларовые дивиденды невозможно составлять на бесконечном временном горизонте, было разработано несколько моделей дисконтирования дивидендов на основе различных предположений относительно будущего роста. Мы начнем с простейшей из них — модели, разработанной для оценки акций стабильно растущей фирмы, которая выплачивает столько дивидендов, сколько может себе позволить. Затем рассмотрим применение данной модели для оценки компаний, переживающих период быстрого роста и неспособных выплачивать небольшие или вообще какие-либо дивиденды.

Модель роста Гордона

Модель роста Гордона можно использовать для оценки фирмы, которая находится в «устойчивом состоянии», выплачивает дивиденды и темпы роста которой можно поддерживать бесконечно.

Модель. Модель роста Гордона соотносит стоимость акции с дивидендами на нее, ожидаемыми в следующий период времени, стоимостью привлечения собственного капитала и ожидаемыми темпами роста дивидендов.

Стоимость акции = дивиденды, ожидаемые в следующий период/ /(стоимость привлечения собственного капитала – ожидаемые темпы роста в бесконечности).

Что такое стабильные темпы роста? Хотя модель Гордона обеспечивает простой подход к оценке собственного капитала, ее использование ограничено фирмами со стабильным ростом. При оценке стабильных темпов роста следует помнить о двух положениях. Во-первых, поскольку темпы роста дивидендов фирмы, предположительно, будут сохраняться бесконечно, можно ожидать, что другие показатели эффективности фирмы (включая прибыль) также будут расти теми же темпами. Чтобы понять причины этого, посмотрим, что станет с фирмой, прибыль которой растет бесконечно на 2% в год, а дивиденды — на 3%. Со временем дивиденды превысят прибыль. Если в долгосрочном периоде прибыль фирмы растет быстрее, чем дивиденды, то коэффициент выплат в долгосрочном периоде будет стремиться к нулю, что также не является устойчивым состоянием. Таким образом, хотя модель требует знания ожидаемого роста дивидендов, перед аналитиком открывается возможность заменить его на ожидаемые темпы роста прибыли и получить абсолютно тот же результат, если фирма на самом деле находится в устойчивом состоянии.

Вторая проблема заключается в определении приемлемых стабильных темпов роста. Как было указано в главе 12, данные темпы роста должны быть меньше темпов роста экономики, в которой работает фирма, или равны им. Ни одна фирма, независимо от того, насколько хорошо ею управляют, не может бесконечно расти темпами, превосходящими темпы роста экономики (или, в качестве приближения, безрисковую ставку). Помимо прочего, свою силу сохраняют и ограничения в отношении стабильного роста, рассмотренные в главе 12:

- Рентабельность собственного капитала (ROE), которая принимается для бесконечного периода, должна отражать не тот уровень, который компания имела в прошлом году или ожидает в следующем, а долгосрочную оценку. Оценка ROE важна по той причине, что коэффициент выплат при стабильном росте определяется следующим образом:

  Коэффициент выплат = g/ROE.

- Стоимость привлечения собственного капитала должна соответствовать зрелой фирме. Если используется коэффициент бета, то он должен быть близким к 1.

Ограничения модели. Модель роста Гордона крайне чувствительна к предположениям относительно темпов роста при постоянстве остальных входных параметров (коэффициента выплат, стоимости привлечения собственного капитала). Возьмем акцию с ожидаемыми дивидендами в следующем периоде, равными $2,50, при стоимости привлечения собственного капитала 15% и ожидаемых темпах роста 5% на бесконечном горизонте. Стоимость данной акции равна:

$$\text{Стоимость акции} = \$2{,}50/(0{,}15 - 0{,}05) = \$25.$$

Обратите внимание на чувствительность этой стоимости к оценкам темпов роста, представленным на рисунке 13.1. По мере приближения темпов роста к стоимости привлечения собственного капитала стоимость акции стремится к бесконечности. Если темпы роста превышают стоимость привлечения собственного капитала, то стоимость акции становится отрицательной величиной.

У данной проблемы, конечно, есть два очевидных решения. Первое — наложить ограничение, т. е. исходить из того, что стабильные темпы роста не могут превышать безрисковую ставку (в нашем примере они должны быть заметно ниже 15%). Второе — признать, что рост не является бесплатным, т. е. исходить из того, что при повышении темпов роста коэффициент выплат должен снижаться. Это приводит к тому, что чистый эффект повышения темпов роста может положительным, нейтральным и даже отрицательным.

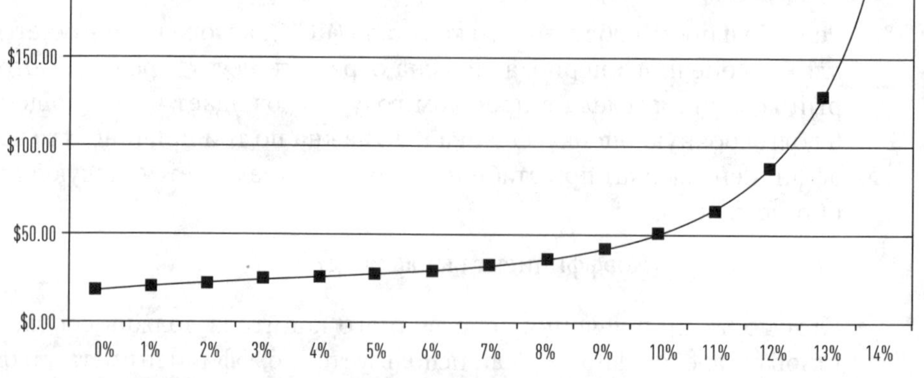

***Рисунок 13.1.** Стоимость акции и ожидаемые темпы роста*

ДОЛЖНЫ ЛИ СТАБИЛЬНЫЕ ТЕМПЫ РОСТА БЫТЬ ПОСТОЯННЫМИ ВО ВРЕМЕНИ?

Предположение, что темпы роста дивидендов должны быть постоянными во времени, довольно трудно выполнить, особенно учитывая изменчивость прибыли. Если фирма имеет средние темпы роста, близкие к стабильным, то использование модели не окажет большого влияния на стоимость. Так, циклическую фирму с колебаниями темпов роста год от года, но имеющую средние темпы роста 2%, можно оценить с помощью модели роста Гордона без значительной потери универсальности. Данное обстоятельство имеет две причины. Во-первых, поскольку дивиденды сглаживаются, даже когда прибыль изменчива, они с меньшей вероятностью испытывают влияние годовых изменений в темпах роста прибыли. Во-вторых, в математическом смысле влияние на приведенную стоимость использования темпов роста, отнесенных к определенному году, а не постоянных темпов роста невелико.

Фирмы, применительно к которым модель работает наилучшим образом. В целом, модель Гордона больше всего подходит для фирм с темпами роста, равными номинальным темпам роста экономики или ниже их, и с установившейся политикой выплаты дивидендов, которую они намереваются проводить и в будущем. Выплата дивидендов фирмой должна согласовываться с предположением о стабильности, поскольку стабильные фирмы, как правило, платят значительные дивиденды и имеют коэффициент бета близкий к единице[1]. В частности, данная модель занижает стоимость акций фирм, которые, как правило, платят меньше, чем могут себе позволить, и аккумулируют денежные средства.

***ИЛЛЮСТРАЦИЯ 13.1.** Регулируемая фирма на примере компании Consolidated Edison в мае 2011 г.*

Consolidated Edison — это электроэнергетическая коммунальная компания, поставляющая электроэнергию для частных лиц и предприятий в Нью-Йорке и его окрестностях. Это — квазимонополия, цены и прибыль которой регулируются штатом Нью-Йорк.

Мы будем оценивать Consolidated Edison с помощью модели дисконтирования стабильно растущих дивидендов, поскольку она отвечает следующим критериям:

- Фирма действует в регионе, где численность населения и потребление электроэнергии стабильны уже на протяжении нескольких десятилетий.
- Регулирующие органы ограничивают рост цены примерно уровнем инфляции.
- Фирма имеет стабильное соотношение долгового и долевого финансирования операций на протяжении десятилетий.

[1] Средний коэффициент выплат для крупных стабильных фирм в США составляет примерно 60%.

- Фирма имеет инвесторов, которых привлекают дивиденды, и старается выплачивать как можно больше. В 2006–2010 гг. она выплачивала около 95% свободных денежных потоков на собственный капитал (free cash flow to equity — FCFE) в качестве дивидендов.

Оценку компании мы начинаем, имея прибыль на акцию в размере $3,47, о которой было объявлено в 2010 г., и выплаченные в том же году дивиденды на акцию в размере $2,22. Использование среднего для коммунальных предприятий значения коэффициента бета, равного 0,80, и премии за риск инвестирования в акции в размере 5% для зрелых рынков дает нам стоимость привлечения собственного капитала 7,5% (безрисковая ставка равна 3,5%).

Стоимость привлечения собственного капитала = 3,5% + 0,8 (5%) = 7,5%.

Ограничив темпы роста размером безрисковой ставки (3,5%), мы получим стоимость на акцию, равную $57,46.

$$\text{Стоимость акции} = \frac{\text{ожидаемые дивиденды в следующем году}}{\text{стоимость привлечения собственного капитала} - \text{ожидаемые темпы роста}} =$$

$$= \frac{\$2{,}22(1{,}035)}{(0{,}75 - 0{,}35)} = \$57{,}46.$$

Проверим, соответствуют ли ожидаемые темпы роста фундаментальным показателям Consolidated Edison.

Коэффициент нераспределенной прибыли = 1 – ($2,22/$3,47) = 36%

Рентабельность собственного капитала = 9,79%

Ожидаемые темпы роста = 0,36 × 0,0979 = 0,0352.

Фундаментальные темпы роста очень близки к нашей оценке темпов роста, составляющей 3,5%.

В мае 2011 г. акции компании торговались по $53,57, т. е. были немного недооцененными.

ПОДРАЗУМЕВАЕМЫЕ ТЕМПЫ РОСТА

Стоимость акций компании Consolidated Edison отличается от рыночной цены, и такое несовпадение, по всей видимости, будет наблюдаться практически у любой компании, которую вы оцениваете. Расхождение имеет три варианта объяснения. Один из них — вы правы, а рынок заблуждается. Хотя это объяснение и может быть верным, следует убедиться, что не работают два других объяснения («рынок прав, а вы не правы» или «разница слишком мала для того, чтобы делать какой-либо вывод»).

При анализе различия между рыночной ценой и вашей оценкой стоимости следует сохранять остальные переменные постоянными, меняя при оценке темпы роста, пока стоимость не станет равной цене. На рисунке 13.2 стоимость оценивается как функция ожидаемых темпов роста (при условии, что коэффициент бета равен 0,80, а текущие дивиденды на акцию — $2,22). Определив ожидаемые темпы роста, которые соответствуют текущей цене, мы получаем:

$$\$53{,}47 = \$2{,}22\ (1 + g).$$

Для того чтобы оправдать цену на акцию в $53,47, темпы роста прибыли и дивидендов должны составлять 3,21% в год. Данные темпы роста называются подразумеваемыми темпами роста. Поскольку мы оцениваем рост на основе фундаментальных показателей, это позволяет нам оценивать подразумеваемую рентабельность собственного капитала:

Подразумеваемая рентабельность собственного капитала =
= подразумеваемые темпы роста/коэффициент нераспределенной прибыли = 0,0321/0,36 = 8,93%.

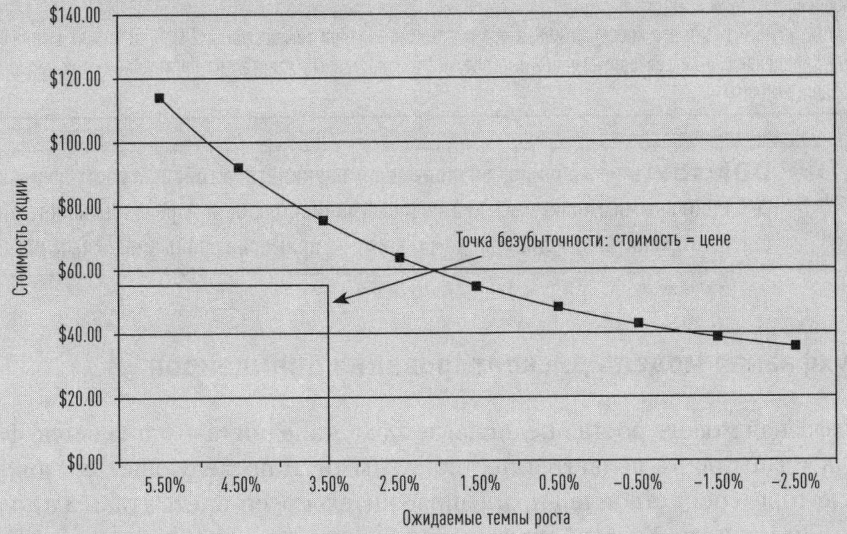

Рисунок 13.2. *Consolidated Edison: стоимость акции в зависимости от темпов роста*

ИЛЛЮСТРАЦИЯ 13.2. *Оценка зрелой сырьевой компании с помощью модели стабильно растущих дивидендов на примере компании Total SA*

Total SA — зрелая интегрированная транснациональная нефтяная компании со штаб-квартирой во Франции. С учетом волатильности прибыли, в значительной мере зависящей от цен на нефть, Total может показаться плохим примером стабильной компании, однако если не брать в расчет разброс товарных цен, то она является зрелой компанией, и высокий коэффициент выплаты дивидендов отражает ее стабильность.

Чтобы оценить компанию, сначала усредним чистую прибыль и дивиденды за период 2007–2010 гг.:

Год	*2007 (€ млн)*	*2008 (€ млн)*	*2009 (€ млн)*	*2010 (€ млн)*	*Среднее (€ млн)*
Чистая прибыль	13 181	10 590	8447	10 571	10 697
Дивиденды	4959	5408	5354	5357	5270

Используя средние значения прибыли и дивидендов за четырехлетний период, мы получаем расчетный коэффициент выплат, равный 49,28%, что маловато для стабильно растущей компании, но подходит для нашей оценки.

Для оценки стоимости привлечения собственного капитала мы используем коэффициент бета, равный 0,90 (среднее значение для интегрированных нефтяных компаний), безрисковую ставку для евро 3,25% и премию за риск инвестирования в акции 5,50% (к 5%-ной премии для зрелого рынка мы добавили 0,50% с тем, чтобы учесть риск тех стран, где Total добывает нефть):

$$\text{Стоимость привлечения собственного капитала} = 3{,}25\% + 0{,}9\ (5{,}5\%) = 8{,}20\%.$$

В заключение мы принимаем темпы стабильного роста равными 2% (чуть выше ожидаемого уровня инфляции) и оцениваем собственный капитал:

$$\text{Стоимость собственного капитала} = \frac{5270(1{,}02)}{(0{,}082-0{,}2)} = €86\,692\ \text{млн.}$$

Рыночная капитализация Total SA составляла € 97 286 млн на момент проведения оценки, т. е. компания была переоценена на 12,2%.

Стоит отметить, что это консервативная оценка стоимости. При темпах роста 2% Total может выплачивать больше дивидендов, и ее свободные денежные потоки на собственный капитал на протяжении этих четырех лет превышали выплаты.

DDMst.xls — таблица, позволяющая оценивать устойчиво растущую фирму со стабильными характеристиками (коэффициентом бета и рентабельностью собственного капитала) и дивидендами, которые примерно равны денежным потокам.

Двухфазная модель дисконтирования дивидендов

Двухфазная модель роста предполагает два этапа роста — начальную фазу, когда темпы роста являются нестабильными, и последующее состояние, при котором рост стабилен и, предположительно, останется таким в долгосрочном периоде. Хотя в большинстве случаев темпы роста на начальном этапе выше стабильных, модель можно модифицировать для оценки компаний, демонстрирующих низкие или даже отрицательные темпы роста в течение нескольких лет, а затем вновь возвращающихся к стабильному росту.

Модель. Модель основывается на двух этапах роста: фазе исключительного роста, которая длится n лет, и фазе стабильного роста, продолжающейся после этого бесконечно:

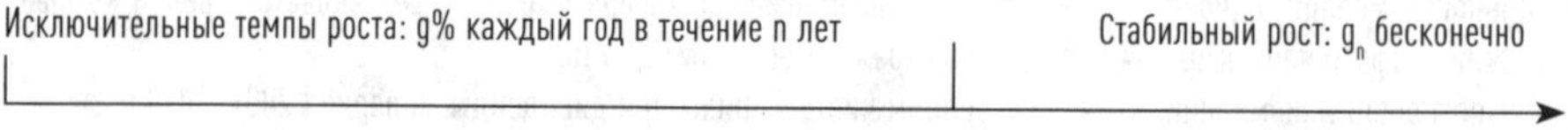

Стоимость акции =
= приведенная стоимость (PV) дивидендов в фазе исключительного роста + приведенная стоимость заключительной цены.

$$P_0 = \sum_{t=1}^{t=n} \frac{DPS_t}{(1+k_{e,hg})^t} + \frac{P_n}{(1+k_{e,hg})^n},$$

где $P_n = \frac{DPS_{n+1}}{(k_{e,st} - g_n)}$;

DPS_t = ожидаемые дивиденды на акцию в год t;
k_e = стоимость привлечения собственного капитала (hg — период быстрого роста, st — период стабильного роста);
P_n = цена в конце года n;
g = исключительные темпы роста за первые n лет;
g_n = темпы роста, сохраняющиеся до бесконечности после года n.

В том случае когда исключительные темпы роста (g) и коэффициенты выплат неизменны в течение первых n лет, эта формула может быть упрощена следующим образом:

$$P_0 = \frac{DPS_0 \times (1+g) \times \left[1 - \frac{(1+g)^n}{(1+k_{e,hg})^n}\right]}{k_{e,hg} - g} + \frac{DPS_{n+1}}{(k_{e,st} - g_n)\,(1+k_{e,hg})^n}.$$

Исходные данные для формулы были определены ранее.

Вычисление заключительной цены. Ограничение, относящееся к темпам роста в модели Гордона (темпы роста фирмы сравнимы с номинальными темпами роста экономики), применимо и к завершающим темпам роста (g_n) в этой модели.

Кроме того, коэффициент выплат должен согласовываться с оцененными темпами роста. Если после начальной фазы роста ожидается существенное падение темпов роста, то коэффициент выплат должен быть выше в стабильной фазе по сравнению с фазой роста. Стабильная фирма может выплачивать более значительную часть своей прибыли, чем растущая фирма. Одним из способов оценки этого нового коэффициента выплат является использование модели роста на основе фундаментальных показателей, описанной в главе 12:

Ожидаемый рост = коэффициент нераспределенной прибыли ×
× рентабельность собственного капитала =
(1 – коэффициент выплат) × рентабельность собственного капитала.

Алгебраические преобразования дают следующий коэффициент выплат в период стабильного роста:

Коэффициент выплат в период стабильного роста =
= 1 – стабильные темпы роста/рентабельность собственного капитала
в стабильном периоде.

Таким образом, фирма с 5%-ными темпами роста и рентабельностью собственного капитала 15% будет иметь коэффициент выплат в период стабильного роста, равный 66,67%.

Другие характеристики фирмы в период стабильного роста должны согласовываться с предположением о стабильности. Скажем, разумно было бы предположить, что быстро растущая фирма имеет коэффициент бета 2,0, но неразумно полагать, будто этот коэффициент бета останется неизменным, когда фирма превратится в стабильную. Фактически эмпирическое правило, которое мы предложили в предыдущей главе (т. е. коэффициенты бета в период стабильного роста должны находиться в интервале между 0,8 и 1,2), можно применить и здесь. Аналогично рентабельность собственного капитала, которая может быть высокой в начальной фазе роста, должна упасть до уровня, соответствующего стабильной фирме в период стабильного роста. Какова корректная рентабельность собственного капитала в период стабильного роста? Среднеотраслевая рентабельность собственного капитала и стоимость привлечения собственного капитала самой фирмы в период стабильного роста дают полезную информацию для вынесения суждения по этому вопросу.

Ограничения модели. С двухфазной моделью дисконтирования дивидендов связаны три проблемы. Первые две из них можно отнести к любой двухфазной модели, а третья характеризует именно модель дисконтирования дивидендов.

1. Первая практическая проблема связана с определением продолжительности периода исключительного роста. Поскольку по окончании этого периода рост, предположительно, упадет до стабильного уровня, стоимость инвестиции повысится, когда этот период станет продолжительнее. Хотя в главе 12 мы предложили критерии, которые могут быть полезными при вынесении данного суждения, на практике трудно обратить эти качественные соображения в определенный временной период.
2. Вторая проблема заключается в том, что данная модель строится на предположении о высоких темпах роста в течение начального периода, которые в одночасье уменьшаются до более низкого, стабильного уровня к концу периода. Хотя подобные внезапные трансформации роста и могут случаться, более реалистично предполагать постепенность перехода от высоких темпов роста к низким.
3. В этой модели акцент на дивидендах может привести к необъективным оценкам стоимости фирм, дивиденды которых меньше, чем они могут себе позволить. В частности, мы недооценим стоимость фирм, накапливающих денежные запасы и выплачивающих слишком низкие дивиденды.

Фирмы, для которых модель работает наилучшим образом. Поскольку двухфазная модель дисконтирования дивидендов основывается на двух четко разграниченных этапах роста (этапах быстрого и стабильного роста), она лучше подходит для фирм, которые переживают период быстрого роста и, предположительно, будут сохранять его в течение определенного периода, после которого источники быстрого роста должны иссякнуть. Например, данные допущения работают, когда реализуется следующий сценарий: компания имеет патент на очень прибыльный продукт, действующий в течение нескольких последующих лет и обещающий чрезмерный рост на протяжении этого периода. По окончании срока патента ожидается, что фирма вернется к стабильному росту. Другой сценарий, где данные предположения относительно роста кажутся разумными, реализуется в случае, когда фирма работает в отрасли, переживающей период чрезвычайного роста из-за наличия значительных барьеров на вход (связанных с законодательством или требованиями инфраструктуры), и эти барьеры, вероятно, на несколько лет удержат новых конкурентов от прихода на рынок.

Предположение, что темпы роста стремительно падают от уровня начальной фазы до стабильного уровня, означает еще, что эта модель в большей степени подходит для фирм с умеренными темпами роста в начальный период. Например, разумнее предполагать, что фирма, растущая на 7% в период высокого роста, в последующем столкнется с падением темпов роста до 2%, чем делать подобное допущение в отношении фирмы, растущей в период быстрого роста на 40% в год.

Наконец, модель работает наилучшим образом для фирм, придерживающихся политики выплаты в качестве дивидендов остаточных денежных потоков (т. е. денежных потоков, оставшихся после выплаты долга и удовлетворения потребностей в реинвестировании).

ИЛЛЮСТРАЦИЯ 13.3. *Оценка фирмы при помощи двухфазной модели дисконтирования дивидендов на примере компании Procter & Gamble по состоянию на май 2011 г.*

Компания Procter & Gamble (P&G) — один из ведущих глобальных производителей потребительских товаров, владеющий рядом известнейших брендов в мире, включая бритвы Gillette, детские подгузники Pampers, стиральный порошок Tide, зубную пасту Crest, а также лекарство от кашля Vicks. Длительная история выплаты дивидендов делает компанию хорошим кандидатом на использование модели дисконтирования дивидендов. Хотя это очень крупная компания, принадлежащие ей бренды и ее глобальное проникновение обеспечивают базу для высокого роста на протяжении нескольких последующих лет. Таким образом, для оценки компании можно использовать двухфазную модель дисконтирования дивидендов.

Чтобы обрисовать ситуацию, отметим следующее: в 2010 г. P&G объявила о прибыли в размере $12 736 млн и выплатила 49,74% из этой суммы в виде дивидендов; в 2010 г. в расчете на акцию прибыль составила $3,82, а дивиденды — $1,92. Для оценки стоимости привлечения собственного капитала мы будем использовать коэффициент бета 0,90 (значение, характерное для крупных производителей потребительских товаров в 2010 г.), безрисковую ставку 3,50% и премию за риск для зрелого рынка, равную 5%:

Стоимость привлечения собственного капитала = 3,50% + 0,90 (5%) = 8,00%.

При оценке ожидаемых темпов роста мы оттолкнемся от текущей рентабельности собственного капитала фирмы (20,09%) и коэффициента выплат (49,74%) и примем очень близкие к ним показатели на следующие пять лет:

Ожидаемая рентабельность собственного капитала на следующие пять лет = 20%
Ожидаемый коэффициент нераспределенной прибыли на следующие пять лет = 50%
Ожидаемые темпы роста на следующие пять лет = 20% × 50% = 10%.

Применяя эти темпы роста к прибыли и дивидендам на следующие пять лет и дисконтируя эти дивиденды к настоящему времени по стоимости привлечения капитала, мы получим стоимость $10,09 на акцию для периода высокого роста:

	1	*2*	*3*	*4*	*5*	*Сумма*
Прибыль на акцию ($)	4,20	4,62	5,08	5,59	6,15	
Коэффициент выплат (%)	50,00	50,00	50,00	50,00	50,00	
Дивиденды на акцию ($)	2,10	2,31	2,54	2,80	3,08	
Стоимость привлечения собственного капитала (%)	8,00	8,00	8,00	8,00	8,00	
Приведенная стоимость ($)	1,95	1,98	2,02	2,06	2,09	10,09

Мы принимаем, что после пятого года P&G будет иметь стабильные темпы роста 3% в год (чуть ниже безрисковой ставки). Мы также принимаем, что рентабельность собственного капитала у фирмы упадет до более стабильного уровня 12%, и это даст расчетный коэффициент выплат 75% на бесконечном горизонте:

Ожидаемый коэффициент выплат в период стабильного роста = 1 – g/ROE = 1 – 3%/12% = 75%.

Считая, что в период стабильного роста коэффициент бета приближается к 1 (это дает стоимость привлечения собственного капитала 8,5%), оцениваем стоимость акции на конец пятого года:

$$\text{Стоимость акции на конец 5 года} = \frac{EPS_5(1 + \text{темпы роста}_{\text{стабильн.}})(\text{коэффициент выплат}_{\text{стабильн.}})}{(\text{стоимость привлечения собственного капитала}_{\text{стабильн.}} - \text{темпы роста}_{\text{стабильн.}})} =$$

$$= \frac{\$6{,}15(1{,}03)(0{,}75)}{0{,}085 - 0{,}03} = \$86{,}41.$$

Дисконтирование этой цены по ставке 8% (стоимости привлечения собственного капитала в период высокого роста) и прибавление к полученной величине приведенной стоимости ожидаемых дивидендов в период высокого роста дает стоимость акции $68,90:

Стоимость акции = приведенная стоимость дивидендов в период высокого роста +
+ приведенная стоимость акции в конце периода высокого роста =

$$= \$10{,}09 + \frac{\$86{,}41}{1{,}08^5} = \$68{,}90.$$

В мае 2011 г. акция торговалась по $68, т. е. была оценена справедливо.

DDM2st.xls — таблица, позволяющая оценивать растущую фирму, которая находится в периоде быстрого роста, сменяемого периодом стабильного роста, на основе использования ожидаемых дивидендов.

Модификация модели с учетом обратного выкупа акций. В последние годы фирмы в США все чаще стали использовать выкуп акций с целью возвращения денежных средств акционерам. На рисунке 13.3 представлены суммы нарастающим итогом, выплачиваемые фирмами в форме дивидендов, и выкупы акций в период 1988–2010 гг. Тенденция к выкупу акций очень велика, и особенно сильной она была в 1990-е гг. Кратковременное сокращение объема выкупов в результате банковского кризиса 2008 г. наблюдалось лишь в 2009 г., а уже в 2010 г. тенденция восстановилась.

Каковы практические следствия этого явления для модели дисконтирования денежных потоков? Концентрируясь исключительно на выплачен-

РУКОВОДСТВО ПО РЕШЕНИЮ ПРОБЛЕМ: ВОЗМОЖНЫЕ ЗАТРУДНЕНИЯ ПРИ ОЦЕНКЕ (ДВУХФАЗНАЯ МОДЕЛЬ ДИСКОНТИРОВАНИЯ ДИВИДЕНДОВ)

Если проблема состоит в следующем:	*Это может оказаться решением:*
• Если вы получаете крайне низкое значение стоимости на основе двухфазной модели дисконтирования дивидендов, то причины могут заключаться в следующем:	
Коэффициент выплат для периода стабильного роста слишком мал для стабильной фирмы (<40%).	Если вы используете фундаментальные показатели, задайте более высокую величину рентабельности собственного капитала. При непосредственном определении показателей задайте более высокие выплаты.
Коэффициент бета в период стабильного роста слишком велик для стабильной фирмы.	Используйте коэффициент бета, близкий к 1.
Используется двухфазная модель, хотя больше подходит трехфазная.	Используйте трехфазную модель.
• Если вы получили чрезмерно высокое значение стоимости:	
Темпы роста в период стабильного роста слишком высоки для стабильной фирмы.	Используйте темпы роста ниже уровня безрисковой ставки и убедитесь в том, что коэффициент нераспределенной прибыли оценен адекватно.

ных дивидендах как единственных денежных средствах, возвращаемых держателям акций, мы рискуем упустить из виду значительные потоки средств, поступающие к акционерам в результате выкупа акций. Простейший способ включить выкупы акций в модель дисконтирования дивидендов — это добавление их к дивидендам и вычисление модифицированного коэффициента выплат:

$$\text{Модифицированный коэффициент выплат дивидендов} = \\ = (\text{дивиденды} + \text{выкупы акций})/\text{чистая прибыль}.$$

Хотя данная корректировка прямолинейна, получающийся коэффициент может быть искажен тем фактом, что выкупы акций, в отличие от дивидендов, не сглаживаются. Другими словами, фирма может в один год выкупить акций на сумму $3 млрд, а в течение следующих трех лет не выкупать акции. Следовательно, более правильную оценку модифицированного коэффициента выплат можно получить, рассмотрев среднее значение за 4–5-летний период. Кроме того, фирмы иногда могут прибегать к обратному выкупу акций в целях повышения финансового рычага. Мы можем учесть данную возможность, вычтя новые долговые обязательства, что приведет нас к следующей формуле:

Модифицированный коэффициент выплат дивидендов =
= (дивиденды + выкупы акций – долгосрочные долговые обязательства) / чистая прибыль.

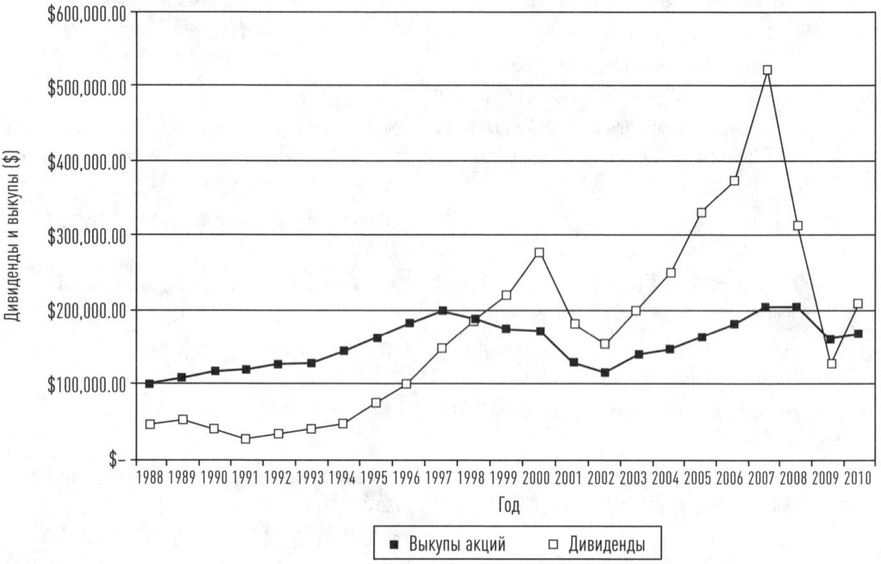

Рисунок 13.3. *Выкупы акций и дивиденды: суммарно для фирм США, 1989–2010 гг.*

Корректировка коэффициента выплат с учетом выкупа акций оказывает переменное влияние на оценку роста и заключительной стоимости. В частности, модифицированные темпы роста прибыли на акцию можно записать следующим образом:

Модифицированные темпы роста =
= (1 – модифицированный коэффициент выплат) ×
× рентабельность собственного капитала.

Даже рентабельность собственного капитала может быть подвержен влиянию выкупов акций. Поскольку балансовая стоимость собственного капитала сокращается на рыночную стоимость выкупленных акций, фирма, выкупающая акции, может существенно уменьшить балансовую стоимость собственного капитала (и повысить его рентабельность). Если мы используем такое значение, как показатель предельной рентабельности собственного капитала (для новых инвестиций), то переоценим стоимость фирмы. Добавление выкупов акций, осуществленных в последние годы, к балансовой стоимости собственного капитала и переоценка рентабельности собственного капитала иногда дает более разумную оценку рентабельности собственного капитала, затраченного на инвестирование.

***ИЛЛЮСТРАЦИЯ 13.4.** Использование модифицированной модели дисконтирования дивидендов на примере компании Coca-Cola*

Чтобы продемонстрировать эффект использования модифицированной модели дисконтирования дивидендов по сравнению с обычной моделью, возьмем компанию Coca-Cola, которая выкупала акции в период с 2006 по 2010 г. В нижеследующей таблице мы приводим оценку совокупного объема денежных средств, возвращенных акционерам в каждый год, и сопоставляем модифицированный коэффициент выплат с обычным:

	2006	*2007*	*2008*	*2009*	*2010*	*Итого*
Чистая прибыль ($)	5080	5981	5807	6824	11 809	35 501
Дивиденды ($)	2911	3149	3521	3800	4068	17 449
Выкупы ($)	2268	219	493	856	1295	5131
Дивиденды + выкупы ($)	5179	3368	4014	4656	5363	22 580
Коэффициент выплат (%)	57,30	52,65	60,63	55,69	34,45	49,15
Модифицированный коэффициент выплат (%)	101,95	56,31	69,12	68,23	45,41	63,60

Модифицированный коэффициент выплат выше обычного в каждом году, однако объем выкупов крайне непостоянен. Именно поэтому мы берем суммарное значение за весь период, равное 63,60%, которое выше значения обычного коэффициента выплат, 49,15%.

Как это влияет на оценку Coca-Cola? Более высокому модифицированному коэффициенту выплат соответствуют более значительные денежные потоки, поступающие акционерам, в период высокого роста, что должно увеличивать стоимость. Этот эффект, однако, частично или даже полностью нивелируется более низкими фундаментальными темпами роста. В случае Coca-Cola, где мы принимаем рентабельность собственного капитала равной 25%, ожидаемые темпы роста при использовании модифицированного коэффициента выплат можно определить следующим образом:

Ожидаемые темпы роста = ROE × (1 – модифицированный коэффициент выплат) = 25% (1 – 0,636) = 9,1%.

Обычный коэффициент выплат дает уровень ожидаемых темпов роста более 12,5%.

Оценка рынка в целом с использованием модели дисконтирования дивидендов. Все наши примеры модели дисконтирования дивидендов, рассмотренные до сих пор, касались отдельных компаний, но мы не видим причин, которые бы помешали применить ту же модель к оценке сектора или даже рынка в целом. Рыночная цена акции может быть заменена кумулятивной рыночной стоимостью всех акций в секторе или даже на рынке в целом. В этом случае ожидаемые дивиденды следует поменять на кумулятивные дивиденды всех акций сектора или рынка, а их определение можно расширить с учетом выкупов акций всеми фирмами. Вместо ожидаемых темпов роста будут использоваться темпы роста кумулятивной прибыли индекса. При этом отсутствует необходимость в коэффициенте бета, поскольку мы рассматриваем рынок в целом (а он имеет коэффициент бета, равный 1), а для оценки стоимости привлечения собственного капитала мы можем добавить премию (или премии) за риск к безрисковой ставке. Причем можно использовать двухфазную модель, где темпы роста выше, чем темпы роста экономики. Но, устанавливая темпы роста слишком высокими или же выбирая чрезмерно длительный период быстрого роста, следует быть осторожными, поскольку рост кумулятивной прибыли всех фирм в экономике вряд ли может превышать темпы роста экономики длительное время.

Рассмотрим простой пример. Предположим, что существует индекс, торгуемый по цене 700 пунктов, а средняя дивидендная доходность акций в индексе составляет 5%. Прибыль и дивиденды, предположительно, будут расти на 4% в год неограниченно долго, а безрисковая ставка составляет 5,4%. Если использовать премию за рыночный риск в размере 4%, то стоимость индекса можно определить следующим образом:

Стоимость привлечения собственного капитала = безрисковая ставка + + премия за риск = 5,4% + 4% = 9,4%.

Ожидаемые в следующем году дивиденды = = (дивидендная доходность акций × стоимость индекса) × × (1 + ожидаемые темпы роста) = (0,05 × 700) (1,04) = 36,4.

Стоимость индекса = ожидаемые в следующем году дивиденды/ /(стоимость привлечения собственного капитала – ожидаемые темпы роста) = 36,4/(0,094 – 0,04) = 674.

При существующем уровне в 700 пунктов рынок слегка переоценен.

ИЛЛЮСТРАЦИЯ 13.5. *Оценка индекса S&P 500 по обычной и модифицированной модели дисконтирования дивидендов*

Первого января 2011 г. индекс S&P торговался по цене 1257,64 пунктов, дивиденды на индекс составили 23,12 за прошлый год. На эту дату аналитики оценивали ожидаемые темпы роста прибыли для индекса как 6,95% на следующие пять лет. Считая, что дивиденды растут с той же скоростью, что и прибыль, мы получим:

Год	*2011*	*2012*	*2013*	*2014*	*2015*
Ожидаемые дивиденды *($)*	24,73	26,44	28,28	30,25	32,35

Для оценки стоимости привлечения собственного капитала примем для индекса коэффициент бета, равный 1, безрисковую ставку 3,29% по состоянию на 1 января 2011 г. и премию за риск инвестирования в акции в размере 5%:

Стоимость привлечения собственного капитала = 3,5% + 5% = 8,5%.

После пятого года ожидаются темпы роста прибыли и дивидендов, равные 3,29%, на том же уровне, что и темпы роста экономики (принимаются соответствующими безрисковой ставке). При этих условиях мы получим следующую стоимость индекса:

$$\text{Стоимость индекса} = \frac{24{,}73}{1{,}085} + \frac{26{,}44}{1{,}085^2} + \frac{28{,}28}{1{,}085^3} + \frac{30{,}25}{1{,}085^4} + \frac{32{,}35}{1{,}085^5} + \frac{32{,}35(1{,}0329)}{(0{,}085 - 0{,}0329)1{,}085^5} = 560{,}15.$$

Это говорит о том, что по состоянию на 1 января 2011 г. индекс был сильно переоценен.

Поскольку многие компании, входящие в индекс, возвращали денежные средства в форме выкупов, а не дивидендов, более реалистичная оценка стоимости индекса должна учитывать ожидаемые выкупы. С этой целью мы прибавляем выкупы 2010 г. к дивидендам и получаем величину модифицированных дивидендов на индекс 53,96. Используя те же параметры, что и в обычной модели (темпы роста 6,95% для следующих пяти лет и 3,29% после пятого года), мы получаем следующую стоимость индекса:

$$\text{Стоимость индекса} = \frac{57{,}72}{1{,}085} + \frac{61{,}73}{1{,}085^2} + \frac{66{,}02}{1{,}085^3} + \frac{70{,}60}{1{,}085^4} + \frac{75{,}51}{1{,}085^5} + \frac{75{,}51(1{,}0329)}{(0{,}085 - 0{,}0329)1{,}085^5} = 1307{,}48.$$

Включение выкупов в расчет делает индекс немного недооцененным (примерно на 4%).

Стоимость роста

Инвесторы платят ценовую премию, когда они приобретают компании с высоким потенциалом роста. Данная премия принимает форму более высоких мультипликаторов «цена/прибыль» или «цена/балансовая стоимость». Хотя никто не оспаривает значимость роста, возможен вариант, когда за него платят слишком много. Действительно, эмпирические исследования показывают, что акции с невысоким мультипликатором «цена/прибыль» в долгосрочном периоде имеют надбавку в доходности по сравнению с акциями с высоким мультипликатором «цена/прибыль». Это подтверждает идею о том, что инвесторы переплачивают за рост. В данном разделе двухфазная модель дисконтирования дивидендов используется для оценки стоимости роста и дает ориентир, с которым можно сравнивать фактические цен, уплаченные за рост.

Оценка стоимости роста. Стоимость собственного капитала любой фирмы можно записать в трехкомпонентном виде:

$$P_0 = \underbrace{\left\{ \frac{DPS_0 \times (1+g) \times \left[1 - \frac{(1+g)^n}{(1+r)^n}\right]}{k_{e,hg} - g} + \frac{DPS_{n+1}}{(k_{e,st} - g_n)(1+k_{e,hg})^n} - \frac{DPS_1}{k_{e,st} - g_n} \right\}}_{\text{Исключительный рост}} +$$

$$+ \underbrace{\left(\frac{DPS_1}{k_{e,st} - g_n} - \frac{DPS_0}{k_{e,st}} \right)}_{\text{Стабильный рост}} + \underbrace{\frac{DPS_0}{k_{e,st}}}_{\text{Размещенные активы}},$$

где DPS_t = ожидаемые дивиденды на акцию в год t;

k_e = стоимость привлечения собственного капитала;

g_n = темпы роста на бесконечном временном горизонте после года n.

Стоимость исключительного роста =
= стоимость фирмы, переживающей исключительный рост
в первые n лет – стоимость фирмы в качестве стабильной фирмы[1].

Стоимость стабильного роста =
= стоимость фирмы как стабильно растущей фирмы –
– стоимость фирмы, не обладающей ростом.

Размещенные активы = стоимость фирмы, не обладающей ростом.

Производя такие оценки, мы обязаны сохранять последовательность. Например, при оценке размещенных активов следует предположить, что вся прибыль может быть выплачена в качестве дивидендов, в то время как коэффициентом выплат, используемым для оценки стабильного роста, должен оставаться коэффициент выплат в стабильный период.

ИЛЛЮСТРАЦИЯ 13.6. *Стоимость роста на примере компании Procter & Gamble в мае 2011 г.*

В иллюстрации 13.3 мы определили цену акции компании P&G с помощью двухфазной модели дисконтирования дивидендов как $68,90. Сначала мы оцениваем размещенные активы, исходя из текущей прибыли ($3,82) и предполагаем, что вся прибыль выплачивается в виде дивидендов. Мы также используем в качестве ставки дисконтирования стоимость привлечения собственного капитала в период стабильного роста.

Стоимость размещенных активов = текущая прибыль на акцию/r = $3,82/0,085 = $44,94.

Для оценки стоимости стабильного роста мы предполагаем, что ожидаемые темпы роста будут на уровне 3%, а коэффициент выплат — это коэффициент выплат для стабильного периода в размере 75%:

Стоимость стабильного роста = текущая прибыль на акцию × коэффициент выплат в стабильном периоде × × $(1 + g_n)/(r - g_n)$ – стоимость размещенных активов = ($3,82 × 0,75 × 1,03)/(0,085 – 0,03) – $44,94 = $8,71.

Стоимость исключительного роста = $68,90 – $44,94 – $8,71 = $15,25.

Заметим, что величина $68,90 составляла нашу оценку стоимости акции в иллюстрации 13.3.

Детерминанты стоимости роста

- *Темпы роста в период исключительного роста.* Чем выше темпы роста в период исключительного роста, тем выше расчетная стоимость роста. И наоборот: стоимость быстро растущих компаний может сильно падать при снижении ожидаемых темпов роста либо вследствие разочаровывающих новостей от фирмы, либо под воздействием внешних событий.
- *Продолжительность периода исключительного роста.* Чем продолжительнее период исключительного роста, тем выше стоимость роста. Это нетрудно проиллюстрировать на интуитивном уровне. Стоимость $15,25 для исключительного роста P&G основывается на предположении о том, что быстрый рост будет длиться пять лет. Если этот срок увеличить до 10 лет, то стоимость исключительного роста повысится.
- *Прибыльность проектов.* Стоимость ожидаемого роста определяется избыточной доходностью, получаемой в проектах. Рост теряет стоимость, когда рентабельность собственного капитала фирмы становится равное стоимости его привлечения.

[1] В качестве коэффициента выплат, используемого для оценки стоимости фирмы в период стабильности, можно выбрать либо текущий коэффициент выплат, если это обоснованно, либо новый коэффициент выплат, вычисленный на основе формулы фундаментального роста.

Модель «H» для оценки роста

Модель «H» — это двухфазная модель роста, но, в отличие от классической двухфазной модели, темпы роста на начальном его этапе не являются постоянными, а снижаются линейно во времени, пока не достигнут стабильного уровня в устойчивом состоянии. Данная модель была представлена в работе Fuller and Hsia (1984).

Модель. Модель отталкивается от предположения о том, что темпы роста прибыли начинаются с высокого начального уровня (g_a), а затем линейно падают в период исключительного роста (который, предположительно, длится 2H периодов) до стабильных темпов роста (g_n). Также предполагается, что выплаты дивидендов и стоимость привлечения собственного капитала — постоянные во времени величины, независимые от изменения темпов роста. На рисунке 13.4 представлено изменение темпов роста во времени в модели «H».

***Рисунок 13.4.** Ожидаемый рост в модели «H»*

Стоимость ожидаемых дивидендов в модели «H» можно записать в следующем виде:

$$P_0 = \underbrace{\frac{DPS_0 \times (1+g_n)}{k_e - g_n}}_{\text{Стабильный рост}} + \underbrace{\frac{DPS_0 \times H \times (g_a - g_n)}{k_e - g_n}}_{\text{Исключительный рост}},$$

где P_0 = стоимость фирмы на акцию;
DPS_t = DPS в год t;
k_e = стоимость привлечения собственного капитала;
g_a = первоначальные темпы роста;
g_n = темпы роста через 2H лет, действующие после этого бесконечно.

Ограничения. В данной модели удается избежать проблем, связанных с резким падением темпов роста с высокого уровня до стабильного. Однако это влечет за собой определенные ограничения. Во-первых, снижение темпов роста должно происходить по определенной схеме, заложенной в модели, — падение происходит по линейному закону путем ежегодных приращений на основе начальных темпов роста, стабильных темпов роста и продолжительности периода исключительного роста. Хотя небольшие отклонения от данного предположения не оказывают значительного влияния на стоимость, серьезные отклонения могут представлять проблему. Во-вторых, предположение о том, что коэффициент выплат постоянен на протяжении обеих фаз роста, приводит к несогласованности — когда темпы роста падают, коэффициент выплат, как правило, повышается.

Фирмы, для которых применение модели наиболее эффективно. Допущение относительно постепенности снижения темпов роста со временем делает эту модель полезной для описания фирм, которые быстро растут в настоящий момент, но, как ожидается, будут постепенно терять темпы роста по мере увеличения размеров и исчезновения конкурентных преимуществ. Однако предположение о постоянстве коэффициента выплат делает эту модель непригодной для тех фирм, которые выплачивают невысокие дивиденды или вовсе не выплачивают их в настоящее время. Таким образом, данная модель, требующая одновременно высокого роста и высоких дивидендов, может иметь довольно ограниченное применение[1].

ИЛЛЮСТРАЦИЯ 13.7. *Оценка при помощи модели «H» на примере фирмы Vodafone*

Британская телекоммуникационная фирма Vodafone в 2010 г. выплатила дивиденды в размере 16,1 пенса на акцию. Прибыль на акцию за пять предшествующих лет росла на 6%, однако ожидается, что в последующие пять лет темпы роста линейно снизятся до 3% при неизменности коэффициента выплат. Коэффициент бета акции равен 1, безрисковая ставка в британских фунтах составляет 4%, а премия за рыночный риск — 5%.

$$\text{Стоимость привлечения собственного капитала} = 4{,}00\% + 1{,}0 \times 5\% = 9{,}00\%.$$

Акцию можно оценить, используя модель «H»:

$$\text{Стоимость стабильного роста} = \frac{9{,}8 \times 1{,}03}{0{,}09 - 0{,}03} = 168 \text{ пенсов.}$$

$$\text{Стоимость исключительного роста} = \frac{9{,}8 \times (5/2) \times (0{,}06 - 0{,}03)}{0{,}09 - 0{,}03} = 12 \text{ пенсов.}$$

$$\text{Стоимость акции} = 168 + 12 = 180 \text{ пенсов.}$$

В мае 2011 г. акция торговалась по цене 173,3 пенса, т. е. была немного недооценена.

---

[1] Сторонники данной модели доказывают, что использование устойчивого коэффициента выплат для фирм с небольшими или отсутствующими дивидендами вполне оправданно, поскольку ошибки в оценке здесь невелики.

DDMH.xls — таблица, позволяющая на основе ожидаемых дивидендов оценивать фирму, у которой высокие темпы роста в начальный период сменяются стабильными темпами роста.

Трехфазная модель дисконтирования дивидендов

Трехфазная модель дисконтирования дивидендов сочетает особенности двухфазной модели и модели «H». В ней предполагается наличие начального периода высокого роста, переходного периода, когда рост падает, а также заключительной фазы стабильного роста. Это наиболее общая модель, поскольку она не накладывает никаких ограничений на коэффициент выплат.

Модель. В модели предполагается наличие начального периода высокого роста, второго периода понижающегося роста, а также третьего периода стабильного роста, длящегося бесконечно. На рисунке 13.5 представлен ожидаемый рост на протяжении трех временных периодов.

В этом случае стоимость акции представляет собой приведенную стоимость ожидаемых дивидендов в период быстрого роста и переходной фазы, а также заключительную цену в начале завершающей фазы стабильного роста.

$$P_0 = \underbrace{\sum_{t=1}^{t=n1} \frac{EPS_0 \times (1+g_a)^t \times \Pi_a}{(1+k_{e,hg})^t}}_{\text{Фаза высокого роста}} + \underbrace{\sum_{t=n1+1}^{t=n2} \frac{DPS_t}{(1+k_{e,t})^t}}_{\text{Переходный этап}} + \underbrace{\frac{EPS_{n2} \times (1+g_n) \times \Pi_n}{(k_{e,st} - g_n) \times (1+r)^n}}_{\text{Фаза стабильного роста}},$$

где EPS_t = прибыль на акцию в год t;

DPS_t = дивиденды на акцию в год t;

g_a = темпы роста в фазе высокого роста (продолжается n1 периодов);

g_n = темпы роста в стабильной фазе;

Π_a = коэффициент выплат в фазе высокого роста;

Π_n = коэффициент выплат в фазе стабильного роста;

k_e = стоимость привлечения собственного капитала в фазе: высокого роста (hg); перехода (t); стабильного роста (st).

Предположения. Данная модель устраняет многие ограничения, налагаемые другими вариантами модели дисконтирования дивидендов. Но взамен она требует гораздо большего числа входных данных: коэффициентов выплат для отдельных годов, темпов роста и коэффициентов бета. Для фирм со значительным уровнем шумов в процессе оценки ошибки в этих входных данных могут перекрывать любые выигрыши от гибкости, привносимой данной моделью.

Рисунок 13.5. *Ожидаемый рост в трехфазной модели дисконтирования дивидендов*

Фирмы, для которых применение модели наиболее эффективно. Гибкость модели делает ее полезным инструментом для анализа любой фирмы, которая, предположительно, будет претерпевать изменения не только в части роста, но и в других отношениях (в частности, в отношении политики выплаты дивидендов и риска). Данная модель наилучшим образом подходит для тех фирм, которые отличаются исключительными темпами роста в настоящий момент времени и, предположительно, будут сохранять их на протяжении начального периода, после чего преимущество фирмы, скорее всего, иссякнет, что постепенно приведет к понижению темпов роста до стабильного уровня. На практике эта модель более всего применима к фирмам, у которых прибыль растет очень высокими темпами[1] и, предположительно, продолжит расти такими темпами в начальном периоде, а затем по мере укрупнения фирмы и потери конкурентных преимуществ ее рост начнет постепенно снижаться в сторону стабильного уровня.

ИЛЛЮСТРАЦИЯ 13.8. *Оценка с помощью трехфазной модели дисконтирования дивидендов на примере компании Coca-Cola*

Для оценки Coca-Cola мы используем трехфазную модель дисконтирования дивидендов в определенной мере потому, что ожидаем от компании поддержания более высоких темпов роста, чем у экономики, на протяжении нескольких лет, а также потому, что она имеет длительную историю выплаты значительных дивидендов. Компания имеет низкий долговой коэффициент, и не похоже, чтобы она намеревалась изменить такой подход к финансированию.

---

[1] Определение «очень высокие темпы роста», по большей части, субъективно. По эмпирическому правилу темпы роста, превышающие 25%, следует квалифицировать как очень высокие, в то время как стабильный рост составляет 6–8%.

В 2010 г. компания объявила о прибыли на акцию в размере $3,56 и выплатила $1,88 на акцию в виде дивидендов. Для оценки ожидаемых темпов роста примем, что фирма сможет обеспечивать 25%-ную рентабельность собственного капитала в будущих инвестициях. Это ниже текущей рентабельности собственного капитала, однако близко к предельной рентабельности собственного капитала в последние годы. Мы также примем, что фирма будет реинвестировать 36,40% прибыли, доступной для выплаты дивидендов. Хотя такое значение ниже текущего коэффициента нераспределенной прибыли, составляющего 47,19%, оно соответствует оценке, полученной в иллюстрации 13.4 с использованием модифицированной модели дисконтирования дивидендов.

Ожидаемая рентабельность собственного капитала на следующие пять лет = 25%

Ожидаемый коэффициент нераспределенной прибыли на следующие пять лет = 36,40%

Ожидаемые темпы роста прибыли на акцию и дивидендов на акцию на следующие пять лет = 25% × 36,40% = 9,10%.

В фазе высокого роста мы считаем, что стоимость привлечения собственного капитала составляет 8,45%, исходя из коэффициента бета, равного 0,9, 3,5%-ной ставки по казначейским облигациям США в 2011 г. и 5,5%-ной премии за риск инвестирования в акции (премия повышена с учетом того, что Coca-Cola работает на развивающихся рынках):

Стоимость привлечения собственного капитала = 3,5% + 0,9 (5,5%) = 8,45%.

Ожидаемые дивиденды в течение следующих пяти лет приведены в таблице ниже. Приведенная стоимость вычисляется с использованием стоимости привлечения собственного капитала.

	1	*2*	*3*	*4*	*5*
Ожидаемые темпы роста (%)	9,10	9,10	9,10	9,10	9,10
Прибыль на акцию ($)	3,88	4,24	4,62	5,04	5,50
Коэффициент выплат (%)	63,60	63,60	63,60	63,60	63,60
Дивиденды на акцию ($)	2,47	2,69	2,94	3,21	3,50
Стоимость привлечения собственного капитала (%)	8,45	8,45	8,45	8,45	8,45
Приведенная стоимость ($)	2,28	2,29	2,31	2,32	2,33

После пятого года наступает пятилетний переходный период, а через 10 лет — период стабильного роста. Для фазы стабильного роста мы принимаем следующие параметры:

- Ожидаемые темпы роста 3% (чуть ниже безрисковой ставки), сохраняющиеся бесконечно долго.
- Рентабельность собственного капитала 15% (хотя она ниже текущей, такое значение является очень хорошим для зрелых фирм и отражает нашу уверенность в том, что бренд Coca-Cola сохранит свою ценность).
- Коэффициент выплат 80%. Эта величина получается, исходя из стоимости привлечения собственного капитала и ожидаемых темпов роста:

$$\text{Коэффициент выплат для стабильного роста} = 1 - \frac{g}{ROE} = 1 - \frac{3\%}{15\%} = 80\%.$$

- Стоимость привлечения собственного капитала 9,00% (исходя из предположения о том, что коэффициент бета увеличивается до 1 на фазе стабильного роста).

Переходный период (годы 6–10) позволяет нам постепенно изменить входные данные (коэффициент выплат, стоимость привлечения собственного капитала и темпы роста) со значений, характерных для высокого темпа роста, до значений, присущих стабильным темпам роста. Результаты приведены в следующей таблице:

	6	*7*	*8*	*9*	*10*
Ожидаемые темпы роста (%)	7,88	6,66	5,44	4,22	3,00
Прибыль на акцию ($)	5,94	6,33	6,68	6,96	7,17
Коэффициент выплат (%)	66,88	70,16	73,44	76,72	80,00
Дивиденды на акцию ($)	3,97	4,44	4,90	5,34	5,73

	6	*7*	*8*	*9*	*10*
Стоимость привлечения собственного капитала (%)	8,56	8,67	8,78	8,89	9,00
Кумулятивная стоимость привлечения собственного капитала	1,6286	1,7698	1,9252	2,0964	2,2850
Приведенная стоимость ($)	2,44	2,51	2,55	2,55	2,51

Обратите внимание на то, что изменение стоимости привлечения собственного капитала требует оценки кумулятивного значения. Так, кумулятивная стоимость привлечения собственного капитала для седьмого года составит:

Кумулятивная стоимость привлечения собственного капитала для 7 года = $1{,}0845^5 \times 1{,}0856 \times 1{,}0867 = 1{,}7698$.

Теперь мы можем определить стоимость акции на конец 10 года:

$$\text{Стоимость акции на конец 10 года} =$$

$$= \frac{\text{ожидаемые дивиденды на акцию в 11 году}}{\text{стабильная стоимость привлечения собственного капитала} - \text{стабильные темпы роста}} = \frac{\$7{,}17(1{,}03)(0{,}80)}{(0{,}09 - 0{,}03)} = \$98{,}42.$$

Дисконтирование заключительной стоимости по кумулятивной стоимости привлечения собственного капитала для 10 года плюс приведенная стоимость дивидендов дают нам стоимость акции $67,15:

Стоимость акции = приведенная стоимость дивидендов + приведенная стоимость заключительной цены =
= $20,89 + $98,42/2,2850 = $67,15.

В мае 2011 г. акции компании Coca-Cola торговались по цене $68,22, т. е. были справедливо оцененными.

DDM3st.xls — таблица, позволяющая оценивать фирму, у которой период высоких темпов роста сменяется переходным периодом, когда рост понижается до стабильного уровня.

РУКОВОДСТВО ПО РЕШЕНИЮ ПРОБЛЕМ: ВОЗМОЖНЫЕ ЗАТРУДНЕНИЯ ПРИ ОЦЕНКЕ (ТРЕХФАЗНАЯ МОДЕЛЬ ДИСКОНТИРОВАНИЯ ДИВИДЕНДОВ)

Если проблема состоит в следующем:	*Это может оказаться решением:*
• Если вы получаете слишком низкое значение стоимости на основе этой модели:	
Коэффициент выплат для периода стабильного роста слишком мал для стабильной фирмы (<40%).	Если вы используете фундаментальные показатели, задайте более высокую величину рентабельности собственного капитала. При непосредственном задании показателей определите более высокие выплаты.
Коэффициент бета в период стабильного роста слишком велик для стабильной фирмы.	Используйте коэффициент бета, близкий к 1.
• Если вы получили чрезмерно высокое значение стоимости:	
Темпы роста в период стабильного роста слишком высоки для стабильной фирмы.	Используйте темпы роста ниже безрисковой ставки.
Период роста (период быстрого роста + период стабильного роста) слишком велик.	Используйте менее продолжительные период высокого роста и переходный период.

ВОПРОСЫ, ВОЗНИКАЮЩИЕ ПРИ ИСПОЛЬЗОВАНИИ МОДЕЛИ ДИСКОНТИРОВАНИЯ ДИВИДЕНДОВ

Модель дисконтирования дивидендов привлекает своей простотой и интуитивной логичностью. Однако многие аналитики смотрят на результаты ее применения с подозрительностью из-за тех ограничений, которыми, по их мнению, эта модель обладает. Они считают, что данная модель не слишком полезна при оценке, за исключением ограниченного числа стабильных акций с высокими дивидендами. В данном разделе рассматриваются некоторые области, где модель дисконтирования дивидендов, как думают некоторые аналитики, терпит неудачу.

Оценка акций, по которым не выплачиваются дивиденды, или акций, приносящих небольшие дивиденды

Принято считать, что модель дисконтирования дивидендов неприменима для оценки акций, по которым не выплачиваются дивиденды, или акций, приносящих низкие дивиденды. Это мнение ошибочно. Если скорректировать коэффициент выплаты дивидендов с учетом изменений в ожидаемых темпах роста, то можно получить приемлемую оценку стоимости даже для фирм, не выплачивающих дивиденды. Таким образом, быстро растущая фирма, в настоящий момент не выплачивающая дивиденды, может быть все-таки оценена на основе дивидендов, которые, предположительно, начнут выплачиваться после снижения темпов роста. Однако если коэффициент выплат не откорректирован с учетом изменений темпов роста, то модель дисконтирования дивидендов занижает стоимость фирм, не выплачивающих дивиденды или выплачивающих их в небольшом размере.

Не слишком ли модель консервативна?

Стандартная претензия к модели дисконтирования дивидендов состоит в том, что она дает слишком консервативную оценку стоимости. Подобная критика основана на представлении о стоимости, которая определяется чем-то большим, чем приведенная стоимость ожидаемых дивидендов. Например, доказывается, что модель дисконтирования дивидендов не отражает стоимости «неиспользуемых активов». Однако нет причин, по которым эти неиспользуемые активы нельзя оценить отдельно и добавить к стоимости, полученной с помощью модели дисконтирования дивидендов. Некоторые активы, якобы игнорируемые моделью дисконтирования дивидендов (например, стоимость торговой марки), могут легко анализироваться в рамках этой модели.

Более оправданная претензия к модели основывается на том, что она не включает других способов отдачи денежных средств акционерам (например, выкупов акций). Однако при использовании модифицированной версии модели дисконтирования дивидендов данные возражения также могут быть оспорены.

Противоречивая природа модели

Наряду с отмеченными недостатками некоторые считают модель дисконтирования дивидендов противоречивой. Согласно их мнению, по мере роста рынков все меньше акций будут рассматриваться в рамках модели дисконтирования дивидендов как недооцененные. Это не обязательно должно быть истиной. Если рынок растет благодаря улучшению фундаментальных экономических показателей (например, вследствие повышения ожидаемых темпов роста экономики или более низких процентных ставок), то нет причин безапелляционно верить в то, что стоимость, полученная по модели дисконтирования дивидендов, не повысится на тождественную величину. Если же рынок растет не из-за фундаментальных показателей, то модель дисконтирования дивидендов будет выдавать оценки, расходящиеся с действительностью, но это является признаком силы, а не слабости. Модель показывает, что по отношению к дивидендам и денежным потокам рынок переоценен, и осторожный инвестор не пропустит эти сигналы мимо ушей.

ТЕСТИРОВАНИЕ МОДЕЛИ ДИСКОНТИРОВАНИЯ ДИВИДЕНДОВ

Базовый тест любой модели заключается в определении ее способности идентифицировать переоцененные и недооцененные акции. Результаты тестирования модели дисконтирования дивидендов показывают, что в долгосрочном периоде она учитывает избыточную доходность. Однако неясно, связано ли это с успешным обнаружением с помощью модели недооцененных акций или с тем, что она обеспечивает достоверные результаты для хорошо известных ситуаций с эмпирической нерегулярностью в доходности — в сопоставлении с мультипликатором «цена/прибыль» и дивидендной доходностью.

Простой тест модели дисконтирования дивидендов

Простое исследование модели дисконтирования дивидендов было проведено Соренсеном и Уилльямсоном (Sorensen and Williamson), которые с ее помощью оценили 150 акций из индекса S&P 400 в декабре 1980 г. Они использовали разницу между рыночной ценой и стоимостью, определенной по модели, для создания пяти портфелей на основе степени переоценки или недооценки. При использовании модели дисконтирования дивидендов они сделали ряд широких допущений:

- В качестве текущей прибыли на акцию использовалась средняя прибыль на акцию за период 1976–1980 гг.
- Стоимость привлечения собственного капитала оценивалась на основе CAPM.
- Период исключительного роста приравнивался к пяти годам для всех акций, а в качестве темпов роста для периода использовался консенсусный прогноз роста прибыли I/B/E/S.
- Стабильные темпы роста после периода исключительного роста для всех акций предполагались равными 8%.
- Коэффициент выплат для всех акций предполагался на уровне 45%.

Доходности этих пяти портфелей оценивались в последующие два года (январь 1981 г. — январь 1983 г.), а избыточная доходность определялась посредством сопоставления с индексом S&P 500 — при помощи CAPM и ко-

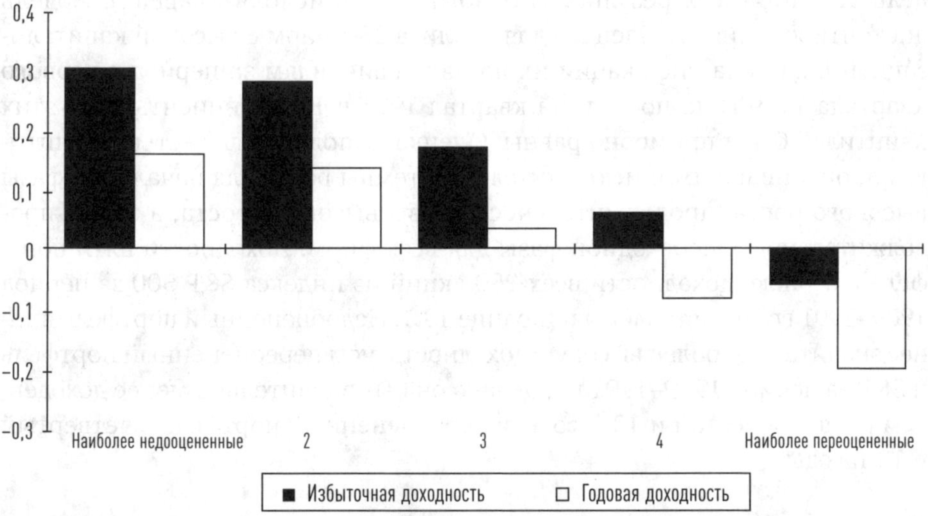

Рисунок 13.6. *Результаты использования модели дисконтирования дивидендов, 1981–1983 гг.*

эффициентов бета, вычисленных на первом этапе. На рисунке 13.6 представлена избыточная доходность, заработанная портфелем, который в соответствии с моделью дисконтирования дивидендов был недооценен как по отношению к рынку, так и в сравнении с переоцененным портфелем.

Недооцененный портфель имел положительную избыточную доходность в размере 16% в год в период 1981–1983 гг., в то время как переоцененный портфель имел отрицательную доходность, равную –15% в год в тот же период. Другие исследования, в которых основное внимание уделялось только модели дисконтирования дивидендов, привели к тем же выводам. В долгосрочном периоде недооцененные и переоцененные акции, согласно модели дисконтирования дивидендов, превосходят по доходности (с учетом риска) рыночный индекс или, соответственно, отстают от него.

Предостережения по поводу использования модели дисконтирования дивидендов

Модель дисконтирования дивидендов дает впечатляющие результаты в долгосрочном периоде. Однако по поводу обобщения результатов этих исследований следует высказать три соображения.

Невозможно регулярно и на разных периодах переигрывать рынок с помощью модели дисконтирования дивидендов. Рынок можно переиграть при помощи модели дисконтирования дивидендов на пятилетних периодах, однако в отдельные годы рынок будет значительно переигрывать модель. Хоген описал результаты одного фонда, использовавшего модель дисконтирования дивидендов для анализа 250 фирм с высокой капитализацией и для классификации их по пяти квинтилям за период с первого квартала 1979 г. по последний квартал 1991 г. Коэффициенты бета этих квинтилей были примерно равны. Оценка выполнялась шестью аналитиками, оценивавшими: исключительные темпы роста для начальной фазы высокого роста, продолжительность фазы высокого роста, а также продолжительность переходной фазы для всех фирм. Доходности пяти портфелей, а также доходности всех 250 акций из индекса S&P 500 за период 1979–1991 гг. представлены в таблице 13.1. Недооцененный портфель принес значительно более высокую доходность, чем переоцененный портфель и S&P за период 1979–1991 гг., однако он был значительно менее доходен, чем рынок в шестой и 13-й годы и переоцененный портфель в четвертый и 13-й годы.

Применение модели и критерий низких мультипликаторов «цена/прибыль» и дивидендной доходности — насколько сопоставимы

результаты? В модели дисконтирования дивидендов большее значение придается ожидаемым дивидендам и прибыли в ближайшие периоды, чем дивидендам и прибыли в более отдаленные периоды. При этом модель недооценивает акции с низкими мультипликаторами «цена/прибыль» и высокой дивидендной доходностью и переоценивает ценные бумаги с высокими мультипликаторами «цена/прибыль» и низкой или нулевой дивидендной доходностью. Как отмечалось в главе 6, исследования рыночной эффективности выявили, что акции с низкими мультипликаторами «цена/прибыль» превосходили (в смысле избыточной доходности) акции с высокими мультипликаторами «цена/прибыль» на протяжении длительных периодов времени. Аналогичные выводы были получены для акций с высокой дивидендной доходностью по отношению к акциям с низкой дивидендной доходностью. Таким образом, результаты оценки, полученные с помощью этой модели, согласуются со случаями эмпирической нерегулярности, наблюдаемыми на рынке.

Неясно, в какой степени модель прибавляет стоимость инвестиционным стратегиям, предусматривающим отбор акций по мультипликатору «цена/прибыль» или дивидендной доходности. Якобс и Леви (Jacobs and Levy, 1988b) показывают, что предельный выигрыш относительно невелик.

Свойство	*Средняя избыточная доходность за квартал: 1982–1987 гг. (%)*
Модель дисконтирования дивидендов	0,06
Низкий мультипликатор «цена/прибыль»	0,92
Мультипликатор «балансовая стоимость/цена»	0,01
Денежные потоки/цена	0,18
Мультипликатор «объем продаж/цена»	0,96
Дивидендная доходность	–0,51

ТАБЛИЦА 13.1. *Доходы по квинтилям в модели дисконтирования дивидендов*

	Квинтиль						
Год	**Недооцененные (%)**	**2 (%)**	**3 (%)**	**4 (%)**	**Переоцененные (%)**	**250 акций (%)**	**S&P 500 (%)**
1979	35,07	25,92	18,49	17,55	20,06	23,21	18,57
1980	41,21	29,19	27,41	38,43	26,44	31,86	32,55
1981	12,12	10,89	1,25	–5,59	–8,51	28,41	24,55
1982	19,12	12,81	26,72	28,41	35,54	24,53	21,61
1983	34,18	21,27	25,00	24,55	14,35	24,10	22,54
1984	15,26	5,50	6,03	–4,20	–7,84	3,24	6,12

Окончание табл.

Год	Квинтиль						
	Недооцененные (%)	2 (%)	3 (%)	4 (%)	Переоцененные (%)	250 акций (%)	S&P 500 (%)
1985	38,91	32,22	35,83	29,29	23,43	33,80	31,59
1986	14,33	11,87	19,49	12,00	20,82	15,78	18,47
1987	0,42	4,34	8,15	4,64	−2,41	2,71	5,23
1988	39,61	31,31	17,78	8,18	6,76	20,62	16,48
1989	26,36	23,54	30,76	32,60	35,07	29,33	31,49
1990	−17,32	−8,12	−5,81	2,09	−2,65	−6,18	−3,17
1991	47,68	26,34	33,38	34,91	31,64	34,34	30,57
1979–1991	1253	657	772	605	434%	722%	654

Можно сделать вывод о том, что использование низких мультипликаторов «цена/прибыль» при отборе акций добавляет 0,92% к квартальной доходности, в то время как использование модели дисконтирования дивидендов добавляет к квартальной доходности только 0,06%. Если выигрыш от использования модели дисконтирования дивидендов действительно так мал, то отбор акций на основе наблюдаемых показателей (например, на основе мультипликатора «цена/прибыль» или денежных потоков) может обеспечить значительно больший выигрыш с точки зрения избыточной доходности.

Проигрыш по налогам по акциям с высокими дивидендами. Портфели, созданные на основе модели дисконтирования дивидендов, характеризуются, как правило, высокой дивидендной доходностью, которая может создать проигрыш по налогам, если дивиденды облагаются по ставке, превышающей ставку для прироста капитала, или при наличии значительных налоговых обязательств, связанных с дивидендами и привязанных к определенному временному интервалу[1]. Поскольку избыточная доходность, выявленная в исследованиях, упомянутых выше, представлена до уплаты налогов, учет индивидуальных налогов может существенно сократить или даже уменьшить ее.

В целом к впечатляющим результатам модели дисконтирования дивидендов, которые получены в исследованиях, основанных на исторических данных, следует относиться с осторожностью. Для не облагаемой налогами инвестиции с дальним временным горизонтом модель дисконтирования дивидендов оказывается хорошим инструментом (хотя, возможно, и не единственным) для отбора акций. Что касается инвестора, облагаемого налогами, то здесь выигрыши менее очевидны, поскольку следует

[1] Когда инвесторы не могут выбирать момент получения дивидендов, но у них есть выбор в отношении времени признания прироста капитала.

учитывать налоговые последствия применяемой стратегии. Для инвесторов с более близким временным горизонтом модель дисконтирования дивидендов может не обеспечить обещанной избыточной доходности из-за демонстрируемых ею ежегодных колебаний.

ЗАКЛЮЧЕНИЕ

Когда вы покупаете акцию публичной компании, то единственным денежным потоком, поступающим непосредственно от этой инвестиции, являются дивиденды. На этой простой предпосылке строится модель дисконтирования дивидендов. При этом доказывается, что стоимость акций в этом случае есть приведенная стоимость ожидаемых в будущем дивидендов. Модели дисконтирования дивидендов варьируют от простых моделей с бесконечным ростом — таких как модель Гордона, где стоимость акции есть функция ожидаемых в следующем году дивидендов; модель стоимости привлечения собственного капитала и стабильных темпов роста — до сложных трехфазных моделей, где коэффициенты выплат и темпы роста со временем изменяются. Хотя модель часто критикуют за ограничения, она доказала свою гибкость и полезность в широком спектре приложений. Возможно, эта модель консервативна, поскольку она обнаруживает все меньшее число недооцененных фирм по мере роста рыночных цен в сопоставлении с фундаментальными показателями (прибыль, дивиденды и т.д.), однако это можно рассматривать и как ее силу. Тестирование модели также подтверждает ее полезность, хотя значительную часть эффективности можно приписать способности обнаруживать недооцененные акции с низкими мультипликаторами «цена/прибыль» и высокой дивидендной доходностью.

КОНТРОЛЬНЫЕ ВОПРОСЫ

В приведенных ниже заданиях, если не указано иное, премия за риск инвестирования в акции принимается равной 5,5%.

1. Ответьте, верны или не верны следующие утверждения, относящиеся к модели дисконтирования дивидендов:
   а) Модель дисконтирования дивидендов нельзя использовать для оценки быстро растущих компаний, не выплачивающих дивиденды.

   Верно___ Не верно____

   б) Модель дисконтирования дивидендов недооценивает акции вследствие своей консервативности.

Верно___ Не верно____

в) Модель дисконтирования дивидендов выявит больше недооцененных акций, если рынок акций в целом находится в состоянии депрессии.

Верно___ Не верно____

г) Акции, недооцененные при использовании модели дисконтирования дивидендов, обычно приносят значительную положительную избыточную доходность на продолжительных интервалах времени (пять лет и более).

Верно___ Не верно____

д) Акции, приносящие высокие дивиденды и имеющие низкие мультипликаторы «цена/прибыль», с большей вероятностью будут рассматриваться как недооцененные при использовании модели дисконтирования дивидендов.

Верно___ Не верно____

2. Корпорация Ameritech Corporation в 1992 г. выплачивала $3,56 на акцию в качестве дивидендов, и ожидается бесконечный рост дивидендов на 5,5% в год. Акции имеют коэффициент бета, равный 0,90. Ставка по казначейским облигациям США составляет 6,25% (премия за риск — 5,5%).
   а) Какова стоимость акции, если использовать модель роста Гордона?
   б) Акции торгуются по цене $80 за штуку. Каков должен быть рост дивидендов для оправдания данной цены?
3. Фирма Church & Dwight, крупный производитель бикарбоната натрия, объявила о прибыли на акцию в размере $1,50 в 1993 г. и выплатила дивиденды $0,42 на акцию. Кроме того, в 1993 г. фирма объявила о следующих результатах своей деятельности:

Чистая прибыль = $30 млн.
Процентные расходы = $0,8 млн.
Балансовая стоимость долга = $7,6 млн.
Балансовая стоимость собственного капитала = $160 млн.

Корпоративная налоговая ставка фирмы составляет 38,5%. Коэффициент «рыночная стоимость долга/рыночная стоимость собственного капитала» равен 5%. Ставка по казначейским облигациям равна 7%.

Ожидается, что эти фундаментальные финансовые показатели фирмы в период 1994–1998 гг. сохранятся. После этого фирма, предположительно, должна стать стабильной, и темпы роста прибыли составят 6%. Финансовые характеристики фирмы должны приблизиться к средним показателям по отрасли после 1998 г. Средние показатели по отрасли были следующими:

Рентабельность капитала = 12,5%.
Коэффициент «долг/собственный капитал» = 25%.
Процентная ставка по долгу = 7%.

Компания Church & Dwight в 1993 г. имела коэффициент бета, равный 0,85, а безрычаговый коэффициент бета, предположительно, не будет изменяться со временем.

а) Каковы ожидаемые темпы роста прибыли исходя из фундаментальных показателей для периода высокого роста (1994–1998 гг.)?
б) Каковы ожидаемые коэффициенты выплат после 1998 г.?
в) Каков ожидаемый коэффициент бета после 1998 г.?
г) Какова ожидаемая цена на конец 1998 г.?
д) Какова стоимость акции, если использовать двухфазную модель дисконтирования дивидендов?
е) Какую часть этой стоимости можно приписать исключительному росту? Стабильному росту?

4. Корпорация Oneida Inc., крупнейший в мире производитель нержавеющей стали и посеребренной посуды, объявила о прибыли на акцию в 1993 г. в размере $0,80, а также в том же году она выплатила дивиденды $0,48 на акцию. Ожидалось, что в 1994 г. темпы роста прибыли должны были составить 25%, после чего ожидалось линейное снижение роста прибыли фирмы в последующие шесть лет — фактически до 7% в 1999 г. Ожидалось также, что акция будет иметь коэффициент бета, равный 0,85. Ставка по казначейским облигациям составляет 6,25%, а премия за риск — 5,5%.
   а) Оцените стоимость стабильного роста, используя модель «H».
   б) Оцените стоимость исключительного роста, используя модель «H».
   в) Каковы предположения относительно выплаты дивидендов в модели «H»?

5. Корпорация Medtronic Inc., крупнейший в мире производитель имплантируемых медицинских устройств, объявила о прибыли в 1993 г., составляющей $3,95 на акцию, и выплатила дивиденды в размере $0,68 на акцию. Предполагалось, что ее прибыль будет расти на 16% в год в 1994–1998 гг., однако после этого ожидалось ежегодное падение темпов роста вплоть до достижения стабильных темпов 6% в 2003 г. Ожидаемый коэффициент выплат в период 1994–1998 гг. оставался неизменным, после чего он должен повы-

шаться каждый год, пока не достигнет 60% в стабильном состоянии. Предполагалось, что в период 1994–1998 гг. акция будет иметь коэффициент 1,25, после чего он должен был год от года понижаться, вплоть до 1,00 в стабильном состоянии фирмы. Ставка по казначейским облигациям равна 6,25%, а премия за риск составляет 5,5%.

а) Предполагая, что темпы роста в 1999–2003 гг. снижаются линейно (а коэффициент выплат линейно повышается), оцените дивиденды на акцию за каждый год с 1994 по 2003 г.

б) Оцените ожидаемую цену в конце 2003 г.

в) Оцените стоимость акции, используя трехфазную модель дисконтирования дивидендов.

6. Корпорация Yuletide Inc. занимается производством рождественских украшений. В прошлом году фирма заработала $100 млн и выплатила 20% прибыли в качестве дивидендов. Кроме того, в последние четыре года фирма выкупила свои акции на сумму $180 млн, причем каждый год объемы были разными. Сейчас фирма переживает период стабильного роста и, предположительно, будет расти на 5% ежегодно до бесконечности, а стоимость привлечения ее собственного капитала составляет 12%.

а) Предполагая, что коэффициент выплаты дивидендов не будет меняться со временем, оцените стоимость собственного капитала.

б) Как бы вы ответили, если коэффициент выплаты дивидендов будет модифицирован с учетом обратных выкупов акций?

Глава 14

МОДЕЛЬ ДИСКОНТИРОВАНИЯ СВОБОДНЫХ ДЕНЕЖНЫХ ПОТОКОВ НА СОБСТВЕННЫЙ КАПИТАЛ

Модель дисконтирования дивидендов основывается на предположении, что единственный вид денежных потоков, получаемый держателем акций, — это дивиденды. Даже если использовать модифицированный вариант модели и рассматривать в качестве дивидендов выкупы акций, мы можем неправильно оценить фирмы, обычно выплачивающие акционерам не все доступные для распределения суммы.

В данной главе мы более широко определим денежные потоки на акции — как денежные потоки, остающиеся после выполнения всех финансовых обязательств, включая платежи по долгам, а также после осуществления капитальных затрат и покрытия потребностей в оборотном капитале. Мы рассмотрим причины несоответствия дивидендов и свободных денежных потоков на собственный капитал, а также применение модели дисконтирования свободных денежных потоков на собственный капитал для оценки.

ОПРЕДЕЛЕНИЕ СУММЫ, КОТОРУЮ ФИРМЫ МОГУТ ВЕРНУТЬ СВОИМ АКЦИОНЕРАМ

Зная, сколько фирмы выплачивают акционерам в форме дивидендов или выкупов акций, как оценить, много или мало они платят? Мы покажем простой способ определения объема денежных средств, которые могут быть выплачены держателям акций после покрытия потребностей в реинвестировании, и сравним эту сумму с величиной, выплачиваемой в действительности.

Свободные денежные потоки на собственный капитал

Оценку того, сколько денежных средств фирма может вернуть акционерам, мы начинаем с чистой прибыли — бухгалтерского показателя прибыли акционеров за период, а затем преобразуем его в денежные потоки, вычитая потребности фирмы в реинвестировании. Во-первых, любые капитальные затраты, определенные широко для включения поглощений, вычитаются из чистой прибыли, поскольку они представляют собой отток денежных средств. Износ и амортизация добавляются обратно, поскольку они относятся к учетным, а не к денежным издержкам. Разница между капитальными затратами и износом (чистые капитальные затраты) обычно является функцией характеристик роста фирмы. Быстро растущие фирмы, как правило, отличаются высокими капитальными затратами относительно прибыли, в то время как медленно растущие фирмы могут иметь небольшие, а иногда и отрицательные чистые капитальные затраты.

Во-вторых, увеличение оборотного капитала истощает денежные потоки фирмы, в то время как уменьшение оборотного капитала увеличивает денежные потоки, доступные инвесторам в акции. Быстро растущие фирмы в отраслях со значительными потребностями в оборотном капитале (например, в розничной торговле) обычно существенно увеличивают свой оборотный капитал. Поскольку нам интересно влияние денежных потоков, в данном анализе мы рассмотрим только изменения неденежного оборотного капитала.

Наконец, инвесторы в акции также должны учитывать влияние изменений объема долга на свои денежные потоки. Выплата основной суммы существующего долга представляет собой отток денежных средств, но погашение долга может полностью или частично финансироваться новыми долговыми обязательствами, представляющими собой приток денежных средств. Опять же, вычитание погашенных старых долгов из новых обязательств обеспечивает измерение влияния изменений в долге на денежные потоки.

Денежные потоки инвесторов в акции с учетом чистых капитальных затрат, изменений оборотного капитала и чистых изменений долга можно определить как «свободные денежные потоки на собственный капитал» (free cash flow to equity — FCFE):

Свободные денежные потоки на собственный капитал =
= чистая прибыль – (капитальные затраты – износ) –
– (изменения неденежного оборотного капитала) +
+ (новые долговые обязательства – погашение долга).

Данные денежные потоки могут быть выплачены в качестве дивидендов. Преобразование этого уравнения позволяет записать реинвестиции инвесторов в акции следующим образом:

Реинвестиции в собственный капитал = капитальные затраты –
– износ + изменения неденежного оборотного капитала –
– новые долговые обязательства + погашение долга.

Норма реинвестирования в собственный капитал =
= реинвестиции в собственный капитал/чистая прибыль.

Это уравнение можно упростить, если мы предположим, что чистые капитальные затраты и изменения оборотного капитала финансируются при помощи фиксированной комбинации долга и собственного капитала[1]. Если δ есть доля чистых капитальных затрат и изменений оборотного капитала, финансируемая из долга, то влияние этих статей на денежные потоки на собственный капитал можно представить следующим образом:

Денежные потоки на собственный капитал, связанные с покрытием потребностей в капитальных затратах = –(капитальные затраты – износ) $(1 - \delta)$.

Денежные потоки на собственный капитал, связанные с покрытием потребностей в оборотном капитале = –(Δоборотный капитал) $(1 - \delta)$.

Соответственно, денежные потоки, которые могут быть выплачены инвесторам в акции после покрытия потребностей в капитальных затратах и оборотном капитале, равны:

Свободные денежные потоки на собственный капитал =
= чистая прибыль – (капитальные затраты – износ) ×
× $(1 - \delta)$ – (Δоборотный капитал) $(1 - \delta)$.

Отметим, что статья «выплата чистого долга» устраняется, поскольку погашение долга финансируется с помощью новых долговых обязательств, чтобы сохранить постоянство долгового коэффициента. Уместно предположить, что определенная доля потребности в чистых капитальных затратах и оборотном капитале будет финансироваться за счет долга, если целевой или оптимальный долговой коэффициент используется для прогнозирования свободных денежных потоков на собственный капитал, которые будут доступны в следующий период. Кроме того, при анализе предшествующего периода для того, чтобы получить приблизительную величину свободных

---

1 Комбинация должна быть фиксированной с точки зрения балансовой стоимости. Она может меняться с точки зрения рыночной стоимости.

денежных потоков на собственный капитал, мы можем использовать средний долговой коэффициент фирмы за период.

КАК БЫТЬ С ПРИВИЛЕГИРОВАННЫМИ ДИВИДЕНДАМИ

Как в широкой, так и в узкой формулировках свободных денежных потоков на собственный капитал, представленных в предыдущем разделе, мы предполагали, что привилегированные дивиденды не выплачиваются. Поскольку оцениваемый нами собственный капитал является капиталом держателей обыкновенных акций, возникает потребность в небольшой модификации формул с учетом существования привилегированных акций и дивидендов. В частности, для получения свободных денежных потоков на собственный капитал следует вычесть привилегированные дивиденды:

Свободные денежные потоки на собственный капитал =
= чистая прибыль — (капитальные затраты – износ) –
– (изменения в неденежном оборотном капитале) – (привилегированные дивиденды +
+ новые эмиссии привилегированных акций) +
+ (новые долговые обязательства – погашение долга).

В узкой формулировке мы придем к следующему:

Свободные денежные потоки на собственный капитал =
= чистая прибыль – привилегированные дивиденды – (капитальные затраты — износ) ×
× $(1 - \delta)$ – (Δоборотный капитал) $(1 - \delta)$.

Долговой коэффициент (δ) в таком случае должен включать ожидаемое финансирование, полученное за счет эмиссии привилегированных акций.

ИЛЛЮСТРАЦИЯ 14.1. *Оценка свободных денежных потоков на собственный капитал на примере компании Disney*

В этой иллюстрации мы оцениваем свободные денежные потоки на собственный капитал для Disney, американской компании сектора развлечений, в период 2001–2010 гг., полученные через вычисления, представленные в предыдущем разделе.

Год	*Чистая прибыль ($ млн)*	*Износ ($ млн)*	*Капитальные затраты ($ млн)*	*Изменения в неденежном оборотном капитале ($ млн)*	*Выпущенный долг ($ млн)*	*Погашенный долг ($ млн)*	*FCFE ($ млн)*
2001	158	1754	2015	244	2884	2807	−586
2002	1236	1042	3176	−59	4005	2113	1053
2003	1267	1077	2755	−47	899	2059	−1524
2004	2345	1210	1484	51	276	2479	−183
2005	2533	1339	1691	270	422	1775	558
2006	3374	1437	1300	−136	2891	1950	4588
2007	4687	1491	597	45	4990	2294	8232

Год	Чистая прибыль ($ млн)	Износ ($ млн)	Капитальные затраты ($ млн)	Изменения в неденежном оборотном капитале ($ млн)	Выпущенный долг ($ млн)	Погашенный долг ($ млн)	FCFE ($ млн)
2008	4427	1582	2162	485	1006	477	3891
2009	3307	1631	1940	−109	1750	1617	3240
2010	3963	1713	4693	308	1190	1371	494
Итого	26 981	14 276	21 813	1052	20 313	18 942	19 763

Для использования упрощенной формулы сначала оценим суммарный чистый долг для всего периода как процент от реинвестиций (чистых капитальных затрат и изменений оборотного капитала):

$$\text{Долговой коэффициент} = \frac{\text{выпущенный долг} - \text{погашенный долг}}{\text{капитальные затраты} - \text{износ} + \Delta\text{оборотный капитал}} =$$

$$= \frac{20\,313 - 18\,942}{21813 - 14\,276 + 1052} = 15{,}96\%.$$

Применение этого долгового коэффициента дает короткую версию FCFE:

Год	Чистая прибыль ($ млн)	Чистые капитальные затраты (1 – DR)	Изменения в оборотном капитале (1 – DR)	FCFE ($ млн)
2001	−158	219	205	−582
2002	1236	1793	−50	−508
2003	1267	1410	−39	−104
2004	2345	230	43	2072
2005	2533	296	227	2010
2006	3374	−115	−114	3603
2007	4687	−751	38	5400
2008	4427	487	408	3532
2009	3307	260	−92	3139
2010	3963	2504	259	1200
Итого	26 981	6334	884	19 763

Хотя суммарные FCFE за период остаются теми же, упрощенная формула дает более сглаженные значения FCFE.

Сравнение дивидендов со свободными денежными потоками на собственный капитал

Коэффициент выплаты дивидендов, который является стандартным показателем политики в области дивидендов, представляет размер дивидендов в виде их доли в прибыли. Модифицированный подход позволяет измерять совокупные денежные потоки, поступившие акционерам, как долю свободных денежных потоков на собственный капитал:

Коэффициент выплаты дивидендов = дивиденды / прибыль.

Коэффициент «денежные средства, получаемые акционерами / FCFE» =
= (дивиденды + выкупы обыкновенных акций) / FCFE.

Коэффициент «денежные средства, получаемые акционерами/FCFE» показывает, какая часть денежных средств, которая может быть выплачена держателям акций, в действительности поступает к ним в форме дивидендов и выкупов акций. Если этот коэффициент с течением времени приближается к единице, значит фирма выплачивает держателям акций все, что она может. Если он существенно ниже 1, то фирма выплачивает меньше, чем может себе позволить, и использует разницу для увеличения кассовых остатков или для инвестиций в ликвидные ценные бумаги. Если коэффициент значительно выше 1, то фирма выплачивает больше, чем может себе позволить, — либо исчерпывая существующие кассовые остатки, либо выпуская новые ценные бумаги (акции или облигации).

При анализе денежных средств, поступающих держателям акций (если рассматривать их в виде выплаченной доли свободных денежных потоков на собственный капитал), мы наблюдаем тенденцию к выплате фирмами акционерам меньше, чем позволяют им денежные потоки на собственный капитал. В 2010 г. глобальный медианный коэффициент «дивиденды/FCFE» составлял примерно 60%, поскольку большинство компаний выплачивали меньше, чем могли. Рисунок 14.1 показывает глобальное распределение выплаченных денежных средств как долю FCFE. Несмотря на значительность сегмента компаний, у которых дивиденды превышают FCFE, большинство все же выплачивает меньше.

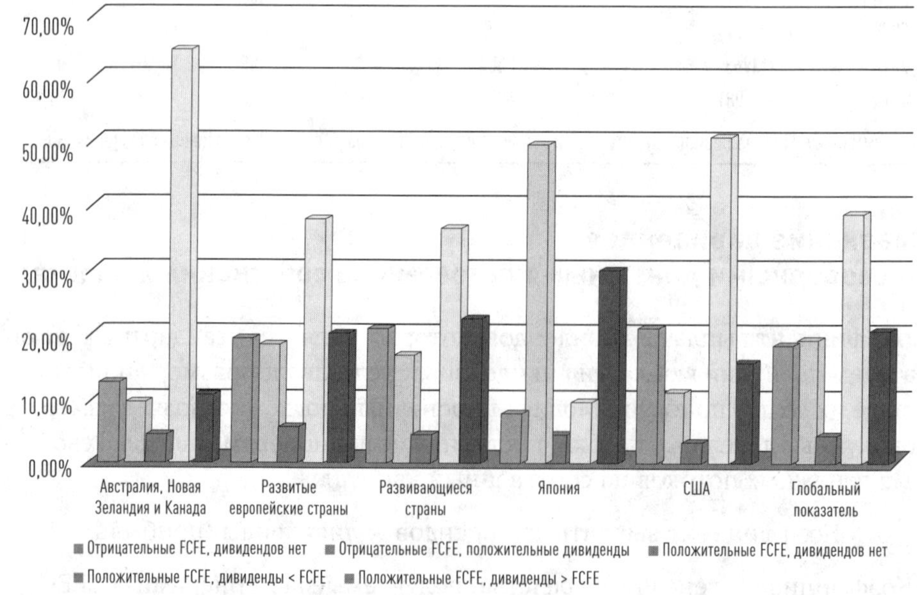

Рисунок 14.1. *Дивиденды как процент FCFE: глобальное сравнение*

Когда фирма выплачивает меньше дивидендов, чем может себе позволить исходя из свободных денежных потоков, у нее появляются избыточные денежные средства. Они увеличивают кассовые остатки. Фирмы, выплачивающие больше дивидендов, чем FCFE, должны финансировать такие выплаты или за счет существующих кассовых остатков, или за счет выпуска новых акций.

Практические следствия для оценки просты. Если мы используем модель дисконтирования дивидендов и не учитываем накопления денежных средств, возникающие, когда фирмы платят меньше, чем могут себе позволить, мы недооценим стоимость собственного капитала в этих фирмах. Если мы используем модель для оценки фирм, выплачивающих больше дивидендов, чем они могут себе позволить, то мы переоцениваем фирму. В оставшейся части этой главы мы учтем эти ограничения.

dividends.xls — таблица, которая позволяет оценивать свободные денежные потоки на собственный капитал и денежные средства, выплаченные держателям акций за период до 10 лет.

divfcfe.xls — размещенная в Интернете база данных, которая содержит сведения о дивидендах, денежных средствах, выплаченных держателям акций, а также о свободных денежных потоках на собственный капитал, классифицированные по секторам экономики США.

Почему фирмы иногда выплачивают меньше возможного

Многие фирмы выплачивают держателям акций в форме дивидендов и выкупов акций меньше, чем могут себе позволить исходя из свободных денежных потоков на собственный капитал. Причины могут различаться в зависимости от фирмы.

Стремление к стабильности. Как правило, фирмы неохотно изменяют величину дивидендов, и дивиденды считаются «устойчивыми», поскольку их изменчивость значительно ниже, чем изменчивость прибыли или денежных потоков. Особенно явно нежелание изменять дивиденды проявляется, когда фирмы должны их сократить, и, как показывает опыт, в большинстве периодов случаи повышения дивидендов превосходят число случаев их понижения в соотношении по меньшей мере пять к одному. Вследствие такого консерватизма фирмы часто не повышают дивиденды, даже если прибыль и FCFE идут вверх, поскольку не уверены в своей способности поддерживать более высокие дивиденды и далее. Данное обстоятельство приводит к временному лагу между ростом прибыли и повышением дивидендов. Аналогично, фирмы часто сохраняют дивиденды неизменными при падающей прибыли и FCFE. На рисунке 14.2 представлено число случаев изменения дивидендов (повышений, понижений, отсутствия изменений) за период 1988–2008 гг.

Число фирм, повышающих дивиденды, превосходит количество компаний, понижающих их, в отношении семь к одному. Однако число фирм, которые не изменили дивиденды, превышает количество компаний, прибегнувших к этому, в отношении четыре к одному. Дивиденды также менее изменчивы, чем FCFE и прибыль, однако эта пониженная изменчивость есть результат сохранения дивидендов на уровне, значительно более низком, чем FCFE.

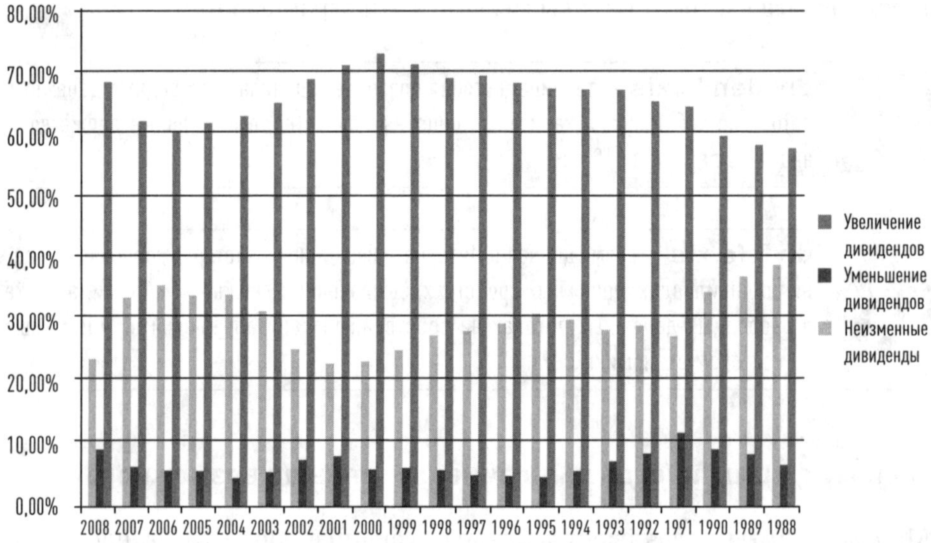

Рисунок 14.2. *Изменение дивидендов по годам: американские компании*

Будущие потребности в инвестициях. Фирма может воздержаться от выплаты всего объема FCFE в качестве дивидендов, если в будущем ожидается существенный рост потребностей в капитальных затратах. Поскольку выпуск акций дорог (с точки зрения стоимости размещения), фирма может выбрать финансирование этих будущих потребностей за счет избыточных денежных средств. Таким образом, в той мере, в какой фирмы не уверены в части будущих потребностей в финансировании, они удерживают часть денежных средств на случай незапланированных инвестиций или непредвиденных потребностей.

Налоговые факторы. Если ставка налогообложения дивидендов выше, чем ставка налогообложения прироста капитала, то фирма может решить отложить избыточные денежные средства и выплачивать гораздо меньше средств в виде дивидендов, чем возможно. Это особенно ярко проявляется, если акционеры фирмы находятся в высоком налоговом разряде, что характерно для многих фирм, находящихся под контролем семей. Однако если инвесторы фирмы одобряют дивиденды или налоговое законодательство поощряет дивиденды, то фирмы могут выплачивать больше дивидендов, чем могут себе позволить исходя из FCFE, часто прибегая для этого к займам или выпуску новых акций.

Демонстрация перспектив. Фирмы часто используют дивиденды для демонстрации перспектив, так как их повышение рассматривается как положительный сигнал, а понижение — как отрицательный. С данным объяснением согласуются эмпирические наблюдения, поскольку обычно цены акций идут вверх при повышении дивидендов и падают при их снижении. Использование дивидендов в качестве сигналов может привести к различиям между дивидендами и FCFE.

Заинтересованность менеджмента. Менеджеры фирмы могут выиграть скорее от удержания денежных средств, чем от их выплаты в форме дивидендов. Стремление к строительству империи может превратить увеличение размеров фирмы в самоцель. Или же менеджеры могут чувствовать потребность создать денежную «подушку», чтобы пережить периоды падения прибыли. В такие периоды денежная «подушка» может сократить или сгладить падение прибыли, позволяя менеджерам сохранить свою власть.

МОДЕЛИ ОЦЕНКИ FCFE

Модель свободных денежных потоков на собственный капитал не является радикальным отходом от традиционной модели дисконтирования дивидендов. На самом деле один из способов описания модели свободных денежных потоков на собственный капитал — это представление ее как модели, в которой мы дисконтируем потенциальные, а не фактические дивиденды. Следовательно, три варианта модели оценки FCFE, представленные в этом разделе, оказываются просто разновидностями модели дисконтирования дивидендов, с одним значительным изменением — в этих моделях дивиденды заменяются свободными денежными потоками на собственный капитал.

Базовый принцип

Когда при оценке собственного капитала мы заменяем дивиденды свободными денежными потоками на собственный капитал, мы делаем нечто большее, чем просто замену одних денежных потоков на другие. Мы неявно предполагаем, что свободные денежные потоки на собственный капитал будут выплачены держателям акций. Отсюда вытекают два следствия:

1. В фирме не будет никаких накоплений денежных средств, поскольку денежные средства, доступные после платежей по долгам и покрытия потребностей в реинвестировании, выплачиваются держателям акций в каждый период времени.
2. Ожидаемый рост свободных денежных потоков на собственный капитал будет включать повышение прибыли от операционных активов, но в него не войдет увеличение дохода от роста стоимости ликвидных ценных бумаг. Это непосредственно следует из последнего положения.

Как сопоставить модель дисконтирования свободных денежных потоков на собственный капитал с модифицированной моделью дисконтирования дивидендов, в которой выкупы акций добавляются к дивидендам и дисконтируются? Можно рассматривать выкупы акций как возврат избыточных денежных средств, в значительной степени аккумулированных за счет невыплаты свободных денежных потоков на собственный капитал в виде дивидендов. Таким образом, свободные денежные потоки на собственный капитал являются сглаженным показателем того, что компании могут вернуть акционерам в виде дивидендов и выкупов акций.

Оценка роста свободных денежных потоков на собственный капитал

Свободные денежные потоки на собственный капитал, подобно дивидендам, являются денежными потоками для инвесторов в собственный капитал, поэтому можно использовать тот же подход, который применялся для оценки фундаментальных темпов роста дивидендов на акцию:

$$\text{Ожидаемые темпы роста} = \text{коэффициент нераспределенной прибыли} \times \times \text{рентабельность собственного капитала}.$$

Использование коэффициента нераспределенной прибыли в данном уравнении предполагает, что сумма, не выплаченная в качестве дивидендов, реинвестируется обратно в фирму. Однако следует сделать важное замечание о том, что это несовместимо с предположением о выплате свободных денежных потоков на собственный капитал акционерам, которое лежит в основе модели FCFE. Куда более последовательной будет замена коэффициента нераспределенной прибыли коэффициентом реинвестирования в собственный капитал, который измеряет долю чистой прибыли, инвестируемую обратно в фирму.

$$\text{Коэффициент реинвестирования в собственный капитал} = \frac{\text{(капитальные затраты – износ + изменение неденежного оборотного капитала – – чистые долговые обязательства)}}{\text{чистая прибыль}}$$

При дисконтировании свободных денежных потоков на собственный капитал лучше всего отделить существующий остаток денежных средств от операционных активов фирмы, оценить собственный капитал в операционных активах отдельно и затем прибавить его к существующему остатку денежных средств. Как следствие, рентабельность собственного капитала также следует модифицировать с учетом того факта, что стандартный показатель доходности имеет в числителе процентный доход от денежных средств и ликвидных ценных бумаг, а балансовая стоимость собственного капитала также включает стоимость денежных средств и ликвидных бумаг. В модели FCFE отсутствуют избыточные денежные средства, оставленные в фирме, и, таким образом, рентабельность собственного капитала должна отражать рентабельность неденежных инвестиций. Можно сконструировать модифицированную версию рентабельности собственного капитала, которая учитывает данное обстоятельство:

$$\text{Неденежная рентабельность собственного капитала} = \frac{\text{(чистая прибыль – прибыль от денежных средств и ликвидных бумаг после налогообложения)}}{\text{(балансовая стоимость собственного капитала – денежные средства и ликвидные бумаги)}}.$$

Ожидаемый рост FCFE равен произведению коэффициента реинвестирования собственного капитала и модифицированной рентабельности собственного капитала:

Ожидаемый рост FCFE = коэффициент реинвестирования собственного капитала × неденежная рентабельность собственного капитала.

Модель свободных денежных потоков на собственный капитал при стабильном росте

Эта модель предназначена для оценки фирм, темпы роста которых постоянны и которые, следовательно, находятся в стабильном состоянии.

Модель. Стоимость собственного капитала в рамках модели постоянного роста является функцией ожидаемых свободных денежных потоков на собственный капитал в следующий период, стабильных темпов роста, а также требуемой рентабельности капитала:

$$\text{Стоимость} = \frac{FCFE_1}{k_e - g_n},$$

где стоимость = стоимость акций сегодня;

$FCFE_1$ = ожидаемые свободные денежные потоки на собственный капитал в следующем году;

k_e = стоимость привлечения собственного капитала фирмы;

g_n = темпы роста FCFE фирмы на бесконечном временном горизонте.

Предостережения. Модель по предположениям, лежащим в ее основе, очень похожа на модель роста Гордона, и на ее применение распространяются некоторые аналогичные ограничения. Используемые в модели темпы роста должны быть разумными по отношению к номинальным темпам роста экономики, в которой функционирует фирма. Общее правило состоит в том, что стабильные темпы роста не могут превышать темпов роста экономики, где работает фирма.

Предположение о нахождении фирмы в стабильном состоянии также означает, что она обладает другими характеристиками, присущими стабильным фирмам. Это означает, например, что капитальные затраты не являются непропорционально большими относительно износа и риск фирмы оценивается как средний (если используется модель оценки капитальных активов, то коэффициент бета собственного капитала должен быть близким к единице). При оценке реинвестиций для стабильно растущей фирмы можно использовать один из двух подходов.

1. Вы можете применить типичные коэффициенты реинвестирования по отрасли, к которой принадлежит фирма. Простым способом для оценки нормализованных капитальных затрат фирмы является использование среднеотраслевого коэффициента «капитальные затраты/износ» (или, что лучше, среднеотраслевого коэффициента для стабильных фирм). Опасность здесь заключается в том, что сама отрасль может быть нестабильной, а средние значения смещенными (высокими или низкими).

2. Кроме того, для оценки требуемых реинвестиций можно использовать связь между ростом и фундаментальными показателями. Ожидаемый рост чистой прибыли можно записать следующим образом:

$$\text{Ожидаемые темпы роста чистой прибыли} = \\ = \text{коэффициент реинвестирования собственного капитала} \times \\ \times \text{рентабельность собственного капитала.}$$

Это позволяет нам оценить коэффициент реинвестирования собственного капитала:

Коэффициент реинвестирования собственного капитала =
= ожидаемые темпы роста/рентабельность собственного капитала.

К примеру, фирме со стабильными темпами роста 4% и рентабельностью собственного капитала 12% необходимо реинвестировать для покрытия потребностей в чистых капитальных затратах и оборотном капитале в размере примерно треть своей чистой прибыли. Другими словами, свободные денежные потоки на собственный капитал должны составлять две трети чистой прибыли.

Фирмы, для которых модель работает лучше всего. Эта модель, подобно модели дисконтирования дивидендов при стабильном росте, лучше всего подходит для фирм, темпы роста которых сравнимы с номинальными темпами экономического роста или ниже их. Однако она лучше, чем модель дисконтирования дивидендов, — применительно к стабильным фирмам, выплачивающим чрезмерно высокие дивиденды (поскольку они превышают FCFE на значительную сумму) или дивиденды, которые значительно ниже FCFE. Заметим, впрочем, что если фирма стабильна и выплачивает свои свободные денежные потоки на собственный капитал в виде дивидендов, то стоимость, полученная на основе этой модели, будет тождественна стоимости, полученной по модели роста Гордона.

ИЛЛЮСТРАЦИЯ 14.2. Модель дисконтирования FCFE при стабильном росте на примере компании Volkswagen

Volkswagen — зрелая немецкая автомобильная компания. Несмотря на циклические изменения чистой прибыли, характерные для автомобильного сектора, фирма считается стабильно растущей. Для оценки мы возьмем следующие исходные данные по состоянию на май 2011 г.:

1. Чистая прибыль без учета процентного дохода от денежных средств в 2010 г. составила €5279 млн, и мы будем считать эту величину прибылью базового года. (Мы проверим ее уровень, чтобы определить, не выпадает ли она из нормального ряда в том или ином направлении. В случае выпадения мы будем использовать нормализованное значение.)
2. Ожидаемые темпы роста чистой прибыли примем равными 3%, а ожидаемую неденежную рентабельность собственного капитала — 10%. В результате коэффициент реинвестирования собственного капитала для модели стабильного роста составит 30%:

Коэффициент реинвестирования собственного капитала при стабильном росте = g/ROE = 3%/10% = 30%.

Компания объявила о капитальных затратах в размере €11 462 млн, износе в размере €10 089 млн и об увеличении неденежного оборотного капитала в размере €423 млн в 2010 г. Коэффициент реинвестирования при таких исходных данных будет равен 20,41%:

Коэффициент реинвестирования в 2010 г. = (11 462 – 10 089 + 423)/5279 = 20,41%.

Мы можем использовать этот коэффициент реинвестирования для оценки, но с ожидаемыми темпами роста в бесконечности, равными 2,04%:

Стабильные темпы роста при существующем коэффициенте реинвестирования = 20,41% × 10% = 2,04%.

3. Стоимость привлечения собственного капитала Volkswagen определяется с использованием коэффициента бета 1,20, который соответствует среднему значению этого коэффициента для европейских автомобильных компаний, безрисковой ставки для евро 3,2% и премии за риск инвестирования в акции 5%:

$$\text{Стоимость привлечения собственного капитала} = 3{,}2\% + 1{,}2 \times 5\% = 9{,}2\%.$$

Теперь мы можем оценить общую стоимость собственного капитала:

$$\text{Стоимость собственного капитала} = \frac{\text{ожидаемая чистая прибыль в следующем году}(1 - \text{коэффициент реинвестирования собственного капитала})}{\text{стоимость привлечения собственного капитала} - \text{ожидаемые темпы роста}} =$$

$$= \frac{5279(1{,}03)(1 - 0{,}30)}{0{,}092 - 0{,}03} = €61\ 392 \text{ млн}.$$

Обратите внимание на то, что это стоимость собственного капитала в неденежных операционных активах, поскольку мы убрали доход от денежных средств из базовых FCFE. Прибавление остатка денежных средств в размере € 18 670 млн дает общую стоимость собственного капитала, равную € 80 062 млн, которая значительно превышает рыночную капитализацию, составлявшую € 53 560 млн в мае 2011 г.

FCFEst.xls — таблица, которая позволяет оценивать собственный капитал стабильно растущей фирмы на основе всех входных данных, характеризующих стабильно растущие фирмы.

РЫЧАГ, FCFE И СТОИМОСТЬ СОБСТВЕННОГО КАПИТАЛА

Следует привести еще несколько соображений относительно вычисления FCFE. Увеличение долгового коэффициента повышает свободные денежные потоки на собственный капитал, поскольку больше потребностей в реинвестировании покрывается за счет заимствования и требуется меньше вложений от инвесторов в собственный капитал. Высвобожденные денежные средства могут быть выплачены в качестве дополнительных дивидендов или использованы для выкупа акций.

Если свободные денежные потоки на собственный капитал повышаются по мере увеличения рычага, следует ли из этого, что стоимость собственного капитала также повышается вместе с рычагом? Не обязательно. В качестве ставки дисконтирования используется стоимость привлечения собственного капитала, оцениваемая на основе коэффициента(ов) бета. По мере увеличения рычага коэффициент бета также повышается, толкая вверх стоимость привлечения собственного капитала. Согласно уравнению, представленному в главе 8, рычаговый коэффициент бета равен:

$$\text{Рычаговый коэффициент бета} =$$
$$= \text{безрычаговый коэффициент бета}\ [1 + (1 - \text{налоговая ставка}) \times$$
$$\times (\text{долг/собственный капитал})].$$

В свою очередь, это оказывает отрицательное воздействие на стоимость собственного капитала. Чистое влияние на стоимость в таком случае будет зависеть от того, какой фактор доминирует: увеличение денежных потоков или повышение коэффициента бета.

РУКОВОДСТВО ПО РЕШЕНИЮ ПРОБЛЕМ: ВОЗМОЖНЫЕ ЗАТРУДНЕНИЯ ПРИ ОЦЕНКЕ (МОДЕЛЬ ДИСКОНТИРОВАНИЯ FCFE ПРИ СТАБИЛЬНОМ РОСТЕ)

Если проблема состоит в следующем:	*Это может оказаться решением:*
• Если при использовании этой модели получается низкое значение стоимости, то причины могут заключаться в следующем:	
Капитальные затраты слишком высоки в сопоставлении с износом.	Используйте более низкое значение капитальных затрат или примените двухфазную модель.
Оборотный капитал как доля выручки слишком велик.	Нормализуйте этот коэффициент, используя исторические средние величины.
Коэффициент бета слишком велик для стабильной фирмы.	Используйте коэффициент бета, близкий к единице.
• Если вы получили чрезмерно высокое значение стоимости, то это может быть связано с тем, что:	
Капитальные затраты ниже износа.	Оцените соответствующий коэффициент реинвестирования, равный g/ROE.
Коэффициент оборотного капитала как процент от выручки принимает отрицательное значение.	Установите значение, равное нулю.
Ожидаемые темпы роста слишком высоки для стабильной фирмы.	Используйте темпы роста, меньшие, чем темпы роста ВНП (безрисковая ставка), или равные им.

Двухфазная модель FCFE

Двухфазная модель FCFE предназначена для оценки фирмы, которая, предположительно, будет расти гораздо быстрее, чем стабильная фирма, в начальном периоде, а затем растущая стабильными темпами.

Модель. Стоимость любой акции представляет собой приведенную стоимость FCFE (для года в период исключительного роста), к которой добавляется приведенная стоимость заключительной цены на конец периода.

$$\text{Стоимость} = \text{приведенная стоимость FCFE} +$$
$$+ \text{приведенная стоимость заключительной цены} =$$
$$= \sum_{t=1}^{t=n} \frac{FCFE_t}{(1+k_{e,hg})^t} + \frac{P_n}{(1+k_{e,hg})^n},$$

где $FCFE_t$ = свободные денежные потоки на собственный капитал в год t;
P_n = цена на конец периода исключительного роста;
k_e = стоимость привлечения собственного капитала в период высоких темпов роста (hg) и в период стабильного роста (st).

Заключительная цена обычно вычисляется по модели бесконечных темпов роста:

$$P_n = FCFE_{n+1} / (k_{e,st} - g_n),$$

где g_n = бесконечные темпы роста после конечного года.

Вычисление заключительной цены. Предостережения, касающиеся модели стабильного роста, описанной в предыдущем разделе, применимы и здесь. Кроме того, предположения, сделанные для получения свободных денежных потоков на собственный капитал после завершающего года, должны согласовываться с предположением о стабильности. Например, хотя капитальные затраты могут быть значительно выше, чем износ в начальной фазе высоких темпов роста, разница должна уменьшаться по мере перехода фирмы к стадии стабильного роста. Для выполнения этой оценки мы можем использовать два подхода, примененных нами в отношении модели стабильного роста: определение средней потребности в капитальных затратах по отрасли и уравнение фундаментального роста (коэффициент реинвестирования собственного капитала = g/ROE).

Возможно, коэффициент бета или долговой коэффициент также придется откорректировать для периода стабильного роста с учетом того, что стабильно растущие фирмы, как правило, обладают средним риском (коэффициенты бета близки к единице) и используют больший объем долга, чем быстро растущие фирмы.

ИЛЛЮСТРАЦИЯ 14.3. *Капитальные затраты, износ и темпы роста*

Предположим, что у нас есть фирма, которая будет иметь рост прибыли в размере 20% в последующие пять лет и 5% после этого. Текущая прибыль на акцию равна \$2,50. Текущие капитальные затраты составляют \$2,00, а текущий износ равен \$1,00. Если мы предположим, что темпы роста капитальных затрат и износа такие же, что и у прибыли, и не существует потребности в оборотном капитале или долга, то:

	(\$)
Прибыль в 5-й год = 2,50 × (1,20)^5	6,22
Капитальные затраты в 5-й год = 2,00 × (1,20)^5	4,98
Износ в 5-й год = 1,00 × (1,20)^5	2,49
Свободные денежные потоки на собственный капитал в 5-й год = \$6,22 + \$2,49 – \$4,98	3,73

Если мы используем модель с бесконечными темпами роста, но нам не удается откорректировать дисбаланс между капитальными затратами и износом, то свободные денежные потоки на собственный капитал в завершающем году составят:

Свободные денежные потоки на акции в 6-й год = 3,73 × 1,05 = \$3,92.

Свободные денежные потоки на акции можно затем использовать для вычисления стоимости акции на конец 5-го года, но это занизит истинную стоимость. Для исправления данного положения существуют два пути:

1. Скорректировать капитальные затраты в шестой год в соответствии со среднеотраслевыми потребностями в капитальных затратах. Предположим, что капитальные затраты равны 150% износа для отрасли, в которой работает фирма. Капитальные затраты в шестой год можно вычислить следующим образом (прибыль на акцию в 6-й год = 6,21 × 1,05 = $6,53):

Износ в 6-й год = 2,49 (1,05) = $2,61.

Капитальные затраты в 6-й год = износ в 6-й год × среднеотраслевые капитальные затраты как % от износа =
= $2,61 × 1,50 = $3,92.

Свободные денежные потоки на собственный капитал в 6-й год = $6,53 + $2,61 – $3,92 = $5,23.

2. Оценить коэффициент реинвестирования собственного капитала в 6-й год на основе ожидаемого роста и рентабельности собственного капитала фирмы. Если мы предположим, что рентабельность собственного капитала фирмы будет равна 15% в период стабильного роста, то коэффициент реинвестирования собственного капитала должен быть равен:

Коэффициент реинвестирования собственного капитала = g/ROE = 5%/15% = 33,33%.

Реинвестирование собственного капитала в 6-й год = коэффициент реинвестирования собственного капитала ×
× прибыль на акцию = 0,3333 × $6,53 = $2,18.

Свободные денежные потоки на собственный капитал в 6-й год = $6,53– $2,18 = $4,35.

Фирмы, применительно к которым модель работает лучше всего. В данной модели делаются те же самые предположения относительно роста, что и в двухфазной модели дисконтирования дивидендов (т.е. рост — высокий и постоянный в начальном периоде, а затем он сразу падает до стабильного уровня). Различие состоит в акценте на FCFE, а не на дивидендах. Следовательно, данная модель дает гораздо более качественные результаты, чем модель дисконтирования дивидендов, при оценке фирм, выплачивающих чрезмерные дивиденды (поскольку они выше, чем FCFE) или дивиденды меньшего объема, чем они могут себе позволить (т.е. дивиденды меньше, чем FCFE).

ИЛЛЮСТРАЦИЯ 14.4. *Двухфазная модель FCFE на примере фирмы Nestlé в 2001 г.*

Компания Nestlé производит свои операции по всему миру. При этом 97% ее выручки приходится на рынки за пределами Швейцарии, где находится ее штаб-квартира. Фирма, подобно многим другим крупным европейским корпорациям, имеет слабую систему контроля над корпоративным управлением, и влияние держателей акций на менеджеров незначительно.

Обоснование использования модели

- *Почему двухфазная?* Фирма Nestlé обладает продолжительной и впечатляющей историей роста, и хотя мы считаем, что ее рост будет умеренным, наши предположения основываются на том, что она будет в состоянии поддерживать высокие темпы роста на протяжении 10 лет.
- *Почему FCFE?* С учетом слабой структуры корпоративного управления и длительной истории накопления денежных средств, выплачиваемые компанией дивиденды значительно меньше той суммы, которую фирма могла бы выплачивать.

Базовая информация

Текущая чистая прибыль = Sfr 5763 млн. Прибыль на акцию = Sfr 148,33.
Текущие капитальные затраты = Sfr 5058 млн. Капитальные затраты на акцию = Sfr 130,18.

Текущий износ = Sfr 3330 млн.

Текущая выручка = Sfr 81 422 млн.

Неденежный оборотный капитал = Sfr 5518 млн.

Изменения в оборотном капитале = Sfr 368 млн.

Чистые долговые обязательства = Sfr 272 млн.

Износ на акцию = Sfr 85,71.

Выручка на акцию = Sfr 2095,64.

Оборотный капитал на акцию = Sfr 149,74.

Изменения в оборотном капитале на акцию = Sfr 9,47.

Оценки

Мы начнем с оценки стоимости привлечения собственного капитала для компании Nestlé в период высокого роста (в швейцарских франках). В качестве безрисковой ставки мы будем использовать ставку по 10-летним швейцарским правительственным облигациям, равную 4%. Для оценки премии за риск мы используем распределение выручки компании Nestlé по регионам:

Регион	*Выручка (Sfr млрд)*	*Вес (%)*	*Премия за риск (%)*
Северная Америка	20,21	24,82	4,00
Южная Америка	4,97	6,10	12,00
Швейцария	1,27	1,56	4,00
Германия/Франция/Великобритания	21,25	26,10	4,00
Италия/Испания	7,39	9,08	5,50
Азия	6,70	8,23	9,00
Другие страны Западной Европы	15,01	18,44	4,00
Восточная Европа	4,62	5,67	8,00
Итого	81,42	100,00	5,26

Премии за риск для каждого региона представляют собой средние премии за региональный суверенный риск. Мы оценим стоимость привлечения собственного капитала, используя восходящий коэффициент бета, который для компании Nestlé равен 0,85:

Стоимость привлечения собственного капитала = 4% + 0,85 (5,26%) = 8,47%.

Будем исходить из того, что эта стоимость привлечения собственного капитала останется постоянной бесконечно долго. Для оценки ожидаемых темпов роста свободных денежных потоков на собственный капитал мы вычислим сначала свободные денежные потоки на собственный капитал в текущем году:

FCFE = чистая прибыль – (капитальные затраты – износ) –
– изменения в оборотном капитале + чистые долговые обязательства =
= 5763 – (5058–3330) – 368 + 272 = Sfr 3939 млн.

Отталкиваясь от этой величины, можно оценить коэффициент реинвестирования собственного капитала:

Коэффициент реинвестирования собственного капитала = 1 – FCFE/чистая прибыль = 1 – 3939/5763 = 31,65%.

Рентабельность собственного капитала в 2000 г. оценивается на основе чистой прибыли за 2000 г. и балансовой стоимости собственного капитала на конец предыдущего года:

Рентабельность собственного капитала = 5763/25 078 = 22,98%.

Ожидаемые темпы роста FCFE являются произведением коэффициента реинвестирования собственного капитала и рентабельности собственного капитала:

Ожидаемый рост FCFE = коэффициент реинвестирования собственного капитала ×
× рентабельность собственного капитала = 0,3165 × 0,2298 = 7,27%.

Предположим, что чистые капитальные затраты и оборотный капитал будут расти такими же темпами, что и прибыль, и фирма покроет 33,92% своих потребностей в реинвестировании за счет займов (что соответствует текущему мультипликатору «балансовая стоимость долга/капитал»).

Кроме того, мы принимаем, что в период стабильного роста его темпы равны 4%. Мы также предполагаем, что стоимость привлечения собственного капитала остается неизменной, однако рентабельность собственного капитал упадет до 15%. Коэффициент реинвестирования собственного капитала в период стабильного роста можно оценить следующим образом:

Реинвестирование собственного капитала в период стабильного роста = g/ROE = 4%/15% = 26,67%.

Оценка стоимости

Первый компонент стоимости — это приведенная стоимость свободных денежных потоков на собственный капитал в период высокого роста (см. таблицу), если основываться на предположении, что прибыль, чистые капитальные затраты и оборотный капитал растут темпами 7,27%, а 33,92% потребностей в реинвестировании покрывается за счет долга (в Sfr):

Год	*Прибыль на акцию*	*Чистые капитальные затраты на акцию*	*Изменения оборотного капитала на акцию*	*Реинвестиции на акцию*	*Реинвестирование собственного капитала на акцию*	*FCFE на акцию*	*Приведенная стоимость*
1	159,12	47,71	10,89	58,60	38,72	120,39	110,99
2	170,69	51,18	11,68	62,86	41,54	129,15	109,76
3	183,10	54,90	12,53	67,44	44,56	138,54	108,55
4	196,42	58,90	13,44	72,34	47,80	148,62	107,35
5	210,71	63,18	14,42	77,60	51,28	159,43	106,17
6	226,03	67,77	15,47	83,25	55,01	171,02	105,00
7	242,47	72,70	16,60	89,30	59,01	183,46	103,84
8	260,11	77,99	17,80	95,80	63,30	196,81	102,69
9	279,03	83,67	19,10	102,76	67,91	211,12	101,56
10	299,32	89,75	20,49	110,24	72,85	226,48	100,44
			Сумма приведенной стоимости FCFE				1056,34

Отметим, что годовые изменения в оборотном капитале вычисляются по существующему оборотному капиталу, равному Sfr 149,74 на акцию, а приведенная стоимость — на основе стоимости привлечения собственного капитала в размере 8,47%.

Для оценки заключительной стоимости сначала оценим свободные денежные потоки на собственный капитал в 11-й год:

$$\text{Ожидаемая прибыль на акцию в 11-й год} = EPS_{10} \times (1 + g) = 299{,}32\,(1{,}04) = 311{,}30.$$

$$\text{Реинвестирование собственного капитала в 11-й год} = EPS_{11} \times$$
$$\times \text{ коэффициент реинвестирования собственного капитала в стабильный период} = 311{,}30 \times 0{,}2667 = 83{,}02.$$

$$\text{Ожидаемые свободные денежные потоки в 11-й год} =$$
$$= EPS_{11} - \text{реинвестирование собственного капитала}_{11} = 311{,}30 - 83{,}02 = 228{,}28.$$

$$\text{Заключительная стоимость собственного капитала на акцию} =$$
$$= FCFE_{11}/(\text{стоимость привлечения собственного капитала}_{11} - g) = 228{,}28/(0{,}0847 - 0{,}04) = 5105{,}88.$$

Стоимость акции можно оценить как сумму приведенной стоимости FCFE в период высоких темпов роста и приведенной стоимости завершающей стоимости собственного капитала.

$$\text{Стоимость акции} = \text{приведенная стоимость дивидендов в период быстрого роста} +$$
$$+ \text{ заключительная цена}/(1 + k_e)^n = 1056{,}34 + 5105{,}88/10847^{10} = Sfr\ 3320{,}65.$$

В мае 2001 г. на момент оценки акции торговались по цене Sfr 3390, т. е. были чуть переоценены.

FCFE2st.xls — таблица, позволяющая оценивать фирмы, характеризуемые временными периодами быстрого роста FCFE, за которыми следуют периоды стабильного роста.

ПРЕДПОЛОЖЕНИЯ ОТНОСИТЕЛЬНО РЕИНВЕСТИРОВАНИЯ, ЗАКЛЮЧИТЕЛЬНАЯ СТОИМОСТЬ И СТОИМОСТЬ СОБСТВЕННОГО КАПИТАЛА

Мы постоянно подчеркивали важность соотнесения предположений относительно роста с предположениями по поводу реинвестиций, что особенно важно делать для периода стабильного роста. Обычное предположение во многих оценках на основе дисконтирования денежных потоков заключается в компенсации износа капитальными затратами в стабильный период. В сочетании с предположением об отсутствии изменений в оборотном капитале это дает нулевые реинвестиции. Хотя такое предположение может быть разумным для года или двух, оно не согласуется с предположением о том, что операционная прибыль будет расти бесконечно долго. Насколько сильное влияние оказывает данное предположение? При оценке компании Nestlé мы переоценили заключительную стоимость собственного капитала на акцию, предполагая отсутствие реинвестирования:

Расчетная заключительная стоимость собственного капитала на акцию = 311,30/(0,0847 – 0,04) = 6962,57.

При сохранении всех этих предположений мы приходим к стоимости собственного капитала на акцию в размере Sfr 4144, т. е. к увеличению стоимости приблизительно на 22%.

Модель «Е» — трехфазная модель FCFE

Модель «Е» предназначена для оценки фирм, которые, предположительно, проходят через три фазы роста: начальную фазу высоких темпов роста, переходную фазу, когда темпы роста понижаются, и стабильный период, когда рост остается неизменным.

Модель. В модели «Е» вычисляется приведенная стоимость ожидаемых денежных потоков на собственный капитал для всех трех фаз роста:

$$P_0 = \sum_{t=1}^{t=n1} \frac{FCFE_t}{(1+k_e)^t} + \sum_{t=n1+1}^{t=n2} \frac{FCFE_t}{(1+k_e)^t} + \frac{P_{n2}}{(1+k_e)^{n2}},$$

где P_0 = стоимость акции сегодня;

$FCFE_t$ = FCFE в год t;

k_e = стоимость привлечения собственного капитала;

P_{n2} = заключительная цена на конец переходного периода = $FCFE_{n2+1}/(k_e - g_n)$;

n1 = конец начального периода быстрого роста;
n2 = конец переходного периода.

Предостережения относительно использования модели. Поскольку модель предполагает, что темпы роста проходят через три фазы: быстрый рост, переходный рост и стабильный рост, важно, чтобы предположения относительно других переменных согласовывались с данными предположениями относительно роста.

Капитальные затраты и износ. Разумно предположить, что, по мере перехода фирмы от быстрого роста к стабильному, соотношение между

РУКОВОДСТВО ПО РЕШЕНИЮ ПРОБЛЕМ: ВОЗМОЖНЫЕ ЗАТРУДНЕНИЯ ПРИ ОЦЕНКЕ (ДВУХФАЗНАЯ МОДЕЛЬ FCFE)

Если проблема состоит в следующем:	*Это может оказаться решением:*
• Если при использовании двухфазной модели FCFE получается крайне низкое значение стоимости, то вероятные причины могут быть следующими:	
Прибыль находится на низком уровне вследствие определенных причин (экономика и т. д.).	Используйте нормализованную прибыль.
В период стабильного роста капитальные затраты значительно выше, чем износ.	Сократите разницу для периода стабильного роста (вычислите соответствующий коэффициент реинвестирования; возможно, вам придется прибегнуть к более высокому значению рентабельности собственного капитала).
Коэффициент бета в стабильный период слишком велик для стабильной фирмы.	Используйте коэффициент бета, близкий к единице.
Оборотный капитал в виде процента от выручки слишком высок, чтобы его можно было поддерживать.	Используйте коэффициент оборотного капитала, близкий к среднему по отрасли.
Двухфазная модель используется, когда более адекватно использование трехфазной.	Используйте трехфазную модель.
• Если получилось чрезмерно высокое значение стоимости, это может быть связано с тем, что:	
Прибыль раздута выше нормального уровня.	Используйте нормализованную прибыль.
Капитальные затраты в период высоких темпов роста компенсируют износ или отстают от него.	Вычислите соответствующий коэффициент реинвестирования (= g/ROE).
Рост в период стабильного роста слишком высок для стабильной фирмы.	Используйте темпы роста, близкие к темпам роста ВНП (безрисковой ставке).

капитальными затратами и износом будет меняться. В фазе высоких темпов роста капитальные затраты, по всей вероятности, значительно превышают износ. В переходной фазе разница, по-видимому, будет сокращаться, а в период стабильного роста различие между капитальными затратами и износом станет меньше, отражая более низкие ожидаемые темпы роста (см. рисунок 14.3).

Риск. По мере изменения характеристик фирмы меняются и показатели ее риска. В рамках модели CAPM при снижении темпов роста можно ожидать изменения коэффициентов бета фирмы. Стремление коэффициентов бета в долгосрочном периоде к единице была подтверждена эмпи-

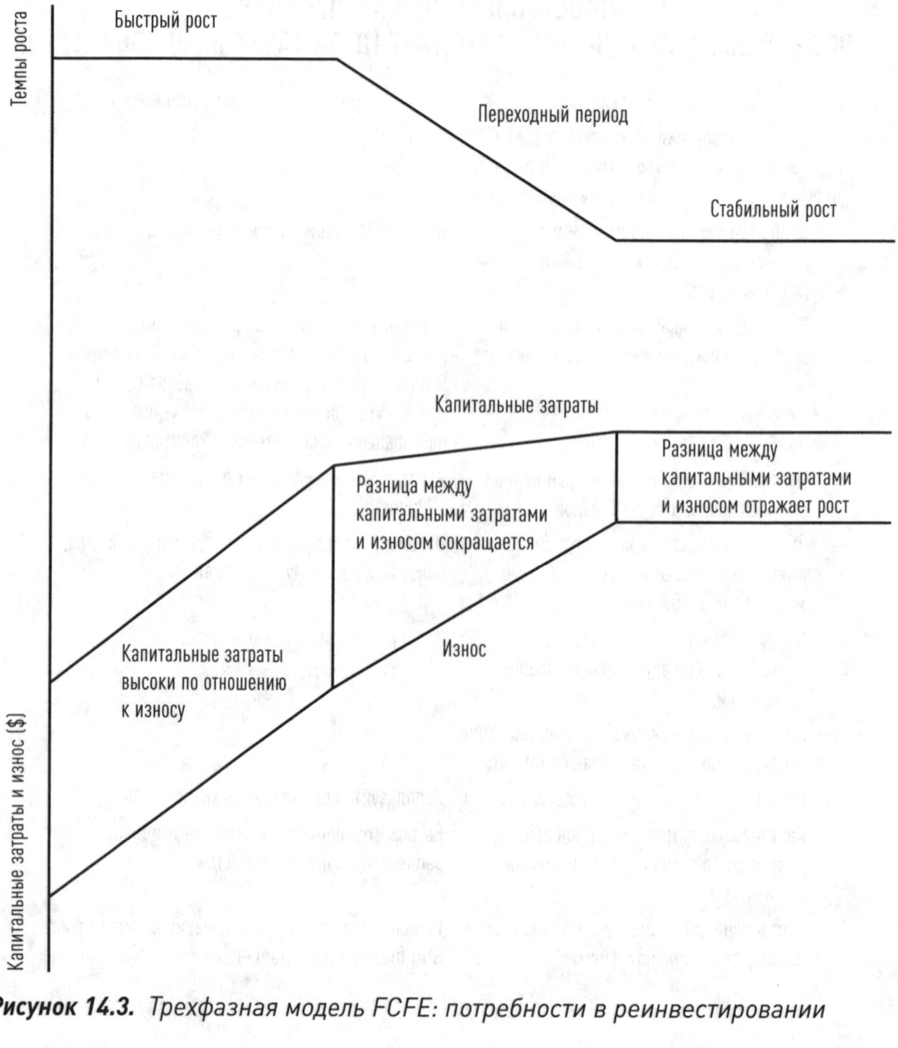

***Рисунок 14.3.** Трехфазная модель FCFE: потребности в реинвестировании*

рическими исследованиями портфелей фирм с высокими коэффициентами бета. Со временем, когда эти фирмы становятся более крупными и диверсифицированными, средние коэффициенты бета этих портфелей стремятся к единице.

Фирмы, для которых модель работает наиболее эффективно. Поскольку в модели предполагаются три фазы роста и постепенное снижение от высоких темпов роста к стабильным, она в наибольшей степени подходит для оценки фирм с очень высокими текущими темпами роста. Предположения относительно роста аналогичны тем, что сделаны в трехфазной модели дисконтирования дивидендов, однако акцент на свободные денежные потоки на собственный капитал, а не на дивиденды, делает ее более пригодной для оценки фирм, чьи дивиденды значительно выше или ниже, чем FCFE.

ИЛЛЮСТРАЦИЯ 14.5. *Трехфазная модель FCFE на примере фирмы Tsingtao Breweries (Китай) в 2001 г.*

Фирма Tsingtao Breweries производит и распространяет пиво и другие алкогольные напитки в Китае и по всему миру под торговой маркой Tsingtao. Фирма выпустила 653,15 млн акций, котируемых на Шанхайской и Гонконгской фондовых биржах.

Обоснование использования модели

- *Почему трехфазная?* Tsingtao — это небольшая фирма, обслуживающая крупный и растущий рынок, в частности китайский, а также остальную часть Азии. Текущая рентабельность собственного капитала невысока, и мы предполагаем, что в пять последующих лет она будет расти. По мере ее повышения рост прибыли будет идти вверх.
- *Почему FCFE?* Корпоративное управление в Китае, как правило, слабое, и дивиденды едва ли отражают свободные денежные потоки на собственный капитал. Кроме того, фирма традиционно финансирует часть своих потребностей в реинвестировании за счет новых долговых обязательств.

Базовая информация

В 2000 г. фирма Tsingtao заработала 72,36 млн юаней (CY) чистой прибыли при балансовой стоимости собственного капитала CY2588 млн, обеспечившей рентабельность собственного капитал 2,80%. Капитальные затраты фирмы составляли CY335 млн, а износ — CY204 млн в течение года. За год неденежный оборотный капитал упал на CY1,2 млн. Таким образом, общий объем реинвестирования в 2000 г. составил:

$$\text{Общий объем реинвестирования} = \text{капитальные затраты} - \text{износ} + \text{изменения в неденежном оборотном капитале} = 335-204-1{,}2 = \text{CY}129{,}8 \text{ млн.}$$

Изменения оборотного капитала за последние четыре года варьировали, и мы нормализуем эти изменения, используя неденежный оборотный капитал как долю от выручки в 2000 г.:

$$\text{Нормализованные изменения неденежного оборотного капитала} = (\text{неденежный оборотный капитал}_{2000}/\text{выручка}_{2000}) \times (\text{выручка}_{2000} - \text{выручка}_{1999}) = (180/2253) \times (2253 - 1598) = \text{CY}52{,}3 \text{ млн.}$$

В таком случае нормализованные реинвестиции в 2000 г. можно оценить следующим образом:

$$\text{Нормализованные реинвестиции} = \text{капитальные затраты} - \text{износ} + \text{нормализованные изменения неденежного оборотного капитала} = 335 - 204 + 52{,}3 = \text{CY}183{,}3 \text{ млн.}$$

Как и оборотный капитал, долговые обязательства были изменчивы. Мы оцениваем коэффициент «балансовая стоимость долга/капитал» фирмы в 40,94% на конец 2000 г. и используем эту величину для оценки нормализованных реинвестиций собственного капитала в 2000 г.:

Реинвестиции собственного капитала в 2000 г. =
= реинвестиции × (1 — долговой коэффициент) = 183,3 (1 – 0,4094) = CY108,27 млн.

Если оценить эту величину в виде процента от чистой прибыли, то получим:

Коэффициент реинвестирования собственного капитала в 2000 г. = 108,27/72,36 = 149,94%.

Расчет исходных параметров

Для оценки свободных денежных потоков на собственный капитал в период высоких темпов роста мы предполагаем, что рентабельность собственного капитала, равная сегодня 2,80%, к пятому году увеличится до 12%. Кроме того, мы предполагаем, что новые инвестиции с сегодняшнего момента и далее будут характеризоваться рентабельностью собственного капитала 12%. Наконец, мы предполагаем, что коэффициент реинвестирования собственного капитала в следующие пять лет будет оставаться на текущем уровне (149,97%). Таким образом, ожидаемые темпы роста для следующих пяти лет можно оценить следующим образом:

$$\text{Ожидаемые темпы роста в следующие пять лет} = \text{коэффициент реинвестирования собственного капитала} \times ROE_{\text{новая}} + [(ROE_{\text{новая}} - ROE_{\text{сегодня}})/ROE_{\text{сегодня}}]^{1/5} - 1 = 1{,}4997 \times 0{,}12 + \{[(0{,}12 - 0{,}028)/0{,}028]^{1/5} - 1\} = 44{,}91\%.$$

Предположим, что после пятого года ожидаемый рост будет ежегодно линейно падать на временном интервале с 6-го по 10-й годы, пока не достигнет стабильных темпов роста 10% на 10-й год. Заметим при этом, что темпы роста рассчитаны на основе номинальных китайских юаней, и более высокие стабильные темпы роста отражают повышенные инфляционные ожидания, связанные с этой валютой. По мере уменьшения темпов роста коэффициент реинвестирования собственного капитала также понижается в сторону коэффициента реинвестирования собственного капитала в стабильном периоде (50%), оцененного на основе 10%-ного стабильного роста, а также предполагаемой 20%-ной рентабельности собственного капитала в стабильный период.

Коэффициент реинвестирования собственного капитала в стабильный период = g/ROE = 10%/20% = 50%.

Для оценки стоимости привлечения собственного капитала мы использовали безрисковую ставку 10% (в номинальных юанях), премию за риск 6,28% (4% — для риска на зрелом рынке и 2,28% — в качестве премии за суверенный риск), а также коэффициент бета 0,75 (что отражает восходящий коэффициент бета для пивоварен):

Стоимость привлечения собственного капитала = 10% + 0,75 (6,28%) = 14,71%.

В период стабильного роста мы предполагаем увеличение коэффициента бета до 0,80 при понижении премии за суверенный риск до 0,95%:

Стоимость привлечения собственного капитала = 10% + 0,80 (4,95%) = 13,96%.

Стоимость привлечения собственного капитала изменяется линейно от 14,71% в пятом году до 13,96% в 10-м году.

Оценка стоимости

Оценку фирмы Tsingtao мы начнем с прогнозирования свободных денежных потоков на собственный капитал в период высоких темпов роста и переходной фазы, используя ожидаемые темпы роста чистой прибыли в размере 44,91% и коэффициент реинвестирования собственного капитала, равный 149,97% на последующие пять лет. Следующие пять лет представляют собой переходный период, когда темпы роста будут линейно снижаться от 44,91 до 10%, а коэффициент реинвестирования собственного капитала упадет со 149,97 до 50%. Получившиеся свободные денежные потоки на собственный капитал представлены в нижеследующей таблице:

Для оценки заключительной стоимости мы используем чистую прибыль за 11-й год, сокращаем ее на величину потребностей в реинвестировании собственного капитала в том же году, а затем предполагаем наличие бесконечных темпов роста, чтобы получить нужную величину:

Год	*Ожидаемый рост (%)*	*Чистая прибыль (CY млн)*	*Коэффициент реинвестирования собственного капитала (%)*	*FCFE (CY млн)*	*Стоимость привлечения собственного капитала (%)*	*Приведенная стоимость (CY млн)*
Текущий		72,36	149,97			
1	44,91	104,85	149,97	–52,40	14,71	–45,68
2	44,91	151,93	149,97	–75,92	14,71	–57,70
3	44,91	220,16	149,97	–110,02	14,71	–72,89
4	44,91	319,03	149,97	–159,43	14,71	–92,08
5	44,91	462,29	149,97	–231,02	14,71	–116,32
6	37,93	637,61	129,98	–191,14	14,56	–84,01
7	30,94	834,92	109,98	83,35	14,41	–32,02
8	23,96	1034,98	89,99	103,61	14,26	34,83
9	16,98	1210,74	69,99	363,29	14,11	107,04
10	10,00	1331,81	50,00	665,91	13,96	172,16

Суммарная величина приведенной стоимости FCFE в период высоких темпов роста = –$186,65 млн

Ожидаемые стабильные темпы роста = 10%.
Коэффициент реинвестирования в период стабильного роста = 50%.
Стоимость привлечения собственного капитала в период стабильного роста = 13,96%.

Ожидаемые темпы роста в 11-й год = чистая прибыль$_{11}$ ×
× (1 – коэффициент реинвестирования собственного капитала
в стабильный период) = CY1331,81 млн (1,10) (1 – 0,5) = CY732,50 млн.

Заключительная стоимость собственного капитала Tsingtao Breweries =
= FCFE$_{11}$/(стоимость привлечения собственного капитала в стабильный период –
– стабильные темпы роста) = 732,5/(0,1396 – 0,10) = CY18 497 млн.

Для оценки стоимости собственного капитала в настоящий момент мы суммируем приведенную стоимость FCFE для фазы высокого роста, а затем добавляем полученную величину к приведенной стоимости заключительной стоимости собственного капитала:

Стоимость собственного капитала = приведенная стоимость FCFE в период высоких темпов роста +
+ приведенная стоимость заключительной стоимости = –CY186,65 млн + CY18 497 млн/
/(1,1471^5 × 1,1456 × 1,1441 × 1,1426 × 1,1411 × 1,1396) = CY4596 млн.

Стоимость собственного капитала на акцию = стоимость собственного капитала/количество акций =
= CY4596/653,15 = CY7,04 на акцию.

В момент проводимой оценки акция торговалась по цене CY10,10, что исходя из полученных результатов свидетельствует о переоцененности.

ОТРИЦАТЕЛЬНЫЕ СВОБОДНЫЕ ДЕНЕЖНЫЕ ПОТОКИ, РАЗВОДНЕНИЕ СОБСТВЕННОГО КАПИТАЛА И СТОИМОСТЬ АКЦИИ

В отличие от дивидендов, свободные денежные потоки на собственный капитал могут принимать отрицательные значения. Это может произойти вследствие отрицательной чистой прибыли или в результате значительных потребностей фирмы в реинвестициях. Именно такую ситуацию мы видим в случае с фирмой Tsingtao, рассмотренной в иллюстрации 14.5. Потребность в чистых капитальных затратах и оборотном капитале может оказаться значительно выше, чем чистая прибыль. В реальности подобное происходит в быстрорастущих фирмах довольно часто.

Модель FCFE достаточно гибка для применения при анализе таких случаев. Свободные денежные потоки на собственный капитал будут отрицательными, если фирма реинвестирует значительные суммы для достижения высоких темпов роста. По мере снижения роста, потребности в реинвестировании также падают, и свободные денежные потоки на собственный капитал становятся положительными.

Рассмотрим на интуитивном уровне, что означают отрицательные свободные денежные потоки на собственный капитал. Они предполагают, что фирма не генерирует достаточных денежных потоков от текущих операций для покрытия потребности в реинвестициях. Поскольку свободные денежные потоки на собственный капитал рассчитываются с учетом чистых долговых обязательств, фирме приходится выпускать новые акции в периоды, когда денежные потоки отрицательны. Это ожидаемое разводнение в будущие годы сократит стоимость собственного капитала на акцию в настоящий момент. В модели FCFE отрицательные свободные денежные потоки на собственный капитал в прошлые годы уменьшают вычисленную стоимость собственного капитала сегодня. Таким образом, эффект разводнения отражается на приведенной стоимости, поэтому отсутствует необходимость дополнительного учета новых эмиссий акций в будущие годы и их влияния на сегодняшнюю стоимость акции.

FCFE3st.xls — таблица, позволяющая оценивать фирмы, характеризуемые временным периодом высоких темпов роста FCFE, за которым следует переходный период, завершающийся стабильным ростом.

МОДЕЛЬ ДИСКОНТИРОВАНИЯ FCFE В СРАВНЕНИИ С МОДЕЛЬЮ ДИСКОНТИРОВАНИЯ ДИВИДЕНДОВ

Модель дисконтирования денежных потоков, где используются свободные денежные потоки на собственный капитал, можно рассматривать в качестве альтернативы модели дисконтирования дивидендов. Поскольку эти два подхода иногда приводят к разным оценкам стоимости, стоит разобраться, в каких случаях они дают одинаковые оценки стоимости, а в ка-

РУКОВОДСТВО ПО РЕШЕНИЮ ПРОБЛЕМ: ВОЗМОЖНЫЕ ЗАТРУДНЕНИЯ ПРИ ОЦЕНКЕ (ТРЕХФАЗНАЯ МОДЕЛЬ FCFE)

Если проблема состоит в следующем:	*Это может оказаться решением:*
• Если при использовании трехфазной модели FCFE получается крайне низкое значение стоимости, то причины могут заключаться в следующем:	
В период стабильного роста капитальные затраты значительно выше, чем износ.	Сократите чистые капитальные затраты для периода стабильного роста. Капитальные затраты растут медленнее, чем износ в течение переходного периода.
Коэффициент бета в стабильный период слишком велик для стабильной фирмы.	Используйте коэффициент бета, близкий к единице.
Оборотный капитал как процент от выручки слишком высок, чтобы его можно было поддерживать.	Используйте значение коэффициента оборотного капитала, близкое к среднему по отрасли.
• Если вы получили чрезмерно высокое значение стоимости, то:	
Капитальные затраты компенсируют износ в период высоких темпов роста.	Следует использовать более высокие капитальные затраты.
Капитальные затраты меньше износа.	Вычислите коэффициент реинвестирования (= g/ROE).
Период роста (высокий рост и переходный период) слишком продолжителен.	Используйте более короткий период роста.
Темпы роста в период стабильного роста слишком высоки для стабильной фирмы.	Используйте темпы роста, близкие к темпам роста ВНП (безрисковой ставке).

ких — различающиеся величины, и посмотреть, что эти различия могут рассказать нам о фирме.

Когда они аналогичны

Стоимость, полученная в результате использования FCFE при оценке дисконтированных денежных потоков, будет аналогична стоимости, полученной при использовании модели дисконтирования дивидендов, при двух условиях. Первое из них очевидно: дивиденды эквивалентны свободным денежным потокам на собственный капитал. Второе условие более деликатно: FCFE превышают дивиденды, но избыточные денежные средства (FCFE — дивиденды) инвестируются в проекты с нулевой чистой приведенной стоимостью (например, инвестирование в верно оцененные рынком финансовые активы должно приносить нулевую чистую приведенную стоимость).

Когда они различны

Две модели приводят к разным оценкам стоимости в нескольких случаях. Прежде всего, стоимость в рамках модели FCFE будет больше, чем стоимость по модели дисконтирования дивидендов, в тех случаях, когда FCFE превышают дивиденды, а избыточные денежные средства приносят процент, который меньше рыночного, или инвестированы в проекты с отрицательной чистой приведенной стоимостью. На самом деле это не столь странно, как может показаться вначале, — по трем причинам. Существует множество примеров фирм, которые накапливают значительные объемы денежных средств (благодаря выплате небольших дивидендов относительно FCFE), а потом используют их для финансирования необдуманных поглощений (когда уплаченная цена выше стоимости, полученной от поглощения). Кроме того, выплата более низких дивидендов может приводить к снижению долгового коэффициента, к повышению стоимости привлечения капитала и к падению стоимости.

В случае более значительных дивидендов, чем FCFE, фирма вынуждена выпускать новые акции или заимствовать средства для выплаты дивидендов, что приведет, по меньшей мере, к трем отрицательным последствиям для стоимости. Первое из них состоит в следующем: издержки на размещение акций, которые могут оказаться значительными, создают излишние капитальные затраты, снижающие стоимость. Во-вторых, если фирма занимает деньги для выплаты дивидендов, она может оказаться чересчур отягощенной долгами (в сопоставлении с оптимальным уровнем), вызывая потери в стоимости. Наконец, в-третьих, выплаты слишком высоких дивидендов могут привести к недостаточности капитала, при которой отвергаются хорошие проекты и снижается стоимость.

Существует и третья возможность, и она отражает различие предположений относительно реинвестирования и роста в двух моделях. При одном и том же коэффициенте реинвестирования модель FCFE дает более высокое значение стоимости, чем модель дисконтирования дивидендов, когда FCFE выше дивидендов, и меньшее значение стоимости, когда дивиденды выше FCFE. В реальности темпы роста FCFE должны отличаться от темпов роста дивидендов, поскольку свободные денежные потоки на собственный капитал, предположительно, выплачиваются держателям акций. Это влияет на коэффициент реинвестирования фирмы. Кроме того, используемая в модели FCFE рентабельность собственного капитала должна отражать рентабельность собственного капитала в неденежных инвестициях. В то же время в качестве рентабельности собственного капитала, используемого в модели дисконтирования дивидендов, следует применять общую рентабельность собственного капитала. В таблице 14.1 отражены различия в предположениях между двумя моделями.

Как правило, когда фирмы выплачивают значительно меньший объем дивидендов, чем могут себе позволить исходя из FCFE, ожидаемые темпы роста и заключительная стоимость будут выше в модели дисконтирования дивидендов, но денежные потоки по годам окажутся выше в модели FCFE. Чистое влияние на стоимость зависит от компании.

ТАБЛИЦА 14.1. *Различия между моделью дисконтирования дивидендов и моделью FCFE*

	Модель дисконтирования дивидендов	Модель FCFE
Неявное предположение	Выплачиваются только дивиденды. Остающаяся часть прибыли инвестируется обратно в фирму, отчасти в операционные активы, а частично — в денежные инструменты и ликвидные ценные бумаги.	FCFE выплачиваются держателям акций. Остающаяся прибыль инвестируется только в операционные активы.
Ожидаемый рост	Измеряется рост прибыли от операционных и денежных активов. С точки зрения фундаментальных показателей — это произведение коэффициента нераспределенной прибыли и рентабельности собственного капитала.	Измеряется только рост прибыли от операционных активов. С точки зрения фундаментальных показателей — это произведение реинвестирования собственного капитала и неденежной рентабельности собственного капитала.
Учет денежных средств и ликвидных ценных бумаг	Прибыль от денежных средств и ликвидных ценных бумаг является частью прибыли и по итогу дивидендов. Следовательно, здесь нет необходимости добавлять денежные средства и ликвидные ценные бумаги.	У вас есть два варианта выбора: 1. Учесть прибыль от денежных средств и ликвидных ценных бумаг в прогнозе прибыли, а также в оценке стоимости собственного капитала. 2. Игнорировать прибыль от денежных средств и ликвидных ценных бумаг и добавить их стоимость к стоимости собственного капитала в модели.

Что означает различие между результатами, получаемыми при помощи этих моделей?

Когда стоимость по модели FCFE отличается от стоимости, полученной на основе модели дисконтирования дивидендов, при использовании согласующихся предположений относительно роста следует задать два вопроса. О чем говорит различие между двумя моделями? Какая из этих моделей в наибольшей степени подходит для оценки рыночной цены?

Иногда модель дисконтирования дивидендов дает более высокую стоимость, чем модель FCFE, это происходит главным образом потому, что дивиденды превышают FCFE. В этой ситуации лучше всего использовать модель FCFE. Гораздо чаще более значительной оказывается стоимость, полученная с помощью модели FCFE. Можно считать, что разница между стоимостью по модели FCFE и стоимостью на основе модели дисконтирования дивидендов выражает стоимость контроля над фирмой — она измеряет стоимость контроля над политикой в области дивидендов. При враждебном поглощении покупатель может рассчитывать на получение контроля над фирмой и изменение политики в области дивидендов (для адекватного учета FCFE), чтобы получить тем самым более высокую стоимость FCFE.

Что касается вопроса о том, какая из двух оценок стоимости в большей мере подходит для использования в целях оценки рыночной цены, то ответ определяется открытостью рынка для корпоративного контроля. Если существует высокая вероятность поглощения фирмы и изменения ее менеджмента, то рыночная цена отразит эту вероятность, и лучше использовать стоимость по модели FCFE. Когда изменения корпоративного контроля становятся более затруднительными вследствие размера фирмы и/или законодательных или рыночных ограничений на поглощения, то стоимость по модели дисконтирования дивидендов лучше подойдет для сравнения.

ИЛЛЮСТРАЦИЯ 14.6. *Оценка компании Coca-Cola с помощью трехфазной модели FCFE*

В главе 13 мы оценили компанию Coca-Cola, используя трехфазную модель дисконтирования дивидендов, и получили стоимость акции $67,15, что было чуть ниже рыночной цены, равной $68,22. Мы исходили из того, что руководство Coca-Cola полностью выплачивает доступные средства в виде дивидендов, и накопления денежных средств не происходит. Для сравнения используем теперь трехфазную модель свободных денежных потоков на собственный капитал.

Мы начнем с отделения посленалогового процентного дохода в размере $105,32 млн, полученного Coca-Cola, от чистой прибыли, равной $11 809 млн, и определения неденежной чистой прибыли:

Чистая прибыль от неденежных активов = $11 809 – $105 = $11 704 млн.

Чтобы получить неденежную рентабельность собственного капитала, вычтем денежные средства ($7,021 млн) из балансовой стоимости собственного капитала ($25 346 млн):

$$\text{Неденежная рентабельность собственного капитала в 2010 г.} = $$

$$= \frac{11809 - 105}{25\,346 - 7021} = 63{,}87\%.$$

Как и в трехфазной модели дисконтирования дивидендов, мы предполагаем значительное снижение неденежной рентабельности собственного капитала в будущем до 30% (что, однако, выше 25%-ной рентабельности, которую мы принимали в модели дисконтирования дивидендов, в результате исключения денежных средств). Вместо того чтобы использовать коэффициент нераспределенной прибыли для оценки реинвестиций, мы определим коэффициент реинвестирования собственного капитала на основе чистых капитальных затрат и инвестиций в оборотный капитал, осуществленных Coca-Cola в 2010 г.:

Коэффициент реинвестирования собственного капитала =
(капитальные затраты – износ + изменение оборотного капитала –
– чистые выпущенные долговые обязательства)/неденежная чистая прибыль =
= (2215 – 1443 + 335 – 150)/(11 809 – 105) = 8,19%.

В результате того, что Coca-Cola осуществляет поглощения, ее коэффициент реинвестирования собственного капитала очень нестабилен, и его среднее значение за последние пять лет составляет примерно 25%.

Исходя из неденежной рентабельности собственного капитала, равной 30%, и коэффициента реинвестирования собственного капитала, составляющего 25%, мы получим ожидаемые темпы роста неденежной чистой прибыли, равные 7,5%:

Ожидаемые темпы роста = рентабельность собственного капитала ×
× коэффициент реинвестирования собственного капитала = 30% × 25% = 7,5%.

Для периода высокого роста мы принимаем коэффициент бета, равный 0,90 (такой же, как и в модели дисконтирования дивидендов). При безрисковой ставке 3,5% и премии за риск инвестирования в акции 5,5% получается та же стоимость привлечения собственного капитала, которую мы использовали в модели дисконтирования дивидендов:

Стоимость привлечения собственного капитала = 0,90 (5,5%) = 8,45%.

Применение полученного значения темпов роста к чистой прибыли и вычитание коэффициента реинвестирования собственного капитала позволяет определить свободные денежные потоки на собственный капитал на следующие пять лет. При определении приведенной стоимости в качестве ставки дисконтирования использовалась стоимость привлечения собственного капитала.

	1	*2*	*3*	*4*	*5*
Ожидаемые темпы роста (%)	7,50	7,50	7,50	7,50	7,50
Чистая прибыль ($ млн)	12 581,46	13 525,07	14 539,45	15 629,91	16 802,15
Коэффициент реинвестирования собственного капитала (%)	25,00	25,00	25,00	25,00	25,00
FCFE ($ млн)	9436,10	10 143,80	10 904,59	11 722,43	12 601,62
Стоимость привлечения собственного капитала (%)	8,45	8,45	8,45	8,45	8,45
Приведенная стоимость ($ млн)	8700,87	8624,65	8549,10	8474,22	8399,98

Как и в модели дисконтирования дивидендов, мы принимаем, что фирма достигнет фазы стабильно роста через 10 лет при следующих допущениях:

- Темпы после 10-го года будут держаться на уровне 3% бесконечно долго, а неденежная рентабельность собственного будет равна 15%. Коэффицент реинвестирования собственного капитала при стабильном росте составит:

  Коэффициент реинвестирования собственного капитала = g/ROE = 3%/15% = 20%.

- Коэффициент бета для компании вырастет до 1, что приведет к увеличению стоимости привлечения собственного капитала до 9%.

Переходный период с шестого года по десятый вновь используется для корректировки темпов роста, коэффициента реинвестирования собственного капитала и стоимости привлечения собственного капитала от значений, характерных для высокого роста, до значений, соответствующих стабильному росту. Расчетные свободные денежные потоки на собственный капитал приведены в таблице ниже, при этом приведенная стоимость определялась с использованием кумулятивной стоимости привлечения собственного капитала (поскольку она изменялась от периода к периоду).

	6	*7*	*8*	*9*	*10*
Ожидаемые темпы роста (%)	6,60	5,70	4,80	3,90	3,00
Чистая прибыль ($ млн)	17 911,10	18 932,03	19 840,77	20 614,56	21 232,99
Коэффициент реинвестирования собственного капитала (%)	24,00	23,00	22,00	21,00	20,00
FCFE ($ млн)	13 612,43	14 577,66	15 475,80	16 285,50	16 986,39
Стоимость привлечения собственного капитала (%)	8,56	8,67	8,78	8,89	9,00
Приведенная стоимость ($ млн)	8358,30	8236,84	8038,53	7768,49	7433,79

После 10-го года заключительная стоимость собственного капитала рассчитывается на основе данных для периода стабильного роста:

$$\text{Стоимость собственного капитала}_{\text{на конец 10-го года}} =$$
$$= (\text{ожидаемые FCFE в 11-й год})/(\text{стоимость привлечения собственного капитала в стабильный период} -$$
$$- \text{стабильные темпы роста}) = (\$21\ 233 \times 1{,}03 \times 0{,}80)/(0{,}09 - 0{,}03) = \$291\ 600 \text{ млн.}$$

Дисконтирование заключительной стоимости по кумулятивной стоимости привлечения собственного капитала для 10-го года и прибавление к приведенной стоимости денежных потоков на собственный капитал в следующие 10 лет дают общую стоимость собственного капитала в операционных активах. Не забывайте, однако, что мы отделили денежные средства в этой модели и их необходимо вернуть на этом этапе расчета, чтобы получить стоимость собственного Coca-Cola.

$$\text{Стоимость собственного капитала сегодня} = \text{приведенная стоимость FCFE} +$$
$$+ \text{приведенная стоимость заключительной стоимости} + \text{денежные средства} =$$
$$= \$82\ 285 + \$291\ 600/2{,}2850 + \$8517 = \$218\ 715 \text{ млн.}$$

Деление этой величины на число акций, находящихся в обращении сегодня (2289,254 млн), дает стоимость на акцию в размере $95,54.

$$\text{Стоимость на акцию} = \$218\ 715/2289{,}254 = \$95{,}54.$$

Таким образом, из оценки на основе модели FCFE следует, что акции Coca-Cola, торгующиеся по $68,22, значительно недооценены.

Почему две оценки так сильно различаются? Модель FCFE, хотя и использует более низкие темпы роста, чем модель дисконтирования дивидендов, однако позволяет вернуть больше денежных средств акционерам. Фактически мы учитываем тот факт, что Coca-Cola не выплачивает свои FCFE в качестве дивидендов. Чистым результатом, по крайней мере в этом примере, является повышение стоимости на акцию. У компаний, которые выплачивают больше дивидендов, чем позволяют свободные денежные потоки на собственный капитал, стоимость на акцию может упасть при оценке с помощью модели FCFE. В любом случае, на наш взгляд, оценка стоимости на акцию на основе свободных денежных потоков на собственный капитал более реалистична, чем оценка на основе модели дисконтирования дивидендов.

ЗАКЛЮЧЕНИЕ

Основное различие между моделью дисконтирования дивидендов, описанной в предыдущей главе, и моделью свободных денежных средств на собственный капитал, представленной в этой главе, заключено в определении денежных потоков. В модели дисконтирования дивидендов используется строгое определение денежных потоков на акции (т. е. ожидаемые дивиденды на акцию), в то время как в модели FCFE используется расширенное толкование денежных потоков на собственный капитал как остатка денежных потоков после покрытия всех финансовых обязательств и потребностей в инвестициях. Когда дивиденды фирмы отличаются от величины FCFE, значения стоимости, полученные на основе двух подходов, будут разными. При оценке фирм с целью поглощения или при оценке фирм, характеризуемых высокой вероятностью смены корпоративного управления, вычисления по модели FCFE обеспечивают более качественную оценку стоимости.

КОНТРОЛЬНЫЕ ВОПРОСЫ

В приведенных ниже заданиях, если не указано иное, премия за риск инвестирования в акции принимается равной 5,5%.

1. Ответьте «верно» или «не верно» на следующие утверждения, касающиеся вычисления и использования FCFE:
   а) Свободные денежные потоки на собственный капитал, как правило, более изменчивы, чем дивиденды.
   Верно___ Не верно___
   б) Свободные денежные потоки на собственный капитал всегда выше дивидендов.
   Верно___ Не верно___
   в) Свободные денежные потоки на собственный капитал всегда превышают чистую прибыль.
   Верно___ Не верно___
   г) Свободные денежные потоки на собственный капитал никогда не бывают отрицательными.
   Верно___ Не верно___
2. Компания Kimberly-Clark, производитель хозяйственной продукции, объявила о прибыли на акцию в размере $3,20 в 1993 г. и выплатила дивиденды $1,70 на акцию. Фирма объявила об износе в 1993 г. в размере $315 млн и капитальных затратах в размере $475 млн. В обращении находилось 160 млн акций, торгующихся по цене $51 за акцию. Данное соотношение между капитальными затратами и износом, предположительно, сохранится в долгосрочном периоде. Оборотный капитал незначителен. Компания Kimberly-Clark имеет непогашенные долги на сумму $1,6 млрд и намеревается сохранять текущую финансовую комбинацию (долга и собственного капитала) для финансирования будущих потребностей в инвестициях. Фирма находится в устойчивом состоянии, и ожидаемая прибыль будет расти на 7% в год. Акции характеризуются коэффициентом бета, равным 1,05. Ставка по казначейским облигациям США равна 6,25%, а премия за риск — 5,5%.

а) Оцените стоимость акции, используя модель дисконтирования дивидендов.
б) Оцените стоимость акции, используя модель FCFE.
в) Как бы вы объяснили разницу в результатах использования двух моделей, и результаты вычислений по какой модели вы бы применили в качестве точки отсчета при сравнении с рыночной ценой?

3. Корпорация Ecolab Inc. продает химикаты и системы для водоочистки, канализации и ремонта. Она объявила о прибыли на акцию в размере $2,35 в 1993 г. Ожидаемые темпы роста прибыли в период 1994–1998 гг. должны были составить 15,5% в год и 6% — по окончании этого периода. Капитальные затраты в 1993 г. составляли $2,25 на акцию, а износ был равен $1,125 на акцию. Ожидается, что темпы роста обеих величин будут аналогичными темпам роста прибыли в период 1994–1998 гг. Оборотный капитал, предположительно, будет сохраняться на уровне 5% от выручки, а выручка (которая в 1993 г. равнялась $1 млрд), вероятно, будет расти в период 1994–1998 гг. на 6% в год и на 4% в год — по окончании этого периода. Долговой коэффициент фирмы [D/(D + E)] составляет 5%, однако планируется финансировать будущие потребности в инвестициях (включая инвестиции в оборотный капитал) на основе долгового коэффициента в размере 20%. Предполагается, что коэффициент бета акции в период анализа равен 1, а ставка по казначейским облигациям США составляет 6,50%. В обращении находится 63 млн акций, а рыночная премия за риск равна 5,5%.
а) Предполагая, что капитальные затраты и износ компенсируют друг друга после 1998 г., оцените стоимость на акцию. Реалистична ли данная оценка?
б) Предполагая, что капитальные затраты и далее будут составлять 200% износа даже после 1998 г., оцените стоимость на акцию.
в) Какова будет стоимость на акцию, если фирма продолжит финансировать новые инвестиции на основе старой финансовой комбинации (5%)? Правильно ли использовать тот же самый коэффициент бета в этом анализе?

4. Компания Dionex Corporation, лидер по разработке и производству систем ионной хроматографии (они используются для определения загрязнения в электронных устройствах), объявила о прибыли на акцию в 1993 г. в размере $2,02 и не выплатила никаких дивидендов. Ожидается, что эта прибыль должна расти на 14% в год на протяжении пяти лет (1994–1998 гг.), а после этого периода — на 7% в год. Фирма объявила об износе в $2 млн в 1993 г. и капитальных

затратах, составляющих $4,20 млн. В обращении находится 7 млн акций фирмы. Оборотный капитал, предположительно, останется на уровне 50% от выручки, которая в 1993 г. составляла $106 млн. При этом рост выручки ожидается на уровне 6% в год в период 1994–1998 гг. По окончании этого периода рост выручки, предположительно, будет равен 4% в год. Ожидается, что фирма будет финансировать 10% своих капитальных затрат и потребностей в оборотном капитале за счет долга. Коэффициент бета компании Dionex в 1993 г. составлял 1,20. При этом ожидалось его падение до уровня 1,10 после 1998 г. Ставка по казначейским облигациям равна 7%, а премия за рыночный риск — 5,5%.

а) Оцените ожидаемые свободные денежные потоки на собственный капитал за период 1994–1998 гг., предполагая, что темпы роста капитальных затрат и износа будут равны темпам роста прибыли.

б) Оцените заключительную цену акции (на конец 1998 г.). Стабильные фирмы в этой отрасли имеют капитальные затраты, составляющие 150% выручки, и поддерживают оборотный капитал на уровне 25% от выручки.

5. Компания Biomet Inc., разрабатывающая, производящая и продвигающая на рынок устройства для лечения травм и реабилитации, объявила о прибыли, равной $0,56 на акцию в 1993 г. При этом на акции не было выплачено никаких дивидендов (выручка на акцию в 1993 г. составила $2,91). Капитальные затраты фирмы в 1993 г. равнялись $0,13 на акцию, а износ в том же году составлял $0,08 на акцию. Оборотный капитал в 1993 г. был равен 60% от выручки. При этом ожидалась его неизменность в период 1994–1998 гг., в то время как прибыль и выручка, предположительно, должны были расти на 17% в год. Ожидаемые темпы роста прибыли должны линейно снижаться в последующие пять лет до уровня 5% в 2003 г. В течение периода быстрого роста и переходной фазы капитальные затраты и износ, предположительно, должны расти теми же темпами, что и прибыль, однако по достижении фирмой устойчивого состояния капитальные затраты составят 120% износа. Ожидалось, что оборотный капитал снизится с 60% от выручки в период 1994–1998 гг. до 30% от выручки после 2003 г. В текущий период у фирмы нет долгов, но она планирует финансировать 10% чистых капитальных инвестиций и потребностей в оборотном капитале за счет долга.

Ожидалось, что в период быстрого роста (1994–1998 гг.) акции будут обладать коэффициентом бета 1,45. При этом предполагалось его снижение до уровня 1,10, по мере перехода фирмы в устойчивое состояние (в 2003 г.). Ставка по казначейским облигациям составляет 7%, а премия за рыночный риск равна 5,5%.

а) Оцените стоимость акции, используя модель FCFE.
б) Оцените стоимость акции, предполагая неизменность оборотного капитала на уровне 60% от выручки.
в) Оцените стоимость акции, предполагая, что коэффициент бета бесконечно долго останется неизменным на уровне 1,45.

6. Насколько вероятно, что следующие фирмы будут обладать более высокой стоимостью исходя из модели дисконтирования дивидендов, или модели FCFE, или же обе модели приведут к одинаковым оценкам?
   а) Фирма, выплачивающая меньший объем дивидендов, чем она в состоянии платить исходя из величины FCFE, и при этом инвестирующая разницу в казначейские облигации.
   б) Фирма, выплачивающая больший объем дивидендов, чем в состоянии выплачивать исходя из величины FCFE, и при этом эмитирующая акции для покрытия разницы.
   в) Фирма, в среднем выплачивающая дивиденды, соответствующие величине FCFE.
   г) Фирма, выплачивающая меньший объем дивидендов, чем в состоянии выплачивать исходя из величины FCFE, и при этом использующая денежные средства для регулярного приобретения других фирм с целью диверсификации.
   д) Фирма, выплачивающая больший объем дивидендов, чем в состоянии выплачивать исходя из величины FCFE, и при этом занимающая средства для покрытия разницы (фирма имеет избыточное долговое бремя).
7. Вам требуется оценить Oneida Steel — сталелитейную компанию средних размеров. В только что закончившемся финансовом году фирма объявила о чистой прибыли в размере $80 млн, о $50 млн капитальных затрат и $20 млн износа. Фирма объявила о том, что ее неденежный оборотный капитал повысился на $20 млн в течение года, а общий непогашенный долг вырос на $10 млн за тот же период времени. Балансовая стоимость собственного капитала фирмы Oneida Steel в начале прошлого финансового года составляла $400 млн. Стоимость привлечения собственного капитала была равна 10%.
   а) Оцените коэффициент реинвестирования собственного капитала, рентабельность собственного капитала и ожидаемые темпы роста для компании Oneida Steel. Вы можете предпо-

ложить, что фирма и далее будет сохранять тот же долговой коэффициент, который она использовала в прошлом году при финансировании своих потребностей в реинвестировании.

б) Если темпы роста будут сохраняться неизменными на протяжении пяти лет, а затем упадут до 4% и стабилизируются на этом уровне, и при этом рентабельность собственного капитала после пятого года, предположительно, будет равна 12%, оцените стоимость собственного капитала на настоящий момент, используя прогнозные свободные денежные потоки на собственный капитал.

8. Корпорация Luminos Corporation, производитель электроламп, переживает период стабильного роста. Она объявила о чистой прибыли в размере $100 млн на собственный капитал, балансовая стоимость которого составляет $1 млрд. Кроме того, фирма обладает кассовыми остатками в объеме $200 млн, принесшими ей процентный доход после уплаты налогов в размере $10 млн за прошлый год. Процентный доход включен в чистую прибыль, а денежные средства являются частью балансовой стоимости собственного капитала. Стоимость привлечения собственного капитала фирмы составляет 9%.

а) Оцените неденежную рентабельность собственного капитала Luminos Corporation.

б) Предположим, вы ожидаете, что денежные потоки от операционных активов корпорации Luminos будут неограниченно долго расти на 3% в год. Оцените стоимость собственного капитала корпорации Luminos.

Глава 15

ОЦЕНКА ФИРМЫ: ПОДХОДЫ НА ОСНОВЕ СТОИМОСТИ ПРИВЛЕЧЕНИЯ КАПИТАЛА И СКОРРЕКТИРОВАННОЙ ПРИВЕДЕННОЙ СТОИМОСТИ

В двух предшествующих главах мы изучили два подхода к оценке собственного капитала фирмы — модель дисконтирования дивидендов и модель свободных денежных потоков на собственный капитал (FCFE). В данной главе развивается другой подход к оценке. Он состоит в том, что фирма в целом оценивается либо путем дисконтирования кумулятивных денежных потоков по любым требованиям к фирме по средневзвешенной стоимости привлечения капитала (подход на основе стоимости привлечения капитала), либо путем прибавления предельного воздействия долга на стоимость к стоимости безрычаговой (не использующей заимствования) фирмы (подход на основе скорректированной приведенной стоимости — APV).

В процессе рассмотрения оценки фирмы мы также проанализируем влияние рычага на стоимость фирмы. Мы убедимся, что при наличии риска дефолта, налогов и затрат, связанных с услугами посредников, повышение рычага иногда приводит к повышению стоимости фирмы, а в некоторых случаях — к ее понижению. Фактически мы покажем, что максимизировать стоимость фирмы позволяет только оптимальная комбинация источников финансирования.

СВОБОДНЫЕ ДЕНЕЖНЫЕ ПОТОКИ ФИРМЫ

Свободные денежные потоки фирмы (free cash flow to the firm — FCFF) — это денежные потоки всех участников и держателей обязательств фирмы, включая держателей обыкновенных и привилегированных акций, владельцев облигаций. Существуют два способа измерения свободных денежных потоков фирмы.

Первый способ предусматривает суммирование всех денежных потоков, приходящихся на владельцев требований. К таким потокам относятся денежные потоки на собственный капитал (определенные как свободные денежные потоки на собственный капитал или как дивиденды), денежные потоки кредиторов (т. е. основные платежи, расходы на выплату процентов и новые долговые обязательства), а также денежные потоки в пользу держателей привилегированных акций (обычно — дивиденды на привилегированные акции):

FCFF = свободные денежные потоки на собственный капитал +
+ расходы на выплату процентов × (1 – налоговая ставка) +
+ основные платежи – новые долговые обязательства +
+ дивиденды по привилегированным акциям.

Заметим, что мы здесь меняем направление процесса, к которому прибегали для получения свободных денежных потоков на собственный капитал, когда вычитали платежи кредиторам и владельцам привилегированных акций для вычисления денежных потоков, остающихся на долю держателей обыкновенных акций.

Более простой путь получения свободных денежных потоков фирмы (второй способ) — это оценка денежных потоков без учета всех этих требований. Таким образом, мы можем начать с прибыли до уплаты налогов и процентов, вычесть налоги и потребность в реинвестициях и получить оценку свободных денежных потоков фирмы:

FCFF = EBIT × (1 – налоговая ставка) +
+ износ – капитальные затраты – Δоборотный капитал.

Поскольку эти денежные потоки определены до выплаты долгов, их часто называют «денежными потоками без учета долга». Заметим, что эти свободные денежные потоки фирмы не включают выигрышей от налогов, возникших за счет процентных платежей. Это сделано преднамеренно, поскольку при использовании посленалоговой стоимости долга при расчете стоимости привлечения капитала уже учитываются указанные выигрыши, и включение их в денежные потоки приведет к двойному счету.

FCFF и другие показатели денежных потоков

Разница между FCFF и FCFE по большей части определяется денежными потоками, связанными с долгом: процентными выплатами, основными платежами и новыми долговыми обязательствами, а также другими требованиями, не связанными с основным капиталом, такими как дивиденды по привилегированным акциям. Свободные денежные потоки фирмы будут превышать свободные денежные потоки на собственный капитал, если эта фирма поддерживает уровень задолженности на желаемом уровне, финансирует свои капитальные затраты и потребности в оборотном капитале за счет данной комбинации долга и собственного капитала и использует новые долговые обязательства для выплаты основных платежей.

Одним из показателей является прибыль до уплаты процентов, налогов, начисления износа и амортизации (EBITDA); он широко используется при оценке. Свободные денежные потоки фирмы — очень близкое понятие, однако в них учитываются потенциальные налоговые обязательства, связанные с прибылью, а также капитальные затраты и потребность в оборотном капитале.

Некоторые аналитики используют операционную прибыль после налогообложения в качестве приближения к свободным денежным потокам фирмы с различными определениями операционной прибыли. Прежде всего, это прибыль до уплаты процентов и налогов (EBIT) или операционная прибыль, получаемая непосредственно из отчета о прибылях и убытках фирмы. Корректировка EBIT позволяет получить чистую операционную прибыль или убыток после уплаты налогов (NOPLAT), или чистую операционную прибыль (NOI). Чистая операционная прибыль определяется как прибыль от операций до уплаты налогов и внеоперационных расходов.

Каждый из этих показателей используется в моделях оценки, и все они могут быть соотнесены со свободными денежными потоками фирмы. Однако в каждом из них выдвигаются предположения относительно связи между износом и капитальными затратами, которые отображены в таблице 15.1.

Рост FCFE в сравнении с ростом FCFF

Будут ли денежные потоки на собственный капитал расти теми же темпами, что и денежные потоки фирмы? Рассмотрим базовые положения относительно этих двух видов денежных потоков. Денежные потоки на собственный капитал основаны на чистой прибыли или прибыли на акцию (т. е. на показателях прибыли на собственный капитал). Денежные потоки фирмы опираются на операционную прибыль (т. е. на прибыль до уплаты

ТАБЛИЦА 15.1. *Свободные денежные потоки фирмы: сравнение с другими показателями*

Используемые денежные потоки	Определение	Использование при оценке
FCFF	Свободные денежные потоки фирмы.	Дисконтирование свободных денежных потоков фирмы по стоимости привлечения капитала дает стоимость операционных активов фирмы. Для получения стоимости фирмы к этой величине следует прибавить стоимость ее неоперационных активов.
FCFE	FCFF – процент × (1 – t) – совершенные основные платежи + новые долговые обязательства – дивиденды по привилегированным акциям.	Дисконтирование свободных денежных потоков на собственный капитал по стоимости привлечения собственного капитала дает стоимость собственного капитала в бизнесе.
EBITDA	FCFF + EBIT (t) + капитальные затраты + изменения оборотного капитала.	Если для оценки актива вы дисконтируете EBITDA по стоимости привлечения капитала, то предполагается, что налоги отсутствуют и фирма производит активные изъятия капиталовложений. Было бы непоследовательным предполагать какие-либо темпы роста или бесконечный срок жизни для этой фирмы.
EBIT (1 – t) (NOPLAT — немного модифицированный вариант данной оценки, из которого устранены все внеоперационные статьи, способные повлиять на объявленную величину EBIT.)	FCFF + капитальные затраты – износ + изменения оборотного капитала.	Если для оценки фирмы вы дисконтируете операционную прибыль после уплаты налогов по стоимости привлечения капитала, то предполагается отсутствие реинвестиций. Износ реинвестируется обратно в фирму для поддержания существующих активов. Можно предположить бесконечный срок жизни, но без роста.

долга). Как правило, следует ожидать, что темпы роста операционной прибыли будут ниже, чем темпы роста чистой прибыли, поскольку финансовый рычаг может способствовать увеличению последнего. Для того чтобы понять причины этого, вернемся к фундаментальным уравнениям роста, представленным в главе 11:

$$\text{Ожидаемый рост чистой прибыли} = \text{коэффициент реинвестирования собственного капитала} \times \text{рентабельность собственного капитала.}$$

$$\text{Ожидаемый рост операционной прибыли} = \\ = \text{коэффициент реинвестирования} \times \text{рентабельность капитала.}$$

Мы также определили рентабельность собственного капитала через рентабельность капитала:

Рентабельность собственного капитала =
= рентабельность капитала + долг/
собственный капитал × (рентабельность капитала –
– стоимость заимствования после уплаты налогов).

Когда фирма заимствует денежные средства и инвестирует в проекты, доходность которых превышает стоимость заимствования после уплаты налогов, рентабельность собственного капитала будет выше, чем рентабельность капитала. В свою очередь, это приведет к более высоким темпам роста прибыли на собственный капитал, по крайней мере в краткосрочной перспективе.

Однако в период стабильного роста темпы роста прибыли на собственный капитал и темпы роста операционной прибыли должны сближаться. Чтобы увидеть причины этого, рассмотрим фирму, выручка и операционная прибыль которой растут на 5% в год на бесконечном временном горизонте. Если предполагается, что чистая прибыль этой фирмы бесконечно долго растет на 6% в год, то в будущем чистая прибыль сблизится с операционной и превысит выручку в более поздний момент времени. В период стабильного роста, таким образом, даже если рентабельность собственного капитала превышает рентабельность капитала, ожидаемый рост будет одним и тем же при всех показателях прибыли[1].

ОЦЕНКА ФИРМЫ: ПОДХОД НА ОСНОВЕ СТОИМОСТИ ПРИВЛЕЧЕНИЯ КАПИТАЛА

Стоимость фирмы рассчитывается через дисконтирование свободных денежных потоков фирмы по средневзвешенной стоимости привлечения капитала. Данная величина включает налоговый выигрыш, связанный с долгом (при использовании стоимости заимствования после уплаты налогов для определения стоимости привлечения капитала), и ожидаемый дополнительный риск, обусловленный долгом (в виде более высокой стоимости привлечения собственного капитала и заимствования при повышенных долговых коэффициентах). Как и в модели дисконтирования дивидендов и модели FCFE, используемый вариант модели зависит от предположений относительно будущего роста.

---

[1] Коэффициент реинвестирования собственного капитала и коэффициент реинвестирования фирмы примут соответствующие значения. В период стабильного роста в любой фирме, имеющей долг, коэффициент реинвестирования собственного капитала ниже, чем коэффициент реинвестирования фирмы.

Стабильно растущая фирма

Как и в случае с моделью дисконтирования дивидендов и моделью FCFE, фирма, растущая такими темпами, которые она способна поддерживать до бесконечности (т. е. со стабильными темпами роста), может быть оценена с помощью модели стабильного роста.

Модель. Фирму со свободными денежными потоками, которая растет стабильными темпами, можно оценить с помощью следующего уравнения:

$$\text{Стоимость фирмы} = \frac{FCFF_1}{(WACC - g_n)},$$

где $FCFF_1$ = ожидаемая величина FCFF в следующем году;
WACC = средневзвешенная стоимость привлечения капитала;
g_n = темпы роста FCFF, сохраняющиеся бесконечно.

Предостережения. Для использования этой модели необходимо соблюдение двух условий. Во-первых, темпы роста, применяемые в модели, должны быть меньше или равны темпам роста экономики — ее номинальному росту (если стоимость привлечения капитала рассчитана на основе номинальных величин) и реальному росту (если стоимость привлечения капитала определена в реальных величинах). Во-вторых, характеристики фирмы должны согласовываться с предположениями, присущими стабильному росту. В частности, коэффициент реинвестирования, используемый для оценки свободных денежных потоков фирмы, должен согласовываться со стабильными темпами роста. Наилучшим способом обеспечения этого является вывод коэффициента реинвестирования из стабильных темпов роста:

Коэффициент реинвестирования в период стабильного роста =
= темпы роста / рентабельность капитала.

Если реинвестирование оценивается исходя из чистых капитальных затрат и изменений оборотного капитала, то чистые капитальные затраты должны быть аналогичны чистым капитальным затратам других фирм в отрасли (например, через коэффициент «капитальные затраты / износ», равный среднеотраслевому значению), а изменения оборотного капитала, вообще говоря, не должны быть отрицательными. Отрицательные изменения в оборотном капитале создают приток денежных средств, и, хотя в действительности это может оказаться правдоподобным для фирмы в краткосрочном периоде, на бесконечном временном горизонте такие предположения делать опасно[1]. Даже при использовании среднеотрасле-

[1] Если довести данное предположение до логического предела, то чистый оборотный капитал получит очень значительное (в потенциале бесконечное) отрицательное значение.

вых значений для определения объема реинвестирования всегда полезно смотреть, какая рентабельность капитала соответствует этому реинвестированию (которую получают делением темпов роста на бесконечном временном горизонте на коэффициент реинвестирования). Стоимость привлечения капитала также должна отражать предположения о стабильном росте. В частности, коэффициент бета должен быть близким к 1, т. е. должно действовать представленное в предыдущих главах эмпирическое правило, которое говорит о том, что коэффициент бета должен находиться в интервале от 0,8 до 1,2. Хотя стабильно растущие фирмы обычно в большей степени используют долг, для данной модели это не является обязательной предпосылкой, поскольку политика в сфере долговых обязательств определяется менеджерами.

Ограничения. Подобно моделям стабильного роста, данная модель чувствительна к предположениям в отношении ожидаемых темпов роста. Это обстоятельство усугубляется еще и тем фактом, что ставкой дисконтирования при оценке служит значение WACC, которое для большинства фирм существенно ниже, чем стоимость привлечения собственного капитала. Поэтому, если принятие темпов роста ниже уровня безрисковой ставки было хорошей практикой при использовании моделей оценки собственного капитала, то при оценке фирм это становится обязательным. Более того, модель чувствительна к предположениям, выдвинутым относительно соотношения капитальных затрат и износа. Как было отмечено в главе 12, если входные данные для реинвестирования не являются функцией ожидаемого роста, то свободные денежные потоки фирмы можно раздуть (или понизить) посредством сокращения (увеличения) капитальных затрат по отношению к износу.

ИЛЛЮСТРАЦИЯ 15.1. *Оценка фирмы с помощью модели стабильного роста FCFF на примере фирмы Telesp, Бразилия*

Telesp предоставляет телекоммуникационные услуги в бразильском штате Сан-Паулу. В 2010 г. фирма получила операционную прибыль (EBIT) BR3544 млн (бразильских реалов) при эффективной ставке налогообложения 30%. В 2010 г. она объявила о капитальных затратах в размере BR1659 млн, износе BR1914 млн и увеличении оборотного капитала на BR1119 млн. Реинвестиции в 2010 г. можно оценить следующим образом:

$$\text{Коэффициент реинвестирования} = (\text{капитальные затраты} - \text{износ} + \text{изменение неденежного оборотного капитала})/\text{EBIT}\,(1 - t) = (1659 - 1914 + 1119)/3544\,(1 - 0{,}30) = 34{,}82\%.$$

Рентабельность капитала в 2010 г. определяется на основе операционной прибыли за год и балансовой стоимости капитала, инвестированного на конец предыдущего года (т. е. 2009 г.):

$$\text{Рентабельность капитала} = \text{EBIT}_{2010}\,(1 - t)\,/(\text{балансовая стоимость собственного капитала}_{2009} + \text{балансовая стоимость долга}_{2009} - \text{денежные средства}_{2009}) = 3544\,(1 - 0{,}30)/(10\,057 + 8042 - 12\,277) = 15{,}68\%.$$

Эти величины дают нам следующие ожидаемые темпы роста:

Ожидаемые темпы роста = 34,82% × 15,68% = 5,46%.

Хотя это значение слишком велико для стабильного роста в валюте с низким ожидаемым уровнем инфляции, безрисковая ставка в бразильских реалах в мае 2011 г. составляла 7%. В сочетании с коэффициентом бета 0,8 и премией за риск инвестирования в акции для Бразилии, равной 8% (5%-ная премия для зрелого рынка плюс 3% за суверенный риск Бразилии), это дает стоимость привлечения собственного капитала 13,40%. С учетом стоимости заимствования до налогообложения, равной 9,5%, и долгового коэффициента 20% (на основе текущей рыночной стоимости собственного капитала и долга) стоимость привлечения капитала для Telesp составляет 12,05%:

Коэффициент «долг/капитал» = долг/(долг + рыночная стоимость собственного капитала) =
= 5519/(5519 + 21 982) = 20,07%.

Стоимость привлечения капитала = 13,40% (7993) + 9,50% (1 – 0,30) (2007) = 12,05%.

Теперь можно оценить стоимость операционных активов:

FCFF в 2010 г. = EBIT (1 – t) + износ – капитальные затраты –
– изменение неденежного оборотного капитала = 3544 (1 – 0,30) + 1914 – 1659 – 1119 = BR1617 млн.

Стоимость операционных активов = ожидаемые FCFF следующего года/(стоимость привлечения капитала –
– ожидаемые темпы роста) = 1617 (1,0546)/(0,1205 – 0,0546) = BR25 901 млн.

Прибавляя денежные средства и ликвидные ценные бумаги (BR1557 млн) и вычитая долг (BR5519 млн) на конец 2010 г., мы получаем стоимость собственного капитала:

Стоимость собственного капитала = стоимость операционных активов + денежные средства –
– долг = 25 901 + 1557 – 5519 = BR21 939 млн.

Рыночная капитализация компании в мае 2011 г. составляла BR21 982 млн, т. е. компания оценивалась справедливо.

Общая версия модели FCFF

Вместо разделения модели на двух- и трехфазную разновидности в этом разделе мы, рискуя повторить уже сказанное в предыдущей главе, представим общую версию модели. Далее для иллюстрации различий и сходства между данным подходом и подходом на основе FCFE мы рассмотрим ряд компаний — традиционную производственную фирму (Gerdau Steel), фирму, использующую операционную аренду (Target), и фирму со значительными инвестициями в НИОКР (Amgen).

Модель. В самом общем случае стоимость фирмы можно записать как приведенную стоимость ожидаемых свободных денежных потоков, поступающих в фирму:

$$\text{Стоимость фирмы} = \sum_{t=1}^{t=\infty} \frac{FCFF_t}{(1+WACC)^t},$$

где $FCFF_t$ = свободные денежные потоки фирмы в год t;
WACC = средневзвешенная стоимость привлечения капитала.

ВЕСА НА ОСНОВЕ РЫНОЧНОЙ СТОИМОСТИ, СТОИМОСТЬ ПРИВЛЕЧЕНИЯ КАПИТАЛА И ПОРОЧНЫЙ КРУГ В ОБОСНОВАНИЯХ

При оценке фирмы сначала необходимо оценить стоимость привлечения капитала. В любом учебнике в категорической форме утверждается, что в качестве весов при вычислении стоимости привлечения капитала должны выступать веса на основе рыночной стоимости. Однако проблема состоит в том, что стоимость привлечения капитала затем используется для оценки новых значений для долга и собственного капитала, которые могут не совпадать со значениями, использованными в первоначальном вычислении. Одним из оправданий для этого несоответствия может служить тот факт, что если вы покупаете всю сумму долга и собственного капитала публичной компании, то платите текущую рыночную стоимость, а не рассчитанную вами стоимость, и ваша стоимость привлечения капитала отразит данное обстоятельство.

Существует выход и для тех, кого это несоответствие тревожит. Вы можете произвести стандартную оценку, используя для долга и собственного капитала веса на основе рыночной стоимости, а затем для перерасчета стоимости привлечения капитала применить рассчитанные в результате оценки стоимости долга и собственного капитала. Это, несомненно, снова изменит полученные значения стоимости, но таким образом вы можете вернуть вновь полученные величины и снова оценить стоимость привлечения капитала. Каждый раз, когда это выполняется, разница между стоимостью, используемой для весов, и расчетной стоимостью будет сужаться, а значения стоимости рано или поздно сойдутся.

Как велика будет разница в заключительной оценке стоимости? Чем больше различие между рыночной стоимостью и полученной оценкой стоимости, тем с большей разницей завершится этот итеративный процесс. При оценке фирмы Telesp мы начали с рыночной стоимости BR21 982 млн, а наша расчетная стоимость составила BR21 939 млн. Если бы мы вновь использовали эту расчетную стоимость в итеративном процессе, то пришли бы к оценке стоимости, составляющей BR21 946 млн[1].

Если фирма достигает устойчивого состояния через n лет и после этого растет стабильными темпами g_n, то стоимость фирмы можно записать следующим образом:

$$\text{Стоимость фирмы} = \sum_{t=1}^{t=n} \frac{FCFF_t}{(1+WACC_{hg})^t} + \frac{[FCFF_{n+1}/(WACC_{st}-g_n)]}{(1+WACC_{hg})^n},$$

где WACC = средневзвешенная стоимость привлечения капитала (hg — быстрый рост, st — стабильный рост).

[1] Этот процесс несложно реализовать в Microsoft Excel. Следует перейти к опциям вычислений и выбрать поле итераций. Затем можно представить стоимость привлечения капитала как функцию расчетной стоимости долга и собственного капитала.

Фирмы, для которых модель работает наиболее эффективно. Лучше всего для оценки в рамках модели FCFF подходят фирмы с очень высоким или низким рычагом, а также фирмы, находящиеся в процессе изменения его величины. В подобных случаях вычисление FCFE в значительно большей степени затруднено вследствие изменчивости, связанной с долговыми платежами (или новыми долговыми обязательствами), и того, что стоимость собственного капитала, которая может представлять собой лишь небольшую часть общей стоимости фирмы, более чувствительна к предположениям относительно роста и риска. Однако стоит заметить, что теоретически два подхода должны давать одно и то же значение стоимости собственного капитала. Но на практике достижение подобной согласованности между этими подходами сталкивается с большими трудностями, и мы еще вернемся к этому вопросу позднее в этой главе.

Проблемы. В связи с моделью свободных денежных потоков, поступающих в фирму, возникают три проблемы. Во-первых, денежные потоки на собственный капитал являются значительно более интуитивным показателем денежных потоков, чем денежные потоки, поступающие в фирму. Когда нужно оценить денежные потоки, большинство рассматривает их после долговых платежей (т. е. свободные денежные потоки на собственный капитал), поскольку мы мыслим как собственники компаний и трактуем выплаты процентов и погашение долга как отток денежных средств. Более того, свободные денежные потоки на собственный капитал являются реальными денежными потоками, которые можно отследить и проанализировать в любой фирме. Свободные денежные потоки фирмы — это ответ на гипотетический вопрос, какими могли бы быть денежные потоки фирмы при отсутствии долга (и соответствующих платежей)?

Во-вторых, при определении денежных потоков фирмы главное внимание уделяется денежным потокам до выплаты долга, что иногда может отвлечь нас от реальных проблем, связанных с выживанием. Чтобы проиллюстрировать этот факт, предположим, что денежные потоки, поступающие в фирму, составляют $100 млн, но при этом долговое бремя приводит к свободным денежным потокам на собственный капитал в размере –$50 млн. Для выживания этой фирме нужно привлечь $50 млн в собственный капитал, и если она не сумеет этого сделать, то в дальнейшем существующие денежные потоки окажутся под угрозой. Использование свободных денежных потоков на собственный капитал обращает наше внимание на эту проблему, в то время как денежные потоки, поступающие в фирму, едва ли способны отразить данную ситуацию адекватно.

Последняя проблема кроется в использовании долгового коэффициента в стоимости привлечения капитала с целью отражения влияния рычага, что требует от нас неявных предположений, которые могут оказаться нереалистичными или неразумными. Например, предположение о 30%-ном коэффициенте на основе рыночной стоимости долга означает, что для достижения данного значения коэффициента растущая фирма должна будет в будущем прибегать к значительным заимствованиям. В этом процессе коэффициент на основе балансовой стоимости долга может достичь немыслимых высот, привести к вступлению в силу различных ограничительных условий и вызвать другие отрицательные последствия. В действительности же, в стоимости собственного капитала в настоящий момент времени мы неявно учитываем ожидаемые налоговые выигрыши от будущих долговых обязательств.

ИЛЛЮСТРАЦИЯ 15.2. *Оценка фирмы Target: учет операционной аренды*

В 2010 г. фирма Target объявила об операционной прибыли до налогообложения в размере $5252 млн при выручке $67 390 млн. Хотя ее период высокого роста остался в прошлом, фирма все еще обладает потенциалом роста, поэтому мы попробуем оценить ее с использованием двухфазной модели FCFF.

Оценка начинается с признания того, что показатели финансовой отчетности Target не совсем адекватно отражают действительность, поскольку обязательства по аренде не учитываются как долг. Используя годовую отчетность 2010 г., мы определяем обязательства по аренде на следующие пять лет и далее путем дисконтирования по доналоговой стоимости заимствования Target, равной 4,5% (этот показатель основан на том, что S&P присвоило ее облигациям рейтинг А), чтобы превратить их в долг:

Год	*Обязательства ($ млн)*	*Приведенная стоимость ($ млн)*
1	190,00	181,82
2	189,00	173,07
3	187,00	163,87
4	147,00	123,27
5	141,00	113,15
6–23	172,22	1680,51
Стоимость долга по аренде		2435,68

Обратите внимание на то, что Target объявила общую сумму обязательств после пятого года в размере $3100 млн, т. е. на протяжении следующих 18 лет годовые обязательства составляют $172,22 млн (оценка основана на среднегодовых обязательствах в период с 1-го по 5-й год). Скорректируем объявленные долг и операционную прибыль в соответствии с нашим решением учитывать операционную аренду как долг:

Скорректированная операционная прибыль = объявленная операционная прибыль +
+ расходы по аренде в текущем году – износ арендованных активов =
= $5252 млн + $200 млн – (2454/23) = $18 162 млн.

Для оценки ожидаемых темпов роста определим рентабельность капитала и коэффициент реинвестирования для фирмы в 2010 г. с учетом нашего решения капитализировать аренду:

Рентабельность капитала = скорректированная EBIT_{2010} (1 – t)/
/(балансовая стоимость долга_{2009} + приведенная стоимость аренды_{2009} +
+ приведенная стоимость собственного капитала_{2009} – денежные средства_{2009}) =
= $5346 (1 – 0,35)/(16 814 + 2353 + 15 347 – 2200) = 10,75%.

Коэффициент реинвестирования = (капитальные затраты – износ изменение приведенной стоимости аренды +
+ изменение неденежного оборотного капитала)/скорректированная EBIT (1 – t) =
= [2129 – 2084 + (2436–2353) + 332]/5346 (1 – 0,35) = 5,58%

Обратите внимание на то, что мы определяем приведенную стоимость обязательств по аренде на конец 2009 г. на основе отчетности за этот год, из которой берутся данные по аренде и дисконтируются по доналоговой стоимости заимствования на конец 2009 г.

Target сократила объем реинвестирования в 2010 г., однако мы ожидаем, что коэффициент реинвестирования вернется к уровню 40% (т. е. к среднему уровню за последние пять лет) в течение следующих пяти лет, что даст ожидаемые темпы роста 4,30% в год для этого периода:

Ожидаемые темпы роста = рентабельность капитала × коэффициент реинвестирования = 10,75% × 40% = 4,30%.

Для определения стоимости привлечения капитала в этот период возьмем коэффициент бета 1,05 (исходя из среднего значения этого коэффициента для неспециализированных розничных торговых компаний) и премию за риск инвестирования в акции 5% (безрисковая ставка составляет 3,5%):

Стоимость привлечения собственного капитала = 3,5% + 1,05 (5%) = 8,75%.
Стоимость заимствования = 4,5% (1–0,35) = 2,93%.
Коэффициент «долг/капитал» = $18 162/($18 162 + $34 346) = 34,59%.
Стоимость привлечения капитала = 8,75% (1–0,3459) + 2,93% (0,3459) = 6,74%.

Здесь мы опять определяем коэффициент «долг/капитал» с учетом аренды как части долга (рыночная капитализация Target составляет $34 346 млн). Свободные денежные потоки на фирму в следующие пять лет приведены в таблице ниже, при этом приведенная стоимость рассчитывается с использованием стоимости привлечения капитала:

	1	*2*	*3*	*4*	*5*
Ожидаемые темпы роста (%)	4,30	4,30	4,30	4,30	4,30
Кумулятивный рост (%)	104,30	108,79	113,47	118,35	123,44
Коэффициент реинвестирования (%)	40,00	40,00	40,00	40,00	40,00
EBIT (1 – t) ($ млн)	3624	3780	3943	4113	4289
– Реинвестиции ($ млн)	1149	1512	1577	1645	1715
FCFF ($ млн)	2175	2268	2366	2468	2574
Стоимость привлечения капитала (%)	6,74	6,74	6,74	6,74	6,74
Приведенная стоимость ($ млн)	2037	1991	1946	1901	1858

Будем считать, что к концу пятого года Target станет зрелой фирмой с темпами роста 3% на бесконечном временном горизонте и рентабельностью капитала, равной стоимости его привлечения. Тогда коэффициент реинвестирования и заключительная стоимость будут следующими:

Рентабельность капитала в стабильный период =
= стоимость привлечения капитала в стабильный период = 6,74%.

Коэффициент реинвестирования в стабильный период =
= стабильные темпы роста/рентабельность капитала в стабильный период = 3%/6,74% = 44,54%.

Заключительная стоимость = EBIT $(1 - t)_6$ (1 – коэффициент реинвестирования)/
/(стоимость привлечения капитала – стабильные темпы роста) =
= $4289 (1,03) (1 – 0,4454)/(0,0674 – 0,03) = $65 597 млн.

Прибавление остатка денежных средств ($1712 млн) и вычитание долга с учетом операционной аренды ($18 162) дает стоимость собственного капитала, равную $40 636 млн. Деление этой суммы на количество акций (689,13 млн) дает стоимость на акцию $58,97, что примерно на 20% выше рыночной цены акции в мае 2011 г., составлявшей $49.

На заключительном этапе анализа мы оцениваем влияние учета операционной аренды как долга на стоимость. Приведенная ниже таблица ясно показывает, что существующий на фирме подход к учету операционной аренды как операционных расходов приводит к повышению рентабельности капитала, повышению стоимости привлечения капитала и к небольшому повышению стоимости собственного капитала на акцию.

	Операционные расходы	*Финансовые расходы*
Операционная прибыль ($ млн)	5252,00	5346,00
Долг ($ млн)	16 814,00	19 250,00
Рентабельность инвестированного капитала (%)	11,39	10,75
Коэффициент реинвестирования (%)	40	40
Ожидаемые темпы роста (%)	4,56	4,30
Коэффициент «долг/капитал» (%)	31,41	34,59
Стоимость привлечения капитала (%)	6,92	6,74
Стоимость фирмы ($ млн)	56 731,00	58 795,00
Стоимость собственного капитала ($ млн)	41 005,00	40 633,00
Стоимость на акцию ($)	59,50	58,97

Хотя в случае Target влияние на стоимость акции невелико, у фирм с более значительными обязательствами по аренде (относительно обычного долга) оно будет значительно серьезнее. Ключевым показателем, за которым надо следить, является избыточная доходность, получаемая фирмой (рентабельность капитала — стоимость привлечения капитала). У Target преобразование аренды в долг немного понижает избыточную доходность с 4,47% (11,39% минус 6,92%) до 4,01% (10,75% минус 6,74%), что также приводит к снижению стоимости акции. Чем больше изменение избыточной доходности в результате учета аренды, тем больше влияние преобразования аренды в долг на стоимость акции.

ИЛЛЮСТРАЦИЯ 15.3. *Оценка фирмы Amgen (март 2009 г.): влияние НИОКР*

В иллюстрации 9.2 мы использовали фирму Amgen для демонстрации эффектов капитализации расходов на НИОКР при сроке амортизации исследовательского актива 10 лет. Используя данные за 2008 г., мы оценили капитал, инвестированный в НИОКР и амортизацию следующим образом:

Год	*Расходы на НИОКР ($ млн)*	*Неамортизированная часть исследовательского актива*		*Амортизация этого года ($ млн)*
		(%)	*($ млн)*	
Текущий	3030,00	100,00	3030,00	0,00
–1	3266,00	90,00	2939,40	326,60
–2	3366,00	80,00	2692,80	336,60
–3	2314,00	70,00	1619,80	231,40
–4	2028,00	60,00	1216,80	202,80
–5	1655,00	50,00	827,50	165,50
–6	1117,00	40,00	446,80	111,70
–7	864,00	30,00	259,20	86,40
–8	845,00	20,00	169,00	84,50
–9	823,00	10,00	82,30	82,30
–10	663,00	0,00	0,00	66,30
			13 283,60	1694,10

На основе данных финансовой отчетности за 2008 г. определяем скорректированную операционную прибыль и рентабельность капитала фирмы, учитывая, что ее эффективная налоговая ставка в 2008 г. составляла 20%.

Скорректированная операционная прибыль = операционная прибыль$_{2008}$ + расходы на НИОКР$_{2008}$ – – амортизация исследовательского актива$_{2008}$ = \$5594 млн + \$3030 млн – \$1694 млн = \$6,930 млн.

$$\text{Скорректированная операционная прибыль после уплаты налогов} = \text{скорректированная операционная прибыль}_{2008}\,(1 - t) + \text{расходы на НИОКР}_{2008} - \text{амортизация исследовательского актива}_{2008} = \$5594\,(1 - 0{,}20) + 3030 - 1694 = \$5811 \text{ млн.}$$

$$\text{Скорректированная рентабельность инвестированного капитала до налогообложения} = \text{скорректированная операционная прибыль}_{2008} / (\text{приведенная стоимость долга}_{2007} + \text{приведенная стоимость собственного капитала}_{2007} + \text{капитализированные расходы на НИОКР}_{2007} - \text{денежные средства}_{2007}) = \$6930/(\$11\,177 + \$17\,869 + \$11\,948 - \$7151) = 20{,}48\%.$$

$$\text{Скорректированная рентабельность инвестированного капитала после налогообложения} = \text{скорректированная операционная прибыль после налогообложения}_{2008} / (\text{приведенная стоимость долга}_{2007} + \text{приведенная стоимость собственного капитала}_{2007} + \text{капитализированные расходы на НИОКР}_{2007} - \text{денежные средства}_{2007}) = \$5811/(\$11\,177 + \$17\,869 + \$11\,948 - \$7151) = 17{,}17\%.$$

Обратите внимание на то, что капитализированные расходы на НИОКР, использованные при расчете рентабельности капитала, относятся к 2007 г., и что скорректированная прибыль после налогообложения отражает налоговые выгоды от отнесения НИОКР на счет расходов.

Мы использовали пересчитанные показатели для оценки стоимости фирмы и акции. Схематично процесс оценки, предполагающей 10-летний период высоких темпов роста, представлен на рис. 15.1.

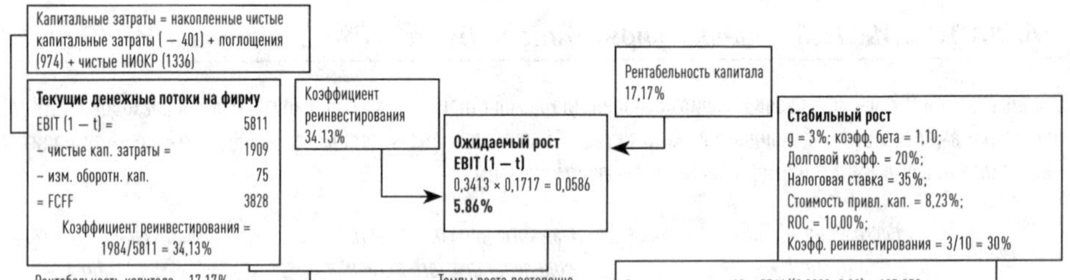

Рисунок 15.1. *Оценка фирмы Amgen (март 2009 г.)*

Переходный период, как и в предыдущей главе, существует в основном для того, чтобы позволить нам скорректировать входные параметры периода высокого роста до стабильного уровня. Стоимость привлечения капитала, например, составляющая 11,23% для следующих пяти лет, линейно снижается до 8,23%, характерных для стабильного роста; для этих лет, следовательно, при дисконтировании денежных потоков используется сложная стоимость привлечения капитала. По нашей оценке стоимость собственного капитала на акцию составляет $67,16, что намного выше текущей цены акций в марте 2009 г., равной $47,47.

Вопрос заключается в том, как капитализация расходов на НИОКР влияет на стоимость. Чтобы понять это, мы представили в приведенной ниже таблице оценку основных показателей Amgen на основе данных традиционного бухгалтерского учета и данных с учетом расходов на НИОКР как капитальных затрат.

Оценка основных показателей без капитализации расходов на НИОКР и с их капитализацией

	Традиционный подход	*Капитализация расходов на НИОКР*
Рентабельность капитала после налогообложения (%)	20,44	17,17
Коэффициент реинвестирования (%)	14,47	34,13
Темпы роста (%)	2,96	5,86
Стоимость на акцию ($)	48,24	67,17

Затем мы провели переоценку фирмы с использованием обоих наборов показателей. Как видно из таблицы, стоимость на акцию составит $48,24 при оценке на основе данных традиционного бухгалтерского учета. Понятно, что капитализация имеет значение, однако ее эффект меняется от фирмы к фирме. В целом, он будет отрицательным для фирм с крупными вложениями в НИОКР с незначительными изменениями с точки зрения прибылей и денежных потоков в последующие периоды. Он будет положительным для фирм, которые реинвестируют крупные суммы в НИОКР, и выразится в значительном росте прибылей в последующие периоды. В случае Amgen капитализация расходов на НИОКР положительно сказывается на стоимости на акцию в результате того, что фирма имеет продолжительную историю успешной реализации НИОКР.

ИЛЛЮСТРАЦИЯ 15.4. *Оценка компании из развивающейся экономики, но с риском развитого рынка: Gerdau Steel (Бразилия), март 2009 г.*

Gerdau Steel — бразильская сталелитейная компания, у которой в 2008 г. 51% выручки приходился на Бразилию, остальное — на Северную Америку. Мы решили провести оценку Gerdau Steel в долларах США в силу сложности определения безрисковых ставок и премии за риск в бразильских реалах (R$).

Оценку стоимости привлечения капитала в долларах США мы начинаем, используя ставку по американским казначейским облигациям, равную 3%. В марте 2009 г. премия за риск инвестирования в акции для зрелого рынка (подобного американскому) составляла 6%, а премия за суверенный риск Бразилии была равна 4,75%. Для Gerdau Steel мы возьмем средний безрычаговый коэффициент бета 1,01 сталелитейных компаний с глобальным листингом, поскольку сталь является биржевым товаром, который покупается и продается на мировом рынке. В силу того, что Gerdau Steel имеет очень высокий коэффициент «рыночный долг/собственный капитал» (138,89%), ее рычаговый коэффициент бета составит 1,94 (при предельной налоговой ставке в Бразилии, равной 34%):

$$\text{Рычаговый коэффициент бета}_{\text{Gerdau}} = 1{,}01\ [1 + (1 - 0{,}34)\ (1{,}3889)] = 1{,}94.$$

Для учета того факта, что Gerdau Steel получает почти половину своей выручки на развивающихся рынках, мы оценили лямбду, характеризующую суверенный риск Бразилии, с использованием двух подходов:

1. *Подход на основе выручки:* деление бразильской доли выручки (51%) Gerdau Steel на среднюю долю такой выручки для бразильской компании (72%) дает лямбду 0,79.
2. *Подход на основе цен:* регрессия недельной доходности акций Gerdau с января 2007 г. по январь 2009 г. по недельной доходности облигаций бразильского правительства, деноминированных в долларах, дает лямбду 0,625:

$$\text{Доходность}_{\text{Gerdau}} = 0{,}045\% + 0{,}6250\ \text{доходность}_{\text{бразильских \$ облигаций}}.$$

Мы используем последнее значение для определения стоимости привлечения собственного капитала в долларах для Gerdau Steel:

Стоимость привлечения собственного капитала Gerdau = 3,00% + 1,94 (6%) + 0,625 (4,75%) = 17,61%.

Оценку стоимости заимствования для Gerdau мы начнем с определения коэффициента процентного покрытия фирмы на основе отчета о прибылях за 2008 г.:

Коэффициент процентного покрытия = (операционная прибыль)/(процентные расходы) = 8005/1620 = 4,94.

Такой коэффициент процентного покрытия в сочетании с таблицей 8.1 (из главы 8) дает рейтинг A– и дефолтный спред 3% (на основе спредов в марте 2009 г.). Прибавив дефолтный спред для Бразилии (3%) на тот момент, определим доналоговую стоимость заимствования для Gerdau:

$$\text{Стоимость заимствования до налогообложения} =$$
$$= \text{безрисковая ставка} + \text{дефолтный спред}_{\text{страны}} + \text{дефолтный спред}_{\text{компании}} = 3\% + 3\% + 3\% = 9\%.$$

Наконец, с учетом текущего коэффициента «рыночный долг/капитал» Gerdau, равный 58,45%, определим стоимость привлечения капитала в долларах США:

Стоимость привлечения капитала = 147,61% (0,4155) + 9% (1 – 0,34) (0,5845) = 10,79%.

На основе данных финансовой отчетности за 2008 г. и обменных курсов на тот момент оценим денежные потоки в бразильских реалах, а затем конвертируем их в доллары США.

Базовые годовые показатели: в 2008 финансовом году Gerdau объявила об операционной прибыли в размере R$8005 млн после вычета износа в размере R$1896 млн. За год капитальные затраты, в которые вошли поглощения и внутренние инвестиции, составили R$6818 млн, а неденежный оборотный капитал увеличился на R$1083 млн. Gerdau получила рентабельность капитала после налогообложения 18,68% (при предельной налоговой ставке для Бразилии 34%), на начало года балансовая стоимость ее собственного капитала составила R$17 449 млн, балансовая стоимость долга — R$15 979 млн, а остаток денежных средств — R$5139 млн:

$$\text{Рентабельность капитала} = \frac{8005(1-0,34)}{17\,449 + 15\,979 - 5139} = 0,1868.$$

$$\text{Коэффициент реинвестирования} = \frac{6818 - 1896 + 1083}{8005(1-0,34)} = 113,66\%.$$

Прогнозный рост и денежные потоки: на наш взгляд, ни такая рентабельность капитала, ни такой коэффициент реинвестирования не являются устойчивыми в долгосрочном периоде. С учетом этого мы используем коэффициент реинвестирования 60% и рентабельность капитала 16% для оценки ожидаемых темпов роста в бразильских реалах на следующие пять лет.

$$\text{Ожидаемые темпы роста} = \text{коэффициент реинвестирования} \times$$
$$\times \text{рентабельность капитала} = 0,60 \times 0,16 = 0,096, \text{ или } 9,6\%.$$

Теперь, используя эти ожидаемые темпы роста, оценим ожидаемые денежные потоки в бразильских реалах в следующие пять лет:

Ожидаемые свободные денежные потоки Gerdau Steel в бразильских реалах

Год	*1*	*2*	*3*	*4*	*5*
EBIT (1 – t) (R$ млн)	5790	6346	6956	7623	8355
– Реинвестиции (R$ млн)	3474	3808	4173	4574	5013
FCFF (R$ млн)	2316	2539	2782	3049	3342

Здесь опять реинвестиции в каждом году представляют собой консолидированную стоимость чистых капитальных затрат, поглощений и инвестиций в оборотный капитал и составляют 60% операционной прибыли после налогообложения.

Пересчет в доллары США: при конвертировании денежных потоков из бразильских реалов в доллары США мы оттолкнемся от действующего курса (на март 2009 г.) R$2,252/$, но для последующих лет спрогнозируем курс на основе ожидаемой инфляции для доллара США на уровне 2% и для бразильского реала на уровне 5%. Полученные в результате расчета ожидаемые обменные курсы и денежные потоки в долларах США представлены в следующей таблице:

Ожидаемые свободные денежные потоки Gerdau Steel в долларах США

Год	*1*	*2*	*3*	*4*	*5*
FCFF (R$ млн)	2316	2539	2782	3049	3342
Ожидаемый обменный курс	2,32	2,39	2,46	2,53	2,60
FCFF ($ млн)	999	1064	1133	1206	1284

Разница в ожидаемых уровнях инфляции приводит к обесценению бразильского реала относительно доллара США в течение пятилетнего периода.

Стабильный рост: в период стабильного роста мы ожидаем, что Gerdau будет расти на 3% в год в долларовом выражении и что рентабельность капитала сблизится со стоимостью привлечения капитала (тоже в долларовом выражении). Для оценки стоимости привлечения капитала в долларах в период стабильного роста мы принимаем, что акции имеют коэффициент бета 1,20, а премия за суверенный риск снижается до 3%. Используя долговой коэффициент, равный 50%, и стоимость заимствования 8%, мы получаем стоимость привлечения капитала 8,68%[1]. Чтобы оценить заключительную стоимость, сначала определим операционную прибыль после налогообложения в долларах на 5-й год:

$$\$\,EBIT(1-t) = \frac{EBIT(1-t)\text{ в R\$}}{R\$/\$_{\text{год }5}} = \frac{8335}{2{,}60} = \$3213.$$

Теперь определим коэффициент реинвестирования и заключительную стоимость:

Коэффициент реинвестирования =
= (стабильные темпы роста)/ROC периода стабильного роста = 3%/8,68% = 34,57%.

Заключительная стоимость = [посленалоговая операционная прибыль$_5$ (1 + $g_{\text{стабильный рост}}$) ×
× (1 – коэффициент реинвестирования)]/(стоимость привлечения капитала$_{\text{стабильный рост}}$ – $g_{\text{стабильный рост}}$) =
= [$3213 (1,03) (1 – 0,3457)]/(0,0868–0,03) = $38 096 млн.

Оценка фирмы и собственного капитала: в заключение анализа продисконтируем ожидаемые денежные потоки в долларах США по стоимости привлечения капитала (10,79%):

Ожидаемые свободные денежные потоки и приведенная стоимость

Год	*1*	*2*	*3*	*4*	*5*
FCFF ($ млн)	999	1064	1133	1206	1284
Заключительная стоимость ($ млн)					38 096
Приведенная стоимость @ 10,79% ($ млн)	902	867	833	800	23 595
Стоимость операционных активов ($ млн)	26 996				

Для получения стоимости фирмы мы прибавляем долларовую стоимость денежных средств ($2404 млн) и вычитаем долларовую стоимость долга ($9,788 млн), конвертированные по сегодняшнему обменному курсу. Поскольку Gerdau имеет консолидированный пакет вложений, мы вычитаем расчетную рыночную стоимость доли

[1] Стоимость привлечения собственного капитала в период стабильного роста = = 3% + 1,20 (6%) + 0,625 (3%) = 12,08%.
Стоимость заимствования в период стабильного роста = 8% (1 – 0,34) = 5,28%.
Стоимость привлечения капитала в период стабильного роста = 12,08% (0,50) + + 5,28% (0,50) = 8,68%.

меньшинства в размере \$2599 млн (в долларовом выражении), и делим полученную величину на количество акций в обращении (1681,12 млн), чтобы получить долларовую стоимость на акцию[1]:

$$\text{Стоимость на акцию} = \frac{26\,996 + 2403 - 9{,}788 - 2599}{449{,}82} = \$10{,}12/\text{акция}.$$

Пересчитав эту величину по обменному курсу 2,252 R\$/\$, мы получаем расчетную стоимость R\$22,79 на акцию. Таким образом, акции Gerdau являются сильно недооцененными при цене R\$9,32, по которой они торговались в марте 2009 г.

Как и в двух предыдущих случаях оценки, интересно понять, как повлияло на результаты наше решение оценить Gerdau Steel в долларах США. Мы могли бы оценить Gerdau Steel и в бразильских реалах, скорректировав стоимость привлечения капитала на разницу между темпами инфляции:

$$\text{Стоимость привлечения капитала BR} = 1 + \text{стоимость привлечения капитала}_{\$} =$$
$$= \frac{(1 + \text{ожидаемая инфляция}_{BR})}{(1 + \text{ожидаемая инфляция}_{\$})} = 1{,}1079\left(\frac{1{,}05}{1{,}02}\right) = 14{,}05\%.$$

После соответствующей корректировки для периода стабильного роста мы получаем стоимость привлечения капитала в бразильских реалах, равную 11,89%. Наконец, мы корректируем стабильные темпы роста, чтобы учесть более высокую инфляцию в бразильских реалах:

$$\text{Стабильные темпы роста} = \left(1 + \text{стабильные темпы роста}_{\$}\right) \times$$
$$\times \frac{(1 + \text{ожидаемая инфляция}_{BR})}{(1 + \text{ожидаемая инфляция}_{\$})} - 1 = 1{,}03\left(\frac{1{,}05}{1{,}02}\right) = 6{,}03\%.$$

Теперь можно определить заключительную стоимость в бразильских реалах:

$$\text{Заключительная стоимость} = [\text{посленалоговая операционная прибыль}_5\ (1 + g_{\text{стабильный рост}}) \times$$
$$\times (1 - \text{коэффициент реинвестирования})]/(\text{стоимость привлечения капитала}_{\text{стабильный рост}} - g_{\text{стабильный рост}}) =$$
$$= [R\$8355\ (1{,}0603)\ (1 - 0{,}3457)]/(0{,}1189 - 0{,}0603) = R\$96\,230 \text{ млн}.$$

Стоимость операционных активов Gerdau Steel в бразильских реалах определяется путем дисконтирования денежных потоков в бразильских реалах по стоимости привлечения капитала (14,05%):

Год	*1*	*2*	*3*	*4*	*5*
FCFF (R\$ млн)	2316	2539	2782	3049	3342
Заключительная стоимость (R\$ млн)					96 230
Приведенная стоимость (R\$ млн)	2031	1952	1875	1802	51 601
Стоимость операционных активов (R\$ млн)	59 261				

Конвертирование в доллары США по текущему курсу 2,252 дает стоимость операционных активов, равную \$26 315 млн, что очень близко к нашей оценке на основе доллара — \$26 996 млн.

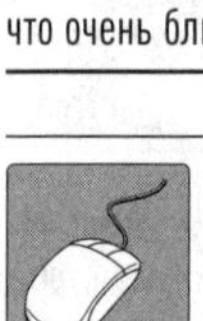

fcffginzu.xls — таблица, позволяющая оценивать стоимость фирмы, используя подход FCFF.

[1] В идеале хотелось бы оценить стоимость консолидированного пакета и стоимость доли меньшинства. Однако из-за отсутствия значительной части информации, необходимой для этого, мы применяем мультипликатор «цена/балансовая стоимость», равный 1,20 (исходя из значений этого мультипликатора для компаний с взаимным владением акциями), к балансовой стоимости доли меньшинства.

ЧИСТЫЙ ДОЛГ И ВАЛОВОЙ ДОЛГ

При оценке компаний в этой главе мы использовали совокупный непогашенный долг (валовой долг), а не чистый долг, т. е. долг за вычетом денежных средств. В чем состоит различие между двумя подходами, и будут ли согласовываться оценки на основе двух подходов?

Сравнение оценок на основе валового и чистого долга, демонстрирующее различие в способах вычисления ключевых входных данных при оценке, приведено ниже:

	Валовой долг	*Чистый долг*
Рычаговый коэффициент бета	Безрычаговый коэффициент бета преобразуется в рычаговый коэффициент бета через коэффициент «валовой долг/рыночная стоимость собственного капитала».	Безрычаговый коэффициент бета преобразуется в рычаговый коэффициент бета через коэффициент «чистый долг/рыночная стоимость собственного капитала».
Стоимость привлечения капитала	Используемый коэффициент «долг/капитал» основан на валовом долге.	Используемый коэффициент «долг/капитал» основан на чистом долге.
Трактовка денежных средств и долга	Для получения стоимости собственного капитала денежные средства прибавляются к стоимости операционных активов, а валовой долг вычитается.	Для получения стоимости собственного капитала денежные средства не прибавляются к операционным активам, а чистый долг вычитается.

Хотя обращение с чистым долгом при оценке не представляет трудности, более интересный вопрос состоит в том, будет ли полученная стоимость аналогична стоимости, рассчитанной на основе валового долга. В целом, ответ отрицательный, и причина этого обычно лежит в стоимости заимствования, использованной при оценке на основе чистого долга. Для понимания на интуитивном уровне можно вспомнить, что при использовании чистого долга мы разделяем фирму на две части: денежный бизнес, который на 100% финансируется за счет безрискового долга, и операционный бизнес, частично финансируемый рискованным долгом. Если довести данное положение до логического предела, то стоимость заимствования для операционного бизнеса должна быть существенно выше, чем текущая стоимость заимствования для фирмы. Это связано с тем, что кредиторы фирмы учитывают ее объем денежных средств при определении стоимости заимствования.

Для того чтобы проиллюстрировать этот факт, предположим, что у нас есть фирма, чья совокупная стоимость составляет $1 млрд ($200 млн денежных средств и $800 млн производственных активов и при этом $400 млн долга и $600 млн собственного капитала). Стоимость заимствования фирмы равна 7% (2%-ный дефолтный спред плюс 5%-ная безрисковая ставка). Заметим, что данная стоимость заимствования установлена на основе существенного объема денежных средств фирмы. Если вычесть из долга денежные средства, то фирма будет иметь $200 млн чистого долга и $600 млн собственного капитала. При использовании для оценки фирмы стоимости заимствования, равной в данный момент 7%, мы завысим ее стоимость. Поэтому стоимость заимствования, которую следует использовать при оценке, составляет 9%:

Стоимость заимствования по чистому долгу =
= (стоимость заимствования до уплаты налогов$_{\text{валовой долг}}$ ×
× валовой долг – безрисковая ставка$_{\text{чистый долг}}$ ×
× денежные средства)/(валовой долг – денежные средства) =
= (0,07 × 400–0,05 × 200)/(400 – 200) = 0,09.

В целом, мы бы рекомендовали использовать валовой, а не чистый долг по двум причинам. Во-первых, чистый долг может принимать отрицательные значения, если денежные средства превосходят валовой долг. Если это действительно происходит, то приходится приравнивать чистый долг к нулю и рассматривать избыточные денежные средства так же, как мы рассматривали денежные средства при оценке на основе валового долга. Во-вторых, поддержание стабильного коэффициента на основе чистого долга в растущей фирме потребовало бы увеличения кассовых остатков по мере повышения стоимости фирмы.

Будет ли стоимость собственного капитала одной и той же при оценке фирмы и при оценке собственного капитала?

В данной модели, в отличие от модели дисконтирования дивидендов или модели FCFE, оценивается фирма, а не собственный капитал. Однако стоимость собственного капитала можно найти на основе стоимости фирмы путем вычитания рыночной стоимости непогашенного долга. Поскольку эту модель можно рассматривать как альтернативный способ оценки собственного капитала, здесь возникают два вопроса: зачем оценивать фирму, а не собственный капитал, и будут ли значения стоимости, полученные в рамках модели оценки фирмы, отличаться от моделей оценки собственного капитала, описанных в предыдущей главе?

Преимущество модели оценки фирмы состоит в том, что можно не рассматривать явным образом денежные потоки, имеющие отношение к долгу (поскольку FCFF — это денежные потоки до уплаты долга), но при этом их следует принимать во внимание при оценке FCFE. В тех случаях, когда ожидается значительное изменение рычага со временем, данное преимущество поможет значительно сэкономить усилия, поскольку чем дальше мы уходим в будущее, тем более запутанной может стать оценка новых долговых обязательств и погашения долгов при изменении рычага. Однако подход, связанный с оценкой фирмы, требует информации о долговых коэффициентах и процентных ставках для оценки средневзвешенной стоимости привлечения капитала.

Стоимость собственного капитала, полученная в рамках подходов, связанных с оценкой фирмы и оценкой собственного капитала, будет совпадать при согласованных предположениях относительно финансового рычага. Намного сложнее заставить их сходиться на практике. Давайте начнем с простейшего случая: неограниченно долго живущая фирма с нулевым ростом. Предположим, что прибыль фирмы до уплаты процентов и налогов составляет $166,67 млн, а налоговая ставка равна 40%. Предположим также, что собственный капитал фирмы имеет рыночную стоимость $600 млн, стоимость привлечения собственного капитала равна 13,87%, долг составляет $400 млн, а стоимость заимствования до уплаты налогов — 7%. Тогда стоимость привлечения капитала фирмы можно оценить следующим образом:

Стоимость привлечения капитала = 13,87% (700/1000) +
+ 7% (1 – 0,4) (300/1000) = 10%.

Стоимость фирмы = прибыль до уплаты процентов и налогов (1 – t)/
/стоимость привлечения капитала = 167,67 (1 – 0,4)/0,10 = $1000 млн.

Отметим, что фирма не обладает реинвестициями и ростом. Мы можем оценить стоимость собственного капитала фирмы путем вычитания стоимости долга:

Стоимость собственного капитала =
= стоимость фирмы – стоимость долга =
= $1000 млн – $400 млн = $600 млн.

Оценим теперь собственный капитал непосредственно на основе оценки чистой прибыли:

Чистая прибыль = (EBIT –
– стоимость заимствования до уплаты налогов × долг) ×
× (1 – t) = (167,67 – 0,07 × 400) (1 – 0,4) = $83,202 млн.

Стоимость собственного капитала можно получить, дисконтируя чистую прибыль по стоимости привлечения собственного капитала:

Стоимость собственного капитала = чистая прибыль/
/стоимость привлечения собственного капитала =
= 83,202/0,1387 = $600 млн.

Даже этот простой пример работает на основе трех простых предположений, сделанных явно или неявно в процессе оценки:

1. Значения стоимости привлечения долга и собственного капитала, которые использовались для вычисления стоимости привлечения капитала, были равны величинам, получаемым при оценке. Несмотря на порочный круг в рассуждениях (для получения стоимости привлечения капитала нужно знать значения стоимости), это говорит о том, что стоимость привлечения капитала, вычисленная с использованием весов на основе рыночной стоимости, не даст того же значения стоимости собственного капитала, которое полу-

чается в рамках модели оценки собственного капитала, если первоначально фирма не была адекватно оценена рынком.

2. Отсутствуют чрезвычайные и внеоперационные статьи, влияющие на чистую прибыль, но не оказывающие влияния на операционную прибыль. Таким образом, для перехода от операционной прибыли к чистой нужно всего лишь вычесть расходы на выплату процентов и налоги.
3. Расходы на выплату процентов равны стоимости заимствования до уплаты налогов, умноженной на рыночную стоимость долга. Если в бухгалтерской отчетности фирмы присутствует старый долг, расходы на выплату процентов по которому отличны от этой стоимости, то два подхода будут давать различные результаты.

При наличии ожидаемого роста потенциал для расхождений увеличивается. Вам следует убедиться, что вы занимаете достаточно денег для финансирования новых инвестиций, чтобы удерживать долговой коэффициент на уровне, который согласуется с предположениями, выдвигаемыми при вычислении стоимости привлечения капитала.

fcffvsfcfe.xls — таблица, позволяющая сравнивать стоимость собственного капитала, которая получена при использовании моделей FCFE и FCFF.

ОЦЕНКА ФИРМЫ: ПОДХОД НА ОСНОВЕ СКОРРЕКТИРОВАННОЙ ПРИВЕДЕННОЙ СТОИМОСТИ

Подход на основе скорректированной приведенной стоимости (APV) исходит из стоимости фирмы, не имеющей долгов. Когда долг прибавляется к стоимости фирмы, исследуется чистое воздействие на стоимость посредством рассмотрения выигрышей и стоимости заимствования. Для этого предполагается, что основной выигрыш заимствования состоит в налоговых преимуществах и самой значительной частью стоимости заимствований является прибавляемый риск банкротства.

Механика оценки скорректированной приведенной стоимости

Мы оцениваем стоимость фирмы в три этапа:

1. Оценка стоимости фирмы без рычага (не обремененной долгом).
2. Рассмотрение приведенной стоимости налоговых выигрышей, обусловленных долговыми обязательствами, при заимствовании определенной суммы денег.

3. Оценка влияния заимствований определенной суммы на вероятность банкротства фирмы и ожидаемые издержки банкротства.

Стоимость безрычаговой фирмы (без учета долга). Первый шаг в этом подходе — это оценка стоимости безрычаговой фирмы. Это можно осуществить посредством оценки фирмы, как если бы она не имела долгов (т. е. дисконтируя ожидаемые свободные потоки фирмы по стоимости привлечения безрычагового собственного капитала). В особом случае, когда денежные потоки растут постоянными темпами до бесконечности, то:

$$\text{Стоимость безрычаговой фирмы} = E\,(FCFF_1)/(\rho_u - g),$$

где $FCFF_1$ — ожидаемые операционные денежные потоки фирмы;
ρ_u — стоимость привлечения собственного капитала без учета долга;
g — ожидаемые темпы роста. В более общем случае фирму можно оценить, используя набор предположений относительно роста, которые являются, на ваш взгляд, разумными в отношении данной фирмы.

Входные данные, необходимые для этой оценки, — это ожидаемые денежные потоки, темпы роста, а также стоимость привлечения собственного капитала без учета долга. Для оценки стоимости привлечения собственного капитала без учета долга мы можем использовать уже проведенный ранее анализ и вычислить безрычаговый коэффициент бета фирмы.

$$\text{Безрычаговый коэффициент бета}_{\text{без учета долга}} =$$
$$= \text{текущий коэффициент бета}/[1 + (1 - t)\,D/E],$$

где безрычаговый коэффициент бета$_{\text{без учета долга}}$ = безрычаговый коэффициент бета фирмы;
текущий коэффициент бета =
= текущий коэффициент бета собственного капитала фирмы;
t = налоговая ставка фирмы;
D/E = текущий коэффициент «долг/собственный капитал».

Безрычаговый коэффициент бета можно использовать для получения стоимости привлечения собственного капитала без учета долга.

Ожидаемые налоговые выигрыши от заимствования. Второй шаг в данном подходе — это вычисление ожидаемых налоговых выигрышей при данном уровне долга. Эти налоговые выигрыши являются функцией налоговой ставки и процентных платежей и дисконтируются по стоимости заимствования для отражения рискованности данных денежных потоков. Если выигрыши на налогах рассматриваются на бесконечном временном горизонте, то:

Стоимость выигрышей от налогов =
= (налоговая ставка × стоимость заимствования × долг)/стоимость заимствования = налоговая ставка × долг = t_cD.

Здесь используется предельная налоговая ставка фирмы, которая считается неизменной с течением времени. Если мы ожидаем изменений налоговой ставки со временем, то все равно можем вычислить приведенную стоимость налоговых выигрышей в различные моменты времени, однако будем не в состоянии использовать описанное ранее уравнение бесконечно долгого роста. Кроме того, если текущие расходы на выплату процентов не отражают текущей стоимости заимствования, то следует модифицировать это уравнение.

Оценка ожидаемых издержек банкротства и чистое влияние. Третий шаг — это оценка влияния данного уровня долга на риск дефолта фирмы и на ожидаемые издержки банкротства. Это, по крайней мере теоретически, требует оценки вероятности дефолта с учетом дополнительного долга, а также прямых и непрямых издержек на банкротство. Если π_a — вероятность дефолта после создания дополнительного долга, а BC — приведенная стоимость издержек банкротства, то приведенную стоимость ожидаемых издержек банкротства можно оценить следующим образом:

PV ожидаемых издержек банкротства = вероятность банкротства ×
× PV издержек банкротства = π_aBC.

Этот этап подхода на основе скорректированной приведенной стоимости создает самую значительную проблему оценки, поскольку невозможно непосредственно оценить ни вероятность банкротства, ни его издержки.

Существуют два основных способа косвенной оценки вероятности банкротства. Один из них — это оценка рейтинга облигаций и использование эмпирических оценок вероятности дефолта для данного рейтинга. Например, в таблице 15.2, взятой из исследования Альтмана[1], представлены вероятности дефолта за десятилетний период с 1999 по 2008 г., классифицированные по рейтинговым группам облигаций.

Другим способом является использование статистического подхода (например, создание пробитов) для оценки вероятности дефолта на основе характеристик фирмы, выясненных при каждом уровне долга.

Издержки банкротства можно оценить — хотя и со значительной погрешностью — на основе исследований, посвященных оценке масштабов этих издержек в реальных ситуациях банкротства. Исследования, где ана-

[1] В данном исследовании оцениваются коэффициенты дефолта за 10 лет только для некоторых рейтинговых групп. Мы экстраполировали показатели оставшихся рейтинговых групп.

ТАБЛИЦА 15.2. *Коэффициенты дефолта, классифицированные по рейтинговым классам облигаций*

Рейтинг облигаций	Коэффициент дефолта (%)
AAA	0,07
AA	0,51
A+	0,60
A	0,66
A–	2,50
BBB	7,54
BB+	10,00
BB	16,63
B+	25,00
B	36,80
B–	45,00
CCC	59,01
CC	70,00
C	85,00
D	100,00

Источник: Altman (2009).

лизировались прямые издержки банкротства, позволили заключить, что относительно стоимости фирмы они невелики[1]. Непрямые издержки банкротства могут быть значительными, однако издержки разнятся в широком диапазоне между фирмами. Шапиро (Shapiro, 1989) и Титман (Titman, 1984) предположили, что непрямые издержки могут составлять 25–30% от стоимости фирмы, однако они не предоставили никаких прямых подтверждений своей гипотезы.

ИЛЛЮСТРАЦИЯ 15.5. *Оценка фирмы с помощью подхода APV на примере фирмы J. Crew*

J. Crew — американская розничная фирма, торгующая одеждой под собственным брендом в своих магазинах и через Интернет. В 2010 г. эта фирма была приобретена с использованием заемных средств в сделке между Мики Дрекслером, ее генеральным директором, и двумя фондами прямых инвестиций, TPG и Leonard Green, за $2,7 млрд, из которых почти $1,8 млрд были покрыты за счет долга (при рейтинге BB и доналоговой стоимости заимствования 7%).

Чтобы оценить стоимости сделки с использованием подхода APV, мы сначала оценим фирму так, как если бы она полностью финансировалась за счет собственного капитала (безрычаговая фирма). Для оценки фирмы мы, прежде всего, определим стоимость привлечения собственного капитала, используя безрычаговый коэффициент бета 1,00, характерный для специализированных розничных продавцов, безрисковую ставку 3,5% и премию для зрелого рынка в размере 5%:

---

1 Согласно исследованию Уорнера (Warner, 1977), посвященному банкротствам железнодорожных компаний, прямые издержки банкротства, по всей вероятности, составляют примерно 5%.

Стоимость привлечения собственного капитала без рычага = 3,5% + 1,00 (5%) = 8,5%.

J. Crew получила в 2010 г. операционную прибыль $230 млн при выручке $1722 млн. Мы принимаем налоговую ставку, равную 35%, и темпы роста 3,5% на бесконечном временном горизонте и при рентабельности капитала 14% получаем следующее:

Коэффициент реинвестирования при стабильном росте = g/ROC = 3,5%/14% = 25%.

FCFF в последний год = EBIT (1 – t) (1 – коэффициент реинвестирования) =
= 230 (1 – 0,35) (1 – 0,25) = $112,125 млн.

Стоимость безрычаговой фирмы = (ожидаемые FCFF на следующий год)/
/(стоимость привлечения собственного капитала без рычага – стабильные темпы роста) – 1 =
= ($112,125 × 1,035)/(0,085 – 0,0355) = $2321 млн.

Чтобы оценить налоговые выгоды, связанные с долгом, будем считать, что долг будет погашаться равными частями ежегодно так, чтобы уровень долга составлял $500 млн на 10-й год и далее. Используя налоговую ставку 35% и стоимость заимствования до налогообложения, определим процентные расходы и налоговые выгоды для каждого года, а затем продисконтируем налоговые выгоды до сегодняшнего дня по ставке, равной доналоговой стоимости заимствования.

Год	*Долг к погашению на начало года ($ млн)*	*Процентные расходы ($ млн)*	*Налоговые выгоды ($ млн)*	*PV @ стоимость заимствования ($ млн)*
1	1850,00	129,50	45,33	42,36
2	1700,00	119,00	41,65	36,38
3	1550,00	108,50	37,98	31,00
4	1400,00	98,00	34,30	26,17
5	1250,00	87,50	30,63	21,84
6	1100,00	77,00	26,95	17,96
7	950,00	66,50	23,28	14,49
8	800,00	56,00	19,60	11,41
9	650,00	45,50	15,93	8,66
10	500,00	35,00	12,25	6,23
В бесконечной перспективе	500,00	35,00	12,25	88,96
Итого				305,45

Обратите внимание, что стоимость налоговых выгод в бесконечной перспективе определяется в два этапа. Сначала мы рассчитываем приведенную стоимость налоговой экономии в $12,25 млн в бесконечной перспективе ($12,25/0,07 = $175 млн). Затем мы приводим это значение к сегодняшнему дню путем дисконтирования по доналоговой стоимости заимствования ($\$175/1{,}07^{10}$ = $88,96 млн).

В заключение нашего анализа мы принимаем, что издержки банкротства (BC), прямые и косвенные, составляют 30% от стоимости фирмы и что высокий уровень долга, связанного со сделкой, повышает вероятность банкротства (π_{BC}) до 20%. Тогда ожидаемые издержки банкротства составят:

Ожидаемые издержки банкротства =
(безрычаговая стоимость фирмы + приведенная стоимость налоговых выгод) ×
× BC × π_{BC} = ($2321 + $305) × 0,30 × 0,20 = $158 млн.

Теперь мы можем определить стоимость J. Crew, которая складывается из трех компонентов:

Стоимость J. Crew = безрычаговая стоимость фирмы + приведенная стоимость налоговых выгод от долга –
– ожидаемые издержки банкротства = $2321 + $305 – $158 = $2469 млн.

Таким образом, $2,7 млрд, заплаченные фондами прямых инвестиций за фирму, являются слишком высокой ценой, если они не смогут значительно повысить операционную прибыль.

Оценка на основе стоимости привлечения капитала в сравнении с оценкой по скорректированной приведенной стоимости

При оценке по скорректированной приведенной стоимости мы получаем стоимость рычаговой фирмы путем прибавления чистого влияния долга к стоимости фирмы без учета долга:

$$\text{Стоимость рычаговой фирмы} = FCFF_0\ (1 + g)/(\rho_u - g) + t_cD - \pi_a BC.$$

В подходе на основе стоимости привлечения капитала влияние рычага отражается в стоимости привлечения капитала. При этом налоговый выигрыш учитывается в стоимости заимствования после уплаты налогов, а издержки банкротства — в рычаговом коэффициенте бета и стоимости заимствования до уплаты налогов. Дадут ли два подхода одинаковое значение стоимости? Не обязательно. Первая причина различий состоит в том, что эти модели совершенно по-разному учитывают издержки банкротства. При этом при рассмотрении непрямых издержек банкротства Подход на основе скорректированной приведенной стоимости более гибок и позволяет учитывать косвенные издержки банкротства. В той мере, в какой эти издержки не находят отражения или отображаются неадекватно в стоимости заимствования до уплаты налогов, подход на основе скорректированной приведенной стоимости дает более консервативную оценку стоимости. Вторая причина заключается в том, что с точки зрения скорректированной приведенной стоимости налоговый выигрыш, связанный с долларовой стоимостью долга, обычно базируется на существующем долге. А при подходе на основе стоимости привлечения капитала налоговый выигрыш оценивается по долговому коэффициенту, который может потребовать все больших заимствований в будущем. Например, если мы предполагаем, что для растущей фирмы коэффициент «рыночная стоимость долга/капитал» равен на бесконечном временном горизонте 30%, то в будущем фирме потребуется занимать все больше средств, а налоговый выигрыш от ожидаемых заимствований включается в стоимость сегодня. В целом подход на основе стоимости привлечения капитала более практичен при оценке действующих фирм, показатели которых не затуманены значительным финансовым рычагом, — тогда намного легче работать с долговым коэффициентом, чем с долларовыми уровнями долга. Подход на основе скорректированной приведенной стоимости более полезен для сделок, которые непропорционально сильно финансируются за счет долга, и когда график погашения долга определен и известен, — именно поэтому он пользуется популярностью у тех, кто занимается выкупами с использованием заемных средств. Наконец, существует небольшое различие в том, как налоговые выигрыши встраиваются в стоимость при этих подходах. Хотя в обычном подходе на основе скорректированной приведенной стоимости ставкой дисконтирования для оценки стоимости налоговых выигрышей от долга служит доналоговая стоимость заимствования, существуют вариации этой модели, где налоговые выигрыши дисконтируются по стоимости привлечения капитала и безрычаговой стоимости привлечения собственного капитала, которые дают результат, более близкий к результату модели на основе стоимости привлечения капитала.

СКОРРЕКТИРОВАННАЯ ПРИВЕДЕННАЯ СТОИМОСТЬ БЕЗ ИЗДЕРЖЕК БАНКРОТСТВА

Многие полагают, что модель скорректированной приведенной стоимости — это более гибкий способ оценки, чем традиционные модели дисконтирования денежных потоков. Может быть, это и верно в общем случае, но на практике оценка через скорректированную приведенную стоимость имеет существенные недостатки. Первый и самый важный из них заключается в том, что большинство практиков, использующих модель скорректированной приведенной стоимости, игнорирует ожидаемые издержки банкротства. Добавление налоговых выигрышей к стоимости безрычаговой фирмы для получения стоимости рычаговой фирмы делает долг чуть ли не абсолютным благом. Стоимость фирмы завышается, особенно при очень высоких долговых коэффициентах, когда издержки банкротства со всей очевидностью не равны нулю.

ВЛИЯНИЕ РЫЧАГА НА СТОИМОСТЬ ФИРМЫ

Обе модели — и стоимости капитала, и скорректированной приведенной стоимости — представляют стоимость фирмы как функцию ее рычага. Отсюда непосредственно вытекает, что есть некая комбинация долга и собственного капитала, при которой стоимость фирмы максимальна. В оставшейся части этой главы мы обсудим, как наилучшим образом найти верное соотношение.

Стоимость привлечения капитала и оптимальный рычаг

Для понимания взаимоотношения между стоимостью привлечения капитала и оптимальной структурой капитала мы опираемся на связь между стоимостью фирмы и стоимостью привлечения капитала. Ранее мы отмечали, что стоимость всей фирмы можно оценить путем дисконтирования ожидаемых денежных потоков фирмы по стоимости привлечения капитала фирмы.

Стоимость фирмы можно записать следующим образом:

$$\text{Стоимость фирмы} = \sum_{t=1}^{t=n} \frac{\text{денежные потоки фирмы}_t}{(1+\text{WACC})^t},$$

где WACC = средневзвешенная стоимость привлечения капитала.

То есть стоимость фирмы есть функция денежных потоков фирмы и стоимости привлечения капитала. Если мы предполагаем, что на денежные потоки фирмы выбор финансовой комбинации не влияет и стоимость привлечения капитала снижается в результате изменения соотношения источников финансирования, то стоимость фирмы возрастает. Если целью при выборе финансовой комбинации фирмы является максимальное увеличение стоимости фирмы, то выполнить эту задачу можно путем минимизации стоимости привлечения капитала. В более общем случае — когда денежные потоки фирмы зависят от соотношения долга и собственного капитала — оптимальной финансовой комбинацией оказывается та, что максимально увеличивает стоимость фирмы[1].

ИЛЛЮСТРАЦИЯ 15.6. Средневзвешенная стоимость привлечения капитала, стоимость фирмы и рычаг

Предположим, что у вас есть стоимость привлечения собственного капитала и заимствования при различных уровнях долга для корпорации Strunks Inc., одного из ведущих производителей шоколада и других сладостей. Ее денежные потоки в настоящее время составляют $200 млн. Корпорация Strunks работает на относительно стабильном рынке, и указанные денежные потоки, предположительно, будут расти бесконечно долго на 6%, и на них не будет влиять долговой коэффициент фирмы. Изменение стоимости привлечения капитала и стоимости фирмы в зависимости от уровня долга показана в следующей таблице.

D/(D + E) (%)	*Стоимость привлечения собственного капитала (%)*	*Стоимость заимствования (%)*	*Средневзвешенная стоимость привлечения капитала (WACC) (%)*	*Стоимость фирмы ($ млн)*
0	10,50	4,80	10,50	4717
10	11,00	5,10	10,41	4807
20	11,60	5,40	10,36	4862
30	12,30	5,52	10,27	4970
40	13,10	5,70	10,14	5121
50	14,00	6,30	10,15	5108
60	15,00	7,20	10,32	4907
70	16,10	8,10	10,50	4711
80	17,20	9,00	10,64	4569
90	18,40	10,20	11,02	4223
100	19,70	11,40	11,40	3926

[1] Другими словами, стоимость фирмы не обязательно достигает максимума в точке, где стоимость привлечения капитала имеет минимальное значение, если на этом уровне денежные потоки фирмы значительно ниже.

Заметим, что:

Стоимость фирмы = денежные потоки фирмы × (1 + g)/
/(стоимость привлечения капитала – g) = \$200 млн × 1,06/(стоимость привлечения капитала – 0,6).

Стоимость фирмы повышается при понижении стоимости привлечения капитала и снижается при ее повышении. Это проиллюстрировано на рисунке 15.2. Если верить данной иллюстрации, то выбор оптимальной финансовой комбинации оказывается совсем несложной задачей, но это затушевывает проблемы, которые могут возникнуть на практике. Во-первых, обычно у нас нет полных данных стоимости привлечения финансирования перед началом анализа. В большинстве случаев единственный уровень долга, при котором мы знаем стоимость заимствования и привлечения собственного капитала, — это текущий уровень. Во-вторых, анализ неявно предполагает, что уровень операционной прибыли фирмы не зависит от финансовой комбинации фирмы и, следовательно, риска дефолта (или рейтинга облигации) фирмы. Хотя в некоторых случаях это кажется правдоподобным, в других это может быть не так. Фирмы, заимствующие слишком много, могут обнаружить, что существуют непрямые издержки банкротства, влияющие на выручку и операционную прибыль.

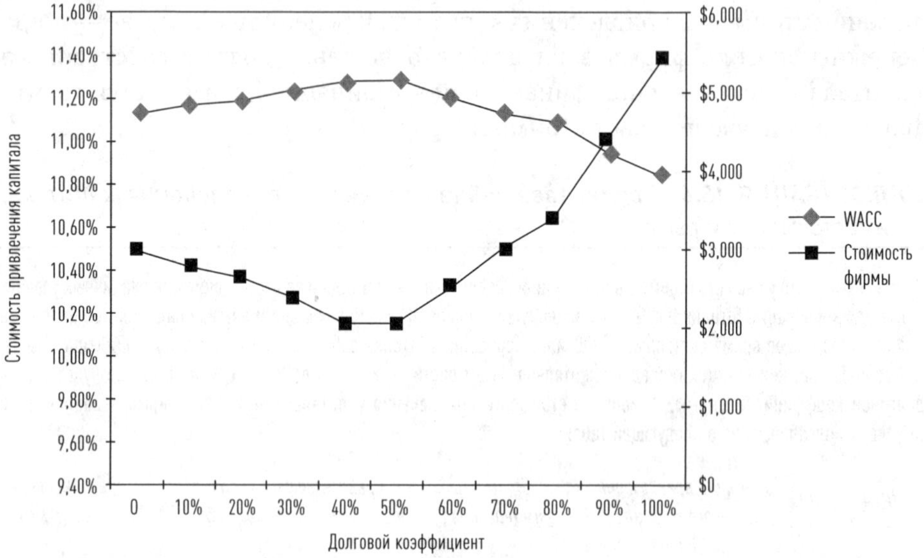

Рисунок 15.2. *Стоимость привлечения капитала и стоимость фирмы*

Источник: Applied Corporate Finance, Third Edition, by Aswath Damodaran, copyright © 2010 by John Wiley & Sons, Inc. Данный материал используется с разрешения John Wiley & Sons, Inc.

Этапы расчета стоимости привлечения капитала. Для вычисления стоимости привлечения капитала нам необходимы три вида входных данных: стоимость привлечения собственного капитала, стоимость заимствования после уплаты налогов и веса для долга и собственного капитала. Стоимость привлечения собственного капитала и стоимость заимствования меняются по мере изменения долгового коэффициента, и главной проблемой данного подхода является оценка каждого из этих видов входных данных.

Начнем со стоимости привлечения собственного капитала. Мы уже показывали, что коэффициент бета собственного капитала меняется при изменении долгового коэффициента. Фактически, мы оценивали рычаговый коэффициент бета как функцию коэффициента «рыночная стоимость долга/собственный капитал», безрычагового коэффициента бета и предельной налоговой ставки фирмы:

$$\text{Рычаговый коэффициент } \beta = \text{безрычаговый коэффициент } \beta\ [1 + (1 - t)\ \text{долг}/\text{собственный капитал}].$$

Таким образом, если мы сможем оценить безрычаговый коэффициент бета фирмы, то получим возможность использовать его для оценки рычагового коэффициента бета фирмы при любом долговом коэффициенте. Этот рычаговый коэффициент бета может затем использоваться для вычисления стоимости привлечения собственного капитала при любом долговом коэффициенте:

$$\text{Стоимость привлечения собственного капитала} = \text{безрисковая ставка} + \text{безрычаговый коэффициент } \beta\ (\text{премия за риск}).$$

Стоимость заимствования для фирмы есть функция риска дефолта фирмы. Когда фирмы занимают больше средств, их риск дефолта повышается, а вместе с ним и стоимость заимствования. Если мы в качестве меры риска дефолта используем рейтинг облигаций, то стоимость заимствования можно оценить в три этапа. Во-первых, оцениваются долларовый долг фирмы и расходы на выплату процентов для каждого значения долгового коэффициента. Когда фирмы повышают свои долговые коэффициенты, долларовый долг и расходы на выплату процентов увеличиваются. Во-вторых, при любом уровне долга вычисляются финансовый коэффициент или коэффициенты, измеряющие риск дефолта, которые используются для оценки рейтинга фирмы. Опять же, когда фирма занимает больший объем средств, этот рейтинг понижается. В-третьих, дефолтный спред, полученный на основе оцененного рейтинга, прибавляется к безрисковой ставке для получения стоимости заимствования до уплаты налогов. Применив к этой величине предельную налоговую ставку, мы получим стоимость заимствования после уплаты налогов.

После оценки стоимости привлечения собственного капитала и заимствования при каждом уровне долга мы выясняем стоимость привлечения капитала на основе их относительных весов. Хотя мы не учитываем в явном виде компонент привилегированных акций в этом процессе, их можно рассматривать как часть капитала. Однако при изменении весов долга и собственного капитала нам следует сохранять долю привилегированных акций постоянной. Долговой коэффициент, при котором стоимость привлечения капитала становится минимальной, является оптимальным.

В данном подходе влияние изменений структуры капитала на стоимость фирмы обособляется посредством фиксирования операционной прибыли и изменения только стоимости привлечения капитала. В практическом смысле это требует от нас принять два предположения. Во-первых, долговой коэффициент понижается вследствие привлечения нового собственного капитала и ликвидации долгов и, наоборот, повышается при заимствовании денежных средств и обратном выкупе акций. Данный процесс называется рекапитализацией. Во-вторых, операционная прибыль до уплаты налогов считается не зависящей от влияния финансовой комбинации фирмы и, следовательно, рейтинга ее облигаций. Если операционная прибыль изменяется вместе с риском дефолта фирмы, то основной ход анализа не изменится, но минимальная стоимость привлечения капитала может уже не быть критерием оптимальности, поскольку стоимость фирмы определяется и денежными потоками, и стоимостью привлечения капитала. Стоимость фирмы нужно вычислять при всех значениях уровня долга, и оптимальным долговым коэффициентом является тот, что максимально увеличивает стоимость фирмы.

ИЛЛЮСТРАЦИЯ 15.7. *Анализ структуры капитала на примере компании Disney, май 2009 г.*

Подход с точки зрения стоимости привлечения капитала можно использовать для поиска оптимальной структуры капитала, что мы продемонстрируем на примере компании Disney в мае 2009 г. На тот момент Disney имела балансовый процентный долг в размере $14 962 млн. Прибавляя к нему приведенную стоимость обязательств по операционной аренде в размере $1720 млн, мы получаем совокупную рыночную стоимость долга $16 682 млн. Рыночная стоимость собственного капитала в это время составляла $45 193 млн, а рыночная цена акции — $24,34 при числе акций в обращении 1856,752 млн. Таким образом, 26,96% финансовой комбинации составлял долг, а оставшиеся 73,04% приходились на собственный капитал.

Безрычаговый коэффициент бета акций компании Disney в мае 2009 г., оцененный путем разбивки по видам деятельности и взвешивания, был равен 0,7333.

Вид деятельности	*Выручка в 2008 г. ($ млн)*	*Оцененная стоимость/продажи*	*Оцененная стоимость ($ млн)*	*Доля в стоимости фирмы (%)*	*Безрычаговый коэффициент бета*
Медийные сети	16 116	2,13	34 328	58,92	0,7056
Парки и курорты	11 504	1,51	17 408	29,88	0,5849
Развлекательные программы	7348	0,78	5,755	9,88	1,3027
Потребительские товары	2875	0,27	768	1,32	1,0690
Бизнес в целом	37 843		58 259	100,00	0,7333

Ставка по казначейским облигациям США составляла 3,5%. Используя расчетную премию за риск инвестирования в акции в размере 6%, получим стоимость привлечения собственного капитала Disney 8,91%:

Рычаговый коэффициент бета = 0,7333 [1 + (1 – 0,38) (16 682/45 193)] = 0,9011.

Стоимость привлечения собственного капитала = безрисковая ставка +
+ коэффициент бета × (рыночная премия) = 3,5% + 0,9011 (6%) = 8,91%.

Облигации Disney имели в мае 2009 г. рейтинг A. На основе этого рейтинга расчетная стоимость заимствования до уплаты налогов составляла 6%. Используя предельную налоговую ставку 38%, оценим стоимость заимствования после уплаты налогов:

Стоимость заимствования после уплаты налогов =
= процентная ставка до уплаты налогов (1 – налоговая ставка) = 6% (1 – 0,38) = 3,72%.

Стоимость привлечения капитала рассчитывается исходя из этой стоимости и весов на основе рыночной стоимости:

Стоимость привлечения капитала = стоимость привлечения собственного капитала × [собственный капитал/ /(собственный капитал + долг)] + стоимость заимствования × [долг/(долг + собственный капитал)] = 8,91% × × [45 193/(16 682 + 45 193)] + 3,72% × [16 682/(16 682 + 45 193)] = 7,51%.

Стоимость привлечения собственного капитала и рычаг компании Disney

Стоимость привлечения собственного капитала компании Disney при различных значениях долгового коэффициента можно вычислить, используя безрычаговый коэффициент бета фирмы, а также коэффициент «долг/собственный капитал» при каждом уровне долга. Мы используем получаемые рычаговые коэффициенты бета для оценки стоимости привлечения собственного капитала. Первый шаг в этом процессе — это вычисление рычагового коэффициента бета для каждого значения долгового коэффициента на основе безрычагового коэффициента бета и предельной налоговой ставки, равной 38%:

Рычаговый коэффициент бета = 0,7333 [1 + (1 – 0,38) × (долг/собственный капитал)].

Для вычисления стоимости привлечения собственного капитала мы продолжаем использовать ставку по казначейским облигациям в размере 3,5% и рыночную премию, равную 6%.

Рычаговый коэффициент бета и стоимость привлечения собственного капитала Disney

Коэффициент «долг/капитал» (%)	*Коэффициент «долг/собственный капитал» (%)*	*Рычаговый коэффициент бета*	*Стоимость привлечения собственного капитала (%)*
0	0,00	0,7333	7,90
10	11,11	0,7838	8,20
20	25,00	0,8470	8,58
30	42,86	0,9281	9,07
40	66,67	1,0364	9,72
50	100,00	1,1879	10,63
60	150,00	1,4153	11,99
70	233,33	1,7941	14,26
80	400,00	2,5519	18,81
90	900,00	4,8251	32,45

При вычислении рычаговых коэффициентов бета, представленных в этой таблице, мы исходили из того, что весь рыночный риск лежит на плечах инвесторов в собственный капитал (возможно, это нереалистичное предположение, особенно при высоких уровнях долга) и что фирма полностью получает налоговые выгоды по процентным расходам при всех уровнях долгового коэффициента. Кроме того, мы рассматриваем также альтернативную оценку рычагового коэффициента бета, при котором некоторая часть рыночного риска относится к долгу:

Рычаговый коэффициент бета = безрычаговый коэффициент бета × [1 + (1 – t) D/E] –
– коэффициент бета долга × (1 – t) D/E.

Коэффициент бета долга основан на рейтинге облигации и оценивается через регрессию исторических значений доходности облигаций в каждом рейтинговом классе по доходности рыночного индекса или исходя из дефолтного спреда. Рычаговые коэффициенты бета, оцененные при помощи этого подхода, как правило, ниже коэффициентов бета, оцененных по стандартной модели[1]. Мы также смотрим, полностью ли используются налоговые выгоды по процентным расходам при более высоких долговых коэффициентах.

---

[1] Рассмотрим, например, долговой коэффициент 40%. На этом уровне долг фирмы приобретает некоторые характеристики собственного капитала. Предположим, что коэффициент бета при 40%-ном долговом коэффициенте равен 0,10. Коэффициент

Стоимость заимствования и рычаг компании Disney

Существует целый ряд финансовых коэффициентов, коррелирующих с рейтингом облигаций, и у нас есть две возможности. Первая — построить модель, которая включает несколько финансовых коэффициентов, для оценки синтетических рейтингов для каждого значения долгового коэффициента. Помимо того, что такой подход трудоемок и требует большого объема данных, он делает процесс присвоения рейтинга не слишком прозрачным и трудно поддающимся расшифровке. Другая возможность — придерживаться упрощенного подхода, рассмотренного в главе 8, т. е. связать рейтинг с коэффициентом процентного покрытия, который вычисляется следующим образом:

Коэффициент процентного покрытия = прибыль до уплаты процентов и налогов/расходы на уплату процентов.

Мы выбираем упрощенный подход по трем причинам. Во-первых, при определении стоимости заимствования нам нужна не абсолютная точность, а примерная оценка. Учитывая, что более сложный подход все равно дает примерную оценку, мы отдаем предпочтение прозрачности. Во-вторых, существует сильная корреляция не только между коэффициентом процентного покрытия и рейтингом облигаций, но и между коэффициентом процентного покрытия и другими используемыми при анализе коэффициентами, такими как коэффициент покрытия долга и коэффициент денежных потоков. Другими словами, мы мало что добавляем, включая другие коэффициенты, которые коррелируют с коэффициентом процентного покрытия, в том числе коэффициент «EBITDA/постоянные затраты». В-третьих, коэффициент процентного покрытия варьирует при изменении финансовой комбинации фирмы и понижается при повышении долгового коэффициента.

Для оценок синтетического рейтинга мы будем использовать справочную таблицу из главы 8 для фирм с высокой рыночной капитализацией (поскольку рыночная капитализация Disney превышает $5 млрд), а для оценки стоимости заимствования до налогообложения — дефолтные спреды на начало 2009 г.

Коэффициенты процентного покрытия, рейтинги дефолтные спреды на начало 2009 г.

Коэффициент процентного покрытия	*Рейтинг*	*Типичный дефолтный спред (%)*
Более 8,5	AAA	1,25
6,5–8,5	AA	1,75
5,5–6,5	A+	2,25
4,25–5,5	A	2,50
3–4,25	A–	3,00
2,5–3	BBB	3,50
2,25–2,5	BB+	4,25
2,0–2,25	BB	5,00
1,75–2	B+	6,00
1,5–1,75	B	7,25
1,25–1,5	B–	8,50
0,8–1,25	CCC	10,00
0,65–0,8	CC	12,00
0,2–0,65	C	15,00
Менее 0,2	D	20,00

Источник: Capital IQ, BondsOnline.com.

бета для собственного капитала при таком долговом коэффициенте можно определить следующим образом:

Рычаговый коэффициент бета = 0,7333 [1 + (1–0,38) (40/60)] – 0,10 (1–0,373) (40/60) = 0,99.

При подходе без корректировки рычаговый коэффициент бета будет равен 1,0364.

Если использовать эту таблицу в качестве руководства, то фирма с коэффициентом процентного покрытия 2,75 будет иметь рейтинг BBB и дефолтный спред 3,50% по отношению к безрисковой ставке.

Поскольку способность Disney заимствовать средства определяется ее способностью получать прибыль, мы начнем с изучения ключевых показателей отчета о прибылях и убытках компании за последний финансовый год (июль 2007 г. — июнь 2008 г.), которые приведены в таблице ниже.

Ключевые показатели деятельности Disney

	Последний финансовый год ($ млн)	*Последние 12 месяцев ($ млн)*
Выручка	37 843	36 990
EBITDA	8986	8319
Износ и амортизация	1582	1593
EBIT	7404	6726
Процентные расходы	712	728
EBITDA (с учетом аренды)	9989	8422
EBIT (с учетом аренды)	7708	6829
Процентные расходы (с учетом аренды)	815	831

Обратите внимание на то, что преобразование обязательств по аренде в долг влияет как на операционную прибыль, так и на процентные расходы. Вмененные процентные расходы по арендным обязательствам в качестве долга добавляются как к операционной прибыли, так и к процентным расходам[1]. Поскольку показатели за последние 12 месяцев представляют собой более свежую информацию, мы воспользуемся ими для оценки оптимального долгового коэффициента Disney. Исходя из прибыли до уплаты процентов и налогов (EBIT) в размере $6829 млн (с учетом аренды) и процентных расходов в размере $831 млн коэффициент процентного покрытия Disney составляет 8,22, и компания может претендовать на рейтинг AA, что на две ступени выше существующего рейтинга A.

Вычисление рейтингов Disney при разных уровнях долга мы начнем с оценки размера долларового долга, который компания должна привлечь для получения заданного долгового коэффициента. Это можно сделать путем умножения сегодняшней совокупной рыночной стоимости фирмы на соответствующий коэффициент «долг/капитал». В качестве иллюстрации определим размер долларового долга Disney при 10%-ном долговом коэффициенте:

Стоимость Disney = текущая рыночная стоимость собственного капитала + текущая рыночная стоимость долга = 45 193 + 16 682 = $61 875 млн.

Долларовый долг при 10%-ном коэффициенте «долг/капитал» = 0,1 × $61 875 = $6188 млн.

Следующим шагом является определение процентных расходов, которые Disney несет при этом уровне долга, путем умножения долларового долга на доналоговую стоимость заимствования. Процентные расходы затем используются для вычисления коэффициента процентного покрытия, который нужен для присвоения синтетического рейтинга. Прибавление дефолтного спреда из приведенной выше таблицы к безрисковой ставке дает доналоговую стоимость заимствования. В таблице ниже приведены оценки процентных расходов, коэффициенты процентного покрытия и рейтинги облигаций для Disney при нулевом и 10%-ном долговом коэффициенте при существующем уровне операционной прибыли.

---

1 Приведенная стоимость операционной аренды ($1720 млн), умноженная на доналоговую стоимость заимствования, равную 6%, дает процентные расходы в размере $103 млн, которые добавляется и к операционной прибыли, и к процентным расходам. Произведение доналоговой стоимости заимствования и приведенной стоимости операционной аренды является приблизительным показателем. Для полной корректировки необходимо вернуть назад все расходы по операционной аренде и вычесть износ операционных активов.

Эффект перехода к более высокому долговому коэффициенту на примере Disney

Долг/(долг + собственный капитал) (%)	*0,00*	*10,00*
Долг/собственный капитал (%)	0,00	11,11
Долг ($ млн)	0	6188
EBITDA ($ млн)	8422	8422
Износ ($ млн)	1593	1593
EBIT ($ млн)	6829	6829
Процентные расходы ($ млн)	0	294
Процентное покрытие до налогообложения	∞	23,24
Вероятный рейтинг	AAA	AAA
Доналоговая стоимость заимствования (%)	4,75	4,75

Обратите внимание на то, что EBITDA и EBIT не меняются при изменении долгового коэффициента. Это достигается использованием поступлений от долга для обратного выкупа акций, в результате мы сохраняем операционные активы нетронутыми и изолируем эффект изменения долгового коэффициента.

При оценке процентных расходов в рассуждениях возникает порочный круг. Для вычисления коэффициента процентного покрытия нужна процентная ставка, а для выяснения процентной ставки требуется коэффициент процентного покрытия. Чтобы обойти эту проблему, мы начинаем анализ с предположения о том, что при рейтинге AAA Disney может занять $6188 млрд по ставке 4,75%. Затем мы вычисляем процентные расходы и коэффициент процентного покрытия на основе этой ставки. При долговом коэффициенте, равном 10%, наша жизнь упрощается в результате того, что рейтинг не меняется и остается на уровне AAA. Чтобы проиллюстрировать более сложный вариант наращивания долга, рассмотрим изменение долгового коэффициента с 20% до 30%:

		Итерация 1 (долг @ ставка для рейтинга AAA)	*Итерация 2 (долг @ ставка для рейтинга AA)*
Долг/(долг + собственный капитал) (%)	20,00	30,00	30,00
Долг/собственный капитал (%)	25,00	42,86	42,86
Долг ($ млн)	12 375	18 563	18 563
EBITDA ($ млн)	8422	8422	8422
Износ ($ млн)	1593	1593	1593
EBIT ($ млн)	6829	6829	6829
Процентные расходы ($ млн)	588	18 563 × 0,0475 = 881	18 563 × 0,0525 = 974
Процентное покрытие до налогообложения	11,62	7,74	7,01
Вероятный рейтинг	AAA	AA	AA
Доналоговая стоимость заимствования (%)	4,75	5,25	5,25

Хотя первоначальная оценка процентных расходов при 30%-ном долговом коэффициенте дает рейтинг AAA и процентную ставку 4,75%, которые фирма имела при 20%-ном долговом коэффициенте, полученный в итоге коэффициент процентного покрытия 7,74 снижает рейтинг до AA и повышает процентную ставку до 5,25%. В результате нам приходится пересчитывать процентные расходы (итерация 2) для получения равновесного состояния: процентная ставка, которую мы используем, соответствует расчетной процентной ставке[1]. Этот процесс повторяется для каждого уровня долга с 10% до 90%. Полученная методом последовательных приближений стоимость заимствования после налогообложения при каждом уровне долга приведена в таблице ниже:

---

[1] Поскольку процентные расходы возрастают, не исключено, что рейтинг опустится еще ниже. Таким образом, в некоторых случаях может потребоваться третья итерация.

Долговой коэффициент (%)	Долг ($ млн)	Процентные расходы ($ млн)	Коэффициент процентного покрытия	Рейтинг облигаций	Процентная ставка по долгу (%)	Налоговая ставка (%)	Стоимость заимствования после налогообложения (%)
0	0	0	∞	AAA	4,75	38,00	2,95
10	6188	294	23,24	AAA	4,75	38,00	2,95
20	12 375	588	11,62	AAA	4,75	38,00	2,95
30	18 563	975	7,01	AA	5,25	38,00	3,26
40	24 750	1485	4,60	A	6,00	38,00	3,72
50	30 938	2011	3,40	A–	6,50	38,00	4,03
60	37 125	2599	2,63	BBB	7,00	38,00	4,34
70	43 313	5198	1,31	B–	12,00	38,00	7,444
80	49 500	6683	1,02	CCC	13,50	38,00	8,37
90	55 688	7518	0,91	CCC	13,50	34,52	8,84

Обратите внимание на то, что процентные расходы увеличиваются более чем пропорционально с ростом долга, поскольку стоимость заимствования растет вместе с долговым коэффициентом. Относительно представленного вычисления необходимо сделать три замечания.

1. При каждом уровне долга мы определяем долларовую стоимость долга путем умножения долгового коэффициента на текущую рыночную стоимость фирмы ($61 875 млн). В реальности стоимость фирмы меняется с изменением стоимости привлечения капитала и размера долга, который должен соответствовать конкретному долговому коэффициенту, скажем 30%, и отличается от расчетной стоимости. Причина, по которой мы не пытаемся учесть этот эффект, заключается в том, что это приводит к еще большей зацикленности наших расчетов, поскольку стоимость при каждом значении долгового коэффициента является функцией экономии за счет процентных расходов при этом долговом коэффициенте, а он, в свою очередь, зависит от стоимости.

2. Мы предполагаем, что при каждом уровне долга весь существующий долг рефинансируется по новой процентной ставке, которая действует после изменения структуры капитала. Например, существующий долг компании Disney, имеющий рейтинг A, предположительно, должен рефинансироваться по процентной ставке, соответствующей рейтингу A– при приближении Disney к 50%-ному долговому коэффициенту. Это делается по двум причинам. Во-первых, существующие держатели долга могут иметь защитные ограничительные оговорки, требующие пересмотра процентных ставок по долгу[1]. Во-вторых, рефинансирование уничтожает эффекты «экспроприации богатства» (т. е. экспроприации акционерами богатства держателей облигаций при увеличении долга и наоборот — при его уменьшении). Если фирмы могут сохранять старый долг с низкими ставками при новых заимствованиях и повышении риска, то кредиторы по старому долгу теряют стоимость. Замораживая текущие ставки по существующим облигациям и пересчитывая оптимальный долговой коэффициент, мы допускаем переток богатства[2].

3. Хотя сохранение предельной налоговой ставки на неизменном уровне при повышении долгового коэффициента является обычным, мы корректируем налоговую ставку для отражения потенциальной потери налоговых выигрышей по долгу при более высоких долговых коэффициентах, когда процентные расходы превышают прибыль до уплаты процентов и налогов. Для иллюстрации данного положения вспомним, что прибыль до уплаты налогов и процентов компании Disney составляет $6829 млн. Пока процентные расходы меньше

---

[1] Если они не обладают защитными опционами на продажу, то для акционеров лучше не рефинансировать долг при повышении долговых коэффициентов.

[2] Это ведет к сокращению издержек на выплату процентов при увеличении долга и, как следствие, коэффициента процентного покрытия. К тому же это способствует получению более высоких рейтингов, по крайней мере в краткосрочном периоде, и повышению оптимального долгового коэффициента.

$6829 млн, они полностью освобождены от налогообложения и приносят 38% выигрыша на налогах. Так, даже при 80%-ном долговом коэффициенте процентные расходы составляют $6683 млн, а выигрыш на налогах, следовательно, равен 38% этой суммы. Однако при 90%-ном долговом коэффициенте процентные расходы возрастают до $7518 млн, что превышает прибыль до выплаты налогов и процентов в размере $6829 млн. Мы учитываем налоговый выигрыш на процентных расходах вплоть до этой суммы:

Максимальный налоговый выигрыш = EBIT × предельная налоговая ставка =
= $6829 млн × 0,38 = $2595 млн.

Как доля общих процентных расходов выигрыш на налогах составляет только 34,52%:

Скорректированная предельная налоговая ставка =
= максимальный налоговый выигрыш/процентные расходы = $2595 млн/$7518 млн = 34,52%.

Это, в свою очередь, повышает стоимость заимствования после уплаты налогов. Это консервативный подход, поскольку убытки могут переноситься на будущие периоды. С учетом того, что здесь наблюдается постоянный сдвиг рычага, имеет смысл быть консервативными. Мы используем эту налоговую ставку для пересчета рычагового коэффициента бета при 90%-ном долговом коэффициенте с целью отражения сокращения налоговых выгод от процентов.

Рычаг и стоимость привлечения капитала

Теперь, когда мы оценили стоимость привлечения собственного капитала и стоимость заимствования при каждом уровне долга, можно определить стоимость привлечения капитала компании Disney. Это сделано для каждого уровня долга в нижеследующей таблице. Стоимость привлечения капитала, которая равна 7,90% без учета долга, понижается при добавлении долга, достигая минимума в 7,32% при 40%-ном долговом коэффициенте, а затем начинает повышаться.

Стоимость привлечения собственного капитала, заимствования и капитала для компании Disney

Долговой коэффициент (%)	*Коэффициент бета*	*Стоимость привлечения собственного капитала (%)*	*Стоимость заимствования после уплаты налогов (%)*	*Стоимость привлечения капитала (%)*
0	0,73	7,90	2,95	7,90
10	0,78	8,20	2,95	7,68
20	0,85	8,58	2,95	7,45
30	0,93	9,07	3,26	7,32
40	1,04	9,72	3,72	7,32
50	1,19	10,63	4,03	7,33
60	1,42	11,99	4,34	7,40
70	1,79	14,26	7,44	9,49
80	2,55	18,81	8,37	10,46
90	5,05	33,83	8,84	11,34

Обратите внимание на то, что мы движемся с шагом 10% и что стоимость привлечения капитала становится плоской в диапазоне между 30% и 50%. Точность определения оптимального значения можно повысить, если в этом диапазоне двигаться с меньшим шагом. Шаг в 1% дает оптимальное значение 43% при стоимости привлечения капитала 7,28%. Далее в этой иллюстрации мы будем придерживаться примерного значения оптимального долгового коэффициента, равного 40%.

Для того чтобы продемонстрировать корректность данного решения по отношению к рычаговым коэффициентам бета, полученным альтернативными методами, переоценим стоимость заимствования, собственного капитала и капитала исходя из предположения о том, что долг подвержен определенному рыночному риску. Результаты представлены в нижеследующей таблице.

Стоимость привлечения собственного капитала, заимствования и капитала для компании Disney с долгом, несущим рыночный риск

Долговой коэффициент (%)	*Коэффициент бета собственного капитала*	*Коэффициент бета долга*	*Стоимость привлечения собственного капитала (%)*	*Стоимость заимствования (после уплаты налогов) (%)*	*Стоимость привлечения капитала (%)*
0	0,73	0,05	7,90	2,95	7,90
10	0,78	0,05	8,18	2,95	7,66
20	0,84	0,05	8,53	2,95	7,42
30	0,91	0,07	8,95	3,26	7,24
40	0,99	0,10	9,46	3,72	7,16
50	1,11	0,13	10,16	4,03	7,10
60	1,28	0,00	11,18	4,34	7,08
70	1,28	0,35	11,19	7,44	8,57
80	1,52	0,42	12,61	8,37	9,22
90	2,60	0,42	19,10	8,84	9,87

Если держатели долга подвергаются некоторому рыночному риску, то при более высоких уровнях долга стоимость привлечения собственного капитала будет ниже, и оптимальный долговой коэффициент компании Disney увеличится до 60%. То есть он станет выше оптимального уровня, который мы определили при помощи стандартного подхода[1].

Стоимость фирмы и стоимость привлечения капитала

Стоимость привлечения капитала минимизируют потому, что это повышает стоимость фирмы. Для того чтобы проиллюстрировать влияние приближения к оптимальному долговому коэффициенту на стоимость компании Disney, возьмем простую модель, предназначенную для оценки фирмы в период стабильного роста:

$$\text{Стоимость фирмы} = \text{ожидаемая величина } FCFF_{\text{следующий год}} / (\text{стоимость привлечения капитала} - g),$$

где g — стабильные темпы роста.

Мы начинаем с вычисления текущих свободных денежных потоков Disney исходя из текущей прибыли до уплаты процентов и налогов в размере $6829 млн, налоговой ставки 38% и реинвестиций компании в долгосрочные активы в 2008 г. (считая, что в оборотный капитал реинвестиции не осуществляются):

	($ млн)
EBIT (1 – налоговая ставка) = 6829 (1 – 0,38)	4234
+ Износ и амортизация	1593
– Капитальные затраты	1628
– Изменения в оборотном капитале	0
Свободные денежные потоки фирмы	4199

---

[1] Для оценки коэффициента бета долга мы использовали дефолтный спред при каждом уровне долга и считали, что 25% риска приходится на рыночный риск. Так, при рейтинге A– дефолтный спред составляет 3%. При величине премии за рыночный риск 6%, использованной во всех наших вычислениях, коэффициент бета при рейтинге A составит:

$$\text{Вмененный коэфф. бета долга рейтинга A} = (3\%/6\%) \times 0{,}25 = 0{,}125.$$

Предположение о том, что 25% риска дефолта приходится на рыночный риск, сделано с тем, чтобы при рейтинге D коэффициент бета долга (0,83) был близок к безрычаговому коэффициенту бета Disney (1,09).

Рыночную стоимость фирмы на момент анализа можно получить путем суммирования расчетной рыночной стоимости долга и собственного капитала:

	($ млн)
Рыночная стоимость собственного капитала	45 193
+ Рыночная стоимость долга	16 682
= Стоимость фирмы	61 875

Если считать, что рынок правильно оценивает фирму, то можно определить подразумеваемые темпы роста:

$$\text{Стоимость фирмы} = \$61875 = \frac{FCFF_0(1+g)}{\text{стоимость привлечения капитала} - g} = \frac{4199(1+g)}{0{,}0751 - g}.$$

Темпы роста = (стоимость фирмы × стоимость привлечения капитала –
– денежные потоки фирмы)/(стоимость фирмы + денежные потоки фирмы) =
= (61 875 × 0,0751–4199)/(61 875 + 4199) = 0,0068 или 0,68%.

Предположим теперь, что компания переходит к 40%-ному долгу и стоимости привлечения капитала 7,32%. Теперь ее можно оценить исходя из следующих параметров:

Денежные потоки фирмы = $4199 млн.
WACC = 7,32%.
Темпы роста денежных потоков фирмы = 0,68%.

$$\text{Стоимость фирмы} = \frac{FCFF_0(1+g)}{\text{стоимость привлечения капитала} - g} = \frac{4199(1{,}0068)}{0{,}0732 - 0{,}0068} = \$63\,665 \text{ млн.}$$

Если фирма перейдет к оптимальному долговому коэффициенту, то ее стоимость повысится с $61 875 млн до $63 665 млн:

Повышение стоимости фирмы = $63 665 млн – $61 685 млн = $1790 млн.

Ограничение данного подхода заключается в том, что темпы роста сильно зависят как от нашей оценки денежных потоков в последнем году, так и от предположения, что фирма находится на этапе стабильного роста[1]. Можно использовать и альтернативный подход к оценке изменения стоимости фирмы. Рассмотрим сначала изменение стоимости привлечения капитала с 7,51% до 7,32%, снижение на 0,19%. Это изменение должно принести к снижению годовой стоимости финансирования бизнеса:

Стоимость финансирования Disney при существующем долговом коэффициенте =
= 61 875 × 0,0751 = $4646,82 млн.

Стоимость финансирования Disney при оптимальном долговом коэффициенте =
= 61 875 × 0,0732 = $4529,68 млн.

Годовая экономия на стоимости финансирования = $4646,82 млн – $4529,68 млн = $117,14 млн.

Обратите внимание на то, что эта экономия является подразумеваемой, а не фактической, и представляет экономию следующего года[2]. Приведенная стоимость такой экономии с течением времени теперь можно оценить

---

1 Ни одна компания не может расти быстрее долгосрочного номинального темпа роста экономики. Безрисковая ставка является разумной примерной оценкой долгосрочных номинальных темпов роста экономики, поскольку она складывается из двух компонентов — ожидаемого темпа инфляции и ожидаемой реальной ставки доходности. Последняя должна быть равной реальным темпам роста в долгосрочной перспективе.

2 Стоимость привлечения собственного капитала является подразумеваемой величиной и не отражается в отчете о прибылях и убытках фирмы. Экономия на стои-

с использованием новой стоимости привлечения капитала в размере 7,32% и темпов роста 0,68% (на основе подразумеваемых темпов роста):

Приведенная стоимость экономии =
= экономия следующего года/(стоимость привлечения капитала – g) = $117,14/(0,0732 – 0,0068) = $1763 млн.

Стоимость фирмы после рекапитализации =
= существующая стоимость фирмы + приведенная стоимость экономии = $61 875 + $1763 = $63 638 млн.

Используя этот подход, мы оценили стоимость фирмы при различных значениях долгового коэффициента на рисунке 15.3.

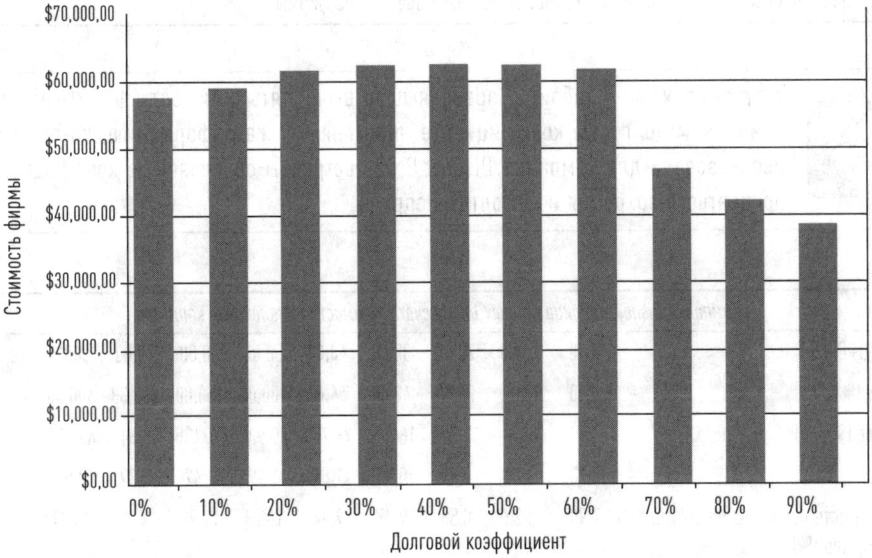

Рисунок 15.3. *Стоимость фирмы в зависимости от величины долгового коэффициента*

Существуют два способа перехода от стоимости фирмы к стоимости на акцию. Поскольку увеличение стоимости полностью достается акционерам, можно оценить прирост стоимости на акцию путем деления на количество акций в обращении:

Прирост стоимости на акцию = $1763/1856,732 = $0,95.

Новая цена акции = $24,34 + $0,95 = $25,29.

В силу того, что изменение стоимости привлечения капитала связано с заимствованием $8068 млн (чтобы перейти от существующего долга в размере $16 682 млн к $24 750 млн, необходимым для получения оптимального долгового коэффициента) и обратным выкупом акций, может показаться удивительным, что мы используем акции в обращении до их выкупа. В расчете подразумевается, что увеличение стоимости фирмы равномерно распределяется среди акционеров, которые продают свои акции фирме и которые этого не делают. Мы считаем такое решение рациональным именно потому, что оно не проводит различия между продавшими акции и сохранившими их. Альтернативный подход к получению стоимости на акцию заключается в определении количества акций, оставшихся в обращении после выкупа:

мости привлечения капитала, таким образом, вряд ли выразится в более высокой совокупной прибыли. На деле по мере повышения долгового коэффициента фирмы прибыль уменьшается, однако прибыль на акцию растет.

Количество акций после выкупа = количество до выкупа – (увеличение долга)/(цена акции) =
= 1856,732 – (увеличение долга)/(цена акции) = 1537,713 млн акций.

Стоимость фирмы после рекапитализации = $63 638 млн.
Непогашенный долг после рекапитализации = $24 750 млн.
Стоимость собственного капитала после рекапитализации = $38 888 млн.

Стоимость собственного капитала на акцию после рекапитализации = 38 888/1537,713 = $25,29.

Пока акции выкупаются по текущей цене $24,34 или по любой другой цене ниже $25,29, оставшиеся акционеры получают более значительную долю прироста стоимости. Например, если бы Disney выкупила свои акции по текущей цене $24,34, то прирост стоимости на акцию составил бы $1,16[1]. Если выкуп акций произошел бы по цене $25,29, то продающие инвесторы выиграли бы за счет оставшихся инвесторов фирмы.

captstr.xls — таблица, позволяющая вычислять стоимость фирмы при оптимальном долговом коэффициенте, применяя ту же информацию, которую мы использовали для компании Disney. В нее встроены обновляемые коэффициенты процентного покрытия и дефолтные спреды.

Компания Disney: таблица данных для расчета стоимости привлечения капитала

D/(D+E) (%)	0,00	10,00	20,00	30,00	**40,00**	50,00	60,00	70,00	80,00	90,00
D/E (%)	0,00	11,11	25,00	42,86	**66,67**	100,00	150,00	233,33	400,00	900,00
Долг ($ млн)	0	6188	12 375	18 563	**24 750**	30 938	37 125	43 313	49 500	55 688
Коэфф. бета	0,73	0,78	0,85	0,93	**1,04**	1,19	1,42	1,79	2,55	5,05
Стоимость привлечения собств. капитала (%)	7,90	8,20	8,58	9,07	**9,72**	10,63	11,99	14,26	18,81	33,83
EBITDA ($ млн)	8422	8422	8422	8422	**8422**	8422	8422	8422	8422	8422
Износ ($ млн)	1593	1593	1593	1593	**1593**	1593	1593	1593	1593	1593
EBIT ($ млн)	6829	6829	6829	6829	**6829**	6829	6829	6829	6829	6829
Проценты ($ млн)	0	294	588	975	**1485**	2011	2599	5198	6683	7518
Коэфф. процентного покрытия	∞	23,24	11,62	7,01	**4,60**	3,40	2,63	1,31	1,02	0,91
Вероятный рейтинг	AAA	AAA	AAA	AA	**A–**	A–	BBB	B–	CCC	CCC
Доналоговая стоимость заимствования (%)	4,75	4,75	4,75	5,25	**6,00**	6,50	7,00	12,00	13,50	13,50
Эффективн. налоговая ставка (%)	38,00	38,00	38,00	38,00	**38,00**	38,00	38,00	38,00	38,00	34,52

[1] Для вычисления данного изменения стоимости на акцию сначала рассчитаем, сколько акций мы бы выкупили при помощи дополнительного долга в размере $8068 млн (долг при оптимальных 40% — текущий долг) и при цене акции $24,34. Разделим рост стоимости фирмы в размере $1763 млн на остающиеся в обращении акции:

Изменение цены акции = $1763 млн/[1856,732 – (8068/24,34)] = $1,16.

Расчет стоимости привлечения капитала										
D/(D+E) (%)	0,00	10,00	20,00	30,00	**40,00**	50,00	60,00	70,00	80,00	90,00
D/E (%)	0,00	11,11	25,00	42,86	**66,67**	100,00	150,00	233,33	400,00	900,00
Долг ($ млн)	0	6188	12 375	18 563	**24 750**	30 938	37 125	43 313	49 500	55 688
Стоимость привлечения собств. капитала (%)	7,90	8,20	8,58	9,07	**9,72**	10,63	11,99	14,26	18,81	33,83
Стоимость заимствования (%)	2,95	2,95	2,95	3,26	**3,72**	4,03	4,34	7,44	8,37	8,84
Стоимость привлечения капитала (%)	7,90	7,68	7,45	7,32	**7,32**	7,33	7,40	9,49	10,46	11,34

РИСК ДЕФОЛТА, ОПЕРАЦИОННАЯ ПРИБЫЛЬ И ОПТИМАЛЬНЫЙ РЫЧАГ

В только что проведенном анализе компании Disney предполагалось, что операционная прибыль останется постоянным при изменении долговых коэффициентов. Хотя данное предположение существенно упрощает анализ, оно не выглядит реалистичным. Операционная прибыль многих фирм падает при повышении риска дефолта. Фактически, данное явление относится к так называемым косвенным издержкам банкротства. Падение операционной прибыли, скорее всего, станет еще более явным, когда риск дефолта повысится выше приемлемого уровня. Например, рейтинг облигаций, не удовлетворяющий инвестиционным критериям, может привести к значительным потерям в выручке и к увеличению расходов.

Общая модель оптимальной структуры капитала допускает изменение операционной прибыли и стоимости привлечения капитала по мере изменения долгового коэффициента. Мы уже описали, каким образом можно оценивать стоимость привлечения капитала при различных значениях долгового коэффициента, однако можно было бы попытаться проделать то же самое применительно к операционной прибыли. Например, можно оценить изменения операционной прибыли компании Disney при колебаниях долговых коэффициентов и риска дефолта, рассмотрев влияние понижения рейтинга на операционную прибыль других розничных продавцов.

При одновременном изменении операционной прибыли и стоимости привлечения капитала оптимальная структура капитала, возможно, не будет соответствовать точке, где стоимость привлечения капитала минимальна. Оптимален теперь долговой коэффициент, при котором стоимость фирмы становится максимальной.

СКОРРЕКТИРОВАННАЯ ПРИВЕДЕННАЯ СТОИМОСТЬ И ФИНАНСОВЫЙ РЫЧАГ

В подходе на основе скорректированной приведенной стоимости (APV) мы исходили из стоимости фирмы без долга. Добавляя долг, мы рассматриваем чистое влияние на стоимость путем анализа выигрышей и издержек заимствования. Стоимость рычаговой фирмы можно оценить при различных уровнях долга, а уровень долга, максимально увеличивающий стоимость фирмы, представляет собой оптимальный долговой коэффициент.

Подход на основе скорректированной приведенной стоимости: пошаговая реализация

Стоимость фирмы без долга не является функцией ожидаемого рычага, и ее можно оценить, как описано в предыдущем разделе: путем дисконтирования свободных денежных потоков фирмы по стоимости привлечения собственного капитала без учета долга. Если вы не хотите оценивать эту стоимость и принимаете рыночную стоимость фирмы как правильную, то можете вернуться к стоимости фирмы без долга путем вычитания выигрышей на налогах и прибавления ожидаемых издержек банкротства, вытекающих из существующего долга:

Текущая стоимость фирмы = стоимость безрычаговой фирмы +
+ приведенная стоимость выигрышей на налогах –
– ожидаемые издержки банкротства.

Стоимость безрычаговой фирмы = текущая стоимость фирмы –
– приведенная стоимость выигрышей на налогах +
+ ожидаемые издержки банкротства.

Единственное, что меняется при изменении фирмой своего рычага, — это ожидаемые выигрыши на налогах и ожидаемые издержки банкротства. Для получения данных величин при изменении рычага необходимо пройти через пять этапов:

1. *Оценить непогашенный долларовый долг при каждом значении долгового коэффициента.* Этот процесс является зеркальным отражением процедуры, принятой в модели стоимости привлечения капитала. Мы фиксируем стоимость фирмы и рассматриваем, какой объем долга будет иметь фирма при 20%-, 30%-ном и т. д. коэффициенте.

2. *Оценить выигрыши на налогах от долга, умножив долларовый долг на налоговую ставку.* По сути, данный шаг предполагает, что долг является постоянным, а выигрыши от налогов будут сохраняться на бесконечном временном горизонте.

3. *Оценить рейтинг, процентную ставку и расходы на выплату процентов при каждом значении долгового коэффициента.* Этот процесс, опять же, повторяет методологию подхода на основе стоимости привлечения капитала.

4. *Использовать рейтинг для оценки вероятности дефолта.* Напомним, что в таблице 15.2 содержатся значения вероятностей для каждого рейтинга.
5. *Оценить ожидаемые издержки банкротства* путем умножения вероятности банкротства на издержки банкротства в виде процента от стоимости фирмы без долга.

Мы вычисляем стоимость рычаговой фирмы при различных уровнях долга. Оптимальным долговым коэффициентом является тот, при котором максимально увеличивается стоимость фирмы с долгом.

ИЛЛЮСТРАЦИЯ 15.8. *Использование подхода на основе скорректированной приведенной стоимости для определения оптимальной структуры капитала компании Disney в марте 2009 г.*

Этот подход можно применить для оценки оптимальной структуры капитала компании Disney. Первый шаг — оценка стоимости фирмы без долга. Для этого сначала определим рыночную стоимость компании Disney в 2009 г. и выделим чистое влияние налоговых выигрышей и издержек банкротства, вытекающих из существующего долга.

Текущая рыночная стоимость компании Disney = стоимость собственного капитала +
+ стоимость долга = \$45 193 млн + \$16 682 млн = \$61 875 млн.

Мы вычисляем приведенную стоимость (PV) налоговых выигрышей, связанных с существующим долгом, предполагая, что процентные платежи по долгу сохраняются бесконечно долго при предельной налоговой ставке, равной 38%.

PV налоговых выигрышей от существующего долга =
= существующий долг × налоговая ставка = \$16 682 млн × 0,38 = \$6339 млн.

Исходя из текущего рейтинга Disney (A) мы оцениваем вероятность банкротства как 0,66% (см. таблицу 15.2). Издержки банкротства принимаем равными 25% стоимости фирмы налоговых выигрышей. Установив для издержек банкротства диапазон от 10% до 40%, будем считать, что ожидаемые издержки банкротства находятся в середине этого диапазона. В некоторых видах деятельности Disney воспринимаемые финансовые затруднения могут иметь разрушительные последствия — для тематических парков, например, — однако кинобизнес и радиовещание менее уязвимы из-за более коротких сроков и меньших масштабов проектов.

Приведенная стоимость ожидаемых издержек банкротства =
= вероятность дефолта × издержки банкротства = 0,66% × (0,25 × 61 875) = \$102 млн.

Затем мы вычислим стоимость компании Disney без долга:

Стоимость Disney как безрычаговой фирмы =
= текущая рыночная стоимость — приведенная стоимость налоговых выигрышей +
+ ожидаемые издержки банкротства = \$61 875 – \$6339 + \$102 = \$55 638 млн.

Следующий шаг процесса — оценка налоговых выигрышей при различных уровнях долга, представленная в нижеследующей таблице. Хотя здесь используется стандартный подход, который основывается на предположении, что приведенная стоимость вычисляется на бесконечном временном горизонте, мы сокращаем налоговую ставку, использованную при вычислении, если процентные расходы превышают прибыль до уплаты налогов и процентов. Более подробно корректировка налоговой ставки была описана ранее при рассмотрении подхода на основе стоимости привлечения капитала.

Налоговые выигрыши Disney от долга (tcD)

Долговой коэффициент (%)	*Долларовый долг ($ млн)*	*Налоговая ставка (%)*	*Выигрыши на налогах ($ млн)*
0	0	38	0
10	6188	38	2351
20	12 375	38	4703
30	18 563	38	7054
40	24 750	38	9405
50	30 938	38	11 756
60	37 125	38	14 108
70	43 313	38	16 459
80	49 500	38	18 810
90	55 688	34,52	19 223

Последний шаг процесса — это оценка ожидаемых издержек банкротства на основе рейтингов облигаций, вероятности дефолта и предположения о том, что издержки банкротства составляют 25% стоимости фирмы. В нижеследующей таблице содержатся оценки указанных вероятностей и ожидаемых издержек банкротства, вычисленных исходя из стоимости рычаговой фирмы.

Ожидаемые издержки банкротства Disney

Долговой коэффициент (%)	*Рейтинг облигации*	*Вероятность дефолта (%)*	*Ожидаемые издержки банкротства ($ млн)*
0	AAA	0,07	10
10	AAA	0,07	10
20	AAA	0,07	11
30	A+	0,60	94
40	A	0,66	107
50	A–	2,50	421
60	B	36,80	6417
70	CCC	59,01	10 636
80	CCC	59,01	10 938
90	CCC	59,01	11 044

Ожидаемые издержки банкротства при 40%-ном долговом коэффициенте рассчитываются так:

Ожидаемые издержки банкротства = (стоимость безрычаговой фирмы + налоговые выигрыши) (0,25) (0,0066) =
= (55 638 + 9405) (0,25) (0,0066) = $107 млн.

В нижеследующей таблице стоимость рычаговой фирмы (с долгом) оценивается посредством агрегирования влияния налоговых выигрышей и ожидаемых издержек банкротства.

Стоимость Disney с долгом

Долговой коэффициент (%)	*Долг ($ млн)*	*Налоговая ставка (%)*	*Стоимость безрычаговой фирмы ($ млн)*	*Выигрыши на налогах ($ млн)*	*Ожидаемые издержки банкротства ($ млн)*	*Стоимость рычаговой фирмы ($ млн)*
0	0	38,00	55 638	0	10	55 629
10	6188	38,00	55 638	2351	10	57 979
20	12 375	38,00	55 638	4703	11	60 330

Стоимость Disney с долгом

Долговой коэффициент (%)	*Долг ($ млн)*	*Налоговая ставка (%)*	*Стоимость безрычаговой фирмы ($ млн)*	*Выигрыши на налогах ($ млн)*	*Ожидаемые издержки банкротства ($ млн)*	*Стоимость рычаговой фирмы ($ млн)*
30	18 563	38,00	55 638	7054	94	62 598
40	24 750	38,00	55 638	9405	107	64 936
50	30 938	38,00	55 638	11 756	421	66 973
60	37 125	38,00	55 638	14 108	6417	63 329
70	43 313	38,00	55 638	16 459	10 636	61 461
80	49 500	38,00	55 638	18 810	10 938	63 466
90	55 688	34,52	55 638	19 223	11 044	63 817

Стоимость фирмы становится максимальной примерно при 50%-ном долге, что немного выше оптимального значения, определенного с использованием подхода на основе стоимости привлечения капитала. Однако эти результаты очень чувствительны к оценке издержек банкротства в виде процента от стоимости фирмы и вероятности дефолта.

apv.xls — таблица, позволяющая вычислять стоимость фирмы (обременной долгом), используя подход на основе откорректированной приведенной стоимости.

ОЦЕНКА ПО ЧАСТЯМ, А НЕ ЦЕЛИКОМ

Модель скорректированной приведенной стоимости долга проводит оценку отдельно от операционных активов, и стоимость фирмы представляет собой сумму двух компонентов. В действительности же, одно из главных преимуществ оценки посредством дисконтирования денежных потоков заключается в том, что разделение денежных потоков на компоненты и оценка их по отдельности не изменяет стоимости. Таким образом, фирмы, подобные General Electric, вы можете оценивать по подразделениям, а затем сложить получившиеся оценки. Точно так же можно оценить операции компании Coca-Cola в каждой стране по отдельности, а затем просуммировать оценки.

Преимущество дифференцированной оценки состоит в том, что можно оценивать денежные потоки и ставки дисконтирования отдельно для каждой составляющей, что обеспечивает более точную оценку стоимости. Например, можно использовать весьма разные предположения относительно операционной маржи, потребности в реинвестировании и стоимости привлечения капитала (в частности, при оценке подразделений General Electric, производящих электробытовую технику и самолетные двигатели). Точно так же при оценке фирмы можно использовать различные премии за суверенный риск для различных стран, где работает Coca-Cola. Поскольку данный подход применим ко всем случаям, вы можете спросить, почему этот метод не применяется ко всем фирмам. Проблема связана с отсутствием необходимой информации.

Многие фирмы не классифицируют составляющие своей прибыли и денежных потоков достаточно подробно, чтобы можно было произвести дифференцированную оценку. Даже фирмы, подобные General Electric, могут обладать централизованными расходами, часто произвольно распределяемыми между отделениями.

Преимущества дифференциации фирмы со всей очевидностью возрастают, когда ее операции становятся более разнообразными. Эти преимущества приходится сопоставлять с издержками, связанными с менее точной информацией и возрастающими проблемами оценки.

Преимущества и ограничения подхода на основе скорректированной приведенной стоимости

Преимущество подхода на основе скорректированной приведенной стоимости состоит в том, что он разделяет влияние долга на различные составляющие и позволяет аналитику использовать различные ставки дисконтирования для каждого компонента. Кроме того, нам не приходится предполагать, что долговой коэффициент неограниченно долго остается неизменным (а это предположение неявно присутствует в подходе на основе стоимости привлечения капитала). Это позволяет достаточно гибко фиксировать долларовую стоимость долга и определять выигрыши и издержки фиксированного долларового долга.

Эти преимущества необходимо сопоставлять с трудностями, связанными с оценкой вероятности дефолта и издержек банкротства. На практике многие аналитики, использующие подход на основе скорректированной приведенной стоимости, пренебрегают ожидаемыми издержками банкротства, что приводит их к выводу о повышении стоимости фирмы по мере заимствования денег. Естественно, из этого следует, что оптимальный долговой коэффициент фирмы равен 100%.

Как правило, при одних и тех же предположениях подходы на основе скорректированной приведенной стоимости и стоимости привлечения капитала дают сходные ответы. Однако подход на основе скорректированной приведенной стоимости более практичен, когда фирмы оценивают сумму долга в долларовом выражении, в то время как подход на основе стоимости привлечения капитала легче применять, когда фирмы анализируют долг как долю[1].

---

[1] См. Inselbag and Kaufold (1997).

ЗАКЛЮЧЕНИЕ

В этой главе развивается подход, альтернативный оценке путем дисконтирования денежных потоков. Денежные потоки фирмы дисконтируются по средневзвешенной стоимости привлечения капитала для получения стоимости фирмы, которая при сокращении на рыночную стоимость непогашенного долга дает стоимость собственного капитала. Поскольку денежные потоки фирмы являются денежными потоками до долговых платежей, то данный подход более естественно использовать при наличии значительного рычага или в том случае, когда рычаг изменяется со временем. При этом средневзвешенная стоимость привлечения капитала, используемая для дисконтирования свободных денежных потоков фирмы, должна быть откорректирована с учетом изменений рычага. Наконец, стоимость привлечения капитала можно оценить при различных значениях долгового коэффициента и использовать для оценки оптимального долгового коэффициента фирмы.

Альтернативный подход к оценке фирмы — это подход на основе скорректированной приведенной стоимости, где влияние долга на стоимость (выигрыши на налогах за вычетом издержек банкротства) прибавляется к стоимости безрычаговой фирмы (без долга). Данный подход можно также использовать для оценки оптимального долгового коэффициента фирмы.

КОНТРОЛЬНЫЕ ВОПРОСЫ

В приведенных ниже заданиях, если не указано иное, премия за риск инвестирования в акции принимается равной 5,5%.

1. Ответьте «верно» или «не верно» на следующие утверждения относительно свободных денежных потоков фирмы.
   а) Свободные денежные потоки фирмы всегда выше, чем свободные денежные потоки на акции.
   Верно___ Не верно___
   б) Свободные денежные потоки фирмы являются кумулятивными денежными потоками, приходящимися на всех ее инвесторов, хотя форма их требований может быть различной.
   Верно___ Не верно___
   в) Свободные денежные потоки фирмы являются денежными потоками без учета долга и налогов.
   Верно___ Не верно___
   г) Свободные денежные потоки фирмы являются денежными потоками с учетом долга и налогов.
   Верно___ Не верно___

д) Для фирм, обладающих долговым бременем, нельзя оценивать свободные денежные потоки фирмы, если мы не знаем процентных и основных платежей.
Верно___ Не верно___

2. Фирма Union Pacific Railroad в 1993 г. объявила о чистой прибыли в размере $770 млн после процентных расходов в $320 млн. Корпоративная налоговая ставка составляла 36%. Износ в том же году был равен $960 млн. Капитальные затраты равнялись $1,2 млрд, балансовая стоимость непогашенного долга рейтинга AA составляла $4 млрд. Он торговался по лицевой стоимости $3,8 млрд на конец 1992 г. (с доходностью к погашению 8%). Коэффициент бета акции был равен 1,05, а в обращении находилось 200 млн акций с балансовой стоимостью $5 млрд (торгуемых по цене $60 за акцию). Оборотный капитал Union Pacific незначителен. Ставка по казначейским облигациям США равна 7%, а премия за риск — 5,5%.
а) Оцените свободные денежные потоки фирмы в 1993 г.
б) Оцените стоимость фирмы на конец 1993 г.
в) Оцените стоимость собственного капитала на конец 1993 г., а также стоимость на акцию, используя подход FCFF.

3. Корпорация Lockheed Corporation, одно из крупнейших оборонных предприятий в США, объявила о EBITDA в размере $1290 млн в 1993 г. — до выплаты процентов в $215 млн и начисления износа в $400 млн. Капитальные затраты в 1993 г. составляли $450 млн, а оборотный капитал был равен 7% от выручки ($13 500 млн). Фирма обладала непогашенным долгом в размере $3,068 млрд (балансовая стоимость), рыночная стоимость которого составляла $3,2 млрд, а процентная ставка по нему была равна 8%. В обращении находились 62 млн акций, торгуемых по цене $64 за акцию. В последний раз оценка коэффициента бета составляла 1,10. Налоговая ставка для фирмы была равна 40%. Ставка по казначейским облигациям США составляла 7%, а премия за риск была равна 5,5%.

Ожидалось, что выручка, прибыль, капитальные затраты и износ в период с 1994 по 1998 г. должны были расти на 9,5% в год, а после этого темпы роста, предположительно, должны были снизиться до 4%. В период стабильного роста капитальные затраты должны быть равны 120% износа. Компания также планирует снизить свой коэффициент «долг/собственный капитал» до 50% в период стабильного роста (что приведет к падению процентной ставки до уплаты налогов до 7,5%).

а) Оцените стоимость фирмы.

б) Оцените стоимость собственного капитала фирмы и стоимость на акцию.

4. Столкнувшись с неутешительными результатами по прибылям и возрастающими претензиями институциональных акционеров, компания Eastman Kodak стала обдумывать возможность капитальной реструктуризации в 1993 г. В качестве одной из составляющих этой реструктуризации предполагалась продажа медицинского подразделения, которое в 1993 г. принесло $560 млн прибыли до уплаты налогов и процентов при выручке в $5,285 млрд. Ожидалось, что рост прибыли в период 1994–1998 гг. сократится до 6% и до 4% — после этого. Капитальные затраты медицинского подразделения в 1993 г. составляли $420 млн, а износ был равен $350 млн. Обе величины, предположительно, будут расти на 4% в год в долгосрочном периоде. Потребности в оборотном капитале незначительны.

   Средний коэффициент бета фирм, конкурирующих с медицинским отделением Eastman Kodak, был равен 1,15, в то время как долговой коэффициент Eastman Kodak (D/(D + E)) составлял 50%. Медицинское подразделение может поддерживать этот показатель только на уровне 20%, который соответствует среднему долговому коэффициенту фирм, составляющих отделению конкуренцию в секторе здравоохранения. При данном уровне долга медицинское подразделение, предположительно, может платить 7,5% по своим долгам до выплаты налогов. Налоговая ставка равна 40%, ставка по казначейским облигациям — 7%, а премия за риск равняется 5,5%.

   а) Оцените стоимость привлечения капитала для отделения.
   б) Оцените стоимость отделения.
   в) Почему покупатель может заплатить сумму, превышающую оценку стоимости подразделения?

5. Вы анализируете оценку, проведенную для стабильной фирмы одним хорошо известным аналитиком. Исходя из ожидаемых в следующем году свободных денежных потоков фирмы в размере $30 млн и ожидаемых темпов роста в 5%, аналитик оценил стоимость фирмы в $750 млн. Однако он совершил ошибку, использовав в своих вычислениях балансовую стоимость долга и собственного капитала. Хотя вы не знаете использованных значений балансовой стоимости, но вам известно, что стоимость привлечения собственного капитала фирмы составляет 12%, а стоимость заимствования после уплаты налогов равна 6%. Вы также знаете, что рыночная стоимость собственного капитала в три раза превышает балансовую стоимость собственного капитала, в то время как рыночная

стоимость долга равна балансовой стоимости долга. Оцените корректную стоимость фирмы.

6. Santa Fe Pacific, одна из ведущих железнодорожных компаний с диверсифицированными операциями, в 1993 г. получила прибыль до уплаты процентов, налогов и начисления износа в размере $637 млн. При этом износ составлял $235 млн (что компенсировалось равными по величине капитальными затратами). Фирма находилась в стабильном состоянии. При этом ожидался рост на уровне 6% на бесконечном временном горизонте. Коэффициент бета компании Santa Fe Pacific в 1993 г. составлял 1,25. Непогашенный долг равнялся $1,34 млрд. Цена за одну акцию составляла $18,25 на конец 1993 г. В обращении находилось 183,1 млн акций. Ожидаемые рейтинги и стоимость капитала при различных уровнях долга для компании Santa Fe приведены в нижеследующей таблице:

D/(D + E) (%)	*Рейтинг*	*Стоимость заимствования (до уплаты налогов) (%)*
0	AAA	6,23
10	AAA	6,23
20	A+	6,93
30	A–	7,43
40	BB	8,43
50	B+	8,93
60	B–	10,93
70	CCC	11,93
80	CCC	11,93
90	CC	13,43

Предположительно, рост доходов до уплаты налогов и процентов будет расти на 3% в год на бесконечном временном горизонте, и при этом капитальные затраты будут компенсироваться начислениями на износ. Налоговая ставка составляет 40%, ставка по казначейским облигациям равна 7%, а премия за рыночный риск — 5,5%.

а) Оцените стоимость привлечения капитала при текущем долговом коэффициенте.

б) Оцените стоимость привлечения капитала при различных долговых коэффициентах в интервале от 0 до 90%.

в) Оцените стоимость фирмы при различных долговых коэффициентах в интервале от 0 до 90%.

7. Вам требуется оценить стоимость сети мотелей Cavanaugh Motel. Компания объявила о прибыли до уплаты процентов и налогов в размере $200 млн за последний год после выплаты 40% своей на-

логооблагаемой прибыли в качестве налогов. Балансовая стоимость капитала фирмы составляет $1,2 млрд. При этом предполагается рост на уровне 4% в год на бесконечном временном горизонте. Коэффициент бета фирмы равняется 1,2, а стоимость заимствования до уплаты налогов — 6%. Рыночная стоимость собственного капитала составляет $1 млрд, а рыночная стоимость долга — $500 млн. Безрисковая ставка равна 5%, а премия за рыночный риск составляет 5,5%.

а) Оцените стоимость фирмы, используя подход на основе стоимости привлечения капитала.

б) Если вам известно, что вероятность риска дефолта фирмы при текущем уровне долга равна 10%, а издержки банкротства составляют 25% от стоимости безрычаговой фирмы (без долга), оцените стоимость фирмы, используя подход на основе скорректированной приведенной стоимости.

в) Как бы вы согласовали две оценки стоимости?

8. Bethlehem Steel, одна из старейших и крупнейших сталелитейных компаний США, рассматривает вопрос о том, не обладает ли она избыточными возможностями по заимствованию долга. Рыночная стоимость непогашенного долга фирмы составляет $527 млн. Рыночная стоимость собственного капитала равна $1,76 млрд. Прибыль до уплаты процентов и налогов — $131 млн. Корпоративная налоговая ставка равна 36%. Облигации компании имеют рейтинг BBB, а стоимость заимствования равна 8%. При таком рейтинге вероятность дефолта фирмы составляет 2,3%. Ожидаемые издержки банкротства равняются 30% стоимости фирмы.

а) Оцените стоимость безрычаговой фирмы (без долга) исходя из текущей рыночной стоимости фирмы.

б) Оцените стоимость рычаговой фирмы (с долгом), используя подход на основе скорректированной приведенной стоимости, при долговом коэффициенте 50%. При данном значении долгового коэффициента рейтинг облигаций фирмы будет CCC, а вероятность дефолта повысится до 46,61% стоимости безрычаговой фирмы (без долга).

Глава 16

ОПРЕДЕЛЕНИЕ СТОИМОСТИ СОБСТВЕННОГО КАПИТАЛА НА АКЦИЮ

В главе 15 рассматривалось, как наилучшим образом определить стоимость операционных активов фирмы. Для того чтобы получить на основе этого показателя стоимости фирмы, следует учесть стоимость денежных средств, ликвидных ценных бумаг и других внеоперационных активов, находящихся в портфеле фирмы. В частности, оценить доли участия данной фирмы в других компаниях и разобраться с разными методами учета таких долей. А чтобы получить из стоимости фирмы стоимость собственного капитала, нужно следует вычесть из первого показателя требования не относящиеся к собственному капиталу.

После того как завершена оценка собственного капитала фирмы, определение стоимости на одну акцию может показаться относительно простым упражнением. Представляется, что нужно всего лишь разделить стоимость собственного капитала на число существующих акций. Но применительно к некоторым фирмам даже это простое упражнение может осложниться из-за наличия опционов менеджеров и работников. В этой главе обсуждается значимость этого опционного навеса при осуществлении оценки, а затем рассматриваются способы включения этого эффекта в стоимость на акцию.

СТОИМОСТЬ ВНЕОПЕРАЦИОННЫХ АКТИВОВ

Целый ряд активов, зарегистрированных в бухгалтерском учете фирм, можно классифицировать как внеоперационные. Первый и наиболее очевидный пример таких активов — это вложения в денежные инструменты и их эквиваленты: инвестиции в ценные бумаги без риска или с очень низким риском, к которым прибегает большинство компаний с крупными кассовыми остатками. Второй пример — это инвестиции в акции и облигации других фирм, иногда осуществленные по финансовым причинам, а иногда — по стратегическим. Третий пример — это доли в других частных и публичных компаниях, которые по-разному классифицируются бухгалтерами. Наконец, в собственности фирм могут находиться активы, которые не генерируют денежные потоки, но, тем не менее, могут иметь стоимость, например незастроенные земельные участки в Нью-Йорке или Токио.

Инвестиции в денежные инструменты и их эквиваленты

Инвестиции в краткосрочные правительственные ценные бумаги или коммерческие бумаги, которые можно быстро и с очень низкими издержками конвертировать в наличность, рассматриваются как вложения в эквиваленты денежных средств. В этом разделе разбирается, как наилучшим образом трактовать такие инвестиции при проведении оценки.

Потребности в операционных денежных средствах. Если фирме нужны денежные средства для осуществления операций — операционный кассовый остаток — и они не приносят среднерыночной доходности, то следует рассматривать их в качестве части оборотного капитала, а не как источник дополнительной стоимости. Тогда любые вложения в денежные инструменты и их эквиваленты, которые превышают потребности в операционных денежных средствах, следует рассматривать как внеоперационные активы и добавлять к стоимости операционных активов. Сколько денежных средств нужно фирме для осуществления операционной деятельности? Ответ зависит как от самой фирмы, так и от экономики, в которой эта фирма функционирует. Небольшой розничной фирме, функционирующей на развивающемся рынке, где наличные расчеты более распространены, чем безналичные, могут требоваться значительные кассовые остатки. В отличие от этого, производственной фирме, работающей на развитом рынке, могут вообще не требоваться операционные денежные средства. Если денежные средства, находящиеся в распоряжении фирмы, приносят процент, и этот процент соответствует справедливой рыночной доходности[1], то не стоит рассматривать эти денежные средства как часть оборотного капитала. Их следует считать частью внеоперационных активов и не смешивать с операционными активами при оценке.

---

[1] Отметим, что если денежные средства инвестируются в безрисковые активы вроде казначейских векселей, то справедливой доходностью является безрисковая ставка.

Учет внеоперационных денежных средств при оценке. Существуют два подхода к денежным средствам и ликвидным ценным бумагам при осуществлении оценки. Один — объединить их с операционными активами и оценивать фирму (или собственный капитал) в целом. Другой предполагает раздельную оценку операционных активов и денежных средств с ликвидными ценными бумагами.

Консолидированная оценка. Можно ли рассматривать денежные средства как часть совокупных активов фирмы и оценивать ее на сводной базе? Ответ утвердителен, и это именно то, что мы в определенной мере делаем, когда прогнозируем совокупную чистую прибыль фирмы и оцениваем на основе прогнозов дивиденды и свободные денежные потоки на собственный капитал. В этом случае чистая прибыль будет включать прибыль от инвестиций в правительственные ценные бумаги, корпоративные облигации и акции. Этот подход привлекателен благодаря своей простоте и может применяться, когда финансовые инвестиции составляют малую часть совокупных активов. Однако если финансовые инвестиции представляют собой значительную часть совокупных активов, то его использование сильно затрудняется по двум причинам.

Во-первых, для дисконтирования денежных потоков нужно корректировать стоимость привлечения собственного капитала или капитала с учетом денежных средств. Говоря конкретнее, необходимо использовать безрычаговый коэффициент бета, представляющий собой средневзвешенное значение безрычагового коэффициента бета операционных активов и безрычагового коэффициента бета денежных средств и ликвидных ценных бумаг. Например, подобный коэффициент бета сталелитейной компании, где денежные средства представляют 10% стоимости, будет средневзвешенным значением безрычагового коэффициента бета сталелитейных компаний и такого же коэффициента денежных средств (он обычно равен нулю). Если бы 10% инвестировались в более рискованные ценные бумаги, то коэффициент бета надо было бы корректировать. Это можно сделать, используя восходящие коэффициенты бета, однако обнаруживается, что это гораздо труднее сделать, если коэффициент бета получается на основе регрессии[1].

Во-вторых, по мере роста фирмы доля прибыли, получаемая от операционных активов скорее всего будет меняться. Когда это происходит, для обеспечения согласованности нужно корректировать входные данные

---

[1] Безрычаговый коэффициент бета, который можно получить из регрессионного коэффициента бета, отражает средние кассовый остаток (как процент от стоимости фирмы) за период регрессии. Таким образом, если фирма поддерживает этот коэффициент на постоянном уровне, то появляется возможность прийти к правильному безрычаговому коэффициенту бета.

в модели оценки: денежные потоки, темпы роста и ставки дисконтирования.

Что случится, если не сделать этих корректировок? В этом случае оценка финансовых активов может оказаться неправильной. Чтобы понять, почему это так, предположим, что вы оценивали вышеупомянутую сталелитейную компанию с ее 10% стоимости, приходящейся на денежные средства. Эти средства инвестируются в правительственные ценные бумаги и приносят соответствующую доходность, скажем 3%. Если эту прибыль добавить к другим прибылям фирмы и дисконтировать по адекватной для этой сталелитейной компании стоимости привлечения собственного капитала, например 11%, то стоимость денежных средств окажется дисконтированной величиной. К примеру, $1 млрд в денежных средствах, будет оценен на $800 млн, поскольку применявшаяся ставка дисконтирования была неправильной.

Раздельная оценка. Надежнее отделить денежные средства и ликвидные ценные бумаги от операционных активов и оценивать их по отдельности. Мы поступаем так почти всегда, когда используем описанные в предыдущей главе подходы к оценке фирмы. Это происходит потому, что для оценки свободных денежных потоков, приходящихся на фирму, мы применяем операционную прибыль, а этот показатель обычно не включает прибыль от финансовых активов. Однако если дело обстоит по-иному, и часть инвестиционной прибыли оказывается включенной в операционную прибыль, то ее нужно отделить до проведения оценки. После оценки операционных активов для того, чтобы получить стоимость фирмы, следует прибавить стоимость денежных средств и ликвидных ценных бумаг.

Можно ли это сделать при помощи моделей оценки FCFE, описанных в главе 14? Хотя чистая прибыль включает прибыль от финансовых активов, мы все еще можем, если захотим, отделить денежные средства вместе с ликвидными ценными бумагами от операционных активов. Чтобы проделать это, нам нужно сначала вычесть ту часть чистой прибыли, которая приходится на финансовые инвестиции (проценты по облигациям, дивиденды по акциям), и использовать эту скорректированную чистую прибыль для оценки свободных денежных потоков на собственный капитал. Эти свободные денежные потоки должны дисконтироваться по стоимости привлечения собственного капитала, которая оценивается с использованием коэффициента бета, отражающего только операционные активы. После того как собственный капитал в операционных активах оценен, можно прибавить стоимость денежных средств и ликвидных ценных бумаг, чтобы оценить совокупную стоимость собственного капитала.

ИЛЛЮСТРАЦИЯ 16.1. Консолидированная и раздельная оценка

Для изучения влияния кассовых остатков на стоимость фирмы рассмотрим фирму с инвестициями $1200 млн в неденежных активах и $200 млн в денежных средствах. В целях упрощения предположим следующее:

- Неденежные активы имеют коэффициент бета 1, и ожидается, что они будут все время приносить ежегодно чистую прибыль $120 млн; при этом потребности в реинвестировании отсутствуют.
- Денежные средства инвестируются по безрисковой ставке, которую мы принимаем равной 4,5%.
- Предполагается, что премия за рыночный риск равна 5,5%.

При этих условиях мы можем оценить собственный капитал, используя как метод консолидированной оценки, так и метод раздельной оценки.

Выполним сначала консолидированную оценку. Здесь мы будем оценивать стоимость привлечения собственного капитала для всех активов (включая денежные средства), вычислив средневзвешенное значение коэффициентов бета по неденежным и денежным активам.

$$\text{Коэффициент бета фирмы} = \text{коэффициент бета}_{\text{неденежных активов}} \times$$
$$\times \text{вес}_{\text{неденежных активов}} + \text{коэффициент бета}_{\text{денежных активов}} \times \text{вес}_{\text{денежных активов}} =$$
$$= 1 \times (1200/1400) + 0 \times (200/1400) = 0{,}8571.$$

Стоимость привлечения собственного капитала для фирмы = 4,5% + 0,8571 (5,5%) = 9,21%.

Ожидаемая прибыль фирмы = чистая прибыль от операционных активов +
+ проценты по денежным средствам = (120 + 0,045 × 200) = $129 млн
(что также представляет собой FCFE, поскольку нет потребностей в реинвестировании).

Стоимость собственного капитала =
= FCFE/стоимость привлечения собственного капитала = 129/0,0921 = $1400 млн.

Стоимость собственного капитала составляет $1400 млн.

Теперь попробуем оценить их раздельно, начав с неденежных инвестиций.

Стоимость привлечения собственного капитала по неденежным инвестициям =
= безрисковая ставка + коэффициент бета × премия за риск = 4,5% + 1,00 × 5,5% = 10%.

Ожидаемая прибыль от оборотных активов =
= $120 млн (что представляет собой FCFE по этим активам).

Стоимость неденежных активов = ожидаемая прибыль/
/стоимость привлечения собственного капитала по неденежным активам = 120/0,10 = $1200 млн.

Прибавив к полученному значению стоимость денежных средств, равную $200 млн, мы можем получить стоимость собственного капитала, которая составит $1400 млн.

С точки зрения проблем, которые могут возникнуть при использовании консолидированной оценки, заметим, что если бы мы дисконтировали совокупные FCFE в размере $129 млн по стоимости привлечения собственного капитала, равной 10% (что отражает только операционные активы), то оценили бы фирму в $1290 млн. Потеря в $110 млн может быть обусловлена неправильной оценкой денежных средств.

Проценты по денежным средствам = 4,5% × 200 = $9 млн.

Если вы дисконтируете денежные средства по ставке 10%, то оцениваете их в $90 млн, тогда как их правильная стоимость составляет $200 млн. В результате этого теряются $110 млн.

Следует ли вообще дисконтировать денежные средства? В иллюстрации 16.1 стоимость денежных средств снизилась в результате ошибки: безрисковые денежные потоки дисконтировались по ставке дисконтирования, отражавшей рисковые инвестиции. Однако есть два случая, когда можно обоснованно использовать процедуру дисконтирования кассового остатка:

1. Денежные средства фирмы инвестируются по ставке, которая ниже рыночной при данном риске инвестиций.
2. Менеджерам не доверяют крупные кассовые остатки вследствие неудачных прошлых вложений.

Денежные средства, вложенные по ставкам ниже рыночных. Первый и наиболее очевидный случай наблюдается, когда значительная часть кассовых остатков или вся их сумма не приносят доходности, соответствующей рыночной процентной ставке. Если дело обстоит именно так, то слишком большой объем денежных средств будет уменьшать стоимость фирмы. Хотя сегодня в США фирмы могут с легкостью инвестировать средства в казначейские векселя и облигации, у представителей малого американского бизнеса и у фирм, функционирующих на многих развивающихся рынках, таких возможностей гораздо меньше. Когда обстоятельства складываются подобным образом, крупные кассовые остатки, приносящие меньше, чем могла бы дать рыночная процентная ставка, способны с течением времени «разрушить» стоимость фирмы.

ИЛЛЮСТРАЦИЯ 16.2. *Денежные средства, вложенные по ставке ниже рыночной*

В иллюстрации 16.1 предполагалось, что денежные средства вкладываются по безрисковой ставке. Вместо этого предположим, что фирма смогла заработать только 3% на свои кассовые остатки, в то время как безрисковая ставка равна 4,5%. В этом случае расчетная стоимость денежных средств, находящихся в распоряжении фирмы, будет равна:

Расчетная стоимость денежных средств, вложенных под 3% = (0,03 × 200)/0,045 = 133,33.

Стоимость фирмы окажется равной только $1333 млн вместо $1400 млн. Деньги, возвращенные акционерам, должны иметь стоимость $200 млн. В этом же сценарии при возврате денег они получат только $66,67 млн. Фактически, ликвидация любого актива, доходность которого меньше требуемой, будет приводить к тому же результату до тех пор, пока все инвестиции могут быть возмещены при ликвидации[1].

Недоверие к менеджерам. Хотя осуществление крупных инвестиций в ликвидные ценные бумаги, характеризующиеся низким или нулевым риском, само по себе нейтрально по отношению к стоимости фирмы, растущие кассовые остатки могут склонить менеджеров к большим вложениям или поглощениям даже в том случае, если подобные сделки приносят доходность ниже нормальной. В некоторых случаях менеджеры могут предпринимать такие действия, чтобы предотвратить превращение их фирмы

---

[1] Эта предпосылка применима к денежным средствам, но с реальными активами дело обстоит сложнее, поскольку ликвидационная стоимость способна отражать низкую доходность такого актива. Поэтому может оказаться, что потенциальная «прибавка» от ликвидации не будет столь легко достижима.

в цель для поглощения[1]. В той степени, в которой акционеры предвидят такие низкодоходные инвестиции, текущая стоимость фирмы будет отражать дисконтирование денежных средств. По всей видимости, такое дисконтирование будет наибольшим в фирмах с маленькими инвестиционными возможностями и плохим управлением. В то же время подобного дисконтирования не будет в фирмах со значительными инвестиционными возможностями и высоким качеством работы менеджеров.

ИЛЛЮСТРАЦИЯ 16.3. *Дисконтирование с учетом плохих инвестиций в будущем*

Вернемся к фирме, описанной в иллюстрации 16.1, где денежные средства инвестировались по безрисковой ставке 4,5%. Как правило, мы можем ожидать, что такая фирма будет продаваться по совокупной стоимости $1400 млн. Но предположим, что менеджеры фирмы имеют историю неудачных поглощений, а наличие крупных кассовых остатков увеличивает вероятность (с 0 до 30%) того, что они опять попытаются приобрести другую фирму. Далее предположим, что, согласно ожиданиям рынка, при проведении этого поглощения они переплатят $50 млн. Тогда денежные средства будут оцениваться в $185 млн, а дисконт окажется следующим:

$$\text{Ожидаемый дисконт кассовых остатков} = \Delta\text{вероятности}_{\text{поглощения}} \times \text{ожидаемая переплата}_{\text{за поглощение}} = 0{,}30 \times \$50\text{ млн} = \$15\text{ млн}.$$

$$\text{Стоимость денежных средств} = \text{кассовые остатки} - \text{ожидаемый дисконт} = \$200\text{ млн} - \$15\text{ млн} = \$185\text{ млн}.$$

Исходя из этого фирма будет оцениваться в $1385 млн, а не в $1400 млн. Два фактора, которые являются причиной этого дисконтирования, — увеличение вероятности осуществления плохих инвестиций и ожидаемая чистая приведенная стоимость подобных инвестиций, — по всей вероятности, основаны на оценках качества управления, даваемых инвесторами.

Денежные средства на иностранных рынках. По мере глобализации американские компании начинают получать значительную долю прибыли на иностранных рынках, где налоги на компании ощутимо ниже. Эта прибыль обычно не облагается налогом до тех пор, пока она не будет переведена в США. Вслед за этим компании придется уплатить налог по дифференциальной ставке (разнице между ставкой налогообложения в США и ставкой налогообложения в другой стране). Не удивительно, что многие компании предпочитают накапливать денежные средства на иностранных рынках в своих дочерних компаниях и пытаются отсрочить, а в некоторых случаях избежать, налогового эффекта. Такие денежные средства называют блокированными, а их сумма у таких компаний, как Cisco, превышала в 2011 г. $20 млрд. При консервативном подходе к оценке блокированных денежных средств считают, что вам придется уплатить налог по дифференциальной ставке при переводе средств, и вычисляют стоимость за вычетом этого налога. Так, если компания имеет $20 млрд в виде блокированных денежных средств, а по вашим расчетам при их возврате

---

[1] Фирмы с крупными кассовыми остатками являются привлекательными целями для поглощения, поскольку эти средства сокращают издержки поглощения.

придется уплатить налог по дифференциальной ставке 20%, то стоимость этих денежных средств составит только $16 млрд.

При осуществлении такой корректировки мы сталкиваемся с двумя проблемами. Во-первых, компании не показывают в финансовой отчетности, какая часть их денежного остатка заблокирована в иностранных дочерних компаниях или на иностранных рынках. Во-вторых, налоговый эффект от возврата этих денежных средств ясен в очень близкой перспективе, но не слишком ясен в долгосрочной перспективе, поскольку: 1) ставки налогообложения в США могут меняться со временем; 2) не исключено, что конгресс предоставит налоговые каникулы — компаниям будет предоставлено разовое освобождение от ответственности и позволено вернуть денежные средства без уплаты налога или с его уплатой по значительно более низкой ставке.

Инвестиции в рисковые ценные бумаги

До сих пор в этой главе рассматривалось, как оцениваются вложения в денежные инструменты и их эквиваленты. В некоторых случаях фирмы инвестируют в рисковые ценные бумаги, которые могут варьировать от облигаций разных инвестиционных классов до высокодоходных облигаций и публично торгуемых акций других фирм. В этом разделе рассматриваются мотивация, последствия и бухгалтерский учет таких инвестиций.

Причины приобретения рисковых ценных бумаг. Почему фирмы инвестируют в рисковые ценные бумаги? Некоторые фирмы поступают так из-за повышенной доходности, которую они ожидают получить, вкладывая средства в акции и корпоративные облигации, а не в казначейские векселя. Кроме того, в последние годы многие фирмы стали держать акции других фирм (особенно технологических) для удовлетворения своих стратегических интересов. Есть также фирмы, которые держат акции недооцененных с их точки зрения фирм. Наконец, инвестирование в рисковые ценные бумаги есть часть повседневной деловой практики банков, страховых компаний и других фирм, оказывающих финансовые услуги.

Обеспечение повышенной доходности. Инвестиции в эквиваленты денежных средств вроде казначейских векселей и коммерческих бумаг являются ликвидными и обладают низким или нулевым риском, но при этом приносят низкую доходность. Когда у фирм значительный объем средств инвестирован в ликвидные ценные бумаги, они могут задуматься о повышении доходности путем вложения денег в более рискованные ценные бумаги. Например, инвестирование в корпоративные облигации может принести более высокую процентную ставку, чем инвестирование в казначейские облигации, и эта ставка будет расти по мере повышения рискованности инвестиций. Инвестирование же в акции будет обеспечивать еще большую ожидаемую доходность, хотя и не обязательно более значительную фактическую доходность, чем вложения в корпоративные облигации. Рисунок 16.1 обобщает данные о доходности рисковых инвестиций — корпоративных облигаций, высокодоходных облигаций и акций — и сопоставляет их с данными о доходности инвестиций в эквиваленты денежных инструментов за два десятилетия с 1990 по 1999 г. и с 2000 по 2009 г. В первом десятилетии акции значительно превосходили корпоративные облигации и казначейские бумаги, однако во втором их результативность была намного хуже.

Хотя инвестирование в более рискованные активы может принести фирме более высокую доходность, оно не повышает стоимость этой фирмы. Действительно, используя тот же ход рассуждений, что и при анализе вложений в эквиваленты денежных средств, мы можем заключить, что вложения в более рискованные активы и получение справедливой доходности (являющейся вознаграждением за риск) должны быть нейтральными по отношению к стоимости.

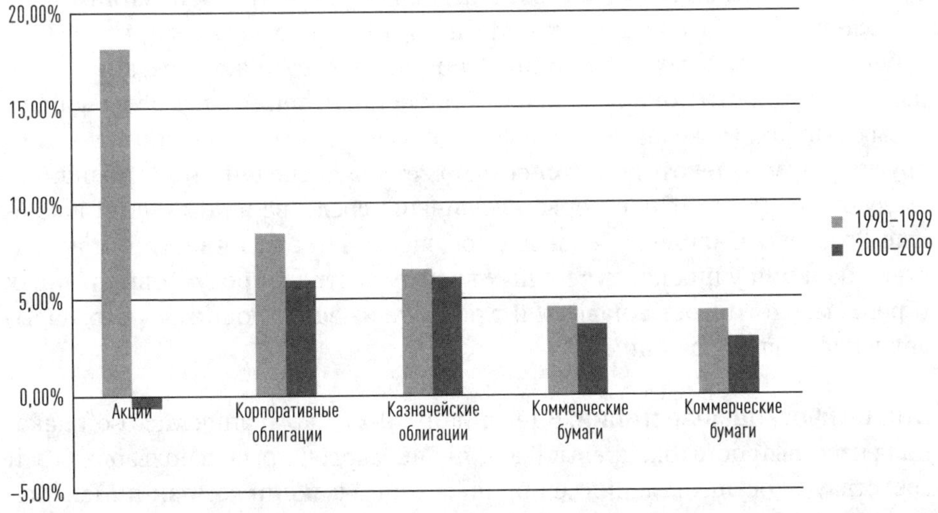

Рисунок 16.1. *Доходность по классам инвестиционных инструментов: сравнение периодов 1990–1999 гг. и 2000–2009 гг.*

Инвестирование в недооцененные ценные бумаги. Хорошими инвестициями считаются те, что приносят доходность выше требуемой. Этот принцип, развивавшийся в контексте инвестиций в проекты и активы, в той же степени применяется и к финансовым инвестициям. Фирма, инвестирующая в недооцененные акции, осуществляет инвестиции с положительной чистой приведенной стоимостью, поскольку доходность, который она получит по этим инвестициям, превысит стоимость привлечения собственного капитала по ним. Аналогично, фирма, инвестирующая в недооцененные корпоративные бумаги, также будет зарабатывать избыточную доходность и положительную чистую приведенную стоимость.

С какой вероятностью фирма найдет недооцененные акции и облигации с целью инвестировать в них средства? Это зависит от того, насколько рынки эффективны и насколько опытны менеджеры фирмы в поиске недооцененных ценных бумаг. Иногда фирма оказывается более искусной в обнаружении хороших возможностей инвестирования на финансовых рынках, чем в ведении конкурентной борьбы на продуктовых рынках. Рассмотрим случай с фирмой Berkshire Hathaway, являвшейся средством реализации инвестиционной проницательности Уоррена Баффетта в течение последних нескольких десятилетий. К концу 2010 г. Berkshire Hathaway имела миллиарды долларов, вложенных в ценные бумаги других фирм. В ее портфель входили инвестиции в компанию Coca-Cola, American Express и *Washington Post*. Хотя Berkshire Hathaway имеет также интересы в сфере реального бизнеса, включая владение престижной страховой компанией (GEICO), инвесторы, вложившие деньги в эту фирму, получают значительную часть своей стоимости за счет пассивных инвестиций в акции.

Однако, несмотря на успех Berkshire Hathaway, многие фирмы в США избегают финансовых инвестиций. Причины этого отчасти связаны с осознанием трудности обнаружения недооцененных ценных бумаг на финансовых рынках. Нежелание части фирм осуществлять инвестиции в акции других фирм в некоторой степени может быть сведено и к признанию следующего факта. Инвесторы, вложившие средства в компании, подобные Procter & Gamble и Coca-Cola, осуществили эти инвестиции вследствие наличия у них конкурентных преимуществ на продуктовых рынках (бренд, маркетинговые навыки и т. д.), а не из-за имеющихся у них навыков в плане выбора акций.

Стратегические инвестиции. В течение 1990-х гг. компания Microsoft накопила кассовый остаток, превышающий $40 млрд. Фирма использовала эти средства для осуществления серии инвестиций в акции компаний, занимающихся программным обеспечением, развлечениями, а также в капитал интернет-фирм. Это было сделано по нескольким причинам[1]. Во-первых, такие инвестиции позволяли компании Microsoft влиять на продукты

[1] Одной из очень странных инвестиций компании Microsoft было вложение в акции одного из ее главных конкурентов — Apple Computer — в начале 1998 г. Эти инвестиции могли быть направлены на борьбу с антимонопольным иском, предъявленным Microsoft со стороны Министерства юстиции.

и услуги, разрабатывавшиеся этими фирмами, и не давать конкурентам формировать партнерства с этими фирмами. Во-вторых, они позволяли Microsoft разрабатывать совместные продукты с этими фирмами. Только в 1998 г. Microsoft объявила об инвестициях в 14 фирм, включая ShareWave, General Magic, RoadRunner и Qwest Communications. Еще раньше, в 1995 г., Microsoft инвестировала в NBC для создания сети MSNBC, чтобы обеспечить себе «опорный пункт» в телевизионном бизнесе и индустрии развлечений.

Могут ли стратегические инвестиции увеличивать стоимость? Как и в случае со всеми остальными инвестициями, это зависит от того, сколько средств инвестируется и что, в свою очередь, фирма получает в качестве выгоды. Если существуют побочные выгоды и синергии, обнаруживаемые в этих инвестициях, то инвестирование в акции других фирм может принести доходность, намного превышающую пороговую ставку, и создать стоимость. Ясно, что такая возможность является более дешевой, чем приобретение всего собственного капитала фирмы. Стоит заметить, что инвестиции Microsoft в другие компании приносят очень мало с точки зрения добавленной стоимости. В 2011 г. Microsoft активизировала эту стратегию и объявила о покупке Skype, компании, предоставляющей услуги интернет-телефонии, за $8,5 млрд.

Производственные инвестиции. Некоторые фирмы приобретают ликвидные ценные бумаги не по прихоти, а в силу характера своей деятельности. Например, страховые компании и банки часто инвестируют в ликвидные ценные бумаги в ходе своей повседневной деятельности. Первые делают это с целью покрыть ожидаемые обязательства, связанные со страховыми требованиями, а вторые — в ходе своих торговых операций. Хотя такие фирмы, оказывающие финансовые услуги, имеют на своих балансах финансовые активы на значительные суммы, подобные вложения несравнимы с инвестициями фирм, которые мы описывали до сих пор. В действительности, в данном случае они больше похожи на сырье, используемое промышленными фирмами, чем на произвольные финансовые инвестиции.

Учет ликвидных ценных бумаг при проведении оценки. К ликвидным ценным бумагам могут относиться корпоративные облигации с «встроенным» в них риском дефолта, а также обращающиеся на рынке акции, которые даже еще более рискованны. По мере того как ликвидные ценные бумаги, находящиеся в распоряжении фирмы, становятся более рискованными, усложняется выбор, связанный с их трактовкой. Существуют три способа бухгалтерского учета ликвидных ценных бумаг:

1. Простейший и наиболее прямолинейный подход основан на оценке текущей рыночной стоимости этих ликвидных бумаг и прибавления полученной величины к стоимости операционных активов. В случае

с фирмами, которые оцениваются как действующие предприятия и имеют подобные ценные бумаги на крупную сумму, такой подход может стать единственной практической возможностью.

2. Второй подход заключается в оценке текущей рыночной стоимости ликвидных ценных бумаг и исключении эффекта влияния налога на прирост капитала, который может возникать, если имеющиеся в портфеле облигации продаются сегодня. Эта доля налога на прирост капитала зависит от того, сколько было уплачено за активы в момент покупки и какова их сегодняшняя стоимость. Это лучший способ оценки стоимости, если фирма оценивается на ликвидационной основе или она ясно показывает, что планирует продавать свои активы.
3. Третий и самый трудный способ включения стоимости ликвидных ценных бумаг в стоимость фирмы состоит в определении стоимости фирмы (с использованием метода дисконтирования денежных потоков), эмитировавшей эти ценные бумаги, и стоимости самих бумаг. Этот метод наилучшим образом подходит для фирм, имеющих сравнительно немного — но крупных — пакетов в других публично торгуемых фирмах.

ИЛЛЮСТРАЦИЯ 16.4. *Денежные средства компании Microsoft и ликвидные ценные бумаги в 2001 г.*

В 1990-х гг. компания Microsoft накопила крупные кассовые остатки, в значительной мере благодаря удержанию свободных денежных потоков на собственный капитал, которые можно было выплатить акционерам. Например, в 1999 и 2000 г., согласно отчетам, фирма имела следующие вложения в эквиваленты денежных средств:

	1999 г. ($ млн)	*2000 г. ($ млн)*
Денежные средства и эквиваленты		
Денежные средства	635	849
Коммерческие бумаги	3805	1986
Депозитные сертификаты	522	1017
Ценные бумаги правительства и федеральных агентств США	0	729
Корпоративные ноты и облигации	0	265
Привилегированные бумаги денежного рынка	13	0
Общая сумма денежных средств и эквивалентов	4975	4846
Краткосрочные вложения		
Коммерческие бумаги	1026	612
Ценные бумаги правительства и федеральных агентств США	3592	7104
Корпоративные ноты и бумаги	6996	9473
Муниципальные ценные бумаги	247	1113
Депозитные сертификаты	400	650
Общая сумма краткосрочных вложений	12 261	18 952
Деньги и краткосрочные вложения	17 236	23 798

При проведении оценки компании Microsoft в 2000 г. мы должны, несомненно, трактовать $23 798 млн инвестиций как часть стоимости фирмы. Вопрос в том, нужно ли здесь дисконтировать, отражая страхи инвестора по поводу плохих инвестиций в будущем. В 2000 г. компанию Microsoft не «наказывали» за хранение денег — в значительной мере вследствие ее безупречного «послужного списка» в виде постоянно увеличивающейся прибыли, а также высокой доходности акций. Хотя 1999 и 2000 г. не были благоприятными для Microsoft, инвесторы, по всей вероятности, будут «оправдывать фирму», по крайней мере в ближайшем будущем. Мы прибавим кассовые остатки по их номинальной стоимости к стоимости операционных активов Microsoft.

Более интересный компонент — это $17,7 млрд, которые Microsoft демонстрирует как инвестиции в рисковые ценные бумаги в 2000 г. В отчетах компании содержится следующая информация относительно этих инвестиций:

	База стоимости ($ млн)	*Нереализованный прирост ($ млн)*	*Нереализованные убытки ($ млн)*	*Зарегистрированная база ($ млн)*
Долговые ценные бумаги, зарегистрированные на рынке				
В пределах одного года	498	27	0	525
От 2 до 10 лет	388	11	−3	396
От 10 до 15 лет	774	14	−93	695
Свыше 15 лет	4745	−933	3812	
Общая сумма долговых бумаг, зарегистрированных на рынке	6406	52	−1029	5429
Акции				
Обыкновенные акции и варранты	5815	5655	−1697	9773
Привилегированные акции	2319			2319
Другие инвестиции	205		205	
Общая сумма акций и других инвестиций	14 745	5707	−2726	17 726

Microsoft обеспечила генерирование бумажной прибыли на сумму почти $3 млрд на основе исходной стоимости в $14 745 млн. Большинство этих инвестиций обращаются на рынке и регистрируются по рыночной стоимости. Самый легкий путь трактовки этих инвестиций состоит в прибавлении их рыночной стоимости к стоимости операционных активов для получения стоимости фирмы. Наиболее изменчивой статьей являются инвестиции в обыкновенные акции других фирм. Стоимость этих активов почти удвоилась, что отражено в зарегистрированной базе, равной $9773 млн. Следует ли отражать их по рыночной стоимости, когда мы оцениваем Microsoft? Ответ в общем случае является утвердительным. Однако если оценка этих инвестиций завышена, то мы рискуем завысить стоимость фирмы. Альтернатива состоит в оценке каждой акции, в которую фирма осуществила инвестиции, но по мере увеличения числа акций в портфеле фирмы такая процедура будет все более обременительной.

В заключение вы можете прибавить значения стоимости инвестиций в эквиваленты денежных инструментов ($23 798 млн) и инвестиций в акции ($17 726 млн) к стоимости операционных активов компании Microsoft в 2000 г.

Спустя более чем десятилетие, в 2011 г., Microsoft по-прежнему имеет крупный кассовый остаток, вложенный в различные эквиваленты денежных средств и ликвидные ценные бумаги. Однако цена акций и операционная эффективность компании отстали от рынка и сектора в 2000–2010 гг. Оценивая Microsoft в 2011 г., вы можете дисконтировать денежные средства.

Существуют ли премии или скидки по ликвидным ценным бумагам?

Общее правило состоит в том, что не следует присваивать премии или скидки ликвидным бумагам, если только вы не собираетесь оценивать базовые компании. Однако из этого правила есть исключение, и оно относится к фирмам, чей бизнес связан с торговлей финансовыми активами. Это взаимные фонды закрытого типа, несколько сотен которых котируется на фондовых биржах США, и инвестиционные компании, подобные Fidelity и T. Rowe Price. Взаимные фонды закрытого типа продают паи инвесторам и используют деньги для вложений в финансовые активы. Количество паев в фонде закрытого типа остается фиксированным, а их цена меняется. Поскольку инвестиции фонда закрытого типа осуществляются в публично торгуемые ценные бумаги, это иногда приводит к тому, что рыночная стоимость паев фонда закрытого типа становится больше или меньше рыночной стоимости ценных бумаг, которыми владеет фонд. Применительно к таким фирмам следует присваивать скидку или премию по ликвидным ценным бумагам, чтобы отразить их способность генерировать избыточную доходность по этим инвестициям.

Взаимный фонд закрытого типа, постоянно обнаруживающий недооцененные активы и приносящий гораздо большую доходность, чем ожидалось (с учетом риска), следует оценивать с премией к стоимости ликвидных ценных бумаг. Размер премии зависит от того, насколько велика избыточная доходность и как долго, на ваш взгляд, фирма будет приносить эту доходность. Напротив, фонд закрытого типа, приносящий доходность значительно меньше ожидаемой, следует оценивать со скидкой к стоимости ликвидных ценных бумаг, которыми владеет данный фонд. Благосостояние акционеров этого фонда, несомненно, улучшилось бы в случае ликвидации фонда, но такая возможность на практике может оказаться нереалистичной.

ИЛЛЮСТРАЦИЯ 16.5. *Оценка фонда закрытого типа*

Rising Asia является фондом закрытого типа с инвестициями в азиатские акции, которые оцениваются по текущим рыночным ценам в $4 млрд. В течение последних 10 лет фонд обеспечивал доходность 13%. Однако если отталкиваться от рискованности инвестиций и конъюнктуры азиатского рынка за данный период, то он должен был бы обеспечивать 15%. Вы рассчитываете, что ожидаемая доходность по азиатскому рынку в будущем составит 12%, но предполагаете, что Rising Asia продолжит отставать от рынка на 2%.

Чтобы рассчитать скидку, вычитаемую из стоимости фонда, начнем с предположения о том, что фонд будет все время зарабатывать доходность на 2% меньше, чем рыночный индекс. Тогда скидка будет равна:

$$\text{Оцениваемая скидка} = \text{избыточная доходность} \times$$
$$\times\ \text{стоимость фонда}/\text{ожидаемая доходность рынка} = (0{,}10 - 0{,}12)\ (4000)/0{,}12 = \$667\ \text{млн.}$$

Если вычисления представить в виде процента, то скидка окажется равной 16,67% рыночной стоимости инвестиций. Если вы предполагаете, что фонд либо будет ликвидирован, либо начнет приносить ожидаемую доходность в некоторый момент времени в будущем, скажем через 10 лет, то ожидаемая скидка станет меньше.

Вложения в другие фирмы

В этой категории мы рассматриваем широкое разнообразие внеоперационных активов, представляющих собой вложения в другие компании —

публичные и частные. Мы начнем с рассмотрения различий в порядке учета таких вложений, а также с определения возможного влияния этого порядка на их отражение в финансовой отчетности.

Порядок учета. Способ оценки этих активов зависит от классификации инвестиций и мотива, лежащего в основе этих инвестиций. В целом, инвестиции в ценные бумаги другой фирмы можно подразделить на пассивные миноритарные инвестиции (не дающие права контроля), активные миноритарные инвестиции (не дающие права контроля) и активные мажоритарные инвестиции (дающие право контроля). Правила бухгалтерского учета варьируют в зависимости от характера инвестиций.

Пассивные миноритарные инвестиции (не дающие права контроля). Если ценные бумаги или активы другой фирмы представляют менее 20% всех прав собственности в этой фирме, то вложения трактуются как пассивные миноритарные инвестиции. Эти инвестиции имеют стоимость приобретения, представляющую собой сумму, первоначально уплаченную за ценные бумаги, а зачастую и рыночную стоимость. Принципы бухгалтерского учета требуют, чтобы эти активы относились к одной из трех групп: инвестиции, которые держат до погашения; инвестиции, доступные для продажи; торговые инвестиции. Принципы оценки варьируют в зависимости от каждой из представленных групп.

- Применительно к инвестициям, которые держат до погашения, оценка производится по первоначальной или балансовой стоимости, а проценты или дивиденды от этих инвестиций отражаются в отчете о прибылях и убытках.
- Применительно к доступным для продажи инвестициям оценка производится по рыночной стоимости, а нереализованные прибыли или убытки отражаются как часть собственного капитала в балансе, а не в отчете о прибылях и убытках. Таким образом, нереализованные убытки уменьшают балансовую стоимость собственного капитала фирмы, а нереализованные прибыли увеличивают эту стоимость.
- Применительно к торговым инвестициям оценка производится по рыночной стоимости, а нереализованные прибыли и убытки отражаются в отчете о прибылях и убытках.

Фирмы имеют определенную свободу в выборе классификации инвестиций, а следовательно и способа оценки этих активов. Такая классификация позволяет, например, инвестиционным банкам — чьи активы представляют собой главным образом ценные бумаги других фирм, предназначенные для торговли, — переоценивать всю массу этих активов в соответствии с рынком в каждом отчетном период. Эта процедура называется «переоценкой по рынку» и дает один из примеров того, как рыночная стоимость «побеждает» балансовую в бухгалтерской отчетности.

Активные миноритарные инвестиции (не дающие права контроля). Если ценные бумаги или активы, вложенные в другую фирму, представляют 20–50% всех прав собственности в этой фирме, то вложения трактуются как активные миноритарные инвестиции. Хотя такие инвестиции имеют первоначальную стоимость приобретения, для корректировки издержек приобретения используется пропорциональная доля (основанная на доле в собственности) чистой прибыли и убытков фирмы, в которую были сделаны эти вложения. Кроме того, указанные издержки приобретения сокращаются благодаря дивидендам, полученным от инвестиций. Такой подход к оценке инвестиций называется методом долевого участия.

Рыночная стоимость этих инвестиций не учитывается до тех пор, пока инвестиции не ликвидируются. В момент ликвидации прибыли или убытки от продажи относительно скорректированных затрат приобретения отражаются как часть прибыли за этот период.

Активные мажоритарные инвестиции (дающие право контроля). Если ценные бумаги или активы, вложенные в другую фирму, превышают 50% всех прав собственности в этой фирме, то вложения трактуются как активные мажоритарные инвестиции[1]. В этом случае инвестиции уже не отражаются как финансовые, а заменяются активами и пассивами фирмы, в которую были осуществлены указанные вложения. Этот подход приводит к консолидации балансов двух фирм, при котором происходит объединение активов и пассивов этих фирм и их представление в виде одного баланса. Доля фирмы, которой владеют другие инвесторы, показывается в пассиве баланса как доля меньшинства. Аналогичная консолидация происходит и в других финансовых отчетах фирмы, причем отчет о движении денежных средств отражает накопленные денежные притоки и оттоки объединенной фирмы. Такой подход прямо противоположен методу долевого участия, используемому применительно к активным миноритарным инвестициям, где в отчете о движении денежных средств отражаются лишь полученные от инвестиций дивиденды.

Здесь рыночная стоимость инвестиции не учитывается до момента ее ликвидации. Когда это происходит, разность между рыночной ценой

---

1 Фирмы уходят от обязательного консолидирования, если поддерживают свою долю собственности в других фирмах ниже 50%.

и чистой стоимостью долевого участия в фирме трактуется как прибыль или убыток за период.

Оценка перекрестных вложений в другие фирмы. Если учесть, что портфели вложений в другие фирмы могут оцениваться тремя способами, то как тогда трактовать их при использовании каждого из них? Наилучший способ трактовки одинаков для всех случаев: вы оцениваете собственный капитал для каждого вложения отдельно, а затем определяете стоимость пропорционально вложению. Эту стоимость затем прибавляют к стоимости собственного капитала материнской компании. Таким образом, чтобы оценить фирму с миноритарными инвестициями в три другие фирмы, необходимо оценить собственный капитал каждой из этих фирм, а затем взять соответствующую долю собственного капитала каждой из фирм и добавить к стоимости собственного капитала материнской компании.

Когда консолидируются отчеты о прибылях и убытках, то прежде, чем сделать что-либо из вышеперечисленного, нужно отделить прибыль, активы и долг дочерней компании от финансовых показателей материнской компании. Если этого не сделать, то мы получим двойной учет стоимости дочерней компании.

Может возникнуть вопрос, почему бы не оценить консолидированную фирму? Это можно сделать, а в некоторых случаях из-за отсутствия информации это даже необходимо сделать. Причина, по которой мы рекомендуем раздельную оценку, состоит в неодинаковости характеристик материнской и дочерней компаний: разные значения стоимости привлечения капитала, темпов роста и коэффициента реинвестирования. В данных обстоятельствах оценка консолидированной фирмы может привести к ошибочным результатам. Есть еще одна причина. После того как проведена оценка консолидированной фирмы, нужно вычесть ту долю собственного капитала дочерней компании, которая не принадлежит материнской компании. Если не было оценки дочерней компании как отдельного бизнеса, то непонятно, как вы это сделаете. Отметим, что традиционная практика вычета доли меньшинства не позволяет этого достичь, поскольку доля меньшинства отражает балансовую, а не рыночную стоимость.

По мере того как вложения фирмы становятся более многочисленными, их оценка затрудняется. Если активы публично торгуются на рынке, то заслуживающей внимания альтернативой является замена предполагаемой стоимости инвестиций их рыночной стоимостью. Хотя мы и рискуем встроить в оценку какие-либо ошибки, которые мог сделать рынок при оценке этих вложений, данный подход более эффективен с точки зрения экономии времени.

ОЦЕНКА СТОИМОСТИ ВЛОЖЕНИЙ В ЧАСТНЫЕ КОМПАНИИ

Когда публично торгуемая фирма имеет перекрестные вложения в частной компании, зачастую трудно получить информацию об этой частной компании и оценить ее. Поэтому, по всей вероятности, вам придется формировать оценки стоимости этих вложений, основываясь на ограниченной информации. Один из способов сделать это — оценить мультипликатор балансовой стоимости, с которым торгуются фирмы в том же самом бизнесе (что и у частной фирмы, в которой у вас есть вложения), и применить его к балансовой стоимости инвестиций в эту частную фирму. Предположим, что вы пытаетесь определить стоимость вложений фармацевтической фирмы в пять частных биотехнологических фирм при балансовой стоимости этих вложений, составляющей $50 млн. Если биотехнологические фирмы обычно торгуются по цене, в 10 раз превышающей балансовую стоимость, то предполагаемая рыночная стоимость этих вложений составит $500 млн.

На практике этот подход можно обобщить для определения стоимости сложных вложений в ситуации, когда у вас нет информации для оценки каждого элемента вложений или когда таких элементов слишком много. Например, вам нужно оценить японскую фирму с десятками перекрестных пакетов. Определить стоимость перекрестных вложений можно, применив мультипликатор балансовой стоимости к их совокупной балансовой стоимости.

ИЛЛЮСТРАЦИЯ 16.6. Оценка вложений в другие компании

Фирма Segovia Entertainment предоставляет широкий ассортимент услуг в сфере отдыха и развлечений. Согласно отчетам фирмы, в текущем году операционная прибыль (EBIT) составила $300 млн на инвестированный капитал в размере $1500 млн; общая сумма долга составляет $500 млн. Часть операционной прибыли ($100 млн), инвестированного капитала ($400 млн) и долга ($150 млн) представляют собой вложения этой фирмы в Seville Television. Эта компания является собственником телевизионной станции. Фирма Segovia владеет только 51% Seville, но их финансовые результаты полностью консолидированы[1]. Кроме того, Segovia владеет 15% звукозаписывающей компании LatinWorks. Эти вложения трактуются как пассивные миноритарные инвестиции, и дивиденды по ним учитываются как часть чистой прибыли Segovia, а не как часть ее операционной прибыли. LatinWorks объявила о получении в текущем году операционной прибыли в размере $80 млн на $250 млн инвестированного капитала; общая сумма долга фирмы составляет $100 млн. Мы будем предполагать следующее.

- Стоимость привлечения капитала для Segovia Entertainment без учета ее вложений в Seville или LatinWorks составляет 10%. Фирма находится в фазе стабильного роста, причем ее операционная прибыль (опять-таки, без учета вложений в другие фирмы) растет на 5% в год на бесконечном временном горизонте.
- Фирма Seville Television имеет стоимость привлечения капитала 9% и находится в фазе стабильного роста, причем ее операционная прибыль растет на 5% в год на бесконечном временном горизонте.
- Фирма LatinWorks имеет стоимость привлечения капитала 12% и находится в фазе стабильного роста, причем ее операционная прибыль растет на 4,5% в год на бесконечном временном горизонте.
- Ни одна из этих фирм не имеет значительных кассовых остатков и ликвидных ценных бумаг.
- Налоговая ставка для всех этих фирм равна 40%.

Мы можем осуществить оценку фирмы Segovia Entertainment в три этапа.

[1] В США при консолидации требуется, чтобы учитывались 100% активов дочерней компании, даже если вам принадлежит меньшая доля. В других странах при консолидации может требоваться учет только той части фирмы, которая находится в вашей собственности.

Этап 1. Определение стоимости собственного капитала в операционных активах Segovia без учета каких-либо ее вложений. Чтобы этого достичь, нам нужно сначала очистить операционную прибыль от добавленных при консолидировании показателях.

Операционная прибыль от операционных активов Segovia =
= консолидированная прибыль – прибыль от Seville = \$300 млн – \$100 млн = \$200 млн.

Капитал, вложенный в операционные активы Segovia =
= консолидированный капитал – капитал, вложенный в Seville = \$1500 млн – \$400 млн = \$1100 млн.

Долг, связанный с операционными активами Segovia =
= консолидированный долг – долг, связанный с вложениями в Seville = \$500 млн – \$150 млн = \$350 млн.

Рентабельность капитала, вложенного в операционные активы Segovia = 200 (1 – 0,4)/1100 = 10,91%.

Коэффициент реинвестирования = g/ROC = 5%/10,91% = 45,83%.

Стоимость операционных активов Segovia =
= EBIT (1 – t) (1 – коэффициент реинвестирования) (1 + g)/(стоимость привлечения капитала – g) = 200 (1 – 0,4) (1 – 0,4583) (1,05)/(0,1 – 0,05) = \$1365 млн.

Стоимость собственного капитала в операционных активах Segovia =
= стоимость операционных активов — стоимость долга Segovia = 1365 – 350 = \$1015 млн.

Этап 2. Определение стоимости 51% собственного капитала фирмы Seville Enterprises.

Операционная прибыль от операционных активов Seville = \$100 млн.

Капитал, вложенный в операционные активы Seville = \$400 млн.

Долг, связанный с вложениями в Seville = \$150 млн.

Рентабельность капитала, вложенного в операционные активы Seville = 100 (1 – 0,4)/400 = 15%.

Коэффициент реинвестирования = g/ROC = 5%/15% = 33,33%.

Стоимость операционных активов Seville =
= EBIT (1 – t) (1 – коэффициент реинвестиций) (1 + g)/
/(стоимость привлечения капитала – g) = 100 (1 – 0,4) (1 – 0,3333) (1,05)/(0,09 – 0,05) = \$1050 млн.

Стоимость собственного капитала Seville =
= стоимость операционных активов – долг = 1050 – 150 = \$900 млн.

Стоимость принадлежащей Segovia доли собственного капитала Seville = 0,51 (900) = \$459 млн.

Этап 3. Определение стоимости 15% собственного капитала фирмы LatinWorks.

Операционная прибыль от операционных активов LatinWorks = \$75 млн.

Капитал, вложенный в операционные активы LatinWorks = \$250 млн.

Рентабельность капитала, вложенного в операционные активы LatinWorks = 75 (1 – 0,4)/250 = 18%.

Коэффициент реинвестирования = g/ROC = 4,5%/18% = 25%.

Стоимость операционных активов LatinWorks =
= EBIT (1 – t) (1 – коэффициент реинвестиций) (1 + g)/(стоимость привлечения капитала – g) = 75 (1 – 0,4) (1 – 0,25) (1,045)/(0,12 – 0,045) = \$470,25 млн.

Стоимость собственного капитала LatinWorks =
= стоимость операционных активов — долг = 470,25 – 100 = \$370,25 млн.

Стоимость принадлежащей Segovia доли собственного капитала LatinWorks 0,15 (370,25) = \$55 млн.

Теперь можно вычислить стоимость Segovia как фирмы (предполагается, что кассовых остатков не имеется).

Стоимость собственного капитала Segovia как фирмы = стоимость собственного капитала Segovia +
+ 51% собственного капитала Seville + 15% собственного капитала LatinWorks =
= \$1015 млн + \$459 млн + \$55 млн = \$1529 млн.

Для контраста рассмотрим, что могло произойти, если при проведении этой оценки мы использовали бы консолидированный отчет о прибылях и убытках и стоимость привлечения капитала для Segovia. Мы оценили бы вместе взятые Segovia и Seville следующим образом:

Операционная прибыль от консолидированных активов Segovia = \$300 млн.

Капитал, вложенный в консолидированные активы Segovia = \$1500 млн.

Консолидированный долг = \$500 млн.

Рентабельность капитала, вложенного в операционные активы Segovia = 300 (1 – 0,4)/1500 = 12%.

Коэффициент реинвестирования = g/ROC = 5%/12% = 41,67%.

Стоимость операционных активов Segovia =
= EBIT (1 – t) (1 – коэффициент реинвестиций) (1 + g)/(стоимость привлечения
капитала – g) = 300 (1 – 0,4) (1 – 0,4167) (1,05) (0,1 – 0,05) = \$2205 млн.

Стоимость собственного капитала Segovia =
= стоимость операционных активов – консолидированный долг –
– доля меньшинства в Seville + доля меньшинства в LatinWorks =
= \$2205 млн – \$500 млн – \$122,5 млн + \$22,5 млн = \$1605 млн.

Отметим, что доля меньшинства в Seville составляет 49% от балансовой стоимости собственного капитала Seville.

Балансовая стоимость собственного капитала Seville =
= капитал, вложенный в Seville – долг Seville = 400 – 150 = \$250 млн.

Доля меньшинства = (1 – вложения материнской компании) ×
× балансовая стоимость собственного капитала = (1 – 0,51) 250 = \$122,5 млн.

Доля меньшинства в LatinWorks составляет 15% от балансовой стоимости собственного капитала LatinWorks, равного \$250 млн (вложенный капитал — непогашенный долг). То, что эта стоимость равна подлинной стоимости собственного капитала (\$1529 млн), может быть чистой случайностью.

Как видно из этого примера, для правильной оценки вложений необходим значительный объем информации. В случае частных компаний ее получение может оказаться крайне затруднительным.

ИЛЛЮСТРАЦИЯ 16.7. *Оценка перекрестных вложений на примере реальных концернов*

В иллюстрации 16.6 имелась возможность раздельной оценки перекрестных вложений, поскольку у нас был доступ к информации по каждой дочерней компании. В реальном мире такая возможность существует далеко не всегда. Для демонстрации этого рассмотрим два примера — Hyundai Heavy, корейскую судостроительную компанию, в мае 2008 г. и Tata Motors в мае 2010 г.

Hyundai Heavy, как часть корейской группы Hyundai Group, имеет перекрестные вложения в семи других компаниях группы, четыре из которых являются публичными, а три частными. В финансовой отчетности за 2007 г. Hyundai Heavy объявила о следующих показателях:

Перекрестные вложения	*Балансовая стоимость (млрд вонов)*
Hyundai Merchant Marine	380,00
Hyundai Motors	355,00
Hyundai Elevator	9,20

Перекрестные вложения	*Балансовая стоимость (млрд вонов)*
Hyundai Corp	2,00
Hyundai Oil Bank	329,80
Hyundai Samho	1068,50
Hyundai Finance	88,20
Стоимость перекрестных вложений	2232,70

Для оценки рыночной стоимости этих вложений воспользуемся двумя подходами. В случае публичных компаний мы определим стоимость вложений на основе рыночной стоимости этих компаний на май 2008 г. В случае частных компаний мы оценим рыночную стоимость с использованием мультипликатора «цена/балансовая стоимость» для публичных корейских компаний в соответствующих видах деятельности.

Перекрестные вложения	*Процент акций в собственности*	*Совокупная рыночная капитализация*	*Стоимость вложений*
Hyundai Merchant Marine	17,60	4806,00	845,86
Hyundai Motors	3,46	17 540,00	606,88
Hyundai Elevator	2,16	688,00	14,86
Hyundai Corp.	0,36	602,00	2,17
	Балансовая стоимость	*«Цена/балансовая стоимость» для сектора*	
Hyundai Oil Bank	329,80	1,10	362,78
Hyundai Samho	1068,50	1,80	1923,30
Hyundai Finance	88,20	1,10	97,02
Стоимость перекрестных вложений			3852,87

Таким образом, мы добавляем к стоимости дисконтированных денежных потоков для операционных активов стоимость перекрестных вложений, равную 3853 млрд корейских вонов, а не их балансовую стоимость 2233 млрд вонов.

У Tata Motors перекрестный вложений больше (более 20 компаний), и они менее прозрачны. Две компании являются публичными, и мы используем для них рыночные стоимости: Rs13 527 млн в Tata Steel и Rs24,3 млн в Tata Chemicals; балансовая стоимость этих вложений, равная Rs2701 млн, заменяется на совокупную рыночную стоимость, составляющую Rs13 596. Tata Motors объявила балансовую стоимость других перекрестных вложений в размере Rs137 875 млн, но мы не можем оценить их рыночную стоимость. Суммарная стоимость, которую мы принимаем для перекрестных вложений, составляет, таким образом, Rs151 471 млн:

Стоимость перекрестных вложений Tata Motors = 13 596 + 137 875 = Rs151 471 млн.

Хотя такой результат устраивает нас не в полной мере, выбора нет, учитывая доступную информацию по перекрестным вложениям. Беспокойства добавляет тот факт, что перекрестные вложения составляют почти 42% расчетной стоимости Tata Motors как компании; полученная нами стоимость операционных активов составляет Rs210 832 млн. Фактически покупка акций Tata Motors является на 58% инвестицией в компанию и на 42% — в Tata Group.

Прочие внеоперационные активы

У фирм могут находиться в распоряжении и другие внеоперационные активы, но они, по всей видимости, менее важны, чем перечисленные в предыдущем разделе. В частности, фирмы могут иметь неиспользуемые активы, не генерирующие денежных потоков и характеризующиеся ба-

СТОИМОСТЬ ПРОЗРАЧНОСТИ

Трудности, с которыми мы часто сталкиваемся при выявлении и оценке вложений в другие компании, указывают на издержки, возникающие у фирм, имеющих усложненные структуры перекрестных вложений и предпринимающих мало (или вообще не предпринимающих) усилий по доведению до инвесторов информации о том, чем они владеют. В действительности, многие компании, похоже, намеренно мешают заинтересованным лицам получать информацию о том, чем они владеют, чтобы не поставить под сомнение правильность их выбора. Потому неудивительно, что рыночная стоимость этих фирм часто оказывается ниже стоимости этих скрытых вложений.

Многие фирмы за пределами США используют для оправдания тот довод, что законы о раскрытии информации не столь строги в их странах, как в США; но такие законы обеспечивают лишь минимум информации, который должен быть «предъявлен рынкам», но никак не максимум. Например, InfoSys, индийская компания, занимающаяся программным обеспечением, публикует финансовые отчеты, являющиеся одними из самых информативных в мире. Благодаря своей открытости фирма пожинает хорошие плоды в виде приличного финансового вознаграждения, поскольку у инвесторов появляется больше возможностей оценить, как фирма функционирует, и такие инвесторы проявляют гораздо больше желания воспринимать мнения менеджеров позитивно.

Учитывая это, что могут сделать недооцененные фирмы с усложненными структурами вложений для того, чтобы поднять свою стоимость? Во-первых, они могут разрушить подобные усложненные структуры, мешающие пониманию и оценке. Во-вторых, они могут пытаться раскрыть инвесторам максимально возможный объем информации о своих вложениях в частные компании и публичные. В-третьих, им нужно следовать этой стратегии, когда в их отчетах фигурируют плохие новости. Фирма, которая щедра на позитивную информацию и скупа на негативную, будет быстро терять доверие к себе как к источнику информации — во всяком случае, со стороны инвесторов. Наконец, если все эти меры не дают результатов, то фирмы могут рассмотреть возможность продажи или выделения вложений.

лансовой стоимостью, мало похожей на их рыночную стоимость. В качестве примера можно привести вложения в первоклассную недвижимость. Ее стоимость значительно увеличилась после приобретения ее фирмой, но она генерирует мало денежных потоков, если вообще это делает. Остается открытым вопрос в отношении пенсионных планов с избыточным финансированием. Будут ли излишние средства принадлежать акционерам, и если да, то как учесть этот эффект в стоимости?

Неиспользуемые активы. Сила моделей дисконтированных денежных потоков состоит в том, что они позволяют оценивать активы на основе ожидаемых денежных потоков, генерируемых этими активами. Однако в некоторых случаях их использование может привести к игнорированию активов, характеризующихся значительной стоимостью, когда дело доходит до определения заключительной стоимости. Предположим, что фирма владеет незастроенным земельным участком и его балансовая стоимость отражает цену, по которой он был первоначально приобретен. Очевидно, что этот участок имеет высокую рыночную стоимость, но до сих пор не приносит фирме каких-либо денежных потоков. Если не предпринять определенных усилий, направленных на то, чтобы включить в оценку ожидаемые денежные потоки от освоения земли, то при определении заключительной стоимости стоимость земли окажется неучтенной.

Как отразить стоимость таких активов в стоимости фирмы? Первый этап — это инвентаризация данных активов (или, по крайней мере, наиболее ценных из них). Затем следует оценить рыночную стоимость каждого из них. Подобные оценки можно получить, рассмотрев, какие деньги можно выручить за эти активы сегодня на рынке, или представив, какие денежные потоки могли бы принести активы в случае их застройки/использования. В последнем случае необходимо дисконтировать денежные потоки по адекватной ставке.

Проблема включения неиспользуемых активов в стоимость фирмы носит информационный характер. Фирмы не раскрывают неиспользуемые активы в своей финансовой отчетности. Хотя иногда у инвесторов и аналитиков появляются возможности обнаружения таких активов, гораздо более вероятным является их «выявление» только после получения доступа к информации о том, чем фирма владеет и что она использует.

Активы пенсионного фонда. Фирмы с фиксированными пенсионными обязательствами иногда накапливают такие пенсионные активы, которые превышают существующие обязательства. Хотя этот излишек принадлежит акционерам, они обычно сталкиваются с налоговыми обязательствами, если предъявляют на него требования. Консервативное правило трактовки пенсионных планов с избыточным финансированием предполагает, что из-за высоких социальных и налоговых издержек использования избыточных средств мало какие фирмы идут на это. Более реалистичный подход заключается во включении в оценку части избыточных средств, оставшейся после уплаты налогов.

В качестве иллюстрации рассмотрим фирму, согласно отчетам которой, активы ее пенсионного фонда превышают обязательства на $1 млрд. Поскольку фирма, изымающая избыточные активы пенсионного фонда, облагается налогом по ставке 50%, начисляемой на эти изъятия (в США), то к расчетной стоимости операционных активов фирмы следует прибавить $500 млн. Эта процедура должна отразить 50% избыточных активов, остающихся у фирмы после уплаты налогов.

cash.xls — размещенная в Интернете таблица, которая обобщает стоимость денежных средств и ликвидных ценных бумаг по отраслевым группам в США за последний квартал.

СТОИМОСТЬ ФИРМЫ И СТОИМОСТЬ СОБСТВЕННОГО КАПИТАЛА

После определения стоимости операционных активов, денежных средств и ликвидных ценных бумаг, а также других внеоперационных активов, находящихся в собственности фирмы, можно определить стоимость фирмы как сумму этих трех компонентов. Для того чтобы из стоимости фирмы получить стоимость собственного капитала, нужно вычесть требования по заимствованиям фирмы. Эти требования включают долг и привилегированные акции, хотя последние часто трактуются в финансовых отчетах как собственный капитал.

Какие требования по заимствованиям должны вычитаться?

Общее правило, которое следует использовать, состоит в том, что вычитаемая из стоимости фирмы сумма долга должна быть, по крайней мере, равна сумме долга, используемой при вычислении стоимости привлечения капитала. Таким образом, если при расчете стоимости привлечения капитала вы решаете капитализировать операционную аренду, рассматривая ее как долг, то нужно вычесть долговую стоимость операционной аренды из стоимости операционных активов, чтобы получить стоимость собственного капитала. Если же оцениваемая фирма имеет привилегированные акции, то следует использовать рыночную стоимость обыкновенных акций (если они обращаются на рынке) или приблизительно определить эту рыночную стоимость (если они не обращаются)[1] и вычесть ее из стоимости фирмы для получения стоимости всех обыкновенных акций.

---

[1] Оценка рыночной стоимости привилегированных акций довольно проста. Привилегированные акции обычно являются бессрочными, и их расчетная рыночная стоимость определяется так:

Стоимость привилегированных акций =
= дивиденды по привилегированным акциям/
/стоимость размещения привилегированных акций.

Могут существовать и другие требования к фирме, они не декларируются в качестве долга, но их следует вычесть из стоимости фирмы.

- *Ожидаемые обязательства, связанные с судебными исками.* Возможно, придется анализировать фирму, являющуюся ответчиком по судебному иску. В такой ситуации фирме, возможно, придется заплатить десятки миллионов долларов для возмещения убытков. Следует оценить вероятность этого события, а затем использовать ее для оценки ожидаемых обязательств. Таким образом, если существует 10%-ная вероятность проигрыша судебного разбирательства по предъявленному иску, и величина ожидаемого ущерба составляет $1 млрд, то придется уменьшить стоимость фирмы на $100 млн (произведение вероятности на ожидаемый ущерб). Если же ожидаемый ущерб на ближайшие несколько лет не предвидится, то рассчитывается приведенная стоимость выплаты.
- *Обязательства по пенсионным планам и медицинскому страхованию с недостаточным финансированием.* Если у фирмы существует значительное недофинансирование пенсионного плана или плана медицинского страхования, то ей придется в будущем откладывать денежные средства для выполнения обязательств. Хотя при вычислении стоимости привлечения капитала такие обязательства не рассматриваются в качестве долга, для получения стоимости собственного капитала их нужно вычесть из стоимости фирмы.
- *Отсроченные налоговые обязательства.* Отсроченные налоговые обязательства, которые присутствуют в финансовой отчетности многих фирм, отражают тот факт, что фирмы часто используют стратегии отсрочки налоговых выплат. Эти стратегии уменьшают выплаты по налоговым обязательствам в текущем году, но увеличивают их в будущие годы. Из всех трех статей, которые здесь перечислены, данная статья характеризуется наименее четким определением, поскольку не ясно, когда будет предъявлено требование о выплате налогов и будет ли оно вообще предъявлено. Однако игнорирование подобных отсроченных обязательств — необдуманно смелая авантюра, поскольку сама фирма может обнаружить в будущем, что она осуществляет эти налоговые платежи. Самый разумный способ трактовки этой статьи состоит в рассмотрении ее как обязательства, но такого, которое будет предъявлено, только если стабилизируются темпы роста фирмы. Таким образом, если переход фирмы в фазу стабильного роста ожидается через 10 лет,

Стоимость размещения привилегированных акций должна быть выше доналоговой стоимости заимствования, поскольку с долгом связано первоочередное право требования на денежные потоки и активы компании.

то нужно дисконтировать отсроченные налоговые обязательства с учетом этого временного промежутка, а затем вычесть из стоимости фирмы данную сумму для получения стоимости собственного капитала.

Будущие требования

Поскольку ожидается рост прибыли фирмы, в общем-то, предполагается, что фирма по мере своего роста будет увеличивать свои долги. Тогда возникает вопрос: следует ли вычитать стоимость этих будущих долгов при оценке сегодняшней стоимости собственного капитала? Ответ будет отрицательным, поскольку стоимость собственного капитала есть текущая стоимость, а будущих требований сегодня не существует. Чтобы проиллюстрировать данное обстоятельство, предположим, что у вас есть фирма, не имеющая сегодня долгов, и вы предполагаете, что в условиях стабильного роста ее финансовое состояние будет характеризоваться долговым коэффициентом 30%. Предположим, что, по вашим оценкам, через пять лет заключительная стоимость этой фирмы составит $10 млрд. Вы неявно предполагаете, что ваша фирма возьмет в долг $3 млрд через пять лет, чтобы поднять долговой коэффициент до 30%. Повышенный долговой коэффициент может повлиять на стоимость фирмы сегодня, но стоимость собственного капитала сегодня представляет собой стоимость фирмы за вычетом текущего долга (который равен нулю).

ОПЦИОНЫ МЕНЕДЖЕРОВ И РАБОТНИКОВ

Фирмы используют опционы для вознаграждения менеджеров, равно как и других работников. Наблюдается два эффекта, через которые указанные опционы могут повлиять на стоимость в расчете на акцию. Один из них создается опционами, которые уже выданы. Такие опционы, большинство из которых имеет цену исполнения ниже, чем цена акции, снижают стоимость собственного капитала на акцию, поскольку часть существующего собственного капитала фирмы должна быть зарезервирована под возможное исполнение опционов. Другой эффект представляет собой вероятность, что эти фирмы будут использовать опционы на постоянной основе для предоставления премий работникам или для их вознаграждения. Подобное ожидаемое предоставление опционов сокращает долю ожидаемых будущих денежных потоков, попадающих к существующим акционерам.

Величина опционного навеса

Практика использования опционов в пакетах вознаграждения менеджмента не нова. Еще в 1970-е и 1980-е гг. многие фирмы начали применять основанные на опционах пакеты вознаграждения, чтобы менеджеры высшего звена думали как акционеры, принимая решения. Однако в большинстве случаев снижение стоимости, создававшееся этими опционами, было столь малым, что его можно было игнорировать без значительных последствий для стоимости на акцию. Тем не менее в 1990-х гг. рост стоимости технологических фирм, а также их количества, выдвинул на первый план учет этих опционов при проведении оценки.

Чем же учет опционов специфичен в случае технологических фирм? Одно из отличий состоит в том, что в договорах с менеджерами этих фирм опционы играют гораздо более важную роль, чем в договорах прочих фирм. Второе отличие заключается в нехватке денежных средств в таких фирмах, и это означает, что опционы предоставляются не только менеджерам высшего звена, но и работникам на всех уровнях организации. Данное обстоятельство сильно увеличивает общую сумму средств, связанную с предоставлением опционов. Третье отличие состоит в том, что некоторые малые фирмы используют опционы для покрытия операционных расходов и оплаты поставок сырья и материалов.

Характеристики опционных пакетов. Фирмы, предоставляющие опционы работникам, обычно ограничивают сроки и условия исполнения опционов. Например, стандартная практика состоит в том, что опционы, предоставляемые работнику, нельзя исполнять, пока они не станут безвозвратными. Чтобы это произошло, работник, как правило, должен оставаться в фирме в течение периода, определенного в договоре. Хотя фирмы поступают подобным образом, чтобы снизить текучесть кадров, такая практика влияет также и на стоимость этих опционов. Фирмы, выпускающие опционы, не сталкиваются с какими-либо налоговыми обязательствами в год выпуска. Однако при исполнении опционов фирмам позволяется трактовать разницу между ценой акции и ценой исполнения опциона в качестве затрат на содержание наемного работника и претендовать на налоговый вычет.

Существующие опционы

Учитывая, что во многих фирмах существует большое количество опционов, первая задача состоит в определении способов, посредством которых мы можем учесть их влияние на стоимость на акцию. Этот раздел начинается с доводов, объясняющих, почему опционы важны при вычислении стоимости на акцию, а затем представляет четыре способа, позволяющих учесть их воздействие на стоимость.

Почему опционы воздействуют на стоимость, приходящуюся на одну акцию. Почему существующие опционы воздействуют на стоимость? Отметим, что такое влияние оказывают не все опционы. Скажем, выпускаемые и котируемые биржами опционы не влияют на стоимость, приходящуюся на акции, на которые они были выпущены. Опционы, выпускаемые самими фирмами, оказывают влияние на стоимость, приходящуюся на одну акцию, поскольку существует вероятность их исполнения в близком или отдаленном будущем. Учитывая, что эти опционы дают право купить акцию по фиксированной цене, они будут исполнены, только если цена акций поднимется выше цены исполнения. Когда опционы исполняются, у фирмы есть два варианта выбора, причем любой из них негативно сказывается на существующих акционерах. Фирма может эмитировать дополнительные акции для покрытия исполнения опционов. Но это увеличивает общее число акций и снижает стоимость на акцию для существующих акционеров[1]. В другом варианте она может использовать денежные потоки от операций для выкупа акций на открытом рынке и покрытия с их помощью исполняемых опционов. Это уменьшает денежные потоки, доступные текущим владельцам акций в будущие периоды, и делает их акции более дешевыми уже сегодня.

Способы учета существующих опционов в стоимости. Существуют четыре подхода, которые используются для учета влияния уже имеющихся опционов на стоимость на акцию. Однако первые три из них могут привести к ошибочному определению стоимости.

Использование полностью разводненного числа акций для определения стоимости на акцию. Простейший способ учета эффекта, оказываемого опционами, состоит в делении стоимости собственного капитала на количество акций, которые будут выпущены, если все опционы окажутся исполненными сегодня. Короче говоря, мы делим на полностью

---

1 Это можно обозначить скорее термином «разводнение» в подлинном смысле этого слова, чем тем термином, который используется для описания любого увеличения числа акций. Причина, почему данный процесс является разводнением, состоит в том, что дополнительные акции выпускаются только для держателей опционов по цене ниже текущей. Разводнение, происходящее при выпуске акций с правом, когда каждый акционер получает право купить дополнительные акции по более низкой цене, оказывается нейтральным по отношению к стоимости. Акции будут торговаться по более низкой цене, но каждый будет иметь большее число акций.

разводненное количество акций. Хотя этот подход и привлекает своей простотой, он может привести к слишком низкой стоимости на акцию по двум причинам:

1. При его использовании рассматриваются все существующие опционы, а не только те, что находятся в деньгах и являются безвозвратными. Хотя, честно говоря, существуют такие варианты этого подхода, которые позволяют скорректировать количество существующих акций для учета только опционов, которые находятся в деньгах и являются безвозвратными.
2. Этот подход не учитывает ожидаемые поступления от исполнения опционов — поступления, представляющие собой приток денежных средств на фирму.

Наконец, данный подход не позволяет встраивать в оценку временную премию по опционам.

Оценка ожидаемого исполнения опционов в будущем и встраивание ожидаемого разводнения. При использовании этого подхода вы прогнозируете, когда будут исполнены опционы, и корректируете ожидаемые оттоки денежных средств, связанные с их исполнением, предположив, что фирма выкупает акции для покрытия исполняемых опционов. Самым большим ограничением этого подхода является необходимость определения будущей цены акций и момента исполнения опционов на эти акции. Учитывая, что ваша цель состоит в определении правильности сегодняшней цены, прогнозирование будущей цены акций для получения текущей стоимости на акцию напоминает замкнутый круг. В целом этот подход не отличается практичностью и особенно не годится для получения обоснованной величины стоимости.

Использование подхода с учетом собственных акций в портфеле фирмы. Данный подход — это вариант подхода с точки зрения полного разводнения. Здесь количество акций корректируется с целью учета числа существующих опционов, но к стоимости собственного капитала добавляются ожидаемые поступления от их исполнения (произведение цены исполнения на количество опционов). Ограниченность этого подхода состоит в том, что, подобно подходу на основе полного разводнения, при его использовании не принимается во внимание временная премия опциона и нет эффективного способа учета опционов, ставших безвозвратными. В целом этот подход, занижая стоимость предоставляемых опционов, приводит к завышению стоимости собственного капитала на акцию.

ИЛЛЮСТРАЦИЯ 16.8. *Опционный навес в компании Cisco — сравнение подхода на основе полностью разводненных акций и подхода на основе собственных акций в портфеле*

Компания Cisco Systems всегда использовала опционы для менеджеров в составе общего вознаграждения. После трудного десятилетия с неудачными поглощениями цена на акции поднялась до $16,26 в мае 2011 г. На этот момент в обращении находилось 5528 млн акций, однако компания имела 732 млн выпущенных опционов со следующей разбивкой по ценам исполнения и срокам:

Цена исполнения ($)	*Количество (млн)*	*Средневзвешенный срок*	*Средневзвешенная цена исполнения ($)*
0,01–15,00	71	2,50	10,62
15,01–18,00	137	3,18	17,38
18,01–20,00	177	2,90	19,29
20,01–25,00	188	4,26	22,48
25,01–35,00	158	6,02	30,63
>35	1	0,61	54,22
Итого	*732*	*3,94*	*21,39*

Для оценки Cisco мы сначала используем модель дисконтированных денежных потоков и определим совокупную стоимость собственного капитала, которая составляет $113 331 млн. Обратите внимание на то, что эта стоимость подлежит распределению между двумя группами держателей требований — владельцами обыкновенных акций и держателями опционов.

Чтобы оценить стоимость с использованием подхода на основе полностью разводненных акций, мы делим совокупную стоимость собственного капитала на полностью разводненное число акций:

Стоимость собственного капитала на акцию =
= стоимость собственного капитала/(число выпущенных акций +
+ число опционов) = 113 331/(5528 + 732) = $18,10/акция.

Заметьте, что это крайне консервативная оценка, поскольку мы игнорируем не только поступления от опционов, но и тот факт, что многие опционы в данный момент находятся вне денег.

При подходе на основе собственных акций в портфеле вместо прибавления поступлений от исполнения всех выпущенных опционов мы учитываем только 208 млн опционов, которые находятся в деньгах, и добавляем поступления в размере $3135 млн от их исполнения (при средней цене исполнения $15,07).

Стоимость собственного капитала на акцию =
= (стоимость собственного капитала + поступления от исполнения опционов)/
/(число выпущенных акций + число опционов в деньгах) =
= ($113 331 + $3135)/(5528 + 208) = $20,30/акция.

Обратите внимание на то, что в подходе на основе собственных акций в портфеле игнорируется временная премия по опционам в деньгах. В результате этого мы, скорее всего, получим завышенную оценку стоимости собственного капитала на акцию. (На практике учет опционов вне денег в подходе на основе собственных акций толкает стоимость на акцию вверх.)

Самое главное преимущество этого подхода состоит в том, что он не требует знания стоимости на акцию (или цены акции) для того, чтобы учитывать стоимость опциона при определении стоимости, приходящейся на одну акцию. Когда мы будем разбирать последний (и рекомендуемый) подход, вы увидите, что существует замкнутый круг. Он возникает, когда цена акций используется в виде входного параметра при определении стоимости на акцию.

Оценка опционов с использованием модели ценообразования опционов. Правильный подход к опционам заключается в определении сегодняшней стоимости опциона при известных значениях сегодняшней стоимости на акцию и временной премии опциона. После определения стоимости она вычитается из стоимости собственного капитала, а разность делится на число выпущенных акций для получения стоимости на акцию.

Стоимость собственного капитала на акцию =
= (стоимость собственного капитала –
– стоимость выпущенных опционов) / число акций в обращении.

Однако при определении стоимости этих опционов мы можем столкнуться с четырьмя проблемами измерения. Одна из них связана с тем, что не все существующие опционы являются безвозвратными, и некоторые из них могут так и не стать безвозвратными. Вторая проблема касается использования цены акций при определении стоимости этих опционов. Как отмечено в предыдущем подразделе, стоимость на акцию относится к входным данным, равно как и к результатам. Третья проблема — налогообложение. Поскольку фирмам разрешается вычесть часть расходов, связанных с исполнением опционов, из налогооблагаемой базы, то исполнение опционов может повлечь за собой экономию на налогах. Последняя проблема касается частных фирм или фирм, готовых осуществить первоначальное публичное предложение. Для этих фирм нельзя получить ключевые исходные данные, включая цену акций и дисперсию, а опционы, тем не менее, имеют стоимость.

Учет превращения опционов в безвозвратные. Как отмечалось ранее в этой главе, фирмы, предоставляющие опционы работникам, обычно требуют, чтобы они оставались на фирме в течение определенного периода, по истечении которого указанные опционы становятся безвозвратными. Поэтому при анализе опционов, выпущенных фирмой, вы имеете дело с комбинацией из безвозвратных и возвратных опционов. Последняя категория опционов должна стоить меньше, чем первая, а вероятность превращения их в безвозвратные зависит от того, насколько они в деньгах и какой срок остался до момента, когда они становятся безвозвратными. В принципе предпринимались попытки по разработке моделей ценообразования опционов, допускающих возможность ухода работников до превращения опционов в безвозвратные и утерю их стоимости[1]. Тем не менее

[1] В работе Кани и Джориона (Cuny and Jorion, 1995) рассматривается оценка опционов при наличии возможности их потери для работников.

вероятность такого события, когда пакеты менеджеров значительны, должна быть небольшой. Карпентер (Carpenter, 1998) предложил простое расширение стандартной модели ценообразования опционов, чтобы учесть досрочное исполнение опционов и их потерю для работников. Он использовал полученную модификацию для определения стоимости опционов, предоставленных руководству фирмы.

Какую цену акций учитывать? Ответ на этот вопрос может показаться очевидным. Поскольку акции обращаются на рынке, где можно получить их цену, создается впечатление, что для проведения оценки опционов следует использовать текущую цену акций. Однако оценка опционов проводится для того, чтобы получить стоимость на акцию, а затем сопоставить ее с рыночной ценой для определения, является ли акция недооцененной или переоцененной. Таким образом, использование текущей рыночной цены для получения оценки опционов, а затем применение этого показателя для определения совершенно иной стоимости на акцию, выглядит противоречивой процедурой.

Решение проблемы существует. Можно оценить опционы, используя расчетную стоимость на акцию. Однако это создает замкнутый круг в процедуре оценки. Иными словами, стоимость опциона нужна для определения стоимости на акцию, а стоимость на акцию — для того, чтобы оценить опцион. Можно рекомендовать сначала определить стоимость на акцию с помощью подхода на основе собственных акций в портфеле фирмы, а затем в ходе итеративного процесса подойти к правильному значению стоимости на акцию[1].

Существует и другая связанная с этим проблема. Когда опционы исполняются, они увеличивают число обращающихся акций и тем самым способны оказать влияние на цену акций. В традиционных моделях ценообразования опционов их исполнение не влияет на цену акций. Эти модели следует адаптировать, чтобы допустить эффект разводнения, порождаемый исполнением опционов. Данную модификацию можно легко осуществить, просто скорректировав текущую цену акций с учетом ожидаемых результатов от эффекта разводнения (подобно тому, как мы делали с варрантами в главе 5).

Налогообложение. Когда исполняются опционы, фирма может в налоговых целях вычесть разницу между текущей ценой акций и ценой исполнения, которая трактуется как затраты на содержание наемных работников.

---

1 Стоимость на акцию, полученная в результате применения подхода на основе собственных акций в портфеле фирмы, становится ценой акции в модели ценообразования опционов. Стоимость опциона, вытекающая из этой цены, используется для вычисления новой стоимости на акцию, которая возвращается в модель ценообразования опционов и т. д.

Этот потенциальный выигрыш на налогах сокращает величину снижения стоимости, обусловленного наличием опционов. Один из способов оценки выигрыша на налогах состоит в умножении разницы между текущей ценой акций и ценой исполнения на налоговую ставку. Ясно, что это имеет смысл, только если опционы в деньгах. Хотя такая процедура не позволяет учесть ожидаемое повышение цены во времени, она привлекательна своей простотой. Альтернативный способ определения выигрыша на налогах состоит в вычислении стоимости опционов после уплаты налогов.

$$\text{Стоимость опционов после уплаты налогов} = \\ = \text{стоимость из модели ценообразования опционов} \times \\ \times (1 - \text{налоговая ставка}).$$

Этот подход тоже прост в применении и позволяет в процессе оценки анализировать выигрыши на налогах от исполнения опционов. Одно из его преимуществ заключается в том, что он может использоваться для учета потенциального выигрыша на налогах даже в тех случаях, когда опционы находятся вне денег.

УЧЕТ ДРУГИХ ОПЦИОНОВ

Хотя мы рассматривали в этом разделе только эффекты предоставления опционов менеджерам и работникам, все сказанное здесь применимо и к любым другим опционам, выпускаемым фирмой. Например, варранты, используемые для привлечения собственного капитала, и опционы на конвертируемые ценные бумаги (облигации и привилегированные акции) тоже разводняют стоимость обыкновенных акций фирмы. Поэтому стоимость собственного капитала нужно точно так же сокращать на стоимость таких опционов. Вообще говоря, варранты и конверсионные опционы все-таки легче оценивать, чем опционы, предоставляемые менеджерам, поскольку они являются торгуемыми инструментами. В качестве предполагаемой стоимости варрантов и конверсионных опционов можно использовать их рыночные цены.

Фирмы, чьи акции не торгуются на публичном рынке. Два ключевых показателя, являющиеся входными данными в модели ценообразования опционов, — текущая цена акции и ее дисперсия — нельзя получить, если фирма не является публично торгуемой. Из такой ситуации есть два выхода. Первый — вернуться при оценке опционов к подходу на основе собственных акций в портфеле фирмы и отказаться от модели ценообразования опционов. Второй заключается в том, чтобы придерживаться модели ценообразования опционов и определять стоимость на акцию при помощи модели дисконтирования денежных потоков. Для определения стоимости опционов можно использовать дисперсию цен акций сопоставимых публично торгуемых фирм.

ИЛЛЮСТРАЦИЯ 16.9. *Оценка опционов руководства как классических опционов на примере компании Cisco Systems*

В иллюстрации 16.8 мы оценили стоимость собственного капитала на акцию Cisco Systems, используя как подход на основе полного разводнения, который, на наш взгляд, занижает стоимость на акцию, так и подход на основе собственных акций в портфеле, который дает завышенную оценку. Чтобы получить правильную оценку, мы определили стоимость 732 млн выпущенных опционов как классических опционов, используя фактическую цену акций ($16,26), среднюю цену исполнения ($21,39), средневзвешенный срок исполнения (3,94 года) и расчетное стандартное отклонение цены акций (40%). На основе этих данных и модели Блэка–Шоулза с учетом разводнения мы определили, что расчетная стоимость опциона составляет $2,96, а совокупная стоимость 732 млн опционов — $2165 млн. (Cisco имела дивидендную доходность 1,48%, которую мы включили в модель, см. главу 5.)

Теперь мы можем определить стоимость собственного капитала на акцию, используя полученную на основе дисконтированных денежных потоков расчетную стоимость собственного капитала $113 331 млн:

Стоимость собственного капитала ($ млн)	113 331
— Стоимость опционов ($ млн)	2165
Стоимость собственного капитала на обыкновенные акции ($ млн)	111 166
/Количество акций в обращении	5528
= Стоимость на акцию ($)	20,10

Таким образом, после учета стоимости опционов мы получаем более высокую стоимость на акцию, чем при использовании подхода на основе полного разводнения, и менее высокую стоимость на акцию, чем при использовании подхода на основе собственных акций в портфеле. Полученная стоимость ($20,10) по-прежнему значительно превышает цену ($16,26), по которой акции торговались в мае 2011 г.

При оценке опционов Cisco мы использовали текущую цену акций, а не расчетную стоимость на акцию. В противном случае нам пришлось бы действовать методом последовательных приближений — стоимость опционов влияет на значение стоимости на акцию, а стоимость на акцию влияет на стоимость опционов. Последовательное приближение привело бы к увеличению посленалоговой стоимости опционов до $2637 млн и к снижению стоимости на акцию до $20,00.

Предоставление опционов в будущем

В то время как учет уже выпущенных опционов — довольно простая процедура, учет предоставления опционов в будущем оказывается гораздо более сложным делом. В этом разделе представлено объяснение, почему такой выпуск опционов воздействует на стоимость и как учитывать такое влияние при ее определении.

Почему будущие выпуски опционов воздействуют на стоимость. Подобно тому, как выпущенные опционы фактически представляют собой потенциальное разводнение или оттоки денежных средств для сегодняшних акционеров, ожидаемое в будущем предоставление опционов влияет на стоимость акции, увеличивая число обращающихся акций в будущих периодах. Простейший способ оценки этого ожидаемого разводнения состоит в учете заключительной стоимости в модели дисконтированных денежных потоков. Как и в предыдущей главе, для получения стоимости на акцию заключительная стоимость приводится к настоящему времени и делится на сегодняшнее количество акций. Однако ожидаемые выпуски опционов будут увеличивать число акций в «завершающем» году, поэтому уменьшат ту часть заключительной стоимости, которая принадлежит существующим акционерам.

Способы учета влияния на значение стоимости на акцию. Учесть влияние ожидаемых выпусков опционов на стоимость гораздо труднее, чем сделать то же самое в случае существующих опционов. Дело в том, что следует предвидеть не только число опционов, которые будут выпущены фирмой в будущих периодах, но и характеристики этих опционов. Если это можно сделать на пару периодов вперед при наличии внутренней информации (если фирма сообщит, сколько опционов она планирует эмитировать и на каких условиях), то далее все становится намного труднее. Мы рассмотрим подход, с помощью которого можно определить стоимость опциона, и два способа учета такой оценки после ее получения.

Более реалистичным подходом к учету будущих опционов в стоимости является оценка стоимости опционов, предоставляемых в будущие периоды, как процента от выручки или операционной прибыли. Это позволяет избежать оценки количества и характеристик будущих опционов. Расчет к тому же упрощается возможностью воспользоваться историческими данными по фирме (стоимость опционов, предоставленных в прошлые годы, как доля от стоимости фирмы) и результатами более зрелых фирм в этом секторе. В целом по мере роста фирмы стоимость предоставленных опционов как процент от выручки должна уменьшаться.

В 2007 г. американские и международные стандарты бухгалтерского учета сблизились с точки зрения порядка учета предоставленных опционов. И те и другие требуют, чтобы опционы относились на затраты при предоставлении, а не при исполнении (что практиковалось до 2007 г.). В результате текущие операционные затраты фирмы включают в себя стоимость опционов, предоставленных в текущем году. Таким образом, если мы сохраняем текущую операционную маржу, то подразумеваем, что фирма продолжит предоставлять опционы такими же темпами и дальше (как процент от выручки). Если же мы возьмем среднеотраслевую маржу, то будем исходить из предположения, что темпы предоставления опционов фирмой приблизятся к среднеотраслевому уровню (как процент от выручки). При оценке Cisco мы считали, что текущая маржа останется неизменно и, таким образом, зафиксировали предоставление опционов на уровне текущей процентной доли выручки.

СТОИМОСТЬ АКЦИИ В УСЛОВИЯХ, КОГДА СИЛЬНО МЕНЯЮТСЯ ГОЛОСУЮЩИЕ ПРАВА

Когда мы делим стоимость собственного капитала на число акций в обращении, то допускаем, что все акции имеют одинаковые голосующие права. Если различные типы акций имеют разные голосующие права, то стоимость собственного капитала на акцию должна отражать эти различия, причем акциям, имеющим больше голосов, следует присвоить более высокую стоимость. Отметим при этом, что общая стоимость собственного капитала остается неизменной. В целях иллюстрации предположим, что стоимость собственного капитала фирмы составляет $500 млн, было выпущено 50 млн акций, и при этом 25 млн этих акций имеют право голоса, а другие 25 млн — не имеют. Также предположим, что голосующие акции оцениваются на 10% выше, чем не имеющие голоса. Тогда мы получим следующее значение стоимости на акцию:

$$\text{Стоимость на неголосующую акцию} = \\ = \$500\text{ млн}/(25\text{ млн} \times 1{,}10 + 25\text{ млн}) = \\ = \$500\text{ млн}/52{,}5\text{ млн} = \$9{,}52.$$

$$\text{Стоимость на голосующую акцию} = \$9{,}52 \times 1{,}10 = \$10{,}48.$$

Ключевая проблема, с которой вы столкнетесь при проведении оценки, заключается в определении дисконта, применяемого к неголосующим акциям, или, альтернативно, в определении премии, начисляемой на голосующие акции.

Голосующие акции в сравнении с неголосующими

Какую премию следует присваивать голосующим акциям? У нас есть два варианта. Один из них состоит в рассмотрении эмпирических исследований размера премии по голосующим акциям и начисления ее всем голосующим акциям. В работе Лиз с соавторами (Lease, McConnell and Mikkelson, 1983) были проанализированы 26 фирм, имевших два класса обыкновенных акций, и авторы пришли к выводу, что голосующие акции, в отличие от неголосующих, покупались с премией[1]. Премия составляла в среднем 5,44%, а голосующие акции в 88% случаев продавались по более высокой цене (в течение тех месяцев, по которым были доступны данные). Однако в четырех фирмах, имевших также голосующие привилегированные акции, голосующие обыкновенные акции продавались с дисконтом, составлявшим примерно 1,17% относительно неголосующих акций.

1 По двум классам акций начислялся один и тот же дивиденд.

Другая возможность состоит в том, чтобы подходить более дифференцированно и варьировать премию в зависимости от фирмы. Голосующие акции обладают премией, поскольку они дают акционерам возможность влиять на менеджмент фирмы. От того, в какой степени голосующие акции могут привести к переменам — не важно, состоят ли эти перемены в том, что увольняют менеджеров компании, заставляют их изменять политику или же продают акции в ходе поглощения компании конкурентами, — будет зависеть их цена[1]. При этом следует помнить, что неголосующие акционеры не участвуют в принятии этих решений.

---

warrants.xls — таблица, позволяющая оценивать существующие опционы в фирме с учетом эффекта разводнения.

Оценка стоимости голосующих и неголосующих акций осуществляется в четыре этапа:

1. Оценить фирму при существующем руководстве (существующая стоимость); это фиксирует текущие инвестиции, финансирование, дивидендную политику, даже если они не являются оптимальными.
2. Разделить существующую стоимость на совокупное число акций (голосующих и неголосующих) для получения стоимости на неголосующую акцию.

   Стоимость на неголосующую акцию =
   = существующая стоимость / (количество голосующих акций +
   + количество неголосующих акций).

3. Оценить фирму при новом, предположительно более качественном, руководстве (оптимальная стоимость); для этого необходимо переоценить, насколько лучше фирма инвестирует, сколько заимствует и сколько денежных средств возвращает акционерам.
4. Оценить вероятность того, что руководство фирмы изменится ($\pi_{\text{изменения}}$), и разделить ожидаемую стоимость изменения руководства на количество голосующих акций:

   Премия за контроль на голосующую акцию =
   = $\pi_{\text{изменения}}$ × (оптимальная стоимость – существующая стоимость) /
   / количество голосующих акций.

---

[1] В некоторых случаях права неголосующих акционеров защищены на случай поглощения наложением на покупателя обязательства приобретать также и неголосующие акции.

Стоимость на голосующую акцию представляет собой сумму стоимости на неголосующую акцию и премии за контроль. Таким образом, стоимость на голосующую акцию будет определяться тем, насколько плохо управляется фирма (чем хуже управление, тем выше премия), и вероятностью изменения руководства (чем выше вероятность изменения, тем выше премия).

Иллюстрация 16.10. *Оценка стоимости голосующих и неголосующих акций*

Adris Grupa — хорватская табачная компания, имеющая вложения в другие компании. В июне 2010 г. мы оценили существующую и оптимальную стоимость для нее:

- Существующая стоимость собственного капитала составляла 5484 млн HRK. При определении этого значения мы исходили из того, что фирма продолжит финансирование своей деятельности практически исключительно за счет собственного капитала (долговой коэффициент в 2010 г. составлял 2,6%, а стоимость привлечения капитала — 10,55%) и что она сохранит свою агрессивную инвестиционную политику (фирма имела рентабельность капитала 9,69% и реинвестировала 70,83% операционной прибыли в 2009 г., что обеспечивало ей темпы роста 6,86%).
- Оптимальная стоимость собственного капитала составляла 5726 млн HRK. При определении этого значения мы исходили из более высокого долгового коэффициента (10%) и чуть более низкой стоимости привлечения капитала (10,45%). Мы также считали, что фирма сохранит коэффициент реинвестирования на уровне 70,83%, а рентабельность капитала будет равна стоимости его привлечения (10,45%).

Фирма имела 9616 млн голосующих акций и 6748 млн неголосующих. Стоимость на неголосующие акции определяется путем деления существующей стоимости на совокупное количество акций:

Стоимость на неголосующую акцию = 5484/(9616 + 6748) = 335,13 HRK/акция.

Для оценки стоимости на голосующую акцию мы определяем премию при 30%-ной вероятности изменения руководства (мы взяли такую низкую вероятность потому, что компания является семейной):

Премия на голосующую акцию = (5726–5484) × 0,30/9,616 = 7,55 HRK/акция.

Стоимость на голосующую акцию = 335,13 + 7,55 = 342,68 HRK/акция.

ЗАКЛЮЧЕНИЕ

Учет внеоперационных активов в стоимости фирмы в одних случаях может быть очень простым (например, вложений в денежные инструменты и их эквиваленты), а в других случаях — очень сложным (в частности, вложений в другие компании). Однако общие принципы должны оставаться одними и теми же. Следует определить справедливую стоимость этих внеоперационных активов и включить ее затем в стоимость фирмы. Как уже отмечалось, зачастую лучше оценивать внеоперационные активы отдельно от операционных, но отсутствие информации может воспрепятствовать этому.

Существование опционов и возможность их предоставления в будущем усложняют переход от стоимости собственного капитала к стоимости на акцию. Существуют четыре подхода к учету выпущенных опционов при проведении оценки. Простейший из них заключается в определении стоимости на акцию делением стоимости собственного капитала на полностью разводненное число акций в обращении. Этот подход игнорирует ожидаемые поступления от исполнения опционов, а также временную стоимость опциона. Второй подход, связанный с прогнозированием ожидаемого исполнения опционов в будущем и оценкой его влияния на стоимость акции, — процедура не только утомительная, но и вряд ли перспективная. При подходе на основе собственных акций в портфеле фирмы мы прибавляем ожидаемые поступления от исполнения опционов к стоимости собственного капитала и затем делим полученный результат на полностью разводненное число акций в обращении. Хотя этот подход учитывает ожидаемые поступления от исполнения опционов, он также игнорирует временную составляющую опционной премии.

В последнем и наиболее предпочтительном случае опционы оцениваются с помощью модели ценообразования опционов, и их стоимость вычитается из стоимости собственного капитала. Для определения стоимости собственного капитала на акцию полученный результат делится на число акций в обращении. Хотя в модели ценообразования опционов обычно используется текущая цена акций, для получения более согласованной оценки ее можно заменить стоимостью на акцию, полученной на основе дисконтирования денежных потоков.

Для учета ожидаемого предоставления опционов в будущем следует оценить опционы как статью затрат, определенную в виде процента от выручки. Фирма со значительным ожидаемым выпуском опционов в будущем будет иметь более низкие прибыль и денежные потоки, а следовательно и более низкую стоимость.

После определения стоимости собственного капитала на акцию ее значение нужно скорректировать с учетом различий в голосующих правах. Относительно акций с незначительными голосующими правами или без них, акции с чрезмерно большими голосующими правами продаются с премией. Разница становится больше для плохо управляемых фирм и меньше — для хорошо управляемых.

КОНТРОЛЬНЫЕ ВОПРОСЫ

В приведенных ниже заданиях, если не указано иное, премия за риск инвестирования в акции принимается равной 5,5%.

1. Корпорация ABV Inc. имеет прибыль до уплаты процентов и налогов в размере $250 млн, и при этом ожидается, что данный показатель будет расти на 5% в год бесконечно долго, а налоговая ставка

равна 40%. Стоимость привлечения ее капитала составляет 10%, коэффициент реинвестирования — 33,33%, а общее число акций — 200 млн. Определите стоимость собственного капитала на акцию при условии, что фирма имеет $500 млн в денежных средствах и ликвидных ценных бумагах, а ее долги составляют $750 млн.

2. Как изменился бы ваш ответ в предыдущей задаче, если бы вам сказали, что корпорация ABV имеет опционы на 50 млн акций, а стоимость каждого опциона составляет $5?
3. Предположим, что вам сообщили следующее: средняя цена исполнения 50 млн опционов в предыдущей задаче равна $6. Определите стоимость на акцию с помощью подхода на основе собственных акций в портфеле фирмы (не обращающиеся на рынке).
4. Фирма LSI Logic имеет 1 млрд акций в обращении, торгующихся по цене $25 за штуку. У фирмы также есть долги на сумму $5 млрд. Стоимость привлечения собственного капитала равна 12,5%, а стоимость заимствования после уплаты налогов — 5%. Если фирма имеет денежные средства в размере $3 млрд и справедливо оценена, то определите, какую операционную прибыль она получит в текущем году (при рентабельности капитала 15%, налоговой ставке 30% и темпах роста прибыли 6% в год в бесконечной перспективе).
5. Корпорация Lava Lamps Inc. имела в прошлом году прибыль до уплаты процентов и налогов в размере $800 млн. Она приобрела 50%-ную долю в корпорации General Lamps Inc., которая в том же году заработала прибыль до уплаты процентов и налогов на сумму $400 млн. Поскольку корпорация Lava Lamps Inc. имеет достаточное количество акций для получения прав контроля, пришлось консолидировать отчеты обеих корпораций о прибылях и убытках за предыдущий год.
   а) Чему будет равна прибыль до уплаты процентов и налогов в консолидированном отчете?
   б) При условии, что обе фирмы имеют стабильные темпы роста 5%, стоимость привлечения капитала 10%, налоговую ставку 40% и рентабельность капитала 11%, определите стоимость собственного капитала компании Lava Lamps.
   в) Как изменился бы ваш ответ, если бы вам сказали, что General Lamps имеет стоимость привлечения капитала в размере 9% и рентабельность капитала 15%?
6. Компания Genome Sciences — биотехнологическая фирма, операционная прибыль которой после уплаты налогов составила в прошлом году $300 млн. Ожидается, что эта прибыль будет расти на 6% в год в бесконечной перспективе. При этом коэффициент реинвестиро-

вания равен 40%, и фирма имеет стоимость привлечения капитала на уровне 12%. Компания Genome Sciences владеет также 10% акций фирмы Gene Therapies Inc. — еще одной публичной фирмы. Gene Therapies имеет 100 млн акций, торгующихся по $50. Определите стоимость собственного капитала на акцию в Genome Sciences, учитывая, что эта фирма имеет 50 млн акций в обращении и долг в размере $800 млн.

7. Фонд Fedder Asia Closed End — закрытый взаимный фонд, владеющий азиатскими ценными бумагами, рыночная стоимость которых равна $1 млрд. За последние 10 лет фонд приносил годовую доходность 9%, что на 3% меньше доходности индексных фондов, вложившими средства в азиатские активы. Вы ожидаете, что годовая доходность в будущем будет аналогичной доходности прошлых лет, — как для вашего фонда, так и для индексных фондов в целом.
   а) Исходя из предпосылки отсутствия бесконечного роста фонда и инвестиций, оцените дисконт, с которым, по вашим ожиданиям, будет торговаться фонд в будущем.
   б) Как изменился бы ваш ответ, если бы предполагалось ликвидировать фонд через 10 лет?

8. Вас попросили проверить оценку другого аналитика, сделанную в отношении System Logic Inc., технологической фирмы. Аналитик определил, что стоимость на акцию равна $11, в то время как цена акций составляла $12,50. Однако, делая эту оценку, он разделил стоимость собственного капитала на количество полностью разводненных акций — 1,4 млн. Проверяя этот результат, вы обнаружили, что фирма имеет только 1 млн акций в обращении, а остальные $400 000 акций представляют собой опционы со средним сроком жизни три года и средней ценой исполнения $5.
   а) Определите корректное значение стоимости на акцию, используя подход на основе собственных акций в портфеле фирмы.
   б) При условии, что стандартное отклонение цены акций равно 80%, определите стоимость опционов, используя модель ценообразования опционов (и текущую цену акций), а также корректное значение стоимости на акцию.
   в) Будет ли ваша стоимость на акцию увеличиваться или уменьшаться при переоценке стоимости опционов с использованием полученного вами значения стоимости на акцию?

Глава 17

ФУНДАМЕНТАЛЬНЫЕ ПРИНЦИПЫ СРАВНИТЕЛЬНОЙ ОЦЕНКИ

Цель оценки на основе дисконтированных денежных потоков состоит в определении стоимости активов при конкретных значениях денежных потоков, темпах роста и характеристиках риска. Цель сравнительной оценки состоит в определении стоимости активов на основе рыночной цены аналогичных активов. Хотя мультипликаторы легки в использовании и понятны на интуитивном уровне, они легко могут привести к ошибочному заключению. Поэтому в данной главе рассматривается ряд тестов, с помощью которых можно обеспечить правильность применения мультипликаторов.

Сравнительная оценка включает два компонента. Первый состоит в следующем. Для определения стоимости активов на основе их сравнения цены следует нормализовать, что обычно достигается преобразованием цен в мультипликаторы прибыли, балансовой стоимости или объема продаж. Второй заключается в поиске сопоставимых фирм, что трудно сделать, поскольку не существует двух одинаковых фирм. Кроме того, в одном и том же бизнесе фирмы могут отличаться друг от друга по таким параметрам, как риск, потенциал роста и денежные потоки. В этом случае ключевым становится вопрос сглаживания этих различий при сопоставлении мультипликаторов нескольких фирм.

ИСПОЛЬЗОВАНИЕ СРАВНИТЕЛЬНОЙ ОЦЕНКИ

Сравнительная оценка практикуется очень широко. Большинство исследовательских отчетов по акциям и многие оценки поглощений базируются на сравнении компаний с использованием таких мультипликаторов, как «цена/прибыль». Фирмы, функционирующие в том же бизнесе, что и оцениваемая фирма, принято называть сопоставимыми, хотя, как вы увидите позднее в этой главе, это не всегда правильно. В данном разделе сначала рассматриваются причины популярности сравнительной оценки, а затем некоторые подводные камни.

Причины популярности

Почему сравнительная оценка так распространена? Во-первых, оценку на основе мультипликаторов и сопоставимых фирм можно провести с гораздо меньшим числом явных допущений и значительно быстрее по сравнению с оценкой через дисконтирование денежных потоков. Во-вторых, сравнительную оценку проще понять и легче представить клиентам и заказчикам, чем оценку через дисконтирование денежных потоков. Иначе говоря, намного легче классифицировать актив как дешевый или дорогой с помощью мультипликатора, чем с помощью оценки на основе дисконтированных денежных потоков. Наконец, сравнительная оценка с гораздо большей вероятностью отражает текущее настроение рынка, поскольку она дает относительную, а не внутреннюю стоимость. Так, на рынке, где акции всех социальных сетей идут вверх, сравнительная оценка приведет к более высокой стоимости таких акций, чем дисконтированные денежные потоки. Фактически сравнительная оценка обычно дает более близкую к рыночной цене стоимость, чем оценка на основе дисконтированных денежных потоков. Данное обстоятельство особенно важно для тех, кто опирается на относительную стоимость, и для тех, кто сам делает сравнительные оценки. Возьмем, например, менеджеров взаимных фондов роста. В основе оценки деятельности этих портфельных управляющих лежит сравнение работы их фондов с другими фондами роста. Поэтому они выигрывают, если выбирают акции роста, которые недооценены относительно других акций роста, даже если все подобные акции переоценены.

Потенциальные подводные камни

Сильные стороны сравнительной оценки составляют также и ее слабость. Во-первых, относительная простота оперирования мультипликаторами и группой сопоставимых фирм легко может привести к неправильной оценке стоимости, если не учитывать такие ключевые переменные, как риск, рост или потенциал денежных потоков. Во-вторых, тот факт, что мультипликаторы отражают настроение рынка, также означает, что использование сравнительной оценки для определения стоимости актива может привести к значениям, которые слишком высоки, когда рынок переоценивает сопоставимые фирмы, или слишком низки, когда рынок их недооценивает. В-третьих, хотя возможность для предвзятости существует в любом подходе, используемом для определения стоимости, недостаток прозрачности предпосылок, лежащих в основе сравнительной оценки, делает данный подход особенно подверженным манипуляциям. Пристрастный аналитик, имеющий возможность выбора мультипликаторов для проведения оценки и отбора сопоставимых фирм, способен обосновать почти любое значение стоимости.

НОРМАЛИЗОВАННАЯ СТОИМОСТЬ И МУЛЬТИПЛИКАТОРЫ

Цена акции является функцией стоимости собственного капитала компании и числа выпущенных этой компанией акций. Таким образом, дробление «два к одному», удваивающее число акций, уменьшает цену акции примерно в два раза. Поскольку ее цена определяется числом долевых бумаг фирмы, никогда нельзя сопоставлять цены акций разных фирм. Чтобы сравнивать значения стоимости для похожих фирм на рынке, нужно нормализовать значения стоимости каким-либо образом. Для этого стоимости можно соотнести с генерируемой прибылью, балансовой стоимостью или стоимостью замещения используемых активов, получаемой выручкой или показателями, специфическими для фирм данного сектора.

Мультипликаторы прибыли

Один из наиболее наглядных способов выражения стоимости какого-либо актива — это ее представление в виде мультипликатора прибыли, генерируемой активом. Когда приобретают акцию, обычно смотрят на отношение цены к прибыли компании на акцию. Данный показатель — мультипликатор «цена/прибыль» — можно оценить до и после чрезвычайных статей, он может отражать прибыли компании как в прошлые периоды, так и в будущие.

При покупке самого бизнеса в отличие от покупки только акций обычно анализируют стоимость операционных активов фирмы (которую также называют стоимостью предприятия), представленную в виде мультипликатора операционной прибыли или прибыли до уплаты процентов, налогов, начисления износа и амортизации (EBITDA). Безусловно, для покупателя акций или фирмы низкий мультипликатор лучше, чем высокий. Но при этом следует помнить, что на их величину влияют потенциал роста и риск приобретаемого бизнеса.

Мультипликаторы балансовой стоимости и стоимости замещения

Помимо рыночной оценки бизнеса существует еще бухгалтерская оценка, которая нередко очень сильно отличается от рыночной. Балансовая стоимость определяется правилами бухгалтерского учета и сильно зависит от первоначальной цены, уплаченной за активы, а также от сделанных после этого бухгалтерских корректировок (таких, как начисление износа). Инвесторы часто рассматривают отношение цены, которую они уплачивают за акцию, и балансовой стоимостью собственного капитала (или чистого капитала) как меру того, насколько переоценена или недооценена акция. Получаемый в этом случае мультипликатор «цена/балансовая стоимость» (PBV) может варьировать очень сильно по отраслям в зависимости от их потенциала роста и качества инвестиций. При оценке компании этот мультипликатор определяется как отношение стоимости предприятия к балансовой стоимости всего инвестированного капитала (а не только собственного капитала). У тех, кто не считает балансовую стоимость хорошим индикатором подлинной стоимости активов, есть альтернатива — использовать стоимость замещения активов. Отношение стоимости фирмы к стоимости замещения называется мультипликатором Q Тобина, мы рассмотрим его в главе 19.

Мультипликаторы выручки

Как прибыль, так и балансовая стоимость — это бухгалтерские показатели, которые определяются в соответствии с правилами и принципами бухгалтерского учета. Альтернативным показателем, в гораздо меньшей степени зависящим от учетной политики, является выручка, к которой можно относить стоимость собственного капитала или стоимость предприятия. Инвесторы, вкладывающие деньги в акции, используют мультипликатор «цена/объем продаж» (price-sales — PS), который рассчитывается как частное от деления рыночной стоимости собственного капитала на выручку. При оценке фирмы данный показатель можно модифицировать в мультипликатор «стоимость/объем продаж» (value-sales — VS), где числителем является стоимость фирмы. Опять-таки этот мультипликатор сильно варьирует по отраслям, в основном в зависимости от размера коэффициента прибыльности. Однако преимущество использования мультипликаторов выручки заключается в том, что они в отличие от мультипликаторов прибыли и балансовой стоимости значительно облегчают сопоставление фирм на разных рынках в условиях существования различных систем бухгалтерского учета. Кроме того, они полезны в молодых секторах, где большинство компаний убыточны.

Специфические секторные мультипликаторы

Мультипликаторы прибыли, балансовой стоимости и выручки можно рассчитать для фирм в любом секторе и для целого рынка, но существуют некоторые мультипликаторы, которые являются специфическими для того или иного сектора. Например, когда в конце 1990-х гг. на рынке появились доткомы, они имели отрицательную прибыль, ничтожную выручку и балансовую стоимость. Аналитики, искавшие мультипликатор для оценки этих фирм, делили их рыночную стоимость на количество посещений веб-сайтов. Фирмы с низкой рыночной стоимостью в расчете на одно посещение трактовались как более недооцененные. Позднее социальные сети, такие как Linkedin и Facebook, оценивались по рыночной стоимости собственного капитала в расчете на одного члена.

Хотя существуют условия, при которых секторные мультипликаторы оправданны (мы их рассмотрим в главе 20), подобные мультипликаторы опасны по двум причинам. Во-первых, из-за того, что их нельзя определить для других секторов или рынка в целом, они могут привести к устойчивой переоценке или недооценке секторов относительно остального рынка. Инвесторы, которые никогда бы не заплатили за фирму в 80 раз больше ее выручки, могут выложить $2000 за каждое посещение интернет-страницы (на веб-сайте), поскольку не знают, много это для данного показателя, мало или близко к среднему уровню. Во-вторых, гораздо труднее связать специфические секторные мультипликаторы с фундаментальными показателями, являющимися принципиально важными для плодотворного использования мультипликаторов. Например, будет ли каждое посещение веб-сайта компании трансформироваться в рост выручки и прибыли? Ответ здесь зависит не только от характера компании. Кроме того, крайне трудно оценить перспективы.

ЧЕТЫРЕ БАЗОВЫХ ЭТАПА ИСПОЛЬЗОВАНИЯ МУЛЬТИПЛИКАТОРОВ

Мультипликаторы легко использовать, но они так же легко могут привести к ошибочному заключению. Компетентное использование мультипликаторов и обнаружение их неправильного применения другими пользователями можно разделить на четыре основных этапа. Первый этап заключается в обеспечении согласованности и единообразия определения и применения мультипликатора по сопоставимым фирмам. Второй этап состоит в получении представления о распределении значений мультипликатора не только по фирмам в анализируемом секторе, но и на всем рынке. Третий этап заключается в анализе мультипликатора и получении представления не только о том, какие фундаментальные переменные его определяют, но и о том, как их колебания трансформируются в изменения рассматриваемого мультипликатора. Последний этап состоит в идентификации подходящих для сравнения фирм, а также в сглаживании различий между ними, особенно таких, которые способны устойчиво сохраняться.

Определяющие тесты

Даже простейшие мультипликаторы могут определяться различными аналитиками по-разному. Например, рассмотрим мультипликатор «цена/прибыль» (PE). Большинство аналитиков определяет его как отношение рыночной цены к прибыли, приходящейся на одну акцию, но на этом согласие между ними заканчивается. Существует множество вариантов мультипликатора PE. Хотя традиционно в числителе находится текущая цена, некоторые аналитики берут ее среднюю величину за предшествующие шесть месяцев или за последний год. Прибыль на акцию в знаменателе может быть прибылью на акцию за последний полный финансовый год (это дает текущий PE), прибылью за последние четыре квартала (отслеживающий PE) и ожидаемой прибылью на акцию в следующем финансовом году (форвардный PE). К тому же прибыль на акцию может быть вычислена на основе первоначально выпущенных или же полностью разводненных акций, а также включать или исключать чрезвычайные расходы. Рисунок 17.1 иллюстрирует мультипликаторы PE, вычисленные с использованием каждого из этих показателей, для фирмы Apple в мае 2011 г.

Проблемы не заканчиваются тем, что эти варианты трактовки прибыли могут привести к очень разным значениям мультипликатора «цена/прибыль». Полученные результаты используются аналитиками в зависимости от их пристрастий. Например, в периоды роста прибыли форвардный PE оказывается устойчиво ниже отслеживающего PE, а тот, в свою очередь, ниже текущего PE. Аналитик, настроенный оптимистично, будет использовать форвардный PE в поддержку тезиса о том, что акция торгуется с низким мультипликатором прибыли. В то же время пессимистично настроенный аналитик будет делать акцент на текущем PE в поддержку тезиса о том, что мультипликатор слишком высок. Первый этап рассмотрения оценки, основанной на том или ином мультипликаторе, состоит в обеспечении единообразия определения этого мультипликатора каждым участвующим в формировании мнения.

Согласованность. Каждый мультипликатор имеет числитель и знаменатель. В числителе может быть либо стоимость акции (например, рыночная цена или стоимость), либо стоимость фирмы (например, стоимость предприятия, представляющая собой сумму долга и собственного капитала за вычетом денежных средств). В знаменателе может стоять либо пока-

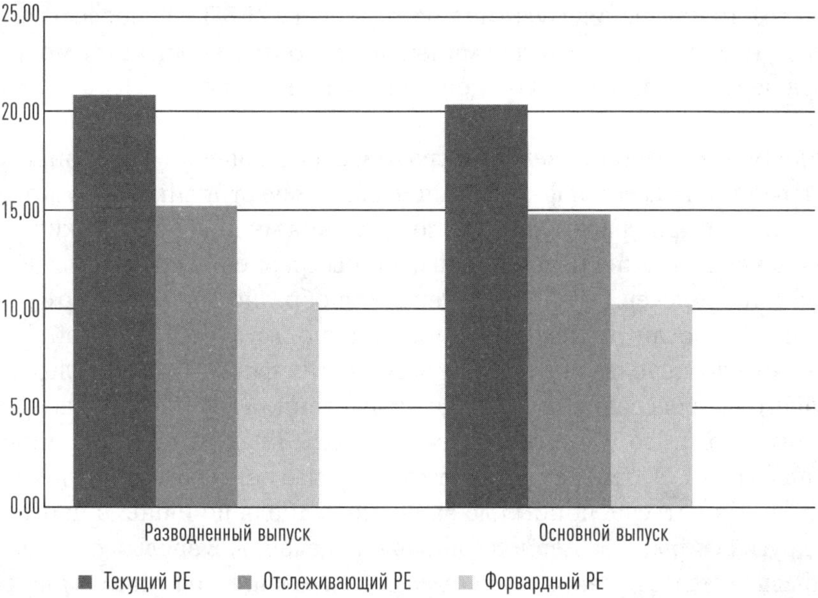

Рисунок 17.1. *Мультипликаторы PE для компании Apple в мае 2011 г.*

затель, относящийся к акции (такой, как прибыль на акцию, чистая прибыль или балансовая стоимость собственного капитала), либо показатель, относящийся к фирме (например, операционная прибыль, EBITDA или балансовая стоимость капитала).

Один из ключевых тестов, касающихся мультипликаторов, состоит в определении соответствия числителя и знаменателя. *Если числитель мультипликатора представляет собой стоимость акции, то и знаменатель должен относиться к акции. Если числитель — стоимость фирмы, то и знаменатель должен относиться к фирме.* Например, мультипликатор «цена/прибыль» определен согласованно, если в числителе находится цена акции (величина, относящаяся к акции), а в знаменателе — прибыль на акцию (что также относится к акции). Аналогично дело обстоит с мультипликатором «стоимость предприятия/EBITDA», где числитель и знаменатель относятся к фирме.

Существуют ли мультипликаторы, определяемые несогласованно? Возьмем, например, мультипликатор «цена/EBITDA», которым в последние годы пользуются некоторые аналитики. В этом мультипликаторе числитель относится к акции, а в знаменателе стоит прибыль фирмы. Аналитики, применяющие этот мультипликатор, утверждают, что несогласованность не имеет значения, поскольку мультипликатор вычисляется одинаково для всех сопоставимых фирм. Однако они ошибаются. Если одни фирмы из этого списка не имеют заимствований, а другие широко ими пользуются, то с точки зрения мультипликатора «цена/EBITDA» последние будут выглядеть дешевыми, в то время как в действительности они могут оказаться переоцененными или оцененными правильно.

Единообразие. При проведении сравнительной оценки фирм определенной группы для каждой фирмы вычисляется мультипликатор, а затем эти мультипликаторы сравнивают для составления мнения о том, какие фирмы переоценены, а какие недооценены. Чтобы сравнение имело смысл, мультипликатор должен быть определен единообразно для всех фирм данной группы. Так, если отслеживающий PE используется для одной фирмы, то его нужно использовать и для всех других фирм. При использовании текущего PE для сравнения фирм в определенной группе одна из проблем состоит в том, что у разных фирм налоговый год может заканчиваться в разное время. Это может привести к тому, что цены на акции одних фирм будут соотноситься с прибылью за период с июля по июнь, а цены на акции других фирм — за период с января по декабрь. В зрелых секторах, где прибыль не делает резких скачков за шесть месяцев, различия могут быть незначительными, однако в быстро растущих секторах они могут оказаться довольно большими.

В случае с использованием таких показателей, как прибыль и балансовая стоимость, существует другой компонент, о котором стоит позаботиться. Этим компонентом являются стандарты бухгалтерского учета, используемые при определении прибыли и балансовой стоимости. Различия в стандартах могут привести к очень разным значениям прибыли и балансовой стоимости для сопоставимых фирм. Данное обстоятельство сильно затрудняет сравнение мультипликаторов фирм на разных рынках с несовпадающими стандартами бухгалтерского учета. Даже при одинаковых стандартах различия в правилах бухгалтерского учета (скажем, начисления износа и расходов) для финансовой отчетности и налоговых целей могут привести к несопоставимости мультипликаторов прибыли[1].

Описательные тесты

При использовании мультипликатора всегда полезно знать его максимальное, минимальное и типовое значения на рынке. Иными словами, знание характеристик распределения мультипликатора — это ключевая часть

[1] Фирмы, которые принимают различные правила для финансовой отчетности и налоговых целей, обычно объявляют своим акционерам более высокую прибыль, чем налоговым властям. Когда на базе мультипликатора «цена/прибыль» такие фирмы сравниваются с фирмами, у которых финансовая и налоговая отчетность составляется на одних и тех же принципах, то они выглядят более дешевыми (имеют более низкий PE).

использования этого показателя для идентификации недооцененных или переоцененных фирм. Кроме того, следует понимать влияние выпадающих значений на средние величины и устранять смещения, возникающие в процессе оценки через мультипликаторы.

Характеристики распределения. Многие аналитики, использующие мультипликаторы, сосредотачивают внимание на отдельном секторе и хорошо понимают, как фирмы в их секторе ранжируются в зависимости от значений специфических мультипликаторов. Однако при этом им часто недостает понимания того, как значения мультипликатора распределяются на рынке в целом. Вы можете спросить, зачем человеку, анализирующему сектор программного обеспечения, следует интересоваться мультипликатором «цена/прибыль» для акций коммунальных предприятий? Причина в том, что и акции компаний, занимающихся программным обеспечением, и акции коммунальных предприятий конкурируют за один и тот же доллар инвестиций, а следовательно, они должны в некотором смысле играть по одним и тем же правилам. К тому же осведомленность о том, как мультипликаторы изменяются по секторам, может оказаться очень полезной для определения, является ли анализируемый сектор переоцененным или недооцененным.

Каковы значимые характеристики распределения? Стандартная статистика (средняя величина и стандартное отклонение) — это именно то, с чего следует начинать, но эти показатели еще далеко не все. Тот факт, что такие мультипликаторы, как «цена/прибыль», не могут быть меньше нуля и не имеют ограничений по максимуму, приводит к асимметричным распределениям, смещенным в область положительных значений. Поэтому средние значения этих мультипликаторов превышают их медианные значения[1], и последние оказываются гораздо более репрезентативными для типовой фирмы в группе. Хотя использование максимальных и минимальных значений обычно ограничено, для определения того, какое значение мультипликатора в группе следует считать высоким или низким, могут быть полезны процентильные показатели (10-, 25-, 75-, 90-процентильные значения и т. д.).

Выпадающие показатели и средние значения. Как уже отмечалось, мультипликаторы не ограничены сверху, и фирмы могут иметь отношение «цена/прибыль», равное 500, 2000 или даже 10 000. Это может быть результатом не только высоких цен акций, но и падения прибыли фирмы до нескольких центов. Такие выпадающие показатели приводят к утере

[1] Медиана — это такое значение, при котором одна половина всех фирм в группе находится ниже этого значения, а другая половина выше.

репрезентативности средних значений в выборке. В большинстве случаев службы, вычисляющие средние величины мультипликаторов и представляющие данные по ним, либо отбрасывают выпадающие показатели при расчете средних, либо ограничивают значения мультипликаторов таким образом, чтобы они не превышали определенного фиксированного числа. Например, всем фирмам, имеющим мультипликатор «цена/прибыль» больше 500, может быть присвоено значение мультипликатора, равное 500.

При использовании средних значений, полученных от соответствующих служб, важно знать, как та или иная служба поступала с выпадающими показателями при вычислении средних. Фактически чувствительность расчетных средних значений к выпадающим показателям является еще одним аргументом в пользу рассмотрения медианных значений мультипликаторов.

Смещения при оценке мультипликаторов. При использовании любого мультипликатора существуют фирмы, для которых его вычислить невозможно. Давайте снова рассмотрим мультипликатор «цена/прибыль». Когда прибыль на акцию отрицательна, мультипликатор не имеет смысла и обычно не упоминается в отчетах. При рассмотрении среднего значения мультипликатора «цена/прибыль» для группы фирмы с отрицательной величиной этого мультипликатора удаляются из выборки, поскольку мультипликатор нельзя вычислить. Почему это имеет значение, когда выборка велика? Тот факт, что устраняемые из выборки фирмы теряют деньги, создает смещение в процессе отбора и искажает статистику.

Эта проблема имеет три решения. Первое состоит в получении сведений о смещении и учете его в анализе. Практически это означает корректировку среднего значения PE для отражения исключения из выборки убыточных фирм. Второе решение заключается в агрегировании рыночной стоимости собственного капитала и чистой прибыли (или убытка) для всех фирм группы, включая убыточные компании, и вычисление мультипликатора «цена/прибыль» с помощью этих агрегированных значений. На рисунке 17.2 представлено среднее значение PE, медианная величина PE, а также PE, определенный на основе агрегированной прибыли для трех секторов: софтверные компании, химические компании и страховые компании. Хотя эти величины очень сильно отличаются у софтверных компаний, они намного ближе в двух других секторах. Это результат главным образом того, что в софтверном секторе больше компаний с отрицательной прибылью и чрезвычайно высокими значениями PE. Отметим, что медианное значение PE ниже среднего значения во всех трех секторах. Третье решение состоит в использовании мультипликатора, который вычисляется для всех фирм группы. Показатель, обратный мультипликатору «цена/прибыль», «прибыль/цена», можно подсчитать для всех фирм, включая убыточные.

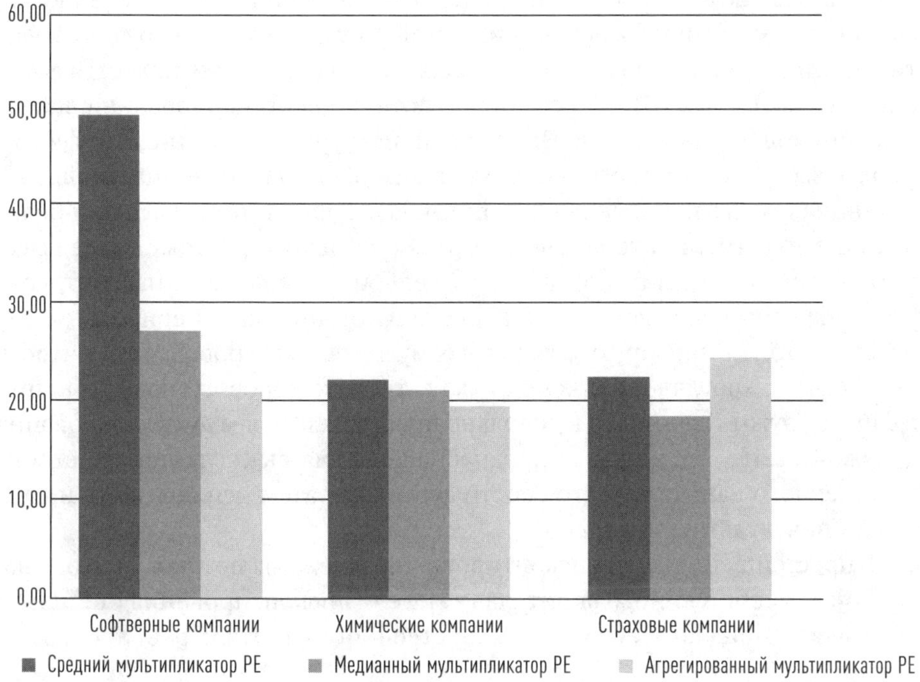

***Рисунок 17.2.** Мультипликатор PE в 2010 г.: средний, медианный и агрегированный*

Аналитические тесты

Когда мы выясняли, в чем секрет популярности мультипликаторов среди аналитиков, то говорили, что проведение сравнительной оценки требует меньшего числа допущений, чем оценки на основе дисконтирования денежных потоков. Хотя технически данный тезис верен, дело обстоит подобным образом лишь на первый взгляд. В реальности при проведении сравнительной оценки мы принимаем такое же количество допущений, как и при оценке через дисконтирование денежных потоков. Просто при сравнительной оценке эти допущения присутствуют в неявном виде и не формулируются, а при оценке на основе дисконтированных денежных потоков они носят явный характер. Прежде чем использовать мультипликаторы, необходимо ответить на два важнейших вопроса. Какие фундаментальные переменные определяют мультипликатор, с которым фирма торгуется на рынке? Как изменения в фундаментальных переменных влияют на мультипликатор?

Детерминанты. В главах, посвященных оценке на основе дисконтирования денежных потоков, мы видели, что стоимость фирмы является функцией трех переменных — способности фирмы генерировать денежные потоки, ожидаемого роста этих денежных потоков и неопределенности, связанной с указанными потоками. Каждый мультипликатор, будь то мультипликатор прибыли, выручки или балансовой стоимости, является функцией тех же самых трех переменных: потенциала генерирования денежных потоков, роста и риска. На интуитивном уровне понятно, что фирмы с более высокими темпами роста, меньшим риском и более значительным потенциалом создания денежных потоков должны торговаться при более высоких мультипликаторах, чем фирмы с меньшим ростом, более высоким риском и меньшим потенциалом генерирования денежных потоков.

Конкретные показатели роста, риска и потенциала генерирования денежных потоков варьируют для разных мультипликаторов. Для того чтобы, так сказать, «поглядеть в корень» мультипликаторов стоимости акций и фирмы, нужно вернуться к довольно простым моделям дисконтирования денежных потоков, которые предназначены для вычисления стоимости собственного капитала и стоимости фирмы, а затем использовать их для выведения мультипликаторов.

В простейшей модели дисконтирования денежных потоков, предназначенной для собственного капитала (в модели дисконтирования стабильно растущего дивиденда), стоимость собственного капитала равна:

$$\text{Стоимость собственного капитала} = P_0 = \frac{DPS_1}{k_e - g_n},$$

где DPS_1 — ожидаемый в следующем году дивиденд;
k_e — стоимость привлечения собственного капитала;
g_n — ожидаемые темпы стабильного роста.

Разделив обе части уравнения на прибыль, мы получим уравнение дисконтированных денежных потоков, определяющее мультипликатор PE для стабильно растущей фирмы:

$$\frac{P_0}{EPS_0} = PE = \frac{\text{коэффициент выплат} \times (1 + g_n)}{k_e - g_n}.$$

Разделив обе части уравнения на балансовую стоимость собственного капитала, можно оценить мультипликатор «цена/балансовая стоимость» для стабильно растущей фирмы:

$$\frac{P_0}{BV_0} = PBV = \frac{ROE \times \text{коэффициент выплат} \times (1 + g_n)}{k_e - g_n},$$

где ROE — рентабельность собственного капитала.

Разделив обе части уравнения на объем продаж, приходящийся на акцию, можно оценить мультипликатор «цена/объем продаж» как функцию от размера прибыли фирмы, коэффициента выплат и ожидаемого роста:

$$\frac{P_0}{\text{Объем продаж}_0} = PS =$$

$$= \frac{\text{маржа прибыли} \times \text{коэффициент выплат} \times (1+g_n)}{k_e - g_n}.$$

Похожие выкладки можно провести для вывода мультипликаторов стоимости фирмы. Стоимость стабильно растущей фирмы может быть представлена следующим образом:

$$\text{Стоимость операционных активов} = EV_0 = \frac{FCFF_1}{k_c - g_n}.$$

Разделив обе части уравнения на ожидаемый свободный денежный поток фирмы, мы получим мультипликатор «стоимость/FCFF» для стабильно растущей фирмы:

$$\frac{EV_0}{FCFF_1} = \frac{1}{k_c - g_n}.$$

Поскольку свободные денежные потоки фирмы представляют собой операционную прибыль после уплаты налогов за вычетом чистых капитальных затрат и потребностей в оборотном капитале фирмы, аналогичным образом можно оценить мультипликаторы EBIT, EBIT после уплаты налогов и EBITDA.

Основная идея этих рассуждений состоит не в том, чтобы вернуться к использованию оценки через дисконтированные денежные потоки, а в уяснении того, какие переменные могут приводить к изменениям этих мультипликаторов у фирм одного и того же сектора. Если бы мы игнорировали эти переменные, то могли бы прийти к выводу, что акция с PE = 8 дешевле акции с PE = 12, в то время как подлинная причина может заключаться в том, что последняя характеризуется более высоким ожидаемым ростом. Или мы могли бы решить, что акция с PBV = 0,7 стоит меньше, чем акция с PBV= 1,5, тогда как на самом деле последняя характеризуется более высокой рентабельностью собственного капитала.

Взаимосвязь между мультипликаторами и фундаментальными переменными. Получение знаний о фундаментальных переменных, определяющих мультипликатор, — это первое, что необходимо, но для использования мультипликатора огромную роль играет также понимание, как он меняется по мере изменения фундаментальных переменных. Допустим, вас просят сказать, насколько выше среднего, в 1,5, в 1,8 или в 2 раза, должен быть мультипликатор PE фирмы, темпы роста которой в два раза превышают средние для сектора. Чтобы вынести суждение, вам нужно знать, как меняется мультипликатор PE с изменением темпов роста.

Удивительно большое количество исследований базируется на предпосылке линейной взаимосвязи мультипликаторов и фундаментальных переменных. Например, мультипликатор «PE/рост» (price-earnings-growth — PEG), представляющий собой отношение PE к ожидаемым темпам роста фирмы и широко используемый для анализа быстро растущих фирм, основывается на неявном предположении о линейной связи мультипликатора PE и ожидаемых темпов роста.

Как было показано в предыдущем разделе, одно из преимуществ получения мультипликаторов с использованием модели дисконтирования денежных потоков состоит в том, что вы можете анализировать связь между каждой фундаментальной переменной и мультипликатором при неизменности всех прочих показателей.

Определяющие переменные. Вообще говоря, переменные, определяющие мультипликатор, можно извлечь из модели дисконтирования денежных потоков, а связь между каждой переменной и мультипликатором можно выявить, сохраняя прочие переменные постоянными и задавая вопрос: «что будет, если…». Вместе с тем при объяснении поведения мультипликатора выясняется, что одна переменная является доминирующей. Эту переменную, называемую определяющей, обычно можно идентифицировать, если рассмотреть, как меняются мультипликаторы в разных фирмах в отдельном секторе или на всем рынке. В следующих трех главах идентифицируются, а затем используются в анализе определяющие переменные для наиболее распространенных мультипликаторов.

Прикладные тесты

Мультипликаторы обычно применяют к сопоставимым фирмам для определения стоимости фирмы или акционерного капитала. Но что такое сопоставимая фирма, или фирма-аналог? Хотя традиционно сопоставимыми считаются компании одной и той же отрасли или сферы деятельности, такая практика далеко не всегда оказывается правильной или наилучшей для идентификации таких фирм. Вдобавок, как бы тщательно ни осуществлялся выбор фирм-аналогов, различия между оцениваемой и сопоставимой фирмой все равно остаются. Важной частью сравнительной оценки является сглаживание этих различий.

Что такое сопоставимая фирма? Сопоставимая фирма — это фирма, у которой денежные потоки, потенциал роста и риск сходны с показателями оцениваемой фирмы. В идеале хотелось бы оценивать фирму относительно в точности сопоставимой с точки зрения риска, роста и денежных потоков фирмы. В этом определении нет компонента, который устанавливал бы связь фирмы с отраслью или сектором, к которым она принадлежит. Таким образом, телекоммуникационная фирма может сопоставляться с фирмой, занимающейся программным обеспечением, если они обе идентичны по своим денежным потокам, росту и риску. Однако в большинстве случаев аналитики в качестве сопоставимых фирм рассматривают компании, занимающиеся тем же бизнесом или видами деятельности, что и оцениваемая фирма. Если в отрасли достаточно много фирм, то полученный перечень аналогов в дальнейшем сокращается на основе других критериев. Скажем, могут рассматриваться только фирмы похожего размера. Принимаемое здесь неявное допущение состоит в том, что фирмы в одном и том же секторе обладают сходными профилями риска, роста и денежных потоков, а потому могут сопоставляться с гораздо большей обоснованностью.

Таким образом, при составлении списка сопоставимых фирм ключевым становится вопрос, насколько узко вы определяете сопоставимую фирму. Если она определяется как фирма, похожая на оцениваемую фирму по всем аспектам (риску, росту и денежным потокам), список может оказаться очень коротким. Если она определяется шире, и вы готовы принять расхождения по одному или всем аспектам, то список получится более длинным. Если вы сможете найти способ сглаживания различий между компаниями (далее мы рассмотрим несколько путей), то использование более широкой выборки менее похожих фирм даст более достоверные результаты, чем использование небольшой выборки более похожих фирм.

С глобализацией возникает новая проблема, связанная с тем, что компании в одном секторе создаются и торгуются на разных рынках. Так, в автомобилестроительном секторе можно встретить американские, европейские и азиатские фирмы, конкурирующие за долю глобального рынка. Можно ли сравнивать компании, торгующиеся на разных рынках? Да, если вы понимаете, что эти компании могут иметь разный риск, рост и денежные потоки. Например, азиатские автопроизводители могут отличаться более высоким потенциалом роста и риском от европейских автопроизводителей. Кроме того, различия в стандартах бухгалтерского учета и валютах способны смещать распределение рыночных и учетных параметров и требуют сглаживания.

Сглаживание различий между фирмами. Как бы тщательно ни формировался перечень сопоставимых фирм, они все равно будут отличаться от оцениваемой фирмы. По одним переменным различия могут быть малы, а по другим — значительны и требовать сглаживания при сравнительной оценке. Существуют три пути сглаживания: субъективные корректировки, модифицированные мультипликаторы и секторная или рыночная регрессия.

Субъективные корректировки. Сравнительная оценка начинается с решения двух вопросов: выбора мультипликатора, используемого в анализе, и выбора группы сопоставимых фирм. Для каждой из сопоставимых фирм вычисляется мультипликатор, и определяется его среднее значение. Затем для оценки отдельно взятой фирмы сравнивают мультипликатор, с которым она торгуется на рынке, с полученным средним значением. Если результаты сильно различаются, смотрят, можно ли объяснить различия индивидуальными характеристиками фирмы (ростом, риском или денежными потоками). Так, если фирма имеет мультипликатор PE = 22, а в секторе средний PE составляет только 15, вы можете прийти к выводу, что различие объясняется ее более высоким потенциалом роста, чем у средней фирмы в отрасли. Если же, с вашей точки зрения, различия нельзя объяснить на основе фундаментальных переменных, то фирму следует считать переоцененной (если ее мультипликатор выше среднего значения) или недооцененной (если ее мультипликатор ниже среднего значения).

Модифицированные мультипликаторы. В рамках этого подхода мы модифицируем мультипликатор с учетом самой важной переменной, которая его определяет, — определяющей переменной. Например, для получения мультипликатора PE, скорректированного с учетом роста, или мультипликатора PEG, PE делят на ожидаемые темпы роста EPS. Затем модифицированные мультипликаторы сравниваются по компаниям в секторе. При этом мы неявно допускаем, что фирмы сопоставимы по всем другим показателям стоимости, за исключением сглаживаемого. Кроме того, мы предполагаем, что связь между мультипликатором и фундаментальными переменными является линейной.

ИЛЛЮСТРАЦИЯ 17.1. *Сопоставление мультипликаторов PE и темпов роста компаний, выпускающих напитки, в 2001 г.*

В нижеследующей таблице обобщены мультипликаторы PE в 2001 г. и ожидаемые темпы роста EPS в ближайшие пять лет (2002–2006 гг.), которые определены на основе консенсусных оценок аналитиков применительно к фирмам, выпускающим напитки.

Название компании	*Отслеживающий PE*	*Ожидаемый рост (%)*	*Стандартное отклонение (%)*	*PEG*
Coca-Cola Bottling	29,18	9,50	20,58	3,07
Molson Inc. Ltd. «A»	43,65	15,50	21,88	2,82
Anheuser-Busch	24,31	11,00	22,92	2,21
Corby Distilleries Ltd.	16,24	7,50	23,66	2,16

Название компании	*Отслеживающий PE*	*Ожидаемый рост (%)*	*Стандартное отклонение (%)*	*PEG*
Chalone Wine Group Ltd.	21,76	14,00	24,08	1,55
Andres Wines Ltd. «A»	8,96	3,50	24,70	2,56
Todhunter Int'l	8,94	3,00	25,74	2,98
Brown-Forman «B»	10,07	11,50	29,43	0,88
Coors (Adolph) «B»	23,02	10,00	29,52	2,30
PepsiCo, Inc.	33,00	10,50	31,35	3,14
Coca-Cola	44,33	19,00	35,51	2,33
Boston Beer «A»	10,59	17,13	39,58	0,62
Whitman Corp.	25,19	11,50	44,26	2,19
Mondavi (Robert) «A»	16,47	14,00	45,84	1,18
Coca-Cola Enterprises	37,14	27,00	51,34	1,38
Hansen Natural Corp.	9,70	17,00	62,45	0,57
В среднем	22,66	12,60	33,30	2,00

Источник: Value Line Database.

Является компания Andres Wines недооцененной при сравнительной оценке? Поверхностное рассмотрение мультипликаторов приведет вас к этому выводу, поскольку ее мультипликатор PE = 8,96 значительно ниже, чем средний по отрасли.

Делая это сопоставление, мы предполагаем, что компания Andres Wines имеет характеристики роста и риска, сходные со среднеотраслевыми. Одним из способов, позволяющим учитывать рост при сравнении, является вычисление мультипликатора PEG, данные по которому приведены в последнем столбце. Если взять за основу среднее значение PEG для сектора, равное 2, и оценки темпов роста для Andres Wines, мы получим следующее значение мультипликатора PE для этой компании:

$$\text{Мультипликатор PE} = 2{,}00 \times 3{,}5\% = 7{,}00.$$

Если основываться на скорректированном значении PE, то можно прийти к выводу, что компания Andres Wines является переоцененной, несмотря на низкий мультипликатор PE. Хотя это может казаться лишь незначительной корректировкой, связанной с решением проблемы различий между фирмами, данное заключение остается в силе только в том случае, если указанные фирмы эквивалентны по риску. Применение этого подхода также неявно предполагает линейную связь между темпами роста и PE.

Секторные регрессии. Когда различия не ограничиваются одной переменной, становится труднее модифицировать мультипликаторы для учета различий между фирмами. В этом случае можно строить регрессии мультипликаторов по переменным, а затем использовать их для поиска расчетных значений по каждой фирме. Этот подход работает довольно хорошо, когда число сопоставляемых фирм велико, а связь между мультипликатором и переменной стабильна. Если же эти условия не выполняются, то незначительное количество выпадающих переменных может существенным образом изменить значения мультипликаторов и сделать прогнозы значительно менее достоверными.

ИЛЛЮСТРАЦИЯ 17.2. Пересмотр сектора напитков в 2001 г.: секторная регрессия

Мультипликатор «цена/прибыль» — это функция ожидаемых темпов роста, риска и коэффициента выплат. Хотя у фирм, выпускающих напитки, коэффициенты выплат довольно близки, они отличаются друг от друга показателями риска и роста. В приводимой ниже таблице обобщаются данные по мультипликаторам «цена/прибыль», стандартному отклонению цен акций и ожидаемым темпам роста для нижеперечисленных фирм.

Название компании	*Отслеживающий PE*	*Ожидаемый рост (%)*	*Стандартное отклонение (%)*
Coca-Cola Bottling	29,18	9,50	20,58
Molson Inc. Ltd. «A»	43,65	15,50	21,88
Anheuser-Busch	24,31	11,00	22,92
Corby Distilleries Ltd.	16,24	7,50	23,66
Chalone Wine Group Ltd.	21,76	14,00	24,08
Andres Wines Ltd. «A»	8,96	3,50	24,70
Todhunter Int'l	8,94	3,00	25,74
Brown-Forman «B»	10,07	11,50	29,43
Coors (Adolph) «B»	23,02	10,00	29,52
PepsiCo, Inc.	33,00	10,50	31,35
Coca-Cola	44,33	19,00	35,51
Boston Beer «A»	10,59	17,13	39,58
Whitman Corp.	25,19	11,50	44,26
Mondavi (Robert) «A»	16,47	14,00	45,84
Coca-Cola Enterprises	37,14	27,00	51,34
Hansen Natural Corp.	9,70	17,00	62,45

Источник: Value Line Database.

Поскольку эти фирмы различаются между собой по показателям риска и ожидаемого роста, регрессия мультипликаторов PE строится по обеим переменным.

$$\text{PE} = \underset{[3{,}01]}{20{,}87} - \underset{[2{,}63]}{63{,}98}\ (\text{стандартное отклонение}) +$$

$$+ \underset{[3{,}66]}{183{,}24}\ (\text{ожидаемый рост}) \qquad R^2 = 51\%.$$

В квадратных скобках приведены t-статистики, указывающие на то, что связи между мультипликаторами PE и обеими переменными в регрессионном уравнении статистически значимы. Показатель R-квадрат указывает на процентную долю разностей в мультипликаторах PE, которые объясняются независимыми переменными. Наконец, для получения прогнозных значений PE для перечисленных компаний можно использовать регрессию саму по себе [1]. Таким образом, прогнозное значение PE для компании Coca-Cola, основанное на стандартном отклонении в 35,51% и ожидаемых темпах роста, составляющих 19%, будет равно:

$$\text{Прогнозный PE}_{\text{Coca-Cola}} = 20{,}87 - 63{,}98\ (0{,}3551) + 183{,}24\ (0{,}19) = 32{,}9.$$

---

[1] В обоих подходах предполагается линейная связь между мультипликатором и определяющими его значение переменными. Поскольку такая предпосылка не всегда оказывается правильной, возможно, вам придется строить нелинейные регрессии.

Поскольку фактическое значение PE для компании Coca-Cola было равно 44,33, это указывает на переоцененность акций данной компании относительно остальной части сектора.

Если вас не устраивает предпосылка, согласно которой связь между PE и ростом линейна, а именно так мы считали при построении регрессии, то вы можете либо построить нелинейные регрессии, либо модифицировать переменные, входящие в регрессионное уравнение, чтобы сделать связь более линейной. Например, замена темпов роста в регрессионном уравнении на их натуральный логарифм позволит получить остатки с гораздо лучшими характеристиками.

Рыночные регрессии. Поиск сопоставимых фирм в рамках сектора, в котором функционирует данная фирма, связан с весьма сильными ограничениями, особенно если в секторе существует сравнительно мало фирм или фирма функционирует более чем в одном секторе. Поскольку по определению сопоставимой считается не та фирма, которая функционирует в том же бизнесе, что и анализируемая, а фирма, имеющая такие же характеристики роста, риска и денежных потоков, не обязательно ограничивать выбор сопоставимых фирм одной и той же отраслью. Регрессия, представленная в предыдущем разделе, сглаживает различия по тем переменным, из-за которых, на ваш взгляд, варьируют мультипликаторы по фирмам. Регрессионный анализ мультипликаторов (PE, EV/EBITDA, PBV) по определяющим переменным можно применить ко всем фирмам рынка, которые попали в вашу выборку. Затем можно использовать рыночную регрессию для получения прогнозных значений мультипликаторов для отдельных компаний. Компания, торгующаяся с мультипликатором PE ниже (выше) прогнозного значения, считается недооцененной (переоцененной) по отношению к рынку.

Первое преимущество этого подхода в сравнении с субъективным сравнением фирм одного сектора состоит в измерении на базе фактических рыночных данных той степени, в которой повышенный риск или рост влияют на значение мультипликатора. Конечно, такие оценки могут иметь погрешность, но она отражает реальность, с которой многие аналитики предпочитают не сталкиваться при вынесении субъективных суждений. Во-вторых, благодаря рассмотрению всех фирм на рынке, этот подход позволяет получить более значимые сравнения фирм, функционирующих в отраслях с относительно малым количеством компаний. В-третьих, он позволяет проанализировать, являются ли все фирмы в отрасли недооцененными или переоцененными, посредством оценки их показателей относительно других фирм на рынке.

СОГЛАСОВАНИЕ ОЦЕНКИ НА ОСНОВЕ ДИСКОНТИРОВАНИЯ ДЕНЕЖНЫХ ПОТОКОВ И СРАВНИТЕЛЬНОЙ ОЦЕНКИ

Два подхода к проведению оценки — через дисконтирование денежных потоков и через сравнение — обычно приводят к разным значениям стоимости для одной и той же фирмы. Даже в рамках сравнительной оценки можно прийти к различающимся значениям стоимости в зависимости от того, какой мультипликатор использовался и какие фирмы были выбраны для сравнения.

Различия в результатах оценки на основе дисконтирования денежных потоков и сравнительной оценки являются следствием различных взглядов на эффективность рынка или, точнее говоря, на неэффективность рынка. При проведении оценки на основе дисконтирования денежных потоков мы предполагаем, что рынки допускают ошибки, корректируют их с течением времени, и ошибки часто могут охватывать целые сектора или даже весь рынок. При проведении сравнительной оценки мы предполагаем, что, несмотря на то что рынки допускают ошибки в отношении акций отдельных компаний, в среднем эти оценки верны. Иными словами, когда мы оцениваем фирму Adobe Systems относительно других софтверных фирм, то предполагаем, что в среднем рынок оценивает эти компании правильно, даже если и может допускать ошибки при оценке каждой из них в отдельности. Таким образом, акция может быть переоцененной с точки зрения оценки на основе дисконтирования денежных потоков, но недооцененной при сравнительной оценке, если все фирмы, используемые для сравнения, переоценены рынком. Если бы весь сектор или рынок были бы недооценены, то произошло бы обратное.

ЗАКЛЮЧЕНИЕ

При проведении сравнительной оценки мы определяем стоимость актива, рассматривая ценообразование сходных активов. Чтобы провести сравнение, мы преобразуем цены в мультипликаторы — нормализованные цены, а затем сравниваем мультипликаторы для фирм, определенных как сопоставимые. Цены можно нормализовать на основе прибыли, балансовой стоимости, выручки или специфических переменных для секторов.

Хотя привлекательным свойством мультипликаторов остается их простота, для их разумного применения необходимо выполнить четыре условия. Во-первых, нужно согласованно определить мультипликатор и измерить его единообразно для сопоставимых фирм. Во-вторых, следует понять, как мультипликатор варьирует по фирмам на рынке. Иными словами, надо знать, какое значения является высоким, какое низким, а какое типичным для рассматриваемого мультипликатора. В-третьих, нужно выявить фундаментальные переменные, определяющие каждый из мультипликаторов, и понять, как изменения этих фундаментальных переменных влияют на значение мультипликатора. Наконец, необходимо идентифицировать действительно сопоставимые фирмы и сгладить различия между ними по фундаментальным характеристикам.

КОНТРОЛЬНЫЕ ВОПРОСЫ

В приведенных ниже заданиях, если не указано иное, премия за риск инвестирования в акции принимается равной 5,5%.

1. Вы можете рассчитать мультипликатор PE, используя текущую прибыль, отслеживающую прибыль и форвардную прибыль.
   а) Какова разница между значениями мультипликаторов?
   б) Какой из этих мультипликаторов будет, скорее всего, иметь наибольшее значение? Почему?
2. Аналитик вычислил отношение стоимости фирмы (которую он определил как рыночную стоимость собственного капитала плюс долгосрочный долг минус денежные средства) к прибыли после уплаты всех процентов и налогов.
   а) Объясните, почему такой мультипликатор является противоречивым.
   б) Объясните, почему данное обстоятельство может стать проблемой при сопоставлении фирм с использованием этого мультипликатора.
3. В этой главе было отмечено, что мультипликаторы имеют асимметричные распределения.
   а) Что такое асимметричное распределение?
   б) Почему мультипликаторы обычно имеют асимметричные распределения?
   в) Каковы последствия всего этого для аналитика, который, возможно, использует отраслевые средние для сопоставления фирм?
4. Как правило, мы не можем определить мультипликатор PE для фирм с отрицательной прибылью. Каковы последствия этого для статистических показателей, подобных среднеотраслевым мультипликаторам PE?

Глава 18

МУЛЬТИПЛИКАТОРЫ ПРИБЫЛИ

Мультипликаторы прибыли остаются самыми распространенными показателями при сравнении стоимости. Эта глава начинается с детального изучения мультипликатора «цена/прибыль», а затем рассматриваются варианты этого мультипликатора — коэффициент PEG и относительный PE. Во второй части этой главы мы рассмотрим также мультипликаторы стоимости, в частности мультипликатор «стоимость/EBITDA». При рассмотрении каждого из них используется четырехэтапный процесс, описанный в главе 17.

МУЛЬТИПЛИКАТОР «ЦЕНА/ПРИБЫЛЬ»

Мультипликатор «цена/прибыль» (price-earnings multiple — PE) — наиболее широко распространенный коэффициент, и именно им наиболее широко злоупотребляют. Простота этого показателя придает ему привлекательность во многих сферах применения, начиная от оценки первоначального публичного размещения акций и кончая вынесением суждений по поводу относительной стоимости. Однако его связь с фундаментальными финансовыми показателями фирмы часто игнорируется, что приводит к серьезным ошибкам в применении. Эта глава дает определенное представление о факторах, определяющих мультипликатор «цена/прибыль», и наилучших способов его использования при проведении оценки.

Определения мультипликатора PE

Мультипликатор «цена/прибыль» вычисляется как отношение рыночной цены акции к прибыли на акцию:

PE = рыночная цена акции / прибыль на акцию.

Мультипликатор PE определен согласованно, ведь числитель представляет собой стоимость собственного капитала на акцию, а знаменатель измеряет приходящуюся на нее прибыль, т. е. является показателем прибыли, зарабатываемой собственным капиталом. Самая большая проблема с мультипликаторами PE — это изменения показателя прибыли на акцию, используемого при вычислении. В главе 17 мы видели, что коэффициенты PE можно вычислить с помощью таких показателей, как текущая, отслеживающая, форвардная, полностью разводненная или первоначальная прибыль на акцию.

Мультипликатор PE — особенно в случаях с быстро растущими фирмами (и фирмами с большим риском) — может очень сильно меняться в зависимости от того, какой используется показатель прибыли на акцию. Данное обстоятельство можно объяснить двумя факторами:

1. *Изменчивость (волатильность) прибыли на акцию в этих фирмах*. Форвардная прибыль на акцию может быть значительно выше (или ниже), чем отслеживающая, а она, в свою очередь, может значительно отличаться от текущей прибыли на акцию.
2. *Опционы менеджеров*. Поскольку быстро растущие фирмы обычно предоставляют работникам гораздо больше опционов относительно количества акций, то разность между разводненной и первоначальной прибылью на акцию обычно оказывается большой.

В тех случаях, когда сопоставляются мультипликаторы PE разных фирм, трудно гарантировать, что прибыль на акцию оценивается единообразно по следующим причинам:

- Фирмы часто растут, поглощая другие фирмы, и при этом осуществленные поглощения они отражают в бухгалтерском учете не одинаково. Хотя в настоящее время все компании должны использовать метод покупки и отражать гудвилл как актив, у них достаточно свободы действий, которая приводит к существенным различиям в объявленной прибыли. Как следствие они получают разные показатели прибыли на акцию и мультипликаторы PE.
- Использование разводненной прибыли на акцию при оценке мультипликатора PE может привести к включение в него акций, предназначенных для поставки по опционам менеджеров, однако в качестве эквивалентных опционов рассматриваются только опционы глубоко или немного в деньгах.
- Фирмы часто могут произвольно решать, относить те или иные статьи на расходы или же капитализировать их, по крайней мере для

целей отчетности. Отнесение капитальных вложений на затраты позволяет фирмам перемещать прибыль из одного периода в другой и причиняет ущерб тем фирмам, которые больше реинвестируют.

Распределение мультипликаторов PE

Важнейший этап в использовании мультипликатора PE состоит в понимании того, как значения мультипликатора распределяются среди фирм в секторе и на рынке. В этом разделе анализируется распределение мультипликаторов PE на всем рынке.

Рыночное распределение. На рисунке 18.1 представлено распределение мультипликаторов PE для акций американских компаний в январе 2011 г. На этом графике показаны текущий PE, отслеживающий PE и форвардный PE.

В таблице 18.1 представлены обобщенные статистические данные по всем трем показателям мультипликатора «цена/прибыль», начиная от средних и медианных и до 25- и 75-процентильных значений. При вычислении этих величин для мультипликатора PE был установлен верхний потолок на уровне 200 для всех значений, превышающих эту величину,

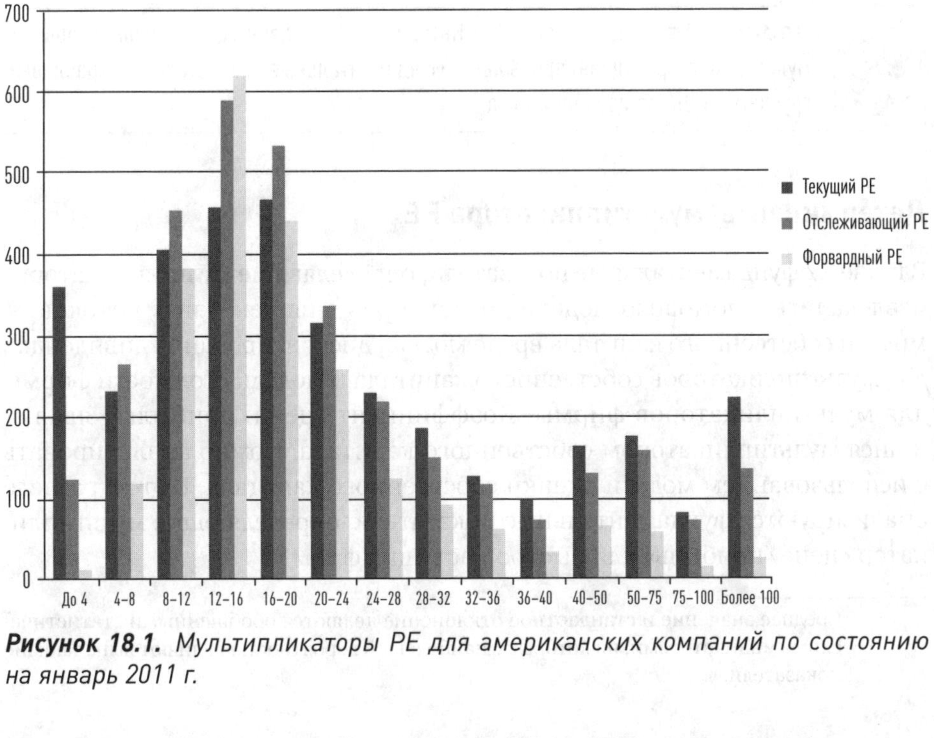

***Рисунок 18.1.** Мультипликаторы PE для американских компаний по состоянию на январь 2011 г.*

чтобы предотвратить слишком большое влияние выпадающих показателей на обобщенные статистические индикаторы[1].

При рассмотрении всех трех показателей мультипликатора PE видно, что среднее значение устойчиво превышает медианное. Это отражает тот факт, что мультипликаторы PE могут иметь очень большую величину, но не могут быть меньше нуля. Эта асимметричность распределения отражена в «скошенных» значениях. Текущие значения PE выше, чем отслеживающие значения, а те, в свою очередь, превышают форвардные величины. Это отражает ожидание того, что будущие прибыли превысят прошлые.

ТАБЛИЦА 18.1. *Распределение мультипликаторов PE для американских компаний в январе 2011 г.*

	Текущий PE	Отслеживающий PE	Форвардный PE
Среднее значение	49,82	38,19	21,40
Медианное значение	19,50	17,79	16,16
25-процентильные значение	12,38	11,99	12,44
75-процентильные значение	33,44	28,02	22,13
Минимум	0,01	0	1,82
Максимум	11 270	6680,7	717
Количество	3316	3374	2310
Размер выборки	5928	5928	5928

pedata.xls — размещенный в Интернете набор данных, в котором обобщены мультипликаторы «цена/прибыль» и фундаментальные показатели по отраслевым группам в США за последний год.

Детерминанты мультипликатора PE

В главе 17 фундаментальные показатели, определявшие мультипликаторы, извлекались с помощью модели дисконтирования денежных потоков — модели собственного капитала вроде модели дисконтирования дивидендов для мультипликаторов собственного капитала и модели стоимости фирмы для мультипликаторов фирмы. Коэффициент «цена/прибыль», являющийся мультипликатором собственного капитала, можно анализировать с использованием модели оценки собственного капитала. В этом разделе анализируются фундаментальные показатели, определяющие мультипликатор «цена/прибыль» для быстро растущих фирм.

1 Среднее значение и стандартное отклонение являются обобщенными статистическими индикаторами, на которые с наибольшей вероятностью влияют выпадающие показатели.

Трактовка мультипликаторов PE с точки зрения модели дисконтирования денежных потоков. В главе 17 мы вывели мультипликатор PE для стабильно растущей фирмы из модели дисконтирования стабильно растущего дивиденда:

$$P_0/EPS_0 = PE = [\text{коэффициент выплат} \times (1 + g_n)]/(k_e - g_n).$$

Если мультипликатор PE определяется на основе ожидаемой прибыли в следующем периоде, то данное выражение можно упростить:

$$P_0/EPS_1 = \text{форвардный } PE = \text{коэффициент выплат}/(k_e - g_n).$$

Мультипликатор PE — это возрастающая функция коэффициента выплат и темпов роста и убывающая функция рискованности фирмы. В действительности, мы можем представить коэффициент выплат как функцию ожидаемых темпов роста и рентабельности собственного капитала:

$$\text{Коэффициент выплат} = 1 - \text{ожидаемые темпы роста}/ /\text{рентабельность собственного капитала} = 1 - g_n/ROE_n.$$

Подставим это выражение в предыдущее уравнение.

$$P_0/EPS_1 = \text{форвардный } PE = (1 - g_n/ROE_n)/(k_e - g_n).$$

Мультипликатор «цена/прибыль» для быстро растущей фирмы можно также связать с фундаментальными показателями. В случае двухфазной модели дисконтирования дивидендов эту связь можно выявить очень просто. Когда ожидается быстрый рост фирмы в следующие n лет и стабильный рост в последующие годы, то модель дисконтирования дивидендов можно записать следующим образом:

$$P_0 = \frac{EPS_0 \times \text{коэффициент выплат} \times (1+g) \times \left[1 - \dfrac{(1+g)^n}{(1+k_{e,hg})^n}\right]}{k_{e,hg} - g} + \frac{EPS_0 \times \text{коэффициент выплат}_n \times (1+g)^n \times (1+g_n)}{(k_{e,st} - g_n)(1+k_{e,hg})^n}.$$

где EPS0 = прибыль на акцию в году 0 (текущий год);

g = темпы роста в первые n лет;

k_e, h_g = стоимость привлечения собственного капитала в период быстрого роста;

$k_{e,\,st}$ = стоимость привлечения собственного капитала в период стабильного роста;

коэффициент выплат = коэффициент выплат в первые n лет;

g_n = темпы роста по истечении n лет, продолжающиеся бесконечно (стабильные темпы роста);

коэффициент выплат$_n$ = коэффициент выплат по истечении n лет для стабильной фирмы.

Перенесем EPS0 в левую часть уравнения.

$$\frac{P_0}{EPS_0}=\frac{\text{коэффициент выплат}\times(1+g)\times\left[1-\frac{(1+g)^n}{(1+k_{e,hg})^n}\right]}{k_{e,hg}-g}+$$
$$+\frac{\text{коэффициент выплат}_n\times(1+g)^n\times(1+g_n)}{(k_{e,st}-g_n)(1+k_{e,hg})^n}.$$

Теперь выразим коэффициент выплат через ROE:

$$\frac{P_0}{EPS_0}=\frac{\left(1-\frac{g}{ROE_{hg}}\right)\times(1+g)\times\left[1-\frac{(1+g)^n}{(1+k_{e,hg})^n}\right]}{k_{e,hg}-g}+$$
$$+\frac{\left(1-\frac{g_n}{ROE_{st}}\right)\times(1+g)^n\times(1+g_n)}{(k_{e,st}-g_n)(1+k_{e,hg})^n}.$$

где ROE_{hg} = рентабельность собственного капитала в период быстрого роста;

ROE_{st} = рентабельность собственного капитала в период стабильного роста.

Левая часть уравнения представляет собой мультипликатор «цена/прибыль». Его определяют следующие факторы:

- *Коэффициент выплат (и рентабельность собственного капитала) в период быстрого роста и при стабильном росте*. Мультипликатор PE растет по мере увеличения коэффициента выплат при любых темпах роста. Альтернативный способ формулировки того же самого утверждения состоит в том, что мультипликатор PE растет по мере увеличения рентабельности собственного капитала и падает при ее уменьшении.
- *Рискованность (через ставку дисконтирования)*. Мультипликатор PE снижается по мере увеличения рискованности. Иначе говоря, мультипликатор PE будет выше у фирм с более предсказуемым и стабильным ростом.
- *Ожидаемые темпы роста прибыли как в фазе быстрого роста, так и в фазе стабильного роста*. Мультипликатор PE растет в любом из этих периодов, если ROE больше, чем стоимость привлечения собственного капитала.

Эта формула настолько общая, что применима к любой фирме, даже к той, которая в данный момент не выплачивает дивидендов. Следует отметить, что при анализе фирм, выплачивающих значительно меньше дивидендов, чем они могли бы себе позволить, мультипликатор «FCFE/прибыль» можно заменить коэффициентом выплат.

ИЛЛЮСТРАЦИЯ 18.1. *Оценка мультипликатора PE для быстро растущей фирмы в двухфазной модели*

Предположим, что вас попросили оценить мультипликатор PE для фирмы, имеющей следующие характеристики:

Длительность периода быстрого роста = 5 лет

Темпы роста в первые пять лет = 25% — Коэффициент выплат в первые пять лет = 20%

Темпы роста по истечении пяти лет = 8% — Коэффициент выплат по истечении пяти лет = 50%

Коэффициент бета = 1 — Безрисковая ставка = ставка по казначейским облигациям = 6%

Стоимость привлечения собственного капитала[1] = 6% + 1 (5,5%) = 11,5% — Премия за риск = 5,5%

$$PE = \frac{0{,}2 \times (1{,}25) \times \left[1 - \frac{(1{,}25)^5}{(1{,}115)^5}\right]}{0{,}115 - 0{,}25} + \frac{0{,}5 \times (1{,}25)^5 \times (1{,}08)}{(0{,}115 - 0{,}08)(1{,}115)^5} = 28{,}75$$

Полученное значение PE для этой фирмы составляет 28,75. Отметим, что рентабельность собственного капитала, неявно содержащуюся в этих входных параметрах, можно также рассчитать следующим образом:

Рентабельность собственного капитала в первые пять лет =
= темпы роста/(1 – коэффициент выплат) = 0,25/0,8 = 31,25%.

Рентабельность собственного капитала в период стабильного роста = 0,08/0,5 = 16%.

ИЛЛЮСТРАЦИЯ 18.2. *Оценка фундаментального мультипликатора PE для компании Procter & Gamble в мае 2011 г.*

В главе 13 мы оценивали компанию Procter & Gamble с использованием модели дисконтирования дивидендов. Воспроизведем входные параметры той оценки в следующей таблице:

	Период быстрого роста	*Период стабильного роста*
Продолжительность	5 лет	После года 5
Ожидаемые темпы роста	10,00%	3,00%
Коэффициент выплат	50,00%	75,00%
Стоимость привлечения собственного капитала	8,00%	8,50%

Обратите внимание на то, что мы получили коэффициент выплат для периода стабильного роста исходя из стабильных темпов роста и рентабельности собственного капитала в стабильного периода:

Коэффициент выплат в стабильный период = 1 – 3%/12% = 75%.

Подставляем эти значения в двухфазное уравнение для мультипликатора PE:

[1] В целях упрощения коэффициент бета и стоимость привлечения собственного капитала считаются неизменными в периоды как быстрого, так и стабильного роста. В принципе они могут различаться.

$$PE = \frac{(0{,}50)(1{,}10)\left(1 - \frac{(1{,}10)^5}{(1{,}08)^5}\right)}{(0{,}08 - 0{,}10)} + \frac{(0{,}75)(1{,}10)^5(1{,}03)}{(0{,}085 - 0{,}03)(1{,}08)^5} = 18{,}04.$$

Основываясь на этих фундаментальных показателях, мы можем ожидать, что компания P&G будет торговаться по цене, в 18,04 раза превышающей прибыль. Умножение этого числа на величину текущей прибыли на акцию, равную \$3,82, дает \$68,90, что идентично значению, полученному в главе 13 при использовании модели дисконтирования дивидендов.

Мультипликатор PE и ожидаемый чрезвычайный рост. Мультипликатор PE быстро растущей фирмы является функцией ожидаемых чрезвычайных темпов роста — чем сильнее ожидаемый рост, тем выше мультипликатор PE для фирмы. Например, в иллюстрации 18.1 мультипликатор PE, который, согласно оценкам, оказался равным 28,75 (при темпах роста 25%), будет изменяться по мере изменения ожидаемых темпов роста. На рисунке 18.2 мультипликатор PE представлен в виде функции ожидаемых темпов роста в период быстрого роста. С падением ожидаемых в первые пять лет темпов роста фирмы с 25 до 5% мультипликатор PE для фирмы также падает с 28,75 до уровня чуть выше 10.

Влияние изменений ожидаемых темпах роста варьирует в зависимости от уровня процентных ставок. На рисунке 18.3 мультипликаторы PE оценены для различных ожидаемых темпов роста при четырех уровнях безрисковых ставок — 4, 6, 8 и 10%.

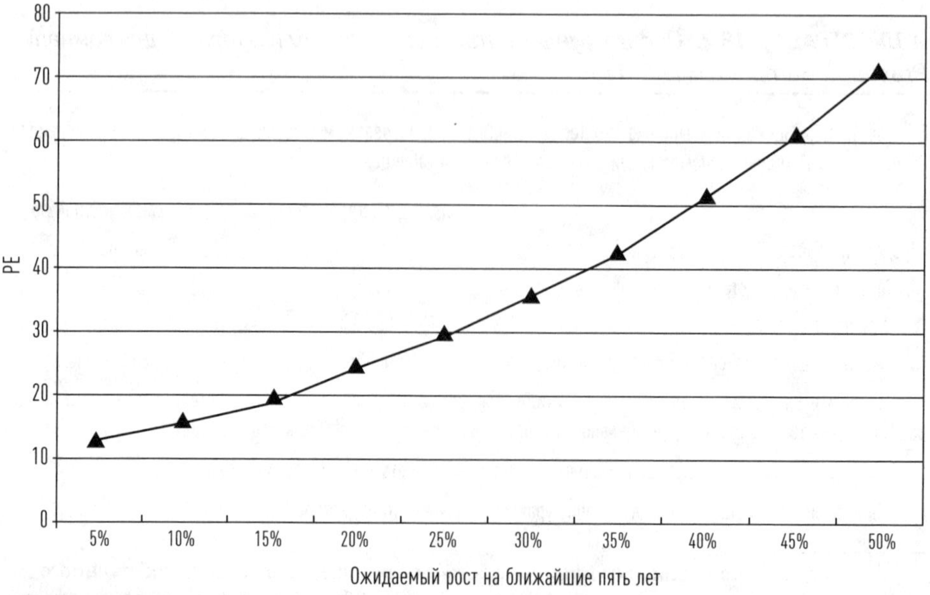

Рисунок 18.2. *Мультипликатор PE и ожидаемый рост*

При низких процентных ставках мультипликатор PE гораздо более чувствителен к изменениям в ожидаемых темпах роста, чем при высоких. Причина этого проста и состоит в том, что рост создает в будущем денежные потоки, а их приведенная стоимость гораздо меньше при высоких процентных ставках. Поэтому влияние изменений в темпах роста на приведенную стоимость будет меньше.

Возможно, существует связь между этим фактом и тем, как рынки реагируют на неожиданные изменения в прибыли, т. е. на «сюрпризы прибыли» быстро растущих фирм. Когда фирма сообщает о прибыли, которая значительно больше («положительный сюрприз») или значительно меньше («отрицательный сюрприз»), чем ожидалось, то восприятие инвесторами ожидаемых темпов роста для этой фирмы может внезапно измениться, а это приводит к изменению цены. Кроме того, следует ожидать, что при данном «сюрпризе прибыли» (положительном или отрицательном) при низких процентных ставках цена изменится намного сильнее, чем при высоких.

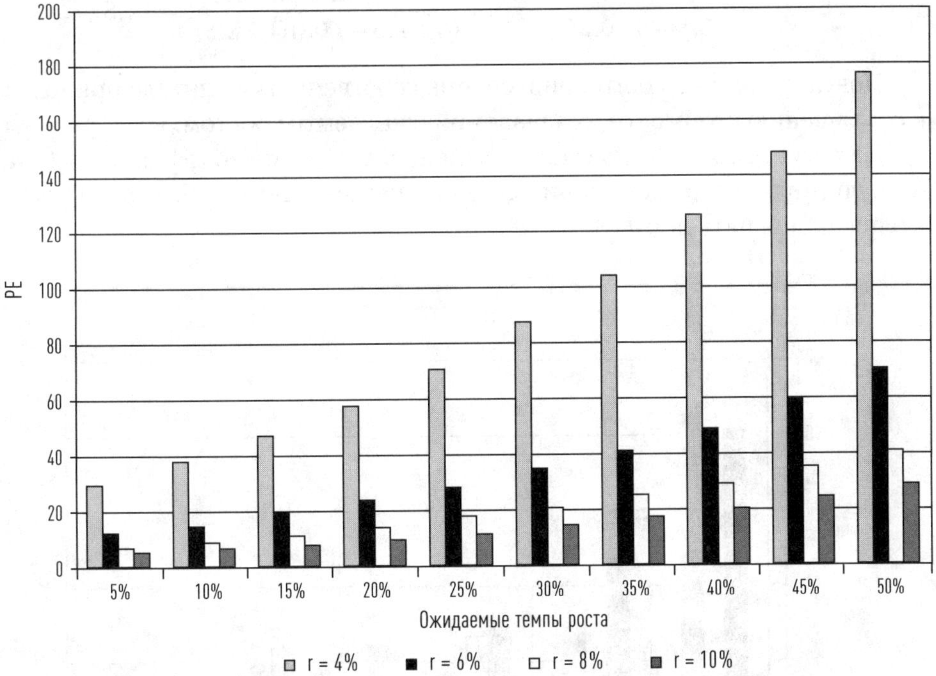

Рисунок 18.3. *Мультипликатор PE и ожидаемый рост при различных процентных ставках*

Мультипликатор PE и риск. Мультипликатор PE является функцией риска фирмы, и этот эффект проявляется в стоимости привлечения собственного капитала. Фирма с большей стоимостью привлечения собственного капитала будет торговаться с более низким мультипликатором прибыли, чем аналогичная фирма с меньшей стоимостью привлечения собственного капитала.

Влияние повышенного риска на мультипликаторы PE можно увидеть, если снова использовать фирму из иллюстрации 18.1. Вспомните, что у этой фирмы с ожидаемыми темпами роста 25% в ближайшие пять лет и 8% — по истечении этого срока мультипликатор PE оказался равным 28,75%, если предположить, что коэффициент бета = 1.

$$PE=\frac{0{,}2\times(1{,}25)\times\left[1-\frac{(1{,}25)^5}{(1{,}115)^5}\right]}{0{,}115-0{,}25}+\frac{0{,}5\times(1{,}25)^5\times(1{,}08)}{(0{,}115-0{,}08)(1{,}115)^5}=28{,}75.$$

Если предположить, что коэффициент бета равен 1,5, то стоимость привлечения собственного капитала увеличится до 14,25%. Это приведет к тому, что мультипликатор PE окажется равным 14,87:

$$PE=\frac{0{,}2\times(1{,}25)\times\left[1-\frac{(1{,}25)^5}{(1{,}1425)^5}\right]}{0{,}1425-0{,}25}+\frac{0{,}5\times(1{,}25)^5\times(1{,}08)}{(0{,}1425-0{,}08)(1{,}1425)^5}=14{,}87.$$

Повышение стоимости привлечения собственного капитала приводит к сокращению стоимости, создаваемой ожидаемым ростом.

На рисунке 18.4 можно увидеть влияние изменений коэффициента бета на мультипликатор «цена/прибыль» при четырех темпах быстрого роста в ближайшие пять лет — 8, 15, 20 и 25%.

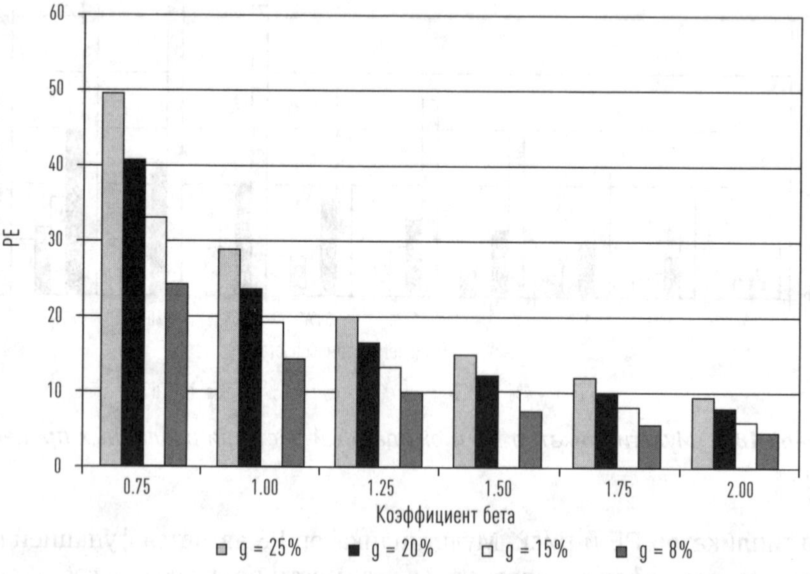

Рисунок 18.4. *Мультипликатор PE в зависимости от коэффициента бета при различных темпах роста*

По мере увеличения коэффициента бета значение PE уменьшается во всех четырех вариантах роста. Однако разница между мультипликаторами PE во всех четырех вариантах роста меньше при высоком коэффициенте бета и увеличивается по мере его снижения. Это указывает на то, что при очень высоких уровнях риска мультипликатор PE фирмы, по всей вероятности, будет расти сильнее, когда риск падает, а не когда увеличиваются темпы роста. Применительно ко многим быстро растущим фирмам, которые оцениваются и как очень рискованные, и как имеющие хороший потенциал роста, снижение риска может увеличить стоимость гораздо больше, чем повышение ожидаемых темпов роста.

eqmult.xls — таблица, позволяющая оценить мультипликатор «цена/прибыль» для стабильно растущей фирмы или для быстро растущей фирмы при заданных фундаментальных переменных.

Использование мультипликатора PE для сопоставлений

Теперь, когда мы дали определение мультипликатора PE, рассмотрели распределение и проанализировали фундаментальные переменные, определяющие мультипликатор, мы можем использовать мультипликатор PE для оценки. Этот раздел начинается с рассмотрения того, как наилучшим образом сопоставлять мультипликаторы PE для отдельно взятого рынка в разные периоды времени, и продолжается сравнительным анализом мультипликаторов PE для разных рынков. Наконец, мультипликаторы PE используются для анализа фирм в рамках сектора, а затем анализ распространяется на рынок в целом. Рассуждая подобным образом, отметим, что мультипликаторы PE оказываются разными для различных периодов времени, рынков, отраслей и фирм из-за различий в фундаментальных переменных: больший рост, меньший риск и более высокие выплаты обычно приводят к высоким мультипликаторам PE. При сравнении следует смягчать эти различия между значениями риска, темпами роста и коэффициентами выплат.

Сопоставление рыночных мультипликаторов PE в разные периоды времени. Для того чтобы сделать выводы о переоцененности или недооцененности рынка, аналитики и рыночные стратеги часто сравнивают рыночные мультипликаторы PE с их историческими средними значениями. Рынок, торгующийся значительно выше исторических норм, часто определяется как переоцененный, в то время как рынок, который торгуется ниже этих норм, считается недооцененным.

Хотя тенденция возврата к историческим нормам очень сильна на финансовых рынках, следует быть осторожными в отношении слишком прямолинейных выводов из подобных сопоставлений. По мере того как фундаментальные переменные (процентные ставки, премии за риск, ожидаемый рост и выплаты) с течением времени меняются, мультипликатор PE будет также изменяться. Например, при прочих равных условиях мы будем ожидать следующего:

- Повышение процентных ставок будет приводить к росту стоимости привлечения собственного капитала для рынка и снижению мультипликатора PE.
- Повышение склонности к принятию риска со стороны некоторых инвесторов будет приводить к снижению премий за риск по акциям и к росту значения PE для всех акций.
- Увеличение ожидаемых темпов роста прибыли среди фирм будет приводить к росту мультипликатора PE для рынка.
- Увеличение рентабельности собственного капитала фирм будет приводить к росту коэффициента выплат при любых темпах роста [g = = (1 – коэффициент выплат) ROE] и к повышению мультипликатора PE для всех фирм.

Иными словами, без рассмотрения этих фундаментальных переменных трудно сделать выводы по поводу мультипликаторов PE. Поэтому лучше сравнивать не значения PE в разные моменты времени, а фактические PE и прогнозные PE на основе фундаментальных переменных, существующих в это время.

ИЛЛЮСТРАЦИЯ 18.3. *Мультипликаторы PE в разные периоды времени*

Ниже приводятся обобщающие экономико-статистические данные для двух моментов времени по одному и тому же рынку акций. Процентные ставки в первом периоде были значительно выше, чем во втором.

	Период 1	*Период 2*
Процентная ставка по казначейским облигациям (%)	11,00	6,00
Рыночная премия (%)	5,50	5,50
Ожидаемая инфляция (%)	5,00	4,00
Ожидаемый рост реального ВНП (%)	3,00	2,50
Средний коэффициент выплат (%)	50	50
Ожидаемый мультипликатор PE	(0,5 × 1,08)/ /(0,165–0,08) = 6,35	(0,5 × 1,065)/ /(0,115–0,065) = 10,65

Мультипликатор PE во втором периоде времени значительно выше, чем в первом, во многом благодаря падению реальных процентных ставок (номинальная процентная ставка за вычетом ожидаемой инфляции).

ИЛЛЮСТРАЦИЯ 18.4. *Мультипликатор PE в разные периоды времени для S&P 500*

На рисунке 18.5 представлены мультипликатор «прибыль/цена» (EP) для S&P 500 и процентные ставки по казначейским облигациям на конец каждого года в 1960–2010 гг. Существует сильная положительная связь между мультипликатором EP и ставкой по казначейским облигациям, о чем свидетельствует коэффициент корреляции между двумя переменными, равный 0,665. Кроме того, существует эмпирическое свидетельство о воздействии временной структуры на мультипликатор PE. В приведенном ниже регрессионном уравнении мы выполняем регрессию мультипликатора EP по уровню ставок казначейских облигаций и спреду доходности (разности между ставкой по казначейским облигациям и ставкой по казначейским векселям), используя данные за период с 1960. по 2010 г.

$$\underset{[3,28]}{EP = 0{,}0261} + \underset{[6,41]}{0{,}6869} \text{ ставка по казначейским облигациям} -$$

$$- \underset{[1,50]}{0{,}3655} \text{ (ставка по казначейским облигациям − ставка по казначейским векселям)} \qquad R^2 = 0{,}478.$$

При прочих равных условиях эта регрессия указывает на следующее:

- При увеличении ставки по казначейским облигациям на 1% мультипликатор EP повышается на 0,6869%. Это не удивительно: данный аспект позволяет измерить влияние роста процентных ставок на мультипликатор PE.
- При увеличении спреда между ставками по казначейским облигациям и казначейским векселям на 1% мультипликатор EP снижается на 0,3655%. Более пологие или убывающие кривые доходности, по-видимому, соответствуют понижающимся значениям PE, а растущие кривые доходности — повышающимся значениям PE. На первый взгляд, это может показаться удивительным, но наклон кривой доходности, по крайней мере в США, является основным индикатором экономического роста, причем при более высоких темпах роста эти кривые возрастают более круто.

На основе этой регрессии прогнозное значение EP в начале 2011 г. при ставке по казначейским векселям, равной 0,13%, а по казначейским облигациям — 3,29% будет составлять:

$$EP_{2000} = 0{,}026 + 0{,}6869\ (0{,}0329) - 0{,}3655\ (0{,}0013) = 0{,}0481.$$

$$PE_{2000} = 1/EP_{2010} = 1/0{,}0481 = 20{,}77.$$

Поскольку индекс S&P 500 в начале 2011 г. торговался по цене в 15 раз выше прибыли, это указывает на недооцененный рынок. Данную регрессию можно обогатить, добавив другие переменные, которые должны коррелировать с мультипликатором «цена/прибыль», — такими как ожидаемый рост валового национального продукта (ВНП) и коэффициент выплат в виде независимых переменных. Практически, можно сделать вывод, что приток в индекс S&P 500 в последние два десятилетия акций технологических фирм, увеличение рентабельности собственного капитала американских компаний и уменьшение премий за риск являются причинами роста значений PE за рассматриваемый период.

Сопоставление мультипликаторов PE по странам. Мультипликаторы «цена/прибыль» часто сопоставляются по разным странам с целью обнаружения недооцененных и переоцененных рынков. Рынки с более низкими значениями PE трактуются как недооцененные, а рынки с более высокими значениями — как переоцененные. При наличии больших различий между фундаментальными переменными в разных странах представляется очевидным, что подобные заключения вводят в заблуждение. Например, при прочих равных условиях мы рассчитываем увидеть такие связи:

- Страны с высокими реальными процентными ставками должны иметь более низкие мультипликаторы PE, чем страны с низкими реальными процентными ставками.

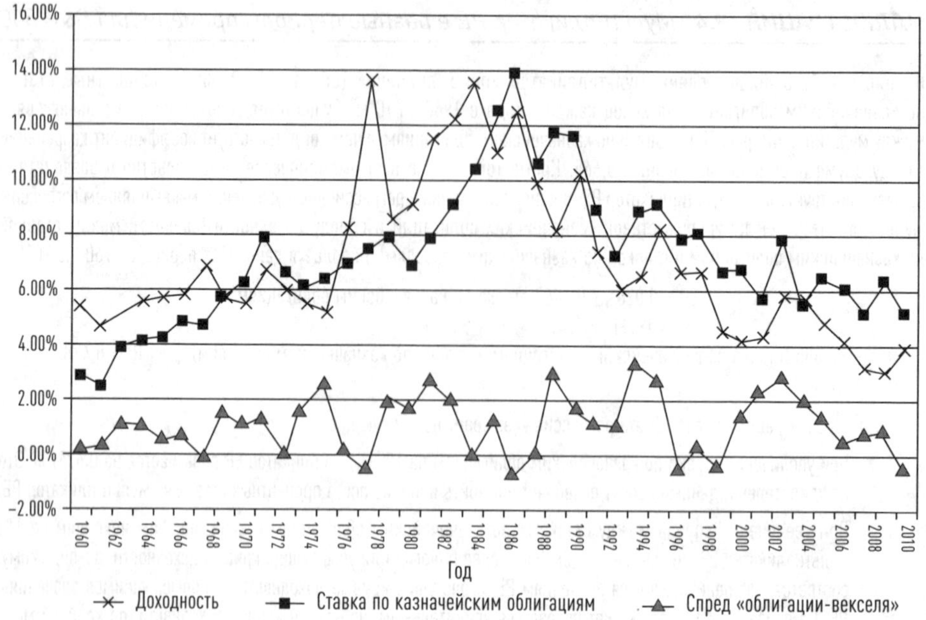

Рисунок 18.5. *Зависимость мультипликатора «прибыль/цена» от процентных ставок в 1960–2010 гг.*

- Страны с высоким ожидаемым реальным ростом должны иметь более высокие мультипликаторы PE, чем страны с низким реальным ростом.
- Страны, считающиеся рискованными (и, таким образом, характеризующиеся более высокими премиями за риск) должны иметь более низкие мультипликаторы PE, чем «надежные» страны.
- Страны, где компании осуществляют более эффективные инвестиции (и получают более высокую рентабельность этих инвестиций), должны иметь более высокие мультипликаторы PE.

ИЛЛЮСТРАЦИЯ 18.5. *Мультипликатор PE на рынках с различными фундаментальными переменными*

Ниже приводятся обобщающие экономико-статистические данные по фондовым рынкам двух стран — страны 1 и страны 2. Ключевое различие между ними состоит в том, что в стране 1 процентные ставки гораздо выше.

	Страна 1	*Страна 2*
Процентная ставка по казначейским облигациям (%)	10,00	5,00
Рыночная премия (%)	4,00	5,50
Ожидаемая инфляция (%)	4,00	4,00
Ожидаемый рост реального ВНП (%)	2,00	3,00

	Страна 1	Страна 2
Средний коэффициент выплат (%)	50	50
Ожидаемый мультипликатор PE	(0,5 × 1,06)/ /(0,14–0,06) = 6,625	(0,5 × 1,07)/ /(0,105–0,07) = 15,29

В этом случае ожидаемый мультипликатор PE в стране 2 значительно выше, чем в стране 1, но данное обстоятельство можно обосновать различиями в финансовых фундаментальных переменных (имейте в виду, что номинальный рост представляет собой реальный рост плюс ожидаемая инфляция).

ИЛЛЮСТРАЦИЯ 18.6. *Сопоставление мультипликаторов PE на разных рынках на июль 2000 г.*

Этот принцип можно распространить на более широкие сопоставления мультипликаторов PE среди стран. Приведенная ниже таблица обобщает мультипликаторы PE для различных рынков развитых стран в июле 2000 г. совместно с дивидендной доходностью и процентными ставками (краткосрочными и долгосрочными) за то же время.

Страна	*Мультипликатор PE*	*Дивидендная доходность (%)*	*2-летняя ставка (%)*	*10-летняя ставка (%)*	*10-летняя ставка минус 2-летняя ставка (%)*
Великобритания	22,02	2,59	5,93	5,85	–0,08
Германия	26,33	1,88	5,06	5,32	0,26
Франция	29,04	1,34	5,11	5,48	0,37
Швейцария	19,60	1,42	3,62	3,83	0,21
Бельгия	14,74	2,66	5,15	5,70	0,55
Италия	28,23	1,76	5,27	5,70	0,43
Швеция	32,39	1,11	4,67	5,26	0,59
Нидерланды	21,10	2,07	5,10	5,47	0,37
Австралия	21,69	3,12	6,29	6,25	–0,04
Япония	52,25	0,71	0,58	1,85	1,27
США	25,14	1,10	6,05	5,85	–0,20
Канада	26,14	0,99	5,7	5,77	0,07

Простое сравнение мультипликаторов PE указывает на то, что японские акции с мультипликатором PE = 52,25 переоценены, тогда как бельгийские акции с мультипликатором PE = 14,74 недооценены. Однако существуют сильная отрицательная корреляция между мультипликаторами PE и 10-летней процентной ставкой (— 0,73) и положительная корреляция между этими мультипликаторами и спредом долгосрочной и краткосрочной процентной ставкой (0,70). Перекрестная регрессия мультипликатора PE по процентным ставкам и ожидаемому росту приводит к следующему выражению:

Мультипликатор PE = 42,62 – 360,9 × 10-летняя ставка + 846,61 (10-летняя ставка – 2-летняя ставка) $R^2 = 59\%$.
[2,78] [1,41] [1,08]

Мультипликаторы имеют предельную значимость, отчасти это происходит из-за малого размера выборки. Прогнозируемые мультипликаторы PE для стран, полученные с помощью этой регрессии, показаны в следующей таблице:

Страна	*Фактические значения мультипликатора PE*	*Прогнозные значения мультипликатора PE*	*Переоценка или недооценка (%)*
Великобритания	22,02	20,83	5,71
Германия	26,33	25,62	2,76

Страна	*Фактические значения мультипликатора PE*	*Прогнозные значения мультипликатора PE*	*Переоценка или недооценка (%)*
Франция	29,04	25,98	11,80
Швейцария	19,60	30,58	–35,90
Бельгия	14,74	26,71	–44,81
Италия	28,23	25,69	9,89
Швеция	32,39	28,63	13,12
Нидерланды	21,10	26,01	–18,88
Австралия	21,69	19,73	9,96
Япония	52,25	46,70	11,89
США	25,14	19,81	26,88
Канада	26,14	22,39	16,75

Исходя из этого сопоставления бельгийские и швейцарские акции оказываются самыми недооцененными, в то время как американские акции — самыми переоцененными.

ИЛЛЮСТРАЦИЯ 18.7. *Развивающиеся рынки в конце 2000 г.*

Расширим пример для исследования различий в мультипликаторах PE на развивающихся рынках в конце 2000 г. В нижеследующей таблице фактор суверенного риска является величиной, оцененной экспертами журнала *The Economist* применительно к этим рынкам: значения могут варьировать от 0 (максимальная надежность) до 100 (максимальная рискованность).

Страна	*Мультипликатор PE*	*Процентная ставка (%)*	*Реальный рост ВВП (%)*	*Суверенный риск*
Аргентина	14	18,00	2,50	45
Бразилия	21	14,00	4,80	35
Чили	25	9,50	5,50	15
Гонконг	20	8,00	6,00	15
Индия	17	11,48	4,20	25
Индонезия	15	21,00	4,00	50
Малайзия	14	5,67	3,00	40
Мексика	19	11,50	5,50	30
Пакистан	14	19,00	3,00	45
Перу	15	18,00	4,90	50
Филиппины	15	17,00	3,80	45
Сингапур	24	6,50	5,20	5
Южная Корея	21	10,00	4,80	25
Таиланд	21	12,75	5,50	25
Турция	12	25,00	2,00	35
Венесуэла	20	15,00	3,50	45

Регрессия мультипликаторов PE по этим переменным дает следующие результаты:

$$PE = \underset{[3,61]}{16{,}16} - \underset{[0,52]}{7{,}94} \times \text{процентная ставка} + \underset{[2,38]}{154{,}40} \times \text{реальный рост} - \underset{[1,78]}{0{,}112} \times \text{суверенный риск} \quad R^2 = 74\%.$$

Страны с более высоким реальным ростом и более низким суверенным риском имеют более высокие значения PE, но уровень процентных ставок, по всей вероятности, оказывает лишь минимальное воздействие. Например, если для получения оценки мультипликатора «цена/прибыль» для Турции использовать регрессию, то:

$$\text{Прогнозный PE для Турции} = 16{,}16 - 7{,}94\,(0{,}25) + 154{,}4\,(0{,}02) - 0{,}112\,(35) = 13{,}354.$$

При мультипликаторе PE = 12 рынок можно трактовать как слегка недооцененный.

Сопоставление мультипликаторов PE по фирмам в секторе. Самый распространенный подход к оценке мультипликатора PE для фирмы состоит в выборе группы сопоставимых фирм, в определении среднего значения PE для группы и в субъективной корректировке полученного значения с учетом разницы между оцениваемой и сопоставимыми фирмами. С этим подходом связано несколько проблем. Во-первых, определение сопоставимой фирмы — очень субъективная процедура. Использование в качестве контрольной группы других фирм, функционирующих в той же отрасли, зачастую не решает проблему, поскольку фирмы в рамках данной отрасли могут иметь сильно различающиеся комбинации бизнеса, а также разные характеристики риска и роста. Существует также много оснований для необъективности. Очевидный пример — поглощения, когда высокое значение PE для целевой фирмы обосновывается с помощью мультипликаторов «цена/прибыль» для контрольной группы уже поглощенных фирм. Эта группа подбирается так, чтобы смещать вверх оценки PE и других мультипликаторов. Во-вторых, даже если можно обоснованно подобрать группу сопоставимых фирм, то различия между фундаментальными переменными оцениваемой фирмы и этой группы останутся. Если одна из фирм, входящих в список сопоставимых компаний, имеет намного больший потенциал роста, чем другие, то ей конечно нужно присвоить более высокий мультипликатор PE, но вот насколько более высокий — вопрос открытый.

Альтернатива субъективным корректировкам заключается в том, чтобы явным образом скорректировать одну или две переменные, которые, по вашему мнению, объясняют в регрессии значительную часть разницы между мультипликаторами PE разных компаний в секторе. Тогда регрессионное уравнение можно использовать в целях получения оценки прогнозных значений мультипликаторов PE для каждой фирмы сектора; эти значения можно сопоставлять с фактическими мультипликаторами PE для вынесения суждений о недооцененности или переоцененности акций.

ИЛЛЮСТРАЦИЯ 18.8. *Сопоставление мультипликаторов PE для глобальных телекоммуникационных фирм*

В нижеследующей таблице обобщены значения отслеживающего PE для глобальных телекоммуникационных фирм, имеющих американские депозитарные расписки (АДР), которые котировались на рынке США в сентябре 2000 г. Используемые показатели прибыли на акцию получены в результате применения общепринятых принципов бухгалтерского учета в США, и поэтому они должны быть гораздо более сопоставимыми, чем прибыль, объявляемая фирмами на своих локальных рынках.

Название компании	*Мультипликатор PE*	*Рост (%)*	*Индикаторная переменная развивающегося рынка*
APT Satellite Holdings ADR	31,00	33	1
Asia Satellite Telecom Holdings ADR	19,60	16	1
British Telecommunications PLC ADR	25,70	7	0
Cable & Wireless PLC ADR	29,80	14	0
Deutsche Telekom AG ADR	24,60	11	0
France Telecom SA ADR	45,20	19	0
Gilat Communications	22,70	31	1
Helenic Telecommunication Organization SA ADR	12,80	12	1
Korea Telecom ADR	71,30	44	1
Matav RT ADR	21,50	22	1
Nippon Telegraph & Telephone ADR	44,30	20	0
Portugal Telecom SA ADR	20,80	13	0
PT Indosat ADR	7,80	6	1
Royal KPN NV ADR	35,70	13	0
Swisscom AG ADR	18,30	11	0
Tele Danmark AS ADR	27,00	9	0
Telebras ADR	8,90	7,5	1
Telecom Argentina ADR B	12,50	8	1
Telecom Corporation of New Zealand ADR	11,20	11	0
Telecom Italia SPA ADR	42,20	14	0
Telecomunicaciones de Chile ADR	16,60	8	1
Telefonica SA ADR	32,50	18	0
Telefonos de Mexico ADR L	21,10	14	1
Telekomunikasi Indonesia ADR	28,40	32	1
Telstra ADR	21,70	12	0

Здесь прибыль на акцию представляет собой отслеживающую прибыль, а мультипликаторы «цена/прибыль» показаны во втором столбце. В следующем столбце отображены аналитические оценки ожидаемого роста прибыли на акцию в последующие пять лет. В последнем столбце мы вводим индикаторную переменную, которая указывает, где функционирует фирма — на развивающемся или на развитом рынке. Ведь телекоммуникационные фирмы, действующие на развивающемся рынке, по всей вероятности, подвержены гораздо большему риску. Не удивительно, что фирмы с наименьшими мультипликаторами PE, такие как Telebras и PT Indosat, функционируют именно на развивающихся рынках.

Регрессия мультипликатора PE для данного сектора по ожидаемым темпам роста и индикаторной переменной развивающегося рынка дает следующие результаты:

$$\text{Мультипликатор PE} = \underset{[3{,}78]}{13{,}12} + \underset{[6{,}29]}{121{,}22} \times \text{ожидаемый рост} - \underset{[3{,}84]}{13{,}85} \times \text{индикаторная переменная развивающегося рынка} \quad R^2 = 66\%.$$

Фирмы с более значительным ростом имеют гораздо более высокие значения PE, чем фирмы с низким ожидаемым ростом. Кроме того, регрессия указывает на то, что телекоммуникационные фирмы с развивающихся рынков должны торговаться с гораздо более низким PE, чем фирмы на развитых рынках. Используя эту регрессию для прогнозируемых значений PE, мы получаем:

Название компании	*Мультипликатор PE*	*Прогнозный PE*	*Недооценка или переоценка (%)*
APT Satellite Holdings ADR	31,00	39,27	–21,05
Asia Satellite Telecom Holdings ADR	19,60	18,66	5,05
British Telecommunications PLC ADR	25,70	21,60	18,98
Cable & Wireless PLC ADR	29,80	30,09	–0,95
Deutsche Telekom AG ADR	24,60	26,45	–6,99
France Telecom SA ADR	45,20	36,15	25,04
Gilat Communications	22,70	36,84	–38,38
Helenic Telecommunication Organization SA ADR	12,80	13,81	–7,31
Korea Telecom ADR	71,30	52,60	35,55
Matav RT ADR	21,50	25,93	–17,09
Nippon Telegraph & Telephone ADR	44,30	37,36	18,58
Portugal Telecom SA ADR	20,80	28,87	–27,96
PT Indosat ADR	7,80	6,54	19,35
Royal KPN NV ADR	35,70	28,87	23,64
Swisscom AG ADR	18,30	26,45	–30,81
Tele Danmark AS ADR	27,00	24,03	12,38
Telebras ADR	8,90	8,35	6,54
Telecom Argentina ADR B	12,50	8,96	39,51
Telecom Corporation of New Zealand ADR	11,20	26,45	–57,66
Telecom Italia SPA ADR	42,20	30,09	40,26
Telecomunicaciones de Chile ADR	16,60	8,96	85,27
Telefonica SA ADR	32,50	34,94	–6,97
Telefonos de Mexico ADR L	21,10	16,23	29,98
Telekomunikasi Indonesia ADR	28,40	38,05	–25,37
Telstra ADR	21,70	27,66	–21,55

Если основываться на прогнозных значениях PE, то видно, что фирма Telecom Corporation of New Zealand — самая недооцененная в этой группе компаний, а Telecomunicaciones de Chile — самая переоцененная.

Сопоставление мультипликаторов PE по фирмам на рынке. В предыдущем разделе сопоставимые фирмы были узко определены как фирмы, функционирующие в одном и том же бизнесе. В этом разделе представлены способы, с помощью которых мы можем увеличивать число сопоставимых фирм путем рассмотрения всего сектора или даже рынка. Такой подход имеет два преимущества. Первое состоит в получении более точных оценок с увеличением числа сопоставимых фирм. Второе заключается в возможности определения, когда фирмы, входящие в маленькую подгруппу, оказываются недооцененными или переоцененными относительно остального сектора рынка. Поскольку при расширении определения сопоставимых фирм различия между фирмами растут, возникает потребность в корректировке. Простейший способ, позволяющий осуществить такую корректировку, состоит в применении множественной регрессии, в которой мультипликатор PE оказывается зависимой переменной, а ориентировочные значения риска, роста и выплат формируют независимые переменные.

Исследования в прошлом. Одна из самых ранних регрессий мультипликаторов PE по фундаментальным переменным на всем рынке была построена Кисором и Уитбеком в 1963 г. (Kisor and Whitbeck, 1963). Эти исследователи, используя данные Bank of New York по 135 акциям за июнь 1962 г., привели к следующей регрессии:

$$PE = 8{,}2 + 1{,}5 \times (\text{темпы роста прибыли}) + \\ + 6{,}7 \times (\text{коэффициент выплат}) - \\ - 0{,}2 \times (\text{стандартное отклонение в изменениях EPS}).$$

Затем Малкиел и Крэгг (Malkiel and Cragg) провели оценки показателей регрессии мультипликатора «цена/прибыль» по темпам роста, коэффициенту выплат и коэффициенту бета для акций за период 1961–1965 гг.

Год	*Уравнение*	*R-квадрат*
1961	$PE = 4{,}73 + 3{,}28g + 2{,}05\pi - 0{,}85\beta$	0,70
1962	$PE = 11{,}06 + 1{,}75g + 0{,}78\pi - 1{,}61\beta$	0,70
1963	$PE = 2{,}94 + 2{,}55g + 7{,}62\pi - 0{,}27\beta$	0,75
1964	$PE = 6{,}71 + 2{,}05g + 5{,}23\pi - 0{,}89\beta$	0,75
1965	$PE = 0{,}96 + 2{,}74g + 5{,}01\pi - 0{,}35\beta$	0,85

В этих уравнениях:

PE = мультипликатор «цена/прибыль» в начале года;

g = темпы роста прибыли;

π = коэффициент выплат в начале года;

β = коэффициент бета по акциям.

Эти исследователи пришли к выводу, что хотя такие модели полезны для объяснения мультипликаторов PE, они малопригодны для предсказания результативности. В обоих указанных исследованиях использовавшиеся три переменные (выплаты, риск и рост) представляют те три переменные, что были назначены в качестве детерминантов мультипликатора PE, представленных ранее.

Регрессии за период 1987–1991 гг. были усовершенствованы с использованием более широкой выборки акций[1]. Результаты обобщены следующим образом.

Год	*Уравнение*	*R-квадрат*
1987	PE = 7,1839 + 13,05 × выплаты – 0,6259 × × бета + 6,5659 EGR	0,9287
1988	PE = 2,5848 + 29,91 × × выплаты – 4,5157 × бета + 19,9143 EGR	0,9465
1989	PE = 4,6122 + 59,74 × выплаты – 0,7546 × × бета + 9,0072 EGR	0,5613
1990	PE = 3,5955 + 10,88 × выплаты – 0,2801 × × бета + 5,4573 EGR	0,3497
1991	PE = 2,7711 + 22,89 × выплаты – 0,1326 × × бета + 13,8653 EGR	0,3217

В этих уравнениях EGR — исторические темпы роста EPS. Обратите внимание на изменчивость R-квадрата во времени и изменения коэффициентов независимых переменных. Например, R-квадрат в регрессиях сократился с 0,93 в 1987 г. до 0,32 в 1991 г., а коэффициенты за этот период изменились значительным образом. Причины этого явления отчасти обусловлены изменчивостью прибыли, что находит отражение в мультипликаторах «цена/прибыль». Низкий R-квадрат для регрессии 1991 г. можно отнести на счет сокращения прибылей в этот год. Ясно, что эти регрессии нестабильны, а прогнозные значения, по всей вероятности, будут отличаться значительным шумом.

Обновление рыночных регрессий. Данные, необходимые для построения рыночной регрессии, сегодня более доступны, чем в прошлом. В этом разделе представлены результаты двух регрессий. В приведенной ниже регрессии, построенной в январе 2011 г., определялась зависимость мультипликатора PE от коэффициентов выплат и бета и ожидаемого роста для всех фирм на рынке[2].

$$PE = \underset{[5,85]}{-6,37} + \underset{[16,93]}{83,56}\,(\text{ожидаемые темпы роста}) +$$

$$+ \underset{[8,18]}{5,06}\,(\text{бета}) + \underset{[4,29]}{5,83}\,(\text{коэффициент выплат}).$$

R-квадрат = 19,8%   Число наблюдений = 1608

[1] При построении регрессий рассматривались все акции, зарегистрированные в базе Compustat. В качестве ожидаемых темпов роста использовались темпы роста за предыдущие пять лет, а оценка коэффициентов бета была осуществлена на основе данных CRSP.

[2] В квадратных скобках под коэффициентами приведены показатели t-статистики.

При размере выборки приблизительно 1600 фирм полученная регрессия представляет самый широкий показатель относительной стоимости.

Рассматриваемая регрессия имеет низкое значение R-квадрата, но данное обстоятельство скорее отражает шум, чем является следствием методологии построения регрессии. Как мы увидим позднее, рыночные регрессии для мультипликаторов «цена/балансовая стоимость» и «цена/объем продаж» обладают лучшими характеристиками и имеют больший R-квадрат, чем регрессии мультипликатора PE. Другой тревожный аспект состоит в том, что коэффициенты при переменных не всегда имеют те знаки, которые мы рассчитываем увидеть. Например, акции с повышенным риском (с повышенными коэффициентами бета) имеют более высокие значения PE, в то время как фундаментальные переменные заставляют ожидать противоположного.

Коэффициент ожидаемых темпов роста в регрессии в определенной мере объясняет, как рынок оценивает различия в темпах роста у акций. В приведенной ниже таблице представлены показатели для каждого года с января 2000 г. до января 2011 г. в сочетании с подразумеваемыми премиями за риск инвестирования в акции, которые мы вычисляли в главе 7 (как цену риска):

Период	*Изменение PE на дополнительный 1% роста*	*Премия за риск инвестирования в акции (%)*
Январь-11	0,836	5,20
Январь-10	0,550	4,36
Январь-09	0,780	6,43
Январь-08	1,427	4,37
Январь-07	1,178	4,16
Январь-06	1,131	4,07
Январь-05	0,914	3,65
Январь-04	0,812	3,69
Январь-03	2,621	4,10
Январь-02	1,003	3,62
Январь-01	1,457	2,75
Январь-00	2,105	2,05

В январе 2000 г. на пике бума доткомов рынок платил очень высокую цену за рост и очень мало за риск. Не удивительно, что тогда высоко рискованные фирмы торговались с заоблачными мультипликаторами PE. К январю 2002 г. ситуация изменилась, и цена роста упала более чем на 50%, а цена риска выросла почти на 80%. В январе 2009 г. сразу после банковского кризиса рыночная цена за риск составляла 6,43% (наивысший уровень за 30 предшествующих лет), а цена роста была низкой; в результате медианное значение мультипликатора PE для американских фирм было двузначным.

Проблемы с методологией регрессии. Методология регрессии — это традиционный способ сжатия больших массивов данных и их сведения в одно уравнение, отражающее связь между мультипликаторами PE и финансовыми фундаментальными переменными. Но данный подход имеет свои ограничения. Во-первых, независимые переменные коррелируют друг с другом[1]. Например, как видно из таблицы 18.2, обобщающей корреляцию между коэффициентами бета, ростом и коэффициентами выплат для всех американских фирм, быстро растущие фирмы обычно имеют большой риск и низкие коэффициенты выплат. Обратите внимание на отрицательную корреляцию между коэффициентом выплат и ростом, а также на положительную корреляцию между коэффициентом бета и ростом. Эта мультиколлинеарность делает коэффициенты регрессии ненадежными (увеличивает стандартную ошибку) и, возможно, объясняет неправильные знаки коэффициентов (например, положительный коэффициент у переменной беты) и сильные изменения этих коэффициентов от периода к периоду. Во-вторых, регрессия основывается на линейной связи между мультипликаторами PE и фундаментальными переменными, а это может не соответствовать действительности. Анализ остатков, регрессии может привести к трансформациям независимых переменных (использованию их квадратов или натуральных логарифмов), которые в большей степени подходят для объяснения мультипликаторов PE. В-третьих, базовая связь между мультипликаторами PE и финансовыми переменными сама по себе не является стабильной. Если же эта связь смещается из года в год, то прогнозы, полученные из регрессионного уравнения, могут оказаться ненадежными для более длительных периодов времени. По всем этим причинам, несмотря на полезность регрессионного анализа, его следует рассматривать только как еще один инструмент поиска подлинного значения стоимости.

Таблица 18.2. *Корреляция между независимыми переменными*

	PE	Рост	Коэфф. бета	Коэфф. выплат
PE	1,000			
Темпы роста	0,268	1,000		
Коэфф. бета	0,102	0,140*	1,000	
Коэфф. выплат	–0,024	–0,241*	–0,174*	1,000

* Уровень значимости равен 1%.

[1] При множественной регрессии независимые переменные не должны зависеть друг от друга.

ИЛЛЮСТРАЦИЯ 18.9. *Оценка компании Procter & Gamble (P&G) с использованием рыночной регрессии*

В одной из более ранних иллюстраций мы оценили мультипликатор PE для компании P&G на основе фундаментальных переменных. Чтобы определить расчетную стоимость компании P&G с помощью расширенных регрессий, сначала нужно оценить значения независимых переменных в регрессии:

Коэффициент бета P&G = 0,90.
Коэффициент выплат P&G = 50,00%.
Ожидаемые темпы роста P&G = 10,00%.

Отметим, что эти переменные определены так, что они не противоречат переменным в регрессии. Таким образом, для получения прогноза используются: темпы роста в следующие пять лет, коэффициент бета за прошлые пять лет и коэффициент выплат за последние четыре квартала. Прогнозное значение PE можно получить на основе регрессии мультипликатора «цена/прибыль» для всех акций на рынке:

$$\text{Прогнозное значение } PE_{P\&G} = 6{,}37 + 83{,}56\ (\text{рост}) + 16{,}44\ (\text{коэффициент бета}) +$$
$$+ 5{,}83\ (\text{выплаты}) = 6{,}37 + 83{,}56\ (0{,}10) + 5{,}83\ (0{,}90) + 5{,}06\ (0{,}50) = 22{,}50.$$

Основываясь на рыночной регрессии, мы предполагаем, что компания P&G будет торговаться с коэффициентом 22,50 к прибыли. При фактическом мультипликаторе PE, равном 18, акции являются недооцененными относительно рынка.

Mreg.htm — размещенный в Интернете набор данных, который содержит информацию о результатах самой последней регрессии мультипликаторов PE по фундаментальным переменным при использовании всех фирм на рынке.

НОРМАЛИЗАЦИЯ ПРИБЫЛИ ДЛЯ МУЛЬТИПЛИКАТОРОВ PE

Зависимость мультипликаторов PE от текущей прибыли делает их чувствительными к колебаниям, которыми часто характеризуется объявленная прибыль. Поэтому при проведении сопоставлений лучше использовать нормализованную прибыль. Такую прибыль получают разнообразными способами, но самый распространенный подход — это простое усреднение прибылей во времени. Например, применительно к циклической фирме вы усредняете прибыль на акцию за цикл. Поступая подобным образом, необходимо учитывать инфляцию. Если вы решаете нормализовать прибыль оцениваемой фирмы, то соображения согласованности требуют, чтобы вы таким же образом нормализовали этот показатель для сопоставимых фирм из выборки.

МУЛЬТИПЛИКАТОР PEG

Для выявления недооцененных и переоцененных акций портфельные менеджеры, а также аналитики иногда сравнивают мультипликаторы PE с ожидаемыми темпами роста. В самой простой версии этого подхода фирмы с мультипликаторами PE, которые ниже темпов их ожидаемого роста, трактуются как недооцененные. В самом общем виде отношение мультипликатора PE к росту (PE ratio to growth — PEG) используется как показатель относительной стоимости, причем предполагается, что более низкое значение указывает на недооцененность фирмы. Для многих аналитиков, особенно для тех, кто отслеживает фирмы в быстро растущих секторах, эти подходы дают возможность смягчить различия в темпах роста между фирмами при сохранении простоты мультипликатора.

Определение мультипликатора PEG

Мультипликатор PEG определяется как частное от деления мультипликатора «цена/прибыль» на ожидаемые темпы роста прибыли на акцию:

Мультипликатор PEG = мультипликатор PE/ожидаемые темпы роста.

Например, фирма с мультипликатором PE 20 и темпами роста 10% имеет мультипликатор PEG, равный 2. Соображения согласованности требуют, чтобы темпы роста, используемые при проведении этой оценки, были темпами роста прибыли на акцию, а не темпами роста операционной прибыли, поскольку PEG представляет собой мультипликатор собственного капитала.

Какое из множества существующих определений мультипликатора PE следует использовать для оценки мультипликатора PEG? Ответ зависит от того, на какой основе вычисляются ожидаемые темпы роста. Если ожидаемые темпы роста прибыли на акцию основываются на прибыли за последний год (иными словами, на текущей прибыли), то следует использовать текущий мультипликатор PE. Если же он основан на отслеживающей прибыли, то использоваться должен отслеживающий мультипликатор PE. В таких расчетах никогда не следует использовать форвардный мультипликатор PE, поскольку это может привести к двойному учету роста. Чтобы понять, почему так, предположим, что у вас есть фирма с текущей ценой в $30 и текущей прибылью на акцию $1,5. Ожидается, что в следующем году фирма удвоит прибыль на акцию (форвардная прибыль на акцию будет равна $3,00), а в последующие четыре года темпы роста ее прибыли будут составлять 5% в год. Аналитик, оценивающий рост прибыли на акцию для этой фирмы и использующий в качестве основы расчетов текущую прибыль, получит оценку темпов роста в размере 19,44%.

$$\text{Ожидаемый рост прибыли} = [(1 + \text{темпы роста}_{\text{за год 1}}) \times$$
$$\times (1 + \text{темпы роста}_{\text{за годы 2–5}})^4]^{1/5} - 1 =$$
$$= [2{,}00\ (1{,}05)^4]^{1/5} - 1 = 0{,}1944.$$

Если бы мы использовали форвардный мультипликатор PE и эту оценку роста прибыли для мультипликатора PEG, то получили бы следующий результат:

$$\text{Мультипликатор PEG, основанный на форвардном PE} = \text{форвардный PE}/\text{ожидаемый рост}_{\text{за следующие 5 лет}} = (\text{цена}/\text{форвардный EPS})/\text{ожидаемый рост}_{\text{за следующие 5 лет}} = (\$30/\$3)/19{,}44 = 0{,}51.$$

Исходя из мультипликатора PEG, кажется, что фирма является недорогой. Однако отметим, что рост за первый год был учтен дважды: форвардная прибыль является высокой из-за повторного учета прибыли, а это приводит к низкому форвардному мультипликатору PE. Темпы роста высоки по той же причине. Для проведения согласованной оценки мультипликатора PEG надо использовать текущий PE и ожидаемые темпы роста за следующие пять лет:

$$\text{Мультипликатор PEG, основанный на текущем PE} = (\text{цена}/\text{текущий EPS})/\text{ожидаемые темпы роста}_{\text{за следующие 5 лет}} = (\$30/\$1{,}50)/19{,}44 = 1{,}03.$$

В качестве альтернативы можно вычислить мультипликатор PEG, основываясь на форвардной прибыли на акцию и темпах роста в период с года 2 до года 5:

$$\text{Мультипликатор PEG, основанный на форвардном PE} = (\text{цена}/\text{форвардный EPS})/\text{ожидаемый рост}_{\text{за годы 2–5}} = (\$30/\$3)/5 = 2{,}0.$$

Если используется этот подход, то для всех сопоставимых фирм мультипликатор PEG должен оцениваться единообразно — путем использования форвардного PE и ожидаемых темпов роста в период с года 2 до года 5.

Если отталкиваться от идеи единообразия, то мультипликатор PEG должен оцениваться с использованием одних и тех же оценок роста для всех фирм из выборки. Например, не следует использовать темпы роста за пять лет для одних фирм и темпы роста за один год для других фирм. Один из способов гарантии единообразия заключается в использовании одного и того же источника для получения оценок роста прибыли для всех фирм группы. Например, многие информационные службы предоставляют консенсусные оценки на основе анализа роста прибыли на акцию за ближайшие пять лет для большинства американских фирм. В качестве альтернативы можно оценить ожидаемые темпы роста для каждой компании, входящей в группу.

Распределение мультипликаторов PEG

Теперь, когда мультипликатор PEG определен, посмотрим на распределение мультипликаторов PEG среди американских фирм, представленное на рисунке 18.6. При получении оценок этих мультипликаторов PEG — как и при оценке текущего PE — используются аналитические оценки роста прибыли на акцию на последующие пять лет. Поэтому из выборки исключены фирмы, имеющие отрицательную прибыль на акцию или не получившие аналитической оценки ожидаемого роста. Данное обстоятельство может быть источником смещения, поскольку, по всей вероятности, аналитиками исследовались в основном крупные фирмы, обладающие ликвидным рынком акций.

Мультипликаторы PEG наиболее широко используются при анализе технологических фирм. Рисунок 18.7 показывает распределение мультипликаторов PEG для технологических акций, причем для получения этих мультипликаторов снова использовались аналитические оценки роста.

Наконец, таблица 18.3 содержит обобщенные статистические данные по мультипликаторам PEG для технологических и нетехнологических акций[1]. Средний мультипликатор PEG для технологических акций значительно выше, чем аналогичный показатель для акций нетехнологических. Кроме того, в обеих группах среднее значение намного превышает медианное.

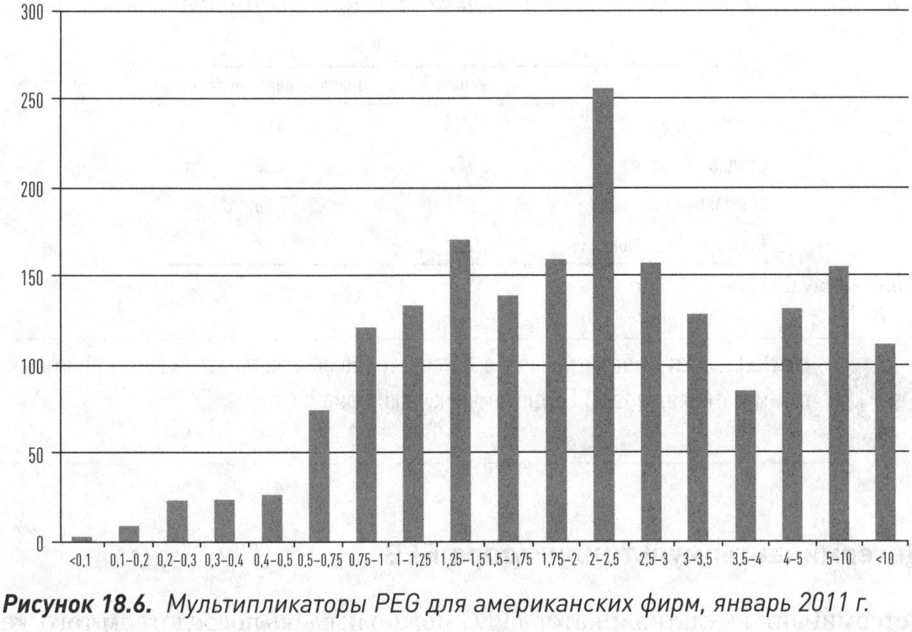

Рисунок 18.6. *Мультипликаторы PEG для американских фирм, январь 2011 г.*

[1] Коэффициент PEG установлен на уровне, равном 10.

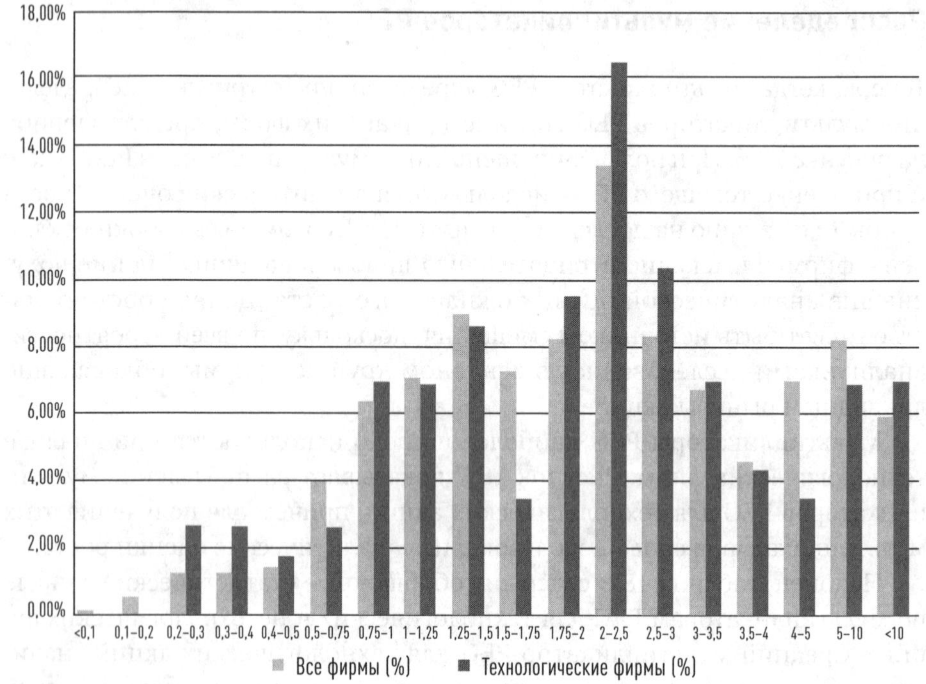

Рисунок 18.7. *Мультипликаторы PEG для американских фирм в январе 2011 г.: рынок и технологические акции*

ТАБЛИЦА 18.3. *Распределение мультипликаторов PEG для технологических акций и рынка*

	Рынок	Технологические акции
Количество фирм	1914	116
Среднее значение	6,82	4,68
Медианное значение	2,13	2,06
Стандартное отклонение	73,21	12,8

Источник: Value Line.

pedata.xls — размещенная в Интернете таблица, которая обобщает по отраслям мультипликаторы PEG для американских фирм.

Детерминанты мультипликатора PEG

Детерминанты мультипликатора PEG можно извлечь посредством того же самого подхода, который применялся при оценке детерминантов мультипликатора PE. Стоимость на акцию в двухфазной модели дисконтирования дивидендов можно записать следующим образом:

$$P_0 = \frac{EPS_0 \times \text{коэффициент выплат} \times (1+g) \times \left[1 - \frac{(1+g)^n}{(1+k_{e,hg})^n}\right]}{k_{e,hg} - g} + \\ + \frac{EPS_0 \times \text{коэффициент выплат}_n \times (1+g)^n \times (1+g_n)}{(k_{e,st} - g_n)(1+k_{e,hg})^n}.$$

Оценку мультипликатора PEG можно получить, если сначала разделить обе части уравнения на прибыль, приходящуюся на одну акцию (EPS_0), а затем на ожидаемые темпы роста в период быстрого роста (g).

$$PEG = \frac{\text{коэффициент выплат} \times (1+g) \times \left[1 - \frac{(1+g)^n}{(1+k_{e,hg})^n}\right]}{g(k_{e,hg} - g)} + \\ + \frac{\text{коэффициент выплат}_n \times (1+g)^n \times (1+g_n)}{g(k_{e,st} - g_n)(1+k_{e,hg})^n}.$$

Даже беглое рассмотрение этого уравнения наводит на мысль об ошибочности мнений аналитиков, считающих, что использование мультипликатора PEG нейтрализует эффект роста. Темпы роста не только не исчезают, но и еще глубже «укореняются» в мультипликаторе. В результате с увеличением темпов роста влияние на мультипликатор PEG может быть как положительным, так и отрицательным, а чистый эффект может варьировать в зависимости от величины темпов роста.

ИЛЛЮСТРАЦИЯ 18.10. *Оценка мультипликатора PEG для фирмы*

Предположим, что вас попросили оценить мультипликатор PEG для фирмы, имеющей такие же характеристики, что и фирма, описанная в иллюстрации 18.1.

Темпы роста в первые пять лет = 25%	Коэффициент выплат в первые пять лет = 20%
Темпы роста по истечении пяти лет = 8%	Коэффициент выплат по истечении пяти лет = 50%
Коэффициент бета = 1	Безрисковая ставка = ставка по казначейским облигациям = 6%
Требуемая рентабельность = 6% + 1 (5,5%) = 11,5%	

Мультипликатор PEG можно оценить следующим образом:

$$PEG = \frac{0{,}2 \times (1{,}25) \times \left[1 - \frac{(1{,}25)^5}{(1{,}115)^5}\right]}{0{,}25(0{,}115 - 0{,}25)} + \frac{0{,}5 \times (1{,}25)^5 \times (1{,}08)}{0{,}25(0{,}115 - 0{,}08)(1{,}115)^5} = 1{,}15$$

Мультипликатор PEG, подсчитанный для этой фирмы на основе фундаментальных переменных, равен 1,15.

Исследование связи с фундаментальными переменными

Рассмотрим сначала последствия изменения темпов роста в период быстрого роста (последующие пять лет), начиная с 25%. На рисунке 18.8 мультипликатор PEG представлен как функция ожидаемых темпов роста. По мере увеличения темпов роста мультипликатор PEG сначала уменьшается, а затем начинает увеличиваться. Эта U-образная связь между мультипликатором PEG и ростом наводит на мысль о том, что сопоставление мультипликаторов PEG разных фирм с сильно различающимися темпами роста может оказаться сложным.

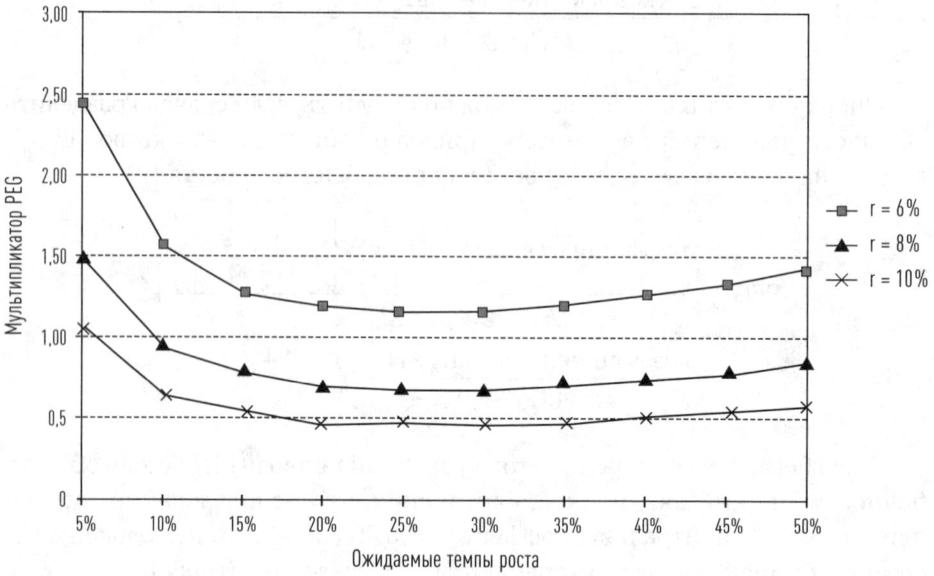

Рисунок 18.8. *Мультипликатор PEG, ожидаемый рост и процентные ставки*

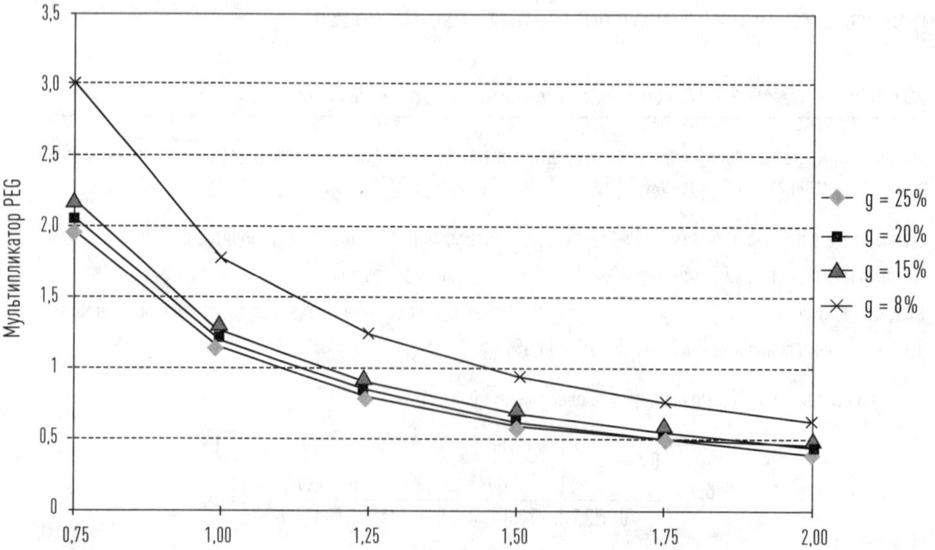

Рисунок 18.9. *Мультипликатор PEG и коэффициент бета: различные темпы роста*

Далее, рассмотрим влияние изменений в рискованности (коэффициент бета) этой фирмы на мультипликатор PEG. На рисунке 18.9 мультипликатор PEG представлен как функция коэффициента бета. Здесь связь очевидна. По мере увеличения риска мультипликатор PEG фирмы уменьшается. При сопоставлении мультипликаторов PEG фирм с разными уровнями риска даже в одном и том же секторе более рискованные фирмы будут иметь меньшие значения мультипликатора PEG по сравнению с более надежными компаниями.

Наконец, даже одинаковый рост может иметь разное качество. Фирма, темпы роста которой могут достигать 20% в год при выплате 50% прибыли акционерам, имеет рост более высокого качества, чем компания с теми же темпами роста, но реинвестирующая всю прибыль. Таким образом, как показано на рисунке 18.10, мультипликатор PEG должен расти по мере увеличения коэффициента выплат при любых темпах роста.

Темпы роста и коэффициент выплат связаны через рентабельность собственного капитала фирмы. В результате ожидаемые темпы роста фирмы можно записать следующим образом:

Ожидаемые темпы роста = рентабельность собственного капитала (1 – коэффициент выплат).

По этой причине при заданных темпах роста мультипликатор PEG должен быть выше для фирм с большей рентабельностью собственного капитала.

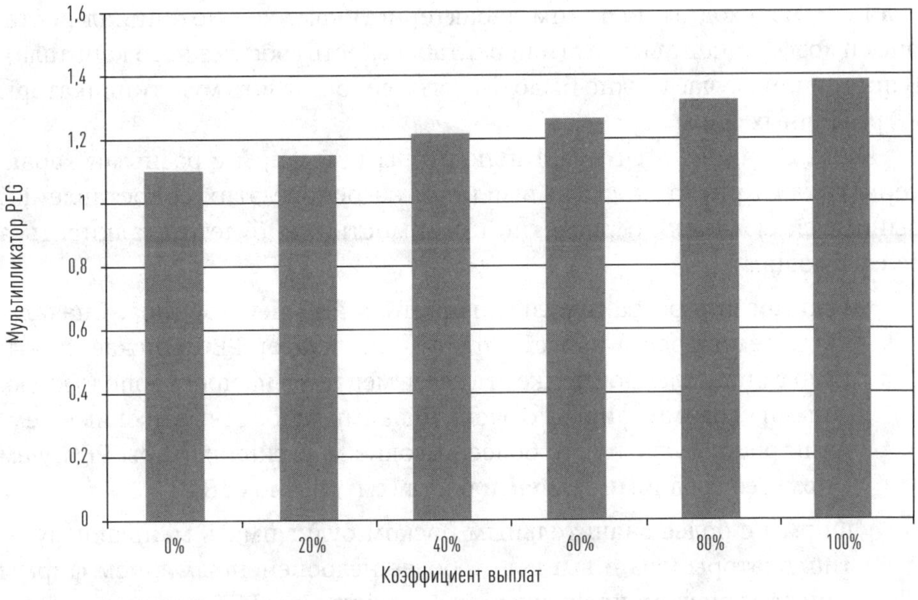

Рисунок 18.10. *Мультипликатор PEG и коэффициент выплат*

eqmult.xls — таблица, позволяющая оценить мультипликатор PEG для стабильно или быстро растущей фирмы при заданных фундаментальных переменных.

Использование мультипликатора PEG для сравнительной оценки

Мультипликатор PEG, как и мультипликатор PE, используется для сравнительной оценки фирм в одном и том же бизнесе. Как отмечалось в предыдущем разделе, мультипликатор PEG — это функция риска, потенциала роста и коэффициента выплат фирмы. В этом разделе рассматриваются способы использования мультипликатора PEG и анализируются некоторые проблемы, связанные с сопоставлением мультипликаторов PEG среди фирм.

Прямые сопоставления. Большинство аналитиков, использующих мультипликаторы PEG, вычисляют их для фирм одного сектора (или группы сопоставимых фирм), а затем сравнивают их. Фирмы с более низкими мультипликаторами PEG обычно рассматриваются как недооцененные, даже если темпы роста среди сопоставимых фирм различаются. Данный подход основывается на неправильном представлении, согласно которому мультипликаторы PEG сглаживают разницу в темпах роста. В действительности, прямые сопоставления мультипликаторов PEG работают, только если фирмы сходны по таким характеристикам, как потенциал роста, риск и коэффициент выплат (или рентабельность собственного капитала). В противном случае можно было бы легко сопоставлять мультипликаторы PE различных фирм.

Когда сравниваются мультипликаторы PEG фирм с разными характеристиками риска, роста и выплат и на основе этих сопоставлений выносятся суждения о расчетной стоимости, вы будете сталкиваться со следующим:

- Взаимосвязь роста и мультипликатора PEG неустойчива. Сначала, когда темпы роста нарастают, мультипликатор PEG снижается, однако в определенной точке эта связь меняется на противоположную. Иными словами, фирмы с очень низкими или очень высокими темпами роста будут иметь более высокие мультипликаторы PEG, чем фирмы со средними темпами роста (см. рисунок 18.8).
- Фирмы с более значительным риском будут иметь меньшие мультипликаторы PEG и выглядеть более недооцененными, чем фирмы с низким риском, поскольку мультипликаторы PEG снижаются с ростом риска фирмы (см. рисунок 18.9).
- Фирмы с более низкой рентабельностью собственного капитала (или более низкими коэффициентами выплат) будут иметь более низкие мультипликаторы PEG и выглядеть более недооцененными, чем фирмы с высокой рентабельностью собственного капитала и более высокими коэффициентами выплат (см. рисунок 18.10).

Короче говоря, фирмы, выглядящие недооцененными при прямом сопоставлении мультипликаторов PEG, в действительности могут характеризоваться более значительным риском или меньшей рентабельностью собственного капитала и при этом быть правильно оцененными.

Скорректированные сопоставления. Таким образом, при сопоставлении мультипликаторов PEG разных фирм важно смягчить различия между риском, ростом и коэффициентами выплат. Хотя можно попытаться сделать это на субъективной основе, сложная взаимосвязь между мультипликатором PEG и этими фундаментальными переменными может привести к серьезным проблемам. Наиболее перспективно использование регрессионного подхода, предложенного для мультипликатора PE, и соотнесение мультипликаторов PEG сопоставимых фирм с показателями риска, потенциала роста и коэффициента выплат.

Как и в случае с мультипликатором PE, в этих рассуждениях сопоставимые фирмы можно определять узко (как другие фирмы в том же самом бизнесе) или более широко — как фирмы, функционирующие в том же секторе, или как все фирмы на рынке. При построении подобных регрессий остаются в силе все предостережения, сделанные применительно к регрессии PE. Независимые переменные продолжают коррелировать друг с другом, а связь является и нестабильной, и, по всей вероятности, нелинейной. Действительно, рисунок 18.11, где представлен разброс значений мультипликатора PEG в зависимости от темпов роста для всех американских акций в январе 2011 г., показывает степень нелинейности взаимосвязи.

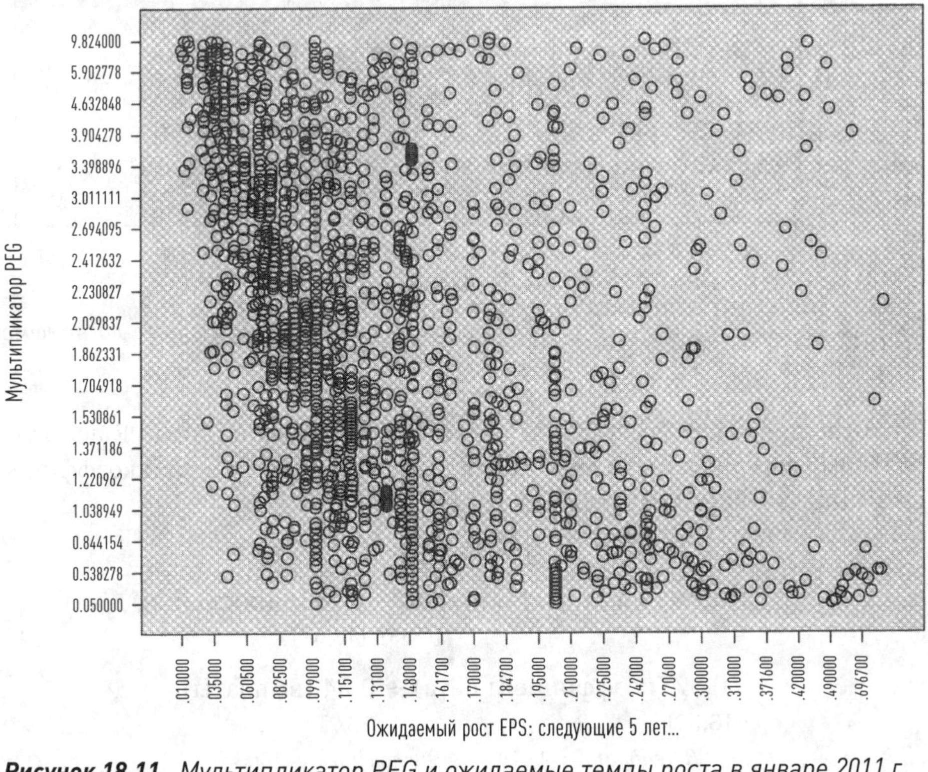

Рисунок 18.11. *Мультипликатор PEG и ожидаемые темпы роста в январе 2011 г.*

При построении регрессии, особенно в тех случаях, когда выборка содержит фирмы с сильно различающимися уровнями роста, следует трансформировать темпы роста так, чтобы сделать связь более линейной. Например, как показано на рисунке 18.12, разброс значений мультипликатора PEG в зависимости от натурального логарифма ожидаемых темпов роста дает гораздо более линейную связь.

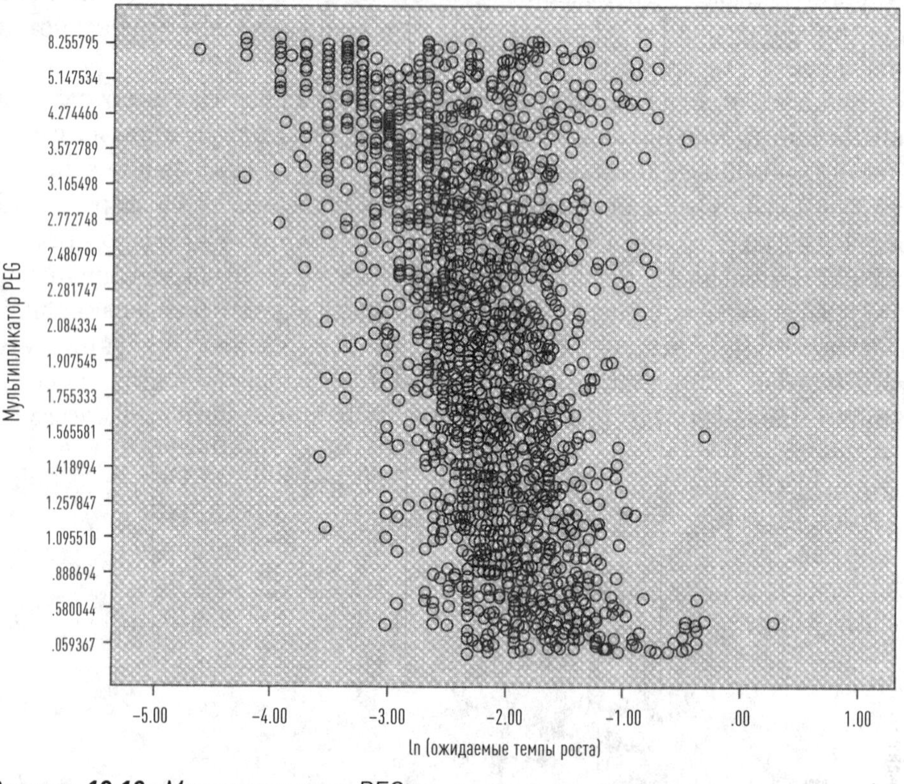

Рисунок 18.12. *Мультипликатор PEG в зависимости от натурального логарифма ожидаемых темпов роста в январе 2011 г.*

Ниже приведены результаты регрессии мультипликатора PE по натуральному логарифму ожидаемого роста, коэффициенту бета и коэффициенту выплат для рынка в целом в январе 2011 г.

Весь рынок

Мультипликатор PEG = –1,07 – 1,18 ln (рост) +
[6,53] [18,51]

+ 0,57 (коэффициент бета) + 0,54 (выплаты).
[8,55] [3,57]

R-квадрат = 25,1% *Число фирм = 1608*

Низкое значение R-квадрата — это индикатор проблем, связанных с этим мультипликатором, и трудностей, с которыми вы будете сталкиваться, используя его при проведении сопоставлений между фирмами.

ИЛЛЮСТРАЦИЯ 18.11. *Повторный анализ сектора производителей напитков в 2001 г. — использование мультипликатора PEG*

В предыдущей главе мы анализировали мультипликатор PE для производителей напитков и определяли, является ли компания Andres Wine недооцененной, поскольку она торговалась ниже мультипликатора PE. Поскольку ожидаемые темпы роста в секторе значительно варьируют, мы рассчитали мультипликатор PEG для фирм и представили его значения вместе со стандартным годовым отклонением цен акций за два предыдущие года в следующей таблице:

Название компании	*Отслеживающий PE*	*Ожидаемый рост (%)*	*Стандартное отклонение (%)*	*PEG*
Coca-Cola Bottling	29,18	9,50	20,58	3,07
Molson Inc. Ltd. "A"	43,65	15,50	21,88	2,82
Anheuser-Busch	24,31	11,00	22,92	2,21
Corby Distilleries Ltd.	16,24	7,50	23,66	2,16
Chalone Wine Group	21,76	14,00	24,08	1,55
Andres Wines Ltd. "A"	8,96	3,50	24,70	2,56
Todhunter Int'l	8,94	3,00	25,74	2,98
Brown-Forman "B"	10,07	11,50	29,43	0,88
Coors (Adolph) "B"	23,02	10,00	29,52	2,30
PepsiCo, Inc.	33,00	10,50	31,35	3,14
Coco-Cola	44,33	19,00	35,51	2,33
Boston Beer "A"	10,59	17,13	39,58	0,62
Whitman Corp.	25,19	11,50	44,26	2,19
Mondavi (Robert) "A"	16,47	14,00	45,84	1,18
Coca-Cola Enterprises	37,14	27,00	51,34	1,38
Hansen Natural Corp.	9,70	17,00	62,45	0,57
Среднее	*22,66*	*13,00*	*33,00*	*2,00*

Обратите внимание на то, что Andres Wine не выглядит дешевой, если сравнивать мультипликатор PEG со средним значением. Это результат трансформации низких темпов роста в высокий мультипликатор PEG. Hansen Natural по-прежнему выглядит привлекательно с ее мультипликатором PEG, равным 0,57, который значительно ниже среднего по сектору.

Hansen Natural остается более рискованной (ее стандартное отклонение почти в два раза выше среднего для сектора) и имеет более высокие темпы роста, чем у других фирм в секторе, что в совокупности приводит к получению более низкого мультипликатора PEG. Регрессия мультипликаторов PEG для фирм в секторе дает нам следующее:

Мультипликатор PEG = 3,61 – 2,86 (ожидаемые темпы роста) – 3,38 (стандартное отклонение).

[6,86] [0,75] [2,04]

Используя эту регрессию мы получаем прогнозную стоимость для Hansen Natural:

$$\text{Мультипликатор PEG}_{\text{Hansen}} = 3{,}61 - 2{,}86\ (0{,}1700) - 3{,}38\ (0{,}6245) = 1{,}01.$$

При мультипликаторе PEG, равном 0,57, фирма остается значительно недооцененной.

Mreg.xls — размещенная в Интернете таблица, которая обобщает результаты самой последней регрессии мультипликаторов PEG по фундаментальным переменным для американских акций.

ЧЬИ ТЕМПЫ РОСТА?

При вычислении мультипликаторов PEG мы часто сталкиваемся с вопросом о том, чьи темпы роста использовать. Если в выборке мало фирм, то можно оценивать ожидаемые темпы роста для каждой фирмы отдельно. Если же количество фирм возрастает, вам ничего не остается, как использовать аналитические оценки ожидаемых темпов роста для фирм. Будут ли всевозможные смещения в этих оценках искажать ваш анализ? Вовсе не обязательно. Если смещение единообразно — например, когда аналитики переоценивают рост для всех фирм в секторе, — то, скорее всего, можно сопоставить мультипликаторы PEG различных фирм и сделать обоснованные заключения.

ДРУГИЕ ВАРИАНТЫ МУЛЬТИПЛИКАТОРА PE

Хотя PE и PEG, пожалуй, самые широко используемые мультипликаторы прибыли, существуют и другие мультипликаторы прибыли на собственный капитал, которые также применяются аналитиками. В этом разделе рассматриваются три варианта таких мультипликаторов. Первый — это относительный мультипликатор PE, второй — отношение цены к прибыли будущего года (скажем, через 5 или 10 лет), а третий — отношение цены к прибыли до учета расходов на НИОКР (используется, главным образом, для технологических фирм).

Относительные мультипликаторы PE

Относительные мультипликаторы «цена/прибыль» сопоставляют мультипликатор PE фирмы со среднерыночным значением. Эти мультипликаторы получают путем деления текущего PE фирмы на среднерыночную величину.

$$\text{Относительный PE} = \text{текущий PE}_{\text{фирмы}} / \text{текущий PE}_{\text{рынка}}.$$

Неудивительно, что распределение относительных мультипликаторов PE отражает распределение фактических PE, но с одним различием — средний относительный мультипликатор PE равен 1.

Для того чтобы проанализировать относительные мультипликаторы PE, мы будем опираться на ту же модель, которая использовалась при анализе мультипликатора PE для быстро растущей фирмы, но при этом для получения оценки мультипликатора PE для всего рынка в целом мы будем применять похожую модель. Сводя все вместе, получаем следующее:

$$\text{Относительный PE}_j =$$

$$= \frac{\dfrac{\text{коэффициент выплат}_j \times (1+g_j) \times \left[1 - \dfrac{(1+g_j)^n}{(1+r_j)^n}\right]}{r_j - g_j} + \dfrac{\text{коэффициент выплат}_{j,n} \times (1+g_j)^n \times (1+g_{j,n})}{(r_j - g_{j,n})(1+r_j)^n}}{\dfrac{\text{коэффициент выплат}_m \times (1+g_m) \times \left[1 - \dfrac{(1+g_m)^n}{(1+r_m)^n}\right]}{r_m - g_m} + \dfrac{\text{коэффициент выплат}_{m,n} \times (1+g_m)^n \times (1+g_{m,n})}{(r_m - g_{m,n})(1+r_m)^n}},$$

где j = фирма;
m = рынок.

Отметим, что относительный мультипликатор PE — это функция всех переменных, которые определяют мультипликатор PE, таких как ожидаемые темпы роста, риск фирмы и коэффициент выплат, однако он относится к рынку. Таким образом, относительный PE фирмы представляет собой функцию относительных темпов роста ее прибыли на акцию (темпы ростафирмы/темпы ростарынка), относительной стоимости привлечения ее собственного капитала (стоимость привлечения собственного капиталафирмы/стоимость привлечения собственного капиталарынка) и относительной рентабельности ее собственного капитала ($ROE_{фирмы}/ROE_{рынка}$). Фирмы с более значительным относительным ростом, более низкой относительной стоимостью привлечения собственного капитала и более высокой относительной рентабельностью собственного капитала должны торговаться с более высокими относительными мультипликаторами PE.

При проведении оценок есть два способа использования относительных PE. Один из них состоит в сопоставлении относительного PE фирмы с его историческими нормами. Например, компанию Ford можно трактовать как недооцененную, поскольку ее относительный PE, равный сегодня 0,24, ниже, чем относительный PE, по которому эта компания исторически торгуется. Другой способ заключается в сопоставлении относительных мультипликаторов PE на различных рынках; данная процедура позволяет осуществлять сравнения, когда мультипликаторы PE на разных рынках очень сильно различаются. Например, для получения оценок относительных мультипликаторов PE и для их сопоставления мы можем разделить мультипликаторы PE каждой телекоммуникационной фирмы из иллюстрации 18.8 на мультипликатор PE для рынка, где акции фирмы локально торгуются.

ИЛЛЮСТРАЦИЯ 18.12. *Сопоставление относительных мультипликаторов PE для акций автомобильных компаний, май 2011 г.*

В следующей таблице приводятся автомобильные компании с рыночной капитализацией более $10 млрд в мае 2011 г. Поскольку они котируются на разных рынках, мы разделим мультипликатор PE каждой компании на общий мультипликатор PE основного рынка, где каждая из них торгуется.

Компания	*PE*	*Основной рынок*	*PE рынка*	*Относительный PE*
SAIC Motor Corporation	9,69	Китай	20,66	0,47
Dongfeng Motor Group Co.	9,01	Китай	20,66	0,44
Renault SA	3,25	Франция	15,86	0,21
Volkswagen AG	6,71	Германия	16,82	0,40
Daimler AG	10,37	Германия	16,82	0,62
BMW Group	9,29	Германия	16,82	0,55
Porsche Automobile Holding SE	2,81	Германия	16,82	0,17
Audi AG	10,32	Германия	16,82	0,61
Astra International tbk PT	15,63	Индонезия	21,82	0,72
Fiat S. p. A	14,64	Италия	15,02	0,97
Honda Motor Co., Ltd.	10,55	Япония	17,5	0,60
Toyota Motor Corp.	26,10	Япония	17,5	1,49
Nissan Motor Co. Ltd.	10,63	Япония	17,5	0,61
Suzuki Motor Corp.	22,42	Япония	17,5	1,28
Hyundai Motor Co.	8,50	Южная Корея	16,98	0,50
Kia Motors Corp.	11,64	Южная Корея	16,98	0,69
General Motors Co.	5,65	США	19,16	0,30
Ford Motor Co.	7,87	США	19,16	0,41

Porsche и Renault остаются самыми дешевыми фирмами как с точки зрения мультипликатора PE, так и с точки зрения относительного мультипликатора PE, а Toyota и Suzuki — самыми дорогими. На деле различия мультипликаторов PE между рынками не так уж велико, и ранжирование фирм на основе относительного мультипликатора PE очень близко к ранжированию на основе обычного мультипликатора PE. Ситуация была совсем другой десятилетие назад, когда японские акции торговались с намного более высокими мультипликаторами, чем фирмы на других рынках.

Среднее значение относительного мультипликатора PE для Ford (по американскому рынку) составляло 0,50 на протяжении последних четырех десятилетий. При текущем значении 0,41 компания Ford выглядит дешевой. GM также выглядит дешевой, однако в 2011 г., после выхода из предсмертного состояния, она является совершенно другой компанией, чем та, какой она была в предыдущие десятилетия.

Отношение цены к будущей прибыли

Мультипликатор «цена/прибыль» нельзя оценить применительно к фирмам с отрицательной прибылью на акцию. Хотя существуют другие мультипликаторы прибыли, такие как мультипликатор «цена/объем продаж», которые можно оценивать для таких фирм, некоторые аналитики все равно предпочитают привычную базу мультипликаторов PE. Один из способов, помогающих модифицировать мультипликаторы PE в таким случаях, состоит в использовании для вычисления PE ожидаемой прибыли на акцию в тот или иной будущий год. Например, фирма в настоящее время имеет отрицательную прибыль на акцию, равную –$2, но ожидается, что через пять лет ее прибыль на акцию будет составлять $1,5. Для получения мультипликатора PE можно разделить сегодняшнюю цену на ожидаемую прибыль на акцию через пять лет.

Как использовать такой мультипликатор PE? Мультипликатор PE для всех сопоставимых фирм нужно также оценивать на основе ожидаемой прибыли на акцию через пять лет и затем сопоставлять получаемые значения для разных фирм. Если предположить, что через пять лет все фирмы в выборке будут иметь одни и те же характеристики риска, роста и выплат, то фирмы с низким отношением цены к будущей прибыли следует считать недооцененными. Альтернативный подход состоит в определении целевой цены для фирм с отрицательной прибылью через пять лет, делении ее на прибыль в этом году и сравнении такого мультипликатора PE с сегодняшним мультипликатором PE для сопоставимых фирм.

Хотя эта модифицированная версия мультипликатора PE увеличивает сферу применения мультипликаторов PE для множества фирм, имеющих сегодня отрицательную прибыль, трудно сглаживать различия между оцениваемой фирмой и сопоставимыми фирмами, поскольку сравнение фирм проводится в разные моменты времени.

ОТНОСИТЕЛЬНЫЕ МУЛЬТИПЛИКАТОРЫ PE И РОСТ РЫНКА

По мере увеличения ожидаемых темпов роста рынка расхождение в мультипликаторах PE увеличивается, приводя к большему разбросу значений относительных PE. Это можно очень легко проиллюстрировать, если рассмотреть относительный PE для компании, темпы роста которой составляют половину от темпов роста рынка. Когда они равны 4%, эта фирма будет торговаться при PE, составляющем примерно 80% от рыночного PE. Когда же темпы роста рынка возрастут до 10%, фирма будет торговаться при PE, составляющем 60% от рыночного PE.

Это может отразиться на оценках аналитиков, использующих относительные мультипликаторы PE. Акции фирм, чья прибыль растет в гораздо меньшей степени, чем рынок, часто выглядят недорогими на базе относительного PE при высоких темпах роста рынка и дорогими при низких темпах роста.

Отношение цены к прибыли до учета расходов на НИОКР

В ходе обсуждения денежных потоков и капитальных затрат в главе 4 утверждалось, что расходы на НИОКР следует капитализировать, поскольку они представляют собой инвестиции в будущее. Поскольку стандарты бухгалтерского учета требуют, чтобы расходы на НИОКР учитывались как текущие затраты, а не капитализировались, то, по всей вероятности, прибыль быстро растущих фирм со значительными исследовательскими расходами будет недооцениваться, а мультипликатор PE вследствие этого — переоцениваться. Это особенно верно при сопоставлении технологических фирм, имеющие значительные исследовательские расходы, с нетехнологическими фирмами, обычно не осуществляющими подобных расходов. Даже в тех случаях, когда «технологические» акции сопоставляются друг с другом, фирмы с быстрым ростом и более значительными расходами на НИОКР будут иметь более низкую прибыль и более высокий PE, чем стабильные фирмы сектора с низкими расходами на НИОКР. Некоторые аналитики считают, что мультипликатор PE должен оцениваться путем использования прибыли до учета расходов на НИОКР.

$$PE_{\text{до расходов на НИОКР}} = \text{рыночная стоимость собственного капитала} / /(\text{чистая прибыль} + \text{расходы на НИОКР}).$$

Мультипликаторы PE, вытекающие из этих расчетов, скорее всего будут значительно ниже, чем мультипликаторы PE, получаемые при традиционном определении прибыли на акцию.

Хотя логика, лежащая в основе этого подхода, является здравой, добавление расходов на НИОКР к прибыли не является полной корректировкой. Чтобы сделать ее полной, нужно капитализировать расходы на НИОКР и подсчитать амортизацию этих расходов, как это было сделано в главе 9. Тогда скорректированный PE будет равен:

$$PE_{\text{с корректировкой расходов на НИОКР}} = = \text{рыночная стоимость собственного капитала}/(\text{чистая прибыль} + + \text{расходы на НИОКР} - \text{амортизация расходов на НИОКР}).$$

Затем эти откорректированные мультипликаторы PE могут быть рассчитаны для фирм из выборки.

Хотя эта корректировка мультипликатора PE решает одну проблему — учет расходов на НИОКР, она не устраняет всех прочих проблем, связанных с мультипликаторами PE. Прибыль по-прежнему остается изменчивой и зависящей от выбора метода бухгалтерского учета, а различия в характеристиках роста, риска и денежных потоков будут все так же приводить к разным мультипликаторам «цена/прибыль» среди фирм. Кроме того, нужно также самостоятельно оценить ожидаемый рост прибыли (до учета расходов на НИОКР), поскольку консенсусные оценки аналитиков в отношении этих темпов роста не будут доступны.

ИЛЛЮСТРАЦИЯ 18.13. *Анализ компании Amylin Pharmaceuticals в мае 2011 г. на основе отношения цены к будущей прибыли на акцию*

В мае 2011 г. на американских биржах торговались десятки биотехнологических фирм, однако многие из них показывали убытки как в результате того, что еще не имели коммерческих продуктов, так и из-за значительных расходов на НИОКР, съедавших прибыль. Мы рассмотрим одну из них, Amylin Pharmaceuticals, которая торговалась в мае 2011 г. по $13,28. За последние 12 месяцев перед оценкой компания объявила об убытке –$1,05, и аналитики прогнозировали убыток на уровне 90 центов на акцию в 2011 и 2012 г.

Хотя обычный мультипликатор PE невозможно определить при отрицательных прибылях, есть два подхода, позволяющие использовать PE для анализа Amylin:

1. *Форвардный PE.* Аналитики ожидают, что продукты фирмы начнут генерировать значительные прибыли в 2013 г., и фирма будет иметь прибыль на акцию в размере $1,25 в 2016 г. Деление сегодняшней цены на ожидаемую прибыль на акцию в 2016 г. дает значение 10,62:

Форвардный PE = сегодняшняя цена/EPS в 2016 г. = $13,28/$1,25 = 10,62.

Обратите внимание на то, что этот мультипликатор нельзя сравнивать с текущими мультипликаторами PE других торгующихся сегодня компаний. Так, утверждение, что Amylin дешева, поскольку форвардный PE, равный 10,62, меньше текущего PE фирмы Amgen, равного 12,42, не выдерживает критики по той причине, что прибыль Amgen относится к 2010 г., а прибыль Amylin — к 2016 г. Чтобы использовать форвардный PE, нужно получить прогнозную EPS на 2016 г. для каждой фирмы в секторе и рассчитать форвардный PE для нее. (Мультипликатор PE для Amgen, например, на основе прогнозной EPS на 2016 г. составляет 7,45.)

2. *PE до вычета расходов на НИОКР.* Одной из основных причиной убытков Amylin являются значительные расходы на НИОКР. Если прибавить их к объявленному чистому убытку и определить прибыль на акцию, то вы получите примерно $0,15. Использование этого значения дает следующий мультипликатор «цена/прибыль»:

Цена/EPS до вычета расходов на НИОКР = $13,28/$0,15 = 88,53.

Здесь опять необходимо обеспечить единообразное определение мультипликаторов PE для всех фирм в секторе, прежде чем что-либо сравнивать.

МУЛЬТИПЛИКАТОР «СТОИМОСТЬ ПРЕДПРИЯТИЯ/EBITDA»

В отличие от мультипликаторов прибыли, обсуждавшихся до сих пор в этой главе, мультипликатор «стоимость предприятия/EBITDA» является мультипликатором стоимости фирмы. За последние два десятилетия по ряду причин он приобрел много сторонников среди аналитиков. Во-первых, фирм с отрицательной EBITDA гораздо меньше, чем фирм с отрицательной прибылью на акцию. Таким образом, в ходе проведения анализа теряется меньшее число фирм. Во-вторых, различия в методах начисления износа у разных компаний (одни начисляют его равномерно, а другие ускоренно) могут привести к разнице в операционной прибыли или чистой прибыли, но не воздействуют на EBITDA. В-третьих, при сравнении фирм с разным финансовым рычагом (в числителе находится расчетная стоимость, а в знаменателе — прибыль до уплаты долга) этот мультипликатор прибыли гораздо легче сопоставлять, чем другие. По всем этим причинам данный мультипликатор особенно пригоден для сопоставления фирм в тех секторах, которые требуют крупных инвестиций в инфраструктуру, с длительными периодами «созревания». Хорошие примеры — это телекоммуникационные компании и компании, занимающиеся строительством аэропортов или магистральных дорог.

Определение

Отношение стоимости предприятия (enterprise value — EV) к EBITDA связывает общую рыночную стоимость фирмы (за вычетом денежных средств) с прибылью до уплаты процентов, налогов, начисления износа и амортизации:

Стоимость предприятия/EBITDA =
= (рыночная стоимость собственного капитала –
– рыночная стоимость долга – денежные средства)/EBITDA.

Почему в этих расчетах денежные средства вычитаются из стоимости фирмы? Процентный доход от денежных средств не учитывается как часть EBITDA, поэтому отказ от вычитания этих денежных средств приведет к переоценке мультипликатора «стоимость предприятия/EBITDA» (EV/EBITDA).

Оценка мультипликатора «стоимость предприятия/EBITDA» может быть затруднена применительно к фирмам с перекрестными вложениями. Чтобы увидеть, почему это так, обратите внимание на то, что перекрестные вложения можно классифицировать как активные мажоритарные инвестиции, активные миноритарные инвестиции и пассивные миноритарные инвестиции. Когда вложение классифицируется как миноритарные инвестиции, операционная прибыль фирмы не включает поступлений от таких инвестиций. В то же время, числитель включает рыночную стоимость собственного капитала, которая должна содержать стоимость миноритарных инвестиций. Поэтому мультипликатор «стоимость предприятия/EBITDA» будет слишком большим для таких фирм, что приведет случайного наблюдателя к выводу о том, что они переоценены. Когда же вложения классифицируются как мажоритарные инвестиции, возникает другая проблема. Показатель EBITDA включает 100% прибыли от инвестиций, но числитель отражает только ту часть вложения, которая принадлежит фирме. Таким образом, мультипликатор «стоимость предприятия/EBITDA» (EV/EBITDA) будет слишком низким и будет свидетельствовать о недооцененности акций.

Корректировка расчетов с учетом перекрестных вложений утомительна и трудна, когда подобные вложения сделаны в частные фирмы. Если инвестиции миноритарные, то можно либо вычесть расчетную стоимость вложений из числителя, либо добавить часть EBITDA дочерней компании в знаменатель. Если же инвестиции являются мажоритарными, то можно вычесть пропорциональную долю стоимости вложений из числителя и всю величину EBITDA инвестиций из знаменателя.

ИЛЛЮСТРАЦИЯ 18.14. *Оценка мультипликатора «стоимость предприятия/EBITDA» с перекрестными вложениями*

В иллюстрации 16.6 мы оценивали стоимость дисконтированных денежных потоков для Segovia, фирмы с двумя вложениями: 51%-ная доля в Seville Television и 15%-ная доля в звукозаписывающей компании LatinWorks. Первое вложение было классифицировано как активные мажоритарные инвестиции (приводящие к консолидированию), а второе — как пассивные миноритарные инвестиции. Здесь мы попытаемся оценить мультипликатор «стоимость предприятия/EBITDA» для Seville, опираясь на следующую информацию:

- Рыночная стоимость собственного капитала фирмы Segovia равна $1529 млн, а непогашенный консолидированный долг фирмы равен $500 млн. Фирма сообщила о EBITDA в $500 млн в консолидированном отчете о прибылях и убытках. Часть EBITDA ($180 млн) и долга ($150 млн) представляют собой вложения Segovia в Seville Television.
- Seville Television — публично торгуемая фирма с рыночной стоимостью собственного капитала $459 млн.
- LatinWorks — это частная фирма с EBITDA $120 млн на $250 млн капитала, вложенного в текущем году, долг фирмы составляет $100 млн.
- Ни одна из фирм не имеет значительных кассовых остатков.

Если бы мы оценивали мультипликатор «стоимость предприятия/EBITDA» для Segovia, используя консолидированную финансовую отчетность, то получили бы следующее:

Стоимость предприятия/EBITDA = (рыночная стоимость собственного капитала + стоимость долга – – денежные средства)/EBITDA = (1529 + 500 – 0)/500 = 4,06.

Этот мультипликатор прибыли искажен перекрестными вложениями. Учесть эти вложения можно тремя способами. Один из них состоит в вычитании из рыночной стоимости собственного капитала фирмы Segovia стоимости собственного капитала во вложениях, а также долга консолидированных вложений из долга фирмы Segovia. Полученный результат затем следует разделить на EBITDA только материнской компании. Чтобы сделать это, нужно сначала оценить рыночную стоимость собственного капитала в LatinWorks, являющейся частной компанией. Мы будем использовать расчетное значение стоимости собственного капитала, полученное в иллюстрации 16.6:

Стоимость собственного капитала в LatinWorks = $370,25 млн.

$$\text{Стоимость предприятия/EBITDA}_{\text{без учета вложений}} = [(1529 - 0{,}51 \times 459 - 0{,}15 \times 370{,}25) + (500 - 150)]/(500 - 180) = 5{,}7.$$

Это дает EV/EBITDA только для материнской компании. Альтернатива заключается в корректировке одного лишь знаменателя — для обеспечения его соответствия числителю. Иными словами, EBITDA должна включать только 51% EBITDA активных мажоритарных инвестиций, и к ней нужно добавить 15% EBITDA миноритарных инвестиций.

$$\text{Стоимость предприятия/EBITDA}_{\text{с учетом вложений}} = (1529 + 500 - 150)/(500 - 0{,}49 \times 180 + 0{,}15 \times 120) = 4{,}37.$$

При третьем подходе мы оцениваем мультипликатор «стоимость предприятия/EBITDA» для консолидированной фирмы, осуществляя корректировку только в отношении миноритарной инвестиции. Для этого необходимо прибавить расчетную стоимость собственного капитала в дочерней компании, которая консолидируется (поскольку рыночная стоимость собственного капитала материнской компании отражает только 51%-процентную долю в дочерней компании), к числителю и вычесть из нее расчетную стоимость собственного капитала в миноритарной инвестиции в LatinWorks. Знаменатель можно оставить без изменения, поскольку он уже включает 100% EBITDA консолидированной компании. То же самое нужно сделать и в отношении денежных средств и долга в Segovia.

$$\text{Стоимость предприятия/EBITDA}_{\text{консолидированная}} = [(1529 + 0{,}49 \times 459 + 500 - 150)]/500 = 4{,}21.$$

Обратите внимание на то, что 49% рыночной стоимости собственного капитала в Seville прибавляется к числителю для измерения стоимости собственного капитала с рыночной точки зрения. На практике, впрочем, многие аналитики используют в целях оценки стоимости предприятия интерес меньшинства, показанный в балансе Segovia, т. е. балансовую стоимость 49%-ной доли Seville. Хотя это и удобно, такой подход привносит в оценку непоследовательность.

Поскольку эти подходы дают очень разные значения, встает вопрос, какое из них правильное. Учитывая, что единственной причиной, по которой мы определяем этот мультипликатор, является сравнение его значений для сходных компаний, ответ зависит от этого сравнения. Если все три компании представляют разные секторы, то лучше всего использовать первый подход, получать мультипликатор «стоимость предприятия/EBITDA» для каждой компании отдельно и сравнивать эту компанию с другими компаниями в ее секторе. Если вам удастся найти консолидированные компании, которые похожи на Segovia с точки зрения миноритарный и мажоритарных инвестиций, то можно использовать второй подход. Если Segovia и Seville принадлежат к одному и тому же сектору, то можно использовать третий подход, т. к. он позволяет сравнивать консолидированную стоимость со стоимостями, по которым торгуются другие компании сектора.

Описание

Рисунок 18.13 обобщает значения мультипликатора «стоимость предприятия/EBITDA» для американских фирм в январе 2011 г. Как и в случае с мультипликатором «цена/прибыль», здесь мы имеем дело с сильно сме-

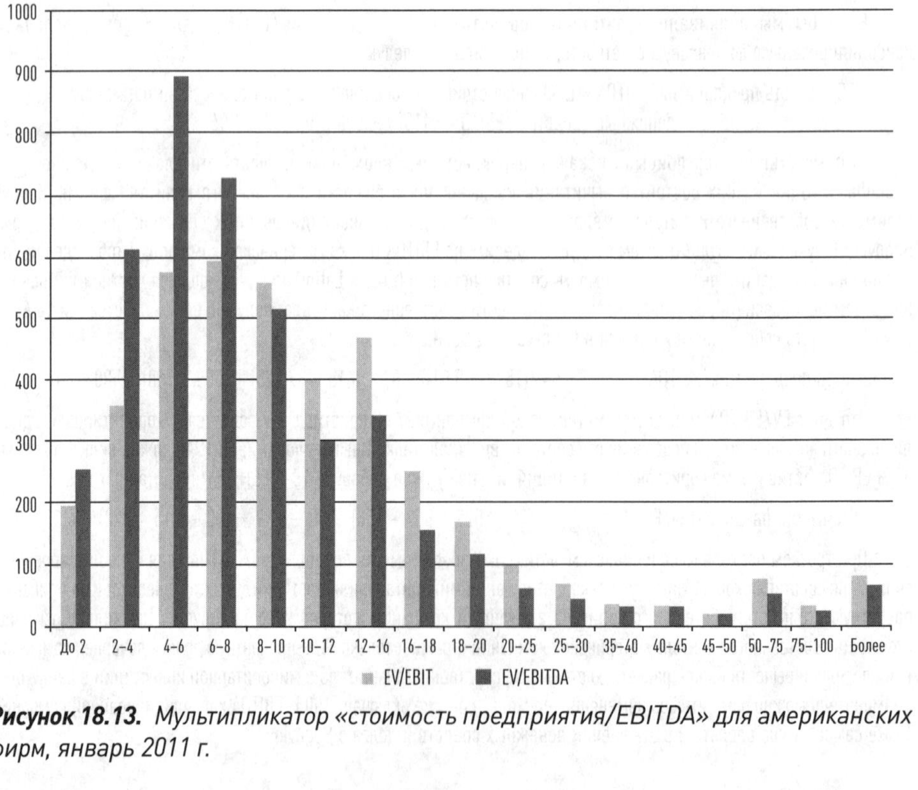

Рисунок 18.13. *Мультипликатор «стоимость предприятия/EBITDA» для американских фирм, январь 2011 г.*

щенным распределением. Среднее значение мультипликатора «стоимость предприятия/EBITDA» американских фирм в январе 2011 г. было равно 54,8, в то время как медианное значение близко к 10. Такая картина характерна не только для США, что видно на рисунке 18.14, где представлено распределение значений этого мультипликатора в глобальном масштабе. И европейские, и японские фирмы, так же как и фирмы развивающихся рынков имеют смещенные распределения, где положительные выпадающие значения делают среднюю величину намного больше медианной.

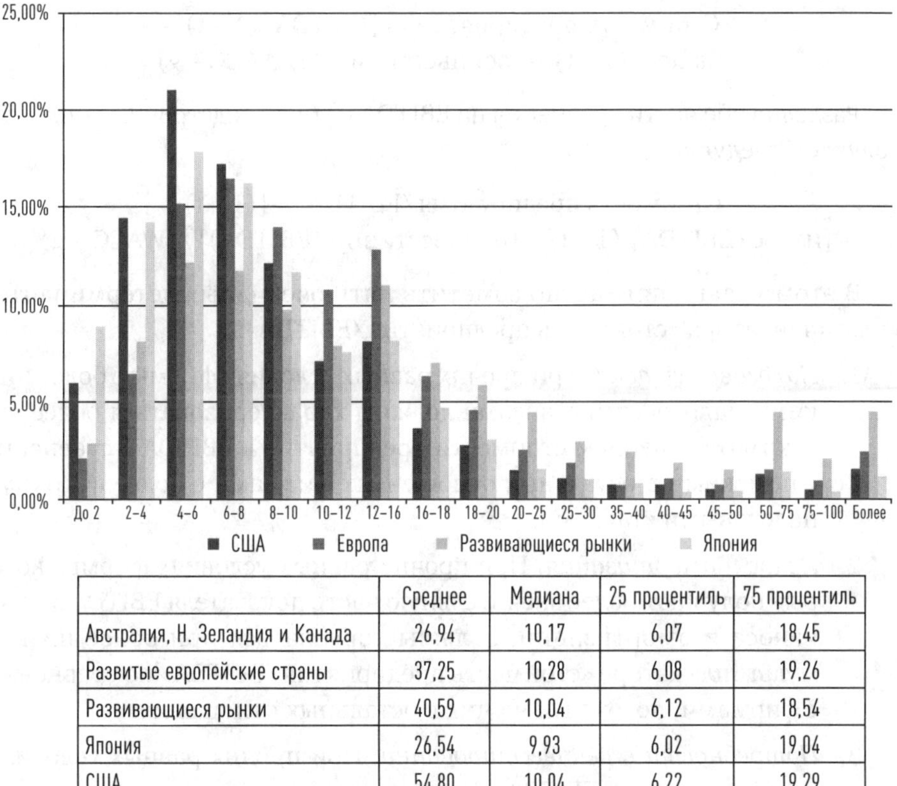

	Среднее	Медиана	25 процентиль	75 процентиль
Австралия, Н. Зеландия и Канада	26,94	10,17	6,07	18,45
Развитые европейские страны	37,25	10,28	6,08	19,26
Развивающиеся рынки	40,59	10,04	6,12	18,54
Япония	26,54	9,93	6,02	19,04
США	54,80	10,04	6,22	19,29

Рисунок 18.14. *Мультипликатор «стоимость предприятия/EBITDA», глобальное сравнение, январь 2011 г.*

Анализ

Для того чтобы проанализировать детерминанты мультипликатора «стоимость предприятия/EBITDA», нам нужно вернуться к модели оценки фирмы на основе свободных денежных потоков, разработанной нами в главе 15. Конкретнее, мы оценивали стоимость операционных активов (или стоимость предприятия) фирмы следующим образом:

$$\text{Стоимость предприятия} = \text{FCFF1}/(\text{WACC} - g).$$

Свободные денежные потоки фирмы можно выразить через EBITDA:

$$\text{FCFF} = \text{EBIT}\ (1 - t) - (\text{капитальные затраты} - \text{износ} + \Delta\text{оборотный капитал}) = (\text{EBITDA} - \text{износ})\ (1 - t) - (\text{капитальные затраты} - \text{износ} + \Delta\text{оборотный капитал}) = \text{EBITDA}\ (1 - t) - \text{износ}\ (1 - t) - \text{реинвестиции}.$$

Подставляя это значение в предыдущее уравнение, получаем:

$$\text{Стоимость предприятия} = [\text{EBITDA}_1\ (1 - t) - \text{износ}_1\ (1 - t) - \text{реинвестиции}_1]/(\text{WACC} - g).$$

Разделив обе части уравнения на EBITDA и убрав подстрочные индексы, получаем следующее:

$$\text{Стоимость предприятия}/\text{EBITDA} = \{(1 - t) - [\text{износ}/\text{EBITDA}]\ (1 - t) - (\text{реинвестиции}/\text{EBITDA})\}/(\text{WACC} - g).$$

В этом уравнении можно заметить пять очевидных детерминантов мультипликатора «стоимость предприятия/EBITDA»:

1. *Налоговая ставка*. При прочих равных условиях фирмы с более низкими налоговыми ставками должны характеризоваться более высоким отношением стоимости предприятия к EBITDA в сравнении с похожими в остальных отношениях фирмами с более высокими налоговыми ставками.
2. *Износ и амортизация*. При прочих равных условиях фирмы, которые получают более значительную часть показателя EBITDA за счет износа и амортизации, должны торговаться при более низком мультипликаторе «стоимость предприятия/EBITDA» по сравнению с фирмами, похожими на них в остальных отношениях.
3. *Потребности в реинвестировании*. При прочих равных условиях, чем больше доля EBITDA, которую нужно реинвестировать для генерирования ожидаемого роста, тем ниже должно быть значение «стоимость предприятия/EBITDA».
4. *Стоимость привлечения капитала*. При прочих равных условиях фирмы с более низкой стоимостью привлечения капитала должны торговаться с более высоким мультипликатором «стоимость предприятия/EBITDA».
5. *Ожидаемый рост*. При прочих равных условиях фирмы с более высоким ожидаемым ростом должны торговаться с более высоким мультипликатором «стоимость предприятия/EBITDA».

Эти рассуждения можно распространить и на быстро растущие фирмы. Переменные останутся теми же, но их нужно будет оценивать для каждой фазы роста.

ИЛЛЮСТРАЦИЯ 18.15. *Анализ мультипликатора «стоимость предприятия/EBITDA»*

Castillo Cable — это компания кабельного и эфирного телевидения со следующими характеристиками:

- Фирма имеет стоимость привлечения капитала 10% и ставку налогообложения операционной прибыли 36%.
- Фирма осуществляет капитальные затраты, достигающие 45% EBITDA, и начисляет износ, составляющий 20% EBITDA. Потребности в оборотном капитале отсутствуют.
- Фирма стабильно растет, и ожидается, что годовые темпы роста ее операционной прибыли составят 5% на бесконечном временном горизонте.

Для того чтобы оценить мультипликатор «стоимость предприятия/EBITDA», мы сначала оцениваем потребности в реинвестировании в виде процентной доли EBITDA:

$$\text{Реинвестиции/EBITDA} = \text{капитальные затраты/EBITDA} - \text{износ/EBITDA} + \Delta\text{оборотный капитал/EBITDA} = 0{,}45 - 0{,}20 - 0 = 0{,}25.$$

$$\text{Стоимость предприятия/EBITDA} = [(1 - 0{,}36) - (0{,}2)(1 - 0{,}36) - 0{,}25]/(0{,}10 - 0{,}05) = 5{,}24.$$

Как видно на рисунке 18.15, этот мультипликатор чувствителен к налоговой ставке. На рисунке 18.16 показано, что он также чувствителен к коэффициенту реинвестирования (представленному в виде процента от EBITDA). Однако изменение коэффициента реинвестирования при сохранении фиксированных темпов роста эквивалентно изменению рентабельности капитала. В результате при существующих коэффициенте реинвестирования и темпах роста мы получаем рентабельность капитала равную 10,24%:

$$g = ROC \times \text{коэффициент реинвестирования}.$$

$$0{,}05 = ROC \times \text{чистые капитальные затраты/EBIT}(1 - t) = ROC \times (0{,}45 - 0{,}20)/[(1 - 0{,}2)(1 - 0{,}36)].$$

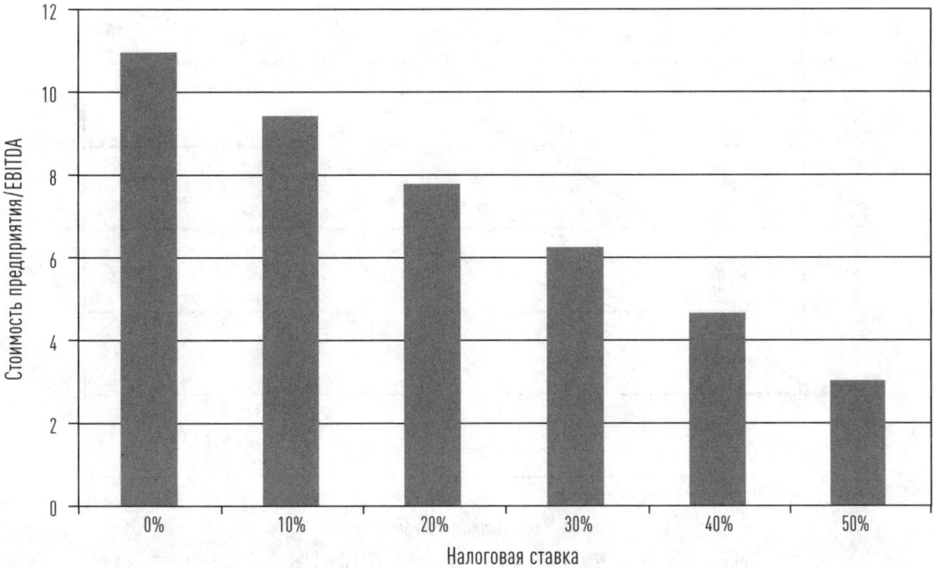

Рисунок 18.15. *Мультипликатор «стоимость предприятия/EBITDA» и налоговая ставка*

Решая это уравнение для рентабельности капитала, получаем 10,24%. На рисунке 18.17 мультипликатор «стоимость предприятия/EBITDA» представлен как функция рентабельности капитала.

Короче говоря, фирмы с низкой рентабельностью капитала и высоким коэффициентом реинвестирования должны торговаться при низких мультипликаторах «стоимость предприятия/EBITDA».

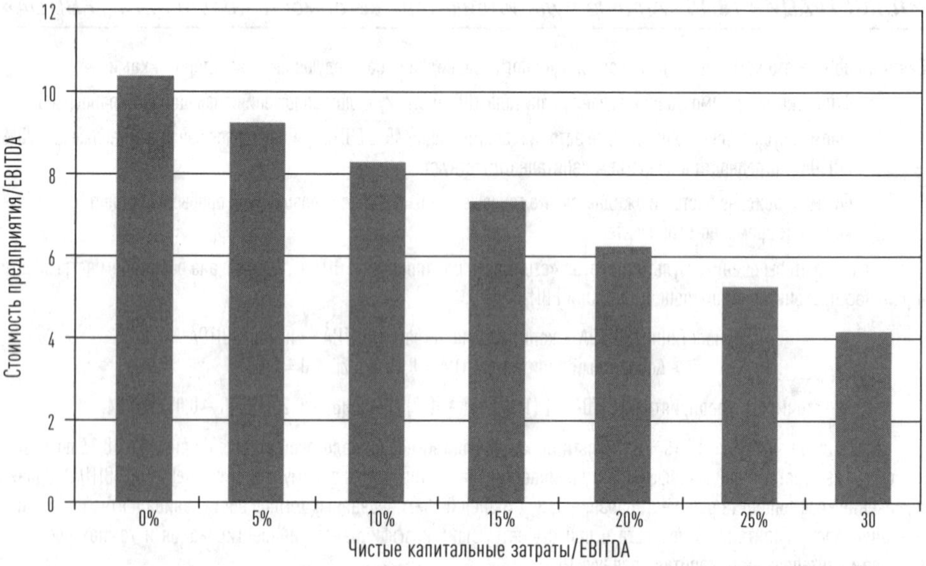

Рисунок 18.16. *Мультипликатор «стоимость предприятия/EBITDA» и мультипликатор чистых капитальных затрат*

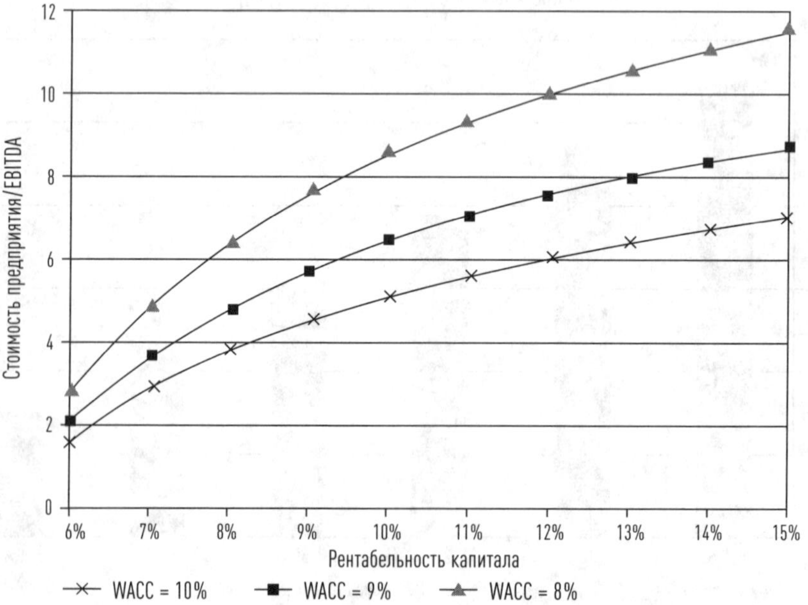

Рисунок 18.17. *Мультипликатор «стоимость предприятия/EBITDA» и рентабельность капитала*

firmmult.xls — таблица, которая позволяет оценить мультипликаторы стоимости фирмы для стабильно или быстро растущей компании при известных значениях ее фундаментальных переменных.

Применение

После выяснения фундаментальных переменных, определяющих мультипликатор «стоимость предприятия/EBITDA», мы можем исследовать, как наилучшим образом его применять. Указанный мультипликатор наиболее широко применяется к капиталоемким фирмам с крупными инфраструктурными инвестициями. Логическое обоснование использования этого мультипликатора, которое основано на том, что EBITDA представляет собой операционные денежные потоки фирмы, на практике не выдерживает критики, поскольку многие фирмы имеют потребности в капитальных затратах, а это приводит к оттоку средств. Однако существуют веские причины использования этого мультипликатора, особенно когда методы начисления износа сильно различаются между фирмами, а основная масса инвестиций в инфраструктуру уже сделана.

ИЛЛЮСТРАЦИЯ 18.16. *Сопоставление мультипликаторов «стоимость предприятия/EBITDA» для сталелитейных компаний*

Нижеследующая таблица обобщает данные по мультипликаторам «стоимость предприятия/EBITDA» (EV/EBITDA) для американских сталелитейных компаний за март 2001 г.:

Название компании	*Стоимость предприятия/EBITDA*	*Налоговая ставка (%)*	*ROC (%)*	*Чистые кап. затраты/EBITDA (%)*	*Амортизация EBITDA (%)*
Ampco-Pittsburgh	2,74	26,21	12,15	15,72	20,05
Bayou Steel	5,21	0,00	5,95	12,9	41,01
Birmingham Steel	5,60	0,00	6, 8	–28,64	51,92
Carpenter Technology	5,05	33,29	9,16	15,51	28,87
Castle (A. M.) & Co.	9,26	0,00	8,92	9,44	27,22
Cleveland-Cliffs	5,14	0,00	7,65	51,84	26,33
Commercial Metals	2,40	36,86	16,60	1,19	26,44
Harris Steel	4,26	37,18	15,00	3,23	4,92
Huntco Inc.	5,40	0,00	4,82	–48,84	53,02
IPSCO Inc.	5,06	23,87	9,22	50,57	16,88
Kentucky Elec. Steel Inc.	1,72	37,26	6,75	–25,51	38,78
National Steel	2,30	0,00	8,46	68,49	53,84
NN Inc.	6,00	34,35	15,73	–15,04	24,8

Название компании	*Стоимость предприятия/EBITDA*	*Налоговая ставка (%)*	*ROC (%)*	*Чистые кап. затраты/EBITDA (%)*	*Амортизация EBITDA (%)*
Northwest Pipe Co.	5,14	39,47	9,05	8,73	17,22
Nucor Corp.	3,88	35,00	18,48	15,66	26,04
Olympic Steel Inc.	4,46	37,93	5,80	–3,75	26,62
Oregon Steel Mills	5,32	0,00	7,23	–31,77	49,57
Quanex Corp.	2,90	34,39	16,38	–3,45	29,50
Ryerson Tull	7,73	0,00	5,1	3,50	38,36
Samuel Manu-Tech Inc.	3,13	31,88	14,90	–2,91	21,27
Schnitzer Steel Inds. «A»	4,60	8,70	7,78	–16,21	38,74
Slater STL Inc.	4,48	26,00	11,25	0,80	27,96
Steel Dynamics	5,83	36,33	10,09	33,13	23,14
Steel Technologies	3,75	36,87	9,22	11,95	27,69
Steel-General	4,14	38,37	9,80	21,69	28,75
Unvl. Stainless & Alloy Prods.	4,28	37,52	14,51	12,73	15,15
Worthington Inds.	4,80	37,50	12,54	0,16	22,79

Мультипликаторы «стоимость предприятия/EBITDA» сильно различаются по указанным фирмам, и многие из них имеют отрицательные чистые капитальные затраты (амортизация больше капитальных затрат), что в какой-то степени отражает зрелость отрасли, а также — неравномерный характер реинвестиций. Многие из них также не платят налоги, поскольку терпят убытки. Мы построили регрессию мультипликатора «стоимость предприятия/EBITDA» по налоговой ставке и амортизации, представленной в виде процентной доли EBITDA:

Стоимость предприятия/EBITDA = 8,65 – 7,2 (налоговая ставка) – 8,08 (амортизация/EBITDA) $R^2 = 30\%$.

Мы не использовали ожидаемый рост или стоимость привлечения капитала в качестве независимых переменных, поскольку у этих фирм они очень похожи. Используя эту регрессию, получаем прогнозное значение мультипликатора «стоимость предприятия/EBITDA» для компании Birmingham Steel:

Прогнозное значение «стоимость предприятия/$EBITDA_{\text{Birmingham Steel}}$» =
= 8,65 – 7,20 (0,00) – 8,08 (0,5192) = 4,45.

При значении мультипликатора 5,6 фирма является переоцененной.

vebitda.xls — размещенная в Интернете таблица, которая обобщает значения мультипликатора «стоимость/прибыль» и фундаментальных переменных по отраслевым группам в США за последний год.

ЗАКЛЮЧЕНИЕ

Мультипликатор «цена/прибыль» и другие мультипликаторы прибыли, широко используемые при проведении оценок, оставляют возможность некорректного использования. В конечном счете они определяются теми же фундаментальными переменными, которые детерминируют стоимость

МУЛЬТИПЛИКАТОРЫ СТОИМОСТИ: ВАРИАНТЫ

Хотя мультипликатор «стоимость предприятия/EBITDA», возможно, — самый широко применяемый мультипликатор стоимости, существуют близкие к нему варианты, также иногда используемые аналитиками: «стоимость предприятия/EBIT», «стоимость предприятия/EBIT после уплаты налогов» и «стоимость/FCFF». Каждый из этих мультипликаторов определяется почти теми же переменными, которые являются детерминантами мультипликатора «стоимость предприятия/EBITDA», но фактическая связь слегка отличается. Обратите особое внимание на тот факт, что применительно к стабильно растущей фирме эти мультипликаторы можно записать следующим образом:

Стоимость предприятия/FCFF =
= 1/(стоимость привлечения капитала — ожидаемые темпы роста).

Стоимость предприятия/EBIT (1 – t) =
= (1 – RIR)/(стоимость привлечения капитала – ожидаемые темпы роста).

Стоимость предприятия/EBIT =
= (1 – t) (1 M RIR)/(стоимость привлечения капитала – ожидаемые темпы роста),

где RIR — коэффициент реинвестирования, а t — налоговая ставка.

Иными словами, повышение стоимости привлечения капитала и снижение ожидаемых темпов роста уменьшают все эти мультипликаторы. Повышение коэффициента реинвестирования снижает последние два мультипликатора, но не влияет на мультипликатор FCFF (поскольку он рассчитывается уже после учета реинвестиций). Повышение налоговой ставки влияет только на последний мультипликатор, так как в первых двух из них прибыль учитывается после уплаты налогов.

фирмы в модели дисконтирования денежных потоков — имеются в виду ожидаемый рост, риск и потенциал денежных потоков. Фирмы с более высокими темпами роста, меньшим риском и более высокими коэффициентами выплат должны торговаться при более высоких мультипликаторах прибыли, чем прочие фирмы. Мультипликаторы также различаются в той же степени, в которой прослеживаются различия между фундаментальными переменными в разных странах, в разные моменты времени и в разных компаниях. Без сглаживания этих различий в фундаментальных переменных возможны ошибочные заключения при проведении прямого сравнения мультипликаторов.

Существует несколько способов использования мультипликаторов прибыли при проведении оценок. Один из них заключается в сопоставлении мультипликаторов прибыли узкой группы сопоставимых фирм и в субъективном сглаживании различий в росте, риске и денежных потоках. Другой состоит в расширении определения сопоставимой фирмы до целого сектора (такого, как технологический) или до рынка и в сглаживании различий в фундаментальных переменных статистическими методами.

В последней части главы мы перешли от обсуждения мультипликаторов собственного капитала к рассмотрению мультипликаторов операционной прибыли и денежных потоков. Как и в случае с мультипликатором PE, эти мультипликаторы являются функцией роста (операционной прибыли), реинвестиций и риска.

КОНТРОЛЬНЫЕ ВОПРОСЫ

В приведенных ниже заданиях, если не указано иное, премия за риск инвестирования в акции принимается равной 5,5%.

1. Банковская холдинговая компания National City Corporation в 1993 г. заработала прибыль в размере $2,4 на акцию и выплатила дивиденды в размере $1,06 на акцию. За предыдущие пять лет темпы роста прибыли составили 7,5% в год, и ожидалось, что в течение долгого периода времени (начиная с 1994 г.) эти темпы будут расти на 6% в год. Акции имели коэффициент бета, равный 1,05, и торговались с коэффициентом 10 к прибыли. Процентная ставка по казначейским облигациям была равна 7%, а премия за риск составляла 5,5%.
   а) Оцените значение мультипликатора PE для корпорации National City Corporation.
   б) Какие долгосрочные темпы роста подразумеваются в текущем мультипликаторе PE этой фирмы?
2. Одиннадцатого марта 1994 г. индекс New York Stock Exchange Composite торговался с коэффициентом 16,9 к прибыли, а средний дивидендная доходность акций на бирже составляла 2,5%. Ставка по казначейским облигациям в этот день была на уровне 6,95%. Ожидалось, что в долгосрочной перспективе темпы роста экономики составят 2,5% в год в реальном выражении, а консенсусная оценка инфляции также в долгосрочной перспективе составляла 3,5% (рыночная премия за риск = 5,5%).
   а) Взяв за основу входные данные, оцените подходящий для биржи мультипликатор PE.
   б) Какой рост дивидендов/прибыли оправдал бы мультипликатор PE 11 марта 1994 г.?
   в) Имеет ли значение, результатом чего был этот больший рост, более высокой инфляции или же более высокого реального роста? Почему?

3. Ведущая парфюмерная компания International Flavors and Flagrances в 1992 г. выплатила дивиденды в размере $0,91 на акцию из прибыли $1,64 на акцию. Ожидалось, что в период с 1993 г. по 1997 г. фирма будет иметь рентабельность собственного капитала, равную 20%, а по истечении этого периода предполагался стабильный рост, темпы которого должны были составить 6% в год (при этом ожидалось падение рентабельности собственного капитала до 15% в фазе стабильного роста). Предполагалось также, что коэффициент выплаты дивидендов останется в период 1993–1997 гг. на текущем уровне. Акции имели коэффициент бета, равный 1,10, и при этом ожидалась его неизменность. Ставка по казначейским облигациям была равна 7%, а премия за риск составляла 5,5%.
   а) Оцените мультипликатор PE для International Flavors на основе фундаментальных переменных.
   б) Оцените, какую часть значения PE можно отнести на счет чрезвычайного роста прибыли, который, предположительно, должен был наблюдаться в период 1993–1997 гг.?
4. Компания Cracker Barrel, управляющая ресторанами и магазинами подарков, демонстрировала впечатляющий рост прибыли и выручки в 1983–1992 гг. В этом периоде прибыль возросла с $0,08 на акцию в 1983 г. до $0,78 на акцию в 1993 г. Выплаченные в 1993 г. дивиденды составляли всего лишь $0,02 на акцию. В 1994–1998 гг. ожидалось резкое падение темпов роста прибыли до 15% в год, а затем — до 6% в год. Коэффициент выплат должен был, по ожиданиям, увеличиться до 10% в период с 1994 по 1998 г. и до 50% после него. Коэффициент бета для акции был равен 1,55, но ожидалось его снижение до 1,25 в период 1994–1998 гг. и до 1,1 — по завершении этого периода (ставка по казначейским облигациям равна 7%, а премия за риск составляет 5,5%).
   а) Оцените мультипликатор PE для компании Cracker Barrel.
   б) Оцените, насколько больше был бы мультипликатор PE, если бы существовала возможность поддержать темпы роста прибыли, которые отмечались в 1983–1992 гг. (при условии, что на коэффициенты выплаты дивидендов это не повлияло).
   в) Теперь представьте, что разочаровывающие отчеты о прибылях и убытках в ближайшем будущем снижают ожидаемые темпы роста в 1994–1998 гг. до 10% в год. Оцените мультипликатор PE (также предполагая, что на коэффициент выплат дивидендов это не повлияло).
5. Индекс S&P 500 31 декабря 1993 г. торговался с коэффициентом 21,2 к прибыли. В этот же день дивидендная доходность этого ин-

декса была равна 2,74%, а ставка по казначейским облигациям составляла 6%. Ожидаемые темпы роста реального ВНП = 2,5%.

а) Предполагая, что S&P 500 правильно оценен, определите, чему равны темпы инфляции, подразумеваемые в мультипликаторе PE (если исходить из стабильного роста и премии за риск 5,5%).

б) К февралю 1994 г. ставки по казначейским облигациям возросли до 7%. Если бы коэффициент выплат и ожидаемый рост остались неизменными, как это повлияло бы на мультипликатор PE?

в) Будет ли увеличение процентных ставок всегда подразумевать более низкие цены (и мультипликатор PE)?

6. Ниже приводятся мультипликаторы PE фирм аэрокосмического/оборонного сектора на конец декабря 1993 г., включая дополнительные данные по ожидаемым росту и риску.

Компания	*Мультипликатор PE*	*Ожидаемый рост (%)*	*Коэффициент бета*	*Выплаты (%)*
Boeing	17,3	3,5	1,10	28
General Dynamics	15,5	11,5	1,25	40
General Motors — Hughes	16,5	13,0	0,85	41
Grumman	11,4	10,5	0,80	37
Lockheed Corporation	10,2	9,5	0,85	37
Logicon	12,4	14,0	0,85	11
Loral Corporation	13,3	16,5	0,75	23
Martin Marietta	11,0	8,0	0,85	22
McDonnell Douglas	22,6	13,0	1,15	37
Northrop	9,5	9,0	1,05	47
Raytheon	12,1	9,5	0,75	28
Rockwell	13,9	11,5	1,00	38
Thiokol	8,7	5,5	0,95	15
United Industrial	10,4	4,5	0,70	50

а) Оцените средние и медианные значения мультипликатора PE. На что указывают эти средние (если, конечно, они вообще на что-либо могут указывать)?

б) Аналитик приходит к выводу о том, что Thiokol недооценена, поскольку PE этой компании ниже, чем среднеотраслевое значение. При каких условиях данное утверждение верно? Согласитесь ли вы с этим тезисом при условиях, имеющих здесь место?

в) Используя регрессию, сгладьте различия между фирмами по риску, росту и выплатам. Определите, как вы будете использовать эту регрессию для выявления недооцененных и переоцененных акций. В чем состоит ограниченность этого подхода?

7. Ниже приводятся результаты регрессии мультипликаторов PE по темпам роста, коэффициенту бета и коэффициенту выплаты по акциям, зарегистрированным в базе данных Value Line Database в апреле 1993 г.:

$$PE = 18{,}69 + 0{,}0695 \text{ рост} - 0{,}5082 \text{ коэффициент бета} - 0{,}4262 \text{ выплаты} \qquad R^2 = 0{,}35.$$

Таким образом, акции с темпами роста прибыли 20%, коэффициентом бета 1,15 и коэффициентом выплат 40% характеризуются ожидаемым мультипликатором PE, составляющим:

$$PE = 18{,}69 + 0{,}0695 \times 20 - 0{,}5082\ (1{,}15) - 0{,}4262 \times 0{,}40 = 19{,}33.$$

Вы пытаетесь оценить частную фирму со следующими характеристиками:

- Фирма имела чистую прибыль в $10 млн. Она не платила дивидендов, но имела налоговые скидки на амортизацию основного капитала, равные $5 млн, и капитальные затраты $12 млн в последний год. Потребность в оборотном капитале чрезвычайно мала.
- В предыдущие пять лет наблюдались темпы роста прибыли 25% в год. Ожидалось, что в последующие пять лет рост будет продолжаться теми же темпами.
- Средний коэффициент бета публично торгуемых фирм, функционирующих в том же бизнесе, равен 1,15, а средний мультипликатор «долг/собственный капитал» этих фирм составляет 25% (при этом налоговая ставка равна 40%). Частная фирма полностью финансируется за счет собственного капитала, т. е. не имеет долга.

а) Оцените подходящий для этой фирмы мультипликатор PE, используя регрессию.

б) Какие трудности связаны с использованием этой регрессии в целях оценки?

Глава 19

МУЛЬТИПЛИКАТОРЫ БАЛАНСОВОЙ СТОИМОСТИ

Связь между ценой и балансовой стоимостью всегда привлекала внимание инвесторов. Акции, продающиеся значительно ниже балансовой стоимости, обычно считаются недооцененными, в то время как акции, торгуемые значительно выше балансовой стоимости, — переоцененными. Эта глава начинается с детального анализа мультипликатора «цена/балансовая стоимость», рассмотрения его детерминантов и того, как наилучшим образом оценивать этот мультипликатор.

Во второй части главы мы обратимся к вариантам мультипликатора «цена/балансовая стоимость». В частности, в ней рассмотрен мультипликатор «стоимость фирмы/балансовая стоимость капитала» и мультипликатор Q Тобина, представляющий собой отношение рыночной стоимости активов к стоимости их замещения.

СООТНОШЕНИЕ ЦЕНЫ И БАЛАНСОВОЙ СТОИМОСТИ СОБСТВЕННОГО КАПИТАЛА

Рыночная стоимость собственного капитала фирмы отражает рыночные ожидания в отношении способности фирмы создавать прибыль и денежные потоки. Балансовая стоимость собственного капитала представляет собой разность балансовой стоимости активов и обязательств, т. е. показатель, определяемый в значительной мере правилами бухгалтерского учета. В США балансовая стоимость активов — это первоначальная цена, уплаченная за эти активы, за вычетом допустимого износа, начисленного на них. Следовательно, по мере увеличения возраста актива его балансовая стоимость уменьшается. Аналогично этому, балансовая стоимость обязательств отражает их стоимость в момент выпуска. Поскольку балансовая стоимость актива отражает первоначальную стоимость, она может значительно отклоняться от рыночной стоимости, если способность актива к созданию прибыли сильно увеличилась или уменьшилась с момента его приобретения.

Почему аналитики используют балансовую стоимость, и с какими проблемами они при этом сталкиваются

Существует несколько причин, позволяющих инвесторам считать мультипликатор «цена/балансовая стоимость» пригодным для инвестиционного анализа. Первая причина состоит в том, что балансовая стоимость — относительно стабильный, интуитивно понятный показатель, который можно сопоставлять с рыночной стоимостью. Для инвесторов, инстинктивно не доверяющих оценкам стоимости на основе дисконтированных денежных потоков, балансовая стоимость является гораздо более простым ориентиром сравнительного анализа. Вторая причина заключается в том, что при использовании фирмами в целом непротиворечивых стандартов бухгалтерского учета можно сопоставлять значения балансовой стоимости похожих фирм в целях обнаружения недооцененных или переоцененных акций. Наконец, даже фирмы с отрицательной прибылью, чью стоимость нельзя определить посредством использования мультипликатора «цена/прибыль», поддаются оценке с помощью мультипликатора «цена/балансовая стоимость». Причем фирм с отрицательной балансовой стоимостью гораздо меньше, чем фирм с отрицательной прибылью.

Однако у мультипликатора «цена/балансовая стоимость» есть и определенные недостатки. Во-первых, на балансовую стоимость, как и на прибыль, влияют учетные решения в отношении начисления износа и прочих переменных. Когда в разных фирмах стандарты бухгалтерского учета сильно различаются, мультипликаторы «цена/балансовая стоимость» могут оказаться несопоставимыми. То же самое можно сказать и о сопоставлении мультипликаторов «цена/балансовая стоимость» в странах с разными стандартами бухгалтерского учета. Во-вторых, балансовая стоимость может не иметь большого значения для сервисных и технологических фирм, которые не имеют значительных материальных активов. В-третьих, балансовая стоимость собственного капитала может стать отрицательной, особенно если фирма долго получает отрицательную прибыль, что приводит к отрицательному значению мультипликатора «цена/балансовая стоимость».

Определение

Мультипликатор «цена/балансовая стоимость» вычисляется как частное от деления рыночной цены акции на текущую балансовую стоимость собственного капитала, приходящуюся на акцию.

Мультипликатор «цена/балансовая стоимость» = PBV =
= цена акции/балансовая стоимость собственного капитала на акцию.

Хотя данный мультипликатор фундаментально согласован — и числитель, и знаменатель выражены в стоимости на акцию, — несогласованность может возникнуть, если без надлежащей тщательности отнестись к расчету балансовой стоимости собственного капитала на акцию. В частности:

- если существует несколько классов акций, то цены этих акций могут быть разными, и при этом неясно, как балансовую стоимость следует распределять среди этих акций;
- при вычислении балансовой стоимости собственного капитала не следует учитывать ту его часть, которая связана с привилегированными акциями, поскольку рыночная стоимость собственного капитала относится только к обыкновенным акциям.

Некоторые проблемы можно сгладить, если использовать при вычислении мультипликатора «цена/балансовая стоимость» полные величины рыночной и балансовой стоимости, а не значения, приходящиеся на одну акцию.

Мультипликатор «цена/балансовая стоимость» = PBV =
= рыночная стоимость собственного капитала/
/балансовая стоимость собственного капитала.

Самый надежный способ определения этого мультипликатора при наличии разных классов акций заключается в использовании в числителе совокупной рыночной стоимости всех классов обыкновенных акций, а в знаменателе — совокупной балансовой стоимости собственного капитала. В этих расчетах по-прежнему игнорируются привилегированные акции.

При вычислении этого мультипликатора приходится решать еще две проблемы. Первая связана с тем, что балансовая стоимость собственного капитала, как учетный показатель, корректируется нечасто — раз в квартал в американских компаниях и раз в год в европейских. Хотя большинство аналитиков использует текущую балансовую стоимость собственного капитала, некоторые применяют ее среднюю величину за предыдущий год или балансовую стоимость на конец последнего финансового года. В целях согласованности для всех фирм в выборке должен использоваться один и тот же показатель балансовой стоимости. Вторая и более сложная проблема касается стоимости выпущенных опционов. С технической точки зрения перед определением мультипликатора «цена/балансовая стоимость» вам нужно вычислить расчетную рыночную стоимость менеджеров опционов, а также стоимость конверсионных опционов (связанных с облигациями и привилегированными акциями) и прибавить их к рыночной стоимости собственного капитала[1]. Если выборка сопоставимых фирм мала, и опционы представляют значительную часть стоимости собственного капитала, то делать необходимо именно так. При более значительных выборках и выпуске опционов в небольших объемах можно удовлетвориться традиционным показателем рыночной стоимости собственного капитала.

Стандарты бухгалтерского учета, влияя на балансовую стоимость собственного капитала и на мультипликатор «цена/балансовая стоимость», могут искажать результаты сопоставления фирм. Например, вы сопоставляете мультипликаторы «цена/балансовая стоимость» технологических фирм на двух рынках, и на одном из которых разрешается капитализировать расходы на НИОКР, а на другом нет. На первом рынке следует ожидать более низких значений мультипликатора «цена/балансовая стоимость», поскольку балансовая стоимость собственного капитала увеличивается на стоимость исследовательского актива.

Описание

Для того чтобы понять, какое значение мультипликатора «цена/балансовая стоимость» следует считать высоким, низким или средним, мы вычислили его для всех котируемых в США фирм. Обобщенное распределение значений мультипликатора на январь 2011 г. представлено на рисунке 19.1. Отметим, что это распределение сильно несимметрично — об этом свидетельствует тот факт, что средний мультипликатор «цена/балансовая стоимость» равен 4,59, в то время как медианное значение мультипликатора значительно ниже и составляет 1,79.

Еще следует отметить, что существуют фирмы с отрицательной балансовой стоимостью собственного капитала, появляющейся в результате постоянных убытков, и для них мультипликатор «цена/балансовая стои-

[1] Если этого не делать и сопоставлять мультипликаторы «цена/балансовая стоимость» для фирм с сильно различающимися количествами опционов, то фирмы с более значительным объемом выпущенных опционов могут ошибочно трактоваться как недооцененные. Рыночная стоимость торгуемых обыкновенных акций этих фирм будет ниже из-за опционного навеса.

КОРРЕКТИРОВКА БАЛАНСОВОЙ СТОИМОСТИ СОБСТВЕННОГО КАПИТАЛА С УЧЕТОМ ОБРАТНЫХ ВЫКУПОВ И ПОГЛОЩЕНИЙ

В последние годы американские фирмы стали чаще выкупать свои акции для возврата денег акционерам. Когда фирма выкупает свои акции, балансовая стоимость ее собственного капитала уменьшается на сумму обратного выкупа. Хотя то же самое происходит, когда фирма выплачивает дивиденды денежными средствами, обратные выкупы обычно гораздо больше регулярных выплат дивидендов и, таким образом, сильнее влияют на балансовую стоимость собственного капитала. Например, вы рассматриваете фирму, рыночная стоимость собственного капитала которой составляет \$100 млн, а балансовая стоимость — \$50 млн. Следовательно, отношение цены к балансовой стоимости равно 2. Если фирма заимствует \$25 млн и выкупает на эту сумму свои акции, то балансовая стоимость ее собственного капитала уменьшается до \$25 млн, а рыночная стоимость — до \$75 млн. В результате отношение цены к балансовой стоимости становится равным 3.

Воздействие поглощения на мультипликатор «цена/балансовая стоимость» может варьировать очень значительно в зависимости от того, как оно учитывалось. Хотя все фирмы сейчас должны показывать гудвилл как актив при поглощениях, они могут в определенной мере распределять цену покупки между активами целевой фирмы по своему усмотрению. Помимо этого статья «гудвилл» в последующие годы пересматривается и обесценивается, если стоимость целевой фирмы снижается после поглощения. И то и другое может оказывать влияние на балансовую стоимость собственного капитала и мультипликатор «цена/балансовая стоимость».

Сопоставление мультипликаторов «цена/балансовая стоимость» для фирм может оказаться проблематичным в тех случаях, когда одни фирмы из выборки выкупают свои акции, а другие не выкупают или когда объемы поглощений и способы их учета сильно отличаются. Один из методов сглаживания указанных различий состоит в исключении гудвилла из балансовой стоимости собственного капитала при поглощениях и в прибавлении к ней рыночной стоимости выкупленных акций, т. е. в получении скорректированного значения балансовой стоимости собственного капитала. Скорректированную балансовую стоимость собственного капитала затем можно использовать для вычисления мультипликаторов «цена/балансовая стоимость».

мость» определить нельзя. В выборке из 5928 фирм их 843. Это не так много по сравнению с 2512 фирмами с отрицательной прибылью, для которых нельзя определить мультипликатор PE.

pbvdata.xls — размещенная в Интернете база данных, которая обобщает значения мультипликаторов «цена/балансовая стоимость» и фундаментальных переменных по отраслям в США за последний год.

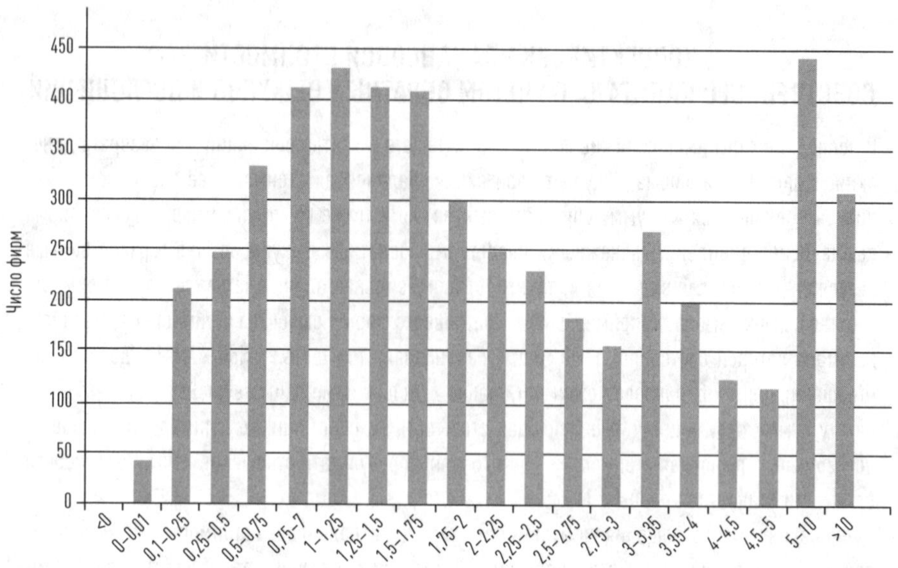

Рисунок 19.1. *Значения мультипликатора «цена/балансовая стоимость» для американских компаний по состоянию на январь 2011 г.*

Анализ

Мультипликатор «цена/балансовая стоимость» можно связать с теми же фундаментальными переменными, что определяют стоимость в модели дисконтирования денежных потоков. Поскольку он является мультипликатором собственного капитала, для исследования детерминантов мы будем использовать модель дисконтирования денежных потоков на собственный капитал — модель дисконтирования дивидендов. Стоимость собственного капитала в модели дисконтирования стабильно растущих дивидендов можно записать следующим образом:

$$P_0 = \frac{DPS_1}{k_e - g_n},$$

где P_0 = стоимость собственного капитала на акцию в настоящее время;
DPS_1 = ожидаемые в следующем году дивиденды на акцию;
k_e = стоимость привлечения собственного капитала;
g_n = темпы роста дивидендов (в бесконечной перспективе).

Если DPS_1 заменить на EPS_1 × (коэффициент выплат), то стоимость собственного капитала можно записать следующим образом:

$$P_0 = \frac{EPS_1 \times \text{коэффициент выплат}}{k_e - g_n}.$$

Учитывая, что рентабельность собственного капитала выражается как ROE = EPS_1/балансовая стоимость собственного капитала$_0$, стоимость собственного капитала можно записать так:

$$P_0 = \frac{BV_0 \times ROE \times \text{коэффициент выплат}}{k_e - g_n}.$$

Выразим это уравнение через PBV (цена/балансовая стоимость):

$$\frac{P_0}{BV_0} = PBV = \frac{ROE \times \text{коэффициент выплат}}{k_e - g_n}.$$

Мультипликатор PBV является возрастающей функцией рентабельности собственного капитала, коэффициента выплат и темпов роста и убывающей функцией рискованности фирмы.

Эту формулировку можно упростить еще сильнее, связав рост с рентабельностью собственного капитала:

$$g = (1 - \text{коэффициент выплат}) \times ROE.$$

Подставляя данное выражение в уравнение P/BV, получаем:

$$\frac{P}{BV} = \frac{ROE - g_n}{k_e - g_n}.$$

Мультипликатор «цена/балансовая стоимость» стабильной фирмы определяется разностью между рентабельностью собственного капитала и стоимостью его привлечения. Если рентабельность собственного капитала превышает стоимость его привлечения, то цена будет больше балансовой стоимости собственного капитала. Если же рентабельность собственного капитала меньше стоимости его привлечения, то цена окажется ниже балансовой стоимости собственного капитала.

ИЛЛЮСТРАЦИЯ 19.1. *Оценка мультипликатора PBV для стабильной выплачивающей дивиденды фирмы*

В главе 13 мы оценивали Vodafone с помощью модели «H», где принимали более высокие начальные темпы роста, которые линейно снижались до уровня стабильного роста. В этой иллюстрации мы будем исходить из того, что Vodafone уже находится в фазе стабильного роста, и оценим мультипликатор «цена/балансовая стоимость» для нее. Vodafone выплатила в 2010 г. дивиденды в размере £4468 млн на чистую прибыль в размере £7968 млн, что дает коэффициент выплат 55,82%:

Коэффициент выплат = дивиденды/чистая прибыль = 4468/7968 = 55,82%.

Учитывая, что балансовая стоимость собственного капитала на конец 2009 г. составляла £90 810 млн, фирма получила следующую рентабельность собственного капитала в 2010 г.:

Рентабельность собственного капитала =

= чистая прибыль$_{2010}$/балансовая стоимость собственного капитала$_{2009}$ 7968/90 810 = 8,77%.

Ожидаемые темпы роста при сохранении данного коэффициента выплат и рентабельности собственного капитала составят 3,88%, и мы принимаем эту величину в качестве темпов роста в бесконечной перспективе. Для оценки стоимости привлечения собственного капитала возьмем безрисковую ставку для британского фунта 4%, премию за риск инвестирования в акции 5% и коэффициент бета, равный 1, для компании:

Стоимость привлечения собственного капитала = 4% + 1 (5%) = 9%.

Существуют два пути оценки мультипликатора «цена/балансовая стоимость» для фирмы.

Мультипликатор PBV = (ROE × коэффициент выплат)/
/(стоимость привлечения собственного капитала — ожидаемые темпы роста) =
= (0,0877 × 0,5582)/(0,09–0,0388) = 0,96.

Мультипликатор PBV = (ROE — ожидаемые темпы роста)/
/(стоимость привлечения собственного капитала — ожидаемые темпы роста) =
= (0,0877–0,0388)/(0,09–0,0388) = 0,96.

Акция, как ожидается, должна торговаться немного ниже балансовой стоимости, поскольку рентабельность собственного капитала ниже стоимости привлечения собственного капитала.

ИЛЛЮСТРАЦИЯ 19.2. *Оценка мультипликатора «цена/балансовая стоимость» для кандидата на приватизацию на примере фирмы Jenapharm (Германия) в 1991 г.*

После объединения Германии там появилось агентство по приватизации Treuhandanstalt, созданное для продажи сотен восточногерманских фирм другим немецким компаниям, индивидуальным инвесторам и публике. Одной из фирм, оказавшейся жизнеспособным кандидатом на приватизацию, была Jenapharm — самая респектабельная фармацевтическая компания Восточной Германии. Ожидалось, что Jenapharm в 1991 г. получит выручку в размере 230 млн немецких марок, а ее чистая прибыль составит 9 млн немецких марок. На конец 1990 г. балансовая стоимость активов фирмы составляла 110 млн немецких марок, а балансовая стоимость ее собственного капитала — 58 млн немецких марок.

Ожидалось, что фирма удержит объем продаж в своем сегменте рынка (противозачаточные средства) и темпы ее роста в долгосрочной перспективе составят 5% в год, причем расширение произойдет в основном за счет увеличения доли рынка дженериков. Средний коэффициент бета акций фармацевтических фирм, торговавшихся на Франкфуртской фондовой бирже, составлял 1,05, хотя многие из этих фирм имели гораздо более диверсифицированные портфели продуктов и менее волатильные денежные потоки. Учитывая большой рычаг и риск, связанный с компанией Jenapharm, для нее использовали коэффициент бета, равный 1,25. В момент проведения этой оценки, в начале 1991 г., процентная ставка по 10-летней немецкой облигации была равна 7%, а премия за риск инвестирования в акции относительно облигаций составляла 3,5%.

Ожидаемая чистая прибыль = 9 млн немецких марок.

Рентабельность собственного капитала = ожидаемая чистая прибыль/
/балансовая стоимость собственного капитала = 9/58 = 15,52%.

Стоимость привлечения собственного капитала = 7% + 1,25 (3,5%) = 11,375%.

Мультипликатор «цена/балансовая стоимость» = (ROE — g)/(k_e — g) =
= (0,1552–0,05)/(0,11375–0,05) = 1,65.

Расчетная рыночная стоимость собственного капитала =
= балансовая стоимость собственного капитала ×
× мультипликатор «цена/балансовая стоимость» = 58 × 1,65 = 95,7 млн немецких марок.

Мультипликатор PBV для быстро растущей фирмы

Мультипликатор «цена/балансовая стоимость» для быстро растущей фирмы также можно связать с фундаментальными переменными. В случае двухфазной модели дисконтирования дивидендов эту связь можно очень легко сделать явной. Стоимость собственного капитала быстро растущей фирмы в двухфазной модели дисконтирования дивидендов можно представить следующим образом.

Стоимость собственного капитала =
= приведенная стоимость ожидаемых дивидендов +
+ приведенная стоимость заключительной цены.

В тех случаях, когда предполагается постоянство темпов роста по истечении начальной фазы быстрого роста, модель дисконтирования дивидендов можно записать следующим образом:

$$P_0 = \frac{EPS_0 \times \text{коэффициент выплат} \times (1+g) \times \left[1 - \frac{(1+g)^n}{(1+k_{e,hg})^n}\right]}{k_{e,hg} - g} + \frac{EPS_0 \times \text{коэффициент выплат}_n \times (1+g)^n \times (1+g_n)}{(k_{e,st} - g_n)(1+k_{e,hg})^n},$$

где g = темпы роста за первые n лет;
коэффициент выплат = коэффициент выплат за первые n лет;
g_n = темпы роста по истечении n лет при росте в бесконечной перспективе (стабильные темпы роста);
коэффициент выплат$_n$ = коэффициент выплат по истечении n лет для стабильной фирмы;
k_e = стоимость привлечения собственного капитала (hg — период быстрого роста; st — период стабильного роста).

Если выразить EPS_0 через рентабельность собственного капитала, $EPS_0 = BV_0 \times ROE$ и перенести BV_0 в левую часть уравнения, то мы получим:

$$\frac{P_0}{BV_0} = ROE \times \frac{\text{коэффициент выплат} \times (1+g) \times \left[1 - \frac{(1+g)^n}{(1+k_{e,hg})^n}\right]}{k_{e,hg} - g} + ROE \times \frac{\text{коэффициент выплат}_n \times (1+g)^n \times (1+g_n)}{(k_{e,st} - g_n)(1+k_{e,hg})^n},$$

где ROE — рентабельность собственного капитала, а k_e — стоимость его привлечения.

Левая часть уравнения представляет собой мультипликатор «цена/балансовая стоимость». Он определяется следующими факторами.

- *Рентабельность собственного капитала.* Мультипликатор «цена/балансовая стоимость» является возрастающей функцией рентабельности собственного капитала.
- *Коэффициент выплат в период быстрого роста и в стабильный период*. Мультипликатор PBV увеличивается по мере роста коэффициента выплат при любых темпах роста.
- *Рискованность (через ставку дисконтирования r)*. Мультипликатор PBV понижается по мере увеличения рискованности; рост риска приводит к увеличению стоимости привлечения собственного капитала.
- *Темпы роста прибыли в период быстрого роста и в стабильный период*. В любом периоде мультипликатор PBV растет по мере увеличения темпов роста при постоянстве коэффициента выплат.

Эта формула достаточно общая, чтобы ее можно было применять к любой фирме, даже к той, которая не выплачивает в данный момент дивидендов. Кроме того, отметим, что фундаментальные переменные, определяющие мультипликатор «цена/балансовая стоимость», здесь те же, что и для стабильно растущей фирмы (коэффициент выплат, рентабельность собственного капитала, ожидаемые темпы роста и стоимость привлечения собственного капитала).

В главе 14 отмечалось, что фирмы не всегда выплачивают то, что они могут себе позволить, и рекомендовалось в таких случаях заменять дивиденды свободными денежными потоками на собственный капитал. На практике можно модифицировать уравнение для выражения мультипликатора «цена/балансовая стоимость» через свободные денежные потоки на собственный капитал.

$$\frac{P_0}{BV_0} = ROE \times \frac{\left[\frac{FCFE}{\text{прибыль}}\right]_{hg} \times (1+g) \times \left[1 - \frac{(1+g)^n}{(1+k_{e,hg})^n}\right]}{k_{e,hg}} +$$

$$+ ROE \times \frac{\left[\frac{FCFE}{\text{прибыль}}\right]_{n} \times (1+g)^n \times (1+g_n)}{(k_{e,st} - g_n)(1+k_{e,hg})^n}.$$

Единственная замена, которую мы выполнили, — это поменяли коэффициент выплат на FCFE как долю прибыли.

ИЛЛЮСТРАЦИЯ 19.3. Оценка мультипликатора PBV для быстро растущей фирмы в двухфазной модели

Предположим, что вас попросили оценить мультипликатор PBV для фирмы, которая, согласно ожиданиям, в ближайшие пять лет будет быстро расти. Фирма имеет следующие характеристики:

Темпы роста EPS в первые пять лет = 20%

Коэффициент выплат в первые пять лет = 20%

Темпы роста EPS по истечении пяти лет = 8%

Коэффициент выплат по истечении пяти лет = 68%

Коэффициент бета = 1,0

Безрисковая ставка = ставка по казначейским облигациям = 6%

Рентабельность собственного капитала = 25%

Стоимость привлечения собственного капитала =
= 6% + 1 (5,5%) = 11,5% (в бесконечной перспективе).

$$\text{PBV}=0{,}25\times\left[\frac{(0{,}2)(1{,}20)\left(1-\dfrac{1{,}20^5}{1{,}115^5}\right)}{0{,}115-0{,}20}\right]+0{,}25\times\left[\frac{(0{,}68)(1{,}20^5)(1{,}08)}{(0{,}115-0{,}08)(1{,}115^5)}\right]=7{,}89.$$

Расчетный мультипликатор PBV для этой фирмы равен 7,89.

ИЛЛЮСТРАЦИЯ 19.4. Оценка мультипликатора «цена/балансовая стоимость» для быстро растущей фирмы

В главе 14 мы оценивали компанию Nestlé, используя двухфазную модель FCFE. Здесь мы расширим эту модель и заменим фактически выплаченные дивиденды (и коэффициент выплат) на свободные денежные потоки на собственный капитал (FCFE).

Потенциальный коэффициент выплат = 1 — FCFE/чистая прибыль.

Возьмем входные параметры Nestlé из иллюстрации в главе 14:

	Быстрый рост	*Стабильный рост*
Длительность, годы	5	Бесконечно
ROE (%)	21,35	10
Коэффициент реинвестирования собственного капитала (%)	37,17	25,00
Потенциальный коэффициент выплат (%)	62,83	75,00
Ожидаемые темпы роста (%)	7,94	2,50
Стоимость привлечения собственного капитала (%)	6,90	6,90

Ожидаемые темпы роста = ROE × (1 — потенциальный коэффициент выплат).

Подставив это в двухфазную модель, мы получим:

$$\text{PBV}=(0{,}2135)\frac{(0{,}6283)(1{,}0794)\left(1-\dfrac{(1{,}0794)^5}{(1{,}069)^5}\right)}{0{,}069-0{,}0794}+(0{,}2135)\frac{(0{,}75)(1{,}0794)^5(1{,}025)}{(0{,}069-0{,}025)(1{,}069)^5}=4{,}61.$$

В этой иллюстрации мы исходили из того, что у Nestlé ожидаемая рентабельность собственного капитала в следующие пять лет будет равна текущей рентабельности, составляющей 21,35%. Обратите внимание на то, что рентабельность собственного капитала стабильного периода, равная 10%, используется только для определения коэффициента выплат в стабильный период, а во всех остальных случаях применяется рентабельность собственного капитала периода быстрого роста. Понижение значения рентабельности в период быстрого роста приведет к снижению мультипликатора «цена/балансовая стоимость» для фирмы.

Мультипликатор PBV и рентабельность собственного капитала

На мультипликатор «цена/балансовая стоимость» сильно влияет рентабельность собственного капитала. Снижение рентабельности собственного капитала воздействует на мультипликатор «цена/балансовая стоимость» прямо, как мы видели в предыдущем разделе, и косвенно — через снижение ожидаемого роста или выплат.

$$\text{Ожидаемые темпы роста} = \text{коэффициент нераспределенной прибыли} \times \text{рентабельность собственного капитала}.$$

Влияние снижения рентабельности собственного капитала на мультипликатор «цена/балансовая стоимость» можно увидеть, если вернуться к иллюстрации 19.3 и изменить значение рентабельности собственного капитала для оцениваемой фирмы.

На мультипликатор «цена/балансовая стоимость» также влияет стоимость привлечения собственного капитала, причем рост стоимости привлечения собственного капитала приводит к его снижению. Комбинированное влияние рентабельности и стоимости привлечения собственного капитала может характеризовать их разность — избыточная доходность. Чем больше рентабельность собственного капитала относительно стоимости его привлечения, тем выше мультипликатор «цена/балансовая стоимость». Например, в иллюстрациях 19.3 и 19.5 фирма со стоимостью привлечения собственного капитала 11,5% переходит из состояния, когда рентабельность собственного капитала превышает требуемую доходность на 13,5%, в состояние, когда рентабельность собственного капитала находится практически на уровне безубыточности (на 0,5% превышает требуемую доходность). При этом ее мультипликатор «цена/балансовая стоимость» падает с 7,89 до 1,25. На рисунке 19.2 мультипликатор «цена/балансовая стоимость» представлен как функция разности рентабельности собственного капитала и стоимости его привлечения. Отметим, что при равенстве рентабельности собственного капитала и стоимости его привлечения цена равна балансовой стоимости.

ИЛЛЮСТРАЦИЯ 19.5. *Рентабельность собственного капитала и мультипликатор «цена/балансовая стоимость»*

В иллюстрации 19.3 мы получили для фирмы мультипликатор «цена/балансовая стоимость» 7,89 при рентабельности собственного капитала 25%. Такая рентабельность собственного капитала, в свою очередь, позволяла фирме поддерживать темпы роста 20% в фазе быстрого роста и 8% в фазе стабильного роста.

Темпы роста в первые пять лет =
= коэффициент нераспределенной прибыли × ROE = 0,8 × 25% = 20%.

Темпы роста по истечении пяти лет =
= коэффициент нераспределенной прибыли × ROE = 0,32 × 25% = 8%.

Если рентабельность собственного капитала фирмы падает до 12%, то мультипликатор «цена/балансовая стоимость» будет отражать данное снижение. Падение рентабельности собственного капитала будет также снижать ожидаемый рост в начальный период быстрого роста.

Ожидаемые темпы роста (в первые пять лет) =
= коэффициент нераспределенной прибыли × рентабельность собственного капитала = 0,8 × 12% = 9,6%.

По истечении пяти лет либо коэффициент нераспределенной прибыли должен увеличиться, либо ожидаемые темпы роста должны оказаться ниже 8%. Если коэффициент нераспределенной прибыли корректируется, то:

Новый коэффициент нераспределенной прибыли по истечении 5 лет =
= ожидаемые темпы роста/ROE = 8%/12% = 66,67%.

Новый коэффициент выплат по истечении 5 лет =
= 1 — коэффициент нераспределенной прибыли = 33,33%.

Тогда новый мультипликатор «цена/балансовая стоимость» будет следующим:

$$PBV = (0{,}12)\times\frac{(0{,}2)(1{,}096)\left(1-\dfrac{(1{,}096)^5}{(1{,}115)^5}\right)}{0{,}115-0{,}096}+(0{,}12)\times\frac{(0{,}3333)(1{,}096)^5(1{,}08)}{(0{,}115-0{,}08)(1{,}115)^5}=1{,}25.$$

Падение ROE имеет двухуровневый эффект. Во-первых, оно приводит к снижению темпов роста прибыли и/или ожидаемого коэффициента выплат, косвенно влияя на мультипликатор PBV. Во-вторых, оно прямо приводит к уменьшению мультипликатора PBV.

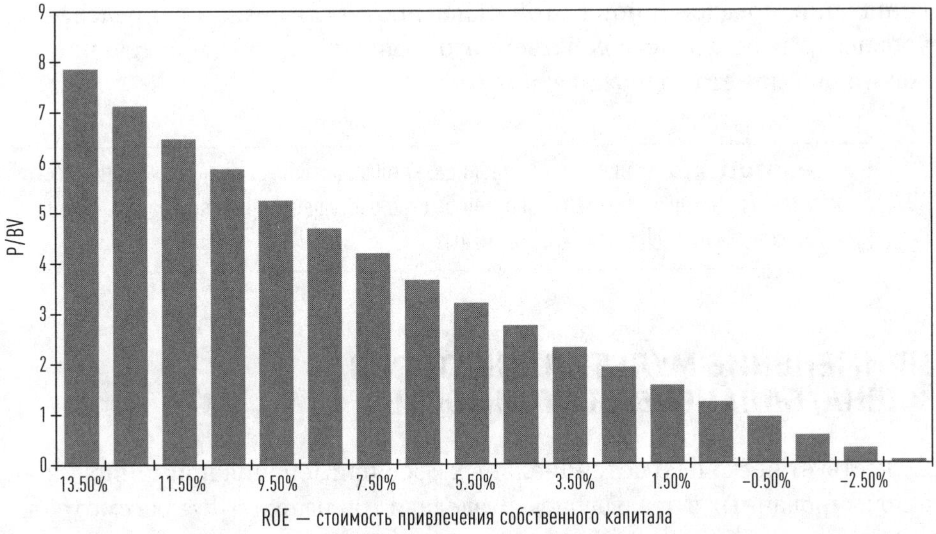

Рисунок 19.2. *Мультипликатор «цена/балансовая стоимость» как функция разности рентабельности собственного капитала и стоимости его привлечения*

Детерминанты рентабельности собственного капитала. Разность рентабельности собственного капитала и стоимости его привлечения характеризует способность фирмы зарабатывать избыточную доходность в той сфере деятельности, в которой она функционирует. Используя разнообразные аналитические концепции, корпоративные стратеги исследовали детерминанты размера и ожидаемый срок существования этой избыточной прибыли (и высокой ROE). Одна из них, известная как «пять сил конкуренции», была разработана Портером (1980). Согласно его подходу, конкуренция возникает благодаря не только имеющим прочные позиции производителям, выпускающим один и тот же продукт, но и тем, кто изготавливает товары-заменители, и тем, кто потенциально может прийти на рынок. На рисунке 19.3 эти пять сил конкуренции представлены в обобщенной форме.

Согласно Портеру, фирма способна поддерживать высокую рентабельность собственного капитала в результате наличия значительных барьеров для входа новых фирм или значительных преимуществ перед конкурентами. Анализ рентабельности собственного капитала фирмы можно обогатить и сделать гораздо информативнее, если исследовать конкурентную среду, в которой функционирует исследуемая фирма. Этот подход также помогает получить представление о будущей динамике рентабельности собственного капитала. У стоимостных инвесторов есть свой вариант этого подхода, который они называют «прочностью позиции». Фирма со значительным и устойчивым конкурентным преимуществом имеет прочную позицию и, следовательно, является более привлекательной. С точки зрения концепции, предложенной в этой главе, прочность позиции определяется уровнем рентабельности собственного капитала и сроком, в течение которого она может поддерживаться.

eqmult.xls — электронная таблица, которая позволяет оценить мультипликатор «цена/прибыль» для стабильно или быстро растущей фирмы при заданных значениях ее фундаментальных переменных.

ПРИМЕНЕНИЕ МУЛЬТИПЛИКАТОРОВ «ЦЕНА/БАЛАНСОВАЯ СТОИМОСТЬ»

Существует несколько потенциальных сфер применения принципов, проанализированных в предыдущем разделе, и три из них будут рассмотрены в этом разделе. Сначала мы рассмотрим, что приводит к изменению мультипликатора «цена/балансовая стоимость» с течением времени на рынке в целом, и когда низкое (высокое) значение этого мультипликатора для

Рисунок 19.3. *Пять сил конкуренции и рентабельность собственного капитала*

Источник: Porter (1980).

рынка можно трактовать как признак недооцененности (переоцененности). Затем мы сопоставим мультипликаторы «цена/балансовая стоимость» для фирм одного сектора и продолжим сравнения, рассматривая фирмы на одном рынке, а также коснемся вопроса, связанного с необходимостью корректировки при проведении этих сравнений. Наконец, мы рассмотрим факторы, заставляющие мультипликатор «цена/балансовая стоимость» отдельной фирмы меняться с течением времени, а также способы использования этих сведений в качестве инструмента при анализе реструктуризации.

Мультипликаторы PBV для рынка

Мультипликатор «цена/балансовая стоимость» для всего рынка определяется теми же переменными, что определяют мультипликатор «цена/балансовая стоимость» для индивидуальной фирмы. Поэтому при прочих равных условиях следует ожидать, что мультипликатор «цена/балансовая стоимость» для рынка будет расти по мере увеличения спреда рентабельности собственного капитала (ROE минус стоимость привлечения собственного капитала) на этом рынке. И наоборот: следует ожидать уменьшения мультипликатора «цена/балансовая стоимость» для рынка по мере снижения спреда рентабельности собственного капитала.

В главе 18 мы обращали внимание на увеличение мультипликатора «цена/прибыль» для S&P 500 в 1960–2000 гг. За этот период мультипликатор «цена/балансовая стоимость» для рынка также увеличился. На рисунке 19.4 представлена динамика мультипликатора «цена/балансовая стоимость» и рентабельности собственного капитала для S&P 500. Увеличение мультипликатора «цена/балансовая стоимость» в период 1980–2000 гг. можно по крайней мере отчасти объяснить увеличением рентабельности собственного капитала за тот же самый период. Прошлое десятилетие (2001–2010 гг.) было более сложным и характеризовалось существенным падением мультипликатора «цена/балансовая стоимость» и рентабельности собственного капитала в первые годы, а затем ростом обоих показателей вплоть до обвала во время банковского кризиса 2008 г.

Сопоставление фирм из одного сектора

Мультипликаторы «цена/балансовая стоимость» разных фирм варьируют по многим причинам: разные ожидаемые темпы роста, разные коэффициенты выплат, разные уровни риска и, что самое важное, — разная рентабельность собственного капитала. Сопоставления мультипликаторов «цена/балансовая стоимость», не учитывающие эти различия, скорее всего, окажутся ошибочными.

Самый распространенный подход к использованию мультипликаторов PBV для фирмы состоит в выборе группы сопоставимых фирм, расчете

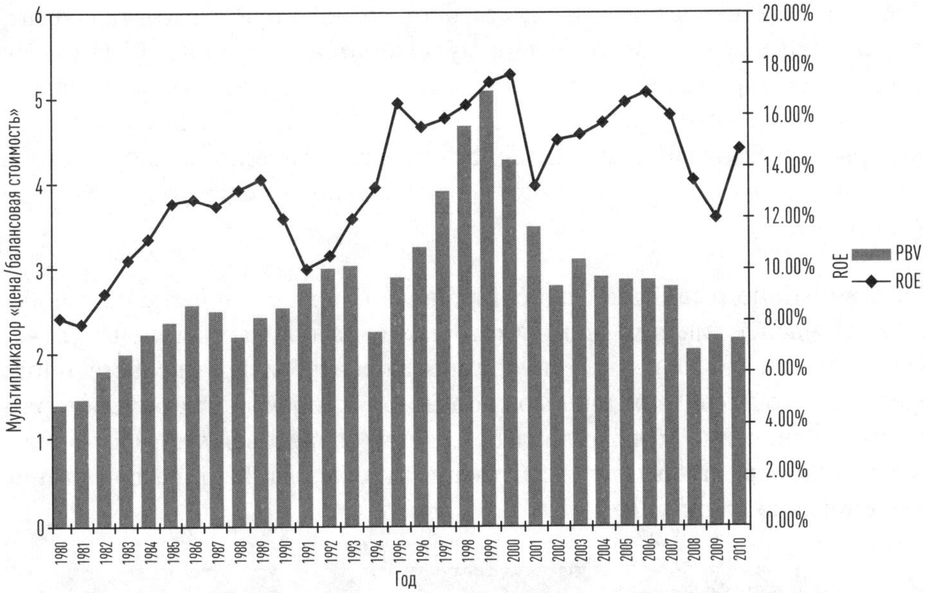

Рисунок 19.4. *Мультипликатор «цена/балансовая стоимость» и рентабельность собственного капитала для индекса S&P 500*

среднего значения PBV для этой группы и оценке мультипликатора PBV для отдельной фирмы относительно среднего значения. Корректировки, осуществляемые в целях отражения различий в фундаментальных переменных между оцениваемой фирмой и сопоставимой группой, обычно делаются на субъективной основе. С этим подходом связано несколько проблем. Во-первых, определение сопоставимой фирмы осуществляется чрезвычайно субъективно. Использование других фирм из отрасли в качестве контрольной группы часто не решает проблему полностью, поскольку фирмы в одной и той же отрасли могут иметь очень разные наборы видов деятельности, а также различные характеристики роста и риска. Кроме того, существует множество других причин для необъективности. Во-вторых, даже если удастся сформировать группу действительно сопоставимых фирм, все равно останутся различия в фундаментальных переменных между оцениваемой фирмой и этой группой. Данную проблему нельзя удовлетворительно решить посредством субъективных корректировок, поскольку такие суждения сильно зависят от квалификации и опыта аналитиков, осуществляющих их.

Не удивительно, что при такой связи между мультипликаторами «цена/балансовая стоимость» и рентабельностью собственного капитала фирмы с высокой рентабельностью собственного капитала торгуются значительно выше балансовой стоимости, а фирмы с низкой рентабельностью собственного капитала торгуются на уровне балансовой стоимости или ниже нее. Внимание инвесторов должны привлекать те фирмы, где наблюдается несоответствие мультипликатора «цена/балансовая стоимость» и рентабельности собственного капитала: низкие значения мультипликатора PBV и высокие значения ROE, или высокие мультипликаторы PBV и низкая ROE. Интерпретировать подобные несоответствия можно двумя путями — с помощью матричного подхода и секторной регрессии.

Матричный подход. Если сущность поиска неправильной оценки заключается в идентификации фирм, у которых мультипликаторы «цена/балансовая стоимость» не соответствуют спреду рентабельности собственного капитала, то несоответствие можно интерпретировать графически, распределяя значения мультипликатора «цена/балансовая стоимость» в зависимости от рентабельности собственного капитала. Такое распределение представлено на рисунке 19.5.

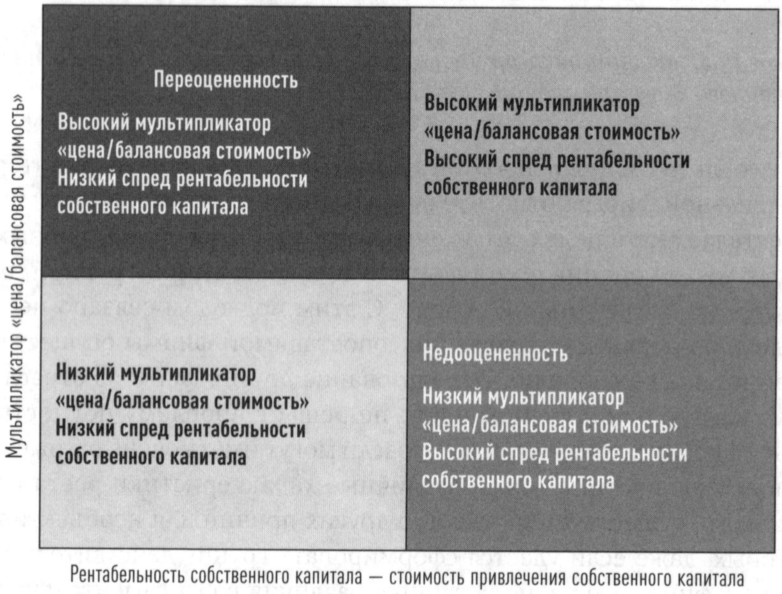

Рисунок 19.5. *Мультипликатор «цена/балансовая стоимость» и рентабельность собственного капитала*

Если предположить, что фирмы одного сектора имеют сходную стоимость привлечения собственного капитала, то можно заменить спред рентабельности собственного капитала на рентабельность собственного капитала. Хотя на практике нередко используется текущая рентабельность собственного капитала, матрица базируется на ожидаемой рентабельности собственного капитала в будущем.

Регрессионный подход. Если мультипликатор «цена/балансовая стоимость» является в основном функцией рентабельности собственного капитала, то можно построить регрессию мультипликатора по рентабельности:

$$PBV = a + b \times ROE.$$

Если зависимость является сильной и линейной, то можно использовать эту регрессию для получения прогнозных значений мультипликатора «цена/балансовая стоимость» для всех фирм сектора и отделить недооцененные фирмы от переоцененных.

Эту регрессию можно расширить двумя способами. Первый состоит в учете нелинейности связи между мультипликатором «цена/балансовая стоимость» и рентабельностью собственного капитала. Для этого либо трансформируют переменные (например, в натуральный логарифм, экспоненту), либо строят нелинейные регрессии. Второй способ заключается в расширении регрессии и включения в нее других независимых переменных, таких как риск и рост.

ИЛЛЮСТРАЦИЯ 19.6. *Сопоставление мультипликаторов «цена/балансовая стоимость» на примере интегрированных нефтяных компаний в 2000 г.*

Приведенная ниже таблица содержит данные о мультипликаторах «цена/балансовая стоимость» для интегрированных нефтяных компаний, котировавшихся в США в сентябре 2000 г.

Название компании	*Тикерный символ*	*Мультипликатор «цена/балансовая стоимость»*	*Рентабельность собственного капитала (%)*	*Стандартное отклонение (%)*
Crown Central Petroleum «A»	CNPA	0,29	–14,60	59,36
Giant Industries	GI	0,54	7,47	38,87
Harken Energy Corp.	HEC	0,64	–5,83	56,51
Getty Petroleum Mktg.	GPM	0,95	6,26	58,34
Pennzoil-Quaker State	PZL	0,95	3,99	51,06
Ashland Inc.	ASH	1,13	10,27	21,77
Shell Transport	SC	1,45	13,41	31,61
USX–Marathon Group	MRO	1,59	13,42	45,31
Lakehead Pipe Line	LHP	1,72	13,28	19,56
Amerada Hess	AHC	1,77	16,69	26,89
Tosco Corp.	TOS	1,95	15,44	34,51
Occidental Petroleum	OXY	2,15	16,68	39,47
Royal Dutch Petroleum	RD	2,33	13,41	29,81
Murphy Oil Corp.	MUR	2,40	14,49	27,80
Texaco Inc.	TX	2,44	13,77	27,78
Phillips Petroleum	P	2,64	17,92	29,51
Chevron Corp.	CHV	3,03	15,69	26,44

Название компании	*Тикерный символ*	*Мультипликатор «цена/балансовая стоимость»*	*Рентабельность собственного капитала (%)*	*Стандартное отклонение (%)*
Repsol-YPF ADR	REP	3,24	13,43	26,82
Unocal Corp.	UCL	3,53	10,67	34,90
Kerr-McGee Corp.	KMG	3,59	28,88	42,47
Exxon Mobil Corp.	XOM	4,22	11,20	19,22
BP Amoco ADR	BPA	4,66	14,34	27,00
Clayton Williams Energy	CWEI	5,57	31,02	26,31
В среднем		2,30	12,23	

Среднее значение мультипликатора «цена/балансовая стоимость» для сектора равно 2,30, но он сильно варьирует в разных фирмах: компания Crown Central торгуется с мультипликатором 0,29, а компания Clayton Williams Energy –5,57.

Мы начнем с графического представления мультипликатора «цена/балансовая стоимость» в зависимости от рентабельности собственного капитала для этих фирм (рисунок 19.6). В то время как в квадранте, отведенном для переоцененных компаний, фирм нет, такие компании, как Pennzoil (PZL), Occidental (OXY), Amerada Hess (AHC) и Murphy (MUR), выглядят недооцененными относительно остального сектора.

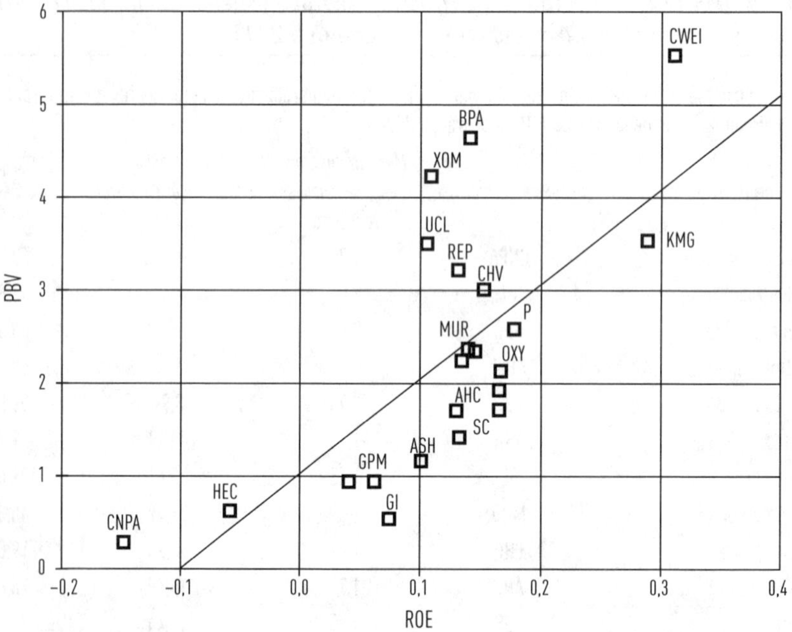

Рисунок 19.6. *Мультипликатор «цена/балансовая стоимость» в зависимости от рентабельности собственного капитала на примере нефтяных компаний*

Регрессия мультипликатора «цена/балансовая стоимость» по рентабельности собственного капитала для нефтяных компаний дает следующее:

$$PBV = 1{,}043 + 10{,}24 \times ROE \qquad R^2 = 48{,}6\%.$$
$$\quad [2{,}97] \quad [4{,}46]$$

Если мы расширим эту регрессию, чтобы включить в нее стандартное отклонение цен акций в качестве показателя риска, то получим:

$$PBV = 2{,}21 + \underset{[2{,}16]}{8{,}22} \times ROE - \underset{[2{,}92]}{2{,}63} \times \text{стандартное отклонение} \qquad R^2 = 52\%.$$

[2,16] [2,92] [1,21]

Эту регрессию можно использовать для оценки прогнозных мультипликаторов «цена/балансовая стоимость», которые для рассматриваемых компаний приведены в нижеследующей таблице.

Название компании	*Мультипликатор «цена/балансовая стоимость»*	*Прогнозный PBV*	*Переоценка или недооценка (%)*
Crown Central Petroleum «A»	0,29	–0,56	Пренебрежимо малое число
Giant Industries	0,54	1,80	–69,74
Harken Energy Corp.	0,64	0,24	166,59
Getty Petroleum Mktg.	0,95	1,19	–19,67
Pennzoil-Quaker State	0,95	1,19	–19,93
Ashland Inc.	1,13	2,48	–54,28
Shell Transport	1,45	2,48	–41,56
USX–Marathon Group	1,59	2,12	–25,11
Lakehead Pipe Line	1,72	2,78	–38,03
Amerada Hess	1,77	2,87	–38,33
Tosco Corp.	1,95	2,57	–24,09
Occidental Petroleum	2,15	2,54	–15,27
Royal Dutch Petroleum	2,33	2,52	–7,66
Murphy Oil Corp.	2,40	2,67	–10,07
Texaco Inc.	2,44	2,61	–6,47
Phillips Petroleum	2,64	2,90	–9,17
Chevron Corp.	3,03	2,80	8,20
Repsol-YPF ADR	3,24	2,60	24,53
Unocal Corp.	3,53	2,17	63,05
Kerr-McGee Corp.	3,59	3,46	3,70
Exxon Mobil Corp.	4,22	2,62	60,99
BP Amoco ADR	4,66	2,67	74,03
Clayton Williams Energy	5,57	4,06	36,92

Самой недооцененной фирмой в группе оказалась Giant Industries, имеющая фактический мультипликатор «цена/балансовая стоимость», равный 0,54, и прогнозный мультипликатор «цена/балансовая стоимость» 1,8. Самой же переоцененной компанией является Harken Energy, имеющая фактический мультипликатор «цена/балансовая стоимость» 0,64 и прогнозный мультипликатор «цена/балансовая стоимость», равный 0,24.

Сопоставление фирм на одном рынке

Вместо поиска сопоставимых фирм в целях оценки мультипликатора PBV для отдельной фирмы можно рассмотреть ценообразование для фирм на рынке в целом. Простейший способ обобщения этой информации — множественная регрессия, где мультипликатор PBV рассматривается как зависимая переменная, а ориентировочные значения риска, роста, рентабельности собственного капитала и выплат являются независимыми переменными.

Прошлые исследования. Связь между мультипликатором «цена/балансовая стоимость» и рентабельностью собственного капитала освещалась в разных исследованиях. Уилкокс (Wilcox, 1984) постулировал сильную связь между мультипликатором «цена/балансовая стоимость» (представленным на логарифмической шкале) и рентабельностью собственного капитала. Используя данные за 1981 г. по акциям 949 компаний, входящих в индекс Value Line, он пришел к следующему уравнению:

$$\log\text{ (цена/балансовая стоимость)} = -1 + 7{,}51\text{ (рентабельность собственного капитала)}.$$

Он также обнаружил, что эта регрессия имеет гораздо меньшую среднеквадратическую ошибку, чем конкурирующие модели, использующие мультипликаторы «цена/прибыль» и/или темпы роста.

В первом издании этой книги указанные регрессии мультипликатора PBV были модифицированы за период 1987–1991 гг. Для получения информации по мультипликаторам «цена/балансовая стоимость», рентабельности собственного капитала, коэффициентам выплат и темпов роста прибыли (за предшествующие пять лет) для всех фирм, зарегистрированных на NYSE и AMEX, была использована база данных Compustat, где сведения представлены по годам. Значения коэффициентов бета за каждый год получены из CRSP. Все фирмы с отрицательной балансовой стоимостью были исключены из выборки, и регрессия PBV по независимым переменным дала следующие результаты по каждому году.

Год	*Регрессия*	*R-квадрат*
1987	PBV = 0,1841 + 2,00 выплаты – 0,394 бета + + 133,89 EGR + 9,35 ROE	0,8617
1988	PBV = 0,7113 + 0,007 выплаты – 0,5082 бета + + 46,05 EGR + 6,9374 ROE	0,8405
1989	PBV = 0,4119 + 0,63 выплаты – 0,6406 бета + + 100,38 EGR + 9,55 ROE	0,8851
1990	PBV = 0,8124 + 0,99 выплаты – 0,1857 бета + + 111,30 EGR + 6,61 ROE	0,8846
1991	PBV = 1,1065 + 35,05 выплаты – 0,6471 бета + + 100,87 EGR + 10,51 ROE	0,8601

В приведенных уравнениях:
PBV = мультипликатор «цена/балансовая стоимость» в конце года;
выплаты = коэффициент выплат дивидендов в конце года;
бета = коэффициент бета акции;
EGR = темпы роста прибыли за предыдущие пять лет;
ROE = рентабельность собственного капитала = чистая прибыль/ /балансовая стоимость собственного капитала.

Модифицированные регрессии. Мы построили регрессию мультипликатора «цена/балансовая стоимость» по фундаментальным переменным, идентифицированным в предыдущем разделе, — рентабельность собственного капитала, коэффициент выплат, коэффициент бета и ожидаемые темпы роста в последующие пять лет (по прогнозам аналитиков) — по состоянию на январь 2011 г.

$$PBV = \underset{[0,45]}{-0,06} + \underset{[39,61]}{11,58}\ ROE + \underset{[4,09]}{0,61}\ \text{коэффициент выплат} +$$

$$+ \underset{[4,29]}{0,29}\ \text{бета} + \underset{[17,60]}{8,85}\ \text{ожидаемые темпы роста.}$$

Регрессия имеет R-квадрат = 43,2%.

Сильная положительная связь между мультипликатором «цена/балансовая стоимость» и рентабельностью собственного капитала не является уникальной для США. В таблице 19.1 обобщены регрессии мультипликатора «цена/балансовая стоимость» по рентабельности собственного капитала в глобальном масштабе. Обратите внимание на то, что, хотя мы пытались включить в регрессии весь набор независимых переменных (ROE, коэффициент бета, коэффициент выплат и темпы роста), остались только те, которые были статистически значимыми.

ТАБЛИЦА 19.1. *Регрессии мультипликатора «цена/балансовая стоимость» в глобальном масштабе по состоянию на январь 2011 г.*

Регион	Регрессионное уравнение	R-квадрат (%)
Европа	PBV = 1,49 + 0,98 ожидаемый рост + 0,32 выплаты — — 0,55 бета + 7,89 ROE	44,0
Япония	PBV = 0,87 + 6,09 ROE	28,2
Развивающиеся рынки	PBV = 0,87 + 1,17 ожидаемый рост + 0,57 выплаты + 7,20 ROE	28,1

ИЛЛЮСТРАЦИЯ 19.7. *Оценка Coca-Cola с помощью перекрестной регрессии*

Предположим, что в январе 2011 г. вас попросили оценить фирму Coca-Cola, и вы получили по этой фирме следующие данные:

Балансовая стоимость собственного капитала на акцию = \$14,11.
Коэффициент выплат = 50,00%.
Темпы роста прибыли = 10,00%.
Рентабельность собственного капитала = 30%.
Коэффициент бета = 0,90.

Прогнозный мультипликатор «цена/балансовая стоимость» =
= −0,06 + 11,58 (0,30) + 0,61 (0,50) + 0,29 (0,90) + 8,85 (0,10) = 4,87.

Прогнозная рыночная стоимость на акцию = \$14,11 × 4,87 = \$68,64.

Акция торговалась на тот момент с мультипликатором «цена/балансовая стоимость» 4,83, т. е. была оценена справедливо.

pbvreg.htm — размещенный в Интернете набор данных, который содержит результаты самой последней регрессии мультипликаторов PBV по фундаментальным переменным с учетом всех фирм на рынке.

ТЕКУЩАЯ РЕНТАБЕЛЬНОСТЬ СОБСТВЕННОГО КАПИТАЛА ПО СРАВНЕНИЮ С ОЖИДАЕМОЙ РЕНТАБЕЛЬНОСТЬЮ

Во всех сопоставлениях, сделанных нами в этом разделе, мы использовали для оценки текущую рентабельность собственного капитала. Хотя обычно принято сосредотачивать внимание на текущей рентабельности, рыночная стоимость собственного капитала определяется ожиданиями в отношении его будущей рентабельности.

Пока существует сильная положительная корреляция между текущей и будущей ROE, использование текущей рентабельности собственного капитала для идентификации недооцененных или переоцененных фирм возможно. Однако концентрироваться на текущей ROE опасно, когда меняется конкурентная среда, поскольку это может привести к серьезным ошибкам при оценке. В таких случаях следует использовать прогнозную рентабельность собственного капитала, которая может очень сильно отличаться от текущей. Получить прогнозное значение можно двумя способами:

1. Рассчитайте историческое среднее значение (за последние три года или пять лет) рентабельности собственного капитала фирмы и замените им текущую рентабельность собственного капитала в тех случаях, когда она сильно меняется.
2. Подтяните текущую рентабельность собственного капитала фирмы к среднеотраслевому значению, чтобы отразить давление конкуренции. Например, вы анализируете софтверную фирму с текущей рентабельностью собственного капитала 35%. Предположим, что среднеотраслевая рентабельность собственного капитала составляет 20%. Тогда прогнозная рентабельность собственного капитала для этой фирмы будет равна средневзвешенному значению (из 20 и 35%), причем вес, присваиваемый среднеотраслевому показателю, растет с увеличением ожидаемой скорости сближения рентабельности фирмы со среднеотраслевым уровнем.

Сопоставление мультипликатора «цена/балансовая стоимость» фирмы во времени

Рентабельность собственного капитала фирмы меняется во времени, поэтому следует ожидать и изменения мультипликатора «цена/балансовая стоимость». Говоря конкретнее, у фирм, где рентабельность собственного капитала растет, мультипликатор «цена/балансовая стоимость» должен увеличиваться, а у фирм, где рентабельность собственного капитала падает, — снижаться. Взглянуть на это иначе помогает матрица, представленная на рисунке 19.5, где мы отмечали, что фирмы с низкой (высокой) рентабельностью собственного капитала должны иметь низкие (высокие) мультипликаторы «цена/балансовая стоимость». Таким образом, один из способов оценки результатов реструктуризации неэффективной фирмы (с низкой рентабельностью собственного капитала и низким мультипликатором «цена/балансовая стоимость») состоит в наблюдении за тем, куда она движется на матрице. Если ее планы успешны, то она должна двигаться из квадранта с низким PBV/низкой ROE к квадранту с высоким PBV/высокой ROE (см. рисунок 19.7).

ИЛЛЮСТРАЦИЯ 19.8. *ROE и мультипликатор PBV на примере фирмы IBM*

Компания IBM дает классический пример влияния рентабельности собственного капитала на мультипликатор «цена/балансовая стоимость». В 1983 г. IBM торговалась в три раза выше балансовой стоимости, что в то время было одним из наиболее высоких значений мультипликатора «цена/балансовая стоимость» для 30 акций, входящих в индекс Dow. К 1992 г. акции торговались примерно по балансовой стоимости, что было значительно ниже среднего значения для 30 акций индекса Dow. Такое падение мультипликатора «цена/балансовая стоимость» было спровоцировано снижением рентабельности собственного капитала IBM с 25% в 1983 г. до отрицательных величин в 1992 и 1993 гг. После того как главой компании стал Лу Герстнер, фирма восстала из пепла, и в 1999 г. ее акции торговались в девять раз выше балансовой стоимости. Даже после краха доткомов IBM сохраняла высокую ROE и мультипликатор «цена/балансовая стоимость». Рисунок 19.8 иллюстрирует динамику PBV и ROE для фирмы IBM в 1983–2010 гг.

Инвестор, купивший IBM в этот момент упадка, получал акцию, характеризующуюся низким соотношением цены и балансовой стоимости и низкой рентабельностью собственного капитала, но риск такой покупки оказался оправданным. С ростом рентабельности собственного капитала IBM переместилась в матрице из квадранта в левом нижнем углу в квадрант в правом верхнем углу. По мере роста мультипликатора «цена/балансовая стоимость» росла цена акции и прибыль инвестора.

ИСПОЛЬЗОВАНИЕ В ИНВЕСТИЦИОННЫХ СТРАТЕГИЯХ

Инвесторы всегда использовали связь между ценой и балансовой стоимостью во множестве инвестиционных стратегий от самых простых до суперсложных. Одни использовали низкие значения мультипликаторов «цена/балансовая стоимость» для отбора недооцененных акций. Другие комбинировали мультипликаторы «цена/балансовая стоимость» с дру-

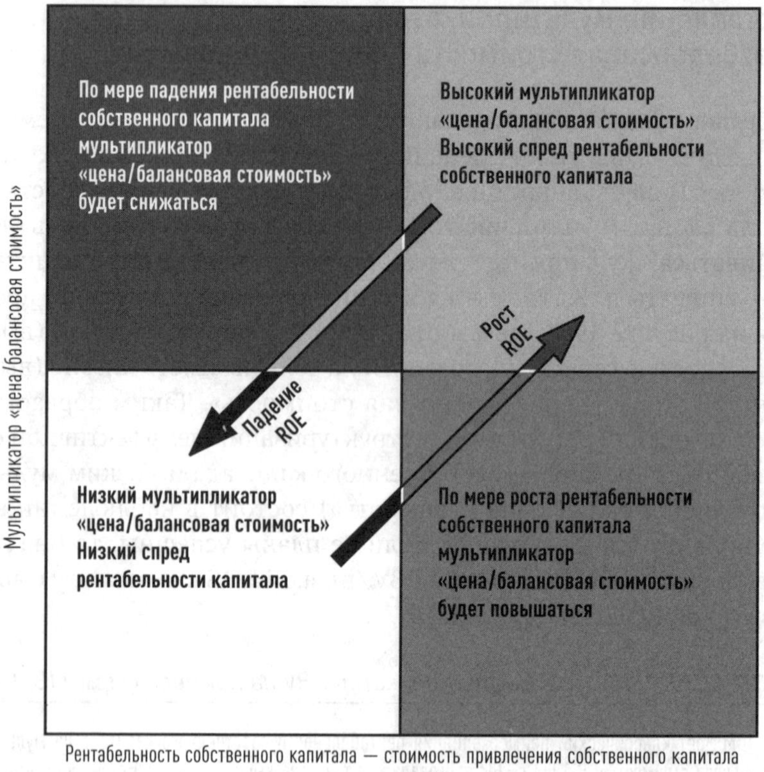

Рисунок 19.7. *Изменения в ROE и изменения в мультипликаторе PBV*

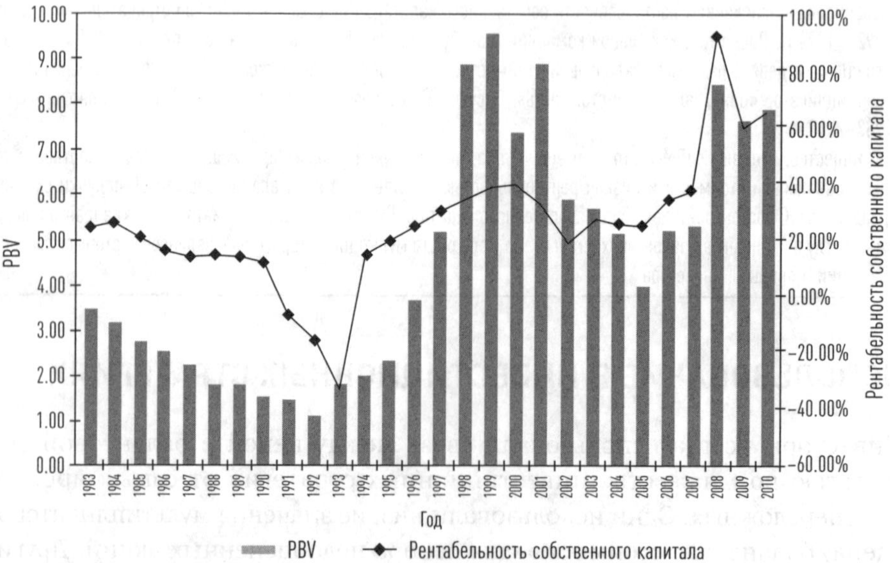

Рисунок 19.8. *Фирма IBM: падение и новый рост*

гими фундаментальными переменными. Наконец, при высокой рентабельности собственного капитала низкий мультипликатор «цена/балансовая стоимости» рассматривался как индикатор риска инвестирования в акции.

Связь с избыточной доходностью

В некоторых исследованиях была установлена связь между мультипликаторами «цена/балансовая стоимость» и избыточной доходностью. Розенберг с соавторами (Rosenberg, Reid and Lanstein, 1985) обнаружил, что средняя доходность американских акций положительно связана с соотношением балансовой стоимости фирмы к рыночной стоимости. В 1973–1984 гг. стратегия отбора акций с высоким (низким) мультипликатором «балансовая стоимость/цена» приносила избыточную доходность 36 базисных пунктов в месяц. Фама и Френч (Fama and French, 1992) в результате исследования перекрестного распределения ожидаемой доходности акций в период 1963–1990 гг. установили, что положительная связь между мультипликаторами «балансовая стоимость/цена» и средней доходностью сохраняется как при одномерных, так и при многомерных тестах и объясняет доходность даже сильнее, чем эффект малой фирмы. Когда они распределили фирмы по мультипликатору «балансовая стоимость/цена» на 12 портфелей, то фирмы, попавшие в класс самых низких значений этого мультипликатора (и, соответственно, самых высоких значений мультипликатора PBV), заработали среднемесячную доходность, равную 0,3%, в то время как фирмы из класса самых высоких значений этого мультипликатора (и наименьших значений PBV) за период 1963–1990 гг. заработали среднемесячную доходность в размере 1,83%.

В работе Чена и др. (Chan, Hamao and Lakonishok, 1991) было обнаружено, что отношение балансовой стоимости к рыночной стоимости играет важную роль в объяснении перекрестного распределения средней доходности японских акций. В исследовании Капола и др. (Capaul, Rowley and Sharpe, 1993) анализ мультипликаторов «цена/балансовая стоимость» был распространен на другие иностранные рынки и охватил период 1981–1992 гг. Авторы пришли к выводу, что акции стоимости (акции с низкими мультипликаторами «цена/балансовая стоимость») зарабатывали избыточную доходность на каждом из проанализированных ими рынков. В годовом исчислении оценка разности между доходностью акций с низким мультипликатором «цена/балансовая стоимость» и доходностью рыночного индекса выглядела следующим образом:

Страна	*Добавочная доходность портфеля с низким PBV (%)*
Франция	3,26
Германия	1,39
Швейцария	1,17
Великобритания	1,09
Япония	3,43
США	1,06
Европа	1,30
Мир в целом	1,88

Хотя это исследование устарело, вывод о том, что акции с низким мультипликатором «цена/балансовая стоимость» зарабатывают более высокую доходность, чем акции с высоким мультипликатором «цена/балансовая стоимость», выглядит вполне здравым.

Использование мультипликатора «цена/балансовая стоимость» для принятия инвестиционных решений

Избыточная доходность, зарабатываемая фирмами с низкими мультипликаторами «цена/балансовая стоимость», используется инвестиционными стратегами, применяющими мультипликаторы «цена/балансовая стоимость», как индикатор. Например, Бенджамин Грэхем в своей классической книге, посвященной анализу ценных бумаг, в качестве одного из критериев, которые используются для отбора акций, определил цену, составляющую меньше двух третей балансовой стоимости.

В рассуждениях, приведенных в предыдущем разделе, был сделан акцент на важности рентабельности собственного капитала в определении мультипликатора «цена/балансовая стоимость». При этом отмечалось, что недооцененными могут считаться только фирмы с высокой рентабельностью собственного капитала и низким мультипликатором «цена/балансовая стоимость».

Отношение цены к балансовой стоимости как индикатор риска

Устойчивость избыточной доходности, получаемой фирмами с низким мультипликатором «цена/балансовая стоимость», указывает на то, что либо рынок неэффективен, либо соотношение цены и балансовой стоимости является индикатором риска инвестирования в акции. Иными словами, если фирмы с более низким мультипликатором «цена/балансовая стоимость» трактуются рынком как более рискованные, чем фирмы с более высоким значением этого мультипликатора, то повышенная доходность акций этих фирм является справедливым вознаграждением за данный риск. В действительности именно к такому выводу пришли Фама и Френч (Fama and French, 1992) после исследования доходности акций с низким мультипликатором «цена/балансовая стоимость».

Поскольку сразу представленную гипотезу отвергнуть невозможно, необходимо ее проверить. В чем заключается дополнительный риск, которому подвержены акции с низким мультипликатором «цена/балансовая стоимость»? Действительно, отдельные компании с низкими значениями мультипликатора «цена/балансовая стоимость» характеризуются высоким рычагом и могут не удержаться в бизнесе. Однако для большинства компаний портфель, составленный из акций с низким мультипликатором «цена/балансовая стоимость», не выглядит более рискованным, чем портфель из акций с высоким мультипликатором «цена/балансовая стоимость». Дело в том, что у портфелей обоих типов рычаг и изменчивость прибыли сходны.

МУЛЬТИПЛИКАТОР «СТОИМОСТЬ ФИРМЫ/БАЛАНСОВАЯ СТОИМОСТЬ КАПИТАЛА»

Вместо того чтобы сравнивать рыночную стоимость собственного капитала с его балансовой стоимостью, рассматриваемый здесь мультипликатор соотносит стоимость фирмы с балансовой стоимостью ее капитала. Поэтому его можно рассматривать как аналог мультипликатора «цена/балансовая стоимость», который относится к стоимости фирмы в целом.

Определение

Мультипликатор «стоимость фирмы/балансовая стоимость капитала» (value-to-book ratio) определяется как частное от деления рыночной стоимости собственного капитала и долга на балансовую стоимость капитала, инвестированного в фирму:

Мультипликатор «стоимость фирмы/балансовая стоимость капитала» =
= (рыночная стоимость собственного капитала +
+ рыночная стоимость долга)/
/(балансовая стоимость собственного капитала +
+ балансовая стоимость долга).

Если данные по рыночной стоимости долга недоступны, то в числителе можно использовать балансовую стоимость долга. Излишне говорить о том, что долг должен быть согласованно определен как для числителя, так и для знаменателя. Например, если вы решили конвертировать операционную аренду в долг для вычисления рыночной стоимости долга, то вам необходимо также добавить приведенную стоимость операционной аренды к балансовой стоимости долга.

Существуют два распространенных варианта рассматриваемого мультипликатора, которые не проходят тест на согласованность. В одном из них в знаменателе используется балансовая стоимость активов, которая обычно превышает балансовую стоимость капитала на величину текущих обязательств. Это приводит к асимметричным мультипликаторам «цена/балансовая стоимость», которые у фирм со значительными текущими обязательствами занижаются. В другом варианте в числителе используется стоимость предприятия, где из рыночной стоимости долга и собственного капитала вычтены денежные средства. Поскольку балансовая стоимость собственного капитала включает остаток денежных средств фирмы, это также смещает в мультипликатор в сторону уменьшения. Если вы используете в числителе стоимость предприятия, то из знаменателя нужно вычесть денежные средства. Балансовую стоимость капитала за вычетом денежных средств называют инвестированным капиталом.

Инвестированный капитал =
= балансовая стоимость собственного капитала +
+ балансовая стоимость долга – денежные средства.

Мультипликатор «стоимость предприятия/инвестированный капитал» =
= (рыночная стоимость собственного капитала +
+ рыночная стоимость долга – денежные средства)/
/(балансовая стоимость собственного капитала +
+ балансовая стоимость долга – денежные средства).

Кроме того, этот мультипликатор нужно откорректировать с целью учета перекрестных вложений фирмы. Подобная корректировка была детально описана применительно к мультипликатору «стоимость предприятия/EBITDA» в главе 18 и требует вычета той части рыночной стоимости и балансовой стоимости собственного капитала, которая относится к дочерним компаниям.

Описание

Распределение мультипликаторов «стоимость фирмы/балансовая стоимость капитала» похоже на распределение мультипликаторов «цена/балансовая стоимость». На рисунке 19.9 представлено такое распределение для американских компаний в январе 2011 г. Как и в случае с другими мультипликаторами, это распределение оказывается сильно асимметричным, и средние значения в нем значительно превышают медианные значения: медианное значение мультипликатора «стоимость предприятия/инвестированный капитал» для американских фирм в январе 2011 г. составляло 1,68, а мультипликатора «стоимость фирмы/балансовая стоимость капитала» — 1,53. Обратите внимание на то, что у 102 фирм стоимость предприятия отрицательна (по той причине, что денежные средства превышают сумму рыночных стоимостей долга и собственного капитала).

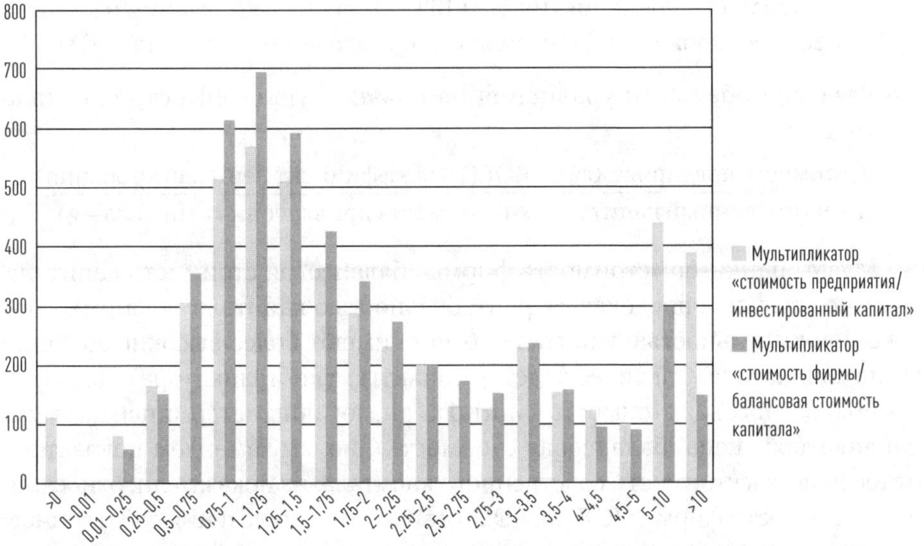

Рисунок 19.9. *Мультипликаторы «стоимость предприятия/инвестированный капитал» и «стоимость фирмы/балансовая стоимость капитала» для американских фирм в январе 2011 г.*

Один из интересных эффектов перехода от мультипликатора «цена/балансовая стоимость» к мультипликатору «стоимость фирмы/балансовая стоимость капитала» состоит в том, что мы не теряем фирмы из выборки, а в случае мультипликатора «стоимость предприятия/инвестированный капитал» теряем всего 102 фирмы.

pbvdata.xls – размещенная в Интернете таблица с данными, в которой обобщены значения мультипликаторов «стоимость фирмы/балансовая стоимость капитала» и фундаментальных переменных по отраслям в США за последний год.

Анализ

Мультипликатор «стоимость фирмы/балансовая стоимость капитала» относится к стоимости фирмы. Чтобы проанализировать его, мы вернемся к модели оценки фирмы на основе свободных денежных потоков и используем ее для оценки стабильно растущей фирмы:

$$\text{Стоимость предприятия} = \text{FCFF}_1/(\text{стоимость привлечения капитала} - g).$$

Учитывая, что FCFF = EBIT_1 (1 – t) (1 – коэффициент реинвестирования), мы получим:

$$\text{Стоимость предприятия} = [\text{EBIT}_1\ (1 - t)\ (1 - \text{коэффициент реинвестирования})]/(\text{стоимость привлечения капитала} - g).$$

Разделив обе части уравнения на балансовую стоимость капитала, получаем[1]:

$$\frac{\text{Стоимость предприятия}}{\text{Инвестированный капитал}} = \frac{\text{ROC}(1 - \text{коэффициент реинвестирования})}{(\text{стоимость привлечения капитала} - g)}.$$

Мультипликатор «стоимость фирмы/балансовая стоимость капитала» фундаментально определяется рентабельностью капитала — фирмы с высокой рентабельностью капитала обычно имеют более высокие значения мультипликатора. Фактически детерминанты мультипликатора «стоимость фирмы/балансовая стоимость капитала» аналогичны детерминантам мультипликатора «цена/балансовая стоимость», но мы заменяем показатели, относящиеся к стоимости собственного капитала, на показатели, относящиеся к стоимости фирмы: ROE на ROC, стоимость привлечения собственного капитала — на стоимость привлечения капитала, а коэффициент выплат — на (1 – коэффициент реинвестирования). Таким образом, если в фундаментальном уравнении мы заменяем коэффициент реинвестирования:

$$\text{Коэффициент реинвестирования} = g/\text{ROC},$$

то получаем:

$$\frac{\text{Стоимость предприятия}}{\text{Инвестированный капитал}} = \frac{(\text{ROC} - g)}{(\text{стоимость привлечения капитала} - g)}.$$

Этот анализ можно распространить на быстро растущие фирмы, для которых мультипликатор «стоимость фирмы/балансовая стоимость ка-

---

1 Как и в случае рентабельности собственного капитала, если рентабельность капитала определяется через текущую прибыль (ROC = EBIT_0/балансовая стоимость капитала), то в числителе появляется дополнительный член (1 + g).

питала» определяется рентабельностью капитала, стоимостью его привлечения, темпами роста и реинвестициями в периоды быстрого роста и стабильного роста.

$$\frac{\text{Стоимость предприятия}}{\text{Инвестированный капитал}} =$$

$$= ROC_{hg} \times \frac{(1-RIR_{hg})\times(1+g)\times\left[1-\frac{(1+g)^n}{(1+k_{c,hg})^n}\right]}{k_{c,hg}-g} +$$

$$+ROC_{hg} \times \frac{(1-RIR_{st})\times(1+g)^n\times(1+g_n)}{(k_{c,st}-g_n)(1+k_{c,hg})^n}.$$

где ROC = рентабельность капитала (hg — в период быстрого роста; st — в период стабильного роста);

RIR = коэффициент реинвестирования (hg — в период быстрого роста; st — в период стабильного роста);

k_c = стоимость привлечения капитала (hg — в период быстрого роста; st — в период стабильного роста).

---

firmmult.xls — таблица, которая позволяет оценить мультипликаторы стоимости фирмы для стабильно или быстро растущей фирмы при заданных фундаментальных переменных.

ROC, ROIC, ROA И ROE

Мы уже подчеркивали важность измерения рентабельности инвестиций фирмы в разделах, посвященных оценке на основе дисконтированных денежных потоков и сравнения, и использовали при этом такие показатели учетной рентабельности, как рентабельность собственного капитала (ROE), рентабельность капитала (ROC) и рентабельность инвестированного капитала (ROIC). Однако на практике многие применяют в качестве измерителя рентабельность активов (ROA). Как соотносятся эти показатели друг с другом, и какой из них следует использовать?

Сначала посмотрим, что у них общего. Все эти показатели имеют в числителе текущую прибыль, а в знаменателе — балансовую стоимость, однако прибыль и балансовая стоимость в них определяется по-разному.

- В случае рентабельности собственного капитала мы делим прибыль долевых инвесторов (чистую прибыль) на балансовую стоимость собственного капитала и, таким образом, определяем, какую доходность получают долевые инвесторы. Этот показатель сравнивается со стоимостью привлечения собственного капитала и используется для определения темпов роста прибыли на собственный капитал (в моделях дисконтирования дивидендов и FCFE).

- Рентабельность капитала и рентабельность инвестированного капитала используются как взаимозаменяемые показатели. Их определяют путем деления операционной прибыли на балансовую стоимость инвестированного капитала, т. е. на сумму балансовой стоимости долга и собственного капитала за вычетом денежных средств. Эту рентабельность сравнивают со стоимостью привлечения капитала, и ее используют для определения темпов роста операционной прибыли (для расчета свободных денежных потоков на фирму).
- Рентабельность активов — смешанный показатель, который на практике оказывается не самым подходящим, поскольку его определяют путем деления чистой или операционной прибыли на совокупные активы, и его нельзя напрямую сопоставлять со стоимостью привлечения собственного капитала или капитала. Мы не рекомендуем использовать этот показатель для оценки.

Наконец, мы обычно рассчитываем все эти показатели рентабельности путем деления прибыли за определенный год на балансовую стоимость на конец предыдущего года. Некоторые, однако, предпочитают использовать среднегодовые значения, и если вы выбираете этот путь, то надо придерживаться его последовательно.

Применение

Мультипликаторы «стоимость фирмы/балансовая стоимость капитала» можно сопоставлять точно так же, как сравнивались в предыдущем разделе мультипликаторы «цена/балансовая стоимость». При проведении сравнений ключевая переменная, которую нужно контролировать, — это рентабельность капитала. Матрицу, предложенную для мультипликаторов «цена/балансовая стоимость», можно применить к мультипликатору «стоимость фирмы/балансовая стоимость капитала» (рисунок 19.10). Фирмы с высокой рентабельностью капитала обычно имеют высокий мультипликатор, а фирмы с низкой рентабельностью капитала — низкий мультипликатор.

Эта матрица указывает также на интересную связь с широко используемым измерителем прироста стоимости — экономической добавленной стоимостью (Economic Value Added — EVA). Одним из наиболее привлекательных свойств EVA, рассчитываемой как произведение спреда рентабельности (ROC минус стоимость привлечения капитала) и инвестированного капитала, является ее высокая корреляция с рыночной добавленной стоимостью (MVA), определяемой как разность между рыночной и балансовой стоимостью капитала. Это неудивительно, поскольку MVA представляет собой вариант мультипликатора «стоимость фирмы/балансовая стоимость капитала», а EVA — вариант спреда рентабельности.

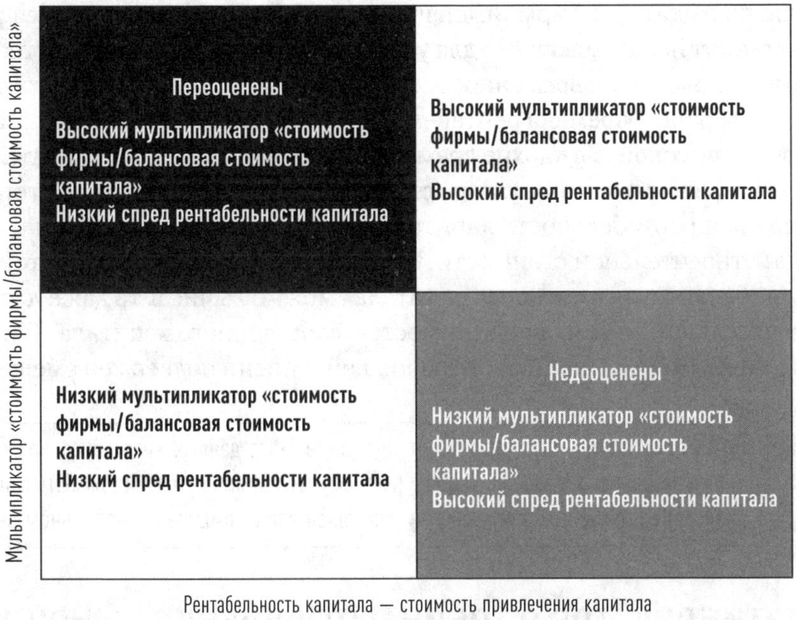

Рисунок 19.10. *Матрица взаимосвязи мультипликатора «стоимость фирмы/балансовая стоимость капитала» и избыточной доходности*

Какая связь сильнее, между мультипликатором «стоимость фирмы/балансовая стоимость капитала» и рентабельностью капитала или между мультипликатором «цена/балансовая стоимость» и рентабельностью собственного капитала? Чтобы изучить этот вопрос, мы построили регрессию мультипликатора «стоимость предприятия/инвестированный капитал» по рентабельности капитала, используя данные по всем американским фирмам за январь 2011 г.

$$\text{Мультипликатор «стоимость предприятия/инвестированный капитал»} =$$
$$= \underset{[13{,}04]}{1{,}48} + \underset{[7{,}96]}{7{,}20}\ \text{рост выручки} - \underset{[12{,}32]}{2{,}31}\ D/C + \underset{[23{,}55]}{6{,}99}\ ROIC, \qquad R^2 = 57\%$$

где D/C = совокупный долг/(совокупный долг + рыночная стоимость собственного капитала);

ROIC = рентабельность инвестированного капитала.

Регрессия дает результаты, похожие на те, что получены для мультипликатора «цена/балансовая стоимость».

Если результаты использования мультипликаторов «стоимость фирмы/балансовая стоимость капитала» и «цена/балансовая стоимость» аналогичны друг другу, то почему мы отдаем предпочтение тому или другому? Мультипликатор «стоимость фирмы/балансовая стоимость капитала» больше подходит для фирм, имеющих высокий и/или меняющийся рычаг. Фирмы могут использовать его для увеличения рентабельности собственного капитала, однако одновременно они увеличивают волатильность этого показателя. В хорошие времена рентабельность собственного капитала оказывается очень высокой, а в плохие времена — очень низкой или отрицательной. Для таких фирм мультипликатор «стоимость фирмы/балансовая стоимость капитала» и рентабельность капитала дают более стабильные и надежные оценки относительной стоимости. Кроме того, мультипликатор «стоимость фирмы/балансовая стоимость капитала» можно вычислить даже для фирм с отрицательной балансовой стоимостью собственного капитала. Таким образом, данный мультипликатор в меньшей степени подвержен смещениям.

pbvreg.htm — размещенный в Интернете набор данных, который содержит сведения о результатах самой последней регрессии мультипликатора «стоимость фирмы/балансовая стоимость капитала», учитывающей все фирмы на национальном рынке.

МУЛЬТИПЛИКАТОР Q ТОБИНА: ОТНОШЕНИЕ РЫНОЧНОЙ СТОИМОСТИ К СТОИМОСТИ ЗАМЕЩЕНИЯ

Джеймс Тобин предложил альтернативу традиционным финансовым показателям стоимости, сравнив рыночную стоимость актива со стоимостью его замещения. Его показатель, названный Q Тобина, имеет ряд приверженцев в научных кругах, но пока на практике почти не используется, в основном из-за отсутствия нужной информации.

Определение

Q Тобина определяется делением рыночной стоимости активов фирмы на стоимость их замещения:

Q Тобина = рыночная стоимость установленных активов/
/стоимость замещения установленных активов.

В тех случаях, когда инфляция повышает стоимость замещения активов или когда технологии сокращают издержки на их производство, этот показатель позволяет более точно измерить стоимость активов, чем балансовая стоимость. Логическое обоснование рассматриваемого индикатора простое. Фирмы, получающие отрицательную избыточную доходность и не использующие эффективно свои активы, будут иметь мультипликатор Q Тобина ниже 1. Фирмы, которые используют свои активы более эффективно, будут торговаться с мультипликатором Q Тобина, превышающим 1.

Хотя теоретически этот показатель имеет преимущества, на деле с ним связаны определенные проблемы. Первая проблема состоит в сложности оценки стоимости замещения некоторых активов, особенно если активы не торгуются на рынке. Вторая проблема заключается в том, что даже когда сведения о стоимости замещения доступны, для конструирования этого показателя требуется гораздо больше информации, чем при работе с традиционным мультипликатором «цена/балансовая стоимость». На практике для получения мультипликатора Q Тобина аналитики часто прибегают к упрощениям, используя балансовую стоимость активов как ориентир для стоимости замещения, а рыночную стоимость долга и собственного капитала как ориентир для рыночной стоимости активов. В таких случаях мультипликатор Q Тобина имеет сходство с мультипликатором «стоимость фирмы/балансовая стоимость капитала», описанным в предыдущем разделе.

Описание

Если бы мы использовали строгое определение мультипликатора Q Тобина, то не смогли бы получить перекрестное распределение значений этого мультипликатора, поскольку информация для его оценки не относится к легко собираемой и вообще доступной. Это серьезное препятствие для использования данного мультипликатора, поскольку неизвестно, какие значения следует считать высокими, низкими или средними. Скажем, вы обнаружили, что фирма торгуется в 1,2 раза выше стоимости замещения активов. Не имея сведений о статистике рынка в целом, нельзя сказать, много или мало вы платите за фирму.

Анализ

Стоимость, полученная в результате использования мультипликатора Q Тобина, определяется двумя переменными: рыночной стоимостью фирмы и стоимостью замещения установленных активов. В периоды инфляции, когда с течением времени стоимость замещения активов растет, Q Тобина будет, как правило, ниже нескорректированного мультипликатора «цена/балансовая стоимость», причем разница растет у фирм с более старыми активами. Напротив, если стоимость замещения активов падает гораздо быстрее, чем балансовая стоимость (вследствие технологических изменений), то Q Тобина будет, как правило, выше нескорректированного мультипликатора «цена/балансовая стоимость».

Q Тобина определяется еще и тем, насколько эффективно фирма управляет своими активами, а также извлекает из них стоимость — по сравнению с наилучшей альтернативой. Чтобы увидеть, почему дело обстоит подобным образом, обратите внимание на тот факт, что рыночная стоимость актива равна его стоимости замещения, когда активы приносят требуемую доходность (если заработанная рентабельность капитала равна стоимости его привлечения, то инвестиции имеют нулевую чистую приведенную стоимость, а приведенная стоимость денежных потоков от инвестиций равна стоимости их замещения). Если следовать этой логике дальше, то Q Тобина будет меньше 1, если фирма получает меньше требуемой рентабельности инвестиций, и больше 1, если она получает положительную избыточную доходность.

Применение

Мультипликатор Q Тобина — это имеющий практическую значимость показатель стоимости для зрелых фирм, у которых большинство активов (или все) установлены, причем для них можно оценить стоимость замещения. В качестве примера рассмотрим сталелитейную компанию, потенциал роста которой мал или вообще отсутствует. Рыночная стоимость этой фирмы может использоваться в качестве ориентира для определения рыночной стоимости ее активов, и мы можем скорректировать балансовую стоимость активов, находящихся в собственности у данной фирмы, с учетом инфляции. Напротив, оценка рыночной стоимости активов быстро растущей фирмы окажется трудным делом, поскольку рыночная стоимость собственного капитала этой фирмы будет включать премию за будущий рост.

Мультипликатор Q Тобина является в большей степени показателем воспринимаемого качества менеджмента фирмы, чем индикатором неправильной оценки, поскольку плохо управляемые фирмы торгуются по рыночной стоимости, которая меньше стоимости замещения принадлежащих им активов. Действительно, в некоторых исследованиях разбирался вопрос о том, будут ли такие фирмы с большей вероятностью поглощены. В работе Лэнга и др. (Lang, Stulz and Walkling, 1991) был сделан вывод, гласящий, что фирмы с низким Q Тобина с большей вероятностью поглощаются с целью реструктуризации и увеличения стоимости. Они также обнаружили, что акционеры компаний с высоким Q Тобина больше выигрывают от успешных тендеров, чем акционеры компаний с низким Q Тобина.

ЗАКЛЮЧЕНИЕ

Связь между ценой и балансовой стоимостью сложнее, чем полагают большинство инвесторов. Мультипликатор «цена/балансовая стоимость» фирмы определяется ожидаемым коэффициентом выплат, ожидаемым ростом прибыли и рискованностью. Однако самый важный детерминант — это рентабельность собственного капитала, заработанная фирмой: более высокая рентабельность приводит к большему мультипликатору PBV, а более низкая рентабельность — к меньшему мультипликатору PBV. Инвестор должен обращать внимание на несоответствие рентабельности собственного капитала и мультипликатора «цена/балансовая стоимость», т.е. на высокие мультипликаторы «цена/балансовая стоимость» в сочетании с низкой рентабельностью собственного капитала (переоцененность) и на низкие мультипликаторы «цена/балансовая стоимость» в сочетании с высокой рентабельностью собственного капитала (недооцененность).

Мультипликатор «стоимость фирмы/балансовая стоимость капитала» — это аналог мультипликатора «цена/балансовая стоимость» применительно к фирме, который представляет собой функцию рентабельности капитала, заработанной фирмой, стоимости привлечения капитала и коэффициента реинвестирования. Опять-таки фирмы с низкими мультипликаторами «стоимость фирмы/балансовая стоимость капитала» и высокой ожидаемой рентабельностью капитала можно определять как недооцененные.

КОНТРОЛЬНЫЕ ВОПРОСЫ

В приведенных ниже заданиях, если не указано иное, премия за риск инвестирования в акции принимается равной 5,5%.

1. Напишите, верны или не верны следующие утверждения, и коротко объясните свои ответы.
   а) Акция, продающаяся ниже балансовой стоимости, является недооцененной.
   Верно ______ Не верно ______
   б) Если рентабельность собственного капитала компании падает, то ее мультипликатор «цена/балансовая стоимость» будет, как правило, падать еще быстрее (т.е. если рентабельность собственного капитала падает наполовину, то мультипликатор «цена/балансовая стоимость» снижается более чем наполовину).
   Верно ______ Не верно ______
   в) Сочетание низкого мультипликатора «цена/балансовая стоимость» и высокой ожидаемой рентабельности собственного капитала означает, что акции недооценены.
   Верно ______ Не верно ______
   г) При прочих равных условиях акции быстро растущей компании будут характеризоваться более высоким мультипликатором «цена/балансовая стоимость», чем акции медленно растущей компании.
   Верно ______ Не верно ______

д) В модели роста Гордона фирмы с более высокими коэффициентами выплаты дивидендов имеют более высокие мультипликаторы «цена/балансовая стоимость».
Верно______ Не верно______

2. Корпорация NCH Corporation, которая торгует моющими средствами, инсектицидами и другими продуктами, выплатила дивиденд $2 на акцию в 1993 г. при прибыли $4 на акцию. Балансовая стоимость собственного капитала на акцию была равна $40, и ожидалось, что темпы роста прибыли составят 6% в год в долгосрочной перспективе. Акции имеют коэффициент бета = 0,85 и продаются по $60 за штуку (ставка по казначейским облигациям равна 7%, а премия за рыночный риск — 5,5%).
   а) Основываясь на этих входных данных, оцените мультипликатор «цена/балансовая стоимость» для корпорации NCH.
   б) Насколько должна увеличиться рентабельность собственного капитала, чтобы оправдать мультипликатор «цена/балансовая стоимость», с которым корпорация NCH продавалась в 1993 г.?

3. Вам предлагают проанализировать мультипликаторы «цена/балансовая стоимость» для фирм, занимающихся грузоперевозками, относительно рентабельности собственного капитала и требуемой доходности. Данные о компаниях выглядят следующим образом:

Компания	*Мультипликатор PBV*	*ROE (%)*	*Коэффициент бета*
Builders Transport	2,00	11,5	1,0
Carolina Freight	0,60	5,5	1,20
Consolidated Freight	2,60	12,0	1,15
J. B. Hunt	2,50	14,5	1,00
M. S. Carriers	2,50	12,5	1,15
Roadway Services	3,00	14,0	1,15
Ryder System	2,25	13,0	1,05
Xtra Corporation	2,80	16,5	1,10

Ставка по казначейским облигациям равна 7%, а премия за рыночный риск составляет 5,5%.
   а) Рассчитайте среднеотраслевые значения мультипликатора PBV, рентабельности собственного капитала и коэффициента бета.
   б) Взяв за основу полученные средние значения, определите, являются ли акции компаний данной отрасли недооцененными или переоцененными относительно балансовой стоимости.

4. Ожидается, что у United Healthcare — страховой медицинской организации — темпы роста прибыли составят 30% в год в ближайшие пять лет и 6% в год — по истечении этого срока. Коэффициент выплаты дивидендов составит только 10% в период быстрого роста, но увеличится до 60% в период стабильного роста. В настоящее время коэффициент бета акций составляет 1,65, но ожидается его снижение до 1,10 в стабильный период (ставка по казначейским облигациям равна 7,25%).
   а) Оцените мультипликатор «цена/балансовая стоимость» для United Healthcare при заданных входных данных.
   б) Насколько чувствителен мультипликатор «цена/балансовая стоимость» к оценкам роста в период быстрого роста?
   в) United Healthcare торгуется с мультипликатором «цена/балансовая стоимость», равном 7. Как долго должен продолжаться экстраординарный рост (30% в год) для оправдания этого значения мультипликатора PBV?
5. Ведущий производитель товаров для здравоохранения компания Johnson & Johnson имела рентабельность собственного капитала 31,5% в 1993 г. и выплатила 37% своей прибыли в виде дивидендов. Акции имели коэффициент бета, равный 1,25 (ставка по казначейским облигациям = 6%, а премия за риск = 5,5%). Ожидается, что экстраординарный рост продлится 10 лет, а по истечении этого срока произойдет снижение темпов роста до 6% в год и рентабельности собственного капитала — до 15% (коэффициент бета приблизится к 1).
   а) Предполагая, что рентабельности собственного капитала и коэффициент выплаты дивидендов останутся на текущем уровне в периоде быстрого роста, оцените мультипликатор PBV для компании Johnson & Johnson.
   б) В случае реформирования здравоохранения предполагается, что в фазе быстрого роста рентабельность собственного капитала Johnson & Johnson снизится до 20%. Если компания решит сохранить существующий коэффициент выплат дивидендов, оцените новый мультипликатор PBV для компании Johnson & Johnson (вы можете предположить, что на входные данные периода стабильного роста эти изменения не повлияли).
6. Предположим, что вы провели регрессионный анализ для мультипликаторов PBV по всем фирмам, зарегистрированным на Нью-Йоркской фондовой бирже, и пришли к следующему результату:

$$PBV = 0{,}88 + 0{,}82 \text{ выплаты} + 7{,}79 \text{ рост} - 0{,}41 \text{ бета} + 13{,}81 \text{ ROE} \qquad R^2 = 0{,}65,$$

где выплаты = коэффициент выплаты дивидендов в самый последний период;

рост = предполагаемые темпы роста прибыли в ближайшие пять лет;

бета = коэффициент бета для акции в последний период.

Например, фирма с коэффициентом выплат = 40%, коэффициентом бета = 1,25, ROE = 25% и ожидаемыми темпами роста = 15% будет иметь следующий мультипликатор «цена/балансовая стоимость»:

$$PBV = 0{,}88 + 0{,}82\ (0{,}4) + 7{,}79\ (0{,}15) - $$
$$- 0{,}41\ (1{,}25) + 13{,}81\ (0{,}25) = 5{,}3165.$$

а) Как вы будете использовать R-квадрат (конечно, если вообще сочтете нужным это делать)?

б) Предположим, что вы также построили секторную регрессию по компании и оценили на основе полученных результатов мультипликатор «цена/балансовая стоимость». Почему показатели рыночной регрессии могут оказаться отличными от результатов секторной регрессии?

7. SoftSoap Corporation — это крупная фирма, занимающаяся потребительскими товарами, ее операционная прибыль после уплаты налогов составила в последнем финансовом году $600 млн. В начале года балансовая стоимость собственного капитала фирмы составляла $4 млрд, а балансовая стоимость ее долга — $1 млрд. Рыночная стоимость собственного капитала равна $8 млрд, а рыночная стоимость долга — $1 млрд, причем стоимость привлечения собственного капитала фирмы равна 11%, а стоимость заимствования после уплаты налогов — 4%. Исходя из того, что фирма находится в состоянии стабильного роста с темпами 4% в год в бесконечной перспективе, оцените правильное значение мультипликатора «стоимость фирмы/балансовая стоимость капитала» для этой фирмы.

8. Корпорация Lyondell Inc. представляет собой конгломерат с мультипликатором «стоимость фирмы/балансовая стоимость капитала» = 2. Если фирма находится в состоянии стабильного роста с темпами 4% в год в бесконечной перспективе, а ее стоимость привлечения капитала равна 10%, то какую рентабельность капитала компания Lyondell сможет получать на рынке в бесконечной перспективе?

9. Оцените мультипликатор «стоимость фирмы/балансовая стоимость капитала» для Zapata Enterprises, трейдинговой фирмы, находя-

щейся в фазе быстрого роста и имеющей следующие характеристики:

	Быстрый рост (%)	*Стабильный рост (%)*
Рентабельность капитала после налогообложения	15	12
Ожидаемые темпы роста	12	4
Стоимость привлечения капитала	10	9

Учитывая ожидания, связанные с продолжением быстрого роста в течение 10 лет, оцените правильное значение мультипликатора «стоимость фирмы/балансовая стоимость капитала» для Zapata.

10. Поскольку Q Тобина вычисляется путем деления рыночной стоимости торгуемого собственного капитала и долга на балансовую стоимость активов, вы будете переоценивать стоимость быстро растущих фирм. Объясните почему.

Глава 20

МУЛЬТИПЛИКАТОРЫ ВЫРУЧКИ И СЕКТОРНЫЕ МУЛЬТИПЛИКАТОРЫ

Хотя мультипликаторы прибыли и балансовой стоимости интуитивно привлекательны и потому широко используются, в последние годы аналитики для целей оценки компаний все чаще обращаются к альтернативным мультипликаторам. При оценке молодых фирм, имеющих отрицательную прибыль, мультипликаторы прибыли заменяются мультипликаторами выручки. Кроме того, эти фирмы оцениваются на базе специфических секторных мультипликаторов, таких как количество клиентов, подписчиков или просто посетителей веб-сайтов (для фирм, связанных с новой экономикой). В этой главе сначала исследуются причины роста использования мультипликаторов выручки, а затем анализируются их детерминанты и способы применения при оценке. В заключение кратко рассматриваются специфические секторные мультипликаторы, опасности их использования и корректировки, которые могут потребоваться для их применения.

МУЛЬТИПЛИКАТОРЫ ВЫРУЧКИ

Мультипликатор выручки измеряет стоимость собственного капитала или бизнеса относительно выручки, которую он генерирует. Как и в случае других мультипликаторов, при прочих равных условиях фирмы, торгующиеся с низким мультипликатором выручки, считаются дешевыми по сравнению с фирмами, торгующимися с высоким мультипликатором выручки.

Мультипликаторы выручки привлекательны для аналитиков по ряду причин. Во-первых, в отличие от мультипликаторов прибыли и балансовой стоимости, которые могут стать отрицательными для многих фирм и, таким образом, потерять смысл, мультипликаторы выручки применимы даже для проблемных и очень молодых фирм. Таким образом, потенциал для искажения, связанного с исключением фирм из выборки, становится гораздо меньше. Во-вторых, в отличие от мультипликаторов прибыли и балансовой стоимости, на которые сильно воздействуют бухгалтерские решения, связанные с начислением износа, учетом товарно-материальных запасов, расходов на НИОКР, а также принципы учета поглощений и чрезвычайных расходов, мультипликаторами выручки относительно трудно манипулировать. В-третьих, мультипликаторы выручки не так изменчивы, как мультипликаторы прибыли, поэтому менее варьируют год от года. Например, мультипликатор «цена/прибыль» циклической фирмы изменяется гораздо сильнее, чем ее мультипликатор «цена/объем продаж», поскольку прибыль гораздо чувствительнее к экономическим изменениям по сравнению с выручкой.

Самый большой недостаток выручки состоит в том, что, глядя на нее, можно высоко оценить фирму, имеющую высокий рост выручки, но теряющую значительные суммы денег. В конечном счете, для того чтобы иметь стоимость, фирма должна генерировать прибыль и денежные потоки. Хотя использование мультипликаторов «цена/объем продаж» для оценки фирмы с отрицательной прибылью и балансовой стоимостью выглядит заманчиво, неспособность сгладить различия между фирмами в издержках и марже прибыли может привести к неправильным оценкам.

Определение мультипликатора выручки

Обычно используются два основных мультипликатора выручки. Первый и самый популярный мультипликатор — это отношение рыночной стоимости собственного капитала к выручке фирмы. Данное соотношение называется мультипликатором «цена/объем продаж». Второй и более надежный мультипликатор — это отношение стоимости операционных активов к выручке, его определяют как мультипликатор «стоимость предприятия/объем продаж».

Мультипликатор «цена/объем продаж» =
= рыночная стоимость собственного капитала/выручка.

Мультипликатор «стоимость предприятия/объем продаж» =
= (рыночная стоимость собственного капитала +
+ рыночная стоимость долга – денежные средства)/выручка.

Как и в случае мультипликатора EBITDA мы вычитаем денежные средства из стоимости фирмы, поскольку доход от этих денежных средств не является частью выручки. Мультипликатор «стоимость предприятия/объем продаж» — более надежный, чем мультипликатор «цена/объем продаж», поскольку он внутренне согласован. Данный мультипликатор получают путем деления совокупной стоимости операционных активов на выручку, генерируемую этими активами. А мультипликатор «цена/объем продаж» получают делением стоимости собственного капитала на выручку, генерируемую фирмой. Соответственно, этот мультипликатор будет ниже у фирм с более значительным уровнем долга и может привести к неправильным выводам, когда сопоставляются мультипликаторы «цена/объем продаж» фирм с разными уровнями использования заемных средств.

Стандарты бухгалтерского учета в разных секторах и на различных рынках довольно похожи в плане отражения выручки. Однако в последние годы некоторые фирмы в целях увеличения выручки стали использовать сомнительную практику учета продаж в рассрочку и внутрифирменных сделок. Несмотря на эти проблемы, мультипликаторы выручки намного менее чувствительны к вариациям правил бухгалтерского учета по сравнению с другими мультипликаторами.

Статистическое распределение

Как и в случае с мультипликатором «цена/прибыль», исследование мультипликаторов выручки начинается со статистического распределения мультипликаторов «цена/объем продаж» и «стоимость предприятия/объем продаж» по фирмам США. Рисунок 20.1 обобщает это распределение по состоянию на январь 2011 г.

В этом распределении заслуживают упоминания два аспекта. Первый состоит в том, что мультипликаторы выручки смещены в область положительных значений так же, как и мультипликаторы прибыли или балансовой стоимости. Второй аспект заключается в том, что мультипликатор «цена/объем продаж» обычно меньше мультипликатора «стоимость предприятия/объем продаж». Данное обстоятельство не должно удивлять, поскольку первый показатель включает только собственный капитал, в то время как второй учитывает стоимость фирмы.

Таблица 20.1 содержит обобщающую статистику по соотношениям «цена/объем продаж» и «стоимость предприятия/объем продаж». Средние значения этих двух мультипликаторов значительно выше медианных, что обусловлено в основном выпадающими показателями — есть фирмы, которые торгуются с мультипликаторами, превышающими 100.

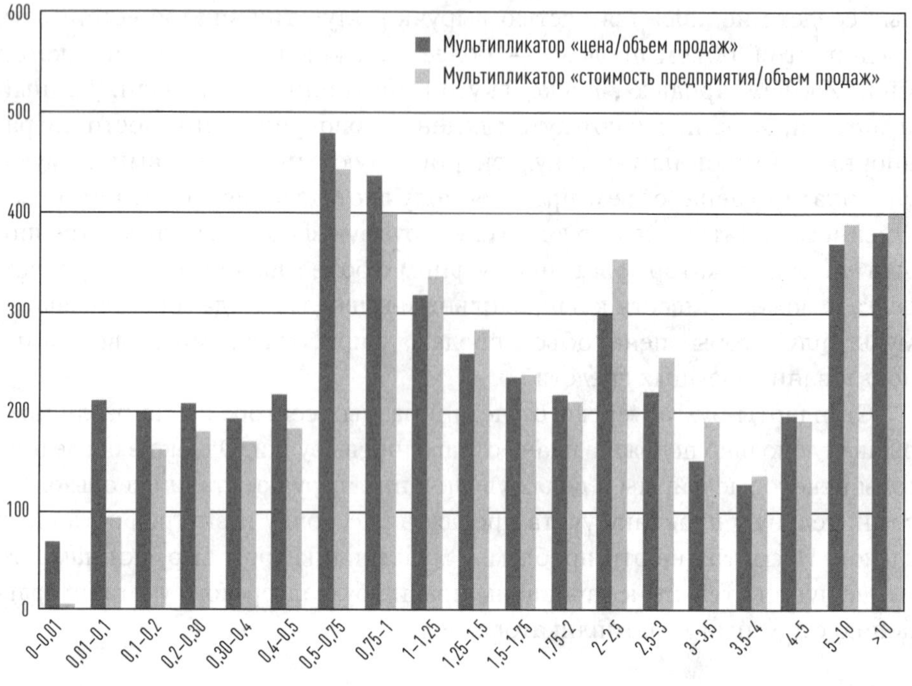

Рисунок 20.1. *Мультипликаторы выручки по фирмам США в январе 2011 г.*

ТАБЛИЦА 20.1. *Обобщающая статистика по мультипликаторам выручки американских фирм по состоянию на январь 2011 г.*

	Мультипликатор «цена/объем продаж»	**Мультипликатор «стоимость предприятия/объем продаж»**
Количество фирм	4766	4766
Среднее значение	36,36	34,45
Медианное значение	1,30	1,48
25-процентильное значение	0,55	0,32
75-процентильное значение	3,10	3,29

Анализ мультипликаторов выручки

Переменные, которые определяют мультипликаторы выручки, можно извлечь, вернувшись к подходящим моделям дисконтирования денежных потоков и модели дисконтирования дивидендов (или модели оценки на основе FCFE) — для вычисления мультипликаторов «цена/объем продаж» и к модели оценки фирмы — для мультипликаторов «стоимость предприятия/объем продаж».

psdata.xls — размещенный в Интернете набор данных, в котором обобщены величины мультипликаторов «цена/объем продаж» и «стоимость предприятия/объем продаж» и значения фундаментальных переменных по группам отраслей в США за последний год.

Мультипликаторы «цена/объем продаж». Мультипликатор «цена/объем продаж» для стабильной фирмы можно извлечь из модели дисконтирования стабильно растущего дивиденда:

$$P_0 = \frac{DPS_1}{k_e - g_n},$$

где P_0 = стоимость собственного капитала;
DPS_1 = ожидаемый в следующем году дивиденд на акцию;
k_e = стоимость привлечения собственного капитала;
g_n = темпы роста дивидендов (в бесконечной перспективе).

Если представить DPS_1 как $EPS_0 \times$ (коэффициент выплат) $(1 + g_n)$, то стоимость собственного капитала можно записать следующим образом:

$$P_0 = \frac{EPS_0 \times \text{коэффициент выплат} \times (1 + g_n)}{k_e - g_n}.$$

Определив маржу чистой прибыли как EPS_0/объем продаж на акцию, можно записать стоимость собственного капитала следующим образом:

$$P_0 = \frac{\text{объем продаж}_0 \times \text{чистая маржа} \times \text{коэффициент выплат} \times (1 + g_n)}{k_e - g_n}.$$

Теперь выразим это уравнение через мультипликатор «цена/объем продаж» (PS):

$$\frac{P_0}{\text{Объем продаж}_0} = PS = \frac{\text{чистая маржа} \times \text{коэффициент выплат} \times (1 + g_n)}{k_e - g_n}.$$

Мультипликатор PS является возрастающей функцией маржи прибыли, коэффициента выплат, а также темпов роста, и убывающей функцией рискованности фирмы.

Мультипликатор «цена/объем продаж» для быстро растущей фирмы также можно связать с фундаментальными переменными. В случае двухфазной модели дисконтирования дивидендов эту связь можно довольно легко сделать явной. При наличии двух фаз — быстрого роста и стабильного роста — модель дисконтирования дивидендов можно записать следующим образом:

$$P_0 = \frac{EPS_0 \times \text{коэфф. выплат} \times (1+g) \times \left[1 - \frac{(1+g)^n}{(1+k_{e,hg})^n}\right]}{k_{e,hg} - g} + \frac{EPS_0 \times \text{коэфф. выплат}_n \times (1+g)^n \times (1+g_n)}{(k_{e,st} - g_n)(1+k_{e,hg})^n},$$

где g = темпы роста за первые n лет;

$k_{e,hg}$ = стоимость привлечения собственного капитала в фазе быстрого роста;

коэфф. выплат = коэффициент выплат за первые n лет;

g_n = темпы роста по истечении n лет в бесконечной перспективе (стабильные темпы роста);

$k_{e,st}$ = стоимость привлечения собственного капитала в фазе стабильного роста;

коэфф. выплат$_n$ = коэффициент выплат по истечении n лет для стабильной фирмы.

Если выразить EPS_0 через маржу прибыли (EPS_0 = объем продаж$_0$ × × маржа прибыли) и перенести «объем продаж$_0$» в левую часть уравнения, то мы получим:

$$\frac{\text{Цена}}{\text{Объем продаж}} = \text{чистая маржа} \times \left\{ \frac{\text{коэфф. выплат} \times (1+g) \times \left[1 - \frac{(1+g)^n}{(1+k_{e,hg})^n}\right]}{k_{e,hg} - g} + \frac{\text{коэфф. выплат}_n \times (1+g)^n \times (1+g_n)}{(k_{e,st} - g_n)(1+k_{e,hg})^n} \right\}.$$

Левая часть этого уравнения представляет собой мультипликатор «цена/объем продаж». Он определяется следующими факторами.

- *Маржа чистой прибыли: отношение чистой прибыли к выручке*. Мультипликатор «цена/объем продаж» является возрастающей функцией маржи чистой прибыли. Фирмы с более высокой маржей чистой прибыли при прочих равных условиях должны торговаться с более высокими мультипликаторами «цена/объем продаж».
- *Коэффициент выплат на фазе быстрого и стабильного роста*. Мультипликатор «цена/объем продаж» (PS) растет по мере увеличения коэффициента выплат при любых темпах роста.
- *Рискованность* (через ставку дисконтирования $k_{e,hg}$ в период быстрого роста и $k_{e,st}$ — в период стабильного роста). Мультипликатор PS становится меньше по мере увеличения рискованности, поскольку

более высокий риск трансформируется в более высокую стоимость привлечения собственного капитала.

- *Ожидаемые темпы роста прибыли на фазах быстрого и стабильного роста*. Мультипликатор PS растет по мере увеличения темпов роста — и на фазе быстрого роста, и на фазе стабильного роста.

Как и в случае с мультипликатором «цена/балансовая стоимость», при проведении этой оценки можно заменить дивиденды свободными денежными потоками на собственный капитал. Это позволяет получить более обоснованную оценку мультипликатора «цена/объем продаж» для фирм, выплачивающих дивиденды не в том объеме, какой они могли бы себе позволить.

$$\frac{\text{Цена}}{\text{Объем продаж}} = \text{чистая маржа} \times \left\{ \frac{\left(\frac{\text{FCFE}}{\text{прибыль}}\right) \times (1+g) \times \left[1 - \frac{(1+g)^n}{(1+k_{e,hg})^n}\right]}{k_{e,hg} - g} + \frac{\left(\frac{\text{FCFE}}{\text{прибыль}}\right)_n \times (1+g)^n \times (1+g_n)}{(k_{e,st} - g_n)(1+k_{e,hg})^n} \right\}.$$

Как и в случае мультипликатора «цена/балансовая стоимость», фирма может иметь разную чистую маржу в периоды быстрого и стабильного роста. Однако она оказывает влияние только на коэффициент выплат в период стабильного роста.

ИЛЛЮСТРАЦИЯ 20.1. *Оценка мультипликатора «цена/объем продаж» для быстро растущей фирмы в двухфазной модели*

Допустим, вас попросили вывести мультипликатор PS для фирмы, которая в ближайшие пять лет, по ожиданиям, будет расти. Ниже приведены обобщенные входные переменные, которые используются при проведении оценки.

Темпы роста в первые пять лет = 20%	Стоимость привлечения собственного капитала = 6% + 1 (5,5%) = 11,5%
Темпы роста по истечении пяти лет = 8%	Коэффициент выплат в первые пять лет = 20%
Коэффициент бета = 1	Коэффициент выплат по истечении пяти лет = 50%
Маржа чистой прибыли = 10%	Безрисковая ставка = ставка по казначейским облигациям = 6%

Мультипликатор «цена/объем продаж» для этой фирмы можно оценить следующим образом:

$$PS = 0{,}10 \times \left\{ \frac{0{,}2 \times (1{,}20) \times \left[1 - \frac{(1{,}20)^5}{(1{,}115)^5}\right]}{(0{,}115 - 0{,}20)} + \frac{0{,}50 \times (1{,}20)^5 \times (1{,}08)}{(0{,}115 - 0{,}08)(1{,}115)^5} \right\} = 2{,}35.$$

Исходя из фундаментальных переменных этой фирмы, следует ожидать, что ее акции будут торговаться по цене в 2,35 раза выше выручки.

ИЛЛЮСТРАЦИЯ 20.2. *Оценка мультипликатора «цена/объем продаж» для быстро растущей компании Whole Foods Markets в мае 2011 г.*

Whole Foods Markets — сетевая компания, которая торгует бакалейными товарами для людей, следящих за здоровьем и готовых платить больше за натуральные пищевые продукты. Этот розничный продавец продемонстрировал значительный рост в 2005–2010 гг. и к маю 2011 г. имел более 300 магазинов. В 2010 г. фирма объявила о чистой прибыли в размере $246 млн при выручке $9006 млн, и, таким образом, ее маржа чистой прибыли составила 2,73%:

Маржа чистой прибыли = чистая прибыль/объем продаж = $246/$9006 = 2,73%.

При балансовой стоимости собственного капитала $1628 млн по состоянию на конец 2009 г. фирма имела рентабельность собственного капитала 15,11%:

$$\text{Рентабельность собственного капитала} = \text{чистая прибыль}_{2010}/\text{балансовая стоимость}_{2009} = \$246/\$1628 = 15{,}11\%.$$

Будем считать, что фирма сможет обеспечить темпы роста чистой прибыли 10% в год в течение следующих 10 лет при сохранении текущей чистой маржи и рентабельности собственного капитала. После 10-го года, по нашим предположениям, фирма войдет в период стабильного роста с темпами 3% в год в бесконечной перспективе, чистой маржей 2,5% и рентабельностью собственного капитала 10%. В целях оценки стоимости привлечения собственного капитала примем коэффициент бета 1,00 для периода быстрого роста и 0,90 для периода стабильного роста, безрисковую ставку 3,5% и премию за риск инвестирования в акции 5%. Входные данные для оценки обобщены ниже:

	Быстрый рост	*Стабильный рост*
Продолжительность	10 лет	Бесконечно
Чистая маржа (%)	2,73	2,50
Объем продаж/BV собственного капитала	5,53	4,00
ROE (%)	15,11	10,00
Коэффициент выплат (%)	1–10%/15,11% = 33,82	1–3%/10% = 70
Ожидаемые темпы роста (%)	10,00	3,00
Стоимость привлечения собственного капитала (%)	3,5% + 1 (5%) = 8,50	3,5% + 0,9 (5%) = 8,00

Обратите внимание на то, что мы определяем коэффициент выплат на основе ожидаемых темпов роста и ROE, а не на основе фактически выплаченных дивидендов. Иными словами, мы используем FCFE вместо фактических дивидендов. Мультипликатор «цена/объем продаж», таким образом, будет следующим:

$$PS = 0{,}0273\left\{\frac{(0{,}3382)(1{,}10)\left[1-\frac{(1{,}10)^{10}}{(1{,}085)^{10}}\right]}{0{,}085-0{,}10}+\frac{(0{,}70)(1{,}10)^{10}(1{,}03)}{(0{,}08-0{,}03)(1{,}10)^{10}}\right\}=0{,}55.$$

Whole Foods торговалась в мае 2011 г. с мультипликатором «цена/объем продаж», равным 1,11, т. е. была значительно переоцененной.

Мультипликаторы «стоимость/объем продаж». Для того чтобы проанализировать связь между стоимостью и объемом продаж, рассмотрим стоимость стабильно растущей фирмы:

$$\text{Стоимость предприятия} = \text{EBIT}\ (1 - t)\ (1 - \text{коэффициент реинвестирования})/(\text{стоимость привлечения капитала} - g_n).$$

Разделив обе части уравнения на выручку, мы получим:

Стоимость предприятия/объем продаж =
= [EBIT (1 – t)/объем продаж] (1 – коэффициент реинвестирования)/
/(стоимость привлечения капитала – g_n),

Стоимость предприятия$_0$/объем продаж =
= [операционная маржа после уплаты налогов ×
× (1 – коэффициент реинвестирования)]/
(стоимость привлечения капитала – g_n).

Подобно тому как мультипликатор «цена/объем продаж» определяется маржей чистой прибыли, коэффициентом выплат и стоимостью привлечения собственного капитала, мультипликатор «стоимость/объем продаж» определяется маржей операционной прибыли после уплаты налогов (ATOM), коэффициентом реинвестирования и стоимостью привлечения капитала. Фирмы с более высокой маржей операционной прибыли, более низким коэффициентом реинвестирования (при любых темпах роста) и более низкой стоимостью привлечения капитала торгуются с более высокими мультипликаторами «стоимость/объем продаж».

Это уравнение можно расширить, чтобы охватить быстро растущую фирму, используя двухфазную модель оценки фирмы:

$$\text{Стоимость предприятия / объем продаж} = \text{ATOM} \times \left\{ \frac{(1-\text{RIR})\times(1+g)\times\left[1-\frac{(1+g)^n}{(1+k_{c,hg})^n}\right]}{k_{c,hg}-g} + \frac{(1-\text{RIR}_n)\times(1+g)^n\times(1+g_n)}{(k_{c,st}-g_n)(1+k_{c,hg})^n} \right\},$$

где ATOM = маржа операционной прибыли после уплаты налогов = EBIT (1 – t)/объем продаж;

RIR = коэффициент реинвестирования (RIR_n = коэффициент реинвестирования для периода стабильного роста);

k_c = стоимость привлечения капитала (hg — для периода быстрого роста; st — для периода стабильного роста);

g = темпы роста операционной прибыли в периоды быстрого и стабильного роста.

Отметим, что детерминанты мультипликатора «стоимость/объем продаж» (темпы роста, коэффициент реинвестирования, маржа операционной прибыли и стоимость привлечения капитала) остаются теми же самыми, что и в модели стабильного роста, но при этом число оценок увеличивается — для того, чтобы отразить существование периода быстрого роста.

ИЛЛЮСТРАЦИЯ 20.3. *Оценка мультипликатора «стоимость предприятия/объем продаж» для компании Coca-Cola в мае 2011 г.*

Компания Coca-Cola успешно поддерживает высокие темпы роста и маржу операционной прибыли на протяжении десятилетий. В 2010 г. Coca-Cola объявила операционную прибыль до налогообложения в размере $8449 млн при выручке $35 119 млн. Налоговая ставка компании составляет примерно 40%. В конце 2009 г. компания имела совокупный инвестированный капитал $31 679 млн и следующие входные данные:

Инвестированный капитал = балансовая стоимость собственного капитала + + балансовая стоимость долга — денежные средства = 24 799 + 11 859–4979 = $31 679 млн.

Операционная маржа после налогообложения = операционная маржа (1 – t)/выручка = 8449/35 119 = 14,43%.

Мультипликатор «объем продаж/капитал» = $35 119/$31 169 = 1,11.

Рентабельность инвестированного капитала = = операционная маржа после налогообложения × объем продаж/капитал = 14,43% × 1,11 = 16%.

Будем считать, что фирма сможет поддерживать текущую маржу и рентабельность капитала в течение следующих 10 лет при реинвестировании в бизнес 60% операционной прибыли после налогообложения (среднее значение за последние пять лет). Для этого периода будем также считать, что коэффициент бета равен 0,90, доналоговая стоимость заимствования — 4,50%, а коэффициент «долг/капитал» сохранится на существующем уровне 7,23%. Тогда стоимость привлечения капитала составит 8,03% (риск инвестирования в акции, равный 5,5%, отражает риск Coca-Cola на развивающихся рынках):

Стоимость привлечения собственного капитала = безрисковая ставка + + коэффициент бета × (премия за риск инвестирования в акции) = 3,5% + 0,9 (5,5%) = 8,45%.

Стоимость привлечения капитала = 8,45% (1 – 0,0723) + 4,5% (1 – 0,40) (0,0723) = 8,03%.

После 10-го года, по нашим предположениям, Coca-Cola перейдет в фазу стабильного роста с темпами роста 3,5% в год, а ее операционная маржа и мультипликатор «объем продаж/капитал» приблизятся к среднеотраслевым (операционная маржа после налогообложения — 12%, мультипликатор «объем продаж/капитал» — 1). Для периода стабильного роста мы также принимаем коэффициент бета, равным 1, а долговой коэффициент — 20%.

Стоимость привлечения собственного капитала = 3,5% + 1 (5,5%) = 9%.

Стоимость привлечения капитала = 9% (0,80) + 4,5% (1–0,4) (0,20) = 7,74%.

Входные данные для оценки мультипликатора «стоимость/объем продаж» для Coca-Cola приведены ниже:

	Высокий рост	*Стабильный рост*
Продолжительность	10 лет	после года 10
Операционная маржа после налогообложения (%)	14,43	12,00
Объем продаж/капитал	1,11	1,00
Рентабельность капитала (%)	16,00	12
Коэффициент реинвестирования (%)	60	3,5%/12% = 29,17
Ожидаемые темпы роста (%)	9,60	3,50
Стоимость привлечения капитала (%)	8,03	7,74

Подставив эти значения в двухфазное уравнение для мультипликатора «стоимость предприятия/объем продаж», мы получим:

$$\text{Мультипликатор «стоимость предприятия/объем продаж»} = $$

$$= (0,1443)\left\{\frac{(1-0,60)(1,096)\left[1-\dfrac{(1,096)^{10}}{(1,0803)^{10}}\right]}{0,09-0,10}\right\} + (0,1443)\left[\frac{(1-0,2917)(1,096)^{10}(1,035)}{(0,0774-0,035)(1,0803)^{10}}\right] = 3,51.$$

Наши входные данные показывают, что стоимость Coca-Cola должна быть в 3,51 раза выше выручки:

Ожидаемая стоимость предприятия = $35 119 × 3,51 = $123 197 млн.

В мае 2011 г. рыночная капитализация Coca-Cola составляла $152 200 млн. С учетом непогашенного долга ($11 859 млн) и остатка денежных средств ($4979 млн) фактическая стоимость предприятия будет следующей:

Фактическая стоимость предприятия = $152 200 + $11 859 – $4979 = $159 080 млн.

Таким образом, если исходить из принятых нами допущений, то компанию следует считать переоцененной на 23%.

firmmult.xls — таблица, которая позволяет оценить мультипликатор «стоимость/объем продаж» для стабильно или быстро растущей фирмы при заданных фундаментальных переменных.

Мультипликатор выручки и маржа прибыли. Маржа прибыли является ключевым детерминантом мультипликатора выручки: маржа чистой прибыли — для мультипликатора «цена/объем продаж» и маржа операционной прибыли — для мультипликатора «стоимость/объем продаж». Можно ожидать, что фирмы, занимающиеся высокоприбыльной деятельностью, будут продаваться с высокими мультипликаторами выручки. Однако падение маржи прибыли имеет двойной эффект. Во-первых, оно прямо ведет к снижению мультипликатора выручки. Во-вторых, более низкая маржа прибыли может привести к замедлению роста и, как следствие, к понижению мультипликаторов выручки.

Маржу прибыли можно связать с ожидаемым ростом довольно легко, если определен дополнительный член — отношение объема продаж к балансовой стоимости (BV), которое называют также коэффициентом оборачиваемости. Коэффициент оборачиваемости можно определить по отношению к балансовой стоимости собственного капитала (оборачиваемость собственного капитала = объем продаж/балансовая стоимость собственного капитала) или к балансовой стоимости капитала (оборачиваемость капитала = объем продаж/балансовая стоимость капитала). Используя связь между темпами роста и фундаментальными переменными, можно записать ожидаемые темпы роста прибыли, создаваемой собственным капиталом, как функцию маржи чистой прибыли и коэффициента оборачиваемости.

$$\begin{aligned}
\text{Ожидаемый рост}_{\text{собственного капитала}} &= \text{коэфф. нераспределенной прибыли} \times \\
&\times \text{рентабельность собственного капитала} = \\
&= \text{коэфф. нераспределенной прибыли} \times \\
&\times (\text{чистая прибыль/объем продаж}) \times \\
&\times (\text{объем продаж/балансовая стоимость собственного капитала}) = \\
&= \text{коэфф. нераспределенной прибыли} \times \text{маржа чистой прибыли} \times \\
&\times \text{объем продаж/балансовая стоимость собственного капитала.}
\end{aligned}$$

Например, при оценке компании Whole Foods в иллюстрации 20.2 ожидаемая рентабельность собственного капитала составляла 15,11%. Она была получена из маржи чистой прибыли компании Whole Foods (2,73%) и мультипликатора «объем продаж/балансовая стоимость собственного капитала» (5,53):

Маржа чистой прибыли = 2,73%.

$$\text{Объем продаж/балансовая стоимость собственного капитала} = \\ = \$9006/\$1628 = 5{,}53.$$

$$\text{Рентабельность собственного капитала} = 2{,}73\% \times 5{,}53 = 15{,}11\%.$$

Применительно к росту операционной прибыли можно записать следующее:

$$\text{Ожидаемый рост}_{\text{фирмы}} = \text{коэффициент реинвестирования} \times \\ \times \text{рентабельность капитала} = \\ = \text{коэффициент реинвестирования} \times [\text{EBIT } (1 - t)/\text{объем продаж}] \times \\ \times \text{объем продаж/балансовая стоимость капитала} = \\ = \text{коэффициент реинвестирования} \times \\ \times \text{маржа операционной прибыли после уплаты налогов} \times \\ \times \text{объем продаж/балансовая стоимость капитала.}$$

При оценке компании Coca-Cola в иллюстрации 20.3 рентабельность капитала составляла 16%. Она была получена из маржи операционной прибыли компании после налогообложения (14,43%) и мультипликатора «объем продаж/стоимость капитала» (1,11):

Маржа операционной прибыли после налогообложения = 14,43%.

$$\text{Объем продаж/инвестированный капитал} = \$35\,119/\$31\,679 = 1{,}11.$$

$$\text{Рентабельность капитала} = 14{,}43\% \times 1{,}11 = 16\%.$$

Если не происходит пропорционального увеличения объема продаж, то по мере снижения маржи прибыли ожидаемая рентабельность собственного капитала и капитала уменьшается.

ИЛЛЮСТРАЦИЯ 20.4. *Оценка влияния снижения маржи прибыли на мультипликатор «цена/объем продаж»*

Давайте снова рассмотрим фирму, проанализированную в иллюстрации 20.1. Если маржа прибыли снижается, а совокупная выручка остается неизменной, то мультипликатор «цена/объем продаж» также понижается. Например, если маржа прибыли фирмы падает с 10 до 5%, а отношение объема продаж к балансовой стоимости не меняется, то:

$$\text{Новые темпы роста за первые пять лет} = \\ = \text{мультипликатор нераспределенной прибыли} \times \text{маржа прибыли} \times \\ \times \text{объем продаж/балансовая стоимость} = 0{,}8 \times 0{,}05 \times 2{,}50 = 10\%.$$

Тогда новый мультипликатор «цена/объем продаж» (PS) можно рассчитать следующим образом:

$$PS = 0{,}05\left\{\frac{0{,}2\times 1{,}10\times\left[1-\frac{(1{,}10)^5}{(1{,}115)^5}\right]}{0{,}115-0{,}10}+\frac{0{,}50\times 1{,}10^5(1{,}03)}{(0{,}115-0{,}08)(1{,}115)^5}\right\}=0{,}77.$$

Связь между маржей прибыли и мультипликатором «цена/объем продаж» иллюстрируется более полно на рисунке 20.2. Мультипликатор «цена/объем продаж» представлен как функция маржи прибыли при сохранении на постоянном уровне мультипликатора «объем продаж/балансовая стоимость собственного капитала». Эту связь мультипликатора «цена/объем продаж» и маржи прибыли можно использовать для анализа того, как влияют на стоимость фирмы изменения в корпоративной стратегии, а также для анализа стоимости бренда.

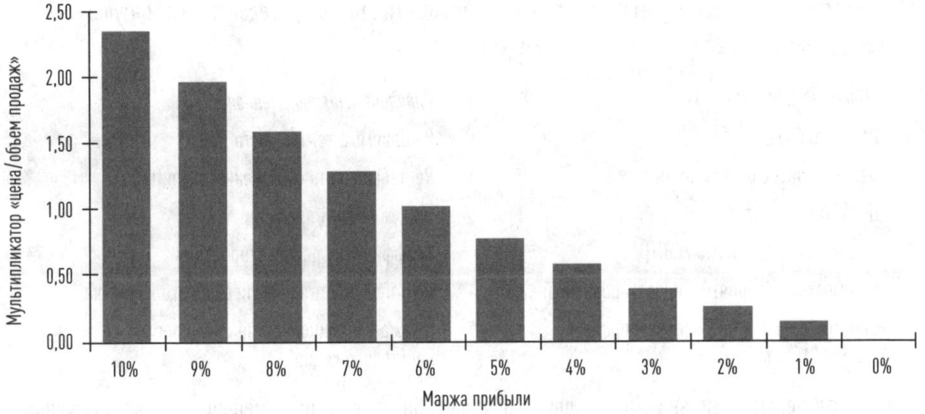

Рисунок 20.2. *Мультипликатор «цена/объем продаж» и маржа прибыли*

Маркетинговая стратегия и стоимость. В предельно упрощенном виде выбор стратегии ценообразования сводится к принятию решения, придерживаться ли политики низких цен и большого объема (лидерство по объему продукции) или политики высоких цен и низкого объема (ценовое лидерство). С точки зрения переменных, связывающих рост со стоимостью, можно сказать, что этот выбор будет определять маржу прибыли и коэффициент оборачиваемости, используемые при проведении оценки.

Вы можете проанализировать доступные фирме альтернативные стратегии ценообразования, изучив воздействие, оказываемое каждой стратегией на маржу прибыли и оборачиваемость, и оценив фирму при реализации каждой из стратегий. Стратегия, приносящая фирме наивысшую стоимость, является в определенном смысле оптимальной.

Отметим, что влияние ценовых изменений на коэффициенты оборачиваемости в значительной степени зависит от того, насколько эластичен или неэластичен спрос на продукты фирмы. Если спрос неэластичен, то рост цены продукции будет оказывать минимальное воздействие на коэффициенты оборачиваемости. В этом случае стоимость фирмы будет, как правило, выше при реализации стратегии ценового лидерства. В то же время, если цена продукта увеличивается, а спрос эластичен, то коэффициент оборачиваемости может непропорционально упасть. В этом случае стоимость фирмы будет выше при реализации стратегии лидерства по объему продукции.

МУЛЬТИПЛИКАТОРЫ И ОПРЕДЕЛЯЮЩИЕ ПЕРЕМЕННЫЕ

На этом этапе рассмотрения принципов сравнительной оценки процесс декомпозиции мультипликаторов уже не должен представлять для вас трудностей. Хотя мы рассматриваем ряд переменных, влияющих на их значение, на деле можно выделить только одну, которая является ключевой. Такие переменные называют определяющими. Ниже приведен перечень мультипликаторов с их определяющими переменными.

Мультипликатор	*Определяющая переменная*
Цена/прибыль	Ожидаемые темпы роста EPS
Цена/балансовая стоимость	Рентабельность собственного капитала
Цена/объем продаж	Маржа чистой прибыли
Стоимость предприятия/EBITDA	Коэффициент реинвестирования
Стоимость предприятия/инвестированный капитал	Рентабельность инвестированного капитала
Стоимость предприятия/объем продаж	Маржа операционной прибыли после налогообложения

Эти переменные значимы по двум причинам. Во-первых, их изменение оказывает очень сильное влияние на связанные с ними мультипликаторы. Во-вторых, когда акция выглядит дешевой, первое, что нужно сделать, это проверить определяющую переменную. Так, если акция торгуется с низким мультипликатором «цена/балансовая стоимость», то нужно смотреть на рентабельность собственного капитала — у большинства акций с низким мультипликатором «цена/балансовая стоимость» она низкая или отрицательная.

Как отыскать определяющую переменную для мультипликатора? Один из способов — построить рыночную регрессию для мультипликатора по всем независимым переменным. Переменная с наибольшей статистической значимостью (наивысшая t-статистика) всегда является определяющей. Другой, более интуитивный, способ заключается в следующем. При работе с мультипликатором собственного капитала деление чистой прибыли на знаменатель мультипликатора дает определяющую переменную. Так, в случае мультипликатора «цена/балансовая стоимость собственного капитала» нужно разделить чистую прибыль на балансовую стоимость собственного капитала, что дает нам рентабельность собственного капитала. При работе с мультипликатором стоимости предприятия деление операционной прибыли после налогообложения на знаменатель дает определяющую переменную. В случае мультипликатора «стоимость предприятия/объем продаж», например, деление операционной прибыли после налогообложения на объем продаж дает маржу операционной прибыли после налогообложения.

ИЛЛЮСТРАЦИЯ 20.5. Выбор между стратегиями высокой и низкой маржи прибыли

Предположим, что фирма должна выбирать между двумя стратегиями ценообразования. При реализации первой стратегии она будет назначать более высокие цены (приводящие к более высокой марже чистой прибыли) и продавать меньший объем продукции (что будет приводить к более низкому коэффициенту оборачиваемости). При реализации второй стратегии фирма будет назначать более низкие цены и продавать больше продуктов. Предположим, что фирма провела тестирование рынка и получила следующие входные данные:

	Высокая маржа прибыли, малый объем продукции	*Низкая маржа прибыли, большой объем продукции*
Маржа чистой прибыли (%)	10	5
Объем продаж/балансовая стоимость собственного капитала	2,5	4,0

Кроме того, предположим, что фирма будет выплачивать 20% прибыли в виде дивидендов в течение ближайших пяти лет и 50% прибыли — по истечении этого срока. Ожидается также, что темпы роста после 5-го года составят 8%. Балансовая стоимость собственного капитала на акцию равна $10. Стоимость привлечения собственного капитала для фирмы равна 11,5%.

Стратегия высокой маржи прибыли

Ожидаемые темпы роста в первые пять лет$_{\text{высокая маржа}}$ = маржа прибыли × объем продаж/балансовая стоимость × × коэффициент нераспределенной прибыли = 0,10 × 2,5 × 0,8 = 20%.

$$\text{Мультипликатор «цена / объем продаж»}_{\text{высокая маржа}} =$$

$$= 0{,}10 \times \left\{ \frac{0{,}2 \times (1{,}20) \times \left[1 - \frac{(1{,}20)^5}{(1{,}115)^5}\right]}{0{,}115 - 0{,}20} + \frac{0{,}50 \times (1{,}20)^5 \times (1{,}08)}{(0{,}115 - 0{,}08)(1{,}115)^5} \right\} = 2{,}35.$$

Мультипликатор «объем продаж/балансовая стоимость»$_{\text{высокая маржа}}$ = 2,50.

Цена$_{\text{высокая маржа}}$ = цена/объем продаж × объем продаж/балансовая стоимость × балансовая стоимость = = 2,35 × 2,5 × $10 = $58,83.

Стратегия низкой маржи прибыли

Ожидаемые темпы роста в первые пять лет$_{\text{низкая маржа}}$ = маржа прибыли × объем продаж/балансовая стоимость × × коэффициент нераспределенной прибыли = 0,05 × 4 × 0,8 = 16%.

$$\text{Мультипликатор «цена / объем продаж»}_{\text{низкая маржа}} =$$

$$= 0{,}05 \times \left\{ \frac{0{,}2 \times (1{,}16) \times \left[1 - \frac{(1{,}16)^5}{(1{,}115)^5}\right]}{0{,}115 - 0{,}16} + \frac{0{,}05 \times (1{,}16)^5 \times (1{,}08)}{(0{,}115 - 0{,}08)(1{,}115)^5} \right\} = 0{,}9966.$$

Мультипликатор «объем продаж/балансовая стоимость»$_{\text{низкая маржа}}$ = 4,00.

Цена$_{\text{низкая маржа}}$ = цена/объем продаж × объем продаж/ /балансовая стоимость × балансовая стоимость = 0,9966 × 4 × $10 = = $39,86.

Очевидно, что если цель состоит в максимизации стоимости, то лучше следовать стратегии высокой маржи прибыли.

ИЛЛЮСТРАЦИЯ 20.6. *Оценка последствий изменения стратегии ценообразования на примере компании Whole Foods в мае 2011 г.*

В иллюстрации 20.2 мы оценили мультипликатор «цена/объем продаж» для компании Whole Foods как 0,55. Хотя эта величина выше медианного значения для других бакалейных магазинов, она ниже текущего мультипликатора «цена/объем продаж» (1,11), с которым торгуется фирма. При оценке мы исходили из того, что Whole Foods сможет поддерживать маржу чистой прибыли на уровне 2,73%, а мультипликатор «объем продаж/балансовая стоимость собственного капитала» на уровне 5,53.

Допустим теперь, что, опасаясь падения объема продаж при сохранении стратегии премиального ценообразования, Whole Foods рассматривает возможность снижения цен для возврата рыночной доли. Если она снизит цены на 10%, маржа чистой прибыли упадет до 2,5%, но объем продаж вырастет на 15% и приведет к повышению мультипликатора «объем продаж/балансовая стоимость» до 6,36 (5,53 × 1,15). Если входные данные для периода стабильного роста останутся неизменными (темпы роста = 3%, ROE = 10%), то изменения стратегии скажется на мультипликаторе «цена/объем продаж» и, что важнее, на стоимости собственного капитала следующим образом.

	Стратегия премиальной цены (текущая)	*Стратегия низких цен*
Базовая выручка ($)	9006,00	10 356,90
Ожидаемая чистая маржа (%)	2,73	2,50
Ожидаемый мультипликатор «объем продаж/капитал»	5,53	6,36
Ожидаемая ROE (%)	15,11	15,90
Ожидаемые темпы роста (%)	10,00	10,00
Коэффициент выплат (%)	33,82	37,10
Мультипликатор «цена/объем продаж»	0,55	0,56
Стоимость собственного капитала ($)	4967,36	5812,63

Новый мультипликатор «цена/объем продаж» вычисляется с помощью двухфазной модели, которую мы использовали в иллюстрации 20.2:

$$PS = 0{,}025\left\{\frac{(0{,}371)(1{,}10)\left[1-\dfrac{(1{,}10)^{10}}{(1{,}09)^{10}}\right]}{0{,}09-0{,}10}+\frac{(0{,}75)(1{,}10)^{10}(1{,}03)}{(0{,}085-0{,}03)(1{,}10)^{10}}\right\}=0{,}56.$$

Обратите внимание на то, что базовая выручка увеличивается на 15% с текущего уровня $9006 млн до $10 375 млн. Хотя чистое влияние этого роста на мультипликатор «цена/объем продаж» очень мало (рост с 0,55 до 0,56), стоимость собственного капитала увеличивается почти на 20% с $4967 млн до $5812 млн.

Стоимость бренда. Один из критических аргументов против традиционных способов оценки состоит в том, что эта оценка не в состоянии учесть стоимость брендов и других нематериальных активов. Хироюми Итами в своей книге «Мобилизация невидимых активов» (Mobilizing Invisible Assets) представляет обобщение такой критики. Он пишет:

«Аналитики склонны определять активы слишком узко, выделяя только те из них, которые можно измерить, например машины и оборудование. Однако нематериальные активы, такие как особые

СТРАТЕГИЯ ЦЕНООБРАЗОВАНИЯ, ДОЛЯ РЫНКА И ДИНАМИКА КОНКУРЕНЦИИ

Нередко фирмы анализируют последствия изменения цен в условиях статики, где действует только данная фирма, а конкурентная среда не меняется. Однако проблема заключается в том, что каждое действие (особенно, если оно касается ценообразования) порождает реакцию со стороны конкурентов и окончательный эффект может оказаться непредсказуемым.

В качестве примера рассмотрим фирму, которая снижает цены, надеясь на увеличение доли рынка и объема продаж. Если конкуренты ничего не предпринимают, то фирма сможет достичь своей цели. Если же конкуренты реагируют, тоже снижая цены, то фирма может остаться с меньшей маржей прибыли и тем же коэффициентом оборачиваемости, который существовал до снижения цен, т. е. создать предпосылки для снижения своей стоимости. В конкурентных отраслях это следует учитывать и соответствующим образом планировать свои действия.

Некоторые фирмы делают акцент на максимизации доли рынка, определяя этот показатель в качестве своей основной целевой функции. Связь между возросшей долей рынка и рыночной стоимостью незначительна, и ее можно изучать, используя наличие связи между маржей прибыли и мультипликатором выручки, — эта концепция была изложена в предыдущем разделе. Если увеличение доли рынка приводит к большей марже прибыли — либо из-за снижающей издержки экономии масштаба, либо вследствие вытеснения конкурентов, — то данное обстоятельство вызовет рост стоимости фирмы. Если же увеличение доли рынка сопровождается снижением цен и маржи прибыли, то окончательное влияние на стоимость может оказаться отрицательным.

технологии, накопленная информация о потребителях, бренд, репутация и корпоративная культура, бесценны с точки зрения конкурентной позиции фирмы. Фактически эти нематериальные активы представляют собой единственный реальный источник конкурентного преимущества, который можно поддерживать во времени».

Хотя подобная критика преувеличена, подходы, используемые аналитиками для оценки брендов, зачастую случайны и могут приводить к значительной переоценке или недооценке их стоимости. Фирмы с хорошо известными брендами часто продавались с более высокими мультипликаторами, чем менее известные фирмы. Стандартная практика добавления к стоимости дисконтированных денежных потоков «премии за бренд», которая часто устанавливается произвольно, может привести к ошибочным оценкам. Вместо этого стоимость бренда можно оценить, используя подход, который связывает маржу прибыли с мультипликатором «цена/объем продаж».

Одно из преимуществ обладания хорошо известным и респектабельным брендом состоит в том, что фирмы могут назначать более высокие цены на те же самые продукты, обеспечивая более высокую маржу прибыли, а следовательно, и более высокие мультипликатор «цена/объем продаж» и стоимость фирмы. Чем значительнее ценовая премия, которую фирма способна назначить, тем больше стоимость бренда. В общем виде стоимость бренда можно записать следующим образом:

$$\text{Стоимость бренда} = (V/S_b - V/S_g) \times \text{объем продаж},$$

где V/S_b = мультипликатор «стоимость предприятия/объем продаж» фирмы с учетом преимущества, обеспечиваемого брендом;

V/S_g = мультипликатор «стоимость предприятия/объем продаж» аналогичной фирмы, производящей и продающей такие же, но небрендированные продукты.

ИЛЛЮСТРАЦИЯ 20.7. Оценка бренда с использованием мультипликатора «цена/объем продаж»

Рассмотрим две фирмы, производящие аналогичные продукты и конкурирующие на одном и том же рыночном пространстве. Корпорация Famous Inc. имеет хорошо известный бренд, и ее маржа операционной прибыли после уплаты налогов равна 10%, а корпорация NoFrills Inc. продает небрендированные продукты, и ее маржа операционной прибыли равна 5%. Обе фирмы имеют одинаковые значения мультипликатора «объем продаж/балансовая стоимость капитала» (2,5) и стоимости привлечения капитала (11,5%). К тому же ожидается, что обе фирмы будут реинвестировать 80% операционной прибыли в течение ближайших пяти лет и 50% прибыли в дальнейшем. Темпы роста после 5-го года равны 6% для обеих фирм. Общий объем продаж обеих фирм составляет $2,5 млрд.

Оценка Famous Inc.

$$\text{Ожидаемые темпы роста}_{\text{Famous}} = \text{коэффициент реинвестирования} \times \text{маржа операционной прибыли} \times$$
$$\times\ \text{объем продаж/балансовая стоимость капитала} = 0{,}8 \times 0{,}10 \times 2{,}50 = 20\%.$$

$$\text{Мультипликатор «стоимость/объем продаж»}_{\text{Famous}} =$$
$$= 0{,}10 \times \left\{ \frac{0{,}2 \times (1{,}20) \times \left[1 - \dfrac{(1{,}20)^5}{(1{,}115)^5}\right]}{0{,}115 - 0{,}20} + \frac{0{,}50 \times (1{,}20)^5 \times (1{,}08)}{(0{,}115 - 0{,}08)(1{,}115)^5} \right\} = 2{,}35.$$

Оценка корпорации NoFrills Inc.

$$\text{Ожидаемые темпы роста}_{\text{NoFrills}} = \text{коэффициент реинвестирования} \times \text{маржа операционной прибыли} \times$$
$$\times\ \text{объем продаж/балансовая стоимость капитала} = 0{,}8 \times 0{,}05 \times 2{,}50 = 10\%.$$

$$\text{Мультипликатор «стоимость/объем продаж»}_{\text{NoFrills}} =$$
$$= 0{,}05 \times \left\{ \frac{0{,}2 \times (1{,}10) \times \left[1 - \dfrac{(1{,}10)^5}{(1{,}115)^5}\right]}{0{,}115 - 0{,}10} + \frac{0{,}50 \times (1{,}10)^5 \times (1{,}08)}{(0{,}115 - 0{,}08)(1{,}115)^5} \right\} = 0{,}77.$$

Общий объем продаж = \$2,5 млрд.

$$\text{Стоимость бренда} = [\text{стоимость/объем продаж}_{Famous} - \text{стоимость/объем продаж}_{NoFrills}] \times \text{объем продаж} = [2{,}35-0{,}77] \times \$2{,}5 \text{ млрд} = \$3{,}95 \text{ млрд.}$$

ИЛЛЮСТРАЦИЯ 20.8. *Оценка бренда на примере компании Coca-Cola в мае 2011 г.*

В иллюстрации 20.3 мы определили, что компания Coca-Cola имела в мае 2011 г. мультипликатор «стоимость предприятия/объем продаж» 3,51 в результате высокой маржи операционной прибыли и рентабельности капитала. Вряд ли кто усомнится в том, что Coca-Cola обладает одним из самых узнаваемых и ценных брендов в мире, однако остаются два важных вопроса:

1. Нужно ли добавлять премию к мультипликатору «стоимость предприятия/объем продаж», обусловленную силой бренда компании?
2. Сколько бренд добавляет к совокупной стоимости Coca-Cola?

Ответ на первый вопрос отрицателен. В конце концов, именно сила бренда позволяет Coca-Cola получать маржу операционной прибыли после налогообложения в размере 14,43% и рентабельность капитала 16%. Добавление премии приведет к двойному учету. Ответить на второй вопрос не так просто. Часть расчетной стоимости предприятия вполне можно отнести на сильный бренд, проблема в том, как ее вычленить.

Первый шаг определения стоимости, добавляемой брендом, заключается в оценке преимущества, которое Coca-Cola получает за счет своего бренда. Для этого нужно сравнить Coca-Cola с каким-нибудь производителем аналогичной небрендированной продукции. К нашему счастью такой производитель существует — публичная компания Cott Corporation. В следующей таблице приведены данные по Coca-Cola и Cott в 2010 г.

	Coca-Cola	*Cott*
Рыночная стоимость собственного капитала (\$ млн)	152 200	809
Долг (\$ млн)	11 859	345
Денежные средства (\$ млн)	4979	27
Стоимость предприятия (\$ млн)	159 080	1127
Объем продаж (\$ млн)	35 119	1803
Операционная прибыль до налогообложения (\$ млн)	8449	99
EBITDA (\$ млн)	9892	173
Инвестированный капитал (\$ млн)	31 679	626
Налоговая ставка (%)	40	40
Коэффициент бета (высокий рост)	0,9	1,25
Стоимость заимствования до налогообложения (%)	4,50	6
Расчетные показатели		
Операционная маржа после налогообложения (%)	14,43	3,29
Объем продаж/инвестированный капитал	1,11	2,88
Рентабельность капитала (%)	16,00	9,49
Стоимость привлечения капитала (%)	8,03	8,35
Избыточная доходность (%)	7,97	1,14

Обратите внимание на то, что Cott по размеру намного меньше Coca-Cola и имеет более низкие маржу и рентабельность капитала и более высокую стоимость привлечения капитала. Хотя различия масштабов затрудняют прямое сравнение, мы используем информацию по Cott для оценки бренда Coca-Cola.

Вариант 1: бренд влияет только на ценообразовательную способность

В первом и самом простом варианте оценки бренда мы исходим из того, что бренд влияет только на ценообразовательную способность и через нее на маржу операционной прибыли. Фактически мы оцениваем Coca-Cola при операционной марже Cott, сохраняя неизменными все прочие характеристики. Будем считать, что в период стабильного роста стоимость привлечения капитала Coca-Cola останется прежней даже без преимущества, даваемого брендом.

	Coca-Cola	*Coca-Cola с маржей Cott*
Текущая налоговая ставка (%)	40,00	40,00
Текущая выручка ($ млн)	35 119	35 119
Период высокого роста		
Продолжительность периода высокого роста (n) (год)	10	10
Коэффициент реинвестирования (%)	60	60
Операционная маржа после налогообложения (%)	14,43	3,29
Объем продаж/инвестированный капитал	1,11	1,11
Рентабельность капитала (%)	16,00	3,65
Темпы роста в течение периода (g) (%)	9,60	2,19
Стоимость привлечения капитала в течение периода (%)	8,03	8,03
Период стабильного роста		
Стабильные темпы роста (%)	3,50	3,50
Рентабельность капитала в стабильный период (%)	12,00	7,74
Коэффициент реинвестирования в стабильный период (%)	29,17	45,22
Стоимость привлечения капитала в стабильный период (%)	7,74	7,74
Стоимость предприятия/объем продаж	3,51	0,35
Стоимость предприятия ($ млн)	123 199	12 325

Обратите внимание на то, что понижение маржи при сохранении мультипликатора «объем продаж/капитал» приводит к снижению рентабельности капитала до 3,65%. Мультипликатор «стоимость предприятия/объем продаж» Coca-Cola падает до 0,35 при марже Cott, даже если все остальные переменные остаются на прежнем уровне. Расчетная стоимость предприятия сокращается до $12,3 млрд, т. е. на бренд приходится почти 90% стоимости Coca-Cola:

$$\text{Стоимость бренда} = \$123\,199 - \$12\,325 = \$110\,874 \text{ млн.}$$

Вариант 2: бренд влияет на ценообразовательную способность и товарооборот

Компании с небрендированной продукцией, проводящие стратегию высоких объемов продаж, могут дать больше выручки на доллар инвестированного капитала. Для учета этого эффекта примем, что Coca-Cola в случае потери бренда будет иметь маржу и мультипликатор «объем продаж/капитал» Cott. Фактически Coca-Cola получает рентабельность капитала Cott.

	Coca-Cola	*Coca-Cola с рентабельностью инвестированного капитала Cott*
Текущая налоговая ставка (%)	40,00	40,00
Текущая выручка ($ млн)	35 119	35 119
Инвестированный капитал (балансовая стоимость долга и собственного капитала) ($ млн)	31 679	31 679

	Coca-Cola	*Coca-Cola с рентабельностью инвестированного капитала Cott*
Период высокого роста		
Продолжительность периода высокого роста (n) (год)	10	10
Коэффициент реинвестирования (%)	60	60
Операционная маржа после налогообложения (%)	14,43	3,29
Объем продаж/инвестированный капитал	1,11	2,88
Рентабельность капитала (%)	16,00	9,49
Темпы роста в течение периода (g) (%)	9,60	5,69
Стоимость привлечения капитала в течение периода (%)	8,03	8,03
Период стабильного роста		
Стабильные темпы роста (%)	3,50	3,50
Рентабельность капитала в стабильный период (%)	12,00	7,74
Коэффициент реинвестирования в стабильный период (%)	29,17	45,22
Стоимость привлечения капитала в стабильный период (%)	7,74	7,74
Стоимость заимствования после налогообложения (%)	2,70	2,70
Долговой коэффициент D/(D + E) (%)	20,00	20,00
Стоимость предприятия/объем продаж	3,51	1,22
Стоимость предприятия ($ млн)	123 199	42 968

Стоимость падает, но не так резко, как в варианте 1, поскольку рентабельность капитала даже без бренда составляет 9,49%, что выше стоимости привлечения капитала в период высокого роста. При мультипликаторе «стоимость предприятия/объем продаж», равном 1,22, стоимость все равно остается значительной:

Стоимость бренда = $123 199 – $42 968 = $80 231 млн.

Вариант 3: вся избыточная доходность обусловлена брендом

Первые два варианта предполагают существование небрендированного конкурента с доступной финансовой отчетностью. Часто такая небрендированная компания отсутствует, а если и имеется, то не является публичной. В таких случаях оценка бренда осложняется. Один из выходов — принять, что бренд составляет единственное конкурентное преимущество, и что с ним связана вся избыточная доходность (доходность сверх стоимости привлечения капитала). Применяя этот подход к Coca-Cola, мы получим:

	Coca-Cola	*Coca-Cola без избыточной доходности*
Текущая налоговая ставка (%)	40,00	40,00
Текущая выручка ($ млн)	35 119	35 119
Инвестированный капитал (балансовая стоимость долга и собственного капитала) ($ млн)	31 679	31 679
Период высокого роста		
Продолжительность периода высокого роста (n) (год)	10	10
Коэффициент реинвестирования (%)	60	60
Рентабельность капитала (%)	16,00	8,03
Темпы роста в течение периода (g) (%)	9,60	4,82
Стоимость привлечения капитала в течение периода (%)	8,03	8,03

	Coca-Cola	Coca-Cola без избыточной доходности
Период стабильного роста		
Стабильные темпы роста (%)	3,50	3,50
Рентабельность капитала в стабильный период (%)	12,00	7,74
Коэффициент реинвестирования в стабильный период (%)	29,17	45,22
Стоимость привлечения капитала в стабильный период (%)	7,74	7,74
Стоимость предприятия/объем продаж	3,51	0,96
Стоимость предприятия ($ млн)	123 199	33 819

Если убрать избыточную доходность, генерируемую Coca-Cola, при неизменности всего остального, то мультипликатор «стоимость предприятия/объем продаж» упадет до 0,96, и стоимость бренда будет равна $89 380 млн:

Стоимость бренда = $123 199 – $33 819 = $89 380 млн.

Итак, используя три подхода к оценке бренда, мы получили диапазон $80,2 – $110,9 млрд. На наш взгляд, вариант 2 дает наиболее реалистичную оценку стоимости бренда, по крайней мере для Coca-Cola.

Использование мультипликаторов выручки в инвестиционном анализе

Ключевыми детерминантами мультипликаторов выручки фирмы являются ожидаемая маржа прибыли (чистой и операционной), риск, денежные потоки и рост. Чтобы использовать мультипликаторы выручки для проведения анализа и сопоставлять фирмы, нужно сглаживать различия этих детерминантов. В данном разделе рассматриваются различные способы сопоставления мультипликаторов фирм.

ЗАМЕЧАНИЕ О СТОИМОСТИ БРЕНДА

Обычно премии за бренд добавляют к оценке, получаемой на основе дисконтированных денежных потоков. Как вы могли убедиться на предыдущем примере, это – ошибка. Стоимость бренда уже учтена в оценке через ряд параметров – через повышенную маржу операционной прибыли, повышенные коэффициенты оборачиваемости и, как следствие, через повышенную рентабельность капитала. Эти параметры, в свою очередь, приводят к повышению ожидаемых темпов роста и стоимости. Добавление премии за бренд к стоимости приведет к двойному учету.

А если фирма не извлекает выгод из ценного бренда? К ее стоимости можно добавить премию, но не за бренд, а за контроль. Фактически можно оценить такую премию для любых не в полной мере используемых или плохо управляемых активов, но платят ее только в том случае, когда приобретают контроль над фирмой.

Поиск несоответствий. Хотя рост, риск и денежные потоки влияют на мультипликаторы выручки, их ключевыми детерминантами является маржа прибыли, т. е. маржа чистой прибыли — для мультипликаторов собственного капитала и маржа операционной прибыли — для мультипликаторов стоимости фирмы. Таким образом, нет ничего удивительного в существовании фирм с низкой маржей прибыли и низким мультипликатором выручки, а также фирм с высокой маржей прибыли и высоким мультипликатором выручки. В то же время фирмы с высоким мультипликатором выручки и низкой маржей прибыли, равно как и фирмы с низким мультипликатором выручки и высокой маржей прибыли, должны привлекать внимание инвесторов соответственно как потенциально переоцененные или недооцененные. На рисунке 20.3 это представлено в виде матрицы. Отображая на ней фирмы и выискивая несоответствия между маржей прибыли и мультипликатором выручки, можно идентифицировать недооцененные или переоцененные фирмы в секторе или отрасли.

Хотя этот подход и привлекателен внешне, с ним связаны по меньшей мере три проблемы практического характера. Первая состоит в том, что данные по историческим (текущим) значениям маржи прибыли более доступны, чем по ожидаемой марже прибыли. Если текущая маржа прибыли фирмы сильно коррелирует с будущей маржей прибыли (т. е. фирма, исторически зарабатывавшая высокую (или низкую) маржу

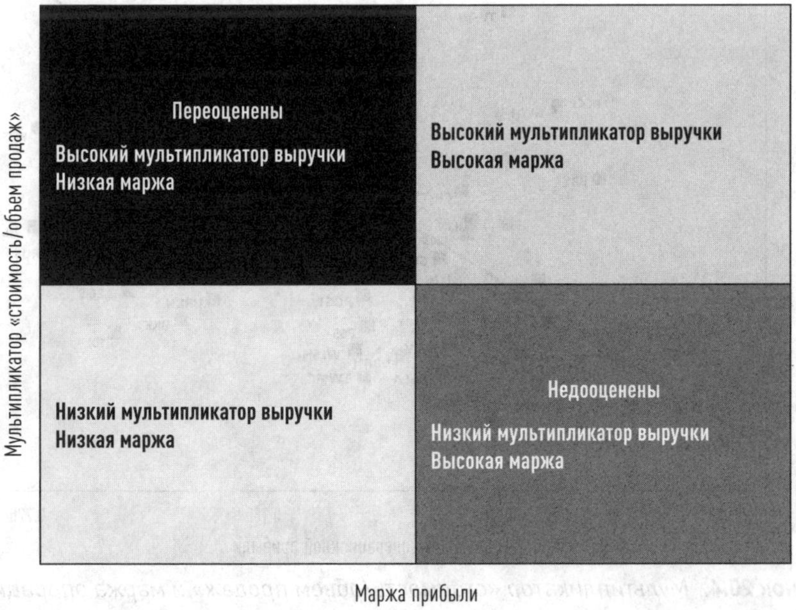

Рисунок 20.3. *Мультипликатор «стоимость/объем продаж» и маржа прибыли*

прибыли, продолжает получать ее и дальше), то использование текущей маржи прибыли и текущих мультипликаторов выручки для идентификации недооцененных или переоцененных ценных бумаг обоснованно. Если же у текущей маржи прибыли фирмы нет сильной корреляции с ожидаемой в будущем маржей прибыли, то в ситуации, когда данная фирма имеет низкую текущую маржу прибыли и торгуется при высоких мультипликаторах «цена/объем продаж», утверждения о переоцененности этой фирмы уже не выглядят адекватно. Вторая проблема, связанная с этим подходом, заключается в том, что мультипликаторы выручки линейно связаны с маржей прибыли. Иными словами, если маржа прибыли увеличивается вдвое, то ожидается удвоение мультипликатора выручки. Третья проблема состоит в игнорировании различий, касающихся других фундаментальных переменных, особенно риска. Таким образом, фирма, которая кажется недооцененной из-за высокой текущей маржи прибыли и низкого мультипликатора выручки, в действительности может быть правильно оцененной фирмой с очень высоким риском.

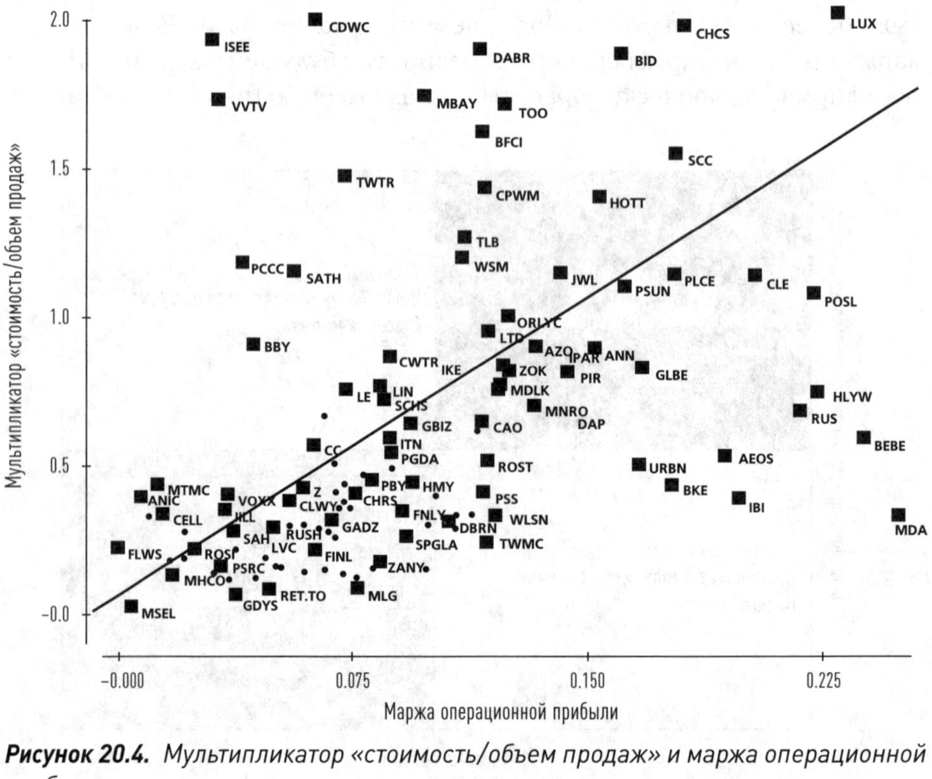

Рисунок 20.4. *Мультипликатор «стоимость/объем продаж» и маржа операционной прибыли*

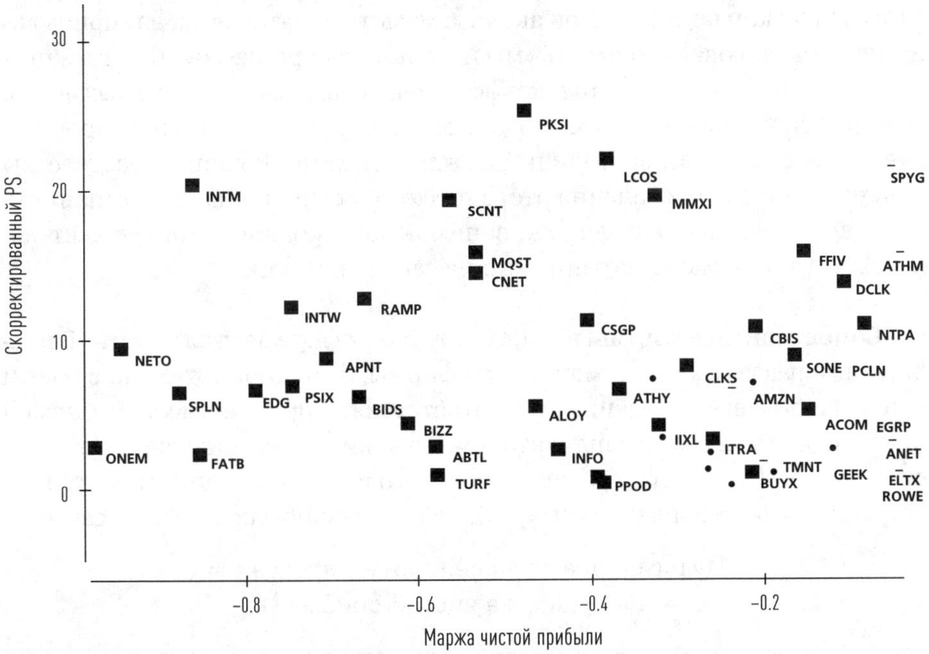

Рисунок 20.5. *Мультипликатор «цена/объем продаж» (PS) и маржа чистой прибыли для акций интернет-фирм*

ИЛЛЮСТРАЦИЯ 20.9. *Мультипликатор выручки и маржа прибыли на примере специализированных розничных фирм в июле 2000 г.*

При первом сравнении мы рассматриваем только американские специализированные торговые фирмы. На рисунке 20.4 показана зависимость мультипликатора «стоимость предприятия/объем продаж» этих фирм от маржи операционной прибыли этих фирм в июле 2000 г. (фирмы обозначены тикерными символами).

Фирмы с высокой маржей операционной прибыли обычно имеют более высокие мультипликаторы «стоимость/объем продаж», а фирмы с низкой — низкие мультипликаторы «стоимость/объем продаж». Но отметим, что даже в этом подмножестве фирм — в свете взаимосвязи между мультипликаторами «стоимость/объем продаж» и маржей операционной прибыли — наблюдается значительный шум.

ИЛЛЮСТРАЦИЯ 20.10. *Мультипликатор выручки и маржа прибыли на примере розничных интернет-торговцев в июле 2000 г.*

При проведении второго сравнения — на примере розничных фирм, торгующих через Интернет, — зависимость мультипликатора «цена/объем продаж» в июле 2000 г. от маржи чистой прибыли в последний год показана на рисунке 20.5.

Как видно на рисунке, связь между мультипликатором «цена/объем продаж» и маржей чистой прибыли практически отсутствует. Это не должно удивлять. Большинство интернет-фирм имеют отрицательную чистую прибыль и отрицательную маржу чистой прибыли. Рыночная стоимость таких фирм основана не на сегодняшней прибыли, а на ожидаемой в будущем, поэтому корреляция между текущей и ожидаемой маржей прибыли оказывается незначительной.

Статистические подходы. При анализе мультипликаторов «цена/прибыль» и «цена/балансовая стоимость» мы использовали регрессии для сглаживания различий в риске, росте и коэффициентах выплат исследуемых фирм. Можно использовать регрессию также и в случае мультипликаторов выручки для сглаживания различий между фирмами. В данном разделе мы начнем анализ с применения этого подхода к сопоставимым компаниям, определенным узко, как фирмы, занимающиеся одной и той же деятельностью, а затем распространим его на сектор и рынок.

Сопоставимые фирмы в одной и той же сфере деятельности. В предыдущем разделе мы рассматривали фирмы, функционирующие в одном и том же бизнесе, выискивая несоответствия: фирмы с высокой маржей прибыли и низким мультипликатором выручки рассматривались как недооцененные. При простом расширении этого подхода мы можем построить регрессию мультипликатора выручки по марже прибыли для фирм сектора:

Мультипликатор «цена/объем продаж» =
= a + b (маржа чистой прибыли).

Мультипликатор «стоимость предприятия/объем продаж» =
= a + b (маржа операционной прибыли после налогообложения).

Рассмотренные регрессии можно использовать для оценки прогнозной стоимости для фирм из выборки и, таким образом, идентификации недооцененных и переоцененных фирм.

Если число фирм в выборке достаточно велико, то рассматриваемую регрессию можно расширить за счет добавления других независимых переменных. Например, стандартное отклонение цен на акции или коэффициент бета можно использовать в качестве независимой переменной для учета различий в риске, а аналитические оценки ожидаемого роста могут сглаживать различия в росте. Регрессию можно также модифицировать для учета нелинейности связей между мультипликаторами выручки и любыми или всеми переменными.

Можно ли использовать этот подход для таких секторов, как Интернет, где связь между мультипликаторами выручки и фундаментальными переменными незначительна или вообще отсутствует? Это возможно, но только при условии, что вы адаптируете его для рассмотрения детерминантов стоимости в указанных секторах.

ИЛЛЮСТРАЦИЯ 20.11. *Регрессионный подход на примере специализированных розничных фирм в июле 2000 г.*

Давайте снова рассмотрим график из иллюстрации 20.9, показывающий разброс значений мультипликатора «стоимость/объем продаж» в зависимости от маржи операционной прибыли специализированных розничных фирм.

Очевидно, что здесь существует положительная связь, и регрессия мультипликаторов «стоимость/объем продаж» по марже операционной прибыли для специализированных розничных фирм дает следующее уравнение:

$$\text{Мультипликатор «стоимость/объем продаж»} = \underset{[0,72]}{0{,}0563} + \underset{[10,39]}{6{,}6287}\,(\text{маржа операционной прибыли после налогообложения}) \qquad R^2 = 39{,}9\%.$$

Эта регрессия представляет 162 наблюдения и t-статистики, которые приведены в квадратных скобках. Оценим прогнозное значение мультипликатора «стоимость/объем продаж» для Talbots, одной из фирм, которая принадлежит к группе специализированных розничных торговцев и имеет маржу операционной прибыли после налогообложения в размере 11,22%.

$$\text{Прогнозный мультипликатор «стоимость/объем продаж»} = 0{,}0563 + 6{,}6287\,(0{,}1122) = 0{,}8.$$

При фактическом значении мультипликатора «стоимость/объем продаж», равном 1,27, Talbots можно считать переоцененной.

Эту регрессию можно модифицировать двумя способами. Один из них состоит в регрессии мультипликатора «стоимость/объем продаж» по натуральному логарифму маржи операционной прибыли для учета нелинейности связи между двумя переменными:

$$\text{Мультипликатор «стоимость/объем продаж»} = \underset{[10,76]}{1{,}8313} + \underset{[6,89]}{0{,}4339}\,\ln(\text{маржа операционной прибыли после налогообложения}) \qquad R^2 = 22{,}4\%.$$

Другой способ заключается в расширении регрессии путем включения в нее ориентировочных значений риска и роста.

$$\text{Мультипликатор «стоимость/объем продаж»} = \underset{[3,47]}{-0{,}6209} + \underset{[10,34]}{7{,}21}\,(\text{операционная маржа}) - \underset{[0,22]}{0{,}0209}\sigma_{Opinc} + \underset{[4,91]}{3{,}1460}\,\text{рост},$$

где операционная маржа = маржа операционной прибыли;

σ_{Opinc} = стандартное отклонение операционной прибыли (Opinc — operating income) в предыдущие пять лет;

рост = ожидаемые темпы роста прибыли в ближайшие пять лет.

Эта регрессия имеет меньше наблюдений (124), чем предыдущие две, но зато характеризуется более высоким значением R-квадрата, равным 50,09%. Прогнозный мультипликатор «стоимость/объем продаж» для Talbots при использовании данной регрессии будет равен:

$$\text{Прогнозный мультипликатор «стоимость/объем продаж»} = -0{,}6209 + 7{,}21\,(0{,}1122) - 0{,}0209\,(0{,}7391) + 3{,}146\,(0{,}225) = 0{,}88.$$

Фирма Talbots остается переоцененной даже после корректировок регрессии с учетом различий в росте и риске.

ИЛЛЮСТРАЦИЯ 20.12. *Регрессионный подход на примере розничных интернет-торговцев в 2000 г.*

Для акций интернет-компаний, представленных в иллюстрации 20.10, регрессия мультипликатора «цена/объем продаж» по марже чистой прибыли дает следующее уравнение:

$$\text{Мультипликатор «цена/объем продаж»} = \underset{[4,39]}{44{,}4495} - \underset{[1,20]}{0{,}7331}\,(\text{маржа чистой прибыли}) \qquad R^2 = 0{,}22\%.$$

Здесь наблюдается не только близость R-квадрата к нулю, но и отрицательная связь между текущими значениями маржи чистой прибыли и мультипликатором «цена/объем продаж». Таким образом, связь между ценами этих акций и их текущей прибыльностью мала.

С помощью каких переменных можно улучшить ситуацию, объяснив различия в мультипликаторах «цена/объем продаж» для акций интернет-компаний? Рассмотрим следующие утверждения.

- Поскольку выборка содержит фирмы с очень маленькой выручкой, а также фирмы с гораздо большей выручкой, следует ожидать, что фирмы с низкой выручкой будут торговаться с сильно завышенными мультипликаторами выручки по сравнению с фирмами с высокой выручкой. Таким образом, можно ожидать, что фирма Amazon, имеющая выручку почти в $2 млрд, будет торговаться с более низким мультипликатором выручки, чем фирма iVillage, выручка которой не превышает $60 млн.
- Существует большая вероятность, что некоторые или многие из этих интернет-фирм не выживут, поскольку у них иссякнут денежные средства. Широко используемым индикатором, измеряющим возможность появления таких проблем с денежными средствами, является коэффициент сгорания денег (cash burn ratio), который представляет собой отношение кассовых остатков к абсолютному значению EBITDA (она обычно является отрицательной). Фирмы с низким коэффициентом сгорания денег больше рискуют столкнуться с кризисом ликвидности и должны торговаться с пониженным мультипликатором выручки.
- Ключевым детерминантом стоимости этих фирм является рост выручки. При прочих равных условиях фирмы, увеличивающие свою выручку более быстрыми темпами, по всей вероятности, должны быстрее достичь прибыльности.

Приводимая ниже регрессия соотносит мультипликатор «цена/объем продаж» с уровнем выручки [ln (выручки)], коэффициентом сгорания денег (абсолютная величина отношения «денежные средства/EBITDA») и ростом выручки для интернет-фирм за последний год:

$$\text{Мультипликатор «цена/объем продаж»} = \underset{[1{,}85]}{37{,}18} - \underset{[0{,}95]}{4{,}34} \ln(\text{выручки}) + \underset{[4{,}18]}{0{,}75}\,(\text{денежные средства/EBITDA}) + \underset{[1{,}06]}{8{,}37}\ \text{рост.}$$

Данная регрессия включает 117 наблюдений и имеет значение R-квадрат, равное 13,83%. Все мультипликаторы имеют правильный знак, но при этом характеризуются предельной статистической значимостью. По этой регрессии прогнозный мультипликатор «цена/объем продаж» (PS) для фирмы Amazon.com на июль 2000 г. равен:

$$PS_{\text{Amazon.com}} = 37{,}18 - 4{,}34 \ln(1{,}92) + 0{,}75\,(2{,}12) + 8{,}37\,(1{,}481) = 18{,}364.$$

При фактическом мультипликаторе «цена/объем продаж», равном 6,69, фирма Amazon.com выглядит значительно недооцененной относительно других интернет-фирм.

В любом случае регрессии содержат слишком много шума, чтобы их можно было использовать в качестве весов для прогноза. В результате низкая способность к объяснению при использовании фундаментальных переменных и громадные различия в показателях относительной стоимости должны предостерегать от использования мультипликаторов в секторах, подобных рассматриваемому, где фирмы находятся в переходных состояниях и резко изменяют состояние от периода к периоду.

ИЛЛЮСТРАЦИЯ 20.13. Изменение мультипликатора «цена/объем продаж» и маржи чистой прибыли на примере фирмы Whole Foods и бакалейного сектора

Как мы выяснили, для идентификации дешевых акций путем сравнительной оценки необходимо искать несоответствия, однако заработать на этих акциях можно только в том случае, если эти несоответствия изменяются с течением времени. Иными словами, вы можете купить акцию с высокой маржей, которая торгуется с низким мультипликатором выручки, но для того, чтобы инвестиционные ожидания оправдались, мультипликатор выручки должен вырасти и стать более соответствующим высокой марже.

Чтобы продемонстрировать этот процесс, мы проследим за состоянием фирмы Whole Foods с января 2007 по май 2011 г. Прежде всего, представим графически положение Whole Foods (WFM) в январе 2007 г. относительно остальных компаний бакалейного сектора (рисунок 20.6). На графике также построена линия регрессии для мультипликатора «цена/объем продаж» с 90%-ным доверительным интервалом. Как показывает рассеяние значений мультипликатора «цена/объем продаж» в зависимости от маржи чистой прибыли для сектора, Whole Foods имеет наивысшее значение мультипликатора (на уровне 1,40) и второе по величине значение маржи (3,41%) в секторе.

Чтобы понять, оправдывает ли высокая маржа, получаемая Whole Foods, мультипликатор «цена/объем продаж», равный 1,41, построим регрессию этого мультипликатора по марже чистой прибыли для сектора:

PS = –0,16 + 33,26 (маржа чистой прибыли).

Подставив в уравнение чистую маржу Whole Foods, мы получим:

$$PS_{WFM} = -0{,}16 + 33{,}26\ (0{,}0341) = 0{,}97.$$

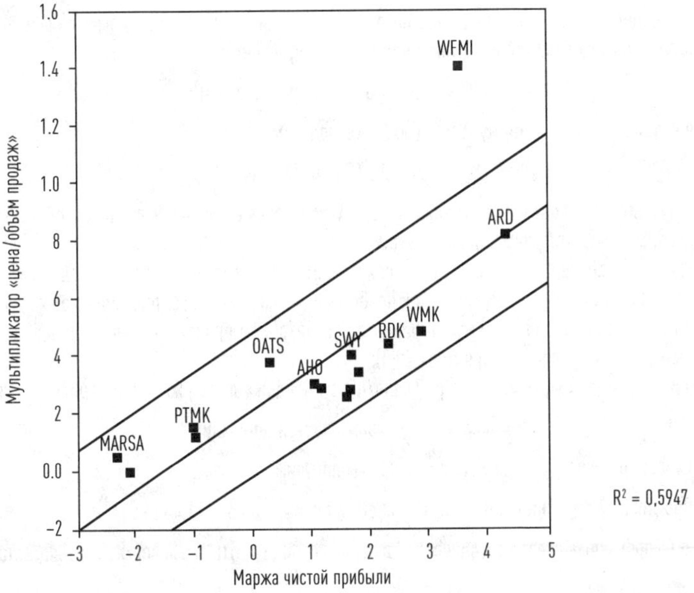

***Рисунок 20.6.** Мультипликатор «цена/объем продаж» и маржа чистой прибыли в бакалейном секторе в январе 2007 г.*

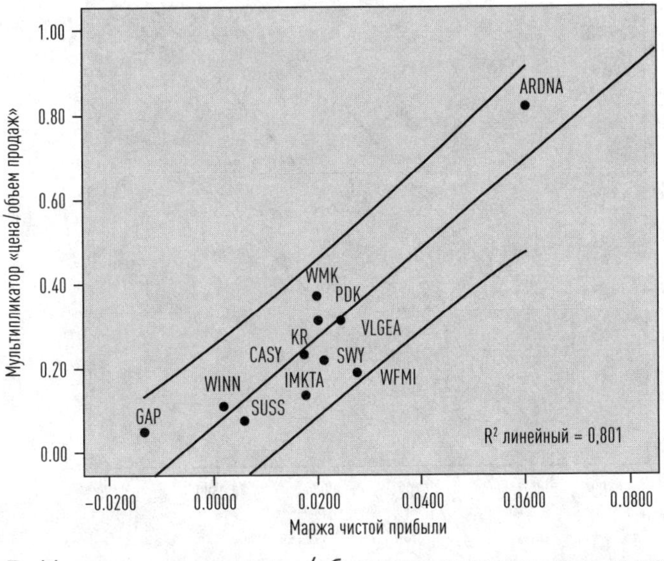

***Рисунок 20.7.** Мультипликатор «цена/объем продаж» и маржа чистой прибыли в бакалейном секторе в январе 2009 г.*

Даже после сглаживания высокого значения маржи Whole Foods выглядит переоцененной при мультипликаторе «цена/объем продаж», равном 1,41.

Посмотрим теперь, как выглядит распределение мультипликатора «цена/объем продаж» в зависимости от маржи чистой прибыли для бакалейного сектора в январе 2009 г. (рисунок 20.7). За два года Whole Foods потеряла благосклонность инвесторов. С падением маржи чистой прибыли до 2,77% ее мультипликатор «цена/объем продаж» снизился до 0,31.

Для оценки обоснованности реакции рынка на падение маржи мы построили регрессию мультипликатора «цена/объем продаж» по марже чистой прибыли и получили следующее:

$$PS = 0{,}07 + 10{,}49\ (\text{маржа чистой прибыли}).$$

Подставив в уравнение чистую маржу Whole Foods, мы получим:

$$PS_{WFM} = 0{,}07 + 10{,}49\ (0{,}0277) = 0{,}36.$$

Теперь с мультипликатором «цена/объем продаж» 0,31 Whole Foods выглядит недооцененной, хотя она и вышла за пределы нижней границы статистической значимости.

Переместимся на год вперед в январь 2010 г. и опять посмотрим на картину распределение мультипликатора «цена/объем продаж» в зависимости от маржи чистой прибыли для бакалейного сектора. Хотя маржа чистой прибыли Whole Foods снизилась за год до 1,44%, ее мультипликатор «цена/объем продаж» поднялся до 0,50 так, что фирма заняла позицию в средней части графика (рисунок 20.8).

Снова построим регрессию мультипликатора «цена/объем продаж» по марже чистой прибыли для сектора:

$$PS = 0{,}06 + 11{,}43\ (\text{маржа чистой прибыли}).$$

Подставив в уравнение чистую маржу Whole Foods, мы получим:

$$\text{Прогнозный мультипликатор «цена/объем продаж»} = 0{,}06 + 11{,}43\ (0{,}0144) = 0{,}22.$$

В 2010 г. Whole Foods вновь стала переоцененной и заняла позицию чуть выше верхней границы статистической значимости.

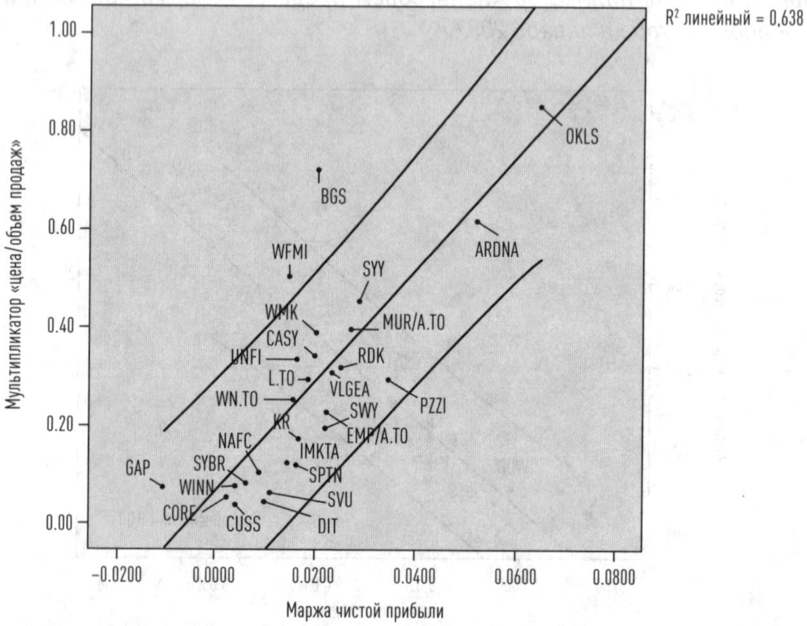

***Рисунок 20.8.** Мультипликатор «цена/объем продаж» и маржа чистой прибыли в бакалейном секторе в январе 2010 г.*

Наконец, рассмотрим состояние сектора в мае 2011 г. Как отмечалось в предыдущих иллюстрациях, Whole Foods восстановила свой премиальный статус с точки зрения ценообразования, она стала торговаться в 1,11 раза выше выручки, а ее маржа чистой прибыли поднялась до 2,73% (рисунок 20.9).

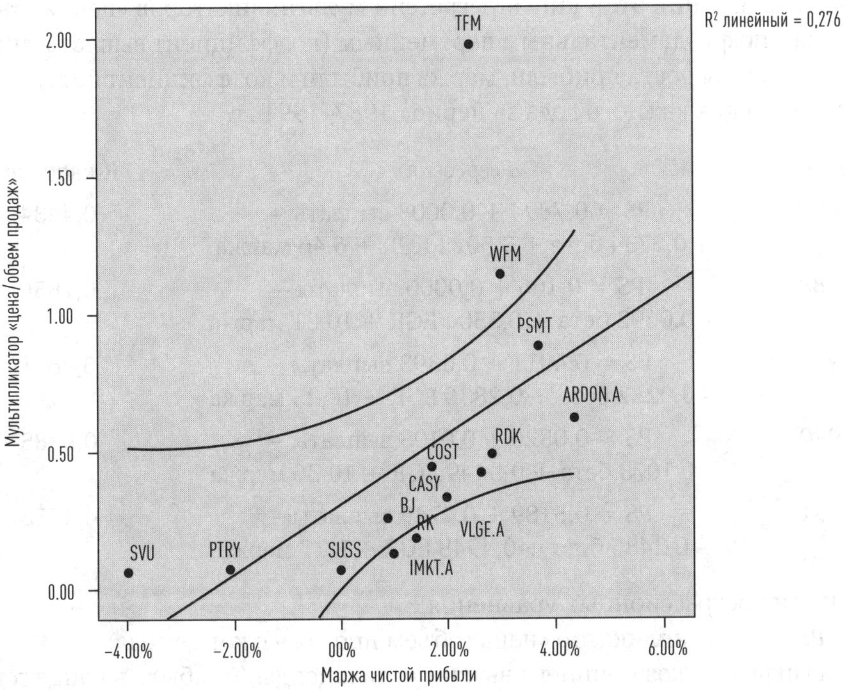

Рисунок 20.9. *Мультипликатор «цена/объем продаж» и маржа чистой прибыли в бакалейном секторе в мае 2011 г.*

Построим регрессию мультипликатора «цена/объем продаж» по марже чистой прибыли для сектора:

PS = 0,304 + 0,126 (маржа чистой прибыли).

Подставив в уравнение чистую маржу Whole Foods, мы получим:

PS = 0,304 + 0,126 (0,273) = 0,34.

В мае 2011 г. Whole Foods выглядела значительно переоцененной.

Если судить задним числом, то, исходя из приведенных выше регрессий, в январе 2007 г. нужно было продавать Whole Foods в короткую, в январе 2009 г. покупать, а в январе 2010 г. вновь продавать в короткую. Первые две сделки принесли бы значительную прибыль, но последняя была бы убыточной, поскольку акция стала еще более переоцененной в период между 2010 и 2011 гг.

Рыночные регрессии. Если использование регрессии позволяет сглаживать различия между фирмами, то представляется возможным расширить этот подход, включив в рассмотрение более широкий спектр фирм. Здесь для оценки мультипликатора «цена/объем продаж» как функции фундаментальных переменных (таких, как маржа прибыли, выплата дивидендов, коэффициент бета и темпы роста прибыли) используются кросс-секторные данные.

Для того чтобы охватить весь рынок, этот подход можно расширить. В первом издании этой книги регрессии мультипликаторов «цена/объем продаж» по фундаментальным переменным (коэффициент выплаты дивидендов, темпы роста прибыли, маржа прибыли и коэффициент бета) были построены для каждого года за период 1987–1991 гг.

Год	*Регрессия*	*R-квадрат*
1987	PS = 0,7894 + 0,0008 выплаты – – 0,2734 бета + 0,5022 EGR + 6,46 маржа	0,4434
1988	PS = 0,166 + 0,0006 выплаты – – 0,0692 бета + 0,5504 EGR + 10,31 маржа	0,7856
1989	PS = 0,4911 + 0,0393 выплаты – – 0,0282 бета + 0,2836 EGR + 10,25 маржа	0,4601
1990	PS = 0,0826 + 0,0105 выплаты – – 0,1073 бета + 0,5449 EGR + 10,36 маржа	0,8885
1991	PS = 0,5189 + 0,2749 выплаты – – 0,2485 бета + 0,4948 EGR + 8,17 маржа	0,4853

В этих регрессионных уравнениях:

PS = мультипликатор «цена/объем продаж» в конце года;

выплаты = коэффициент выплат = дивиденды/прибыль в конце года;

бета = коэффициент бета акций;

маржа = маржа прибыли за год = чистая прибыль/объем продаж за год (%);

EGR = темпы роста прибыли (earnings growth rate) в предыдущие пять лет.

Эта регрессия была обновлена в мае 2011 г. для мультипликаторов «цена/объем продаж» и «стоимость предприятия/объем продаж» для компаний, зарегистрированных и торгуемых на биржах США:

$$PS = \underset{[2,99]}{-0{,}413} + \underset{[14,10]}{7{,}27}\,(\text{ожидаемый рост}_{EPS}) +$$

$$+ \underset{[1,02]}{0{,}16}\,(\text{выплаты}) + \underset{[5,86]}{0{,}42}\,(\text{бета}) + \underset{[35,90]}{14{,}44}\,(\text{чистая маржа}) \qquad R^2 = 49\%.$$

Регрессию можно также построить для мультипликатора «стоимость предприятия/объем продаж» (EV/S):

$$EV/S = \underset{[4,91]}{0{,}74} + \underset{[10,07]}{10{,}19}\,(\text{ожидаемый рост}_{\text{продаж}}) - \underset{[4,38]}{1{,}03}\,DC -$$

– 2,25 (налоговая ставка) + 8,06 (операционная маржа), $R^2 = 59\%$
[6,59] [32,73]

где DC = коэффициент «рыночный стоимость долга/капитал»;
операционная маржа = маржа операционной прибыли до налогообложения.

В мультипликаторе стоимости предприятия мы переходим с роста прибыли на акцию (EPS), используемого в мультипликаторе собственного капитала, на рост выручки в целях поддержания согласованности.

Чтобы распространить наш анализ на глобальные рынки, можно построить регрессии мультипликатора «стоимость предприятия/объем продаж» для компаний европейского, японского и развивающихся рынков. Результаты приведены в следующей таблице:

Регион	*Регрессионное уравнение — январь 2010 г.*	*R-квадрат (%)*
Европа	EV/объем продаж = 0,38 + 3,20 ожидаемый рост + + 12,74 операционная маржа – – 2,50 налоговая ставка + 0,13 коэффициент реинвестирования	73,4
Япония	EV/объем продаж = 0,01 + + 6,72 операционная маржа – – 1,99 налоговая ставка + 5,58 долг/капитал	26,4
Развивающиеся рынки	EV/объем продаж = 2,15 – 3,50 налоговая ставка + 10,09 операционная маржа – – 2,01 долг/капитал + 0,16 коэффициент реинвестирования	40,7

Мультипликаторы выручки хорошо работают по всему миру, причем везде доминирующей переменной является маржа операционной прибыли.

ИЛЛЮСТРАЦИЯ 20.14. *Оценка компаний Whole Foods и Coca-Cola с использованием рыночной регрессии по состоянию на май 2011 г.*

Мы уже оценивали в этой главе мультипликаторы «цена/объем продаж» и «стоимость предприятия/объем продаж» для Whole Foods и Coca-Cola по состоянию на май 2011 г. Теперь попробуем переоценить эти мультипликаторы с использованием рыночной регрессии из последнего раздела.

Для начала подставим данные по Whole Foods в регрессию мультипликатора «цена/объем продаж» (маржа чистой прибыли = 2,73%, коэффициент выплат = 23,12%, ожидаемые темпы роста = 10%):

$$PS = -0{,}413 + 7{,}27\ \text{ожидаемый рост}_{EPS} + 0{,}16\ \text{выплаты} + 0{,}42\ \text{бета} + 14{,}44\ \text{чистая маржа}.$$

$$PS_{WFM} = -0{,}413 + 7{,}27\ (0{,}10) + 0{,}16\ (0{,}2312) + 0{,}42\ (1{,}00) + 14{,}44\ (0{,}0273) = 1{,}17.$$

Это немного выше фактического мультипликатора Whole Foods, который в мае 2011 г. составлял 1,11. Акция выглядит недооцененной с учетом того, как оценивается остальной рынок.

Теперь оценим мультипликатор «стоимость предприятия/объем продаж» для Coca-Cola, основываясь на данных, которые мы использовали ранее (ожидаемые темпы роста = 9,60%, коэффициент «долг/капитал» = 7,23%, налоговая ставка = 40%, маржа операционной прибыли до налогообложения = 24,06%):

$$EV/\text{объем продаж} = 0{,}74 + 10{,}19\ \text{ожидаемый рост}_{\text{объема продаж}} - 1{,}03\ DC - 2{,}25\ \text{налоговая ставка} + 8{,}06\ \text{операционная маржа}.$$

$$EV/\text{объем продаж}_{KO} = 0{,}74 + 10{,}19\ (0{,}096) - 1{,}03\ (0{,}0723) - 2{,}25\ (0{,}40) + 8{,}06\ (0{,}2406) = 2{,}68.$$

При текущем мультипликаторе «EV/объем продаж» 4,53 Coca-Cola выглядит переоцененной относительно остального рынка.

Мультипликаторы будущей выручки

В главе 18 исследовалось использование рыночной стоимости собственного капитала в виде мультипликатора прибыли за будущий год. Мультипликаторы выручки также можно измерять относительно будущей выручки. Таким образом, возникает возможность оценить стоимость с помощью мультипликатора выручки через пять лет. В использовании такого показателя есть некоторые преимущества.

- Для тех фирм, у которых размер выручки в настоящее время мал, но, предположительно, со временем может быстро увеличиться, будущая выручка (скажем, через пять лет) лучше отражает подлинный потенциал фирмы, чем сегодняшняя выручка.
- Мультипликаторы выручки оценить легче, когда темпы роста выровнены, а характеристики риска фирмы стабильны. Такие условия будут наблюдаться скорее через пять лет, чем сегодня.

Предположим, что для оценки стоимости будет использоваться выручка через 10 лет. Какой мультипликатор следует использовать применительно к такой выручке? У нас есть три варианта выбора. Один из них — это применение среднего отношения стоимости (текущей) и сегодняшней выручки сопоставимых фирм для получения стоимости через 10 лет, а затем дисконтирование этой величины и приведение ее к настоящему времени. Например, рассмотрим компанию, подобную Tesla, текущая выручка которой равна всего $117 млн, но ожидается, что через 10 лет эта выручка возрастет до $4,877 млрд. Если средний мультипликатор «стоимость предприятия/объем продаж» более зрелых автомобильных фирм равен 0,82, то расчетную стоимость Tesla можно вычислить следующим образом:

Выручка Tesla через 10 лет = $4877 млн.

$$\text{Стоимость Tesla через 10 лет} = 4877 \times 0{,}82 = \$3999\ \text{млн}.$$

Эту величину можно дисконтировать по стоимости привлечения капитала фирмы Tesla и получить сегодняшнее значение стоимости фирмы:

Стоимость фирмы сегодня = $3999/2,5945 = $1541 млн.

В этом расчете не учитываются денежные потоки в следующие 10 лет. После прибавления текущего остатка денежных средств ($196 млн), вычитания непогашенного долга ($106 млн), вычитания стоимости опционов менеджеров ($152 млн) и деления полученной величины на число акций (94,908 млн) мы получим стоимость на акцию:

Стоимость на акцию = (1541 + 196 – 106 – 152)/94,908 = $15,59.

Второй подход основан на прогнозе ожидаемой выручки через 10 лет для каждой из сопоставимых фирм с последующим делением текущей стоимости каждой фирмы на полученные значения выручки. Такое соотношение текущей стоимости к будущей выручке можно использовать для оценки сегодняшней стоимости. Например, если текущая стоимость составляет 0,4 от выручки через 10 лет для сопоставимых фирм, то стоимость Tesla Motors можно вычислить следующим образом:

Выручка Tesla через 10 лет = $4877 млн.

$$\text{Стоимость сегодня} = \text{выручка через 10 лет} \times$$
$$\times\ (\text{стоимость сегодня}/\text{выручка}_{\text{через 10 лет}})_{\text{сопоставимые фирмы}} =$$
$$= \$4877\ (0{,}4) = \$19{,}51\ \text{млн}.$$

Третий подход предполагает корректировку мультипликатора будущей выручки с учетом различий в марже операционной прибыли, росте и риске между данной фирмой и сопоставимыми фирмами. Например, Tesla Motors через 10 лет будет иметь маржу операционной прибыли 10% и ожидаемые темпы роста 3,5% в последующие годы.

Можно построить регрессию мультипликатора «стоимость предприятия/объем продаж» по марже операционной прибыли и ожидаемым темпам роста, а затем подставить значения для Tesla Motors в уравнение и получить прогнозный мультипликатор через 10 лет. Этот мультипликатор можно использовать вместо среднего по отрасли для определения будущей стоимости.

СЕКТОРНЫЕ МУЛЬТИПЛИКАТОРЫ

Стоимость фирмы можно нормализовать, используя множество специфических секторных мультипликаторов. Значения стоимости сталелитейных компаний можно сопоставлять на основе рыночной стоимости тонны произведенной стали, а стоимость генераторов электричества — на основе киловатт-часов выработанной электроэнергии. В последние годы аналитики, отслеживающие новые технологические фирмы, проявили особую изобретательность, используя мультипликаторы от стоимости на подписчика для поставщиков интернет-услуг до стоимости на посетителя веб-сайта для интернет-порталов и стоимости на члена для социальных сетей.

Почему аналитики используют секторные мультипликаторы

Рост использования специфических секторных мультипликаторов в последние годы привел к дебатам относительно того, являются ли они хорошим инструментом для сравнительной оценки. Специфические секторные мультипликаторы применяются по нескольким причинам.

- Они связывают стоимость фирмы с деталями операционного процесса и объемом выпускаемой продукции. Аналитик, начинающий исследования с таких прогнозных значений, как количество подписчиков или членов социальной сети, получает возможность оценить стоимость на гораздо более понятной основе.
- Часто специфические секторные мультипликаторы можно рассчитывать, не пользуясь бухгалтерской отчетностью или показателями. Поэтому указанные мультипликаторы можно оценивать для тех фирм, в которых отсутствует бухгалтерская отчетность, либо она ненадежна или просто несопоставима. Так, можно рассчитать стоимость на проданный киловатт-час для латиноамериканских электроэнергетических компаний, не особо беспокоясь по поводу различий в бухгалтерском учете между этими странами.
- Хотя об этом обычно не говорят, но специфические секторные мультипликаторы иногда используются в безвыходных ситуациях, когда невозможно оценить или применить никакие другие мультипликаторы. Например, к использованию специфических секторных мультипликаторов для доткомов в конце 1990-х гг. подталкивало то, что они зачастую имели отрицательную прибыль и малые величины балансовой стоимости или выручки.

Существующие ограничения

Можно понять, почему аналитики иногда обращаются к специфическим секторным мультипликаторам, но в связи с их использованием возникают две существенные проблемы:

1. Они сужают поле зрения, мешая аналитикам, сосредоточенным на конкретных секторах, и приводят к тому, что целые секторы оказываются переоцененными. Сервисная компания, торгуемая по $50 на подпис-

чика, может выглядеть недорогой относительно другой компании подобной специализации, торгуемой по $125 на подписчика, но вполне возможно, что обе эти фирмы переоценены или недооценены.

2. Как будет позднее показано в этом разделе, связь специфических секторных мультипликаторов с фундаментальными переменными усложнена, поэтому при сопоставлении фирм на основе этих мультипликаторов очень трудно сглаживать различия между ними.

Определения секторных мультипликаторов

Сущность секторных мультипликаторов состоит в том, что способы их измерения варьируют от одного сектора к другому. Однако в целом они обладают некоторыми общими характеристиками:

- в качестве числителя обычно выступает стоимость предприятия — рыночная стоимость долга и собственного капитала за вычетом денежных средств и ликвидных ценных бумаг;
- знаменатель определяется с позиции производственных подразделений, генерирующих выручку и прибыль для фирмы.

Для сырьевых компаний, например нефтеперерабатывающих и золотодобывающих, у которых выручка генерируется в результате продажи сырьевого товара, рыночную стоимость можно нормализовать, разделив ее на стоимость запасов сырья, имеющегося у этих компаний:

Стоимость на единицу товара =
= (рыночная стоимость собственного капитала +
+ рыночная стоимость долга – денежные средства)/
/количество единиц товара в запасе.

Нефтяные компании можно сопоставлять исходя из стоимости предприятия на баррель запасов нефти, а золотодобывающие компании — основываясь на стоимости предприятия на одну унцию запасов золота.

Для фирм, функционирующих в обрабатывающей промышленности и производящих однородный продукт (по качеству и единицам измерения), рыночную стоимость можно нормализовать, разделив ее на количество единиц продукта, который производится фирмой, или на способность производить:

Стоимость на единицу продукта =
= (рыночная стоимость собственного капитала +
+ рыночная стоимость долга – денежные средства)/
/количество произведенных единиц
(или количество единиц, которые могут быть произведены).

Например, сталелитейные компании можно сопоставлять исходя из стоимости предприятия на тонну стали, которая уже (или может быть) произведена.

Для фирм, зависящих от подписки, таких как компании кабельного телевидения, интернет-провайдеры и поставщики информации, выручка определяется числом подписчиков на базовую услугу. Здесь стоимость фирмы можно отнести к числу подписчиков:

Стоимость на подписчика =
= (рыночная стоимость собственного капитала +
+ рыночная стоимость долга – денежные средства) / число подписчиков.

В каждом из вышеприведенных случаев можно привести аргумент в пользу использования секторного мультипликатора, поскольку единицы (будь то баррели, киловатт-часы или число подписчиков) генерируют сходную выручку. Секторные мультипликаторы становятся гораздо более спорными, когда единицы, используемые для соизмерения стоимости, неоднородны. Давайте рассмотрим два примера.

Для розничных продавцов, таких как Amazon.com, получающих выручку от покупателей на их веб-сайтах, стоимость фирмы можно отнести к числу постоянных клиентов:

Стоимость на клиента =
= (рыночная стоимость собственного капитала +
+ рыночная стоимость долга – денежные средства) / число клиентов.

Здесь проблема состоит в том, что стоимость покупки может сильно варьировать от клиента к клиенту, поэтому вовсе не очевидно, что фирма, кажущаяся недорогой при использовании такого подхода, действительно недооценена.

Для интернет-порталов, выручка которых складывается их поступлений от рекламы, зависящей от посещаемости сайтов, выручку можно отнести к числу посетителей сайтов:

Стоимость на посетителя сайта =
= (рыночная стоимость собственного капитала +
+ рыночная стоимость долга – денежные средства) /
/ число посетителей сайта.

Здесь снова связь между посетителями и выручкой от рекламы не является ни четко установленной, ни очевидной. В 2010 г. внимание рынка привлекали социальные сети вроде Facebook и Twitter, что объяснялось в определенной мере огромным числом их участников. У таких компаний стоимость предприятия можно относить к числу участников, однако связь между этим показателем и прибыльностью призрачна и не подтверждена практикой.

Детерминанты стоимости

Каковы детерминанты стоимости при использовании специфических секторных мультипликаторов? Неудивительно, что они представляют собой те же факторы, которые определяют стоимость при использовании прочих мультипликаторов (денежные потоки, рост и риск), хотя связь здесь может оказаться сложной. Фундаментальные переменные, определяющие эти мультипликаторы, могут быть выведены, если вернуться к модели дисконтирования денежных потоков, выраженной через специфические секторные переменные.

Рассмотрим интернет-провайдера, у которого есть NX подписчиков, и предположим, что все подписчики продолжат пользоваться услугами этого провайдера в течение следующих n лет. Кроме того, предположим, что фирма будет создавать чистые денежные потоки на одного клиента (выручка от каждого клиента минус стоимость его обслуживания) в размере CFX (cash flows per customer) за год в течение этих n лет[1]. Тогда стоимость на каждого существующего клиента фирмы (value per customer — VX) можно записать следующим образом:

$$\text{Стоимость на клиента} = VX = \sum_{t=1}^{t=n} \frac{CFX}{(1+r)^t}.$$

Ставка дисконтирования, которая используется для вычисления стоимости, приходящейся на одного клиента, может варьировать от величины, близкой к безрисковой ставке (если клиент подписал контракт о пользовании услугами этого провайдера в течение следующих n лет) до стоимости капитала (если оценка представляет собой просто ожидание, основанное на прошлом опыте).

Теперь предположим, что фирма ожидает появления новых подписчиков в будущие годы и при этом она несет издержки (реклама и продвижение на рынок) C_t на каждого нового подписчика, появляющегося в период t. Если новые подписчики (ΔNX_t), появляющиеся в период t, будут приносить поступления VX_t на каждого подписчика, то стоимость фирмы можно записать следующим образом:

$$\text{Стоимость фирмы} = NX \times VX + \sum_{t=1}^{t=\infty} \frac{\Delta NX_t (VX_t - C_t)}{(1+k_c)^t}.$$

Отметим, что первый член этого оценочного уравнения представляет собой поступления, генерируемые существующими подписчиками, а второй член — величину ожидаемого роста. Новые подписчики создают посту-

[1] В целях упрощения предполагается, что денежные потоки одинаковы в каждом году. Данную предпосылку можно обобщить, если допустить, что с течением времени денежные потоки увеличиваются.

пления только в том случае, если стоимость появления нового подписчика (C_t) меньше приведенной стоимости чистых денежных потоков, созданных этим подписчиком для фирмы.

Разделив обе части этого уравнения на число существующих подписчиков (NX), мы получим следующее:

$$\text{Стоимость на существующего подписчика} =$$

$$= \frac{\text{Стоимость фирмы}}{NX} = VX + \frac{\sum_{t=1}^{t=\infty} \frac{\Delta NX_t (VX_t - C_t)}{(1+k_c)^t}}{NX}.$$

В наиболее общем случае стоимость фирмы на одного подписчика является функцией не только ожидаемой стоимости, создаваемой существующими подписчиками, но и потенциала создания стоимости в результате роста базы подписчиков. Если мы предполагаем, что рынок является конкурентным, т.е. издержки привлечения новых подписчиков (C_t) приближаются к стоимости, создаваемой этими клиентами, то второй член уравнения выпадает, и стоимость на одного подписчика становится просто приведенной стоимостью денежных потоков, создаваемых каждым существующим подписчиком:

$$\text{Стоимость на существующего подписчика}_{C = VX} = VX.$$

Отнести к числу имеющихся клиентов можно стоимость любого розничного онлайнового продавца, хотя оценить стоимость, создаваемую подобными клиентами, гораздо труднее. В отличие от подписчиков, платящих фиксированную сумму, покупательские привычки клиентов розничных продавцов предсказать сложнее.

Так или иначе, на этих примерах можно увидеть проблемы, связанные с сопоставлением подобных мультипликаторов для различных фирм. Вы либо неявно допускаете, что рынки являются конкурентными, и считаете, что фирмы с наименьшей рыночной стоимостью на подписчика в наибольшей степени недооценены, либо исходите из того, что доля стоимости роста по отношению к стоимости, создаваемой существующими клиентами, одинакова для всех фирм в проводимом анализе, и, таким образом, приходите к тому же самому выводу.

Для социальных сетей стоимость можно отнести к количеству участников, но только если связь между выручкой и этим количеством явная. Например, рекламную выручку Facebook можно прямо связать с количеством участников, а стоимость компании можно представить на одного участника. Поскольку социальные сети должны вкладывать средства в привлечение участников, именно чистая стоимость на каждого участника в конечном счете и определяет стоимость компании.

ИЛЛЮСТРАЦИЯ 20.15. *Оценка стоимости на подписчика на примере интернет-портала*

Предположим, что вы оцениваете компанию Golive Online (GOL), провайдера интернет-услуг, имеющего 1 млн подписчиков. Ожидается, что каждый подписчик будет оставаться клиентом этой фирмы в течение трех лет. Кроме того, ожидается, что GOL будет создавать чистый денежный поток после уплаты налогов (выручка от подписки минус издержки по их услугам) в размере $100 на подписчика в год. Компания GOL имеет стоимость привлечения капитала15%. Стоимость, добавляемую фирме каждым существующим подписчиком, можно оценить следующим образом:

$$\text{Стоимость на подписчика} = \sum_{t=1}^{t=3} \frac{100}{(1{,}15)^t} = \$228{,}32.$$

Стоимость существующей базы подписчиков = $228,32 млн.

Далее предположим, что GOL будет привлекать 100 000 подписчиков ежегодно в течение ближайших 10 лет и что стоимость, добавляемая каждым из них, будет расти от текущего уровня ($228,32) на 3% в год (т. е. со скоростью инфляции). Издержки привлечения нового подписчика в настоящее время равны $100, и предполагается, что они будут расти в соответствии с темпами инфляции.

Год	*Добавленная стоимость на подписчика ($)*	*Издержки привлечения подписчика ($)*	*Количество новых подписчиков*	*Приведенная стоимость при ставке 15% ($)*
1	235,17	103,00	100 000	11 493 234
2	242,23	106,09	100 000	10 293 940
3	249,49	109,27	100 000	9 219 789
4	256,98	112,55	100 000	8 257 724
5	264,69	115,93	100 000	7 396 049
6	272,63	119,41	100 000	6 624 287
7	280,81	122,99	100 000	5 933 057
8	289,23	126,68	100 000	5 313 956
9	297,91	130,48	100 000	4 759 456
10	306,85	134,39	100 000	4 262 817
				73 554 309

Кумулятивная стоимость, добавленная новыми подписчиками, равна $73,55 млн. Общая стоимость фирмы равна сумме стоимости, генерируемой существующими подписчиками, и стоимости, добавленной новыми клиентами:

Стоимость фирмы = стоимость существующей базы подписчиков +
+ стоимость, добавленная новыми клиентами = $228,32 млн + $73,55 млн = $301,87 млн.

Стоимость на существующего подписчика =
= стоимость фирмы/число подписчиков = $301,87 млн/1 млн = $301,87.

Здесь отметим, что часть этой стоимости, приходящейся на одного подписчика, обусловлена будущим ростом. По мере того как издержки, связанные с привлечением нового подписчика, приближаются к добавляемой им стоимости, стоимость на подписчика будет стремиться к $228,32.

Анализ с использованием секторных мультипликаторов

Чтобы анализировать фирмы с использованием секторных мультипликаторов, нужно сгладить различия одной или всех фундаментальных переменных этих фирм, которые мы определили как факторы, влияющие на мультипликаторы.

Например, при использовании стоимости на подписчика нам нужно сгладить различия в значениях стоимости, создаваемой каждым подписчиком. В частности, отметим следующее.

- Фирмы, наиболее эффективно предоставляющие услугу за определенную плату (т. е. с меньшими затратами), должны торговаться с более высокой стоимостью на подписчика по сравнению с сопоставимыми фирмами. Данный принцип применим и в том случае, если фирма имеет значительную экономию на масштабе. В иллюстрации 20.13 стоимость на подписчика была бы выше, если бы каждый существующий подписчик ежегодно приносил фирме $120, а не $100.
- Фирмы, которые могут привлекать новых подписчиков с меньшими затратами (через рекламу и продвижение услуг), должны торговаться с более высокой стоимостью на подписчика по сравнению с сопоставимыми фирмами.
- Фирмы с более значительным ожидаемым ростом базы подписчиков (в процентах) должны торговаться с более высокой стоимостью на подписчика по сравнению с сопоставимыми фирмами.

Вы можете сформулировать сходные утверждения относительно стоимости на одного клиента.

ИЛЛЮСТРАЦИЯ 20.16. *Кумулятивная стоимость: стоимость на участника и социальные сети*

В мае 2011 г. Linkedin стала первой крупной социальной сетью, которая при первоначальном публичном предложении получила восторженный прием: в день предложения цена акции удвоилась и рыночная стоимость компании достигла $10 млрд, хотя ее выручка составляла всего $243 млн. Примерно в это же время Microsoft приобрела Skype за $8,5 млрд, несмотря на то, что Skype объявила об убытке $7 млн за предыдущий год. Facebook и Twitter, хотя не являются публичными, тоже высоко оцениваются на частных рынках.

Одним из оснований высокой оценки является число участников/пользователей ресурсов, предлагаемых компаниями. В таблице ниже приведены данные по четырем социальным сетям — рыночная (или расчетная) стоимость, стоимость на участника/пользователя и более традиционный мультипликатор «стоимость предприятия/объем продаж».

Компания	*Число участников/пользователей (млн)*	*Стоимость предприятия ($ млн)*	*Стоимость предприятия/участник (пользователь) ($)*	*Выручка в 2010 г. ($ млн)*	*Стоимость предприятия/объем продаж*
Facebook	500	50 000*	100,00	710,00	70,42
Twitter	175	6000*	34,29	1,30	4615,38
Skype	170	8500	50,00	860,00	9,88
Linkedin	75	10 000	133,33	243,00	41,15

* Оценка на основе объявленных сделок.

Обратите внимание на то, что стоимость Skype и Linkedin основана на публичных сделках, а расчетная стоимость Facebook и Twitter — на частных сделках. Все четыре компании выглядят безнадежно переоцененными, если судить по мультипликатору «стоимость предприятия/объем продаж», особенно Twitter, которая торговалась в 2010 г. с мультипликатором 4615. Впрочем, с точки зрения отношения «стоимость/участник» Twitter выглядит дешевой, а Microsoft, похоже, сделала очень выгодное приобретение.

Такие сравнения, однако, предполагают, что модели выручки у всех четырех фирм одинаковы и генерируют примерно одну и ту же стоимость на одного участника (пользователя). Не исключено, что Linkedin, как профессиональный, ориентированный на бизнес сайт, может обеспечивать более высокую выручку на участника, и что компании Twitter намного сложнее коммерциализировать свой сайт, но на данном этапе такие предположения являются дискуссионными.

ЗАКЛЮЧЕНИЕ

Мультипликаторы «цена/объем продаж» и «стоимость/объем продаж» широко используются для оценки технологических фирм и для сопоставления значений стоимости этих фирм. Анализ фундаментальных переменных указывает на важность маржи прибыли в определении этих мультипликаторов в дополнение к стандартным переменным, к которым относятся: коэффициент выплаты дивидендов, стоимость привлечения собственного капитала, ожидаемые темпы роста чистой прибыли — для мультипликатора «цена/объем продаж», а также коэффициент реинвестирования, стоимость привлечения капитала и рост прибыли на активы — для мультипликатора «стоимость/объем продаж». При сопоставлении мультипликаторов разных фирм следует принимать в расчет различия в марже прибыли. Один из подходов заключается в поиске несоответствий: сочетания низкой маржи прибыли и больших значений мультипликатора выручки, указывающей на переоцененность фирмы, или высокой маржи прибыли и малой величины мультипликатора, указывающей на недооцененность фирмы. Другой подход к сглаживанию различий в фундаментальных переменных — это кросс-секторные регрессии, при котором строят регрессию мультипликатора выручки по фундаментальным переменным для фирм в некоторых видах бизнеса, секторах или на рынках.

Секторные мультипликаторы соотносят стоимость со специфическими переменными сектора, но их следует использовать с осторожностью. Часто эти мультипликаторы трудно сопоставлять, если не принимать строгих допущений относительно операционной деятельности и потенциала роста.

КОНТРОЛЬНЫЕ ВОПРОСЫ

В приведенных ниже заданиях, если не указано иное, премия за риск инвестирования в акции принимается равной 5,5%.

1. В 1993 г. Longs Drug Stores, крупная американская сеть аптек, функционирующих главным образом в Северной Калифорнии, имела

объем продаж на акцию в размере $122, при этом прибыль на акцию составила $2,45, а выплаченные дивиденды на акцию были равны $1,12. Ожидалось, что компания будет расти в долгосрочной перспективе на 6% в год, в то время как ее коэффициент бета составлял 0,9. Текущая ставка по казначейским облигациям 7%, а премия за рыночный риск — 5,5%.

а) Оцените мультипликатор «цена/объем продаж» для Longs Drug.

б) В настоящее время акции торгуются по $34 за штуку. Предполагая, что темпы роста оценены правильно, определите, чему должна быть равна маржа прибыли, чтобы оправдать такую цену акций.

2. Вы исследуете серьезные различия в мультипликаторах «цена/объем продаж» у фирм, занимающихся розничной торговлей, и пытаетесь найти логические основания для объяснения выявленных различий.

Компания	*Цена ($)*	*Объем продаж на акцию ($)*	*Прибыль ($)*	*Ожидаемый рост (%)*	*Коэфф. бета*	*Выплаты (%)*
Bombay Co.	38	9,70	0,68	29,0	1,45	0
Bradlees	15	168,60	1,75	12,0	1,15	34
Caldor	32	147,45	2,70	12,5	1,55	0
Consolidated	21	23,00	0,95	26,5	1,35	0
Dayton Hudson	73	272,90	4,65	12,5	1,30	38
Federated	22	58,90	1,40	10,0	1,45	0
Kmart	23	101,45	1,75	11,5	1,30	59
Nordstrom	36	43,85	1,60	11,5	1,45	20
Penney	54	81,05	3,50	10,5	1,10	41
Sears	57	150,00	4,55	11,0	1,35	36
Tiffany	32	35,65	1,50	10,5	1,50	19
Wal-Mart	30	29,35	1,05	18,5	1,30	11
Woolworth	23	74,15	1,35	13,0	1,25	65

а) Есть две компании, которые торгуются по цене, превышающей их выручку, — Bombay Company и Wal-Mart. Почему?

б) Какая переменная наиболее сильно коррелирует с мультипликаторами «цена/объем продаж»?

в) Какую из этих компаний с наибольшей вероятностью можно считать переоцененной/недооцененной? Как вы пришли к такому мнению?

3. В 1993 г. Walgreen, крупная сеть американских аптек, получила чистую прибыль $221 млн при выручке $8298 млн. Из прибыли 31%

был выплачен в виде дивидендов, причем ожидалось, что в 1994–1998 гг. этот коэффициент выплат не изменится, а рост прибыли составит 13,5%. После 1998 г. ожидались падение роста прибыли до 6% и рост коэффициента выплаты дивидендов до 60%. Коэффициент бета равен 1,15 и, как ожидается, не изменится. Ставка по казначейским облигациям была равна 7%, а премия за риск — 5,5%.

а) Оцените мультипликатор «цена/объем продаж» для фирмы Walgreen, предполагая, что ее маржа прибыли неизменна и остается на уровне 1993 г.

б) В какой мере величину мультипликатора «цена/объем продаж» можно объяснить чрезвычайным ростом?

4. В 1992 г. компания Tambrands, ведущий производитель тампонов, объявила о чистой прибыли $122 млн при выручке $684 млн. Предполагалось, что ожидаемый рост прибыли в последующие пять лет будет составлять 11%, а по истечении этого периода станет равным 6%. В 1992 г. фирма выплатила в виде дивидендов 45% прибыли, и в период стабильного роста ожидалось увеличение коэффициента выплат до 60%. Коэффициент бета акций был равен 1.

   В 1993 г. произошли снижение популярности этого бренда у потребителей и увеличение конкуренции со стороны других брендов, что привело к падению чистой прибыли до $100 млн при выручке $700 млн. Мультипликатор «объем продаж/балансовая стоимость» был сопоставим с уровнем 1992 г. (ставка по казначейским облигациям в 1992–1993 гг. была равна 7%, а премия за риск — 5,5%).

   а) Оцените мультипликатор «цена/объем продаж», основываясь на данных по марже прибыли и ожидаемому росту за 1992 г.

   б) Оцените мультипликатор «цена/объем продаж», основываясь на данных по марже прибыли и ожидаемому росту за 1993 г. (исходите из того, что период чрезвычайного роста остается равным пяти годам, но на темпы роста будет воздействовать снижение маржи прибыли).

5. В начале 1994 г. корпорация Gillette Inc. столкнулась с необходимостью принятия серьезного стратегического решения: либо продолжать стратегию высокой маржи прибыли, либо перейти к стратегии низкой маржи прибыли — в целях увеличения выручки от продаж в условиях интенсивной конкуренции. Более детально две рассматриваемые стратегии описываются следующим образом.

   Стратегия сохранения статус-кво — поддержания высокой маржи прибыли — предполагала следующее:

   - В 1994–2003 гг. поддерживать маржу прибыли на уровне 1993 г. (в 1993 г. чистая прибыль составляла $575 млн при выручке в $5750 млн).

- Тогда можно ожидать, что мультипликатор «объем продаж/балансовая стоимость», который в 1993 г. был равен 3, в 1994–2003 гг. снизится до 2,5.

Стратегия низкой маржи прибыли и больших объемов продаж предполагала следующее:

- В 1994–2003 гг. уменьшить маржу чистой прибыли до 8%.
- Тогда в 1994–2003 гг. мультипликатор «объем продаж/балансовая стоимость» останется на уровне 1993 г.

Балансовая стоимость на акцию в конце 1993 г. была равна $9,75. Ожидалось, что при реализации любой из этих двух стратегий коэффициент выплаты дивидендов, который в 1993 г. был равен 33%, в 1994–2003 гг. останется неизменным. То же самое верно и в отношении коэффициента бета, равного 1,3 в 1993 г. (ставка по казначейским облигациям составляла 7%, а премия за риск — 5,5%).

Ожидалось, что после 2003 г. при реализации любой из двух стратегий произойдет снижение темпов роста прибыли до 6%, а коэффициент выплаты дивидендов будет равен 60%. Коэффициент бета снизится до 1.

а) Оцените мультипликатор «цена/объем продаж» при реализации стратегии сохранения статус-кво.

б) Оцените мультипликатор «цена/объем продаж» при реализации стратегии низкой маржи прибыли.

в) Какую стратегию вы порекомендуете и почему?

г) Насколько должен снизиться объем продаж при реализации стратегии сохранения статус-кво, чтобы обе стратегии оказались эквивалентными?

6. Вы построили регрессию мультипликатора «цена/объем продаж» по фундаментальным переменным для акций, зарегистрированных на NYSE в 1994 г., и получили следующее уравнение:

$$PS = 0{,}42 + 0{,}33 \text{ выплаты} + 0{,}73 \text{ рост} -$$
$$- 0{,}43 \text{ бета} + 7{,}91 \text{ маржа прибыли}.$$

Например, фирма с коэффициентом выплаты 35%, темпами роста 15%, коэффициентом бета 1,25 и маржей прибыли 10% имела мультипликатор «цена/объем продаж», равный:

$$PS = 0{,}42 + 0{,}33 \times 0{,}35 + 0{,}73 \times 0{,}15 -$$
$$- 0{,}43 \times 1{,}25 + 7{,}91 \times 0{,}1 = 0{,}8985.$$

а) Что говорят вам коэффициенты этой регрессии по поводу связи между независимыми и зависимыми переменными? Какие статистические аспекты побуждают вас не полностью удовлетвориться данной регрессией?

б) Оцените мультипликатор «цена/объем продаж» для всех розничных фирм, описанных в вопросе 2. Почему этот результат может отличаться от вывода, который получен из регрессии, касающейся только фирм, содержащих аптеки? Какой из ответов трактовался бы вами как более обоснованный и почему?

7. Корпорация Ulysses Inc. — розничная фирма, которая в только что закончившемся финансовом году объявила о чистой прибыли $1,5 млрд при выручке $15 млрд. При этом коэффициент оборачиваемости капитала фирмы был равен 1,5. Стоимость привлечения капитала фирмы составляет 10%.

   а) Предположим, что вы ожидаете рост операционной прибыли на 5% в год в бесконечной перспективе. Оцените мультипликатор «стоимость/объем продаж» для этой фирмы.

   б) Как бы изменился ваш ответ, если бы вам сказали, что в последующие пять лет темпы роста операционной прибыли составят 10% в год, а в последующем –5% в год в бесконечной перспективе?

8. Для фирм, занимающихся косметикой, вы построили регрессию мультипликатора «стоимость/объем продаж» по марже операционной прибыли:

   Стоимость/объем продаж = 0,45 + 8,5
   (маржа операционной прибыли после налогообложения).

   Вы пытаетесь оценить стоимость бренда Estée Lauder. Фирма получила прибыль после уплаты процентов и налогов $80 млн при выручке в размере $500 млн. Компания GenCosmetics, производитель небрендированной косметики, заработала маржу операционной прибыли после уплаты налогов в размере 5%. Оцените стоимость бренда Estée Lauder.

9. Вы пытаетесь определить стоимость бренда компании Steinway, одного из самых известных в мире производителей фортепиано. За истекший год эта фирма объявила об операционной прибыли $30 млн при выручке в размере $100 млн, ее налоговая ставка составляет 40%. Балансовая стоимость капитала данной фирмы равна $90 млн, а стоимость привлечения капитала — 10%. Фирма находится в стабильном периоде с ожидаемым ростом 5% в год в бесконечной перспективе.

   а) Оцените для этой фирмы мультипликатор «стоимость/объем продаж».

б) Теперь предположим, что маржа операционной прибыли (EBIT/объем продаж) у остальных производителей фортепиано равна половине маржи операционной прибыли компании Steinway. Предположим также, что остальные производители фортепиано имеют те же темпы стабильного роста, коэффициента, оборачиваемость капитала и стоимость привлечения капитала, что и фирма Steinway. Чему будет равна стоимость бренда Steinway?

Глава 21

ОЦЕНКА ФИРМ, ОКАЗЫВАЮЩИХ ФИНАНСОВЫЕ УСЛУГИ

Аналитик, пытающийся оценить банки, страховые компании и другие фирмы, оказывающие финансовые услуги, сталкивается с особыми проблемами, и происходит это по двум причинам. Первая причина кроется в природе их бизнеса, затрудняющей определение долга и реинвестиций, а это усложняет оценку денежных потоков. Вторая же причина заключается в том, что деятельность таких фирм сильно регулируется, поэтому необходимо учитывать влияние регулирования на стоимость.

Эта глава начинается с рассмотрения особенностей фирм в сфере финансовых услуг, а также методов преодоления возникающих здесь проблем. Затем исследуются вопросы о том, как адаптировать модели дисконтирования денежных потоков для оценки фирм, оказывающих финансовые услуги, и разбираются три альтернативных модели: традиционная модель дисконтирования дивидендов, модель дисконтирования денежных потоков на собственный капитал и модель избыточной доходности. Каждая из моделей рассматривается на примерах из сферы финансовых услуг. После этого мы перейдем к рассмотрению эффективности методов сравнительной оценки применительно к фирмам, оказывающим финансовые услуги, и изучим, какие мультипликаторы лучше всего здесь использовать.

В последней части главы разбирается ряд проблем, которые хотя и не столь специфичны для фирм, оказывающих финансовые услуги, но чаще всего встречаются именно в этой сфере — начиная с того, как влияют изменения регуляторных требований на риск и стоимость, и кончая выбором наилучшего способа оценки качества кредитных портфелей банков.

КАТЕГОРИИ ФИРМ, ОКАЗЫВАЮЩИХ ФИНАНСОВЫЕ УСЛУГИ

Любую фирму, которая предоставляет финансовые продукты и услуги физическим лицам или другим фирмам, можно охарактеризовать как фирму, оказывающую финансовые услуги. Мы подразделяем фирмы, оказывающие финансовые услуги, на четыре группы исходя из того, как они делают деньги. Банки делают деньги на разнице между процентом, выплачиваемым вкладчикам, и процентом, взимаемым с заемщиков. Кроме того, банки получают доход от других услуг, которые они предлагают своим вкладчикам и заемщикам. Страховые компании извлекают доход двумя способами. Во-первых, они получают премию от покупателей полисов, а во-вторых, они получают доход от инвестиционных портфелей, которыми управляют для обслуживания полисов. Инвестиционные банки занимаются консультированием и предлагают сопутствующие продукты фирмам нефинансового сектора, которые хотят привлечь капитал или осуществить такую сделку, как поглощение или отделение части бизнеса. Инвестиционные фирмы дают консультации по инвестиционным вопросам или управляют портфелями своих клиентов. Их доход складывается из платы за консультирование и комиссий за управление инвестиционными портфелями и осуществление торговых сделок.

По мере консолидации сектора финансовых услуг все большее число фирм действует более чем в одном бизнесе. Так, большинство крупных банков в США занимаются как минимум тремя видами деятельности. В то же время остается большое количество малых банков, специализированных инвестиционных банков и страховых компаний, которые по-прежнему извлекают подавляющую часть доходов из одного источника.

На развивающихся рынках фирмы сферы финансовых услуг имеют еще большую специфику. Если взять их в совокупности, то становится очевидным, что к ним нельзя применить ни одну шаблонную модель, и нам необходима гибкая модель.

ОСОБЕННОСТИ ФИРМ СФЕРЫ ФИНАНСОВЫХ УСЛУГ

Фирмы, оказывающие финансовые услуги, имеют много общего с фирмами нефинансового сектора. Им приходится балансировать прибыльность и риск, заботиться о поддержании конкурентоспособности, они так же стремятся обеспечить быстрый рост. Если фирма публичная, то о ней судят так же, как и о любой другой фирме — по совокупной доходности, получаемой ее акционерами. Однако в данном разделе мы сосредоточим внимание на тех аспектах фирм сектора финансовых услуг, которые отличают их от других фирм, и рассмотрим вытекающие отсюда последствия для процедуры оценки.

Долг: сырье или источник капитала

Когда мы говорим о капитале фирм нефинансового сектора, то имеем в виду и долг, и собственный капитал. Фирма привлекает капитал как долевых инвесторов, так и держателей облигаций (и банков) и использует его для осуществления собственных инвестиций. При оценке фирмы нас интересуют активы в ее собственности, а не просто стоимость собственного капитала.

В случае фирм сферы финансовых услуг долг приобретает другой смысл. Большинство фирм, оказывающих финансовые услуги, рассматривают долг не как источник капитала, а как сырье. Иными словами, долг для банка — это то же самое, что и сталь для автомобильной компании, т. е. нечто преобразуемое в другие финансовые продукты, которые потом можно продать по более высокой цене и получить прибыль. Поэтому в фирмах, оказывающих финансовые услуги, капитал определяется более узко и включает только собственный капитал. Эта трактовка капитала подкрепляется регулирующими органами, которые включают в минимальный капитал только собственный капитал и долевое финансирование.

Определение, из чего состоит долг в фирмах сферы финансовых услуг, также является более размытым, чем для нефинансовых фирм. Например, следует ли вклады, размещенные клиентами на текущих счетах банка, трактовать как долг этого банка? Особенно это касается процентных вкладов, поскольку существует мало различий между таким вкладом и долговым обязательством, выпущенным банком. Если мы относим подобный вклад к категории долга, то операционная прибыль банка должна измеряться до учета процентов, выплачиваемых вкладчикам, а это проблематично, поскольку процентные расходы обычно являются для банка крупнейшей статьей расходов.

Сфера регулирования

Фирмы сферы финансовых услуг во всем мире регулируются, хотя и в разной степени — в зависимости от страны. В целом регулирование имеет три формы. Во-первых, банки и страховые компании должны поддерживать определенные коэффициенты капитала для обеспечения гарантий, что они не выходят за пределы своих средств и не подвергают риску держателей требований и вкладчиков. Во-вторых, для финансовых фирм нередко устанавливаются ограничения на сферы, в которые они могут вкладывать свои средства. Например, в США закон Гласса–Стигалла (Glass-Steagall Act) в течение десятилетий после Великой депрессии запрещал коммерческим банкам заниматься инвестиционной деятельностью и открывать активные позиции в собственном капитале фирм в обрабатывающей промышленности. В-третьих, регулирующие органы часто ограничивают вход новых фирм в финансовый бизнес, а также слияния существующих фирм.

Почему все это имеет значение? С точки зрения оценки допущения относительно роста связаны с допущениями относительно реинвестиций. Применительно к фирмам сферы финансовых услуг эти допущения должны тщательно анализироваться с точки зрения соблюдения регуляторных ограничений. Кроме того, указанные допущения могут повлиять и на наши подходы к измерению риска таких фирм. Если регуляторные ограничения меняются или могут измениться, это повышает степень неопределенности будущего, что может повлиять на стоимость.

Реинвестиции фирм в сфере финансовых услуг

В предыдущем разделе отмечалось, что для финансовых фирм часто устанавливаются ограничения на сферы инвестирования и его объемы. Если определить реинвестиции как вложения, необходимые для обеспечения роста, что мы и делали до сих пор в этой книге, то в финансовых фирмах в связи с реинвестициями возникают другие проблемы. Отметим, в главе 10 рассматривались две статьи реинвестиций: чистые капитальные затраты и оборотный капитал. К сожалению, измерение любой из этих двух статей для фирмы из финансового сектора может оказаться проблематичным.

Рассмотрим сначала чистые капитальные затраты. В отличие от фирм, занятых в обрабатывающей промышленности, которые инвестируют в машины, оборудование и другие элементы основного капитала, фирмы сектора финансовых услуг инвестируют в нематериальные активы — такие как бренд и человеческий капитал. Поэтому в бухгалтерском учете их инвестиции в будущий рост часто относят к категории операционных расходов. Неудивительно, что отчеты о движении денежных средств банка отражают малый или нулевой объем капитальных затрат и, соответственно, малую сумму начисленного износа. В случае с оборотным капиталом мы сталкиваемся с другой проблемой. Если определить оборотный капитал как разность между текущими активами и текущими пассивами, то значительная часть банковского баланса попадет в какую-либо из этих категорий. Изменения этой величины могут быть как крупными, так и неустойчивыми, и при этом не иметь отношения к реинвестициям в будущий рост.

В результате этих затруднений, связанных с измерением реинвестиций, при проведении оценки таких фирм возникают две практические проблемы. Первая состоит в том, что мы не можем оценить денежные потоки без оценки реинвестирования. Иными словами, если мы не можем идентифицировать ни чистые капитальные затраты, ни изменения в оборотном капитале, то нам не удастся оценить денежные потоки. Вторая проблема заключается в том, что если коэффициент реинвестирования нельзя измерить, то оценка ожидаемого будущего роста оказывается затруднительной.

ОБЩИЕ ПРИНЦИПЫ ОЦЕНКИ

Если учесть уникальную роль долга в фирмах сферы финансовых услуг, регуляторные ограничения, с которыми они сталкиваются, и трудности, связанные с идентификацией реинвестиций в этих фирмах, то как подходить к оценке таких фирм? В этом разделе предлагаются некоторые общие правила, позволяющие справиться с этими проблемами. Во-первых, есть смысл оценивать непосредственно собственный капитал финансовой фирмы, а не фирму в целом. Во-вторых, либо нам нужен показатель денежных потоков, не требующий оценки потребностей в реинвестициях, либо нам необходимо другое определение реинвестиций, более подходящее для фирмы сферы финансовых услуг.

Собственный капитал и стоимость фирмы

В начале этой книги мы говорили о различии между оценкой фирмы и оценкой собственного капитала. Мы оцениваем фирму посредством дисконтирования по средневзвешенной стоимости привлечения капитала ожидаемых денежных потоков до учета платежей по долгам. Мы оцениваем собственный капитал посредством дисконтирования по стоимости привлечения собственного капитала денежных потоков долевых инвесторов.

Процесс оценки денежных потоков до учета платежей по долгам или средневзвешенной стоимости капитала является проблематичным делом, когда долг и платежи по долгам нельзя с легкостью идентифицировать, а именно такая ситуация, как мы уже говорили, наблюдается в фирмах сферы финансовых услуг. Однако собственный капитал можно оценивать непосредственно через дисконтирование по стоимости привлечения собственного капитала денежных потоков на акции. Поэтому для фирм сферы финансовых услуг мы выступаем в поддержку второго подхода. Его можно распространить и на мультипликаторы. Мультипликаторы собственного капитала, такие как «цена/прибыль» и «цена/балансовая стоимость», лучше подходят для финансовых фирм, чем мультипликаторы стоимости, например «стоимость предприятия/EBITDA».

Оценка денежных потоков

Для того чтобы оценить собственный капитал фирмы, мы обычно оцениваем чистые денежные потоки на собственный капитал. В главе 10 мы определили свободные денежные потоки на собственный капитал следующим образом:

Чистые денежные потоки на собственный капитал =
= чистая прибыль – чистые капитальные затраты –
– изменения в неденежном оборотном капитале –
– (выплаченный долг – выпущенный новый долг).

Если мы не можем оценить чистые капитальные затраты или неденежный оборотный капитал, то, со всей очевидностью, нам не удастся оценить чистые денежные потоки на собственный капитал (на акции). Поскольку в случае с фирмами финансового сектора дело обстоит именно так, у нас есть два варианта выбора. Первый состоит в использовании дивидендов в качестве денежных потоков на собственный капитал и принятии предпосылки о том, что фирмы с течением времени выплачивают свободные денежные потоки на собственный капитал в виде дивидендов. Поскольку дивиденды можно легко наблюдать, нам не нужно решать вопрос о том, сколько средств фирмы реинвестируют. Второй вариант заключается в адаптации показателя свободных денежных потоков на собственный капитал с целью учета класса реинвестиций, осуществляемых финансовыми фирмами. Например, учитывая, что банки обязаны соблюдать требования регуляторов к капиталу, можно утверждать, что они должны осуществлять реинвестиции в обязательный капитал, если хотят иметь возможность расти в будущем.

ОЦЕНКА НА ОСНОВЕ ДИСКОНТИРОВАННЫХ ДЕНЕЖНЫХ ПОТОКОВ

В модели дисконтированных денежных потоков мы считаем, что стоимость актива равна приведенной стоимости ожидаемых денежных потоков, создаваемых этим активом. В этом разделе мы сначала рассматриваем использование моделей дисконтирования дивидендов для оценки банков и других фирм сферы финансовых услуг, затем переходим к анализу моделей денежных потоков на акции и в завершение изучаем модели избыточной доходности.

Модели дисконтирования дивидендов

В главе 13 рассматривалось, как оценивать собственный капитал фирмы по модели дисконтирования дивидендов. Учитывая, что единственными денежными потоками, получаемыми акционером публичной фирмы, являются дивиденды, мы оценивали собственный капитал как «приведенную стоимость ожидаемых дивидендов». Мы рассматривали целый диапазон моделей дисконтирования дивидендов — от моделей стабильного роста до моделей быстрого роста — и разбирали вопрос о том, как лучше всего оценивать входные данные. Хотя значительная часть изложенного в той главе применима и здесь, в этом разделе мы рассмотрим некоторые уникальные аспекты фирм сферы финансовых услуг.

Базовые модели. В базовой модели дисконтирования дивидендов стоимость акции есть приведенная стоимость ожидаемых дивидендов по этой акции. Предполагая неограниченный срок существования собственного капитала в публично торгуемой фирме, мы приходим к следующей формуле:

$$\text{Стоимость на акцию} = \sum_{t=1}^{t=\infty} \frac{DPS_t}{(1+k_e)^t},$$

где DPS_t = ожидаемые дивиденды на акцию в период t (dividend per share);
k_e = стоимость привлечения собственного капитала.

В особом случае, когда ожидаемые темпы роста дивидендов являются константой и сохраняются бесконечно, эта модель сводится к модели роста Гордона:

$$\text{Стоимость на акцию при стабильном росте} = \frac{DPS_1}{k_e - g},$$

где g представляет собой ожидаемые темпы роста в бесконечной перспективе.

В более общем случае, когда темпы роста дивидендов не являются устойчивыми или бесконечно постоянными в течение определенного периода (называемого периодом чрезвычайного роста), мы можем по-прежнему предполагать, что темпы роста будут постоянными в бесконечной перспективе с некоторого момента в будущем. Это позволяет нам оценивать стоимость акции в модели дисконтирования дивидендов как сумму значений приведенной стоимости дивидендов в период чрезвычайного роста и приведенной стоимости заключительной цены, оцениваемой по модели роста Гордона.

$$\text{Стоимость на акцию в период чрезвычайного роста} = \\ = \sum_{t=1}^{t=n} \frac{DPS_t}{(1+k_{e,hg})^t} + \frac{DPS_{n+1}}{(k_{e,st} - g_n)(1+k_{e,hg})^n}.$$

Ожидается, что чрезвычайный рост продлится n лет, g_n — это ожидаемые темпы роста по истечении n лет, а k_e — стоимость привлечения собственного капитала (hg — период быстрого роста, а st — период стабильного роста).

Входные переменные, используемые в модели. В данном разделе мы сосредоточим внимание на проблемах оценки фирм сферы финансовых услуг, возникающих при работе с входными переменными для используемых моделей. В общем-то, чтобы оценить акцию по модели дисконтирования дивидендов, нам нужно оценить стоимость привлечения собственного капитала, ожидаемые коэффициенты выплат и ожидаемые темпы роста прибыли на акцию во времени.

Стоимость привлечения собственного капитала. В соответствии со способом, с помощью которого мы до сих пор в этой книге оценивали стоимость привлечения собственного капитала фирм, стоимость привлечения собственного капитала для финансовой фирмы должна отражать ту часть риска в собственном капитале, которую не может диверсифицировать финансовый покупатель акции. Этот риск характеризуется одним коэффициентом бета (в модели оценки капитальных активов) или несколькими коэффициентами бета (в многофакторной модели или модели арбитражной оценки).

Ранее мы уже высказывались против использования регрессионных коэффициентов бета из-за шума в оценках (среднеквадратических ошибок) и возможности изменения фирмы за период регрессии. Насколько актуальны эти аргументы применительно к фирмам сферы финансовых услуг? Если бы регуляторные ограничения оставались неизменными в течение данного периода времени и ожидалось, что в будущем они не изменятся, то рассматриваемый сектор мог бы оказаться одним из тех немногих секторов, где можно использовать регрессионные коэффициенты бета с определенной уверенностью в них. В периоды же, когда меняются как правила, так и общая среда регулирования, предостережения о неприменимости регрессионных коэффициентов бета продолжают оставаться в силе.

Существует и вторая область различий. При получении оценок коэффициентов бета для фирм из нефинансового сектора мы подчеркивали важность безрычаговых коэффициентов бета (при этом не важно, являются ли они историческими величинами или средними для сектора), а затем учитывали в этом коэффициенте задолженность, используя текущее соотношение долга и собственного капитала. В случае финансовых фирм нам приходится отбрасывать такую процедуру по двум причинам. Во-первых, они в целом гораздо однороднее по структуре капитала, поскольку все имеют высокий рычаг. Во-вторых, и об этом уже говорилось, у финансовых фирм долг трудно измерить. На практике это означает, что мы будем использовать средние рычаговые коэффициенты бета для сопоставимых фирм, рассматривая их как восходящие коэффициенты бета для анализируемой фирмы.

Коэффициенты выплат. Ожидаемый дивиденд на акцию в будущем периоде можно записать в виде произведения ожидаемой прибыли на акцию в этом периоде и ожидаемого коэффициента выплат. Выведение дивидендов из ожидаемой прибыли имеет два преимущества. Первое — это возможность сосредоточить внимание на ожидаемом росте прибыли, которая более тесно связана с фундаментальными характеристиками фирмы, чем дивиденды. Второе преимущество заключается в том, что коэффициент выплат можно с течением времени изменять с целью отражения изменений в возможностях роста и инвестирования.

Для банка, как и для любой другой фирмы, коэффициент выплат рассчитывается как частное от деления дивидендов на прибыль. Обычно фирмы сферы финансовых услуг выплачивают в виде дивидендов больше, чем фирмы из других секторов рынка. Коэффициенты выплат дивидендов и дивидендная доходность банков, страховых компаний, инвестиционных банков и инвестиционных фирм гораздо выше, чем аналогичные показатели для остального рынка.

Почему фирмы сферы финансовых услуг платят более высокие дивиденды, чем другие фирмы? Очевидный ответ заключается в том, что они функционируют в более зрелых видах бизнеса, чем, например, технологические фирмы, но это только часть объяснения. Даже если мы сгладим различия в ожидаемых темпах роста, у финансовых фирм все равно дивидендные выплаты будут гораздо больше, чем у других фирм, по двум причинам. Одна из них состоит в том, что банкам и страховым компаниям нужно направлять значительно меньше средств на капитальные затраты, по крайней мере с точки зрения бухгалтеров, чем прочим фирмам. В свою очередь, это означает, что эти фирмы могут выплатить в виде дивидендов значительно большую часть чистой прибыли, чем производственные фирмы. Вторая причина историческая. Банки и страховые компании всегда считались надежными источниками высоких дивидендов. Со временем у них сложился круг инвесторов, предпочитающих дивиденды, и теперь им трудно изменить дивидендную политику.

В последние годы, в соответствии с тенденцией, которая наблюдается и в других секторах, финансовые фирмы увеличили объемы обратного выкупа акций, рассматривая его как способ возврата денежных средств акционерам. В этом контексте сосредоточение исключительно на выплачиваемых дивидендах может искажать картину возврата денежных средств акционерам. Очевидное решение состоит в ежегодном прибавлении сумм обратного выкупа акций к выплаченным дивидендам и в вычислении сложносоставного коэффициента выплат. Однако если мы поступаем таким образом, то нам нужно рассматривать сумму за несколько лет, поскольку объемы обратного выкупа акций сильно меняются во времени. Например, за выкупом в миллиарды долларов в одном году могут следовать три года относительно небольших объемов выкупов.

Ожидаемый рост. Если дивиденды основываются на прибыли, то ожидаемыми темпами роста, которые определяют стоимость, являются ожидаемые темпы роста прибыли. Для фирм сферы финансовых услуг, как и для прочих фирм, рост прибыли можно оценивать одним из трех способов:

1. *Исторический рост прибыли*. Многие фирмы и страховые компании имеют очень длительную историю, и оценка исторического роста обычно осуществима. К тому же корреляция между ростом прибыли в прошлом и ожидаемым в будущем ростом у финансовых фирм гораздо сильнее, чем у прочих фирм.

   Это указывает на то, что исторический рост прибыли является лучшим прогностическим фактором будущей прибыли для подобных фирм. Однако если меняется регуляторная среда, то к проецированию прошлого роста на будущее нужно подходить с большой осторожностью.

2. *Аналитические оценки роста прибыли*. Аналитики оценивают ожидаемые темпы роста прибыли для множества публично торгуемых фирм, хотя степень охвата сильно «плавает». Объектом подобных исследований является множество крупных банков и страховых компаний, так что у нас есть возможности получить такие оценки будущего роста. Как отмечалось в главе 11, остается открытым вопрос о том, всегда ли долгосрочные прогнозы аналитиков подходят для оценки будущего роста лучше, чем исторический рост.

3. *Фундаментальный рост*. В главе 11 мы указывали на то, что ожидаемый рост прибыли на акцию можно записать в виде функции коэффициента нераспределенной прибыли и рентабельности собственного капитала (ROE):

$$\text{Ожидаемый рост}_{EPS} = \text{коэффициент нераспределенной прибыли} \times \text{ROE}.$$

Это уравнение позволяет оценить ожидаемый рост для фирм со стабильной рентабельностью собственного капитала. Если мы при рассмотрении выплат прибавляем обратные выкупы акций к дивидендам, то коэффициент нераспределенной прибыли точно так же должен быть определен согласованно.

Если ожидается, что рентабельность собственного капитала с течением времени изменится, то ожидаемые темпы роста прибыли на акцию можно записать следующим образом:

$$\text{Ожидаемый рост}_{EPS} = \text{коэффициент нераспределенной прибыли} \times \text{ROE}_{t+1} + (\text{ROE}_{t+1} - \text{ROE}_t)/\text{ROE}_t.$$

В обеих формулировках ожидаемые темпы роста — это функция коэффициента нераспределенной прибыли, характеризующего объем реинвестиций, и рентабельности собственного капитала, характеризующей их качество. Насколько хорошо модели фундаментального роста работают для фирм сферы финансовых услуг? Оказывается, на удивление хорошо. Коэффициент нераспределенной прибыли в банке измеряет объем собственного капитала, реинвестируемого в фирму, что, в свою очередь, при заданных регулирующими органами значениях коэффициентов капитала определяет в значительной мере то, насколько эти фирмы могут расширяться в будущем. Рентабельность собственного капитала тоже оказывается наиболее значимым показателем качества инвестиций, поскольку финансовые активы с гораздо большей вероятностью будут переоцениваться в соответствии с текущими рыночными ценами.

Стабильный рост. В завершение рассмотрения моделей дисконтирования дивидендов мы должны допустить, что оцениваемые нами фирмы сферы финансовых услуг перейдут в состояние стабильного роста в определенный момент в будущем с темпами, которые меньше или равны темпам роста экономики в целом. В некоторых случаях, особенно применительно к крупным фирмам в более зрелых видах бизнеса, ожидаемые сегодня темпы роста уже могут быть стабильными.

Определяя, когда финансовая фирма вступает в период стабильного роста, мы должны рассмотреть три фактора. Первый — это размер фирмы относительно рынка, обслуживаемого ею. Более крупные финансовые фирмы испытывают больше трудностей в поддержании быстрого роста в течение длительных периодов, особенно на зрелых рынках. Второй фактор — характер конкуренции. Если конкуренция интенсивна, то состояние стабильного роста наступит скорее раньше, чем позже. Если же конкуренция ограничена, то быстрый рост и избыточная доходность могут сохраняться более длительное время. Наконец, характер регулирования финансовых фирм может влиять на быстроту перехода к стабильному росту, поскольку регулирование может быть как поддержкой, так и препятствием. Ограничивая вход в отрасль для новых фирм, регулирующие органы могут помогать финансовым фирмам поддерживать быстрый рост в течение длительного времени. В то же время регуляторные ограничения могут препятствовать входу в новые и потенциально привлекательные виды бизнеса, сокращая тем самым длительность периода быстрого роста.

Как отмечалось в предыдущих главах, в период стабильного роста меняются не только темпы роста. Для отражения стабильных темпов роста (g) необходимо скорректировать коэффициент выплат, и из него можно получить следующее:

$$\text{Коэффициент выплат в период стабильного роста} = \\ = 1 - g/ROE_{\text{стабильный рост}}.$$

Для отражения предпосылки стабильных темпов роста должен быть скорректирован риск фирмы. В частности, если для оценки стоимости привлечения собственного капитала используются коэффициенты бета, то они должны приближаться к 1 в период стабильного роста.

ИЛЛЮСТРАЦИЯ 21.1. *Оценка банка HSBC с использованием модели дисконтирования стабильно растущих дивидендов*

Основанный в Гонконге, а теперь базирующийся в Лондоне банк HSBC является одним из крупнейших коммерческих банков в мире. В 2010 г. он объявил о прибыли на акцию в размере 74,8 пенса и выплатил дивиденд 36 пенсов на акцию, и, таким образом, его коэффициент выплаты дивидендов составил 48,13%:

Коэффициент выплат = дивиденд на акцию/прибыль на акцию = 36/74,8 = 48,13%.

Если считать, что коэффициент бета банка равен 1,00, то при безрисковой ставке 4% и премии за риск инвестирования в акции 5,5% (складывается из премии зрелого рынка, равной 5%, и премии за суверенный риск в размере 0,5%, отражающей значительное присутствие HSBC в Азии) стоимость привлечения собственного капитала будет равна 9,5%:

Стоимость привлечения собственного капитала =
= безрисковая ставка + бета (премия за риск инвестирования в акции) = 4% + 1 (5,5%) = 9,5%.

Будем считать, что фирма находится в фазе стабильного роста с темпами 3,5% в год в бесконечной перспективе, тогда стоимость на акцию равна:

Стоимость на акцию = ожидаемые дивиденды в следующем году/
/(стоимость привлечения собственного капитала — ожидаемые темпы роста) =
= 36 (1,035)/(0,095–0,035) = 621 пенс.

HSBC торговался в тот момент по 635 пенсов за акцию, т. е. оценивался рынком справедливо. Впрочем, наша оценка была консервативной, поскольку мы приняли темпы роста 3,5% и коэффициент выплат 48,13%, что дает рентабельность собственного капитала 7,27% (3,5%/48,13%), которая ниже стоимости привлечения собственного капитала, составляющей 9,5%. Если HSBC сможет поддерживать ROE на уровне стоимости привлечения собственного капитала, то у него будет возможность выплачивать значительно более высокие дивиденды при сохранении тех же ожидаемых темпов роста:

Коэффициент выплат при ROE 9,5% = (1–3,5%)/9,5% = 63,16%.

При таком коэффициенте выплат дивиденды, выплачиваемые из прибыли 2010 г., должны быть заметно больше (47,24 пенса вместо 36 пенсов), а стоимость на акцию составит:

Стоимость на акцию = (74,8 × 0,6316 × 1,035)/(0,095–0,035) = 729 пенсов.

ИЛЛЮСТРАЦИЯ 21.2. *Модель дисконтирования быстро растущих дивидендов на примере State Bank of India в 2001 г.*

State Bank of India — крупнейший банк Индии, созданный в результате национализации всех банков, которая была проведена в этой стране в 1971 г. В последующие два десятилетия он был монополистом и полностью находился в собственности государства. В 1990-е гг. правительство частично приватизировало банк, хотя и сохранило контроль над его управлением и деятельностью.

В 1999 г. State Bank of India получил прибыль 205 млн индийских рупий на балансовую стоимость собственного капитала 1042 млн рупий (на начало 1999 г.), в результате чего рентабельность собственного капитала составила 19,72%. Из прибыли на акцию в размере 38,98 рупии банк выплатил в качестве дивиденда 2,5 рупии на акцию. Это обеспечило коэффициент выплат, равный 6,41%. Высокий коэффициент нераспределенной прибыли указывает на то, что банк инвестирует значительные суммы в ожидании быстрого роста в будущем. Мы анализируем его стоимость на протяжении трех фаз: исходный период устойчивого быстрого роста, переходный период, когда темпы роста падают до стабильного значения, и период стабильного роста.

Период быстрого роста

Если State Bank сможет поддерживать текущую рентабельность собственного капитала на уровне 19,72%, а коэффициент выплат — на уровне 6,41%, то ожидаемые темпы роста прибыли на акцию будут равны 18,46%.

Ожидаемые темпы роста = ROE × коэффициент нераспределенной прибыли = 19,72% (1–0,0641) = 18,46%.

Ключевой вопрос состоит в следующем: как долго банк сможет поддерживать такой рост. Учитывая потенциально большой размер индийского рынка, мы предполагаем, что этот рост будет продолжаться четыре года. Для данного периода мы принимаем во внимание также факт существования значительного риска, связанного с индийской экономикой, учитывая при проведении оценки стоимости привлечения собственного капитала премию за суверенный риск. Используя подход, рассмотренный нами ранее, мы оцениваем премию за суверенный риск Индии на основе ее рейтинга BB+ и относительной волатильности индийского фондового рынка:

Премия за суверенный риск Индии = дефолтный спред страны ×
× относительная волатильность фондового рынка = 3% × 2,1433 = 6,43%.

Для того чтобы оценить стоимость привлечения собственного капитала в период быстрого роста, т. е. в ближайшие четыре года, мы принимаем средний коэффициент бета для азиатских коммерческих банков равным 0,8 и предполагаем, что State Bank of India будет иметь такой же коэффициент. С учетом индийской безрисковой ставки 12% мы получаем следующую стоимость привлечения собственного капитала:

Стоимость привлечения собственного капитала = безрисковая ставка +
+ коэффициент бета (премия на зрелом рынке + премия за суверенный риск) = 12% + 0,8 (4% + 6,43%) = 20,34%.

Учитывая эти оценки ожидаемого роста, коэффициента выплат и стоимости привлечения собственного капитала, мы можем оценить приведенную стоимость ожидаемых дивидендов на акцию в ближайшие четыре года:

	1	*2*	*3*	*4*
Ожидаемые темпы роста (%)	18,46	18,46	18,46	18,46
Прибыль на акцию (рупии)	46,17	54,7	64,79	76,75
Коэффициент выплат (%)	6,41	6,41	6,41	6,41
Дивиденды на акцию (рупии)	2,96	3,51	4,16	4,92
Стоимость привлечения собственного капитала (%)	20,34	20,34	20,34	20,34
Приведенная стоимость (рупии)	2,46	2,42	2,38	2,35

Переходный период

По истечении четвертого года мы ожидаем продолжения роста State Bank, но темпы роста будут убывать. Ежегодно мы линейно уменьшаем ожидаемые темпы роста с 18,46% до стабильного уровня в 10% — все темпы роста представлены в номинальном выражении. По мере снижения темпов роста мы допускаем уменьшение рентабельности собственного капитала (вследствие увеличения конкуренции) до 18% и рост коэффициента выплат — с целью отражения меньших потребностей в реинвестициях[1]. Например, при ожидаемых темпах роста 10% коэффициент выплат в 8-м году можно вычислить следующим образом:

Коэффициент выплат в 8-м году = 1 — ожидаемые темпы роста/ROE — 1–0,1/0,18 = 0,4444 или 44,44%.

Мы также скорректируем премию за суверенный риск в сторону понижения с 6,43 до 3% для отражения наших ожиданий, согласно которым инвестиции в Индию будут становиться менее рискованными по мере повышения зрелости экономики страны. Приводимая ниже таблица обобщает ожидаемые дивиденды в переходный период:

	5	*6*	*7*	*8*
Ожидаемые темпы роста (%)	16,34	14,23	12,11	10,0
Прибыль на акцию (рупии)	89,29	102,0	114,35	125,79
Коэффициент выплат (%)	15,92	25,43	34,94	44,44
Дивиденды на акцию (рупии)	14,22	25,94	39,95	55,91
Стоимость привлечения собственного капитала (%)	19,66	18,97	18,29	17,6
Кумулятивная стоимость привлечения собственного капитала (%)	250,98	298,6	353,2	415,36
Приведенная стоимость (рупии)	5,66	8,69	11,31	13,46

Отметим, что стоимость привлечения собственного капитала в 8-м году отражает снижение премии за суверенный риск:

Стоимость привлечения собственного капитала в 8-м году = 12% + 0,8 (4,00% + 3,00%) = 17,60%.

Коэффициент бета и премия за риск зрелого рынка (4%) остались неизменными. Чтобы рассчитать значения приведенной стоимости ожидаемых дивидендов в переходном периоде, мы рассчитаем стоимость привлечения собственного капитала в сложных процентах и дисконтируем денежные потоки[2].

Стабильный рост

Для периода стабильного роста мы предполагаем, что прибыль и дивиденды State Bank будут расти в бесконечной перспективе на 10% в год, и дисконтируем их по стоимости привлечения собственного капитала в стабильном периоде, равной 17,6%. Рассчитать приведенную стоимость этих дивидендов в бесконечности, дающую заключительную цену акции, можно следующим образом:

Заключительная цена акции = ожидаемая прибыль на акцию$_9$ ×
× выплаты$_9$/(стоимость привлечения собственного капитала — g) = 125,79 (1,10) (0,4444)/
/(0,176–0,10) = 809,18 рупии.

---

1 Корректировка коэффициента выплат осуществляется на линейной основе. Текущий коэффициент выплат равен 6,41%, а в стабильном периоде он составляет 44,44%. Разделив разность, равную 38,03%, на четыре года, мы получим увеличение коэффициента выплат на 9,51% в год.

2 Когда стоимость привлечения собственного капитала ежегодно меняется, как это происходит между 5-м и 8-м годами, нужно вычислить значение этого показателя в сложных процентах. Например, денежный поток в 6-м году будет дисконтироваться с использованием стоимости:

Стоимость в сложных процентах = $(1{,}2034)^4(1{,}1966)(1{,}1897)$.

Заключительная стоимость

Заключительная стоимость на акцию State Bank может быть вычислена путем сложения приведенной стоимости (present value — PV) дивидендов в период быстрого роста, дивидендов в переходном периоде и заключительной цены в конце переходного периода:

$$\text{Стоимость одной акции} = \text{PV дивидендов}_{\text{быстрый рост}} + \text{PV дивидендов}_{\text{стабильный рост}} + \text{PV заключительной цены} = 2{,}46 + 2{,}42 + 2{,}38 + 2{,}35 + 5{,}66 + 8{,}69 + 11{,}31 + 13{,}46 + 809{,}18/4{,}1536 = 243{,}55 \text{ рупии.}$$

Отметим, что заключительная цена дисконтируется по стоимости привлечения собственного капитала в сложных процентах на восьмой год. В январе 2001 г., на момент этой оценки, акции State Bank торговались по цене 235 рупий за акцию.

Оценка финансовой фирмы, не выплачивающей дивидендов. Хотя многие фирмы сферы финансовых услуг платят дивиденды, немало подобных фирм — молодых и быстро растущих — в последние годы предпочитает не выплачивать дивиденды и реинвестировать всю прибыль в свою деятельность. На деле некоторые из этих фирм теряют деньги. Хотя использование модели дисконтирования дивидендов для оценки подобных фирм кажется неадекватной процедурой, можно утверждать, что ее здесь можно применять, поскольку она достаточно гибка. Но если дивиденды равны нулю, сможем ли мы получить положительную стоимость в расчете на акцию? Ответ прост, по крайней мере для фирм, имеющих в настоящее время положительную прибыль. Несмотря на то что сейчас дивиденды равны нулю и ожидается, что, пока фирма растет, они будут сохранять нулевое значение, темпы ее роста в конечном счете начнут снижаться. По мере снижения роста способность фирмы к выплате дивидендов увеличится. Таким образом, используя фундаментальное уравнение роста из последнего раздела, мы можем оценить ожидаемый коэффициент выплат в будущие периоды следующим образом:

$$\text{Ожидаемый коэффициент выплат} = 1 - g/\text{ROE}.$$

Собственный капитал получит стоимость на основе ожидаемых будущих дивидендов.

Если же прибыль в настоящее время отрицательна, то механизм расчета несколько усложняется. Сначала мы должны оценить прибыль в будущие периоды. Можно ожидать, что в некотором будущем периоде она станет положительной (в противном случае стоимость собственного капитала была бы нулевой и упражнения с вычислением расчетной стоимости оказались бы ненужными). После того как прибыль становится положительной, дальнейший анализ повторяет то, что мы уже делали прежде.

Модели денежных потоков на собственный капитал

В начале этого обсуждения мы указали на трудность оценки денежных потоков в ситуации, когда чистые капитальные затраты и неденежный оборотный капитал нельзя легко идентифицировать. Однако денежные потоки на собственный капитал вполне можно оценить даже для фирм сферы финансовых услуг, если по-другому определить реинвестиции.

Определение денежных потоков на собственный капитал. Денежные потоки на собственный капитал — это денежные потоки, оставшиеся у инвесторов после выплаты по долгам и удовлетворения потребностей в реинвестициях. В фирмах сферы финансовых услуг реинвестиции обычно не принимают форму машин, оборудования или других элементов основного капитала. Вместо этого инвестиции направляются в человеческий капитал и обязательный капитал. Последний представляет собой капитал, поддержание которого требуется регулирующими органами, и этот капитал, в свою очередь, обуславливает пределы будущего роста. Существуют способы, с помощью которых мы можем включить обе эти статьи в реинвестиции.

Капитализация расходов на обучение и совершенствование персонала. Если человеческий капитал — это основной фактор, влияющий на успехи или неудачи финансовой фирмы, то мы можем капитализировать расходы, связанные с формированием этого капитала. Эта процедура очень похожа на процесс капитализации расходов на НИОКР для технологических фирм и включает следующие этапы:

1. *Идентификация срока амортизации актива*. Чтобы определить период, в течение которого расходы будут списаны, мы должны сначала выяснить, на какой срок останется в фирме средний наемный работник, в которого были осуществлены инвестиции.
2. *Сбор информации о расходах на наемного работника в предыдущие годы*. Здесь суммируется объем денежных средств, израсходованных фирмой на обучение и повышение квалификации наемных работников в предыдущие годы, причем количество лет должно соответствовать сроку амортизации актива, идентифицированному на первом этапе.
3. *Выяснение расходов на амортизацию в текущем году*. Амортизируются расходы за каждый предыдущий год. При линейной амортизации расходы равномерно распределяются на весь срок амортизации. Общая сумма амортизации расходов за предыдущие годы становится расходами на амортизацию в текущем году.
4. *Корректировка чистой прибыли фирмы*. Чистая прибыль фирмы корректируется с учетом капитализации расходов на наемных работников:

Скорректированная чистая прибыль = объявленная чистая прибыль +
+ расходы на совершенствование наемных работников
в текущем году – амортизация расходов
на наемных работников (из этапа 3).

5. *Вычисление стоимости человеческого капитала*. Стоимость человеческого капитала в фирме можно вычислить, сложив неамортизированную часть расходов, связанных с повышением квалификации наемных работников за каждый год из предшествующего периода.

Расходы на повышение квалификации наемных работников труднее капитализировать, чем расходы на НИОКР, по двум причинам. Первая состоит в следующем: если расходы на исследования обычно объединяются и декларируются в финансовой отчетности как одна статья, то расходы на повышение квалификации наемных работников обычно широко распределяются по всей фирме и включаться в разные статьи отчета о прибылях и убытках. Отделение этих расходов от заработной платы, выплачиваемой работникам, и премий может оказаться трудным делом. Вторая причина заключается в том, что патенты и лицензии, возникающие благодаря исследованиям, принадлежат фирме, зачастую давая ей эксклюзивные права в области коммерческого использования. Наемные работники фирмы мобильны и могут перейти (что часто и происходит) к конкурентам, предлагающим им лучшие условия работы.

Считая, что мы можем преодолеть эти практические трудности при оценке человеческого капитала, рассмотрим факторы, определяющие стоимость, добавляемую этим капиталом. Первый фактор — коэффициент текучести кадров. По мере роста этого показателя срок амортизации расходов на наемных работников будет снижаться, и то же самое будет происходить со стоимостью человеческого капитала. Второй фактор касается ресурсов, расходуемых фирмой в процессе повышения квалификации и обучения наемных работников. Чем больше объем расходования ресурсов, тем выше стоимость, присваиваемая человеческому капиталу.

Существует еще и третий фактор, которым часто пренебрегают. Если мы рассматриваем человеческий капитал в качестве актива, то именно избыточная доходность, получаемая за счет актива, создает стоимость. Чтобы создать избыточную доходность, фирма должна выплачивать наемному работнику меньше той стоимости, которую он принес этой фирме. Например, инвестиционный банк создает стоимость благодаря биржевому трейдеру, работающему на данный банк, только в том случае, если он платит ему меньше приносимой им прибыли. Почему трейдер может довольствоваться меньшим вознаграждением? Одна из причин, вероятно, заключается в том, что банк обладает уникальными возможностями, позволяющими трейдеру зарабатывать эту прибыль. Такие уникальные возможности могут быть результатом наличия внутренней информации, определенной клиентской базы, положения на рынке. Другая причина может быть неэкономической: трейдер, например, настолько высоко ценит деловую репутацию инвестиционного банка, что отказывается от более высокого вознаграждения в другом месте. Фирмы, хорошо относящиеся к наемным работникам и проявляющие к ним лояльность в неблагоприятные времена, с большей вероятностью заработают такую репутацию, вследствие чего будут иметь более высокую стоимость.

Инвестиции в обязательный капитал. Для финансовой фирмы, у которой регулируются коэффициенты капитала, прибыль, не выплачиваемая в виде дивидендов, увеличивает собственный капитал фирмы и позволяет ей расширять деятельность. Например, банк с коэффициентом собственного капитала, равным 5%, может выдавать кредиты в размере $100 на каждые $5 собственного капитала. Когда этот банк объявляет чистую прибыль в размере $15 млн, а в виде дивидендов выплачивает только $5 млн, он увеличивает собственный капитал на $10 млн. В свою очередь, это позволяет ему выдать дополнительные кредиты на $200 млн, и, по всей вероятности, увеличить темпы роста в будущие периоды.

Используя эту аргументацию, можно ту часть чистой прибыли, которая не выплачивается, идентифицировать как реинвестиции. Однако эта идея работает только в том случае, если фирма использует преимущество расширившейся капитальный базы и растет. В противном случае нераспределенный собственный капитал представляет собой накопление денежных средств, а не реинвестиции. Фирма, объявляющая о росте коэффициента собственного капитала с течением времени, не использует собственный капитал в целях роста.

ИЛЛЮСТРАЦИЯ 21.3. *Оценка Deutsche Bank в начале 2009 г. с помощью модели FCFE*

Большую часть прошлого столетия Deutsche Bank был прибыльным коммерческим банком. В 2008 г. ситуация в сфере финансовых услуг изменилась в результате банковского кризиса и краха финансовых рынков. После миллиардных списаний Deutsche Bank объявил об убытке в € 3835 млн за 2008 г. и снизил дивиденды до € 285 млн. Хотя ни один из этих показателей не является стабильной точкой отсчета, мы сделали четыре следующих допущения в целях оценки банка:

1. *Чистая прибыль вернется к прежнему уровню.* Мы будем считать, что чистая прибыль вернется к уровню € 3,147 млрд в 2009 г., и основанием для такого допущения является восстановление прибыльности в первом квартале 2009 г. (объявленная прибыль за первый квартал составила € 1,12 млрд), а также средняя чистая прибыль в период 2003–2007 гг. (примерно € 3,95 млрд).
2. *База активов и целевая ROE.* Мы исходим из того, что текущая база активов фирмы (€ 312 882 млн) будет расти на 4% в год в течение следующих пяти лет и что рентабельность собственного капитала повысится до 10% за этот период.

3. *Потенциальные дивиденды.* Мы не будем замыкаться на текущих дивидендах, которые резко сократились, а оценим потенциальные дивиденды, исходя из того, что фирма сможет поддерживать коэффициент достаточности капитала на уровне 10%, чуть ниже текущего уровня 10,20%.
4. *Стоимость привлечения собственного капитала.* Для получения стоимости привлечения собственного капитала мы используем восходящий коэффициент бета 1,162, который отражает риск Deutsche Bank в инвестиционном и коммерческом банкинге, в сочетании с безрисковой ставкой 3,6% в начале 2009 г. и премией за риск инвестирования в акции, равной 6% для зрелых рынков.

Стоимость привлечения собственного капитала =
= безрисковая ставка + бета × премия за риск инвестирования в акции) = 3,6% + 1,162 (6%) = 10,572%.

В приведенной ниже таблице обобщены оценки чистой прибыли, потенциальных дивидендов и приведенной стоимости этих дивидендов за следующие пять лет.

Ожидаемые потенциальные дивиденды в течение следующих пяти лет: Deutsche Bank в 2009 г.

	Текущий год	*1*	*2*	*3*	*4*	*5*
База активов (€ млн)	312 882	325 398	338 414	351 950	366 028	380 669
Коэффициент капитала (%)	10,20	10,16	10,12	10,08	10,04	10,00
Обязательный капитал (€ млн)	31 914	33 060	34 247	35 477	36 749	38 067
Изменение в обязательном капитале (€ млн)		1146	1187	1229	1273	1318
ROE (%)	9,40	9,52	9,64	9,76	9,88	10,00
Чистая прибыль (€ млн)	3000	3147	3302	3463	3631	3807
— Инвестиции в обязательный капитал (€ млн)		1146	1187	1229	1273	1318
FCFE (потенциальный дивиденд) (€ млн)		2001	2114	2233	2358	2489
Приведенная стоимость @ 10,572% (€ млн)		1810	1729	1652	1578	1506

Суммарная приведенная стоимость потенциальных дивидендов за пятилетний период составляет € 8275 млн. Мы считаем, что в конце 5-го года фирма перейдет в фазу стабильного роста с темпами 3% в год в бесконечной перспективе, а коэффициент бета снизится до 1. В результате стоимость привлечения собственного капитала опустится до 9,60%:

Стоимость привлечения собственного капитала =
= безрисковая ставка + бета × премия за риск инвестирования в акции = 3,6% + 1 (6%) = 9,60%.

Рентабельность собственного капитала после 5-го года станет равной стоимости привлечения собственного капитала в период стабильного роста, составляющей 9,60%.

С учетом ожидаемых темпов роста после 5-го года, равных 3%, и ROE стабильного периода 9,60% коэффициент выплат в период стабильного роста составит 68,75%:

Коэффициент выплат в период стабильного роста =
= 1 — стабильные темпы роста/ROE стабильного периода = 1–0,03/0,096 = 68,75%.

Стоимость собственного капитала в конце 5-го года можно определить следующим образом:

Заключительная стоимость = ожидаемые дивиденды$_6$/(стоимость привлечения собственного капитала — g) =
= 3807 (1,03) (0,6875)/(0,096–0,03) = € 39 728 млн.

Дисконтирование заключительной стоимости по стоимости привлечения собственного капитала для периода быстрого роста дает следующую величину:

PV заключительной стоимости =
= заключительная стоимость$_n$/(1 + стоимость привлечения собственного капитала$_{\text{быстрый рост}}$)^n =
= 39 728/(1,10572)^5 = € 24 036 млн.

Сложение приведенной стоимости дивидендов с этим числом дает стоимость собственного капитала Deutsche Bank на начало 2009 г.:

Стоимость собственного капитала = € 8275 млн + € 24 036 млн = € 32 311 млн.

Разделив эту величину на количество акций в обращении на начало 2009 г. (581,85 млн), мы получаем стоимость собственного капитала на акцию:

Стоимость на акцию = стоимость собственного капитала/количество акций = 32 311/581,85 = € 55,53.

В июне 2009 г. Deutsche Bank торговался по € 48,06 за акцию, т. е. был немного недооценен.

ПОЧЕМУ ПРИБЫЛЬ И ДЕНЕЖНЫЕ ПОТОКИ — ЭТО РАЗНЫЕ ВЕЩИ

Некоторые аналитики оценивают банки путем дисконтирования их прибыли, приводя ее стоимость к настоящему моменту времени. Они утверждают, что потребности банков в чистых капитальных затратах малы или вообще отсутствуют, а их потребности в оборотном капитале (в виде товарно-материальных запасов, дебиторской задолженности и т. д.) несущественны. Однако проблема заключается в том, что они связывают воедино дисконтирование прибыли с ожидаемыми темпами роста этой прибыли. Ясно, что такая процедура противоречива.

Для того чтобы увидеть, почему дело обстоит подобным образом, рассмотрим банк, выплачивающий 100% прибыли в виде дивидендов. Если он не выпускает новые акции, то балансовая стоимость его собственного капитала остается замороженной на текущем уровне. Если же банк продолжит увеличивать кредитный портфель, то рано или поздно его коэффициенты капитала окажутся меньше минимума, установленного регулирующими органами.

Вот почему реинвестиции должны включать в себя вложения в обязательный капитал, поглощения и прочие подобные инвестиции, которые банкам приходится осуществлять для продолжения роста. По этой причине даже зрелые банки с низкими темпами роста не могут позволить себе выплату 100% прибыли в виде дивидендов.

Модели избыточной доходности

Третий подход к оценке фирм сферы финансовых услуг заключается в использовании модели избыточной доходности. В такой модели стоимость фирмы можно выразить в виде суммы капитала, вложенного в фирму к настоящему времени, и приведенной стоимости избыточной доходности в денежном выражении, которые фирма ожидает получить в будущем. В данном разделе рассматривается, как данную модель можно применить в оценке собственного капитала банка.

Базовая модель. Учитывая трудности, связанные с определением совокупного капитала в финансовой фирме для ее оценки с помощью модели избыточной доходности, имеет смысл сосредоточиться исключительно на собственном капитале. Стоимость собственного капитала в такой фирме можно записать как сумму вложенных в собственный капитал фирмы текущих инвестиций и ожидаемых избыточных доходов долевых инвесторов от этих и будущих вложений:

Стоимость собственного капитала =
= текущие вложения в собственный капитал +
+ приведенная стоимость ожидаемых
избыточных доходов инвесторов в собственный капитал.

Самый интересный аспект этой модели заключается в сосредоточении на избыточной доходности. Фирма, инвестирующая собственный капитал и зарабатывающая на эти вложения только доходность, соответствующую среднерыночной, должна понимать, что рыночная стоимость ее собственного капитала стремится к величине акционерного капитала, вложенного в нее в настоящее время. У фирмы, зарабатывающей на свои инвестиции доходность ниже рыночной, рыночная стоимость собственного капитала падает ниже стоимости инвестированного собственного капитала.

Другой аспект, который здесь следует отметить, состоит в том, что эта модель аналогичным образом рассматривает и ожидаемые инвестиции. Таким образом, аналитику удобно использовать эту модель для прогнозирования не только той сферы, куда будут направлены будущие инвестиции финансовой фирмы, но и для определения доходности, которую она заработает на эти инвестиции.

Входные данные для модели. В модели избыточной доходности для оценки собственного капитала необходимы два входных параметра. Первый — это размер акционерного капитала, вложенного в фирму в настоящее время. Второй и более сложный для определения параметр — ожидаемая избыточная доходность инвесторов в собственный капитал в будущие периоды.

Вложенный в фирму в настоящее время акционерный капитал обычно представлен в виде балансовой стоимости собственного капитала. Хотя это бухгалтерский показатель, на который влияют учетные решения, он должен быть гораздо более надежным индикатором акционерного капитала для финансовой фирмы, чем для фирмы из производственного сектора. Дело обстоит подобным образом по двум причинам. Первая состоит в том, что активы фирмы сферы финансовых услуг зачастую являются финансовыми активами, стоимость которых переоценивается по рынку. Активы фирм из промышленного сектора — это реальные активы, которым свойственны гораздо бóльшие отклонения значений балансовой стоимости от рыночной стоимости. Вторая причина заключается в том, что износ, способный очень сильно влиять на балансовую стоимость для фирм из промышленного сектора, часто незначителен в финансовых фирмах. Несмотря на это, на балансовую стоимость собственного капитала могут влиять обратные выкупы акций и чрезвычайные или разовые расходы. Балансовая стоимость собственного капитала финансовых фирм, выкупающих собственные акции или несущих чрезвычайные расходы, может занижать размер акционерного капитала, вложенного в такие фирмы.

Избыточную доходность собственного капитала можно выразить через рентабельность собственного капитала и стоимость его привлечения:

Избыточная доходность собственного капитала =
= (рентабельность собственного капитала –
– стоимость привлечения собственного капитала) ×
× (инвестированный акционерный капитал).

Здесь мы снова предполагаем, что рентабельность собственного капитала — это хороший индикатор экономической доходности, зарабатываемой на вложениях в собственный капитал. При анализе финансовой фирмы мы можем получить рентабельность собственного капитала из текущего и прошлых периодов, однако нам требуется ожидаемая будущая рентабельность собственного капитала. Данное обстоятельство делает необходимым анализ сильных и слабых сторон фирмы, равно как и конкуренции, с которой сталкивается фирма.

При проведении оценки спреда ожидаемой рентабельности собственного капитала мы должны учесть тот факт, что существование значительной избыточной доходности должно привлекать конкурентов. С течением времени эта избыточная доходность исчезает, и данное обстоятельство должно находить отражение в прогнозах.

ИЛЛЮСТРАЦИЯ 21.4. *Оценка Goldman Sachs с помощью модели избыточной доходности по состоянию на май 2011 г.*

В мае 2011 г. Goldman Sachs, который является, пожалуй, самым уважаемым инвестиционным банком в мире, имел рыночную капитализацию $75,4 млрд, чуть ниже балансовой стоимости собственного капитала, составлявшей на конец 2010 г. $78,228 млрд.

Оценку Goldman Sachs мы начнем с текущей стоимости привлечения собственного капитала. Средний коэффициент бета 1,20 для инвестиционных банков в 2010 г. в сочетании со ставкой по казначейским облигациям 3,5% и премией за риск инвестирования в акции 5% дает следующее значение стоимости привлечения собственного капитала:

Стоимость привлечения собственного капитала = 3,5% + 1,2 (5%) = 9,5%.

В 2010 г. Goldman Sachs получил чистую прибыль $8354 млн, и это в сочетании с балансовой стоимостью собственного капитала на конец 2009 г. $71 674 млн дает рентабельность собственного капитала 11,66%:

Рентабельность собственного капитала = $8354/$71 674 = 11,66%.

Обратите внимание на то, что это намного ниже рентабельности, которую Goldman Sachs получал до банковского кризиса 2008 г. В 2010 г. банк также выплатил дивиденды в размере $1,40 на акцию при прибыли $13,99 на акцию, и его коэффициент выплат составил 10%. Считая, что Goldman сможет поддерживать текущие значения рентабельности собственного капитала, коэффициента выплат и стоимости привлечения собственного капитала в следующие пять лет, мы определили избыточную доходность и приведенную стоимость. Результаты расчета приведены в таблице ниже:

Избыточная доходность — период быстрого роста

	1	*2*	*3*	*4*	*5*
Чистая прибыль ($ млн)	9118	10 074	11 131	12 299	13 589
— Стоимость привлечения собственного капитала (см. ниже) ($ млн)	7432	8211	9073	10 024	11 076
Избыточный доход на собственный капитал ($ млн)	1686	1863	2059	2275	2513
Приведенная стоимость ($ млн)	1 540	1554	1568	1582	1596
Входящая балансовая стоимость собственного капитала ($ млн)	78 228	86 434	95 501	105 519	116 588
Стоимость привлечения собственного капитала (%)	9,50	9,50	9,50	9,50	9,50
Стоимость привлечения собственного капитала ($ млн)	7432	8211	9073	10 024	11 076
Рентабельность собственного капитала (%)	11,66	11,66	11,66	11,66	11,66
Чистая прибыль ($ млн)	9118	10 074	11 131	12 299	13 589
Коэффициент выплаты дивидендов (%)	10,00	10,00	10,00	10,00	10,00
Дивиденды выплаченные ($ млн)	912	1007	1113	1230	1359
Нераспределенная прибыль ($ млн)	8206	9067	10 018	11 069	12 230

Чистая прибыль каждого года рассчитывается путем умножения рентабельности собственного капитала на входящую балансовую стоимость собственного капитала. Балансовая стоимость собственного капитала ежегодно увеличивается на ту часть прибыли, которая не выплачивается в виде дивидендов.

Для завершения этой оценки нам необходимо сделать ряд допущений относительно избыточной доходности после 5-го года. Примем, что чистая прибыль должна расти на 3% в год после 5-го года и что коэффициент бета для акции останется неизменным на уровне 1,20. Будем считать, что для Goldman Sachs рентабельность собственного капитала после 5-го года составит 9,50%, т. е. сравняется со стоимостью привлечения собственного капитала. Поскольку фирма после 5-го года будет лишь возвращать стоимость привлечения собственного капитала, у нее не будет ни дополнительной стоимости, ни убытка. При таких условиях стоимость собственного капитала можно определить как сумму трех компонентов — балансовой стоимости собственного капитала сегодня, приведенной стоимости избыточного дохода в течение следующих пяти лет и приведенной стоимости заключительной стоимости собственного капитала.

Балансовая стоимость собственного капитала сегодня	$78 228
PV избыточного дохода (в следующие пять лет)	$7880
PV заключительной стоимости избыточного дохода	$0
Стоимость собственного капитала	$86 068
Число акций	517 735
Стоимость на акцию	$166,24

На момент оценки, в мае 2011 г., Goldman Sachs торговался по $140,63 за акцию и, таким образом, был недооценен примерно на 18%.

ОЦЕНКА, ОСНОВАННАЯ НА АКТИВАХ

При проведении оценки, основанной на активах, мы оцениваем существующие активы финансовой фирмы за вычетом долга и других требований и декларируем разность как стоимость собственного капитала. Например, в случае банка это требует оценки его кредитного портфеля (который является активом банка) и вычета долга для оценки стоимости собственного капитала. В случае страховой компании мы оцениваем действующие страховые полисы компании и вычитаем ожидаемые требования, связанные с ними, а также другие долги — для оценки стоимости собственного капитала такой фирмы.

Возникает вопрос, как оценить кредитный портфель банка или полисы страховой компании? Один из подходов заключается в определении цены, за которую кредитный портфель можно продать другой финансовой фирме, но более верный подход состоит в оценке на основе ожидаемых денежных потоков. Например, рассмотрим банк с кредитным портфелем в размере \$1 млрд и средневзвешенным сроком погашения кредитов восемь лет. Благодаря этому портфелю банк получает процентный доход, равный \$70 млн. Далее предположим, что риск дефолта по кредитам такой, что средняя рыночная процентная ставка по этим кредитам равна 6,5%. Эту среднерыночную ставку можно определить, либо оценив портфель в рейтинговом агентстве, либо измерив потенциальную величину риска дефолта по рассматриваемому портфелю. Стоимость кредитов можно оценить следующим образом:

$$\text{Стоимость кредитов} =$$
$$= \$70 \text{ млн (приведенная стоимость аннуитета, 8 лет, 6,5\%)} +$$
$$+ \$1000 \text{ млн}/1{,}065^8 = \$1030 \text{ млн.}$$

Этот кредитный портфель имеет среднюю рыночную стоимость, превышающую его балансовую стоимость, поскольку банк назначает процентную ставку выше рыночной. Обратное было бы верным, если бы банк назначал процентную ставку ниже рыночной. Чтобы оценить собственный капитал этого банка, мы должны вычесть депозиты, долги и другие требования, предъявляемые к нему.

Данный подход заслуживает внимания, если мы оцениваем зрелый банк или зрелую страховую компанию с малым или нулевым потенциалом роста, но имеет два значительных ограничения. Во-первых, он не присваивает какого-либо значения ожидаемому в будущем росту и избыточной доходности, возникающей вследствие этого роста. Например, банк, который постоянно способен кредитовать по ставкам, превышающим величину, оправданную риском дефолта, будет в состоянии получать такую же доходность и от будущих кредитов. Во-вторых, данный подход трудно применить к такой фирме сферы финансовых услуг, которая занимается множеством видов деятельности. Фирму, подобную Citigroup, функционирующую в целом ряде видов бизнеса, оценить крайне сложно, поскольку активы, находящиеся в каждом конкретном бизнесе (в страховании, в коммерческом и инвестиционном банкинге, в портфельном менеджменте) нужно оценивать по отдельности, причем при различных потоках доходов и разных ставках дисконтирования.

СРАВНИТЕЛЬНАЯ ОЦЕНКА

В главах, посвященных сравнительной оценке, рассматривались различные мультипликаторы, которые используются для оценки фирм, — от мультипликаторов прибыли до мультипликаторов балансовой стоимости и мультипликаторов выручки. В этом разделе рассматривается, как методы сравнительной оценки можно использовать для фирм, оказывающих финансовые услуги.

Выбор мультипликаторов

Мультипликаторы стоимости фирмы, такие как «стоимость/EBITDA» или «стоимость/EBIT», трудно адаптировать для оценки финансовых фирм, поскольку для банков или страховых компаний невозможно легко оценить ни стоимость, ни операционную прибыль. В соответствии с нашим акцентом на оценке собственного капитала в фирмах сферы финансовых услуг мы будем работать с мультипликаторами собственного капитала. Наиболее широко используются мультипликаторы «цена/прибыль», «цена/балансовая стоимость» и «цена/объем продаж». Поскольку у финансовых фирм объем продаж или выручка фактически неизмеримы, для них нельзя оценить или использовать мультипликатор «цена/объем продаж». В данном разделе рассматривается применение мультипликаторов «цена/прибыль» и «цена/балансовая стоимость» для оценки фирм, оказывающих финансовые услуги.

Мультипликатор «цена/прибыль»

Мультипликатор «цена/прибыль» (price-earnings ratio — PE) для банка или страховых компаний измеряется точно так же, как и для любой другой фирмы:

Мультипликатор PE = цена акции/прибыль на акцию.

В главе 18 отмечалось, что мультипликатор «цена/прибыль» — это функция трех переменных: ожидаемых темпов роста прибыли, коэффициента выплат и стоимости привлечения собственного капитала. Как и в случае с другими фирмами, мультипликатор «цена/прибыль» должен быть выше у финансовых фирм с более высокими ожидаемыми темпами роста прибыли, более высокими коэффициентами выплат и более низкой стоимостью привлечения собственного капитала.

Специфической проблемой финансовых фирм является использование резервов для покрытия ожидаемых расходов. Например, банк обычно создает резервы для покрытия безнадежных долгов. Эти резервы сокращают объявляемую прибыль и влияют на фактическое значение мультипликатора «цена/прибыль». Поэтому банки с более консервативным подходом к определению безнадежных долгов будут объявлять более низкую прибыль и иметь более высокие мультипликаторы «цена/прибыль», чем менее консервативные в этом отношении банки.

Другой аспект, заслуживающий рассмотрения в связи с использованием мультипликаторов прибыли, — это диверсификация финансовых фирм, обусловленная вхождением во многие виды бизнеса. Мультипликатор, с которым инвестор согласится приобрести доллар прибыли от коммерческого кредитования, сильно отличается от мультипликатора, с которым он готов приобрести доллар прибыли от биржевой торговли за счет собственных средств. Когда фирма занимается разными видами деятельности с разными характеристиками риска, роста и доходности, очень трудно находить подлинно сопоставимые фирмы и сравнивать их мультипликаторы прибыли. В этом случае гораздо лучше разбить прибыль фирмы по видам деятельности и оценивать стоимость каждого вида деятельности отдельно.

ИЛЛЮСТРАЦИЯ 21.5. *Сопоставление мультипликаторов «цена/прибыль» на примере американских страховых компаний в мае 2011 г.*

В приводимой ниже таблице сопоставляются мультипликаторы «цена/прибыль» и фундаментальные показатели (аналитические оценки ожидаемых темпов роста EPS в течение следующих пяти лет, коэффициентов выплат, рентабельности собственного капитала и коэффициента бета) для американских страховых компаний с рыночной капитализацией более $1 млрд.

Компания	*Мультипликатор PE*	*Коэффициент выплат (%)*	*ROE (%)*	*Ожидаемый рост (%)*	*Коэффициент бета*
CNO Financial Group, Inc. (NYSE: CNO)	6,31	0,00	7,04	13,00	2,91
Hartford Financial Services Group Inc. (NYSE: HIG)	6,31	4,49	9,48	7,95	2,78
Reinsurance Group of America Inc. (NYSE: RGA)	7,53	5,74	12,16	12,20	1,33
Travelers Companies, Inc. (NYSE: TRV)	7,56	0,00	13,41	8,60	0,65
Protective Life Corp, (NYSE: PL)	8,01	18,60	7,75	10,30	2,28
American Financial Group Inc. (NYSE: AFG)	8,03	14,04	10,20	9,00	1,00
Delphi Financial Group, Inc. (NYSE: DFG)	8,44	12,79	11,72	10,30	1,68
Chubb Corporation (NYSE: CB)	8,56	21,00	14,29	9,33	0,80
American International Group, Inc. (NYSE: AIG)	8,73	0,00	17,26	12,00	2,48
Lincoln National Corp, (NYSE: LNC)	8,74	0,00	8,09	12,00	2,48
ProAssurance Corporation (NYSE: PRA)	8,82	0,00	13,00	10,30	0,83
AmTrust Financial Services, Inc. (NasdaqGS: AFSI)	8,90	11,95	20,78	13,00	0,98

Компания	*Мультипликатор PE*	*Коэффициент выплат (%)*	*ROE (%)*	*Ожидаемый рост (%)*	*Коэффициент бета*
Fidelity National Financial, Inc. (NYSE: FNF)	8,91	37,57	11,56	11,50	0,81
Unum Group (NYSE: UNM)	9,11	13,27	9,86	12,30	1,50
Unitrin Inc. (NYSE: UTR)	9,48	29,19	9,01	7,00	1,72
RLI Corp, (NYSE: RLI)	9,71	23,36	16,39	11,00	0,76
Prudential Financial, Inc. (NYSE: PRU)	9,92	18,74	9,58	12,90	2,22
Torchmark Corp, (NYSE: TMK)	10,01	10,00	12,47	10,10	1,62
W. R. Berkley Corporation (NYSE: WRB)	10,39	9,06	12,08	11,00	0,58
AFLAC Inc. (NYSE: AFL)	10,68	25,63	19,02	11,90	1,87
StanCorp Financial Group Inc. (NYSE: SFG)	11,19	22,89	9,05	11,00	1,42
HCC Insurance Holdings Inc. (NYSE: HCC)	11,62	20,11	9,73	10,00	0,76
CNA Financial Corporation (NYSE: CNA)	12,10	4,04	6,10	7,50	1,69
Allstate Corporation (NYSE: ALL)	12,29	32,40	6,98	9,00	0,98
Progressive Corp, (NYSE: PGR)	12,42	22,53	18,77	8,20	0,79
Hanover Insurance Group Inc. (NYSE: THG)	13,15	33,31	5,78	9,00	0,76
Cincinnati Financial Corp, (NasdaqGS: CINF)	13,22	68,19	7,37	7,50	0,97
Assurant Inc. (NYSE: AIZ)	13,57	25,86	5,52	9,00	1,07
Principal Financial Group Inc. (NYSE: PFG)	14,12	25,00	7,25	11,40	2,44
Transatlantic Holdings Inc. (NYSE: TRH)	14,76	26,71	4,58	8,00	0,78
Mercury General Corporation (NYSE: MCY)	15,17	87,40	8,31	7,30	0,67
MetLife, Inc. (NYSE: MET)	15,62	26,48	6,09	12,70	1,80
Markel Corp, (NYSE: MKL)	17,26	0,00	7,33	10,50	0,74
Marsh & McLennan Companies, Inc. (NYSE: MMC)	18,08	49,36	14,64	9,25	0,85
Arthur J. Gallagher & Co, (NYSE: AJG)	19,75	84,57	14,47	9,00	0,70
Aon Corporation (NYSE: AON)	21,94	23,90	9,38	7,50	0,61
Brown & Brown Inc. (NYSE: BRO)	22,74	27,39	10,88	11,60	0,60
Erie Indemnity Co, (NasdaqGS: ERIE)	24,74	62,26	17,43	7,00	0,58
Genworth Financial Inc. (NYSE: GNW)	118,27	0,00	0,33	17,00	3,31

Судя по мультипликатору «цена/прибыль», CNO Financial и Hartford выглядят дешевыми, однако они чрезвычайно рискованные и имеют низкие коэффициенты выплат. Мы построили регрессию мультипликатора по ожидаемому росту, коэффициенту выплат и коэффициенту бета, однако потом удалили ожидаемый рост, поскольку он не имеет статистической значимости. Регрессия мультипликатора «цена/прибыль» по коэффициенту бета и коэффициенту выплат выглядит следующим образом:

$$\text{Мультипликатор PE} = \underset{[7{,}04]}{12{,}311} - \underset{[2{,}08]}{1{,}953}\ \text{бета} + \underset{[3{,}21]}{9{,}70}\ \text{коэффициент выплат} \qquad R^2 = 37{,}6\%.$$

Подставив в регрессию переменные для CNO Financial, мы получим прогнозный мультипликатор «цена/прибыль», равный 6,63:

$$\text{Мультипликатор PE} = 12{,}311 - 1{,}953\ (2{,}91) + 9{,}70\ (0) = 6{,}63.$$

При фактическом мультипликаторе 6,31 CNO Financial выглядит справедливо оцененной. В отличие от нее прогнозный мультипликатор «цена/прибыль» для Aon Corporation составляет:

Мультипликатор PE = 12,311–1,953 (2,91) + 9,70 (0,239) = 13,44.

При фактическом мультипликаторе «цена/прибыль» 21,94 Aon Corporation выглядит переоцененной.

ИЛЛЮСТРАЦИЯ 21.6. *Оценка компании по бизнес-единицам на примере JP Morgan Chase в мае 2011 г.*

JP Morgan Chase — многопрофильный банк и приводит разбивку чистой прибыли по видам деятельности. В таблице ниже представлена объявленная прибыль за 2010 г. по видам деятельности и мультипликаторы «цена/прибыль» для других фирм, которые оперируют главным образом или исключительно в соответствующем сегменте:

Вид деятельности	*Чистая прибыль ($ млн)*	*Мультипликатор PE для сектора*	*Расчетная стоимость собственного капитала ($ млн)*	*Примечание*
Инвестиционный банкинг	6639	12,15	80 664	Средний PE для крупных инвестиционных банков
Розничные финансовые услуги	2526	14,8	37 385	Средний PE для крупных финансовых компаний
Обслуживание кредитных карт	2074	14,8	30 695	Средний PE для крупных финансовых компаний
Коммерческий банкинг	2084	10,8	22 507	Средний PE для коммерческих банков
Операции с ценными бумагами	1079	10,8	11 653	Средний PE для коммерческих банков
Управление активами	1710	15,67	26 796	Средний PE для взаимных фондов
Прямые инвестиции	1258	8,08	10 165	Средний PE для фондов прямых инвестиций
	17 370		219 865	

Обратите внимание на то, что для некоторых сегментов, например для операций с ценными бумагами, где нет «чистых» конкурентов, мы использовали средний коэффициент бета для фирм, которые предлагают этот продукт или услугу. Просуммировав стоимость собственного капитала по всем видам деятельности, мы получили совокупную стоимость собственного капитала JP Morgan Chase, равную $219,865 млрд. В мае 2011 г. компания имела рыночную капитализацию $168,29 млрд, т. е. была недооценена на 30%.

Мультипликатор «цена/балансовая стоимость»

Мультипликатор «цена/балансовая стоимость» для финансовой фирмы представляет собой соотношение цены акции к балансовой стоимости собственного капитала на акцию:

Мультипликатор «цена/балансовая стоимость» =
= цена акции/балансовая стоимость собственного капитала на акцию.

Это идентично определению, представленному в главе 19, и определяется переменными, специфицированными в той главе, такими как ожидаемые темпы роста прибыли на акцию, коэффициент выплаты дивидендов, стоимость привлечения собственного капитала и рентабельность собственного капитала. При прочих равных условиях более высокие темпы роста прибыли, более высокий коэффициент выплат, меньшая стоимость привлечения собственного капитала и более высокая рентабельность собственного капитала должны приводить к более высоким значениям мультипликатора «цена/балансовая стоимость». Из этих четырех переменных наиболее сильно воздействует на него рентабельность собственного капитала, которую следует считать определяющей переменной этого мультипликатора.

Вообще говоря, сила связи между мультипликатором «цена/балансовая стоимость» и рентабельностью собственного капитала должна быть сильнее у фирм из сектора финансовых услуг по сравнению с остальными фирмами, поскольку гораздо вероятнее, что балансовая стоимость собственного капитала будет следовать за рыночной стоимостью собственного

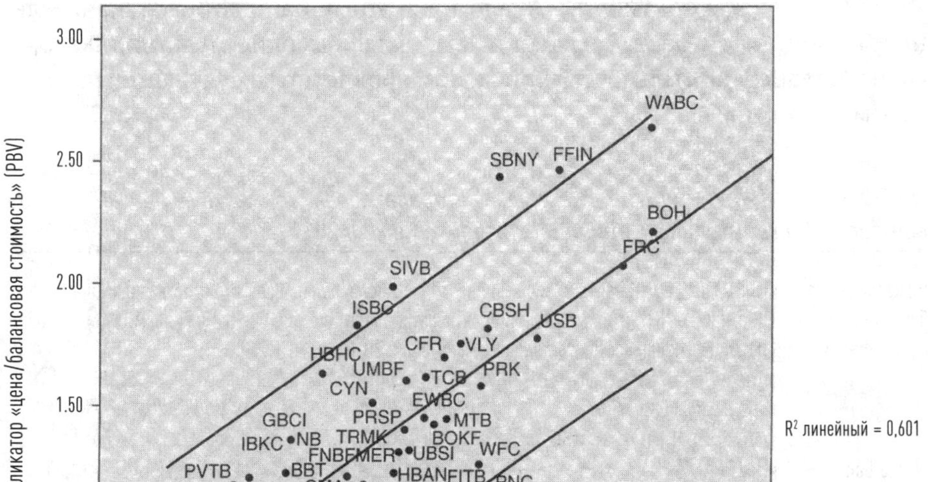

Рисунок 21.1. *Мультипликаторы «цена/балансовая стоимость» и ROE для американских банков в мае 2011 г.*

капитала, вложенного в существующие активы. Аналогично этому, менее вероятно, что на рентабельность собственного капитала будут влиять учетные решения. Силу связи между мультипликатором «цена/балансовая стоимость» и рентабельностью собственного капитала можно увидеть, если мы представим ее графически для американских коммерческих банков по состоянию на май 2011 г. (рисунок 21.1).

Такие банки, как WestAmerica Bancord (WABC) и Bank of Hawaii (BOH) торгуются с высоким мультипликатором «цена/балансовая стоимость» и имеют высокую рентабельность собственного капитала. На другом конце спектра находятся Susquehanna Bancshares (SUSQ) и BancorpSouth (BXS), которые торгуются значительно ниже балансовой стоимости и имеют отрицательную рентабельность собственного капитала.

Несмотря на акцент, который мы делаем на связи между мультипликатором «цена/балансовая стоимость» и рентабельностью собственного капитала, не следует игнорировать другие фундаментальные переменные. Например, банки различаются по степени риска, поэтому следует ожидать, что при любой рентабельности собственного капитала банки с более значительным риском будут иметь более низкие мультипликаторы «цена/балансовая стоимость». Аналогично этому, банки с более значительным потенциалом роста должны иметь более высокие мультипликаторы «цена/балансовая стоимость» при любом уровне других фундаментальных переменных.

ИЛЛЮСТРАЦИЯ 21.7. *Мультипликаторы «цена/балансовая стоимость» и рентабельность собственного капитала для европейских банков в мае 2011 г.*

Нижеследующая таблица содержит значения мультипликаторов «цена/балансовая стоимость» для европейских банков по состоянию на май 2011 г., а также коэффициенты бета, аналитические оценки ожидаемых темпов роста (на следующие пять лет) и рентабельность собственного капитала в 2010 г.

Компания	*Мультипликатор PBV*	*ROE (%)*	*Ожидаемый рост (%)*	*Коэффициент бета*
Alpha Bank SA (ATSE: ALPHA)	0,42	2,64	–46,30	1,30
Banca Carige SpA (BIT: CRG)	0,95	5,21	12,60	0,88
Banca Monte dei Paschi di Siena SpA (BIT: BMPS)	0,37	6,06	33,10	1,12
Banca Popolare dell'E Romagna s. c. r. l. (BIT: BPE)	0,66	9,02	25,30	1,04
Banca Popolare di Milano Scrl (BIT: PMI)	0,22	2,70	44,10	1,42
Banco Bilbao VizcayA. S. A. (CATS: BBVA)	1,09	13,30	4,21	1,52
Banco BPI SA (ENXTLS: BPI)	0,80	13,53	4,13	0,91
Banco Comercial Português S. A. (ENXTLS: BCP)	0,58	5,20	17,00	1,00
Banco de Sabadell. S. A. (CATS: SAB)	0,77	6,66	–4,43	0,90
Banco de Valencia SA (CATS: BVA)	1,03	4,74	–2,50	1,28

Компания	*Мультипликатор PBV*	*ROE (%)*	*Ожидаемый рост (%)*	*Коэффициент бета*
Banco Espirito Santo SA (ENXTLS: BES)	0,54	7,55	–1,40	1,15
Banco Pastor (CATS: PAS)	0,61	4,08	14,10	0,60
Banco Popolare Societa Cooperativa SCRL (BIT: BP)	0,30	2,67	7,60	1,31
Banco Popular Espanol SA (CATS: POP)	0,73	7,37	0,49	1,26
Banco Santander. S. A. (CATS: SAN)	0,99	11,38	15,20	1,39
Banesto Banco Espanol de Credito SA (CATS: BTO)	0,80	8,13	1,40	1,07
Bank of Cyprus Public Company Ltd. (CSE: BOCY)	0,75	11,55	–3,03	0,81
Bankinter. S. A. (CATS: BKT)	0,93	5,47	4,78	1,06
Banque Cantonale Vaudoise SA (SWX: BCVN)	1,45	9,62	0,80	0,63
Barclays PLC (LSE: BARC)	0,68	7,01	14,00	1,45
BNP Paribas (ENXTPA: BNP)	0,93	11,59	9,87	1,45
Comdirect bank AG (XTRA: COM)	2,36	12,79	9,77	0,70
Commerzbank AG (DB: CBK)	0,33	6,48	–4,43	1,28
Crédit Agricole Nord de France (ENXTPA: CNF)	0,46	6,87	13,00	0,56
Crédit Agricole SA (ENXTPA: ACA)	0,60	4,15	40,10	1,65
Credito Emiliano SpA (BIT: CE)	0,93	5,19	19,90	1,01
Credito Valtellinese Soc Coop (BIT: CVAL)	0,38	3,76	10,20	0,72
Danske Bank A/S (CPSE: DANSKE)	1,04	3,64	50,60	1,22
Deutsche Postbank AG (XTRA: DPB)	0,95	2,77	79,10	0,83
Dexia SA (ENXTBR: DEXB)	0,57	8,08	11,70	1,58
DnB NOR ASA (OB: DNBNOR)	1,28	13,76	9,80	1,10
EFG Eurobank Ergasias S. A. (ATSE: EUROB)	0,45	3,31	54,60	1,68
Erste Group Bank AG (WBAG: EBS)	0,99	7,95	26,10	1,77
HSBC Holdings plc (LSE: HSBA)	1,24	9,94	27,80	0,80
Intesa Sanpaolo SpA (BIT: ISP)	0,46	5,29	14,00	1,57
Jyske Bank A/S (CPSE: JYSK)	1,26	6,14	38,40	0,93
KBC Group NV (ENXTBR: KBC)	0,59	13,05	17,20	1,99
Liechtensteinische Landesbank AG (SWX: LLB)	1,43	6,14	23,60	0,30
Marfin Popular Bank Public Co Ltd. (CSE: CPB)	0,34	3,48	9,80	0,87
National Bank of Greece SA (ATSE: ETE)	0,56	6,43	18,40	1,47
Nordea Bank AB (OM: NDA SEK)	1,44	11,91	14,90	0,87
Raiffeisen Bank International AG (WBAG: RBI)	0,85	11,65	18,70	1,52
Skandinaviska Enskilda Banken AB (OM: SEB A)	1,33	9,30	14,50	1,42
Société Générale Group (ENXTPA: GLE)	0,68	8,59	60,20	1,61
SpareBank 1 SR-Bank (OB: ROGG)	0,78	14,36	6,50	0,58
St. Galler Kantonalbank AG (SWX: SGKN)	1,54	8,00	6,40	0,32

Компания	*Мультипликатор PBV*	*ROE (%)*	*Ожидаемый рост (%)*	*Коэффициент бета*
Standard Chartered PLC (LSE: STAN)	1,66	11,34	11,80	1,04
Svenska Handelsbanken AB (OM: SHB A)	1,59	13,38	8,47	0,86
Swedbank AB (OM: SWED A)	1,52	12,07	26,50	1,23
Sydbank A/S (CPSE: SYDB)	1,08	4,12	54,40	1,03
UniCredit S. p. A. (BIT: UCG)	0,48	2,66	36,20	1,55
Unione di Banche Italiane Scpa (BIT: UBI)	0,34	1,91	44,20	1,08
Valiant Holding AG (SWX: VATN)	1,18	7,55	7,40	0,11
Van Lanschot NV (ENXTAM: LANS)	0,90	3,87	14,20	0,14

Хотя 37 из 55 банков торгуются дешевле балансовой стоимости, многие из этих фирм имеют рентабельность собственного капитала менее 8% и низкий ожидаемый рост. Alpha Bank, греческий банк, торгуется с мультипликатором 0,42, однако имеет рентабельность собственного капитала 2,64% и ожидаемые темпы роста –46,3%. Для сглаживания различий в фундаментальных переменных мы построим регрессию мультипликатора «цена/балансовая стоимость» по рентабельности собственного капитала, коэффициенту бета и ожидаемым темпам роста:

$$\text{Мультипликатор «цена/балансовая стоимость»} = \\ = \underset{[4,33]}{0{,}712} + \underset{[5,51]}{7{,}20}\,(\text{ROE}) + \underset{[1,81]}{0{,}40}\ \text{ожидаемые темпы роста} - \underset{[3,76]}{0{,}42}\ \text{бета} \qquad R^2 = 42{,}7\%.$$

Подставив значения для Alpha Bank, получим:

$$PBV_{Alpha} = 0{,}712 + 7{,}20\,(0{,}0264) + 0{,}40\,(-0{,}4630) - 0{,}42\,(1{,}30) = 0{,}17.$$

При мультипликаторе «цена/балансовая стоимость» 0,42 Alpha Bank не является привлекательным.

ПРОБЛЕМЫ ОЦЕНКИ ФИРМ СФЕРЫ ФИНАНСОВЫХ УСЛУГ

Вплоть до этого момента в данной главе мы делали акцент на сходных чертах фирм сферы финансовых услуг с другими фирмами. Здесь мы рассмотрим некоторые из специфических проблем, возникающих в контексте оценки финансовых фирм и обсудим, как лучше справиться с ними при проведении оценки.

Резервы для покрытия убытков

Банки и страховые компании часто создают резервы для покрытия будущих потерь. Эти резервы уменьшают чистую прибыль в текущем периоде, но используются для покрытия ожидаемых убытков в будущем периоде. Таким образом, резервы для покрытия безнадежных долгов сокращают прибыль банка в текущем периоде, но позволяют ему покрывать долги, когда они появляются. В общем, хотя безнадежный долг, возникающий в каком-либо году, не обязательно соответствует отчислениям в резерв в этом году, совокупные резервы, накопленные с течением времени, должны быть равны накопленным за тот же период безнадежным долгам. Если дело обстоит именно так, то резервы сглаживают прибыль во времени, делая ее меньше фактической в годы, характеризующиеся процветанием экономики и низкой частотой дефолтов, и больше фактической в годы, для которых характерны экономические спады и более высокая частота дефолтов.

Однако если фирмы систематически отчисляют в резерв суммы, которые больше (или меньше) ожидаемых убытков, то может возникнуть проблема. При слишком больших отчислениях чистая прибыль будет занижаться, что ведет к снижению рентабельности собственного капитала и коэффициента нераспределенной прибыли. Если ожидаемый рост есть произведение этих двух переменных, то расчетная стоимость собственного капитала окажется уменьшенной. Если же отчисляется слишком мало, то чистая прибыль будет завышаться (по крайней мере, на данный момент), и мы рискуем переоценить стоимость собственного капитала. Самое быстрое решение данной проблемы состоит в рассмотрении резервов, накопленных с течением времени, и фактических убытков за тот же период. Если числа не совпадают, то резервы следует переоценить на основе фактического коэффициента убытков и пересчитать чистую прибыль. Например, если банк отчисляет 8% кредитов в резервы для покрытия безнадежных долгов, когда фактический коэффициент безнадежных долгов равен всего 4%, то следует пересчитать чистую прибыль, используя 4%-ный коэффициент резервов для покрытия подобных долгов. Применение этой процедуры увеличит чистую прибыль, рентабельность собственного капитала и расчетную стоимость собственного капитала банка. Если же резерв слишком мал, то все будет наоборот.

Регуляторный риск и стоимость

Как отмечалось выше в этой главе, фирмы сферы финансовых услуг регулируются гораздо сильнее, чем прочие фирмы. Регулирование может повлиять на риск инвестирования в эти фирмы, равно как и на ожидаемые денежные потоки. Следовательно, регулирование может влиять и на стоимость этих фирм. При оценке финансовых фирм с использованием моделей дисконтирования денежных потоков воздействие регулирования можно явно встроить как в ставку дисконтирования, так и в ожидаемые будущие денежные потоки.

- Для того чтобы включить регуляторный риск в ставку дисконтирования, нам необходимо сначала определить, поддается ли такой риск портфельной диверсификации. Можно утверждать, что в большинстве случаев он поддается диверсификации и не влияет на ставку дисконтирования. В исключительных же случаях, когда финансовые фирмы доминируют на рынке и регуляторный риск велик, стоимость привлечения собственного капитала будет включать премию за этот риск.

- Представляется, что регулирование оказывает наибольшее воздействие именно на денежные потоки. Ожидаемые темпы роста, которые были выведены из коэффициента нераспределенной прибыли и рентабельности собственного капитала, чувствительны к регуляторным ограничениям сфер инвестирования финансовых фирм. Например, если ограничения на инвестиции жесткие, то финансовые фирмы могут в обозримом будущем оказаться обреченными на низкую рентабельность собственного капитала, что отрицательно влияет на их стоимость.

Если же мы используем модели сравнительной оценки и сопоставляем фирмы сферы финансовых услуг с разными режимами регулирования — вследствие функционирования этих фирм в разных странах (например, когда мы сравниваем европейские и американские банки) или в разных видах бизнеса (когда мы сравниваем инвестиционные и коммерческие банки), — то мультипликаторы фирм будут разными из-за различий в регулировании.

Структура финансирования и стоимость

При анализе фирм, занятых в сфере производства, мы рассматривали влияние на стоимость изменений в соотношении долга и собственного капитала в структуре финансирования. В случае финансовых фирм структура финансирования обычно не рассматривается по двум причинам. Одна из них — вышеупомянутая трудность определения и измерения долга. Другая же причина состоит в том, что финансовые фирмы используют столько долга, сколько они могут себе позволить. Данное обстоятельство делает очень маловероятной ситуацию, при которой финансовые фирмы будут характеризоваться низким рычагом.

Однако существует опасность, связанная с регулированием, которое влияет на выбор структуры финансирования. Регулирование часто касается величины балансовой стоимости долга и собственного капитала и не всегда рационально. Например, если регуляторные коэффициенты капитала установлены на слишком низком уровне для портфелей с рискованными кредитами, то банки, соблюдающие требования регулятора, могут брать в долг слишком много. Поэтому их стоимость также будет ниже.

Субсидии и ограничения

На многих рынках банки и страховые компании функционируют в условиях систем, из которых они извлекают особые выгоды вследствие предоставляемых им субсидий и эксклюзивных прав, и в то же время они вынуждены осуществлять инвестиции по ставкам ниже рыночных в объекты, считающиеся социально-значимыми. Субсидии, как и социальные инвестиции, воздействуют на стоимость и могут включаться в денежные потоки.

Наилучший подход к учету в стоимости последствий субсидий заключается в прогнозировании ожидаемой положительной избыточной доходности или денежных потоков, создаваемых в результате субсидии или эксклюзивного права, и в отделении этой избыточной доходности от остальной оценки. Тот же самый процесс можно повторить примени-

СТРАХОВАНИЕ ДЕПОЗИТОВ И СТОИМОСТЬ БАНКА

В большинстве стран государство обеспечивает страхование банковских вкладчиков, гарантируя депозиты до определенного предела. Какой эффект оказывает страхование депозитов на стоимость? Если банкам вменяется среднерыночная цена за страховку, то подобное страхование не должно воздействовать на стоимость. Но на практике страхование депозитов может искажать стоимость по двум причинам:

Во многих странах, включая США, ставка страхования депозитов одинакова для всех банков. Таким образом, банкам с портфелями надежных кредитов вменяется та же ставка, что и банкам с портфелями рискованных кредитов. Если установленная ставка основывается на среднем дефолте, это приводит к тому, что банкам первого типа будет вменена завышенная ставка, а банкам второго типа — заниженная ставка. Кроме того, это создает для банков систему стимулов к принятию все большего и большего риска. В действительности мы можем рассматривать страхование депозитов как опцион на продажу, выданный банку, — банк может разместить свои обязательства по депозитам в страховое агентство, если стоимость его кредитного портфеля падает ниже стоимости пассивов. Если же продажная цена (цена размещения) не сильно меняется при изменениях в стоимости кредитного портфеля, то стоимость банков с более рискованными портфелями окажется выше (стоимость опциона на продажу будет превышать уплаченную цену), а стоимость банков с более надежными портфелями — меньше.

Даже если ставки страхования депозитов различны для разных банков, цена страхования может не полностью отражать риск, связанный с банковскими активами, и происходит это по двум причинам. Первая причина состоит в том, что риск может периодически изменяться, а ценообразование не поспевать за ним. А вторая причина состоит в том, что страхование может субсидироваться налогоплательщиками. В каждом из этих случаев стоимость всех банков в результате страхования становится выше.

тельно к социальным инвестициям, хотя эффект обычно оказывается отрицательным. Можно вычислить приведенную стоимость отрицательных избыточных доходов и вычесть ее из стоимости фирмы.

В отделении выгод, связанных с субсидиями, и издержек социальных инвестиций от остальной оценки есть два преимущества. Первое состоит в возможности принять специфические предпосылки, применимые только к этим статьям. Например, если можно ожидать, что государственная субсидия будет предоставляться только в течение 10 лет, но при этом гарантирована, то мы можем рассчитать стоимость субсидии, используя 10-летние ожидаемые денежные потоки и безрисковую ставку в качестве ставки дисконтирования. Второе преимущество заключается в том, что описанная процедура позволяет выяснить, является ли компромиссный выбор фирмы благоприятным для ее стоимости, поскольку требования, порождаемые социальными инвестициями, часто тесно связаны с выделением субсидий. Иными словами, банк, которому правительство предоставляет субсидию в обмен на кредитование малого бизнеса по ставкам ниже рыночной, может обнаружить, что потери в стоимости, связанные с таким кредитованием, превышают выгоды от субсидии.

ЗАКЛЮЧЕНИЕ

Базовые принципы оценки применимы к фирмам сферы финансовых услуг точно в такой же степени, как и к другим фирмам. Однако в случае финансовых фирм возникают определенные аспекты, способные влиять на способы их оценки. Первый состоит в том, что долг финансовой фирмы трудно определить и измерить, что усложняет вычисление предполагаемой стоимости фирмы или стоимости привлечения ее капитала. Поэтому гораздо легче оценить собственный капитал финансовой фирмы непосредственно через дисконтирование денежных потоков на собственный капитал по стоимости привлечения этого капитала. Второй аспект заключается в том, что капитальные затраты и оборотный капитал, относящиеся к требуемым входным переменным при проведении оценки денежных потоков, у финансовых фирм зачастую нелегко оценить. В результате значительная часть реинвестиций, осуществляемых этими фирмами, учитывается как операционные расходы. Поэтому для целей оценки денежных потоков на собственный капитал следует либо использовать дивиденды (и предполагать, что деньги, не выплачиваемые в качестве дивидендов, являются реинвестициями), либо модифицировать определение реинвестиций.

Если мы предпочитаем использовать мультипликаторы, то сталкиваемся с теми же проблемами. Трудности, связанные с определением долга, делают мультипликаторы собственного капитала, такие как «цена/прибыль» или «цена/балансовая стоимость», более пригодными для сопоставления финансовых фирм по сравнению с мультипликаторами стоимости. При проведении этих сравнений нам нужно сглаживать различия в таких фундаментальных переменных, как риск, рост, денежные потоки, качество кредитов, которые влияют на стоимость.

Наконец, оценка финансовых фирм усложняется соображениями и ограничениями, связанными с регулированием. В одних случаях регуляторные ограничения конкуренции позволяют финансовым фирмам зарабатывать избыточную доходность и увеличивать стоимость. В других случаях те же самые регулирующие органы, запрещая фирмам входить в тот или иной бизнес, ограничивают потенциальную избыточную доходность, которую они могли бы получить в ином случае.

КОНТРОЛЬНЫЕ ВОПРОСЫ

В приведенных ниже заданиях, если не указано иное, премия за риск инвестирования в акции принимается равной 5,5%.

1. Вас попросили оценить стоимость на акцию Secure Savings, зрелой ссудо-сберегательной компании. В только что закончившемся финансовом году фирма заработала прибыль $4 на акцию и выплатила дивиденды в размере $2,4 на акцию. Балансовая стоимость собственного капитала в начале года была равна $40 на акцию. Коэффициент бета акций равен 0,9, безрисковая ставка 6%, а премия за рыночный риск составляет 4%.
   а) Предполагая, что фирма сохранит текущую рентабельность собственного капитала и текущий коэффициент выплаты дивидендов в бесконечной перспективе, оцените стоимость на акцию.
   б) Если акции торгуются по цене $40, оцените подразумеваемые темпы роста.

2. Теперь вы оцениваете Southwest Bank, быстро растущий малый банк. В только что закончившемся финансовом году банк заработал прибыль $2 на акцию и выплатил дивиденды в размере $0,2 на акцию. Балансовая стоимость собственного капитала в начале года была равна $14 на акцию. Коэффициент бета акций равен 1,1, безрисковая ставка — 6%, а премия за риск составляет 4%.
   а) Предполагая, что банк сохранит текущую рентабельность собственного капитала и коэффициент выплат в течение ближайших пяти лет, оцените ожидаемые темпы роста прибыли на акцию.
   б) Предполагая, что фирма начнет расти с постоянными темпами 5% в год по истечении указанного периода времени, оцените се-

годняшнее значение стоимости на акцию (вы можете допустить, что рентабельность собственного капитала снизится до 12% в состоянии стабильного роста, а коэффициент бета станет равным 1).

3. Вас попросили проанализировать компанию LongLife Insurance, которая является стабильно растущей фирмой с предполагаемыми темпами роста прибыли 4% в год в долгосрочной перспективе. Фирма торгуется с мультипликатором «цена/балансовая стоимость» 1,4 и имеет стоимость привлечения собственного капитала 11%.
   а) Исходя из того, что рынок правильно оценивает акции, оцените рентабельность собственного капитала, которую, согласно ожиданиям, фирма LongLife будет зарабатывать в бесконечной перспективе.
   б) Если регулирование позволяет LongLife получать рентабельность собственного капитала, равную стоимости привлечения собственного капитала, то чему, согласно вашим ожиданиям, будет равен мультипликатор «цена/балансовая стоимость»?
4. Предположим, что вы оцениваете мультипликаторы «цена/балансовая стоимость» для 13 крупнейших американских банков в 2000 г. Приводимая ниже таблица обобщает значения мультипликаторов «цена/балансовая стоимость» и рентабельности собственного капитала, которые заработаны этими фирмами:

Название компании	*Мультипликатор «цена/балансовая стоимость» (PBV)*	*Рентабельность собственного капитала (ROE) (%)*
Wachovia Corp.	2,05	18,47
PNC Financial Serv.	2,54	21,56
SunTrust Banks	1,91	15,35
State Street Corp.	6,63	19,52
Mellon Financial Corp.	4,59	23,95
Morgan (J. P.) & Co.	1,74	19,39
First Union Corp.	1,52	19,66
FleetBoston Fin'l.	2,25	20,15
Bank of New York	7,01	25,36
Chase Manhattan Corp.	2,60	24,60
Wells Fargo	3,07	17,72
Bank of America	1,69	19,31
Bank of Montreal	1,23	18,08

а) Если вы оцениваете SunTrust Banks относительно этих фирм, то можно ли ожидать, что у этого банка мультипликатор «цена/балансовая стоимость» окажется больше среднего по группе значения или меньше? Объясните почему?

б) Если вы строите регрессию мультипликатора «цена/балансовая стоимость» по рентабельности собственного капитала, то чему будут равны прогнозные значения мультипликаторов «цена/балансовая стоимость» для каждой из этих компаний?

5. Компания Signet Bank попросила вас оценить стоимость ее кредитного портфеля. Банк предоставил кредиты на сумму $1 млрд при их среднем сроке шесть лет и ожидаемом процентном доходе $75 млн в год. Вы присвоили синтетический рейтинг A всему кредитному портфелю, а текущая рыночная ставка по облигациям с рейтингом A равна 6,5%.

а) Оцените стоимость кредитного портфеля.

б) Исходя из наличия у Signet Bank долгов на сумму $800 млн, оцените на основе выданных кредитов стоимость собственного капитала в этом банке.

6. Loomis Capital — специализированный инвестиционный банк, который в только что закончившемся финансовом году получил рентабельность собственного капитала 20% при балансовой стоимости собственного капитала $100 млн. Коэффициент бета для этого банка равен 1,2, безрисковая ставка составляет 5,2%, а премия за риск — 4%. Вы предполагаете, что в ближайшие 10 лет рентабельность собственного капитала и стоимость привлечения собственного капитала для этого банка останутся на текущем уровне, а по истечении указанного срока избыточная доходность будет отсутствовать. Коэффициент выплат для этого банка равен 30%.

а) Оцените для каждого года из ближайших 10 лет избыточный доход на собственный капитал в денежном выражении.

б) Оцените сегодняшнее значение стоимости собственного капитала с точки зрения избыточной доходности.

в) Как изменился бы ваш ответ по пункту «б», если бы вам сказали, что рентабельность собственного капитала упадет до 15% по истечении 10-го года и останется на этом уровне в бесконечной перспективе?

Глава 22

ОЦЕНКА ФИРМ С ОТРИЦАТЕЛЬНОЙ ИЛИ НЕТИПИЧНОЙ ПРИБЫЛЬЮ

В большинстве примеров оценки, разобранных нами до сих пор, мы рассматривали фирмы, имевшие положительную прибыль. В этой главе мы изучим подмножество фирм с отрицательной или с нетипично низкой прибылью. Вначале мы рассмотрим, почему фирмы имеют отрицательную прибыль, а затем разберем те способы, которые позволяют адаптировать процесс оценки так, чтобы учесть причины, лежащие в основе проблемы.

В случае фирм, имеющих проблемы временного характера, такие как забастовки или отзыв продукции, процесс корректировки здесь прост: мы возвращаем в текущую прибыль ту часть затрат, которая связана с временными проблемами. В случае циклических фирм, где отрицательная прибыль вытекает из ухудшения общей ситуации в экономике, а также в случае сырьевых фирм, на прибыль которых могут влиять циклические изменения цен на товарных рынках, мы придерживаемся использования нормализованной прибыли в процессе оценки. В случае же фирм, имеющих долгосрочные или операционные проблемы (устаревшее оборудование, плохо обученная рабочая сила, низкие инвестиции в прошлом), процесс оценки усложняется, поскольку приходится принимать допущения относительно способности фирмы выдержать проблемы и реструктурироваться. Наконец, мы рассмотрим фирмы, которые имеют отрицательную прибыль вследствие больших заимствований, и обсудим, как лучше всего учитывать потенциал дефолта.

ОТРИЦАТЕЛЬНАЯ ПРИБЫЛЬ: ПОСЛЕДСТВИЯ И ПРИЧИНЫ

Фирму с отрицательной или нетипично низкой прибылью труднее оценивать, чем фирму с положительной прибылью. В этом разделе мы сначала рассмотрим причины, по которым подобные фирмы создают проблемы для аналитиков, а затем изучим источники возникновения отрицательной прибыли.

Последствия отрицательной или нетипично низкой прибыли

Фирмы, теряющие деньги, фактически создают несколько проблем для аналитиков, пытающихся их оценить. Хотя ни одна из этих проблем не относится к концептуальным, они значимы с точки зрения измерения.

1. *При проведении оценки невозможно определить или использовать темпы роста прибыли*. Первая и наиболее очевидная проблема состоит в том, что мы уже не можем оценивать ожидаемые темпы роста прибыли и применять их к текущей прибыли для прогнозирования ее будущих значений. Когда текущая прибыль отрицательна, использование темпов роста сделает ее еще в большей степени отрицательной величиной. В результате даже оценка темпов роста прибыли становится спорной процедурой независимо от того, используются ли исторический рост, прогноз аналитика или фундаментальные переменные.

- Когда текущая прибыль отрицательна, оценить исторический рост трудно, и, даже если соответствующие показатели оценены, они не являются значимыми. Чтобы увидеть, почему это так, предположим, что операционная прибыль фирмы изменилась с –\$200 млн в прошлом году до –\$100 млн в текущем году. Традиционное уравнение исторического роста даст следующий результат:

$$\text{Темпы роста прибыли} =$$
$$= \text{прибыль}_{\text{в текущем году}}/\text{прибыль}_{\text{в прошлом году}} - 1 = (-100/-200) - 1 = -50\%.$$

Очевидно, что полученный результат не будет иметь смысла, если фирма улучшит ситуацию с прибылью в следующем периоде. Фактически мы уже рассматривали эти проблемы в главе 11.

- Альтернативный подход заключается в использовании аналитических оценок прогнозного роста прибыли, особенно в ближайшие пять лет. Консенсусная оценка этих темпов роста, сделанная всеми аналитиками, исследовавшими актив, доступна по многим американским компаниям — как публичная информация — и часто используется в процедурах оценки в качестве ожидаемых темпов роста. Но для фирм с отрицательной прибылью в текущем периоде эта оценка темпов роста не будет доступной или значимой.

- Третий подход к оценке роста прибыли состоит в использовании фундаментальных переменных. Этот подход также трудно применить для случая фирм, имеющих отрицательную прибыль. Дело в том, что две фундаментальные входные переменные — рентабельность инвестиций (рентабельность собственного капитала или капитала), и коэффициент реинвестирования (или коэффициент нераспределенной прибыли) — обычно вычисляются на основе текущей прибыли. Когда она отрицательна, обе эти переменные становятся незначимыми с точки зрения перспектив оценки ожидаемого роста.

2. *Вычисление налогов становится более сложной процедурой*. Стандартный подход к оценке налогов состоит в применении предельной ставки налога на операционную прибыль для получения значения этой прибыли после уплаты налогов:

$$\text{Операционная прибыль после налогообложения} = \\ = \text{операционная прибыль до налогообложения} \times (1 - \text{ставка налога}).$$

   В ходе этих вычислений предполагается, что прибыль создает налоговые обязательства в текущем периоде. Хотя обычно это так, фирмы, теряющие деньги, могут перенести убыток и отнести его на прибыль будущих периодов. Таким образом, аналитики, оценивающие фирмы с отрицательной прибылью, должны следить за чистыми операционными убытками этих фирм и не забывать, что они уменьшают налогооблагаемые прибыли будущих периодов.

3. *Допущение о непрерывности деятельности может оказаться неприменимым*. Последняя проблема, связанная с оценкой компаний, имеющих отрицательную прибыль, состоит в следующем: такие фирмы вполне могут стать банкротами, если их прибыль остается отрицательной. Кроме того, предпосылка о бесконечном существовании фирмы, лежащая в основе оценки заключительной стоимости, в подобных случаях может оказаться неподходящей.

Эти проблемы менее заметны, но все равно существуют у фирм, имеющих нетипично низкую прибыль; т. е. когда текущая прибыль фирмы оказывается гораздо ниже исторической прибыли. Хотя для этих фирм можно выяснить исторический рост и рост фундаментальных переменных, полученные показатели окажутся, скорее всего, малозначимыми, поскольку текущая прибыль невелика. Темпы исторического роста прибыли будут отрицательными, а фундаментальные переменные будут давать очень низкие оценки ожидаемого роста.

Причины появления отрицательной прибыли

Существует несколько причин появления отрицательной или нетипично низкой прибыли, причем одни из них имеют временный характер, а другие — долгосрочный, но есть и такие, которые связаны с пребыванием фирмы в определенной фазе жизненного цикла.

Временные проблемы. Для некоторых фирм отрицательная прибыль есть результат временных проблем, иногда влияющих на отдельно взятую фирму, иногда — на всю отрасль, а порой представляющих собой результат общего экономического спада.

- Причины отрицательной прибыли, специфичные для конкретных фирм, могут включать: забастовку, дорогостоящий отзыв продукции или значительное неблагоприятное судебное решение в споре. Хотя подобные феномены, несомненно, снижают прибыль, их воздействие обычно является разовым и не влияет на будущую прибыль.
- Причины отрицательной прибыли секторного масштаба могут включать снижение цены на товар для фирмы-производителя. Например, в практике целлюлозно-бумажных комбинатов общим больным местом является прохождение через цикл, в котором высокие цены на бумагу (обеспечивающие получение прибыли) сменяются низкими ценами (что приводит к убыткам). В некоторых случаях отрицательная прибыль может возникать из-за нарушения поставок необходимого сырья или же резкого роста цен. Например, рост цен на нефть негативно влияет на прибыль всех авиакомпаний.
- Что же касается циклических фирм, то рецессия будет воздействовать на выручку и прибыль. Поэтому неудивительно, что автомобильные компании объявляют низкую или отрицательную прибыль во время экономических спадов.

Общая идея для этих фирм заключается в том, мы ожидаем восстановления прибыли с исчезновением проблем. Таким образом, мы рассчитываем на то, что прибыль циклической фирмы «придет в норму» после того, как экономика вступит в фазу оживления. Точно так же мы ожидаем увеличения прибыли авиакомпании после возврата к прежнему уровню цен на нефть.

Долгосрочные проблемы. Иногда отрицательная прибыль отражает глубокие и более долгосрочные проблемы фирмы. Одни возникают вследствие плохого стратегического выбора, сделанного в прошлом, другие отражают операционную неэффективность, а третьи носят чисто финансовый характер, являясь результатом значительных займов, которые превышают текущие денежные поступления фирмы.

- Прибыль фирмы может быть отрицательной по причине неверного стратегического выбора в сфере ассортимента выпускаемой продукции или в маркетинговой политике, который мог привести к разрушительным последствиям. Для такой фирмы финансовое благополучие не является легко достижимым и требует значительной реструктуризации, а часто и смены руководства.
- Фирма может иметь отрицательную прибыль из-за неэффективности операционных процессов, например из-за устаревших машин и оборудования или низкой квалификации рабочей силы. Отрицательная прибыль может также отражать те неблагоприятные решения, которые были приняты ее менеджментом в прошлом, и связанные с ними непрерывные издержки. Например, фирмы, охваченные лихорадкой поглощений и переплачивающие за приобретения, могут из-за этого в течение нескольких лет получать отрицательную прибыль.
- В некоторых случаях фирма, операционная деятельность которой находится в порядке, может получать отрицательную прибыль вследствие финансирования операций за счет слишком большого долга.

Жизненный цикл. В некоторых случаях отрицательная прибыль фирмы может быть обусловлена не проблемами, связанными с управлением, а ее нахождением в соответствующей фазе жизненного цикла. Приведем следующие три примера.

1. Фирмы, функционирующие в тех видах бизнеса, которые требуют огромных инфраструктурных инвестиций, часто теряют деньги до тех пор, пока объекты такого инвестирования не будут возведены (а оборудование не установлено). После того как такие инвестиции осуществлены и фирма оказывается способной создавать выручку, прибыль становится положительной величиной. Так было в ситуациях с телефонными компаниями в начале XX века в США, компаниями кабельного телевидения в 1980-е гг. и компаниями сотовой связи в начале 1990-х гг.
2. Малые биотехнологические или фармацевтические фирмы часто тратят миллионы долларов на исследования, чтобы получить перспективные лекарства, на которые они будут получать патенты. Но затем эти фирмы годами ждут, пока Управление по контролю над качеством пищевых продуктов и медикаментов (Food and Drug Administration — FDA) одобрит продажу созданных ими лекарств. Тем временем они продолжают тратить деньги на НИОКР и несут крупные убытки.

3. Третья группа включает молодые или начинающие компании. Часто такие компании имеют интересные и потенциально прибыльные идеи, но теряют деньги, до тех пор пока не превратят их в коммерческие продукты. До конца 1990-х гг. такие компании редко становились публичными, а для удовлетворения своих потребностей в собственном капитале они опирались на венчурное финансирование. Одним из поразительных особенностей бума новых технологических компаний в последние годы стал рост количества таких фирм, отказавшихся от венчурного финансирования и обратившихся непосредственно к финансовым рынкам.

ЗАЯВЛЕНИЕ О КРАТКОСРОЧНЫХ ИЛИ ДОЛГОСРОЧНЫХ ПРОБЛЕМАХ

На практике часто бывает сложно отделить временные или краткосрочные проблемы от долгосрочных. Не существует простых эмпирических правил, которыми следует руководствоваться в данном вопросе, а бухгалтерская отчетность далеко не всегда содержит информацию о характере проблем. Большинство фирм, объявляющих отрицательную прибыль, заявляют, что их проблемы — временные и оживление не за горами. Аналитики же должны самостоятельно делать выводы о том, так ли это, и им нужно рассматривать следующие аспекты.

- *Доверие к менеджерам, делающим заявления.* В одних фирмах менеджеры гораздо более откровенны в освещении проблем и признании ошибок, чем в других, и их заявлениям следует доверять гораздо в большей степени.
- *Объем и своевременность информации, раскрываемой в заявлениях.* Фирме, которая предоставляет детальную информацию в подтверждение своего заявления о том, что проблема носит временный характер, доверяют больше, чем фирме, не дающей такой информации. Кроме того, фирма, оперативно сообщающая о своих проблемах, выглядит более убедительно, чем компания, не докладывающая о проблемах до тех пор, пока она не будет вынуждена это сделать.
- *Подтверждение на основе отчетности других компаний в отрасли.* Циклическая компания, заявляющая, что ее прибыль снизилась из-за экономического спада, выглядит более убедительно, если другие компании в данном секторе также сообщают о похожем спаде.
- *Устойчивость проблемы.* Если низкая прибыль устойчиво сохраняется на протяжении большого числа периодов, то гораздо более вероятен тот факт, что фирма столкнулась с долгосрочной проблемой. Таким образом, к серийным расходам на реструктуризацию следует относиться с подозрением.

ОЦЕНКА ФИРМ С ОТРИЦАТЕЛЬНОЙ ПРИБЫЛЬЮ

Выбор способа преодоления проблемы отрицательной прибыли зависит в первую очередь от того, почему фирма имеет такую прибыль. В этом разделе разбираются альтернативы, позволяющие работать с фирмами, которые имеют отрицательную прибыль.

Фирмы с временными проблемами

Если прибыль отрицательна из-за временных или краткосрочных проблем, то ожидается, что она восстановится в ближайшем будущем. Таким образом, предлагаемые нами решения будут довольно простыми. В большинстве случаев мы заменяем текущую прибыль (которая является отрицательной) на нормализованную прибыль (которая будет положительной). Способ, позволяющий нам нормализовать прибыль, меняется в зависимости от характера проблемы.

Проблемы, специфические для фирмы. Фирма может переживать плохие времена в плане прибыли, но проблемы могут быть сведены исключительно к этой фирме и оказаться краткосрочными по своей природе. Если убытки можно отнести только на счет конкретного события — например, забастовки или судебного решения, — и в бухгалтерской отчетности отражаются издержки, связанные с этим событием, то решение может оказаться довольно простым. Следует оценить прибыль до учета этих издержек и использовать полученный показатель не только для оценки денежных потоков, но и для расчета фундаментальных переменных, таких как рентабельность капитала. Однако отметим, что при проведении этих оценок надо исключить не только расходы, но и все выигрыши по налогам, созданные этими расходами, если предположить, что они вычитаются в налоговых целях.

Если же проблема убытков более широкая или издержки события, породившего эти убытки, неотделимы от других расходов, то мы сталкиваемся с более трудной задачей. Во-первых, придется убедиться, что убытки действительно временные и не являются симптомом долгосрочных проблем фирмы. Во-вторых, нужно оценить нормальную прибыль фирмы. Простейший и самый прямой способ такой оценки заключается в сопоставлении каждой статьи расходов фирмы текущего года с той же статьей в предыдущем году, причем все они должны быть взвешены по выручке. Любую статью, выглядящую чрезвычайно крупной относительно прошлых лет, следует нормализовать (используя средние значения за предыдущие годы). В качестве альтернативы можно применить отношение операционной прибыли, заработанной фирмой в предыдущие годы, к выручке текущего года и оценить операционную прибыль, чтобы затем использовать ее при проведении оценки.

В общем, следует рассмотреть возможность выполнения корректировок прибыли фирмы по истечении лет, в которые она осуществляла крупные поглощения, поскольку бухгалтерская отчетность в эти годы будет искажена из-за крупных статей, обычно не имеющих периодического характера и обусловленных поглощением.

ИЛЛЮСТРАЦИЯ 22.1. *Нормализация прибыли фирмы после неудачного года на примере компании Daimler-Benz в 1995 г.*

В 1995 г. компания Daimler-Benz объявила об операционном убытке 2016 млн немецких марок и чистом убытке 5674 млн немецких марок. Значительную часть этих убытков можно отнести на счет проблем, специфических для фирмы, включая списание крупных инвестиций в потерпевшую фиаско компанию Fokker Aerospace, производящую самолеты. Чтобы оценить нормализованную прибыль Daimler-Benz, мы исключим все расходы, связанные с этими статьями, и оценим операционную прибыль до уплаты налогов как 5693 млн немецких марок. Чтобы завершить оценку, мы сделаем следующие дополнительные предположения:

- темпы роста выручки Daimler-Benz увеличивались с 3 до 5% вплоть до 1995 г., и мы ожидаем, что долгосрочные темпы роста выручки и операционной прибыли составят 5% в год;
- в начале 1995 г. фирма имела балансовую стоимость инвестированного в нее капитала 43 558 млн немецких марок, и ожидается, что она сохранит рентабельность капитала (на базе скорректированной операционной прибыли в размере 5693 млн немецких марок);
- налоговая ставка фирмы равна 44%[1].

Для получения предполагаемой стоимости Daimler мы сначала оценим рентабельность капитала фирмы, используя скорректированную операционную прибыль:

Рентабельность капитала = EBIT (1 – t)/балансовая стоимость инвестированного капитала =
= 5693 (1–0,44)/43 558 = 7,32%.

При ожидаемых темпах роста 5% это потребует коэффициента реинвестирования в размере 68,31%:

Коэффициент реинвестирования = g/ROC = 5%/7,32% = 68,31%.

Основываясь на этих предположениях, мы можем рассчитать ожидаемые свободные денежные потоки компании Daimler в 1996 г.:

EBIT (1 – t) = 5693 (1,05) (1–0,44)	= 3347 млн немецких марок
– Реинвестиции = 5693 (1,05) (0,6831)	= 2287 млн немецких марок
Свободные денежные потоки фирмы	= 1061 млн немецких марок

Чтобы вычислить стоимость привлечения капитала, мы используем восходящий коэффициент бета, равный 0,95, который оценен на основе глобально котирующихся автомобильных фирм. Ставка по долгосрочным облигациям (облигации правительства Германии в немецких марках) составляла 6%, и при этом компания Daimler-Benz могла осуществлять долгосрочные заимствования по ставке 6,1%. Мы также предполагаем, что премия за рыночный риск была равна 4%. В конце 1995 г. рыночная стоимость собственного капитала составляла 50 000 млн немецких марок, а сумма долга — 26 281 млн немецких марок.

Стоимость привлечения собственного капитала = 6% + 0,95 (4%) = 9,8%.

Стоимость заимствования = 6,1% (1–0,44) = 3,42%.

Коэффициент долга = 26 281/(50 000 + 26 281) = 34,45%.

Стоимость привлечения капитала = 9,8% (0,6555) + 3,42% (0,3445) = 7,6%.

[1] Германия имеет особо сложную налоговую структуру, поскольку в этой стране нераспределенная прибыль и дивиденды облагаются по разным ставкам, что делает налоговую ставку функцией дивидендной политики фирмы.

Отметим, что все издержки рассчитаны в немецких марках, чтобы эти вычисления не противоречили нашим показателям денежных потоков. Теперь, если мы предположим, что прибыль и денежные потоки будут расти на 5% в год в бесконечной перспективе, то можно рассчитать стоимость фирмы:

Стоимость оборотных активов на конец 1995 г. =
= ожидаемые FCFF в 1996 г./(стоимость привлечения капитала –
– ожидаемые темпы роста) = 1061/(0,076–0,05) = 40 787 млн немецких марок.

Прибавим к полученному значению денежные средства и стоимость ликвидных ценных бумаг (13 500 млн немецких марок), находящихся в портфеле компании Daimler в момент проведения этой оценки, и вычтем рыночную стоимость долга (26 281 млн немецких марок). В результате получим расчетную стоимость собственного капитала, равную 28 006 млн немецких марок, что значительно меньше рыночной стоимости в 50 000 млн немецких марок.

Стоимость собственного капитала = стоимость оборотных активов +
+ денежные средства и ликвидные ценные бумаги – долг =
= 40 787 + 13 500 – 26 281 = 28 006 млн немецких марок.

В данной оценке, как и во всех случаях проведения оценки фирм, присутствует элемент замкнутого круга[1].

Секторные или рыночные проблемы. Прибыль циклических фирм по определению изменчива и зависит от состояния экономики. В периоды экономического бума прибыль этих фирм обычно увеличивается, а во время рецессий она сокращается. То же самое верно и в отношении сырьевых фирм, проходящих через ценовые циклы, когда периоды высоких цен на сырье сменяются низкими ценами. В обоих случаях можно получить ошибочные оценки стоимости, если в качестве прибыли за базовый год используется прибыль за текущий год.

Оценка циклических фирм. Оценки циклических фирм могут подвергаться сильному воздействию уровня прибыли в базовом году. Здесь может быть два потенциальных решения. Первое состоит в коррекции ожидаемых темпов роста в ближайший период — для отражения циклических изменений, а второе решение заключается в проведении оценки фирм на основе нормализованной, а не текущей прибыли.

Корректировка ожидаемого роста. При прохождении экономики через дно делового цикла циклические фирмы часто объявляют низкую прибыль, но она быстро растет по мере экономического оживления. Если прибыль не является отрицательной, то одно из решений заключается в корректировке ожидаемых темпов роста прибыли, особенно в ближайшем буду-

[1] Замкнутый круг возникает потому, что для вычисления стоимости привлечения капитала мы используем текущую рыночную стоимость собственного капитала и долга. Затем мы используем стоимость привлечения капитала для оценки стоимости собственного капитала и долга. Если результат неприемлем, процесс можно повторить и пересчитать стоимость привлечения капитала, прибегнув к расчетным значениям стоимости долга и собственного капитала и продолжая до тех пор, пока не будет достигнута сходимость.

щем, — для отражения ожидаемых изменений в экономическом цикле. Это подразумевает использование высоких темпов роста в ближайшие год-два, если прибыль фирмы и экономика находятся сейчас в депрессивном состоянии, но существуют ожидания, что они будут быстро расширяться. Данную стратегию можно применить с точностью до наоборот, если текущая прибыль высокая (вследствие экономического бума) и ожидается начало экономического спада. Недостаток данного подхода состоит в том, что он связывает точность оценки стоимости циклической фирмы с точностью макроэкономических аналитических прогнозов. Однако этот критический аргумент нельзя обойти, поскольку трудно оценить циклическую фирму, не делая предположений о будущем экономическом росте. Фактические темпы роста прибыли в поворотные годы (когда экономика начинает погружаться в рецессию или выходить из нее) можно оценить, изучив опыт этой фирмы (или похожих фирм) во времена предыдущих рецессий.

ИЛЛЮСТРАЦИЯ 22.2. *Оценка циклической фирмы с использованием высоких темпов роста на примере Dana Corporation в мае 2011 г.*

Dana Corporation — производитель автокомпонентов и систем сильно пострадала во время глобальной рецессии 2008–2009 гг. Компания объявила об операционном убытке $123 млн в 2008 г. и $141 млн в 2009 г. Хотя она получила операционную прибыль $196 млн в 2010 г., операционная маржа в этом году составила всего 3,21%. Несмотря на то что компания является зрелой, с улучшением состояния экономики темпы роста операционной прибыли ожидаются на уровне 15% в год для периода 2011–2015 гг. После 2015 г. фирма перейдет в фазу стабильного роста с темпами роста выручки и операционной прибыли 3% в год в бесконечной перспективе, а ее рентабельность капитала будет равной стоимости привлечения капитала.

Фирма, как ожидается, будет иметь коэффициент бета 1,20 в бесконечной перспективе и сохранит текущий коэффициент «долг/капитал» 26,32%. В то же время, хотя доналоговая стоимость заимствования в 2011–2015 гг. останется на текущем уровне 6,85% (исходя из рейтинга облигаций компании), мы считаем, что она упадет до 5% после 2015 г. Используя предельную налоговую ставку 40%, безрисковую ставку 3,5% и премию за риск инвестирования в акции 5%, мы оцениваем стоимость привлечения капитала для Dana Corporation в период быстрого и стабильного роста следующим образом:

$$\text{Стоимость привлечения капитала}_{\text{быстрый рост}} = \text{стоимость привлечения собственного капитала } [E/(D + E)] + \text{стоимость заимствования } (1 - t)\,[D/(D + E)] = [3{,}5\% + 1{,}2\,(5\%)]\,(1-0{,}2632) + 6{,}85\%\,(1-0{,}4)\,(0{,}2632) = 8{,}08\%.$$

$$\text{Стоимость привлечения капитала}_{\text{стабильный рост}} = [3{,}5\% + 1{,}2\,(5\%)]\,(1-0{,}2632) + 5\%\,(1-0{,}4)\,(0{,}2632) = 7{,}79\%.$$

В таблице ниже мы определяем свободные денежные потоки фирмы в 2011–2015 гг. и дисконтируем их по стоимости привлечения капитала 8,08%:

	Текущее значение	*1*	*2*	*3*	*4*	*5*
Ожидаемые темпы роста (%)		15,00	15,00	15,00	15,00	15,00
EBIT × (1 – налоговая ставка) ($ млн)	117,60	135,24	155,53	178,85	205,68	236,54
– (кап. расходы – износ) ($ млн)	11,00	12,72	14,63	16,83	19,35	22,25
– изменения в оборотном капитале ($ млн)	16,00	18,33	21,08	24,24	27,87	32,05
Свободные денежные потоки на фирму ($ млн)	90,60	104,19	119,82	137,79	158,46	182,23
Стоимость привлечения капитала (%)		8,08	8,08	8,08	8,08	8,08
Приведенная стоимость @8,08% ($ млн)		96,40	102,57	109,14	116,12	123,55

Суммарная приведенная стоимость составляет $547,78 млн. Заметьте, мы исходили из того, что чистые капитальные расходы и изменения в оборотном капитале будут расти с той же скоростью, что и операционная прибыль.

Для оценки стоимости в конце периода быстрого роста рассчитаем коэффициент реинвестирования на основе стабильных темпов роста и рентабельности капитала:

Стабильные темпы роста = 3%.

Стабильная рентабельность капитала = 7,79% (равна стоимости привлечения капитала в период стабильного роста).

Стабильный коэффициент реинвестирования = g/ROC = 3%/7,79% = 38,51%.

$$\text{Заключительная стоимость} = \frac{EBIT(1-t)^5(1+g_{\text{стабильн.}})(1-\text{коэффициент реинвестирования})}{(\text{стоимость привлечения капитала} - g_{\text{стабильн.}})} =$$

$$= \frac{236{,}54(1{,}03)(1-0{,}3851)}{(0{,}0779-0{,}03)} = \$3127{,}69.$$

Дисконтирование заключительной стоимости по ставке 8,08% для пяти лет и сложение результата с приведенной стоимостью денежных потоков за пять лет дает стоимость операционных активов, равную $2668 млн:

$$\text{Стоимость операционных активов} = \$5447{,}78 + \$3127{,}69/1{,}0808^5 = \$2668 \text{ млн.}$$

После прибавления остатка денежных средств в размере $1134 млн, вычитания непогашенного долга в размере $947 млн и деления результата на число акций в обращении (146,26 млн) мы получаем стоимость на акцию, равную $19,52, что на 8% выше цены акции $18,13 в конце мая 2011 г.

Нормализация прибыли. Для циклических фирм самым легким решением проблемы изменчивости прибыли во времени и отрицательной прибыли в базовый период будет нормализация прибыли. При нормализации прибыли для фирмы с отрицательной прибылью мы просто пытаемся ответить на вопрос: что заработает эта фирма в нормальном году? В формулировке этого вопроса неявно содержится предположение об аномальности текущего года и о том, что прибыль быстро вернется к нормальному уровню. Поэтому данный подход в наибольшей степени подходит для циклических фирм, функционирующих в зрелых видах бизнеса. Нормализовать прибыль можно несколькими способами.

- *Усреднение прибыли фирмы в денежном выражении за предыдущие периоды.* Простейший способ нормализации прибыли состоит в использовании средней прибыли за предыдущие периоды. На какое число периодов во времени следует вернуться? Применительно к циклическим фирмам необходимо вернуться настолько далеко, чтобы охватить весь экономический цикл: 5–10 лет. Хотя этот подход прост, он лучше всего подойдет для фирм, масштаб (или размер) которых за исследуемый период не изменился. Если же данный подход применяется для фирмы, с течением времени становящейся больше или меньше (с точки зрения единиц продажи или совокупной выручки), то он приведет к неправильной нормализованной прибыли.
- *Усреднение рентабельности инвестиций фирмы или маржи прибыли за предыдущие периоды.* Этот подход похож на первый, но усредня-

ется относительный, а не абсолютный показатель прибыли. Преимущество данного подхода состоит в том, что он позволяет через нормализованную прибыль выразить текущий размер фирмы. Таким образом, фирма со средней рентабельностью капитала 12% за предыдущие периоды и текущим инвестированным капиталом $1000 млн будет иметь нормализованную операционную прибыль $120 млн. Использование средней рентабельности собственного капитала и его балансовой стоимости даст нормализованную чистую прибыль. Одна из разновидностей этого подхода состоит в оценке средней маржи операционной или чистой прибыли за предыдущие периоды и в применении полученной величины к текущей выручке, чтобы получить нормализованную операционную или чистую прибыль. Преимущество работы с выручкой заключается в ее меньшей подверженности учетным манипуляциям.

Последний вопрос, с которым мы сталкиваемся при нормализации прибыли, состоит в том, когда прибыль будет нормализована. Замена текущей прибыли на нормализованную, по сути, эквивалентна принятию предположения о мгновенности нормализации (т. е. в самый первый оцениваемый период). Если прибыль не вернется к нормализованному уровню в течение нескольких периодов, то полученная посредством нормализации текущей прибыли стоимость окажется слишком высокой. Простая корректировка, доступная для применения, заключается в дисконтировании этого значения, отталкиваясь от числа периодов, необходимых для нормализации прибыли.

ИЛЛЮСТРАЦИЯ 22.3. *Нормализация прибыли циклической фирмы на примере Toyota Motor Corporation в марте 2009 г.*

До 2008 г. Toyota Motor Corporation славилась своей эффективностью и инновационностью. В результате банковского кризиса 2008 г. и замедления глобальной экономики, однако, Toyota объявила об убытке в последнем квартале 2008 г., предвестнике значительного падения прибылей в 2008–2009 финансовом году (с апреля 2008 г. по март 2009 г.). Для нормализации операционной прибыли Toyota мы возьмем результаты ее деятельности с 1998 по 2008 г., которые представлены в следующей таблице:

Результаты операционной деятельности Toyota в 1998–2008 гг.

Год	*Операционная выручка (¥ млн)*	*Прибыль (¥ млн)*	*Операционная EBITDA (¥ млн)*	*EBITDA/маржа (%)*	*Выручка (%)*
1998	11 678 400	779 800	1 382 950	6,68	11,84
1999	12 749 010	774 947	1 415 997	6,08	11,11
2000	12 879 560	775 982	1 430 982	6,02	11,11
2001	13 424 420	870 131	1 542 631	6,48	11,49
2002	15 106 300	1 123 475	1 822 975	7,44	12,07

Результаты операционной деятельности Toyota в 1998–2008 гг.

Год	*Операционная выручка (¥ млн)*	*Прибыль (¥ млн)*	*Операционная EBITDA (¥ млн)*	*EBITDA/маржа (%)*	*Выручка (%)*
2003	16 054 290	1 363 680	2 101 780	8,49	13,09
2004	17 294 760	1 666 894	2 454 994	9,64	14,20
2005	18 551 530	1 672 187	2 447 987	9,01	13,20
2006	21 036 910	1 878 342	2 769 742	8,93	13,17
2007	23 948 090	2 238 683	3 185 683	9,35	13,30
2008	26 289 240	2 270 375	3 312 775	8,64	12,60
2009 (оценка)	22 661 325	267 904	1 310 304	1,18	5,78
Среднее		1 306 867		7,33	

Рассмотрим три подхода к нормализации:

1. *Средняя прибыль.* Усреднение операционной прибыли за 1998–2008 гг. дает 1306,9 млрд иен. Поскольку выручка за этот период выросла более чем в два раза, это значение будет заниженным.
2. *Среднеотраслевая маржа.* Средняя операционная маржа до налогообложения у автопроизводителей (глобально) за этот период (1998–2008 гг.) составляла примерно 6%. В 2009 г., однако, многие автопроизводители находились в значительно худшем положении, чем Toyota, и многие из них должны были объявить о крупных убытках. Хотя мы могли бы применить среднеотраслевую маржу к выручке Toyota в 2009 г. в целях определения нормализованной операционной прибыли (6% × 22 661 млрд иен = 1360 млрд иен), это привело бы к занижению ее величины, поскольку такой подход не учитывает того, что Toyota была одной из самых прибыльных фирм в секторе.
3. *Историческая маржа.* Усреднение операционной прибыли до налогообложения за 1998–2008 гг. дает среднюю операционную маржу 7,33%. Применение этого значения к выручке 2009 г. дает нормализованную операционную прибыль в размере 1660,7 млрд иен (7,33% × 22 661 млрд иен). Эта величина отражает как сегодняшний масштаб фирмы, так и ее успех в бизнесе. Мы будем использовать именно ее в качестве нормализованной прибыли.

С целью оценки фирмы примем следующие допущения.

- Для оценки стоимости привлечения собственного капитала Toyota мы использовали восходящий коэффициент бета (расчетный показатель для автомобильного сектора) 1,10. Примем ставку по 10-летним правительственным облигациям в иенах, равную 1,50%, в качестве безрисковой ставки, а премию за риск инвестирования в акции установим на уровне 6,5% (премия зрелого рынка 6% в начале 2009 г. плюс дополнительная премия 0,50% за риск развивающегося рынка).

Стоимость привлечения собственного капитала =

= безрисковая ставка + бета × премия за риск инвестирования в акции =1,50% + 1,10 (6,5%) = 8,65%.

- В начале 2009 г. Toyota имела непогашенный долг в размере 11 862 млрд иен, а рыночная стоимость собственного капитала фирмы составляла 10 551 млрд иен (3,448 млрд акций в обращении по 3060 иен за акцию). Используя рейтинг AA и связанный с ним дефолтный спред 1,75% относительно безрисковой ставки, мы оцениваем стоимость заимствования до налогообложения как 3,25%. Считая, что текущий коэффициент долга устойчив, мы оцениваем стоимость привлечения капитала как 5,09%. Предельная налоговая ставка в Японии в 2009 г. составляла 40,7%.

Коэффициент долга = 11 862/(11 862 + 10 551) = 52,9%.

Стоимость привлечения капитала = 8,65% (0,471) + 3,25% (1–0,407) (0,529) = 5,09%.

Мы проанализировали изменение стоимости привлечения капитала Toyota во времени, и, поскольку ни коэффициент долга, ни стоимость привлечения капитала не демонстрируют значительных изменений во времени, мы используем ее в качестве нормализованной стоимости привлечения капитала.

- Поскольку Toyota уже была крупнейшей автомобильной фирмой в мире с точки зрения доли рынка, мы приняли, что она находится в стабильном периоде и растет на 1,50% в год (на уровне безрисковой ставки) в бесконечной перспективе. Мы также считаем, что она способна генерировать рентабельность капитала, равную стоимости привлечения капитала. Исходя из этих допущений, мы получаем коэффициент реинвестирования, равный 29,46%:

Коэффициент реинвестирования стабильного периода =g/ROC = 0,015/0,0509 = 0,2946.

На основе нормализованной операционной прибыли (1660,7 млрд иен), предельной налоговой ставки для Японии (40,7%), коэффициента реинвестирования (29,46%), темпов стабильного роста (1,5%) и стоимости привлечения капитала (5,09%) мы получаем следующую стоимость операционных активов Toyota:

$$\text{Стоимость}_{\text{операционных активов}} =$$
$$= [\text{операционная прибыль } (1 + g)\ (1 - \text{налоговая ставка})\ (1 - \text{коэффициент реинвестирования})]/$$
$$/(\text{стоимость привлечения капитала} - g) = [1660{,}7\ (1{,}015)\ (1-0{,}407)\ (1-0{,}2046)]/(0{,}0509-0{,}015) = 19\ 640 \text{ млрд иен.}$$

Прибавление денежных средств (2288 млрд иен) и неоперационных активов (6845 млрд иен), вычитание долга (11 862 млрд иен) и доли меньшинства в консолидированных дочерних компаниях (583 млрд иен) и деление результата на число акций (3,448 млрд) дает нам стоимость на акцию в размере 4735 иен.

$$\text{Стоимость на акцию} = (\text{операционные активы} + \text{денежные средства} +$$
$$+ \text{неоперационные активы} - \text{долг} - \text{доля меньшинства})/\text{число акций} =$$
$$= (19\ 640 + 2288 + 6845 - 11\ 862 - 583)/3{,}448 = 4735 \text{ иен.}$$

На основе нормализованной прибыли Toyota выглядит значительно недооцененной при цене акции 3060 иен в начале 2009 г.

normearn.xls — электронная таблица, которая позволяет нормализовать прибыль фирмы, используя разнообразные подходы.

Оценка сырьевых фирм и фирм, использующих природные ресурсы. Цены на сырьевые товары не только изменчивы, но и проходят через циклы: периоды высоких цен сменяются периодами низких цен.

Некоторые компании, использующие природные ресурсы, сглаживают свою прибыль, применяя фьючерсы и опционные контракты, но большинство позволяет ценам меняться свободно. Поэтому прибыль сырьевых фирм увеличивается и уменьшается вместе с ценами на сырье. Для оценки компаний, использующих природные ресурсы, а в эту группу входят не только горнодобывающие компании, но и фирмы, выпускающие продукцию лесной промышленности (например, лесоматериалы), а также сельскохозяйственные предприятия, предлагаются три варианта решений.

1. Первый вариант состоит в попытке спрогнозировать будущие товарные цены, т. е. выявить цикл товарных цен и встроить эти прогнозы в ожидаемую выручку будущих лет. Это может оказаться трудным делом, поскольку циклы непредсказуемы. Однако в качестве прогнозных цен можно использовать цены фьючерсных рынков.

МАКРОЭКОНОМИЧЕСКИЕ ВОЗЗРЕНИЯ И ОЦЕНКА

Прибыль циклической фирмы неустойчива, причем она связана с тем, насколько хорошо или плохо функционирует экономика. Один из способов включения этих эффектов в стоимость заключатся во встраивании в денежные потоки ожиданий начала рецессий и подъемов. Такая процедура связана с опасностью, поскольку ошибки в прогнозах могут оказаться очень большими. Мнения экономистов о начале подъема редко совпадают, и значительная часть рассуждений относительно рецессии начинается уже после того, как она наступила. Более того, оценка, основанная на конкретных макроэкономических прогнозах, мешает пользователям определить, какая часть заключительной рекомендации (т. е. вердикта о недооцененности или переоцененности) связана с неправильной оценкой фирмы, а какая — отражает оптимизм или пессимизм аналитика по поводу экономики в целом.

Другой способ включения изменчивости прибыли в оценку реализуется через ставку дисконтирования. Циклические фирмы обычно связаны с повышенным риском и требуют более высоких ставок дисконтирования. Это мы делали, когда использовали повышенные безрычаговые коэффициенты бета и/или значения стоимости заимствования для циклических фирм.

2. Можно оценивать фирмы, используя нормализованную цену сырьевого товара, которая определяется при анализе средней цены товара за цикл. Таким образом, среднюю цену на кофе в прошлом десятилетии можно использовать для оценки стоимости плантации кофе. Разумеется, опасность состоит в том, что цена на кофе может оставаться на значительно более высоком или более низком уровне по сравнению с этой средней ценой на протяжении длительного времени, а это заставляет отбросить полученные оценки стоимости.
3. Текущее производство фирмы можно оценить, используя текущую цену сырьевого товара, хотя она и может быть довольно низкой, а затем прибавить к полученной величине опцион, которым обладает фирма и который заключается в том, что она будет производить больше, если цены растут, и меньше — если цены падают. Подробнее мы рассмотрим этот подход в главе 28.

ИЛЛЮСТРАЦИЯ 22.4. *Оценка сырьевой компании на дне цикла на примере компании Aracruz Celulose в 2001 г.*

Aracruz Celulose — это бразильская целлюлозно-бумажная компания и, подобно всем фирмам в этом секторе, она подвержена сильным колебаниям цен на свою продукцию. Рисунок 22.1 иллюстрирует динамику выручки и операционной прибыли компании Aracruz в 1991–2000 гг. и, кроме того, содержит информацию о годовой динамике индекса цен на бумагу. Обратите внимание на корреляцию между финансовыми успехами Aracruz и ценой целлюлозно-бумажной продукции. Годы низкой или отрицательной прибыли Aracruz обычно совпадают с фазами падения цен на бумагу.

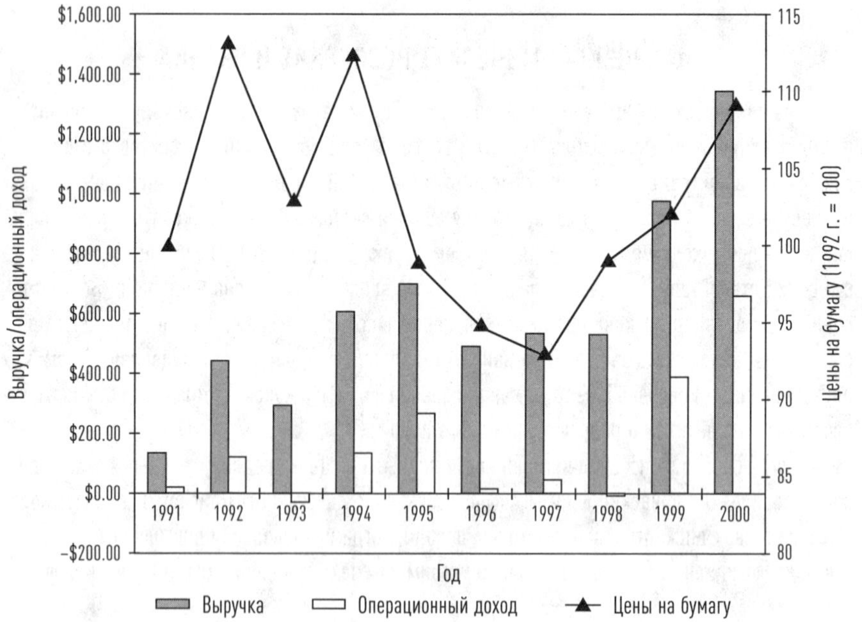

Рисунок 22.1. *Компания Aracruz Celulose: выручка, прибыль и цены на бумагу*

Источник: годовой отчет Aracruz.

На момент оценки, в мае 2001 г., компания Aracruz только что закончила год с высокими ценами на бумагу и достигла высокой прибыльност и, объявив в 2000 г. операционную прибыль в размере 666 млн бразильских реалов при выручке в 1342 млн бразильских реалов. При этом налоговая ставка составляла 33%. Если бы мы использовали эту операционную прибыль для оценки компании Aracruz, то предположили бы, что цены на бумагу останутся высокими. Чтобы предотвратить ошибку в оценке, мы переоценим выручку и операционную прибыль за 2000 г., используя среднюю цену на бумагу в прошедшем десятилетии.

$$\text{Переформулированная выручка} = \text{выручка}_{2000} \times (\text{средняя цена на бумагу}_{1991-2000}/\text{цена на бумагу}_{2000}) =$$
$$= 1342 \text{ млн бразильских реалов} \times (102{,}58/109{,}39) = 1258 \text{ млн бразильских реалов.}$$

$$\text{Переформулированная операционная прибыль} = \text{переформулированная выручка} - \text{операционные расходы} =$$
$$= 1258 \text{ млн бразильских реалов} - (1342 \text{ млн бразильских реалов} -$$
$$- 666 \text{ млн бразильских реалов}) = 582 \text{ млн бразильских реалов.}$$

Эту операционную прибыль мы используем для расчета нормализованной рентабельности капитала для фирмы на основе значений балансовой стоимости долга (1549 млн бразильских реалов) и собственного капитала (2149 млн бразильских реалов), инвестированных в конце предыдущего года.

$$\text{Нормализованная рентабельность капитала} = \text{операционная прибыль}_{2000}\,(1 - t)/(\text{балансовая стоимость долга}_{1999} +$$
$$+ \text{балансовая стоимость собственного капитала}_{1999}) = 582 \times (1 - 0{,}33)/(1549 + 2149) = 10{,}55\%.$$

Мы предполагаем, что фирма будет поддерживать эту рентабельность капитала и расти на 10% в год (в реалах) в ближайшие пять лет и по истечении этого срока в бесконечной перспективе — на 3% в год. В нижеследующей таблице для компании Aracruz обобщаются прогнозы свободных денежных потоков фирмы — в ближайшие пять лет и в первый год стабильного роста (через шесть лет).

	1	*2*	*3*	*4*	*5*	*Заключ. год*
Ожидаемый рост (%)	10	10	10	10	10	3
Коэффициент реинвестирования (%)	94,79	94,79	94,79	94,79	94,79	28,44

	1	*2*	*3*	*4*	*5*	*Заключ. год*
EBIT (млн бразильских реалов)	644	712	787	870	961	1063
EBIT (1 – t) (млн бразильских реалов)	431	477	527	583	644	712
– Реинвестиции (млн бразильских реалов)	409	452	500	552	611	203
= FCFF (млн бразильских реалов)	22	25	27		34	510

Отметим, что коэффициент реинвестирования вычисляется для каждого года на основе ожидаемых темпов роста и рентабельности капитала:

Коэффициент реинвестирования = g/нормализованная рентабельность капитала.

Поскольку ожидаемые темпы роста уменьшаются в 6-м (заключительном) году, то коэффициент реинвестирования также уменьшается.

Стоимость привлечения капитала (в реалах) оценивается с использованием восходящего коэффициента бета, равного 0,7, который был получен при рассмотрении целлюлозно-бумажных компаний, а также с использованием добавочной премии за суверенный риск Бразилии — 10,24% за ближайшие пять лет и 5% по истечении этого периода. Эта величина прибавляется к премии за риск инвестирования на зрелом рынке, и такая премия составляет 4%. Мы используем реальную безрисковую ставку, равную 4%. При проведении оценки реальной стоимости заимствования мы предполагаем, что реальная стоимость заимствования до налогообложения для компании Aracruz равна 7,5% как в период быстрого, так и в период стабильного роста.

Реальная стоимость заимствования после налогообложения = 7,5% (1–0,33) = 5,03%.

Значения текущей рыночной стоимости собственного капитала (3749 млн бразильских реалов) и долга (1395 млн бразильских реалов) дают отношение рыночных значений долга и капитала 27,11%. Значения стоимости привлечения капитала за оба периода показаны в приведенной ниже таблице:

	Быстрый рост	*Стабильный рост*
Коэффициент бета	0,7	0,7
Безрисковая ставка (%)	4	4
Премия за риск инвестирования на зрелом рынке (%)	4	4
Премия за суверенный риск (%)	10,24	5
Стоимость привлечения собственного капитала (%)	4% + 0,7 (4% + 10,4%) = 13,97%	4% + 0,7 (4% + 5%) = 10,3%
Стоимость заимствования после налогообложения (%)	5,03	5,03
Коэффициент долга (%)	27,11	27,11
Стоимость привлечения капитала (%)	11,54	8,87

Сначала оценивается заключительная стоимость, для этого используются представленные в таблице значения денежных потоков в заключительном году и бесконечные темпы роста, составляющие 3%.

Заключительная стоимость = $\text{FCFF}_{\text{заключ. год}}$/(стоимость привлечения $\text{капитала}_{\text{стабильн. период}}$ – g) =
= 510 млн бразильских реалов/(0,087–0,03) = 8682 млн бразильских реалов.

Стоимость операционных активов фирмы на момент оценки можно вычислить как приведенную стоимость денежных потоков за ближайшие пять лет и приведенную стоимость заключительной стоимости, используя стоимость привлечения капитала в период быстрого роста в качестве ставки дисконтирования.

Стоимость операционных активов = $22/1{,}1154 + 25/1{,}1154^2 + 27/1{,}1154^3 + 30/1{,}1154^4 +$
$+ 34/1{,}1154^5 + 8682/1{,}1154^5$ = 5127 млн бразильских реалов.

Для оценки стоимости собственного капитала мы прибавляем денежные средства и стоимость ликвидных ценных бумаг (849 млн бразильских реалов) и вычитаем сумму долга (1395 млн бразильских реалов):

Стоимость собственного капитала = 5127 млн бразильских реалов +
+ 849 млн бразильских реалов – 1395 млн бразильских реалов = 4581 млн бразильских реалов

Это указывает на недооцененность фирмы при ее текущей рыночной капитализации 2149 млн бразильских реалов.

ИЛЛЮСТРАЦИЯ 22.5. *Оценка сырьевой компании, зависящей от колебаний цен на сырье, на примере компании Exxon Mobil в марте 2009 г.*

Exxon Mobil, возможно, крупнейшая нефтяная компания, зависит от цен на нефть, как все остальные компании сектора. На рисунке 22.2 представлена операционная прибыль Exxon как функция средней цены на нефть в период с 1985 по 2008 г.

Очевидно, что операционная прибыль растет (падает) с ростом (падением) цен на нефть. Мы построили регрессию операционной прибыли по цене нефти за баррель для этого периода и получили следующее уравнение:

$$\text{Операционная прибыль} = -6395 + 911{,}32\ (\text{средняя цена на нефть}) \qquad R^2 = 90{,}2\%.$$
$$[2{,}95] \quad [14{,}59]$$

Исходя из этой регрессии, операционная прибыль Exxon Mobil возрастает примерно на $9,11 млрд на каждые $10 прироста цены за баррель нефти, и 90% отклонения прибылей Exxon со временем связано с движением цен на нефть.

Чтобы перейти от операционной прибыли к стоимости собственного капитала Exxon, сделаем следующие допущения:

- Мы оценили восходящий коэффициент бета для Exxon Mobil как 0,90, а затем использовали ставку по казначейским облигациям 2,5% и премию за риск инвестирования в акции 6,5% для определения стоимости привлечения собственного капитала.

  Стоимость привлечения собственного капитала = 2,5% + 0,90 (6,5%) = 8,35%.

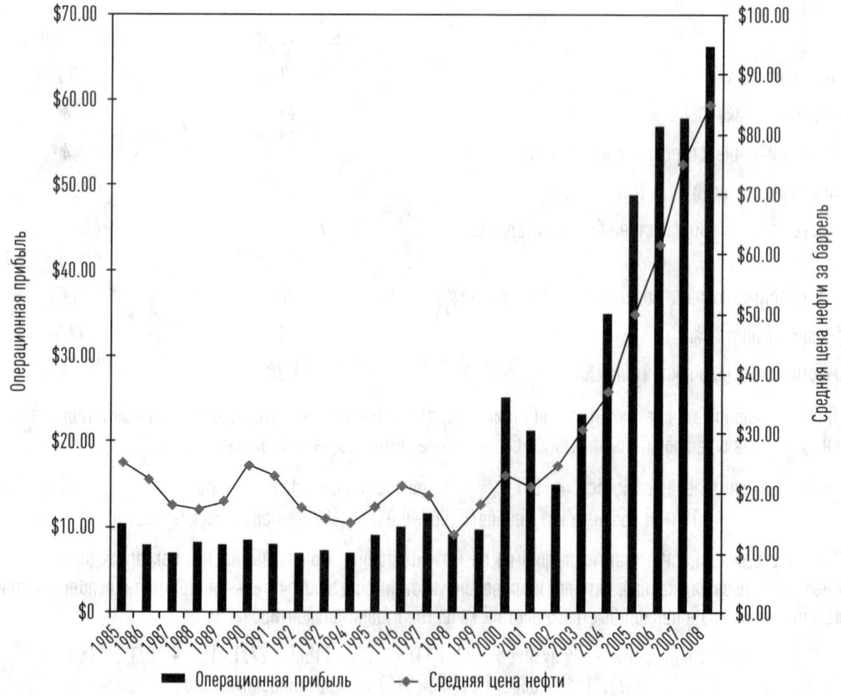

Рисунок 22.2. *Зависимость операционной прибыли Exxon Mobil от цены на нефть: 1985–2008 гг.*

Exxon имеет непогашенный долг $9,4 млрд, а ее рыночная капитализация составляет $320,4 млрд (4961,63 млн акций, торгующихся по $64,83). Это дает коэффициент долга, равный 2,85%. Поскольку эта компания имеет рейтинг AAA, ее ожидаемая стоимость заимствования составляет 3,75% с учетом дефолтного спреда 1,25% по отношению к безрисковой ставке. Используя предельную налоговую ставку 38% (а не эффективную налоговую ставку), мы получим следующую стоимость привлечения капитала для фирмы:

Стоимость привлечения капитала = 8,35% (0,9715) + 3,75% (1–0,38) (0,0285) = 8,18%.

- Будем считать, что Exxon Mobil находится в фазе стабильного роста с темпами роста операционной прибыли 2% в год в бесконечной перспективе. Новые инвестиции, как ожидается, должны генерировать рентабельность капитала, отражающую нормализованную операционную прибыль и текущий инвестированный капитал. Эта рентабельность капитала используется для определения коэффициента реинвестирования.

Exxon объявила об операционной прибыли до налогообложения в размере $60 млрд в 2008 г., однако эта величина отражает тот факт, что цена нефти в течение года составляла $86,55. К марту 2009 г. цена барреля нефти упала до $45, и операционная прибыль за 2009 г. должна была снизиться соответствующим образом. Используя результаты регрессии, определим ожидаемую операционную прибыль при этой цене:

Нормализованная операционная прибыль = –6395 + 911,32 ($45) = $34 614.

При такой операционной прибыли рентабельность капитала составляет примерно 21%, а коэффициент реинвестирования — 9,52% (если темпы роста равны 2%)[1].

Коэффициент реинвестирования = g/ROC = 2/21% = 9,52%.

$$\text{Стоимость операционных активов} = \frac{\text{операционная прибыль } (1+g)(1-\text{налоговая ставка})(1-\frac{g}{ROC})}{\text{стоимость привлечения капитала} - g} =$$

$$= \frac{34\,614(1{,}02)(1-0{,}38)(1-\frac{2\%}{21\%})}{0{,}0818-0{,}02} = \$320\,472 \text{ млн.}$$

Прибавление к операционным активам текущего денежного остатка ($32 007 млн), вычитание долга ($9400 млн) и деление на число акций (4941,63 млн) дает нам стоимость на акцию:

Стоимость на акцию = (операционные активы + денежные средства – долг)/число акций =
= (320 472 + 32 007–9400)/4941,63 = $69,43.

При текущей цене $64,83 акция выглядит немного недооцененной.

Фирмы с долгосрочными проблемами

Во всех примерах с оценкой, представленных в предыдущем разделе, прибыль корректировалась либо мгновенно, чтобы отразить нормальный уровень, либо очень быстро, и это показывает нашу веру в то, что прибыль

[1] Сначала мы складываем балансовую стоимость собственного капитала ($126 044 млн) с балансовой стоимостью долга ($9566 млн), вычитаем остаток денежных средств ($33 981 млн) с конца 2007 г. и получаем стоимость инвестированного капитала $101 629 млн. Рентабельность капитала вычисляется следующим образом:

Рентабельность капитала = операционная прибыль
(1 – налоговая ставка)/инвестированный капитал =
= 34 614(1 – 0,38)/101 629 = 21,1%.

скоро перестанет быть отрицательной. Однако в отдельных случаях отрицательная прибыль является проявлением более долгосрочных проблем фирмы. В таких случаях мы вынуждены выносить суждения о том, будет ли данная проблема преодолена, и если да, то когда это случится. В данном разделе обсуждаются разнообразные решения для компаний, оказавшихся в таком положении.

МУЛЬТИПЛИКАТОРЫ И НОРМАЛИЗОВАННАЯ ПРИБЫЛЬ

Нужна ли описанная выше корректировка прибыли, если мы проводим сравнительную оценку, а не оценку на основе дисконтированных денежных потоков? Ответ в общем случае является утвердительным, но если к этим корректировкам не прибегать, то это будет означать, что мы неявно предполагаем нормализацию прибыли.

Для того чтобы увидеть, почему это так, предположим, что вы сопоставляете сталелитейные компании, используя мультипликаторы «цена/прибыль», и одна из фирм группы недавно объявила очень низкую прибыль из-за забастовки, возникшей в прошлом году. Если вы не нормализуете прибыль, фирма будет выглядеть переоцененной относительно сектора, поскольку, по всей вероятности, рыночная цена будет основываться на ожидании, что трудности с рабочей силой, пусть даже и дорогостоящие, остались в прошлом. Если же для вынесения суждений по поводу сравнительной оценки вы используете такой мультипликатор, как «цена/объем продаж», и сопоставляете его со среднеотраслевым значением, то предполагаете, что раньше или позже маржа прибыли фирмы приблизится к среднеотраслевой марже.

А что, если прибыль всего сектора изменится под влиянием случайного события? Потребуется ли тогда нормализация? Мы полагаем, что да. Хотя прибыль всех автомобильных компаний может упасть в результате рецессии, степень ее падения очень сильно варьирует в зависимости от операционного и финансового рычага. Кроме того, вы не сможете вычислить такие мультипликаторы, как «цена/прибыль», для многих фирм из группы несущих убытки во время рецессии. Использование нормализованной прибыли даст мультипликаторы, являющиеся более надежными индикаторами подлинного значения стоимости.

Стратегические проблемы. Фирмы иногда могут делать ошибки в сфере ассортимента предлагаемой продукции, маркетинговых стратегий или даже рынков, избранных в качестве целевых. Это часто заканчивается отрицательной или пониженной прибылью и, вполне вероятно, перманентной потерей доли рынка. Давайте рассмотрим следующие примеры.

- Компания IBM обнаружила, что ее доминирующее положение в бизнесе, связанном с мейнфреймами, и чрезвычайная прибыль от него поставлены под удар из-за бурного развития рынка персональных компьютеров в 1980-е гг. Хотя IBM могла разработать операционную систему для персональных компьютеров в начале этой фазы технологической революции, она уступила этот бизнес молодой фирме под названием Microsoft. К 1989 г. IBM потеряла более половины своей рыночной стоимости, а рентабельность ее собственного капитала снизилась до однозначного числа[1].

- В течение десятилетий фирма Xerox доминировала в копировальном бизнесе так, что ее название стало синонимом продукта. В 1970-е и 1980-е гг. ей был брошен вызов в борьбе за рынок со стороны азиатских фирм с более низкими издержками, таких как Ricoh и Canon. После первоначальных убытков Xerox удалось частично вернуть долю рынка. Однако в конце 1990-х гг. наблюдалось устойчивое снижение доходов компании Xerox, когда технологии (в виде электронной почты, факсов и дешевых принтеров) принесли потери. К концу 2000 г. встал вопрос, есть ли у Xerox будущее.
- Компания AT&T под руководством Майкла Армстронга пыталась избавиться от имиджа тяжеловесной телефонной компании и стать технологичной фирмой. После определенных первоначальных успехов серия неверных решений и неудачных поглощений привела к тому, что фирма вошла в новое тысячелетие со значительно меньшей рыночной капитализацией и без ясного видения, куда идти дальше.

Когда фирмы имеют низкую или отрицательную прибыль, которую можно связать со стратегическими ошибками, следует определить, является ли такой сдвиг перманентным. Если да, то необходимо оценивать фирму, основываясь на том предположении, что она никогда не вернет утраченное положение, и снизить ожидаемые темпы роста выручки и значения маржи прибыли. Если же, с другой стороны, вы более оптимистичны по поводу восстановления фирмы или ее вхождения на новые рынки, то можете предположить, что фирма окажется в состоянии возвратиться к традиционным для нее показателям маржи прибыли и быстрого роста.

Операционные проблемы. Фирмы, менее эффективные в плане поставки товаров и услуг по сравнению с конкурентами, будут также менее прибыльны, а их стоимость окажется ниже. Но как и почему фирмы становятся менее эффективными? В одних случаях причины могут быть связаны с неспособностью идти в ногу со временем, пополнять активы и соответствовать требованиям новейших технологий. Сталелитейная компания, у которой заводы десятилетней давности, а оборудование уста-

[1] Заметим, что IBM полностью восстановила свое положение в последующие десятилетия, сократив издержки и сфокусировав усилия на сфере бизнес-услуг.

рело, будет в целом иметь повышенные издержки производства на каждую тонну выпускаемой стали по сравнению с новыми конкурентами. В других случаях проблемой могут стать затраты на оплату труда. Сталелитейная компания с заводами, расположенными в США, сталкивается с гораздо большими затратами на оплату труда, чем похожая компания, но находящаяся в Азии.

Переменной, лучше всего измеряющей операционную эффективность, является маржа операционной прибыли — фирмы с операционными проблемами обычно имеют более низкую маржу прибыли по сравнению с конкурентами. Одним из способов, позволяющих «встроить» в оценку эффект усовершенствования операционного процесса во времени, является увеличение маржи прибыли до среднеотраслевого значения, но скорость, с которой будет наблюдаться приближение маржи прибыли к этому значению, зависит от нескольких факторов:

- *Размер фирмы*. В целом, чем крупнее фирма, тем больше времени требуется для устранения неэффективности. Дело не только в том, что инерция гораздо сильнее проявляется в крупных фирмах, отличающихся большей абсолютной величиной тех изменений, которые они должны сделать. Для того чтобы достичь увеличения маржи операционной прибыли на 3%, фирма с выручкой $10 млрд должна снизить издержки на $300 млн, в то время как фирме с выручкой

ЗОЛОТЫЕ АКЦИИ И СТОИМОСТЬ ПРИВАТИЗИРОВАННЫХ ФИРМ

Хотя правительства обычно заинтересованы в получении денежных средств от приватизации принадлежащих им фирм, они с нежеланием отказываются от контроля над этими фирмами. Один из способов, с помощью которых они пытаются сохранить власть, заключается в поддержании того, что называется «золотыми акциями» в фирме. Золотые акции дают право вето и контроль над некоторыми или многими аспектами управления фирмами.

Например, бразильское правительство держит золотые акции в компании CVRD, что позволяет ему принимать окончательное решение насчет того, стоит ли закрывать рудники или нет, а также участвовать в принятии других крупных финансовых решений. Хотя правительства часто рассматривают такие золотые акции в качестве беззатратного способа сохранения контроля при проведении приватизации, существуют издержки, которые им при этом приходится нести. Инвесторы, оценивающие фирмы с золотыми акциями, обычно в гораздо меньшей степени склонны предполагать, что менеджмент претерпит радикальные изменения, а эффективность повысится. Поэтому стоимость, присваиваемая рынком этим фирмам, будет гораздо ниже. Чем более неэффективная фирма приватизируется и чем больше ограничений связано с золотыми акциями, тем более значительную величину стоимости потеряет правительство.

в $100 млн для достижения той же самой цели нужно снизить издержки на $3 млн.

- *Характер неэффективности.* Одни виды неэффективности могут быть устранены гораздо быстрее, чем другие. Например, фирма может быстро заменить устаревшее оборудование или плохую систему материально-технического снабжения, но переобучение рабочей силы может потребовать гораздо большего времени.
- *Внешние ограничения.* Фирмы часто ограничены в степени и скорости устранения неэффективности контрактными обязательствами и социальным давлением. Например, увольнение значительной части рабочей силы может выглядеть очевидным решением для фирмы, имеющей раздутые штаты, но договоры с профсоюзом и шанс приобрести дурную славу могут привести к тому, что эта фирма окажется не готовой поступить подобным образом.
- *Качество менеджмента.* Менеджеры, активно стремящиеся к изменениям, играют решающую роль в успешном повороте в делах. В некоторых случаях замена руководителей высшего звена может быть необходимой для фирмы, чтобы обеспечить ей возможность решить операционные проблемы.

Особые случаи приватизации. Во многих случаях с приватизацией нас просят оценить фирмы, имевшие долгую финансовую историю, но не являвшиеся очень прибыльными. Однако низкая прибыльность не удивляет, поскольку при управлении многими из этих фирм максимальное увеличение стоимости или прибыльности не было главной целью. В некоторых случаях работа на таких фирмах рассматривалась как источник политической опеки. Поэтому подобные фирмы имели раздутые штаты и были неэффективными.

Изменятся ли все эти аспекты, как только эти фирмы будут приватизированы? Не обязательно, а если да, то не сразу. Власть профсоюзов в плане сохранения существующих рабочих мест, а также власть правительства в области управления фирмами, и, наконец, сам размер рассматриваемых фирм — все это делает изменения тяжелыми и медленными. Хотя разумно предположить, что эти фирмы в действительности станут более эффективными после приватизации, скорость усовершенствований в разных фирмах будет различной. В целом мы ожидаем, что корректировка пойдет гораздо быстрее, если правительство откажется от контроля над управлением фирмами, особенно при существовании сильного конкурентного давления, заставляющего постоянно повышать эффективность. В то же время корректировка будет осуществляться медленнее, если фирма является монополией, а правительство продолжает контролировать ее высший менеджмент.

ИЛЛЮСТРАЦИЯ 22.6. *Оценка приватизации на примере бразильской компании Compahnia Vale Dio Roce (CVRD)*

В 1995 г. бразильское правительство приватизировало Compahnia Vale Dio Roce (CVRD), крупнейшую горнодобывающую компанию Латинской Америки. В том году, когда фирма была приватизирована, она объявила операционную прибыль после уплаты налогов 717 млн бразильских реалов при выручке в 4714 млн бразильских реалов. На базе вложенного в фирму капитала, составлявшего на начало года 14 722 млн бразильских реалов, эта фирма имела рентабельность капитала после налогообложения в размере 5,33%.

Если мы примем, что стабильные реальные темпы роста равны 3%, а реальная стоимость привлечения капитала равна 10%, и будем оценивать CVRD на основе этих входных данных, то получим следующую расчетную стоимость рассматриваемой фирмы:

Коэффициент реинвестирования = g/ROC = 3%/5,33% = 56,29%.

Стоимость фирмы = EBIT (1 – t) (1 + g) (1 – коэффициент реинвестирования)/
/(стоимость привлечения капитала – g) = 717 млн бразильских реалов ×
× (1,03) (1–0,5629)/(0,1–0,03) = 4611 млн бразильских реалов.

Однако отметим, что это предполагает бесконечное сохранение рентабельности капитала CVRD на существующем уровне. Если приватизация приводит к повышению операционной эффективности фирмы, то можно рассчитывать на рост ее маржи прибыли и рентабельности капитала. Например, если бы мы оценивали CVRD, используя реальную рентабельность капитала, равную 7%, что соответствует аналогичному показателю для горнодобывающих компаний в США, то получили бы следующую оценку:

Коэффициент реинвестирования = g/ROC = 3%/7% = 42,86%.

Стоимость фирмы = EBIT (1 – t) (1 + g) (1 – коэффициент реинвестирования)/
/(стоимость привлечения капитала – g) = 717 млн бразильских реалов (1,03) ×
× (1–0,4286)/(0,1–0,03) = 6029 млн бразильских реалов.

Разумно ли предполагать такое повышение маржи прибыли? Это зависит от того, на чьей стороне вы находитесь при заключении сделки. Будь вы инвестором, заинтересованным в покупке акций, то могли бы утверждать, что фирма слишком зарегулирована, чтобы можно было осуществить изменения, необходимые для повышения прибыльности, и тогда вы использовали бы стоимость, рассчитанную при текущей марже прибыли. Если же вы являетесь правительством и хотите получить максимальную стоимость, какую только возможно, то вы выступите в пользу второго подхода.

Финансовый рычаг. В некоторых случаях фирмы становятся проблемными, поскольку берут слишком много денег в долг, а вовсе не из-за операционных или стратегических затруднений. В таких случаях фирмы имеют отрицательную прибыль на собственный капитал, хотя операционная прибыль положительна. Решение проблемы зависит в основном от того, находится ли фирма в действительности в бедственном положении. Если не ожидается, что трудности фирмы приведут ее к банкротству, то можно найти разнообразные потенциальные решения. Однако если с наибольшей вероятностью данное затруднение способно разрушить фирму, то выработать решение намного труднее.

Чрезмерный долг без угрозы немедленного банкротства. Фирмы, берущие в долг слишком много денег, не всегда находятся на грани банкротства. Фактически фирмы с оборотными активами, имеющими большую стоимость, и со значительными операционными денежными потоками способны обслуживать долг, гораздо больший оптимального, хотя и не без усилий. Так каковы же издержки обремененности долгами? Во-первых, фирма становится сильно подверженной риску дефолта, что влияет на ее операции: клиенты могут не покупать ее продукцию, а поставщики требовать скорейшей оплаты поставок. Кроме того, могут возникнуть трудности с удержанием ценных работников. Во-вторых, большие значения коэффициента бета и стоимости заимствования, сопровождающие большой рычаг, могут увеличить стоимость привлечения капитала фирмы и уменьшить ее стоимость. Именно поэтому самый что ни на есть коренной интерес фирмы — это снижение коэффициента долга, и если не сразу, то по крайней мере с течением времени.

Для случая проведения оценки фирм, обремененных долгами, есть два следующих замечания:

1. Можно оценить свободные денежные потоки фирмы и получить ее расчетную стоимость. Если с операционной деятельностью фирмы все в порядке (маржа операционной прибыли положительна и близка по значению к аналогичному показателю у сопоставимых фирм), то единственная модификация, которую необходимо сделать, состоит в снижении коэффициента долга с течением времени. На практике это означает, что непропорционально большая часть потоков на собственный капитал должна ежегодно направляться на реинвестиции. Затем мы рассчитываем значение стоимости привлечения капитала, изменяющейся вместе с коэффициентом долга. Если маржа операционной прибыли фирмы была снижена из-за чрезмерных займов, то существует большая вероятность, что потребуется точно таким же образом откорректировать маржу операционной прибыли во времени, чтобы приблизить ее к среднеотраслевому показателю.
2. Можно использовать подход с точки зрения откорректированной приведенной стоимости и оценить фирму как компанию, которая не обременена долгами. Затем мы добавляем к полученному значению стоимости такой фирмы издержки (ожидаемые издержки банкротства) и выгоды (выигрыши на налогах) долга. Однако, как отмечалось в главе 15, проведение оценки ожидаемых издержек банкротства может оказаться трудным делом.

ИЛЛЮСТРАЦИЯ 22.7. *Корректировка коэффициента долга во времени на примере компании Hyundai*

Hyundai Corporation — это корейская компания, являющаяся частью группы Hyundai и управляющая торговыми операциями фирмы. Подобно многим другим корейским компаниям, Hyundai взяла в долг крупные суммы денег для финансирования экспансии в конце 1990-х гг. К концу 2000 г. Hyundai имела долг 848 млрд корейских вон и рыночную стоимость собственного капитала 163 млрд корейских вон, что давало отношение долга к капиталу, равное 83,85%. Большой рычаг имел три последствия:

1. Восходящий коэффициент бета фирмы равен 2,6, что отражает большую величину коэффициента «долг/собственный капитал». При безрисковой ставке, равной в Корее 9%, и премии за риск 7% (4% — премия за риск, связанный со зрелым рынком, и 3% — суверенный риск Кореи), мы получаем оценку стоимости привлечения собственного капитала для этой фирмы, равную 27,20%:

   $$\text{Стоимость привлечения капитала} = 9\% + 2{,}6\ (7\%) = 27{,}20\%.$$

2. Фирма имеет высокий риск дефолта, что приводит к стоимости заимствованиями до налогообложения 12,5%. Налоговая ставка для фирмы равна 30%.
3. Фирма объявила операционную прибыль до налогообложения в размере 89,42 млрд корейских вон, но процентные расходы достигали 99 млрд корейских вон, что приводило к убыткам. Однако отметим, что фирма все еще получает выигрыши на налогах почти по всем процентным выплатам[1].

Мы предполагаем, что операционная прибыль будет расти на 10% в год в ближайшие шесть лет и на 8% в год — по истечении этого периода. Мы также предполагаем, что в течение указанного периода капитальные затраты фирмы (которые сейчас составляют 12 млрд корейских вон), износ (сейчас составляющий 4 млрд корейских вон) и неденежный оборотный капитал (равный сейчас 341 млрд корейских вон) будут расти теми же темпами, что и операционная прибыль. Все это дает следующие оценки денежных потоков:

	1	*2*	*3*	*4*	*5*	*6*
EBIT (1 – t) (млрд корейских вон)	68,86	75,74	83,32	91,65	100,81	110,89
+ Износ (млрд корейских вон)	4,40	4,84	5,32	5,86	6,44	7,09
– Капитальные затраты (млрд корейских вон)	13,20	14,52	15,97	17,57	19,33	21,26
– Изменения в оборотном капитале (млрд корейских вон)	34,11	37,52	41,27	45,40	49,94	54,93
Свободные денежные потоки фирмы (млрд корейских вон)	25,95	28,54	31,40	34,54	37,99	41,79

Мы предполагаем, что в течение ближайших шести лет фирма снизит коэффициент долга с 83,85 до 50%, обеспечив снижение коэффициента бета с 2,6 до 1 и уменьшение стоимости заимствования до налогообложения с 12,5 до 10,5% (здесь допускается линейность изменения в течение периода). Далее оцениваем ежегодные значения стоимости привлечения капитала для корпорации Hyundai применительно к шестилетнему периоду времени:

	1	*2*	*3*	*4*	*5*	*6*
Коэффициент бета	2,60	2,28	1,96	1,64	1,32	1,00
Стоимость привлечения собственного капитала (%)	27,20	24,96	22,72	20,48	18,24	16,00
Стоимость заимствования (до налогообложения) (%)	8,75	8,47	8,19	7,91	7,63	7,35
Коэффициент долга (%)	83,85	77,08	70,31	63,54	56,77	50,00
Стоимость привлечения капитала (%)	11,73	12,25	12,50	12,49	12,22	11,68

Для того чтобы оценить заключительную стоимость, мы предполагаем, что по истечении 6-го года рост будет бесконечно продолжаться темпами 8% в год, а рентабельность капитала равна 16%. Это позволяет нам оценить коэффициент реинвестирования и заключительную стоимость фирмы на конец 6-го года:

---

[1] Без процентных расходов корпорация Hyundai выплачивала бы налоги на свою операционную прибыль, которые достигали бы 89 млрд корейских вон. Из-за процентных выплат Hyundai могла не выплачивать налоги. При процентных платежах в размере 99 млрд корейских вон Hyundai получает выигрыши на налогах в 89 млрд корейских вон.

Коэффициент реинвестирования = 8%/16% = 50%.

Заключительная стоимость = 110,89 млрд корейских вон (1,08) (1–0,5)/
/(0,1168–0,08) = 1626 млрд корейских вон.

Дисконтирование денежных потоков за следующие шесть лет и заключительной стоимости с использованием кумулятивной стоимости привлечения капитала дает следующие оценки:

Приведенная стоимость FCFF в фазе быстрого роста	132,34 млрд корейских вон
Приведенная стоимость заключительной стоимости	819,19 млрд корейских вон
Стоимость операционных активов	951,52 млрд корейских вон
+ Денежные средства и ликвидные ценные бумаги	80,46 млрд корейских вон
– Рыночная стоимость долга	847,73 млрд корейских вон
Рыночная стоимость собственного капитала	184,25 млрд корейских вон

Разделив полученное значение на число акций, получим расчетную стоимость собственного капитала фирмы на акцию. Данный показатель равен 2504 корейских вон, и это чуть больше, чем фактическая рыночная цена, составляющая 2200 корейских вон за акцию на момент оценки.

Чрезмерный долг при высокой вероятности банкротства. Оценка на основе дисконтированных денежных потоков осуществляется при том условии, что фирма является действующим предприятием и денежные потоки не прекратятся в будущем. Когда финансовые проблемы фирмы настолько серьезны, что наводят на мысль о высокой вероятности банкротства, то для проведения оценки фирмы и ее собственного капитала могут потребоваться другие подходы. Есть два возможных пути. Первый подход заключается в оценке сегодняшнего значения ликвидационной стоимости активов, а второй — в продолжении трактовки фирмы как действующего предприятия и в оценке ее собственного капитала в виде опциона.

Ликвидационная стоимость. Ликвидационная стоимость фирмы представляет собой суммарную величину стоимости, которой ее активы обладают на рынке, за вычетом транзакционных и судебных издержек. Стоимость собственного капитала можно получить путем вычитания суммы долга из стоимости активов.

Стоимость собственного капитала =
= ликвидационная стоимость активов – сумма долга.

Оценка ликвидационной стоимости усложняется, когда активы фирмы нелегко отделить друг от друга и оценить по отдельности. Далее, вероятность продажи активов по их средней рыночной стоимости будет уменьшаться по мере повышения степени безотлагательности ликвидации. Фирма, срочно ликвидирующая свои активы, скорее всего, должна принять скидку от средней рыночной стоимости, принимая полученную в результате цену, которая является следствием стремительного совершения сделки.

МОЖЕТ ЛИ СТОИМОСТЬ СОБСТВЕННОГО КАПИТАЛА БЫТЬ ОТРИЦАТЕЛЬНОЙ?

Для получения стоимости собственного капитала мы обычно вычитаем сумму долга из стоимости фирмы. Но может ли сумма долга превышать стоимость фирмы? Если мы используем как рыночную стоимость фирмы (полученную путем сложения значений рыночной стоимости долга и собственного капитала), так и рыночную стоимость долга, то этого никогда не произойдет. Дело обстоит так вследствие того, что рыночная стоимость собственного капитала никогда не может быть меньше нуля. Однако если мы используем расчетную стоимость фирмы, полученную путем дисконтирования денежных потоков этой фирмы по стоимости привлечения капитала, то расчетная стоимость фирмы может оказаться меньше рыночной стоимости долга. Когда наблюдается такой случай, эту ситуацию можно интерпретировать тремя разными способами:

1. Первая и наиболее очевидная трактовка заключается в том, что при проведении оценки стоимости фирмы мы сделали ошибку и наша оценка слишком занижена. В таком случае очевидным решением будет повторное проведение оценки фирмы.
2. Вторая трактовка состоит в преувеличении рыночной стоимости долга. Это может произойти, если мы используем балансовую стоимость долга в качестве ориентировочного значения рыночной стоимости для проблемных фирм или если рынок облигаций ошибочно оценивает долг. Оценка правильного значения рыночной стоимости долга устранит данную проблему .
3. Третья и наиболее интересная трактовка заключается в том, что наши оценки и стоимости фирмы, и рыночной стоимости долга правильны, и тогда действительно стоимость собственного капитала оказывается отрицательной величиной. Поскольку рыночная стоимость собственного капитала не может быть меньше нуля, из этого вытекает тот факт, что собственный капитал в этой фирме ничего не стоит. Однако, как вы увидите позднее, даже при таких обстоятельствах собственный капитал может продолжать обладать стоимостью, если он трактуется в качестве опциона на покупку активов фирмы[1].

Очень важно иметь в виду, что почти никогда нельзя трактовать в качестве ликвидационной стоимости активов их балансовую стоимость. Большинство бедствующих фирм зарабатывают на свои активы доходность, которая меньше стандартных показателей, а ликвидационная стоимость отражает способность активов к созданию денежных потоков, а не цену, уплаченную за них (последний показатель и есть балансовая стоимость, но за вычетом износа).

[1] Мы можем дисконтировать ожидаемые денежные потоки, связанные с долгом по стоимости заимствования до налогообложения, что отражает текущее положение фирмы.

Дисконтированные денежные потоки, скорректированные с учетом финансовых трудностей

Оценка на основе дисконтирования денежных потоков дает слишком завышенную стоимость для фирм с высокой вероятностью финансовых затруднений или дефолта, поскольку мы считаем, что фирма будет действующим предприятием. Один из способов устранения необъективности заключается в том, что сначала мы оцениваем фирму на основе DCF, предполагая восстановление ее финансовой стабильности и прибыльности. После этого определяются два следующих входных параметра:

1. *Вероятность того, что фирма перестанет быть действующим предприятием* (т.е. вероятность дефолта). Ее можно оценить тремя путями.
   а. Если компания имеет торгующиеся выпущенные облигации, то можно использовать цену облигаций.

$$\text{Цена облигации} =$$

$$= \sum_{t=1}^{t=N} \frac{\text{купон} \times (1 - \pi_{\text{фин. проблем}})^t}{(1 + \text{безрисковая ставка})^t} + \frac{\text{номинальная стоимость облигации} \times (1 - \pi_{\text{фин. проблем}})^N}{(1 + \text{безрисковая ставка})^N}.$$

Мы решаем это уравнение для определения вероятности дефолта в годовом выражении для всего срока существования облигации, игнорируя возможность того, что вероятность дефолта более высока в начале и снижается в последующие годы.

   б. Если компания имеет облигационный рейтинг, то можно использовать исторические данные для оценки вероятности дефолта. В таблице 22.1 обобщены вероятности дефолта в течение 5- и 10-летнего периода для облигаций с различными рейтингами. Исходя из этих данных, компания с рейтингом CCC имеет 61,67%-ную вероятность дефолта в течение 10 лет.

Таблица 22.1. *Вероятность в зависимости от рейтинга облигаций*

	Кумулятивная вероятность дефолта (%)	
Рейтинг облигаций	**5 лет**	**10 лет**
AAA	0,03	0,06
AA	0,39	0,47
A	0,61	1,19
BBB	6,41	7,72
BB	11,63	19,48
B	29,38	38,68
CCC	48,53	61,67

Источник: Altman (2010).

в. Если нет ни облигаций, ни рейтинга, то для оценки вероятности банкротства можно использовать статистические методы (например, пробиты).

2. *Стоимость, которую фирма сможет получить за свои активы в случае дефолта*. Фактически мы используем метод ликвидационной стоимости, который был описан в предыдущем разделе. Вычитание непогашенного долга должно дать стоимость собственного капитала при дефолте. (В большинстве случаев долевые инвесторы не получают ничего.)

После определения этих параметров сегодняшнюю стоимость собственного капитала фирмы можно выразить через взвешенную по вероятности среднюю величину стоимости для действующего предприятия и стоимости в случае дефолта:

Стоимость собственного капитала сегодня =
= стоимость собственного капитала действующего предприятия ×
× (1 – вероятность дефолта) + стоимость собственного капитала
в случае дефолта × (1 – вероятность дефолта).

ИЛЛЮСТРАЦИЯ 22.8. *Оценка компании с упавшей операционной прибылью и значительным долгом на примере компании MGM Resorts в мае 2011 г.*

MGM Resorts — одна из ведущих игорных компаний в мире, имеющая казино в США и в Макао. Как и другие компании этого сектора, фирма осуществляла значительные заимствования в целях расширения в 2002–2008 гг. С замедлением экономики операционная прибыль фирмы упала с $1425 млн в 2007 г. до $371 млн в 2010 г., а чистая прибыль снизилась еще сильнее — с $1584 млн в 2007 г. до –$1437 млн в 2010 г. В мае 2011 г. фирма имела рейтинг CCC и стояла на грани дефолта.

Чтобы MGM Resorts осталась действующим предприятием, ей необходимо решить две проблемы. Во-первых, ей нужно восстановить операционную маржу и вернуться к положительному росту выручки (она снизилась с $7962 млн в 2007 г. до $6019 млн в 2010 г.). Во-вторых, она должна сократить долговое бремя. Ее коэффициент «рыночный долг/капитал» в мае 2011 г. составлял 59,70% и был значительно выше среднеотраслевого уровня 46,21%. Для оценки MGM как действующего предприятия примем следующие допущения.

- *Рост выручки.* Мы видим возврат роста выручки — в 2011 г. она выросла на 6%, в последующие четыре года рост составит 15%, а после 10-го года он снизится до стабильных темпов роста 3%.
- *Операционная маржа.* Ожидается, что текущая операционная маржа до налогообложения, составляющая 6,23%, приблизится к среднеотраслевому значению 19,84% в течение следующих 10 лет, причем рост будет более значительным в первые годы.
- *Коэффициент долга и стоимость привлечения капитала.* Мы приняли на следующие пять лет коэффициент долга 59,7% и считаем, что после 5-го года он будет линейно приближаться к среднеотраслевому значению и к 10-му году станет равным 46,21%. С понижением коэффициента долга коэффициент бета снизится в период стабильного роста до 1,20 (из-за высокого коэффициента долга его текущее значение составляет 2,63). Стоимость привлечения капитала до налогообложения (установленная на уровне 11,5% в соответствии с текущим рейтингом CCC) не будет изменяться в первые пять лет, а затем линейно снизится до 6% и останется такой в бесконечной перспективе.

- *Реинвестиции.* Поскольку значительная часть роста будет обеспечиваться за счет более эффективного использования существующих активов, MGM сможет развиваться при сравнительно небольших реинвестициях в первые пять лет, однако в следующие пять лет коэффициент реинвестирования будет расти и поднимется до стабильного уровня 30%. Такой уровень получен, исходя из стабильных темпов роста 3% и рентабельности капитала 10% в бесконечной перспективе.

Опираясь на эти допущения, мы оценили выручку, операционную прибыль и свободные денежные потоки фирмы. Результаты приведены в таблице ниже.

Год	*Выручка ($ млн)*	*Темпы роста выручки (%)*	*Маржа до налогообложения (%)*	*EBIT ($ млн)*	*EBIT (1 – t) ($ млн)*	*Коэффициент реинвестирования (%)*	*Реинвестиции ($ млн)*	*FCFF ($ млн)*
Базовый	6019		6,23	375	233	19,78	46	187
1	6380	6,00	10,77	687	426	–5,91	–25	451
2	7656	20,00	13,79	1056	655	0,95	6	649
3	8805	15,00	15,81	1392	863	3,74	32	831
4	10 125	15,00	17,15	1737	1077	7,80	84	993
5	11 644	15,00	18,05	2102	1303	12,95	169	1134
6	13 041	12,00	18,65	2432	1508	16,97	256	1252
7	14 345	10,00	19,04	2732	1694	20,80	352	1342
8	15 493	8,00	19,31	2992	1855	23,82	442	1413
9	16 423	6,00	19,49	3200	1984	25,52	506	1478
10	17 080	4,00	19,60	3348	2076	25,99	540	1536
Заключительный	17 592	3,00	19,84	3490	2164	30,00	649	1515

Обратите внимание на то, что денежные потоки дисконтируются по стоимости привлечения капитала, изменяющейся со временем по мере изменения коэффициента долга и риска (см. таблицу ниже):

Год	*Коэффициент долга (%)*	*Коэффициент бета*	*Стоимость привлечения собственного капитала (%)*	*Стоимость заимствования до налогообложения (%)*	*Стоимость заимствования после налогообложения (%)*	*Стоимость привлечения капитала (%)*	*Кумулятивная стоимость привлечения капитала*
Текущий	59,70	2,63	16,63	11,50	7,13	10,96	
1	59,70	2,63	16,63	11,50	7,13	10,96	1,1096
2	59,70	2,63	16,63	11,50	7,13	10,96	1,2311
3	59,70	2,63	16,63	11,50	7,13	10,96	1,3660
4	59,70	2,63	16,63	11,50	7,13	10,96	1,5157
5	59,70	2,63	16,63	11,50	7,13	10,96	1,6818
6	57,00	2,34	15,20	10,40	6,45	10,21	1,8535
7	56,33	2,06	13,78	10,13	6,28	9,55	2,0306
8	55,20	1,77	12,35	9,67	5,99	8,84	2,2101
9	52,96	1,49	10,93	8,75	5,43	8,01	2,3872
10	46,21	1,20	9,50	6,00	3,72	6,83	2,5502

Заключительную стоимость операционных активов MGM можно оценить на основе свободных денежных потоков на фирму в заключительном году, стоимости привлечения капитала и стабильных темпов роста:

Коэффициент реинвестирования в период стабильного роста =

= g/ROC = 3%/10% = 30%.

Заключительная стоимость =

$$=\frac{EBIT_{10}(1+g)(1-\text{налоговаяставка})(1-\text{коэффициент реинвестирования})}{\text{стоимость привлечения капитала}-g}=\frac{\$17\,080(1{,}03)(1-0{,}38)(1-0{,}30)}{0{,}0683-0{,}03}=\$39\,560.$$

Стоимость операционных активов можно получить путем дисконтирования денежных потоков по кумулятивной стоимости привлечения капитала:

Год	*FCFF ($ млн)*	*Заключительная стоимость ($ млн)*	*Кумулятивная стоимость привлечения капитала*	*Приведенная стоимость ($ млн)*
1	451		1,1096	406,60
2	649		1,2311	526,76
3	831		1,3660	608,13
4	993		1,5157	655,02
5	1134		1,6818	674,42
6	1252		1,8535	675,36
7	1342		2,0306	660,67
8	1413		2,2101	639,33
9	1478		2,3872	619,07
10	1536	39 560	2,5502	16 115
Стоимость операционных активов ($ млн)				21 580
+ Денежные средства ($ млн)				499
– Долг ($ млн)				10 952
Стоимость собственного капитала ($ млн)				11 127
/Число акций (млн)				488,59
Стоимость на акцию ($)				22,77

Если MGM сможет улучшить результаты своей деятельности и сократить долговую нагрузку со временем, то ее стоимость на акцию в мае 2011 г. будет составлять $22,77.

Эта стоимость действующего предприятия намного выше цены ($15,13), по которой MGM торговалась в мае 2011 г., однако высокая долговая нагрузка фирмы и низкий облигационные рейтинг (CCC) сигнализировали о потенциальном дефолте. Чтобы учесть это, оценим вероятность дефолта и поступления от него.

Вероятность дефолта: используя таблицу 22.1, мы оцениваем вероятность дефолта для рейтинга CCC как 61,67%. Существует и альтернативный метод расчета. Поскольку MGM имеет публично торгующиеся облигации, выберем из них самую ликвидную — семилетнюю облигацию с купоном 7,625%, которая торгуется по 97,4% от номинала, и оценим вероятность финансовых проблем ($\pi_{\text{фин. проблем}}$) исходя из цены облигации:

$$\text{Цена облигации}=974=\sum_{t=1}^{t=7}\frac{76{,}25(1-\pi_{\text{фин. проблем}})^t}{(1{,}035)^t}+\frac{1000(1-\pi_{\text{фин. проблем}})^7}{(1{,}035)^7}.$$

Решив это уравнение для вероятности финансовых проблем, мы получим годовую вероятность 4,28% и кумулятивную вероятность 35,42% для 10-летнего периода:

Кумулятивная вероятность для 10-летнего периода = $1-(1-0{,}0342)^{10}=0{,}3542$.

Поступления при дефолте: мы считаем, что в случае дефолта MGM сможет продать свои активы (главным образом недвижимость) за 80% от балансовой стоимости и что затраты на ликвидацию составят 5% от поступлений.

Поступления от ликвидации = балансовая стоимость активов ×
× (поступления от ликвидации как % от балансовой стоимости) ×
× (1 – затраты на ликвидацию в %) = $14 548 (0,80) (1–0,05) = $11 531 млн.

Поскольку балансовая стоимость долга составляет $12 048 млн, собственный капитал полностью теряет стоимость в случае дефолта.

Теперь скорректированную стоимость собственного капитала можно представить как функцию стоимости дисконтированных денежных потоков и скорректированной стоимости:

	Действующее предприятие	*Финансовые проблемы/дефолт*
Вероятность (%)	64,58	35,42
Стоимость фирмы ($ млн)	22 079	11 531
Непогашенный долг ($ млн)	10 952	12 048
Стоимость собственного капитала ($ млн)	11 127	0
Стоимость на акцию ($)	22,77	0,00

Стоимость собственного капитала на акцию = $22,777 (0,6458) + $0,00 (0,3542) = $14,71.

Акция торговалась в мае 2011 г. по $15,13, т. е. была оценена справедливо.

dbtfund.xls — размещенный в Интернете набор данных, который обобщает значения балансового и рыночного коэффициента долга по отраслевым группам США за последний год.

Прибыль, связанная с жизненным циклом. Как отмечалось ранее в этой главе, потеря фирмами денег на определенных стадиях жизненного цикла — это нормальное явление. При проведении оценки таких фирм нам не удастся нормализовать прибыль, как в случаях с циклическими фирмами или фирмами, имеющими временные проблемы. Вместо этого мы должны оценивать денежные потоки фирмы на протяжении ее жизненного цикла и позволить стать им положительными в «правильной» фазе этого цикла. Существуют три группы фирм, где возникает такая проблема — фирмы с крупными инфраструктурными инвестициями, биотехнологические фирмы, извлекающие подавляющую часть своей стоимости из одного или нескольких патентов, и начинающие компании.

Инфраструктурные фирмы. Если бизнес, который ведет фирма, требует крупных инфраструктурных инвестиций в начале жизненного цикла, и эта фирма в течение длительного времени должна ждать момента, когда появится прибыль, то вполне вероятно, что фирма будет показывать крупные убытки в начальный период после осуществления инвестиций. Здесь возникает дополнительное осложнение, связанное с тем, что многие из таких фирм должны осуществлять крупные заимствования для финансирования своих инфраструктурных инвестиций, создавая «гремучую смесь»: отрицательную прибыль и высокий рычаг.

При наличии подобной «смеси» как может инфраструктурная фирма, например телекоммуникационная фирма или компания кабельного телевидения, достичь когда-либо большой и положительной стоимости?

Рассмотрим один из возможных путей, ведущих к успеху. Фирма берет в долг деньги и осуществляет крупные вложения в инфраструктуру. Однако после таких инвестиций она практически гарантированно господствует на рынке, вход на который непомерно дорог. В некоторых случаях фирма может иметь санкционированную законом монополию на предоставление услуг. Дальнейших инвестиций в инфраструктуру не требуется, но начисление износа на существующие инвестиции продолжает создавать крупные выигрыши на налогах. Чистый эффект будет заключаться в том, что фирма будет как бы «сидеть на машине, печатающей деньги». Это позволит ей не только выплатить весь свой долг, но и получить возможность осуществить следующее поколение инвестиций. В известной степени телефонные компании и фирмы, производящие электроэнергию, равно как и фирмы кабельного телевидения и сотовой связи, идут к успеху именно по этому пути.

В 1990-е гг. мы наблюдали взрыв как в числе телекоммуникационных фирм, так и в объеме капитала, мобилизованного этими фирмами в разнообразных рискованных проектах. Хотя они шли по избитому пути больших долгов и крупных начальных инвестиций, который был проложен их предшественниками, можно предположить, что здесь наблюдаются два критически важных ингредиента, отсутствующих у этого поколения фирм. Первый ингредиент состоит в том, что технология стала непредсказуемым элементом, а крупные инвестиции в инфраструктуру не гарантируют будущей прибыльности или даже факта будущего существования рынка. Второй ингредиент заключается в низкой вероятности защиты от конкуренции. Ранее фирмы со старой технологией достаточно предсказуемо создавали большую прибыль с ясными источниками ее происхождения. В настоящее время подобная предсказуемость для нового поколения телекоммуникационных фирм находится под большим вопросом. Вследствие этого нам приходится предполагать, что среди таких фирм банкротов будет намного больше, поэтому им можно посоветовать переоценить свою политику в сфере финансового рычага.

Фирмы с патентами. У стоимости фирмы обычно есть два источника: установленные активы и ожидаемые возможности роста. Первый аспект обычно учитывается в текущих денежных потоках, в то время как второй — в ожидаемых темпах роста. В особом случае фирм, извлекающих значительную часть своей стоимости из патентов на продукты, ожидаемый рост связан с разработкой таких патентов. Их игнорирование при проведении оценки на основе дисконтированных денежных потоков будет приводить к занижению стоимости фирмы.

Существуют три возможных решения проблем, связанных с оценкой фирм, имеющих продуктовый опцион:

1. Оценить опционы на продукты на открытом рынке и прибавить их стоимость, полученную из оценки на основе дисконтированных денежных потоков. Если существует активный рынок, торгующий опционами на продукты, то он предложит жизнеспособный и простой путь оценки подобных опционов. Но если такой рынок отсутствует или опционы на продукты неотделимы друг от друга и не обращаются на рынке, то возникают затруднения в применении такого подхода.
2. Для того чтобы учесть дополнительную стоимость, создаваемую продуктовыми опционами, надо использовать более высокие темпы роста, чем те, что оправдываются существующими проектами и активами. Хотя такой подход сохранит анализ в традиционных рамках оценки на основе дисконтированных денежных потоков, увеличение темпов роста, в сущности, субъективно. Таким образом, данная методика конвертирует условные денежные потоки (ведь опцион на продукт будет исполнен в том и только в том случае, если это имеет экономический смысл) в ожидаемые денежные потоки.
3. Использовать модель ценообразования опционов для оценки опционов на продукты и прибавить эту стоимость к стоимости, полученной через проведение оценки установленных активов на основе DCF. Преимущество такого подхода заключается в том, что он более точно отражает те характеристики опционов на продукты, которые связаны с денежными потоками.

Основная проблема, связанная с оценкой фирм, имеющих опционы на продукты, состоит не в том, что эти опционы игнорируются, а в том, что они учитываются дважды. Аналитики слишком часто используют более высокие темпы роста для отражения наличия опционов на продукты, которыми владеет фирма, а затем прибавляют к стоимости, полученной на основе DCF, премию за те же опционы. Мы вернемся к изучению оценки таких фирм в главе 28.

Молодые или начинающие фирмы. Многие фирмы начинаются с идеи в головах предпринимателей и лишь с течением времени превращаются в коммерческие предприятия. В течение этого перехода — от компаний, существующих в виде идей, к коммерческим предприятиям — потеря денег для таких фирм не является чем-то необычным. Данное обстоятельство не делает их ничего не стоящими. Наоборот, взрывной рост рыночной стоимости компаний — представительниц новой экономики в конце 1990-х гг. убедительно доказал тот факт, что хорошие идеи могут иметь высокую стоимость. В то же время коррекция 2000 г. наглядно проиллюстрировала, насколько изменчивой может оказаться стоимость таких идей.

Оценка молодых или начинающих компаний является, пожалуй, самой трудной разновидностью оценки, и до недавнего времени она была прерогативой венчурных капиталистов и прямых инвесторов, которые нередко компенсируют неопределенность требованием чрезвычайно высокой доходности. Проблема оценки становится гораздо более сложной, если молодая или начинающая фирма имеет статус публичной. В следующей главе исследуются связанные с оценкой проблемы, с которыми мы сталкиваемся, когда оцениваем такие фирмы.

ЗАКЛЮЧЕНИЕ

Существует много случаев, в которых традиционная оценка на основе дисконтированных денежных потоков должна модифицироваться или адаптироваться для обеспечения обоснованных результатов. Некоторые из них представлены в этой главе. Трудности в оценке циклических фирм могут возникать из-за того, что их прибыль меняется в зависимости от экономического цикла. То же самое можно сказать по поводу связи сырьевых фирм с циклами на цены сырьевых товаров. Неспособность скорректировать прибыль с учетом этих циклических взлетов и падений приводит к значительной недооценке подобных фирм в разгаре рецессии и к их значительной переоценке на пике бума.

Когда прибыль фирмы является отрицательной из-за долгосрочных стратегических, операционных или финансовых проблем, процесс оценки усложняется. Приходится выносить суждение о том, будут ли решены проблемы фирмы, и если будут, то когда. Для фирм, для которых вероятность банкротства значительна, возможно, нужно учитывать ликвидационную стоимость активов. Оценка фирм в начале их жизненного цикла приводит к похожим проблемам, но они усугубляются, когда прибыль, денежные потоки и балансовая стоимость отрицательны. В большинстве таких случаев достаточную гибкость демонстрирует оценка на основе дисконтированных денежных потоков, что позволяет использовать ее для вычисления предполагаемой стоимости.

КОНТРОЛЬНЫЕ ВОПРОСЫ

В приведенных ниже заданиях, если не указано иное, премия за риск инвестирования в акции принимается равной 5,5%.

1. Intermet Corporation, крупнейшее независимое чугунолитейное предприятие в стране, в 1993 г. объявила дефицит на акцию в размере $0,15. Динамика прибыли на акцию в 1984–1992 гг. выглядела следующим образом:

Год	*EPS ($)*
1984	0,69
1985	0,71
1986	0,90
1987	1,00
1988	0,76
1989	0,68
1990	0,09
1991	0,16
1992	0,07

В 1993 г. фирма осуществила капитальные затраты в размере $1,6 на акцию и начислила износ $1,2 на акцию. В 1994 г. ожидалось увеличение оборотного капитала на $0,1 на акцию. Коэффициент бета акций был равен 1,2, и ожидалась его неизменность. Компания финансировала капитальные затраты и потребности в оборотном капитале на 40% за счет долга [D/(D + E)]. Ожидалось, что в долгосрочной перспективе темпы роста фирмы будут равны темпам роста экономики (6%).

а) Оцените нормализованную прибыль на акцию в 1994 г. на основе средней прибыли.

б) Оцените нормализованные свободные денежные потоки на собственный капитал на акцию в 1994 г. на основе средней прибыли.

2. Корпорация General Motors Corporation в 1993 г. объявила дефицит на акцию в размере $4,85 — вслед за убытками, возникшими за два предыдущих года (когда средняя прибыль на акцию была величиной отрицательной). Компания имела активы с балансовой стоимостью $25 млрд, и в 1993 г. она израсходовала почти $7 млрд на капитальные затраты, что частично компенсировалось за счет начисленного износа в размере $6 млрд. Фирма имела долги на сумму $19 млрд, по которым были выплачены проценты в размере $1,4 млрд. Она намеревалась поддержать коэффициент долга [D/(D + E)] на уровне 50%. Потребности в оборотном капитале фирмы были чрезвычайно малы, а ее акции имели коэффициент бета, равный 1,1. В последнем периоде нормального функционирования, в 1986–1989 гг., фирма имела среднюю рентабельность капитала 12%. Ставка по казначейским облигациям была равна 7%, а премия за рыночный риск составляла 5,5%.

Руководители GM ожидали, что после возвращения прибыли к нормальным уровням она будет бесконечно расти темпами 5% в год, а капитальные затраты и износ будут увеличиваться такими же темпами.

а) Оцените стоимость на акцию для корпорации GM, предполагая, что прибыль нормализуется мгновенно.

б) Как изменится ваша оценка, если окажется, что корпорация GM не в состоянии достичь нормализованной прибыли до 1995 г. (т. е. за два года)?

3. Корпорация Toro Corporation, которая производит газонокосилки и тракторы, в 1992 г. имела выручку в размере $635 млн и при этом объявила об убытке $7 млн (в основном вследствие рецессии). В том же 1992 г. она выплатила проценты на сумму $17 млн, а ее облигациям был присвоен рейтинг BBB. Типичная компания с таким рейтингом имела коэффициент процентного покрытия (EBIT/процентные расходы), равный 3,1. Прибыль компании облагалась налогом по ставке 40%. Коэффициент бета акций составлял 1,1 (ставка по казначейским облигациям была равна 7%, а премия за риск — 5,5%).

   В 1992 г. корпорация Toro израсходовала $25 млн на капитальные затраты и начислила износ в размере $20 млн. Оборотный капитал составлял 25% от объема продаж. Ожидается, что компания будет поддерживать коэффициент долга на уровне 25%, и в длительной перспективе темпы роста выручки и прибыли составят 4% в год после возвращения прибыли к нормальным уровням.

   а) Исходя из того, что рейтинг облигации отражает нормализованную прибыль, оцените нормализованную прибыль для Toro Corporation.

   б) Учитывая долгосрочные темпы роста для нормализованной прибыли, оцените стоимость собственного капитала для Toro Corporation.

4. В 1992 г. Kollmorgen Corporation, диверсифицированная технологическая компания, объявила об объеме продаж на сумму $194,9 млн и понесла в том же году чистые убытки в размере $1,9 млн. В предыдущие пять лет динамика ее чистой прибыли была весьма изменчивой.

Год	*Чистая прибыль ($ млн)*
1987	0,3
1988	11,5
1989	–2,4
1990	7,2
1991	–4,6

   Акции имели коэффициент бета 1,2, и ожидался рост нормализованной чистой прибыли на 6% в год до 1996 г., после чего эти темпы должны были стабилизироваться на уровне 5% в год (а коэффициент бета должен был снизиться до 1). В 1992 г. начисленный износ достиг $8 млн, а капитальные затраты — $10 млн. Ожидалось, что в длительной перспективе оба показателя будут расти на 5% в год. Также ожидалось поддержание коэффициента долга фирмы на уровне 35% (ставка по казначейским облигациям была равна 7%, а премия за риск — 5,5%).

а) Исходя из того, что средняя прибыль в 1987–1992 гг. представляла собой нормализованную прибыль, оцените эту нормализованную прибыль и свободные денежные потоки на акции.

б) Оцените стоимость на акцию.

5. В 1992 г. корпорация OHM Corporation, оказывающая услуги в сфере охраны окружающей среды, получила выручку $209 млн и объявила об убытке в размере $3,1 млн. В том же году она получила прибыль до уплаты процентов и налогов в размере $12,5 млн и имела непогашенный долг $104 млн (в рыночных ценах). Общее число обращающихся акций составляло 15,9 млн, торгуемых по $11 за акцию. Процентная ставка по долгу фирмы до уплаты налогов составляет 8,5%, а акции имели коэффициент бета, равный 1,15. Ожидалось, что в 1993–1996 гг. EBIT фирмы будет увеличиваться на 10% в год, после чего снизится до 4% в год в длительной перспективе. Рентабельность капитала в фазе стабильного роста равна 10% (налоговая ставка на прибыль корпораций = 40%, ставка по казначейским облигациям = 7%, а премия за рыночный риск = 5,5%).

а) Оцените стоимость привлечения капитала для OHM.

б) Оцените стоимость фирмы.

в) Оцените стоимость собственного капитала (совокупную величину и в расчете на акцию).

6. Вам предоставили следующую информацию по корпорации CEL Inc., производителю высококачественных стереосистем:

- В последнем году, оказавшемся плохим для нее, корпорация получила чистую прибыль всего лишь $40 млн. Она ожидала, что следующий год будет более удачным. Балансовая стоимость собственного капитала компании была равна $1 млрд, а средняя рентабельность собственного капитала за предыдущие 10 лет (которые предполагались нормальными) составляла 10%.
- Компания планировала израсходовать в следующем году $80 млн на капитальные затраты. Она ожидала, что износ, составивший в этом году $60 млн, вырастет в следующем году на 5%.
- В этом году компания имела выручку $1,5 млрд и поддерживала инвестиции в неденежный оборотный капитал на уровне 10%

от выручки. В следующем году она ожидала увеличение выручки на 5% и снижение оборотного капитала до 9,5% от выручки.

- Фирма планировала придерживаться текущей политики в области заимствований. Рыночная стоимость собственного капитала была равна $1,5 млрд, а его балансовая стоимость составляла $500 млн. Сумма долга (как на балансе, так и по рыночным ценам) была равна $500 млн.
- Стоимость привлечения собственного капитала для фирмы была равна 9%.

а) Оцените FCFE на следующий год.

б) Оцените стоимость собственного капитала, предполагая бесконечный рост фирмы на 5% в год.

7. Компания Tenet Telecommunications испытывает серьезные финансовые проблемы и только что объявила об операционном убытке в размере $500 млн при выручке, равной $5 млрд. Фирма также осуществила капитальные затраты на сумму $1,8 млрд и начислила износ на сумму $800 млн в последнем финансовом году. При этом она не имела значительных потребностей в неденежном оборотном капитале. Вы принимаете следующие предположения:

- В ближайшие пять лет выручка будет расти на 10% в год, а после этого — бесконечно долго на 5% в год.
- EBITDA как процент от продаж будет увеличиваться линейно с существующего уровня до 20% от выручки в 5-м году.
- Капитальные затраты могут быть урезаны до $600 млн в год на следующие пять лет, в то время как износ будет оставаться на уровне $800 млн в год.
- Чистые операционные убытки составят $700 млн.
- Рентабельность капитала по истечении 5-го года в бесконечной перспективе будет составлять 10%.
- Стоимость привлечения капитала для фирмы будет равняться 9%.

а) Оцените ежегодные значения EBITDA, EBIT и EBIT после уплаты налогов для фирмы на ближайшие пять лет, предполагая, что ставка налога на прибыль корпораций равна 40%.

б) Оцените ежегодные значения FCFF на ближайшие пять лет.

в) Оцените заключительную стоимость фирмы.

г) Оцените стоимость фирмы на сегодняшний день.

д) Как изменилась бы ваша оценка, если бы вам сказали, что фирма обанкротится с вероятностью 20%, и в этом случае активы будут продаваться за 60% от их текущей балансовой стоимости, составляющей $1,25 млрд?

Глава 23

ОЦЕНКА МОЛОДЫХ И НАЧИНАЮЩИХ ФИРМ

Многие из тех фирм, которые мы оцениваем в этой книге, являются публичными и имеют установившуюся деловую практику. Но как обстоит дело с молодыми фирмами, только начавшими свою деятельность? Многие аналитики утверждают, что эти фирмы нельзя оценить, поскольку они не имеют никакой истории и в некоторых случаях не располагают ни товарами, ни услугами на продажу. В данной главе представлена иная точка зрения. Признавая тот факт, что оценивать молодые фирмы труднее, чем устоявшиеся, мы утверждаем, что главные принципы оценки остаются неизменными. Стоимость молодой или начинающей фирмы равна приведенной стоимости ожидаемых денежных потоков от ее деятельности, хотя оценка этих ожидаемых денежных потоков может требовать выхода за пределы обычных источников информации.

ИНФОРМАЦИОННЫЕ ОГРАНИЧЕНИЯ

Оценивая фирмы, мы черпаем информацию из трех источников. Первый из них — текущая финансовая отчетность фирм. Мы используем ее для определения того, насколько прибыльны осуществляемые или уже сделанные инвестиции фирмы и сколько она реинвестирует с целью обеспечения будущего роста, а также для получения всех входных данных, требуемых при любой оценке. Второй источник — история фирмы, представленная в виде ее прибылей и рыночных цен. История прибылей и выручки фирмы позволяет судить о том, насколько цикличным был бизнес и какие темпы роста он демонстрировал, в то время как ценовая история фирмы может помочь измерить рискованность ее операций. Наконец, мы можем рассмотреть конкурентов этой фирмы или группу сопоставимых фирм, чтобы определить, насколько лучше или хуже выглядит фирма в сравнении со своими конкурентами, а также оценить ключевые показатели риска, роста и денежных потоков.

Лучше всего было бы располагать информацией из всех источников, но в тех случаях, когда другого выбора нет, мы вынуждены замещать информацию одного типа информацией другого типа. Например, факт существования 75-летней или еще более длительной истории у всех автомобильных компаний в Соединенных Штатах компенсирует то обстоятельство, что этих компаний мало. И наоборот, по компании Abercombie & Fitch может быть информация только за несколько лет, однако эта фирма функционирует в секторе (специализированная розничная торговля), где имеется еще более 200 сопоставимых фирм. Легкость, с которой мы можем получить средние значения по отрасли, и точность этих средних компенсируют факт отсутствия истории у фирмы.

В случае некоторых фирм, особенно в новых секторах экономики, мы можем столкнуться с информационными проблемами. Во-первых, эти фирмы обычно существуют не более 1–2 лет, т. е. имеют очень короткую историю. Во-вторых, их текущая финансовая отчетность очень мало говорит о таком компоненте их активов, как ожидаемый рост, обеспечивающем наибольший вклад в их стоимость. В-третьих, эти фирмы зачастую оказываются первыми представителями в своем роде бизнеса. Во многих случаях отсутствуют конкуренты или группа сопоставимых фирм, в сравнении с которыми можно производить измерение. Поэтому, оценивая эти фирмы, мы можем столкнуться с ограниченностью информации из всех трех источников. Как инвесторы реагируют на подобное отсутствие информации? Некоторые считают, что такие акции нельзя оценить и поэтому их не следует включать в портфель активов. Другие утверждают, что, хотя эти акции и нельзя оценить с помощью традиционных моделей, ошибка заключается в самих моделях. Они изобрели новые и хитроумные способы, основанные на ограниченности доступной информации и позволяющие объяснить уплачиваемые цены. В данной главе мы утверждаем, что для оценки таких фирм могут использоваться модели дисконтирования денежных потоков.

НОВЫЕ ПАРАДИГМЫ ИЛИ СТАРЫЕ ПРИНЦИПЫ: ПЕРСПЕКТИВА ЖИЗНЕННОГО ЦИКЛА

Стоимость фирмы определяется ее способностью создавать денежные потоки и неопределенностью, связанной с ними. Вообще говоря, более прибыльные фирмы стоят больше, чем менее прибыльные. Однако иногда молодым или начинающим фирмам, зачастую теряющим деньги, все же присваивают высокую стоимость. По-видимому, это противоречит утверждению о том, что стоимость и прибыльность идут рука об руку. Кажется, по крайней мере со стороны, что должно быть еще одно ключевое различие между молодыми или начинающими фирмами и другими фирмами, действующими на рынке. Молодая фирма не имеет значительных вложений в землю, здания и другие постоянные активы и, по всей вероятности, получает основную часть своей стоимости из нематериальных активов.

Отрицательная прибыль и наличие нематериальных активов используются аналитиками в качестве основания для отказа от традиционных моделей оценки и для развития новых методов, используемых для обоснования инвестиций в молодые фирмы. Например, как отмечалось в главе 20, интернет-компании в пору своей молодости сравнивались на основе их стоимости на одного посетителя сайта, определяемой делением рыночной стоимости фирмы на число посетителей веб-сайта. В этих сравнениях в неявном виде заключены предположения о том, что большее число посетителей приводит к большей выручке, которая, в свою очередь, способствует получению более высоких прибылей в будущем. Тем не менее зачастую эти допущения не формулируются в явной форме и не проверяются, что напрямую ведет к нереалистичным оценкам.

Этот поиск новых парадигм вводит в заблуждение. Проблема с молодыми фирмами состоит не в том, что они теряют деньги, не обладают историей или не располагают значительными материальными активами. Проблема — в другом: они находятся на гораздо более ранней стадии своего жизненного цикла, чем устоявшиеся фирмы, и оценивать их приходится еще до того, как у их продукции сформируется рынок. Фактически в некоторых случаях оцениваемые фирмы имеют интересную идею, возможно, коммерчески успешную, но еще не проверенную. Однако эта проблема не имеет концептуального характера, а сводится только к оценке. Стоимость фирмы равна все-таки приведенной стоимости ожидаемых денежных потоков от ее активов, хотя эти потоки оценить гораздо труднее.

Рисунок 23.1 иллюстрирует жизненный цикл фирмы и то, как изменяется с течением жизненного цикла доступность информации и источник изменения стоимости:

- *Начальная фаза*. Представляет собой первоначальную стадию после того, как сформирован бизнес. Продукт в общем-то еще не проверен и не имеет установившегося рынка. Фирма располагает немногим с точки зрения текущих операций, у нее отсутствуют операционная история и сопоставимые фирмы. Стоимость такой фирмы полностью определяется потенциалом ее будущего роста. Больше всего препятствий при оценке возникает из-за незначительного объема полезной информации, на которой можно основываться. Необходимо оценить входные параметры и, по всей вероятности, их оценка будет включать в себя серьезные ошибки. Оценки будущего роста часто основаны на определении компетенции существующего менеджмента и наличия у него способности превратить перспективную идею в коммерческий продукт. Часто это является причиной, по которой фирмы в этой фазе нанимают руководителей с успешным послужным списком превращения идей в доллары, поскольку это обеспечивает им доверие со стороны потенциальных инвесторов.

	Начальная фаза или компания в проекте	Быстрая экспансия	Быстрый рост	Зрелый рост	Спад
Выручка/текущие операции	Выручка отсутствует или низкая; отрицательная операционная прибыль	Выручка возрастает; прибыль все еще низкая или отрицательная	Выручка быстро растет; операционная прибыль также растет	Рост выручки замедляется; операционная прибыль все еще растет	Выручка и операционная прибыль падают
Операционная история	Отсутствует	Очень ограничена	Некоторая операционная история	Операционная история может быть использована при оценке	Значительная операционная история
Сопоставимые фирмы	Отсутствуют	Имеются, но находятся на той же стадии роста	Большее количество сопоставимых фирм, находящихся на разных стадиях	Большое число сопоставимых фирм, находящихся на разных стадиях	Число сопоставимых фирм сокращается, из них большинство — зрелые
Источник стоимости	Исключительно будущий рост	В основном будущий рост	Частично существующие активы; рост все еще доминирует	В большей степени существующие активы, чем рост	Исключительно существующие активы

Рисунок 23.1. *Параметры оценки в течение жизненного цикла*

- *Экспансия*. Когда фирма преуспевает в привлечении клиентов и укреплении рыночных позиций, ее выручка быстро растет, хотя она все еще может объявлять об убытках. Текущие операции фирмы дают полезные путеводные нити к ценообразованию, марже и ожидаемому росту, однако текущее значение маржи нельзя проэкстраполировать на будущее. Операционная история фирмы все-таки ограниченна и выявляет только крупные изменения от периода к периоду. В целом другие фирмы функционируют, но они обычно находятся на той же стадии роста, что и оцениваемая фирма. Основная часть стоимости этой фирмы также проистекает из ожидаемого роста. На этой стадии оценка становится менее сложной, но информация по-прежнему ограниченна и ненадежна, а входные данные для модели оценки будут, по-видимому, значительно меняться с течением времени.

- *Быстрый рост*. Хотя выручка фирмы на этой стадии быстро растет, ее прибыли обычно следуют за выручкой с запозданием. На этой стадии и текущие операции, и операционная история фирмы содержат информацию, которая может быть использована при оценке. Число сопоставимых фирм на этой стадии обычно достигает наибольшей величины, и сами эти фирмы в большей степени отличаются друг от друга в том, на какой стадии жизненного цикла они находятся, выстраиваясь в порядке от малых фирм с быстрым ростом до более крупных фирм с более медленным ростом. Существующие активы такой фирмы имеют бóльшую стоимость, но основная часть этой стоимости все еще проистекает из будущего роста. На этой стадии доступной информации уже больше, а оценка входных данных упрощается.
- *Зрелый рост*. Когда рост выручки начинает выравниваться, фирмы обычно сталкиваются с двумя явлениями. Прибыли и денежные потоки продолжают быстро расти, отражая прошлые инвестиции, а потребность в инвестициях в новые проекты сокращается. На этой стадии фирма осуществляет текущие операции, которые можно проэкстраполировать на будущее, она уже имеет операционную историю, содержащую значительный объем информации о рынках, и существует большое число сопоставимых фирм, находящихся в той же стадии жизненного цикла. Существующие активы обеспечивают такую же или еще бóльшую стоимость, чем ожидаемый рост, а входные данные для оценки обычно стабилизируются.
- *Спад*. Последней стадией данного жизненного цикла является спад. Фирмы на этой стадии обнаруживают начинающееся сокращение как выручки, так и прибыли, поскольку их бизнес достиг зрелости, а новые конкуренты начинают их обгонять. Существующие инвестиции продолжают обеспечивать денежные потоки, хотя и с убывающими темпами, а фирма испытывает низкую потребность в новых инвестициях. Таким образом, стоимость фирмы полностью зависит от существующих активов. Хотя на этой стадии число сопоставимых фирм обычно сокращается, они чаще всего находятся в стадии либо зрелого роста, либо спада. На этой стадии оценка оказывается наиболее легкой.

Оценка связана с серьезными препятствиями на более ранних стадиях жизненного цикла, а оценки стоимости с гораздо большей вероятностью могут содержать ошибки в отношении начинающих или быстро растущих фирм. Однако вознаграждение от оценки именно этих фирм оказывается наибольшим, что объясняется двумя причинами. Первая из них — это отпугивающее многих аналитиков отсутствие информации, в то время как упорствующие аналитики, проводящие оценку независимо от того, насколько она точна, обычно вознаграждаются за свой труд. Вторая причина сводится к тому, что такие фирмы вероятнее всего осуществят первоначальное публичное предложение и потребуют оценки стоимости.

ОЦЕНКА ВЕНЧУРНОГО КАПИТАЛА

До самого последнего времени молодые или начинающие фирмы привлекали собственный капитал, главным образом, от венчурных капиталистов. Полезно начать с рассмотрения, как они определяют стоимость фирм. Хотя венчурные капиталисты для оценки фирм иногда применяют модели дисконтирования денежных потоков, гораздо чаще они используют то, что называется «методом венчурного капитала». В данном случае прибыль частной фирмы — это прогноз на год после ожидаемого первоначального публичного предложения фирмы. Эта прибыль в совокупности с мультипликатором прибыли, оцениваемым путем изучения публичных фирм, которые функционируют в том же бизнесе, используется для оценки стоимости фирмы в период первоначального публичного предложения. Такая оценка называется выходной, или заключительной (терминальной) стоимостью.

Скажем, вы оцениваете InfoSoft, небольшую компанию по разработке программного обеспечения, которая, по ожиданиям, должна осуществить первоначальное публичное предложение через три года, и ожидаемая чистая прибыль которой составит $4 млн. Если мультипликатор «цена/прибыль» для публичных фирм равен 25, то оцениваемая заключительная стоимость составляет $100 млн. Это значение дисконтируется, чтобы для настоящего момента времени получить «целевую норму доходности», как ее называют венчурные капиталисты. Этот показатель измеряет то, что они рассматривают как «оправданную доходность при данном риске», которому подвергаются их инвестиции. Целевая норма доходности обычно устанавливается на гораздо более высоком уровне, чем традиционная стоимость привлечения собственного капитала для фирмы[1].

---

1 Например, в 2011 г. целевая норма доходности для венчурных капиталистов варьировала от 30 до 70% в зависимости от стадии, на которой находится компания. В отличие от этого, при использовании традиционной модели доходности нужно постараться, чтобы получить стоимость привлечения собственного капитала, превышающую 20%.

$$\text{Дисконтированная заключительная стоимость} = \text{расчетная стоимость выхода}/(1 + \text{целевая доходность})^n.$$

И снова, если использовать пример с InfoSoft, при определении венчурным капиталистом целевой доходности 30% для инвестиций дисконтированная заключительная стоимость компании InfoSoft будет равна:

$$\text{Дисконтированная заключительная стоимость} = \$100 \text{ млн}/1{,}30^3 = \$45{,}52 \text{ млн}.$$

Каким же образом венчурные капиталисты получают целевые значения доходности и почему они так высоки? Возможно, некоторые венчурные капиталисты и прибегают к сложным моделям, но большинство опирается на профессиональное суждение, исторический опыт и предположения. Что касается высокого уровня доходностей, то он определяется сочетанием трех факторов:

1. Молодые и начинающие фирмы более уязвимы для макроэкономического риска, чем остальной рынок. С точки зрения модели оценки капитальных активов у них должны быть высокие коэффициенты бета.
2. Венчурные капиталисты нередко концентрируются на определенном секторе и поэтому не являются диверсифицированными. Как следствие они требуют премии за специфический для фирмы риск, который может быть диверсифицирован.
3. Многие молодые, начинающие фирмы не выживают, и поэтому целевая доходность включает в себя риск краха.

На практике целевая доходность оказывается в большей мере объектом переговоров, а не обычной ставкой дисконтирования. Иначе говоря, венчурный капиталист стремится получить как можно более высокую целевую доходность и долю в начинающей компании. Собственники компании пытаются снизить целевую доходность. Ее окончательная величина зависит от переговорной силы сторон.

Подход с позиции венчурного капитала связан и с еще одной проблемой. Поскольку мультипликаторы выхода основываются на текущих ценах сопоставимых фирм, они могут приводить к серьезным ошибкам в оценке, когда рынок ошибается. Например, венчурные капиталисты, оценивавшие в 2000 г. интернет-фирмы на основе предположения о том, что они смогут продать эти фирмы по цене, в 80 раз превышающей выручку (именно так в то время рынок оценивал небольшие публичные интернет-фирмы), завысили стоимость.

ВЕНЧУРНЫЙ КАПИТАЛ, ПРЯМЫЕ ИНВЕСТИЦИИ И ДИВЕРСИФИКАЦИЯ

Венчурные капиталисты исторически концентрируются на определенном секторе, т. е. они обычно сосредоточивают свои инвестиции в одной или двух отраслях. Частично это явление объясняется тем, что спрос на венчурный капитал в любое время обычно концентрируется в нескольких секторах — социальные сети в 2011 г., новые технологические акции в конце 1990-х гг., биотехнологические акции в конце 1980-х гг. Другая часть объяснения состоит в том, что венчурные капиталисты используют свои знания отрасли как для оценки фирм, ищущих акционерный капитал, так и для оказания помощи в управлении этими фирмами.

Однако отказ от диверсификации имеет свою цену, что, в первую очередь, влияет на оценку этих компаний. Стоимость привлечения собственного капитала фирмы одной и той же фирмы для диверсифицированного инвестора будет ниже, чем для недиверсифицированного, в результате чего последний оценит эту фирму ниже.

В последние годы в качестве конкурентов традиционным венчурным капиталистам появились прямые инвесторы. Поскольку эти инвесторы обычно имеют более диверсифицированные портфели, они могут согласиться на более низкую стоимость привлечения собственного капитала и тем самым придать той же самой частной фирме более высокую стоимость. Будут ли в долгосрочной перспективе прямые инвесторы вытеснять венчурных капиталистов? До тех пор пока знание какой-либо локальной отрасли имеет значение для оценки фирм, относящихся к этой отрасли, вряд ли стоит полагать, что подобное произойдет.

ОБЩИЕ ПРИНЦИПЫ АНАЛИЗА

Оценка фирм с отрицательной прибылью, незначительными или вовсе отсутствующими историческими данными и небольшим числом сопоставимых фирм, по существу, осуществляется в том же порядке, что и любая оценка. В данном разделе анализируются проблемы, которые с наибольшей вероятностью возникают на каждом этапе оценки молодых фирм.

Шаг 1. Важность свежей информации для оценки текущего положения фирмы

Для получения информации о затратах текущего года при оценке фирм широко принято использовать данные за последний финансовый год. Для фирм с отрицательной прибылью и высокими темпами роста выручки количественные характеристики обычно с течением времени резко меняются. Соответственно, имеет больший смысл анализировать наиболее свежую информацию, какую только можно получить, по крайней мере в отношении выручки и прибыли. Например, использование данных за последние

12 месяцев обеспечивает гораздо лучшую оценку стоимости по сравнению с теми же данными за последний финансовый год. Очевидно, что такие статьи, как операционная аренда и выпущенные опционы, не могут так часто обновляться. Но и в этом случае имеет смысл выступать за использование — для входных параметров[1] — оценок, основанных на более свежих данных.

Шаг 2. Оценка роста выручки

Молодые фирмы обычно имеют довольно небольшие объемы выручки, но ожидается, что в будущем эта выручка будет расти быстрыми темпами. Неудивительно, что при оценке это становится ключевым входным параметром, и здесь следует предложить использовать следующие источники.

- *Прошлые темпы роста выручки в самой фирме*. Поскольку масштаб фирмы по мере роста увеличивается, ей становится все труднее поддерживать очень высокие темпы роста. Таким образом, фирма, выросшая на 300% два года назад и на 200% в прошлом году, по всей вероятности, в этом году вырастет еще меньше.
- *Темпы роста всего рынка, который обслуживает рассматриваемая фирма*. Фирмам гораздо легче поддерживать высокие темпы роста на рынке, который сам растет быстрыми темпами, чем на стабильных рынках.
- *Барьеры для входа и конкурентное преимущество рассматриваемой фирмы*. Для того чтобы фирма могла поддерживать высокие темпы роста, она должна обладать каким-то конкурентным преимуществом. Оно может возникать из юридической защиты (как это наблюдается в случае с патентом), лучшего качества товаров или услуг, из бренда либо из положения первопроходца на рынке. Если конкурентное преимущество выглядит устойчивым, то вероятность высоких темпов роста в течение длительного времени значительно повышается. Если нет, то они начнут снижаться намного быстрее.

Более подробно процесс оценки роста выручки мы анализировали в главе 11.

ИЛЛЮСТРАЦИЯ 23.1. *Темпы роста выручки на примере фирмы Tesla Motors*

Фирма Tesla Motors имела в 2010 г. выручку всего $117 млн, однако по сравнению с $15 млн в 2008 г. это был скачок. Фирма пока что занимается разработкой коммерчески жизнеспособных электромобилей, однако потенциальный рынок очень велик, и мы ожидаем быстрого роста в будущем. В приведенной ниже таблице представлены ожидаемые темпы роста выручки, а также выручка за каждый год на следующие 10 лет и в заключительный год (11-й год).

[1] Один простой метод заключается в масштабировании всех входных параметров для отражения роста выручки за 12 месяцев после последнего финансового года.

Год	Темпы роста выручки (%)	Выручка ($ млн)
Текущий		117
1	150,00	292
2	100,00	584
3	80,00	1051
4	60,00	1681
5	40,00	2354
6	30,00	3060
7	20,00	3672
8	15,00	4222
9	10,00	4645
10	5,00	4877
Заключительный (11)	3,50	5047

Обратите внимание на то, что даже при высоких темпах роста и прогнозной выручке $5,05 млрд в 11-й год Tesla остается небольшой автомобильной фирмой. В 2010 г. компания Ford имела выручку $129 млрд, а Volvo — $38 млрд.

При оценке темпов роста выручки по годам мы начинаем с представления о заключительной выручке в случае успеха фирмы Tesla Motors ($5 млрд через 11 лет) и движемся назад для получения темпов роста в более ранние годы, опираясь на два простых принципа. Первый заключается в том, что темпы роста выручки в более ранние годы можно привязать к темпам роста в недавнем прошлом. Выручка Tesla росла на 179% в год в 2008–2010 гг. Второй заключается в том, что темпы роста должны падать с течением времени по мере роста выручки. Таким образом, необходимо сконцентрироваться на начальной и конечной выручке (в 11-м году), а не на темпах роста год от года. Оценка очень чувствительна к первому и намного меньше зависит от второго.

Шаг 3. Оценка устойчивой операционной маржи при стабильном росте

Для фирмы, теряющей деньги, один только быстрый рост выручки обеспечит немногим более чем увеличение потерь с течением времени. Ключевым фактором, определяющим оценку молодой фирмы, является ожидание, что операционная маржа, хотя в настоящее время и отрицательная, в будущем станет положительной. Во многих отношениях истинный тест при оценке заключается в способности определить, какой будет операционная маржа молодой быстро растущей фирмы, когда ее рост стабилизируется. При отсутствии сопоставимых фирм трудность этой задачи усугубляется. И здесь снова могут помочь несколько руководящих принципов.

- *При анализе бизнеса, являющегося основным для этой фирмы, рассмотрите ее подлинных конкурентов*. Например, хотя фирма Tesla считается производителем электромобилей или даже технологической компанией, она действует в автомобильном бизнесе. По меньшей мере с точки зрения анализа маржи есть основания считать, что маржа Tesla будет приближаться к марже других автопроизводителей.

- *Проанализируйте текущий отчет о прибылях и убытках с целью получения более правильной оценки операционной маржи*. Многие молодые или начинающие фирмы, объявляющие об убытках, делают это не потому, что их операционные расходы на обеспечение текущей выручки велики, а потому, что значительная часть операционных расходов осуществляется для обеспечения будущего роста и должна рассматриваться как капитальные затраты. Поскольку многие из этих расходов рассматриваются в отчетах о прибылях и убытках как общие, сбытовые и административные расходы (SG&A), полезно оценить маржу и прибыльность до этих расходов, чтобы получить представление об истинной прибыльности продуктов компании.

ИЛЛЮСТРАЦИЯ 23.2. *Оценка устойчивой маржи и путь к марже на примере фирмы Tesla Motors*

Tesla Motors объявила в 2010 г. об операционном убытке $81 млн при выручке $117 млн и, таким образом, получила операционную маржу –69,28%. Удивляться этому не стоит, учитывая, что фирма сейчас осуществляет значительные вложения в НИОКР и инфраструктуру с расчетом на их окупаемость в будущем. Для оценки ожидаемой операционной маржи в период стабильного роста мы возьмем среднюю глобальную операционную маржу до налогообложения для автопроизводителей, которая в 2010 г. составляла 10%, и будем использовать ее в качестве целевого показателя.

Будем считать, что операционная маржа Tesla постепенно улучшится с ростом выручки. В приведенной ниже таблице представлены оценки операционной маржи и прибыли по годам.

Год	*Выручка ($ млн)*	*Операционная маржа (%)*	*EBIT ($ млн)*
Текущий	117	–69,28	–81
1	292	–42,86	–125
2	584	–25,24	–147
3	1051	–13,49	–142
4	1681	–5,66	–95
5	2354	–0,44	–10
6	3060	3,04	93
7	3672	5,36	197
8	4222	6,91	292
9	4645	7,94	369
10	4877	8,63	421
Заключительный	5047	10,00	505

Убытки Tesla в денежном выражении, как ожидается, будут расти в течение нескольких лет, а ожидаемая операционная прибыль станет положительной только в 6-м году.

Для оценки операционной прибыли после налогообложения мы введем два дополнительных параметра. Первый — предельная налоговая ставка для фирмы, которую мы примем равной 40% (это сложная налоговая ставка для американских компаний, включая налоги на уровне штатов и на местном уровне). Второй — накопленный чистый операционный убыток (NOL), который мы примем равным $141 млн. Ожидаемые убытки, которые фирма понесет в первые пять лет, мы будем прибавлять к чистому операционному убытку. Они будут сокращать налогооблагаемую прибыль и налоги в первые пять лет прибыльной работы фирмы. В приведенной ниже таблице представлены ожидаемые налоги и операционная прибыль после налогообложения для каждого периода.

Год	*Операционная прибыль или убыток ($ млн)*	*NOL в конце года ($ млн)*	*Налогооблагаемая прибыль ($ млн)*	*Налоги ($ млн)*	*Налоговая ставка (%)*	*EBIT (1 – t) ($ млн)*
Текущий	–81	141	0	0	0,00	–81
1	–125	266	0	0	0,00	–125
2	–147	413	0	0	0,00	–147
3	–142	555	0	0	0,00	–142
4	–95	650	0	0	0,00	–95
5	–10	661	0	0	0,00	–10
6	93	568	0	0	0,00	93
7	197	371	0	0	0,00	197
8	292	79	0	0	0,00	292
9	369	—	289	116	31,40	253
10	421	—	421	168	40,00	252
Заключительный	505	0	505	202	40,00	303

Как ожидается, Tesla не будет в полной мере выплачивать предельную налоговую ставку до 10-го года.

Шаг 4. Оценка реинвестиций с целью обеспечения роста

Для того чтобы расти, фирма должна реинвестировать, и этот принцип нельзя игнорировать при анализе молодой фирмы. Однако, в отличие от зрелой фирмы, история молодой фирмы вряд ли расскажет о том, насколько сильно она нуждается в реинвестициях. По мере роста фирмы характер ее реинвестиций и их объем, скорее всего, будут меняться, и оценка их величины представляет проблему.

В главе 11 утверждается, что рост операционной прибыли, в конечном счете, является функцией того, сколько реинвестирует фирма и насколько хорошо она это делает (что измеряется рентабельностью капитала).

$$\text{Ожидаемый рост} = \\ = \text{коэффициент реинвестирования} \times \text{рентабельность капитала.}$$

Фактически это уравнение использовалось для оценки роста в большинстве примеров, которые до сих пор встречались в этой книге. Но следует отметить, что оно становится неподходящим, когда операционная прибыль отрицательна, т. е. при оценке молодых фирм. В этом случае в первую очередь должен оцениваться рост выручки, а реинвестиции следует определять на основе роста выручки. Чтобы выявить эту связь, мы используем мультипликатор «объем продаж/капитал», т. е. мультипликатор, определяющий, сколько дополнительных долларов выручки приносит каждый дополнительный доллар капитала:

Ожидаемые реинвестиции = ожидаемые изменения выручки/ /мультипликатор «объем продаж/капитал».

Например, увеличение выручки до $1 млрд при мультипликаторе «объем продаж/капитал», равном 4, потребовало бы реинвестиций в размере $250 млн. Ключевым элементом, необходимым для использования этой формулировки, является мультипликатор «объем продаж/капитал». Его можно оценить путем анализа истории фирмы, хотя она может быть и ограниченной, а также среднеотраслевых значений при широком определении отрасли, в которой функционирует рассматриваемая фирма.

Однако в стабильный период потребность в реинвестициях может быть измерена через ожидаемые темпы роста и ожидаемую рентабельность капитала:

$$\text{Ожидаемый коэффициент реинвестирования}_{\text{стабильный период}} = \text{ожидаемые темпы роста}_{\text{стабильный период}} / \text{ROC}_{\text{стабильный период}}.$$

Альтернативный подход состоит в использовании для оценки денежных потоков среднеотраслевых значений коэффициента реинвестирования (с разбивкой на капитальные затраты и потребность в оборотном капитале).

ИЛЛЮСТРАЦИЯ 23.3. *Оценка потребности в реинвестициях на примере фирмы Tesla Motors*

Tesla Motors осуществляет значительные инвестиции не только в инфраструктуру и исследования, но и в оборотный капитал по мере своего роста. В 2010 г. капитальные затраты фирмы (включая капитализированные расходы НИОКР) составили $105,41 млн, износ — $10,62 млн, а ее неденежный оборотный капитал вырос с $11,62 млн до $22,94 млн. Суммарно фирма реинвестировала в 2010 г. $106,11 млн:

$$\text{Реинвестиции в 2010 г.} = \text{капитальные затраты} - \text{износ} + \Delta\,\text{неденежный оборотный капитал} = \$105{,}41 - \$10{,}62 + (\$22{,}94 - \$11{,}62) = \$106{,}11\ \text{млн}.$$

Нам не хотелось бы использовать эти данные для будущих оценок, поскольку они представляют всего лишь один год молодой и развивающейся компании.

Для оценки реинвестиций мы возьмем выручку, получаемую на доллар инвестированного в бизнес капитала. Для автопроизводителей среднее значение мультипликатора «объем продаж/капитал» в 2010 г. составляло 1,69, а для технологических компаний — 2,20. Учитывая, что Tesla с ее инновационными электромобилями в большей мере относится к двум сферам деятельности, мы решили принять значение мультипликатора, равное 2,00. Фактически мы приняли, что Tesla должна направлять $1 в дополнительный капитал (реинвестиции) на каждые $2 ожидаемой дополнительной выручки. В приведенной ниже таблице представлены данные по реинвестициям по годам:

Год	*Выручка ($ млн)*	*Прирост выручки ($ млн)*	*Реинвестиции ($ млн)*
Текущий	117		
1	292	175	88
2	584	292	146
3	1051	467	233
4	1681	630	315
5	2354	672	336
6	3060	706	353
7	3672	612	306
8	4222	551	275
9	4645	422	211
10	4877	232	116

Мы не разбиваем реинвестиции на составные части — капитальные затраты, НИОКР, поглощения, оборотный капитал, — по той причине, что нам не известно, как фирма будет развиваться со временем.

Одна из опасностей, связанных с оценкой реинвестиций независимо от операционной прибыли (это именно то, что мы делаем), заключается в том, что со временем оценки могут стать внутренне несогласованными. Чтобы убедиться в том, что ожидаемая рентабельность капитала остается приемлемой по мере того, как фирма становится более зрелой, мы оценили вменяемую рентабельность капитала для каждого года:

Год	*Инвестированный капитал на начало года ($ млн)*	*EBIT (1 – t) ($ млн)*	*Рентабельность капитала (%)*
1	311	–126	–40,64
2	398	–149	–37,38
3	544	–144	–26,39
4	778	–97	–12,49
5	1093	–12	–1,12
6	1429	91	6,40
7	1782	196	10,97
8	2088	291	13,92
9	2363	257	10,89
10	2574	252	9,79

Капитал, инвестированный на начало 1-го года, представляет собой балансовую стоимость инвестированного капитала в 2010 г. и вычисляется следующим образом:

$$\text{Инвестированный капитал}_{2010} = \text{балансовая стоимость собственного капитала}_{2010} +$$
$$+ \text{капитализированные расходы на НИОКР}_{2010} + \text{балансовая стоимость долга}_{2010} - \text{денежные средства}_{2010} =$$
$$= \$207{,}05 + \$167{,}04 + \$109{,}65 - \$173{,}16 = \$310{,}58 \text{ млн.}$$

Капитал, инвестированный в последующие годы, определяется путем прибавления реинвестиций за год к капиталу на начало года:

$$\text{Инвестированный капитал}_{\text{2-й год}} = \$310{,}58 + \$87{,}56 = \$398{,}14 \text{ млн.}$$

Ожидаемая рентабельность капитала возрастает со временем по мере повышения маржи. Фактически рентабельность капитала достигает пика на 8-й год в определенной мере потому, что чистый операционный убыток защищает фирму от налогообложения. В 10-м году рентабельность капитала составляет 9,79%, что очень близко к 10%-ной рентабельности, которую мы установили для Tesla после 10-го года в бесконечной перспективе.

Наконец, мы сводим вместе операционную прибыль после налогообложения и реинвестиции и оцениваем свободные денежные потоки фирмы для каждого года 10-летнего периода:

Год	*EBIT (1 – t) ($ млн)*	*Реинвестиции ($ млн)*	*Свободные денежные потоки ($ млн)*
1	–126	88	–214
2	–149	146	–295
3	–144	233	–377
4	–97	315	–412
5	–12	336	–348
6	91	353	–262
7	196	306	–110
8	291	275	15
9	257	211	46
10	252	116	136

Свободные денежные потоки фирмы отрицательны в течение первых семи лет отчасти в результате операционных убытков (вплоть до 5-го года), отчасти в результате потребности в реинвестициях. По нашим оценкам, Tesla необходимо привлечь около $2 млрд в виде капитала (долгового и собственного) в течение следующих семи лет.

РЕИНВЕСТИЦИИ И РОСТ: ПОСЛЕДСТВИЯ С ВРЕМЕННЫМ ЛАГОМ

В нашей оценке фирмы Tesla мы исходили из того, что реинвестиции и рост возникают одновременно. Другими словами, увеличение выручки и реинвестиции, обеспечивающие этот рост, происходят в одно и то же время. Это допущение может показаться довольно радикальным, но оно вполне реалистично применительно к фирмам, занимающимся оказанием услуг, или к росту, возникающему благодаря поглощениям.

Если фактически возникает лаг между реинвестициями и ростом, то его относительно просто включить в наш анализ. При оценке Tesla, допуская лаг в один год, можно оценить реинвестиции в год 1-й по ожидаемому росту выручки в год 2-й. Величина лага будет зависеть как от оцениваемой фирмы — он будет больше для фирм, которым необходимо осуществлять капиталоемкие инвестиции и инвестиции в инфраструктуру, — так и от формы реинвестиций, т. е. от того, являются ли они внутренними или внешними (в случае поглощений).

Шаг 5. Оценка параметров риска и ставок дисконтирования

В стандартных подходах к оценке коэффициента бета мы вычисляли доходность акций по отношению к доходности рынка. У молодых или начинающих фирм, даже если их акции публично торгуются, имеются скудные исторические данные, и мы не можем использовать общепринятый подход для оценки параметров риска[1]. Тем не менее в главе 7 мы предложили альтернативные подходы к оценке коэффициентов бета, являющиеся полезными в плане преодоления этого разрыва. Один из них — это восходящий подход. Если есть сопоставимые фирмы, зарегистрированные на фондовой бирже в течение двух или более лет, то текущие параметры риска для фирмы можно оценить путем анализа средних величин для этих фирм. Если такие фирмы отсутствуют, то параметры риска могут быть оценены путем использования финансовых характеристик фирмы, таких как изменчивость прибылей, их размер, характеристики денежных потоков и финансовый рычаг[2].

Если у молодой фирмы есть долг, то, оценивая стоимость заимствования, мы сталкиваемся с другой проблемой. Такая фирма обычно не имеет рейтинга, что исключает возможность оценки стоимости заимствования на его основе. Мы можем сделать попытку получить синтетический рейтинг, но отрицательная операционная прибыль даст отрицательный коэффициент процентного покрытия и предложит присвоить фирме рейтинг на уровне дефолта. Одно из решений состоит в оценке ожидаемого коэффициента процентного покрытия для фирмы на основе ожидаемой операционной прибыли в будущие периоды (отметим, что эти прогнозы уже делались для шагов 2 и 3) и использовании этого ожидаемого коэффициента процентного покрытия для оценки синтетического рейтинга.

Какой бы подход мы ни использовали для оценки собственного капитала и долга, они должны оставаться неизменными на протяжении периода проведения оценки. Когда фирма становится более зрелой и движется в сторону устойчивой маржи и стабильного роста, параметры риска также должны приблизиться к тем же значениям средней фирмы, т. е. коэффициенты бета должны приблизиться к единице, а стоимость заимствования должна быть близка к значению этой величины у зрелой фирмы.

В дополнение к оценке стоимости привлечения собственного капитала для этих фирм мы должны оценить, как с течением времени будет изменяться рычаг. И снова установление в качестве ориентира среднеотраслевого или оптимального для этой фирмы коэффициента долга (каким он является в устойчивом состоянии) должно дать корректные оценки стоимости привлечения капитала во времени.

---

1 Общепринятый подход состоит в оценке доходности акций в сопоставлении с доходностью рыночного индекса за прошлый период, скажем за два или пять лет.

2 Описание этого подхода можно найти, если вернуться к главе 7.

ОПЕРАЦИОННЫЙ РЫЧАГ И РИСК

Одним из аргументов, которые могут быть предложены для объяснения того, почему молодые фирмы должны иметь значительно более высокие коэффициенты бета, чем более крупные и зрелые фирмы в этом же бизнесе, является то, что они имеют более высокий операционный рычаг. Издержки для молодой фирмы, по большей части, являются постоянными и не изменяются в зависимости от выручки. Если мы оцениваем восходящий коэффициент бета для молодой фирмы путем анализа сопоставимых фирм, то у нас есть две альтернативы:

1. В качестве сопоставимых фирм мы можем использовать только небольшие публичные фирмы. Это возможно, если в том же бизнесе есть значительное число публичных фирм.
2. Другой и более перспективный подход состоит в корректировке восходящего коэффициента бета, обусловленного различиями в операционном рычаге. Глава 7 показывает, как можно скорректировать коэффициенты бета для учета различий в структуре постоянных затрат:

Безрычаговый коэффициент бета = коэффициент бета данного вида бизнеса ×
× [1 + (постоянные затраты/переменные затраты)].

ИЛЛЮСТРАЦИЯ 23.4. *Оценка параметров риска и стоимости привлечения капитала на примере фирмы Tesla Motors*

Tesla в настоящее время является рискованной, убыточной компанией, однако она — автомобильная компания с технологическим уклоном. Вместо регрессии коэффициента бета для Tesla мы примем восходящий коэффициент бета равным 1,50, т. е. среднему между 0,90 для автопроизводителей и 2,10 для технологических компаний. Используя безрисковую ставку для доллара США, равную 3,5%, и премию за риск инвестирования в акции 5%, мы получим стоимость привлечения собственного капитала на следующие пять лет:

Стоимость привлечения собственного капитала = 3,5% + 1,5 (5%) = 11,00%.

Стоимость заимствования оценить более трудно, поскольку Tesla не имела облигационного рейтинга S&P или Moody's в 2011 г., а кроме того объявляла об операционном убытке, что делало коэффициент покрытия процентов отрицательным (и не позволяло определить синтетический рейтинг). Как ожидается, фирма будет объявлять об операционном убытке в последующие пять лет, т. е. иметь отрицательную среднюю операционную прибыль за период. Мы решили использовать рейтинг CCC для отражения того факта, что Tesla была действующим предприятием и, в случае необходимости, могла использовать денежный остаток для покрытия долговых обязательств. В результате доналоговая стоимость заимствования составила 8%, а поскольку фирма имела чистый операционный убыток и операционный убыток, то посленалоговая стоимость заимствования также была равна 8%.

Исходя из того, что непогашенный долг составляет $109,65 млн ($71,83 млн — обычный долг, $37,82 млн — приведенная стоимость арендных обязательств), а рыночная капитализация — $2773 млн (при цене акции $29 и 95,63 млн акций в обращении), мы получаем мультипликатор «долг/капитал», равный 3,80%:

Мультипликатор «долг/капитал» = 109,65/(109,65 + 2773) = 3,80%.

Результирующая стоимость привлечения капитала (предполагается, что она остается неизменной на протяжении первых пяти лет) составляет:

Стоимость привлечения капитала = 11% (1–0,0380) + 8% (1–0,00) (0,0380) = 10,89%.

Мы предполагаем, что по мере созревания фирма будет все больше походить на автомобильные компании и все меньше на технологические фирмы. В результате с 6-го года мы начинаем линейно уменьшать коэффициент бета до уровня 0,90, характерного для стабильного роста, и линейно повышать коэффициент долга до 35% в 10-м году. В приведенной ниже таблице представлены данные по стоимости привлечения капитала по годам для Tesla Motors.

Год	*Коэффициент бета*	*Стоимость привлечения собственного капитала (%)*	*Доналоговая стоимость заимствования (%)*	*Налоговая ставка (%)*	*Посленологовая стоимость заимствования (%)*	*Коэффициент долга (%)*	*Стоимость привлечения капитала (%)*
1	1,50	11,00	8,00	0,00	8,00	3,80	10,89
2	1,50	11,00	8,00	0,00	8,00	3,80	10,89
3	1,50	11,00	8,00	0,00	8,00	3,80	10,89
4	1,50	11,00	8,00	0,00	8,00	3,80	10,89
5	1,50	11,00	8,00	0,00	8,00	3,80	10,89
6	1,38	10,40	7,40	0,00	7,40	10,04	10,10
7	1,26	9,80	7,25	0,00	7,25	11,60	9,50
8	1,14	9,20	7,00	0,00	7,00	14,20	8,89
9	1,02	8,60	6,50	30,06	4,55	19,40	7,81
10	0,90	8,00	5,00	40,00	3,00	35,00	6,25

Стоимость привлечения капитала снижается с 6-го до 10-го года и достигает уровня 6,25%, характерного для стабильного периода (который сохраняется в бесконечной перспективе).

Шаг 6. Оценка стоимости фирмы

При наличии данных о прибыли, коэффициенте реинвестирования и параметрах риска в течение определенного промежутка времени оценка значительно приближается к традиционной. Во многих случаях денежные потоки в начальные годы отрицательны вследствие отрицательной прибыли и высоких потребностей в реинвестировании, но становятся положительными в более поздние годы с увеличением маржи и снижением реинвестиций. Основную часть стоимости, как правило, будет составлять заключительная стоимость. Не забывайте, однако, что размер заключительной стоимости определяется нашими допущениями относительно темпов роста и целевой маржи на этапе быстрого роста.

После оценки операционных активов фирмы необходимо рассмотреть два других фактора, определяющих стоимость фирмы, — вероятность того, что фирма не выживет, и стоимость внеоперационных активов.

Выживание. Оценивая фирмы с использованием дисконтированных денежных потоков, мы обычно допускаем, что эта фирма останется действующим предприятием и будет продолжать генерировать денежные потоки неограниченное время. Это допущение кажется сомнительным при оценке молодых компаний, поскольку многие из них не выдержат той проверки, через которую им предстоит пройти в последующие несколько лет. Если мы игнорируем эту возможность и рассматриваем только наилучший сценарий расширения и прибыльности, то рискуем переоценить стоимость этих фирм. В отношении этой возможности у нас есть две альтернативы:

1. Первая состоит в том, чтобы встроить в ожидаемые темпы роста и в прибыль возможность неблагоприятных исходов. Таким образом, используемые темпы роста будут ожидаемыми темпами роста при любом сценарии — как оптимистичном, так и пессимистичном. В отношении молодых фирм это будет все труднее и труднее по мере продвижения в будущее.
2. Вторая альтернатива предполагает оценку стоимости дисконтированных денежных потоков только при том сценарии, в котором фирма остается действующим предприятием, а затем использование вероятности того, что фирма будет действующим предприятием с этой стоимостью. Если мы оценим вероятность выживания фирмы как действующего предприятия, то ее стоимость можно определить следующим образом:

Стоимость фирмы =
= вероятность выживания как действующего предприятия ×
× дисконтированная стоимость денежных потоков фирмы +
+ (1 – вероятность выживания как действующего предприятия) ×
× ликвидационная стоимость.

Один из подходов к оценке вероятности выживания заключается в использовании эмпирических данных. Кнауп и Пьяцца (Knaup, 2005 и Knaup and Piazza, 2008) использовали для получения статистики о выживаемости фирм данные Бюро трудовой статистики, публикуемые в отчете Quarterly Census of Employment and Wages. Этот отчет содержит информацию по более чем 8,9 млн фирм США как в публичном, так и в частном секторе. На основе базы данных за семь лет с 1998 по 2005 г. авторы сделали заключение о том, что только 44% компаний, основанных в 1998 г., просуществовали более четырех лет и только 31% компаний просуществовали все семь лет. Помимо этого они разделили фирмы на 10 секторов и оценили уровень выживаемости в каждом из них. В таблице 23.1 представлены их данные по доле выживших фирм для каждого года по всем секторам, а также средние значения по выборке. Обратите внимание на то, что уровень выживаемости варьирует от сектора к сектору. В информационном секторе (куда входят технологические компании) только 25% фирм преодолело семилетний рубеж, а в секторе здравоохранения выжили почти 44% фирм.

Таблица 23.1. *Выживаемость фирм, основанных в 1998 г.*

	Процентная доля фирм, основанных в 1998 г., которые пережили						
	Год 1	**Год 2**	**Год 3**	**Год 4**	**Год 5**	**Год 6**	**Год 7**
Природные ресурсы	82,33	69,54	59,41	49,56	43,43	39,96	36,68
Строительство	80,69	65,73	53,56	42,59	36,96	33,36	29,96
Производство	84,19	68,67	56,98	47,41	40,88	37,03	33,91
Транспорт	82,58	66,82	54,70	44,68	38,21	34,12	31,02
Информация	80,75	62,85	49,49	37,70	31,24	28,29	24,78
Финансовая деятельность	84,09	69,57	58,56	49,24	43,93	40,34	36,90
Бизнес-услуги	82,32	66,82	55,13	44,28	38,11	34,46	31,08
Здравоохранение	85,59	72,83	63,73	55,37	50,09	46,47	43,71
Отдых	81,15	64,99	53,61	43,76	38,11	34,54	31,40
Прочие услуги	80,72	64,81	53,32	43,88	37,05	32,33	28,77
Все фирмы	81,24	65,77	54,29	44,36	38,29	34,44	31,18

Стоимость внеоперационных активов. Как при оценке любой фирмы, необходимо рассмотреть денежные средства, ликвидные ценные бумаги и вложения в другие компании. Единственное предостережение, которое следует сделать, заключается в том, что молодые фирмы могут достаточно быстро сжигать кассовые остатки, поскольку их операции скорее поглощают денежные средства, чем создают их. Таким образом, кассовые остатки из прошлого финансового отчета, особенно если он составлен более нескольких месяцев назад, могут очень сильно отличаться от текущих кассовых остатков.

Если молодые фирмы имеют вложения в другие молодые фирмы, то существует опасность отражения в бухгалтерском учете инвестиций в другие фирмы со значениями, не отражающими их истинную стоимость. Если существуют только одно или два крупных вложения, их также следует оценивать при помощи подхода, основанного на денежных потоках.

ИЛЛЮСТРАЦИЯ 23.5. *Оценка стоимости фирмы на примере Tesla Motors*

Оценку фирмы мы начинаем с дисконтирования свободных денежных потоков, которые мы оценили в иллюстрации 23.3, по стоимости привлечения капитала, оцененной в иллюстрации 23.4.

Год	*FCFF ($ млн)*	*Стоимость привлечения капитала (%)*	*Кумулятивная стоимость привлечения капитала*	*Приведенная стоимость ($ млн)*
1	–214	10,89	1,1089	–193
2	–295	10,89	1,2296	–240
3	–377	10,89	1,3634	–277

Год	FCFF ($ млн)	Стоимость привлечения капитала (%)	Кумулятивная стоимость привлечения капитала	Приведенная стоимость ($ млн)
4	−412	10,89	1,5118	−273
5	−348	10,89	1,6764	−208
6	−262	10,10	1,8457	−142
7	−110	9,50	2,0211	−55
8	15	8,89	2,2008	7
9	46	7,81	2,3727	19
10	136	6,25	2,5210	54
Сумма				−1306

Обратите внимание на то, что изменение стоимости привлечения капитала со временем требует определения кумулятивной стоимости привлечения капитала. Приведенная стоимость свободных денежных потоков в период быстрого роста составляет −$1306 млн.

Мы считаем, что после 10-го года Tesla Motors переходит в фазу стабильного роста с темпами 3,5% в год при рентабельности капитала 10%. Коэффициент реинвестирования в стабильный период определяется следующим образом:

Стабильный коэффициент реинвестирования = стабильные темпы роста/стабильная ROC = 3,5%/10% = 35%.

Заключительную стоимость (на конец 10-го года) можно определить, используя операционную прибыль в году 11 (см. иллюстрацию 23.2):

$$\text{Заключительная стоимость}_{10} =$$

$$= \frac{\text{EBIT(1−налоговая ставка)}_{11}\text{(1−коэффициент реинвестирования)}}{\text{(стоимость привлечения капитала − g)}} =$$

$$= \frac{\$505(1-0{,}40)(1-0{,}35)}{(0{,}0625-0{,}35)} = \$7158\text{млн.}$$

Дисконтирование заключительной стоимости по кумулятивной стоимости привлечения капитала в 10-м году и прибавление к этой величине приведенной стоимости FCFF в течение следующих 10 лет дает нам:

Стоимость операционных активов = −$1306 + $7158/2,5210 = $1534 млн.

Если к этому значению прибавить денежный остаток в размере $196 млн, то мы получим стоимость фирмы:

Стоимость фирмы = $1534 + $196 = $1730 млн.

Шаг 7. Оценка стоимости собственного капитала и стоимости на акцию

Для того чтобы перейти от стоимости фирмы к стоимости собственного капитала, мы обычно вычитаем все не связанные с собственным капиталом требования. Для зрелых фирм эти требования принимают форму банковского долга и выпущенных облигаций. Для молодых фирм также могут существовать требования по привилегированным акциям, которые необходимо оценить и вычесть, для того чтобы получить стоимость обыкновенных акций.

Для перехода от стоимости собственного капитала к стоимости на акцию нам необходимо рассмотреть опционы на выпущенные акции фирмы. В главе 16 мы утверждали, что иногда это следует делать для всех фирм, но особенно важным данный вопрос становится для молодых или начинающих фирм, поскольку стоимость выпущенных опционов у них может составлять гораздо более высокую долю в общей стоимости собственного капитала. Учитывая важность этих требований, мы считаем, что опционы, как переданные, так и не переданные в полную собственность, следует оценивать с использованием модели ценообразования опционов, и вычитать их стоимость из стоимости собственного капитала с целью получения стоимости обыкновенных акций. Затем эту стоимость необходимо разделить на фактическое число выпущенных акций, чтобы получить стоимость собственного капитала на акцию. Сокращение стоимости в размере $1306 млн в иллюстрации 23.5 в результате ожидаемых денежных потоков в течение последующих 10 лет можно рассматривать как разводнение текущей стоимости, и включение дополнительных акций в знаменатель приведет к двойному учету.

ИЛЛЮСТРАЦИЯ 23.6. *Оценка стоимости на акцию на примере фирмы Tesla Motors*

В иллюстрации 23.5 мы оценили стоимость фирмы Tesla Motors как фирмы в $1730 млн. Чтобы перейти от стоимости фирмы к стоимости собственного капитала на акцию, мы сначала вычитаем расчетную стоимость требований по долгам фирмы. Долг Tesla Motors составляет $110 млн (в виде обычного долга и приведенной стоимости обязательств по аренде).

Стоимость собственного капитала = стоимость фирмы – долг = $1730 – $110 = $1620 млн.

В обращении находилось 95,63 млн акций, однако Tesla (не забывайте о ее технологических корнях) также имела 13,805 млн выпущенных опционов со средней ценой исполнения $8,59 и со сроком до истечения 6,06 лет. Как говорилось в главе 16, существует три способа учета этих опционов.

1. Подход на основе полного разводнения: мы делим стоимость собственного капитала на полностью разводненное число акций:

   Стоимость на акцию = $1620/(95,63 + 13,805) = $14,80.

2. Подход на основе собственных акций в портфеле: мы прибавляем поступления от исполнения опционов к стоимости собственного капитала перед ее делением на полностью разводненное число акций:

   Стоимость на акцию = ($1620 + 13,805 × $8,59)/(95,63 + 13,805) = $15,89.

3. Подход на основе оценки опционов: стандартное отклонение для акций Tesla Motors в 2010 г. составляло 71%. Использование этого стандартного отклонения в модели Блэка–Шоулза с учетом разводнения при рыночной цене акции $29 дает стоимость опционов $328 млн. Зная это, мы получаем следующее значение стоимости на акцию:

   Стоимость на акцию = ($1620 – $328)/95,63 = $13,57.

Расчетная стоимость на акцию, равная $13,57, которая намного ниже текущей цены акции $29, говорит о том, что акция значительно переоценена.

ФАКТОРЫ СТОИМОСТИ

Что относится к ключевым детерминантам, определяющим стоимость молодой быстро растущей фирмы с отрицательной прибылью? Обычно параметрами, оказывающими наибольшее воздействие на стоимость, являются оценки устойчивой маржи и роста выручки. Также оказывают воздействие на стоимость, хотя и в меньшей степени, допущения о том, сколько времени потребуется фирме для достижения устойчивой маржи, и о потребностях в реинвестициях в состоянии стабильного роста.

ДОЛЖЕН ЛИ БЫТЬ ДИСКОНТ ДЛЯ ФЛОУТА?

Некоторые публично торгуемые акции продаются в очень небольшом объеме, и число акций, доступных для торговли (часто они обозначаются как флоут), относительно невелико по сравнению с общим числом выпущенных акций[1]. Инвесторы, которые хотят быстро продать свои акции этих компаний, зачастую сталкиваются с падением цены, и оно тем сильнее, чем крупнее пакет акций.

Инвесторы с более длинным временным горизонтом и меньшей потребностью в обналичивании инвестиций имеют меньше проблем с низкой ликвидностью, чем инвесторы с более коротким временным горизонтом и большей потребностью в денежных средствах. Инвесторы должны учитывать возможность быстрого превращения вложений в денежные средства, когда они изучают слабо продаваемые акции как потенциального объекта вложений, и требовать гораздо более высокого дисконта при открытии крупной позиции. Например, инвестор анализирует молодую фирму, которую он оценил в $19,05 за акцию. Акция будет недооцененной, если она продается по $17, однако для краткосрочного инвестора, намеревающегося занять крупную позицию в этих акциях, недооценка может оказаться недостаточной. И наоборот, долгосрочный инвестор может найти эти акции привлекательными для приобретения по этой цене.

На практике основная часть стоимости этих фирм связана с их заключительной стоимостью. Хотя это и сопряжено с трудностями, но показывает, как инвесторы создают доходы в этих фирмах. Вознаграждение этих инвесторов определяется ростом цены, а не дивидендами или выкупами акций. Другой способ объяснения зависимости от заключительной стоимости и значимости предположений об устойчивом росте связан с уста-

1 Флоут оценивается путем вычитания из числа выпущенных акций тех акций, которые находятся в собственности инсайдеров и 5% собственников, а также акций, подпадающих под правило 144 (правило 144 относится к акциям с ограничениями, которые не могут торговаться).

новленными активами и будущим ростом. Стоимость любой фирмы может быть записана как сумма двух членов:

Стоимость фирмы = стоимость установленных активов +
+ стоимость потенциала роста.

Для начинающих фирм с отрицательной прибылью почти вся стоимость может быть отнесена на счет второго компонента. Неудивительно, что стоимость фирмы определяется предположениями о последнем показателе.

ИЛЛЮСТРАЦИЯ 23.7. Факторы стоимости фирмы Tesla Motors

Хотя в основе стоимости на акцию в размере $13,57, которую мы получили для Tesla Motors, лежат десятки допущений, ключевых факторов всего два. Первый из них — это кумулятивные темпы роста выручки в течение следующих 10 лет: при нашей оценке темпов роста они составляют 45,24% в год. Другой фактор — это целевая операционная маржа до налогообложения. Мы допустили, что она будет составлять 10%, что выше, чем среднее значение для автомобильного сектора, но ниже, чем среднее значение для технологических фирм.

На рисунке 23.2 мы представили стоимость на акцию как функцию кумулятивных темпов роста выручки в следующие 10 лет. Видно, что стоимость на акцию растет с повышением кумулятивных темпов роста.

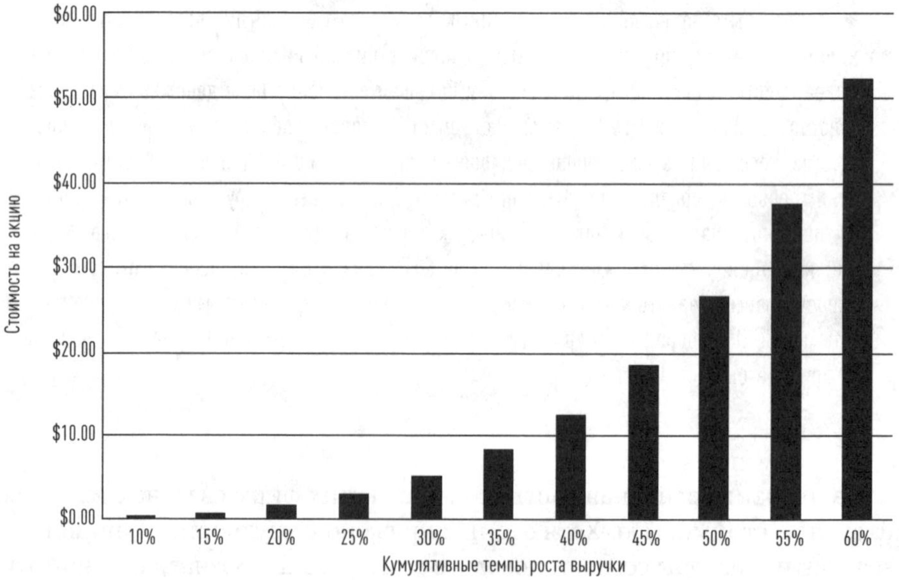

***Рисунок 23.2.** Зависимость стоимости на акцию от кумулятивных темпов роста выручки для Tesla Motors*

Чтобы оправдать текущую цену $29, необходимы кумулятивные темпы роста 50–55% при прочих равных условиях.

На рисунке 23.3 стоимость на акцию представлена как функция целевой операционной прибыли до налогообложения. Здесь опять мы видим, что стоимость на акцию растет по мере повышения маржи, однако не в такой мере, как в случае темпов роста выручки.

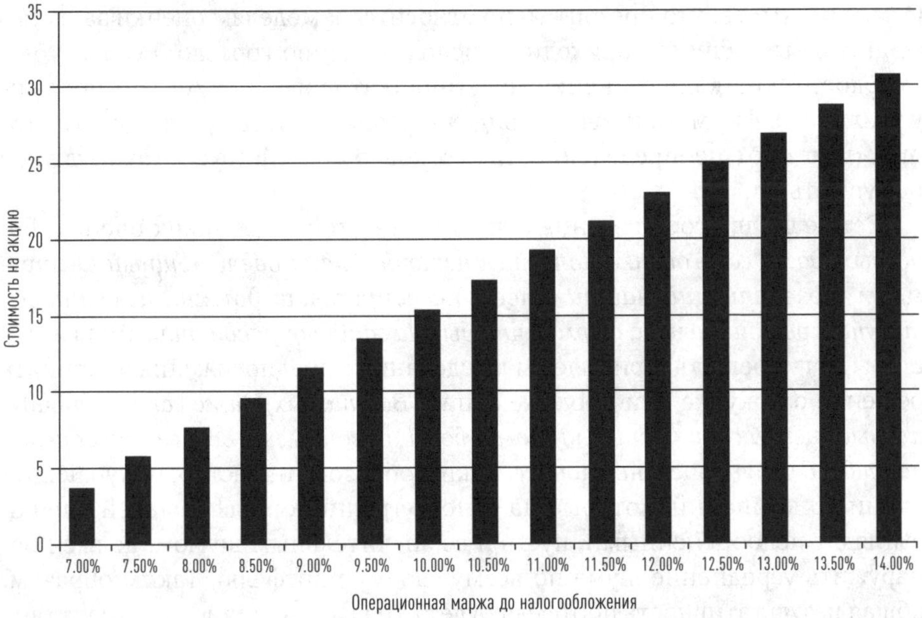

Рисунок 23.3. *Зависимость стоимости на акцию от маржи до налогообложения для Tesla Motors*

Стоимость на акцию поднимается примерно на $4 на каждый процент роста доналоговой маржи. Для оправдания текущей цены $29 операционная маржа до налогообложения должна составлять примерно 14%.

ОЦЕНОЧНЫЙ ШУМ

Методологию оценки, предлагаемую в данном разделе, не следует рассматривать как рецепт, обеспечивающий точность. *Оценка фирм с отрицательной прибылью, быстрым ростом и ограниченной информацией всегда будет сопряжена с шумом*. Один из способов представить степень этого шума — это рассмотреть диапазон оценки, который для молодых фирм будет широким. Этот аргумент часто используется в качестве уважительной причины аналитиками, не желающими погружаться в процесс оценки рассматриваемых в этой главе фирм. Это также порождает критику с упрощенческими аргументами, с помощью которых они призывают не доверять цифрам, вытекающим из этих моделей.

Но на эту проблему можно посмотреть по-другому. Шум в оценке является отражением не качества модели оценки или того, как ее использует аналитик, а реальной основополагающей неопределенности перспектив фирмы. Эта неопределенность становится фактом жизни при инвестировании в начинающие фирмы. Посредством оценки мы пытаемся справиться с неопределенностью и сделать наилучшие оценки будущей стоимости.

Отметим, что те, кто презрительно относится к моделям оценки за их потенциальные ошибки, приходит к использованию гораздо более грубых методов, таких как сравнение мультипликаторов «цена/объем продаж» у различных фирм. Как мы уже видели, разница здесь кроется в том, что они «заметают неопределенность под ковер» и действуют так, будто ее не существует.

Есть еще два соображения относительно точности таких оценок. *Во-первых, даже если оценка является неточной, она дает мощный инструмент, позволяющий найти ответ на вопрос, как должна измениться текущая рыночная цена фирмы, чтобы она стала оправданной.* Тогда инвесторы могут решить, приемлемы ли сделанные предположения, и принять решение о покупке или продаже акций. *Во-вторых, даже если индивидуальные оценки сопряжены с шумом, сформированные на основе этих оценок портфели будут оценены точнее.* Таким образом, инвестор, покупающий акции 40 компаний, которые на основе традиционных моделей оценки выглядят недооцененными, пусть и со значительным шумом, должен обнаружить усреднение шума по всему своему портфелю. Таким образом, общая результативность портфеля будет отражать наличие или отсутствие навыков оценки у аналитика.

ВЫВОДЫ ДЛЯ ИНВЕСТОРОВ

Методология оценки содержит несколько полезных уроков для инвесторов в молодые фирмы с отрицательной прибылью и ограниченной информацией.

- *В первую очередь обращайте внимание на устойчивую маржу и выживание*, а не на квартальные или даже годовые колебания прибыльности. Представление об уровне операционной маржи фирмы при достижении ею финансовой устойчивости может стать важнейшим детерминантом того, насколько успешными в долгосрочном плане окажутся инвестиции в такие фирмы. Отделение фирм, имеющих больше шансов выжить и достичь финансовой устойчивости, от тех, которые не выживут, является вторым детерминантом, тесно связанным с первым. В конце концов, большинство начинающих фирм не доживает до осуществления своих громких планов, связанных с ростом.
- *Отчеты о прибылях могут вводить в заблуждение*, особенно если осуществляются реинвестиции (как в случае с затратами на НИОКР и долгосрочный маркетинг). Таким образом, когда фирма с потенциалом быстрого роста и низкой прибылью объявляет о значительном увеличении прибыли, инвесторам следует проанализировать этот

отчет по следующим причинам. Если прибыли растут, потому что затраты на обеспечение текущей выручки сокращаются (благодаря экономии на масштабе или контролю над ценами), — это явно хорошая новость. Однако если прибыли растут из-за того, что фирма снизила или перестала финансировать дискреционные реинвестиционные расходы (например, расходы на НИОКР), то чистое влияние на стоимость может быть очень негативным, поскольку риску здесь подвергается будущий рост.

- *Диверсифицируйте*. Это старое правило инвестирования приобретает даже еще более существенное значение, когда речь идет об инвестировании в акции, основная часть стоимости которых обусловливается неопределенным ростом в будущем. Противоядием против оценочного шума зачастую оказывается более диверсифицированный портфель — как по фирмам, так и по секторам[1].
- *Отслеживайте барьеры для входа и конкурентные преимущества*. По большей части, они и будут определять, сохранится ли у фирмы в дальнейшем быстрый рост.
- *Будьте готовы к тому, что вы ошиблись*. Шум в этих оценках таков, что не имеет значения, сколько информации задействовано в процессе и насколько тщательно проведена оценка. Полученная стоимость — это всего лишь оценка. Таким образом, инвесторы в такие акции иногда ошибаются, и будет несправедливым судить о них только по отдельно взятым оценкам. В других случаях они будут правы, и вся наша надежда заключается в том, что со временем (которое здесь играет на нас) успехи перевесят неудачи.

ВЫВОДЫ ДЛЯ МЕНЕДЖЕРОВ

Если потенциал будущего роста для фирмы является неопределенным, то какие выводы из этого должны сделать менеджеры? Первый состоит в том, что неопределенность будущего роста почти с практической неизбежностью способна обратиться в еще более высокую неопределенность в рамках традиционного инвестиционного анализа. Гораздо труднее оценить денежные потоки и ставки дисконтирования для отдельно взятых проектов в молодых или начинающих фирмах, чем в более стабильных секторах. Одни

[1] Простые правила диверсификации, предполагающие, что акций 20 компаний достаточно, здесь неприменимы. Поскольку эти инвестиции осуществляются в одном секторе и имеют более высокую корреляцию друг с другом, а также из-за большого оценочного шума, для достижения той же степени диверсификации, которая возникает при покупке акций 20 зрелых фирм с высокой капитализацией, потребуется большее число акций.

менеджеры молодых фирм в ответ на это отказываются от традиционных методов и опираются на интуитивный подход. Вместе с тем менеджеры, которые не сдаются и пытаются оценить денежные потоки, намного лучше понимают, что им нужно делать для обеспечения окупаемости инвестиций.

ИГРА НА ОЖИДАНИЯХ

Как и доля стоимости, определяемая темпами будущего роста, ожидания становятся более критическим детерминантом, определяющим характер реакции рынков на вновь поступающую информацию. Фактически игра на ожиданиях главным образом и объясняет тот факт, почему изменения цен акций не всегда согласуются с появляющимися новостями (новости о высоких прибылях ведут к падению цен на акции, а новости о низких прибылях ведут к росту цен на акции). Естественным образом это обуславливает волатильность акций молодых или начинающих фирм в целом.

Ожидания, информация и стоимость

Стоимость фирмы представляет собой приведенную стоимость ожидаемых денежных потоков фирмы, а поэтому инвесторы судят о фирме, ее менеджменте и потенциале избыточной доходности именно по ожидаемым денежным потокам и ставкам дисконтирования. Хотя это справедливо для всех фирм, но для молодых компаний тот факт, что существенная часть их стоимости возникает из потенциала будущего, делает их особенно уязвимыми к изменениям ожиданий относительно будущего.

Как формируются эти ожидания? Иногда в качестве базы для оценки используются история этих фирм и среднеотраслевые показатели. Однако и фирмы, и отрасли с течением времени не только развиваются, но и подвергаются изменениям. Из-за шума, сопровождающего информацию, а также из-за ее ограниченности следует предполагать, что ожидания могут изменяться относительно быстро в ответ на небольшие изменения в характере поступающей информации. Например, объявление о прибылях, предполагающее не столь эффективную работу стратегии фирмы, как это ожидалось ранее, способно привести к пересмотру ожиданий и резкому снижению стоимости.

Уроки для инвесторов

Сила ожиданий в отношении стоимости акций обязательно должна учитываться, когда инвесторы выбирают акции для своих портфелей, а также оценивают новую информацию о фирме. Отсюда можно сделать несколько важных выводов:

- *Риск всегда связывается с ожиданиями*. Риск фирмы возникает не из того, хорошо или плохо она функционирует, а из того, как он соотносится с ожиданиями. Таким образом, фирма, объявляющая о годовом росте прибыли на 35%, в то время как ожидался рост на 50% в год, сообщает плохую новость и, по всей вероятности, столкнется со снижением цен на свои акции. И наоборот, фирма, сообщающая о 20%-ном сокращении прибылей, когда ожидалось 40%-ное падение, скорее всего, будет демонстрировать рост цены на акции.
- *Хорошие компании не всегда являются хорошим объектом инвестирования*. Доходность акций определяется не тем, насколько хорошо или плохо управляется компания, а тем, каково ее управление относительно ожиданий. Компания, превосходно соответствующая каждому финансовому критерию, может быть плохим объектом инвестирования, если рынки ожидают от нее слишком многого. И наоборот, фирма, управление и функционирование которой всеми рассматриваются как плохие, может быть хорошим объектом инвестирования, если ожидания устанавливаются на слишком низком уровне[1].
- *Незначительные новости ведут к крупным скачкам цен*. Как отмечалось в предыдущем разделе, следует ожидать весьма непропорционального изменения цен на акции в ответ на относительно незначительную информацию. Сообщение, что прибыли быстро растущей фирмы в последнем квартале оказались на несколько центов ниже ожидавшихся, может привести к значительному падению цены на акции.
- *Сосредоточьтесь на информации о ключевых факторах стоимости*. На позитивной ноте инвесторы могут выстраивать предположения о природе сил, в наибольшей степени определяющих стоимость фирмы, и вырабатывать представление о том, на чем они должны сосредоточиться при изучении новой информации. Рассмотрение данных о прошлых прибылях — с целью получения информации об этих факторах стоимости — может указать как на возникающие трудности, так и на потенциальные выгоды.

---

1 Данное положение подтверждается также и эмпирически. Исследования инвестиций указывают на то, что компании, менеджмент которых оценивается высоко, проигрывают компаниям, рассматриваемым как менее выгодный объект для инвестирования.

Уроки для менеджеров

Если игра на ожиданиях влияет на инвесторов, то еще более существенное значение она имеет для менеджеров молодых фирм. Ирония этой игры отчасти заключена в том, что значительно легче управлять фирмой, воспринимаемой как плохо функционирующая, чем фирмой, которая рассматривается в качестве звезды[1].

- *Выясните, чего от вас ожидают*. Если о вас будут судить относительно существующих ожиданий, то чрезвычайно важно узнать, каковы эти ожидания. Хотя для многих фирм это означает отслеживание, какими будут, по оценкам аналитиков, прибыль на акцию и рост выручки в следующем квартале, сюда входят не только эти показатели. Знание причин, по которым инвесторы оценивают вашу фирму именно так и не иначе, а также того, что, по их мнению, относится к вашим конкурентным преимуществам, в долгосрочной перспективе является гораздо более важным.
- *Научитесь управлять ожиданиями*. Когда фирмы впервые получают статус публичных, менеджеры и инсайдеры продают идею, что их фирма имеет огромный потенциал и ее следует высоко оценить. Этот факт достаточно понятен, но более важным является другое: менеджеры после получения публичного статуса должны сменить роль и научиться управлять ожиданиями. В частности, они должны охладить ожидания, когда чувствуют, что их фирма замахивается на дело, которое она не сумеет довести до конца. В то же время некоторые фирмы наносят ущерб своей репутации, постоянно охлаждая ожидания, даже если знают, что эти ожидания соответствуют действительности[2].
- *Не откладывайте неизбежное*. Как бы хорошо фирма ни управляла ожиданиями, бывают времена, когда менеджеры понимают, что они больше не могут соответствовать ожиданиям из-за изменений в секторе или во всей экономике. Хотя здесь и возникает сильное искушение отложить раскрытие этой информации для финансовых рынков — это часто делается путем переноса прибылей из будущих периодов в текущий или путем использования бухгалтерских ухищ-

---

1 Работа Стива Джобса в фирме Apple Computer была гораздо легче, когда он вступил в должность в 1998 г. (в то время цены на акции опустились ниже 10-летнего минимума), чем два года спустя, когда ему удалось изменить восприятие компании у инвесторов (и добиться десятикратного увеличения цены на акции).

2 В 1990-х гг. Microsoft регулярно применяла практику снижения ожиданий, которые затем превосходила.

рений, — гораздо лучше сразу же иметь дело с последствиями. Это может означать сообщение о более низких прибылях, чем ожидалось, и более низкую цену на акции. Однако фирмы, откладывающие подведение итогов, обычно подвергаются гораздо более тяжелому наказанию.

ЗАКЛЮЧЕНИЕ

На фундаментальном уровне оценка не меняется в зависимости от типа анализируемой фирмы. Существуют, однако, три группы фирм, где оценка становится более трудным делом и при этом сопряжена с повышенным шумом. В первую группу входят фирмы, имеющие отрицательную прибыль. Учитывая зависимость большинства моделей прогнозирования от роста прибылей, аналитики должны рассматривать и другие подходы, предполагающие превращение прибыли в положительную, по крайней мере со временем. Сюда могут относиться нормализация прибылей в текущем периоде, корректировка маржи с текущего уровня до стабильного уровня во времени или снижение рычага. Используемый подход зависит от ответа на вопрос, почему в текущем периоде фирма имеет отрицательную прибыль. Вторая группа фирм, для которых трудно провести оценку, состоит из молодых фирм с незначительной финансовой историей или вовсе без нее. Здесь информация о сопоставимых фирмах может заменить исторические сведения и позволит аналитикам определить входные параметры, необходимые для оценки. Третья группа фирм, для которых оценка может быть затруднена, включает уникальные фирмы с небольшим количеством или полным отсутствием сопоставимых компаний.

Если же все три проблемы сходятся вместе в одной и той же фирме, т. е. отрицательная прибыль, ограниченная история и небольшое число сопоставимых фирм, то трудности возрастают многократно. В данной главе представлена общая методология, которая может быть использована для оценки таких фирм. Снова следует отметить, что вопрос не в том, могут ли быть оценены эти фирмы (безусловно, могут), а в том, готовы ли мы согласиться с шумом, присутствующим в оценках стоимости. Тем, кто утверждает, будто эти оценки сопряжены со слишком большим шумом, чтобы приносить какую-то пользу, мы отвечаем, что значительная часть этого шума проистекает из реальной неопределенности будущего. Как мы видим, инвесторы, пытающиеся измерить неопределенность и учитывать ее, лучше подготовлены к изменчивости, идущей рука об руку с вложениями в эти акции.

КОНТРОЛЬНЫЕ ВОПРОСЫ

В приведенных ниже заданиях, если не указано иное, премия за риск инвестирования в акции принимается равной 5,5%.

1. Intellitech — технологическая фирма, функционирующая уже два года. В последний год фирма объявила о выручке в $500 млн, что в пять раз превышает выручку предыдущего года. Согласно отчетам фирмы, ее операционные убытки составляют $400 млн. В следующем году ожидается рост на 100%, через год — на 80%, а в последующие затем три года — на 40%. Кроме того, ожидается линейный рост операционной маржи до уплаты налогов до 10% к 5-му году. Определите выручку и операционную прибыль за каждый год в последующие пять лет.
2. Вы пытаетесь оценить прибыль фирмы Fiber Networks за последние 12 месяцев. Согласно последним отчетам фирмы, операционный убыток за первый квартал 2001 г. составляет $180 млн при выручке $600 млн, что намного больше, чем в первом квартале 2000 г., когда операционный убыток составлял $30 млн при выручке $120 млн. В годовом отчете за 2000 г. Fiber Networks сообщает об убытках в $330 млн при выручке в $1,1 млрд. Определите операционный убыток и выручку за последние четыре квартала.
3. Фирма Verispace Software продает программное обеспечение по управлению запасами и сообщает о выручке за последний финансовый год в размере $25 млн. По вашим оценкам, совокупный рынок программного обеспечения по управлению запасами составляет $25 млрд, а его рост в обозримом будущем достигнет 5% в год. Если вы ожидаете, что в десятом году Verispace будет иметь долю этого рынка в 10%, определите темпы кумулятивного роста выручки за этот период.
4. Компания Lumin Telecomm производит специализированное телекоммуникационное оборудование и в течение трех лет своего существования каждый год несет убытки, поэтому ее накопленные чистые операционные убытки составляют $180 млн. В последний год фирма сообщила об операционных убытках в размере $90 млн при выручке в $1 млрд. Вы ожидаете, что в следующие пять лет рост выручки составит 20% в год, а операционная маржа до уплаты налогов в следующем году будет –6%, через два года –3%, через три года 0%, через четыре года 6% и через пять лет 10% (налоговая ставка = 40%). Основываясь на представленных данных, определите:
   а) Выручку и операционную прибыль до уплаты налогов за каждый год в последующие пять лет.

   б) Налоги, которые вы должны будете заплатить, и операционную прибыль после уплаты налогов за каждый год в следующие пять лет.

5. Допустим, что в задаче 4 у компании Lumin Telecomm в текущем периоде коэффициент бета составляет 2,0 и к пятому году ожидается его линейное снижение до 1,2. Если текущая стоимость заимствования составляет 9% и в течение следующих пяти лет она, предположительно, останется неизменной, определите стоимость привлечения капитала фирмы за каждый год в последующие пять лет (безрисковая ставка равна 5,6%, а премия за риск — 4%). Ожидается, что коэффициент долга снизится линейно с 70% в текущем году до 50% в пятом году.

6. Фирма Vitale Systems занимается разработкой и распространением программного обеспечения для Интернета. Вы оценили стоимость Vitale Systems как действующего предприятия в размере $700 млн, что в семь раз превосходит ее балансовую стоимость. Однако вы пытаетесь понять, сможет ли фирма Vitale выжить в последующие пять лет, и оцениваете вероятность банкротства в 40%. Если фирма обанкротится, то, согласно вашим ожиданиям, ее активы будут проданы за полторы ее балансовые стоимости. Если в обращении находится 30 млн акций, оцените стоимость на акцию (фирма не имеет непогашенного долга и выпущенных опционов).

Глава 24

ОЦЕНКА ЧАСТНЫХ ФИРМ

До сих пор в данной книге рассматривалась оценка публично торгуемых фирм. В настоящей главе мы обратим наше внимание на тысячи фирм, которые принадлежат к частному бизнесу. По своим размерам эти фирмы колеблются от малых семейных предприятий до компаний, соперничающих с крупными публичными фирмами в выручке и прибыльности. Принципы оценки остаются теми же самыми, но при этом возникают проблемы, характерные для частного бизнеса. Информация, доступная для оценки, обычно гораздо более ограничена как в отношении истории, так и глубины, поскольку частные фирмы зачастую не руководствуются стандартами бухгалтерского учета и отчетности, которым следуют публичные фирмы. Кроме того, традиционная техника оценки параметров риска, таких как коэффициент бета и стандартное отклонение, требует знания рыночной цены акций, т. е. того, что отсутствует у частных фирм.

При оценке частных фирм имеет значение мотив оценки, и он может повлиять на ее результаты. В частности, присваиваемая публичной фирме стоимость может различаться в зависимости от того, оценивается ли она для продажи — индивидуальному инвестору или другой публичной фирме — или с целью первоначального предложения акций. Например, существование скидки по причине неликвидности и недиверсифицируемого риска или премии за контроль зависит от мотива оценки. Каждый из этих компонентов будет рассматриваться в этой главе по ходу изложения.

В ЧЕМ ОТЛИЧИЕ ЧАСТНЫХ ФИРМ?

Существует ряд общих характеристик, присущих и частным, и публичным фирмам, но есть и четыре серьезных отличия, способных повлиять на то, как мы оцениваем входные данные для оценки.

1. Публичные фирмы соблюдают стандарты бухгалтерского учета, позволяющие нам не только идентифицировать содержание каждой статьи финансового отчета, но и сравнивать прибыль разных фирм. Частные фирмы, особенно если они не имеют статуса акционерного общества, функционируют в рамках значительно более широких стандартов, и между фирмами могут существовать значительные различия при учете тех или иных статей.
2. О частных фирмах гораздо меньше информации с точки зрения количества лет, за которые обычно доступны данные и, что важнее, с точки зрения объема информации за каждый год. Например, публичные фирмы должны предоставлять в Комиссию по ценным бумагам и биржам сегментную отчетность и показывать выручку и прибыль по сегментам. Частные фирмы не обязаны предоставлять эту информацию и обычно этого не делают.
3. Постоянно обновляемая цена акций и исторические данные по цене являются очень полезной информацией, которая легко доступна по публичным компаниям, но отсутствует по частным фирмам. Кроме того, отсутствие доступного рынка капитала частных фирм также означает, что продажа пакета акций частной фирмы может быть гораздо более трудным (и дорогим) делом, чем продажа пакета акций публичной фирмы.
4. В публичных фирмах акционеры обычно нанимают менеджеров для управления фирмой, и большинство акционеров держат акции нескольких фирм. Владелец частной фирмы, как правило, глубоко вовлечен в управление своей фирмой и зачастую все свое состояние держит в виде инвестиций в нее. Отсутствие разделения между собственниками и менеджерами может привести к смешению личных расходов и затрат на ведение бизнеса и невозможности отделить жалованье управляющих от дивидендов (или их эквивалента). Отсутствие диверсификации может повлиять на наше измерение риска.

Каждое из приведенных различий может изменить стоимость, влияя на ставки дисконтирования, денежные потоки и ожидаемые темпы роста.

Для изучения проблем, возникающих в связи с оценкой частных фирм, мы рассмотрим две фирмы. Первая из них — Chez Pierre, роскошный французский ресторан в Нью-Йорке, а вторая — частная фирма InfoSoft, которая занимается разработкой и продажей программного обеспечения. Стоимость Chez Pierre мы будем определять в целях продажи в частной сделке, а фирмы InfoSoft — в целях первоначального публичного предложения акций.

ОЦЕНКА ВХОДНЫХ ДАННЫХ В СЛУЧАЕ ЧАСТНЫХ ФИРМ

Стоимость частной фирмы представляет собой приведенную стоимость ожидаемых денежных потоков, дисконтированных по подходящей ставке. Поскольку это построение не отличается от уже использованного нами для оценки публичных фирм, различие между частными и публичными фирмами обнаруживается в том, как мы оцениваем входные данные для модели дисконтирования денежных потоков.

Ставки дисконтирования

Если оценивается собственный капитал, то денежные потоки на собственный капитал дисконтируются по стоимости привлечения собственного капитала. Если же оценивается фирма, то денежные потоки дисконтируются по стоимости привлечения капитала. Хотя фундаментальные определения этих стоимостей остаются неизменными, процесс их оценки меняется с учетом конкретных обстоятельств, в которых находятся частные фирмы.

Стоимость привлечения собственного капитала. При выяснении стоимости привлечения собственного капитала публичных фирм мы изучали риск инвестирования с точки зрения финансового инвестора этих фирм. При дополнительном допущении, что эти инвесторы имеют хорошо диверсифицированные портфели, мы сумели определить риск как риск, добавляемый к диверсифицированному портфелю, или рыночный риск. Коэффициент бета в модели оценки капитальных активов (capital asset pricing model — CAPM) и коэффициенты бета (в многофакторных моделях), измеряющие этот риск, обычно оцениваются путем использования исторических цен на акции. Отсутствие исторической информации о ценах на акции частных фирм и невозможность для владельцев многих частных фирм использовать диверсификацию могут создать серьезные проблемы с вычислением и использованием коэффициентов бета для этих фирм.

Подходы к оценке рыночных коэффициентов бета. Стандартный процесс оценки коэффициентов бета в модели оценки капитальных активов предполагает построение регрессии доходности акций по рыночной доходности. В многофакторных моделях используются статистические методы, но они тоже требуют исторической информации о ценах. При отсутствии подобной информации, как в случае с частными фирмами, есть три способа оценки коэффициентов бета: использовать для этого учетные, фундаментальные и восходящие коэффициенты бета.

Учетные коэффициенты бета. Хотя в отношении частных фирм информация о ценах неизвестна, доступной остается бухгалтерская информация. Для того чтобы оценить учетный коэффициент бета, мы можем вычислить изменения учетной прибыли частной фирмы по отношению к изменениям доходности фондового индекса (такого, как S&P 500):

$$\Delta \text{прибыли}_{\text{частная фирма}} = a + b\ \Delta \text{доходности}_{\text{S\&P 500}}.$$

Наклон регрессии (b) представляет собой учетный коэффициент бета фирмы. Использование операционной прибыли дало бы безрычаговый коэффициент бета, а использование чистой прибыли — рычаговый коэффициент бета, или бета собственного капитала.

Этот подход связан с двумя существенными ограничениями. Первое из них заключается в том, что частные фирмы обычно измеряют прибыль только один раз в год, что приводит к регрессиям с несколькими наблюдениями и ограниченной статистической значимостью. Второе ограничение обусловлено следующим: зачастую прибыль сглаживается и зависит от бухгалтерской оценки, что ведет к неправильному измерению учетного коэффициента бета.

ИЛЛЮСТРАЦИЯ 24.1. *Оценка учетного коэффициента бета на примере компании InfoSoft*

Компания InfoSoft — частный бизнес, существующий с 1992 г. и с этого времени показывающий учетную прибыль. В нижеследующей таблице обобщаются изменения годовой учетной прибыли для InfoSoft и S&P 500 в период с 1992 по 2010 г.

Год	*Прибыль S&P 500*	*Изменение прибыли (%)*	*Прибыль InfoSoft ($ тыс.)*	*Изменение прибыли (%)*
1992	20,87		25	
1993	26,90	28,89	45	80,00
1994	31,75	18,03	80	77,78
1995	37,70	18,74	125	56,25
1996	40,63	7,77	135	8,00
1997	44,09	8,52	160	18,52
1998	44,27	0,41	165	3,13
1999	51,68	16,74	200	21,21
2000	56,13	8,61	220	10,00
2001	38,85	–30,79	150	–31,82
2002	46,04	18,51	280	86,67
2003	54,69	18,79	420	50,00
2004	67,68	23,75	600	42,86
2005	76,45	12,96	750	25,00
2006	87,72	14,75	900	20,00
2007	82,54	–5,91	800	–11,11
2008	65,39	–20,78	600	–25,00
2009	60,8	–7,02	550	–8,33
2010	83,66	37,60	900	63,64

Регрессия изменений прибыли InfoSoft по изменениям прибыли S&P 500 дает следующее:

Изменение прибыли InfoSoft = 0,10 + 1,84 (изменение прибыли S&P 500).

Данное уравнение регрессии дает значение коэффициента бета для InfoSoft, равное 1,84. В расчете этого коэффициента для получения коэффициента бета собственного капитала мы использовали чистую прибыль. Использование операционной прибыли как для фирмы, так и для S&P 500 должно дать эквивалент безрычагового коэффициента бета.

Фундаментальные коэффициенты бета. Исследователями предпринимались попытки связать коэффициенты бета публичных фирм с наблюдаемыми переменными, такими как рост прибыли, долговой коэффициент и дисперсия прибыли. Бивер, Кеттлер и Шоулз (1970) проанализировали взаимосвязь между коэффициентами бета и семью переменными, а именно: выплата дивидендов, рост активов, рычаг, ликвидность, размеры активов, изменчивость прибыли и учетный коэффициент бета. Розенберг и Гай (1976) пытались провести аналогичный анализ.

Обновив эту регрессию с использованием данных по 2239 американских компаний по состоянию на январь 2011 г., мы получили следующее:

$$\text{Коэффициент бета} = \underset{[42,37]}{0{,}93} - \underset{[5,65]}{0{,}04}ROE + \underset{[6,50]}{0{,}167}FA/TA + \underset{[5,85]}{0{,}17}DC + \underset{[9,57]}{0{,}74}g - \underset{[6,31]}{0{,}31}t$$

$$R^2 = 9{,}3\%,$$

где ROE = рентабельность собственного капитала;

FA/TA = внеоборотные активы/совокупные активы;

DC = балансовая стоимость долга/(балансовая стоимость долга + балансовая стоимость собственного капитала);

g = ожидаемые годовые темпы роста чистой прибыли в следующие пять лет;

t = эффективная налоговая ставка.

Таким образом, фирмы с более высокими коэффициентом «долг/капитал» и ожидаемыми темпами роста имеют более высокие коэффициенты бета, а фирмы с более высокой рентабельностью капитала и более высокой эффективной налоговой ставкой имеют более низкие коэффициенты бета. Поскольку все эти независимые переменные доступны для частной фирмы, вы можете оценить фундаментальный коэффициент бета для бизнеса. Недостатком этой регрессии является то, что R-квадрат составляет всего 9,3%, а при таком значении предсказания имеют большую стандартную ошибку.

ИЛЛЮСТРАЦИЯ 24.2. *Оценка фундаментального коэффициента бета на примере компании InfoSoft*

Для того чтобы оценить коэффициент бета для компании InfoSoft с помощью перекрестной регрессии, о которой говорилось ранее, мы должны оценить значения каждой независимой переменной для фирмы.

Переменная	*Значение*
Рентабельность собственного капитала	18%
Внеоборотные активы/совокупные активы	40%
Балансовая стоимость долга/(балансовая стоимость долга + + балансовая стоимость собственного капитала)	0%
Ожидаемый годовой рост чистой прибыли	50%
Эффективная налоговая ставка	20%

Подставляя эти значения в уравнение регрессии, мы получаем прогнозное значение коэффициента бета:

$$\text{Коэфф. бета} = 0{,}93 - 0{,}04\,(0{,}18) + 0{,}167\,(0{,}40) + 0{,}17\,(0{,}00) + 0{,}74\,(0{,}50) - 0{,}31\,(0{,}20) = 1{,}30.$$

Таким образом коэффициент бета для InfoSoft равен 1,30. Стандартная ошибка в этой оценке составляет 0,21, что дает диапазон коэффициента бета от 1,09 до 1,51 с вероятностью 67%.

Восходящие коэффициенты бета. При оценке публичных фирм мы использовали безрычаговые коэффициенты бета для бизнеса, которым они занимаются, чтобы оценить восходящие бета, поскольку на этих коэффициентах основана стоимость привлечения собственного капитала. Мы поступали так из-за низких стандартных ошибок в оценках (благодаря усреднению данных по большому числу фирм) и их форвардный характер (поскольку набор видов деятельности, используемый для взвешивания коэффициентов бета, может изменяться). Мы можем оценить восходящие коэффициенты бета для частных фирм, и эти коэффициенты имеют те же преимущества, что и в случае публичных фирм. Так, коэффициент бета для частной сталелитейной фирмы может быть оценен на основе средних коэффициентов бета публичных сталелитейных компаний. Любые различия в финансовом или даже операционном рычаге могут быть скорректированы в заключительной оценке.

Выполняя корректировку безрычаговых коэффициентов бета для учета финансового рычага для частных фирм, мы сталкиваемся с проблемой, поскольку коэффициент «долг/собственный капитал», который следует использовать, является рыночным. Хотя многие аналитики заменяют рыночный коэффициент для частных фирм коэффициентом «балансовая стоимость долга/собственный капитал», можно предложить одну из следующих альтернатив:

- Будем считать, что рыночный коэффициент «долг/собственный капитал» частной фирмы близок к среднеотраслевому значению. В этом случае рычаговый коэффициент бета для частной фирмы может быть записан так:

$$\text{Коэфф. бета}_{\text{частной фирмы}} = \\ = \text{безрычаговый коэфф. бета } [1 + (1 - \text{ставка налога}) \times \\ \times (\text{среднеотраслевой коэфф. «долг/собственный капитал»})].$$

- Используем целевое значение коэффициента «долг/собственный капитал» для частной фирмы (если менеджеры определяют этот показатель) или ее оптимальный коэффициент долга (если его можно оценить), чтобы определить коэффициент бета:

$$\text{Коэфф. бета}_{\text{частной фирмы}} =$$
$$= \text{безрычаговый коэфф. бета } [1 + (1 - \text{ставка налога}) \times$$
$$\times (\text{оптимальный коэфф. «долг/собственный капитал»})].$$

Корректировка с учетом операционного рычага является более простой и основана на доле фиксированных затрат частных фирм. Если эта доля превышает значение, типичное для отрасли, то коэффициент бета, используемый для частной фирмы, должен быть выше среднеотраслевого.

spearn.xls — размещенная в Интернете база данных, которая содержит сведения о годовых изменениях прибыли, соответствующей индексу S&P 500, начиная с 1960 г.

ИЛЛЮСТРАЦИЯ 24.3. *Оценка восходящих коэффициентов бета на примере фирмы Chez Pierre и компании InfoSoft*

Чтобы оценить восходящий коэффициент бета для Chez Pierre, возьмем публично торгующиеся рестораны в США. В январе 2011 г. эти фирмы имели средний безрычаговый коэффициент бета 1,21 и среднерыночный коэффициент «долг/собственный капитал» 22,08%. Будем исходить из того, что Chez Pierre имеет такую же безрычаговую бету и поддерживает такой же коэффициент «долг/собственный капитал». При налоговой ставке 40% мы получим рычаговый коэффициент бета для Chez Pierre, равный 1,37:

$$\text{Рычаговый коэфф. бета для Chez Pierre} = 1{,}21\,[1 + (1 - 0{,}40)\,(0{,}2208)] = 1{,}37.$$

Чтобы оценить коэффициент бета для InfoSoft, мы получили значения коэффициента бета и рыночных коэффициента «долг/собственный капитал» для публичных софтверных фирм. Поскольку выборка состоит из 333 софтверных фирм со значительными различиями в рыночной капитализации и перспективах роста, в нижеследующей таблице мы выделили группы этих фирм, которые наиболее близки к InfoSoft.

Группы фирм	*Число фирм*	*Коэфф. «долг/собственный капитал» (%)*	*Безрычаговый коэфф. бета*
Все софтверные фирмы	333	5,61	1,08
Фирмы с низкой капитализацией (<$1 млрд)	108	6,35	1,60
Фирмы по разработки игровых программ	26	4,55	1,45

Отметим, что коэффициенты «долг/собственный капитал» основаны на рыночной стоимости. Заметим также, что различия в размерах фирм не должны прямо влиять на коэффициенты бета, но они могут оказывать на них косвенное воздействие, поскольку более мелкие фирмы обычно имеют более высокий операционный рычаг. Для компании InfoSoft мы будем использовать безрычаговый коэффициент бета, равный 1,60, основанный на среднем коэффициенте бета для софтверных компаний с малой капитализацией. Мы считаем, что InfoSoft не имеет непогашенного долга и не планирует осуществление заимствований. При таких условиях рычаговый коэффициент бета равен безрычаговому, т. е. составляет 1,60.

Корректировка при отсутствии диверсификации. При помощи коэффициентов бета измеряется риск, добавляемый инвестицией к риску диверсифицированного портфеля. Следовательно, они лучше всего подходят для фирм, где финансовый инвестор является диверсифицированным. В частных фирмах часто единственным инвестором является владелец, поэтому он может рассматриваться как финансовый инвестор. Кроме того, в большинстве частных фирм владелец обычно значительную часть своего состояния инвестирует в дело и не имеет возможности диверсифицировать свои вложения. Соответственно, можно утверждать, что коэффициенты бета будут занижать величину рыночного риска, которому подвергаются инвесторы в этих фирмах.

В предельном случае, если владелец инвестирует все свое состояние в частную фирму, т. е. является совершенно не диверсифицированным, то он несет весь риск, связанный с фирмой, а не только рыночный риск (который измеряется коэффициентом бета). Существует достаточно простая корректировка, позволяющая ввести недиверсифицированный риск в расчет коэффициента бета. Для того чтобы выполнить эту корректировку, мы допустим, что стандартное отклонение стоимости собственного капитала частной фирмы (которым измеряется общий риск) составляет σ_j, а стандартное отклонение рыночного индекса составляетσ_m. Если корреляция между акциями и индексом определяется как ρ_{jm}, то рыночный коэффициент бета можно записать следующим образом:

$$\text{Рыночный коэфф. бета} = \rho_{jm}\sigma_j/\sigma_m.$$

Обратите внимание на то, что в числителе указана часть риска фирмы. Для измерения общего риска (σ_j) мы можем разделить рыночный коэффициент бета на ρ_{jm}. В результате получим следующее:

$$\text{Рыночный коэфф. бета}/\rho_{jm} = \sigma_j/\sigma_m.$$

Он измеряет относительное стандартное отклонение, где общее стандартное отклонение стоимости собственного капитала частной фирмы измеряется по отношению к стандартному отклонению рыночного индекса, что дает величину, которую мы назовем общим коэффициентом бета.

$$\text{Общий коэфф. бета} = \text{рыночный коэфф. бета}/\rho_{jm}.$$

Общий коэффициент бета выше рыночного коэффициента бета и зависит от корреляции между фирмой и рынком: чем ниже корреляция, тем выше общий коэффициент бета. На интуитивном уровне это масштабирует коэффициент бета так, что он начинает отражать весь риск фирмы, а не только ту его часть, которая является рыночной.

Может возникнуть вопрос, как же оценить общий коэффициент бета для частной фирмы, когда отсутствие рыночных цен исключает расчет даже рыночного коэффициента бета и коэффициента корреляции. У нас, однако, есть возможность оценить рыночный коэффициент бета для сектора путем изучения публичных фирм в этом бизнесе. Мы можем получить коэффициент корреляции посредством изучения той же выборки и использовать его для оценки общего коэффициента бета для частной фирмы.

На вопрос о том, следует ли корректировать общий коэффициент бета, нельзя ответить, не выяснив, зачем проводится оценка частной фирмы. Если частная фирма оценивается для продажи, то необходимость корректировки рыночного коэффициента бета и ее масштабы зависят от потенциального покупателя или покупателей. Если оценка проводится для первоначального публично предложения, то корректировку для учета отсутствия диверсификации делать не нужно, поскольку потенциальные покупатели — это инвесторы фондового рынка. Если оценка производится с целью подготовки к продаже другому лицу или частной фирме, то степень корректировки зависит от уровня диверсификации портфеля покупателя: чем сильнее диверсифицирован покупатель, тем выше корреляция с рынком и тем меньшей должна быть корректировка общего коэффициента бета.

ИЛЛЮСТРАЦИЯ 24.4. *Оценка восходящего коэффициента бета на примере фирмы Chez Pierre*

Рассмотрим оценку рыночного коэффициента бета, полученного для команды Chez Pierre в предыдущей иллюстрации. Используя в качестве сопоставимых фирм публично торгующиеся рестораны, мы получили безрычаговый коэффициент бета для Chez Pierre, равный 1,21. Средний коэффициент корреляции между рассматриваемыми публично торгующимися фирмами и рынком составляет 48,41%. Общий безрычаговый коэффициент бета для Chez Pierre можно оценить следующим образом:

$$\text{Общий безрычаговый коэфф. бета} = 1{,}21/0{,}4841 = 2{,}50.$$

Используя ставку налога для Chez Pierre 40% и коэффициент «долг/собственный капитал» 22,08% (среднее значение для ресторанного сектора), мы получаем общий рычаговый коэффициент бета, равный 2,83.

$$\text{Общий рычаговый коэфф. бета} = 2{,}50\ [1 + (1 - 0{,}40)\ (0{,}2208)] = 2{,}83.$$

Эта оценка общего коэффициента бета ограничена, поскольку предполагает, что потенциальный покупатель будет владеть только Chez Pierre. В зависимости от степени диверсифицированности портфеля, которым располагает покупатель, коэффициент корреляции будет дрейфовать в сторону увеличения; если покупатель имеет диверсифицированный портфель, коэффициент корреляции приближается к единице, а общий коэффициент бета будет стремиться к рыночному значению коэффициента бета.

От стоимости привлечения собственного капитала к стоимости привлечения капитала. Для перехода от стоимости привлечения собственного капитала к стоимости привлечения капитала нам нужны два дополнительных входных параметра, а именно: стоимость заимствования, равная ставке, по которой могут занимать фирмы, и коэффициент долга, определяющий веса в расчете стоимости привлечения капитала. В этом разделе рассма-

АЛЬТЕРНАТИВНАЯ КОРРЕКТИРОВКА С УЧЕТОМ РИСКА ЧАСТНОЙ ФИРМЫ

Если подход к оценке стоимости привлечения собственного капитала частной фирмы с использованием общего коэффициента бета не вызывает у вас доверия, то существуют три альтернативы:

1. *Подход на основе рентабельности венчурного капитала.* Фактическая доходность, получаемая инвесторами, вкладывающими средства в частные компании продолжительное время, сравнивается с безрисковой ставкой и доходностью публичных компаний. Если венчурный капитал приносит 5% сверх индекса S&P 500 с учетом риска, вы можете рассматривать эту величину в качестве премии за инвестирование в частные фирмы и добавлять ее к стоимости привлечения собственного капитала, которая рассчитана с помощью обычной модели риска и доходности:

   Скорректированная стоимость привлечения собственного капитала =
   = безрисковая ставка + рыночный коэфф. бета × премия за риск инвестирования в акции +
   + премия венчурного капитала.

   Контраргументом является то, что венчурных капиталистов в реальности нельзя сравнивать с владельцами частного бизнеса, поскольку они не только более диверсифицированы, но и могут иметь другие стратегии выхода (например, путем преобразования компании в публичную).

2. *Подход на основе добавления.* При этом подходе все опять начинается с ожидаемой доходности, определяемой с мощью обычной модели риска и доходности. Затем добавляются премии, связанные со специфическими рисками инвестирования в небольшие частные компании. Самыми распространенными видами премий являются премия за низкую капитализацию, которая отражает фактическую премию, приносимую очень маленькими публичными компаниями сверх рыночной доходности (в период с 1928 по 2010 г. она составляла 4–5%), и премия за неликвидность, которая отражает более высокую доходность, приносимую менее ликвидными публичными инвестициями (при этом ликвидность определяется объемами торговли и спредами бид-аск).

   Скорректированная стоимость привлечения собственного капитала =
   = безрисковая ставка + рыночный коэфф. бета × премия за риск инвестирования в акции +
   + премия за низкую капитализацию + премия за неликвидность.

3. *Подход на основе подразумеваемой стоимости привлечения частного собственного капитала.* С накоплением данных по частным сделкам становится возможным использование цен сделок для обоснования внутренней ставки доходности при известных ожидаемых денежных потоках. Внутренняя ставка доходности принимается в качестве стоимости привлечения собственного капитала для покупателя.

тривается, как наилучшим образом для частной фирмы оценить каждый из этих элементов входных данных.

Стоимость заимствования. Стоимость заимствования — это ставка, по которой фирма может занимать деньги. Чтобы оценить ее в отношении публичных фирм, мы обычно используем либо доходность облигаций, выпущенных этими фирмами, либо рейтинги этих бумаг — с целью определения дефолтного спреда. Частные фирмы обычно не имеют ни выпущенных облигаций, ни их рейтингов. Следовательно, мы должны прибегнуть к одному из следующих альтернативных подходов:

- Если частная фирма заняла деньги недавно (в предшествующие несколько недель или месяцев), то мы можем использовать ставку процента по займам, рассматривая ее в качестве стоимости заимствования. Что касается долговых обязательств, выпущенных в давнем прошлом, то балансовая ставка процента[1] по ним обычно не является хорошим средством измерения стоимости заимствования, поскольку стоимость заимствования должна быть обязательно текущей.
- Если частная фирма оценивается для первоначального публичного предложения, то мы можем допустить, что стоимость заимствования для нее будет двигаться в сторону средней стоимости заимствования для отрасли, к которой она принадлежит. По существу, мы допускаем, что частная фирма, становясь публичной, будет структурировать свою долговую политику подобно сопоставимым фирмам.
- В главе 8 при оценке стоимости заимствования публичных фирм мы использовали коэффициенты процентного покрытия этих фирм — для определения синтетических рейтингов, а затем для получения стоимости заимствования мы использовали дефолтные спреды по этим рейтингам. Для учета того факта, что обычно частные фирмы обладают меньшим размером и более рискованны, мы используем взаимосвязь между коэффициентами процентного покрытия и рейтингами для подгруппы более мелких публично торгуемых фирм (см. таблицу 24.1, где это обобщается).

Например, чтобы оценить стоимость заимствования частной фирмы с коэффициентом процентного покрытия 5,1, мы используем синтетический рейтинг A и соответствующий этому рейтингу дефолтный спред. Соответственно, если фирмы с рейтингом A обычно платят сверх безрисковой ставки 1,25% при заимствовании, то для оценки стоимости заимствования частной фирмы мы прибавляем этот дефолтный спред к безрисковой ставке.

Этот подход может привести к недооценке стоимости заимствования, если для частных фирм банки устанавливают повышенные ставки процента по сравнению с подобными им во всех остальных отношениях публичными

---

[1] Балансовая ставка процента = процентные расходы / балансовая стоимость долга.

фирмами. В этом случае, если мы оцениваем фирму для продажи в частной сделке, а не для продажи публичной фирме и не для первоначального публичного предложения, то для отражения указанной разницы прибавляем дополнительный спред.

ТАБЛИЦА 24.1. *Коэффициенты процентного покрытия и рейтинги облигаций*

Коэффициент процентного покрытия	Рейтинг
> 12,50	AAA
9,50–12,50	AA
7,50–9,50	A+
6,00–7,50	A
4,50–6,00	A–
3,50–4,50	BBB
3,00–3,50	BB
2,50–3,00	B+
2,00–2,50	B
1,50–2,00	B–
1,25–1,50	CCC
0,80–1,25	CC
0,50–0,80	C
< 0,50	D

Коэффициенты долга. Коэффициент долга характеризует долю рыночной стоимости фирмы, которая является результатом долгового финансирования. В случае публичных фирм для получения этого коэффициента мы используем рыночные цены находящихся в обращении акций и облигаций. Поскольку для частных фирм ни то, ни другое недоступно, мы вынуждены рассматривать следующие варианты:

- При оценке рычагового коэффициента бета мы предполагаем, что для расчета можно использовать среднеотраслевые или целевые коэффициенты долга. В целях согласованности мы должны использовать тот же коэффициент долга и для расчета стоимости привлечения капитала. Таким образом, если среднеотраслевой коэффициент «долг/собственный капитал» используется для оценки рычагового коэффициента бета, то для выяснения стоимости привлечения капитала следует применять среднеотраслевой коэффициент «долг/капитал». Если для расчета рычагового коэффициента бета используется целевой коэффициент «долг/собственный капитал», то для расчета стоимости привлечения капитала должен применяться целевой коэффициент «долг/капитал».

- Несмотря на то что по частным фирмам данные о рыночной стоимости собственного капитала и долга недоступны, мы можем использовать расчетные значения стоимости собственного капитала и долга, хотя это и порождает замкнутый круг в анализе. Для того чтобы оценить фирму и стоимость собственного капитала, нам нужна стоимость привлечения капитала (и коэффициент долга), а для оценки стоимости привлечения капитала — стоимость собственного капитала. Мы можем разрешить эту проблему путем последовательного приближения: начать с коэффициента «балансовая стоимость/долг» и стоимости привлечения капитала, оценить фирму и стоимость собственного капитала, использовать эти значения для получения новых значений коэффициента долга и стоимости привлечения капитала, а затем переоценить фирму и стоимость собственного капитала. Эта операция повторяется до тех пор, пока стоимость долга и собственного капитала при расчете стоимости привлечения капитала не совпадут с расчетными значениями[1].

ИЛЛЮСТРАЦИЯ 24.5. Оценка стоимости заимствования

Компания InfoSoft не имеет долга, поэтому мы не оценивали стоимость заимствования для нее. В случае Chez Pierre мы оценили коэффициент процентного покрытия на основе операционной прибыли в размере $400 000 и ее годовых расходов на аренду, равных $120 000:

Коэффициент процентного покрытия = $400 000/$120 000 = 3,33.

В таблице 24.1 такой коэффициент процентного покрытия соответствует синтетическому рейтингу BB.

Прибавляя дефолтный спред, который для облигаций с рейтингом BB составляет 4%, к безрисковой ставке 3,5%, мы получаем следующую стоимость заимствования до налогообложения:

Стоимость заимствования до налогообложения = безрисковая ставка + дефолтный спред = 3,5% + 4% = 7,5%.

Стоимость заимствования после налогообложения = 7,5% (1 – 0,40) = 4,5%.

ИЛЛЮСТРАЦИЯ 24.6. Оценка стоимости привлечения капитала

При оценке стоимости привлечения капитала для Chez Pierre и компании InfoSoft мы будем придерживаться предположений относительно рычага, которые ранее сделали в этой главе. Мы приняли, что Chez Pierre будет держаться близко к среднеотраслевому коэффициенту «долг/собственный капитал», равному 22,08%, который преобразуется в рыночный коэффициент «долг/капитал» 18,09%. Для InfoSoft мы считали, что коэффициент долга равен 0%.

Поскольку мы оцениваем Chez Pierre для продажи недиверсифицированному физическому лицу, общий коэффициент бета составит 2,83. Используя ставку по казначейским облигациям 3,5% (действовавшую на момент оценки) и премию за рыночный риск 5%, мы оцениваем стоимость привлечения собственного капитала как 17,65%.

Стоимость привлечения собственного капитала = 3,5% + 2,83 (5%) = 17,65%.

Используя посленалоговую стоимость заимствования 4,5%, полученную в иллюстрации 24.5, мы можем оценить стоимость привлечения капитала:

---

[1] Значения всегда сходятся.

Стоимость привлечения капитала = 17,65% (0,8191) + 4,5% (0,1809) = 15,27%.

Для компании InfoSoft, которая оценивается для первоначального публичного предложения, мы используем расчетный рыночный коэффициент бета 1,60. Применяя ставку по казначейским облигациям 3,5% и премию за риск 5%, мы получаем стоимость привлечения собственного капитала 11,50%.

Стоимость привлечения собственного капитала = 3,5% + 1,60 (5%) = 11,50%.

Поскольку компания не имеет долга, стоимость привлечения капитала также будет равной 11,50%.

Денежные потоки

Определения денежных потоков на собственный капитал и денежных потоков фирмы одинаковы как для частных, так и для публичных фирм. Денежные потоки на собственный капитал — это денежные потоки после уплаты налогов, платежей по долгам, а также после их эмиссий и удовлетворения потребностей в реинвестициях. Денежные потоки фирмы — это денежные потоки после уплаты налогов и удовлетворения потребностей в реинвестициях, но до выплат, связанных с долгами. Однако, что касается частных фирм, тут на процесс оценки их денежных потоков влияют три проблемы. Первая состоит в том, что многие частные фирмы неадекватно учитывают жалованье собственников-менеджеров, поскольку многие собственники не отделяют доход, получаемый ими в качестве дивидендов, от дохода, который они получают как жалованье. Вторая проблема заключается в смешении личных расходов и затрат на ведение бизнеса, часто наблюдающемся в мелких частных фирмах и способном привести к неправильному измерению прибыли. Третья проблема сводится к влиянию налогов на стоимость, поскольку индивидуальный налоговый статус и налоговые ставки колеблются в гораздо более широком диапазоне по сравнению со ставками налогов на прибыль корпораций.

Жалованье собственников и денежные потоки на собственный капитал. При оценке фирм мы проводим простое разграничение между жалованьем и дивидендами. Жалованье — это вознаграждение за профессиональные услуги, оказываемые фирме, и его следует рассматривать как операционные расходы. Дивиденды или другие денежные оттоки фирмы в виде выплат на акции представляют собой доход на вложенный в акции капитал и определяют стоимость собственного капитала. Отделение менеджеров от акционеров в публичных фирмах приводит к разграничению между жалованьем (выплачиваемым менеджерам) и дивидендами (выплачиваемыми акционерам), что кажется понятным. В частном бизнесе собственник зачастую является менеджером фирмы и ее единственным инвестором-акционером. Если частная фирма не является акционерным обществом, то прибыль, получаемая собственником, облагается налогом по одной и той же ставке, независимо от того, классифицируется ли она как жалованье или как дивиденды. Соответственно, собственнику будет безразлично, получает ли он жалованье $10 000 и дивиденды $90 000 или жалованье $90 000 и дивиденды $10 000. В результате этого во многих частных фирмах собственники не платят себе жалованье или, даже если они это делают, его размер не отражает тех услуг, которые они оказывают фирме.

При оценке частной фирмы мы обычно составляем прогнозы, основанные на операционной прибыли, которую объявляет фирма. Если эта операционная прибыль не отражает корректировку, учитывающую выплату жалованья собственнику, то она будет переоценена и в результате получит слишком высокое значение. Чтобы получить более точную оценку операционной прибыли, нам нужно определить подходящее вознаграждение для собственников-менеджеров, основанное на той роли, которую они играют в фирме, и стоимости их замены. Скажем, собственник частной фирмы может выполнять несколько функций: кассира, бухгалтера, кладовщика и торгового агента, поэтому жалованье менеджера должно включать в себя стоимость найма одного или двух человек для выполнения тех же функций.

Смешение затрат на ведение бизнеса и личных расходов. Смешение затрат на ведение бизнеса и личных расходов — проблема, особенно характерная для малого частного бизнеса, поскольку собственники часто обладают абсолютной властью в отношении многих сторон бизнеса. Многие собственники частных фирм размещают офисы там же, где сами живут, имеют транспортные средства, используемые ими и для личных, и для деловых целей, а также делят и другую собственность между работой и домом. В некоторых случаях на работу нанимаются члены семьи, чтобы занять несуществующие места, что делается с целью распределения прибыли или снижения налогов.

Если личные расходы объединяются с затратами на ведение бизнеса или иным образом выступают как часть этих затрат, то операционную прибыль частной фирмы необходимо оценивать до этих затрат. Однако проблема с выполнением этих корректировок состоит в том, что собственники частной фирмы обычно не являются откровенными в части определения доли таких расходов, а также в выявлении возможных налоговых последствий.

Влияние налогов. Когда мы оцениванием публично торгуемые фирмы, ставка налога, используемая при оценке, определяется как предельная ставка налога на прибыль корпораций. Хотя различные фирмы сталкиваются с разными предельными налоговыми ставками, различия между налоговыми ставками у потенциальных покупателей частной фирмы мо-

ДО НАЛОГООБЛОЖЕНИЯ ИЛИ ПОСЛЕ

Частный бизнес может быть организован по-разному с очень разными налоговыми последствиями. В простейшей форме частная фирма может находиться в единоличной собственности, при которой граница между производственным и личным очень расплывчата, а прибыль от бизнеса раскрывается в налоговой декларации собственника. Решение в этом случае простое. Определяются денежные потоки после учета налоговых обязательств собственника, которые затем дисконтируются по ставке доходности, которая нужна собственнику после налогообложения, чтобы компенсировать принятый риск. Не исключено, однако, что этот бизнес будет иметь иную стоимость для потенциального покупателя с другой налоговой ставкой.

Ситуация осложняется в случае товарищества, где прибыль делится между партнерами пропорционально их долям собственности и показывается (и облагается налогом) как прибыль в индивидуальных налоговых декларациях. В той мере, в какой они платят по одинаковым налоговым ставкам, можно использовать консенсусную налоговую ставку, которая отражает статус партнеров, определять денежные потоки после налогообложения и дисконтировать их по ставке доходности после налогообложения с учетом риска.

Наконец, возьмем корпорацию, соответствующую подразделу S Налогового кодекса США. Прибыль этой хозяйствующей единицы не облагается налогом, однако ее акционеры платят налог со своей доли прибыли, даже если им не выплачиваются дивиденды. (Акционер публичной компании платит налог только с выплаченного дивиденда и может отсрочить выплату налога на прирост капитала до того момента, пока он не продаст акции.) Такую фирму можно оценить с помощью двух подходов:

1. Можно исходить из той же логики, что и при оценке товариществ, и определять налоговую ставку, которая отражает платежи акционеров. Затем следует оценить денежные потоки после налогообложения и дисконтировать их по ставке доходности с учетом риска после налогообложения.
2. Можно сосредоточиться на денежных потоках до налогообложения и дисконтировать их по ставке доходности с учетом риска до налогообложения.

Ключевым элементом этих подходов является подбор подходящей ставки дисконтирования при известных денежных потоках.

При использовании CAPM или ее вариантов для определения ставок дисконтирования в случае публичных компаний вы получаете *требуемую ставку доходности после корпоративного налогообложения и до индивидуального налогообложения.* Если опираться на те же модели риска и доходности в случае оценки ставок дисконтирования для частных компаний, то придется признать, что, раз мы берем денежные потоки после индивидуального налогообложения, то ставки дисконтирования должны корректироваться соответствующим образом. В июне 2011 г., например, стоимость привлечения собственного капитала для публичных компаний была равна примерно 8%. Ставка налогообложения дивидендов и прироста капитала составляла 15%. Если предположить, что финансовый инвестор платит с полного дохода по такой ставке, то стоимость привлечения собственного капитала после индивидуального налогообложения составит 6,8%.

гут быть гораздо больше. Фактически, ставка налога может колебаться от ставки налога на прибыль корпорации (если потенциальный покупатель — корпорация) или наивысшей предельной налоговой ставки для физических лиц (если потенциальный покупатель — состоятельное физическое лицо) до более низкой предельной налоговой ставки, если потенциальный покупатель — это физическое лицо с более низким доходом. Ставка налога будет влиять как на денежные потоки (через операционную прибыль после уплаты налогов), так и на стоимость привлечения капитала (через стоимость заимствования). В результате стоимость частной фирмы для разных покупателей может быть различной.

ИЛЛЮСТРАЦИЯ 24.7. Оценка операционной и чистой прибыли

Оценку денежных потоков Chez Pierre мы начнем с объявленной прибыли из финансовой отчетности собственника. В ней указывается (все показатели приведены в тысячах), что ресторан получил за последний операционную прибыль \$400 000 и чистую прибыль \$240 000 при выручке \$1,2 млн:

	Объявленная величина (\$ тыс.)	*Скорректированная величина (\$ тыс.)*
Выручка	1200,00	1200,00
– Расходы по операционной аренде	120,00	
– Вмененный износ арендованных активов		50,38
– Расходы на оплату труда	200,00	350,00
– Материалы	300,00	300,00
– Прочие операционные расходы	180,00	180,00
Операционная прибыль	400,00	319,62
– Вмененные процентные расходы	0,00	69,62
Налогооблагаемая прибыль	400,00	300,38
– Налоги	160,00	120,15
Чистая прибыль	240,00	180,23

Мы делаем две ключевые корректировки. Во-первых, оказалось, что собственник (и шеф-повар) не платит себе зарплату. Поэтому мы добавили \$150 000 к фонду заработной платы, которые отражают ожидаемые расходы, связанные с новым шеф-поваром. Во-вторых, мы преобразовали расходы на операционную аренду путем капитализации обязательств по аренде (\$120 000 в год на следующие 12 лет), используя доналоговую стоимость заимствования в размере 7,5%, которую была определена в иллюстрации 24.5:

Приведенная стоимость обязательств по аренде =
= \$120 000 (приведенная стоимость ренты, 7,5%, 12 лет) = \$928 230.

В результате такого преобразования в отчете о прибылях и убытках появляются две новых статьи:

Вмененные процентные расходы = \$828 233 × 0,075 = \$69 620.

Вмененный износ = расходы на аренду в текущем году –
– вмененные процентные расходы = \$120 000 – \$69 620 = \$50 380.

Эти две корректировки сокращают операционную прибыль на \$319 620, а чистую прибыль на \$180 230.

Компания InfoSoft, хотя и частная фирма, но, по существу, функционирует как публичная, что, по всей вероятности, является результатом подготовки к первоначальному публичному предложению. В нижеследующей таблице отражены операционная и чистая прибыль InfoSoft.

Отчет о прибылях и убытках — InfoSoft ($ тыс.)

Продажи и прочая операционная выручка	10 000
– Операционные издержки и расходы	8300
– Износ	200
Операционная прибыль	1500
– Процентные расходы	0
Налогооблагаемая прибыль	1500
– Налоги	600
Чистая прибыль	900

Рост

Темпы роста частной фирмы можно оценить путем изучения прошлого (исторического роста) или на основании фундаментальных переменных (коэффициента реинвестирования и рентабельности капитала). В этом разделе рассматриваются некоторые проблемы оценки роста частных фирм.

Оценка роста. Как уже отмечалось, при оценке роста публично торгуемых фирм мы можем опираться на три источника данных, а именно: исторический рост, оценки аналитиков и фундаментальные переменные. В случае частных фирм мы не найдем сделанных аналитиками оценок роста, а историческими значениями темпов роста нужно пользоваться с осторожностью. Меняющиеся бухгалтерские стандарты, которые характерны для многих частных фирм, означают, что объявленные изменения прибыли могут не отражать фактических изменений прибыли. Кроме того, измерение прибыли на годовой, а не квартальной основе, а также молодость частных фирм по сравнению с публичными фирмами приводят к гораздо меньшему объему данных при оценке исторического роста.

Из-за пробелов в прошлом росте и в оценках аналитиков в частных фирмах больше следует полагаться на фундаментальные переменные. Ожидаемые темпы роста операционной прибыли определяются как произведение коэффициента реинвестирования и рентабельности капитала, хотя изменения рентабельности капитала в существующих активах могут создать дополнительное влияние.

$$\text{Ожидаемые темпы роста} = \\ = \text{коэффициент реинвестирования} \times \text{рентабельность капитала.}$$

Осуществляя оценку коэффициента реинвестирования и рентабельности капитала частных фирм, мы можем опираться на исторические данные по таким фирмам и на среднеотраслевые значения для публичных компаний в том же бизнесе.

ИЛЛЮСТРАЦИЯ 24.8. *Оценка роста*

Процесс оценки роста для двух рассматриваемых в данной главе фирм будет различным. В случае Chez Pierre нам нужно искать хорошо управляемые рестораны, работающие на полную мощность, которые вряд ли будут расти быстрее уровня инфляции. Таким образом, мы принимаем номинальные темпы роста 2% на следующие 12 лет, т. е. на оставшийся срок аренды. Будем считать, что в конце года 12 бизнес будет ликвидирован. Поскольку мы исходим из ограниченного срока жизни бизнеса и отсутствия реального роста, нам следует принять коэффициент инвестирования, равный нулю.

Для оценки темпов роста InfoSoft мы пользуемся более традиционными методами. Сначала оцениваем рентабельность, которую приносит инвестированный капитал в текущий момент, путем деления операционной прибыли после налогообложения за последний год на балансовую стоимость инвестированного капитала[1] на начало года. Операционную прибыль мы берем из иллюстрации 24.7, а корпоративная предельная ставка налогообложения составляет 40%.

$$\text{Рентабельность капитала} = \text{посленалоговая операционная прибыль}_{2010} /$$
$$/(\text{балансовая стоимость долга}_{2009} + \text{балансовая стоимость собственного капитала}_{2009} - \text{денежные средства}_{2009}) =$$
$$= \$1500\ (1 - 40)/(\$0 + \$5000 - \$500) = 20{,}00\%.$$

Затем мы оцениваем коэффициент реинвестирования фирмы InfoSoft путем деления ее реинвестиций (в капитальные затраты и оборотный капитал) за последний год на операционную прибыль после налогообложения. Учитывая, что фирма объявила о капитальных затратах в размере $960 000, износе $200 000 и увеличении неденежного оборотного капитала со $100 000 до $150 000, мы оцениваем коэффициент реинвестирования следующим образом:

$$\text{Коэффициент реинвестирования} = (960 - 200 + 50)/[1500\ (1 - 0{,}40] = 90{,}00\%.$$

Ожидаемые темпы роста операционной прибыли компании InfoSoft в ближайшем будущем основаны на допущении, что рентабельность капитала и коэффициент реинвестирования будут оставаться неизменными в последующие пять лет.

$$\text{Ожидаемые темпы роста} = 20\% \times 0{,}90 = 18\%.$$

Если бы мы ожидали изменения рентабельности капитала или коэффициента реинвестирования с течением времени, то отразили бы эти изменения в данных темпах роста.

Устойчивость роста. При оценке публично торгуемых фирм мы обычно исходили из предпосылки о бесконечном сроке существования, даже если и принимали во внимание риск того, что фирма не выживет. В случае частных фирм предпосылка о бесконечном сроке жизни должна приниматься с гораздо большей осторожностью. В отличие от публичных фирм, где замена одного генерального директора на другого является обычным делом, подобные перемещения гораздо сложнее в частной фирме, поскольку собственник-менеджер обычно не хочет передавать рычаги управления постороннему лицу. Как правило, в качестве своих преемников он рассма-

1 Инвестированный капитал отражает стоимость исследовательского актива.

тривает представителей следующего поколения своей семьи, что не всегда оказывается успешным.

Каковы последствия этого для оценки? Одно из них состоит в том, что заключительная стоимость частной фирмы будет ниже заключительной стоимости публичной фирмы. По существу, если мы допустим, что фирма прекратит свою деятельность в какой-то момент в будущем, например когда действующий в настоящее время собственник уйдет на покой, то в качестве заключительной стоимости будем использовать ликвидационную стоимость активов. Обычно ликвидационная стоимость ниже, чем стоимость действующего предприятия. Другое заключается в том, что частные фирмы, где собственники планируют их переход в руки представителей следующего поколения, будут стоить выше, чем те частные фирмы, в которых такие планы отсутствуют.

Некоторые частные фирмы, особенно когда они становятся крупнее, становятся похожими на публичные фирмы в плане наличия профессиональных менеджеров. В отношении этих фирм также может быть справедливым допущение о бесконечном росте, которое мы использовали применительно к публичным фирмам.

ИЛЛЮСТРАЦИЯ 24.9. *Закрытие при оценке и заключительная стоимость*

Как уже говорилось, мы принимаем для Chez Pierre 12-летний срок существования. Когда срок аренды истечет, по нашим предположениям, ресторан будет закрыт, а его активы будут ликвидированы по балансовой стоимости $500 000.

В случае компании InfoSoft на основе наших прогнозов на следующие 10 лет мы представляем ее как растущую и здоровую публичную фирму. Фирма должна стоить больше в случае продолжения деятельности, чем при ликвидации. Следовательно, мы принимаем ожидаемые темпы роста равными 3% после года 10. По мере укрупнения фирмы ей будет все труднее поддерживать текущую рентабельность капитала в размере 20%. Мы исходим из того, что рентабельность капитала снизится до 12% после года 10. На основе этих двух допущений мы получаем коэффициент реинвестирования после года 10 в размере 25%:

Коэффициент реинвестирования = ожидаемые темпы роста/рентабельность капитала = 3%/12% = 25%.

Мы также считаем, что коэффициент бета для InfoSoft упадет до 1,20 после года 10 и что фирма будет в определенной мере использовать заимствования (ее коэффициент долга вырастет с 0% до 10%, а стоимость заимствования составит 5%). В результате мы оцениваем стоимость привлечения собственного капитала и капитала следующим образом:

Стоимость привлечения собственного капитала = 3,5% + 1,2 (5%) = 9,5%.

Стоимость заимствования после налогообложения = 5% (1–0,40) = 3%.

Стоимость привлечения капитала = 9,5% (0,9) + 3% (0,1) = 8,85%.

«Ключевые лица» и их влияние на стоимость

Успех молодых компаний, особенно в сфере услуг, нередко зависит от собственника или нескольких ключевых лиц. В результате этого оценка стоимости такой компании может сильно измениться, если из нее уходит одно или несколько ключевых лиц. Для определения степени влияния ключевого лица на оценку стоимости мы предлагаем сначала оценить фирму как есть (т. е. с участием ключевых лиц в бизнесе), а затем переоценить ее с учетом воздействия потери этих лиц на выручку, прибыли и ожидаемые денежные потоки. В той мере, в какой прибыли и денежные потоки страдают от потери этих лиц, стоимость должна снижаться, и скидка определяется следующим образом:

$$\text{Скидка за потерю ключевого лица} = \\ = (\text{стоимость фирмы}_{\text{как есть}} - \text{стоимость фирмы}_{\text{без ключевого лица}}) / \\ / \text{стоимость фирмы}_{\text{как есть}}.$$

Простой формулы, позволяющей определить, насколько сократятся денежные потоки в результате ухода ключевого лица, не существует, поскольку такие потери варьируют не только от фирмы к фирме, но от лица к лицу.

В качестве иллюстрации представим, что вы оцениваете ресторан, который выставлен на продажу его известным шеф-поваром/собственником. Допустим, ресторан принес в последний год денежный поток после налогообложения, равный $1 млн, его ожидаемые темпы роста составляют 2%, а стоимость привлечения капитала — 12%. При таких входных параметрах стоимость ресторана должна составлять $10:

$$\text{Стоимость ресторана}_{\text{как есть}} = \\ = \text{ожидаемый денежный поток на следующий год} / \\ / (\text{стоимость привлечения капитала — ожидаемые темпы роста}) = \\ = \$1\,000\,000\ (1{,}02) / (0{,}12 - 0{,}02) = \$10\,200\,000.$$

Надо полагать, однако, что часть выручки/денежного потока от ресторана связана с его шеф-поваром, и что его уход приведет к сокращению денежного потока. Допустим, что вы, как потенциальный покупатель, анализируете клиентскую базу ресторана и понимаете, что уход нынешнего шеф-повара приведет к потере 20% денежного потока. Это означает, что стоимость ресторана без ключевого лица будет ниже:

$$\text{Стоимость ресторана}_{\text{как есть}} = \\ = \$800\,000\ (1{,}02) / (0{,}12 - 0{,}02) = \$8\,160\,000.$$

Снижение стоимости будет значительно больше, если есть вероятность того, что шеф-повар откроет новый конкурирующий ресторан.

Как потенциальный продавец этот шеф-повар может сократить потерю стоимости, если подпишет официальное соглашение об отказе от конкуренции или останется в ресторане на переходный период.

Даже в случае более крупных публичных компаний потеря ключевых работников может существенно повлиять на стоимость.

Скидки за отсутствие ликвидности

Когда приобретают долю в капитале какой-либо компании, обычно хотят иметь возможность ликвидировать при необходимости. Потребность в ликвидности может быть связана не только с денежными потоками, но и с желанием изменить инвестиционный портфель. В случае публичных фирм такая ликвидация осуществляется просто и обычно требует небольших затрат, поскольку транзакционные издержки для ликвидных акций составляют незначительный процент от стоимости. В случае доли в капитале частной фирмы ликвидационные издержки могут составлять значительный процент от стоимости фирмы. В результате этого из стоимости собственного капитала частной фирмы может вычитаться скидка за потенциальную неликвидность. В этом разделе рассматриваются факторы, определяющие величину этой скидки и то, как наилучшим образом ее оценить.

Факторы, определяющие величину скидки за отсутствие ликвидности. Скидка за отсутствие ликвидности, по всей вероятности, будет разной как для разных покупателей, так и для разных продавцов, что делает эмпирические правила бесполезными. Рассмотрим первые четыре фактора, которые могут вызвать различия в скидках у разных фирм.

1. *Ликвидность активов, находящихся в собственности фирмы.* Факт трудности продажи частной фирмы может казаться спорным, если ее активы являются ликвидными, и их можно реализовать без значительных потерь в стоимости. Частная фирма со значительными активами в виде денежных средств и ликвидных ценных бумаг должна иметь меньшую скидку за отсутствие ликвидности, чем компания, владеющая заводами и другими активами, на которые есть относительно немного покупателей.
2. *Финансовая стабильность и денежные потоки фирмы.* Частную фирму, отличающуюся финансовой стабильностью, продать легче, чем финансово нестабильную фирму. В частности, фирма с устойчивой прибылью и положительными денежными потоками должна иметь меньшую скидку за отсутствие ликвидности, чем фирма с отрицательной прибылью и денежными потоками.
3. *Возможность превращения в будущем в публичную фирму.* Чем выше вероятность, что частная фирма может в будущем стать публич-

ной, тем ниже должна быть скидка за отсутствие ликвидности, применяемая к ее стоимости. Фактически вероятность превращения в публичную компанию встраивается в оценку частной фирмы. Например, собственник частной фирмы, занимающейся электронной коммерцией, в 1998 г. или 1999 г. если и должен был применять к стоимости своей фирмы скидку за отсутствие ликвидности, то очень небольшую по причине легкости, с которой в те годы эти фирмы превращались в публичные.

4. *Размер фирмы.* Если мы устанавливаем скидку за отсутствие ликвидности как процент от стоимости фирмы, она должна становиться меньше по мере роста размеров фирмы. Другими словами, скидка за отсутствие ликвидности должна быть меньше в процентном выражении от стоимости фирмы для таких частных фирм, как Cargill и Koch Industries, стоящих миллиарды долларов, чем для мелкой фирмы, которая стоит $15 млн.

Скидка за отсутствие ликвидности также, скорее всего, будет отличаться для различных покупателей, поскольку требования к ликвидности у разных физических лиц отличаются. Обычно те покупатели, которые располагают большими средствами и имеют небольшую потребность (или вообще ее не имеют) в превращении своих долей в капитале в деньги, применяют гораздо меньшую скидку за отсутствие ликвидности к стоимости сходных фирм, чем покупатели, имеющие меньшие резервы.

Эмпирические свидетельства и обычная практика. Насколько велика скидка за отсутствие ликвидности, применяемая при оценке частной фирмы? Эмпирически на этот вопрос очень трудно ответить, поскольку сама по себе скидка — это ненаблюдаемая величина. Если бы мы даже узнали об условиях всех сделок с частными фирмами, это мало бы помогло, поскольку объявляется лишь цена, по которой частные фирмы продаются или покупаются. Стоимость таких фирм не афишируется, а скидка за отсутствие ликвидности представляет собой разницу между стоимостью и ценой.

По существу, значительный объем данных относительно скидки за отсутствие ликвидности возникает на основе изучения ограниченных для обращения акций в публичных фирмах. Ограниченные для обращения ценные бумаги (restricted securities) — это ценные бумаги, которые выпускаются публичной компанией, но не регистрируются Комиссией по ценным бумагам и биржам и которые могут быть проданы путем частного размещения инвесторам, но в течение двухлетнего периода не могут быть перепроданы на открытом рынке, а по истечении этого срока могут быть проданы только в ограниченном количестве. Когда выпускаются эти акции, цена эмиссии устанавливается гораздо ниже, чем текущая рыночная цена, и разница рассматривается как скидка за отсутствие ликвидности. Результаты трех исследований, в которых изучалась величина этой скидки, можно обобщить следующим образом:

1. Майер (1976) изучал покупки ограниченных для обращения акций, сделанные четырьмя взаимными фондами в период 1969–1973 гг., и пришел к выводу, что они продаются со средней скидкой 35,43% от цены публичных акций тех же компаний.
2. Морони (1973) на основе данных начиная с 1970 г. сообщает о средней скидке 35% при приобретении 146 выпусков ограниченных для обращения акций 10 инвестиционными компаниями.
3. Силбер (1991) изучал выпуски ограниченных для обращения акций за период 1984–1989 гг. и обнаружил, что медианная скидка для таких бумаг составляет 33,75%.

По-видимому, можно резюмировать так: к неликвидным инвестициям применяются существенные скидки, по меньшей мере в среднем. В основном скидки за отсутствие ликвидности устанавливаются на основе этих средних. Например, эмпирические правила зачастую предполагают установление скидки за отсутствие ликвидности от 20 до 30% от расчетной стоимости, и в этом фирмы, похоже, мало отличаются или вообще не отличаются друг от друга.

Силбер (1991) также рассматривает факторы, которыми объясняется разница в скидках у различных ограниченных для обращения акций, связывая размер скидки с наблюдаемыми характеристиками фирмы, включающими выручку и размер пакета ограниченных для обращения акций. Он представляет следующую регрессию:

$$\ln(\text{RPRS}) = 4{,}33 + 0{,}036 \ln(\text{REV}) - 0{,}142 \ln(\text{RBRT}) + \\ + 0{,}174\ \text{DERN} + 0{,}332\ \text{DCUST}.$$

где RPRS (restricted stock price) = цена ограниченных для обращения акций/цена акций в свободном обращении = 1 — скидка за отсутствие ликвидности;

REV (revenues) = выручка частной фирмы ($ млн);

RBRT (restricted block relative to total common stock) = ограниченный для обращения пакет относительно совокупного объема обыкновенных акций в процентах;

DERN (discount for earnings) = 1 в случае положительной прибыли, 0 в случае отрицательной прибыли;

DCUST (discount for customer relationship) = 1 в случае наличия связи с инвестором как с клиентом; 0 в противном случае.

Скидка за отсутствие ликвидности обычно меньше для фирм с более высокой выручкой и снижается при уменьшении предлагаемого пакета, а также в тех случаях, когда прибыль положительна и когда инвестор имеет клиентские связи с фирмой.

Эти результаты согласуются с некоторыми детерминантами премии за отсутствие ликвидности, определенными в предыдущем разделе. В частности, скидки обычно меньше для более крупных фирм (по крайней мере, если они измеряются через выручку) и для устойчивых фирм (когда финансовая устойчивость измеряется положительной прибылью). Это предполагает, что традиционная практика использования постоянных скидок для частных фирм является ошибочной, и нам следует вносить корректировки с целью учета различий между фирмами.

Оценка скидки за отсутствие ликвидности. Если мы все-таки решаем для отражения различий между частными фирмами скорректировать скидки за отсутствие ликвидности, то перед нами возникает вопрос оценки. Как измерять эти различия, а также встраивать их в оценку? Это можно сделать двумя способами. Первый состоит в расширении анализа, выполненного применительно к ограниченным для обращения ценным бумагам и с включением в него скидки за отсутствие ликвидности. Другими словами, мы можем откорректировать фактор скидки с учетом размера выручки фирмы и с учетом факта наличия у нее положительной прибыли. Второй способ заключается в применении некоторых эмпирических исследований величины спреда бид-аск на рынке публичных фирм к определению скидки за отсутствие ликвидности.

Откорректированные факторы скидки. Снова рассмотрим регрессию, представленную Силбером относительно ограниченных для обращения акций. Она не только обеспечивает результат, характерный именно для этого типа акций, но и показывает, насколько ниже должна быть скидка как функция выручки. Фирма с выручкой $20 млн должна иметь скидку за отсутствие ликвидности на 1,19% ниже, чем у фирмы с выручкой $10 млн. Таким образом, мы можем установить исходную скидку для прибыльной фирмы с определенной выручкой (например, равной $10 млн) и корректировать эту исходную скидку для индивидуальных фирм, у которых выручка намного выше или ниже этой величины. Регрессия может также быть использована для разграничения прибыльных и неприбыльных фирм. Рисунок 24.1 представляет различие в скидках за отсутствие ликвидности у прибыльных и неприбыльных фирм с различной выручкой, для расчетов использовалась базовая скидка в размере 25% для фирмы с положительной прибылью и выручкой в $10 млн.

Очевидно, что в связи с расширением простроенной регрессии для определения скидок для частных фирм возникает опасность, которая связана с тем, что она построена на относительно небольшом объеме ограниченных для обращения акций. Тем не менее это обеспечивает общий вектор корректирования факторов скидки.

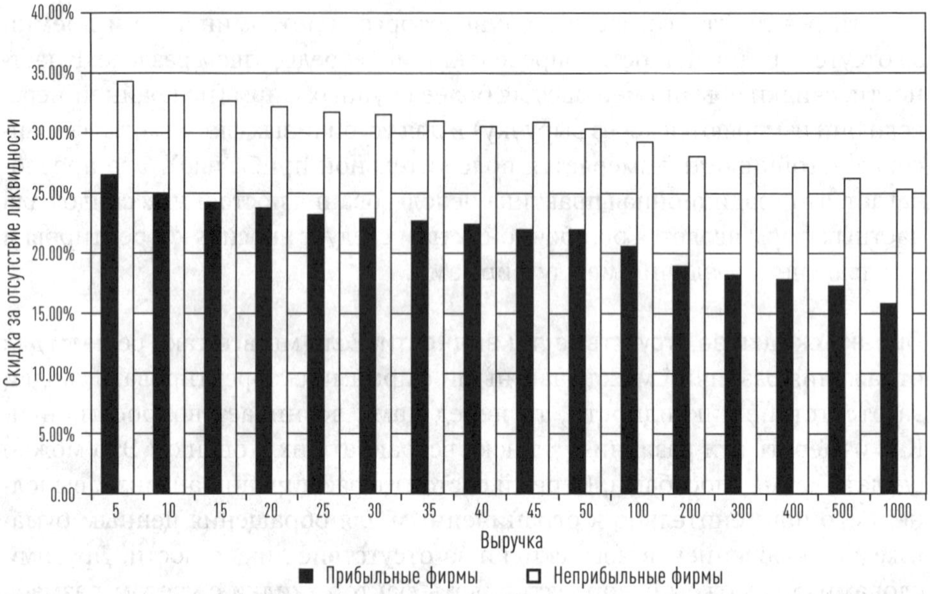

***Рисунок 24.1.** Скидки за отсутствие ликвидности: базовая скидка = 25% для прибыльной фирмы с выручкой в размере $10 млн*

Подход на основе спреда бид-аск. Самое серьезное ограничение, связанное с использованием исследований ограниченных для обращения акциях, обусловлено небольшим размером выборки. Гораздо более точные оценки можно получить при наличии большой выборки фирм со скидками за отсутствие ликвидности. Можно утверждать, что такая выборка существует, если учесть тот факт, что публично торгуемый актив не является полностью ликвидным. По сути, ликвидность различных публично торгуемых акций сильно варьирует. Малая компания, зарегистрированная на внебиржевом рынке, гораздо менее ликвидна, чем компания, зарегистрированная на Нью-Йоркской фондовой бирже, которая, в свою очередь, менее ликвидна по сравнению с компанией с высокой капитализацией и большим числом акционеров. По существу, разница между ценами бид и аск, которая наблюдается у публично торгуемых активов, может рассматриваться как мера стоимости мгновенной ликвидности. Инвестор, который покупает актив, а затем передумывает и решает сразу же его продать, заплатит разницу, равную спреду бид-аск.

Хотя спред бид-аск может составлять только четверть или половину доллара, он становится весьма внушительным, когда трактуется как процент от цены за единицу. Для акций, продающихся по $2 со спредом бид-аск, равным ¼, спред будет составлять 12,5%. При более высокой цене и очень ликвидных акциях скидка за отсутствие ликвидности может составлять менее 0,5% цены, но она не нулевая.

Какое отношение это имеет к скидкам за отсутствие ликвидности у частных компаний? Представьте собственный капитал частной компании как акции, которые никогда не торгуются. В такой ситуации следует ожидать, что спред бид-аск будет высоким, а он, по сути, и измеряет скидку за отсутствие ликвидности.

Чтобы оценить скидку за отсутствие ликвидности, используя спред бид-аск в качестве индикатора, нам нужно связать этот спред с переменными, которые можно измерить для частной фирмы. Например, можно отнести спред бид-аск к выручке фирмы и индикаторной переменной, указывающей, является ли фирма прибыльной, и расширить регрессию, которая построена по ограниченным для обращения акциям, к более крупной выборке. Можно также взять объем торговли по представленным на бирже акциям в качестве независимой переменной и установить ее равной нулю применительно к частной фирме. Например, используя данные на конец 2000 г., мы получим спред бид-аск для акций Nasdaq по отношению к выручке, индикаторной переменной для положительной прибыли, денежным средствам как проценту от стоимости фирмы и объему торговли.

$$\text{Спред} = 0{,}145 - 0{,}0022 \ln(\text{годовая выручка}) -$$
$$- 0{,}015\,(\text{DERN}) - 0{,}016\,(\text{денежные средства}/\text{стоимость фирмы}) -$$
$$- 0{,}11\,(\$\ \text{месячный объем торговли}/\text{стоимость фирмы}).$$

Подставляя соответствующие значения при объеме торговли, равном нулю в случае частной фирмы, мы получим оценку спреда бид-аск для фирмы.

ИЛЛЮСТРАЦИЯ 24.10. *Оценка скидки за отсутствие ликвидности для Chez Pierre*

Поскольку Chez Pierre оценивается для частной сделки, вполне резонно учесть скидку за отсутствие ликвидности. Мы можем использовать оба ранее описанных подхода для оценки ее размера.

1. *Подход на основе ограниченных для обращения акций.* Чтобы оценить скидку за отсутствие ликвидности для Chez Pierre, мы принимаем, что базовая скидка для фирмы с выручкой $10 млн составляет 25%. Выручка Chez Pierre в размере $1,2 млн значительно ниже, поэтому она должна привести к более высокой скидке от стоимости. По нашей оценке, разница в скидке за отсутствие ликвидности между фирмой с выручкой $10 млн и фирмой с выручкой $1,2 млн составляет 3,75%. Чтобы прийти к этой оценке, мы сначала оценили скидку за отсутствие ликвидности в уравнении Силбера для фирмы с выручкой в $10 млн.

$$\text{Скидка за отсутствие ликвидности}_{\text{базовая}} =$$
$$= \frac{100 - \exp[4{,}33 + 0{,}036\ln(10) - 0{,}142\ln(100) + 0{,}174(1)]}{100} = 48{,}94\%.$$

Затем мы переоценили скидку за отсутствие ликвидности применительно к выручке в $1,2 млн:

$$\text{Скидка за отсутствие ликвидности}_{\text{ChezPierre}} =$$

$$= \frac{100 - \exp[4{,}33 + 0{,}036\ln(1{,}2) - 0{,}142\ln(100) + 0{,}174(1)]}{100} = 52{,}69\%.$$

Разница в скидке = 52,69% – 48,94% = 3,75%.

Поэтому оценочная скидка за отсутствие ликвидности для Chez Pierre составит 28,75%, что представляет собой базовую скидку в 25%, скорректированную с учетом разницы в выручке.

2. *Подход на основе спреда бид-аск.* Мы можем учесть в выручке Chez Pierre тот факт, что ресторан имеет положительную прибыль и денежные средства как процент от выручки (1%).

Спред = 0,145 – 0,0022 ln (годовая выручка) — 0,015 (DERN) –
– 0,016 (денежные средства/стоимость фирмы) – 0,11 (месячный объем торговли/
/стоимость фирмы) = 0,145 – 0,0022 ln (1,2) – 0,015 (1) – 0,016 (0,03) – 0,11 (0) = 0,1294 или 12,94%.

liqdisc.xls — таблица позволяет оценить скидку за отсутствие ликвидности для частной фирмы путем использования подхода на основе ограниченных для обращения акциях, а также подхода на основе спреда бид-аск.

МОТИВАЦИЯ ОЦЕНКИ И СТОИМОСТЬ

В предыдущем разделе мы выясняли, как наилучшим образом оценить входные параметры, необходимые для оценки частных фирм. При рассмотрении параметров мы отметили, что процесс оценки может различаться в зависимости от потенциального покупателя фирмы. Например, в отношении коэффициентов бета мы утверждали, что если потенциальный покупатель — публичная фирма или инвестор фондового рынка (при первоначальном публичном предложении), то должен использоваться рыночный коэффициент бета, а в том случае, если потенциальный покупатель — частное лицо, то следует использовать общий коэффициент бета. Подобные утверждения мы сделали применительно и к стоимости заимствования, и к денежным потокам. В таблице 24.2 обобщаются различия, касающиеся оценки входных параметров при разных мотивах оценки.

Использование различных подходов к оценке ставок дисконтирования и денежных потоков в зависимости от потенциального покупателя может оказывать серьезное влияние на стоимость. В целом, частная фирма, выставляемая на продажу, публичной фирмой будет оцениваться гораздо выше, чем частным предприятием. Это вытекает из того, что ставки дисконтирования будут выше, если мы допускаем диверсифицированность покупателя. Таким образом, собственники частных фирм, заинтересованные в их продаже, выиграют, если станут искать потенциальных покупателей среди публичных фирм. Хотя они вряд ли получат полную стоимость, в их власти попытаться получить, по крайней мере, долю дополнительной стоимости, возникающей вследствие диверсифицированности финансовых инвесторов.

Такие же последствия возникают в случае превращения фирмы в публичную компанию. Стоимость, получаемая фирмой вследствие публичного предложения и продажи публичной фирме, будет основана на сходных ставках дисконтирования, но может и отличаться из-за синергии стоимости и выручки. Если потенциал синергетических эффектов велик, то продажа публичной фирме может привести к более высокой стоимости, чем превращение в публичную фирму.

ТАБЛИЦА 24.2. *Определение входных параметров для оценки: мотивы оценки*

	Оценка для продажи частному предприятию	**Оценка для продажи публичной фирме или для первоначального публичного предложения**
Стоимость привлечения собственного капитала	Основана на общем коэффициенте бета с корреляцией, отражающей диверсификацию потенциального покупателя	Основана на рыночном коэффициенте бета, поскольку финансовый инвестор диверсифицирован
Стоимость заимствования	Может отражать дополнительный спред, связанный с тем, что фирма является частной	Основана на синтетическом рейтинге, получаемом при изучении публичных фирм
Операционные денежные потоки	Используется ставка налога для частной фирмы	Используется предельная ставка налога на прибыль корпораций
Срок существования фирмы	Заключительная стоимость ограниченного срока жизни или ликвидационная стоимость	Бесконечный срок жизни при оценке заключительной стоимости
Скидка за отсутствие ликвидности	Существует скидка за отсутствие ликвидности	Нет скидки за отсутствие ликвидности

ИЛЛЮСТРАЦИЯ 24.11. *Оценка Chez Pierre для частной продажи*

Для оценки Chez Pierre в целях частной продажи мы полагаемся на входные параметры, определенные в предыдущих иллюстрациях:

Операционная прибыль после налогообложения за последний год = $319 620 (1–0,40) = $191 770 (из иллюстрации 24.7).

Стоимость привлечения капитала = 15,27% (из иллюстрации 24.6).

Ожидаемые темпы роста = 2% в год в течение следующих 12 лет (из иллюстрации 24.8).

Коэффициент реинвестирования = 0% (из иллюстрации 24.8).

Операционная прибыль до налогообложения за последний год = $319 620 (из иллюстрации 24.7).

FCFF за последний год = $319 620 (1–0,40) = $191 770.

Мы принимаем, что в конце года 12 ресторан будет закрыт, и поступления от ликвидации составят $500 000 (из иллюстрации 24.9).

Приведенная стоимость операционных денежных потоков за последующие 12 лет составит:

$$\text{Приведенная стоимость FCFFза последующ ие 12 лет} =$$

$$= \frac{\$191\ 770\left(1 - \frac{1{,}02^{12}}{1{,}1527^{12}}\right)}{0{,}1527 - 0{,}02} = \$1\ 134\ 121.$$

Прибавление к этой величине приведенной стоимости поступлений от ликвидации (12 лет, по ставке 15,27%) и вычитание приведенной стоимости обязательств по аренде дает стоимость собственного капитала:

Приведенная стоимость FCFF за последующие 12 лет = \$1 134 121
+ приведенная стоимость поступлений от ликвидации = $\$500\ 000/1{,}1527^{10}$ = \$90 821
– приведенная стоимость обязательств по аренде = \$928 333
Стоимость собственного капитала = \$296 709.

Таким образом, при определенных нами темпах роста и стоимости привлечения капитала стоимость собственного капитала Chez Pierre составляет \$296 709.

ИЛЛЮСТРАЦИЯ 24.12. *Оценка компании InfoSoft для первоначального публичного предложения*

В целях оценки InfoSoft для первоначального публичного предложения воспользуемся входными параметрами, которые были получены в других иллюстрациях:

а. *Стоимость привлечения капитала:* в иллюстрации 24.6 мы использовали восходящий рыночный коэффициент бета для InfoSoft и получили стоимость привлечения собственного капитала и капитала 11,50%:
Стоимость привлечения собственного капитала = 3,5% + 1,60 (5%) = 11,50%;
Стоимость привлечения капитала = стоимость привлечения собственного капитала = 11,50%.
При определении заключительной стоимости (в иллюстрации 24.9) мы приняли, что в период стабильного роста коэффициент бета снизится до 1,20, а коэффициент долга вырастет до 10%, и получили стоимость привлечения капитала 8,85%.

б. *Денежные потоки и темпы роста:* в иллюстрации 24.7 был представлен текущий отчет о прибылях и убытках InfoSoft, соответствии с которым операционная прибыль до налогообложения составляла \$1,5 млн, а налоговая ставка — 40%. В иллюстрации 24.8 мы оценили рентабельность капитала как 20%, а коэффициент реинвестирования как 90% на следующие пять лет, что дало ожидаемые темпы роста прибыли 18%.

в. *Заключительная стоимость:* в иллюстрации 24.9 мы приняли, что будет стабильно расти после года 10, демонстрируя темпы роста 3% в год при рентабельности капитала 12%. Пять лет между периодом высокого роста (продолжавшемся пять лет) и периодом стабильного роста (после года 10) представляют собой переходный период, в течение которого темпы роста, коэффициент реинвестирования и рентабельность капитала меняются от значений, соответствующих высокому росту, до значений, соответствующих стабильному росту. В таблице ниже представлены значения денежных потоков и приведенной стоимости.

Год	*EBIT (1 – t) (\$ тыс.)*	*Ожидаемый рост (%)*	*Коэффициент реинвестирования (%)*	*FCFF (\$ тыс.)*	*Стоимость привлечения капитала (%)*	*Кумулятивная стоимость привлечения капитала*	*Приведенная стоимость (\$ тыс.)*
Текущий	900						
1	1062	18,00	90,00	106	11,50	1,1150	95
2	1253	18,00	90,00	125	11,50	1,2432	101
3	1479	18,00	90,00	148	11,50	1,3862	107
4	1745	18,00	90,00	174	11,50	1,5456	113

Год	*EBIT (1 – t) ($ тыс.)*	*Ожидаемый рост (%)*	*Коэффициент реинвестирования (%)*	*FCFF ($ тыс.)*	*Стоимость привлечения капитала (%)*	*Кумулятивная стоимость привлечения капитала*	*Приведенная стоимость ($ тыс.)*
5	2059	18,00	90,00	206	11,50	1,7234	119
6	2368	15,00	77,00	545	10,97	1,9124	285
7	2652	12,00	64,00	955	10,44	2,1121	452
8	2891	9,00	51,00	1,416	9,91	2,3214	610
9	3064	6,00	38,00	1,900	9,38	2,5391	748
10	3156	3,00	25,00	2,367	8,85	2,7638	856
Сумма							3487

В конце года 10 фирма будет находиться на этапе стабильного роста, и ее заключительная стоимость определяется следующим образом:

$$\text{Заключительная стоимость (в тыс.)} = [\text{EBIT (1 – налоговая ставка)}_{10} \times$$
$$\times (1 + g) (1 - \text{коэффициент реинвестирования})]/(\text{стоимость привлечения капитала} - g) =$$
$$= \$3156\ (1{,}03)\ (1 - 0{,}25)/(0{,}0885 - 0{,}03) = \$41\ 675.$$

Дисконтирование заключительной стоимости, прибавление ее к приведенной стоимости денежных потоков в период высокого роста и вычитание из суммы долга (который равен нулю) дает стоимость собственного капитала в размере $19,066 млн.

$$\text{Стоимость собственного капитала (в тыс.)} = \$3487 + \$41\ 675/2{,}7638 + 500 = \$19\ 066.$$

г. *Стоимость собственного капитала на акцию:* чтобы получить стоимость собственного капитала на акцию, мы оценим стоимость 100 000 опционов, предоставленных менеджерам и венчурным капиталистам, и вычтем ее из стоимости собственного капитала, прежде чем разделить ее на 1 млн акций в обращении.

$$\text{Стоимость опционов менеджеров (в тыс.)} = \$1161.$$

$$\text{Стоимость собственного капитала на акцию} = (\$19\ 066 - \$1161)/1000 = \$17{,}90/\text{акция}.$$

Проблемы контроля

При оценке фирмы всегда необходимо рассматривать компетенцию и силу менеджмента фирмы. В частных фирмах, где собственник является и менеджером, это соображение приобретает особое значение, поскольку собственник обладает абсолютным контролем. И наоборот, в публичных фирмах некомпетентные менеджеры могут быть уволены, если достаточное число акционеров решат, что это в их интересах.

Это заметно влияет на оценку, если на продажу выставляется часть частной фирмы. Если эта часть составляет контрольный пакет акций (т.е. право влиять на руководство фирмой), то она имеет гораздо более высокую стоимость, чем при отсутствии контроля. Обычно это означает, что 51% акций частной фирмы должны продаваться со значительной премией по сравнению с 49%. Это правило действует независимо от того, продается ли фирма частному предприятию (или предпринимателю), или публичной фирме, или же осуществляет первоначальное публичное предложение. Например, если при первоначальном публичном предложении инвесторам предлагаются только неголосующие акции или акции с разводненным правом голоса, то они должны продаваться со скидкой по сравнению с акциями, имеющими полное право голоса.

Хотя интуитивно стоимость контроля понятна, ее оценка оказывается не такой простой. Подробное обсуждение этой темы мы отложим до следующей главы, посвященной поглощениям, а здесь мы оценим стоимость контроля как разницу между двумя стоимостями, а именно: между стоимостью оптимально управляемой фирмы и стоимостью фирмы с существующим менеджментом. Например, если стоимость частной фирмы, управляемой существующими менеджерами, составляет $100 млн, а стоимость оптимально управляемой фирмы равна $150 млн, то разницу между 51 и 49% акций можно рассчитать следующим образом:

Стоимость контрольного пакета акций =
= 51% оптимальной стоимости = 0,51 × 150 = $76,5 млн.

Стоимость неконтрольного пакета акций =
= 49% стоимости статус-кво = 0,49 × 100 = $49 млн.

Всего 2% акций (разница между 49 и 51%) оказывают непропорциональное влияние на стоимость из-за контроля. Стоимость контроля будет наибольшей для плохо управляемых частных фирм и близкой к нулю для хорошо управляемых фирм.

Как было отмечено в главе 16, тот же самый подход может использоваться для расчета дисконта, с которым неголосующие акции будут продаваться относительно голосующих акций при первоначальном публичном предложении.

Стоимость двух классов акций может быть оценена следующим образом:

Стоимость на неголосующую акцию = стоимость статус-кво/
/(число голосующих акций + число неголосующих акций).

Стоимость на голосующую акцию = стоимость статус-кво/
/(число голосующих акций + число неголосующих акций) +
+ (оптимальная стоимость − стоимость статус-кво) ×
× вероятность замены/число голосующих акций.

ИЛЛЮСТРАЦИЯ 24.13. *Оценка стоимости голосующих и неголосующих акций компании InfoSoft*

В предыдущей иллюстрации мы оценили собственный капитал компании InfoSoft в $17,904 млн. Исходя из того, что в обращении находится 1 млн акций, стоимость на акцию составляет $17,90. Допустим, фирма решила выпустить

0,9 млн неголосующих акций и 0,1 млн голосующих. Первоначальном предложении публике будут продаваться только неголосующие акции, а все голосующие акции существующие собственники сохранят за собой.

Для того чтобы оценить голосующие и неголосующие акции, нам нужно оценить компанию InfoSoft при оптимальном управлении. Предположим, что при оптимальном управлении фирма будет стоить $20 млн[1]. Тогда можно рассчитать стоимость голосующих и неголосующих акций:

Стоимость неголосующей акции = стоимость статус-кво/
/(число голосующих акций+ число неголосующих акций) = $17,904/(0,1 + 0,9) = $17,90.

Предположим, что сохранение голосующих акций за существующими менеджерами снижает вероятность замены руководителей до 25%.

Стоимость голосующей акции = стоимость статус-кво/
/(число голосующих акций + число неголосующих акций) +
+ (оптимальная стоимость – стоимость статус-кво) × вероятность замены/число голосующих акций =
= $17,904/(0,1 + 0,9) + ($20 – $17,904) × 0,25/0,1= $23,14.

ОЦЕНКА ДОЛЕЙ ВЕНЧУРНЫХ КАПИТАЛИСТОВ И ПРЯМЫХ ИНВЕСТИЦИЙ

В предыдущих иллюстрациях мы рассматривали две крайности: сделку частная компания — частная компания, где покупатель и продавец совершенно недиверсифицированы (и, таким образом, принимают на себя суммарный риск), и сделку частная компания — публичная компания, т.е. первоначальное публичное предложение или продажу частного бизнеса публичной компании, где применимы более традиционные подходы к оценке.

Есть, однако, и промежуточная ситуация, когда венчурные капиталисты и прямые инвесторы имеют доли в частных компаниях и планируют выход через первоначальное публичное предложение или продажу частного бизнеса публичной компании. Венчурные капиталисты и прямые инвесторы более диверсифицированы, чем частные собственники, однако они не так диверсифицированы, как инвесторы на публичном рынке, по двум причинам. Первая заключается в том, что они специализируются на определенных секторах. Многие венчурные капиталисты инвестируют только в биотехнологические компании или в софтверный бизнес. А вторая — в том, что размер вложений (который обычно значителен) и потребность в надзоре за ними не позволяют им иметь много открытых позиций.

В определенном смысле, если считать общий коэффициент бета характеристикой риска совершенно недиверсифицированного покупателя, а рыночный коэффициент бета характеристикой риска полностью диверсифицированного покупателя, то венчурные капиталисты и прямые ин-

[1] Компания InfoSoft была переоценена в соответствии с ее оптимальным коэффициентом долга. Мы считаем, что существующая инвестиционная политика оптимальна.

весторы оказываются в середине диапазона, определенного этими двумя крайними точками. На практике можно модифицировать уравнение для общего коэффициента бета так, чтобы оно учитывало эти различия:

Коэффициент бета венчурного капиталиста или прямого инвестора = = рыночный коэффициент бета/корреляция портфеля венчурного капиталиста или прямого инвестора с рынком.

Иначе говоря, мы заменяем корреляцию частной фирмы с рынком на корреляцию портфеля инвестора. В предельном случае прямые инвесторы вроде Blackstone или KKR могут иметь столько вложений в такое количество разных компаний, что корреляция их портфелей приблизится к 1, а коэффициент бета, который они должны использовать, станет рыночным.

Чтобы понять, как это работает, предположим, что вы оцениваете частную компанию в секторе, где публичные компании имеют средний коэффициент бета 1 и где средняя корреляция фирм с рынком составляет 0,25. Допустим, эта компания находится в полной собственности нынешнего владельца в течение двух лет, привлекает капитал венчурного капиталиста в начале третьего года и планирует первоначальное публичное предложение или продажу публичной компании в конце пятого года. Оценим стоимость привлечения собственного капитала на этих трех стадиях (безрисковая ставка = 4%; премия за риск инвестирования в акции = 5%).

Стадия 1: новая компания с частным собственником, который вложил в нее все свои средства.

Воспринимаемый коэффициент бета = 1/0,25 = 4.

Стоимость привлечения собственного капитала = 4% + 4 (5%) = 24%.

Стадия 2: финансирование со стороны специализированного венчурного капиталиста, который имеет ряд вложений в высокотехнологичные компании. (Корреляция портфеля с рынком 0,5).

Воспринимаемый коэффициент бета = 1/0,5 = 2.

Стоимость привлечения собственного капитала = 4% + 2 (5%) = 14%.

Стадия 3: первоначальное публичное предложение, где инвесторами являются индивидуальные и институциональные инвесторы с диверсифицированными портфелями.

Воспринимаемый коэффициент бета = 1.

Стоимость привлечения собственного капитала = 4% + 1 (5%) = 9%.

Теперь предположим, что у вас есть прогнозные денежные потоки для этой компании на следующие пять лет, и вы ожидаете, что компания на пятый год после преобразования в публичную войдет в фазу стабильного роста с темпами роста 2% в год на бесконечном временном горизонте. Стоимость такой компании будет следующей:

	1	*2*	*3*	*4*	*5*	*Заключительный год*
Ожидаемый денежный поток ($)	100	125	150	165	170	175
Рыночный коэффициент бета	1	1	1	1	1	1
Корреляция	0,25	0,25	0,5	0,5	0,5	1
Используемый коэффициент бета	4,00	4,00	2,00	2,00	2,00	1,00
Стоимость привлечения собственного капитала (%)	24,00	24,00	14,00	14,00	14,00	9,00
Заключительная стоимость ($)					2500	
Кумулятивная стоимость привлечения собственного капитала	1,2400	1,5376	1,7529	1,9983	2,2780	2,4830
Приведенная стоимость ($)	80,65	81,30	85,57	82,57	1172,07	
Стоимость фирмы ($)	1502					

Обратите внимание на то, что использование стоимости привлечения собственного капитала для частного собственника (24%) на бесконечном горизонте дало бы слишком низкую стоимость ($1221), а использование рыночной стоимости привлечения собственного капитала (9%) на бесконечном горизонте дало бы слишком высокую стоимость ($2165).

ИЛЛЮСТРАЦИЯ 24.14. *Оценка доли прямого инвестора*

Предположим, что вы работаете на публичную фирму, и вас попросили оценить потенциальную долю в мелкой частной фирме, которая хочет, чтобы вы вложили в нее $10 млн, необходимые для расширения операций.

Сначала вам следует оценить частную фирму без учета инвестиций в размере $10 млн. Исходя из прогнозных денежных потоков, допустим, что вы оцениваете собственный капитал фирмы в $30 млн:

Оценка «до поступления денежных средств» = $30 млн.

Теперь предположим, что ваши $10 млн позволят фирме расти быстрее, а приведенная стоимость ожидаемых денежных потоков на ее собственный капитал составит $50 млн (эта приведенная стоимость не включает в себя приток денежных средств в размере $10 млн в результате прямого инвестирования).

Оценка «после поступления денежных средств» = $50 млн + $10 млн = $60 млн.

ОЦЕНКИ ДО И ПОСЛЕ ПОЛУЧЕНИЯ ДЕНЕГ

При оценке частных компаний многие аналитики проводят различие между и оценками «до поступления денег» (так называемыми «предденежными» — precash valuations) и «после поступления денег» (так называемыми «постденежными» — postcash valuations). В общем-то, такие оценки выполняются, когда поступление денежных средств ожидается либо от венчурных капиталистов, либо от первоначального публичного предложения. При оценке «до поступления денег» фирма оценивается до притока денежных средств, а при оценке «после поступления денег» — после поступления денежных средств.

Оценки, выполненные с использованием этих двух методов, могут отличаться по двум причинам. Первая причина состоит в том, что при отсутствии денежных поступлений фирма может столкнуться с недостатком капитала, который снижает возможности реинвестирования и замедляет рост. Если рентабельность капитала фирмы превышает стоимость привлечения капитала, это ведет к уменьшению стоимости до поступления денежных средств. Вторая причина заключается в том, что при оценке фирмы стоимость денежных средств и ликвидных ценных бумаг прибавляется к стоимости операционных активов. После значительного притока средств у фирмы могут появиться избыточные деньги, инвестируемые в ликвидные ценные бумаги, которые при добавлении к стоимости операционных активов увеличивают стоимость. При этом если существующие собственники изымают деньги из фирмы, то не следует включать их в стоимость.

Какой из двух методов оценки следует использовать для вычисления стоимости на акцию при первоначальном публичном предложении? Поскольку акционеры фирмы будут держать акции в фирме после притока денег, следует использовать оценку «после поступления денежных средств». Однако в случае венчурного капиталиста ответ может быть иным. Если у венчурного капиталиста сильная позиция, т. е. он является единственным лицом, заинтересованным в предоставлении венчурного капитала, то он может требовать долю стоимости фирмы, оцененной «до поступления денежных средств» на том основании, что увеличение стоимости становится реальным только после предоставления венчурного капитала. Если фирмой интересуются два или более венчурных капиталиста, то есть вероятность, что в качестве основы для решения вопроса о передаваемой доле фирмы будет использована оценка «после поступления денежных средств».

Если вы решаетесь на это вложение, то ключевым становится вопрос о том, какую долю частной фирмы вам следует требовать в обмен на вложенные $10 млн. Как минимум, следует требовать долю от стоимости «после поступления денежных средств»:

$$\text{Доля собственности}_{\text{минимальная}} = \text{вложенные денежные средства} / \text{оценка «после поступления денежных средств»} = 10/60 = 16{,}66\%.$$

Однако переговоры следует начинать с более значительной доли. В предельном случае следует настаивать на доле от стоимости «до поступления денежных средств»:

$$\text{Доля собственности}_{\text{максимальная}} = \text{вложенные денежные средства} / (\text{оценка «до поступления денежных средств»} + \text{вложенные денежные средства}) = 10/(30 + 10) = 25\%.$$

СРАВНИТЕЛЬНАЯ ОЦЕНКА ЧАСТНЫХ КОМПАНИЙ

Сущность сравнительной оценки заключается в определении стоимости фирмы на основе того, сколько рынок платит за сходные фирмы. Очевидно, что в случае частного бизнеса эта задача значительно усложняется. Вместе с тем, аналитики не оставляют попыток распространить практику сравнительных оценок публичных компаний на сферу частного бизнеса. Обычно аналитики применяют два подхода к поиску сопоставимых фирм при оценке частных компаний. Одни сосредотачиваются на ценах, уплачиваемых при приобретении частных компаний, и утверждают, что в этом случае много общего с оценкой молодых компаний. Другие не доверяют ценам частных сделок, опираются на рыночные цены публичных компаний в той же сфере деятельности и пытаются корректировать расчеты с тем, чтобы нивелировать различия в фундаментальных показателях.

Мультипликаторы частных сделок. Поскольку оцениваются молодые частные компании, логично посмотреть, сколько платили другие за сходные компании в ближайшем прошлом. Фактически это основа, на которой строятся мультипликаторы частных сделок. По крайней мере теоретически, вы сводите вместе данные по другим молодым частным компаниям, аналогичным оцениваемой (тот же вид деятельности, сходный размер и та же стадия жизненного цикла), которые были куплены/проданы, и стоимость сделок. Затем относите эту стоимость к общепринятым переменным (выручка, прибыль или что-нибудь специфическое для сектора) и рассчитываете типичные мультипликаторы, за которые платили покупатели. Применение этих мультипликаторов к тем же переменным оцениваемой компании должно давать расчетную стоимость компании.

Потенциальные проблемы. Самой большой проблемой всегда было отсутствие упорядоченных баз данных по сделкам с частными компаниями, однако сейчас ситуация изменилась Множество частных служб предлагают базы (за плату), которые содержат такие данные[1], однако есть и другие проблемы:

- *Независимость сделок.* Одна из опасностей использования цен частных сделок заключается в том, что некоторые из этих сделок могут не быть независимыми, когда цена отражает только стоимость продаваемого бизнеса. На деле цена определяется другими услугами и дополнительными факторами, которые могут быть специфичными для конкретной сделки. Так, врач, продающий медицинскую практику, может получить более высокую цену по той причине, что он

[1] Данные по сделкам с частными компаниями предоставляют, например, BIZCOMPS, IBA Market Data и Pratt Stats.

соглашается остаться на некоторое время после совершения сделки для облегчения перехода.

- *Разница во времени*. Сделки с частными компаниями — довольно редкое событие, и вряд ли можно утверждать, что та или иная компания многократно покупалась и продавалась в течение определенного периода. В отличие от публичных фирм, где текущая цена может использоваться для расчета мультипликаторов для всех компаний в один и тот же момент времени, частные сделки распределены во времени. База данных по частным сделкам, таким образом, может содержать сделки, совершенные с июня по декабрь 2008 г., когда публичные рынки потеряли почти 45% своей стоимости.
- *Масштабирующая переменная*. Для сравнения фирм разного масштаба мы обычно делим рыночную цену на стандартизирующую переменную. В случае публичных фирм это может быть выручка (цена/объем продаж, цена предприятия/объем продаж), прибыль (цена/прибыль, цена предприятия/EBITDA) или балансовая стоимость. Хотя технически мы можем сделать то же самое и с частными сделками, существует потенциальное препятствие. Различия в стандартах бухгалтерского учета в частных компаниях могут приводить к итоговым показателям, которые не вполне эквивалентны.
- *Нестандартные доли в капитале*. Права, связанные с долями в капитале частных компаний, могут варьировать очень широко с точки зрения денежного потока, права контроля и неликвидности. Цена сделки на приобретение доли в капитале частной компании отражает права, связанные с долей в конкретном бизнесе, и ее не так просто соотнести с долей в капитале другой фирмы с другими характеристиками.
- *Неамериканские фирмы*. Большинство доступных в настоящее время баз данных ограничиваются сделками с частными компаниями в США. В условиях, когда нам приходится все чаще оценивать компании на других рынках, некоторые из которых более рискованны, на развивающихся рынках, непонятно, каким образом и можно ли вообще использовать эти данные.

Полезность метода и передовая практика. Так когда все же можно использовать данные по частным сделкам для оценки частных компаний? Как правило, этот подход дает наилучшие результаты в случае малого бизнеса, где не предполагается изменение статуса (малого и частного), расширение и в конечном итоге превращение в публичную компанию. Он также полезен при оценке фирмы в такой сфере деятельности, где не только много частных компаний, но и сделки купли-продажи с ними являются обычным делом. Так, этот подход должен хорошо работать при оценке медицинской/стоматологической практики или небольшого розничного бизнеса. Сложнее применить его к фирмам, которые занимаются уникальными или необычными видами деятельности.

Если вы решили воспользоваться историческими данными по сделкам с частными компаниями для оценки бизнеса, то вам полезно знать, что существуют пять общих принципов, которые помогают получить более надежные результаты:

1. *Масштабируйте по таким переменным, которые в наименьшей мере зависят от дискреционных решений*. Смягчить проблему различий в бухгалтерском учете и стандартах деятельности в частных компаниях можно, если сфокусироваться на таких переменных, которые менее зависят от дискреционных решений. Например, мультипликаторы выручки (которыми более сложно манипулировать) более предпочтительны, чем мультипликаторы прибыли. Можно соотносить стоимость с такими параметрами, которые специфичны для оцениваемого бизнеса, например с количеством пациентов для общей медицинской практики или с количеством клиентов для сантехнической службы.
2. *Оценивайте фирму, а не собственный капитал*. В главе 16 мы подразделили мультипликаторы на мультипликаторы собственного капитала (в которых стоимость собственного капитала относилась к прибыли на собственный капитал или к балансовой стоимости) и мультипликаторы стоимости фирмы (в которых стоимость компании относилась к операционной прибыли, денежным потокам или к балансовой стоимости капитала). Учитывая значительный разброс прав, связанных с долями в капитале, и использования долгового финансирования в частных компаниях, лучше сосредоточиться на мультипликаторах стоимости фирмы, а не мультипликаторах собственного капитала. Другими словами, лучше оценить компанию в целом, а потом получить стоимость собственного капитала, чем заниматься прямой оценкой собственного капитала.
3. *Начинайте с широкой выборки компаний*. Поскольку сделки с частными компаниями довольно редки, лучше начинать с широкой выборки компаний и собирать по ним все данные о сделках. Это позволит отсеять данные, которые покажутся подозрительными (и вряд ли пройдут тест независимости).
4. *Учитывайте временны́е различия*. Даже в крупных выборках частных сделок существуют временны́е различия. Хотя это и не относится к периодам, когда рынки стабильны, необходимо вносить

в стоимость поправки (пусть даже приблизительные) для учета временны́х различий. Например, выбирая сделки за июнь-декабрь 2008 г., для обеспечения сопоставимости необходимо снижать их цены с учетом падения публичного рынка (индексы компаний малой капитализации вроде Russell 5000 упали в этот период примерно на 40%).

5. *Фокусируйтесь на различиях в фундаментальных характеристиках*. Идея о том, что стоимость компании определяется ее фундаментальными характеристиками — темпами роста, денежными потоками и риском, — остается в силе даже в том случае, когда вы проводите сравнительную оценку. Расчетная стоимость будет более достоверной, если вы сможете получить другие показатели по продаваемым частным компаниям, отражающие их фундаментальные характеристики. Например, полезно знать не только цену сделки, но и темпы роста выручки в этих компаниях в период, предшествующий сделке, а также возраст компании (чтобы понимать степень ее зрелости и риск). Можно проанализировать данные для выявления связи между стоимостью сделки и этими переменными и, если она существует, встроить ее в оценку.

Публичные мультипликаторы. Намного легче получить актуальные данные по ценам и мультипликаторам для публичных фирм. На деле, для тех аналитиков, у которых нет доступа к данным по частным сделкам, это единственный выход при осуществлении сравнительной оценки. Однако такой подход опасен тем, что вы распространяете практику ценообразования более зрелых публичных фирм на частные компании.

Проблемы. Применение мультипликаторов публичного рынка к частным компаниям, особенно к тем, что находятся на начальном этапе жизненного цикла, связано с довольно очевидными проблемами:

- *Жизненный цикл влияет на фундаментальные показатели*. Если вы соглашаетесь с тем, что только те молодые фирмы, которые оказались успешными на ранней стадии жизненного цикла, могут стать публичными, то вам придется согласиться и с тем, что публичные фирмы имеют иные фундаментальные показатели, чем частные фирмы. Обычно публичные фирмы крупнее, обладают меньшим потенциалом роста и имеют более зрелые рынки, чем частные компании. Эти отличия проявляются в мультипликаторах, определяющих, сколько инвесторы платят за публичные компании.
- *Диверсифицированные и недиверсифицированные инвесторы*. Когда мы рассматривали расчетный риск и ставки дисконтиро-

вания для молодых частных компаний, то отмечали различие во взглядах на риск у диверсифицированных инвесторов в публичных компаниях и у прямых инвесторов в частных компаниях, а также говорили о том, что оно проявляется в повышенной стоимости привлечения собственного капитала для частных компаний. Применение мультипликаторов прибыли или выручки, полученных из выборки публичных фирм с диверсифицированными инвесторами, для оценки частной компании с недиверсифицированными инвесторами приводит к переоценке частной компании.

- *Ликвидность*. Поскольку акции публичных компаний более ликвидны, чем акции частных компаний, стоимость, полученная на основе публичных мультипликаторов, будет слишком высокой в случае частной компании. При сравнительной оценке необходимо вводить поправку на неликвидность точно так же, как мы делали это при оценке на основе внутренних показателей.

Полезность метода и передовая практика. Какие частные компании лучше всего подходят для оценки с использованием мультипликаторов публичных компаний? Как правило, этот подход наиболее результативен в случае компаний, стремящихся к выходу на более крупный рынок и к превращению в публичную компанию или к поглощению публичной компанией. Фактически вы оцениваете то, чем компания хочет быть, а не то, чем она является в настоящий момент.

Есть три простых правила, которые не только предотвращают появление вопиющих ошибок при оценке, но и повышают общее качество оценки:

1. *Учитывайте вероятность выживания компании*. Поскольку частные компании имеют ограниченный доступ к капиталу, они намного чаще становятся банкротами. При оценке частных компаний с использованием мультипликаторов публичных компаний необходимо учитывать дополнительный риск банкротства.
2. *Учитывайте недиверсифицированность*. Ранее в этой главе мы ввели общий коэффициент бета для оценки риска недиверсифицированного инвестора и определили, что более высокая стоимость привлечения собственного капитала, обусловленная использованием общего коэффициента бета, понижает внутреннюю стоимость. Этого подхода следует придерживаться и при сравнительной оценке. Если средний мультипликатор PE для публично торгуемых ресторанов составляет 12, то Chez Pierre должен торговаться с более низким мультипликатором PE, даже если он имеет такие же характеристики.

3. *Учитывайте неликвидность*. В последнем разделе, посвященном оценке на основе внутренних характеристик, мы рассмотрели подходы к определению дисконта для собственного капитала частных компаний. Эти подходы можно использовать и для корректировки значений публичных мультипликаторов.

ЗАКЛЮЧЕНИЕ

Стоимость частной фирмы представляет собой приведенную стоимость ожидаемых денежных потоков, которые она создает. Эти потоки дисконтируются по ставке, отражающей как риск частной фирмы, так и используемое ею сочетание долга и собственного капитала. Хотя эта формулировка идентична той, что использовалась в случае публичных фирм, существуют различия в том, как мы оцениваем входные данные для частных фирм и даже в том, как мы их оцениваем для частных фирм в зависимости от мотива оценки.

При оценке частной фирмы для продажи физическому лицу или частной компании мы должны рассмотреть три специфических проблемы. Первая из них — это стоимость привлечения собственного капитала, которая, согласно нашему допущению, определяется исключительно риском. Этот риск не может быть диверсифицирован, а потому его, скорее всего, придется корректировать с учетом невысокой диверсификации потенциального покупателя. Вторая проблема заключается в том, что вложения в акции частных фирм являются неликвидными, что ведет к скидке с расчетной стоимости. Скидки с выпусков ограниченных для обращения акций, осуществляемых публичными фирмами, или спреды бид-аск для акций этих фирм дают полезную информацию о том, каким должен быть размер этой скидки. Третья проблема заключается в том, что контрольный пакет акций частной фирмы может продаваться со значительной премией по сравнению с пакетом, обеспечивающим миноритарный интерес.

Оценка частной фирмы для продажи публичной фирме или для первоначального публичного предложения выполняется гораздо более традиционными методами. Мы можем по-прежнему придерживаться предположений, что стоимость привлечения собственного капитала должна быть основана только на недиверсифицируемом риске, и нет необходимости в скидке за отсутствие ликвидности. Необходимо, однако, учитывать стоимость контроля, если публичной фирме не продается контрольный пакет акций или если при первоначальном публичном предложении выпускаются неголосующие акции.

КОНТРОЛЬНЫЕ ВОПРОСЫ

В приведенных ниже заданиях, если не указано иное, премия за риск инвестирования в акции принимается равной 5,5%.

1. Вас попросили оценить Barrista Espresso, сеть эспрессо-баров, открытых на Восточном побережье США.
   - Прибыль компании до уплаты процентов и налогов в последнем году составила $10,50 млн при выручке $50 млн. Однако основатели компании не устанавливали себе жалованья, которое, если основываться на наблюдении за сопоставимыми фирмами, могло бы составить $1 млн.
   - Ставка налога равна 36% для всех фирм, а оборотный капитал составляет 10% выручки.
   - Капитальные затраты в последний год достигли $4,5 млн, в то время как износ составлял только $1 млн.
   - Ожидается, что в течение пяти лет рост прибыли, выручки и чистых капитальных затрат будет составлять 30% в год, а затем в течение бесконечного периода времени этот рост будет равен 6%. Средний коэффициент бета сопоставимых фирм равен 1,3567, а средний коэффициент «долг/собственный капитал» составляет 13,65%. Средняя корреляция с рынком равна 0,50. Ожидается, что компания Barrista Expresso будет поддерживать значение коэффициента долга на уровне 12%, а стоимость заимствования будет составлять 8,75%. Безрисковая ставка равна 6%, а рыночная премия за риск составляет 5,5%.

   а) Оцените стоимость Barrista Espresso как фирмы.
   б) Оцените стоимость собственного капитала Barrista Expresso.
   в) Оказалась бы иной ваша оценка, если бы вы оценивали фирму для первоначального публичного предложения?

2. Используя модель дисконтированных денежных потоков, вы оценили фирму для частной продажи в $250 млн. Фирма прибыльна и в прошлом году имела выручку $200 млн (средняя фирма имеет выручку $10 млн). Какова величина скидки за отсутствие ликвидности, которую бы вы установили для этой фирмы:

   а) Основана ли она на регрессии Силбера?
   б) Основана ли она на корректировке средней скидки (25%) с учетом размера фирмы?

3. Вы оцениваете гостиницу в Вермонте, предоставляющую ночлег и завтраки, основываясь на следующей информации:
   - Операционная прибыль фирмы до уплаты налогов в последний год составляла $100 000. В последние три года рост этой прибыли

составлял 5% в год, и ожидается, что в обозримом будущем эти темпы роста сохранятся.

- Около 40% этой операционной прибыли может быть связано с тем, что собственник является шеф-поваром. В случае продажи фирмы он не планирует в ней оставаться.
- Фирма финансируется в равной степени за счет долга и собственного капитала. Стоимость заимствования до уплаты налогов составляет 8%. Коэффициент бета для публичных фирм в гостиничном бизнесе равен 1,10. Ставка по казначейским облигациям составляет 7%, рыночная премия за риск = 5,5%, а ставка налога = 40%.
- Капитальные затраты и чистый износ в прошлом году составляли $10 000, и ожидается, что они будут расти теми же темпами, что и операционная прибыль.
- Ожидается, что период существования фирмы будет составлять 10 лет, после чего здание будет продано за $500 000 за вычетом налога на прирост капитала.

а) Оцените фирму для продажи.

б) Как изменилась бы стоимость, если бы собственник выразил готовность остаться в фирме в течение следующих трех лет?

4. Собственник Tectonics Software, небольшой фирмы по разработке и продаже программного обеспечения, попросил вас провести оценку стоимости фирмы для первоначального публичного предложения. В прошлом году выручка фирмы составила $20 млн, а прибыль до уплаты процентов и налогов была равна $2 млн. Фирма имела долг в размере $10 млн, по которому расходы на выплату процентов до уплаты налогов составляли $1 млн. Балансовая стоимость собственного капитала равна $10 млн. Средний безрычаговый коэффициент бета публичных фирм, занимающихся разработкой и продажей программного обеспечения, составляет 1,20, а средняя рыночная стоимость собственного капитала таких фирм в среднем в три раза превышает балансовую стоимость собственного капитала. Все фирмы платят налог по ставке 40%. Капитальные затраты в прошлом году составляли $1 млн и вдвое превышали амортизационные отчисления. Ожидается, что в течение следующих пяти лет и та, и другая статьи расходов будут расти теми же темпами, что и выручка. Ожидается также, что после пятого года рентабельность капитала будет равна 15%. В последующие пять лет рост выручки этой фирмы, предположительно, составит 20% в год, после этого срока он будет равен 5%, а операционная маржа останется на прежнем уровне. Ставка по казначейским облигациям равна 6%.

а) Оцените стоимость привлечения капитала фирмы.
б) Оцените стоимость собственного капитала фирмы.
в) Оцените стоимость на акцию, зная, что фирма планирует выпустить 1 млн акций.

5. Как бы вы решили задачу 4, если бы оценивали Tectonics Software для продажи частному лицу? Рассматриваемое лицо обладает портфелем, который не является диверсифицированным и имеет корреляцию с рыночным индексом 0,60. Кроме того, используйте следующее уравнение спреда бид-аск для оценки скидки за отсутствие ликвидности:

$$\text{Спред бид-аск} = 0{,}14 - 0{,}015 \ln(\text{выручка}).$$

Оцените стоимость собственного капитала в частной сделке.

Глава 25

ПРИОБРЕТЕНИЯ И ПОГЛОЩЕНИЯ

Фирмы приобретаются по разным причинам. В 1960-е и 1970-е гг. такие фирмы, как Gulf & Western и ITT, превратились в конгломераты путем приобретения фирм, занятых в других сферах бизнеса. В 1980-е гг. такие гиганты, как Time Inc., Beatrice Foods и RJR Nabisco, были приобретены другими фирмами, их собственным менеджментом или богатыми рейдерами в расчете на получение стоимости при реструктуризации или разделении этих фирм. В 1990-е гг. пошла волна консолидации в бизнесе, связанном со средствами массовой информации, когда телекоммуникационные компании приобретали фирмы из индустрии развлечений, а последние стали приобретать компании кабельного телевидения. Приобретения или слияния с другими фирмами осуществляются также с целью получения преимущества от синергии в форме ускоренного роста либо снижения издержек.

Приобретения, похоже, обеспечивают фирмам более короткий путь к достижению их стратегических целей, но этот процесс имеет свои издержки. В данной главе рассматриваются четыре основных этапа процесса приобретения — начиная с мотива приобретения, за которым следуют идентификация и оценка целевой фирмы, и кончая структурированием и оплатой сделки. Заключительным и зачастую наиболее трудным этапом оказывается работа после совершения сделки по приобретению.

ИСХОДНЫЕ ПРЕДПОСЫЛКИ ДЛЯ ИЗУЧЕНИЯ ПРИОБРЕТЕНИЙ

Когда мы говорим о приобретениях или о поглощениях, речь идет о нескольких видах сделок. К таким сделкам могут относиться операции разного рода — начиная от слияния одной фирмы с другой с целью создания новой компании и заканчивая приобретением менеджерами компании у ее акционеров с целью создания частного предприятия. Этот раздел начинается с изучения различных форм, в которые облекаются приобретения, после чего следует анализ процесса приобретения, а в конце рассматривается история приобретений в Соединенных Штатах.

Классификация приобретений

Фирма может приобрести другую фирму несколькими способами. В процессе слияния советы директоров двух фирм заключают соглашение об объединении и пытаются добиться согласия акционеров на этот шаг. В большинстве случаев по меньшей мере 50% акционеров целевой и приобретающей фирмы должны согласиться на слияние. Целевая фирма прекращает свое существование и становится частью приобретающей фирмы, как в случае с Digital Equipment Corporation, поглощенной Compaq в результате сделки в 1997 г. В результате объединения в форме слияния создается уже новая фирма, и акционеры как приобретающей, так и целевой фирмы получают акции этой фирмы. Например, Citigroup — это фирма, созданная после объединения Citicorp и Travelers' Group.

При тендерном предложении одна фирма делает предложение о покупке акций другой фирмы по определенной цене и передает его в виде рекламы и почтовых извещений акционерам. Поступая подобным образом, она обходит существующий управленческий аппарат и совет директоров целевой фирмы. Следовательно, тендерные предложения используются для осуществления враждебных поглощений. Поглощаемая фирма будет продолжать существование до тех пор, пока есть держатели меньшей части акций, отказывающиеся от тендера. Однако с практической точки зрения если приобретающая фирма достигает успеха в получении контроля над целевой фирмой, то значительная часть тендерных предложений в конечном счете заканчивается слиянием.

При покупке активов одна фирма приобретает активы другой, хотя необходимость в формальном голосовании акционеров приобретаемой фирмы все еще сохраняется.

Наконец, существует еще одна категория приобретений, не подпадающая ни под одну из четырех, уже описанных. Здесь фирма приобретается собственным управленческим аппаратом или группой инвесторов обычно посредством тендерного предложения. После этой сделки приобретенная фирма может прекратить существование в качестве публичной и стать частным предприятием. Такие приобретения с участием менеджеров называются «выкупом менеджерами контрольного пакета акций», а в тех случаях, когда тендерное предложение в основном обеспечивается за счет долга, то «выкупом с использованием заемных средств».

На рисунке 25.1 обобщаются различные сделки и их последствия для целевой фирмы.

Процесс приобретения

Приобретения могут быть дружественными и враждебными. При дружественном приобретении менеджеры целевой фирмы приветствуют его и в некоторых случаях стремятся к нему. При враждебном приобретении менеджеры целевой фирмы не желают, чтобы произошло приобретение. Приобретающая фирма предлагает цену, превышающую рыночную цену целевой фирмы до ее приобретения, и приглашает акционеров целевой фирмы продать имеющиеся у них акции за эту цену.

Как при дружественном, так и при враждебном приобретении разница между ценой приобретения и рыночной ценой до приобретения называется премией за приобретение. Цена приобретения в контексте слия-

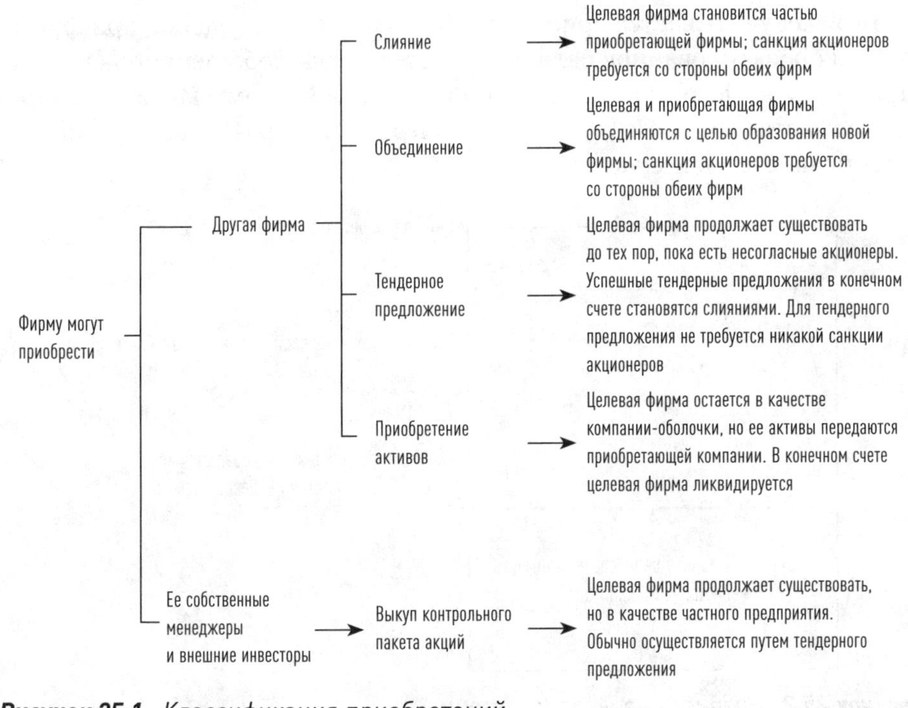

Рисунок 25.1. *Классификация приобретений*

Источник: Corporate Finance: Theory and Practice, Second Edition, by Aswath Damodaran, copyright © 2001 by John Wiley & Sons, Inc. Данный материал использован с разрешения John Wiley & Sons, Inc.

ний и объединений — это цена, которая будет уплачена приобретающей фирмой за каждую акцию целевой фирмы. При дружественном слиянии она обычно определяется путем переговоров между менеджерами приобретающей и целевой фирм. При тендерном предложении это — цена, по которой приобретающая фирма получает достаточное число акций для обретения контроля над фирмой-целью. Эта цена может быть выше первоначальной цены, предложенной покупателем, если есть другие компании, претендующие на целевую фирму, или если количество акционеров, предложивших свои акции по этой цене, оказывается недостаточным. Например, в 1991 г. компания AT&T сделала предложение о покупке компании NCR по цене $80 за акцию, т. е. с премией в размере $25 к текущей цене акций во время этого предложения. В конечном счете, чтобы довести приобретение до конца, компания AT&T заплатила $110 за акцию.

Наконец, можно провести еще одно сравнение: между ценой, уплачиваемой при приобретении, и балансовой стоимостью собственного капитала приобретаемой фирмы. После завершения приобретения активы целевой фирмы переоцениваются в соответствии со строгими бухгалтерскими правилами по справедливой стоимости для определения скорректированной балансовой стоимости собственного капитала. В зависимости от того, как учитывается приобретение, разница между ценой приобретения и скорректированной балансовой стоимостью собственного капитала отражается в учетных регистрах приобретающей фирмы как гудвилл или не отражается вовсе. На рисунке 25.2 представлена разбивка цены приобретения на составные части.

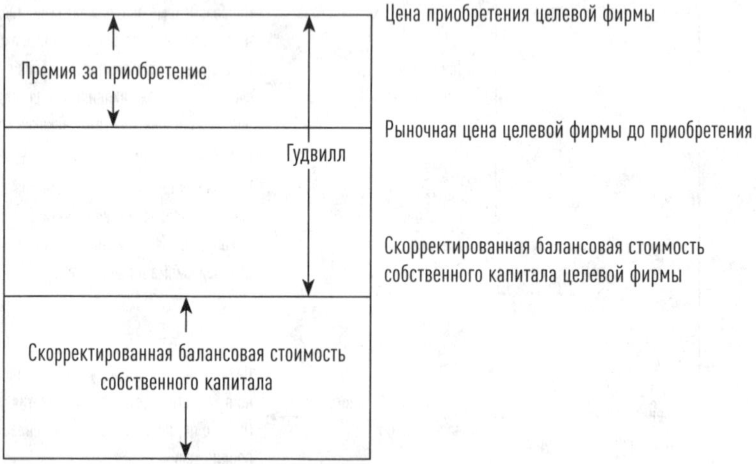

Рисунок 25.2. *Разбивка цены приобретения*

Источник: Corporate Finance: Theory and Practice, Second Edition, by Aswath Damodaran, copyright © 2001 by John Wiley & Sons, Inc. Данный материал использован с разрешения John Wiley & Sons, Inc.

ЭМПИРИЧЕСКИЕ ДАННЫЕ О ВЛИЯНИИ ПОГЛОЩЕНИЯ НА СТОИМОСТЬ

Многие исследователи изучали влияние поглощений на стоимость как целевой, так и покупающей фирмы. Данные свидетельствуют, что акционеры фирм-целей при поглощении оказываются явными победителями: они зарабатывают повышенную избыточную доходность[1] не только во время объявления о приобретении, но и в течение нескольких недель после него. Дженсен и Рубек (Jensen and Ruback, 1983) сделали обзор 13 исследований, посвященных доходности во время объявлений о приобретениях, и сообщили, что средняя избыточная доходность акционеров целевой фирмы при успешном тендерном предложении составляет 30%, а при успешном слиянии — 20%. Джеррелл, Брикли и Неттер (Jarrell, Brickley and Netter, 1988) изучили результаты 663 тендерных предложений, сделанных за период 1962–1985 гг., и отметили, что в 1960-е гг. средняя премия составляла 19%, в 1970-е гг. — 35%, а в период 1980–1985 гг. — 30%. Во многих исследованиях отмечается рост цены акций целевой фирмы перед объявлением о поглощении, что указывает либо на чрезмерную восприимчивость финансового рынка, либо на утечку информации относительно будущих сделок.

Некоторые попытки поглощения провалились либо из-за аннулирования предложения покупающей фирмой, либо потому, что целевая фирма сумела от него отбиться. Бредли, Десаи и Ким (Bradley, Desai and Kim, 1983) анализировали влияние провалов поглощения на акционеров целевой фирмы и обнаружили, что, в то время как первоначальная реакция на сообщение о провале была отрицательной — хотя это и статистически незначимо, — большое число целевых фирм, поглощаемых в течение 60 дней после провала первого поглощения, в конечном счете зарабатывали высокую избыточную доходность (50–66%).

Влияние сообщений о поглощении на цену акций покупающей фирмы не столь однозначно. Дженсен и Рубек сообщают, что избыточная доходность акционеров покупающей фирмы в период тендерного предложения составляет 4%, а в период слияний является нулевым. Джеррелл, Брикли и Неттер в своем исследовании тендерных предложений в период 1962–1985 гг. отмечают сокращение избыточной доходности акционеров покупающих фирм с 4,4% в 1960-е гг. до 2% — в 1970-е и до 1% — в 1980-е гг. Другие исследования показывают, что приблизительно половина всех покупающих фирм во время сообщения о поглощении зарабатывает отрицательную избыточную доходность, что наводит на мысль о наличии

[1] Избыточная доходность представляет собой доходность сверх ожидаемой от инвестиций с учетом риска и рыночной результативности.

во многих случаях скептического отношения акционеров к воспринимаемой стоимости поглощения.

Каковы последствия неудачи в тендере при наличии нескольких покупателей? Хотя первоначальная реакция рынков нередко отрицательна, что объясняется затратами на неудавшееся поглощение, долгосрочные результаты более показательны. Неудачники превосходят победителей с точки зрения как операционной прибыльности, так и роста цены акций в течение пяти лет после тендерной войны. По крайней мере для акционеров фирм-покупателей в случае приобретений лучше проиграть, чем выиграть.

ЭТАПЫ ПРИОБРЕТЕНИЯ

Существуют четыре основных и необязательно следующих друг за другом этапа в приобретении целевой фирмы. Первый — это разработка обоснования и стратегии осуществления приобретений, а также определение ресурсов, требуемых этой стратегией. Второй этап — это выбор цели для приобретения и оценка целевой фирмы с премией за контроль и какую-либо синергию. Третий этап заключается в определении, сколько платить за приобретение, как наилучшим образом привлечь средства для этого и использовать ли акции или денежные средства. Завершающий и, пожалуй, наиболее сложный этап приобретения состоит в интеграции приобретенной фирмы после того, как сделка завершена.

Разработка стратегии приобретения

Не все фирмы, осуществляющие приобретения, имеют стратегию для их выполнения, и не все фирмы, имеющие стратегию приобретения, придерживаются ее. В данном разделе рассматриваются различные мотивы приобретения, при этом предполагается, что последовательная стратегия приобретения должна быть обоснована каким-либо следующим мотивом.

Приобретение недооцененных фирм. Фирмы, являющиеся недооцененными на финансовых рынках, могут быть целью приобретения для тех, кто осознает эту ошибку в определении цены. В этом случае покупатель может получить разницу между стоимостью и ценой покупки. Однако для того, чтобы эта стратегия сработала, необходимо одновременное выполнение трех следующих условий:

1. *Способность найти фирмы, продающиеся ниже своей действительной стоимости.* Это требует либо доступа к лучшей информации, чем та, что доступна другим инвесторам на рынке, либо лучших

аналитических инструментов, чем те, что используются другими участниками рынка.

2. *Доступ к средствам, необходимым для доведения приобретения до завершения*. Знание о недооценке фирмы необязательно предполагает наличие легко доступного капитала для осуществления приобретения. Доступ к капиталу зависит от размера покупателя — крупные фирмы будут иметь больший доступ к рынкам капитала и внутренним фондам, чем более мелкие фирмы или физические лица, — и от послужного списка покупателя, поскольку история успехов в выявлении и приобретении недооцененных фирм облегчает последующие приобретения.

3. *Навыки в проведении сделок*. Если покупатель в процессе приобретения будет способствовать увеличению цены акций до и сверх уровня оценочной (расчетной) стоимости, то приобретение не обеспечит никакого прироста стоимости. Для иллюстрации этого допустим, что оценочная стоимость фирмы составляет $100 млн, а текущая рыночная цена равна $75 млн. Для того чтобы приобрести эту фирму, покупатель должен будет заплатить премию. Если эта премия превысит 33% от рыночной цены, то цена превзойдет оценочную стоимость, и приобретение не создаст никакой стоимости для покупателя.

Хотя стратегия покупки недооцененных фирм во многом основана на интуиции, она особенно разочаровывает, когда публичные фирмы приобретаются на умеренно эффективных рынках, где премии, уплачиваемые сверх рыночных цен, могут быстро уничтожить оценочный излишек. Эта разница будет выше на менее эффективных рынках или в случае приобретения частных фирм.

Диверсификация с целью снижения риска. В главе 4 было заявлено, что диверсификация снижает подверженность инвестора риску фирмы. Фактически модели риска и доходности, используемые в этой книге, строятся на предпосылке о том, что риск фирмы будет диверсифицирован, а потому не будет вознагражден. Менеджеры приобретающих фирм полагают, что через покупку фирм в других сферах бизнеса и посредством диверсификации они могут уменьшить волатильность прибыли и риск и увеличить потенциальную стоимость.

Хотя диверсификация и приносит выгоды, остается открытым вопрос о том, кем она осуществляется более эффективно: инвесторами, достигающими диверсификации через обращающиеся акции, или фирмами, диверсифицирующимися путем приобретения других фирм. Если мы сравним транзакционные затраты, связанные с диверсификацией инвестора, с издержками и премиями, выплачиваемыми фирмами в связи с реализацией той же самой цели, то инвесторы большинства публично торгуемых фирм могут диверсифицировать гораздо дешевле, чем это могут делать фирмы.

Из этого положения есть два исключения. Первое — это случай частной фирмы, когда собственник может держать все или подавляющую часть своего состояния в виде вложений в фирму. Здесь аргумент в пользу диверсификации становится сильнее, поскольку весь риск ложится на одного собственника. Эта подверженность риску может объяснить, например, почему многие семейные фирмы в Азии осуществляют диверсификацию за счет проникновения в разные сферы бизнеса, становясь конгломератами. Вторым, хотя и менее важным случаем является общество закрытого типа, существующий управленческий аппарат которого может держать основную часть своего состояния в виде вложений в фирму. Посредством диверсификации через приобретения они снижают свою подверженность общему риску, хотя другие инвесторы (которые, возможно, более диверсифицированы) могут и не разделять их энтузиазма.

Создание операционной или финансовой синергии. Третья причина, объясняющая большие премии, выплачиваемые в большинстве приобретений, — это синергетический эффект, или синергия. Синергия — это потенциальная дополнительная стоимость, появляющаяся в результате объединения двух фирм. Вероятно, именно она наиболее широко используется — причем как правильно, так и неправильно — с целью обоснования слияния или приобретения.

Источники операционной синергии. К операционным синергиям относят синергии, позволяющие фирмам поднять операционную прибыль, увеличить темпы роста или достичь и того и другого. Операционные синергии можно подразделить на четыре типа:

1. *Экономия от масштаба*, которая может быть следствием слияния, позволяет объединяемым фирмам стать более эффективными в части затрат и получения прибыли.
2. *Возможность повышать цену*, возникающая вследствие ослабления конкуренции и повышения доли рынка, что должно привести к более высоким марже и операционной прибыли.
3. *Объединение различных функциональных преимуществ*, как это наблюдается в случае, когда фирма с большими маркетинговыми навыками приобретает фирму с хорошей предметно-производственной специализацией.

4. *Ускоренный рост на новых или существующих рынках,* связанный с объединением двух фирм. Например, такая ситуация возникает, когда американская фирма по производству потребительских товаров приобретает на развивающемся рынке фирму, которая имеет закрепившуюся дистрибьюторскую сеть и узнаваемый бренд, и использует эти преимущества для увеличения объема продаж своей продукции.

Операционные синергии могут повлиять на маржу и рост, а через них на стоимость фирм, участвующих в слиянии или приобретении.

Источники финансовой синергии. При финансовых синергиях вознаграждение может принять форму либо увеличения денежных потоков, либо снижения стоимости привлечения капитала (ставки дисконтирования). Сюда включается следующее:

- Объединение фирмы с избыточными денежными средствами или *пассивными деньгами* (и ограниченными проектными возможностями) и фирмы с высокодоходными проектами (и ограниченными денежными средствами) может создать выгоду в виде более высокой стоимости объединенной фирмы. Рост стоимости проистекает из проектов, реализуемых с помощью избыточных денег, которые иначе не были бы реализованы. Эта синергия, по всей вероятности, проявляется наиболее часто в тех случаях, если крупные фирмы приобретают мелкие или если публичные фирмы приобретают частные компании.
- Могут возрасти *возможности заимствования*, поскольку при объединении двух фирм их прибыль и денежные потоки способны стать более стабильными и предсказуемыми. В свою очередь, данное обстоятельство позволяет им занимать больше средств, чем они могли бы занять, оставаясь отдельными предприятиями, что создает выигрыш на налогах для объединенной фирмы. Этот выигрыш может либо выявляться в виде увеличения денежных потоков, либо принять форму пониженной стоимости привлечения капитала объединенной фирмы.
- *Выигрыши на налогах* могут возникать либо в связи с приобретением, создающим преимущество с точки зрения налогового законодательства, либо от использования чистых операционных убытков для прикрытия дохода. Таким образом, прибыльная фирма, приобретающая фирму, которая теряет деньги, может получить доступ к использованию чистых операционных убытков последней для снижения своего налогового бремени. С другой стороны, фирма, имеющая

возможность увеличить свои амортизационные отчисления после приобретения, сэкономит на налогах и поднимет свою стоимость. В большинстве случаев амортизация гудвилла не вычитается из налогооблагаемой базы и не приносит налоговых выгод.

Очевидно, что потенциальная синергия возникает во многих слияниях. Поэтому важными являются вопросы о том, можно ли оценить эту синергию и если да, то каким образом это сделать.

Эмпирические данные о синергии. Как установлено, синергия является основным мотивом многих слияний и приобретений. Байд (Bhide, 1993) исследовал мотивы, стоящие за 77 приобретениями в 1985 и 1986 гг., и сообщил, что операционная синергия была основным мотивом одной трети этих поглощений. Несколько исследований было посвящено вопросу, существует ли синергия вообще и, если существует, сколько она стоит. Если предполагается, что при поглощении возникает синергия, то стоимость объединенной фирмы должна превышать сумму стоимостей покупающей и целевой фирм, действующих независимо друг от друга.

$$V(AB) > V(A) + V(B),$$

где V (AB) = стоимость фирмы, созданной в результате объединения A и B (синергия);

V (A) = стоимость фирмы A, действующей независимо;

V (B) = стоимость фирмы B, действующей независимо.

Исследования доходности акций в периоды объявлений о слияниях обычно содержат вывод, что в большинстве поглощений стоимость объединенной фирмы возрастает, причем этот рост является значительным. Бредли, Десаи и Ким (Bradley, Desai and Kim, 1988) изучали выборку из 236 межфирменных тендерных предложений в период 1963–1984 гг. и обнаружили, что после сообщения о слиянии объединенная стоимость целевой и покупающей фирм в среднем возрастала на 7,48% (на $117 млн в ценах 1984 г.). Однако комментировать этот результат необходимо с осторожностью, поскольку возрастание стоимости объединенной фирмы после слияния согласуется также и с некоторыми другими гипотезами, объясняющими приобретения, к которым относится недооценка и изменение в корпоративном контроле. Поэтому он является слабым тестом для гипотезы о синергии.

Существование синергии обычно предполагает, что объединенная фирма станет более прибыльной или будет после слияния расти быстрее, чем фирмы, действующие изолированно. Более сильным тестом для синергии является оценка того, улучшается ли после поглощений функционирование (прибыльность и рост) слившихся фирм *относительно их конкурентов*. Как показано далее в этой главе, многие слияния этот тест не проходят.

Слияние плохо управляемых фирм и замена менеджмента. Некоторые фирмы управляются неоптимальным образом, и другие лица зачастую полагают, что они могут управлять ими лучше, чем существующие менеджеры. Приобретение плохо управляемых фирм и удаление существующего менеджмента или по крайней мере изменение существующей политики или практики управления должны сделать эти фирмы более ценными, что позволит покупателю требовать увеличения стоимости. Это увеличение стоимости часто обозначается как «стоимость контроля».

Предпосылки успеха. Хотя эта история с корпоративным контролем и может быть использована для оправдания больших премий сверх рыночной цены, потенциал его успеха определяется следующими факторами.

- Плохая результативность приобретаемой фирмы должна быть связана с существующим менеджментом фирмы, а не с рыночными или отраслевыми факторами, которые не находятся под контролем менеджеров.
- Вслед за приобретением должно последовать изменение в практике управления, и оно вызовет рост стоимости. Действия, повышающие стоимость, увеличивают денежные потоки от существующих активов, увеличивают ожидаемые темпы роста и продолжительность периода роста или снижают стоимость привлечения капитала.
- Рыночная цена приобретения должна отражать статус-кво, т. е. существующий управленческий аппарат фирмы и ее неэффективную деловую практику. Если рыночная цена уже содержит встроенную в нее премию за контроль, то возможности покупателя заработать премию оказываются небольшими.

В целом корпоративный контроль чаще упоминается в качестве причины враждебных поглощений.

Эмпирические данные о стоимости контроля. Более сильная причина существования рынка для корпоративного контроля заключается в видах фирм, обычно приобретаемых при враждебных поглощениях. Исследования показывают, что типичная целевая фирма при враждебном поглощении обладает следующими свойствами.

- Она имеет менее результативные акции по сравнению с отраслью и рынком в целом с точки зрения доходности для ее акционеров в году, предшествующем поглощению.

- В году, предшествующем поглощению, она была менее прибыльной, чем фирмы из ее отрасли.
- Вложения инсайдеров в ее акции были гораздо меньше, чем в аналогичных фирмах.

Сравнивая целевые фирмы при враждебном и дружественном поглощениях, Байд показывает их различия. Результаты его исследований обобщаются на рисунке 25.3. Как видите, целевые фирмы при враждебном поглощении имели рентабельность собственного капитала в среднем на 2,2% ниже, чем другие фирмы в отрасли, доходность для их акционеров была на 4% ниже рыночной, и только 6,5% их акций находились в руках инсайдеров.

Существуют также данные, согласно которым после враждебного поглощения фирмы проводят значительные изменения в характере функционирования. В этом исследовании Байд изучал последствия враждебных поглощений и отметил следующие четыре изменения:

1. После многих враждебных поглощений последовало увеличение долга, вызвавшее утяжеление долгового бремени. Однако долг быстро снижался за счет поступлений от продажи активов.
2. В размере капитала, инвестированного в эти фирмы, не произошло никаких серьезных изменений.
3. После почти 60% поглощений последовали крупные отделения направлений бизнеса, при которых продавалась половина фирмы или более. Подавляющее большинство отделений приходилось на подразделения, не связанные с основным бизнесом компании (т. е. они

Рисунок 25.3. *Характеристики целевой фирмы при враждебных и дружественных поглощениях*

Источник: Bhide.

были направлены против корпоративной диверсификации, осуществленной в прошлые периоды).

4. В 17 из 19 случаев враждебных поглощений произошли значительные изменения в менеджменте с полной его заменой в 7 случаях.

Таким образом, вопреки распространенному мнению[1] после большинства враждебных поглощений покупатель не лишает целевую фирму ее активов и не доводит ее до уничтожения. Вместо этого целевые фирмы меняют свою основную сферу бизнеса, а их функционирование часто улучшается.

Удовлетворение личных интересов менеджеров. В большинстве приобретений именно менеджеры покупающей фирмы, а не ее акционеры, решают, осуществлять ли приобретение и сколько платить за него. В подобных обстоятельствах для некоторых приобретений мотив может заключаться не в максимальном увеличении богатства акционеров, а в личных интересах менеджеров, обнаруживаемых в следующих мотивах приобретений:

- *Построение империи*. Интересы некоторых представителей высшего менеджмента, по-видимому, заключаются в превращении их фирм в крупнейшие и доминирующие фирмы в отрасли или даже на всем рынке. Эта цель, а не диверсификация может объяснять стратегии приобретения у таких фирм, как Gulf & Western и ITT[2], в 1960-е и 1970-е гг. Отметим, что у обеих фирм в течение периодов приобретения были упрямые президенты (Чарльз Бладхорн, возглавлявший Gulf & Western, и Гарольд Дженин — глава ITT).
- *Самолюбие менеджеров*. Очевидно, что некоторые приобретения, особенно в тех случаях, когда на одну и ту же фирму претендуют несколько покупателей, для участвующих в этом менеджеров являются тестом на мужественность[3]. Ни одна из сторон не хочет проиграть битву, даже если победа обходится акционерам в миллиарды долларов.

---

1 Даже если этот взгляд непопулярен, он является популистским, получившим признание благодаря Голливуду и таким фильмам, как Wall Street и Other People's Money, и таким книгам, как Barbarians at the Gate.

2 По странной иронии, компания ITT сама стала целью враждебного поглощения со стороны компании Hilton Hotels и отреагировала на это сбросом того, что обозначается термином «неосновные виды деятельности» (т. е. все предприятия, которые она приобрела в течение своего периода конгломерации).

3 Интересный вопрос: станут ли эти войны покупателей менее вероятными, если среди генеральных директоров фирм появится больше женщин. Они могли бы внести иной взгляд на то, что означает «выигрыш» или «проигрыш» при слиянии.

- *Компенсация и побочные выгоды.* В некоторых случаях слияния и приобретения могут привести к пересмотру положений контрактов о вознаграждении менеджеров. Если потенциальные частные выгоды менеджеров от сделки велики, это может закрыть им глаза на издержки, создаваемые акционерам их фирмы.

Ролл в своей статье (The Hubris Hypothesis, 1981) сделал предположение о том, что мы, скорее всего, недооцениваем, насколько процесс приобретения и уплачиваемые цены могут быть объяснены гордостью и самолюбием менеджеров. В поведенческих финансах накоплено немало фактов, указывающих на то, что чрезмерно самоуверенные генеральные директора более склонны к проталкиванию приобретений и нередко переоценивают выгоды и недооценивают издержки этих сделок.

ДОЛЖНА ЛИ БЫТЬ СКИДКА ЗА САМОЛЮБИЕ?

Если личные интересы и самолюбие менеджеров могут заставить фирмы слишком много платить за приобретения, то должна ли существовать скидка со стоимости фирм, управляемых упрямыми генеральными директорами? В некотором смысле эта скидка уже применяется, если текущая рентабельность капитала фирмы и коэффициент реинвестирования отражают неудавшиеся в прошлом приобретения и мы допускаем, что в будущем фирма будет продолжать создавать такую же рентабельность капитала.

К тому же, когда происходит изменение в верхних эшелонах, это может быть хорошим основанием для повторной оценки фирмы. Если не создается впечатления, что новые генеральные директора имеют такое же стремление к строительству империи или к переплате за приобретения, как и прежние, то можно ожидать, что будущая рентабельность капитала окажется гораздо выше, чем в прошлом, а стоимость фирмы возрастет.

Выбор целевой фирмы и оценка контроля/синергии

Когда у фирмы есть мотив приобретения, возникают два ключевых вопроса, на которые необходимо ответить. Первый связан с тем, как наилучшим образом определить потенциальную целевую фирму для приобретения при мотивах, описанных в предыдущем разделе. Второй вопрос — более конкретный и связан с тем, как оценить целевую фирму при различных мотивах, описанных в последнем разделе.

Выбор целевой фирмы. Когда фирма определила основания для своей программы приобретения, она должна найти подходящую целевую фирму.

- Если мотив приобретения связан с недооценкой, то целевая фирма должна быть недооцененной. Как будут определяться такие фирмы, зависит от подхода к оценке и используемой модели. При сравнительной оценке недооцененными являются акции, продающиеся со значительно более низкими мультипликаторами (прибыли, балансовой стоимости и объема продаж) по сравнению с акциями остальных фирм отрасли с учетом больших различий в фундаментальных переменных. Так, банк с мультипликатором «цена/балансовая стоимость» 1,2 выглядит недооцененным, если другие банки с такими же значениями фундаментальных переменных (рентабельности собственного капитала, роста и риска) продаются при значительно более высоких мультипликаторах «цена/балансовая стоимость». При использовании оценки на основе дисконтированных денежных потоков недооцененные акции характеризуются тем, что они продаются по цене, которая значительно ниже расчетной стоимости дисконтированных денежных потоков.
- Если мотивом приобретений является диверсификация, то наиболее вероятные целевые фирмы будут относиться к тем сферам бизнеса, которые не связаны или не коррелируют с бизнесом приобретающей фирмы. Так, для того чтобы циклическая фирма могла получить наиболее полную выгоду от диверсификации, она должна стараться приобретать противофазные циклические или по крайней мере нециклические фирмы.
- Если мотив приобретения — операционная синергия, то типичные целевые фирмы будут различаться в зависимости от источника синергии. Если им является экономия от масштаба, то целевая фирма должна находиться в той же сфере бизнеса, что и приобретающая фирма. Так, приобретение компании Continental Airlines компанией United Airlines было мотивировано потенциальной экономией издержек за счет экономии от масштаба. Для функциональной синергии целевая фирма должна быть более сильной в тех областях функционирования, где приобретающая фирма проявляет слабость. Если цель — финансовая синергия, то выбор целевой фирмы будет отражать вероятный источник синергии. Если мотив — увеличение долговой способности, то это будет рисковая фирма с ограниченной долговой способностью или полным отсутствием долговой способности. Если мотив — выигрыш на налогах, то это будет фирма с крупными перенесенными на будущие периоды чистыми операционными убытками.
- Если мотив слияния — контроль, то целевой фирмой будет плохо управляемая компания в отрасли с потенциалом избыточной доход-

ности. Кроме того, ее акции будут сильно рассеяны между держателями (облегчая осуществление враждебного поглощения), а ее текущая рыночная цена основана на предположении, что существующий менеджмент останется управлять фирмой.

- Если мотив обусловлен личными интересами менеджеров, то в выборе целевой фирмы будут отражаться интересы менеджеров, а не экономические соображения.

В таблице 25.1 содержится характеристика типовой целевой фирмы в зависимости от мотива поглощения.

Прежде чем мы перейдем к оценке, отметим еще два момента, заслуживающих упоминания. Первый заключается в том, что зачастую фирмы выбирают целевую фирму и мотив приобретения одновременно, а не последовательно. Это ничего не меняет в анализе этих разделов. Другой момент обусловлен тем, что фирмы часто имеют более одного мотива приобретения (например, контроль и синергию). Если дело обстоит подобным образом, то поиск целевой фирмы должен определяться доминирующим мотивом.

ТАБЛИЦА 25.1. *Свойства целевой фирмы при заданном мотиве приобретения*

Мотив	Свойства целевой фирмы
Недооценка	Продается по цене ниже расчетной стоимости.
Диверсификация	Функционирует в сфере бизнеса, отличной от бизнеса приобретающей фирмы.
Операционная синергия	Обладает свойствами, порождающими операционную синергию. *Экономия издержек.* В том же бизнесе обеспечивает экономию от масштаба. *Ускоренный рост.* Обладает потенциалом проникновения на новые рынки или расширения существующих рынков.
Финансовая синергия	Обладает свойствами, порождающими финансовую синергию. *Экономия на налогах.* Обеспечивает покупателю выигрыш на налогах. *Долговая способность.* Отсутствует способность заимствовать или платить высокие процентные ставки. *Недостаток денежных средств.* Имеет крупные проекты при отсутствии средств для их реализации.
Контроль	Плохо управляемая фирма, имеющая неразвитый рынок.
Интересы менеджеров	Обладает свойствами, которые наиболее льстят самолюбию генеральных директоров и удовлетворяют их потребности во власти

Источник: Corporate Finance: Theory and Practice, Second Edition, by Aswath Damodaran, copyright © 2001 by John Wiley & Sons, Inc. Данный материал использован с разрешения John Wiley & Sons, Inc.

Оценка целевой фирмы. Оценка приобретения не имеет фундаментальных отличий от оценки какой-либо фирмы, хотя наличие премии за контроль и синергии вносит в процесс оценки дополнительные сложности.

При наличии взаимосвязи между контролем и синергией наиболее безопасный способ оценить целевую фирму сводится к этапам, начинающимся с «оценки статус-кво» фирмы и завершающимся оценкой контроля и синергии.

«Оценка статус-кво». Оценка целевой фирмы начинается с оценки стоимости фирмы с существующим инвестированием, финансированием и дивидендной политикой. Эта оценка, обозначаемая как «оценка статус-кво», обеспечивает основу для оценки премий за контроль и синергию. Все основные принципы оценки, описанные в предыдущих главах, применимы и здесь. В частности, стоимость фирмы есть функция ее денежных потоков на существующие активы, ожидаемого роста денежных потоков в период быстрого роста, длительности этого периода и стоимости привлечения капитала фирмы.

ИЛЛЮСТРАЦИЯ 25.1. *«Оценка статус-кво» корпорации Digital Equipment Corporation*

В 1997 г. корпорация Digital Equipment, ведущий производитель мейнфреймов, стала целевой фирмой для приобретения со стороны компании Compaq, крупнейшего в то время в мире производителя персональных компьютеров. Это приобретение отчасти было мотивировано предположением, что Digital плохо управляется и компания Compaq сумела бы лучше управлять активами Digital. Кроме того, руководство Compaq ожидало синергии в виде экономии издержек (за счет экономии от масштаба) и более высоких темпов роста (за счет продажи продукции Compaq покупателям Digital).

Анализ этого приобретения мы начинаем с «оценки статус-кво» Digital. Во время приобретения компания Digital имела следующие характеристики.

- Прибыль Digital до уплаты процентов и налогов в 1997 г. составляла $391,38 млн, что означало операционную маржу до уплаты налогов 3% при выручке, равной $13 046 млн, и рентабельности капитала после уплаты налогов 8,51%; при этом ставка налога для фирмы составляла 36%.
- При коэффициенте бета 1,15, стоимости заимствования после уплаты налогов в размере 5% и приблизительном значении коэффициента долга 10% стоимость привлечения капитала в 1997 г. составляла 11,59% (ставка по казначейским облигациям во время этого анализа = 6%, и мы используем премию за риск, составляющую 5,5%).

$$\text{Стоимость привлечения собственного капитала} = 6\% + 1{,}15\ (5{,}5\%) = 12{,}33\%.$$

$$\text{Стоимость привлечения капитала} = 12{,}33\%\ (0{,}9) + 5\%\ (0{,}1) = 11{,}59\%.$$

- Капитальные затраты Digital составляли $475 млн[1], износ = $461 млн, а оборотный капитал был равен 15% от выручки.
- Ожидаемые темпы роста операционной прибыли, чистых капитальных затрат и выручки в последующие пять лет составляли 6% в год.
- Ожидалось, что после пятого года темпы роста операционной прибыли и выручки будут равны 5% в бесконечной перспективе. Согласно предположениям, после пятого года капитальные затраты должны были составить

1 Если смотреть на чистые капитальные затраты, то коэффициент реинвестирования должен быть низким. Однако крупные вложения в оборотный капитал увеличили его значение.

110% от износа при росте износа в 5%. Коэффициент долга по-прежнему будет составлять 10%, но стоимость заимствования после уплаты налогов снизится до 4%, а коэффициент бета — до 1.

На основе этих исходных данных стоимость корпорации Digital оценивается в размере $2110,41 млн.

Год	*EBIT (1 – t) ($ млн)*	*Чистые капитальные затраты ($ млн)*	*Изменения оборотного капитала (WC) ($ млн)*	*FCFF*[1] *($ млн)*	*Заключительная стоимость ($ млн)*	*PV ($ млн)*
1	265,51	14,84	117,41	133,26	119,42	
2	281,44	15,73	124,46	141,25	113,43	
3	298,33	16,67	131,93	149,73	107,75	
4	316,23	17,67	139,84	158,71	102,35	
5	335,20	18,74	148,23	168,24	2717,35	1667,47
Заключ. год	351,96	64,78	130,94	156,25	Заключ. год	
Стоимость фирмы						2110,41

Отметим, что заключительная стоимость рассчитывается на основе использования чистых денежных потоков фирмы в шестом году и новой стоимости привлечения капитала после пятого года:

Новая стоимость привлечения собственного капитала после пятого года = 6% + 1,00 (5,5%) = 11,5%.

Новая стоимость привлечения капитала после пятого года = 11,50% (0,9) + 4% (0,1) = 10,75%.

Заключительная стоимость = $156,25 млн/(0,1075–0,05) = $2717,35 млн.

Стоимость корпоративного контроля. Многие враждебные поглощения оправдывают существованием рынка корпоративного контроля. Инвесторы и фирмы готовы платить высокие премии сверх рыночных цен за контроль над менеджментом фирм, особенно тех, которые они воспринимают как «плохо управляемые». В этом разделе изучаются детерминанты, определяющие стоимость корпоративного контроля, и предпринимается попытка оценить его в контексте приобретения.

Факторы стоимости корпоративного контроля. Стоимость вырывания контроля над фирмой у существующего менеджмента обратно пропорциональна восприятию его квалификации, а также способности максимально увеличить стоимость фирмы. Обычно стоимость контроля выше для плохо управляемых фирм, функционирующих на уровне, который ниже оптимальной результативности, чем для хорошо управляемых фирм.

Стоимость контроля фирмы возникает из изменений в существующей политике управления, способных поднять стоимость фирмы. Ради максимизации стоимости могут быть приобретены или ликвидированы активы,

[1] Оценить FCFF в первый год можно следующим образом:

$$FCFF_1 = EBIT\ (1 - t)\ (1 + g) - \text{чистые капитальные затраты}\ (1 + g) - \text{выручка}\ (g)\ (\text{WC как процент от выручки}) = 391{,}38\ (1{-}0{,}36)\ (1{,}06) - (475{-}461)\ (1{,}06) - 13\,046\ (0{,}06)\ (0{,}15) = \$\,133{,}26\ \text{млн.}$$

изменено сочетание источников финансирования и пересмотрена дивидендная политика, а также реструктуризирована фирма. Если мы можем определить изменения, которые бы мы осуществили в целевой фирме, то способны оценить и контроль. В этом случае стоимость может быть выражена следующим образом:

Стоимость контроля = стоимость оптимально управляемой фирмы –
– стоимость фирмы с существующим управлением.

Стоимость контроля оказывается незначительной для фирм, функционирующих с оптимальной стоимостью или стоимостью, близкой к оптимальной, поскольку реструктуризация мало что принесет. Она может быть большой для фирм, функционирующих со стоимостью, которая значительно ниже оптимальной, так как реструктуризация способна привести к серьезному увеличению стоимости.

ИЛЛЮСТРАЦИЯ 25.2. *Стоимость контроля над корпорацией Digital*

Ранее мы сказали, что одна из причин, по которой Digital стала целевой фирмой для компании Compaq, состоит в том, что она рассматривалась как «плохо управляемая». Допуская правоту менеджмента Compaq в этом вопросе, мы оцениваем контроль над Digital на основе следующих допущений.

- Digital поднимет свой коэффициент долга до оптимального значения, равного 20%. Коэффициент бета увеличится, но стоимость привлечения капитала снизится.

  Новый коэффициент бета = 1,25 (безрычаговый коэффициент бета =
  = 1,07; коэффициент «долг/собственный капитал» = 25%).

Стоимость привлечения собственного капитала = 6% + 1,25 (5,5%) = 12,88%.
Новая стоимость заимствования после уплаты налогов = 5,25%; фирма становится рискованней, а ее риск дефолта возрастает.

Стоимость привлечения капитала = 12,88% (0,8) + 5,25% (0,2) = 11,35%.

- Корпорация Digital увеличит рентабельность капитала до 11,35%. Эта рентабельность определяет ее стоимость привлечения капитала (операционная маржа до уплаты налогов возрастет до 4%, приближаясь к среднеотраслевому значению).
- Коэффициент реинвестирования остается неизменным, но рост рентабельности капитала поднимет ожидаемые темпы роста в следующие пять лет до 10%.
- После пятого года коэффициент бета снизится до 1, а стоимость заимствования после уплаты налогов, как и в предыдущем примере, сократится до 4%. Вследствие этого стоимость привлечения капитала снизится до 10%.

Влияние этих допущений на денежные потоки и значения приведенной стоимости представлено в следующей таблице:

Год	*EBIT (1 – t) ($ млн)*	*Чистые капитальные затраты ($ млн)*	*Изменения оборотного капитала (WC) ($ млн)*	*FCFF ($ млн)*	*Заключительная стоимость ($ млн)*	*PV ($ млн)*
1	367,38	15,40	195,69	156,29	140,36	
2	404,11	16,94	215,26	171,91	138,65	
3	444,52	18,63	236,78	189,11	136,97	

Год	EBIT (1 – t) ($ млн)	Чистые капитальные затраты ($ млн)	Изменения оборотного капитала (WC) ($ млн)	FCFF ($ млн)	Заключительная стоимость ($ млн)	PV ($ млн)
4	488,98	20,50	260,46	208,02	135,31	
5	537,87	22,55	286,51	228,82	6584,62	3980,29
Заключительный год	564,77	77,96	157,58	329,23		
Стоимость фирмы						4531,59

Меньшая стоимость привлечения капитала и более высокие темпы роста увеличивают стоимость фирмы от «оценки статус-кво» в размере $2110,41 млн до $4531,59 млн. Теперь мы можем оценить стоимость контроля:

Стоимость (оптимально управляемой) фирмы	$4531,59 млн.
Стоимость фирмы («статус-кво»)	$2110,41 млн.
Стоимость контроля	$2421,18 млн.

Оценка операционной синергии. Во многих поглощениях в той или иной форме присутствует потенциал операционной синергии. Однако наблюдается расхождение во мнениях относительно того, можно ли оценить синергию и, если это можно сделать, какой должна быть ее стоимость. Одна из научных школ утверждает, что синергия является слишком неопределенной, чтобы ее оценить, и любые систематические попытки дать ей оценку потребуют такого числа допущений, что она становится бессодержательной. Если это верно, то фирма не должна проявлять желания платить большие премии за синергию, которую она не может прибавить к стоимости.

Хотя оценочная синергия требует от нас принятия предположений относительно будущих денежных потоков и роста, отсутствие точности в процессе оценки не означает, что мы не можем получить оценку стоимости, не допустив при этом ошибок. Таким образом, мы приходим к тому, что поддержать мнение о возможности оценки синергии можно только после ответа на два фундаментальных вопроса:

1. *Какую форму примет синергия, согласно ожиданиям*? Снизит ли она издержки, выраженные в виде процента от объема продаж, и увеличит ли маржу прибыли (например, когда наблюдается экономия от масштаба)? Увеличит ли она будущий рост (например, при увеличении рыночной власти) или длительность периода роста? Чтобы оказать влияние на стоимость, синергия должна повлиять на один из четырех входных параметров, используемых при оценке. А именно: денежные потоки от использования существующих активов, более высокие ожидаемые темпы роста (рыночная власть, повышенный потенциал роста), более длительный период роста (из-за возросших конкурентных преимуществ) или уменьшившаяся стоимость привлечения капитала (повысившаяся способность заимствования).

2. *Когда синергия начнет влиять на денежные потоки*? Иногда синергии могут обнаруживаться не сразу, более вероятно, что они начнут проявляться с течением времени. Поскольку стоимость синергии есть приведенная стоимость созданных ею денежных потоков, то чем больше времени требуется для ее выявления, тем меньше ее стоимость.

Ответив на эти вопросы, мы сумеем оценить стоимость синергии, используя расширенную технику дисконтированных денежных потоков. На первом этапе мы оцениваем независимо фирмы, вовлеченные в слияние, через дисконтирование ожидаемых денежных потоков каждой фирмы по средневзвешенной стоимости привлечения капитала. На втором этапе путем сложения стоимостей, полученных для каждой фирмы на первом этапе, мы оцениваем стоимость объединенной фирмы при отсутствии синергии. На третьем этапе мы встраиваем влияние синергии в ожидаемые темпы роста и денежные потоки и оцениваем объединенную фирму с синергией. Разница между стоимостью объединенной фирмы с синергией и стоимостью объединенной фирмы без синергии даст стоимость синергии.

В таблице 25.2 обобщается влияние синергии и контроля при оценке целевой фирмы для приобретения. Отметим разницу между рисунком 25.2, который построен на основе рыночной цены целевой фирмы до и после приобретения, и таблицей 25.2, в котором мы рассматриваем стоимость целевой фирмы при наличии и отсутствии премий за контроль и синергию. Приобретение по справедливой стоимости, которое ни улучшило, ни ухудшило положения приобретающей фирмы, потребовало бы, чтобы общая цена (см. рисунок 25.2) была равна суммарной стоимости (см. таблицу 25.2) со встроенными выгодами от синергии и контроля.

ТАБЛИЦА 25.2. *Оценка приобретения*

Компонент	Ориентиры для оценки	Стоит ли платить?
Синергия	Стоимость объединенной фирмы со встроенной синергией. В эту стоимость могут быть включены следующие компоненты: • Более высокие темпы роста выручки: *синергия роста.* • Более высокая маржа из-за *экономии от масштаба.* • Более низкие налоги по причине выигрыша на налогах: *налоговая синергия.* • Более низкая стоимость заимствования: *финансовая синергия.* • Более высокий коэффициент долга по причине уменьшившегося риска: *долговая способность.* Отнимем стоимость целевой фирмы (с премией за контроль) + стоимость покупающей фирмы (до приобретения). Получим стоимость синергии.	*Какая фирма необходима для проявления синергии?* • Если это целевая фирма, то должна быть готовность платить вплоть до стоимости синергии. • Если это покупатель, то платить не надо.

Окончание табл. 25.2

Компонент	Ориентиры для оценки	Стоит ли платить?
Премия за контроль	Стоимость компании, если она является оптимально управляемой. Обычно это означает изменение инвестиционной, финансовой и дивидендной политики. *Инвестиционная политика*: получение более высокой рентабельности проектов и отказ от непроизводительных проектов. *Финансовая политика*: движение в сторону лучшей финансовой структуры (например, оптимальной структуры капитала). *Дивидендная политика*: возврат денежных средств, в которых фирма не нуждается. Практически: • взгляд на среднеотраслевые значения как на оптимальные; • проведение полноценного корпоративного финансового анализа для расчета оптимального коэффициента долга.	Если мотивом является контроль или оценка отдельного бизнеса, то максимум платы определяется величиной платы за контроль.
«Оценка статус-кво»	Стоимость компании в существующем состоянии при текущих исходных данных по инвестиционной, финансовой и дивидендной политике	Если мотив обусловлен недооцененностью, то «стоимость статус-кво» определяет максимум платы

Источник: Corporate Finance: Theory and Practice, Second Edition, by Aswath Damodaran, copyright © 2001 by John Wiley & Sons, Inc. Данный материал использован с разрешения John Wiley & Sons, Inc.

ИЛЛЮСТРАЦИЯ 25.3. *Оценка синергии на примере компании Compaq и корпорации Digital*

Возвращаясь к слиянию Compaq и Digital, мы отметим, что синергия была одной из сформулированных причин приобретения. Для оценки этой синергии нам необходимо сначала оценить Compaq как отдельно взятую фирму. Для этого принимаются следующие допущения.

- Прибыль Compaq до уплаты процентов и налогов составляла $2987 млн при выручке $25 484 млн. Ставка налога для фирмы равна 36%.
- Капитальные затраты фирмы в последнем году составляли $729 млн, начисления на износ — $545 млн, а оборотный капитал был равен 15% от выручки.
- Коэффициент «долг/капитал» фирмы составлял 10%, коэффициент бета был равен 1,25, а стоимость заимствования после уплаты налогов — 5%.
- Ожидается, что в следующие пять лет темпы роста операционной прибыли, выручки и чистых капитальных затрат будут составлять 10% в год.
- После пятого года темпы роста операционной прибыли и выручки, согласно ожиданиям, будут равны 5% в год, а капитальные затраты, предположительно, составят 110% от износа. Кроме того, фирма увеличит коэффициент долга до 20%, стоимость заимствования после уплаты налогов снизится до 4%, а коэффициент бета снизится до 1,00.

На основе этих исходных данных стоимость фирмы можно оценить следующим образом:

Год	*EBIT (1 – t) ($ млн)*	*Чистые капитальные затраты ($ млн)*	*Изменения оборотного капитала (WC) ($ млн)*	*FCFF ($ млн)*	*Заключительная стоимость ($ млн)*	*PV ($ млн)*
1	2102,85	202,40	382,26	1518,19	1354,47	
2	2313,13	222,64	420,49	1670,01	1329,24	

Год	EBIT (1 – t) ($ млн)	Чистые капитальные затраты ($ млн)	Изменения оборотного капитала (WC) ($ млн)	FCFF ($ млн)	Заключительная стоимость ($ млн)	PV ($ млн)
3	2544,45	244,90	462,53	1837,01	1304,49	
4	2798,89	269,39	508,79	2020,71	1280,19	
5	3078,78	296,33	559,67	2222,78	56 654,81	33 278,53
Заключ. год	3232,72	92,16307,82	2832,74	Заключ. год		
Стоимость фирмы						38 546,91

Стоимость компании Compaq равна $38 547 млрд.

Стоимость объединенной фирмы (Compaq и Digital) при отсутствии синергии должна быть равна сумме стоимостей фирм, оцененных независимо друг от друга. Во избежание двойного учета стоимости контроля мы прибавляем стоимость Digital при оптимальном управлении, оцененную в иллюстрации 25.2, к стоимости Compaq, что даст нам стоимость объединенной фирмы:

Стоимость (оптимально управляемой) Digital	$4531,59 млн.
Стоимость Compaq («статус-кво»)	$38 546,91 млн.
Стоимость объединенной фирмы	$43 078,50 млн.

Это будет стоимостью объединенной фирмы при отсутствии синергии.

Для того чтобы оценить синергию, мы делаем следующие допущения относительно того, как синергия будет влиять на денежные потоки и ставки дисконтирования в объединенной фирме.

- Объединенная фирма получит некоторую экономию от масштаба, позволяющую ей слегка увеличить текущую операционную маржу после уплаты налогов. Годовая экономия в денежном выражении составит приблизительно $100 млн. Это означает несколько более высокую операционную маржу до уплаты налогов:

$$\text{Текущая операционная маржа} = (\text{EBIT}_{\text{Compaq}} + \text{EBIT}_{\text{Digital}})/(\text{объем продаж}_{\text{Compaq}} + \text{объем продаж}_{\text{Digital}}) =$$
$$= (2987 + 522)/(25\,484 + 13\,046) = 9{,}11\%.$$

$$\text{Новая операционная маржа} = (2987 + 522 + 100)/(25\,484 + 13\,046) = 9{,}36\%.$$

- В следующие пять лет по причине операционной синергии объединенная фирма также будет иметь несколько более высокие темпы роста выручки, операционной прибыли и чистых капитальных затрат в размере 10,50%.
- Коэффициент бета объединенной фирмы рассчитывается в три этапа. Сначала мы оценим безрычаговый коэффициент бета для Digital и Compaq:

$$\text{Безрычаговый коэфф. бета для Digital} = 1{,}25/[1 + (1-0{,}36)\,(0{,}25)] = 1{,}07.$$

$$\text{Безрычаговый коэфф. бета для Compaq} = 1{,}25/[1 + (1-0{,}36)\,(0{,}10/0{,}90)] = 1{,}17.$$

Затем мы взвесим значения полученных безрычаговых коэффициентов бета по стоимостям этих фирм (стоимость корпорации Digital равна $4,5 млрд, а стоимость компании Compaq — $38,6 млрд)[1], чтобы оценить безрычаговый коэффициент бета для объединенной фирмы.

$$\text{Безрычаговый коэфф. бета объединенной фирмы} = 1{,}07 \times (4{,}5/43{,}1) + 1{,}17\,(38{,}6/43{,}1) = 1{,}16.$$

Затем мы используем коэффициент «долг/собственный капитал» для объединенной фирмы, чтобы оценить новый рычаговый коэффициент бета и стоимость привлечения капитала фирмы. Коэффициент «долг/собственный капитал» для объединенной фирмы, оцененный через суммирование долга и рыночной стоимости собственного капитала в двух фирмах, составляет 13,64%:

$$\text{Новый рычаговый коэффициент бета} = 1{,}16\,[1 + (1-0{,}36)\,(0{,}1364)] = 1{,}26.$$

$$\text{Стоимость привлечения капитала} = 12{,}93\%\,(0{,}88) + 5\%\,(0{,}12) = 11{,}98\%.$$

[1] Использованные значения стоимости представляют собой наши оценки для двух фирм.

Основываясь на сделанных допущениях, мы можем оценить денежные потоки и стоимость объединенной фирмы следующим образом:

Год	*EBIT (1 – t) ($ млн)*	*Чистые капитальные затраты ($ млн)*	*Изменения оборотного капитала (WC) ($ млн)*	*FCFF ($ млн)*	*Заключительная стоимость ($ млн)*	*PV ($ млн)*
1	2552,28	218,79	606,85	1726,65		1541,95
2	2820,27	241,76	670,57	1907,95		1521,59
3	3116,40	267,15	740,98	2108,28		1501,50
4	3443,63	295,20	818,78	2329,65		1481,68
5	3805,21	326,19	904,75	2574,26	66 907,52	39 463,87
Заключ. год	3995,47	174,02	476,07	3345,38		
Стоимость фирмы						45 510,58

Стоимость объединенной фирмы с синергией составляет $45 510,58 млн. Это значение можно сравнить со стоимостью объединенной фирмы без синергии в размере $43 078,50 млн, и полученная разница будет стоимостью синергии при слиянии.

Стоимость объединенной фирмы (с синергией)	$45 510,58 млн.
Стоимость объединенной фирмы (без синергии)	$43 078,50 млн.
Стоимость синергии	$2422,08 млн.

Эта оценка основана на предположении, что синергия будет создана мгновенно. В реальности могут потребоваться годы для того, чтобы фирмы смогли обнаружить выгоды от синергии. Простой способ учесть эту задержку состоит в рассмотрении приведенной стоимости синергии. Так, если компаниям Compaq и Digital для создания синергии потребуется три года, то приведенная стоимость синергии может быть оценена на основе использования ставки дисконтирования, равной стоимости привлечения капитала объединенной фирмы:

$$\text{Приведенная стоимость синергии} = \$2422 \text{ млн}/(1{,}1198)^3 = \$1724{,}86 \text{ млн.}$$

synergy.xls — таблица, позволяющая определить приблизительную стоимость синергии при слиянии или приобретении.

Оценка финансовой синергии. Синергия может быть создана также за счет чисто финансовых факторов. Мы рассмотрим легальные источники финансовой синергии, такие как лучшее использование избыточных или пассивных денег, повышение налоговых выигрышей от накопленных убытков или налоговых вычетов и увеличение долговой способности и тем самым стоимости фирмы. Однако дискуссия начинается с диверсификации, которая хотя и широко используется для обоснования слияний, сама по себе не является источником увеличения стоимости.

Диверсификация. Поглощение, мотивируемое только соображениями диверсификации, не оказывает никакого влияния на объединенную стоимость двух фирм, вовлеченных в это поглощение, когда обе фирмы являются публичными, и инвесторы фирм могут осуществлять диверсификацию по собственной инициативе. Рассмотрим следующий пример. Фирма Dalton Motors, которая производит детали для автомобилей в циклическом бизнесе, планирует приобрести компанию Lube & Auto, занимающуюся обслуживанием автомобилей, чей бизнес является нециклическим и быстро растущим, исключительно для получения выгоды от диверсификации. Эти две фирмы обладают следующими характеристиками:

	Lube & Auto	*Dalton Motors*
Текущие чистые денежные потоки фирмы ($ млн)	100	200
Ожидаемые темпы роста в следующие пять лет (%)	20	10
Ожидаемые темпы роста после 5-го года (%)	6	6
Долг/(долг + собственный капитал) (%)	30	30
Стоимость заимствования после уплаты налогов (%)	6,00	5,40
Коэффициент бета для собственного капитала в следующие пять лет	1,20	1,00
Коэффициент бета для собственного капитала после пятого года	1,00	1,00

Ставка по казначейским облигациям составляет 7%, а рыночная премия равна 5,5%. Вычисления средневзвешенной стоимости привлечения капитала и стоимости фирм представлены в таблице 25.3.

Стоимость привлечения собственного капитала и долга объединенной фирмы мы получаем через средневзвешенное значение из стоимостей привлечения собственного капитала (долга) отдельно взятых фирм; веса основаны на сравнительной рыночной стоимости собственного капитала (долга) двух фирм. Поскольку эти сравнительные рыночные стоимости с течением времени изменяются, стоимости привлечения собственного капитала и заимствования объединенной фирмы также изменяются со временем. Стоимость объединенной фирмы в точности равна сумме стоимостей независимых фирм, что показывает отсутствие прироста стоимости от диверсификации.

Однако это равенство не предполагает, что акционеры покупающей и целевой фирм безразличны к таким поглощениям, поскольку покупающая фирма платит значительную премию сверх рыночной цены. В зависимости от того, насколько правильно эти фирмы были оценены до слияния (рыночная стоимость Lube & Auto = $4020,91 млн; рыночная стоимость Dalton Motors = $5760,47 млн), выплата премии сверх рыночной цены будет перемещением богатства от покупающей фирмы к целевой.

ТАБЛИЦА 25.3. *Стоимость компаний Lube & Auto, Dalton Motors и объединенной фирмы*

	Компания Lube & Auto	Компания Dalton Motors	Объединенная фирма
Долг (%)	30	30	30
Стоимость заимствования (%)	6,00	5,40	5,65
Собственный капитал (%)	70	70	70
Стоимость привлечения собственного капитала (%)	13,60	12,50	12,95
Стоимость привлечения капитала — год 1 (%)	11,32	10,37	10,76
Стоимость привлечения капитала — год 2 (%)	11,32	10,37	10,76
Стоимость привлечения капитала — год 3 (%)	11,32	10,37	10,77
Стоимость привлечения капитала — год 4 (%)	11,32	10,37	10,77
Стоимость привлечения капитала — год 5 (%)	11,32	10,37	10,77
Стоимость привлечения капитала в последующие годы (%)	10,55	10,37	10,45
FCFF в год 1 ($ млн)	120,00	220,00	340,00
FCFF в год 2 ($ млн)	144,00	242,00	386,00
FCFF в год 3 ($ млн)	172,80	266,20	439,00
FCFF в год 4 ($ млн)	207,36	292,82	500,18
FCFF в год 5 ($ млн)	248,83	322,10	570,93
Заключительная стоимость ($ млн)	5796,97	7813,00	13 609,97
Приведенная стоимость ($ млн)	4020,91	5760,47	9781,38

Источник: Corporate Finance: Theory and Practice, Second Edition, by Aswath Damodaran, copyright © 2001 by John Wiley & Sons, Inc. Данный материал использован с разрешения John Wiley & Sons, Inc.

Отсутствие добавленной стоимости от этого слияния может казаться странным, если учесть тот факт, что две фирмы находятся в несвязанных сферах бизнеса и поэтому должны получить некоторую выгоду от диверсификации. По существу, если прибыли двух фирм недостаточно сильно коррелируют друг с другом, то дисперсия прибыли комбинированной фирмы должна быть значительно ниже дисперсии прибыли отдельно взятых фирм, действующих независимо друг от друга. Однако это сокращение дисперсии прибыли не оказывает никакого влияния на стоимость, поскольку она является риском конкретной фирмы, который, предположительно, никак не влияет на стоимость привлечения собственного капитала (коэффициенты бета, измеряющие рыночный риск, всегда являются средними значениями коэффициентов бета двух сливающихся фирм, взвешенными по стоимости фирм). Но как обстоит дело с влиянием снижения дисперсии на долговую способность? Фирмы с более низкой изменчивостью прибыли могут повысить долговую способность, увеличив тем самым стоимость. Это может оказаться реальной выгодой от конгломератных слияний и будет отдельно рассмотрено в данном разделе ниже.

Пассивные деньги. Менеджеры могут отказаться от возможностей прибыльных инвестиций, если для их финансирования они должны найти новый капитал. Майерс и Меджлаф (Myers and Majluf, 1984) показали, что поскольку менеджеры имеют больше информации относительно будущих проектов, чем инвесторы, то новые акции должны быть выпущены по меньшей цене по сравнению с истинной стоимостью финансирования этих проектов, что приведет к отказу от хороших проектов и к рационированию капитала для некоторых фирм. Поэтому для компаний с избыточными деньгами и отсутствием инвестиционных возможностей может быть целесообразным поглощение нуждающейся в деньгах фирмы с хорошими инвестиционными возможностями, причем то же самое справедливо и для обратного случая. Дополнительная стоимость от объединения этих двух фирм является приведенной стоимостью проектов, которые остались бы нереализованными, если бы фирмы остались не зависимыми друг от друга, но могут быть реализованы теперь благодаря доступности денег.

Пассивные деньги могут стать потенциальным основанием для публичных фирм, имеющих в данный момент доступ к капиталу и желающих приобрести малые частные фирмы, которые отличаются ограниченным доступом к капиталу. Можно также объяснить, почему стратегии приобретения, сосредоточенные на покупке более мелких частных фирм, достаточно хорошо поработали на практике. Хорошими примерами здесь являются фирмы Blockbuster Inc. (видеопрокат), Browning and Ferris (удаление отходов) и Service Merchandise (компания, предоставляющая помещения для гражданской панихиды).

Выигрыши на налогах. За счет поглощений возникают отдельные возможные выигрыши на налогах. Если одна из фирм имеет налоговые льготы, которые она не может использовать из-за того, что теряет деньги, в то время как другая фирма имеет прибыль, с которой она платит большие налоги, то объединение двух фирм может дать выигрыш на налогах, доступный для разделения его между фирмами. Стоимость этой синергии есть приведенная стоимость экономии на налогах, вытекающей из слияния. Кроме того, активы поглощаемой фирмы могут быть отражены в учете по новой, более высокой рыночной стоимости при некоторых формах слияний, что обусловит увеличение экономии на налогах за счет износа в будущие годы.

ИЛЛЮСТРАЦИЯ 25.4. *Налоговые выигрыши от повышения стоимости активов после поглощения на примере корпорации Congoleum Inc.*

Один из самых ранних выкупов с использованием заемных средств произошел в 1979 г. и относился к корпорации Congoleum Inc., осуществляющей диверсификацию в области судостроения, производства напольных покрытий и автомобильных аксессуаров. Контрольный пакет акций Congoleum Inc. был выкуплен ее собственными менеджерами. Выгодный налоговый режим в отношении активов фирмы стал главной причиной поглощения. После поглощения, расчетная стоимость которого составляла приблизительно $400 млн, фирма получила возможность отразить стоимость своих активов по новой, более высокой рыночной стоимости, а следовательно, и новые величины износа. Расчетное изменение износа и влияние налогового выигрыша от этого износа на приведенную стоимость при ставке налога, равной 48%, дисконтируемые по стоимости привлечения капитала фирмы (равной 14,5%), представлены в следующей таблице:

Год	Износ до ($ млн)	Износ после ($ млн)	Изменения износа ($ млн)	Экономия на налогах ($ млн)	Приведенная стоимость ($ млн)
1980	8,00	35,51	27,51	13,20	11,53
1981	8,80	36,26	27,46	13,18	10,05
1982	9,68	37,07	27,39	13,15	8,76
1983	10,65	37,95	27,30	13,10	7,62
1984	11,71	21,23	9,52	4,57	2,32
1985	12,65	17,50	4,85	2,33	1,03
1986	13,66	16,00	2,34	1,12	0,43
1987	14,75	14,75	0,00	0,00	0,00
1988	15,94	15,94	0,00	0,00	0,00
1989	17,21	17,21	0,00	0,00	0,00
1980–1989	123,05	249,42	126,37	60,66	41,76

Отметим, что увеличение амортизации возникает в первые семь лет в основном вследствие более высокой стоимости активов и возросшего износа. Однако после седьмого года старые и новые графики износа сходятся. Приведенная стоимость дополнительных выигрышей на налогах от повышенного износа достигает $41,76 млн, т. е. 10% от общей цены, уплачиваемой за сделку.

В последние годы налоговый кодекс был сильно ужесточен в том, что касается переоценки активов. Хотя приобретающие фирмы все еще имеют возможность переоценить стоимость активов приобретаемой фирмы, они могут делать это только до уровня справедливой стоимости.

Долговая способность. Если денежные потоки приобретающей и целевой фирм не идеально коррелируют, то денежные потоки объединенной фирмы будут характеризоваться меньшей изменчивостью, чем у отдельно взятых фирм. Это снижение изменчивости может привести к росту долговой способности и стоимости фирмы. Однако увеличение стоимости должно быть взвешено по непосредственному перемещению богатства от акционеров как приобретающей, так и целевой фирм к существующим держателям облигаций обеих фирм. Держатели облигаций этих фирм до слияния после поглощения окажутся кредиторами более надежной фирмы. Однако получаемые ими процентные ставки основаны на более высоком риске фирм до слияния. Если процентные ставки не пересматриваются, то облигации повысятся в цене, увеличив богатство держателей облигаций за счет акционеров.

Анализ выгод от более высоких коэффициентов долга, появляющихся вследствие поглощений, можно осуществить с помощью нескольких моделей. Левеллен анализирует выгоды в виде снижения риска дефолта, поскольку объединенная фирма имеет менее изменчивые денежные потоки по сравнению с индивидуальными фирмами. Он предоставляет обоснование для увеличения стоимости долга после слияния, но — за счет долевых инвесторов. Поэтому неочевидно, что стоимость фирмы после слияния возрастет. Степлтон, используя модель ценообразования опционов, приходит к выводу о более высокой долговой способности после слияний. Он показывает, что влияние слияния на долговую способность всегда положительно, даже если корреляция между прибылью двух фирм является совершенной. Выгоды от долговой способности тем выше, чем меньше корреляция прибыли двух фирм и чем меньше у инвесторов фирм склонность к риску.

Снова рассмотрим слияние фирм Lube & Auto и Dalton Motors. Стоимость объединенной фирмы в точности равна сумме стоимостей независимых фирм. Тот факт, что две фирмы находились в разных сферах бизнеса, снизил дисперсию прибыли, однако стоимость осталась неизменной, поскольку структура капитала фирмы после слияния не изменилась, а стоимость привлечения собственного капитала и стоимость заимствования были средневзвешенными из тех же стоимостей отдельно взятых фирм.

Сокращение дисперсии прибыли может повысить долговую способность, которая может поднять стоимость. Если бы после слияния этих двух фирм долговая способность объединенной фирмы возросла с 30 до 40% (что привело бы к увеличению коэффициента бета до 1,21, но не изменило бы стоимость заимствования), то стоимость объединенной фирмы после поглощения могла бы быть оценена таким образом, как это представлено в таблице 25.4. В результате появления дополнительной стоимости стоимость фирмы возрастет с $9781,38 млн до $11 429,35 млн.

Увеличение роста и мультипликаторы «цена/прибыль». Некоторые приобретения мотивированы желанием увеличения роста и мультипликаторов «цена/денежные потоки» (или «цена/прибыль»). Хотя невозможно отрицать выгоды от более высокого роста, уплачиваемая за этот рост цена будет определять, имеют ли эти приобретения смысл. Когда цена, уплачиваемая за рост, превосходит справедливую рыночную стоимость, то цена акций приобретающей фирмы снизится, даже если ожидаемый будущий рост ее денежных потоков в результате поглощения возрастет.

Это можно увидеть в предыдущем примере. Компания Dalton Motors, у которой прогнозируемый рост денежных потоков составляет 10%, приобретает компанию Lube & Auto, чей рост, согласно ожиданиям, будет составлять 20%. Справедливая рыночная стоимость для Lube & Auto составляет $4020,91 млн. Если Dalton Motors с целью приобретения Lube & Auto платит более этой величины, то цена ее акций снизится, даже если объединенная фирма будет расти более быстрыми темпами, чем отдельно взятая Dalton Motors. Подобным образом компания Dalton Motors, торгуемая с более низким мультипликатором прибыли, чем Lube & Auto, увеличит свой мультипликатор «цена/прибыль» приобретения, но влияние на акционеров фирмы все же будет определяться тем, превосходит ли справедливую стоимость цена, уплачиваемая за приобретение. Существует и альтернативный взгляд на приобретения, который практически противоположен этой стратегии повышения роста/PE, — так называемая аккреционная стратегия приобретений. При этой стратегии приобретение считается аккреционным (т.е. хорошим), если оно повышает прибыль на акцию приобретающей компании, и разводняющим (т.е. плохим), если оно понижает прибыль на акцию. Эта стратегия также не подходит здесь, поскольку Lube & Auto (как компания с более высоким мультипликатором PE) получит рост прибыли на акцию при покупке Dalton. Однако эта более высокая прибыль на акцию будет сопровождаться снижением PE и цены в большей или меньшей степени в зависимости от цены, уплаченной за Dalton.

ТАБЛИЦА 25.4. *Стоимость долговой способности на примере фирм Lube & Auto и Dalton Motors*

	Lube & Auto	Dalton Motors	Объедин. фирма — отсутствие нового долга	Объедин. фирма — дополнит. долг
Долг (%)	30	30	30	40
Стоимость заимствования (%)	6,00	5,40	5,65	5,65
Собственный капитал (%)	70	70	70	60
Стоимость привлечения собственного капитала (%)	13,60	12,50	12,95	13,65
Стоимость привлечения капитала — год 1 (%)	11,32	10,37	10,76	10,45
Стоимость привлечения капитала — год 2 (%)	11,32	10,37	10,76	10,45
Стоимость привлечения капитала — год 3 (%)	11,32	10,37	10,77	10,45
Стоимость привлечения капитала — год 4 (%)	11,32	10,37	10,77	10,45
Стоимость привлечения капитала — год 5 (%)	11,32	10,37	10,77	10,45
Стоимость привлечения капитала в последующие годы (%)	10,55	10,37	10,45	9,76
FCFF в год 1 ($ млн)	120,00	220,00	340,00	340,00

Окончание табл. 25.4

	Lube & Auto	Dalton Motors	Объедин. фирма — отсутствие нового долга	Объедин. фирма — дополнит. долг
FCFF в год 2 ($ млн)	144,00	242,00	386,00	386,00
FCFF в год 3 ($ млн)	172,80	266,20	439,00	439,00
FCFF в год 4 ($ млн)	207,36	292,82	500,18	500,18
FCFF в год 5 ($ млн)	248,83	322,10	570,93	570,93
Заключительная стоимость ($ млн)	5796,97	7813,00	13 609,97	16 101,22
Приведенная стоимость ($ млн)	4020,91	5760,47	9781,38	11 429,35

Источник: Corporate Finance: Theory and Practice, Second Edition, by Aswath Damodaran, copyright © 2001 by John Wiley & Sons, Inc. Данный материал использован с разрешения John Wiley & Sons, Inc.

КАК ЧАСТО В ДЕЙСТВИТЕЛЬНОСТИ ПРОЯВЛЯЕТСЯ СИНЕРГИЯ?

Компания McKinsey & Co. исследовала 58 программ приобретений, которые действовали в период 1972–1983 гг., с целью получения данных, относящихся к двум вопросам: 1) Превосходит ли рентабельность инвестиций в приобретениях стоимость привлечения капитала? 2) Позволяют ли приобретения материнским компаниям достичь конкурентного преимущества? Согласно результатам исследований, 28 из 58 программ приобретений не прошли ни тот, ни другой тест, а шесть программ не прошли по крайней мере один тест. В результате следующего исследования, охватывавшего 115 слияний в Великобритании и США в 1990-е гг., McKinsey сделала вывод о том, что 60% сделок обеспечили меньшую рентабельность капитала по сравнению со стоимостью привлечения капитала и только 23% сделок обеспечили избыточную доходность[1]. В 1999 г. компания KPMG изучила 700 наиболее дорогих сделок за период 1996–1998 гг. и пришла к выводу, что 17% из них создали стоимость для объединенной фирмы, 30% были нейтральными в плане стоимости и 53% уничтожали стоимость[2].

В исследовании изучается восемь крупнейших банковских слияний за 1995 г.[3] и сделан вывод, что только два слияния (Chase/Chemical и First Chicago/NBD) превзошли банковский фондовый индекс. Крупнейшее приобретение компанией Wells Fargo банка First Interstate оказалось значительным провалом. Сироуер (Sirower, 1996) провел подробное изучение перспектив и провалов синергии и пришел к печальному выводу, что синергия часто обещается, но редко достигается.

---

1 Это исследование упоминается в статье под названием Merger Mayhem, появившейся в *Barron's* за 20 апреля 1998 г.

2 Компания KPMG измерила успех в создании стоимости путем сравнения динамики цены акций объединенной фирмы после сделки с функционированием соответствующего сегмента отрасли в течение года после завершения сделки.

3 Это исследование было осуществлено инвестиционным банком Keefe, Bruyette and Woods. Оно упоминается в статье под названием Merger Mayhem, появившейся в *Barron's* за 20 апреля 1998 г.

Наиболее обескураживающей частью данных, относящихся к последствиям приобретений, является то, что большое число приобретений в течение короткого периода времени было аннулировано. Митчелл и Лен (Mitchell and Lehn, 1990) отмечают, что в 20,2% приобретений, осуществленных в период 1982–1986 гг., приобретенные компании были проданы к 1988 г. В исследованиях, посвященных приобретениям на более длительные периоды (10 лет и более), доля продаж приобретений поднимается до 50%. Это позволяет предположить, что обещанные выгоды от приобретений получают немногие фирмы. В другом исследовании Каплан и Вайсбах (Kaplan and Weisbach, 1992) обнаружили, что 44% слияний, исследованных ими, были аннулированы в основном потому, что покупатель слишком много платил, или вследствие несостыковки операций двух фирм.

ОЦЕНКА ПОГЛОЩЕНИЯ: НЕОБЪЕКТИВНОСТЬ И РАСПРОСТРАНЕННЫЕ ОШИБКИ

Процесс оценки поглощения заключает в себе потенциальные ошибки и необъективность, возникающие вследствие желания менеджеров как покупающей, так и целевой фирм оправдать свою точку зрения перед акционерами. Покупающая фирма стремится убедить акционеров в том, что она нашла выгодную сделку (т. е. она платит меньше действительной стоимости целевой фирмы). При дружественных поглощениях целевая фирма пытается показать своим акционерам, что получаемая ею цена является справедливой (т. е. она получает, по меньшей мере, действительную стоимость). При враждебных поглощениях роли меняются, поэтому покупающие фирмы пытаются убедить акционеров целевых фирм в том, что у них не будут выманивать принадлежащую им по праву долю в капитале, а целевые фирмы утверждают обратное. Вместе с тем существует несколько распространенных ошибок и видов необъективности в оценках поглощений.

Использование сопоставимых фирм и мультипликаторов

Цены, уплачиваемые в большинстве поглощений, обосновываются через следующую последовательность действий: покупатель собирает группу фирм, сопоставимых с оцениваемой фирмой, выбирает мультипликатор для оценки целевой фирмы, рассчитывает средний мультипликатор для сопоставимых фирм и затем делает субъективные корректировки этого среднего значения. Каждый из этих этапов открывает возможность для привнесения необъективности в этот процесс. Поскольку двух идентичных фирм не существует, выбор сопоставимых фирм субъективен, и его можно сделать таким образом, чтобы оправдать тот вывод, к которому мы желаем прийти. Сходным образом при выборе мультипликатора есть несколько возможных вариантов выбора, а именно: среди коэффициентов «цена/прибыль», «цена/денежные потоки», «цена/балансовая стоимость» и «цена/объем продаж» можно будет выбрать такой мультипликатор, который лучше всего подходит возникающим предубеждениям. Наконец, когда получен средний мультипликатор, в завершение могут быть проведены субъективные корректировки. Короче говоря, существует огромное пространство для оправдания смещения цены любой фирмы через использование в целом корректных моделей оценки.

При некоторых оценках приобретений в качестве сопоставимых берутся только те фирмы, которые были целевыми фирмами для приобретения, причем цены, уплачиваемые за приобретения, используются для оценки мультипликаторов. Средний уплачиваемый мультипликатор, который называется мультипликатором сделки, в этом случае используется для оправдания цены, уплачиваемой за приобретения. Очевидно, что это создает смещенную выборку, а стоимости, полученные при использовании мультипликаторов транзакций, как правило, будут слишком высокими.

Несоответствие между денежными потоками и ставками дисконтирования

Один из фундаментальных принципов оценки гласит: «Денежные потоки должны быть дисконтированы по соответствующей ставке». Денежные потоки на собственный капитал должны дисконтироваться по стоимости привлечения собственного капитала, а денежные потоки фирмы — по стоимости привлечения капитала; номинальные денежные потоки следует дисконтировать по номинальной ставке дисконтирования, а реальные денежные потоки — по реальной ставке; денежные потоки после уплаты налогов следует дисконтировать по ставке дисконтирования после уплаты налогов, а денежные потоки до уплаты налогов — по ставке до уплаты налогов. Неспособность согласовать денежные потоки со ставками дисконтирования может привести к значительным недо- или переоценкам. Два наиболее распространенных несоответствия включают в себя следующее:

1. *Использование стоимости привлечения собственного капитала или капитала покупающей фирмы с целью дисконтирования денежных потоков фирмы*. Если покупающая фирма привлекает средства для поглощения, то утверждается, что нужно использовать ее стоимость привлечения собственного капитала. Это утверждение предполагает отсутствие учета фундаментального принципа, согласно кото-

рому стоимость привлечения собственного капитала определяет вовсе не тот, кто добывает деньги, равно как она не определяется и тем, для какой цели они добываются. Одна и та же фирма будет сталкиваться с более высокой стоимостью привлечения собственного капитала для средств, привлекаемых с целью финансирования проектов с повышенным риском, и с более низкой стоимостью привлечения собственного капитала — для финансирования более безопасных проектов. Так, стоимость привлечения собственного капитала при оценке целевой фирмы должна отражать рискованность этой фирмы (т. е. это должна быть стоимость привлечения собственного капитала целевой фирмы). Отметим также, что стоимость привлечения собственного капитала, как мы ее определили, включает только недиверсифицированный риск, поэтому утверждения о снижении риска после слияния не могут использоваться для снижения стоимости привлечения собственного капитала, если снижающийся риск является риском конкретной фирмы.

2. *Использование стоимости привлечения капитала для дисконтирования денежных потоков на собственный капитал*. Если покупающая фирма использует какое-либо сочетание долга и собственного капитала для финансирования приобретения целевой фирмы, то, согласно дальнейшим рассуждениям, для дисконтирования денежных потоков на собственный капитал целевой фирмы капитала должна применяться (денежные потоки после уплаты процентов и суммы долга) стоимость привлечения капитала. Практический результат состоит в том, что дисконтирование денежных потоков на собственный капитал по стоимости привлечения капитала с целью получения стоимости привлечения собственного капитала всегда оказывается ошибочным и приводит к значительной переоценке собственного капитала целевой фирмы.

Субсидирование целевой фирмы

Стоимость целевой фирмы не должна включать никакую долю стоимости, которая должна быть отнесена к покупающей фирме. Например, фирма с избыточной долговой способностью или высоким долговым рейтингом использует крупный долг с низкой стоимостью для финансирования приобретения. Если бы для целевой фирмы с высоким коэффициентом долга мы использовали для оценки низкую стоимость привлечения капитала и низкую стоимость заимствования после уплаты налогов, то мы бы переоценили стоимость этой фирмы. Если приобретающая фирма заплатит эту цену за приобретение, то оно приведет к перемещению богатства от акционеров покупающей фирмы к акционерам целевой фирмы. Таким образом, использование стоимости заимствования или долговой способности покупающей фирмы для оценки стоимости привлечения капитала целевой фирмы является неверным.

СТРУКТУРИРОВАНИЕ ПРИОБРЕТЕНИЯ

Когда целевая фирма определена и оценена, приобретение переходит в фазу структурирования. В этой фазе три взаимосвязанных шага. Первый — это решение о том, сколько платить за целевую фирму с учетом встраивания в оценку синергии и контроля. Второй шаг — это определение, как оплачивать сделку (т. е. использовать акции, денежные средства или их сочетание) и занимать ли какую-то часть необходимых средств. Последний шаг — выбор учетного подхода, поскольку он влияет и на размер налогов, уплачиваемых акционерами целевой фирмы, и на отражение сделки в отчете о прибылях и убытках и в балансе покупающей фирмы.

Решение относительно цены приобретения

В предыдущем разделе объяснялось, как оценить целевую фирму, встраивая в оценку соображения о наличии синергии и контроля. Эта стоимость представляет собой «потолок» цены, которую покупатель может уплатить за приобретение, а не «пол». Если же покупатель платит полную стоимость, то отсутствует добавочная стоимость, на которую могут претендовать акционеры покупающей фирмы, а акционеры целевой фирмы получают полноценные премии за синергию и контроль. Подобное разделение стоимости несправедливо, если покупающая фирма играет важную роль в создании премий за синергию и контроль.

Следовательно, покупающая фирма должна попытаться сохранить для своих акционеров максимальную премию. Однако здесь возникают некоторые ограничения. К ним относятся следующие:

- *Рыночная цена целевой фирмы, если она является публичной еще до приобретения*. Поскольку приобретения должны быть основаны на текущей рыночной цене, то чем выше текущая рыночная стоимость собственного капитала, тем ниже потенциальная выгода для акционеров покупающей фирмы. Например, если рыночная цена плохо управляемой фирмы всегда отражает высокую прибыльность, которая возникла бы при изменившемся менеджменте, то, по всей вероятности, контроль обеспечит небольшую стоимость или вообще никакой стоимости.

- *Относительная ограниченность специфических ресурсов, которые целевая и приобретающая фирмы вносят в слияние*. Поскольку обе фирмы, как покупающая, так и целевая, вносят вклад в синергию, то разделение выгод от синергии между двумя сторонами в значительной степени будет зависеть от того, является ли вклад покупающей фирмы в создание синергии уникальным или же он легко заменяемый. Если его можно легко заменить, то основная часть выгоды от синергии будет приходиться на долю целевой фирмы. Если этот вклад уникален, то выгоды будут разделяться гораздо более равномерно. Так, когда фирма с пассивными денежными средствами приобретает фирму с множеством высокодоходных проектов, создается стоимость. Если существует большое число фирм с пассивными денежными средствами и относительно небольшое число фирм с высокодоходными проектами, то основная часть стоимости синергии будет приходиться на долю последних.
- *Наличие других покупателей целевой фирмы*. Когда у какой-либо фирмы имеется более одного покупателя, то это, по всей вероятности, будет выгодно для акционеров фирмы. Бредли, Десаи и Ким (Bradley, Desai, Kim, 1988) изучили выборку из 236 тендерных предложений, сделанных в 1963–1984 гг., и пришли к выводу, что, когда в поглощение вовлечено много покупателей, выгоды от синергии в основном достаются целевым фирмам. Они оценили скорректированную с учетом рынка доходность акций успешного покупателя в период поглощения в размере 2% при одном покупателе и в размере 1,33% — в конкурсных поглощениях.

Плата за целевую фирму

Когда фирма приняла решение заплатить определенную цену за целевую фирму, то вслед за этим она должна решить, как платить за это приобретение. В частности, необходимо принять решения по поводу следующих аспектов сделки: «долг в сопоставлении с собственным капиталом» и «деньги в сравнении с акциями».

Долг в сопоставлении с собственным капиталом. Фирма может привлекать для приобретения как долговой, так и долевой капитал. Как правило, это сочетание зависит от избыточной долговой способности и приобретающей, и целевой фирм. Так, приобретение целевой фирмы с недостаточным рычагом может быть осуществлено с большей долей долга, чем приобретение фирмы, всегда имеющей оптимальный коэффициент долга. Конечно же, это отражается в стоимости фирмы через стоимость привлечения капитала. Кроме того, возможно наличие у приобретающей фирмы долговой способности, которую она использует, чтобы занять деньги для осуществления приобретения. Хотя механизм получения ресурсов в этом случае может выглядеть таким же, важно, чтобы в стоимости целевой фирмы этот дополнительный долг не был отражен. Как отмечалось в предыдущем разделе, стоимость привлечения капитала, используемая в оценке приобретения, не должна отражать то, во сколько привлечение средств обходится целевой фирме. Дополнительный долг не имеет ничего общего с целевой фирмой, а единственным результатом его встраивания в стоимость окажется уплата покупающей фирмой премии за увеличение стоимости, по праву принадлежащей ее собственным акционерам.

Деньги в сравнении с акциями. Существуют три способа, позволяющих фирме использовать в сделке собственный капитал. Первый способ заключается в использовании накопленных с течением времени кассовых остатков для финансирования приобретения. Второй способ сводится к выпуску акций на фондовой бирже, получению средств и использованию их для оплаты приобретения. Третий способ заключается в предложении акций в качестве платы за целевую фирму, где платеж принимает форму фондового свопа, т. е. обмена акций приобретающей фирмы на акции целевой фирмы. На вопрос о том, какой из этих подходов лучше использовать фирме, нельзя ответить без рассмотрения следующих факторов:

- *Доступность денежных средств*. Очевидно, что такой вариант, как использование наличных средств, доступен только тем фирмам, которые имеют значительные денежные накопления.
- *Воспринимаемая стоимость акций*. Когда осуществляется выпуск акций на бирже для получения новых средств или в случае их предложения в качестве платы за приобретение, менеджеры покупающей фирмы субъективно оценивают, какова воспринимаемая стоимость акций. Другими словами, менеджеры, считающие, что их акции продаются по значительно более низкой цене по сравнению со стоимостью, не должны использовать акции в качестве средства платежа для приобретения, поскольку выгоды, получаемые ими от сделки, могут быть более чем потеряны. Однако фирмы, чье руководство думает, что их акции переоценены, с гораздо большей вероятностью будут использовать в сделках акции в качестве средства платежа. Акционеры целевой фирмы также сознают это, и могут потребовать большей премии, когда платеж осуществляется только в форме акций приобретающей фирмы.
- *Налоговые факторы*. Когда приобретение осуществляется через обмен акциями, то акционеры целевой фирмы могут отсрочить вы-

плату налога на прирост капитала. Поскольку эта выгода при приобретении может оказаться значительной, потенциальные налоговые выигрыши от обмена акциями могут быть достаточно большими, чтобы компенсировать любые воспринимаемые потери.

Наконец, еще один аспект фондового свопа — это определение условий обмена (т.е. числа акций приобретаемой фирмы, которое будет предложено за акцию продающей фирмы). Хотя эта величина обычно основана на рыночной цене во время приобретения, полученный в результате коэффициент может быть неадекватным из-за некорректной сравнительной оценки цены ценных бумаг двух фирм, поэтому переоцененная фирма получит выигрыш за счет недооцененной (или, по крайней мере, менее переоцененной) фирмы. Будет более корректным, если коэффициент будет основываться на сравнении стоимости двух фирм. Это довольно ясно можно увидеть из иллюстрации 25.5.

ИЛЛЮСТРАЦИЯ 25.5. *Установление коэффициента обмена*

Мы начнем с анализа нашей оценки корпорации Digital, представленной в таблице 25.5. Стоимость корпорации Digital с компонентами синергии и контроля составляет $6964 млн. Она получается путем прибавления стоимости контроля ($2421 млн) и стоимости синергии ($2422 млн) к «стоимости статус-кво» в размере $2110 млн. Digital также имеет долг $1006 млн и 146,789 млн акций в обращении. Максимальная стоимость на акцию корпорации Digital может быть оценена следующим образом:

Максимальная стоимость на акцию Digital = (стоимость фирмы – долг)/
/число акций в обращении = ($6964 – $1006)/146,789 = $40,59.

Расчетная стоимость на акцию компании Compaq составляет $27, что определяется на основе общей стоимости фирмы в размере $38 546,91 млн, долга $3,2 млрд и 1305,76 млн акций (предполагается, что кассовый остаток отсутствует).

Стоимость на акцию Compaq = ($38 546,91 – $3200)/1305,76 = $27,00.

На основе стоимости на акцию можно оценить подходящий коэффициент обмена:

$$\text{Коэффициент обмена}_{\text{Compaq, Digital}} = \text{стоимость на акцию}_{\text{Digital}}/\text{стоимость на акцию}_{\text{Compaq}} =$$
$$= \$40{,}59/\$27{,}00 = 1{,}50 \text{ акции Compaq за акцию Digital.}$$

Если коэффициент обмена выше этого значения, то акционеры Digital получат выигрыш за счет акционеров Compaq. Если он устанавливается ниже этого значения, то акционеры Compaq получат выигрыш за счет акционеров Digital.

Фактически, компания Compaq заплатила $30 денежными средствами и предложила 0,945 акций Compaq за каждую акцию Digital. Оценка стоимости этого предложения выглядит так:

Стоимость акции Digital (предложение Compaq) = = $30 + 0,945 ($27,07)	$55,58.
Стоимость акции Digital (оценочная стоимость)	$40,59.
Переплата со стороны Compaq	$14,99.

На основе наших оценок стоимости и контроля можно сказать, что компания Compaq переплатила за приобретение Digital.

exchratio.xls — таблица, которая позволяет оценить коэффициент обмена в приобретении при известных значениях стоимости контроля и синергии.

ТАБЛИЦА 25.5. *Оценка корпорации Digital, выполненная для компании Compaq*

Компонент	Ориентиры оценки	Стоимость
Синергия	Оценка объединенной фирмы со встроенной синергией. В случае с Compaq/Digital синергия проистекает из: • ежегодной экономии издержек, величина которой, согласно ожиданиям, будет равна $100 млн; • несколько более высокого роста.	$2422 млн
Премия за контроль	Оценка Digital при условии, что она была оптимально управляемой. Она производится на основе допущения: • о более высокой марже и рентабельности капитала, равной стоимости привлечения капитала; • о более высоком коэффициенте долга и более низкой стоимости привлечения капитала.	$2421 млн
«Оценка статус-кво»	Оценка Digital в том виде, как есть, с имеющимися исходными данными по инвестициям, финансированию и дивидендной политике.	$2110 млн

Источник: Corporate Finance: Theory and Practice, Second Edition, by Aswath Damodaran, copyright © 2001 by John Wiley & Sons, Inc. Данный материал использован с разрешения John Wiley & Sons, Inc.

Бухгалтерские соображения

Хотя в этой главе мы рассуждаем главным образом о стоимости и цене, существует еще бухгалтерский учет, который играет ключевую роль в принятии решения не только о том, как структурировать приобретение, но и о том, какую цену заплатить за сделку. Поскольку метод учета приобретения может влиять на денежные потоки, он заслуживает внимания. Нередко, впрочем, выбор метода учета влияет только на объявленную прибыль (а не на денежные потоки) и мало сказывается на сделке, если сказывается вообще.

Переоценка активов. Правила переоценки активов после слияний очень широко варьируют от страны к стране. В некоторых странах компании могут свободно определять, какую долю цены покупки относить на активы приобретенной компании, и начислять износ с учетом переоцененной стоимости. Это увеличивает налоговые выгоды от приобретений и позволяет выплачивать более высокие премии.

К счастью US GAAP и МСФО сблизились в вопросе учета приобретений и пришли к учету по справедливой стоимости. После приобретения покупатель должен переоценить стоимость активов целевой компании. В случае активов, которые торгуются и имеют рыночную цену, это простая задача, однако в остальных случаях необходимо оценить, сколько заплатил бы за них рыночный покупатель. Это один из немногих случаев, когда такие нематериальные активы, как клиентская база и торговая марка, могут быть оценены и отражены в бухгалтерском учете. Когда активы переоцениваются или оцениваются в первый раз (что обычно бывает со многими нематериальными активами при приобретениях), могут возникать налоговые последствия, влияющие на денежные потоки, а вместе с ними и на стоимость.

Гудвилл. Гудвилл — это остаток, получающийся при учете приобретения. Он отражает попытку бухгалтеров увязать две разные вещи — скорректированную балансовую стоимость (активов, которые были переоценены, как говорилось выше) и рыночную стоимость. Чтобы понять, почему это так, предположим, что фирма А намеревается приобрести фирму В за $2,5 млрд и что скорректированная балансовая стоимость активов фирмы В составляет в настоящий момент $1,5 млрд. Когда фирма А приобретает фирму В, разницу между уплаченной ценой и балансовой стоимостью ($2,5 млрд – $1,5 млрд) называют гудвиллом и отражают как актив стоимостью $1 млрд в балансе.

После того, как гудвилл классифицировали в качестве актива, его стоимость подлежит оценке в каждом последующем году. Еще десятилетие назад гудвилл амортизировали равными долями на протяжении 40 лет, и у бухгалтеров практически не было возможности изменять такой график. В настоящее время бухгалтеры должны переоценивать приобретенную компанию (или ее активы) ежегодно после приобретения. Если стоимость растет, гудвилл остается неизменным. Если стоимость снижается, то считается, что гудвилл «обесценивается», и фирма должна начислить износ. По большей части обесценение гудвилла, образовавшегося в результате приобретения компаний, не вычитается из налогооблагаемой базы. Таким образом, наличие или отсутствие обесценения не влияет на денежные потоки, хотя и может сильно отразиться на прибылях. Лишь в исключительном случае, когда приобретаются активы фирмы (а не сама фирма), покупатели имеют право на вычет обесценения гудвилла из налогооблагаемой базы.

В результате этого для покупателя появление гудвилла, по большей части, не должно превращать хорошую сделку в плохую и наоборот. Гудвилл очень мало сказывается или не влияет вообще на стоимость целевой компании, если он не подлежит вычету в целях налогообложения. Он влияет на денежные потоки и стоимость лишь в особых случаях, когда его амортизация/обесценение уменьшает налогооблагаемую базу.

Плата за реструктуризацию. Обычным последствием приобретений является реструктуризация и появление издержек, связанных с консолидацией поглощенных компаний. Эти издержки можно разбить на три группы:

1. Денежные издержки, которые явным образом сокращают денежные потоки в первые несколько лет после слияния и поглощают или как минимум уменьшают потенциальные выгоды от синергии.
2. Неденежные издержки, которые вычитаются из налогооблагаемой базы. Они сокращают прибыли, но могут повышать денежные потоки в результате уменьшения налоговых платежей.
3. Неденежные издержки, которые не вычитаются из налогооблагаемой базы. Они аналогичны амортизации гудвилла в том смысле, что сокращают прибыли, но не влияют на денежные потоки.

АНАЛИЗ МЕНЕДЖМЕНТА И ВЫКУПЫ С ИСПОЛЬЗОВАНИЕМ ЗАЕМНЫХ СРЕДСТВ

В первом разделе, при описании различных типов приобретений, указывались два важных различия между слияниями и выкупами. Первое заключается в следующем: в отличие от слияния, выкуп не предполагает объединения двух фирм и создания ими объединенного предприятия. Вместо этого целевая фирма приобретается группой инвесторов, куда могут входить и менеджеры этой фирмы. Второе различие состоит в том, что целевая фирма при выкупе обычно становится частной компанией. Некоторые выкупы в 1980-х гг. сопровождались значительными заимствованиями, что позволяет классифицировать их как выкупы с использованием заемных средств. Каждое из этих различий оказывает влияние на то, как мы подходим к оценке выкупов.

Оценка выкупа

Тот факт, что выкупы предполагают наличие только целевой фирмы и при этом не рассматривается никакая приобретающая фирма, значительно упрощает оценку. Очевидно, что не существует никакого потенциала для синергии, поэтому отсутствует необходимость ее оценивать. Однако тот факт, что менеджеры фирмы также являются покупателями этой фирмы, создает две проблемы. Первая проблема состоит в том, что менеджеры имеют доступ к информации, недоступной для инвесторов. Владея такой информацией, менеджеры гораздо лучше, чем внешний покупатель, знают, насколько фирма недооценена. Это может быть одной из причин для выкупа. Вторая проблема заключается в неизменности управленческого аппарата фирмы после выкупа, но могут измениться способы осуществления инвестиций и финансирования, а также подходы к принятию решений о выплате дивидендов. Это происходит потому, что менеджеры, став собственниками, могут начать больше заботиться о максимизации стоимости фирмы.

То, что выкупаемые фирмы преобразуются в частные, также может оказывать влияние на стоимость. В главе 24 отмечалось, что инвестиции в частные компании гораздо труднее ликвидировать, чем инвестиции в публично торгуемые фирмы. Это может создать значительную скидку со стоимости. Одна из причин, почему эта скидка может быть меньше в случае выкупа, заключается в том, что многие из таких сделок выполняются с четким намерением снова превратить фирму в публичную, когда ее дела будут приведены в порядок.

Если ожидается увеличение ответственности менеджеров за максимизацию стоимости в долгосрочной перспективе после превращения

УВЕЛИЧЕНИЕ ШАНСОВ НА УСПЕХ СЛИЯНИЙ

Сведения относительно слияний, добавляющих стоимость, в лучшем случае туманны, а в худшем — негативны. Рассматривая все противоречивые данные, содержащиеся в различных исследованиях[1], можно сделать следующие выводы:

- слияния равных фирм (одинакового размера) в случае успеха, по всей вероятности, имеют меньшую прибыльность, чем приобретения малых фирм со стороны гораздо более крупных компаний[2];
- слияния, создающие экономию издержек, при которых эта экономия выглядит определенной и немедленной, по-видимому, имеют лучшие шансы на достижение синергии, чем слияния, основанные на синергии роста;
- программы приобретений, сосредоточенные на покупке малых частных фирм с целью объединения, имеют больший успех, чем программы приобретений, где акцент делается на приобретении публичных фирм;
- враждебные поглощения, по всей вероятности, более эффективны в плане улучшения функционирования фирмы после приобретения, чем дружественные слияния.

---

[1] Некоторые из этих данных эпизодические и основаны на исследовании только нескольких слияний.

[2] Это хорошо отражает тот факт, что неудачи слияний равных фирм гораздо более заметны, чем неудачи объединений малых и крупных фирм.

в частную компанию — поскольку эти менеджеры теперь являются совладельцами фирмы, — то способом учета этого момента при оценке является включение его в денежные потоки. Например, можно ожидать, что возросшая эффективность приведет к росту денежных потоков, если она увеличит операционную маржу. Акцент на долгосрочной стоимости должен проявляться в выборе направления для инвестиций и должен вести к более высокой рентабельности капитала и ускоренному росту. Это преимущество должно быть взвешено по отношению к рационированию капитала, с которым фирма может столкнуться из-за ограниченного доступа к финансовым рынкам, способного снизить будущий рост и прибыль. Чистый эффект будет определять изменение стоимости. Однако эмпирические данные относительно сделок, создающих частные предприятия, очевидны. Например, ДиЭнжело, ДиЭнжело и Райс (DeAngelo, DeAngelo and Rice, 1984) сообщают, что для 81 фирмы из выборки, ставших частными предприятиями, средняя аномальная доходность составляет 30%. Таким образом, финансовые рынки, похоже, верят в то, что превращение некоторых публичных фирм в частные предприятия создает стоимость.

Оценка выкупа с использованием заемных средств

Мы видим, что выкупы с использованием заемных средств в непропорциональной степени финансируются за счет долга. Высокий рычаг оправдывается несколькими соображениями. Первое из них заключается в том, что если целевая фирма первоначально имеет слишком маленький долг относительно оптимального коэффициента долга, то увеличение долга может быть частично объяснено увеличением стоимости по мере приближения к оптимальному коэффициенту. Однако уровень долга в большинстве выкупов с использованием заемных средств превосходит оптимальное значение коэффициента долга, откуда следует, что некоторая часть долга должна быть выплачена быстро, так как фирма сталкивается с необходимостью снизить стоимость привлечения капитала и риск дефолта. Второе объяснение было предложено Майклом Дженсеном, который предположил, что акционеры не могут положиться на менеджеров в том, что они разумно инвестируют чистые денежные потоки. Для того чтобы максимально увеличить денежные потоки от проекта и стоимость фирмы, им необходима дисциплина долговых выплат. Третье обоснование заключается в том, что высокий коэффициент долга является временным и исчезнет после того, как фирма ликвидирует активы и выплатит значительную часть долга.

Однако чрезвычайно высокий рычаг, связанный с выкупами с использованием заемных средств, создает две проблемы для оценки. Первая проблема состоит в сильном увеличении рискованности денежных потоков инвесторов — акционеров фирмы по причине роста фиксированных выплат держателям долговых обязательств фирмы. Таким образом, стоимость привлечения собственного капитала должна быть скорректирована так, чтобы отражать более высокий финансовый риск, с которым столкнется фирма после выкупа с использованием заемных средств. Вторая проблема состоит в следующем: ожидаемое с течением времени уменьшение этого долга — когда фирма ликвидирует активы и выплатит долг — предполагает снижение стоимости привлечения собственного капитала. Поскольку стоимость заимствования и коэффициент долга также будут изменяться во времени, то в каждом периоде будет меняться и стоимость привлечения капитала.

В таком случае, при оценке выкупа с использованием заемных средств мы, как и при традиционной оценке, начинаем с определения чистых денежных потоков фирмы. Однако вместо дисконтирования этих денежных потоков по фиксированной стоимости привлечения капитала, мы дисконтируем их по стоимости привлечения капитала, каждый год претерпевающей изменения. Когда мы оценим фирму, то сможем сравнить стоимость с общей величиной выплат за эту фирму.

ИЛЛЮСТРАЦИЯ 25.6. *Оценка выкупа с использованием заемных средств на примере компании Congoleum Inc.*

Менеджеры компании Congoleum Inc. в 1979 г. наметили ее в качестве целевой фирмы для выкупа с использованием заемных средств[1]. Они планировали выкупить акции по $38 за штуку (до этого они продавались по $24), финансируя приобретение в основном за счет долга. Разбивка стоимости и финансирования сделки следующая:

Стоимость приобретения	
Выкуп акций: $38 × 12,2 млн акций ($ млн)	463,60
Расходы на приобретение ($ млн)	7,00
Общие издержки ($ млн)	470,60
Структура источников финансирования приобретения	
Собственный капитал ($ млн)	117,30
Долг ($ млн)	327,10
Привилегированные акции (@13,5%) ($ млн)	26,20
Итого ($ млн)	470,60

Существовали три источника долга:

1. Банковский кредит в размере $125 млн по ставке 14%, подлежащий выплате начиная с 1980 г. равными долями по $16,666 млн в год.
2. Старшие ноты на $115 млн по ставке 11,25%, подлежащие погашению начиная с 1981 г. равными долями по $7,636 млн в год.

[1] Числовые значения для этой иллюстрации были взяты из примера Гарвардской школы бизнеса, озаглавленного Congoleum. Этот случай был перепечатан в Fruhan, Mason, Piper, and Ruback (1992).

3. Субординированные ноты на $92 млн по ставке 12,25%, подлежащие погашению начиная с 1989 г. равными долями по $7,636 млн в год.

Также предполагается, что существующий долг фирмы составляет $12,2 млн с выгодной ставкой, равной 7,50%, который должен быть выплачен в 1982 г.[1]

Планируемые операционная прибыль (EBIT), капитальные затраты, износ и изменение оборотного капитала фирмы за период 1980–1984 гг. представлены в следующей таблице:

Год	*EBIT ($ млн)*	*Капитальные затраты ($ млн)*	*Износ ($ млн)*	*Δ оборотного капитала ($ млн)*
Текущий	89,80	6,8	7,5	4,0
1980	71,69	15,0	35,51	2,0
1981	90,84	16,2	36,26	14,0
1982	115,73	17,5	37,07	23,3
1983	133,15	18,9	37,95	11,2
1984	137,27	20,4	21,93	12,8

Рост прибыли до уплаты процентов и налогов, согласно ожиданиям, после 1984 г. должен был составлять 8%, а капитальные затраты должны компенсироваться за счет износа[2].

Коэффициент бета компании Congoleum в 1979 г., до выкупа с использованием заемных средств, составлял 1,25. Ставка по казначейским облигациям в период этого выкупа была равна 9,5%, а ставка налога — 48%.

Свой анализ мы начинаем с оценки ожидаемых денежных потоков фирмы за период 1980–1985 гг. Для получения этих оценок мы вычитаем чистые капитальные затраты и изменения оборотного капитала (данные были представлены выше) из операционной прибыли после уплаты налогов.

	1980	*1981*	*1982*	*1983*	*1984*	*1985*
EBIT ($ млн)	71,69	90,84	115,73	133,15	137,27	148,25
– EBIT (t) ($ млн)	34,41	43,60	55,55	63,91	65,89	71,16
= EBIT (1 – t) ($ млн)	37,28	47,24	60,18	69,24	71,38	77,09
+ Износ ($ млн)	35,51	36,26	37,07	37,95	21,93	21,62
– Капитальные затраты ($ млн)	15,00	16,20	17,50	18,90	20,40	21,62
– Δ WC ($ млн)	2,00	14,00	23,30	11,20	12,80	5,00
= FCFF ($ млн)	55,79	53,30	56,45	77,09	60,11	72,09

Затем на основе наших оценок долга и собственного капитала за каждый год мы определяем стоимость привлечения капитала фирмы за каждый год. Стоимость долга в будущие годы оценивается на основе графика погашения и уменьшается с течением времени. Стоимость собственного капитала в каждом будущем году оценивается путем дисконтирования ожидаемых по истечении соответствующего года денежных потоков на акции по стоимости привлечения собственного капитала (этим объясняется, почему собственный капитал в 1980 г. превосходил балансовую стоимость капитала).

	1980	*1981*	*1982*	*1983*	*1984*	*1985*
Долг ($ млн)	327,10	309,96	285,17	260,62	236,04	211,45
Собственный капитал ($ млн)	275,39	319,40	378,81	441,91	504,29	578,48

[1] Стоимость заимствования превосходит объем сделки, отражая транзакционные издержки и плату за услуги инвестиционного банка.

[2] Мы использовали допущения, которые предоставил нам для этого случая инвестиционный банкир. Однако беспокойство вызывает то, что ожидаемые бесконечные темпы роста 8% в год наблюдаются при отсутствии каких-либо реинвестиций.

	1980	*1981*	*1982*	*1983*	*1984*	*1985*
Привилегированные акции ($млн)	26,20	26,20	26,20	26,20	26,20	26,20
Коэффициент «долг/капитал» (%)	52,03	47,28	41,32	35,76	30,79	25,91
Коэффициент «собственный капитал/капитал» (%)	43,80	48,72	54,89	60,64	65,79	70,88
Коэффициент «привилегированные акции/капитал» (%)	4,17	4,00	3,80	3,60	3,42	3,21
Коэффициент бета	2,02547	1,87988	1,73426	1,62501	1,54349	1,4745
Стоимость привлечения собственного капитала (%)	20,64	19,84	19,04	18,44	17,99	17,61
Стоимость заимствования после уплаты налогов (%)	6,53	6,53	6,53	6,53	6,53	5,00
Стоимость обслуживания привилегированных акций (%)	13,51	13,51	13,51	13,51	13,51	13,51
Стоимость привлечения капитала (%)	13,00	13,29	13,66	14,00	14,31	14,21

Альтернативный подход к оценке собственного капитала, который не требует итераций или циклических рассуждений, заключается в использовании для циклического расчета коэффициента «долг/собственный капитал» скорее балансовой стоимости собственного капитала, чем расчетной рыночной стоимости[1].

Денежные потоки фирмы и стоимость привлечения капитала в завершающий (1985-й) год в сочетании с ожидаемыми темпами роста 8%[2] используются для оценки заключительной стоимости собственного капитала (в конце 1984 г.):

Заключительная стоимость фирмы (конец 1984 г.) = $FCFF_{1985}/(k_{e,\,1985}-0{,}08) = 72{,}09/(0{,}1421-0{,}08) = \$1161$ млн.

Ожидаемые денежные потоки фирмы и заключительная стоимость были дисконтированы к настоящему моменту по стоимости привлечения капитала, что дало приведенную стоимость в размере $820,21 млн[3]. Поскольку приобретение компании Congoleum обходится лишь в $470,6 млн, оно создает стоимость для приобретающих инвесторов.

merglbo.xls — таблица, которая позволяет оценить денежные потоки и стоимость выкупа с использованием заемных средств.

ЗАКЛЮЧЕНИЕ

Приобретения имеют несколько форм и осуществляются по различным причинам. Они могут классифицироваться на основе того, что происходит

1 Балансовая стоимость собственного капитала может быть получена следующим образом:

$$BV\ собственного\ капитала_t = BV\ собственного\ капитала_{t-1} + чистая\ прибыль_t.$$

Предполагается, что в первые годы после выкупа с использованием заемных средств инвесторам-акционерам не будут выплачиваться дивиденды.

2 Хотя в бесконечной перспективе эти темпы и могут казаться высокими, в 1979 г. они были подходящими значениями. Инфляция и ставки процента были гораздо выше, чем в 1990-е гг.

3 Когда стоимость привлечения капитала изменяется на ежегодной основе, дисконтирование должно быть основано на кумулятивных издержках. Например, денежные потоки в 3-м году будут дисконтированы следующим образом:

$$PV\ денежных\ потоков\ в\ 3\text{-м}\ году = 56{,}45/(1{,}13)(1{,}1329)(1{,}1366).$$

с целевой фирмой после приобретения. Целевая фирма может объединиться с приобретающим ее предприятием (слияние), а может в сочетании с приобретающей фирмой создать новое предприятие или остаться независимой (выкуп).

Анализ приобретений состоит из четырех этапов. На первом этапе мы выясняем причины приобретений и классифицируем их на основе перечня из пяти элементов: недооцененность целевой фирмы, выгода от диверсификации, потенциал для синергии, стоимость, созданная изменением способа управления фирмы, и личные интересы менеджмента. На втором этапе мы выбираем целевую фирму, чьи характеристики при мотиве, выбранном на первом этапе, делают ее наилучшим кандидатом. На третьем этапе мы оцениваем целевую фирму, допуская, что она будет по-прежнему управляться существующими менеджерами, а затем переоцениваем ее из предположения лучшего менеджмента. Мы определяем разницу между этими двумя стоимостями как стоимость контроля. Мы также оцениваем каждый из источников операционной и финансовой синергии и рассматриваем объединенную стоимость как стоимость общей синергии. На четвертом этапе мы изучаем механизм приобретения. Мы рассматриваем вопрос о том, на какую уплачиваемую сумму должна ориентироваться приобретающая фирма при данной стоимости целевой фирмы, оцененной на предыдущем этапе, включая выгоды от контроля и синергии. Также мы рассматриваем, должно ли приобретение финансироваться денежными средствами или акциями, а также то, как повлияет на это выбор порядка бухгалтерского учета приобретения.

Выкупы обладают некоторыми общими чертами с приобретениями, но у них есть и несколько серьезных отличий. Влияние на стоимость оказывают такие моменты, как отсутствие приобретающей фирмы, когда менеджеры фирмы являются ее покупателями, и превращение приобретаемой фирмы в частное предприятие. Если выкуп финансируется в основном за счет долга, т. е. классифицируется как выкуп с использованием заемных средств, то коэффициент долга в будущие годы будет изменяться, что приведет в этот период к изменениям стоимости привлечения собственного капитала, стоимости заимствования и стоимости привлечения капитала.

КОНТРОЛЬНЫЕ ВОПРОСЫ

В приведенных ниже заданиях, если не указано иное, премия за риск инвестирования в акции принимается равной 5,5%.

1. Здесь представлены характеристики двух потенциальных кандидатов для слияния в 1993 г. — фирм Northrop и Grumman:

	Northrop	*Grumman*
Выручка ($ млн)	4400,00	3125,00
Стоимость проданных товаров (без износа) (%)	87,50%	89,00%
Износ ($ млн)	200,00	74,00
Ставка налога (%)	35,00	35,00
Оборотный капитал	10% от выручки	10% от выручки
Рыночная стоимость собственного капитала ($ млн)	2 000,00	1300,00
Существующий долг ($ млн)	160,00	250,00

Согласно ожиданиям, рост обеих фирм бесконечной перспективе будет составлять 5% в год. Ожидаемые капитальные затраты будут равны 20% от износа. Коэффициент бета для обеих фирм равен 1, и обе фирмы имеют рейтинг BBB при долговой ставке 8,5% (ставка по казначейским облигациям равна 7%, а премия за риск — 5,5%).

В результате слияния стоимость проданных товаров объединенной фирмы предположительно будет составлять только 86% от общей выручки. Объединенная фирма не планирует делать дополнительного займа.

а) Оцените стоимость компании Grumman как независимой фирмы.
б) Оцените стоимость компании Northrop как независимой фирмы.
в) Оцените стоимость объединенной фирмы при отсутствии синергии.
г) Оцените стоимость объединенной фирмы с учетом синергии.
д) Сколько стоит операционная синергия?

2. В примере с Grumman и Northrop, описанном в предыдущем пункте, объединенная фирма не берет дополнительного займа после приобретения. Допустим, что в результате слияния оптимальный коэффициент долга фирмы вырастет на 20% общего капитала от текущего уровня (на этом уровне долга объединенная фирма будет иметь рейтинг A при ставке долгового процента 8%). Если это не увеличит долга, то рейтинг объединенной фирмы будет A+ (при ставке процента 7,75%).
   а) Оцените стоимость объединенной фирмы, если она сохраняет существующий коэффициент долга.
   б) Оцените стоимость объединенной фирмы, если она перемещается к своему оптимальному коэффициенту долга.

в) Кто получает эту дополнительную стоимость, если фирма перемещается к оптимальному коэффициенту долга?

3. В апреле 1994 г. корпорация Novell, Inc. объявила о своих планах приобрести корпорацию WordPerfect Corporation за $1,4 млрд. Во время приобретения относящаяся к делу информация относительно двух компаний была следующей:

	Novell	*WordPerfect*
Выручка ($ млн)	1200,00	600,00
Себестоимость реализованной продукции (без износа) (%)	57,00	75,00
Износ ($ млн)	42,00	25,00
Ставка налога (%)	35,00	35,00
Капитальные затраты ($ млн)	75,00	40,00
Оборотный капитал (как процент от выручки) (%)	40,00	30,00
Коэффициент бета	1,45	1,25
Ожидаемые темпы роста «выручка/EBIT» (%)	25,00	15,00
Ожидаемый период быстрого роста (годы)	10	10
Темпы роста после периода высокого роста (%)	6,00	6,00
Коэффициент бета после периода быстрого роста	1,10	1,10

Капитальные затраты будут составлять 115% от износа после периода высокого роста. Ни одна из фирм не имеет долга. Ставка по казначейским облигациям составляет 7%.

а) Оцените стоимость корпорации Novell как самостоятельной фирмы.

б) Оцените стоимость корпорации WordPerfect как самостоятельной фирмы.

в) Оцените стоимость объединенной фирмы при отсутствии синергии.

г) В результате слияния рост объединенной фирмы в период быстрого роста, согласно ожиданиям, будет составлять 24% в год. Оцените стоимость объединенной фирмы с ускоренным ростом.

д) Сколько стоит синергия? Какова максимальная цена, которую компания Novell может заплатить за корпорацию WordPerfect?

4. Допустим, что в вышеописанном слиянии Novell и WordPerfect фирмам потребуется пять лет, чтобы справиться с различиями и начать

получать выгоды от синергии. Сколько в таких обстоятельствах стоит синергия?

5. В 1996 г. компания Aetna, имеющая ведущие позиции на рынке медицинского страхования, объявила о своем намерении приобрести компанию U. S. Healthcare, крупнейшее в стране учреждение здравоохранения, в качестве основания указывая на синергию. После объявления о слиянии цена акций компании Aetna, составлявшая $57, снизилась до $52,50, в то время как цена акций компании U. S. Healthcare повысилась с 31 до $37,50. Во время этого объявления количество акций компании Aetna составляло 400 млн, а число акций компании U. S. Healthcare — 50 млн.
   а) Оцените стоимость — при условии, что она существует, — которую финансовые рынки присваивают синергии в этом слиянии.
   б) Как бы вы связали реакцию рынка с обоснованием для приобретения, приведенным менеджментом?
6. IH Corporation, производителем сельскохозяйственной техники, за последние семь лет функционирования было накоплено убытков почти на $2 млрд, и возникла опасность, что она не сможет перенести эти убытки на будущие периоды. Корпорация EG Corporation, чрезвычайно прибыльная фирма по оказанию финансовых услуг, налогооблагаемый доход которой в последнем году составлял $3 млрд, рассматривает вопрос о приобретении IH Corporation. Налоговые власти позволяют компании EG Corporation отнести убытки, полученные в прошлом, на будущую налогооблагаемую прибыль. Ставка налога для EG Corporation составляет 40%, а стоимость привлечения капитала равна 12%.
   а) Оцените стоимость экономии на налогах, которая возникнет в результате слияния.

	PMT Corporation	*Аналогичные фирмы*	*Фирма с наилучшим управлением*
Рентабельность активов (после налогов) (%)	8,00	12,00	18,00
Коэффициент выплаты дивидендов (%)	50,00	30,00	20,00
Коэффициент «долг/собственный капитал» (%)	10,00	50,00	50,00
Ставка долгового процента (%)	7,50	8,00	8,00
Коэффициент бета	Н. д.	1,30	1,30

б) Какова будет стоимость экономии на налогах, если налоговые власти позволят компании EG Corporation распределить перенесенные убытки на четыре года (т. е. позволят снижать прибыль в каждый из четырех последующих лет на $200 млн убытков прошлого периода)?

7. Вы рассматриваете поглощение PMT Corporation, фирмы, которая в последние пять лет функционировала значительно хуже аналогичных фирм, и вы желаете оценить стоимость контроля. В таблице представлены следующие данные по PMT Corporation, аналогичным фирмам и фирме с наилучшим управлением в этой группе:

   PMT Corporation объявила о прибыли на акцию в размере $2,50 в последнем отчетном периоде, и ожидается, что через пять лет она достигнет стабильного роста, после чего темпы роста, предположительно, будут равны 6% для всех фирм из группы. Коэффициент бета в период стабильного роста, согласно ожиданиям, будет равен 1 для всех фирм. В обращении находятся 100 млн акций, а ставка по казначейским облигациям равна 7% (ставка налога составляет 40% для всех фирм).

   а) Оцените собственный капитал PMT Corporation, допуская сохранение существующего менеджмента.
   б) Оцените собственный капитал PMT Corporation, допуская повышение качества ее функционирования до уровня аналогичных фирм.
   в) Оцените собственный капитал PMT Corporation, допуская повышение качества ее функционирования до уровня фирмы с наилучшим управлением в группе.

8. Вы пытаетесь осуществить кредитный выкуп контрольного пакета акций компании Boston Turkey, но столкнулись с определенными

	Год 1	*Год 2*	*Год 3*	*Год 4*	*Год 5*	*Заключ. год*
Выручка ($)	1 100 000	1 210 000	1 331 000	1 464 100	1 610 510	1 707 141
– Затраты ($)	440 000	484 000	532 400	585 640	644 204	682 856
– Износ ($)	100 000	110 000	121 000	133 100	146 410	155 195
= EBIT ($)	560 000	616 000	677 600	745 360	819 896	869 090
– проценты ($)	360 000	324 000	288 000	252 000	216 000	180 000
Налогооблагаемая прибыль ($)	200 000	292 000	389 600	493 360	603 896	689 090
– Налог ($)	80 000	116 800	155 840	197 344	241 558	275 636
= Чистая прибыль ($)	120 000	175 200	233 760	296 016	362 338	413 454

препятствиями. У вас есть прогноз по некоторым статьям отчетов о движении денежных средств, и вам необходима помощь для их завершения.

Согласно ожиданиям, капитальные затраты в следующем году составят $120 000 и в течение остального времени в этом периоде будут расти теми же темпами, что и выручка. Оборотный капитал останется на уровне 20% от выручки (выручка этого года составляла $1 млн).

Выкуп будет финансироваться за счет сочетания акций на $1 млн и долга на $3 млн (при ставке процента, равной 12%). Часть долга будет выплачена в конце 5-го года, а долг, который останется в конце 5-го года, будет постоянно оставаться на балансе.

а) Оцените денежные потоки на акции и денежные потоки фирмы в течение следующих пяти лет.

б) Была рассчитана стоимость собственного капитала за первый год. Рассчитайте стоимость привлечения собственного капитала за каждый год для оставшегося времени этого периода (используя для расчета балансовую стоимость собственного капитала).

Статья	*Год 1*
Собственный капитал ($)	1 000 000
Долг ($)	3 000 000
Коэффициент «долг/собственный капитал»	3
Коэффициент бета	2,58
Стоимость привлечения собственного капитала (%)	24,90

в) Рассчитайте заключительную стоимость фирмы.

г) Определите, создаст ли стоимость выкуп с использованием заемных средств.

9. J&L Chemical — прибыльная фирма химической промышленности. Однако бизнес является высокоцикличным, а прибыль фирмы подвержена колебаниям. Менеджмент рассматривает вопрос о приобретении фирмы по производству пищевых продуктов с целью снижения изменчивости прибыли и подверженности экономическим циклам.

а) Отвечают ли подобные действия интересам акционеров? Объясните.

б) Как отличался бы ваш анализ, если бы J&L была частной фирмой? Объясните.

в) Существует ли какое-либо условие, при котором вы бы выступали за такое приобретение для публичной фирмы?

Глава 26

ОЦЕНКА НЕДВИЖИМОСТИ

Модели оценки, разработанные для финансовых активов, подходят также и к реальным активам. Инвестиции в недвижимость — это наиболее значительный компонент инвестиций в реальные активы. В течение многих лет аналитики, занимающиеся недвижимостью, использовали собственные варианты моделей оценки недвижимости. Согласно их утверждению, недвижимость как класс активов слишком отличается от обращающихся на бирже акций, чтобы ее можно было оценивать с помощью моделей, разработанных для их оценки.

В данной главе представлена иная точка зрения, которая состоит в том, что, хотя недвижимость и акции представляют собой различные классы активов, принципы оценки применительно к этим классам не должны различаться. В частности, стоимость объекта недвижимости должна быть «приведенной стоимостью ожидаемых денежных потоков от этого объекта». Тем не менее существуют серьезные проблемы оценки, характерные только для недвижимости, которые мы будем рассматривать в настоящей главе.

СРАВНЕНИЕ РЕАЛЬНЫХ АКТИВОВ С ФИНАНСОВЫМИ

Недвижимость и финансовые активы обладают несколькими общими характеристиками: их стоимость определяется создаваемыми ими денежными потоками, неопределенностью, связанной с ними, и ожидаемым ростом этих денежных потоков. При прочих равных условиях чем выше уровень и рост денежных потоков и чем ниже риск, связанный с ними, тем выше стоимость актива.

Но есть и несколько серьезных различий между этими двумя классами активов. Немало тех, кто утверждает, что модели риска и доходности, используемые для оценки финансовых активов, нельзя применять для анализа недвижимости из-за различий в ликвидности двух рынков и в типах инвесторов каждого рынка. В этой главе рассматриваются альтернативы традиционным моделям риска и доходности. Существуют также и различия в характере денежных потоков, генерируемых финансовыми инвестициями и инвестициями в недвижимость. В частности, инвестиции в недвижимость часто имеют ограниченный период существования и должны оцениваться с учетом этого обстоятельства. Многие финансовые активы, например акции, обладают неограниченным сроком жизни. Эти различия в сроках существования активов проявляются в стоимости, присваиваемой этим активам на заключительном этапе процесса оценки. Спустя 5 или 10 лет заключительная стоимость акций обычно бывает гораздо выше текущей стоимости — по причине ожидаемого роста денежных потоков, а также вследствие того, что, согласно ожиданиям, эти денежные потоки будут существовать всегда. Заключительная стоимость здания может быть ниже текущей стоимости, поскольку использование этого здания может привести к снижению его стоимости. Однако земельный компонент имеет неограниченный срок существования, и в некоторых случаях он может составлять основную часть заключительной стоимости.

ПОСЛЕДСТВИЯ ИНФЛЯЦИИ: РЕАЛЬНЫЕ И ФИНАНСОВЫЕ АКТИВЫ

Реальные и финансовые активы в основном одинаково реагируют на динамику макроэкономических переменных. Спад экономики, как и повышение процентных ставок, отрицательно влияют и на те и на другие. Однако есть один фактор, который имеет совершенно разные последствия для реальных и финансовых активов, и таким фактором является инфляция. Исторически уровень инфляции, превышающий ее ожидаемую величину, отрицательно влиял на финансовые активы, что проявлялось в отрицательном воздействии неожиданной инфляции как на облигации, так и на акции. Например, Фама и Шверт (Fama and Schwert), исследовавшие доходность активов, показали, что увеличение уровня инфляции на один процент вызывает снижение цен облигаций на 1,54% и снижение цен акций на 4,23%. Однако на реальные активы неожиданная инфляция, похоже, оказывает положительное влияние. По существу, единственным классом активов, на котором, согласно исследованиям Фамы и Шверта, неожиданная инфляция сказывалась положительно, была жилая недвижимость.

Почему недвижимость обеспечивает потенциальную страховку против инфляции? Это объясняется несколькими причинами — в диапазоне от более выгодного налогообложения, связанного с износом, и до возможности потери веры инвесторов в финансовые активы: когда инфляция выходит из-под контроля, они предпочитают держать инвестиции в реальных активах. Что еще важнее, расхождение между недвижимостью и финансовыми активами в ответ на инфляцию указывает на то, что риск, связанный с недвижимостью, будет очень отличаться от риска финансовых активов в зависимости от того, рассматривается ли недвижимость как часть портфеля, включающего финансовые активы, или как отдельно взятые инвестиции.

ОЦЕНКА НА ОСНОВЕ ДИСКОНТИРОВАННЫХ ДЕНЕЖНЫХ ПОТОКОВ

Оценка любого актива, создающего денежные потоки, — это приведенная стоимость ожидаемых денежных потоков на него. Поэтому модели оценки денежных потоков, такие как модель дисконтирования дивидендов, которые используются для оценки финансовых активов, могут применяться для оценки инвестиций в недвижимость, создающих денежные потоки.

Для использования оценки дисконтированных денежных потоков с целью оценки инвестиций в недвижимость необходимо следующее:

- измерить рискованность инвестиций в недвижимость и оценить ставку дисконтирования, основанную на этой рискованности;
- оценить ожидаемые денежные потоки от инвестиций в недвижимость за срок существования актива.

Эти вопросы изучаются в следующем разделе.

Оценка ставок дисконтирования

В главах 6 и 7 представлены базовые модели, используемые для оценки стоимости привлечения собственного капитала, стоимости заимствования и стоимости привлечения капитала для инвестиций. Применимы ли эти модели и к недвижимости? Если да, то нужно ли их модифицировать? Если нет, то какие модели следует использовать вместо них?

В данном разделе рассматривается возможность использования применительно к инвестициям в недвижимость моделей, связывающих риск и доходность. По ходу мы обсудим вопрос, справедливо ли для инвестиций в недвижимость предположение о высокой диверсификации финансового инвестора, и если да, то как наилучшим образом измерить параметры модели, такие как безрисковая ставка, коэффициент бета и премия за риск, чтобы оценить стоимость привлечения собственного капитала. Мы также рассмотрим другие источники риска при инвестициях в недвижимость, неадекватно рассматриваемые в традиционных моделях риска и доходности, а также обсудим, как включить их в оценку.

Стоимость привлечения собственного капитала. В базовых моделях риск любого актива, реального или финансового, определяется как часть дисперсии этого актива, не поддающаяся диверсификации. Этот недиверсифицируемый риск в модели оценки капитальных активов (CAPM) измеряется рыночным коэффициентом бета, а в модели арбитражной оценки (APM) — многофакторными коэффициентами бета. Основные допущения, благодаря которым в обеих моделях делаются эти выводы, заключаются в следующем: финансовый инвестор в этот актив — сильно диверсифицированный, а риск измеряется как изменчивость доходности.

Если допустить применимость этих моделей к реальным активам, то риск этих активов в САРМ должен измеряться коэффициентом бета относительно рыночного портфеля, а в АРМ — факторными коэффициентами бета. Однако если мы поступаем подобным образом, то допускаем — как и в отношении публично торгуемых акций, — что финансовый инвестор в реальные активы является хорошо диверсифицированным.

Действительно ли финансовые инвесторы в недвижимость хорошо диверсифицированы? Многие аналитики утверждают, что недвижимость требует настолько крупных вложений, что инвесторы здесь не способны достичь достаточного уровня диверсификации. Кроме того, они отмечают, что инвестиции в недвижимость требуют специфических знаний, и только те, кто развивают эти знания, способны принимать решения об инвестировании в нее основных или даже всех инвестиционных ресурсов. Следовательно, они замечают, что использование модели оценки капитальных активов или модели арбитражной оценки, предполагающих вознаграждение только недиверсифицированного риска, не подходит для оценки стоимости привлечения собственного капитала.

Эта аргументация содержит зерно истины, но против нее нетрудно возразить следующим образом:

- Многие инвесторы, сосредотачивающие свои инвестиции в недвижимости, поступают так по собственному выбору. Они рассматривают их как способ использования своих специфических знаний в области недвижимости. Таким образом, мы можем рассматривать их так же, как и инвесторов, предпочитающих держать в своих портфелях только технологические акции.
- Даже крупные инвестиции в недвижимость можно разбить на более мелкие составляющие, давая инвесторам возможность сочетать инвестиции в недвижимость с инвестициями в финансовые активы. Это особенно справедливо сейчас, когда существует секьюритизация недвижимости.
- Так же как и финансовый инвестор в акции, инвестирующий в недвижимость зачастую является институциональным инвестором, у которого есть ресурсы, позволяющие достичь диверсификации при низком уровне транзакционных издержек, поэтому финансовый инвестор на многих рынках недвижимости в наше время имеет достаточно возможностей для диверсификации.

Если застройщики и частные инвесторы настаивают на более высокой ожидаемой доходности, поскольку они не обладают диверсификацией, то инвестиции в недвижимость будут все в большей степени осуществляться инвестиционными трастами недвижимости, товариществами с ограниченной ответственностью и корпорациями, которые привлекают больше диверсифицированных инвесторов с более низкой требуемой доходностью. Эта тенденция в полной мере проявляется в Соединенных Штатах и со временем может распространиться и на другие страны.

Измерение риска для реальных активов в моделях оценки активов. Даже если принять, что риск реального актива — это его рыночный коэффициент бета в CAPM или факторные коэффициенты бета в APM, то в связи с измерением и использованием этих параметров риска возникает несколько проблем, требующих рассмотрения. Для того чтобы получить некоторое понимание проблем измерения, связанных с недвижимостью, рассмотрим стандартный подход к оценке коэффициентов бета в модели оценки капитальных активов для торгуемых на бирже акций. Во-первых, цены на акции выясняются на основе исторических данных, а доходность рассчитывается на интервальной основе (т. е. за день, за неделю или за месяц). Во-вторых, чтобы получить коэффициент бета, эта доходность акций вычисляется в сопоставлении с доходностью индекса акций за тот же период времени. Для недвижимости эти этапы не так просты.

Индивидуальные активы: цены и параметры риска. Коэффициенты бета отдельных акций можно корректно измерить просто потому, что их цены доступны за большие периоды времени. Этого нельзя сказать относительно инвестиций в отдельно взятые объекты недвижимости. Объект недвижимости продается и покупается не часто, хотя похожая собственность может продаваться и покупаться часто. Следовательно, индексы цен становятся доступными для определенных классов активов (например, офисные помещения в деловой части Манхэттена), и для этих классов можно оценить параметры риска.

Даже если индексы цен для отдельных классов инвестиций в недвижимость доступны, остаются вопросы относительно сопоставимости активов в пределах одного класса (идентично ли какое-либо помещение в деловой части города какому-то другому помещению, как учесть различия в возрасте и качестве строения, как обстоит дело с местоположением), а также в отношении самой категории (офисные и жилые помещения, дома для одной семьи или нескольких семей).

Предпринимались неоднократные попытки создать рыночные индексы и оценить параметры риска для классов инвестиций в недвижимость. Очевидное, хотя и несовершенное решение проблемы необращаемости —

это построение индексов инвестиционных трастов недвижимости (real estate investment trusts — REIT), которые торгуются и имеют рыночные цены. Причина, по которой это не может быть удовлетворительным решением, состоит в том, что недвижимость в собственности инвестиционных трастов недвижимости может не быть репрезентативной для рынка недвижимости, а секьюритизация недвижимости может привести к различиям в доходности недвижимости и REIT. Альтернативным и более удовлетворительным решением выглядит индекс Национального совета управляющих инвестициями в недвижимость (National Council of Real Estate Investment Fiduciaries — NCREIF), который характеризует годовую доходность коммерческой недвижимости и сельскохозяйственных земель. Поскольку сделки с отдельными объектами недвижимости осуществляются редко, NCREIF использует расчетную стоимость недвижимости при определении доходности. Кроме того, Кейс и Шиллер (Case and Shiller — C&S) построили индекс, используя фактические цены сделок, а не расчетные стоимости, чтобы определить стоимость жилой недвижимости. В таблице 26.1 обобщается доходность индексов недвижимости, S&P 500 и индекса облигаций.

Из анализа этой таблицы вытекает несколько интересных результатов. Во-первых, не все временные ряды по недвижимости ведут себя одинаковым образом. Доходность REIT имеет большее сходство с доходностью фондового рынка, чем доходности других индексов недвижимости. Во-вторых, существует тесная положительная сериальная корреляция во многих временных рядах доходности недвижимости, в особенности тех, которые основаны на расчетных данных. Это может быть связано со сглаживанием оценок, используемых в этих временных рядах. В-третьих, стандартное отклонение секьюритизированной недвижимости (REIT) значительно выше стандартного отклонения других временных рядов недвижимости.

ТАБЛИЦА 26.1. *Доходность по классам активов*

Класс активов	Источник данных	Период (гг.)	Примечания к вычислениям	Средне-арифметическое (%)	Стандартное отклонение (%)	Средне-геометрическое (%)
Акции	Bloomberg	1928–2010	Дивиденды + прирост цены	11,31	20,21	9,32
Казначейские облигации	ФРС	1928–2010	Совокупная доходность 10-летних облигаций	5,28	7,74	5,01
Казначейские векселя	ФРС	1928–2010	3-месячные векселя	3,70	3,04	3,66
Корпоративные облигации	ФРС	1928–2010	Совокупная доходность облигаций с рейтингом Baa	6,15	9,66	5,85

Окончание табл. 26.1

Класс активов	Источник данных	Период (гг.)	Примечания к вычислениям	Средне-арифметическое (%)	Стандартное отклонение (%)	Средне-геометрическое (%)
REIT акций	FTSE	1971–2010	Дивиденды + прирост цены	11,87	21,64	9,51
Ипотечные REIT	FTSE	1971–2010	Дивиденды + прирост цены	9,36	30,56	4,97
Все REITS	FTSE	1971–2010	Дивиденды + прирост цены	13,75	18,94	12,01
Коммерческая недвижимость	NCREIF	1978–2010	Совокупная доходность, расчетная	9,22	8,21	8,90
Жилая недвижимость	C&S	1987–2010	Цена сделок	3,28	7,51	3,01
Сельско-хозяйственные земли	NCREIF	1978–2010	Совокупная доходность, расчетная	11,24	7,44	10,66

Рыночный портфель. При оценке коэффициентов бета акций мы обычно используем фондовый индекс в качестве доверительной оценки рыночного портфеля. Однако в теории рыночный портфель должен включать все активы экономики пропорционально их рыночным стоимостям. Это имеет особенно большое значение, когда рыночный портфель используется для оценки параметров риска для инвестиций в недвижимость. Использование фондового индекса в качестве рыночного портфеля приводит к предельности[1] инвестиций в недвижимость и недооценке риска этих активов. Различия между акциями и портфелем всех активов могут быть большими из-за значительной рыночной стоимости недвижимости и других отличных от акций инструментов.

Существуют также данные, показывающие, что инвестиции в недвижимость и акции неодинаково реагируют на крупные экономические события. В таблице 26.2, где представлена корреляция между различными классами активов в период с 1947 по 1982 г., видно, что недвижимость имеет слабую или отрицательную корреляцию с финансовыми активами. Именно поэтому инвесторам в 1980-х и 1990-х гг. говорили, что включение недвижимости в портфель улучшает соотношение риск/доходность. Как ранее отмечалось в этой главе, различия в доходности между реальными и финансовыми активами растут при изменении темпов инфляции. Фактически три из пяти индексов недвижимости обладают отрицательной

[1] Когда коэффициент бета для актива оценивается относительно фондового индекса, то основополагающая предпосылка исходит из того, что основная часть портфеля финансового инвестора состоит из акций и риск измеряется относительно этого портфеля.

корреляцией с акциями, и два индекса имеют низкую корреляцию. Рекомендацию включать недвижимость в портфель с целью диверсификации, возможно, следует пересмотреть в свете изменений на рынке недвижимости, произошедших в последние три десятилетия. По мере расширения секьюритизации недвижимости появляются свидетельства того, что недвижимость как класс активов начинает вести себя все более и более подобно финансовым активам (акциям и облигациям).

ТАБЛИЦА 26.2. *Корреляция между классами активов в 1947–1982 гг.*

	I&S	CREF	Жилые дома	C&S	Фермы	S&P	Казначейск. облигации	Казначейск. векселя	Инфляция
I&S	1,00								
CREF	0,79	1,00							
Жилые дома	0,52	0,12	1,00						
C&S	0,26	0,16	0,62	1,00					
Фермы	0,06	–0,06	0,51	0,49	1,00				
S&P	0,16	0,25	–0,13	–0,20	–0,10	1,00			
Казначейск. облигации	–0,04	0,01	–0,22	–0,54	–0,44	0,11	1,00		
Казначейск. векселя	0,53	0,42	0,13	–0,56	–0,32	–0,07	0,48	1,00	
Инфляция	0,70	0,35	0,77	0,56	0,49	–0,02	–0,17	0,25	1,00

I&S — Ibbotson & Siegal; CREF — индекс CREF; Жилые дома — индекс цен на жилье; C&S — Case & Shiller; Фермы — индекс цен на сельскохозяйственные земли.

Источник: Ibbotson and Brinson (1996).

Пожалуй, наилучшим образом это показывает параметр, который мы представили в главе 7, — подразумеваемая премия за риск инвестирования в акции. На рисунке 26.1 показаны премия за риск инвестирования в акции, дефолтный спред для облигаций с рейтингом Baa (премия за риск по облигациям) и премия за риск инвестирования в недвижимость, определенная путем вычитания безрисковой ставки из нормы капитализации (показателя требуемой доходности, используемого инвесторами в недвижимость). Обратите внимание на то, что, если акции и облигации движутся в одном направлении в течение большей части периода, поведение недвижимости резко изменяется в последние три десятилетия. В начале 1980-х гг. движение премии за риск инвестирования в недвижимость была совершенно не связано с движением премий по акциям и облигациям, что соответствует низкой или отрицательной корреляции, которую мы видим в таблице 26.2. Начиная с середины 1990-х гг. и все быстрее в последнем десятилетии премии за риск недвижимости сближаются по размеру и направлению движения с премиями за риск акций и облигаций.

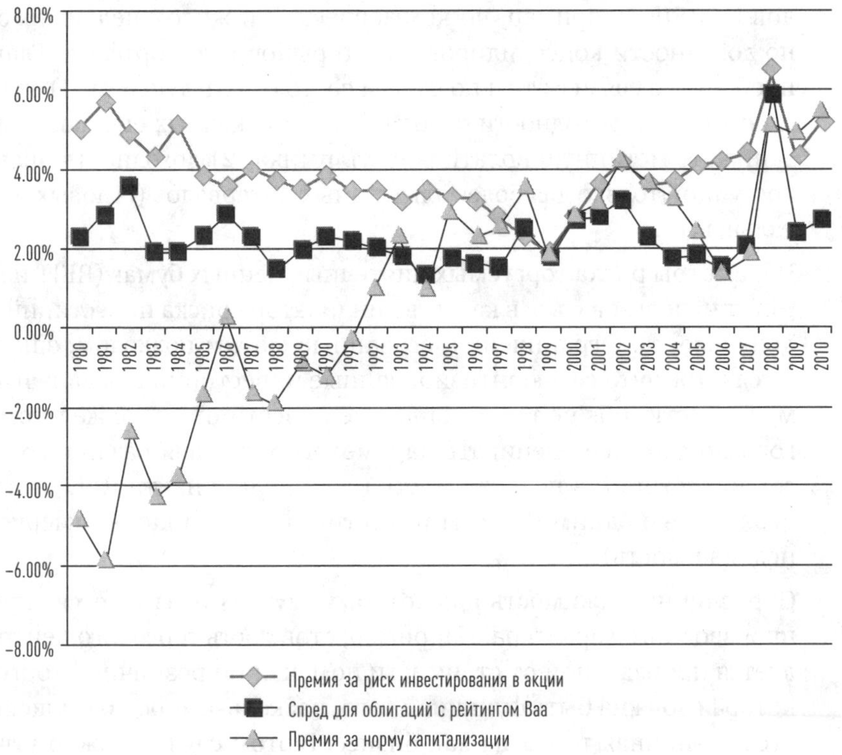

Рисунок 26.1. *Премия за риск инвестирования в акции, норма капитализации и спред по облигациям*

С практической точки зрения это говорит не только о том, что сегодня корреляция между недвижимостью и финансовыми активами стала выше, но и о том, что старая рекомендация по диверсификации портфеля путем включения в него недвижимости может уже не работать.

Хотя мало кто из экономистов оспаривает ценность идеи включения инвестиций в недвижимость в рыночный портфель, большинство из них беспокоят проблемы измерения. До недавнего времени эти проблемы оставались неразрешимыми, однако их становится легче решать по мере того, как инвестиции в недвижимость начинают секьюритизироваться и вовлекаться тем самым в торговый оборот на финансовых рынках.

Некоторые практические решения. Если принять утверждение, что риск инвестиций в недвижимость следует измерять, используя традиционные модели риска и доходности, то появляется несколько практических подходов, доступных для использования при оценке параметров риска.

- Риск класса инвестиций в недвижимость может быть получен путем регрессии доходности класса (с использованием временных рядов NCREIF, например, по коммерческой и жилой недвижимости) по доходности консолидированного рыночного портфеля. Главные проблемы в связи с этим подходом состоят в следующем: 1) эти временные ряды доходности основаны на сглаженных оценках и могут занижать истинную волатильность рынка; 2) доходность является доступной только для более длительных интервалов (годовых и квартальных).

- Параметры риска торгуемых ипотечных ценных бумаг (REIT и MLP) могут использоваться в качестве индикатора риска инвестиций в недвижимость. Ограничения, связанные с этим подходом, заключаются в том, что секьюритизированные инвестиции в недвижимость могут вести себя не так, как прямые инвестиции, а также в том, что гораздо сложнее оценивать параметры риска для различных классов инвестиций в недвижимость (если нельзя найти REIT, которые ограничены одним классом инвестиций, таким как коммерческая недвижимость).
- Спрос на недвижимость в некоторых случаях оказывается спросом производного характера. Например, стоимость торгового центра является производной от стоимости помещений розничной торговли, которая должна быть функцией того, насколько хорошо осуществляется розничная торговля как бизнес. В этом случае можно утверждать, что параметры риска торгового центра должны быть связаны с параметрами риска публично торгуемых розничных магазинов. Очевидно, что должны осуществляться корректировки с целью учета различий в операционном и финансовом рычаге.

Другие факторы риска. Подвергаются ли инвесторы в недвижимость большему числу видов (или иным видам) риска по сравнению с инвесторами в финансовые активы? Если да, то как измеряется этот риск и вознаграждается ли он? Далее представлено несколько проблем, связанных с инвестициями в недвижимость, которые могли бы повлиять на измерение риска и ожидаемой доходности.

Диверсифицируемый и недиверсифицируемый риск. Как утверждалось ранее, использование моделей риска и доходности, предполагающих высокую диверсификацию финансового инвестора, оказывается корректным, даже если многие лица, инвестирующие в недвижимость, решают не прибегать к диверсификации. Частичное обоснование этого утверждения связано с существованием на рынке недвижимости фирм с диверсифицированными инвесторами, таких как инвестиционные трасты недвижимости и общие товарищества с ограниченной ответственностью (master limited partnerships — MLP). Но что делать, если отсутствуют такого рода инвесторы и финансовый инвестор в недвижимость не обладает высоким уровнем диверсификации? Как бы мы модифицировали наши оценки стоимости привлечения собственного капитала?

В главе 24 рассматривалось, как откорректировать стоимость привлечения собственного капитала частного предприятия, чтобы учесть тот факт, что его собственник не является диверсифицированным. В частности, мы рассмотрели использование общего коэффициента бета, отражающего не только рыночный риск, но и степень отсутствия диверсификации у собственника:

Общий коэффициент бета = рыночный коэффициент бета/
/корреляция между портфелем собственника и рынком.

Этот показатель можно адаптировать для оценки общего коэффициента бета объекта недвижимости. Например, финансовый инвестор в коммерческую недвижимость имеет портфель, у которого корреляция с рынком равна 0,50, а коммерческая недвижимость как класс собственности обладает коэффициентом бета 0,40. Коэффициент бета, который можно использовать для оценки стоимости привлечения собственного капитала для инвестиций, равен 0,80:

Общий коэффициент бета = 0,40/0,5 = 0,80.

Использование более высокого значения коэффициента бета привело бы к увеличению стоимости привлечения собственного капитала и снижению стоимости инвестиций в недвижимость.

Недостаток ликвидности. Другой аспект критики традиционных показателей риска заключается в предпосылке, согласно которой все активы являются ликвидными (или, по крайней мере, не существует различий в ликвидности между активами). Инвестиции в недвижимость зачастую менее ликвидны, чем финансовые активы, поскольку сделки осуществляются реже, транзакционные издержки выше, а покупателей и продавцов гораздо меньше. Утверждается, что чем меньшей ликвидностью обладает актив, тем более он рискован.

Как отмечалось в главе 24, связь между недостатком ликвидности и риском трудно выразить количественно по нескольким причинам. Одна из них состоит в зависимости данной связи от временного горизонта инвестора. Инвестор, намеревающийся держать активы на протяжении длительного срока, будет меньше заботиться о ликвидности, чем тот, у кого отсутствует определенность относительно временного горизонта, или тот, кто желает держать активы в течение короткого срока. Другая причина заключается в том, что эта связь подвергается влиянию внешних экономических условий. Например, недвижимость гораздо более ликвидна во времена экономических бумов, когда цены растут, чем в период спадов, сопровождающихся снижением цен.

Альтернативой попытке рассматривать отсутствие ликвидности как дополнительный фактор риска и встраиванию его в ставки дисконтирования является условная оценка неликвидных активов (как если бы они были ликвидными) и затем применение к ней скидки за отсутствие ликвидности. Данный подход часто практикуется при оценке неликвидных фирм закрытого типа и предполагает, что во время оценки скидка за отсутствие ликвидности является функцией инвестора и внешних экономических условий. Процесс оценки скидки более подробно рассматривался в главе 24.

Уязвимость к изменениям в законодательстве. Стоимость всех инвестиций подвергается влиянию изменений налогового законодательства — изменений в методах начисления износа и в налоговых ставках на прибыль, а также на прирост капитала. Инвестиции в недвижимость особенно чувствительны к изменениям в налоговом законодательстве, поскольку они приобретают значительную часть своей стоимости от износа и обычно связаны с высоким долговым бременем.

В отличие от производственных компаний или фирм, занимающихся оказанием услуг и способных переместить свои операции из одной местности в другую с целью извлечения преимуществ из региональных различий в налоговых ставках и других юридических ограничениях, недвижимость не является мобильной, поэтому она гораздо более чувствительна к изменениям в местных законах (таких, как требования о зонировании, налоги на имущество и контроль над арендной платой).

Возникает вопрос, является ли эта дополнительная чувствительность к изменениям в налогах и местных законах еще одним источником риска, и если да, то как этот риск следует оценивать. Опять-таки, ответ будет зависеть от того, является ли финансовый инвестор диверсифицированным не только по классам активов, но и по инвестициям в недвижимость, находящуюся в различных местах. Например, инвестор в недвижимость в Нью-Йорке, Майами, Лос-Анджелесе и Хьюстоне менее подвержен риску изменения законодательства, чем тот, кто держит недвижимость только в одном из этих мест. Однако компромиссный выбор связан с тем, что специфические знания, позволяющие инвестору в недвижимость эффективно действовать на одном рынке, нельзя хорошо использовать на других рынках.

Информационные издержки и риск. Инвестиции в недвижимость зачастую требуют конкретной информации относительно местных условий, получение которой затруднено (или требует больших затрат). Эта информация, по всей вероятности, также содержит больше шума. Некоторые утверждают, что более высокая стоимость приобретения информации и больший шум в этой информации должны учитываться в риске и ставках дисконтирования, используемых для оценки недвижимости. Данное утверждение не ограничивается недвижимостью. Оно использовалось в качестве объяснения премии за акции малых фирм, которое состоит в том, что акции малых фирм обеспечивают более высокую доходность, чем акции крупных, после учета риска (на основе использования CAPM). При этом утверждается, что по акциям малых фирм информация обычно менее доступна, чем по акциям крупных, и обычно она связана с более серьезным шумом.

ДИВЕРСИФИКАЦИЯ В НЕДВИЖИМОСТИ: ТЕНДЕНЦИИ И ПОСЛЕДСТВИЯ

Когда мы рассматриваем дополнительные факторы риска — ошибки в оценке, изменения законодательства и налогов, изменчивость определенных рынков недвижимости, — которые часто встраиваются в ставки дисконтирования и оценки, то основание для диверсификации становится более прочным. Фирма, занимающаяся недвижимостью и осуществляющая диверсификацию за счет инвестиций во многих местах, сможет устранить определенную часть риска. Если фирма привлекает инвесторов, достигающих диверсификации за счет других классов активов, то она снижает еще бóльшую часть риска, уменьшая тем самым свою подверженность риску и стоимость привлечения собственного капитала.

В этом случае следует ожидать, что диверсифицированные инвесторы в недвижимость, такие как корпорации, занимающиеся недвижимостью, REIT и MLP, вытесняют с рынка местных лиц, инвестирующих в недвижимость и не являющихся диверсифицированными, предлагая за те же объекты недвижимости более высокие цены. Если дело обстоит подобным образом, то вы можете спросить: почему этого еще не произошло? На то есть две причины. Первая заключается в том, что знание условий местного рынка недвижимости все-таки остается важнейшим фактором, определяющим стоимость недвижимости, и обладающие этими знаниями инвесторы недвижимости в состоянии компенсировать свою недостаточную диверсификацию. Вторая причина состоит в следующем: значительная составляющая успеха в сфере недвижимости все еще проистекает из личных связей, таких как контакты с другими застройщиками, советами по зонированию и политиками. Обладающие хорошими связями инвесторы недвижимости способны добиться гораздо лучшего положения дел в части собственных инвестиций, чем корпорации, вовлеченные в тот же бизнес.

Поскольку корпораций, связанных с недвижимостью, и трастов REIT становится все больше, нам следует ожидать обнаружения значительно более высокой корреляции между ценами на недвижимость в различных регионах и ослабления значимости местных условий. Более того, мы должны также ожидать, что фирмы в этой сфере бизнеса станут более находчивыми во взаимоотношениях с регулирующими властями различных регионов.

Альтернативный подход к оценке ставок дисконтирования: опросный подход. Проблемы, обусловленные допущениями, которые принимаются в традиционных моделях риска и доходности, и преграды, связанные с измерением риска для неторгуемых реальных активов в этих моделях, привели к разработке альтернативных подходов к оценке ставок дисконтирования для инвестиций в недвижимость. Например, в контексте недвижимости стоимость привлечения собственного капитала и стоимость привлечения капитала часто получают путем опроса лиц, потенциально инвестирующих в недвижимость, относительно доходности, требуемой ими при инвестировании в различные классы недвижимости. Во многих случаях эти опросы касаются нормы капитализации, которая, как отмечалось выше, является другим представлением требуемой ставки доходности.

Данный подход имеет следующие обоснования:

- Эти опросы основаны не на абстрактных моделях риска и доходности (где могут игнорироваться те свойства риска, которые характерны именно для рынка недвижимости), а на том, что реальные инвесторы на самом деле хотят получить в качестве доходности.
- Эти опросы предполагают оценку ставок дисконтирования для определенных категорий недвижимости (отелей, жилых помещений и т. д.) по региону, при которой не требуется знание цен в прошлом, как в моделях риска и доходности.
- Существует относительно немного крупных инвесторов, вкладывающих средства непосредственно в недвижимость (а не в секьюритизированную недвижимость). Именно поэтому такой опрос является осуществимым.

Однако следующие основания позволяют оспаривать данный подход:

- Опросы, в силу своей природы, дают различные «желаемые нормы доходности» для разных инвесторов в одном и том же классе недвижимости. Если допустить, что для того или иного класса инвестиций можно получить какой-то диапазон желаемой доходности, остается неясным, что же будет дальше. Вероятно, те инвесторы, которые ищут максимальной доходности, окажутся вытесненными с рынка, а те, чья желаемая доходность находится на нижнем уровне шкалы, найдут множество недооцененной недвижимости. Вопрос о том, кто должен быть финансовым инвестором, не находит ответа в этих опросах.
- Опросный подход обходит проблему риска, но в действительности не снимает ее. Очевидно, что инвесторы требуют той доходности,

которую они и получают от различных классов недвижимости, поскольку они воспринимают их как классы, связанные с различными уровнями риска.

- Опросный подход работает достаточно хорошо, когда на рынке присутствует относительно немного довольно однородных инвесторов. Хотя это и могло быть верным десятилетие назад, сегодня это проявляется в меньшей степени, поскольку на рынке появились новые институциональные инвесторы, число игроков возросло и они стали более разнородными.
- Опросный подход выглядит сомнительным также в тех случаях, когда опрашиваются инвесторы, действующие в качестве передаточного звена, т. е. они инвестируют в недвижимость, секьюритизируют свои инвестиции и продают их другим, после чего снова покупают недвижимость и т. д. Если они поступают подобным образом, то определять стоимость должна именно желаемая доходность конечного инвестора (покупателя секьюритизированной недвижимости), а не желаемая доходность промежуточного инвестора.

Использование модели, в которой измеряется риск и на основе этого измерения оценивается ставка дисконтирования, в отличие от метода опроса, дает несколько преимуществ:

- Должным образом разработанная модель риска и доходности устанавливает разумные границы для ожидаемой доходности. Например, ожидаемая доходность от рискового актива как в САРМ, так и в АРМ будет превосходить доходность безрискового актива. В отношении результатов опроса никаких ограничений подобного рода не существует.
- Модель риска и доходности, связывая ожидаемую доходность с риском, а риск с ранее определенными факторами, позволяет аналитику при оценке ставок дисконтирования упреждать, а не реагировать. Например, в контексте САРМ ожидаемая доходность на инвестиции определяется ее коэффициентом бета, который, в свою очередь, зависит от цикличности бизнеса (куда осуществляются инвестиции) и принимаемого финансового рычага. Таким образом, аналитик, знающий, как, согласно ожиданиям, будет меняться с течением времени финансовый рычаг в инвестициях, сумеет соответствующим образом откорректировать коэффициент бета этих инвестиций и использовать его в оценке. В опросном подходе подобного механизма не существует.
- Когда в период анализа конечный инвестор неизвестен, как в случае с секьюритизируемыми инвестициями в недвижимость, модель ри-

ска и доходности предоставляет основу для оценки ставок дисконтирования для гипотетического финансового инвестора.

Потребность в хорошей модели риска и доходности становится более насущной, когда рынки недвижимости становятся доступными для институциональных инвесторов и больше инвестиций осуществляется с целью секьюритизации. Те же самые тенденции делают инвестиции в недвижимость более похожими на финансовые инвестиции (за счет повышения их ликвидности). Рано или поздно те же самые модели, используемые для оценки риска и ставок дисконтирования для финансовых активов, также будут использоваться для оценки риска и ставок дисконтирования при инвестициях в недвижимость.

От стоимости привлечения собственного капитала к стоимости привлечения капитала. Помимо стоимости привлечения собственного капитала, есть два других входных параметра, которые необходимы для оценки стоимости привлечения капитала. Один из них — стоимость заимствования, оценка которой значительно проще, чем оценка стоимости привлечения собственного капитала. У нас есть два варианта выбора:

1. Если мы привлекаем капитал для новых инвестиций в недвижимость, то можем применять фиксированные процентные ставки по банковским кредитам, используемым для финансирования инвестиций. Однако, выполняя подобную оценку, следует знать условия предоставления банковского кредита, а также учитывать наличие других издержек у фирмы, занимающейся недвижимостью. Например, требование о поддержании компенсационного остатка в течение срока кредита увеличивает фактическую стоимость заимствования.
2. 2. Мы можем рассмотреть способность инвестиций в недвижимость покрывать банковские платежи (что является эквивалентом коэффициента процентного покрытия), оценить синтетический рейтинг и использовать его для оценки стоимости заимствования до уплаты налогов. По существу, мы можем модифицировать числитель, включив в него износ, поскольку инвестиции имеют ограниченный период жизни и не должны требовать значительных реинвестиций.

Для того чтобы оценить стоимость заимствования после уплаты налогов, мы используем предельную ставку налога для физического лица или предприятия, инвестирующего в недвижимость. В большинстве инвестиций в недвижимость коэффициент долга обычно оценивается путем изучения соотношения привлеченного долгового и долевого капитала. Таким образом, если стоимость строительства какой-либо недвижимости составляет $4 млн, и инвестор для его финансирования занимает $3 млн, то коэффициент долга составляет 75%. Хотя мы и будем придерживаться этого правила, не следует забывать, что коэффициенты должны основываться на стоимости недвижимости, а не на потребностях в финансировании. Таким образом, если ожидаемая стоимость какой-либо недвижимости после ее постройки будет составлять $5 млн, то используемый коэффициент долга должен быть равен 60% ($3 млн/$5 млн). Безусловно, это создает замкнутый круг, поскольку для оценки стоимости недвижимости в первую очередь необходима стоимость привлечения капитала.

Разграничение между стоимостью привлечения собственного капитала и стоимостью привлечения капитала, представленное в главе 7, является значительным. Если дисконтируемые денежные потоки — это денежные потоки до уплаты долга (т. е. денежные потоки фирмы), то подходящая ставка дисконтирования будет равна стоимости привлечения капитала. Если вы используете этот подход, то оцениваете объект недвижимости в целом, а если вы долевой инвестор, то должны вычесть стоимость долга, чтобы получить стоимость собственного капитала при инвестициях в недвижимость. Если денежные потоки, дисконтируемые по сделке с недвижимостью, — это денежные потоки после вычета процентных и основных платежей или денежные потоки на собственный капитал, то в качестве подходящей ставки дисконтирования выступает стоимость привлечения собственного капитала. В этом случае мы напрямую оцениваем собственный капитал при инвестициях в недвижимость.

Оценка денежных потоков

Не все инвестиции в недвижимость генерируют денежные потоки. Для тех инвестиций, которые их создают, денежные потоки могут оцениваться в основном так же, как оцениваются денежные потоки по финансовым активам. Завершающая цель — это оценка денежных потоков после уплаты налогов. Как и с финансовыми активами, они могут оцениваться с точки зрения долевых инвесторов, для которых они являются денежными потоками, остающимися после всех операционных расходов, погашения долговых обязательств (выплаты процентов и основного долга) и капитальных затрат. Таким же образом денежные потоки могут оцениваться и для всех инвесторов (долговых и долевых) в недвижимость. По сути, они есть эквивалент денежных потоков фирмы до погашения долговых обязательств.

Приток денежных средств. Денежные потоки от инвестиций в недвижимость обычно принимают форму арендной платы и лизинговых платежей. При оценке арендной платы в будущие годы следует рассматривать прошлые тренды в динамике арендной платы, в условиях спроса и предложения в отношении предоставляемых под недвижимость участков, а также в общих экономических условиях.

В зданиях, построенных под офисы и многосемейное жилье, не обязательно сдаются в аренду сразу все помещения. Таким образом, коэффициент незанятости (т. е. доля помещений, которые не сданы в аренду в любой момент времени) должен прогнозироваться наряду с рыночной арендной платой. Даже на рынках с недостатком предложения бывают периоды, когда помещения нельзя сдать в аренду, что обусловливает некоторую долю незанятых площадей. Таким образом, независимо от спроса нельзя ожидать, что уровень заполнения здания будет равен 100%. В отношении новых зданий в прогнозах следует учитывать, сколько времени вначале потребуется, чтобы арендаторы сняли помещения. Очевидно, чем больше времени на это уходит, тем меньше будет стоимость здания, определенная на основе дисконтированных денежных потоков.

В случае арендуемой недвижимости условия аренды могут повлиять на планируемую выручку от аренды. Если доходные помещения подлежат сдаче в аренду, то условия аренды — такие как срок аренды, договорная арендная плата с ее увеличением в будущем, возмещаемые затраты и плата за возобновление аренды — будут определять оценки денежных потоков. Кстати, эта аренда может быть и нетто-арендой, когда съемщик берет на себя расходы по уплате налогов, страхованию и содержанию помещений в исправности.

Отток денежных средств. Расходы в связи с инвестициями в недвижимость включают такие статьи, как налог на имущество, страхование, ремонт и техническое обслуживание и реклама, которые не связаны с занятостью здания и являются фиксированными, а также расходы на коммунальные услуги, которые являются функцией занятости и относятся к переменным. Кроме того, на планируемые расходы влияют следующие факторы:

- *Возможность возмещения.* Некоторые расходы, которые несет владелец недвижимости, могут возмещаться съемщиком как часть контрактного соглашения.
- *Установление пределов роста расходов.* Во многих случаях аренда офисных помещений предполагает плату, компенсирующую собственнику увеличение операционных расходов сверх оговоренного в контракте уровня. Любое увеличение сверх этого уровня должно быть оплачено съемщиком.

При многих инвестициях в недвижимость налоги на имущество представляют собой наиболее значительную статью расходов, меняющихся не только из-за изменения налогового законодательства, но и потому, что зачастую они основаны на расчетных стоимостях.

Ожидаемый рост. Для того чтобы оценить будущие денежные потоки, нам необходимо определить ожидаемые темпы роста как арендной платы / лизинговых платежей, так и расходов. Ключевым фактором при оценке темпов роста являются ожидаемые темпы инфляции. На стабильном рынке недвижимости предполагаемый рост денежных потоков должен быть близок к ожидаемым темпам инфляции. На рынке с ограниченным предложением и высоким уровнем занятости площадей (соответственно, низким уровнем незанятости), по всей вероятности, ожидаемые темпы роста арендной платы окажутся выше ожидаемых темпов инфляции, по меньшей мере до тех пор, пока не исчезнет рыночный дефицит. Возможно, то же самое справедливо и в зеркальном порядке для рынков с высокими уровнями незанятых помещений.

Через опросы для оценки ставок дисконтирования, упомянутые выше, также собирается информация относительно ожидаемого инвесторами роста. Интересно, что, хотя и наблюдаются существенные различия между инвесторами в ставках дисконтирования, ожидаемые темпы роста денежных притоков и оттоков имеют небольшой диапазон. Например, в 2000 г. проведенный компанией Cushman and Wakefield опрос инвесторов, представляющих широкий диапазон рынков, выявил, что все они оценивают ожидаемый рост денежных потоков в пределах 4–6%.

Как контроль над арендной платой повлияет на эти оценки? Устанавливая потолок настолько высоко, насколько значительными могут быть эти увеличения, без введения нижнего предела (пола), этот контроль, как правило, приводит к снижению с течением времени ожидаемых темпов роста денежных потоков. Неопределенность в законодательстве о контроле над арендной платой, связанная с определением уровня потолка и с тем, будут ли пересматриваться законы, создает при оценке дополнительную ошибку.

Заключительная стоимость. Во всех моделях оценки дисконтированных денежных потоков ключевым входным параметром является оценка заключительной стоимости, т. е. стоимости актива, оцениваемой в конце временного горизонта инвестиций. Для оценки заключительной стоимости используются три основных подхода:

1. Можно допустить, что, прежде чем будет достигнута заключительная стоимость, темпы роста текущей стоимости имущества будут равны ожидаемым темпам инфляции. Таким образом, заключительная стоимость имущества, в настоящее время равная \$10 млн, через 10 лет будет равна \$13,44 млн, если ожидаемые темпы инфляции составят 3% (заключительная стоимость = $\$10 \times 1{,}03^{10}$). Опасность, связанная с этим подходом, обусловлена тем, что он начи-

нается с допущения, согласно которому текущая стоимость актива корректна, и затем предпринимается попытка оценить истинную стоимость актива.

2. Альтернатива этому подходу заключается в допущении, что денежные потоки заключительного года (последнего года инвестиционного горизонта) после этого будут продолжать расти постоянными темпами в течение бесконечного периода. Если делается это допущение, то заключительная стоимость актива будет равна:

$$\text{Заключительная стоимость собственного капитала/}$$
$$\text{/актива}_n = \text{ожидаемые } CF_{n+1}/(r - g),$$

где r — ставка дисконтирования (стоимость привлечения собственного капитала в случае заключительной стоимости собственного капитала, а также стоимость привлечения капитала, если речь идет о заключительной стоимости актива);

CF_t — денежные потоки (денежные потоки на собственный капитал, если это — заключительная стоимость собственного капитала, и денежные потоки фирмы, если заключительная стоимость является общей заключительной стоимостью).

Таким образом, если описанный ранее объект недвижимости в 10-м году принес чистые денежные потоки до уплаты долгов в размере \$1,2 млн, темпы роста ожидаемых денежных потоков составляют 3% в течение бесконечного периода после этого, а стоимость привлечения капитала равна 13%, то заключительная стоимость может быть записана следующим образом:

$$\text{Заключительная стоимость актива} = FCFF_{11}/(WACC - g) =$$
$$= 1{,}2\ (1{,}03)/(0{,}13 - 0{,}03) = \$12{,}36 \text{ млн.}$$

Допущение о бесконечности денежных потоков для некоторых аналитиков может показаться неудобным, но единственный способ компенсации заключается в требовании, чтобы каждый год откладывалось больше денег — с целью увеличения срока жизни имущества. Если используется этот подход, то мы могли бы допустить, например, что денежные потоки от износа реинвестируются в здание в форме капитальных затрат на техническое обслуживание.

3. Одной из вариаций на тему модели бесконечного роста является норма капитализации, используемая многими оценщиками недвижимости. В наиболее общей форме норма капитализации представляет собой величину, на которую делится операционная прибыль, чтобы получить стоимость имущества.

Стоимость имущества = операционная прибыль после уплаты налогов/ /норма капитализации.

Норма капитализации фактически представляет собой обратную величину мультипликатора «стоимость/EBIT», который использовался для оценки стоимости публично торгуемых компаний в главе 18.

Норму капитализации можно оценить тремя способами. Один из них заключается в использовании средней нормы капитализации похожего имущества, которое было недавно продано. Этот подход эквивалентен использованию коэффициента среднеотраслевой прибыли для оценки заключительной стоимости публично торгуемой компании. Второй способ состоит в использовании упомянутых ранее опросов, направленных на получение оценки нормы капитализации, которая применяется другими инвесторами в недвижимость. Третий способ — это оценка нормы капитализации в рамках модели дисконтированных денежных потоков. Для того чтобы увидеть связь с моделью бесконечного роста, допустим, что чистая операционная прибыль (до выплаты долга) равна также чистым денежным потокам фирмы (фактически мы допускаем, что расходы на капитальное техническое обслуживание равны износу). Тогда норма капитализации может быть записана как функция ставки дисконтирования и ожидаемых темпов роста:

$$\text{Норма капитализации} = (r - g)/(1 + g),$$

где r — ставка дисконтирования (стоимость привлечения собственного капитала, если капитализируется чистая прибыль, и стоимость привлечения капитала, если капитализируется операционная прибыль);

g — ожидаемые бесконечные темпы роста.

В этом примере норма капитализации равна:

$$\text{Норма капитализации} = (0{,}13–0{,}03)/1{,}03 = 9{,}70\%.$$

Если норма капитализации применяется к операционной прибыли следующего, а не текущего года, то можно проигнорировать знаменатель и использовать норму капитализации, равную 10%.

Модели оценки дисконтированных денежных потоков (DCF)

Когда определена ставка дисконтирования и оценены денежные потоки, стоимость актива, создающего доход, может быть определена либо в целом (путем дисконтирования денежных потоков фирмы по средневзвешенной стоимости привлечения капитала), либо для соответствующих долевых инвесторов (через дисконтирование денежных потоков на собственный

СПЕКУЛЯТИВНЫЕ ИНВЕСТИЦИИ В НЕЗАСТРОЕННУЮ ЗЕМЛЮ

Иногда застройщики покупают незастроенные участки не с намерением застроить их, а с целью удержания в надежде на значительный рост стоимости земли в период владения. Инвестиции в застроенную землю не создают положительных денежных потоков в период владения. По существу, только положительные денежные потоки и являются расчетной стоимостью земли по завершении периода владения. Если при этом в период владения надо платить налог на имущество и нести другие расходы, то на его протяжении возникнут отрицательные денежные потоки.

При анализе этих инвестиций можно использовать два подхода. Первый — это традиционный подход дисконтированных денежных потоков. Можно дисконтировать ожидаемые выплаты налога на имущество и другие расходы в течение периода владения и расчетную стоимость земли по его завершении — по стоимости привлечения капитала — и посмотреть, превосходит ли полученный результат сегодняшнюю стоимость земли. Фактически, для того чтобы эти инвестиции имели положительную чистую приведенную стоимость, ожидаемое увеличение цены земли должно быть больше стоимости привлечения капитала и ожидаемой годовой ставки налога на имущество. Для иллюстрации укажем, что если стоимость привлечения капитала составляет 10%, а годовая ставка налога на имущество — 2% от стоимости земли, то понадобится увеличение цены на 12% в год, чтобы приведенная стоимость притока денежных средств превзошла приведенную стоимость его оттока[1].

Другой подход состоит в рассмотрении земли как опциона, а ее застройки — как исполнения этого опциона. В этом случае можно рассматривать стоимость земли как опционную премию. Интересный вывод заключается в следующем: если наблюдается высокая изменчивость цены на землю, то можно принять решение о покупке земли, даже когда ожидаемые темпы увеличения цены ниже стоимости привлечения капитала. Более подробно этот феномен будет рассмотрен в главе 28.

капитал по стоимости привлечения собственного капитала). В следующей иллюстрации содержатся примеры оценки дисконтированных денежных потоков (discounted cash flow — DCF) в недвижимость.

ИЛЛЮСТРАЦИЯ 26.1. Оценка офисного здания в 2000 г.

В этой иллюстрации мы оценим офисное здание, расположенное в Нью-Йорке по адресу: Третья авеню, 711. Операционные характеристики здания следующие:

- Площадь помещений, подлежащая сдаче в аренду, составляет 528 357 кв. футов (49 137,2 м^2). В то время как 95% этих помещений подлежат сдаче в аренду в следующем году, ожидаемый уровень занятости площадей в следующие 4 года будет возрастать на 0,5% в год, и в 5-м году он достигнет 97%. Согласно ожиданиям, такой уровень будет наблюдаться в устойчивом состоянии.

---

[1] Мы исходим из того, что налоги на имущество в любой год основаны на расчетной стоимости земли, а не на первоначальной стоимости. В последнем случае темпы увеличения цены могут быть ниже.

- Средняя величина арендной платы на 1 кв. фут[1] (0,093 $м^2$) в последнем году составляла $28,07 ($301,83 за 1 $м^2$), и, согласно ожиданиям, она будет возрастать на 3% в год в бесконечной перспективе. Исторически возникали потери в размере 2,5% от арендной выручки в связи с неуплатой съемщиками арендных платежей.
- В здании есть гараж, обеспечивший в прошлом году доход в размере $800 000. В отношении этого дохода также ожидается, что он будет возрастать на 3% в год в бесконечной перспективе.
- Налог на недвижимое имущество в прошлом году составлял $5,24 за 1 кв. фут ($56,34 за 1 $м^2$), и, согласно ожиданиям, в следующие пять лет его рост будет составлять 4%, а после них — 3%.
- Земля под зданием сдается на условиях долгосрочной аренды, и арендная плата за нее в последнем году была равна $1,5 млн. Эта арендная плата в следующие 5 лет, предположительно, останется неизменной, а затем будет возрастать на 3% в год.
- Другие затраты, включая расходы на страхование, техническое обслуживание и коммунальные услуги, в последний год составили $6,50 за 1 кв. фут ($69,9 за 1 $м^2$), и, предположительно, они будут расти на 3% в год в бесконечной перспективе. Приблизительно 10% этих затрат возмещаются каждый год съемщиками (и, таким образом, становятся частью выручки).
- Вознаграждение управленческого аппарата в последний год составило $300 000 и, предположительно, будет возрастать на 3% в год в бесконечной перспективе.
- Ожидаемый износ здания в следующие пять лет составит $2 млн в год. Расходы на техническое обслуживание и усовершенствование капитала (включая улучшение арендованной недвижимости для новых съемщиков) в прошлом году достигли $1,5 млн, и в следующие пять лет они, предположительно, будут расти на 3% в год. Ожидается, что после пятого года износ будет возрастать на 3% в год в течение бесконечного периода, а расходы на поддержание капитала будут возмещать этот износ.

Потенциальный покупатель здания — корпорация, чья предельная ставка налога составляет 38%. Предположительно, фирма будет финансировать эту покупку на 60% за счет долга и на 40% за счет собственного капитала. В этом случае долг принимает форму долгосрочного кредита с единовременным погашением и с процентной ставкой 6,5%.

Шаг 1. Оценка стоимости привлечения капитала

Мы начинаем с попытки оценки стоимости привлечения собственного капитала. Хотя мы имели доступ к опросу, обеспечивающему информацию о типичных граничных ставках, используемых инвесторами в недвижимость для офисных зданий в Нью-Йорке, мы решили оценить стоимость привлечения собственного капитала по модели оценки капитальных активов, поскольку потенциальный покупатель — это корпорация (инвесторы которой являются диверсифицированными)[2]. Проведение этой оценки мы начнем со значения безрычагового коэффициента бета, равного 0,62 для инвестиционных трастов недвижимости в секторе офисных помещений. Рычаговый коэффициент бета мы оценим, используя сочетание долга и собственного капитала, предполагаемое в данном примере:

Рычаговый коэфф. бета = безрычаговый коэфф. бета [1 + (1 – ставка налога) × × (долг/собственный капитал)] = 0,62 [1 + (1–0,38) (0,6/0,4)] = 1,20.

Чтобы оценить стоимость привлечения собственного капитала, мы используем безрисковую ставку процента 5,4% и премию за риск, равную 4%:

Стоимость привлечения собственного капитала = безрисковая ставка + коэффициент бета × × премия за риск = 5,4% + 1,20 (4%) = 10,20%.

---

1 Величина арендной платы колеблется в зависимости от места в самом здании, так что более низкая арендная плата платится за подвальные помещения и нижние этажи, а более высокая арендная плата — за верхние этажи.

2 Отметим, что в диверсификации нуждаются именно инвесторы корпорации, а не сама корпорация.

Используя процентную ставку по банковским кредитам в качестве стоимости заимствования до уплаты налогов, мы оценим стоимость привлечения капитала:

Стоимость привлечения капитала = 10,20% (0,40) + 6,5% (1–0,38) (0,60) = 6,49%.

Мы допускаем, что полученное значение есть стоимость привлечения капитала в бесконечной перспективе[1].

Шаг 2. Оценка денежных потоков от здания

В нижеследующей таблице мы использовали операционную информацию, определенную ранее для оценки денежных потоков до выплат по долгам, связанным со зданием, в последующие пять лет.

	Базовый год/ допущение	*1*	*2*	*3*	*4*	*5*	*Заключ. год*
Помещения здания (кв. футы)*		528 357	528 357	528 357	528 357	528 357	
Занятость площадей (%)		95%	95,50%	96,00%	96,50%	97%	
Арендная плата ($ за кв. фут)	28,07	28,91	29,78	30,67	31,59	32,54	
Арендный доход ($)		14 512 115	15 026 149	15 557 965	16 108 166	16 677 377	17 177 698
Доход от гаража ($)	800 000	824 000	848 720	874 182	900 407	927 419	955 242
Выручка от возмещающих выплат ($)	10,00%	353 735	364 347	375 277	386 536	398 132	410 076
Потери ($)	2,50%	362 803	375 654	388 949	402 704	416 934	429 442
Общая выручка ($)		15 327 047	15 863 563	16 418 475	16 992 404	17 585 993	18 113 573
Затраты							
Налог на недвижимое имущество ($)	5,24%	2 879 334	2 994 508	3 114 288	3 238 860	3 368 414	3 469 466
Аренда земли ($)	1 500 000	1 500 000	1 500 000	1 500 000	1 500 000	1 500 000	1 545 000
Другие затраты ($)	6,50%	3 537 350	3 643 471	3 752 775	3 865 358	3 981 319	4 100 758
Вознаграждение менеджмента ($)	300 000	309 000	318 270	327 818	337 653	347 782	358 216
Общие затраты ($)		8 225 684	8 456 248	8 664 881	8 941 870	9 197 515	9 473 440
Операционная прибыль до износа ($)		7 101 363	7 407 314	7 723 594	8 050 534	8 388 478	8 640 133
Износ ($)	2 000 000	2 000 000	2 000 000	2 000 000	2 000 000	2 000 000	2 060 000
Операционная прибыль ($)		5 101 363	5 407 314	5 723 594	6 050 534	6 388 478	6 580 133
Налоги ($)	38%	1 938 518	2 054 779	2 174 966	2 299 203	2 427 622	2 500 450
Операционная прибыль после уплаты налогов ($)		3 162 845	3 352 535	3 548 628	3 751 331	3 960 857	4 079 682
+ Износ ($)		2 000 000	2 000 000	2 000 000	2 000 000	2 000 000	2 060 000
– Затраты на обслуживание и усовершенствование арендованной недвижимости ($)	1 500 000	1 545 000	1 591 350	1 639 091	1 688 263	1 738 911	2 060 000
Денежные потоки фирмы ($)		3 617 845	3 761 185	3 909 538	4 063 068	4 221 946	4 079 682

* 1 кв. фут = 0,093 м^2.

[1] Это предполагает, что существующий долг по окончании его срока будет рефинансироваться за счет нового долга.

Поскольку рост каждой из этих статей после пятого года будет составлять 3%, мы оцениваем денежные потоки в шестом году как в заключительном. Заключительная стоимость здания была рассчитана на основе денежных потоков с темпами роста 3% в бесконечной перспективе и при стоимости привлечения капитала 6,49%:

Заключительная стоимость = $FCFF_6$/(стоимость привлечения капитала – ожидаемые темпы роста) = = $4 079 682/(0,0649–0,03) = $116 810 659.

Приведенная стоимость ожидаемых денежных потоков в последующие пять лет и заключительная стоимость, представленные в следующей таблице, дают стоимость здания:

	1	*2*	*3*	*4*	*5*
Денежные потоки фирмы ($)	3 617 845	3 761 185	3 909 538	4 063 068	4 221 946
Заключительная стоимость ($)					166 810 659
Приведенная стоимость @ 6,49% ($)	3 397 275	3 316 547	3 237 186	3 159 199	90 928 871

Сумма приведенной стоимости денежных потоков составляет $101,48 млн. Это и есть расчетная (оценочная) стоимость здания.

ИЛЛЮСТРАЦИЯ 26.2. Оценка долевого участия во владении зданием

Предыдущий анализ можно сделать применительно только к долевому участию в строительстве здания 711 на Третьей авеню. Для этого мы сначала оценим долг в долларах, который будет взят с целью покупки этого здания. Допуская, что здание имеет стоимость $101,48 млн (на основании предыдущей иллюстрации), а затем используя коэффициент долга 60%, мы оцениваем долг в $60,89 млн:

Долг = стоимость здания × коэффициент долга = $101,48 млн × 0,6 = $60,89 млн.

Поскольку это кредит с единовременным погашением, то процентные выплаты по долгу будут оставаться одними и теми же каждый год при ставке 6,5%:

Годовые процентные выплаты = долг ($) × процентная ставка = $60,89 млн × 0,065 = $3,96 млн.

Подходящей ставкой дисконтирования для оценки долевого участия в строительстве здания является стоимость заимствования, которая в данном анализе оценивается в размере 10,20%.

Оценка денежных потоков на собственный капитал

Денежные потоки на собственный капитал оцениваются каждый год путем вычитания процентных выплат из прибыли и соответствующей корректировки налогов. Нижеследующая таблица содержит денежные потоки на собственный капитал за каждый год в последующие пять лет.

	1	*2*	*3*	*4*	*5*
Площадь здания (кв. футы)*	528 357	528 357	528 357	528 357	528 357
Занятость площадей (%)	95,00	95,50	96,00	96,50	97,00
Арендная плата ($ за кв. фут)	28,91	29,78	30,67	31,59	32,54
Арендный доход ($)	14 512 115	15 026 149	15 557 965	16 108 166	16 677 377
Доход от гаража ($)	824 000	848 720	874 182	900 407	927 419
Выручка от возмещающих выплат ($)	353 735	364 347	375 277	386 536	398 132
Потери ($)	362 803	375 654	388 949	402 704	416 934
Общая выручка ($)	15 327 047	15 863 563	16 418 475	16 992 404	17 585 993
Затраты					
Налоги на недвижимое имущество ($)	2 879 334	2 994 508	3 114 288	3 238 860	3 368 414

	1	2	3	4	5
Аренда земли ($)	1 500 000	1 500 000	1 500 000	1 500 000	1 500 000
Другие затраты ($)	3 537 350	3 643 471	3 752 775	3 865 358	3 981 319
Вознаграждение менеджмента ($)	309 000	318 270	327 818	337 653	347 782
Расходы на выплату процентов ($)	3 957 737	3 957 737	3 957 737	3 957 737	3 957 737
Общие затраты ($)	12 183 422	12 413 986	12 652 618	12 899 608	13 155 252
Чистая прибыль до износа и уплаты налогов ($)	3 143 625	3 449 577	3 765 856	4 092 797	4 430 741
Износ ($)	2 000 000	2 000 000	2 000 000	2 000 000	2 000 000
Операционная прибыль ($)	1 143 625	1 449 577	1 765 856	2 092 797	2 430 741
Налоги ($)	434 578	550 839	671 025	795 263	923 682
Чистая прибыль ($)	709 048	898 738	1 094 831	1 297 534	1 507 059
+ Износ ($)	2 000 000	2 000 000	2 000 000	2 000 000	2 000 000
– Затраты на обслуживание и усовершенствование арендованной недвижимости ($)	1 545 000	1 591 350	1 639 091	1 688 263	1 738 911
Денежные потоки на собственный капитал ($)	1 164 048	1 307 388	1 455 741	1 609 271	1 768 148

* 1 кв. фут = 0,093 м^2.

В пятом году мы также оцениваем заключительную стоимость собственного капитала путем вычитания выплаты долга из заключительной стоимости здания, оцененной в предыдущей иллюстрации:

Заключительная стоимость собственного капитала =
= заключительная стоимость здания — долг = $116,81 млн – $60,89 млн = $55,92 млн.

Оценка стоимости собственного капитала

Приведенная стоимость денежных потоков на собственный капитал в следующие пять лет и заключительная стоимость рассчитаны в нижеследующей таблице:

	1	2	3	4	5
Денежные потоки на собственный капитал ($)	1 164 048	1 307 388	1 455 741	1 609 271	1 768 148
Заключительная стоимость ($)					55 922 390
Приведенная стоимость @ 10,20% ($)	1 056 435	1 076 833	1 088 178	1 091 735	35 519 318

Стоимость долевого участия составляет $39,83 млн. Добавление этой величины к стоимости полученного долга в размере $60,89 млн дает нам расчетную стоимость здания:

Расчетная стоимость здания = $60,89 млн + $39,83 млн = $100,72 млн.

Почему возникает разница между данной оценкой стоимости имущества и полученной нами в предыдущей иллюстрации? Причина проста. Значение коэффициента долга, которое, по нашим предположениям, равно 60% и остается постоянным при оценке стоимости привлечения капитала, потребует от нас дополнительных заимствований каждый год в следующие пять лет, поскольку стоимость здания будет увеличиваться почти на 3% в год. Налоговые выигрыши от этого дополнительного долга в предыдущей иллюстрации были неявным образом встроены в оценку здания, но проигнорированы при оценке собственного капитала в данной иллюстрации. Если мы станем рассматривать эти налоговые выигрыши, то получим ту же стоимость.

ОЦЕНКА НЕДВИЖИМОСТИ НА ПРАКТИКЕ: СРАВНЕНИЕ

Здание 711 на Третьей авеню было реально оценено оценщиком для продажи по модели дисконтированных денежных потоков. Хотя многие базовые допущения в нашей оценке были взяты из его работы, стоимость, полученная оценщиком, составляла $70 млн, что на треть ниже нашей оценки. Главные различия между нашей оценкой и выводами оценщика заключаются в следующем:

- Оценка была осуществлена исключительно на основе денежных потоков до уплаты налогов. Это означает, что износ и налоговые выгоды не учитывались.
- Используемая ставка дисконтирования составляла 11,5% и была рассчитана на основе проведенного оценщиком частного опроса лиц, инвестирующих в недвижимость. Хотя в оценке ничего и не говорилось, но ставка дисконтирования, по всей вероятности, использовалась доналоговая (чтобы обеспечить согласованность с оценкой денежных потоков) и была представлена как рентабельность совокупных инвестиций (а не только долевых вложений). Это выше, чем стоимость привлечения использованного капитала.
- Заключительная стоимость оценивалась через норму капитализации, составляющую 9,0% и рассчитанную на основе опроса (для расчета заключительной стоимости операционная прибыль в пятом году была разделена на 9,0%).

Можно сказать, что при использовании денежных потоков и ставок дисконтирования, исчисленных до уплаты налогов, будет упускаться из виду та часть стоимости, которая проистекает из износа и процентных выплат, подлежащих вычету из налогооблагаемой базы, и, следовательно, стоимость здания будет занижаться. Если допустить, что ставка дисконтирования определена корректно — как стоимость привлечения капитала до уплаты налогов, — то использование опросов для оценки и этой величины, и заключительного коэффициента выглядит некорректным, в особенности в свете факта, свидетельствующего, что покупатель здания — корпорация с диверсифицированными инвесторами.

Ограничения оценки на основе дисконтированных денежных потоков

Можно указать на множество причин, почему оценка дисконтированных денежных потоков непригодна для недвижимости. Во-первых, утверждают, что в отношении большей части инвестиций в недвижимость ставку дисконтирования трудно (если вообще возможно) оценить. Мы, однако, показали, что это не обязательно так. Во-вторых, утверждают, что проведение оценки денежных потоков на временном горизонте, равно как и оценки заключительной стоимости, — очень утомительное и трудное дело. Вместе с тем гораздо легче оценить денежные потоки от недвижимости, чем от некоторых финансовых инвестиций (например, в быстро растущие акции).

В-третьих, утверждают, что оценка дисконтированных денежных потоков не отражает рыночных обстоятельств, т. е. не отвечает на вопрос, является ли рынок слабым или сильным во время оценки. Это утверждение можно отвергнуть на двух уровнях. На одном уровне денежные потоки должны отражать рыночные обстоятельства, поскольку в условиях сильного рынка они будут выше по величине (более высокая арендная плата и более низкий уровень пустующих помещений) при повышенном росте. На другом уровне любая дополнительная стоимость, вменяемая рынком независимо от размера денежных потоков, может рассматриваться как неправильная оценка и не должна встраиваться в расчетную стоимость в первую очередь.

СРАВНИТЕЛЬНАЯ/ОТНОСИТЕЛЬНАЯ ОЦЕНКА

Аналогично тому, как для оценки финансовых активов используются мультипликаторы «цена/прибыль» и «цена/балансовая стоимость», инвестиции в недвижимость можно оценивать, используя стандартизированные меры стоимости и сопоставимые активы. Поступать подобным образом можно по нескольким причинам.

- Это обеспечивает механизм для оценки активов, не создающих денежных потоков. Например, стоимость жилого дома для одной семьи, купленного как основное место проживания, может оцениваться путем изучения подобных видов недвижимости в том же районе.
- Это предполагает учет рыночных тенденций, которые по ряду причин могли не найти отражения в денежных потоках. Могут существовать замороженные арендные платежи по локальным помещениям, хотя рыночные стоимости выросли, но законы о контроле над арендной платой могут не допускать роста арендной платы вместе с ростом рыночной стоимости.
- Утверждается также, что оценку, основанную на сопоставимых активах, осуществить гораздо легче, чем оценку дисконтированных денежных потоков, поскольку она не требует (по крайней мере, в явном виде) оценки ставок дисконтирования и денежных потоков.

Что считается сопоставимым активом?

Ключевым ограничением всех подходов, основанных на сопоставимых активах, является определение самого сопоставимого актива. В случае акций различия в росте, риске и коэффициентах выплат между акциями должны корректироваться до сравнения мультипликаторов «цена/прибыль». Многие аналитики ограничивают свои сравнения акций одной отраслевой группой, чтобы обеспечить относительную однородность. Для случая с недвижимостью различия в генерировании доходов, размере, масштабе, местоположении, возрасте и качестве постройки должны учитываться прежде, чем будет выполнено сравнение. Среди этих корректировок есть и простые (например, корректировки, которые делаются для учета различий в размере), и субъективные (как те, что выполняются для учета различий в местоположении).

Использование оценок нормализованной стоимости

При оценке актива на основе сопоставимых активов стоимость для целей сравнения должна быть нормализована. В отношении акций нормализация зачастую выполняется путем деления цены акции на прибыль на акцию или на балансовую стоимость на акцию. В случае недвижимости эта корректировка достигается следующим образом:

- *Размер*. Простейшей нормализованной мерой является цена за 1 кв. фут, которая приводит стоимость к размеру здания. В отношении арендной платы за офисы, где количество квадратных футов представляет ключевой фактор, определяющий арендную выручку, это может быть полезной корректировкой. Однако он не выявляет различий в каком-либо ином измерении.
- *Доход*. Стоимость актива может быть нормализована через его доход. Например, коэффициент валового дохода (цена недвижимости/валовой годовой доход) есть мера стоимости, нормализуемой по доходу. Преимущество этого подхода заключается в том, что доход включает в себя различия в масштабе, качестве постройки и местоположении[1]. Валовой доход должен быть до осуществления долговых выплат, поскольку различия в рычаге могут вызвать большие расхождения в доходе, доступном для инвесторов в собственный капитал.

Почему сопоставление может быть более эффективным применительно к недвижимости, чем к акциям

Одна из трудностей в использовании сопоставимых активов для оценки акций состоит в сильном разбросе характеристик риска и роста, наблюдаемом для различных акций даже в отраслях одного класса. В случае объектов недвижимости в одном и том же месте можно утверждать, что характеристики роста и риска у этих объектов очень близки.

[1] Здания лучшего качества и с лучшим местоположением должны иметь более высокое соотношение «рента/аренда» и более высокий ожидаемый доход, чем другие здания.

ИЛЛЮСТРАЦИЯ 26.3. *Оценка недвижимости, основанная на сопоставимых активах в 2000 г.*

Рассмотрим недвижимость по адресу: Третья авеню, 711, которая ранее оценивалась на основе дисконтированных денежных потоков. Для настоящей оценки мы используем восемь других объектов недвижимости в той части же Манхэттена с почти такими же характеристиками, как и оцениваемое здание, которые были недавно проданы. Нижеследующая таблица содержит характеристики этих объектов недвижимости и цены, по которым они были проданы:

Объект недвижимости	*Площадь (кв. футы)*	*Уровень занятости (%)*	*Цена продажи ($)*	*Цена за кв. фут ($)*	*Чистая операционная прибыль на кв. фут ($)*	*Цена/чистая операционная прибыль (NOI)*
Третья авеню, 900	560 000	99	182 000 000	325,00	26,98	12,05
Третья авеню, 767	456 007	95	95 000 000	208,33	Н. д.	
Мэдисон авеню, 350	310 000	97	70 060 000	226,00	17,6	12,84
Седьмая авеню, 888	838 680	96	154 500 000	184,22	Н. д.	
Третья авеню, 622	874 434	97	172 000 000	196,70	Н. д.	
58-я стрит, 150, к востоку от Пятой авеню	507 178	95	118 000 000	232,66	16,52	14,08
Авеню Америки, 1065	580 000	95	59 000 000	101,72	Н. д.	
Седьмая авеню, 810	646 000	95	141 000 000	218,27	15,17	14,39
В среднем		96,13		211,61		13,34

Недвижимость на Третьей авеню, 711 имеет 528 357 кв. футов помещений, подлежащих сдаче в аренду, уровень занятости — 95% и генерируемая чистая операционная прибыль (NOI) в последнем году — $6,107 млн. На основе средней цены за 1 кв. фут стоимость недвижимости рассчитывается:

Стоимость недвижимости на Третьей авеню, 711 =
= количество кв. футов × цена за 1 кв. фут = 528 357 кв. футов × $211,61 за кв. фут = $111,807 млн.

Если мы сделаем корректировку для учета того факта, что уровень занятости на Третьей авеню, 711 несколько ниже, то получим следующую стоимость:

Стоимость недвижимости на Третьей авеню, 711 = количество кв. футов × (уровень занятости$_{\text{Третья авеню, 711}}$/
/средний уровень занятости) × цена за 1 кв. фут = 528 357 кв. футов × (95% /96,13%) × $211,61 = $110,498 млн.

Наконец, если мы применим к этой недвижимости мультипликатор операционной прибыли, основываясь на четырех объектах недвижимости, по которым он известен, то получим:

Стоимость недвижимости на Третьей авеню, 711 =
= чистая операционная прибыль × (средняя цена/чистая операционная прибыль) = 6,107 × 13,34 = $81,470 млн.

Какое из этих значений стоимости следует использовать, будет зависеть от того, рассматриваем ли мы более низкую операционную прибыль на 1 кв. фут на Третьей авеню, 711 как следствие плохого менеджмента или плохой характеристики здания (местоположение и качество). В первом случае мы можем уплатить за него более высокую стоимость ($111 млн). В последнем случае мы заплатим только $81,4 млн.

Регрессионный подход

Одним из подходов, используемых для расширения возможностей получения сравнительной оценки акций, является регрессионный подход, где строится регрессия мультипликаторов «цена/прибыль» и «цена/балансовая стоимость» по независимым переменным, вызывающим различия в этих коэффициентах (таким, как риск, рост и окупаемость). Поскольку переменные, вызывающие различия в стоимости недвижимости в каком-либо месте, вполне очевидны, и помимо всего прочего к ним относятся уровень занятости площадей, размер и способность создавать доход, то кажется, что относительно просто расширить этот подход для анализа недвижимости.

ИЛЛЮСТРАЦИЯ 26.4. *Регрессионный подход*

Мы можем вычислить цену за 1 кв. фут для восьми объектов недвижимости из иллюстрации 24.3 по отношению к уровням занятости площадей и получить следующее:

Цена за 1 кв. фут = –2535,50 + 2857,86 уровень занятости R^2 = 46%.

[2.07] [2.25]

Используя эту регрессию, мы получим расчетную цену за 1 кв. фут для здания по адресу Третья авеню, 711 при уровне его занятости в 95%:

Цена за 1 кв. фут = –2535,70 + 2857,86 (0,95) = $179,46.

Стоимость здания на Третьей авеню, 711 = 528 357 × $179,46 = $94,820 млн.

Очевидно, что эта регрессия имеет ограниченные возможности, поскольку есть только восемь наблюдений, а уровни занятости выглядят как очень близкие. Если бы мы могли получить информацию по большему числу объектов недвижимости и включить переменные, имеющие более существенные различия, например измеряющие возраст здания, то наши возможности расширились бы, позволив сделать более точные предсказания.

ОЦЕНКА БИЗНЕСА В СФЕРЕ НЕДВИЖИМОСТИ

Значительная часть данной главы посвящена оценке объектов недвижимости. В данном разделе представлено расширение этого анализа для оценки бизнеса в сфере недвижимости. Для того чтобы оценить такой бизнес, следует рассмотреть источники прибыли, а затем изучить его организационную структуру.

Источники прибыли

Бизнес в сфере недвижимости широко различается в том, как он создает прибыль, поэтому подход к оценке также будет различным. В частности, мы можем разбить фирмы, занимающиеся недвижимостью, на четыре типа:

1. *Прибыль от услуг*. Некоторые фирмы создают прибыль просто в результате предоставления услуг по управлению и поддержке недвижимости для ее владельцев, таких как услуги, связанные

с продажей, поддержанием безопасности или техническим обслуживанием. Оценка этих фирм достаточно проста, она требует предположений относительно способа определения вознаграждения (например, многие контракты на оказание услуг по управлению предполагают процент от валового дохода от недвижимости) и прогнозов, насколько прибыль, связанная с этим вознаграждением, будет расти с течением времени. Более эффективные фирмы или фирмы с лучшей репутацией (брендом) в состоянии потребовать установления более высокого вознаграждения и будут стоить больше.

2. *Строительство объектов недвижимости*. В этом виде бизнеса прибыль создается на строительстве объектов недвижимости — жилой и коммерческой. Обычно фирмы согласны обеспечивать единицы недвижимости по установленной в контракте цене и создают прибыль благодаря своей способности строить эти объекты с более низкими издержками. Фирмы, являющиеся более эффективными в плане издержек, как правило, создают более высокую прибыль и стоят больше. Опять-таки, репутация может породить определенные отличия, и фирмы, связанные с качественным строительством, смогут потребовать повышенных премиальных цен.
3. *Застройка*. При этом бизнесе обычно покупают незанятую или недоиспользованную землю, осуществляют новое строительство и продают единицы недвижимости инвесторам в недвижимость. В данном бизнесе обычно не держатся за собственность ради создания текущей прибыли. Стоимость этого бизнеса будет определяться его способностью к измерению рыночного спроса, а также к завершению строительства быстро и с низкими издержками.
4. *Инвестиции в недвижимость*. Этот вид бизнеса генерирует прибыль в результате покупок недвижимости. Простейший способ оценки такого бизнеса состоит в оценке каждого из находящихся во владении объектов недвижимости и агрегировании этих оценок. Но к этой стоимости может быть прибавлена премия, если этот бизнес проявляет способность снова и снова покупать недооцененную недвижимость.

Таким образом, факторы, которые нам следует рассматривать при оценке бизнеса в сфере недвижимости, являются теми же, что и при любой оценке, — это способность генерировать не просто денежные потоки, но и избыточную доходность, а также неопределенность, которая связана с этими денежными потоками.

Организационная структура

Существуют четыре основные организационных формы, доступные для бизнеса в сфере недвижимости, к ним относятся: инвестиционный траст недвижимости (REIT), общее товарищество с ограниченной ответственностью (MLP), бизнес-траст и корпорация по недвижимости. Они отличаются главным образом структурой налогообложения и ограничениями в отношении инвестиций и дивидендной политики.

Структура налогообложения. Единое налогообложение является характерным для REIT и MLP, поскольку и та, и другая формы облагаются налогом на уровне инвестора, а не на уровне фирмы. Этот выигрыш на налогах предоставлен REIT для компенсации определенных инвестиций и ограничений дивидендной политики, которых эти трасты должны придерживаться. MLP получают единый налоговый статус, только если они инвестируют в определенные виды деятельности, такие как недвижимость, нефть и газ. В противном случае в налоговых целях MLP рассматриваются как корпорации. Этого преимущества в налогообложении не существует для бизнес-трастов и корпораций, у которых налогом облагаются как прибыль на уровне организации, так и дивиденды на уровне инвесторов.

Какие это имеет последствия для оценки? При оценке инвестиционных трастов недвижимости и общих товариществ с ограниченной ответственностью ставка налога, используемая для оценки денежных потоков и ставки дисконтирования, равна нулю. Это не означает отсутствия налогового выигрыша от износа и процентных выплат, поскольку они все же переходят к конечным инвесторам. При оценке корпораций по недвижимости для определения денежных потоков и ставок дисконтирования должна использоваться предельная ставка налога на прибыль корпораций.

Ограничения в отношении инвестиций и дивидендной политики. Налоговый кодекс требует, чтобы REIT перечисляли 95% своей налогооблагаемой прибыли акционерам, что сильно ограничивает использование этими трастами внутреннего финансирования. Следовательно, REIT должны регулярно возвращаться на рынки капитала, которые, в свою очередь, предполагают дисциплину и мониторинг. Далее, кодекс требует, чтобы как минимум 75% валовой прибыли REIT проистекало из недвижимости. REIT также должен быть пассивным каналом для инвестиций, т. е. прибыль от использования недвижимости, находящейся на его балансе менее четырех лет, и прибыль от продажи ценных бумаг, хранящихся у него менее одного года, должны составлять менее 30% его прибыли. REIT не могут участвовать в активных операциях с недвижимостью. Они не вправе функционировать как фирмы, заниматься застройкой и торговать недвижимостью или продавать более пяти объектов недвижимости в год. REIT запрещено осуществлять освобожденный от налога на прирост капитала обмен с целью приобретения недвижимости. Хотя для MLP не существует никаких ограничений на выплату дивидендов, высокий коэффициент выплат является вероятным, поскольку партнеры облагаются налогом независимо от того, получают ли они фактически доход или его аккумулируют MLP. Этот факт должен быть взвешен с учетом инвестиционных возможностей MLP. Эмпирические данные указывают, что MLP выплачивают большую долю своей прибыли в качестве дивидендов. Хотя MLP имеют ограничения на участие в операциях с недвижимостью, не существует никаких ограничений в отношении сути этих операций или управления ими. Следовательно, MLP могут активно и напрямую участвовать в торговле недвижимостью или в бизнесе в сфере недвижимости. Для MLP нет никаких ограничений на число объектов недвижимости, которое может быть продано в любом году. Бизнес-трасты и корпорации не имеют никаких ограничений на выплату дивидендов и могут участвовать в любых операциях с недвижимым и движимым имуществом за исключением тех, которые запрещены в уставе при создании, соответственно, траста или корпорации.

Последствия для оценки оказываются значительными. При оценке REIT и MLP мы должны допускать, что большая часть прибыли будет выплачена в качестве дивидендов. Если мы не предполагаем внешнего финансирования, то оценки ожидаемого роста будут низкими независимо от того, насколько хорошо управляются рассматриваемые нами предприятия. Если же мы допускаем возможность внешнего финансирования, то у нас может получиться быстрый ожидаемый рост. Причем число долей в собственном капитале фирмы будет пропорционально расти, что ограничит потенциальное увеличение цены в расчете на одну долю. Ограничения в отношении инвестиционной политики приведут также к ограничениям возможности изменения с течением времени рентабельности капитала.

ЗАКЛЮЧЕНИЕ

Многое из сказанного в настоящей главе повторяет то, что говорилось в более ранних главах относительно оценки акций. Это связано с тем, что инвестиции в недвижимость могут (и должны) оцениваться на основе тех же подходов, которые используются для оценки финансовых активов. Хотя структура и толкование моделей дисконтированных денежных потоков остаются неизменными применительно к инвестициям в недвижимость, есть несколько практических проблем, которые могут возникнуть и должны быть разрешены. В частности, инвестиции в недвижимость не торгуются на регулярной основе, а параметры риска (и ставки дисконтирования) трудно оценить. Инвестиции в недвижимость также можно оценить, используя сопоставимые инвестиции, однако трудности в идентификации сопоставимых активов и учете различий между ними по-прежнему остаются существенной проблемой.

КОНТРОЛЬНЫЕ ВОПРОСЫ

В приведенных ниже заданиях, если не указано иное, премия за риск инвестирования в акции принимается равной 5,5%.

1. Аналитик, занимающийся недвижимостью, решает использовать модель оценки капитальных активов для оценки риска (коэффициента бета) инвестирования в недвижимость. Он вычисляет доходность индекса недвижимости (основанного на расчетных стоимостях) по отношению к доходности фондового индекса, оценивая коэффициент бета для недвижимости как 0,20. Согласились ли бы вы с этой оценкой? Если нет, то какова причина вашего несогласия?
2. Другой способ оценки риска для недвижимости заключается в том, чтобы с целью вычисления доходности использовать цены на торгуемые REIT и регрессию доходности относительно фондового индекса для получения оценки коэффициента бета. Является ли этот коэффициент бета более надежной оценкой риска? Почему да или нет?
3. Риск для недвижимости может рассматриваться как производный спрос. Если это так, то этот риск может оцениваться на основе базового вида бизнеса. Учитывая этот взгляд, выберите подходящий индикатор риска в следующих типах инвестиций в недвижимость:
   а) Коммерческая недвижимость в Нью-Йорке.
   б) Коммерческая недвижимость в Хьюстоне, штат Техас.
   в) Коммерческая недвижимость в Сан-Хосе, штат Калифорния (Кремниевая долина).
   г) Гостиничный комплекс в Орландо, штат Флорида.
4. Повлиял ли на вашу оценку недвижимости тот факт, кто относится к потенциальным лицам, инвестирующим в недвижимость? (Например, отличался ли бы ваш анализ, если бы основными инвесторами были: физические лица, изначально занятые недвижимостью, или институциональные инвесторы?)
5. Как бы вы в своей оценке учли отсутствие ликвидности?
6. Вас попросили оценить офисное здание в Орландо, штат Флорида, со следующими характеристиками:

- Здание было построено в 1988 г. и имеет 300 000 кв. футов площади, предназначенной для сдачи в аренду.
- Затраты на первоначальное строительство и реконструкцию составляют $3 млн.
- Заполнение здания продолжалось два года. Ожидаемый уровень занятости площадей в первые два года:

Год	*Уровень занятости (%)*
1	30
2	20
После второго года	10

- Согласно ожиданиям, рыночная арендная плата за помещения этого здания в среднем будет составлять $15,00 за кв. фут в текущем году, что основывается на средней арендной плате в близлежащих зданиях.
- Рыночная арендная плата в течение пяти лет будет расти на 5% в год, а после этого на 3% в бесконечной перспективе.
- Предполагается, что переменные операционные затраты будут составлять $3,00 на кв. фут и, согласно ожиданиям, будут расти теми же темпами, что и арендная плата. Постоянные затраты в 1994 г. составляли $300 000 и, как ожидается, будут расти на 3% в бесконечной перспективе.
- Ожидаемые налоги на недвижимое имущество в первый год составят $300 000, после чего будут расти на 3% в год. Предполагается, что все съемщики заплатят свою пропорциональную долю увеличения налогов на недвижимое имущество, превышающего 3% в год.
- Ставка налога на прибыль составляет 42%.
- Стоимость заимствования до уплаты налогов составляет 8,25%. Кроме того, предполагается, что здание должно финансироваться на 30% из собственного капитала и на 70% за счет долга.
- Данные опроса показывают, что долевые инвесторы в сфере недвижимости требуют рентабельности инвестиций 12,5%.

а) На основе ожидаемых денежных потоков определите стоимость здания.

б) Определите стоимость только участия в собственном капитале в этом здании.

7. Вы пытаетесь оценить то же самое здание на основе сопоставимых видов недвижимости, проданных в последние годы. Известно о шести продажах зданий сопоставимого размера в близлежащей области.

Недвижимость	*Цена продажи ($)*	*Размер (кв. футы)*	*Валовая арендная плата ($)*
A	20 000 000	400 000	5 000 000
B	18 000 000	425 000	4 750 000
C	22 000 000	450 000	5 100 000
D	25 000 000	400 000	5 500 000
E	15 000 000	350 000	4 000 000
F	12 000 000	300 000	3 000 000

а) Оцените стоимость здания на основе цены за 1 кв. фут.

б) Оцените стоимость здания на основе соотношения цена/валовая арендная плата.

в) Какие допущения вы делаете при оценке здания на основе сопоставимых видов недвижимости?

Глава 27

ОЦЕНКА ПРОЧИХ АКТИВОВ

Один из фундаментальных принципов, проповедуемых в данной книге, состоит в том, что все активы, как финансовые, так и реальные, можно систематически оценивать, используя традиционные модели оценки. Основная часть этой книги посвящена изучению оценки акций, но в предыдущей главе область использования моделей оценки расширяется и на недвижимость. В данной главе рассматриваются прочие активы, как правило, считающиеся уникальными и отличными от других, а также предпринимается попытка оценить их, используя принципы, развитые в предыдущих главах.

Хотя рассматриваемые в данной главе активы, обладают отличными от других характеристиками и привлекают инвесторов иного рода, их можно широко классифицировать, разбив на три категории:

1. Активы, от которых ожидают, что они с течением времени будут создавать денежные потоки, поэтому их можно будет оценивать с помощью моделей дисконтированных денежных потоков.
2. Активы, не генерирующие денежные потоки, но создающие стоимость, поскольку они относятся к редким и воспринимаются как ценные (предметы коллекционирования, монеты) и/или обладают полезностью для своих владельцев (антиквариат, живопись). Эти активы можно оценивать, используя сравнительную оценку.
3. Активы, не генерирующие денежные потоки, но имеющие стоимость при наступлении определенных обстоятельств, т.е. обладающие характеристиками опциона. Эти активы можно оценивать, используя модели ценообразования опционов.

В границах каждой категории наблюдается удивительное число общих свойств, которые одинаково характерны как для различных активов, так и для финансовых активов, описанных в предыдущих главах.

АКТИВЫ, СОЗДАЮЩИЕ ДЕНЕЖНЫЕ ПОТОКИ

Стоимость некоторых активов вытекает из их способности создавать денежные потоки для своих владельцев. Стоимость таких активов является функцией ожидаемых денежных потоков в будущем и неопределенности, связанной с ними. Базовые принципы оценки дисконтированных денежных потоков, описанные в более ранних главах, приложимы к любому из этих активов и требуют прохождения следующих этапов:

- Оценка денежных потоков от актива в течение периода оценки. Эти денежные потоки могут быть потоками либо до уплаты долгов (денежные потоки фирмы), либо после уплаты долгов (денежные потоки на собственный капитал).
- Оценка стоимости актива — если эта стоимость вообще существует — в завершающем периоде оценки. Данная стоимость с течением времени будет снижаться — если актив в результате использования теряет свою стоимость или срок его жизни ограничен, — а в некоторых случаях может оказаться равной нулю.
- Оценка ставки дисконтирования, отражающая рискованность денежных потоков. Эта ставка дисконтирования будет равна стоимости привлечения собственного капитала, если дисконтируемые денежные потоки являются денежными потоками на собственный капитал, и стоимости привлечения капитала, если денежные потоки — это денежные потоки фирмы.
- Расчет приведенной стоимости денежных потоков для получения стоимости активов или стоимости собственного капитала в этих активах.

Возникает несколько практических проблем, связанных с приложением этих этапов к активам, когда денежные потоки трудно оценить, а риск не поддается количественной оценке (и учесть в ставке дисконтирования). В большинстве случаев эти проблемы поддаются решению. Поскольку проблемы и решения от случая к случаю меняются, мы рассматриваем серию примеров — от оценки простой франшизы до более сложных форм бизнеса.

Оценка франшизы

Покупка франшизы дает вам право поставлять на рынок или продавать товары или услуги компании, обладающей соответствующим брендом (франчайзинг). Примеры франчайзинга — это тысячи ресторанов McDonald’s по всему миру, местные представительства автомобильных компаний и даже медальоны нью-йоркского такси. В каждом случае покупатель франшизы (франчайзи) платит ее продавцу (франчайзору), например фирмам McDonald's или Ford, за право пользования лицензией либо сразу полную цену, либо ежегодную плату. В обмен на это он получает право пользования брендом, поддержкой корпорации и помощью в области рекламы.

Стоимость франшизы и избыточная доходность. Приобретение франшизы дает ее получателю возможность зарабатывать избыточную доходность в течение срока действия франчайзингового договора. Хотя источники этой повышенной доходности различны, они могут обуславливаться несколькими факторами:

- *Стоимость бренда*. Франшиза может быть связана с определенным брендом, поэтому ее пользователь имеет возможность устанавливать повышенные цены и привлекать больше потребителей по сравнению с аналогичным бизнесом. Таким образом, инвестор может заплатить значительную однократно выплачиваемую сумму за приобретение франшизы у фирмы McDonald's, чтобы получить преимущество бренда, ассоциированного с этой компанией.
- *Эксклюзивность*. В некоторых случаях франшиза имеет стоимость, поскольку она позволяет франчайзи производить те продукты, права на которые имеет только франчайзор. Например, инвестор может заплатить вознаграждение компании Disney за право производить игрушечного Микки-Мауса и часы с его изображением. При этом он надеется на возмещение этого вознаграждения за счет продажи большего объема продукции или установления на нее повышенной цены.
- *Легальные монополии*. Иногда франшиза может обладать стоимостью по причине получения франчайзи эксклюзивного права на предоставление какой-либо услуги. Например, компания может заплатить большое вознаграждение за концессию, предоставляющую права на использование стендов на бейсбольных стадионах, зная, что при этом она не столкнется с конкуренцией в пределах данного стадиона. При более умеренном варианте подобного права иногда продаются множественные франшизы, однако их число ограничено таким образом, чтобы обеспечить для франчайзи получение избыточной доходности. Например, власти Нью-Йорка продают медальоны такси, являющиеся необходимым условием использования в городе такси желтого цвета, а также устанавливают жесткие ограничения для тех, кто не имеет медальона, но предлагает ту же услугу. Следовательно, существует рынок, на котором продаются и покупаются медальоны.

В сущности, стоимость франшизы прямо связана с ее способностью создавать избыточную доходность. Любое действие или случай, воздействующие на величину этих доходности, окажут воздействие и на стоимость франшизы.

Специфические проблемы оценки франшизы. Покупка франшизы зачастую создает не только выгоды. Хотя франчайзи и получает поддержку со стороны хорошо известной фирмы со значительными ресурсами, возникают определенные издержки, способные повлиять на стоимость франшизы. К ним относятся следующие.

- Проблемы франчайзора могут перейти и к франчайзи. Например, когда компания Daewoo, корейский производитель автомобилей, осуществила слишком большой заем и столкнулась с финансовыми трудностями, это отразилось на ее дилерах по всему миру. Подобным образом владельцы франшизы фирмы McDonald's во всем мире стали мишенью для активистов антиглобализма. Таким образом, стоимость эффективной и хорошо используемой франшизы может испытать влияние действий, которые невозможно или трудно контролировать.
- Поскольку в качестве продавцов лицензий, или франчайзоров, обычно выступают крупные корпорации, а покупателями, или франчайзи, как правило, являются мелкие бизнесмены, то первые часто обладают гораздо большей властью при ведении переговоров, иногда получая от этой власти преимущество, что выражается в изменении в их пользу условий соглашения о франшизе. Франчайзи способны увеличить свою власть путем объединения и ведения коллективных переговоров.
- Стоимость франшизы вытекает из эксклюзивных прав, которые она предоставляет на продажу продукции фирмы. Эта стоимость может быть разводнена, если франшиза предоставляется конкуренту. Например, стоимость франшизы компании Days Inn может быть разводнена, если в пяти милях от одной точки Days Inn, на той же улице, будет разрешено открыть другую точку.

ИЛЛЮСТРАЦИЯ 27.1. *Оценка медальонов нью-йоркского такси, июнь 1994 г.*

Базовая информация

- В 1994 г. в Нью-Йорке было выпущено 11 787 медальонов такси[1]. Владелец медальона такси имеет право на использование желтого такси в пяти районах Нью-Йорка, а именно: в Манхэттене, Бруклине, Бронксе, Куинсе и Стейтен-Айленде.

---

[1] Число медальонов такси было заморожено на этом уровне с 1937 г. Предложение об их увеличении на 400 единиц, которое было выдвинуто в 1995 г., встретило жесткую оппозицию со стороны существующих владельцев медальонов и провалилось.

- Власти Нью-Йорка ограничивают владельцев такси, не имеющих медальона, в отношении посадки людей на улице, хотя они и могут сажать их к себе в машину другими способами.
- Желтые такси в городе регулируются Комиссией по такси и лимузинам (Taxi and Limousine Commission), устанавливающей тарифы и сохраняющей за собой право наказывать владельцев, которые не следуют ее многочисленным требованиям.

Денежные потоки от медальона такси

- Типичное нью-йоркское такси — Chevrolet Caprice. Стоимость его приобретения в 1994 г. составляла приблизительно $15 000 при ожидаемом сроке эксплуатации 10 лет. Такси в течение срока его эксплуатации может изнашиваться вплоть до достижения нулевого значения его ликвидационной стоимости.
- Предполагается, что такси будет находиться на дороге 330 дней в году — так что ожидаемое время простоя (с целью технического обслуживания) составляет 35 дней — и зарабатывать $250 в день, преимущественно для того, чтобы покрыть операционные издержки и расходы на техническое обслуживание, а также компенсировать время, потраченное таксистом.
- Ожидаемая годовая стоимость топлива и операционные издержки составляют 25% от выручки, расходы на техническое обслуживание — $1500 в год.
- Стоимость страхования автомобиля, покрывающего случаи аварии, воровства и телесных повреждений, составляет $2000 в год.
- Годовой взнос в Комиссию по такси и лимузинам составляет $500. Другие лицензионные затраты, согласно ожиданиям, составляют $500 в год.
- Общие издержки водителя такси (с учетом выгод) из расчета на один день составляют $100 (в расчет также включается 35 дней простоя автомобиля с целью его технического обслуживания).

Оценка риска и ставок дисконтирования

Способность автомобиля зарабатывать ожидаемую выручку есть функция нескольких переменных, которые приведены ниже:

- *Состояние городской экономики.* Чем более оживленной является экономика города, тем больше потенциальная выручка от владения автомобилем и его использования. Поскольку состояние экономики Нью-Йорка, по большей части, определяется состоянием сектора финансовых услуг, то, по всей вероятности, существует положительная корреляция между выручкой от эксплуатации такси и здоровьем сектора финансовых услуг.
- *Редкость такси.* Стоимость медальона такси напрямую определяется фактом ограниченного числа продаваемых медальонов. На ожидаемую выручку может повлиять то, в какой степени город может выпускать больше медальонов или позволяет «бродячим» (нелицензированным) такси работать на городских улицах.
- *Структура тарифов.* Поскольку структура тарифов регулируется, то ожидаемая в будущем выручка от обладания такси будет зависеть от величины сборов, которую разрешает Комиссия по такси и лимузинам.
- *Прочие риски.* Существует также несколько других потенциальных источников риска, включая аварии и воровство, которые всегда встраивают в структуру издержек. В зависимости от того, насколько они соответствуют проведенным оценкам, они могут создавать колебания в денежных потоках.

Если предположить, что ожидаемая выручка всегда учитывается в числе выпускаемых медальонов и в ожидаемых изменениях в структуре тарифов, то основной ожидаемый источник риска при владении медальоном такси проистекает от изменений в городской экономике. Если здоровье экономики есть функция сектора финансовых услуг, то риск обладания медальоном такси должен быть близок к риску инвестирования в фирму, оказывающую финансовые услуги. Средний коэффициент бета фирм со штаб-квартирами в Нью-Йорке, занимающихся оказанием финансовых услуг, составляет 1,25. В конце 1994 г. при ставке по казначейским облигациям 8% и использовании рыночной премии за риск 5,5% стоимость привлечения собственного капитала должна была бы составлять:

$$\text{Стоимость привлечения собственного капитала} = 8\% + 1{,}25\ (5{,}5\%) = 14{,}88\%.$$

Эта величина будет использоваться в качестве стоимости привлечения собственного капитала при оценке медальона такси.

Состав источников финансирования

Допустим, что медальон будет финансироваться наполовину за счет собственного капитала и наполовину за счет долга при годовой процентной ставке 10%. Предельная ставка налога (федерального, на уровне штата и городского) составляет 40%, поэтому стоимость привлечения капитала для оценки медальона составляет:

Стоимость привлечения капитала = 14,88% (0,5) + 10% (1–0,4) (0,5) = 10,44%.

Оценка будущего роста и стоимости

Ожидаемая операционная прибыль в результате владения медальоном такси, предположительно, будет соответствовать ожидаемой инфляции, которая в долгосрочной перспективе составит 3%. Денежные потоки до уплаты долгов от владения медальоном такси представлены в нижеследующей таблице:

Статья	*Расчет*	*Величина ($)*
Выручка	330 × 250	82 500
Затраты		
Таксист	365 × 100	36 500
Топливо и операционные издержки	25% от выручки	20 625
Техническое обслуживание	1500 в год	1500
Износ	1500 в год	1500
Взносы и лицензионные издержки	1000 в год	1000
EBIT		21 375
Налоги	40% от EBIT	8550
EBIT (1 – t)		12 825
+ Износ		1500
– Капитальные затраты	Для замены	1500
Чистые денежные потоки от использования		12 825

Предполагая равенство капитальных затрат и износа, мы, по существу, допускаем, что фонды погашения откладываются для покрытия затрат на замену автомобиля по истечении 10 лет[1].

При ожидаемых денежных потоках от использования машины в размере $12 825, предполагаемых темпах долгосрочного роста 3% и стоимости капитала 10,44%, стоимость владения медальоном составляет:

Стоимость медальона нью-йоркского такси = $12 825 × 1,03/(0,1044–0,03) = $177 610.

Прочие факторы

Проведенная оценка основывается на предположении, что таксист нанимается для вождения автомобиля. Если водитель имеет автомобиль в собственности и использует его, то применяемый подход все равно оказывается подходящим способом оценки, поскольку время водителя должно быть оценено. Отказ от этого неоправданно обесценит ожидаемые денежные потоки после уплаты налогов и стоимость медальона. Другая проблема, не разрешаемая в этой оценке, состоит в том, существует ли какая-либо экономия от масштаба в связи с владением более чем одним медальоном — в виде уменьшения затрат на страхование и простой. В зависимости от того, насколько данное обстоятельство существенно, медальоны способны иметь более высокую стоимость для прежних владельцев, чем для новых инвесторов.

[1] Если резервировать $ 1500 в год в течение 10 лет, то в конце десятого года получится более $ 15 000, но при этом автомобиль через 10 лет будет стоить больше.

СТОИМОСТЬ ФРАНШИЗЫ: МОЖЕТ ЛИ ФРАНЧАЙЗИ СОЗДАВАТЬ РАЗНИЦУ?

Существует мнение, что стоимость франшизы полностью определяется ее продавцом, а ее покупатель не способен повлиять на эту стоимость. Тем не менее франчайзи может создать разницу, которая объясняет, почему стоимость компании McDonald's может увеличиваться, когда ее лицензия переходит от одного франчайзи к другому. Эти различия можно объяснить несколькими факторами:

- *Эффективность.* Некоторые покупатели франшизы гораздо лучше справляются с управлением издержками и созданием высокой прибыли, чем другие. Проиллюстрируем это тем, что большая доля недорогих отелей и гостиниц в Соединенных Штатах принадлежит маленькой группе выходцев из Индианы. Поскольку зачастую вся семья владельца работает в отеле за низкую заработную плату или вообще без оплаты труда, то издержки на рабочую силу обычно ниже, что позволяет такому владельцу получать повышенную прибыль по сравнению с пассивным владельцем.
- *Личный компонент.* Во многих сделках франчайзинга остается личный компонент, способный создать большую разницу в стоимости. Например, хотя в стране есть тысячи дилеров компаний Ford и GM, относительно немногие из них делают крупный вклад в общую выручку.
- *Экономия от масштаба.* В связи с владением одной и той же фирмой несколькими франшизами возникает экономия от масштаба. Например, часто можно увидеть франчайзи, владеющего более чем одной лицензией, причем возможно даже от разных компаний. Собирая несколько франшиз, можно снизить административные издержки и увеличить прибыльность каждой из этих лицензий.

Оценка фирм с личным компонентом

В главе 24 мы ввели понятие *ключевого лица* в бизнесе и рассмотрели влияние потери такого лица на стоимость. Мы предположили, что влияние ключевого лица на стоимость можно оценить по его влиянию на денежные потоки. Можно привести множество примеров фирм с личным компонентом. Рассмотрим следующие.

- Дорогие рестораны имеют очень тесную ассоциативную связь с личностью шеф-повара. Таким образом, когда шеф-повар более не сможет работать или перейдет к конкуренту, число посетителей резко сократится.
- Личностный компонент свойственен многим фирмам по оказанию услуг, начиная от сантехнических услуг и кончая стоматологической помощью и налоговым учетом. Поэтому когда лицо, предоставляющее услуги, перейдет в другое место, то значительная доля стоимости фирмы может быть утеряна. Стоматолог, выплативший крупную

сумму за покупку успешной стоматологической практики другого стоматолога, может обнаружить ухудшение положения бизнеса после его приобретения. Этот эффект может усилиться, если продавец создаст конкурирующий бизнес.

- Взаимный фонд может извлекать стоимость из наличия в его штате широко признанных менеджеров. Если они перейдут к конкуренту или создадут собственные фонды, то могут увести с собой большую долю денег, которыми они управляли в этом фонде.

Каким образом мы должны оценивать подобные фирмы и компонент стоимости, связанный с ключевым лицом? Ответ зависит от того, по какой причине в первую очередь мы производим эту оценку. Если целью является оценка фирмы для существующего владельца, то можно выделить долю стоимости, связанную с личными компонентами и навыками владельца, не обращаясь к непосредственным последствиям этого фактора. Если цель состоит в оценке фирмы для потенциального покупателя, то простейший путь избежать переплаты заключается в проведении двух оценок. Первая будет представлять фирму в том виде, как она существует с нынешним владельцем, а другая представит ее существование без владельца и с учетом разумных предположений о той степени, в которой могут в таких условиях ухудшиться дела фирмы. Последняя оценка будет намного ниже, чем первая, и представит ту цену, которую вы хотели бы заплатить.

ИЛЛЮСТРАЦИЯ 27.2. *Оценка стоматологической практики*

Допустим, что вы — молодой стоматолог, специализирующийся на детской стоматологии, и вас интересует стоматологическая практика, находящаяся в Чатаме, штат Нью-Джерси. Стоматолог, контролирующий эту практику, создавал ее в течение двух десятилетий, и в прошлом году она принесла выручку $500 000. Расходы, связанные с ее управлением в прошлом году, приведены ниже.

- Затраты на рабочую силу (включая зубных гигиенистов и секретарей) составили $150 000, и в течение следующих 10 лет их ожидаемый рост составит 3%.
- Годовая арендная плата за помещения в прошлом году была равна $50 000, а ее ожидаемый рост в последующие 10 лет составит 3% в год.
- Арендная плата за медицинское оборудование в прошлом году была равна $40 000, а ее ожидаемый рост в последующие 10 лет составит 3% в год.
- Стоимость медицинского страхования в последнем году составляла $60 000, и ее ожидаемый рост в последующие 10 лет будет равен 3%.
- Ставка подоходного налога, включая налоги штата и местные налоги, составляет 40%.
- Стоимость привлечения капитала равна 10%.

Для того чтобы оценить эту практику, предположим, что если ныне работающий стоматолог в последующие 10 лет будет продолжать управлять этой практикой, то рост выручки составит 3%, но если придет новый стоматолог, то выручка в первый год сократится на 20%. Тем не менее темпы роста сохранятся на уровне 3%, но уже при более низкой базовой выручке.

Сначала мы оценим практику с работающим в настоящее время стоматологом. Чтобы выполнить эту оценку, начнем с определения денежных потоков этой практики в первый год (cash flows — CF):

$$CF = (\text{выручка}_1 - \text{операционные расходы}) (1 - \text{ставка налога}) =$$
$$= [500\,000\,(1{,}03) - (150\,000 + 50\,000 + 40\,000 + 60\,000)\,(1{,}03)]\,(1-0{,}40) = \$123\,600.$$

Используя в качестве ставки дисконтирования стоимость привлечения капитала и уравнение роста годового дохода за десятилетний период, мы можем выяснить стоимость практики:

$$\text{Стоимость практики} = CF_1\left[\frac{1-\frac{(1+g)^n}{(1+r)^n}}{(r-g)}\right] = \$123\,600\left[\frac{1-\frac{(1{,}03)^{10}}{(1{,}10)^{10}}}{(0{,}10-0{,}03)}\right] = \$850\,831.$$

Допустим, что стоимость практики через 10 лет сойдет на нет, поэтому мы не будем присваивать ей никакой заключительной стоимости.

Затем мы оценим практику с новым стоматологом вместо старого. Денежные потоки в первый год будут ниже, поскольку снизится выручка:

$$CF = (\text{выручка}_1 - \text{операционные расходы}_1) \times$$
$$\times (1 - \text{ставка налога}) = [400\,000\,(1{,}03) - (150\,000 + 50\,000 + 40\,000 + 60\,000)\,(1-0{,}40) = \$61\,800.$$

$$\text{Стоимость практики} = \$61800\left[\frac{1-\frac{(1{,}03)^{10}}{(1{,}10)^{10}}}{(0{,}10-0{,}03)}\right] = \$425\,415.$$

Отметим, что стоимость делится на две части и разница может рассматриваться как стоимость ключевого лица.

В качестве потенциального покупателя новый стоматолог должен предложить цену, равную полученному последнему значению при расчете стоимости практики. Однако если покупатель сумеет устроить в переходный период так, чтобы в практике после совершения сделки остался ныне действующий стоматолог, то у этого покупателя, возможно, запросят более высокую цену.

ИЛЛЮСТРАЦИЯ 27.3. Оценка пятизвездочного ресторана Lutéce в 1994 г.

Lutéce — это известный ресторан, расположенный по адресу: Ист, 50-я улица, 249, Манхэттен. В 1994 г. Lutéce был продан его владельцем и шеф-поваром Андре Золтнером компании Ark Restaurants, публично торгуемой сети ресторанов, за неизвестную сумму. Газета *New York Times*, освещая результат продажи, на первой странице поместила заголовок: «Lutéce, ресторанная достопримечательность, был продан владельцу сети». Под этим заголовком следовала статья, описывающая подробности удивительного «брака» классического ресторана с французской кухней и Ark, компанией, известной в основном ресторанами с определенной специализацией. Брайан Миллер, ресторанный обозреватель *Times*, уподобил включение Lutéce в портфель Ark «вывешиванию Ван Гога на выставке самодеятельного искусства».

Базовая информация

Ресторан Lutéce был основан в 1961 г. Андре Золтнером и быстро приобрел репутацию ресторана с исключительным качеством предлагаемых блюд. На протяжении 24 лет он получал от Mobile статус пятизвездочного ресторана и был одним из пяти нью-йоркских ресторанов, получивших статус четырехзвездочного (самый высокий) по оценке *New York Times*. Однако проявлением упадка стал его рейтинг, опубликованный в обзоре *Zagat Survey of New York City Restaurants*, где он опустился до восьмого места, — и это после того, как он неизменно возглавлял этот список или был одним из его лидеров на протяжении большей части 1970-х и 1980-х гг.

Оценка денежных потоков

Далее приводятся некоторые факты, дающие общее представление о Lutéce:

- Ресторан рассчитан на 92 посетителя. На одно место для ленча в нем приходится два места для обеда. Во время ленча места в нем заполняются на 70%, а во время обеда — на 80%.
- Ресторан работает 340 дней в году и закрыт в оставшиеся 25 дней.

- Средняя цена ленча составляет $30, а средняя цена обеда — $66. Приблизительно одна треть этой цены уплачивается за спиртное.
- Персонал ресторана насчитывает 42 человека. Стоимость продуктов составляет приблизительно 30% от цены блюд, а на содержание персонала уходит $1,25 млн в год.
- Годовая арендная плата за помещения, занимаемые рестораном Lutéce, составляет $600 000.

В нижеследующей таблице содержится оценка операционных денежных потоков Lutece после уплаты налогов в 1994 г.:

	Допущение	*Базовый год ($)*
Выручка	70%-ная наполняемость; $30 на человека	656 880
Ленч		
Обед	80%-ная наполняемость; $66 на человека	3 303 168
Всего		3 960 048
Затраты	30% от выручки	1 188 014
Продукты		
Персонал	затраты на содержание персонала = $1 250 000	1 250 000
Арендная плата		600 000
Всего		3 038 014
EBIT		922 034
Налоги	Предполагаемая ставка налога составляет 40%	368 813
EBIT (1 – t)		553 220

Ожидаемый рост денежных потоков в течение трех лет будет составлять 6% в год, а после этого — 3% в год. В нижеследующей таблице представлены денежные потоки для последующих трех лет ($):

	Базовый год	*1*	*2*	*3*
Выручка	3 960 048	4 197 651	4 449 510	4 716 481
Затраты	3 038 014	3 220 295	3 413 513	3 618 324
EBIT	922 034	977 356	1 035 997	1 098 157
Налоги	368 813	390 942	414 339	439 263
EBIT (1 – t)	553 220	586 413	621 598	658 894

Оценка ставок дисконтирования

В данном случае покупатель, Ark Restaurants, имел относительно низкий коэффициент бета (0,7) и только 10% своих финансовых потребностей удовлетворял за счет долга. Если предположить похожее значение базового риска инвестирования в Lutéce, то стоимость привлечения собственного капитала можно оценить следующим образом:

Стоимость привлечения собственного капитала = 8% + 0,7 (5,5%) = 11,85%.

(Это предполагает, что ставка по долгосрочным казначейским облигациям составляет 8%, а премия за риск — 5,5%.)

Если компания Art Restaurants может занять деньги под 9%, а ставка налога для нее составляет 40%, то стоимость привлечения капитала можно рассчитать следующим образом:

Стоимость привлечения капитала = 11,85% (0,90) + 9% (1–0,4) (0,10) = 11,20%.

Расчетная стоимость

Стоимость Lutéce можно выяснить путем дисконтирования денежных потоков по средневзвешенной стоимости привлечения капитала. Если предположить, что темпы роста в течение трех лет равны 6%, а после этого срока — 3%, то стоимость ресторана можно рассчитать следующим образом:

Стоимость по завершении периода быстрого роста =

$= EBIT_4 (1 - t)/(WACC - g_n) = \$658\ 894\ (1{,}03)/(0{,}112-0{,}03) = \$8\ 271\ 309.$

Стоимость Lutéce $= \$586\ 413/1{,}112 + \$621\ 598/1{,}112^2 + (\$621\ 598 + \$8\ 271\ 309)/1{,}112^3 = \$7\ 524\ 559.$

Оценка ключевого лица

Вероятно, кажется бесспорным, что определенную часть стоимости Lutéce извлекает из присутствия Андре Золтнера в качестве шеф-повара. Стоило бы рассмотреть вопрос о том, насколько изменится стоимость, если ему на замену придет кто-то другой. Простейший способ оценить этот эффект заключается в том, чтобы произвести следующие действия:

- Оценить влияние замены м-ра Золтнера другим шеф-поваром на наполняемость ресторана, а через это — и на денежные потоки. В зависимости от того, насколько снизятся наполняемость и денежные потоки, снизится и стоимость ресторана.
- Рассчитать стоимость ресторана на основе дисконтированных денежных потоков.

В предельных случаях, когда вся стоимость предприятия зависит от одного человека, по сути, при уходе или смерти этого ключевого лица стоимость может снизиться до нуля. В более умеренном случае стоимость ключевого лица может оцениваться как разница в стоимости предприятия при наличии и отсутствии ключевого лица.

Оценка торговых марок, авторских прав и лицензий

Торговые марки, авторские права и лицензии дают их обладателям эксклюзивное право на производство товара или услуги. Тогда на фундаментальном уровне их стоимость извлекается из денежных потоков, которые могут быть созданы благодаря этому эксклюзивному праву. В зависимости от того, насколько затратно производство, стоимость возникает из избыточной доходности, являющейся результатом эксклюзивного права.

Как и для других активов, торговые марки и авторские права можно оценить одним из двух способов. Можно оценить ожидаемые денежные потоки от обладания активом, применить к ним ставку дисконтирования, отражающую неопределенность, и получить приведенную стоимость, которая даст оценку дисконтированных денежных потоков от актива. Или же можно попытаться сделать сравнительную оценку, где применяется мультипликатор к выручке или прибыли, которые, по вашему мнению, можно извлечь из торговой марки или авторского права. Мультипликатор обычно оценивается путем изучения того, какие похожие товары были проданы в прошлом.

Выполняя эти оценки, мы, по всей вероятности, столкнемся с проблемами, характерными для оценки только этих активов. Во-первых, следует учесть ограниченность того периода, на который предоставляются эксклюзивные права, связанные с авторским правом или торговой маркой. Следовательно, подлежащие оценке денежные потоки возникнут лишь в течение этого периода и, как правило, будет отсутствовать заключительная стоимость. Во-вторых, необходимо учесть ожидаемые издержки от нарушения авторских прав и торговых марок. Эти издержки могут включать, по меньшей мере, две статьи. Первая — это юридические и мониторинговые издержки, связанные с обеспечением эксклюзивности. Вторая статья — это факт невозможности полного устранения нарушений, независимо от тщательности проведения мониторинга, поэтому потерянная выручка (прибыль), возникающая вследствие этого, снизит стоимость рассматриваемого права.

ИЛЛЮСТРАЦИЯ 27.4. *Оценка авторского права на книгу Investment Valuation*

Допустим, что к John Wiley & Sons обратился другой издатель, который заинтересован в покупке авторского права на книгу «Инвестиционная оценка» (Investment Valuation), которую вы держите в руках. Для того чтобы оценить стоимость авторского права, мы сделаем следующие допущения[1]:

- Согласно ожиданиям, книга в течение трех лет будет создавать для Wiley денежные потоки после уплаты налогов в размере $150 000 в год и $100 000 в год в последующие два года. Это денежные потоки после выплаты авторского гонорара, затрат на продвижение на рынок и производственных издержек.
- Около 40% этих денежных потоков поступают от крупных организаций, делающих большие заказы, и эта часть рассматривается как предсказуемая и стабильная. Стоимость привлечения капитала, применимая к этим денежным поступлениям, составляет 7%.
- Оставшиеся 60% этих денежных потоков поступают от широкой публики, и эта часть средств рассматривается как значительно более изменчивая. Применяемая к этим денежным потокам стоимость привлечения капитала составляет 10%.

Стоимость авторского права можно оценить, используя представленные денежные потоки и стоимость привлечения капитала, которые были предложены для расчетов:

Год	*Стабильные денежные потоки ($)*	*Приведенная стоимость при 7% ($)*	*Изменчивые денежные потоки ($)*	*Приведенная стоимость при 10% ($)*
1	60 000	56 075	90 000	81 818
2	60 000	52 406	90 000	74 380
3	60 000	48 978	90 000	67 618
4	40 000	30 516	60 000	40 981
5	40 000	28 519	60 000	37 255
Всего		216 494		302 053

Стоимость авторского права при этих допущениях составляет $518 547 (т. е. сумму $216 494 и $302 053).

АКТИВЫ, НЕ СОЗДАЮЩИЕ ДЕНЕЖНЫЕ ПОТОКИ

Активы, не создающие денежные потоки, нельзя оценить по модели дисконтированных денежных потоков. Стоимость этих активов извлекается из сочетания таких факторов, как редкость предложения относительно спроса, потребительская полезность и индивидуальные восприятия. Хотя их можно оценить относительно сопоставимых товаров, их стоимости

[1] Я намеренно делаю эти допущения настолько оптимистическими, насколько могу это сделать. Надеюсь, что читатель сумеет создать фактические денежные потоки, близкие к моим оценкам.

столь же изменчивы, поскольку полностью основаны на потребительских предпочтениях. Существует широкий диапазон активов, подпадающих под данную категорию, — от произведенных в ограниченном количестве кукол Барби до редких монет и вина.

Специфические проблемы оценки активов, не создающих денежные потоки

Самое большое различие между этими активами и теми, что создают денежные потоки, заключается в том, что в основе их цены отсутствует внутренняя стоимость. Следовательно, единственный способ оценить эти активы заключается в использовании сравнительной оценки (т.е. изучения того, как на рынке оцениваются похожие активы).

Процесс использования сопоставимых активов при оценке актива достаточно прост, по крайней мере теоретически. Первый этап в этом процессе заключается в составлении набора сопоставимых активов. На втором этапе оценивается мера нормализованной стоимости для этой группы. На третьем этапе устанавливается разница между активами в этой группе и активом, подлежащим оценке, с целью получения для него меры приемлемой стоимости. Проблемы, связанные с применением этого подхода, заключаются в следующем.

- В отношении некоторых активов, не создающих денежные потоки, может оказаться затруднительным найти сопоставимые активы. Несмотря на то что есть индексы, состоящие из различных нетрадиционных активов, между активами в пределах каждого такого индекса существуют значительные различия.
- Рынки многих из этих активов не отличаются ни ликвидностью, ни публичностью. Многие сделки проходят как частные, поэтому сообщения о ценах ненадежны.
- Неясно, как устанавливать различия между сопоставимыми активами, когда выясняемые различия не имеют количественного выражения, но связаны с восприятием.
- Цены на многие из этих активов прямо связаны с тем, насколько редким является предложение актива. Например, причина того, что бейсбольная карточка Хонуса Вагнера T-206 является самой высоко оцениваемой на рынке, заключается в том, что существует только 58 карточек и лишь одна из них находится в идеальном состоянии[1].

---

[1] Это карточка, которая была продана в 1996 г. Майклу Гудвицу, инвестору из Чикаго, за $640 000. Ранее она принадлежала Уэйну Грецки, выдающемуся хоккеисту, купившему ее в 1991 г. за $451 000.

Обратная сторона этого явления состоит в том, что любое событие, изменяющее сложившийся баланс, окажет влияние и на цену. Поэтому неожиданная находка у кого-либо на чердаке другой такой карточки Хонуса Вагнера может вызвать сильное изменение цены.

Предметы искусства и коллекционирования. Существует множество инвесторов, рассматривающих инвестиции в предметы искусства и коллекционирования как часть своих совокупных портфелей. В этом контексте стоит поставить несколько вопросов:

- Первый связан с типом доходности, создаваемой для инвесторов этими инвестициями на протяжении длительных периодов времени. Существует много исследований, где рассматривается этот вопрос. В одном из наиболее всесторонних исследований предметов искусства в контексте инвестиций Мей и Мозес (Mei and Moses) построили индекс, основанный на данных о продажах произведений искусства в период 1875–2010 гг. Результаты этого исследования обобщаются в таблице 27.1.

ТАБЛИЦА 27.1. *Доходность предметов искусства в сопоставлении с индексом S&P 500*

	Предметы искусства		Акции	
	Среднее (%)	Стандартное отклонение (%)	Среднее (%)	Стандартное отклонение (%)
1875–2010 гг.	4,63	44,30	8,02	17,79
1910–2010 гг.	5,67	28,40	7,79	19,09
1960–2010 гг.	9,49	17,10	11,10	17,06

Источник: Mei and Moses.

Как отдельно взятые инвестиции исторически предметы искусства приносили низкую доходность. За прошедшие 50 лет доходность предметов искусства стала менее волатильной, однако это может отражать тот факт, что в этот период было больше сделок, чем в более ранние периоды. Делает ли низкая доходность предметы искусства плохими инвестициями? Не обязательно. В таблице 27.2 рассматривается корреляция между доходностью предметов искусства, акций и казначейских облигаций. Более низкая корреляция между предметами искусства и акциями может дать предметам искусства место в хорошо диверсифицированном портфеле финансовых активов, но только на минимальном уровне.

- Второй вопрос связан с тем, как наилучшим образом оценить инвестиции в предметы искусства и коллекционирования. На практике они почти всегда оцениваются на сравнительной основе. Так, какая-либо работа Пикассо обычно оценивается путем изучения, за какую цену в последнее время были проданы другие работы Пикассо.

Вообще говоря, существуют по меньшей мере три проблемы, с которыми мы сталкиваемся в контексте оценки. Первая проблема — это не слишком ликвидный рынок, где наблюдается относительно мало сделок. Так, самая последняя продажа работы Пикассо могла произойти три года назад, а с тех пор на рынке искусства многое изменилось. Вторая проблема — нет двух одинаковых работ Пикассо, и существуют серьезные различия (как в стиле, так и в стоимости) между разными работами. Третья проблема обусловлена наличием реальной возможности подделки и мошенничества, которые часто, но не всегда, могут быть выявлены, причем только экспертом. Следовательно, сравнительная оценка искусства и предметов коллекционирования остается уделом экспертных оценщиков, пытающихся справиться с этими проблемами (хотя и не всегда успешно) и определить истинную стоимость. Однако подобно всем аналитикам, они восприимчивы к настроениям рынка, а «мыльные пузыри» и банкротства на этом рынке — такое же обычное дело, как и на других рынках.

Какие уроки из этого могут извлечь индивидуальные инвесторы? Первый заключается в том, что хотя предметы искусства и коллекционирования как класс и могут сбалансировать портфель, но для того, чтобы быть успешным в осуществлении этих инвестиций, необходимо тратить значительно больше времени на получение специальных знаний, чем это требуется при финансовых инвестициях. Второй урок состоит в том, что в связи с инвестициями в предметы искусства и коллекционирования следует ожидать значительно более высоких транзакционных издержек, особенно в верхних ценовых сегментах рынка. Третий урок: бейсбольные карточки и работы старых мастеров надо собирать потому, что это может нравиться, не рассматривая коллекционирование исключительно сквозь призму инвестирования. В этом случае психологические приобретения способны компенсировать более низкую финансовую доходность, которую вы можете получить.

ТАБЛИЦА 27.2. *Корреляция между инвестициями: 1961–2010 гг.*

	Предметы искусства	S&P 500	Казначейские облигации
Предметы искусства	1,00		
S&P 500	0,13	1,00	
Казначейские облигации	–0,01	0,05	1,00

Источник: Mei and Moses.

Другие активы. Как уверяет каждый постоянный посетитель eBay, даже самые нетрадиционные активы имеют цену, которая зачастую основана на ценообразовании сопоставимых активов. Таким образом, вы присваиваете какую-то стоимость бейсбольной карточке (например, карточке молодого спортсмена Микки Ментла) посредством изучения цен, по которым были проданы похожие карточки. На самом деле существуют публикации, где приводятся цены на торгуемые карточки в зависимости от их качества.

Один из случаев, где замечательно сработала модель сопоставимых активов, похоже, был связан со сферой оценки марочных вин. Для того чтобы оценить марочные вина (Бордо, калифорнийское Каберне-Совиньон, Бургундское красное, вина компании «Сотерн» и портвейны), профессор Орли Ашенфельтер из Принстонского университета разработал регрессионную модель, в которую в качестве факторов вошли температура и количество осадков в регионах выращивания винограда. Исследователь пришел к оценкам стоимости одной бутылки, которые были опубликованы в его информационном бюллетене *Liquid Assets*. Аналогия из оценки акций в данном случае заключается в сравнении мультипликаторов «цена/прибыль» у различных фирм с учетом риска и характеристик роста.

АКТИВЫ С ХАРАКТЕРИСТИКАМИ ОПЦИОНОВ

Некоторые активы извлекают свою стоимость не из создаваемых ими денежных потоков или из высоко оцененных сопоставимых активов, а из их потенциальных возможностей приобретения стоимости в будущем, в случае наступления какого-либо события. Стоимости этих активов будут превышать их дисконтированные денежные потоки или сравнительные оценки стоимости при наличии разницы, обусловленной опционным компонентом.

Одним из примеров подобного рода служат произведения искусства, создаваемые неизвестным художником, которые могут получить должную оценку, если художник станет известным. Другой пример — авторские права и торговые марки, оценивавшиеся в предыдущем разделе с помощью традиционных методов оценки. Вы можете заплатить премию за некоторые авторские права, лицензии или торговые марки из-за опционного компонента. Например, издательство, делающее предложение об издании книги, должно считаться с возможностью, что книга может получить неожиданный успех: вспомним Bloomsburry, издательство, которое первым выпустило книгу о Гарри Поттере. Наконец, еще один пример представляет собой вложение в шоу, идущее за пределами Бродвея, или в малобюджетный фильм. В то время как ожидаемые денежные потоки от инвестиций могут оказаться ниже затрат, что делает их плохими инвестициями с точки зрения дисконтированных денежных потоков, существует шанс, хотя и небольшой, что шоу будет достаточно успешным, чтобы вывести его на Бродвей и, может быть, даже превратить его в хорошо раскупаемый фильм. В каждом из этих случаев мы имеем возможность оценить эти активы как опционы. В следующих трех главах рассматривается несколько практических применений данной концепции.

СТОИМОСТЬ ЗОЛОТА

В этой книге очень много говорится об оценке акций, облигаций, недвижимости и предметов искусства, однако может возникнуть вопрос, почему мы не рассматриваем такой известный и широко включаемый в портфели инвесторов актив, как золото? Имеет ли золото внутреннюю стоимость? Если да, то от чего она зависит? Если нет, то как оценивать золото?

В ответ на первый вопрос мы приведем наше определение внутренней стоимости. Это стоимость, которая присваивается активу исходя из его фундаментальных характеристик: денежных потоков, ожидаемых темпов роста и риска. Сущность внутренней стоимости заключается в том, что ее можно оценить в вакууме, без какой-либо информации о рыночной оценке конкретного актива, хотя такая информация определенно полезна. Внутреннюю стоимость могут иметь только те активы, которые способны генерировать денежные потоки. Так, облигация (проценты), акция (дивиденды), бизнес (операционные денежные потоки) и коммерческая недвижимость (чистый доход от аренды) имеют внутреннюю стоимость, хотя сложность ее определения варьирует от актива к активу. На другом конце спектра находятся предметы искусства и бейсбольные карточки, которые не имеют внутренней стоимости, поскольку они не генерируют денежные потоки (хотя и могут иметь ценность для владельцев). Их стоимость в определенном смысле определяется пристрастиями владельца. Жилая недвижимость довольно близка к последней категории объектов, и пытаться оценить внутреннюю стоимость своего жилья бесполезно.

Если исходить из этого принципа, то золото не имеет внутренней стоимости, однако оно обладает относительной стоимостью. Веками золото (из-за его долговечности и сравнительной редкости) служило альтернативой финансовым активам (т. е. активам, привязанным к бумажным деньгам). В отличие от времен золотого стандарта, когда связь между бумажными деньгами и золотом была явной, ныне стоимость бумажных денег полностью зависит от доверия к центральным банкам и правительствам. Как следствие, цена золота меняется обратно пропорционально уровню доверия к этим институтам. Хотя это и не идеальный индикатор, цена золота взлетает, когда сообщество инвесторов теряет доверие, т. е. начинает опасаться обесценивания денег (инфляции) или системного кризиса правительства (дефолта). Таким образом, как инвестору вам следует вкладывать больше (меньше) в золото, если вы ожидаете падения (повышения) доверия к центральным банкам и правительствам.

ЗАКЛЮЧЕНИЕ

Данная глава позволяет представить размах использования, которое может быть у моделей оценки, начиная от оценки медальонов нью-йоркского такси и кончая оценкой пятизвездочного ресторана. Основные модели остаются неизменными, но могут возникнуть трудности с получением исходных данных, и в связи с ними может наблюдаться больше шума. Однако это не следует рассматривать как барьер для их использования.

КОНТРОЛЬНЫЕ ВОПРОСЫ

В приведенных ниже заданиях, если не указано иное, премия за риск инвестирования в акции принимается равной 5,5%.

1. Cool Café — известный ресторан в районе Денвера, находящийся в собственности и управлении Джоанн Арапасио, знаменитого шеф-повара, специализирующегося на юго-западной кухне. Вас интересует покупка этого ресторана, и вы получили отчет о прибылях и убытках этой фирмы за последний год, представленный ниже ($ тыс.):

Выручка	5000
– Операционные расходы	3500
EBIT	1500
– Затраты на выплату процентов	300
– Налоги	480
Чистая прибыль	720

В прошлом году владелица не платила себе жалованье, но вы полагаете, что вам придется платить новому шеф-повару $200 000 в год. Ресторан имеет стабильный рост, и, согласно ожиданиям, в последующие 10 лет он составит 5% в год. Для публично торгуемых ресторанов вы оцениваете безрычаговый коэффициент бета в размере 0,80. Средний коэффициент «долг/капитал» для этих фирм составляет 30%, и вы полагаете, что Cool Café должен будет функционировать близко к этому среднему. Безрисковая ставка = 6%, рыночная премия за риск = 4%, а стоимость заимствования = 7%.

а) Оцените стоимость Cool Café.

б) Теперь допустим, что, если Джоанн Арапасио оставит ресторан, вы обнаружите сокращение выручки на 15%. Предполагая, что 70% текущих операционных расходов — это переменные, а оставшиеся 30% — постоянные, оцените стоимость м-с Арапасио для ресторана.

2. Вам надоела рутина инвестиционного банковского дела, вы решаете уйти и купить в своем городе франшизу у быстро растущей сети по производству бубликов. Вы сумели получить информацию

о том, какую выручку создает аналогичная франшиза той же сети в соседнем городе.

- Франшиза получила в прошлом году выручку в размере $1 млн и прибыль до уплаты процентов и налогов, равную $150 000, однако собственник не рассчитывает заработную плату для самого себя. Он ведет бухгалтерию и смотрит за магазином, и вы полагаете, что наем кого-то другого для выполнения этой работы будет вам стоить $50 000 ежегодно.
- Ожидаемый рост выручки и операционной прибыли составляет 3% в год в бесконечной перспективе.
- Вы будете выплачивать 35% от прибыли в виде налогов и использовать все сбережения, сделанные на инвестициях, для покупки этого магазина. Безрычаговый коэффициент бета для продуктовых сетей, действующих на основе франшизы, составляет 0,80, а средняя корреляция с рынком = 0,40.
- Владелец имеет банковский кредит в $300 000, а балансовая стоимость собственного капитала фирмы составляет $200 000. Однако среднерыночный коэффициент «долг/капитал» для публичных ресторанов составляет 20%, а средняя стоимость заимствования до выплаты долга для ресторанов равна 8%.
- Безрисковая ставка равна 5%, а рыночная премия за риск составляет 4%.

Оцените стоимость магазина по продаже бубликов для вас.

3. Вы работаете на издательскую компанию и обдумываете покупку авторского права на книгу рецептов блюд с низким содержанием жира (Cook Light, Cook Right). Хотя книга вышла из печати в прошлом году, вы полагаете, что сумеете обеспечить в следующем году денежные потоки после уплаты налогов в размере $120 000, $100 000 — на следующий год и $80 000 — в последующие три года. Оцените стоимость авторского права, если ваша стоимость привлечения капитала составляет 12%.
4. Вас попросили оценить практику д-ра Вонга, педиатра в вашем городе, и вы располагаете следующими фактами.
   - В прошлом году практика обеспечила выручку на $800 000, и ее ожидаемый рост в последующие 10 лет составит 4% в год. Затраты на персонал (включая медсестер и секретарей) в прошлом году составили $200 000, а в следующие 10 лет они будут расти, предположительно, на 4% в год.
   - Годовая арендная плата в прошлом году составила $100 000, и ее ожидаемый рост в последующие 10 лет составит 4% в год.

- Арендная плата за медицинское оборудование в прошлом году достигла $75 000, и ее ожидаемый рост в последующие 10 лет будет равен 5% в год.
- Стоимость медицинского страхования в прошлом году составила $75 000, и ее ожидаемый рост в последующие 10 лет будет равен 7% в год.
- Ставка подоходного налога, включая налоги на уровне штата и муниципалитета, составляет 40%.
- Стоимость привлечения капитала равна 11%.

Допуская, что в случае принятия практики новым педиатром не будет никакого сокращения выручки, оцените стоимость этой практики.

5. Вы пытаетесь решить, сколько вам следует предложить на eBay за бейсбольную карточку «первогодка» Кена Гриффи, находящуюся в хорошем состоянии. Вы замечаете, что в прошлом месяце на eBay было совершено восемь сделок с карточками Кена Гриффи-мл.:

Номер сделки	*Состояние карты*	*Цена, уплаченная за карту ($)*
1	Отличное	800
2	Плохое	200
3	Хорошее	550
4	Хорошее	500
5	Отличное	850
6	Хорошее	400
7	Плохое	350
8	Отличное	650

а) Оцените, сколько бы вы заплатили за карточку.

б) Предположим, что продавец карточки имеет плохую репутацию у других покупателей, поскольку в искаженном свете осветил иные проданные вещи. Какое влияние эта информация будет иметь на то, сколько вы пожелаете заплатить за карточку?

6. Допустим, что вы — богатый инвестор и весь ваш портфель состоит из акций. Ваш финансовый консультант предложил вам купить несколько произведений изобразительного искусства, чтобы сбалансировать портфель, и обосновал свое предложение указанием на низкую корреляцию между доходностью акций и предметов искусства (0,10).

а) Основываясь на данных о стандартном отклонении доходности акций = 20% и стандартном отклонении доходности предметов искусства = 15%, оцените, каким будет стандартное отклонение вашего портфеля, если вы инвестируете 10% вашего портфеля в предметы искусства.

б) Если ожидаемая доходность акций составляет 12,5%, а ожидаемая доходность предметов искусства равна только 5%, включили бы вы предметы искусства в свой портфель? Объясните, почему да или нет (безрисковая ставка равна 6%).

Глава 28

ОПЦИОН НА ОТСРОЧКУ И ВЫВОДЫ ДЛЯ ОЦЕНКИ

В традиционном инвестиционном анализе проект или новые инвестиции должны приниматься, только если доходность проекта превосходит минимально приемлемый уровень. В контексте денежных потоков и ставок дисконтирования это означает инвестирование в проекты с положительной чистой приведенной стоимостью (net present value — NPV). Ограниченность такого взгляда на мир, где проекты анализируются на основе ожидаемых денежных потоков и ставок дисконтирования, заключается в неполноценном рассмотрении опционов, обычно связанных с разными видами инвестиций.

В данной главе рассматривается опцион, который вводится во многие проекты, а именно: опцион на ожидание и принятие проекта в более поздний период. Почему фирма может пожелать сделать это? Если приведенная стоимость денежных потоков от проекта подвержена колебаниям и со временем может меняться, то проект с отрицательной чистой приведенной стоимостью сегодня способен иметь положительную чистую приведенную стоимость в будущем. Кроме того, фирма может выиграть от отсрочки проекта даже после появления положительной чистой приведенной стоимости, если проект имеет более высокую стоимость в будущем. Этот опцион оказывается наиболее ценным в тех проектах, где фирма имеет эксклюзивное право инвестировать в проект, и становится менее ценным при уменьшении барьеров на вход.

Опцион на отсрочку может создать разницу при оценке фирмы в трех случаях. Первый случай — это недооцененная земля в руках инвестора в недвижимость или компании. Выбор относительно того, когда ее застраивать, остается за владельцем, и, по всей вероятности, застройка начнется тогда, когда увеличится стоимость недвижимости. Второй случай — это когда фирма имеет один или несколько патентов. Поскольку патент обеспечивает фирме эксклюзивное право на производство запатентованного товара или услуги, его можно и нужно оценивать как опцион. Третий случай представляет сырьевая компания, имеющая неосвоенные запасы, разработку которых она может начать в любой момент по своему усмотрению, скорее всего, когда цена сырья станет высокой.

ПРОЕКТ С ОПЦИОНОМ НА ОТСРОЧКУ

Проекты обычно анализируются на основе их ожидаемых денежных потоков и ставок дисконтирования во время осуществления анализа; чистая приведенная стоимость, рассчитанная на этой основе, в это время есть мера их стоимости и приемлемости. Однако ожидаемые денежные потоки и ставки дисконтирования с течением времени изменяются, и то же самое происходит с чистой приведенной стоимостью. Таким образом, проект, имеющий отрицательную чистую приведенную стоимость сегодня, в будущем может получить положительную чистую приведенную стоимость. В конкурентной среде, где отдельно взятые фирмы не имеют никаких особых преимуществ в принятии проектов по сравнению с конкурентами, факт положительного значения чистой приведенной стоимости в будущем может не иметь большого значения. Однако если проект может быть принят только одной фирмой — по причине юридических ограничений или других барьеров на вход для конкурентов, — изменения в стоимости проекта с течением времени могут сообщить ему характеристики опциона колл.

Выигрыш от опциона на отсрочку

Допустим, что проект требует первоначальных инвестиций X и рассчитанная сегодня приведенная стоимость ожидаемых денежных потоков от инвестирования в проект составляет V. Чистая приведенная стоимость этого проекта (NPV) представляет собой разность между двумя величинами:

$$NPV = V - X.$$

Теперь допустим, что в последующие n лет фирма имеет эксклюзивное право на этот проект и приведенная стоимость денежных потоков со временем может измениться из-за изменений либо приведенной стоимости, либо ставки дисконтирования. Таким образом, прямо сейчас проект может иметь отрицательную чистую приведенную стоимость, но если фирма подождет, то он может стать хорошим проектом. При определении V снова как приведенной стоимости денежных потоков правило принятия решений фирмы по проекту можно обобщить следующим образом:

Если V > X, то это означает, что проект имеет положительную чистую приведенную стоимость и в него можно инвестировать.

Если V < X, то это означает, что проект имеет чистую отрицательную приведенную стоимость и в него не следует инвестировать.

Если фирма не инвестирует в проект в течение его срока существования, он не создает никаких дополнительных денежных потоков, хотя при этом теряются ее инвестиции, связанные с получением эксклюзивных прав на проект. Эта взаимосвязь может быть представлена на диаграмме денежных потоков по проекту (рисунок 28.1) исходя из допущения, что фирма продолжает существовать до завершения периода, в котором она имеет эксклюзивные права на проект.

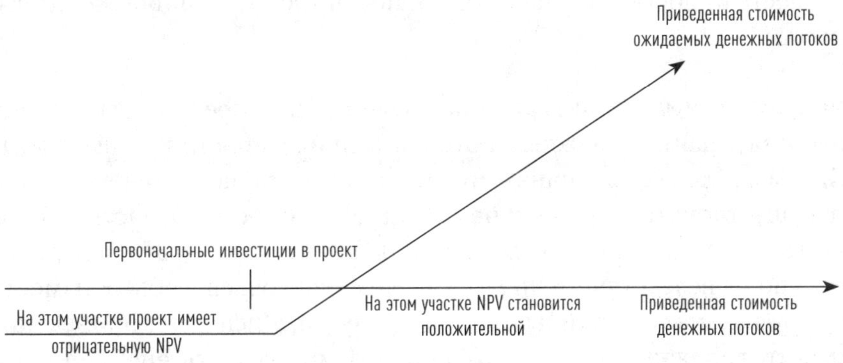

Рисунок 28.1. *Проект с опционом на отсрочку*

Отметим, что представленная диаграмма является профилем прибыли колл-опциона, где проект — это базовый (лежащий в его основе) актив. Цена исполнения опциона — это инвестиции, необходимые для принятия проекта, а срок опциона — период, в течение которого фирма имеет права на проект. Приведенная стоимость денежных потоков по этому проекту и ожидаемая дисперсия этой приведенной стоимости представляют собой стоимость и дисперсию базового актива.

Входные данные для оценки опциона на отсрочку

Исходные данные, необходимые для приложения теории ценообразования опционов к оценке опциона на отсрочку, те же, что и данные, необходимые для оценки любого опциона. Нам нужна стоимость базового актива, дисперсия этой стоимости, время до истечения срока опциона, цена исполнения, безрисковая ставка и дивидендная доходность.

Стоимость базового актива. Для такого продукта, как опцион, базовый актив — это проект, на который фирма имеет эксклюзивные права. Текущая стоимость этого актива есть приведенная стоимость ожидаемых денежных потоков от запуска проекта сегодня, без учета первоначальных инвестиций. Эта приведенная стоимость может быть получена путем проведения стандартного инвестиционного анализа. Но, по всей вероятности, в оценках денежных потоков должна наблюдаться существенная ошибка, особенно если проект связан с новым бизнесом или неопробованной технологией. Связанную с ней неопределенность следует рассматривать не как проблему, а как причину, согласно которой опцион на отсрочку проекта имеет стоимость. Если бы ожидаемые денежные потоки по проекту были доподлинно известны и оставались неизменными, то отсутствовала бы необходимость прибегать к оценке опционов, поскольку опцион не имел бы стоимости.

Дисперсия стоимости актива. Как отмечалось в предыдущем разделе, в связи с оценками денежных потоков и приведенной стоимостью, которой измеряется сегодняшняя стоимость проекта, по всей вероятности, будет существовать значительная неопределенность. Отчасти это связано с тем, что потенциальный рынок на товар может быть неизвестен, а частично — вследствие технологических сдвигов, способных изменить структуру издержек и прибыльности продукта. Дисперсия приведенной стоимости денежных потоков от проекта может быть оценена одним из трех способов:

1. Если мы в прошлом инвестировали в похожие проекты, то дисперсия денежных потоков от этих проектов может быть использована для целей оценки. Это может быть способ, позволяющий компании по производству потребительских товаров, такой как Gillette, оценить дисперсию, связанную с введением новых лезвий для выпускаемых ею бритв.
2. Мы можем присвоить различным рыночным сценариям вероятности, оценить денежные потоки и приведенную стоимость для каждого из них, а затем рассчитать дисперсию приведенных стоимостей. Или же распределение вероятностей может быть оценено для каждого входного параметра при анализе проекта (например, для размера рынка, рыночной доли и нормы прибыли), а моделирование можно использовать для оценки дисперсии получающихся приведенных стоимостей. Этот подход обычно лучше всего рабо-

тает, когда существуют только один или два источника[1] значительной неопределенности будущих денежных потоков. Мы рассмотрим подобные подходы более детально в главе 33.

3. В качестве оценки дисперсии мы можем использовать дисперсию стоимости фирм, занимающихся одним и тем же бизнесом (таким, как рассматриваемый проект). Таким образом, средняя дисперсия стоимости фирм, занимающихся бизнесом в сфере разработки и продажи программного обеспечения, может использоваться как дисперсия приведенной стоимости проекта, связанного с программным обеспечением.

Стоимость опциона обусловлена, главным образом, дисперсией денежных потоков — чем она сильнее, тем выше стоимость проекта с опционом на отсрочку. Таким образом, стоимость опциона на инвестирование в проект в стабильном бизнесе будет меньше стоимости опциона в условиях, когда технология, конкуренции и рынки быстро меняются.

Цена исполнения опциона. Опцион на отсрочку проекта исполняется, когда фирма, имеющая права на этот проект, решает инвестировать в него. Издержки, связанные с осуществлением первоначальных инвестиций, — это цена исполнения опциона. Фундаментальное допущение заключается в том, что эти издержки остаются постоянными (в долларовом измерении приведенной стоимости), и любая неопределенность, связанная с инвестициями, отражается в приведенной стоимости денежных потоков от продукта. Данное допущение принимается в большей мере ради удобства, а не из-за необходимости, поскольку оно облегчает оценку опциона.

Истечение опциона и безрисковая ставка. Опцион на отсрочку проекта истекает при истечении прав на проект. Предполагается, что инвестиции, сделанные после истечения прав на проект, обеспечивают нулевую приведенную стоимость, когда конкуренция приводит к снижению доходности до требуемого уровня. Безрисковая ставка, используемая в модели ценообразования опционов, должна быть ставкой, согласуемой с истечением опциона. В то время как даты истечения легко можно оценить в тех случаях, когда фирмы прямо владеют правами на проект (например, через лицензию или патент), их гораздо труднее выяснить в случае менее четко определенных прав. Например, если фирма обладает конкурентным преимуществом по товару или проекту, то срок опциона можно определить

[1] На практике распределение вероятностей для входных параметров, таких как размер рынка и рыночная доля, часто можно получить из тестирования рынка.

как ожидаемый период, в течение которого будет существовать данное преимущество.

Стоимость отсрочки. В главе 5 отмечалось, что американские опционы обычно не исполняются ранее истечения их срока. Однако в случае эксклюзивных прав на проект, если чистая приведенная стоимость становится положительной, то вряд ли стоит ожидать, что обладатель прав будет оттягивать исполнение опциона (инвестирование в проект) до истечения этих прав. Отметим, что когда чистая приведенная стоимость становится положительной, то возникают издержки, связанные с задержкой инвестирования в проект. Если период ожидания продлевается, то можно получить выгоду в том случае, когда дисперсия будет способствовать повышению стоимости, но при этом вы несете убытки, связанные с защитой от конкуренции. При анализе опциона следует рассматривать эти издержки, а оценивать их можно двумя способами:

1. Поскольку права на проект истекают через фиксированный срок, а избыточные прибыли (являющиеся источником положительной приведенной стоимости), предположительно, исчезают по истечении этого времени, когда появляются новые конкуренты, то каждый год задержки представляет собой один потерянный год с точки зрения денежных потоков, создающих стоимость[1]. Если денежные потоки равномерно распределяются во времени, а срок патента составляет n лет, то стоимость задержки может быть записана следующим образом:

$$\text{Годовая стоимость отсрочки} = \frac{1}{n}.$$

   Таким образом, если права на проект предоставлены на 20 лет, то годовая стоимость отсрочки составляет $^1/_{20}$, или 5% в год. Отметим, что эта стоимость отсрочки каждый год возрастает до $^1/_{19}$ во второй год, до $^1/_{18}$ в третий год и т. д., делая стоимость задержки исполнения со временем больше.

2. Если денежные потоки — неравномерные, то стоимость отсрочки можно определить в более общем виде через денежные потоки, предположительно появляющиеся в следующем периоде, как процент от сегодняшней приведенной стоимости:

$$\text{Стоимость отсрочки} = \frac{\text{денежные потоки}_{\text{следующий период}}}{\text{приведенная стоимость}_{\text{сегодня}}}.$$

---

[1] Денежные потоки, создающие стоимость, — это потоки, которые создают прибавку к чистой приведенной стоимости, поскольку они поступают сверх требуемой доходности для инвестиций с эквивалентным риском.

В любом случае вероятность того, что фирма задержит инвестирование в проект, выше на более ранних этапах периода эксклюзивных прав, чем в более позднее время, и будет возрастать по мере роста потерь в приведенной стоимости вследствие ожидания.

optvar.xls — размещенная в Интернете таблица, в которой обобщаются стандартные отклонения стоимости фирмы и стоимости привлечения собственного капитала по отраслевым группам США.

ИЛЛЮСТРАЦИЯ 28.1. *Оценка проекта с опционом на отсрочку*

Допустим, что вас интересует приобретение эксклюзивных прав на торговлю новым продуктом, облегчающим использование электронной почты в дороге. Если вы захотите приобрести права на этот продукт, то, согласно оценкам, вам придется сразу же потратить $50 млн на создание инфраструктуры, необходимой для оказания данной услуги. Основываясь на текущих предположениях, вы полагаете, что эта услуга будет создавать каждый год только $10 млн денежных потоков после уплаты налогов. Кроме того, вы ожидаете, что серьезная конкуренция в последующие пять лет будет отсутствовать.

Со статической точки зрения чистая приведенная стоимость этого проекта может быть рассчитана через приведенную стоимость ожидаемых денежных потоков в течение пяти лет. Принимая значение ставки дисконтирования в размере 15% (на основе рискованности проекта), мы получаем следующую чистую приведенную стоимость для этого проекта:

NPV проекта = –$50 млн + $10 млн (PV ежегодного дохода, 15%, пять лет) =
= $50 млн + $33,5 млн = –$16,5 млн.

Этот проект имеет отрицательную чистую приведенную стоимость.

Самым серьезным источником неопределенности для этого проекта оказывается число людей, потенциально заинтересованных в данном продукте. Хотя текущие оценки рынка показывают, что можно охватить относительно небольшое число путешествующих с деловой целью в качестве потребителей, они также показывают возможность значительного расширения потенциального рынка. По существу, моделирование денежных потоков по проекту дает стандартное отклонение в 42% приведенной стоимости денежных потоков при ожидаемой стоимости, равной $33,5 млн.

Чтобы оценить эксклюзивные права на этот проект, мы сначала определим входные параметры для модели ценообразования опционов:

Стоимость базового актива (S) = PV денежных потоков от продукта, если вводится новый продукт = $33,5 млн.
Цена исполнения (K) = первоначальные инвестиции, необходимые для запуска продукта = $50 млн.
Дисперсия стоимости базового актива = $0{,}42^2$ = 0,1764.
Время до истечения срока = период эксклюзивных прав на продукт = 5 лет.
Дивидендная доходность = 1/срок патента = 1/5 = 0,20.

Предположим, что пятилетняя безрисковая ставка равна 5%. Стоимость опциона может быть выяснена следующим образом:

$$\text{Стоимость колл-опциона} = 33{,}5\ e^{(-0{,}2)(5)}(0{,}2250) - 50{,}0\ e^{(-0{,}05)(5)}(0{,}0451) = \$1{,}019\ \text{млн.}$$

Права на этот продукт, имеющие отрицательную чистую приведенную стоимость, если их использовать сегодня, стоят $1,019 млн. Отметим, что измеренная посредством N (d2) вероятность жизнеспособности этого проекта после истечения срока остается низкой.

Delay.xls — таблица, позволяющая оценить стоимость опциона на отсрочку инвестиций.

Проблемы оценки опциона на отсрочку

Очевидно, что во многие проекты входит опцион на отсрочку, но при его оценке возникают определенные проблемы в связи с использованием моделей оценки опциона. Во-первых, базовый актив, т. е. проект, не торгуется на рынке, что затрудняет оценку его стоимости и дисперсии. Стоимость, хотя и с ошибкой, можно оценить на основе ожидаемых денежных потоков и ставки дисконтирования для этого проекта. Однако дисперсию оценить труднее, поскольку мы пытаемся оценивать дисперсию стоимости проекта за какой-то отрезок времени.

Во-вторых, поведение цен в течение времени может не соответствовать направлению изменения цены, предполагаемому моделью ценообразования опционов. В частности, допущение о том, что стоимость следует за процессом диффузии и дисперсия стоимости остается неизменной во времени, трудно оправдать в контексте проекта. Например, внезапное изменение может сильно изменить стоимость проекта как в положительную, так и в отрицательную сторону.

Выводы и дальнейшие соображения, вытекающие из рассмотрения опционов на отсрочку

Из анализа опциона на отсрочку проекта как опциона вытекает несколько интересных выводов. Первый из них состоит в том, что проект может иметь отрицательную чистую приведенную стоимость, основанную в текущем периоде на ожидаемых денежных потоках, но права на него тем не менее могут быть ценными по причине опционных характеристик. С таким же успехом эксклюзивные права на нежизнеспособную технологию в рискованном бизнесе могут иметь большую стоимость.

Второй вывод свидетельствует о том, что проект может иметь положительную чистую приведенную стоимость, но все же не быть принятым сразу же. Это может случиться, поскольку фирма, возможно, получит выгоду от ожидания и принятия проекта в будущем периоде по тем же причинам, по которым инвесторы не всегда исполняют опцион в-деньгах. Более вероятно, что фирма — если она имеет права на проект в течение длительного времени — будет ждать, пока дисперсия денежных потоков

АРБИТРАЖНЫЕ ВОЗМОЖНОСТИ И МОДЕЛИ ЦЕНООБРАЗОВАНИЯ ОПЦИОНОВ

При обсуждении в главе 5 моделей ценообразования опционов указывалось, что они основаны на двух мощных построениях, а именно: на идее создания имитирующего портфеля и на арбитраже. В таких моделях, как модель Блэка–Шоулза и биномиальная модель, делается предположение, что, используя базовый актив и безрисковые заимствования или кредиты, можно создать портфель-имитатор с денежными потоками, которые идентичны платежам по опциону. Кроме того, в этих моделях допускается, что поскольку инвесторы в этом случае способны создавать безрисковые позиции путем покупки опциона и продажи имитирующего портфеля, то они должны торговаться по той же цене. Если этого не происходит, то инвесторы получают возможность создать безрисковые позиции и уйти с гарантированной прибылью, в чем и заключается суть арбитража. Вот почему процентная ставка, используемая в моделях ценообразования опционов, является безрисковой.

Для биржевого опциона на торгуемые акции или активы очевидно, что арбитраж реален по меньшей мере для нескольких инвесторов. При опционах на необращающиеся активы почти невозможно торговать имитирующим портфелем, хотя его можно создать на бумаге. Например, в иллюстрации 28.1 вам понадобилось бы купить 0,225 единиц (дельта-опциона) основного проекта (необращающегося актива), чтобы создать портфель, копирующий колл-опцион.

Некоторые утверждают, что невозможность арбитража делает неуместным использование моделей ценообразования опционов для оценки реальных опционов, в то время как другие пытаются скорректировать это ограничение посредством использования более высоких процентных ставок, чем безрисковая ставка в модели ценообразования опциона. Вряд ли какое-либо из этих решений будет подходящим. Заметим, что, хотя во многих реальных опционах и не удастся извлечь выгоду из портфелей-имитаторов, тем не менее их можно создать на бумаге (как мы сделали это в иллюстрации 28.1) и оценить. Трудности в создании арбитражных позиций могут привести к отклонениям цен от вмененной стоимости, однако это лишний аргумент в пользу использования моделей оценки реальных опционов, а не в пользу отказа от них. Увеличение безрисковой процентной ставки, отражающее более высокий риск, который связан с реальными опционами, по всей вероятности, выглядит как вполне очевидная мера, но это сделает колл-опционы (как те, что оценивались в иллюстрации 28.1) более, а не менее дорогими.

Если мы желаем большей консервативности в оценке стоимости реальных опционов, чтобы отразить в ней трудность арбитража, то у нас есть два выбора. Один заключается в использовании более высокой ставки дисконтирования для расчета приведенной стоимости денежных потоков, которые мы ожидаем получить от инвестирования в проект сегодня, что снизит в модели стоимость базового актива (S). В иллюстрации 28.1 использование ставки дисконтирования в размере 20% (а не 15%) даст приведенную стоимость в размере $29,1 млн вместо $33,5 млн, которую мы использовали для S в модели. Другой выбор состоит в том, чтобы оценить опцион, а затем использовать для него скидку за отсутствие ликвидности (подобную той, которую мы применяли при оценке частных компаний), поскольку отсутствует возможность легкой торговли с ними.

В-третьих, может не существовать конкретного периода, в течение которого фирма имеет права на проект. Например, в отличие от случая с патентом, в котором фирма в течение определенного периода имеет эксклюзивные права на производство запатентованного продукта, права фирмы зачастую менее ясно определены — в отношении как эксклюзивности, так и времени. Например, фирма может обладать значительным преимуществом по сравнению со своими конкурентами, что обеспечит ей, в свою очередь, эксклюзивные, по существу, права на проект на определенном отрезке времени. Примером здесь может служить компания с хорошо узнаваемым брендом, которая занимается розничной торговлей или производством потребительских товаров. Однако права не являются юридическими ограничениями, и с течением времени они будут теряться. В подобных обстоятельствах ожидаемый срок проекта сам по себе является неопределенным и представляет собой только оценку. В оценке прав на продукт в предыдущем разделе использовался срок опциона в пять лет, но конкуренты фактически могли появиться скорее, чем предполагалось. И наоборот, барьеры на вход могут оказаться выше, чем ожидалось, и обеспечить фирме избыточную доходность в течение более длительного периода, чем пять лет. Ирония заключается в том, что неопределенность относительно ожидаемого срока опциона может увеличить дисперсию приведенной стоимости, а через нее — и ожидаемую стоимость прав на проект.

остается высокой. Для подтверждения этих слов предположим, что фирма имеет патентные права на производство нового типа дисководов для компьютерных систем и строительство нового завода обеспечивает сегодня положительную чистую приведенную стоимость. Но если технология производства дисководов находится в постоянном движении, то фирма может отложить инвестирование в проект в надежде, что усовершенствованная технология будет способствовать увеличению ожидаемых денежных потоков и, как следствие, — стоимости проекта. Фирма должна взвесить эту выгоду по отношению к стоимости задержки проекта, заключающейся в денежных потоках, которые будут потеряны вследствие отказа от инвестирования в более раннее время.

В-третьих, факторы, которые могут сделать проект менее привлекательным в статическом анализе, фактически способны поднять стоимость прав на проект. В качестве примера рассмотрим последствие неопределенности относительно размера потенциального рынка и величины избыточной доходности. В статическом анализе увеличение этой неопределенности повысит риск проекта и может сделать его менее привлекательным. Когда проект рассматривается как опцион, рост неопределенности способен на самом деле повысить, а не понизить стоимость опциона. В этой главе рассматриваются два случая — патенты на продукты и запасы полезных ископаемых, — для которых опцион на отсрочку проекта позволяет оценить стоимость с большей точностью.

Модели ценообразования опционов

Если идентифицировать опцион на отсрочку проекта в качестве колл-опциона и определить исходные данные, необходимые для оценки опциона, то его фактическая оценка может показаться тривиальной задачей. Однако здесь возникают серьезные проблемы, с которыми нам приходится иметь дело. В главе 5 отмечалось, что, хотя биномиальная модель является более общей, многие профессионалы для оценки опционов пользуются моделью Блэка–Шоулза, которая накладывает гораздо более жесткие ограничения на ценообразование и досрочное исполнение. В отношении биржевых опционов на торгуемые активы вы можете выполнить эти операции с довольно низкими издержками. Применительно к реальным опционам в связи с указанной практикой возникают более значительные издержки по следующим причинам:

- В отличие от биржевых опционов реальные опционы, если они в-деньгах, обычно исполняются до истечения. Хотя есть много способов, посредством которых можно скорректировать модель Блэка–Шоулза для учета досрочного исполнения, биномиальная модель обеспечивает гораздо более высокую гибкость.
- Биномиальная модель ценообразования опционов позволяет нам иметь значительно более широкий диапазон для динамики цен базового актива по сравнению с моделью Блэка–Шоулза, откуда вытекает, что распределение цен можно квалифицировать не только как непрерывное, но и как логарифмически нормальное. В отношении реальных опционов, где приведенная стоимость денежных потоков зачастую является эквивалентом цены, предположение об отсутствии нормальности и непрерывности распределения может оказаться трудно выполнимым.

Самая большая проблема биномиальной модели — это необходимость проведения оценки цен в каждом узле биномиального дерева. Когда число периодов увеличивается, это все труднее и труднее сделать. Однако здесь можно использовать оценку дисперсии согласно модели Блэка–Шоулза, чтобы прийти к оценке величины повышающих и понижающих движений, которая позволит получить биномиальное дерево.

Когда мы используем биномиальную модель, кажется удивительным обращение к модели Блэка–Шоулза для оценки любых реальных опционов. Мы так делаем не только потому, что данная модель более компактна и элегантна по своему изложению, но и вследствие нашей уверенности в получении более низких значений стоимости, обеспечиваемых этой моделью во многих случаях. Чтобы получить систему координат, выясним стоимость, которую мы будем иметь при использовании биномиальной модели в каждом таком случае.

От модели Блэка–Шоулза к биномиальной модели. Преобразование исходных данных для модели Блэка — Шоулза в исходные данные для биномиальной модели представляет собой довольно простую операцию. Чтобы произвести эту корректировку, следует сделать допущение о мультипликативном биномиальном процессе, где величина скачков в процентном выражении остается неизменной в каждом периоде. Если допустить симметричную вероятность, то повышающие (u) и понижающие (d) движения можно оценить как функцию выраженной в годовом исчислении дисперсии цены и числа периодов, на которое разбит каждый год (t):

$$u = \exp^{\sigma\sqrt{dt} + \left(r - y - \frac{\sigma^2}{2}\right)dt};$$

$$d = \exp^{-\sigma\sqrt{dt} + \left(r - y - \frac{\sigma^2}{2}\right)dt},$$

где $dt = 1/$число периодов в каждый год.

В качестве примера рассмотрим опцион на отсрочку проекта, оцененный в иллюстрации 28.1. Стандартное отклонение в оценке, согласно сделанным допущениям, составляет 42%, безрисковая ставка равна 5%, а дивидендная доходность составляет 20%. Для корректировки исходных данных применительно к биномиальной модели допустим, что каждый год — это один временной период, и оценим повышающие и понижающие движения следующим образом:

$$u = \exp^{0{,}42\sqrt{1} + \left(0{,}05 - 0{,}20 - \frac{0{,}42^2}{2}\right)\sqrt{t}} = 1{,}1994;$$

$$d = \exp^{-0{,}42\sqrt{1} + \left(0{,}05 - 0{,}20 - \frac{0{,}42^2}{2}\right)1t} = 0{,}5178.$$

Сегодняшняя стоимость составляет \$33,5 млн. Чтобы оценить заключительную стоимость для первой ветви, найдем:

Стоимость с повышающим движением =
= \$33,5 × (1,1994) = \$40,179 млн.

Стоимость с понижающим движением =
= \$33,5 × (0,5178) = \$17,345 млн.

Теперь можно использовать полученные величины для выяснения трех потенциально возможных величин стоимости на второй ветви. Отметим, что стоимость в размере \$17,345 млн, растущая на 19,94%, в точности равна стоимости в размере \$40,179 млн, сокращающейся на 48,22%. Биномиальное дерево для пяти периодов представлено на рисунке 28.2.

Стоимость опциона, полученная из биномиального дерева, оценивается в размере \$1,02 млн, т.е. чуть выше оценки, полученной по модели

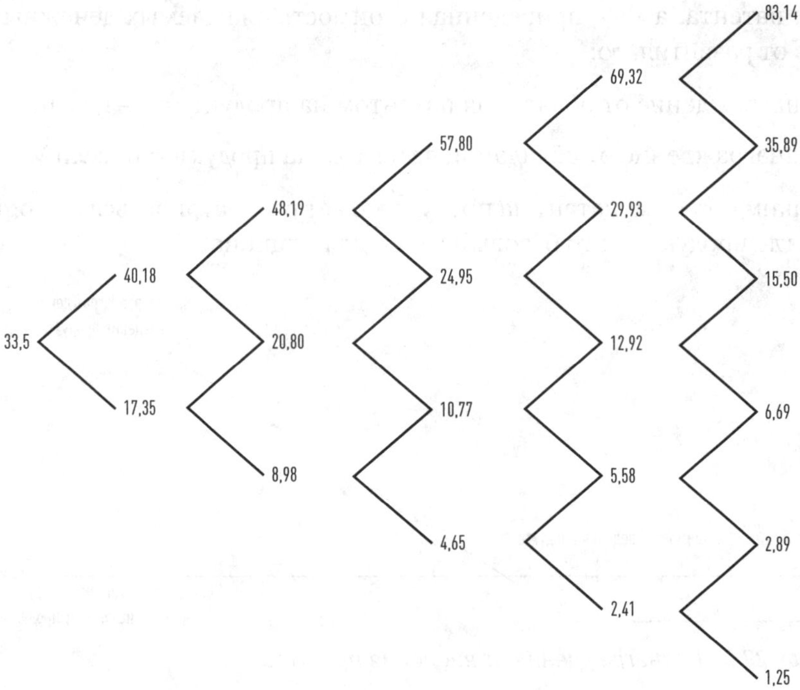

Рисунок 28.2. *Биномиальное дерево для опционов на отсрочку*

Блэка–Шоулза, в размере $1,019 млн. Различия будут сужаться по мере того, как опцион все сильнее погружается в-деньги, а также при сужении временных периодов, используемых в биномиальной модели.

ОЦЕНКА ПАТЕНТА

Некоторые фирмы, особенно в технологическом и фармацевтическом секторах, могут запатентовать товары или услуги. Товарный патент обеспечивает фирме право на разработку продукта и на торговлю им, позволяя ему тем самым рассматриваться в качестве опциона.

Патенты как опционы колл

Фирма будет использовать патент, если приведенная стоимость ожидаемых денежных потоков от продаж товара превосходит стоимость развития, как это показано на рисунке 28.3. Если подобного не происходит, то фирма может отложить патент и не осуществлять никаких дополнительных затрат. Если I — приведенная стоимость издержек развиваемого в коммерческих целях патента, а V — приведенная стоимость ожидаемых денежных потоков от развития, то:

Вознаграждение от обладания патентом на продукт = V – I, если V >I.

Вознаграждение от обладания патентом на продукт = 0, если V ≤ I.

Таким образом, патент на продукт может рассматриваться как опцион колл, где продукт — это базовый актив для опциона.

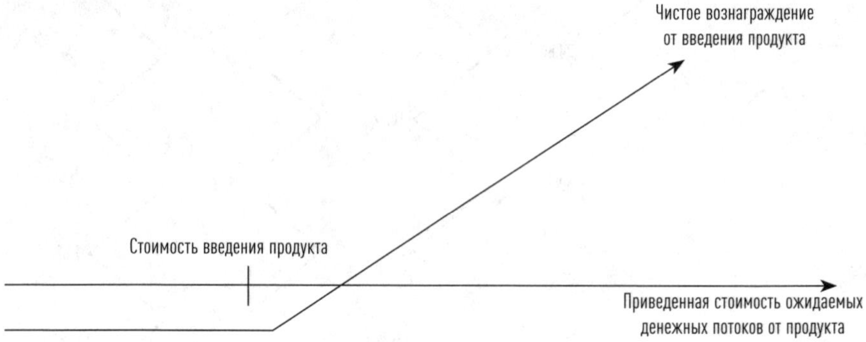

Рисунок 28.3. *Вознаграждение от введения продукта*

ИЛЛЮСТРАЦИЯ 28.2. *Оценка патента на препарат компании Avonex, 1997 г.*

Фирма Biogen, функционирующая в сфере биотехнологии, имеет патент на препарат, выпускаемый компанией Avonex, который был одобрен Управлением по контролю за качеством пищевых продуктов и медикаментов США (FDA) в качестве средства для лечения рассеянного склероза. Допустим, что вы пытаетесь оценить патент, имея следующую информацию для использования ее в модели ценообразования опционов:

- Внутренний анализ финансовой жизнеспособности препарата на основе потенциального рынка и цены, которую фирма планирует установить на препарат, сегодня дает приведенную стоимость денежных потоков в размере $3,422 млрд без учета первоначальных затрат на развитие.
- Первоначальные затраты на развитие препарата для коммерческого использования оцениваются в $2,875 млрд, если препарат вводится сегодня.
- Фирма имеет патент на препарат сроком на 17 лет, а текущая долгосрочная ставка по казначейским облигациям составляет 6,7%.
- Средняя дисперсия стоимости фирмы для публичных фирм биотехнологического сектора составляет 0,224.

Допустим, что потенциал избыточной доходности возникает только в период существования патента, и по окончании этого периода конкуренция уничтожит избыточную доходность. Таким образом, любая задержка с внедрением препарата до уровня жизнеспособности проекта обойдется фирме в один годовой доход, защищенный патентом (согласно первоначальному анализу, стоимость задержки будет составлять $^1/_{17}$, в следующем году — $^1/_{16}$, а через год — $^1/_{15}$ и т. д.).

На основе этих допущений мы получаем следующие исходные данные для модели ценообразования опционов:

Приведенная стоимость денежных потоков от введения препарата сейчас = S = $3,422 млрд.
Первоначальные затраты на развитие препарата для коммерческого использования (сегодня) = K = $2,875 млрд.
Срок патента = t = 17 лет.
Безрисковая ставка = r = 6,7% (ставка по 17-летним казначейским облигациям).

Дисперсия ожидаемой приведенной стоимости = σ^2 = 0,224.
Ожидаемая стоимость отсрочки = y = 1/17 = 5,89%.

Это дает следующие оценки для d и N (d):

$$d1 = 1{,}1362 \qquad N(d1) = 0{,}8720.$$

$$d2 = -0{,}8512 \qquad N(d2) = 0{,}2076.$$

Вводя значения в модель ценообразования опционов Блэка–Шоулза, скорректированную для дивидендов[1], мы получаем:

$$\text{Стоимость патента} = 3422 \exp[(-0{,}0589)(17)](0{,}8720) -$$
$$- 2875 \exp[(-0{,}067)(17)](0{,}2076) = \$907 \text{ млн}.$$

Для сравнения следует указать, что чистая приведенная стоимость этого проекта составляет только $547 млн.

$$NPV = \$3422 \text{ млн} - \$2875 \text{ млн} = \$547 \text{ млн}.$$

Временная составляющая премии опциона, равная $360 млн ($907 – $507), указывает, что для фирмы лучше подождать с препаратом и не разрабатывать его немедленно, несмотря на стоимость задержки. Однако стоимость задержки с течением времени будет возрастать, что делает осуществление этого проекта (развитие) более вероятным в будущие годы.

Для иллюстрации мы оценим опцион колл, допуская, что все исходные данные, за исключением срока патента, остаются неизменными. Например, осталось 16 лет срока действия патента. При сохранении всего остального на постоянном уровне стоимость задержки возрастает как результат более краткого срока жизни патента:

$$\text{Стоимость задержки} = 1/16.$$

Снижение приведенной стоимости денежных потоков (которая равна S) и рост стоимости задержки (y) снизят ожидаемую стоимость патента. На рисунке 28.4 представлена стоимость опциона и чистая приведенная стоимость проекта за каждый год. На основе проведенного анализа при условии, что ничего не меняется, можно ожидать, что Avonex будет стоить больше как коммерческий продукт, чем как патент, если до окончания срока патента остается менее восьми лет. Представляется, что этот момент выглядит оптимальным для коммерческой разработки продукта.

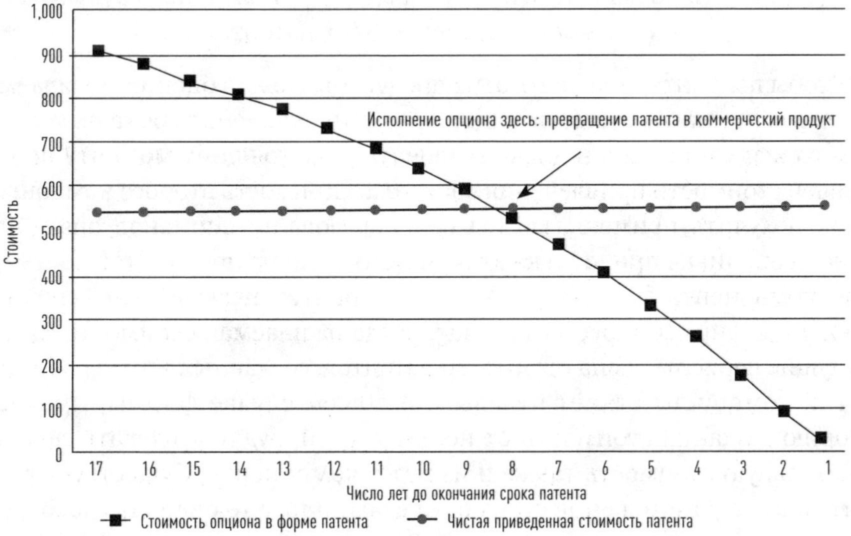

Рисунок 28.4. *Стоимость патента и чистая приведенная стоимость*

---

[1] В биномиальной модели мы оцениваем стоимость того же опциона в размере $915 млн.

product. xls — таблица, позволяющая оценить стоимость патента.

Оценка фирмы с патентами

Если патенты, принадлежащие фирме, можно оценить как опционы, то каким образом включить их в стоимость фирмы? Стоимость фирмы, извлекающей свою стоимость главным образом из коммерческих продуктов, которые являются результатом патентов на них, может быть записана как функция трех переменных:

1) денежных потоков, извлекаемых фирмой из патентов, уже превращенных ею в коммерческие продукты;
2) стоимости уже принадлежащих ей патентов, не получивших коммерческого использования;
3) ожидаемой стоимости любых патентов, ожидаемых в будущие периоды, которые фирма сумеет получить в результате своих исследований:

Стоимость фирмы = стоимость коммерческих продуктов +
\+ стоимость существующих патентов +
\+ (стоимость новых патентов, которые будут получены в будущем –
– стоимость получения этих патентов).

Чтобы получить стоимость этих продуктов, можно оценить ожидаемые денежные потоки от существующих продуктов в течение срока их коммерческого использования и дисконтировать к настоящему моменту по подходящей стоимости привлечения капитала. Стоимость второго компонента можно получить, применяя модель ценообразования опционов, описанную ранее, и оценивая при этом каждый патент в отдельности. Стоимость третьего компонента будет основана на восприятии исследовательских возможностей фирмы. В особом случае, когда ожидаемая стоимость НИОКР в будущие периоды равна стоимости патентов, созданных этими работами, третий компонент станет нулевым. В общем случае фирмы, имеющие историю создания стоимости от исследований, будут извлекать свою положительную стоимость также и из этого компонента. Существует также возможность уничтожения стоимости в результате текущих исследований в тех случаях, когда стоимость этих исследований превышает создаваемую стоимость.

Как оценка стоимости, полученная путем использования этого подхода, контрастирует с оценкой по традиционной модели дисконтированных

ДАВЛЕНИЕ КОНКУРЕНЦИИ И СТОИМОСТЬ ОПЦИОНА

В предыдущем разделе мы исходили из того, что фирма в течение срока действия патента защищена от конкуренции. Обычно это справедливо только для запатентованного продукта или процесса, однако фирма все же может столкнуться с конкуренцией со стороны других фирм, которые выйдут на тот же рынок со своим продуктом. Если говорить конкретнее, то фирма Biogen может запатентовать препарат Avonex, но компании Merck и Pfizer могут разработать собственные препараты для борьбы с рассеянным склерозом и конкурировать с фирмой Biogen.

Какие выводы следуют из этого для стоимости патента как опциона? Во-первых, сроком опциона будет уже не срок патента, а время превосходства над конкурентами, которое есть у фирмы до разработки конкурирующего продукта. Например, если Biogen знает, что другая фармацевтическая фирма работает над препаратом для борьбы с рассеянным склерозом, кроме того, ей известно, на какой стадии исследовательского конвейера находится этот препарат (раннее исследование или фаза утверждения FDA), то в качестве срока опциона эта фирма может использовать свою оценку времени, необходимого для одобрения препарата для использования. Это снизит стоимость опциона и увеличит вероятность более раннего запуска препарата в коммерческое производство.

Наличие конкурентного давления может объяснить, почему коммерческое развитие одних препаратов осуществляется гораздо быстрее, чем других, и почему стоимость патентов всегда превышает оценку по модели дисконтированных денежных потоков. Вообще говоря, чем большее число конкурирующих продуктов находится на исследовательском конвейере, тем менее вероятно, что модель ценообразования опционов создаст стоимость, превышающую традиционную модель дисконтированных денежных потоков.

денежных потоков? При оценке дисконтированных денежных потоков второй и третий компоненты стоимости отражаются в ожидаемых темпах роста денежных потоков. Фирмы получают возможность расти гораздо более высокими темпами в течение длительных периодов времени в результате имеющегося у них технологического преимущества и исследовательского опыта. По контрасту с этим обстоятельством в подходе, описанном в этом разделе, каждый патент рассматривается отдельно, и в явном виде допускается опционный компонент стоимости.

Самое большое ограничение подхода, основанного на опционах, заключается в информации, необходимой для его использования на практике. Чтобы оценить каждый патент отдельно, нам необходим доступ к патентной информации, обычно доступной только менеджерам фирмы. Фактически некоторая часть информации, вроде ожидаемой дисперсии для использования модели ценообразования опционов, может оставаться недоступной даже инсайдерам, и при этом ее необходимо оценивать для каждого патента отдельно.

С учетом этих ограничений подход, основанный на реальных опционах, должен использоваться для оценки малых фирм с одним или двумя патентами и с небольшим объемом установленных активов. Хороший пример — это фирма Biogen в 1997 г., оценивавшаяся в предыдущем разделе. Для более известных фирм, имеющих крупные установленные активы и десятки патентов, оценка на основе дисконтированных денежных потоков выглядит более прагматичной.

ИЛЛЮСТРАЦИЯ 28.3. *Оценка Biogen как фирмы в 1997 г.*

В иллюстрации 28.2 находящийся у фирмы Biogen патент на Avonex оценивался как опцион колл с расчетной стоимостью в $907 млн. Чтобы оценить Biogen как фирму, необходимо рассмотреть два компонента стоимости:

1. Во время проведения оценки компания Biogen имела два коммерческих продукта (препарат для лечения гепатита В и препарат под названием Intron), на которые она выдала лицензии другим фармакологическим фирмам. Ожидаемая лицензионная плата за эти продукты в последующие 12 лет каждый год будет создавать денежные потоки после уплаты налогов в размере $50 млн. Чтобы оценить гарантированные контрактом поступления, использовалась стоимость заимствования купивших лицензии фирм до уплаты налогов (7%):

$$\text{Приведенная стоимость платы за лицензии} =$$
$$= \$50\text{млн}\left[\frac{1-1{,}07^{-12}}{0{,}07}\right] = \$397{,}13\text{ млн.}$$

2. Фирма Biogen продолжает финансировать исследования с целью создания новых продуктов, затратив на НИОКР в последний год около $100 млн. Ожидаемые затраты на НИОКР будут расти на 20% в год в последующие 10 лет, а впоследствии — на 5%. Трудно прогнозировать определенные патенты, способные появиться в результате исследований. Тем не менее допускается, что каждый доллар, инвестированный в исследования, в следующие 10 лет будет создавать $1,25 стоимости патентов[1] (оцениваются путем использования модели ценообразования опционов), после чего достигнет уровня безубыточности (т. е. будет создавать $1 стоимости патента на $1 инвестиций в НИОКР). С этим компонентом связан значительный риск, и стоимость привлечения капитала оценивается в размере 15%[2]. Тогда стоимость этого компонента определяется следующим образом:

$$\text{Стоимость будущих исследований} = \sum_{t=1}^{t=\infty} \frac{\text{стоимость патентов}_t - \text{НИОКР}_t}{(1+r)^t}.$$

В нижеследующей таблице содержится созданная в каждый период стоимость патентов, а также затраты на НИОКР за этот период. Отметим, что после десятого года не создается никакой избыточной стоимости:

---

1 Если быть честным, то данная величина не является оценкой, основанной на каких-либо значительных фактах, помимо истории успеха фирмы Biogen в создании новых продуктов. Оценку этой величины можно получить из доходности и стоимости привлечения капитала. Например, если мы принимаем рентабельность капитала в размере 15% и стоимость привлечения капитала в бесконечной перспективе = 10%, то $1 инвестиций даст:

$$\text{Создаваемая стоимость} = 1 + (\text{ROC} -$$
$$- \text{стоимость привлечения капитала})/\text{инвестированный капитал} =$$
$$1 + (0{,}15 - 0{,}10)/0{,}10 = \$1{,}50.$$

2 Ставка дисконтирования оценивалась путем изучения стоимости привлечения собственного капитала молодых публичных биотехнологических фирм с небольшой выручкой или с полным отсутствием выручки от коммерческих продуктов.

Год	Стоимость созданных патентов ($ млн)	Затраты на НИОКР ($ млн)	Избыточная стоимость ($ млн)	Приведенная стоимость по ставке 15% ($ млн)
1	150,00	120,00	30,00	26,09
2	180,00	144,00	36,00	27,22
3	216,00	172,80	43,20	28,40
4	259,20	207,36	51,84	29,64
5	311,04	248,83	62,21	30,93
6	373,25	298,60	74,65	32,27
7	447,90	358,32	89,58	33,68
8	537,48	429,98	107,50	35,14
9	644,97	515,98	128,99	36,67
10	773,97	619,17	154,79	38,26
				318,30

Совокупная стоимость, созданная новыми исследованиями, составляет $318,3 млн.

Стоимость Biogen как фирмы представляет собой сумму трех компонентов: приведенной стоимости денежных потоков от существующих продуктов, стоимости Avonex (как опциона) и стоимости, созданной новыми исследованиями:

Стоимость = CF: коммерческие продукты + стоимость: неразработанные патенты +
+ стоимость: будущие НИОКР = $397,13 млн + $907 млн + $318,30 млн = $1622,43 млн.

Поскольку фирма Biogen не имеет долга и значительного кассового остатка, для того чтобы получить стоимость на акцию, эту стоимость можно сразу разделить на число акций (35,5 млн):

Стоимость на акцию = $1622,43 млн/35,5 млн = $45,70.

ЕСТЬ ЛИ ЖИЗНЬ У ПАТЕНТА ПОСЛЕ ИСТЕЧЕНИЯ ЕГО СРОКА?

В представленных оценках допускалось, что избыточная доходность ограничивается сроком патента и сразу исчезает при его истечении. В фармакологическом секторе истечение срока патента не обязательно означает потерю избыточной доходности. Фактически многие фирмы по-прежнему в состоянии устанавливать премиальные цены на свои продукты и зарабатывать избыточную доходность даже после истечения срока патента — главным образом, по причине образа бренда, сформированного в период действия патента. Простой способ корректировки заключается в увеличении приведенной стоимости денежных потоков от проекта (S) и снижении стоимости задержки (y) с целью учета действительного положения дел. Чистый эффект заключается в большей вероятности того, что фирмы будут откладывать коммерческое развитие, пока они не соберут больший объем информации и не оценят рыночный спрос.

Еще одним фактором, способным увеличить стоимость патента, является проявляемая фармакологическими компаниями способность лоббирования в законодательных органах с целью увеличения срока патентов на прибыльные препараты. Если при оценке патента мы считаем эту способность реальной, то это увеличит ожидаемый срок патента и его стоимость как опциона.

ОПЦИОНЫ НА ЗАПАСЫ ПОЛЕЗНЫХ ИСКОПАЕМЫХ

Сырьевые фирмы, например нефтяные и горнодобывающие компании, создают денежные потоки от эксплуатации месторождений. При этом у них есть неразрабатываемые запасы, используемые по мере возникновения необходимости. Разработка подобных запасов начинается, когда цена на сырье (нефть, золото, медь) возрастает, поэтому данные неразработанные запасы могут рассматриваться как опционы колл. Этот раздел начинается с рассмотрения стоимости неразработанных запасов, после чего изучается вопрос, как можно расширить анализ за счет рассмотрения сырьевых компаний, имеющих как разработанные, так и неразработанные запасы.

Неразработанные запасы как опционы

При инвестициях в полезные ископаемые в качестве базового актива выступает природный ресурс, а стоимость актива основана на оценочном (расчетном) объеме и цене ресурса. Так, в золотодобыче базовым активом является стоимость оцененных запасов золота в недрах, основанная на цене золота. В большинстве подобных инвестиций существуют первоначальные издержки, связанные с разработкой ресурса; разность между стоимостью оценочных ресурсов и стоимостью разработки является прибылью владельца ресурса (см. рисунок 28.5). Обозначив стоимость разработки как X, а расчетную стоимость ресурса как V, мы получаем следующее потенциальное вознаграждение по опциону сырьевого ресурса:

Вознаграждение от инвестиций в сырьевой ресурс = $V - X$, если $V > X$.

Вознаграждение от инвестиций в сырьевой ресурс = 0, если $V \leq X$.

Таким образом, инвестиции в сырьевой ресурс как опцион обладают функцией окупаемости, похожей на опцион колл.

Исходные данные для оценки опциона сырьевых ресурсов. Чтобы оценить инвестиции в сырьевые ресурсы в качестве опциона, нам необходимо сделать допущения относительно некоторых переменных:

- *Доступные запасы сырья и расчетная стоимость при их добыче сегодня*. Поскольку объем запасов вначале с точностью не известен, его необходимо оценивать. Например, на нефтеносном участке геологи могут предоставить достаточно точные оценки объема доступной нефти в нем. В этом случае стоимость запасов представляет собой результат оцененных запасов и вклада (цена за сырье плюс переменные издержки добычи) на единицу запаса.

- *Оценочная стоимость разработки ресурса*. Оценочная стоимость разработки запасов сырья представляет собой цену исполнения опциона. В отношении нефтяных запасов это будет постоянной стоимостью установки нефтяных вышек для добычи нефти. В горнодобывающей отрасли это будет выглядеть как стоимость, связанная с приведением месторождения в эксплуатационное состояние. Поскольку нефтяные и горнодобывающие компании делали это и раньше в различных условиях, они способны использовать свой опыт для изобретения корректного измерения стоимости разработки.

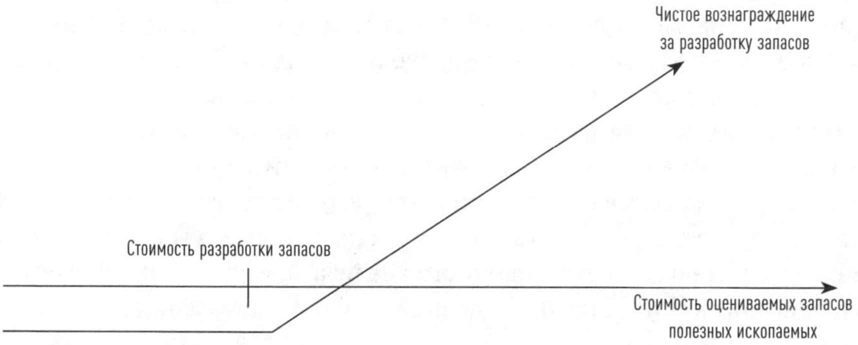

Рисунок 28.5. *Вознаграждение от разработки запасов полезных ископаемых*

- *Время до истечения срока опциона*. Срок опциона на сырьевой ресурс можно определить двумя способами. При первом способе, если собственность на инвестиции по завершении фиксированного периода времени подлежит передаче, то этот период и будет сроком опциона. Например, при сдаче в аренду морских месторождений нефти зачастую нефтеносные участки сдаются в аренду нефтяной компании на фиксированный срок. Второй подход основан на запасах сырья и темпах добычи, а также на оценке числа лет, требуемых для исчерпания запаса. Так, месторождение золота с запасом в 3 млн унций и объемом добычи 150 000 унций в год будет исчерпано через 20 лет: этот период и определяется как срок опциона на сырьевые ресурсы.
- *Дисперсия стоимости базового актива*. Дисперсия стоимости базового актива определяется изменчивостью цены сырья и изменчивостью оценки доступных запасов. В особом случае, когда объем запасов известен точно, дисперсия стоимости базового актива будет зависеть исключительно от дисперсии цены сырьевых ресурсов.
- *Стоимость отсрочки*. Чистая производственная выручка представляет собой годовые денежные потоки, создаваемые при разработке запасов сырьевого ресурса, как процент от стоимости запасов. Это эквивалент дивидендной доходности и рассматривается таким же

образом, как и при расчете стоимости опционов. По-другому об этой стоимости можно рассуждать, используя стоимость отсрочки. Когда опцион на сырьевой ресурс находится в-деньгах (стоимость запасов выше стоимости их разработки), то без разработки этих запасов фирма создает издержки в виде потери производственной выручки, которую она может создать благодаря их разработке.

Важной проблемой использования опционной модели для оценки опционов на сырьевые ресурсы является влияние временных лагов разработки, воздействующих на их стоимость. Поскольку запасы нефти, золота или других полезных ископаемых нельзя разработать немедленно, следует допустить временной лаг между решением о добыче и фактической добычей. Простая корректировка с учетом этого интервала заключается в снижении стоимости разрабатываемых запасов на величину потерь денежных потоков за период разработки. Таким образом, если существует однолетний лаг, то можно выяснить денежные потоки за один год (как процент от стоимости запасов) и дисконтировать текущую стоимость разрабатываемых запасов по этой ставке. Это эквивалентно удалению из инвестиционного анализа денежных потоков первого года и приводит к снижению приведенной стоимости денежных потоков.

ИЛЛЮСТРАЦИЯ 28.4. Оценка нефтяных запасов[1]

Рассмотрим морское нефтяное месторождение с оцененными запасами в размере 50 млн баррелей нефти. Ожидаемая стоимость разработки месторождения составит $600 000, а временной лаг — два года. Компания Exxon имеет права на эксплуатацию этих запасов в течение следующих 20 лет, а предельная стоимость (цена за один баррель минус предельные издержки на один баррель) на один баррель нефти в настоящее время составляет $12[2]. После разработки чистая производственная выручка каждый год будет расти на 5% от стоимости запасов. Безрисковая ставка составляет 8%, а дисперсия цен на нефть равна 0,03.

Учитывая эту информацию, исходные данные для модели Блэка–Шоулза можно оценить следующим образом:

Текущая стоимость актива = S = стоимость разведанных запасов, дисконтированная с учетом длины лага разработки по дивидендной доходности = $\$12 \times 50/(1{,}05)^2 = \$544{,}22$.

Цена исполнения = стоимость разработки запасов = $600 млн.

Время до истечения срока опциона = 20 лет.

Дисперсия стоимости базового актива[3] = 0,03.

---

1 Далее приводится упрощенная версия иллюстрации, предоставленной Сигелом, Смитом и Паддоком (Siegel, Smith, and Paddock, 1993), которая рассматривает оценку морского месторождения нефти.

2 В целях упрощения допустим, что приведенная стоимость предельной стоимости останется неизменной на уровне $12 за один баррель, хотя она, со всей очевидностью, будет с течением времени расти. Если мы не сделаем подобного допущения, то будем вынуждены оценивать приведенную стоимость нефти, которая будет добыта в течение всего периода разработки месторождения.

3 В этом примере мы допускаем, что неопределенность существует только в отношении цены нефти, поэтому дисперсия определяется как стандартное отклонение натурального логарифма цены на нефть.

Безрисковая ставка = 8%.

Дивидендная доходность = чистая производственная выручка/стоимость запасов = 5%.

На основе этих исходных данных модель Блэка–Шоулза дает следующую стоимость опциона колл:

$$d1 = 1{,}0359 \qquad N(d1) = 0{,}8498$$
$$d2 = 0{,}2613 \qquad N(d2) = 0{,}6030$$

$$\text{Стоимость колл-опциона} = 544{,}22\,(0{,}8498)\,e^{(-0{,}05)(20)} - 600\,(0{,}6030)\,e^{(-0{,}08)(20)} = \$97{,}08 \text{ млн.}$$

Хотя при текущих ценах разработка этих нефтяных запасов идея нежизнеспособная, все же они обладают стоимостью из-за наличия потенциала создания стоимости в случае роста цен[1].

РАЗЛИЧНЫЕ ИСТОЧНИКИ НЕОПРЕДЕЛЕННОСТИ

В предыдущем примере мы допускали, что неопределенность, связанная с объемом запасов, отсутствует. Хотя нефтяная компания оценивает запасы в объеме 50 млн баррелей, она не знает этого со всей определенностью. Если мы вводим в анализ неопределенность относительно объема запасов, то возникает два источника дисперсии, и они оба способны влиять на стоимость. Существуют два способа, позволяющих решать эту проблему:

1. *Объединить неопределенности в одной стоимости.* Если мы рассматриваем стоимость запасов как результат цены нефти и объема запасов, то дисперсия стоимости должна отражать объединенный эффект дисперсии в каждом элементе исходных данных. Именно эту дисперсию мы будем использовать в модели ценообразования опционов для оценки новой стоимости запасов.
2. *Рассматривать дисперсии отдельно и оценивать опцион как «радужный опцион».* Радужный опцион допускает наличие в явном виде более чем одного источника дисперсии, что позволяет рассматривать дисперсии отдельно, а также оценить опцион. Хотя оценка опциона в этом случае становится более сложным делом, в этом может возникнуть потребность, если ожидается, что со временем два источника дисперсии будут развиваться различным образом. Дисперсия, порождаемая одним источником (скажем, цена нефти), может со временем возрастать, а дисперсия из другого источника (например, нефтяные запасы) со временем будет снижаться.

natres.xls — таблица, позволяющая оценить стоимость неразработанных запасов полезных ископаемых.

Оценка фирмы с неразработанными запасами

Представленные выше примеры иллюстрируют использование теории ценообразования опционов при проведении оценки отдельно взятых разра-

[1] В биномиальной модели мы приходим к оценке в размере $99,15 млн.

боток и нефтеносных участков. Поскольку активы, принадлежащие фирме, занимающейся разработкой сырьевых ресурсов, могут рассматриваться главным образом как опционы, сама фирма может быть оценена через использование моделей ценообразования опционов.

Отдельно взятые запасы и совокупные запасы. Предпочтительный подход заключается в том, чтобы рассматривать каждый опцион отдельно, затем оценивать его, а потом складывать полученные стоимости опционов, чтобы получить стоимость фирмы. Поскольку эту информацию, по всей вероятности, трудно получить по крупным сырьевым фирмам, таким как нефтяные компании, которым принадлежат сотни подобных активов, одна из возможностей применения этого подхода заключается в оценке всех неразработанных запасов фирмы как одного опциона. У данной точки зрения может найтись немало оппонентов, утверждающих, что оценка опциона на портфель активов (как в этом подходе) даст более низкую стоимость, чем оценка портфеля активов (которым, собственно, фирма, занимающаяся природными ресурсами, и обладает). Тем не менее полученная из модели стоимость все же способна дать корректную оценку стоимости неразработанных запасов.

Исходные данные для оценки опциона. Если вы решите применить опционный подход к оценке стоимости совокупных неразработанных запасов, то следует оценить исходные данные для модели. В целом, хотя процесс похож на тот, что использовался для оценки отдельно взятого запаса, здесь наблюдается несколько отличий:

- *Стоимость базового актива.* Необходимо суммировать все неразработанные запасы, принадлежащие компании, и оценить их стоимость на основе сегодняшней цены сырья и средних переменных издержек его добычи. Вероятно, переменные издержки окажутся выше для одних запасов и ниже — для других, поэтому взвешивание переменных издержек по каждому отдельному месторождению с целью учета влияния его объема должно дать разумную приблизительную оценку выясняемой стоимости. По меньшей мере теоретически мы принимаем, что компания не будет осуществлять добычу сырья во всех неразработанных месторождениях одновременно и не повлияет на цену сырья.
- *Цена исполнения.* В отношении этого входного параметра необходимо рассмотреть, во сколько обойдется компании сегодня разработка всех ее неразработанных запасов. Опять-таки, для одних запасов стоимость может быть выше, чем для других, поэтому допустимо использовать средневзвешенную стоимость.

- *Срок опциона*. Различные запасы фирмы, вероятно, имеют различные сроки. В результате для различных запасов следует использовать средневзвешенные сроки[1].
- *Дисперсия стоимости актива*. Здесь присутствует сильный аргумент в пользу рассмотрения в качестве источника дисперсии только цены нефти, поскольку фирма должна иметь гораздо более точную оценку общих запасов, чем их частей.
- *Дивидендная доходность (стоимость отсрочки)*. Как и с отдельно взятым запасом, фирма с доступными для разработки запасами отказывается от денежных потоков, которые можно получить от разработки в последующий период, если она откладывает данный проект. Эти денежные потоки, выраженные как процент от стоимости запасов, становятся эквивалентом дивидендной доходности. Лаг разработки снижает стоимость опциона, равно как и стоимость отдельно взятого запаса. Логическим следствием является тот факт, что неразработанные запасы будут стоить больше в тех нефтяных компаниях, которые могут осуществить разработку быстрее, чем менее эффективные компании.

ИЛЛЮСТРАЦИЯ 28.5. *Оценка нефтяной компании на примере Gulf Oil в 1984 г.*

В начале 1984 г. Gulf Oil была целевой фирмой для поглощения по $70 за акцию (у нее было в обращении 165,30 млн акций и общий долг в размере $9,9 млрд). Оценочные запасы составляли 3038 млн баррелей нефти, а общая стоимость разработки этих запасов в то время определялась в сумме $30,38 млрд (лаг разработки — приблизительно два года). Средний срок исчерпания запасов составляет 12 лет. Цена нефти = $22,38 за баррель, а издержки производства, налоги и выплаты за право разработки оценивались в $7 на баррель. Ставка по облигациям во время проведения анализа составляла 9,00%. Если бы компания Gulf решила разрабатывать эти запасы, она могла бы получить в следующем году денежные потоки, составляющие 5% от стоимости разрабатываемых запасов. Дисперсия цены на нефть равна 0,03.

Стоимость базового актива = стоимость оцененных запасов, дисконтированных для периода лага разработки = $= 3038 \times (\$22{,}38 - \$7)/1{,}05^2 = \$42\ 380{,}44$.

Отметим, что можно использовать прогноз цен на нефть и расчетные денежные потоки за период разработки месторождения, чтобы определить стоимость базового актива как приведенную стоимость всех денежных потоков. Мы пойдем наиболее коротким путем, допуская, что текущая маржа участия, составляющая $15,38 на баррель (стоимость добычи), будет оставаться неизменной при оценке приведенной стоимости в течение периода добычи.

Цена исполнения = расчетная стоимость разработки запасов сегодня = $30 380 млн.
Время до истечения = средний период жизни опциона = 12 лет.
Дисперсия стоимости актива = дисперсия нефтяных цен = 0,03.
Безрисковая ставка = 9%.
Дивидендная доходность = чистая производственная выручка/стоимость разработанных активов = 5%.

На основе этих исходных данных модель Блэка–Шоулза дает следующую стоимость опциона колл[2]:

---

[1] Если месторождения находятся в бессрочной, то при проведении этой оценки необходимо установить верхний предел срока жизни запасов, скажем 30 лет.

[2] В биномиальной модели мы получим стоимость запасов в размере $13,73 млрд.

$$d1 = 1{,}6548 \qquad N(d1) = 0{,}9510$$
$$d2 = 1{,}0548 \qquad N(d2) = 0{,}8542$$

$$\text{Стоимость колл-опциона} = 42\,380{,}44\,(0{,}9510)\,e^{(-0{,}05)(12)} - 30\,380\,(0{,}8542)\,e^{(-0{,}09)(12)} = \$13\,306 \text{ млн.}$$

Полученное значение отличается от стоимости дисконтированных денежных потоков в размере $12 млрд, которую мы получаем как разницу между приведенной стоимостью денежных потоков от разрабатываемых сегодня запасов ($42,38 млрд) и стоимостью разработки разведанных запасов ($30,38 млрд). Эта разница может быть отнесена к опциону компании Gulf на выбор момента, когда ей приступить к разработке своих запасов.

Стоимость опциона ($13,3 млрд) есть стоимость неразработанных запасов нефти, принадлежащих компании Gulf. Кроме того, Gulf Oil имеет чистые денежные потоки фирмы от добычи нефти, составляющие сегодня $915 млн, и при этом предполагает, что они будут постоянными и сохранятся в течение 10 лет (срок, оставшийся для разрабатываемых запасов). Приведенная стоимость этих запасов, дисконтированных по средневзвешенной стоимости привлечения капитала в размере 12,5%, дает:

$$\text{Стоимость разрабатываемых запасов} = 915\,(1 - 1{,}125^{-10})/0{,}125 = \$5065{,}83 \text{ млн.}$$

Складывая стоимости разрабатываемых и неразработанных запасов Gulf Oil, мы получаем стоимость фирмы:

Стоимость неразработанных запасов ($ млн)	13 306
Стоимость действующего производства ($ млн)	5066
Общая стоимость фирмы ($ млн)	18 372
Минус долг ($ млн)	9900
Стоимость собственного капитала ($ млн)	8472
Стоимость на акцию ($)	8472/165,3 = 51,25

Данный анализ приводит к выводу, что при $70 за акцию компания Gulf Oil выглядит переоцененной.

ВОЛАТИЛЬНОСТЬ ЦЕНЫ И ОЦЕНКА СЫРЬЕВОЙ КОМПАНИИ

Интересный вывод из данного анализа состоит в выявлении зависимости стоимости сырьевой компании не только от цены сырья, но и от ее ожидаемой волатильности. Так, если цена нефти повышается с $25 до $40 за баррель, то можно ожидать, что все нефтяные компании станут более ценными. Если цена снижается снова до уровня $25, стоимость нефтяных компаний не может снизиться до их прежнего уровня, поскольку, по всей вероятности, за это время изменится воспринимаемая волатильность нефтяных цен. Если инвесторы полагают, что волатильность нефтяных цен возросла, то следует ожидать роста стоимости фирм, но этот рост окажется наибольшим у компаний, стоимость которых обусловлена более высокой долей неразработанных запасов.

Если мы рассматриваем неразработанные запасы как опционы, то оценка на основе дисконтированных денежных потоков, как правило, будет занижать стоимость сырьевых компаний, поскольку для оценки выручки и операционной прибыли используется ожидаемая цена сырьевого товара. В результате вы упускаете опционный компонент стоимости. Кроме того, эта разница может быть наибольшей для фирм со значительными неразработанными запасами и с сырьевыми товарами, цена которых имеет наибольшую волатильность.

ДРУГИЕ СФЕРЫ ПРИМЕНЕНИЯ

Хотя патенты и неразработанные запасы сырьевых компаний лучше всего поддаются оценке с помощью методов ценообразования опционов, есть и другие активы, обсуждавшиеся в предыдущих главах, которые поддаются оценке при рассмотрении их как опционов:

- в главе 26 в контексте оценки недвижимости отмечалось, что незастроенная земля может рассматриваться как опцион на коммерческую застройку;
- в главе 27 говорилось, что авторские права и лицензии можно рассматривать как опционы, даже если сегодня они не выглядят коммерчески жизнеспособными.

В таблице 28.1 представлены исходные данные, необходимые для оценки каждого из этих опционов с использованием модели ценообразования опционов. Многое из того, что мы сказали о других приложениях опционов, применимо также и здесь. Стоимость извлекается из эксклюзивности, которую необходимо коммерчески развить как актив. Эта эксклюзивность при наличии лицензий и авторских прав приобретается через юридические процедуры, а в случае незастроенной земли она возникает из неосвоенных участков.

ЗАКЛЮЧЕНИЕ

В традиционном инвестиционном анализе мы рассчитываем чистую приведенную стоимость денежных потоков от проекта и приходим к заключению, что фирмы не должны инвестировать в проект с отрицательной чистой приведенной стоимостью. Как правило, это хороший совет, но он не означает, что права на этот проект не имеют стоимости. Проекты, имеющие сегодня отрицательную чистую приведенную стоимость, в будущем способны обладать положительной чистой приведенной стоимостью, вероятность чего является прямой функцией волатильности приведенной стоимости денежных потоков от проекта.

В этой главе оценивается опцион на отсрочку инвестиции и рассматриваются приложения этого опциона к трем сценариям оценки, таким как:

1) оценка стоимости фирмы, извлекающей всю или значительную долю этой стоимости из патентов, которые еще не получили коммерческого использования;
2) оценка стоимости сырьевой компании с неразработанными запасами полезных ископаемых;

ТАБЛИЦА 28.1. *Исходные данные для оценки прочих опционов на отсрочку*

	Незастроенная земля	Лицензии / авторские права
Стоимость базового актива	Приведенная стоимость денежных потоков, которую сегодня можно получить от коммерческой застройки земли.	Приведенная стоимость денежных потоков эквивалентна результатам коммерческого использования лицензии или авторских прав.
Дисперсия стоимости базового актива	Дисперсия стоимостей коммерческой недвижимости в районе расположения этой недвижимости.	Дисперсия приведенных стоимостей от коммерческого использования авторских прав или лицензии (из модели).
Цена исполнения	Стоимость коммерческой застройки земли для сегодняшнего момента.	Стартовая стоимость коммерческого использования авторских прав или лицензии для сегодняшнего момента.
Срок опциона	Если земля находится в долгосрочной аренде, то можно использовать срок аренды. Если нет, то следует установить срок опциона равным периоду, пока не истечет срок кредита, взятой для покупки земли.	Срок, в течение которого есть право использовать авторские права или лицензию.
Стоимость отсрочки	Налоги на недвижимость и другие расходы, связанные с владением землей	Денежные потоки, которые будут созданы в следующем году, представлены в виде процента от приведенной стоимости денежных потоков сегодня

3) оценка стоимости фирмы, занимающейся недвижимостью и имеющей незастроенную землю. В каждом случае мы показали, как использование оценки дисконтированных денежных потоков может привести к недооценке стоимости этих фирм.

КОНТРОЛЬНЫЕ ВОПРОСЫ

В приведенных ниже заданиях, если не указано иное, премия за риск инвестирования в акции принимается равной 5,5%.

1. Компания рассматривает отсрочку проекта с денежными потоками после уплаты налогов в размере $25 млн, стоимость реализации которого составляет $300 млн (срок проекта равен 20 годам, а стоимость привлечения капитала = 16%). Моделирование денежных потоков приводит к выводу, что стандартное отклонение приведенной стоимости денежных потоков равно 20%. Если можно получить права на проект на следующие 10 лет, то какова стоимость этих прав? (Ставка по шестимесячным казначейским векселям = 8%,

ставка по 10-летним облигациям = 12%, а ставка по 20-летним облигациям = 14%.)

2. Вы изучаете финансовую жизнеспособность инвестиций в заброшенные медные рудники в Чили, где еще есть значительные залежи меди. Согласно геологической разведке, из рудников можно добыть 10 млн фунтов меди, при стоимости вскрытия рудников, равной $3 млн (в текущих ценах). Объем добычи составляет 400 000 фунтов в год, а ожидаемая ценовая тенденция меди указывает на ежегодный рост в 4%. Чилийское правительство готово предоставить рудники в аренду сроком на 25 лет. Ожидаемые средние издержки производства составят 40 центов на фунт, текущая цена за фунт равна 85 центам (издержки производства после его начала будут расти, предположительно, на 3% в год). Годовое стандартное отклонение цен на медь составляет 25%, а ставка по 25-летним облигациям равна 7%.
   а) Оцените стоимость рудника, используя традиционные методы бюджетирования капитала.
   б) Оцените стоимость рудника по модели ценообразования опционов.
   в) Как можно объяснить разницу между двумя полученными результатами?
3. Вас попросили проанализировать стоимость нефтяной компании со значительными нефтяными запасами. Запасы оцениваются в 10 млн баррелей, а оценочная стоимость их разработки сегодня составляет $120 млн. Текущая цена нефти = $20 за баррель, а средние издержки производства составляют $6 на баррель. Компания имеет права на эти запасы на следующие 20 лет; процентная ставка по 20-летним облигациям равна 7%. Для удовлетворения своих потребностей в денежных потоках компания собирается каждый год добывать 4% своих запасов. Годовое стандартное отклонение цены на нефть составляет 20%. Какова стоимость этой нефтяной компании?
4. Вы анализируете проект с бюджетированием капитала. Согласно ожиданиям, приведенная стоимость денежных потоков от этого проекта будет составлять $250 млн, а стоимость его реализации сегодня равна $200 млн. Вы провели моделирование денежных потоков от проекта, которое дало дисперсию приведенной стоимости денежных потоков на уровне 0,04. Вы имеете права на этот проект на следующие 20 лет. Процентная ставка по казначейским облигациям составляет 8%.
   а) Какова стоимость проекта на основе традиционной чистой приведенной стоимости?

б) Какова стоимость проекта как опциона?

в) Почему эти две стоимости различаются? Какой фактор или факторы определяют величину этой разницы?

5. Фирма Cyclops Inc. из сектора высоких технологий специализируется на современной видеотехнологии и обдумывает планы превращения в публичную компанию. Хотя она не имеет ни выручки, ни прибыли от своей продукции, у нее есть патент на 10 лет на продукт, который дает возможность получить контактные линзы, не требующие никакого обслуживания и способные служить на протяжении нескольких лет. Хотя этот продукт технически жизнеспособен, его производство чрезмерно дорогое, а потенциальный рынок для него в настоящее время относительно мал (анализ денежных потоков от проекта предполагает, что их приведенная стоимость, если принять этот проект сейчас, составляет $250 млн, в то время как стоимость проекта равна $500 млн). Технология быстро развивается, и моделирование альтернативных сценариев дает широкий диапазон приведенных стоимостей с годовым стандартным отклонением в 60%. Процентная ставка по 10-летним облигациям составляет 6%.

   а) Оцените стоимость этой компании.

   б) Насколько чувствительна эта оценка стоимости к дисперсии денежных потоков от проекта? Какие еще уроки более общего характера вы можете извлечь из проведенного анализа?

Глава 29

ОПЦИОНЫ НА РАСШИРЕНИЕ И НА ОТКАЗ: ОСОБЕННОСТИ ОЦЕНКИ

В предыдущей главе указывалось, что в традиционной оценке на основе дисконтированных денежных потоков не рассматривается стоимость отсроченных опционов, находящихся у многих фирм в связи с возможными инвестициями, поэтому стоимость этих фирм может недооцениваться. В этой главе рассматриваются два других опциона, часто встраиваемых в инвестиции (и следовательно, влияющих на стоимость фирм, которые ими владеют). Первый из них — это опцион на расширение инвестиций не только за счет новых рынков, но за счет новых продуктов, с целью достижения преимущества от выгодных условий. Можно утверждать, что этот опцион иногда может сделать стоимость молодых начинающих фирм значительно более высокой, чем приведенная стоимость их ожидаемых денежных потоков. Второй — представляет собой опцион на отказ от инвестиций или на сокращение инвестиций, позволяющий снизить риск и нижнюю границу крупных инвестиций, что повышает их стоимость.

ОПЦИОН НА РАСШИРЕНИЕ

Иногда фирмы инвестируют в проекты потому, что это позволяет им либо сделать дальнейшие инвестиции, либо выйти на другие рынки в будущем. В таких случаях мы можем рассматривать первоначальные проекты как выгодные опционы, позволяющие фирме инвестировать в другие проекты, поэтому нам следует быть готовыми платить за такие опционы определенную цену. Иначе говоря, фирма может принять отрицательную чистую приведенную стоимость по первоначальному проекту, поскольку существует возможность достичь высокой положительной чистой приведенной стоимости от будущих проектов.

Выплаты по опциону на расширение

Опцион на расширение может быть оценен при анализе первоначального проекта. Допустим, что он даст фирме право на расширение и инвестирование в новый проект в будущем. Оцененная сегодня, ожидаемая приведенная стоимость денежных потоков от инвестирования в будущий проект равна V, а общие инвестиции, необходимые для этого проекта, составляют величину X. Фирма имеет фиксированный временной горизонт, на котором она должна принять окончательное решение о том, осуществлять ли ей инвестиции в будущем или нет. Наконец, фирма не может перейти к этим будущим инвестициям, если она не приняла первоначальный проект. Этот сценарий предполагает выплаты по опциону, представленные на рисунке 29.1. Насколько можно видеть, при достижении фиксированного временного горизонта фирма расширяется за счет нового проекта, если приведенная стоимость ожидаемых денежных потоков в этой точке времени превосходит стоимость расширения.

Входные параметры для оценки опциона на расширение. Для того чтобы понять, как оценить стоимость опциона на расширение, мы начнем с того, что есть два взаимосвязанных проекта. Первый проект имеет отрицательную чистую приведенную стоимость и признается в качестве плохих инвестиций даже самой фирмой, которая в него инвестирует. Второй проект представляет потенциал для расширения, осуществляемого вместе с первым проектом. Именно второй проект и представляет собой базовый актив опциона. Входные параметры должны быть определены соответствующим образом.

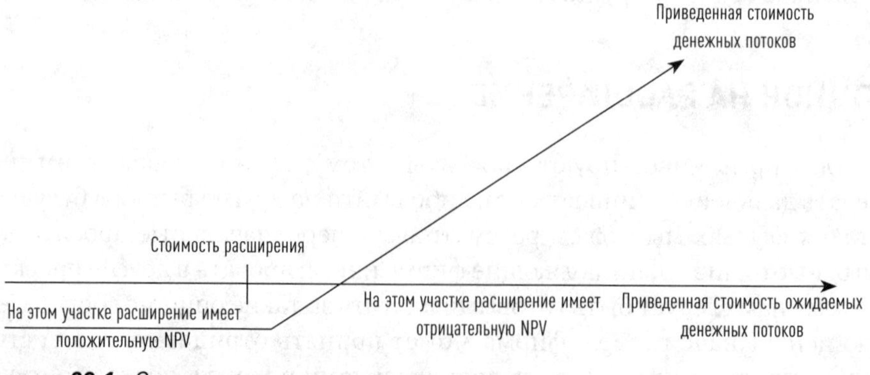

Рисунок 29.1. *Опцион на расширение проекта*

- Приведенная стоимость денежных потоков, созданных в случае инвестирования во второй проект сегодня (опцион на расширение). В модели ценообразования опционов эта величина представляет собой стоимость базового актива S.
- Если присутствует значительная неопределенность по поводу потенциала расширения, то приведенная стоимость, по всей вероятности, будет отличаться изменчивостью и меняться со временем в зависимости от обстоятельств. Для оценки опциона на расширение следует использовать именно дисперсию этой приведенной стоимости. Поскольку проекты не торгуются, надо либо оценивать эту дисперсию на основе моделирования, либо использовать дисперсию стоимости публичных фирм в том же бизнесе.
- Издержки, понесенные при начале проекта, предполагающего инвестирование в расширение сегодня, представляют собой эквивалент цены исполнения.
- Срок опциона довольно сложно определить, поскольку здесь обычно не существует установленного внешним образом срока истечения расширения проекта (в отличие от оцениваемых в предыдущей главе патентов, имеющих законный срок, доступный для использования в оценке в качестве срока жизни опциона). При оценке опциона на расширение срок его жизни будет внутренним ограничением, наложенным фирмой на саму себя. Например, осуществляющая небольшие инвестиции в Китае фирма может наложить такое ограничение: в течение пяти лет она либо будет расширяться, либо покинет рынок. Почему она идет на это? Могут существовать значительные издержки в связи с поддержанием небольших инвестиций, или же фирма может иметь ограниченные ресурсы, которые предназначены для выполнения ее обязательств в каком-то другом месте.
- Как и с прочими реальными опционами, могут наблюдаться издержки ожидания, когда опцион на расширение станет жизнеспособным. Эти издержки могут принять форму денежных потоков, которые будут потеряны на расширяющемся проекте, если он не будет принят, или издержек, существующих до тех пор, пока фирма не примет окончательного решения. Например, у нее может быть необходимость каждый год платить какую-либо сумму до тех пор, пока не будет принято окончательное решение.

ИЛЛЮСТРАЦИЯ 29.1. *Оценка опциона на расширение на примере компании Ambev с ее напитком «Гуарана»*

«Гуарана» — очень популярный в Бразилии кофейный безалкогольный напиток, а компания Ambev — бразильский производитель напитков, крупнейший в мире по производству «Гуараны». Допустим, что компания Ambev рассматривает возможность расширения продажи напитка в Соединенных Штатах, которое она решила произвести в два этапа:

1. Сначала Ambev будет постепенно внедрять «Гуарану» в крупных мегаполисах США, чтобы оценить потенциальный спрос. Ожидаемые издержки этого ограниченного внедрения составляют $500 млн, а расчетная приведенная стоимость ожидаемых денежных потоков — только $400 млн. Другими словами, компания Ambev по своим первоначальным инвестициям ожидает иметь отрицательную чистую приведенную стоимость в размере $100 млн.
2. Если это ограниченное внедрение окажется успешным, то Ambev планирует ввести «Гуарану» и на остальной части американского рынка. Однако в данный момент фирма без оптимизма смотрит на потенциал этого расширения и полагает, что, в то время как стоимость полномасштабного внедрения будет составлять $1 млрд, ожидаемая приведенная стоимость денежных потоков составит только $750 млн (что создаст также отрицательную чистую приведенную стоимость инвестиций).

На первый взгляд, инвестирование в плохой проект с целью получить шанс инвестировать в еще худший проект кажется дурным предприятием, но вторые инвестиции все-таки имеют привлекательную перспективу. Первый проект — это опцион, и компания Ambev не приступит ко вторым инвестициям (в размере $1 млрд), если ожидаемая приведенная стоимость денежных потоков останется на уровне ниже этого значения. Кроме того, присутствует значительная неопределенность относительно размера и потенциала нового рынка, и фирма может обнаружить, что сделала прибыльные инвестиции.

Для оценки стоимости инвестиций как опциона мы сначала начнем с идентификации базового актива (т. е. проекта расширения) и с использования текущей оценки ожидаемой стоимости ($750 млн) как стоимости этого базового актива. Поскольку необходимые инвестиции величиной $1 млрд представляют собой цену исполнения, то этот опцион является опционом вне-денег. Два самых проблематичных допущения связаны с дисперсией стоимости базового актива и сроком опциона:

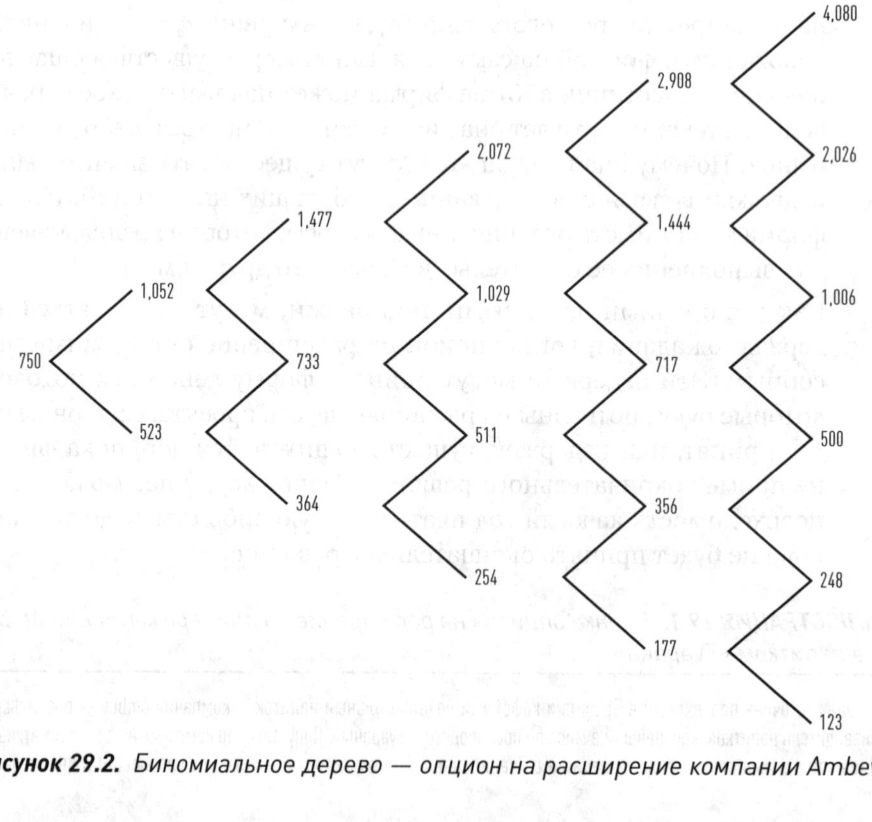

***Рисунок 29.2.** Биномиальное дерево — опцион на расширение компании Ambev*

- По нашему мнению, при оценке стоимости малых публичных компаний по производству напитков в Соединенных Штатах среднее стандартное отклонение составляет 35%, и мы допускаем, что это будет хорошей заменой для стандартного отклонения стоимости опциона на расширение.
- Мы допускаем, что Ambev будет иметь пятилетнее окно для принятия своего решения. Мы допускаем также, что данный интервал представляет собой произвольное ограничение, однако в реальном мире оно может определяться одним из следующих факторов: финансовыми ограничениями (истечет срок по кредитам); стратегическими прерогативами (необходимо выбрать, куда будут инвестированы ресурсы); решениями, связанными с персоналом (необходимо нанять управленческий аппарат и расставить его по своим местам).

На основе этих входных параметров мы получаем следующие исходные данные для модели ценообразования опционов:

S = приведенная стоимость денежных потоков от опциона на расширение сегодня = $750.
K = цена исполнения = $1000.
t = 5 лет.
Стандартное отклонение стоимости = 35%.

Мы используем безрисковую ставку 5% и извлекаем ожидаемые повышающие и понижающие движения из стандартного отклонения:

$$u = 1{,}4032;$$
$$d = 0{,}6968.$$

Биномиальное дерево представлено на рисунке 29.2.

Используя структуру портфеля-имитатора, представленного в главе 5, мы оцениваем стоимость опциона на расширение в размере $203 млн. Эта стоимость может быть добавлена к чистой приведенной стоимости (NPV) рассматриваемого первоначального проекта.

NPV ограниченного внедрения = –500 + 400 = –$100 млн.
Стоимость опциона на расширение = $203 млн.
NPV с опционом на расширение = –$100 млн + $203 млн = $103 млн.

Компания Ambev должна двигаться вперед с ограниченным внедрением на рынок даже при наличии отрицательной чистой приведенной стоимости, поскольку в результате возникает опцион с гораздо большей стоимостью.

ОЦЕНКА ДИСПЕРСИЙ ИЗ ИМИТАЦИОННЫХ МОДЕЛЕЙ МОНТЕ-КАРЛО

В двух предыдущих главах пару раз предлагалось выводить дисперсию, используемую в моделях ценообразования реальных опционов, из имитационных моделей. Имитационная модель Монте-Карло предполагает прохождение следующих трех этапов:

1. Вы определяете распределение вероятностей для каждого из ключевых входных параметров, лежащих в основе денежных потоков, а также параметры распределений. Например, если это нормальное распределение, то используются среднее и стандартное отклонения.
2. Во всех имитационных моделях из каждого распределения вы получаете один результат и на основе проделанных операций оцениваете приведенную стоимость денежных потоков.
3. После повторных построений имитационных моделей необходимо получить распределение приведенных стоимостей. Среднее значение этого распределения должно представлять собой ожидаемую стоимость проекта, а стандартное отклонение распределения может быть использовано в качестве дисперсии стоимости для оценки опционов на проект.

Хотя процесс построения имитационных моделей прост и сделать это можно с помощью многих программных пакетов[1], нужно учесть следующие особенности.

- Самый трудный этап — это оценка распределений вероятностей и параметров для ключевых переменных. Ее легче выполнить, когда фирма имеет опыт работы с подобными проектами в прошлом. Например, если розничный магазин изучает возможность покупки нового магазина, а не нового продукта или нового рынка. Если распределения, входящие в имитационную модель, являются случайными, то результат, каким бы впечатляющим он ни выглядел на бумаге, оказывается бессмысленным.
- Стандартное отклонение, или дисперсия, которую вы хотите использовать в моделях оценки опциона, является дисперсией стоимости за период времени, а не в какой-то момент времени. Вы можете спросить, в чем разница? Например, рыночное тестирование дает распределение для потенциала рынка сегодня и отражает оценочную неопределенность. Сам рынок будет с течением времени развиваться, и именно дисперсия распределения оказывается тем, что вы хотите оценить[2].
- Необходимо оценить стандартное отклонение стоимости проекта, т. е. сумму приведенной стоимости денежных потоков, а не стандартное отклонение годовой прибыли или годовых денежных потоков.

expand.xls — таблица, позволяющая оценить стоимость опциона на расширение проекта за счет освоения новых рынков или новых продуктов по модели Блэка–Шоулза.

Проблемы оценки опциона на расширение

Практические соображения, связанные с оценкой стоимости опциона на расширение, похожи на те, что были связаны с оценкой опциона на отсрочку. В большинстве случаев фирмы с опционами на расширение не имеют какого-либо особого срока, к которому они должны принять решение о расширении, в результате чего эти опционы не имеют временных рамок или в лучшем случае у них срок — произвольный. Даже в тех случаях, когда оценка срока жизни опционов оказывается возможной,

1 Crystal Ball и @Risk — оба программных пакета представляют собой дополнения к Excel и позволяют построить эти имитационные модели.

2 Например, вы можете иметь точные данные о сегодняшнем размере рынка — поэтому дисперсия может оказаться низкой или даже будет равной нулю, — но находиться в состоянии неопределенности относительно того, что будет представлять собой рынок через год или три года. Именно в последнем случае дисперсия определяет стоимость опциона.

ни размер, ни потенциальный рынок продукта не могут быть доподлинно известны, а их оценка может стать проблематичной. Для иллюстрации рассмотрим обсуждавшийся выше пример компании Ambev. Хотя мы и приняли период в пять лет, по истечении которого компания Ambev должна так или иначе принять решение относительно своего будущего расширения в США, вполне возможно, что эти временные рамки в момент осуществления первоначальных инвестиций не определены. Кроме того, мы допустили, что и издержки, и приведенная стоимость от расширения при первоначальных инвестициях — величины известные. В реальности фирма может не иметь достоверных оценок ни по одному из этих входных параметров до тех пор, пока не откроется первый магазин, поскольку она не располагает большим объемом информации о целевом рынке.

Дальнейшие соображения и их последствия для опционов на расширение

Опцион на расширение может быть использован фирмой в качестве рационального обоснования инвестиций в проекты, которые имеют отрицательную чистую приведенную стоимость, но открывают широкие возможности в плане освоения новых рынков или продажи новых продуктов. Подход, основанный на оценке опциона, вносит строгость в эту аргументацию благодаря этой оценке, а также позволяет проникнуть в суть тех случаев, когда он наиболее ценен. Очевидно, что опцион на расширение будет более ценным в сферах бизнеса, в большей степени подверженных изменениям и обеспечивающих более высокую рентабельность проектов (таких как биотехнологии или компьютерное программное обеспечение), чем в стабильном бизнесе с более низкой доходностью (например, производство автомобилей). Мы рассмотрим три случая, где опцион на расширение может углубить наше понимание, — случаи стратегических приобретений, затраты на НИОКР и многоэтапные проекты.

Стратегические соображения в связи с приобретениями. Во многих приобретениях или инвестициях приобретающая фирма полагает, что сделка создаст конкурентные преимущества в будущем. Эти конкурентные преимущества включают в себя следующее.

- *Выход на более крупный или растущий рынок*. Инвестиции или приобретения могут позволить фирме проникнуть на крупный или потенциально крупный рынок гораздо быстрее, чем она сумеет этого достичь иным образом. Хороший пример — приобретение мексиканской розничной фирмы американской компанией с намерением расшириться за счет проникновения на мексиканский рынок.

- *Повышение технологической компетентности*. В некоторых случаях приобретение мотивируется желанием получить запатентованную технологию, позволяющую покупателю либо расшириться на существующем рынке, либо выйти на новый рынок.
- *Бренд*. Иногда фирмы платят большие премии сверх рыночной цены за приобретение фирм с ценными брендами, поскольку полагают, что в будущем их можно использовать для расширения за счет освоения новых рынков.

Все эти потенциальные преимущества могут быть использованы для оправдания крупных премий за приобретение, однако не все они создают ценные опционы. Даже если данные преимущества можно рассматривать как ценные опционы на расширение, стоимость должна быть выше, чем премия за приобретение, причитающаяся акционерам.

Затраты на НИОКР и пробные рынки. Фирмы, тратящие значительные суммы денег на НИОКР, а также на пробные рынки, часто сталкиваются с препятствиями при оценке данных затрат, поскольку вознаграждение принимает форму будущих проектов. В то же время присутствует вполне реальная возможность, что после того, как деньги потрачены, продукты или проекты могут оказаться нежизнеспособными. Следовательно, данные расходы должны рассматриваться как безвозвратные издержки. Фактически НИОКР обладают характеристиками опциона колл, поэтому затраты на НИОКР представляют собой стоимость этого опциона, а проекты или продукты, способные возникнуть благодаря исследованиям, описываются выплатами по опционам. Если эти продукты жизнеспособны (т.е. приведенная стоимость денежных потоков превосходит необходимые инвестиции), то вознаграждение представляет собой разницу между тем и другим.

Из этого взгляда на НИОКР вытекают определенные логические следствия. Во-первых, при прочих равных обстоятельствах расходы на НИОКР должны обеспечить гораздо более высокую стоимость фирм из сферы бизнеса, подверженного изменениям, поскольку дисперсия денежных потоков от продукта или проекта имеет положительную корреляцию со стоимостью колл-опциона. Таким образом, компания Minnesota Mining and Manufacturing (3M), тратящая значительные средства на НИОКР в области базовых офисных продуктов (таких, как Post-it pad), должна извлекать меньшую стоимость из своих исследований, чем компания Amgen, исследования которой направлены в основном на продукты биотехнологий[1].

[1] Это утверждение основано на допущении, что качество исследований является одним и тем же у обеих фирм, хотя исследования относятся к разным сферам бизнеса, и единственное различие заключается в волатильности базового бизнеса.

Во-вторых, стоимость исследований и оптимальный объем денег, которые следует на них потратить, с течением времени будут меняться — по мере созревания сферы бизнеса. Самый лучший пример — фармацевтическая отрасль: в 1980-е гг. фармацевтические компании тратили значительную часть своих инвестиций на исследования и по мере роста расходов на здравоохранение получали высокую доходность новых продуктов. Однако в 1990-е гг., когда затраты на здравоохранение стали выравниваться и бизнес достиг зрелости, многие компании обнаружили, что они не получают такой же отдачи от своих исследований, поэтому начали сокращать расходы. Некоторые фирмы переместили средства на НИОКР из области традиционных препаратов в разработки биотехнологических продуктов, где сохраняется высокая неопределенность в связи с будущими денежными потоками.

Многоэтапные проекты/инвестиции. При внедрении в новые сферы бизнеса или осуществлении новых инвестиций фирмы иногда имеют опцион на перемещение по этапам. Хотя он способен снизить потенциал роста стоимости, он также защищает фирму от риска снижения стоимости, позволяя ей на каждом этапе измерять спрос и решать, переходить ли на следующий этап. Другими словами, стандартный проект может быть переработан и представлен в виде серии опционов на расширение, где каждый опцион зависит от предыдущего. Отсюда вытекают два положения:

1. Некоторые проекты могут казаться непривлекательными в целом, но способны создавать стоимость, если фирма может инвестировать в отдельные этапы.
2. Некоторые проекты, привлекательные в целом, могут стать еще привлекательнее, если разбить их на этапы.

Прирост стоимости от опционов, созданный многоэтапными инвестициями, должен быть взвешен по отношению к издержкам. Принятие инвестиций на отдельных этапах может привести к захвату рынка конкурентами, решающими полномасштабно выйти на этот рынок. Это также может привести к более высоким издержкам на каждом этапе, поскольку фирма не получает полных преимуществ от экономии на масштабе.

Из рассмотрения этого выбора между многоэтапными и одноразовыми инвестициями вытекают некоторые выводы в отношении аналитических рамок, относящихся к опционам. К проектам, где выгоды будут наибольшими от осуществления таких инвестиций на нескольких этапах, относятся следующие.

- *Проекты, в которых существуют значительные барьеры на вход для конкурентов, вступающих на рынок и получающих преимущество в результате отсрочек полномасштабного производства*. Так, фирма с патентом на продукт или другой легальной защитой от конкуренции платит гораздо меньшую цену, стартуя с небольшого проекта, а затем расширяя его, по мере того как она больше узнает о данном рынке.

- *Проекты, в которых присутствует неопределенность относительно размера рынка и заключительного успеха продукта*. Здесь начало небольшого проекта и расширение по этапам позволяют фирме снизить потери, если продукт продается не столь хорошо, как ожидалось, и узнавать больше о рынке на каждом этапе. Эта информация может быть полезной как для схемы проекта, так и для маркетинга на последующих этапах.
- *Проекты, в которых необходимы крупные инвестиции в инфраструктуру и имеет место высокий операционный рычаг (постоянные издержки)*. Поскольку сбережения от осуществления проекта на многих этапах могут быть связаны с инвестициями, необходимыми на каждом этапе, то выгода, по всей вероятности, будет больше в тех фирмах, где эти издержки значительны. Например, капиталоемкие проекты, а также проекты, требующие крупных первоначальных маркетинговых затрат (продукт с новым брендом для компании по производству потребительских товаров), дадут больший выигрыш от опционов, созданных инвестированием в проекты на многих этапах.

ПОСЛЕДОВАТЕЛЬНЫЕ И СЛОЖНЫЕ ОПЦИОНЫ: НЕКОТОРЫЕ СООБРАЖЕНИЯ

Сложный, или составной, опцион — это опцион на опцион. Простой пример — это опцион колл на малую компанию, имеющую только один актив, а именно — патент. В предыдущей главе мы выяснили, что патент может рассматриваться как опцион, поэтому опцион колл на компанию становится сложным опционом. Можно иметь последовательность опционов, где стоимость каждого опциона зависит от того, исполнен ли прежний опцион. Например, пятиэтапный проект имеет структуру из последовательных опционов. Очевидно, что достижение пятого этапа зависит от того, будут ли пройдены первые четыре этапа. Стоимость пятого опциона в этой последовательности определяется тем, что произойдет с первыми четырьмя опционами.

Нет необходимости говорить, что оценка опциона становится более сложной, когда мы имеем последовательные и сложные опционы. Здесь возможны два выбора. Один из них заключается в оценке этих опционов как простых и в принятии приблизительной оценки стоимости. Другой выбор заключается в модификации модели ценообразования опционов с учетом специфических характеристик оцениваемых опционов. Хотя в этой книге мы не рассматриваем эти модели, их можно получить, модифицируя модель Блэка–Шоулза или биномиальную модель, чтобы учесть все особенности сложных и последовательных опционов.

КОГДА ОПЦИОНЫ НА РАСШИРЕНИЕ ОБЛАДАЮТ СТОИМОСТЬЮ?

Хотя утверждение, что некоторые или многие инвестиции заключают в себе ценные стратегические опционы или опционы на расширение, очень привлекательно, существует опасность использования этого утверждения для оправдания плохих инвестиций. Действительно, покупатели долгое время оправдывали огромные премии за приобретения синергическими и стратегическими обоснованиями. Поэтому необходимо строго подходить к измерению стоимости реальных опционов, а также к использованию реальных опционов в качестве оправдания для уплаты высоких цен или осуществления плохих инвестиций.

Количественная оценка

Когда реальные опционы используются для обоснования какого-либо решения, оно должно быть не только качественным. Другими словами, если менеджеры выступают в пользу инвестирования в проекты с низкой доходностью или в пользу уплаты премии за приобретение на основе реальных опционов, создаваемых этими инвестициями, то от них следует потребовать оценки этих реальных опционов и демонстрации, каким образом и почему экономические выгоды превосходят издержки. На это требование можно выдвинуть два возражения. Первое заключается в следующем: реальные опционы сложно оценить, поскольку затруднительно получить исходные данные, к тому же они часто сопряжены с шумом. Второе возражение состоит в том, что исходными данными для модели ценообразования опционов можно с легкостью манипулировать, чтобы обосновать какой угодно вывод. Хотя оба возражения и правомочны, получение оценки все равно лучше, чем ее отсутствие, а попытка оценить стоимость реального опциона, по существу, представляет собой первый шаг к пониманию того, что определяет его стоимость.

Тесты стоимости для опционов на расширение

Не все инвестиции заключают в себе опционы, и не все опционы, даже если они и существуют, обладают значительной стоимостью. Чтобы оценить, создают ли инвестиции имеющие стоимость опционы, требующие анализа и оценки, необходимо ответить на три ключевых вопроса:

1. *Являются ли первоначальные инвестиции предпосылкой для последующих инвестиций или экспансии? Если нет, то насколько необ-*

ходимы первоначальные инвестиции для последующих инвестиций или экспансии? Рассмотрим наш более ранний анализ стоимости патента или стоимости неразработанного нефтяного месторождения как опциона. Фирма не может генерировать патенты, не инвестируя в исследования или не платя другой фирме за патенты, и она не способна получить права на неразработанные запасы нефти, не сделав затрат на разведку, не выиграв на государственном аукционе или не купив эти запасы у другой нефтяной компании. Очевидно, что здесь первоначальные инвестиции (затраты на НИОКР, предложение цены покупателя на аукционе) требуются фирме, чтобы иметь вторые инвестиции. Теперь рассмотрим инвестиции компании Ambev в ограниченный выход на американский рынок и опцион на последующее расширение присутствия. Первоначальные инвестиции обеспечивают компанию Ambev информацией о потенциале рынка, без которой она, по всей вероятности, не захочет расширяться для большего охвата рынка. В отличие от примеров с патентами и неразработанными запасами, здесь первоначальные инвестиции не являются предпосылкой для вторых инвестиций, хотя менеджмент мог бы их рассматривать именно так. Эта связь становится еще слабее, а стоимость опциона ниже, когда мы рассматриваем фирму, приобретающую другую с целью получить опцион, позволяющий выйти на крупный рынок. Примерами менее ценных опционов могут служить приобретение социальной сети для получения опорного пункта на рынке социальных сетей или покупка китайского пивоваренного завода с целью получения опциона на проникновение на китайский пивной рынок.

2. *Имеет ли фирма эксклюзивное право на более поздние инвестиции или экспансию? Если нет, то обеспечивают ли первоначальные инвестиции фирму значительными конкурентными преимуществами при последующих инвестициях?* В конечном счете стоимость опциона извлекается не из денежных потоков, создаваемых вторыми и последующими инвестициями, а из избыточной доходности, порождаемой ими. Чем больше потенциал избыточной доходности по вторым инвестициям, тем выше стоимость опциона на расширение в первых инвестициях. Потенциал избыточной доходности тесно связан с тем, насколько первые инвестиции обеспечивают фирму конкурентными преимуществами, когда она делает последующие инвестиции. Снова рассмотрим инвестирование в НИОКР с целью приобретения патента. Патент дает фирме, которая им владеет, эксклюзивные права на производство продукта, и если рыночный потенциал большой, то возникает право на избыточную доходность от проекта. С другой стороны, фирма может и не достичь

никаких конкурентных преимуществ от последующих инвестиций, поэтому избыточная доходность от этих инвестиций выглядит сомнительно. На самом деле большинство инвестиций располагаются в континууме между этими двумя крайностями, где более серьезные конкурентные преимущества связаны с повышенной избыточной доходностью и более высокой стоимостью опционов.

3. *Устойчивы ли конкурентные преимущества?* На конкурентных рынках избыточная доходность привлекает конкурентов, а конкуренция устраняет избыточную доходность. Чем более устойчивыми конкурентными преимуществами обладает фирма, тем выше стоимость опционов, заключенных в первоначальных инвестициях. Устойчивость конкурентных преимуществ является функцией двух сил. Первая — это характер конкуренции. При прочих равных условиях конкурентные преимущества исчезают значительно быстрее в тех секторах, где существуют агрессивные конкуренты. Вторая сила — это характер конкурентного преимущества. Если ресурсы, находящиеся в ведении фирмы, — ограниченные и редкие (как в случае с запасами полезных ископаемых и незанятой землей), то конкурентное преимущество, по всей вероятности, будет устойчивым на протяжении более длительных периодов. И наоборот, если конкурентное преимущество проистекает из положения первопроходца на рынке или из обладания техническими экспертными знаниями (компетентностью), то конкуренты начнут покушаться на него гораздо скорее. Самый прямой путь для отражения конкурентного преимущества в стоимости опциона заключается в оценке временного периода конкурентного преимущества, а стоимость данного опциона составляет лишь избыточная доходность, полученная в течение него.

Если ответы на эти три вопроса утвердительны, то опцион на расширение может иметь стоимость. Прилагая два последних теста к опциону на расширение компании Ambev, можно увидеть потенциальные проблемы. Хотя компания Ambev является крупнейшим производителем напитка «Гуарана» в мире, она не имеет патента на этот продукт. Если первоначальное проникновение окажется успешным, то вполне возможно, что компании Coke и Pepsi смогут создать собственные версии напитка «Гуарана» для национального рынка. Если подобное произойдет, то Ambev за свои \$100 млн лишь снабдит рыночной информацией конкурентов. Таким образом, если благодаря своим первоначальным инвестициям Ambev не получает никакого конкурентного преимущества на рынке, за счет которого она планирует расшириться, то опцион на расширение теряет какую-либо стоимость и не может использоваться для оправдания первоначальных инвестиций. Теперь рассмотрим два промежуточных сценария.

В первом из них, если Ambev благодаря своим первоначальным инвестициям получает время для сохранения лидерства в отношении инвестиций на расширение, появляется возможность для создания гораздо более высоких денежных потоков во время ее лидерства и постепенного снижения этих денежных потоков впоследствии. Это вызовет снижение приведенной стоимости денежных потоков от расширения и стоимости опциона. Во втором сценарии можно сделать более простую корректировку — ввести верхний предел для приведенной стоимости денежных потоков, основываясь на том, что конкуренция ограничит предельную чистую приведенную стоимость, и установить также потолок для стоимости опциона. Например, если допустить, что приведенная стоимость денежных потоков от опциона на расширение не должна превышать $2 млрд то стоимость опциона на расширение снизится до $142 млн[1].

ОЦЕНКА ФИРМЫ С ОПЦИОНОМ НА РАСШИРЕНИЕ

Присутствует ли в некоторых фирмах опцион на расширение, который может привести к тому, что эти фирмы будут торговаться с премией сверх дисконтированной стоимости денежных потоков? По крайней мере теоретически можно утверждать, что да в случае малых быстро растущих фирм на крупных и развивающихся рынках. Оценка дисконтированных денежных потоков основана на ожидаемых денежных потоках и ожидаемом росте, а эти ожидания должны отражать вероятность чрезвычайной успешности (или чрезвычайной неудачливости) фирмы. При этом в ожиданиях может быть упущено из виду, что в случае успеха фирма способна инвестировать больше, добавлять новые продукты или расширяться за счет новых рынков и наращивать свой успех. Этот факт есть реальный опцион, создающий дополнительную стоимость.

Взаимосвязь с оценкой дисконтированных денежных потоков

Если оценивается стоимость этого опциона на расширение, то стоимость фирмы может быть записана как сумма двух компонентов: стоимость дис-

1 Опцион колл с верхним пределом можно оценить, сделав двукратную оценку опциона на расширение в модели Блэка–Шоулза: один раз с ценой исполнения в $1000 (дает первоначальную стоимость опциона на расширение, равную $218 млн), а второй раз — с ценой исполнения в $2000 (дает стоимость опциона = $76 млн). Разница между этими двумя оценками составляет стоимость опциона на расширение с верхним пределом для приведенной стоимости. Его также можно оценить в биномиальной модели, устанавливая стоимость в размере $2000 всякий раз, когда стоимость опциона превосходит это значение на биномиальном дереве.

контированных денежных потоков, ожидаемых в будущем, и стоимость опциона на расширение:

Стоимость фирмы = стоимость дисконтированных денежных потоков +
+ стоимость опциона на расширение.

Подход, основанный на оценке опциона, вносит в эту аргументацию строгость через оценку стоимости опциона на расширение, а также дает понимание тех случаев, когда он наиболее ценен. Очевидно, что опцион на расширение более ценен для более изменчивых сфер бизнеса с большей рентабельностью проектов и более высокими барьерами на вход для конкурентов (таких, как новые технологии), чем в стабильных сферах бизнеса с низкой доходностью (таких, как жилищное строительство, коммунальные компании и производство автомобилей).

Однако следует позаботиться об избежании двойного учета стоимости опциона. Если использовать более высокие темпы роста, чем те, что оправдываются ожиданиями вследствие наличия опциона на расширение, то мы тем самым уже учитываем стоимость этого опциона в оценке дисконтированных денежных потоков. Прибавление дополнительного компонента для отражения опциона приводит к двойному учету.

Входные параметры для оценки опциона на расширение. Для того чтобы оценить фирму с опционом на расширение, необходимо начать с определения рынка, где фирма имеет опцион на вход, и со спецификации конкурентных преимуществ, которые, предположительно, дадут ей некоторую степень эксклюзивности при входе. Если вы убеждены, что она действительно есть, то необходимо оценить ожидаемые денежные потоки, возникающие при входе в рынок сегодня, а также издержки от входа. Эти издержки, вероятно, превысят ожидаемые денежные потоки, иначе фирма уже вышла бы на рынок. Издержки от входа в рынок станут ценой исполнения опциона, а ожидаемые денежные потоки от входа сегодня укажут на стоимость базового актива.

Для оценки дисперсии этой стоимости можно либо построить имитационные модели, описывающие эволюцию рынка во времени, либо использовать дисперсии публичных фирм, обслуживающих рассматриваемый рынок сегодня, допуская, что полученная дисперсия — хороший индикатор волатильности базового рынка. Следует также определить время, когда необходимо принять решение о входе в рынок, которое станет сроком истечения опциона. Еще можно связать данное допущение с теми, которые были сделаны по поводу конкурентных преимуществ. Например, если существует эксклюзивная лицензия на вход в рынок сроком на 10 лет, то этот срок можно использовать в качестве срока жизни опциона.

ИЛЛЮСТРАЦИЯ 29.2. *Оценка стоимости опциона на расширение на примере компании Secure Mail*

Secure Mail — молодая софтверная компания, специализирующаяся на программных средствах для защиты данных. Предположим, что вы уже выполнили традиционную оценку на основе дисконтированных денежных потоков и получили стоимость фирмы \$111,54 млн. Вместе с тем существует вероятность того, что компания использует клиентскую базу своей антивирусной программы и имеющуюся технологию для создания системы управления базами данных (СУБД) в течение следующих пяти лет. В вашем распоряжении есть следующая информация:

- Разработка новой СУБД обойдется компании в \$500 млн, если она решит заняться ею сегодня.
- Исходя из того, что у Secure Mail уже есть рынок для СУБД, компания может рассчитывать на получение денежных потоков в размере \$40 млн в год в течение 10 лет. Стоимость привлечения капитала для частных компаний, занимающихся СУБД, составляет 12%.
- Стандартное отклонение в годовом исчислении для стоимости публичных компаний, занимающихся СУБД, составляет 50%.
- Ставка по пятилетним казначейским облигациям равна 3%.

Чтобы оценить опцион на расширение, мы использовали эту информацию и получили следующие исходные данные для опциона:

S = стоимость базового актива =
= PV ожидаемых денежных потоков от выхода на рынок СУБД сегодня =

$$= \frac{40\left(1-\dfrac{1}{(1{,}12)^{10}}\right)}{0{,}12} = \$226 \text{млн.}$$

K = цена исполнения = стоимость входа в рынок СУБД = \$500 млн.
t = срок опциона = период существования возможности расширения = 5 лет.
s = стандартное отклонение базового актива = 50%.
r = безрисковая ставка = 3%.

Подставив эти данные в модель Блэка–Шоулза, мы получаем[1]:

$$\text{Стоимость опциона колл} = SN(d1) - Ke^{-rt}N(d2) =$$
$$= 226(0{,}4932) - 500e^{-(0{,}03)(5)}(0{,}1282) = \$56{,}30 \text{ млн.}$$

Обратите внимание на то, что результаты не оправдывают разработку СУБД сегодня — приведенная стоимость ожидаемых денежных потоков (\$226 млн) ниже затрат. Однако у Secure Mail есть два аргумента в пользу начала разработки. Первый — это возможность уточнения оценки рынка на основе результатов продажи антивирусной программы. Второй — это возможность адаптации СУБД на основе собранной информации с целью расширения потенциального рынка и увеличения денежных потоков.

Если мы принимаем эту стоимость для опциона на расширение, то нам необходимо прибавить ее к стоимости Secure Mail, полученной ранее, т. е. к \$111,54 млн. Использование модели ценообразования опционов в данном случае оправдано тем, что Secure Mail получает конкурентное преимущество в результате обладания ноу-хау и доступа к клиентам (пользующимся антивирусной программой).

---

[1] Мы получили следующие значения для d1 и d2:

$$d_1 = \frac{\ln\left(\dfrac{226}{500}\right) + \left(0{,}03 + \dfrac{(0{,}50)^2}{2}\right)5}{0{,}50\sqrt{5}} = 0{,}0171;$$

$$d_2 = 0{,}0171 - 0{,}50\sqrt{5} = -1{,}1351.$$

expand.xls — таблица, позволяющая оценить стоимость опциона на расширение инвестиций или проекта.

СТОИМОСТЬ ФИНАНСОВОЙ ГИБКОСТИ

Принимая финансовые решения, менеджеры рассматривают их последствия в отношении имеющейся у них способности осуществлять новые инвестиции или делать непредвиденные расходы в будущие периоды. Практически это свойственно фирмам, поддерживающим избыточную долговую способность или более значительные кассовые остатки, чем это необходимо в связи с текущими нуждами погашения будущих неожиданных требований. Хотя поддержание подобной финансовой гибкости для фирм создает определенную стоимость, эта гибкость создает также издержки. Крупные кассовые остатки могут приносить доходность ниже среднерыночного уровня, а избыточная долговая способность предполагает отказ фирмы от некоторой стоимости и имеет более высокую стоимость привлечения капитала.

Детерминанты стоимости финансовой гибкости

Одна из причин, по которым фирма поддерживает крупные кассовые остатки и избыточную долговую способность, заключается в желании иметь опцион на принятие в будущем неожиданных проектов с высокой доходностью. Для того чтобы оценить финансовую гибкость как опцион, мы предположим, что фирма имеет ожидания относительно того, сколько ей будет нужно реинвестировать в будущие периоды, исходя из ее истории и текущих условий в отрасли. Допустим также, что фирма имеет ожидания относительно того, сколько она может получить из внутренних источников, и относительно своего нормального доступа на рынки капиталов в будущие периоды. Существует также неопределенность по поводу будущих потребностей в реинвестициях. В целях упрощения допустим, что способность фирмы генерировать средства известна с определенностью. Преимущество (и стоимость) наличия избыточной долговой способности или крупных кассовых остатков заключается в способности фирмы удовлетворить любые потребности в реинвестициях сверх доступных средств. Однако выигрыш от этих проектов обусловлен избыточной доходностью, ожидаемой фирмой от реализации данных проектов. Поэтому для оценки финансовой гибкости в годовом исчислении мы используем показатели, представленные в таблице 29.1.

ТАБЛИЦА 29.1. *Входные параметры для оценки опционов: финансовая гибкость*

Входной параметр	Описание	Подход к оценке
S	Ожидаемые годовые потребности в реинвестициях как процент от стоимости фирмы	Использование исторического среднего (чистые капитальные затраты + изменение неденежного оборотного капитала)/рыночная стоимость фирмы.
K	Годовые потребности в реинвестировании как процент стоимости фирмы, которые могут быть удовлетворены без финансовой гибкости	Если фирма не желает или не может использовать внешнее финансирование: (чистая прибыль – дивиденды + износ)/рыночная стоимость фирмы. Если фирма регулярно использует внешний капитал (банковский кредит, облигации или акции): (чистая прибыль + износ + чистое внешнее финансирование)/рыночная стоимость фирмы
σ^2	Дисперсия потребностей в реинвестировании	Дисперсия реинвестиций как процент от стоимости фирмы (если использовать исторические данные)
t	1 год	Для того чтобы получить годовую оценку стоимости гибкости

ИЛЛЮСТРАЦИЯ 29.3. *Оценка финансовой гибкости в сети Home Depot в 1999 г.*

Home Depot — это гигантская розничная сеть, продающая товары для ремонта дома и действующая в основном в США. Эта фирма традиционно не пользовалась заемными средствами в больших объемах и в прошлом десятилетии росла чрезвычайно высокими темпами. Для того чтобы оценить стоимость финансовой гибкости для Home Depot, мы начинаем с оценки реинвестиций как процента стоимости фирмы с 1989 по 1998 г. Сведения представлены в нижеследующей таблице:

Год	*Потребности в реинвестициях ($ млн)*	*Стоимость фирмы ($ млн)*	*Потребности в реинвестициях как процент от стоимости фирмы (%)*	*ln (потребности в реинвестициях)*
1989	175	2758	6,35	–2,7574751
1990	374	3815	9,80	–2,3224401
1991	427	5137	8,31	–2,4874405
1992	456	7148	6,38	–2,7520951
1993	927	9239	10,03	–2,2992354
1994	1 176	12 477	9,43	–2,3617681
1995	1 344	15 470	8,69	–2,4432524
1996	1 086	19 535	5,56	–2,8897065
1997	1 589	24 156	6,58	–2,7214279
1998	1 817	30 219	6,01	–2,8112841

Средние потребности в реинвестициях как процент от стоимости фирмы = 7,71%.
Стандартное отклонение ln (потребности в реинвестициях) = 22,36%.

Затем мы оцениваем внутренние фонды как процент от стоимости фирмы, используя чистую прибыль и амортизацию в качестве меры.

Внутренние фонды в 1989–1998 гг. в среднем составляли 5,82% от стоимости фирмы. Поскольку фирма почти не использует внешнего долга, она заполняет разницу между потребностями в реинвестициях (7,71%)

Год	*Чистая прибыль ($ млн)*	*Износ ($ млн)*	*Стоимость фирмы ($ млн)*	*Внутренние фонды/стоимость (%)*
1989	112	21	2758	4,82
1990	163	34	3815	5,16
1991	249	52	5137	5,86
1992	363	70	7148	6,06
1993	457	90	9239	5,92
1994	605	130	12 477	5,89
1995	732	181	15 470	5,90
1996	938	232	19 535	5,99
1997	1160	283	24 156	5,97
1998	1614	373	30 219	6,58

и формированием внутренних фондов (5,82%), выпуская акции. Заглядывая в будущее, предположим, что Home Depot больше не будет выпускать новых акций.

Текущий коэффициент долга сети Home Depot составляет 4,55%, а текущая стоимость привлечения ее капитала равна 9,51%. Используя аналитические подходы для определения стоимости привлечения капитала, предложенные в главе 15, мы оценим ее оптимальный коэффициент долга в размере 20%, а стоимость привлечения капитала при этом уровне долга составит 9,17%. Наконец, компания Home Depot в 1998 г. имела рентабельность капитала в размере 16,37%, и мы допускаем, что такой же будет ожидаемая доходность по новым проектам:

S = ожидаемые потребности в реинвестициях как процент от стоимости фирмы = 7,71%.

K = потребности в реинвестициях, которые могут финансироваться без гибкости = 5,82%.

t = 1 год.

σ^2 = дисперсия ln (чистые капитальные затраты) = $(0{,}02237)^2$ = 0,05.

Если использовать представленные исходные данные при безрисковой ставке 6%, то стоимость оцениваемого опциона, составит 0,02277. Затем мы превращаем этот опцион в меру стоимости с течением времени, умножая стоимость на годовую избыточную доходность и допуская, что фирма отказывается от избыточной доходности навсегда[1]:

Стоимость гибкости = 0,02277 (рентабельность капитала –
– стоимость привлечения капитала)/стоимость привлечения капитала =
= 0,02277 (0,1637–0,0951)/0,0951 = 1,6425%.

В годовом исчислении гибкость, созданная избыточной долговой способностью, стоит 1,6425% от стоимости Home Depot и значительно превышает экономию (9,51% – 9,17% = 0,34%) на стоимости привлечения капитала, которая возникла бы, если бы фирма использовала избыточную долговую способность.

Последнее соображение здесь следующее: в этой оценке не учитывается тот факт, что сеть Home Depot не имеет неограниченной финансовой гибкости. Допустим, что избыточная долговая способность Home Depot (она составляет 15,45% как разность между оптимальным и текущим коэффициентом долга) является верхним пределом для финансовой гибкости. Мы можем оценить последствие этого предела, оценивая колл-опцион с теми же параметрами, как у опциона, описанного ранее, но с ценой исполнения, равной 21,27% (15,45% + 5,82%). В этом случае влияние данного ограничения на стоимость гибкости оказывается незначительным.

---

[1] Мы допускаем, что проект, который фирма не в состоянии принять из-за отсутствия финансовой гибкости, теряется навсегда и что избыточная доходность по данному проекту существовала бы бесконечно. Оба допущения являются очень сильными и могут привести к переоценке потерянной стоимости.

finflex.xls — таблица, которая позволяет оценить стоимость финансовой гибкости, если рассматривать ее как опцион.

Последствия опциона на финансовую гибкость

Изучение финансовой гибкости как опциона дает полезные представления о том, когда финансовая гибкость становится наиболее ценной. Например, используя ранее разработанный подход, можно утверждать следующее.

- При прочих равных условиях фирмы, функционирующие в сферах бизнеса, где проекты приносят значительно более высокую доходность по сравнению с минимально приемлемой, должны выше ценить гибкость, чем те, что функционируют в стабильных сферах бизнеса, где избыточная доходность невелика. Это предполагает, что такие фирмы, как Microsoft и Dell, получающие значительную избыточную доходность от своих проектов, могут использовать потребность в финансовой гибкости как основание для создания крупных кассовых остатков и поддержания избыточной долговой способности.
- Поскольку способность фирмы финансировать эти потребности в реинвестициях определяется ее способностью создавать внутренние фонды, то при прочих равных условиях финансовая гибкость должна стоить меньше для фирм с крупной и стабильной прибылью в виде процента от стоимости фирмы. Фирмы, имеющие небольшую или отрицательную прибыль и обладающие вследствие этого гораздо более низкой способностью к созданию внутренних фондов, будут выше оценивать гибкость.
- Фирмы с ограниченными внутренними фондами могут обладать небольшой финансовой гибкостью или даже вовсе ее не иметь, если они способны использовать внешние рынки капитала (банковские кредиты, облигации и новые выпуски акций). При прочих равных условиях: чем выше способность (готовность) фирмы получать средства на внешних рынках капитала, тем меньше должна быть стоимость гибкости. Это может объяснить, почему частные или малые фирмы, имеющие гораздо меньший доступ к капиталу, оценивают финансовую гибкость выше, чем более крупные фирмы. Существование рынков корпоративных облигаций также может влиять на оценку гибкости. На рынках, где фирмы не могут выпустить облигации и в отношении финансирования полностью зависят

от банков, доступ к капиталу ограничен, а потребность в поддержании финансовой гибкости выше. В примере с Home Depot готовность использовать внешние средства, долг и акции, значительно снизила бы стоимость гибкости.

- Потребность в гибкости и ее стоимость — это функция неопределенности, с которой сталкивается фирма в части будущих потребностей в реинвестициях. Фирмы с предсказуемыми потребностями в реинвестициях должны оценивать гибкость в меньшей мере, чем фирмы, функционирующие в сферах бизнеса, где потребности в реинвестициях с течением времени изменяются.

В нашем анализе сети Home Depot мы рассматривали валовой коэффициент долга фирмы, который не может быть меньше 0%. Если мы рассмотрим чистый коэффициент долга фирмы (валовой долг минус денежные средства), то увидим, что фирма способна иметь отрицательный чистый коэффициент долга. Развивая аргументацию, связанную с финансовой гибкостью, можно утверждать, что в экстремальных обстоятельствах (т.е. при низких или отрицательных денежных потоках и при отсутствии доступа на рынки капитала) фирмы не только не откажутся от использования своей долговой способности (что приведет коэффициент валового долга к нулевому значению), но и будут накапливать денежные средства. Это может объяснить тот факт, почему многие фирмы на развивающихся рынках, а также молодые технологические фирмы, не используют никакого долга и накапливают крупные кассовые остатки.

ОПЦИОН НА ОТКАЗ

При инвестировании в новые проекты фирмы беспокоятся о риске, связанном с тем, что инвестиции не окупятся и фактические денежные потоки не достигнут ожидаемого уровня. Наличие опциона на отказ от неокупаемого проекта может оказаться ценным, особенно в отношении проектов со значительным потенциалом убытков. В данном разделе рассматривается стоимость опциона на отказ и его детерминанты.

Выигрыш от опциона на отказ

Подход, связанный с оценкой опциона, дает общее направление для оценки отказа и встраивания его в стоимость. В иллюстративных целях допустим, что V — остающаяся стоимость проекта, если он продолжается до завершения своего срока, а L — ликвидационная стоимость, или стоимость при отказе, для того же проекта в тот же момент времени. Если проект имеет остающийся срок в n лет, то стоимость продолжения проекта может сравниваться с ликвидационной стоимостью (стоимостью при отказе). Если стоимость от продолжения проекта будет выше, то его следует продолжать. Если оказывается более высокой стоимость отказа, то держателю опциона на отказ следует рассмотреть возможность отказа от проекта. Результаты могут быть записаны так:

Вознаграждение от владения опционом на отказ = 0, если $V > L$,
Вознаграждение от владения опционом на отказ = $L - V$, если $V \leq L$.

Это вознаграждение представлено графически на рисунке 29.3 в виде функции ожидаемой цены акций. В отличие от двух предыдущих случаев, опцион на отказ приобретает характеристики опциона пут.

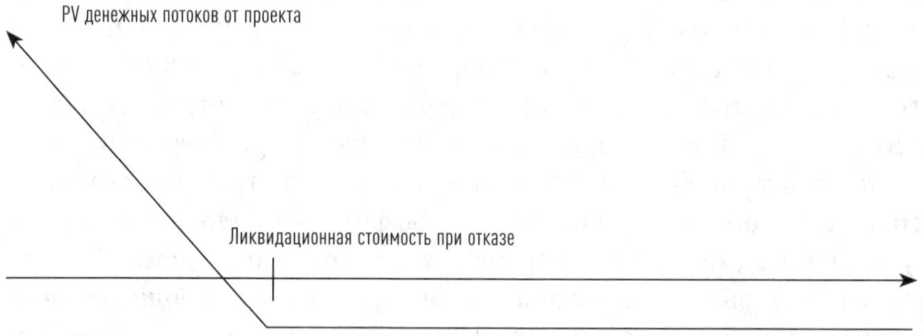

Рисунок 29.3. *Опцион на отказ от проекта*

ИЛЛЮСТРАЦИЯ 29.4. *Оценка опциона на отказ на примере компаний Airbus и Lear Aircraft*

Допустим, что компания Lear Aircraft заинтересована в строительстве небольших пассажирских самолетов и обращается в компанию Airbus с предложением о создании совместного предприятия. Каждая фирма инвестирует по $500 млн в совместное предприятие, которое будет производить самолеты. Согласно ожиданиям, инвестиции будут иметь 30-летний срок. Компания провела традиционный инвестиционный анализ и пришла к выводу, что ее доля приведенной стоимости ожидаемых денежных потоков должна составлять только $480 млн. Поэтому чистая приведенная стоимость проекта оказывается отрицательной, и компания Airbus не стремится участвовать в этом совместном предприятии.

После отказа от совместного предприятия компания Lear обращается к компании Airbus с более привлекательным предложением. Оно состоит в том, что компания Lear готова выкупить 50%-ную долю Airbus в совместном предприятии в любое время в течение следующих пяти лет за $400 млн. Это меньше того, что Airbus должна инвестировать вначале, но зато устанавливает нижнюю границу для ее убытков, предоставляя ей тем самым опцион на отказ. Чтобы оценить этот опцион для Airbus, отметим следующие исходные данные:

S = приведенная стоимость доли денежных потоков от инвестиций сегодня = $480 млн.
K = стоимость отказа = $400 млн.
t = период, в течение которого существует опцион на отказ = 5 лет.

Допустим, Airbus использует имитационную модель Монте-Карло для анализа проекта и оценивает стандартное отклонение стоимости проекта в размере 25%. Также отметим, что проект имеет ограниченный срок, поэтому приведенная стоимость со временем снизится, так как будет оставаться все меньше лет, в течение которых будут возникать денежные потоки. В целях упрощения предположим, что она пропорциональна времени, оставшемуся до срока истечения проекта:

Дивидендная доходность = 1/оставшийся срок проекта = 1/30 = 3,33%.

Используя безрисковую ставку, равную 5%, и подставляя вышеуказанные значения в модель Блэка–Шоулза, мы оценим пут-опцион:

Стоимость опциона на отказ = $400 \exp^{(-0{,}05)(5)} (1-0{,}5776) - 480 \exp^{(-0{,}033)(5)} (1-0{,}7748)$ = \$40,09 млн.

Поскольку получилась положительная чистая приведенная стоимость инвестиций, компания Airbus должна войти в это совместное предприятие. С другой стороны, компании Lear необходимо создать положительную чистую приведенную стоимость, равную по крайней мере \$40,09 млн, чтобы компенсировать предоставление этого опциона[1].

abandon.xls — таблица, позволяющая выяснить стоимость опциона на отказ от инвестиций.

Проблемы оценки опциона на отказ

В иллюстрации 29.4 несколько нереалистично допускалось, что стоимость отказа определена явно и не изменяется на протяжении срока проекта. Это может оказаться верным в некоторых очень специфических случаях, когда опцион на отказ встроен в контракт. Однако чаще фирма не имеет явно идентифицируемого опциона на отказ, и оценить можно лишь ликвидационную стоимость, рассматривая ее как отказ. Кроме того, стоимость отказа может измениться в течение срока проекта, затрудняя использование традиционных методов оценки опциона. Наконец, вполне возможно, что отказ от проекта не увеличит ликвидационную стоимость, а вместо этого создаст издержки. Скажем, у производственной фирмы возникнут обязательства по выплате выходного пособия рабочим. В таких случаях не имеет смысла отказываться от продолжения проекта, если денежные потоки от проекта не являются отрицательными.

Дальнейшие рассуждения и выводы об опционах на отказ

Тот факт, что опцион на отказ обладает стоимостью, дает фирмам основание выстраивать операционную гибкость, чтобы уменьшить или ликвидировать проекты, если они не достигают ожидаемого уровня. Это также указывает на следующее обстоятельство: фирмы, не пытающиеся создавать повышенную выручку и предлагающие своим потребителям опционы

1 Биномиальная модель дает стоимость этого опциона в размере \$46,44 млн.

на невыполнение обязательств, должны взвешивать более высокую выручку по отношению к стоимости опционов, которые были предоставлены потребителям.

Оговорки о выходе в контрактах. Первый и самый прямой путь к созданию опциона на отказ — это встраивание операционной гибкости в контракт с другими сторонами, вовлеченными в проект. Так, контракты с поставщиками могут составляться на каждый год, а не на длительный период. Работники могут быть наняты на временной, а не на постоянной основе. Оборудование, используемое в проекте, может арендоваться на краткосрочной основе, а не покупаться. Финансовые инвестиции могут осуществлять поэтапно, а не единовременно. Хотя возникают издержки в связи с созданием этой гибкости, выгоды от этого могут оказаться гораздо больше, особенно в изменчивых сферах бизнеса.

Стимулы для потребителей. На другой стороне сделки предложение опционов на отказ потребителям и партнерам в совместном предприятии может иметь отрицательное влияние на стоимость. Для примера рассмотрим такую ситуацию, когда фирма продает свою продукцию в рамках многолетних контрактов, предлагая потребителям опцион на отказ от выполнения условий контракта в любое время. Хотя это способно увеличить продажи, по всей вероятности, возникнут значительные издержки. В случае спада потребители, не имеющие возможности выполнить свои обязательства, скорее всего аннулируют контракты. Любые выгоды, получаемые от первоначальной продажи (в результате стимулирования покупателей через возможность аннулирования сделки), могут быть сведены на нет по причине издержек, связанных с предоставлением потребителям опциона.

СОГЛАСОВАНИЕ ЧИСТОЙ ПРИВЕДЕННОЙ СТОИМОСТИ И ОЦЕНОК РЕАЛЬНЫХ ОПЦИОНОВ

Почему инвестиции иногда имеют более высокую стоимость, когда оцениваются по методу, связанному с реальными опционами, чем при использовании традиционных моделей денежных потоков? Ответ связан с гибкостью, которая позволяет фирмам изменять характер инвестирования и осуществления проекта в зависимости от рыночной ситуации. Так, при повышении цены нефти до $15 за баррель нефтяная компания не станет добывать такой же объем нефти или бурить столько скважин, как она добывала бы или бурила бы при повышении цены на нефть до $95 за баррель.

При традиционном определении чистой приведенной стоимости мы рассматриваем ожидаемые действия и последствия для денежных потоков от этих действий, чтобы оценить стоимость инвестиций. Если существует потенциал для последующих инвестиций, для расширения или отказа во время осуществления проекта, то все, что можно сделать, — это рассмотреть вероятность подобных действий и встроить ее в денежные потоки. Аналитики часто допускают гибкость через использование деревьев решений и планирования оптимального направления действий при каждом результате. Это позволяет оценить стоимость проекта сегодня, используя вероятности каждой ветви и оценивая приведенную стоимость денежных потоков, поступающих от них.

Внешне это похоже на подход, основанный на биномиальном дереве, использованном нами для оценки реальных опционов, но здесь есть два отличия. Первое отличие заключается в том, что вероятности результатов не используются напрямую для оценки реального опциона, а второе состоит в том, что существуют только две ветви для каждого узла биномиального дерева. Имеет смысл поразмыслить, почему два использованных подхода дают различные стоимости проекта. Ответ удивительно прост. Он заключается в допущениях относительно ставки дисконтирования, выдвигаемых нами для расчета стоимости. В подходе, основанном на реальных опционах, используется портфель-имитатор для расчета стоимости. В дереве решений в качестве ставки дисконтирования для всего процесса применяется стоимость привлечения капитала для проекта. Если подверженность рыночному риску является детерминантом стоимости привлечения капитала и изменяется на каждом узле, то можно утверждать, что некорректно использовать одинаковую стоимость привлечения капитала на протяжении всего процесса и необходимо модифицировать ставку дисконтирования во времени. Если осуществить подобную корректировку, то мы получим одну и ту же стоимость при использовании любого подхода. Подход, основанный на реальных опционах, охватывает проблему комплексно, и его проще использовать с непрерывными распределениями (а не с дискретными данными, допускаемыми на деревьях решений). Мы вернемся к деревьям решений и другим вероятностным подходам в главе 33.

ЗАКЛЮЧЕНИЕ

В данной главе рассматриваются два опциона, которые существуют во многих инвестициях (опцион на расширение инвестиций и опцион на отказ от них). Когда фирма имеет опцион на расширение инвестиций, то стоимость этого опциона иногда может позволить ей не принимать во внимание тот факт, что первоначальные инвестиции имеют отрицательную чистую приведенную стоимость. Развивая это понятие применительно к оценке фирмы, иногда можно прибавить премию к стоимости, полученной из оценки дисконтированных денежных потоков для фирмы, имеющей потенциал для вступления на новые рынки или для создания новых продуктов. Этот опцион на расширение обладает максимальной стоимостью, если фирма имеет эксклюзивное право на осуществление этих инвестиций, и эта стоимость уменьшается при снижении конкурентных преимуществ фирмы.

Опцион на отказ относится к праву на уход от плохих инвестиций, которым часто обладают фирмы. В той степени, в которой опцион снижает риск возникновения наихудших результатов, он создает разницу между инвестированием в новый проект и отказом от инвестирования.

КОНТРОЛЬНЫЕ ВОПРОСЫ

В приведенных ниже заданиях, если не указано иное, премия за риск инвестирования в акции принимается равной 5,5%.

1. Компания NBC имеет права на телевизионный показ зимней олимпиады через два года и пытается оценить стоимость этих прав для возможной продажи другой телевизионной компании. NBC ожидает, что издержки телевизионного показа Олимпийских игр составят $40 млн (приведенная стоимость), и на основе текущих оценок ожидает добиться для показа игр 15-й позиции в рейтинге Нильсена[1]. Каждый пункт рейтинга, согласно ожиданиям, принесет NBC чистую выручку в $2 млн (приведенная стоимость). В этой оценке присутствует значительная изменчивость, поскольку стандартное отклонение ожидаемой чистой выручки составляет 30%. Безрисковая ставка = 5%.
   а) Какова чистая приведенная стоимость этих прав, исходя из текущих оценок?
   б) Оцените стоимость этих прав для продажи другой телевизионной компании.
2. Вы анализируете корпорацию Skates Inc., производящую скейтборды. В текущем периоде корпорация не обременена долгами, а стоимость привлечения ее собственного капитала составляет 12%. По вашей оценке, стоимость привлечения ее капитала будет составлять 11% при оптимальном коэффициенте долга 40%. Однако управленческий аппарат настаивает на отказе от заимствований

[1] В Соединенных Штатах насчитывается 99,4 млн домохозяйств. Каждый пункт рейтинга представляет 1%, т. е. приблизительно 994 000 домохозяйств.

из-за стоимости поддержания финансовой гибкости и предоставляет вам следующую информацию:

- За последние 10 лет реинвестиции (чистые капитальные затраты + + инвестиции в оборотный капитал) составляли 10% от стоимости фирмы в год. Стандартное отклонение этих реинвестиций было равно 0,30.
- Традиционно для удовлетворения этих нужд фирма использовала только внутренние фонды (чистая прибыль + амортизация), которые составляли 6% от стоимости фирмы.
- В последнем году чистая прибыль фирмы составила $180 млн при балансовой стоимости собственного капитала $1 млрд, и в будущем она ожидает зарабатывать такую же избыточную доходность на новые инвестиции.
- Безрисковая ставка составляет 5%.

а) Оцените стоимость финансовой гибкости как процент от стоимости фирмы в годовом исчислении.

б) На основе ответа на пункт «а» можете ли вы порекомендовать корпорации Skates использовать свою избыточную долговую способность?

3. Компания Disney рассматривает возможность создания совместного предприятия для строительства кондоминиумов в Вейле, штат Колорадо, с местным застройщиком. Согласно ожиданиям, совокупные издержки на застройку составят $1 млрд, и, как полагают в компании Disney, приведенная стоимость денежных потоков в течение 25 лет составит $900 млн. Компания Disney будет иметь 40%-ную долю в этом совместном предприятии (это потребует от нее первоначальных инвестиций в размере $400 млн и обеспечит ей 40% денежных потоков), но она будет обладать правом на обратную продажу своей доли в предприятии застройщику за $300 млн в любое время в течение пяти лет (срок проекта составляет 25 лет).

   а) Стандартное отклонение стоимости недвижимости в Вейле составляет 30%, безрисковая ставка = 5%. Оцените стоимость опциона на отказ для компании Disney.

   б) Посоветуете ли вы компании Disney участвовать в этом совместном предприятии?

   в) Если бы вы консультировали застройщика, то какой должна быть величина приведенной стоимости его денежных потоков, чтобы проект можно было считать хорошей инвестицией?

4. Компания Quality Wireless рассматривает возможность инвестиций в Китае. Ей известно, что издержки осуществления этих инвестиций будут составлять $1 млрд и обеспечат денежные потоки только

на $800 млн (приведенная стоимость). Но защитники расширения утверждают, что потенциальный рынок огромен, и компания Quality должна войти в эти инвестиции.

а) При каких условиях потенциал расширения имеет стоимость опциона?

б) Допустим, что существует стоимость опциона на расширение, в точности компенсирующая отрицательную чистую приведенную стоимость первоначальных инвестиций. Если стоимость последующего расширения в течение пяти лет будет составлять $2,5 млрд, то какова будет текущая оценка приведенной стоимости денежных потоков от расширения (можно допустить, что стандартное отклонение приведенной стоимости денежных потоков составляет 25%, а безрисковая ставка равна 6%)?

5. Корпорация Reliable Machinery Inc. рассматривает возможность расширения своих операций в Таиланде. Первоначальный анализ проекта дает следующие результаты:

- Согласно ожиданиям, в последующие 10 лет проект каждый год будет создавать денежные потоки после уплаты налогов в размере $85 млн.
- Предполагаемые первоначальные инвестиции в проект равны $750 млн.
- Стоимость привлечения капитала для проекта составляет 12%.

Если проект создаст гораздо более значительные денежные потоки, чем ожидалось, то возникнет эксклюзивное право на последующие 10 лет (по лицензии на производство) на расширение операций на остальную часть Южной Азии. Относительно возможности расширения текущий анализ предполагает следующее.

- Издержки расширения составят $2 млрд (в текущих ценах).
- В последующие 15 лет денежные потоки после уплаты налогов от расширения, предположительно, составят $150 млн в год. Существует значительная неопределенность относительно этих денежных потоков, а стандартное отклонение приведенной стоимости равно 40%.
- Ожидаемая стоимость привлечения капитала для этих инвестиций составит 12%. Безрисковая ставка равна 6,5%.

а) Оцените чистую приведенную стоимость первоначальных инвестиций.

б) Оцените стоимость опциона на расширение.

Глава 30

ОЦЕНКА СОБСТВЕННОГО КАПИТАЛА ПРОБЛЕМНЫХ ФИРМ

В главе 22 рассматривается вопрос, как можно адаптировать модели дисконтированных денежных потоков для оценки фирм с отрицательной прибылью. В большинстве решений оценивались ожидаемые денежные потоки в будущем, при допущении, что и они, и стоимость фирмы станут положительными в случае увеличения маржи или прибыли. В особом случае, когда фирма имеет значительный долг, мы выяснили, что существует реальная возможность дефолта по долгу и банкротства. В этих случаях дисконтирование денежных потоков может оказаться неадекватным инструментом для оценки стоимости. В этой главе рассматриваются фирмы с отрицательной прибылью, значительными установленными активами и крупными долгами. Можно утверждать, что инвесторы в собственный капитал этих фирм, учитывая ограниченную ответственность, имеют опцион на ликвидацию фирмы и выплату долга. Этот опцион колл на лежащую в основе фирму способен увеличить стоимость собственного капитала, особенно если существует значительная неопределенность относительно стоимости активов.

СОБСТВЕННЫЙ КАПИТАЛ В ПРОБЛЕМНЫХ ФИРМАХ С ВЫСОКОЙ ДОЛЕЙ ЗАЕМНЫХ СРЕДСТВ

В большинстве публичных фирм собственный капитал имеет две характерные черты. Первая состоит в том, что инвесторы в собственный капитал управляют фирмой и в любое время способны принять решение о ликвидации активов и погашении обязательств держателей долга. Вторая черта обусловлена тем, что ответственность инвесторов в собственный капитал в некоторых частных и почти во всех публичных фирмах ограничена их долей в капитале этих фирм. Это сочетание опциона на ликвидацию и ограниченной ответственности придает собственному капиталу черты колл-опциона. В фирмах со значительными обязательствами и отрицательной прибылью стоимость опционной составляющей собственного капитала может превышать стоимость дисконтированных денежных потоков.

Выплаты на акции как опцион

Собственный капитал фирмы является остаточным требованием, т.е. держатели акций предъявляют притязания на все денежные потоки, оставшиеся после удовлетворения требований других держателей финансовых обязательств (долга, привилегированных акций и т.д.). Если фирма ликвидируется, то действует тот же принцип: инвесторы в собственный капитал получают деньги, оставшиеся у фирмы после удовлетворения всех долговых и прочих финансовых требований. При ограниченной ответственности, если стоимость фирмы меньше стоимости неоплаченного долга, акционеры потеряют только свои инвестиции в фирму и не больше. Поэтому выплаты в пользу инвесторов в собственный капитал после ликвидации можно записать следующим образом:

$$\text{Выплаты на акции после ликвидации} = V - D, \qquad \text{если } V > D,$$
$$\text{Выплаты на акции после ликвидации} = 0, \qquad \text{если } V \leq D,$$

где V = ликвидационная стоимость фирмы;
D = номинальная стоимость долга и других требований на заемный капитал.

ВАЖНОСТЬ ОГРАНИЧЕННОЙ ОТВЕТСТВЕННОСТИ

Утверждение, что собственный капитал представляет собой опцион колл, справедливо только в том случае, если собственный капитал отличает ограниченная ответственность, т.е. самое большее, что инвестор в собственный капитал может потерять, — это свои инвестиции в фирму. Очевидно, что подобное справедливо в случае публичных компаний. В частных компаниях собственники часто имеют неограниченную ответственность. Если эти фирмы начнут испытывать финансовые затруднения и окажутся не в состоянии осуществлять долговые выплаты, то риску могут подвергнуться личные активы собственника. В этих случаях не следует оценивать собственный капитал как опцион колл.

Рисунок 30.1. *Выплаты на акции как опцион на фирму*

Таким образом, собственный капитал может рассматриваться как опцион колл на фирму, где исполнение опциона требует, чтобы фирма была ликвидирована и выплачена номинальная стоимость долга (которая соответствует цене исполнения). Фирма является базовым активом, а опцион исполняется при наступлении срока долга. Выплаты представлены на рис. 30.1.

ИЛЛЮСТРАЦИЯ 30.1. *Оценка собственного капитала как опциона*

Допустим, что вы оцениваете собственный капитал фирмы, активы которой в настоящее время оцениваются в размере \$100 млн, а стандартное отклонение стоимости этих активов составляет 40%. Номинальная стоимость долга составляет \$80 млн (речь идет о долге с нулевым купоном и оставшимся сроком до погашения 10 лет). Ставка по 10-летним казначейским облигациям составляет 10%. Мы можем оценить собственный капитал как колл-опцион фирмы, используя следующие входные параметры для модели ценообразования опционов:

Стоимость базового актива = S = стоимость фирмы = \$100 млн.
Цена исполнения = K = номинальная стоимость долга = \$80 млн.
Срок опциона = t = срок долга с нулевым купоном = 10 лет.
Дисперсия стоимости базового актива = σ^2 = дисперсия стоимости фирмы = 0,16.
Безрисковая ставка = r = ставка по казначейским облигациям, соответствующим сроку опциона = 10%.

На основе этих входных параметров модель Блэка–Шоулза дает следующую стоимость опциона колл:

$$d1 = 1{,}5994 \qquad N(d1) = 0{,}9451$$
$$d2 = 0{,}3345 \qquad N(d2) = 0{,}6310$$

$$\text{Стоимость опциона колл} = 100\,(0{,}9451) - 80\,(0{,}6310)\,e^{(-0{,}10)(10)} = \$75{,}94 \text{ млн.}$$

Поскольку стоимость опциона колл представляет собой стоимость собственного капитала, а стоимость фирмы составляет \$100 млн, то оценочная стоимость долга равна:

Стоимость долга = \$100 млн – \$75,94 млн = \$24,06 млн.
Долг представляет собой 10-летнюю облигацию с нулевым купоном, а рыночная ставка по этой облигации равна:
Процентная ставка по долгу = $(\$80/\$24{,}06)^{1/10} - 1$ = 12,77%.
Таким образом, дефолтный спред по этой облигации должен составлять 2,77%.

ВЫВОДЫ ИЗ РАССМОТРЕНИЯ СОБСТВЕННОГО КАПИТАЛА КАК ОПЦИОНА

Когда собственный капитал фирмы приобретает характеристики опциона колл, необходимо по-другому подходить к его стоимости, включая детерминанты его стоимости. В данном разделе мы рассмотрим несколько потенциальных выводов для инвесторов в собственный капитал и держателей облигаций фирмы.

Когда собственный капитал ничего не стоит?

При оценке дисконтированных денежных потоков можно утверждать, что собственный капитал ничего не стоит, если то, чем вы владеете (стоимость фирмы), меньше того, что вы должны. Первый вывод из рассмотрения собственного капитала как опциона колл состоит в том, что собственный капитал будет иметь стоимость, даже если стоимость фирмы оказывается ниже номинальной стоимости долга. Несмотря на то что, с точки зрения инвесторов, бухгалтеров и аналитиков, фирма находится в трудном положении, ее собственный капитал продолжает чего-то стоить. По существу, аналогично тому, как и опционы глубоко-вне-денег обладают стоимостью — по причине возможности роста стоимости базового актива сверх цены исполнения в течение оставшегося срока жизни опциона, — собственный капитал имеет стоимость из-за временной составляющей премии опциона (время обусловливается сроком платежа по облигациям), а также вероятности увеличения стоимости активов свыше номинальной стоимости облигаций до наступления срока платежа по ним.

ИЛЛЮСТРАЦИЯ 30.2. *Стоимость фирмы и стоимость собственного капитала*

Возвращаясь к предыдущему примеру, допустим, что стоимость фирмы снижается до $50 млн, т. е. ниже номинальной стоимости долга ($80 млн). Предположим, что все другие входные параметры остаются неизменными. Параметры собственного капитала как опциона колл являются следующими:

Стоимость базового актива = S = стоимость фирмы = $50 млн.
Цена исполнения = K = номинальная стоимость долга = $80 млн.
Срок опциона = t = срок долга с нулевым купоном = 10 лет.
Дисперсия стоимости базового актива = σ^2 = дисперсия стоимости фирмы = 0,16.
Безрисковая ставка = r = ставка по казначейским облигациям, соответствующим сроку жизни опциона = 10%.

На основе этих данных модель Блэка–Шоулза дает следующую стоимость опциона колл:

$$d1 = 1{,}0515 \qquad N(d1) = 0{,}8534$$
$$d2 = -0{,}2135 \qquad N(d2) = 0{,}4155$$

Стоимость опциона колл (собственного капитала) = $50(0{,}8534) - 80\,\exp^{(-0{,}10)(10)}(0{,}4155) = \$30{,}44$ млн.
Стоимость облигаций = $50 млн – $30,44 млн = $19,56 млн.

Насколько можно видеть, собственный капитал фирмы сохраняет свою стоимость по причине опционных характеристик собственного капитала. По существу, собственный капитал в этом примере продолжает обладать стоимостью, даже если стоимость фирмы снижается до $10 млн или еще ниже, как это показано на рисунке 30.2.

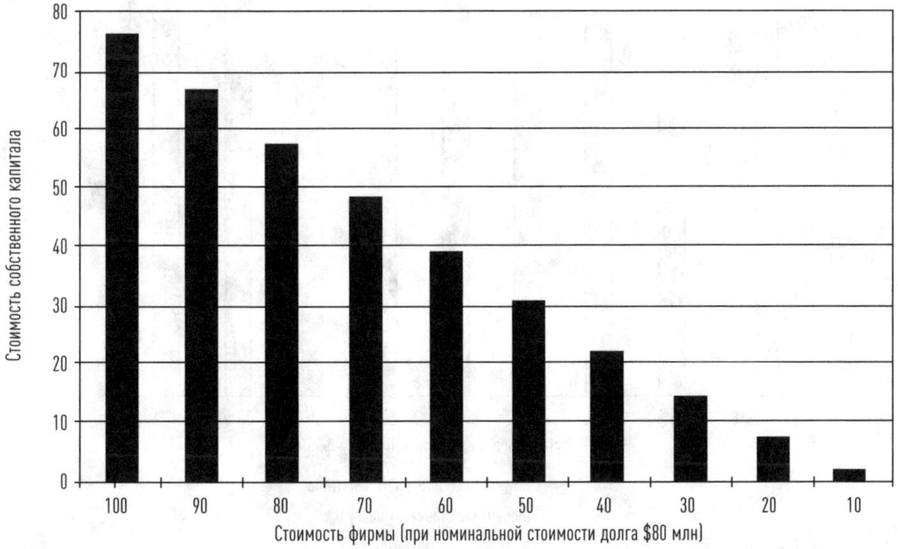

Рисунок 30.2. *Зависимость стоимости собственного капитала от изменений стоимости фирмы*

Увеличение риска может привести к повышению стоимости собственного капитала

В традиционной оценке на основе дисконтированных денежных потоков увеличенный риск почти всегда превращается в пониженную стоимость для инвесторов в собственный капитал. Когда собственный капитал приобретает характеристики колл-опциона, не следует ожидать сохранения этой взаимосвязи. Риск может стать вашим союзником, когда вы являетесь инвестором в собственный капитал фирмы, испытывающей затруднения. По сути, из-за колебаний стоимости фирмы можно потерять относительно немного, а получить много.

ИЛЛЮСТРАЦИЯ 30.3. *Стоимость собственного капитала и изменчивость*

Вернемся к оценке иллюстрации 30.1. Стоимость собственного капитала является функцией стандартного отклонения стоимости фирмы, которое, согласно нашему допущению, составляет 40%. Если мы изменим эту оценку, сохраняя все остальные переменные постоянными, то стоимость собственного капитала возрастет, как это видно из рисунка 30.3.

Отметим, что когда увеличивается стандартное отклонение, стоимость собственного капитала растет, причем стоимость фирмы остается постоянной. При росте стандартного отклонения процентная ставка по долгу также возрастает.

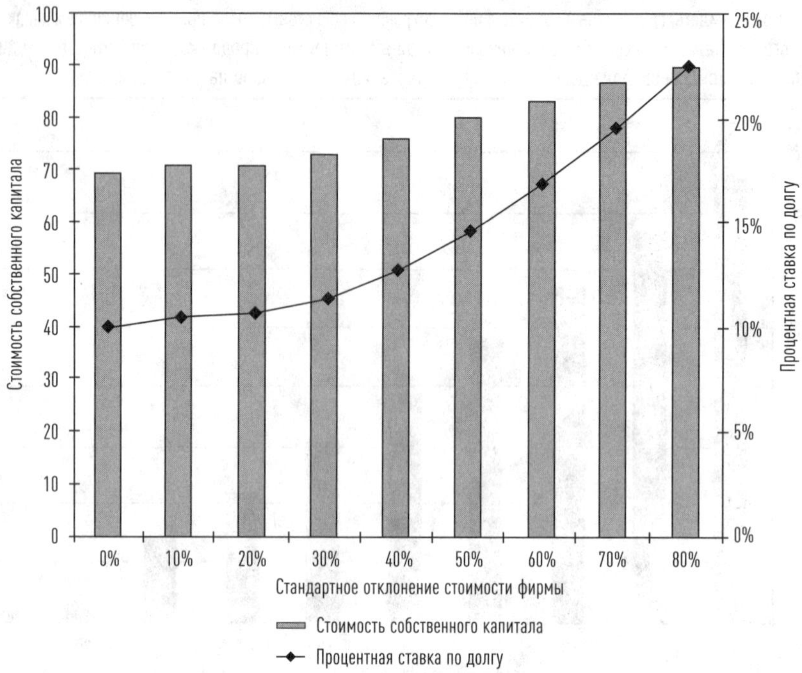

Рисунок 30.3. *Стоимость собственного капитала и стандартное отклонение стоимости фирмы*

Вероятность дефолта и дефолтный спред

Один из более интересных результатов модели ценообразования опционов — это нейтральная к риску вероятность дефолта, которую можно получить для фирмы. В модели Блэка–Шоулза можно оценить это значение на основе N (d2), являющейся нейтральной к риску вероятностью превышения S над K (S > K). В опционной модели эта величина представляет собой вероятность превышения стоимости активов фирмы над номинальной стоимостью долга.

Нейтральная к риску вероятность дефолта = 1 – N (d2).

Кроме того, процентная ставка по долгу позволяет нам оценить подходящий для облигаций дефолтный спред.

Можно увидеть потенциальные возможности в применении этой модели к портфелю банковских кредитов как для получения вероятности дефолта, так и для измерения того, достаточно ли высоки устанавливаемые процентные ставки по кредитам. Существуют сервисные фирмы, использующие более сложные модели ценообразования опционов для определения обеих рассмотренных величин для фирм.

ИЛЛЮСТРАЦИЯ 30.4. *Вероятности дефолта и дефолтные спреды*

Мы возвращаемся к иллюстрации 30.1 и оцениваем вероятность дефолта как 1 – N (d2), а дефолтный спред — как разницу между процентной ставкой по долгу фирмы и безрисковой ставкой. Эти значения представлены на рисунке 30.4. Отметим, что вероятность дефолта очень быстро растет по мере увеличения стандартного отклонения стоимости фирмы и изменения соответственно дефолтного спреда.

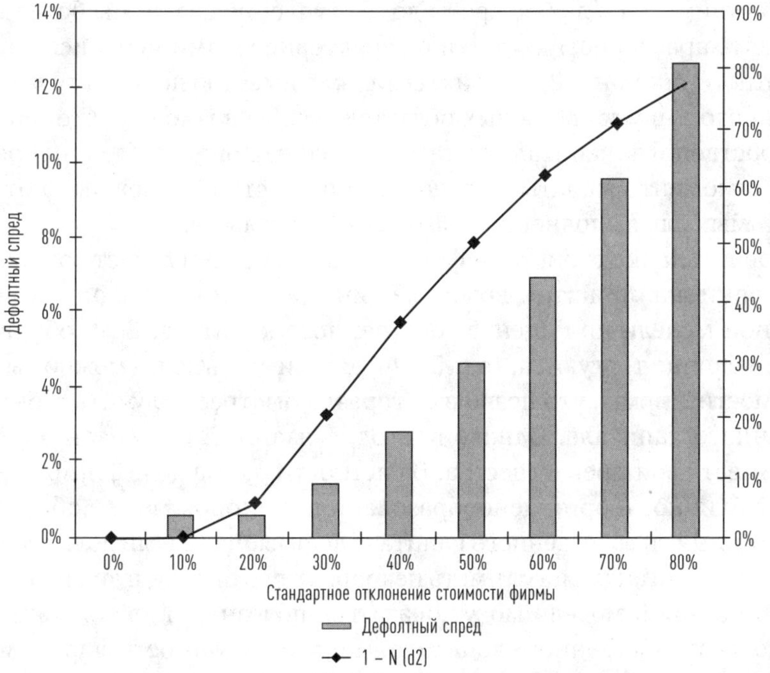

Рисунок 30.4. *Нейтральная к риску вероятность дефолта и дефолтный спред*

ОЦЕНКА СТОИМОСТИ СОБСТВЕННОГО КАПИТАЛА КАК ОПЦИОНА

Примеры, до сих пор использованные нами для иллюстрации применения опционной модели к оценке собственного капитала, включали в себя упрощающие допущения. В их число входят следующие предположения.

- Существуют только два вида требований к фирме — это долг и акции.
- Существует только один выпуск долговых обязательств, и их можно выкупить по номинальной стоимости.
- Долг имеет нулевой купон, и у него отсутствуют специфические характеристики (конвертируемость, обратные оговорки и т. д.).
- Можно оценить стоимость фирмы и ее дисперсию. При ликвидации мы считаем, что вы получите стоимость активов.

Каждое из этих допущений имеет определенные причины. Во-первых, ограничение требований только долгом и акциями делает проблему легче разрешимой. Введение других требований, таких как привилегированные акции, делает получение какого-либо результата более трудным, хотя и не невозможным. Во-вторых, допуская только один выпуск долговых обязательств с нулевым купоном, который может быть выкуплен по номинальной стоимости в любое время до наступления срока, мы более тесно связываем характеристики долга с характеристиками цены исполнения стандартного опциона. В-третьих, если долг имеет купон или существует более одного выпуска долговых обязательств, то возможно, что инвесторам в собственный капитал придется исполнить опцион (ликвидировать фирму) в момент выплаты купонов при отсутствии денежных потоков, необходимых для выполнения долговых обязательств.

Наконец, знание стоимости фирмы и ее дисперсии делает возможным оценки опциона, при этом возникает интересный вопрос о полезности опционной модели при оценке собственного капитала. Если облигации фирмы публично торгуются, то рыночную стоимость долга можно вычесть из стоимости фирмы, что позволяет гораздо быстрее получить стоимость собственного капитала. Однако подход, связанный с оценкой опциона, все же имеет свои преимущества. В частности, когда долг фирмы не торгуется публично, теория ценообразования опционов может обеспечить оценку стоимости собственного капитала фирмы. Даже если долг публично торгуемый, облигации могут иметь некорректную оценку, а аналитические рамки опционной модели могут оказаться полезными для оценки стоимости долга и собственного капитала. Наконец, стоимость фирмы может отличаться от ликвидационной стоимости активов, поскольку включает в себя также ожидаемую стоимость потенциала роста.

Входные параметры для оценки собственного капитала как опциона

Большинство фирм не вписываются в представленные выше узкие рамки (такие, как наличие только одного выпуска облигаций с нулевым купоном), поэтому необходимы определенные компромиссы, чтобы использовать опционную модель для оценки.

Стоимость активов фирмы. Ликвидационная стоимость активов фирмы может быть получена одним из трех способов. В первом способе мы складываем рыночные стоимости долга и собственного капитала, допуская при этом, что весь долг и собственный капитал являются торгуемыми. Получив в результате стоимость фирмы, мы считаем, что она является примерным показателем ликвидационной стоимости. В этом случае модель ценообразования опционов перераспределяет стоимость фирмы между долгом и собственным капиталом. Данный подход хотя и прост, но обладает внутренними противоречиями. Мы начинаем с одного набора рыночных стоимостей долга и собственного капитала и, используя модель ценообразования опционов, заканчиваем совершенно другими стоимостями того и другого.

Во втором подходе мы оцениваем стоимость активов фирмы путем дисконтирования ожидаемых денежных потоков по стоимости привлечения капитала. Одно соображение, которое нам необходимо держать в уме, заключается в том, что стоимость фирмы в опционной модели должна быть стоимостью, полученной после ликвидации. Она может быть меньше общей стоимости фирмы, которая учитывает ожидаемый потенциал будущего роста, и, кроме того, может стремиться к стоимости ликвидации. Если мы оцениваем стоимость фирмы, используя модель дисконтированных денежных потоков, это означает, что при оценке стоимости фирмы следует рассматривать только существующие инвестиции[1].

При третьем подходе, рассматривая здоровые фирмы (с незначительным потенциалом роста или без него) в одном и том же бизнесе, мы используем для оценки мультипликаторы выручки и применяем их к выручке оцениваемой фирмы. В неявном виде мы допускаем, что потенциальный покупатель в случае ликвидации уплатит эту стоимость.

Дисперсия стоимости фирмы. Дисперсию стоимости фирмы можно получить напрямую, если и акции, и облигации фирмы являются публично торгуемыми. Определяя дисперсию цены акций как σ_e^2, дисперсию цены облигаций как σ_d^2, вес собственного капитала по рыночной стоимости как w_e, а вес долга по рыночной стоимости как w_d, можно записать дисперсию стоимости фирмы следующим образом[2]:

$$\sigma^2_{\text{фирмы}} = w_e^2\sigma_e^2 + w_d^2\sigma_d^2 + 2w_e w_d \rho_{ed}\sigma_e\sigma_d,$$

где ρ_{ed} = корреляция между ценами акций и облигаций.

Когда облигации фирмы не торгуются, можно использовать дисперсию облигаций со схожими рейтингами как оценку σ_d^2, а корреляцию между облигациями со схожими рейтингами и акциями фирмы — как оценку ρ_{ed}.

1 Технически это может быть сделано, если мы поместим фирму в условия стабильного роста и оценим ее как фирму со стабильным ростом, при котором реинвестиции используются либо для сохранения, либо для увеличения существующих активов.

2 Это формула дисперсии для портфеля с двумя активами.

Когда компании начинают испытывать финансовые затруднения, этот подход может дать неверные результаты, поскольку волатильность цен на акции и облигации возрастает. Альтернативный подход, зачастую позволяющий дать более надежные оценки, заключается в использовании средней дисперсии стоимости фирмы для других фирм сектора. Таким образом, стоимость собственного капитала сталелитейной компании с серьезными проблемами можно оценить путем использования средней дисперсии стоимости фирмы, рассчитанной для выборки, которая включает все публичные сталелитейные компании.

optvar.xls — размещенный в Интернете набор данных, содержащий стандартные отклонения стоимости собственного капитала и стоимости фирмы по отраслям для американских фирм.

Срок долга. Большинство фирм имеет на балансе более одного выпуска долговых обязательств, значительная часть которых имеет купон. Поскольку модель ценообразования опционов допускает только один входной параметр времени до истечения срока, мы должны превратить несколько выпусков облигаций и купонных платежей в одну эквивалентную облигацию с нулевым купоном.

- Одно из решений, позволяющих учесть одновременно и купонные платежи, и срок погашения облигаций, заключается в оценке дюрации выпущенного долга и в расчете взвешенных по номинальной стоимости средней дюрации различных активов. Полученная средневзвешенная по стоимости дюрация используется в качестве меры времени, оставшегося до срока истечения опциона.
- Аппроксимация заключается в использовании в модели ценообразования опционов взвешенной по номинальной стоимости дюрации облигаций с нулевым купоном.

Номинальная стоимость долга. Когда проблемная фирма имеет несколько выпусков долговых обязательств, есть три подхода к выбору номинальной стоимости долга:

1. Можно суммировать основную сумму всех долгов фирмы и рассматривать ее как номинальную стоимость гипотетической облигации с нулевым купоном, которую выпустила фирма. Ограничение этого подхода заключается в недооценке платежей фирмы за период существования долга, поскольку за этот срок будут иметь место купонные выплаты и процентные платежи.
2. С другой стороны, для получения накопленной номинальной стоимости долга можно прибавить к основным выплатам ожидаемые

процентные и купонные платежи по долгу. Поскольку процентные платежи осуществляются ежегодно, а выплата основной суммы происходит только при наступлении срока погашения, то, поступая подобным образом, мы смешиваем денежные потоки, относящиеся к различным моментам времени. Тем не менее данный подход к учету промежуточных процентных выплат является самым простым.

3. В качестве номинальной стоимости долга можно рассматривать только основную сумму долга, а процентные выплаты за каждый год, определенные в виде процента от стоимости фирмы, ввести в модель ценообразования опционов как дивидендную доходность. В результате нам следует ожидать сокращение стоимости фирмы на величину ожидаемых выплат по долгу в каждом году существования фирмы.

ИЛЛЮСТРАЦИЯ 30.5. *Оценка собственного капитала как опциона на примере фирмы Eurotunnel в 1997 г.*

Фирма Eurotunnel была создана для строительства туннеля под Ла-Маншем, соединяющего Англию и Францию, и ее цель состоит в получении на этом прибыли. В начале 1990-х гг. туннель был готов к эксплуатации, но не достиг коммерческого успеха, о чем каждый год после его открытия свидетельствовали сообщения о серьезных убытках. В начале 1998 г. балансовая стоимость собственного капитала фирмы Eurotunnel составляла –£117 млн, а в 1997 г., согласно ее отчетам, прибыль до уплаты процентов и налогов составляла –£3,45 млн, а чистая прибыль была равна –£611 млн при выручке £456 млн. При любом измерении фирма определялась как находящаяся в трудном финансовом положении.

Значительная часть финансирования туннеля была обеспечена долгом, и в конце 1997 г. долговые обязательства Eurotunnel, связанные с несколькими выпусками облигаций и банковских кредитов, превышали £5000 млн. Суммирование ожидаемых процентных и купонных выплат по долгу дает величину обязательств фирмы в размере до £8865 млн. В нижеследующей таблице представлен долг фирмы с оценками ожидаемой дюрации по каждому классу долга:

Вид долга	*Номинальная стоимость, в том числе накопленные купоны (£ млн)*	*Дюрация (годы)*
Краткосрочный	935	0,50
10-летний	2435	6,7
20-летний	3555	12,6
Более длительный	1940	18,2
Общий	8865	10,93

Единственно значительным активом фирмы является ее собственность на туннель, стоимость которого мы определяем на основе ожидаемых денежных потоков и соответствующей стоимости привлечения капитала. Принимаются следующие допущения:

- Темпы роста выручки будут составлять 10% в год в течение пяти лет и 3% после этого.
- Себестоимость реализованной продукции (cost of goods sold — COGS) в 1997 г. составляла 72% от выручки, и предполагалось, что к 2002 г. она линейными темпами снизится до 60% от выручки, а далее останется на этом уровне (износ не включен).

- В последнем году капитальные затраты составляли £45 млн, износ насчитывал £137 млн. В последующие пять лет темпы роста капитальных затрат и износа будут составлять 3% в год. После пятого года капитальные затраты компенсируют износ.
- Потребности в оборотном капитале отсутствуют.
- Коэффициент долга, составлявший 95,35% в конце 1997 г., к 2002 г. должен был снизиться до 70%. Стоимость заимствования в последующие пять лет должна составлять 10%, а потом 8%.
- Коэффициент бета акций в последующие пять лет будет равен 2,00, после чего снизится до 0,8 (при сокращении рычага).

Процентная ставка по долгосрочным облигациям во время оценки составляла 6%, а премия за риск — 5,5%. Основываясь на представленных допущениях, мы оцениваем денежные потоки:

	1-й год	*2-й год*	*3-й год*	*4-й год*	*5-й год*	*Заключит. год*
Выручка (£ млн)	501,60	551,76	606,94	667,63	734,39	756,42
– COGS (£ млн)	361,15	380,71	400,58	420,61	440,64	453,85
– Износ (£ млн)	141,11	145,34	149,70	154,19	158,82	163,59
EBIT (£ млн)	(0,66)	25,70	56,65	92,83	134,94	138,98
– EBIT × t (£ млн)	0,00	9,00	19,83	32,49	47,23	48,64
EBIT (1 – t) (£ млн)	(0,66)	16,71	36,83	60,34	87,71	90,34
+ Износ (£ млн)	141,11	145,34	149,70	154,19	158,82	163,59
– Капитальные затраты (£ млн)	46,35	47,74	49,17	50,65	52,17	163,59
– Изменения оборотного капитала (£ млн)	0,00	0,00	0,00	0,00	0,00	0,00
Чистые денежные потоки фирмы (£ млн)	94,10	114,31	137,36	163,89	194,36	90,34
Заключительная стоимость (£ млн)					2402,66	
Приведенная стоимость (£ млн)	87,95	99,86	112,16	125,08	1852,67	
Стоимость фирмы (£ млн)	2277,73					

Стоимость активов фирмы составляет £2278 млн.

Последний входной параметр, который нам необходим, — это стандартное отклонение стоимости фирмы. Поскольку отсутствуют какие-либо подходящие для прямого сопоставления фирмы, мы оцениваем стандартные отклонения акций и долга фирмы Eurotunnel, используя данные за прошлые годы:

Стандартное отклонение цен на акции фирмы Eurotunnel (ln) = 41%.

Стандартное отклонение цен на облигации фирмы Eurotunnel (ln) = 17%.

По нашим оценкам, корреляция между ценами на акции и облигации фирмы Eurotunnel составляет 0,50, а средний рыночный коэффициент «долг/капитал» за двухлетний период оказался равен 85%. Объединяя исходные данные, мы оцениваем стандартное отклонение стоимости фирмы следующим образом:

$$\sigma^2_{\text{фирма}}\ (0{,}15)^2\,(0{,}41)^2 + (0{,}85)^2\,(0{,}17)^2 + 2\,(0{,}15)\,(0{,}85)\,(0{,}5)\,(0{,}41)\,(0{,}17) = 0{,}0335.$$

В итоге входные параметры для модели ценообразования опционов выглядят следующим образом:

Стоимость базового актива = S = стоимость фирмы = £2312 млн.
Цена исполнения = K = номинальная стоимость долга = £8865 млн.
Срок опциона = t = средневзвешенная продолжительность долга = 10,93 лет.
Дисперсия стоимости базового актива = σ^2 = дисперсия стоимости фирмы = 0,0335.
Безрисковая ставка = r = ставка по казначейской облигации, соответствующей сроку опциона = 6%.

На основе этих данных мы получаем следующую оценку колл-опциона:

$$d1 = -0{,}8582 \quad N(d1) = 0{,}1955.$$

$$d2 = -1{,}4637 \quad N(d2) = 0{,}0717.$$

$$\text{Стоимость колл-опциона} = 2278\,(0{,}1955) - 8865\,\exp^{(-0{,}06)(10{,}93)}\,(0{,}0717) = £116 \text{ млн.}$$

Стоимость акций фирмы Eurotunnel в 1997 г. составляла £150 млн.

Аналитические рамки оценки опциона, помимо определения стоимости собственного капитала фирмы Eurotunnel, вносят определенное понимание природы тех сил, которые определяют его стоимость. Несомненно важным представляется то, что фирма пытается поставить издержки под контроль и увеличить операционную маржу. Тем не менее двумя наиболее важными переменными, определяющими стоимость собственного капитала, являются дюрация долга и дисперсия стоимости фирмы. Любое действие, увеличивающее или уменьшающее дюрацию долга, будет иметь положительное или отрицательное влияние на стоимость собственного капитала. Например, когда французское правительство оказало давление на банкиров, предоставивших кредиты фирме Eurotunnel, с целью ослабления ограничений и увеличения срока возврата долга, инвесторы в собственный капитал получили выгоду, поскольку их опционы стали более долгоживущими. Аналогично этому, действия, увеличивающие изменчивость ожидаемой стоимости фирмы, обеспечивают и рост стоимости опциона.

«ХИЩНОЕ» ИНВЕСТИРОВАНИЕ И ЦЕНА ОПЦИОНА

«Хищное» инвестирование представляет собой инвестиционную стратегию, предполагающую покупку ценных бумаг фирм, находящихся в тяжелом финансовом положении. В некотором смысле таким образом осуществляется инвестирование в опционы глубоко-вне-денег — в надежде, что некоторые из них обеспечат прекрасное вознаграждение. Использование аналитических рамок опционной модели позволяет сделать некоторые выводы относительно того, когда и как эта стратегия может себя оправдать.

- Как и с любым портфелем опционов глубоко-вне-денег, следует ожидать, что значительная доля портфеля в конечном итоге окажется ничего не стоящей. Однако относительно небольшие инвестиции, способные в итоге обеспечить выигрыш, принесут огромную доходность и позволят в результате достичь впечатляющей доходности портфеля.
- Следует направлять инвестиции в акции фирм, находящихся в очень тяжелом положении, причем в волатильных секторах. Риск становится союзником, когда инвестирование делается в опционы, и собственный капитал этих фирм должен стоить гораздо больше, чем собственный капитал стабильных фирм с серьезными проблемами.
- Если покупаются акции фирмы с серьезными проблемами, то следует направлять инвестиции на проблемные фирмы с долгосрочными, а не с краткосрочными долгами. Когда срок опциона возрастет, можно обнаружить, что стоимость опциона увеличилась.
- Если осуществляется инвестирование в долг, выпущенный фирмой с финансовыми проблемами, нельзя оставаться пассивным держателем облигаций. Следует играть активную роль в управлении и получить долю участия в тех компаниях, в которые производится инвестирование, — возможно, посредством преобразования долга в конвертируемый долг.

equity.xls — таблица, которая позволяет определить стоимость собственного капитала как опциона для проблемной фирмы.

ПОСЛЕДСТВИЯ ДЛЯ ПРИНЯТИЯ РЕШЕНИЙ

Теория ценообразования опционов может быть применена для иллюстрации конфликта между акционерами и держателями облигаций, когда речь идет об инвестиционном анализе и конгломератных слияниях. В данном разделе утверждается, что решения, улучшающие положение акционеров, не обязательно максимально увеличивают стоимость фирмы и способны нанести ущерб держателям облигаций.

Конфликт между держателями облигаций и акционерами

Акционеры и держатели облигаций имеют разные цели, что может привести к агентской проблеме, в результате чего будет происходить перераспределение богатства от держателей облигаций к акционерам. Этот конфликт может проявляться различным образом. Например, акционеры имеют стимул инвестировать в более рискованные проекты по сравнению с теми проектами, которые интересуют держателей облигаций, и получать более высокие дивиденды, чем хотелось бы держателям облигаций. Конфликт между владельцами облигаций и акционерами хорошо иллюстрируется при использовании методологии ценообразования опционов, представленной в предыдущем разделе.

Инвестирование в рискованные проекты. Поскольку собственный капитал представляет собой опцион колл на стоимость фирмы, то при прочих равных условиях увеличение дисперсии стоимости фирмы будет способствовать росту стоимости собственного капитала. Поэтому акционеры могут инвестировать в рискованные проекты с отрицательной чистой приведенной стоимостью, которые, хотя и улучшают их положение, могут сделать облигации и фирму менее ценными. Для того чтобы разобраться с этим, рассмотрим фирму, о которой говорилось в иллюстрации 30.1, со стоимостью активов, равной $100 млн, номинальной стоимостью 10-летнего долга с нулевым купоном в размере $80 млн. Стандартное отклонение стоимости фирмы составляет 40% (оценка из предыдущей иллюстрации). Собственный капитал и долг этой фирмы оцениваются следующим образом:

Стоимость собственного капитала = \$75,94 млн.
Стоимость долга = \$24,06 млн.
Стоимость фирмы = \$100 млн.

Допустим, что акционеры имеют возможность инвестировать в проект с чистой приведенной стоимостью в размере –\$2 млн. Проект очень рискованный, поэтому увеличивает стандартное отклонение стоимости фирмы до 50%. Теперь собственный капитал как опцион колл может быть оценен через использование следующих исходных данных:

Стоимость базового актива = S = стоимость фирмы =
= \$100 млн – \$2 млн =
= \$98 млн (стоимость фирмы снижается из-за проекта
с отрицательной чистой приведенной стоимостью).

Цена исполнения = К = номинальная стоимость долга = \$80 млн.
Срок опциона = t = срок долга с нулевым купоном = 10 лет.
Дисперсия стоимости базового актива = σ^2 =
=дисперсия стоимости фирмы = 0,25.
Безрисковая ставка = r = ставка по казначейской облигации,
соответствующей сроку опциона = 10%.

На основе этих исходных данных модель Блэка–Шоулза дает следующие значения стоимости собственного капитала и долга рассматриваемой фирмы:

Стоимость собственного капитала = \$77,71 млн.
Стоимость долга = \$20,29 млн.
Стоимость фирмы = \$98,00 млн.

Стоимость собственного капитала поднимается с \$75,94 до \$77,71 млн, хотя стоимость фирмы снижается на \$2 млн. Увеличение стоимости собственного капитала происходит за счет держателей облигаций, обнаруживающих уменьшение своего богатства с \$24,06 до \$20,29 млн.

Конгломератные слияния. Держатели облигаций и акционеры также могут различным образом испытать на себе влияние конгломератных слияний, когда можно ожидать снижения дисперсии прибыли и денежных потоков объединенной фирмы, поскольку сливающиеся фирмы имеют некоррелирующие потоки прибыли. Стоимость объединенного собственного капитала фирмы будет снижаться после слияния по причине сокращения дисперсии, поэтому держатели облигаций получат выигрыш. Акционеры смогут вернуть себе некоторую часть потерянного богатства или даже все путем использования более высокой долговой способности — прибегая к выпуску нового долга. Допустим, вы получили следующую информацию о двух фирмах — Lube & Auto (автосервис) и Gianni Cosmetics (производитель автокосметики), — которые надеются осуществить слияние:

	Lube & Auto	*Gianni Cosmetics*
Стоимость фирмы ($ млн)	100	150
Номинальная стоимость долга ($ млн)	80	50 (долг с нулевым купоном)
Срок погашения долга (годы)	10	10
Стандартное отклонение стоимости фирмы (%)	40	50

Корреляция между денежными потоками фирмы составляет 0,4. Ставка по 10-летней облигации = 10%.

Мы рассчитываем дисперсию стоимости фирмы после слияния следующим образом:

$$\text{Дисперсия стоимости объединенной фирмы} = $$
$$= w_1^2\sigma_1^2 + w_2^2\sigma_2^2 + 2w_1w_2\rho_{12}\sigma_1\sigma_2 =$$
$$= (0{,}4)^2(0{,}16) + (0{,}6)^2(0{,}25) + 2(0{,}4)(0{,}6)(0{,}4)(0{,}4)(0{,}5) = 0{,}154.$$

Мы оцениваем стоимость собственного капитала и долга фирм, взятых по отдельности, а также объединенной фирмы путем использования модели оценки опциона.

ВСЕ ЛИ ФИРМЫ ИМЕЮТ КОЛЛ-ОПЦИОН НА СОБСТВЕННЫЙ КАПИТАЛ?

При рассмотрении подхода, используемого в этой главе, у вас может возникнуть вопрос, почему собственный капитал каждой фирмы нельзя рассматривать в качестве опциона колл и почему нам, вследствие этого, не стоит добавлять премию к стоимости дисконтированных денежных потоков для всех фирм. Это верно, что собственный капитал представляет собой опцион колл каждой фирмы, но в большинстве фирм стоимость фирмы как действующего предприятия будет превышать стоимость, которую мы получаем от опциона на ликвидацию. Например, рассмотрим фирму с быстрым ростом, с весьма незначительными установленными активами и высокой долей стоимости, связанной с потенциалом роста. Если эта фирма ликвидируется, то она получит стоимость своих установленных активов, что станет стоимостью базового актива в опционной модели и определит стоимость собственного капитала как опциона колл на фирму. Эта стоимость будет гораздо ниже того значения, которое мы получили бы, если бы оценивали фирму как действующее предприятие и рассматривали денежные потоки от ожидаемого роста. Для некоторых зрелых фирм, извлекающих значительную часть своей стоимости из установленных активов и крупного долга, стоимость собственного капитала как опциона колл на ликвидацию может оказаться более значительной. Однако для других фирм стоимость собственного капитала как действующего предприятия будет выше.

	Lube & Auto ($ млн)	*Gianni Cosmetics* ($ млн)	*Объединенная фирма* ($ млн)
Стоимость собственного капитала фирмы	75,94	134,48	207,58
Стоимость долга фирмы	24,06	15,52	42,42
Стоимость фирмы	100,00	150,00	250,00

Объединенная стоимость собственного капитала до слияния составляет $210,42 млн, а после слияния она снижается до $207,58 млн. Богатство владельцев облигаций возрастает на одну и ту же величину. В результате слияния происходит переход богатства от акционеров к держателям облигаций. Таким образом, слияния, не вызывающие увеличения рычага, по всей вероятности, приведут к переходу богатства от акционеров к держателям облигаций.

ЗАКЛЮЧЕНИЕ

Стоимость собственного капитала фирм с серьезными проблемами, т.е. фирм с отрицательной прибылью и высоким рычагом, может рассматриваться как опцион колл. Этот опцион остается в руках инвесторов в собственный капитал, которые могут принять решение о ликвидации фирмы и потребовать разницу между стоимостью фирмы и долгом. При ограниченной ответственности они не должны возмещать разницу, если стоимость фирмы опускается ниже стоимости долга. Собственный капитал сохранит свою стоимость, даже если стоимость активов фирмы ниже долга в результате временной составляющей премии опциона.

КОНТРОЛЬНЫЕ ВОПРОСЫ

В приведенных ниже заданиях, если не указано иное, премия за риск инвестирования в акции принимается равной 5,5%.

1. Укажите, верны или неверны следующие сообщения:
   а) Собственный капитал может рассматриваться как опцион колл, поскольку инвесторы в собственный капитал имеют ограниченную ответственность (т.е. ограниченную их инвестициями в акции фирмы).
   Верно ______ Не верно ______
   б) Иногда инвесторы в собственный капитал принимают плохие проекты (с отрицательной чистой приведенной стоимостью), поскольку они способны увеличить стоимость фирмы.

Верно ______ Не верно ______

в) Инвестирование в хороший проект (с положительной чистой приведенной стоимостью), который является менее рискованным по сравнению со средним риском фирмы, оказывает отрицательное влияние на инвесторов в собственный капитал.

Верно ______ Не верно ______

г) Стоимость собственного капитала фирмы является возрастающей функцией дюрации долга фирмы (т. е. собственный капитал будет больше в фирме с более долгосрочным долгом, чем в аналогичной фирме, но с краткосрочным долгом).

Верно ______ Не верно ______

2. Корпорация XYZ Corporation имеет долг с нулевым купоном в размере $500 млн и сроком пять лет. Прибыль до уплаты процентов и налогов фирмы в последнем году составляла $40 млн (ставка налога = 40%). Согласно ожиданиям, рост этой прибыли будет составлять 5% в год в бесконечной перспективе, и фирма не платит никаких дивидендов. Фирма имеет рентабельность капитала 12% и стоимость привлечения капитала 10%. Годовое стандартное отклонение стоимости сопоставимых фирм составляет 12,5%. Ставка по облигациям с пятилетним сроком равна 5%.

а) Оцените стоимость фирмы.

б) Оцените стоимость собственного капитала, используя модель ценообразования опционов.

в) Оцените рыночную стоимость долга и соответствующую процентную ставку по долгу.

3. В 1993 г. McCaw Cellular Communications объявила о прибыли до уплаты процентов и налогов $850 млн при амортизационных отчислениях в размере $400 млн, капитальных затратах $550 млн и незначительных потребностях в оборотном капитале. Прибыль до уплаты процентов и налогов, а также чистые капитальные затраты в последующие пять лет, согласно ожиданиям, будут расти на 20% в год. Стоимость привлечения капитала составляет 10%, а ожидаемая рентабельность капитала после пятого года в бесконечной перспективе будет равна 15% при темпах роста 5%. Фирма имеет долг на $10 млрд со следующими характеристиками:

Дюрация (годы)	*Долг ($ млрд)*
1	2
2	4
5	4

Годовое стандартное отклонение цены акций фирмы составляет 35%, в то время как годовое стандартное отклонение торгуемых облигаций равно 15%. Корреляция между ценами акций и облигаций составляла 0,5, а средний коэффициент долга за последние несколько лет был равен 60%. Ставка по трехлетним облигациям составляет 5%, а ставка налога равна 40%.

а) Оцените стоимость фирмы.

б) Оцените стоимость собственного капитала.

в) Акции торговались по цене $30, и в январе 1994 г. обращалось 210 млн акций. Оцените предполагаемое стандартное отклонение стоимости фирмы.

г) Оцените рыночную стоимость долга.

4. Вас попросили проанализировать стоимость собственного капитала компании, имеющей следующие характеристики:
   - Прибыль до уплаты процентов и налогов составляет $25 млн, а ставка налога на прибыль корпораций равна 40%.
   - Согласно ожиданиям, рост этой прибыли в бесконечной перспективе будет составлять 4% в год, а рентабельность капитала 10%. Стоимость привлечения капитала сопоставимых фирм равна 9%.
   - Фирма имеет два вида долга: облигации с нулевым купоном и двухлетним сроком номинальной стоимостью в размере $250 млн и банковский кредит сроком на 10 лет и номинальной стоимостью, составляющей $250 млн (дюрация этого долга составляет 4 года).
   - Фирма функционирует в двух сферах бизнеса (пищевая промышленность и ремонт автомобилей). Среднее стандартное отклонение стоимости фирмы для фирм в пищевой промышленности составляет 25%, в то время как стандартное отклонение для фирм в сфере ремонта автомобилей 40%. Корреляция между двумя сферами бизнеса составляет 0,5.
   - Безрисковая ставка = 7%.

   Используйте модель оценки опциона для оценки собственного капитала как опциона.

5. Вы оцениваете собственный капитал фирмы с долгом в размере $800 млн (номинальная стоимость) со средней дюрацией шесть лет и активами с расчетной стоимостью $400 млн. Стандартное отклонение стоимости активов равно 30%. На основе этих исходных данных (при безрисковой ставке 6%) мы получаем следующие (приблизительные) значения для d1 и d2:

   $$d1 = -0{,}15; \qquad d2 = -0{,}90.$$

   Оцените дефолтный спред (сверх безрисковой ставки), который вы установили бы для долга этой фирмы.

Глава 31

УВЕЛИЧЕНИЕ СТОИМОСТИ: ПОДХОД НА ОСНОВЕ ОЦЕНКИ ДИСКОНТИРОВАННЫХ ДЕНЕЖНЫХ ПОТОКОВ

На протяжении значительной части этой книги мы принимали роль пассивного инвестора, оценивающего действующее предприятие. В данной главе мы меняем роли и рассматриваем оценку с точки зрения тех, кто способен повлиять на функционирование компании и на ее стоимость. Поэтому наше внимание направлено на то, каким образом действия, предпринимаемые менеджерами и собственниками, могут изменить стоимость фирмы.

Мы будем использовать подход на основе дисконтированных денежных потоков, рассмотренный в предыдущих главах книги, с целью исследования требований, соблюдение которых необходимо, чтобы то или иное действие создавало стоимость. Затем мы рассмотрим различные способы, позволяющие фирме создавать стоимость. Кроме того, мы рассмотрим роль, которую играют маркетинговые, производственные и стратегические решения в части создания стоимости.

ДЕЙСТВИЯ, СОЗДАЮЩИЕ СТОИМОСТЬ И НЕ ВЛИЯЮЩИЕ НА НЕЕ

Стоимость фирмы есть приведенная стоимость ожидаемых денежных потоков как от установленных активов, так и от будущего роста, дисконтированных по стоимости привлечения капитала. Чтобы действие создавало стоимость, оно должно приводить к одному или нескольким из следующих результатов.

- Увеличивать денежные потоки, создаваемые существующими инвестициями.
- Увеличивать ожидаемые темпы роста прибыли с одновременным генерированием избыточной доходности.
- Увеличивать продолжительность периода быстрого роста.
- Снижать стоимость привлечения капитала, используемую для дисконтирования денежных потоков.

Соответственно, действие, не влияющее на денежные потоки, ожидаемые темпы роста, продолжительность периода быстрого роста или стоимость привлечения капитала, не может повлиять на стоимость.

Хотя это утверждение выглядит очевидным, многие предпринимаемые фирмами действия, не влияющие на стоимость (т. е. нейтральные по отношению к ней), привлекают чрезмерно большое внимание и менеджеров, и аналитиков. Рассмотрим четыре примера:

1. Дивиденды на акции и дробление акций изменяют число долей собственного капитала фирмы, но не влияют на денежные потоки, рост или стоимость. Однако эти действия способны повлиять на цену, поскольку они изменяют восприятие инвесторами будущего компании.
2. Бухгалтерские изменения в оценке запасов и методах начисления износа, ограничивающиеся публикуемой отчетностью и не влияющие на подсчет налогов, не оказывают никакого влияния на денежные потоки, рост и стоимость. В последние годы фирмы тратили все больше времени на управление прибылью и ее сглаживание, по всей вероятности, полагая, что эти действия создают определенное вознаграждение в виде прироста стоимости.
3. Принимая решения о приобретениях, фирмы часто пытаются структурировать сделки таким образом, чтобы они минимизировали отрицательное влияние на прибыли в будущих периодах. До внесения изменений в правила бухгалтерского учета, ограничивающих такую практику, многие американские компании использовали метод объединения интересов при учете приобретений, при котором фирма-покупатель объединяла активы и не показывала уплаченную премию как гудвилл. Фирмы нередко выплачивали премию и реструктурировали сделки, хотя это и не влияло на денежные потоки.
4. На протяжении многих лет фирмы пытаются улучшать свой образ путем изменения названий и логотипов в соответствии с рыноч-

ными веяниями. В конце 1990-х гг., например, на пике технологического бума добавление расширения .com к названию компании было всеобщим увлечением.

Некоторые оспаривают данное утверждение. Когда акции подвергаются дроблению или фирма изменяет название, как утверждают оппоненты, цены акций зачастую значительно поднимаются[1]. Хотя это наблюдение справедливо, следует подчеркнуть, что мы говорим об отсутствии влияния на стоимость, а не на цену.

Выплата дивидендов на акции, дробление акций и добавление расширения .com к названию компании — все это действия, нейтральные по отношению к стоимости. Тем не менее они способны оказаться полезными инструментами для фирмы, воспринимающей себя как недооцененную рынком. Эти действия могут изменить рыночное восприятие роста или денежных потоков, играя, таким образом, роль сигналов для финансовых рынков. В результате повышения объемов торгов и ликвидности они способны приносить дополнительные выгоды инвесторам и влиять на цены акций. Наконец, в некоторых случаях косметические действия даже могут привести к изменению основной деятельности и в конечном итоге повлиять на денежные потоки и стоимость.

СПОСОБЫ УВЕЛИЧЕНИЯ СТОИМОСТИ

Стоимость фирмы может быть увеличена за счет роста денежных потоков от установленных активов, повышения ожидаемого роста (при сохранении избыточной доходности) и его продолжительности, а также снижения стоимости привлечения капитала. Но в реальности ни одного из этих результатов нельзя добиться с легкостью — они, скорее всего, будут отражать все качественные факторы, которые финансовые аналитики не учитывают в своих оценках, за что их часто порицают. В этом разделе рассматривается то, как действия, предпринимаемые фирмой на различных фронтах — в области маркетинга, стратегии и финансов, — могут оказывать влияние на стоимость.

Увеличение денежных потоков от существующих инвестиций

На первом месте при определении стоимости стоят существующие активы фирмы. Эти активы представляют собой инвестиции, которые фирма уже

[1] Это подтверждается эмпирически. Цены акций в среднем обычно растут после дробления.

сделала, и они создают текущую операционную прибыль фирмы. Потенциал для создания стоимости зависит от того, насколько рентабельность этих инвестиций меньше стоимости привлечения капитала или меньше, чем могла бы быть при оптимальном управлении.

Плохие инвестиции: сохранить, продать или ликвидировать. Большинство фирм имеет определенные инвестиции, которые приносят меньше стоимости привлечения капитала, используемого для их финансирования, а иногда даже теряют деньги. На первый взгляд кажется, что следует либо ликвидировать инвестиции, не приносящие требуемой рентабельности, либо продать их. Это утверждение выглядело бы верным, если бы фирма имела возможность вернуть первоначальный капитал после ликвидации. Однако в целом это допущение не верно, и есть три различных меры стоимости для существующих инвестиций, которые нам необходимо рассмотреть.

Первая мера — это стоимость продолжения, которая отражает приведенную стоимость ожидаемых денежных потоков от продолжения инвестиций до конца их срока. Вторая мера — это ликвидационная стоимость, представляющая собой чистые денежные потоки, которые фирма получит, если ликвидирует проект сегодня. Наконец, существует стоимость продажи, представляющая собой плату за эти инвестиции со стороны того, кто предложит наивысшую цену.

От того, какая из этих трех стоимостей является наивысшей, зависит ответ на вопрос, следует ли фирме продолжать существующий проект, ликвидировать его или продать кому-либо. Если наивысшей будет стоимость продолжения, то фирме следует продолжать проект до завершения его срока, даже если он принесет меньше стоимости привлечения капитала. Если ликвидационная стоимость или стоимость продажи окажутся выше стоимости продолжения, то возникнет потенциал для увеличения стоимости от ликвидации или продажи. Таким образом, можно обобщить приращение стоимости следующим образом:

Если оптимальный вариант — это ликвидация, то:

Ожидаемое увеличение стоимости =
= ликвидационная стоимость – стоимость продолжения.

Если оптимальный вариант — это продажа, то:

Ожидаемое увеличение капитала =
= стоимость продажи – стоимость продолжения.

Как продажа влияет на стоимость фирмы? Для того чтобы ответить на этот вопрос, мы сравним цену, полученную от продажи, с приведенной стоимостью ожидаемых денежных потоков, которые фирма должна получить от проданных активов. Здесь возможны три сценария:

1. Если стоимость продажи равна приведенной стоимости ожидаемых денежных потоков, то продажа не оказывает никакого влияния на стоимость продающей фирмы.
2. Если стоимость продажи выше приведенной стоимости ожидаемых денежных потоков, то стоимость фирмы после продажи возрастет.
3. Если стоимость продажи меньше приведенной стоимости ожидаемых денежных потоков, то стоимость фирмы после продажи снизится.

Продающая фирма в обмен на свои активы получает денежные средства и может принять решение об их вложении в ликвидные ценные бумаги и в другие активы, а также об осуществлении новых инвестиций или же о возвращении денег акционерам в форме дивидендов или выкупа акций. Любое из этих действий, в свою очередь, может иметь косвенное воздействие на стоимость.

ИЛЛЮСТРАЦИЯ 31.1. *Потенциал для создания стоимости от продажи частей бизнеса на примере компании Boeing в 1998 г.*

Трудно судить об отдельно взятых инвестициях, которые фирмы могли бы иметь, или об их способности создавать стоимость продолжения, но можно сделать некоторые наблюдения относительно потенциала для создания стоимости в результате продажи или ликвидации путем изучения стоимости привлечения капитала и рентабельности капитала у различных подразделений какой-либо фирмы. Например, компания Boeing в 1998 г. имела рентабельность капитала 5,82% при стоимости привлечения капитала = 9,18%. Разбив доходность компании Boeing по подразделениям, мы получаем значения, представленные в нижеследующей таблице:

	Коммерческая авиация	*Информационные, космические и оборонные системы*	*Фирма*
Операционная прибыль ($ млн)	75	1576	1651
Инвестированный капитал ($ млн)	18 673	9721	28 394
Рентабельность капитала после уплаты налогов (%)	0,40	16,21	5,82

На годовом собрании акционеров в 1999 г. Фил Кондит, генеральный директор компании Boeing, откровенно признал, что 35% капитала этой компании заключено в инвестициях, зарабатывающих меньше стоимости привлечения капитала. Однако он немного поведал о том, насколько реально провести ликвидацию этих инвестиций или продать их[1], чтобы попытаться получить от этих действий больше, чем стоимость продолжения.

Допустим, что компания Boeing заинтересована в продаже своего подразделения информационных, космических и оборонных систем, и она нашла потенциального покупателя, готового заплатить за это подразделение $11 млрд. Согласно отчетам данного подразделения, в последнем году денежные потоки составляли $393 млн (до выплаты долга, но после удовлетворения потребностей в реинвестициях и уплаты налогов), и ожидалось, что темпы роста денежных потоков в долгосрочной перспективе будут составлять 5% в год. Стоимость привлечения капитала у подразделения равна 9%, т. е. несколько ниже, чем стоимость привлечения капитала всей фирмы. Подразделение как составная часть компании Boeing может быть оценено следующим образом:

[1] В 1999 г. компания Lockheed, ведущий конкурент Boeing в этом секторе, объявила о планах продажи приблизительно 15% своих активов в ответ на неудовлетворительную динамику цены своих акций.

Стоимость подразделения = $393 млн × (1,05)/(0,09–0,05) = $10 316 млн.

При стоимости продажи, равной $11 млрд, ее чистый эффект в состоянии увеличить стоимость компании Boeing на $684 млн.

Чистый эффект для стоимости = стоимость продажи – стоимость продолжения =
= $11 000 млн – $10 316 млн = $684 млн.

Повышение операционной эффективности. Операционная эффективность фирмы определяет ее операционную маржу и таким образом ее операционную прибыль. При прочих равных условиях, более эффективные фирмы имеют более высокую операционную маржу, чем менее эффективные фирмы в том же самом бизнесе. Если фирма способна увеличить свою операционную маржу на существующие активы, она будет создавать дополнительную стоимость. Существует несколько индикаторов потенциала увеличения маржи, но наиболее важный из них — это уровень операционной маржи фирмы по отношению к среднеотраслевой марже. Когда операционная маржа

ПРИЧИНЫ ДЛЯ ПРОДАЖИ ЧАСТЕЙ БИЗНЕСА

Почему фирма продает активы или подразделение? Это происходит как минимум по трем причинам. Первая причина состоит в том, что продаваемые активы могут иметь более высокую стоимость для покупателя. Чтобы активы имели более высокую стоимость, они должны либо создавать денежные потоки, в большей степени значимые для покупателя, либо приводить к снижению риска (обеспечивая снижение ставки дисконтирования). Более значительные денежные потоки могут возникнуть благодаря тому, что покупатель более эффективно использует активы или получает синергию с существующими направлениями деятельности. Более низкая ставка дисконтирования может отражать тот факт, что собственники покупающей фирмы имеют более диверсифицированный портфель, чем собственники фирмы, продающей активы. В любом случае обе стороны получают выигрыш от продажи и разделяют между собой возросшую стоимость.

Вторая причина продажи в меньшей степени связана со стоимостью и в большей степени является результатом текущих потребностей в денежных потоках у продающей фирмы. Фирмы, которым не удается покрывать текущие операционные и финансовые расходы, могут быть вынуждены продавать активы, чтобы получить деньги. Например, многие приобретения с использованием заемных средств в 1980-е гг. закончились продажей активов. Денежные средства, полученные в результате этого, были использованы для погашения и обслуживания долга.

Третья причина продажи связана с активами, не проданными фирмой, а не с теми активами, которые продаются. В некоторых случаях фирмы сталкиваются с тем, что денежные потоки и стоимость их основной деятельности страдают из-за вхождения в непрофильные сферы деятельности. Недостаток концентрации может быть устранен за счет продажи активов или неосновных направлений бизнеса.

фирмы значительно ниже среднеотраслевого значения, есть потенциал (но не гарантия) роста стоимости в результате повышения эффективности.

В большинстве фирм первый этап увеличения стоимости принимает форму снижения затрат и сокращения персонала. Эти действия увеличивают стоимость, только если сокращаемые ресурсы не вносят значительного вклада ни в текущую операционную прибыль, ни в будущий рост. Компании могут легко продемонстрировать увеличение текущей операционной прибыли путем сокращения таких расходов, как затраты на НИОКР и обучение, однако поступая подобным образом, они могут принести в жертву будущий рост.

ИЛЛЮСТРАЦИЯ 31.2. *Сравнение операционной маржи*

В 2000 г. Marks and Spencer, британская розничная компания, столкнулась со значительными операционными проблемами, которые привели к снижению прибыли и стоимости фирмы. На рисунке 31.1 сравнивается операционная маржа после уплаты налогов компании Marks and Spencer в 2000 г. с ее средней маржей после уплаты налогов за предыдущие пять лет и средней маржей после уплаты налогов других фирм в этом секторе в 2000 г.

Текущая маржа компании Marks and Spencer ниже как ее собственных исторических уровней, так и средних значений для сектора. Мы оценивали изменение стоимости на акцию компании Marks and Spencer в зависимости от роста операционной маржи, начиная от текущего уровня. На рисунке 31.2 представлены результаты этой оценки.

Хотя в целом не удивительно, что стоимость на акцию чувствительна к изменениям операционной маржи, следует обратить внимание на то, насколько значителен эффект снижения операционной маржи до текущего значения от исторического уровня. Поэтому любой план повышения стоимости фирмы, в первую очередь, должен быть направлен на увеличение операционной маржи.

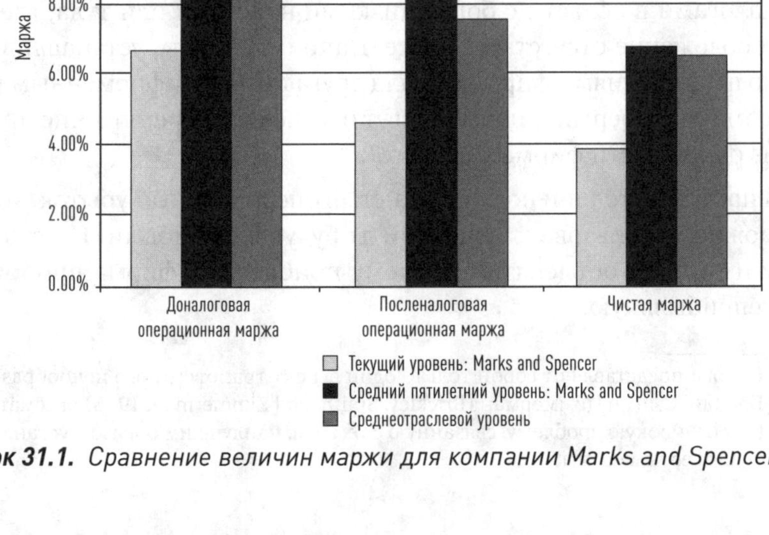

Рисунок 31.1. *Сравнение величин маржи для компании Marks and Spencer*

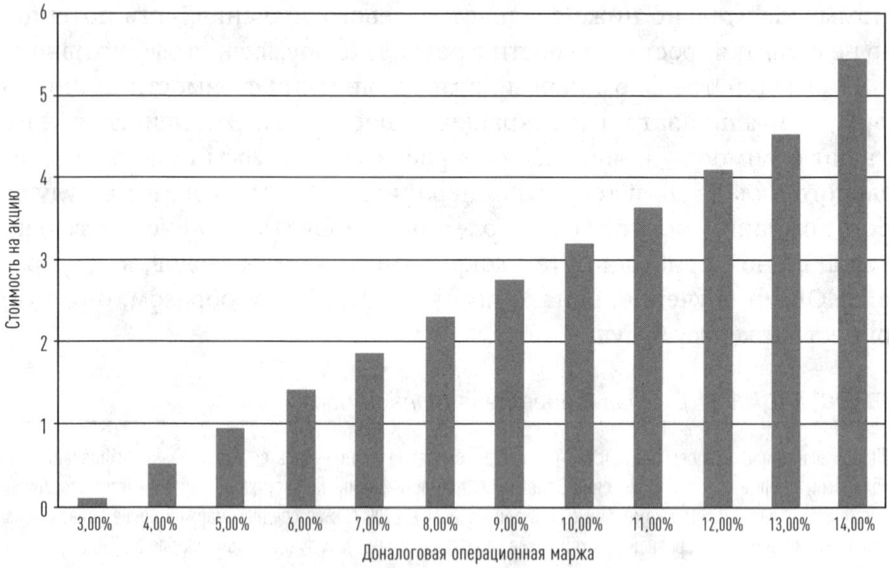

Рисунок 31.2. *Операционная маржа и стоимость на акцию для компании Marks and Spenser*

Снижение налогового бремени. Стоимость фирмы представляет собой приведенную стоимость ее денежных потоков после уплаты налогов. Таким образом, стоимость может увеличиться в результате любого действия, которое снижает налоговое бремя фирмы при данном уровне операционной прибыли. Хотя некоторые положения налогового кодекса и ограничивают гибкость фирмы, ставка налога может быть снижена с течением времени путем осуществления одного (или всех) из следующих действий.

- Транснациональные фирмы, создающие прибыль на различных рынках, в состоянии переместить прибыль из мест с более высокими налогами в области с более низкими налогами или туда, где налогообложение отсутствует вовсе. Например, цены, устанавливаемые подразделениями фирм друг для друга по внутрифирменным продажам (трансфертные цены), могут обеспечить перемещение прибыли из одной части фирмы в другую[1].
- Фирма в состоянии получить чистый операционный убыток, которые можно использовать для защиты будущей прибыли. По существу, этим может объясняться, почему прибыльная фирма приобретает неприбыльную.

[1] Налоги представляют собой только один аспект трансфертного ценообразования. Брикли, Смит и Циммерман (Brickley, Smith, and Zimmerman, 1995) рассматривают более широкую проблему, связанную с тем, как наилучшим образом устанавливать трансфертные цены.

НЕКОТОРЫЕ СООБРАЖЕНИЯ ОТНОСИТЕЛЬНО СОКРАЩЕНИЯ ИЗДЕРЖЕК

Фирмы часто обещают произвести сокращение издержек, особенно после приобретений или прихода в фирму нового менеджмента, но оно редко достигается. Здесь представлены некоторые общие выводы относительно сокращения издержек.

- Чем больше абсолютная величина обещаемого сокращения издержек, тем больше вероятность, что она не будет достигнута.
- Сокращение издержек никогда не проходит безболезненно. Увольнения имеют не только экономическую стоимость (выходное пособие), но и деморализуют персонал, что может обходиться не менее дорого.
- Начальные стадии сокращения издержек проходят гораздо более гладко, чем поздние стадии. В определенной мере это связано с тем, что вначале сокращают наиболее легко устранимые затраты, а до более сложных вещей дело доходит позднее.
- Гораздо труднее, чем это кажется вначале, отделить издержки, не создающие выгоды для фирмы, от издержек, создающих выгоды. Проблема разрастается, когда мы думаем о выгодах в долгосрочном плане.
- Абстрактные обещания сократить издержки реализуются с меньшей вероятностью, чем детально описанное сокращение издержек. Хороший пример — такое банковское слияние, где идентифицируются филиалы, подлежащие закрытию после слияния, и такое, где идентифицируется только ожидаемая экономия от масштаба.

С точки зрения оценки сначала следует оценить надежность менеджмента, осуществляющего сокращение издержек. Даже если менеджеры заслуживают доверия, следует предусмотреть этапы сокращения издержек с течением времени. Чем крупнее фирма и более серьезно сокращаются издержки, тем продолжительнее этот период.

- Фирма может воспользоваться управлением риском, чтобы снизить среднюю ставку налога на прибыль за период времени, поскольку его предельная ставка в большинстве налоговых систем обычно растет по мере увеличения прибыли. Фирмы способны сделать свои прибыли более стабильными и снизить свою подверженность наивысшим предельным налоговым ставкам путем управления риском с целью сглаживания прибыли во времени[1]. В особенности это имеет место, когда фирма сталкивается с налогом на сверхприбыль или когда уровень прибыли превышает нормальный.

---

[1] Так утверждает Штульц (Stulz, 1996) в отношении управления риском. Он также представляет другие способы, благодаря которым управление риском способно увеличивать стоимость.

ИЛЛЮСТРАЦИЯ 31.3. *Налоговое бремя и стоимость*

В иллюстрации 15.1 мы оценили Telesp, бразильскую телекоммуникационную компанию, в 25 902 млн бразильских реалов при налоговой ставке 30%. Эта ставка была использована в качестве эффективной ставки налога на прибыль и предельной налоговой ставки для вычисления стоимости заимствования после налогообложения.

В той мере, в какой Telesp способна снизить налоговую ставку, она может повысить стоимость своих операционных активов. На рисунке 31.3 представлена оценка операционных активов Telesp, рассчитанная при двух сценариях. В первом мы изменяем и эффективную налоговую ставку (используемую для определения прибыли после налогообложения), и предельную налоговую ставку (используемую для определения стоимости заимствования после налогообложения). Во втором мы изменяем только эффективную налоговую ставку, сохраняя предельную ставку постоянной на уровне 30%.

Стоимость Telesp повышается по мере снижения налоговых ставок при обоих сценариях. Вместе с тем, она возрастает более значительно, если Telesp снижает эффективную налоговую ставку при постоянной предельной налоговой ставке. Это позволяет Telesp увеличить денежные потоки после налогообложения при сохранении налоговых выгод, связанных с долгом.

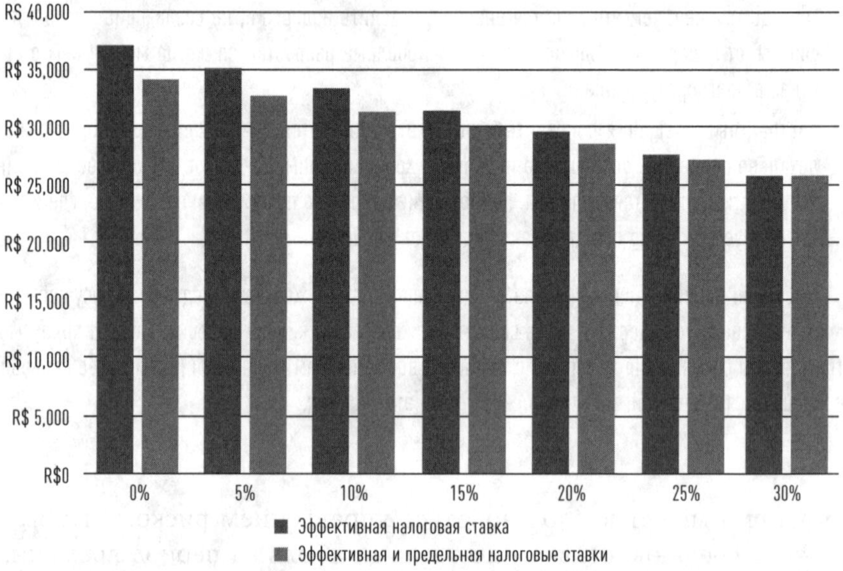

Рисунок 31.3. *Налоговая ставка и стоимость операционных активов компании Telesp*

Снижение чистых капитальных затрат по существующим инвестициям. Чистые капитальные затраты представляют собой разницу между капитальными затратами и износом и, являясь денежным оттоком, снижают свободный денежный поток фирмы. Часть чистых капитальных затрат предназначена для обеспечения будущего роста, а другая часть служит для поддержания существующих активов. Если фирма способна снизить чистые капитальные затраты по существующим активам, то она увеличит стоимость. Кратковременно капитальные затраты могут быть даже ниже, чем износ этих активов, создавая денежные потоки от чистых капитальных затрат.

Обычно существует компромисс между затратами на поддержание капитала и сроком эксплуатации существующих активов. Фирма, не делающая каких-либо капитальных затрат по своим активам, создает гораздо более высокие денежные потоки после уплаты налогов, но эти активы имеют гораздо более короткий срок эксплуатации. С другой стороны, фирма, реинвестирующая для поддержания капитала все денежные потоки, которые она получает от износа, способна значительно увеличить срок установленных активов. Фирмы часто игнорируют этот компромисс, когда вступают на путь сокращения издержек, и снижают затраты на поддержание капитала или отказываются от них. Хотя эти действия увеличивают текущие денежные потоки от существующих активов, в действительности фирма может потерять стоимость, поскольку исчерпает активы быстрее.

Сокращение неденежного оборотного капитала. Неденежный оборотный капитал фирмы представляет собой разницу между неденежными текущими активами (как правило, запасами) и дебиторской задолженностью, а также недолговой частью текущих обязательств (т. е. кредиторской задолженностью). Деньги, инвестированные в неденежный оборотный капитал, связаны и не могут быть использованы для каких-либо иных целей. Так, увеличение неденежного оборотного капитала представляет собой денежные оттоки, в то время как снижение — денежные поступления. Для фирм, занимающихся розничной торговлей и предоставлением услуг, неденежный оборотный капитал может создавать гораздо более значительную утечку из денежных потоков, чем традиционные капитальные затраты.

Путь к созданию стоимости кажется простым. Снижение неденежного оборотного капитала как процента от выручки должно увеличить денежные потоки и, таким образом, стоимость. Однако это предполагает, что сокращение вложений в оборотный капитал не влечет за собой никаких отрицательных последствий. Фирмы обычно поддерживают запасы и предоставляют кредит, поскольку это позволяет им продавать больше. Если снижение одного или обоих этих компонентов приводит к сокращению продаж, то чистое влияние на стоимость будет отрицательным.

Информационные технологии помогают компаниям сокращать неденежный оборотный капитал, облегчая фирмам отслеживать не только движение запасов, но и поведение клиентов. Используя средства управления цепочкой создания стоимости, такие фирмы, как Walmart нашли новые подходы к сокращению вложений в оборотный капитал и повышению денежных потоков.

ИЛЛЮСТРАЦИЯ 31.4. *Неденежный оборотный капитал и стоимость операционных активов*

Angelos Stores — публичная розничная компания, находящаяся в фазе стабильного роста. В последнем отчетном периоде фирма объявила об операционной прибыли после налогообложения в размере $10 млн при выручке $200 млн, капитальных расходах $5 млн, износе $3 млн и совокупном неденежном оборотном капитале $40 млн. Допустим, фирма находится в фазе стабильного роста с темпами 3% в год, ее стоимость привлечения капитала составляет 10%, а все входные параметры растут с одинаковыми темпами, тогда:

Ожидаемое изменение неденежного оборотного капитала в следующем году =
= (неденежный оборотный капитал как процент от выручки) ×
× (изменение выручки) = (40/200) × (200 × 0,03) = $1,2 млн.

Ожидаемый FCFF в следующем году = EBIT (1 – t) – (капитальные расходы — износ) –
– изменение неденежного оборотного капитала = 10 (1,03) – (5–3) (1,03) – $1,2 = $7,04 млн.

Стоимость фирмы = (ожидаемый FCFF в следующем году)/
/(стоимость привлечения капитала – ожидаемые темпы роста) = 7,04/(0,10–0,03) = $100,57 млн.

Обратите внимание на то, что значительная часть реинвестиций приходится на неденежный оборотный капитал, составляющий 20% от выручки.

Теперь представим, что фирма может сократить неденежный оборотный капитал с 20% от выручки до 10%. Первое, что она получит, это разовый положительный приток денежных средств в результате снижения оборотного капитала с $40 млн (20% выручки) до $20 млн (10% выручки). Второй эффект длительный — более высокий ожидаемый FCFF каждый год:

Ожидаемый FCFF в следующем году = EBIT (1 – t) – (капитальные расходы – износ) –
– изменение неденежного оборотного капитала = 10 (1,03) – (5–3) (1,03) – 20 (0,03) = $7,64 млн.

Стоимость фирмы = [(ожидаемый FCFF в следующем году)/
/(стоимость привлечения капитала – ожидаемые темпы роста)] +
+ разовое увеличение денежного остатка = [7,64/(0,10–0,03)] + $20 = $129,14 млн.

На рисунке 31.4 показано влияние изменения неденежного оборотного капитала как процента от выручки на стоимость фирмы при условии, что это изменение не влияет на выручку и темпы роста (нереалистичное допущение).

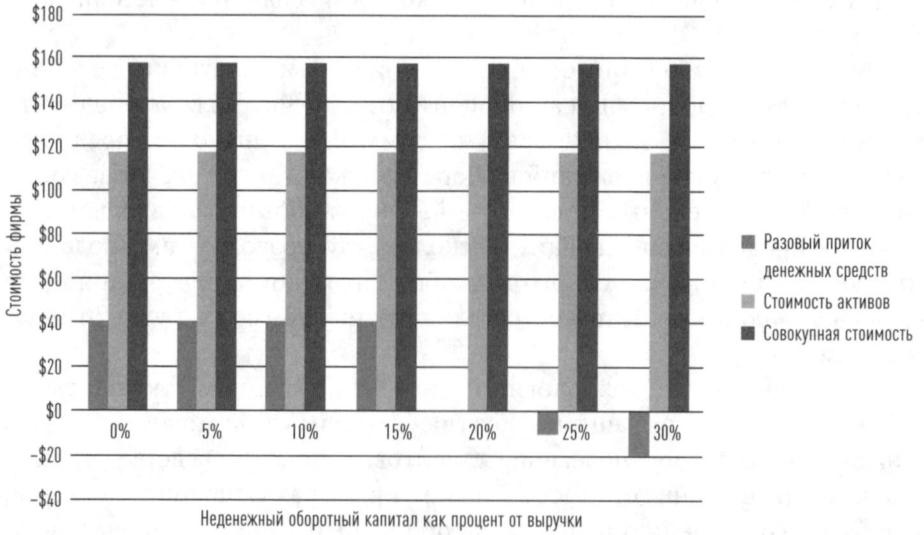

Рисунок 31.4. *Неденежный оборотный капитал и стоимость фирмы*

cfbasics.xls — размещенная в Интернете таблица данных, которая содержит операционную маржу, ставки налога и неденежный оборотный капитал в виде процента от выручки по отраслевым группам США.

Увеличение ожидаемого роста

Фирма с низкими текущими денежными потоками все же может иметь высокую стоимость, если она способна расти быстро и при этом получать больше стоимости привлечения капитала. Для прибыльных фирм рост будет определяться по прибыли, однако в отношении фирм, теряющих деньги, следует рассмотреть связь роста выручки и более высокой маржи.

Прибыльные фирмы. Более быстрый рост вытекает либо из увеличения реинвестиций, либо из более высокой рентабельности капитала. Однако это не всегда превращается в более высокую стоимость, поскольку ускоренный рост может быть при оценке нейтрализован изменениями где-то в другом месте. Так, повышенный коэффициент реинвестирования обычно приводит к более быстрому ожидаемому росту, но это происходит за счет снижения денежных потоков, поскольку реинвестиции уменьшают чистые денежные потоки. Более высокая рентабельность капитала также приводит к увеличению ожидаемого роста, но стоимость все же может снизиться, если новые инвестиции произведены в более рискованные сферы бизнеса и наблюдается диспропорциональное увеличение стоимости привлечения капитала.

Эффекты увеличения коэффициента реинвестирования представлены в таблице 31.1. Положительный эффект большего объема реинвестиций, т. е. более быстрый рост, необходимо сравнивать с отрицательным эффектом увеличения реинвестиций, т. е. с сокращением чистых денежных потоков.

ТАБЛИЦА 31.1. *Эффекты повышения коэффициента реинвестирования*

Отрицательные эффекты	Положительные эффекты
Снижаются чистые денежные потоки фирмы: FCFF = EBIT (1 – ставка налога) × (1 – коэффициент реинвестирования)	Увеличиваются ожидаемые темпы роста: Ожидаемые темпы роста = коэффициент реинвестирования × рентабельность капитала

Можно выработать общую оценку и определить, действительно ли приведенная стоимость дополнительных денежных потоков, созданная за счет более быстрого роста, больше приведенной стоимости фактически осуществленных реинвестиций. Однако для определения влияния на стоимость существует гораздо более простой тест. Отметим, что чистая приведенная стоимость проекта измеряет стоимость, добавленную проектом к общей стоимости фирмы, а чистая приведенная стоимость имеет положительное значение, только если внутренняя норма доходности проекта превосходит стоимость привлечения капитала. Если мы принимаем, что учетная рентабельность капитала по проекту — это разумная оценка внутренней нормы доходности, то увеличение коэффициента реинвестирования приведет к повышению стоимости только в том случае, когда рентабельность капитала больше стоимости его привлечения. Если рентабельность капитала ниже стоимости его привлечения, то положительный эффект роста будет меньше отрицательного эффекта от осуществления реинвестиций.

Отметим, что рентабельность капитала, о которой мы говорим, представляет собой предельную, а не среднюю рентабельность (т. е. рентабельность капитала, заработанную от фактических реинвестиций). Поскольку фирмы обычно в первую очередь принимают наиболее привлекательные инвестиции, а менее привлекательные — позднее, то, как правило, средняя рентабельность капитала выше предельной. Таким образом, фирма с рентабельностью капитала 18% и стоимостью привлечения капитала на уровне 12% в реальности может зарабатывать только 11% на своих предельных проектах. Кроме того, предельная рентабельность капитала будет гораздо ниже при значительном увеличении коэффициента реинвестирования. Таким образом, следует быть осторожными с предположениями о значительном росте коэффициента реинвестирования при сохранении текущей рентабельности капитала на постоянном уровне.

Фирма, способная увеличить рентабельность капитала при сохранении фиксированного значения стоимости его привлечения, будет увеличивать свою стоимость. Увеличение темпов роста способствует повышению стоимости, и в целом здесь не отмечается никаких нейтрализующих эффектов. Однако если увеличение рентабельности капитала связано с вступлением фирмы в новый бизнес, который гораздо более рискованный, чем ее сегодняшняя деятельность, это может привести к увеличению стоимости привлечения капитала, нейтрализуя увеличение темпов роста. Однако общее правило в отношении создания стоимости остается неизменным. До тех пор пока проекты, независимо от того, насколько рискованными они являются, создают предельную рентабельность капитала, превосходящую стоимость его привлечения, они будут создавать стоимость.

Сравнивая рентабельность капитала и стоимость его привлечения, можно заключить, что фирма, у которой рентабельность капитала меньше стоимости его привлечения, способна добиться увеличения стоимости за счет принятия инвестиций с более высокой доходностью. Однако еще большее увеличение стоимости она получила бы, вообще отказавшись от инвестирования и возвращая деньги собственникам бизнеса. Полная или частичная ликвидация могут представлять собой ту стратегию, которая наилучшим образом способствует увеличению стоимости фирмы, попавшей в ловушку в том виде бизнеса, где невозможно заработать стоимость привлечения капитала.

ИЛЛЮСТРАЦИЯ 31.5. *Коэффициенты реинвестирования, рентабельность капитала и стоимость на примере компаний Boeing и Home Depot в 1998 г.*

В 1998 г. компания Boeing получила рентабельность капитала 6,59%, а ее коэффициент реинвестирования составлял 65,98%. Если предположить, что стоимость привлечения капитала для фирмы равна 9,17%, то получим стоимость собственного капитала фирмы, равную $13,14 на акцию. В том же году сеть Home Depot имела рентабельность капитала 16,38%, коэффициент реинвестирования составил 88,62%, а стоимость привлечения капитала — 9,51%, что приводит к стоимости на акцию $42,55.

	Компания Boeing	*Сеть Home Depot*
Стоимость привлечения капитала (%)	9,17	9,51
Рентабельность капитала (%)	6,59	16,38
Коэффициент реинвестирования (%)	65,98	88,62
Ожидаемые темпы роста (%)	4,35	14,51
Стоимость на акцию ($)	13,14	42,55

Если бы сеть Home Depot смогла увеличить коэффициент реинвестирования, не оказав воздействия на рентабельность капитала, то влияние на стоимость оказалось бы положительным, поскольку фирма получает избыточную доходность. Что касается компании Boeing, то влияние увеличения коэффициента реинвестирования при текущей рентабельности капитала отрицательно, поскольку рентабельность капитала компании меньше стоимости

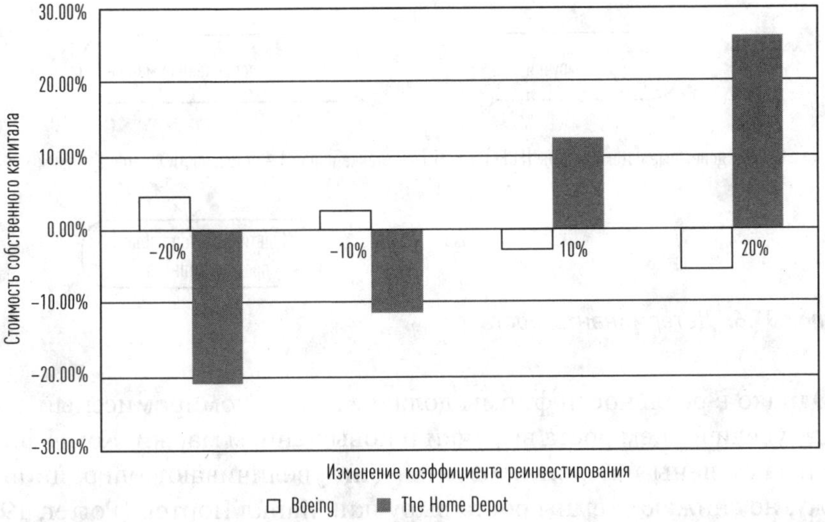

Рисунок 31.5. *Влияние изменений коэффициента реинвестирования на стоимость собственного капитала*

привлечения капитала. На рисунке 31.5 представлено влияние изменений коэффициента реинвестирования на стоимость собственного капитала в обеих фирмах при неизменности стоимости привлечения капитала.

Если мы снизим коэффициент реинвестирования компании Boeing с 65,98 до 45,98% и посмотрим на процентное изменение стоимости собственного капитала, то окажется, что оно составляет +4,49%. Эффект от подобных изменений в сети Home Depot — отрицательный. Влияние коэффициента реинвестирования в сети Home Depot так значительно, поскольку период быстрого роста длится 10 лет.

fundgrEB.xls — размещенная в Интернете таблица, в которую включены данные по рентабельности капитала и коэффициентам реинвестирования по отраслевым группам США.

Фирмы с отрицательной прибылью. Для молодых фирм с отрицательной прибылью величины ожидаемых будущих денежных потоков можно получить, сделав допущения относительно трех переменных — ожидаемых темпов роста выручки, целевой операционной маржи и мультипликатора «объем продаж/капитал». Первые две переменные определяют операционную прибыль в будущие годы, а последняя — потребности в реинвестициях. На рисунке 31.6 представлено влияние каждой из этих переменных на денежные потоки.

При прочих равных условиях ожидаемые денежные потоки в будущие годы будут выше, если возрастет любая из трех переменных: рост выручки, целевая маржа и мультипликатор «объем продаж/капитал». Увеличение роста выручки и целевой маржи будет способствовать возрастанию операционной прибыли, хотя повышение мультипликатора «объем продаж/капитал» приведет к снижению потребности в реинвестициях.

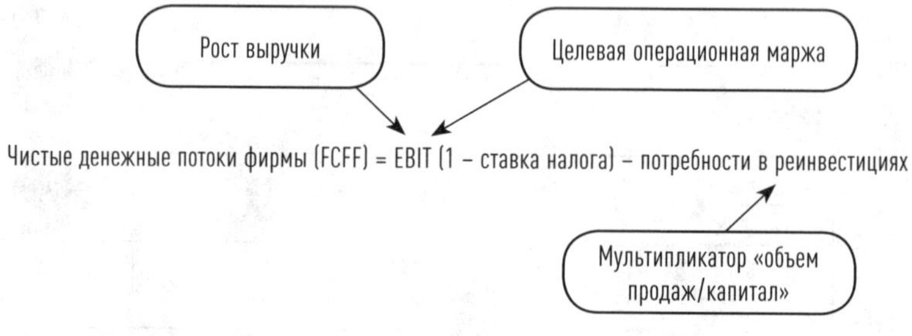

Рисунок 31.6. *Детерминанты роста*

Однако в реальности фирмы должны делать компромиссный выбор между увеличением роста выручки и повышением маржи. Когда фирмы поднимают цены на свои продукты, они увеличивают операционную маржу, но снижают темпы роста выручки. Майкл Портер (Porter, 1980), один из ведущих мыслителей в области корпоративной стратегии, предположил, что когда речь идет о ценовой стратегии, то у фирмы есть два основных пути. Она может принять решение стать лидером по объему, снижая цены в надежде увеличить выручку в степени, достаточной для компенсации пониженной маржи. Для того чтобы эта стратегия работала, фирме необходимо преимущество перед ее конкурентами в плане издержек — для предотвращения ценовых войн, способных ухудшить положение всех фирм в отрасли. С другой стороны, она может попытаться быть ценовым лидером, поднимая цены в надежде на то, что влияние на объем будет меньше по сравнению с увеличением маржи. Степень, в которой снизится рост выручки, зависит от эластичности спроса на продукт, а также от того, насколько конкурентным будет общий рынок этого продукта. Чистый эффект будет определять стоимость.

Хотя более высокий мультипликатор «объем продаж/капитал» снижает потребности в реинвестициях и увеличивает денежные потоки, у этого процесса существуют как внутренние, так и внешние ограничения. Когда возрастает мультипликатор «объем продаж/капитал», рентабельность капитала фирмы в будущие годы также будет повышаться. Если рентабельность капитала значительно превосходит стоимость привлечения капитала, то на рынок придут новые конкуренты, затрудняя поддержание ожидаемой операционной маржи и роста выручки.

ЧЕМ МЕНЬШЕ, ТЕМ БОЛЬШЕ: СТОИМОСТЬ ОТ СНИЖЕНИЯ РОСТА

В некоторых случаях наилучшим способом создания стоимости является снижение, а не повышение роста. Чтобы понять, почему такое происходит, возьмем утверждение о том, что рост создает стоимость только в том случае, если рентабельность капитала для новых инвестиций превосходит стоимость привлечения капитала, необходимого для финансирования этих инвестиций. Также учтем то, что в 2011 г. около 35% глобальных компаний имели более низкую сложную рентабельность капитала, чем стоимость привлечения капитала. Хотя данное явление может объясняться макроэкономическими факторами, а иногда временными проблемами, оно также отражает тот факт, что многие из этих фирм находились в состоянии упадка или занимались деятельностью, где трудно или вообще невозможно получить избыточную доходность.

Существует множество причин, по которым фирмы последней группы продолжают идти по пути уничтожения стоимости и наращивать инвестиции в плохом бизнесе. Одни считают, что рост любой ценой идет на пользу, и получают поддержку со стороны фондовых аналитиков, придерживающихся такого мнения. Другие движутся по инерции и поддерживают структуру инвестиций, сложившуюся ранее, когда инвестиционные возможности были более привлекательными и многочисленными. Во главе третьих стоят чрезмерно самоуверенные менеджеры, полагающие, что они могут изменить бизнес в целом.

Так или иначе, подход к повышению стоимости фирм, которые растут за счет плохих инвестиций, прост. Прекращение нового инвестирования сокращает рост и одновременно повышает стоимость. Чтобы проиллюстрировать это, предположим, что фирма со стоимостью привлечения капитала 10% получает операционную прибыль после налогообложения в размере $10 млн. Примем также, что она реинвестирует 50% этой прибыли в проекты, приносящие рентабельность капитала 6%. Если темпы роста составляют 3%, то стоимость фирмы будет следующей:

Стоимость фирмы (как есть) = 10 (1,03) (1–0,50)/(0,10–0,03) = $73,57 млн.

Если фирма прекратит осуществлять реинвестиции, то ее темпы роста и коэффициент реинвестирования упадут до нуля, а стоимость поднимется до $100 млн:

Стоимость фирмы (реструктурированной) = 10/0,10 = $100 млн.

Пока существующее руководство таких фирм продолжает поддерживать существующие темпы роста, эти фирмы являются привлекательными объектами для активных инвесторов.

Увеличение периода быстрого роста

Каждая фирма в какой-то момент времени вступает в период стабильного роста, темпы которого равны темпам роста экономики или окажутся даже ниже. Кроме того, рост создает стоимость, только если фирма получает избыточную доходность от своих инвестиций. При наличии избыточной доходности и прочих равных условиях чем дольше период быстрого роста, тем выше стоимость фирмы. Никакая фирма не способна получать избыточную доходность достаточно долго на конкурентном рынке того или иного товара, поскольку в бизнес с избыточной доходностью привлекает конкурентов. Таким образом, неявно допуская быстрый рост с избыточной доходностью, мы предполагаем существование каких-либо барьеров на вход, предотвращающих вступление конкурирующих фирм на рынок или уничтожающих существующую на этом рынке избыточную доходность.

Один из способов, с помощью которого фирмы могут повысить стоимость, заключается в увеличении существующих барьеров на вход и в создании новых барьеров. Другой способ — создание значительных конкурентных преимуществ у компании, получающей избыточную доходность. «Пестование» этих преимуществ способствует увеличению стоимости.

Преимущество бренда. Как ранее отмечалось в этой книге, входные параметры в традиционной оценке дисконтированных денежных потоков включают эффекты бренда. В частности, фирмы с более ценными брендами либо получают возможность устанавливать более высокие цены по сравнению с ценами конкурентов на те же продукты (что ведет к более высокой марже), либо продают по той же цене, но в большем объеме, чем конкуренты (что ведет к более высоким коэффициентам оборачиваемости). Обычно это сопровождается повышенной рентабельностью капитала и большей стоимостью по сравнению с отраслевыми конкурентами.

Создание бренда — трудный и дорогостоящий процесс, способный занять не один год, прежде чем цель будет достигнута. Но фирмы часто могут основываться на существующих брендах, делая их более ценными. Таким образом, бренд-менеджмент и реклама могут внести вклад в создание стоимости. Рассмотрим чрезвычайный успех, длительное время сопутствующий компании Coca-Cola в сфере увеличения ее рыночной стоимости. Некоторые приписывают этот успех ее более высокой рентабельности собственного капитала или капитала, но эта рентабельность является не причиной успеха, а его следствием. Высокую рентабельность можно связать с непрестанной концентрацией фирмы на увеличении стоимости своего бренда по всему миру[1]. Другой сценарий возникает, когда менеджеры фирмы, принявшие в свои руки ценный бренд, расточают его стоимость, приводя к значительному снижению стоимости фирмы. Опыт близости к смерти, полученный компанией Apple Computer в 1996 и 1997 гг., и тяжкие труды Quaker Oats после приобретения Snapple позволяют видеть, насколько быстро менеджеры могут растратить преимущество, порождаемое брендом.

Патенты, лицензии и другая юридическая защита. Второе конкурентное преимущество, которым может обладать компания, имеет юридический характер. Фирмы могут пользоваться эксклюзивным правом на производство какого-либо товара и на торговлю им, поскольку владеют патентными правами на этот продукт, как это наблюдается в фармакологической отрасли. В другом случае фирмы обладают эксклюзивными лицензионными правами на обслуживание рынка.

Ключом к увеличению стоимости оказывается не только сохранение, но и увеличение любых конкурентных преимуществ, которыми обладает фирма. Если конкурентное преимущество проистекает из существующих патентов, то фирма должна работать над разработкой новых патентов, которые позволят ей сохранять свое преимущество в течение времени. Хотя расходование большего объема денежных средств или исследования и разработки (НИОКР), по всей вероятности, представляют собой единственный путь, эффективность реинвестиций также имеет здесь значение. Компаниями, имеющими наибольшее увеличение стоимости, необязательно являются те, кто затрачивает больше средств на НИОКР, а скорее

---

[1] Такие компании, как Coca-Cola, получают преимущество их глобального восприятия как представителей американской культуры и используют его в целях быстрого роста на других рынках.

те, у кого есть наиболее продуктивные исследовательские подразделения не только в части создания патентов, но и в превращении этих патентов в коммерческие продукты.

Конкурентное преимущество от эксклюзивного лицензирования или легальной монополии приносит не только одни выгоды, поэтому необязательно приводит к увеличению стоимости. Когда фирме предоставляются права от другого лица, скажем, от государства, это лицо обычно сохраняет право на контроль над устанавливаемыми ценами и маржей, заработанной через регулирование. Например, в Соединенных Штатах регулирование деятельности энергетических и телефонных компаний в значительной степени определялось целью ограничить возможность получения избыточной доходности. В действительности, в этих обстоятельствах фирмы могут получить прирост стоимости путем отказа от своей легальной монополии, если в обмен они получат право на свободное установление цен. Можно утверждать, что подобное уже произошло во многих сферах бизнеса, связанных с авиаперевозками и междугородными или международными телекоммуникациями, и будет происходить в будущем в других регулируемых сферах бизнеса. В результате дерегулирования фирмы, сохраняющие конкурентные преимущества, получают увеличение стоимости за счет других участников в этом же бизнесе.

Издержки переключения. Существуют некоторые сферы бизнеса, в которых ни бренд, ни патент не обеспечивают адекватной защиты против конкуренции. Товары имеют короткий жизненный цикл, конкуренция сильна, а потребителям не свойственно проявлять сильную преданность каким-либо компаниям или продуктам. Хороший пример такого рода — сфера бизнеса, связанная с разработкой и продажей программного обеспечения образца 1980-х гг., причем это применимо к значительной части данного бизнеса и сегодня. Каким образом тогда компания Microsoft столь преуспела в упрочении своих позиций на рынке? Хотя многие приписывают этот успех исключительно ее праву собственности на операционную систему, необходимую для функционирования программ, существует и другая причина. Компания Microsoft раньше большинства других фирм осознала, что наиболее значительным барьером на вступление в бизнес, связанный с программным обеспечением, являются издержки конечного пользователя, обусловленные переключением с их продуктов на продукты конкурентов. Фактически программа Microsoft Excel в начальной стадии своего жизненного цикла должна была преодолеть препятствие, состоящее в том, что большинство пользователей работали с электронными таблицами Lotus и не хотели переходить на продукты Microsoft. Компания облегчила переход на свои продукты для конечных пользователей (например, за счет создания возможности открывать в программе Excel таблицы Lotus).

А создав программу Microsoft Office Suite, она сделала переключение к конкуренту все более и более дорогостоящим. Таким образом, пользователь, установивший у себя Microsoft Office, должен будет преодолеть множество препятствий, если захочет переключиться с Microsoft Word на WordPerfect. Он должен будет ответить на вопросы, хорошо ли скажется данное преобразование на сотнях уже существующих Word-файлах; сможет ли пользователь по-прежнему вырезать и вставлять данные из Microsoft Excel и PowerPoint в документы WordPerfect? Конечным же результатом для конкурентов, не имеющих Microsoft-ресурсов, станет, безусловно, тот факт, что им очень трудно будет конкурировать с этой фирмой в данной области.

Существует много других сфер бизнеса, где концепция издержек переключения может быть использована для усиления или для разоблачения аргументации в пользу увеличения стоимости. Например, многие утверждают, что оценка таких социальных сетей, как Twitter и Facebook, отражает их преимущество первооткрывателя, т. е. тот факт, что они являются пионерами в онлайн-бизнесе. Однако в социальных сетях издержки переключения минимальны, и эти компании, если они хотят в будущем получать высокую доходность, должны думать о способе увеличения издержек переключения.

Преимущества в затратах. Существует несколько способов, посредством которых фирмы могут создать преимущество в затратах перед своими конкурентами и использовать его как барьер на вход.

- В сферах бизнеса, где для снижения затрат может быть использован масштаб, экономия от масштаба способна обеспечить преимущество крупных компаний перед малыми фирмами. Пример такого рода — преимущество, использованное компанией Walmart для получения рыночной доли за счет более мелких и зачастую локальных конкурентов.
- Владение или право распоряжения эксклюзивными правами на систему дистрибуции может дать фирмам преимущество в затратах перед конкурентами. Например, наличие у компании American Airlines собственности на систему бронирования авиабилетов Sabre создает ей преимущество перед конкурентами в привлечении потребителей.
- Наличие доступа к дешевой рабочей силе или ресурсам также способно обеспечить преимущество в затратах. Так, компании, где работники не объединены в профсоюзы, обладают преимуществом перед конкурентами с объединенной в профсоюзы рабочей силой. То же самое справедливо и для сырьевых компаний с доступом к запасам, разработка которых менее дорогая, чем у конкурентов.

Эти преимущества в затратах влияют на стоимость одним из двух путей. Во-первых, фирма с преимуществом в затратах может установить ту же цену, что и конкуренты, но иметь более высокую операционную маржу. Во-вторых, фирма может устанавливать более низкие цены, чем ее конкуренты, и обладать более высоким коэффициентом оборачиваемости капитала. Фактически чистый эффект увеличения маржи или коэффициентов оборачиваемости (или того и другого) будет состоять в увеличении рентабельности капитала и через него — ожидаемого роста.

Экономия от масштаба создает высокие потребности в капитале, предотвращая вступление в бизнес новых фирм. В таких сферах бизнеса, как авиакосмическая или автомобильная, конкуренция идет почти исключительно среди существующих фирм. Отсутствие новых рыночных игроков позволяет этим фирмам поддерживать доходность, превышающую нормальный уровень, хотя конкуренция между существующими фирмами и ограничивает ее размер.

ВРЕМЯ ЛИДЕРСТВА В РЕЗУЛЬТАТЕ КОНКУРЕНТНЫХ ПРЕИМУЩЕСТВ

Когда мы рассматриваем последствия конкурентных преимуществ для стоимости, то ключевым часто становится вопрос, как долго сохраняется конкурентное преимущество. На этот вопрос ответить трудно, поскольку существует много специфичных для фирм факторов. Однако можно назвать несколько интересных исследований в области корпоративной стратегии, где делается попытка решить эту проблему. Например, Левин, Клеворик, Нельсон и Уинтер (Levin, Klevorick, Nelson, and Winter, 1987) дают следующие оценки: копирование запатентованного продукта или процесса занимает от трех до пяти лет, а копирование непатентованного продукта или процесса занимает от одного года до трех лет. В том же самом исследовании выявляется, что патентование часто гораздо менее эффективно для предотвращения изготовления подделок, чем быстрое перемещение по кривой обучения и создание сетей продаж и обслуживания. Например, компания Intel, даже когда ее компьютерные чипы были воспроизведены компанией Advanced Micro Devices (AMD), оказалась в состоянии поддерживать свое конкурентное преимущество за счет опережения, сумев быстро перейти к чипам следующего поколения.

Снижение стоимости финансирования

Стоимость привлечения капитала для фирмы складывается из стоимости долгового и долевого финансирования. Денежные потоки, создаваемые с течением времени, дисконтируются к настоящему моменту по стоимости привлечения капитала. При сохранении денежных потоков на постоянном уровне снижение стоимости привлечения капитала увеличивает стоимость фирмы. В данном разделе изучаются способы, позволяющие фирме снизить стоимость привлечения капитала или — увеличить свою стоимость за счет изменения сочетания структуры и вида финансирования.

Изменение операционного риска. Операционный риск фирмы — это прямая функция видов предоставляемых товаров или услуг, а также степени, в которой эти товары или услуги являются дискреционными для потребителя. Чем более дискреционными (т. е. немассового спроса) являются эти товары, тем выше операционный риск, с которым сталкивается фирма. Как стоимость привлечения собственного капитала, так и стоимость заимствования фирмы определяются операционным риском сферы бизнеса (или сфер), где функционирует фирма. Для случая собственного капитала на стоимость привлечения будет влиять только та часть операционного риска, которая не поддается диверсификации.

Фирмы могут снизить операционный риск, делая свои товары и услуги в меньшей степени дискреционными (т. е. имеющими повседневный спрос) для потребителей. Очевидно, что определенную роль здесь играет реклама, но другой путь связан с поиском новых направлений использования для товара или услуги. Снижение операционного риска приведет к более низкому безрычаговому коэффициенту бета (стоимости привлечения собственного капитала) и более низкой стоимости риска дефолта (стоимости заимствования).

Снижение операционного рычага. Операционный рычаг фирмы измеряет долю постоянных издержек. При прочих равных условиях чем выше доля постоянных издержек фирмы, тем более изменчивой будет ее прибыль и тем более высокой стоимость привлечения капитала. Снижение доли постоянных издержек сделает фирму гораздо менее рискованной и приведет к снижению стоимости привлечения капитала. Фирма может снизить свои постоянные издержки за счет использования внешних поставщиков услуг. Если бизнес не оправдывает ожиданий, то фирма не будет дальше нести издержки, связанные с предоставлением этой услуги. Затраты также можно связать с выручкой: например, связывание выплачиваемой заработной платы с полученной выручкой будет способствовать снижению доли постоянных издержек.

Эта базовая идея связывания затрат с выручкой часто описывается как придание структуре затрат большей гибкости. Более гибкая структура затрат влияет на три входных параметра, используемых в оценке. Она приводит к более низкому безрычаговому коэффициенту бета (благодаря пониженному операционному рычагу), к снижению стоимости заимствования (вследствие снижения риска дефолта) и увеличению оптимального коэффициента долга. Эти три фактора вызывают снижение стоимости привлечения капитала и увеличение стоимости фирмы.

Изменение структуры финансирования. Третий способ снижения стоимости привлечения капитала — это изменение сочетания долга и собственного капитала, используемых для финансирования фирмы. Как мы видели в главе 15, долг всегда дешевле собственного капитала отчасти потому, что кредиторы несут меньший риск, и частично из-за налоговых преимуществ, связанных с долгом. Эта выгода должна быть взвешена относительно дополнительного риска банкротства, создаваемого выдачей кредита, поскольку повышенный риск увеличивает и коэффициент бета собственного капитала, и стоимость заимствования. Чистый эффект будет определять следующее: увеличится или снизится стоимость привлечения капитала, если фирма увеличит заимствования.

Отметим, что при снижении стоимости привлечения капитала стоимость фирмы увеличится в том и только в том случае, если операционные денежные потоки не определяются более высоким коэффициентом долга. Если при росте коэффициента долга увеличится рискованность фирмы, — и это, в свою очередь, повлияет на функционирование фирмы и на ее денежные потоки, — то стоимость фирмы может снижаться по мере уменьшения стоимости привлечения капитала. Если такая ситуация возникает, то при планировании структуры финансирования фирмы целью должна быть максимизация стоимости фирмы, а не минимизация стоимости привлечения капитала.

---

wacc.xls — размещенная в Интернете таблица, которая содержит коэффициенты долга и стоимость привлечения капитала по отраслевым группам Соединенных Штатов.

Изменение типа финансирования. Фундаментальный принцип корпоративных финансов заключается в следующем: финансирование фирмы должно быть разработано таким образом, чтобы денежные потоки по долгу были, насколько это возможно, равны денежным потокам по активам. Уравнивая денежные потоки по долгу и активам, фирма снижает риск дефолта и увеличивает свою способность справляться с долговым бременем, что, в свою очередь, снижает ее стоимость привлечения капитала и увеличивает стоимость фирмы.

Фирмы, у которых денежные потоки по долгу и по активам не соответствуют друг другу (при использовании краткосрочного долга для финансирования долгосрочных активов, долга в одной валюте для финансирования активов в другой валюте или долга с плавающей ставкой для финансирования активов, подверженных влиянию инфляции), будут иметь более высокий риск дефолта, повышенную стоимость привлечения капитала и более низкую стоимость. Для устранения этих диспропорций и увеличения своей стоимости фирмы могут использовать производные ценные бумаги и свопы. Кроме того, они могут заменить свой сегодняшний долг таким, который лучше соответствует активам. Наконец, они имеют возможность использовать инновационные ценные бумаги, позволяющие привести денежные потоки по долгу в соответствие с денежными потоками от инвестиций. Хорошие примеры такого рода представляет использование «катастрофных» облигаций страховыми компаниями и облигаций, привязанных к биржевым товарам, сырьевыми фирмами.

КАК НАСЧЕТ МИЛЛЕРА–МОДИЛЬЯНИ?

Одно из наиболее известных и устойчивых положений корпоративных финансов — теорема Миллера–Модильяни — утверждает, что стоимость фирмы не зависит от структуры капитала. Другими словами, изменение структуры финансирования не должно оказывать никакого влияния на стоимость фирмы. Как можно согласовать аргументацию настоящего раздела с теоремой Миллера–Модильяни? Отметим, что первоначальная версия теоремы была выведена из предположения отсутствия налогов и дефолтов. При этих допущениях долг не создает никаких налоговых преимуществ и не приводит к издержкам, связанным с банкротством, и, следовательно, не влияет на стоимость. В мире с налогами и риском дефолта существует значительно более высокая вероятность того, что придется принимать компромиссные решения, и долг может приводить к увеличению или снижению стоимости, а также к ее удерживанию на постоянном уровне в зависимости от того, какой вид принимают эти компромиссы.

ЦЕПОЧКА УВЕЛИЧЕНИЯ СТОИМОСТИ

Классифицировать набор действий, которые фирма способна предпринять для увеличения стоимости, мы можем несколькими способами. Первый способ связан с тем, влияют ли эти действия на денежные потоки по установленным активам на рост, стоимость привлечения капитала и продолжительность периода роста. Существуют еще два уровня, где мы можем разграничивать действия, создающие стоимость.

1. *Создает ли действие компромиссный выбор для стоимости или только создает стоимость?* Очень немногие действия увеличивают стоимость без всяких оговорок. Среди них — продажа активов (когда стоимость продажи превосходит стоимость продолжения) и ликвидация издержек мертвого груза инвестиций, ничего не вносящих в прибыль фирмы и в будущий рост. Большинство действий оказывает как положительное, так и отрицательное влияние на стоимость, и именно чистый эффект определяет, увеличивают ли эти

действия стоимость. Примером может служить фирма, изменяющая сочетание долга и собственного капитала для снижения стоимости привлечения капитала. Однако в других случаях чистый эффект оказывается функцией реакции конкурентов на действия фирмы. Например, изменение ценовой стратегии для увеличения маржи может и не сработать в качестве меры для увеличения стоимости, если конкуренты реагируют в том же направлении, также изменяя цены.

2. *Как скоро действия приносят вознаграждение?* Некоторые действия сразу же повышают стоимость. К ним относятся продажа частей бизнеса и сокращение затрат. Однако многие действия направлены на создание стоимости в долгосрочной перспективе. Так, создание общепризнанного бренда, очевидно, формирует стоимость на длительное время, но вряд ли влияет на эту стоимость сегодня.

В таблице 31.2 представлена цепочка увеличения стоимости, где создающие стоимость действия классифицируются по тому, как быстро они создают стоимость, а также по тому, в какой степени фирма контролирует ее создание. В первой колонке «Быстрые фиксированные действия» представлены действия, при которых фирма обладает значительным контролем над результатом и выгода в виде создания стоимости возникает немедленно. Вторая колонка «Дополнительные действия» охватывает действия, создающие стоимость в кратко- или среднесрочной перспективе, где фирма все еще имеет значительный контроль над результатом. Третья колонка включает действия, направленные на создание стоимости в долгосрочной перспективе («Действия на долгосрочную перспективу»). В этих действиях проявляются важные стратегические инициативы фирмы.

ИЛЛЮСТРАЦИЯ 31.6. Увеличение стоимости на примере фирмы SAP в мае 2005 г.

SAP — производитель программного обеспечения для бизнеса, штаб-квартира которого располагается в Германии. SAP имеет репутацию хорошо управляемой фирмы, особенно в отношении новых инвестиций: в 2004 г. она реинвестировала в развитие бизнеса 57,42% операционной прибыли после налогообложения и имела рентабельность капитала 19,93%. По обоим параметрам она значительно превосходила сопоставимые фирмы. Руководство SAP, однако, чрезвычайно консервативно подходит к использованию заимствований — коэффициент долга фирмы составлял 1,4%, а стоимость привлечения капитала — 8,68%. На рисунке 31.7 мы оцениваем компанию исходя из того, что она продолжит существующую инвестиционную политику (сохранит коэффициент реинвестирования и рентабельность на уровне 2004 г. в течение следующих пяти лет) и консервативную политику финансирования. В результате мы получаем стоимость на акцию в размере €106,12.

Какой размер заимствований может позволить себе SAP? Чтобы ответить на этот вопрос, мы оцениваем стоимость привлечения капитала для SAP в приведенной ниже таблице при изменении коэффициента долга от 0 до 90%[1].

---

[1] Процесс определения стоимости привлечения собственного капитала и заимствования при различных коэффициентах долга детально описан в моей книге «Прикладные корпоративные финансы» (Applied Corporate Finance, John Wiley & Sons, 3rd ed., 2010).

ТАБЛИЦА 31.2. *Цепочка увеличения стоимости*

Больше контроля Быстрое вознаграждение → *Меньше контроля Вознаграждение в долгосрочной перспективе*

	Быстрые фиксированные действия	Дополнительные действия	Действия на долгосрочную перспективу
Существующие инвестиции	• Продать активы/проекты по стоимости > стоимости продолжения. • Ликвидировать проекты с ликвидационной стоимостью > стоимости продолжения. • Отказаться от операционных затрат, не создающих выручки и не приводящих к росту. • Получить преимущество от налогового законодательства для увеличения денежных потоков.	• Снизить чистые потребности в оборотном капитале за счет сокращения запасов и дебиторской задолженности или путем увеличения кредиторской задолженности. • Снизить затраты на поддержание капитала по установленным активам.	• Изменить ценовую стратегию для максимизации рентабельности капитала и стоимости. • Перейти к более эффективной технологии осуществления операций с целью снижения затрат и увеличения маржи.
Ожидаемый рост	• Отказаться от новых капитальных затрат с ожидаемой доходностью меньше стоимости привлечения капитала.	• Увеличить коэффициент реинвестирования или предельную рентабельность капитала или и то и другое в существующих видах деятельности.	• Увеличить коэффициент реинвестирования или предельную рентабельность капитала или и то и другое в новых видах деятельности.
Продолжительность периода быстрого роста	• Сделать это, если любой из товаров (или услуг) может быть запатентован и защищен.	• Использовать экономию от масштаба или преимущества в затратах для создания более высокой рентабельности капитала.	• Создать новый бренд. • Увеличить стоимость переключения с продукта для клиентов и снизить затраты перехода на него.
Стоимость финансирования	• Использовать свопы и производные ценные бумаги с целью достижения большей близости между долгом и активами фирмы. • Изменить структуру капитала, чтобы переместить фирму в сторону оптимального коэффициента долга.	• Изменить тип финансирования или использовать инновационные ценные бумаги для отражения типов финансируемых активов. • Использовать оптимальную структуру финансирования для новых инвестиций. • Сделать структуру затрат более гибкой для снижения операционного рычага.	• Снизить операционный риск фирмы, делая продукты менее дискреционными для потребителей (т. е. имеющими повседневный спрос).

Стоимость привлечения капитала и коэффициент долга для фирмы SAP

Коэффициент долга (%)	*Коэффициент бета*	*Стоимость привлечения собственного капитала (%)*	*Облигационный рейтинг*	*Процентная ставка по долгу (%)*	*Налоговая ставка (%)*	*Стоимость заимствования (после налогообложения) (%)*	*WACC (%)*
0	1,25	8,72	AAA	3,76	36,54	2,39	8,72
10	1,34	9,09	AAA	3,76	36,54	2,39	8,42
20	1,45	9,56	A	4,26	36,54	2,70	8,19
30	1,59	10,16	A–	4,41	36,54	2,80	7,95
40	1,78	10,96	CCC	11,41	36,54	7,24	9,47
50	2,22	12,85	C	15,41	22,08	12,01	12,43
60	2,78	15,21	C	15,41	18,40	12,58	13,63
70	3,70	19,15	C	15,41	15,77	12,98	14,83
80	5,55	27,01	C	15,41	13,80	13,28	16,03
90	11,11	50,62	C	15,41	12,26	13,52	17,23

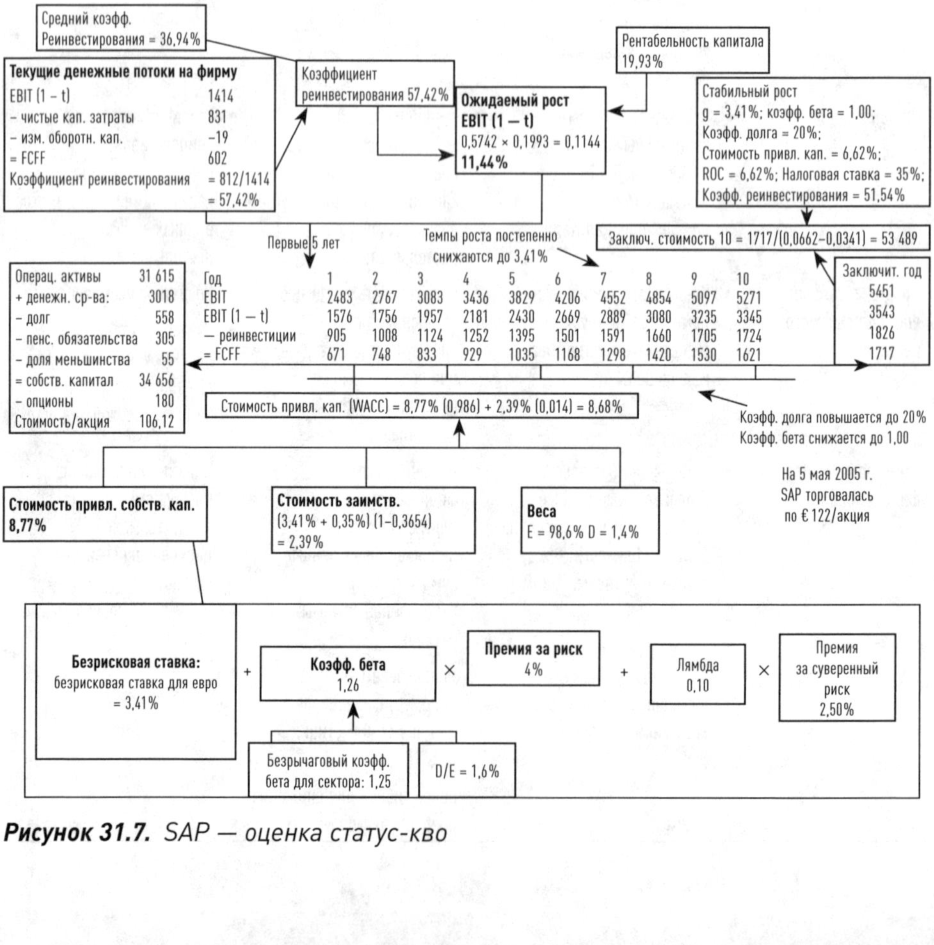

Рисунок 31.7. *SAP — оценка статус-кво*

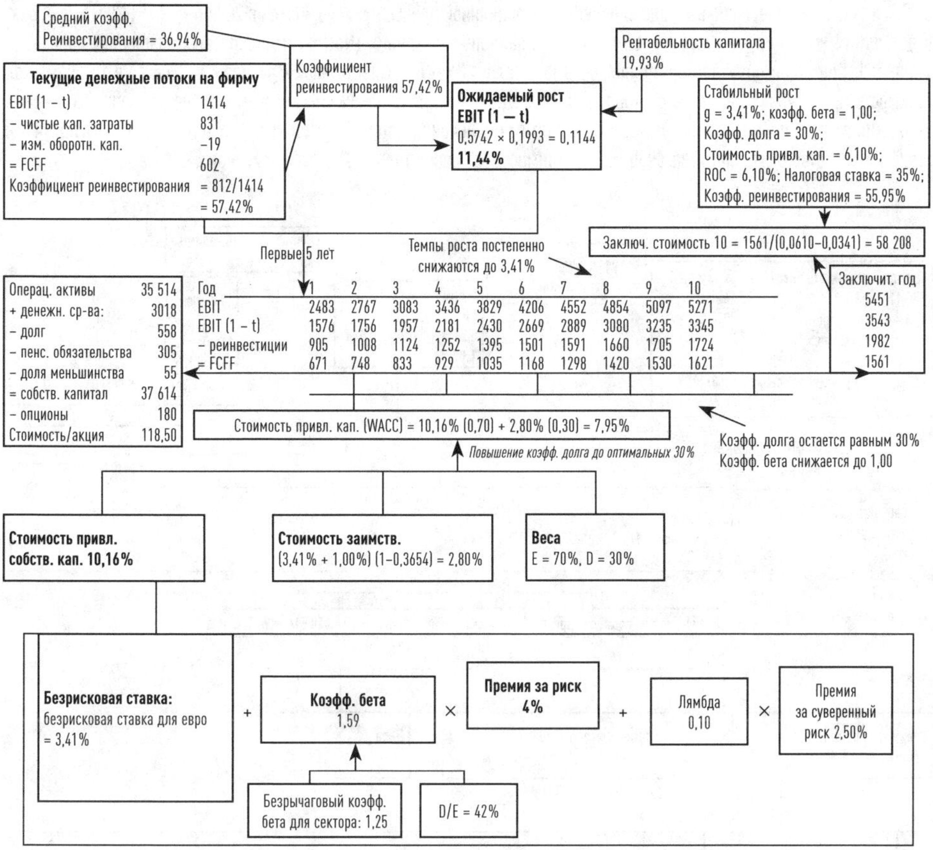

Рисунок 31.8. *SAP — оценка при изменении структуры финансирования*

При коэффициенте долга 30% стоимость привлечения капитала снижается до минимального значения 7,95%, что на 0,73% ниже текущей стоимости привлечения капитала.

Если считать, что единственным изменением в SAP является структура финансирования, и поднять коэффициент долга до оптимального значения 30% (и соответственно снизить стоимость привлечения капитала), то стоимость фирмы увеличится. На рисунке 31.8 показана оценка SAP после реструктурирования — стоимость на акцию поднимается до €118,50. Стоимость контроля в случае SAP сравнительно невелика — €12,4 на акцию или около 12% стоимости собственного капитала.

ИЛЛЮСТРАЦИЯ 31.7. *Стоимость смены руководства на примере фирмы Blockbuster в апреле 2005 г.*

В апреле 2005 г. Карл Айкан привел руководство фирмы Blockbuster, компании по видеопрокату, в состояние шока, оспорив список кандидатов в совет директоров. Его претензия основывалась на том, что Blockbuster плохо управляется, демонстрирует плохие результаты и может стоить больше в случае значительных изменений в руководстве. Хотя существующее руководство оспорило его претензию, он сумел получить достаточную поддержку акционеров для избрания своего представителя в совет директоров.

Если взглянуть на финансовую отчетность Blockbuster за 2004 г., то причины недовольства акционеров становятся ясными. Выручка компании почти не менялась. Она поднялась с $5566 млн в 2002 г. до $5912 млн в 2003 г. и до $6054 млн в 2004 г. Еще более тревожно выглядело падение операционной прибыли с $468,20 млн в 2002 г. до $251,20 млн в 2004 г. в результате усиления конкуренции со стороны онлайновых компаний (Netflix) и дисконтных розничных продавцов (Walmart). Компания получала рентабельность капитала 4,06% по существующим активам в 2004 г., в то время как стоимость привлечения капитала составляла 6,17%. Даже если предположить, что рентабельность капитала в новых инвестициях постепенно поднимется до стоимости привлечения капитала в следующие пять лет, то мы получаем стоимость собственного капитала $955 млн и стоимость на акцию только $5,13 (см. рисунок 31.9).

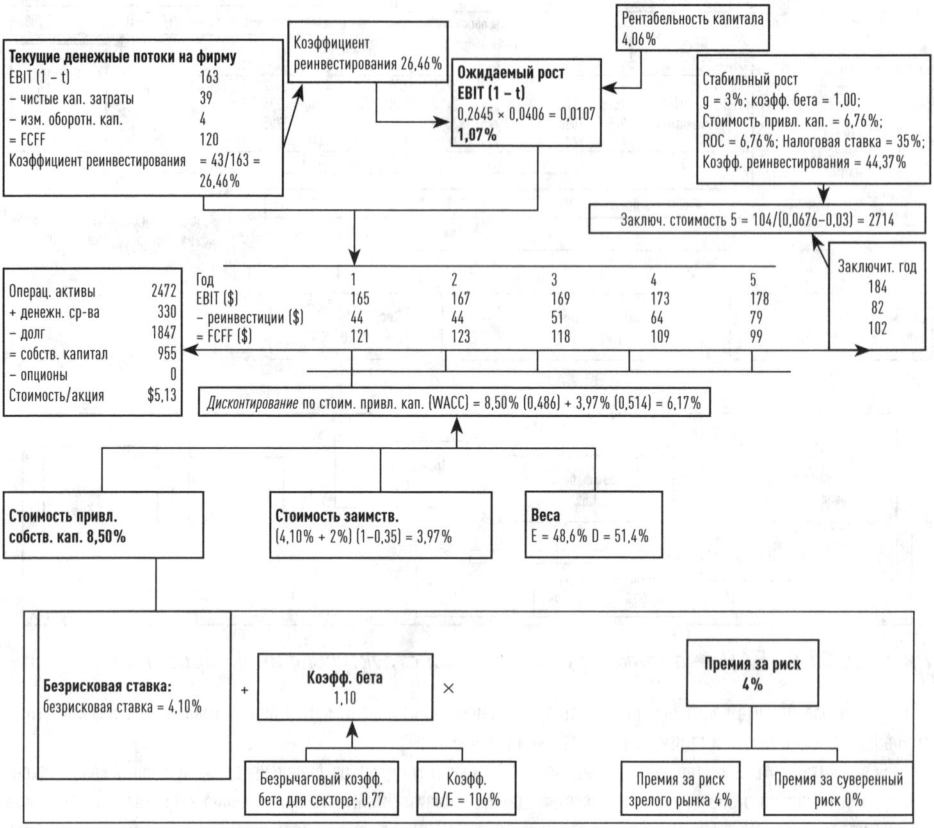

Рисунок 31.9. *Blockbuster — оценка статус-кво*

Итак, каким же образом мы реструктурируем Blockbuster? Первый и самый значимый компонент — повышение рентабельности существующих активов как минимум до стоимости привлечения капитала, 6,17%. Это обеспечит повышение операционной прибыли (операционная прибыль до налогообложения должна вырасти до $381,76 млн) или высвободит часть существующего капитала, вложенного в активы с наименьшей результативностью (что потребует продажи активов стоимостью более $1 млрд). Если мы также предположим, что компания сможет немедленно увеличить рентабельность капитала в новых инвестициях до уровня стоимости привлечения капитала, то стоимость собственного капитала подскочит до $2,323 млрд, а стоимость на акцию достигнет $12,47 (см. рисунок 31.10).

Стоит также заметить, что Blockbuster имеет два класса акций — 118 млн акций класса А, дающих один голос на акцию, и 63 млн акций класса В с двумя голосами на акцию. На момент нашего анализа акции обоих классов торговались примерно по одной цене $9,50 за акцию.

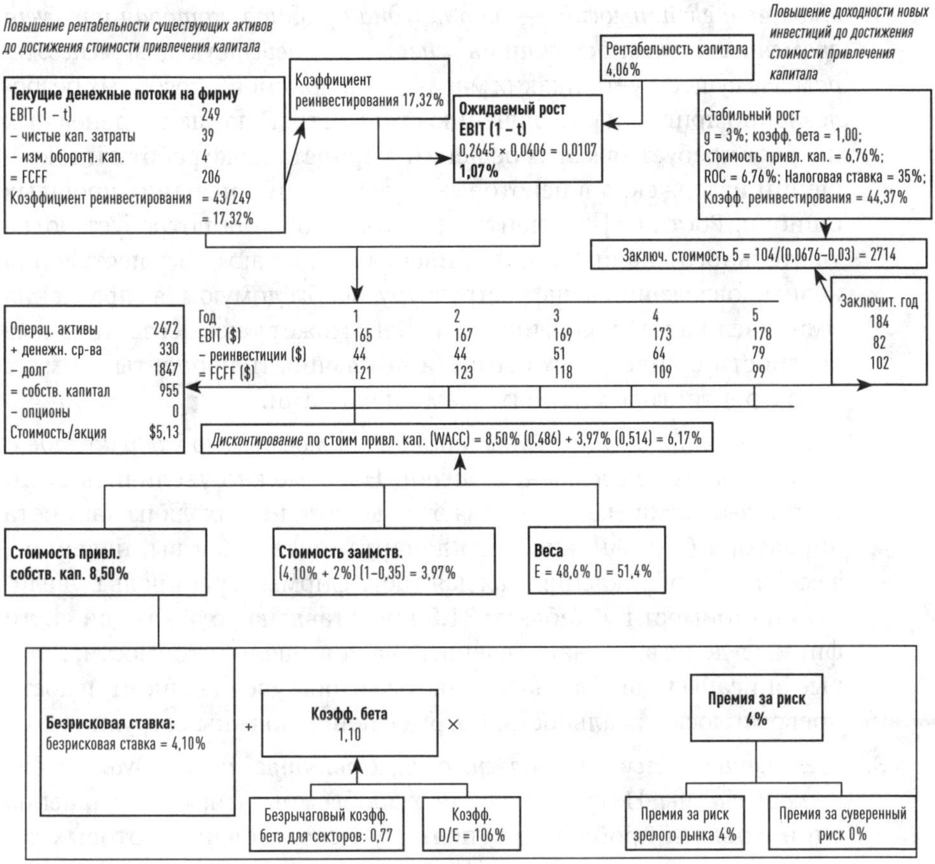

Рисунок 31.10. *Blockbuster — оценка после реструктуризации*

valenh.xls — таблица, которая позволяет оценить соответствующее влияние изменения характера управления фирмой на ее стоимость.

ЗАКЛЮЧИТЕЛЬНЫЕ СООБРАЖЕНИЯ ПО УВЕЛИЧЕНИЮ СТОИМОСТИ

Почти все фирмы заявляют о своей заинтересованности в увеличении стоимости, но очень немногие из них способны последовательно ее увеличивать. Если повышение стоимости осуществляется так просто, как представлено в этой главе, то почему это им не удается? В связи с этим необходимо рассмотреть четыре основных положения в контексте увеличения стоимости:

1. *Увеличение стоимости — это трудная работа, которая требует времени и может осложнить жизнь ныне действующим менеджерам*. Не существует никаких магических приемов, способных безболезненно привести к увеличению стоимости. Повышение денежных потоков требует тяжелых решений о приостановке работы и сокращении издержек, а в некоторых случаях — и признания прошлых ошибок. Рост коэффициента реинвестирования потребует более тщательного анализа новых инвестиций, а также осуществления капиталовложений в инфраструктуру, необходимую для управления ими. Увеличение коэффициента долга может также создать новые трудности в виде необходимости выплачивать проценты и иметь дело с рейтинговыми агентствами и банками.
2. *Для того чтобы фирма увеличила стоимость, необходимо задействовать все ее составные части*. Невозможно увеличить стоимость, выпустив указ, и нельзя это сделать, не выходя из кабинета директора (или финансового департамента). Как вы, наверное, заметили из обсуждения, каждая часть фирмы играет роль в увеличении стоимости. В таблице 31.3 представлена роль каждой части фирмы в действиях, направленных на повышение стоимости, которые описаны в данной главе. Для того чтобы увеличение стоимости превратилось в реальность, подразделения должны сотрудничать.
3. *Увеличение стоимости должно осуществляться индивидуально для каждой фирмы*. Не существует двух проблемных фирм с совершенно одинаковыми проблемами, поэтому использование готовых рецептов, как в поваренной книге, редко дает результат. Необходимо начать с выявления конкретных проблем, с которыми сталкивается анализируемая фирма, чтобы затем разработать способы их решения. Так, план увеличения стоимости, разрабатываемый для зрелой фирмы с перерасходом средств, будет сильно отличаться от плана, который необходим для молодой фирмы с товаром, переставшим удовлетворять запросы рынка.
4. *Увеличение цены акций не всегда следует за повышением стоимости*. Возможно, этот вывод — наиболее неутешительный аспект увеличения стоимости. Фирма, предпринимающая правильные действия, совсем необязательно будет сразу же вознаграждена финансовыми рынками. В некоторых случаях рынки могут даже наказывать такие фирмы по причине влияния этих действий на объявленную прибыль. В долгосрочной перспективе рынки, скорее всего, будут распознавать действия, увеличивающие стоимость, и будут вознаграждать их, но менеджер, предпринимающий эти действия, возможно, будет к тому времени далек от того, чтобы получить долю в этом вознаграждении.

ТАБЛИЦА 31.3. *Кто несет ответственность за действия, направленные на увеличение стоимости*

Действия по увеличению стоимости	Непосредственная ответственность
Увеличение операционной эффективности	Операционные менеджеры и персонал: от цеховых профсоюзных уполномоченных до директоров заводов
Снижение потребности в оборотном капитале	Персонал по запасам; персонал по кредитам
Увеличение роста выручки	Персонал по продажам и маркетингу
Увеличение соотношения «рентабельность капитала/коэффициент реинвестирования»	Стратегические команды с поддержкой финансовых аналитиков
Создание бренда	Персонал по рекламе
Прочие конкурентные преимущества	Стратегические аналитики
Снижение стоимости финансирования	Финансовый департамент

ЗАКЛЮЧЕНИЕ

Очевидно, что увеличение стоимости составляет предмет размышлений многих сегодняшних менеджеров. Если взять за основу принципы дисконтированных денежных потоков, развитые в предыдущей главе, то получается, что стоимость фирмы может быть увеличена за счет изменения одного из четырех основных входных параметров оценки (денежных потоков от установленных активов, ожидаемых темпов роста в период быстрого роста, продолжительности периода быстрого роста и стоимости привлечения капитала). Соответственно, действия, не изменяющие ни одну из этих переменных, не способны создать стоимость. Денежные потоки от установленных активов могут быть увеличены за счет сокращения затрат и повышения эффективности операций, а также снижения выплачиваемого налога на прибыль и потребностей в инвестициях (инвестиции на поддержание капитала и в неденежный оборотный капитал). Ожидаемый рост может быть увеличен за счет увеличения коэффициента реинвестирования или рентабельности капитала, но рост коэффициента реинвестирования будет генерировать стоимость, только если рентабельность капитала превосходит стоимость привлечения капитала. Быстрый рост, по крайней мере из разряда создающих стоимость, может быть продлен посредством создания новых конкурентных преимуществ или развития существующих. Наконец, стоимость привлечения капитала может быть снижена в результате движения в сторону оптимального коэффициента долга путем заимствований, более соответствующих финансируемым активам, а также с помощью действий, снижающих рыночный риск.

КОНТРОЛЬНЫЕ ВОПРОСЫ

В приведенных ниже заданиях, если не указано иное, премия за риск инвестирования в акции принимается равной 5,5%.

1. Сталелитейная компания Marion Manufacturing объявляет, что она берет на себя крупные расходы по реструктуризации, которые снизят прибыль в этом году на $500 млн. Допустим, что эти расходы не подпадают под налоговые льготы и не оказывают никакого влияния на операции.
   а) Каково будет влияние этих расходов на стоимость фирмы?
   б) Когда фирма объявляет о расходах, какое влияние это окажет на цену акций? Согласуется ли ваш ответ с вашим ответом на вопрос в пункте «а»?
2. Universal Health Care (UHC) — компания, у которой цена акций в прошлом году снизилась на 40%. В текущем году UHC заработала операционную прибыль до уплаты налогов в размере $300 млн при выручке $10 млрд. Новый президент фирмы предложил меры по сокращению издержек, которые, согласно ожиданиям, сэкономят фирме $100 млн при отсутствии влияния на выручку. Допустим, что фирма растет стабильными темпами 5% в год, а стоимость привлечения капитала составляет 10%. Предположительно, ни одно из этих значений не изменится в результате сокращения издержек. Ставка налога для фирмы составляет 40% (можно допустить, что фирма реинвестирует $100 млн каждый год, и эти реинвестиции не изменятся, когда фирма сократит издержки).
   а) Какое влияние окажет сокращение издержек на стоимость?
   б) Какое влияние окажет сокращение издержек на стоимость, если в результате ожидаемые темпы роста снизятся до 4,5% (определенная часть от сокращения издержек была направлена на обеспечение будущего роста)?
3. Фирма Atlantic Cruise Lines эксплуатирует круизные суда и имеет штаб-квартиру во Флориде. Операционная прибыль фирмы до уплаты налогов в текущем году составляла $100 млн, из них она реинвестировала $25 млн. Согласно ожиданиям фирмы, рост ее операционной прибыли будет составлять 4% в бесконечной перспективе, и она предполагает поддерживать существующий коэффициент реинвестирования. Структура капитала фирмы Atlantic такова, что 60% составляет собственный капитал и 40% — долг. Стоимость привлечения собственного капитала = 12%, а стоимость заимствования до уплаты налогов = 8%. В настоящее время ставка налога для фирмы составляет 40%.

а) Оцените стоимость фирмы.

б) Допустим, что компания Atlantic Cruise Lines переместила свою штаб-квартиру на Каймановы острова. Если в результате этого ее ставка налога снизится до 0%, оцените влияние этого изменения на стоимость.

4. Компания Furniture Depot представляет собой розничную сеть по продаже мебели и бытовой техники. Операционная прибыль фирмы после уплаты налогов в текущем году составила \$250 млн при выручке \$5 млрд. Фирма также имеет неденежный оборотный капитал в размере \$1 млрд. Чистые капитальные затраты в этом году равны \$100 млн. Ожидается, что выручка, операционная прибыль и чистые капитальные затраты будут бесконечно расти на 5% в год. Стоимость привлечения капитала фирмы составляет 9%.

а) Допустим, что неденежный оборотный капитал сохраняется на уровне существующего процента от выручки. Оцените стоимость фирмы.

б) Допустим, что фирма может снизить свои потребности в неденежном оборотном капитале на 50%. Оцените влияние этого изменения на стоимость.

в) Если в результате указанного выше изменения неденежного оборотного капитала рост прибыли снизится до 4,75%, то какое влияние на стоимость окажет это сокращение неденежного оборотного капитала?

5. General Systems — фирма, производящая персональные компьютеры. Как топ-менеджер фирмы вы обдумываете изменения, необходимые для обеспечения развития фирмы. В настоящее время операционная прибыль фирмы после уплаты налогов составляет \$50 млн при инвестированном капитале \$250 млн (в начале года). Фирма также реинвестирует \$25 млн в виде чистых капитальных затрат и оборотного капитала.

а) Оцените ожидаемые темпы роста прибыли при текущих значениях рентабельности капитала и коэффициента реинвестирования фирмы.

б) При сохранении рентабельности капитала постоянной, что произойдет с ожидаемыми темпами роста, если фирма увеличит коэффициент реинвестирования до 80%?

в) Каково будет влияние на рост, если при увеличении коэффициента реинвестирования до 80% рентабельность капитала сократится на 5% (т. е. если в настоящее время рентабельность капитала составляет 18%, то она снизится до 13%)?

6. Компания Compaq Computers столкнулась со снижением цены своих акций с $45 до $24. Ожидается, что компания будет реинвестировать 50% своей ожидаемой операционной прибыли после уплаты налогов (т. е. $2 млрд) в новые проекты, а ее рентабельность капитала будет составлять 10,69%. Компания финансируется исключительно за счет выпуска акций, а стоимость привлечения собственного капитала составляет 11,5%.
   а) Каковы ожидаемые темпы роста компании, если основываться на предположении, что она сохраняет свои коэффициент реинвестирования и рентабельность капитала?
   б) Если допустить бесконечность роста, какова будет стоимость фирмы?
   в) Какова величина созданной или уничтоженной стоимости от новых инвестиций фирмы?
7. В отношении проблемы, изложенной в пункте 6, теперь допустим, что оптимальный коэффициент долга компании Compaq составляет 20%. Ее стоимость привлечения собственного капитала возрастет до 12,5%, а стоимость заимствования после уплаты налогов будет составлять 4,5% при оптимальном коэффициенте долга.
   а) Каковы ожидаемые темпы роста компании, если исходить из допущения, что она сохраняет коэффициент реинвестирования и рентабельность капитала?
   б) Если допустить рост в бесконечной перспективе, то какова будет стоимость фирмы?
   в) Какова величина созданной или уничтоженной стоимости от новых инвестиций фирмы?
8. Компания Coca-Cola рассматривается как один из самых ценных брендов в мире. Операционная маржа фирмы после уплаты налогов составляет 20% при выручке $25 млрд. Капитал, инвестированный в компанию, составляет $10 млрд. Кроме того, Coca-Cola реинвестирует 50% своей операционной прибыли после уплаты налогов.
   а) Оцените ожидаемый рост операционной прибыли, предполагая возможность сохранения компанией Coca-Cola этих значений в обозримом будущем.
   б) Допустим, что производители непатентованных безалкогольных напитков имеют операционную маржу после уплаты налогов в размере только 7,5%. Если компания Coca-Cola сохраняет существующий коэффициент реинвестирования, но теряет стоимость своего бренда, оцените ожидаемые темпы роста операционной прибыли (можно допустить, что с потерей стоимости бренда операционная маржа компании Coca-Cola также снизится до 7,5%).

9. BioMask Genetics — биотехнологическая фирма, имеющая только один патент на свое имя. Операционная прибыль после уплаты налогов в текущем году составила $10 млн, и фирма не имеет потребностей в реинвестициях. Срок патента истечет через три года, и в этот период темпы роста прибыли фирмы будут составлять 15%. После третьего года операционная прибыль, предположительно, будет всегда оставаться постоянной. Управленческий аппарат фирмы рассматривает план рекламы, разработанный для создания бренда запатентованного ею продукта. Затраты на рекламную кампанию в последующие три года составят $50 млн в год (до уплаты налогов); ставка налога для фирмы равна 40%. Фирма полагает, что эта рекламная кампания позволит ей поддерживать темпы роста 15% в течение 10 лет и к этому моменту бренд компенсирует потерю патентной защиты. Согласно ожиданиям, после десятого года операционная прибыль всегда будет оставаться постоянной. Стоимость привлечения капитала фирмы = 10%.
   а) Оцените стоимость фирмы, допуская, что она не начнет рекламную кампанию.
   б) Оцените стоимость фирмы, допуская, что она ведет рекламную кампанию.
   в) Допустим, что нет никакой гарантии, что эти темпы роста по результатам деятельности компании сохранятся в течение 10 лет. Какова вероятность успеха, необходимого для того, чтобы компания оставалась финансово жизнеспособной?
10. Sunmask — косметическая фирма, в прошлом году столкнувшаяся с падением цены своих акций и прибыли. Вас наняли в качестве нового президента компании, и тщательный анализ финансистов фирмы Sunmask выявил следующее.
   - В настоящее время фирма имеет операционную прибыль после уплаты налогов, равную $300 млн при выручке $10 млрд, а коэффициент оборачиваемости капитала (мультипликатор «объем продаж/балансовая стоимость капитала») составляет 2,5.
   - Предположительно, фирма реинвестирует 60% своей операционной прибыли после уплаты налогов.
   - Фирма финансируется исключительно за счет собственных средств, а ее стоимость привлечения капитала составляет 10%.
   а) Оцените стоимость фирмы, исходя из сохранения существующей политики в бесконечной перспективе (рентабельность капитала и коэффициент реинвестирования также остаются постоянными в бесконечности).

б) Допустим, что вы способны увеличить операционную маржу с 3 до 5% при отсутствии воздействия на коэффициент оборачиваемости капитала, а также снизить коэффициент реинвестирования до 40%, вследствие чего стоимость привлечения капитала достигнет 9%, если вы перейдете к оптимальному для вас коэффициенту долга. Насколько увеличилась бы стоимость фирмы, если бы вы сумели провести эти изменения?

Глава 32

УВЕЛИЧЕНИЕ СТОИМОСТИ: EVA, CFROI И ПРОЧИЕ ИНСТРУМЕНТЫ

Модель дисконтированных денежных потоков обеспечивает глубокий и исчерпывающий анализ всех способов, позволяющих фирме увеличить стоимость. Тем не менее при увеличении числа входных параметров анализ может усложниться. Трудно также связать системы вознаграждения менеджмента с моделью дисконтированных денежных потоков, поскольку многими входными параметрами, которые приходится оценивать, можно манипулировать.

Если мы допускаем, что рынки эффективны, то можем заменить ненаблюдаемую стоимость в модели дисконтированных денежных потоков на наблюдаемую рыночную цену и вознаграждение или наказание менеджеров, основанное на результативности акций. Таким образом, фирма, где цена акций повышается, рассматривается как создавшая стоимость, в то время как фирма, цена акций которой падает, уничтожает стоимость. Системы вознаграждения, привязанные к цене акций, включая гранты и варранты на акции, стали стандартным компонентом большинства пакетов вознаграждений менеджмента.

Хотя рыночные цены обладают преимуществом актуальности и наблюдаемости, они также заключают в себе шум. Даже если рынки эффективны, цены акций обычно колеблются относительно истинной стоимости, а рынки иногда все-таки ошибаются. Так, фирма может обнаружить, что имеет место повышение цены ее акций и соответственно вознаграждение менеджмента, даже если ее стоимость уничтожается. И наоборот, менеджеры фирмы могут быть наказаны при снижении цены акций, хотя они предпринимали действия, способствующие повышению стоимости фирмы. Другая проблема, связанная с использованием цены акций в качестве основы для определения вознаграждения, заключается в том, что она относится к фирме в целом. Соответственно, цены акций нельзя использовать для анализа результатов деятельности управляющих отдельными подразделениями фирмы или для оценки их относительной результативности.

В прошлом десятилетии, хотя фирмы стали больше концентрироваться на создании стоимости, они по-прежнему относились с подозрением к финансовым рынкам. Сумев усвоить смысл понятия «стоимость дисконтированных денежных потоков», фирмы не желают связывать вознаграждение со стоимостью, измеренной на основе множественных оценок. В этих условиях оказались востребованными новые механизмы измерения стоимости, которые просты в плане оценки и использования, не сильно зависят от динамики рынка и не требуют большого числа оценок. Хотя этих механизмов очень много, мы остановимся на тех двух, которые включают в себя большинство других подходов:

1. *Добавленная экономическая стоимость (economic value added — EVA)*, измеряющая добавленную стоимость, созданную фирмой благодаря ее существующим инвестициям.
2. *Рентабельность инвестированного капитала по денежным потокам, или денежная рентабельность инвестированного капитала (cash flow return on investment — CFROI)*, измеряющая доходность существующих инвестиций фирмы в процентах.

В данной главе рассматривается, как каждый из этих механизмов связан с оценкой дисконтированных денежных потоков. В ней также исследуются условия, при которых фирмы, использующие эти подходы для суждения о своем функционировании и оценки менеджеров, в результате могут принимать решения, скорее уничтожающие, чем создающие стоимость.

ДОБАВЛЕННАЯ ЭКОНОМИЧЕСКАЯ СТОИМОСТЬ

Добавленная экономическая стоимость (EVA) — это мера денежной добавленной стоимости, созданной инвестициями или портфелем инвестиций. Она рассчитывается как произведение избыточной доходности инвестиций и капитала, вложенного в эти инвестиции.

$$\begin{gathered}\text{Добавленная экономическая стоимость} = \\ = (\text{рентабельность инвестированного капитала} - \\ - \text{стоимость привлечения капитала}) \times (\text{инвестированный капитал}) = \\ = \text{операционная прибыль после налогообложения} - \\ - (\text{стоимость привлечения капитала} \times \text{инвестированный капитал}).\end{gathered}$$

Данный раздел начинается с изучения измерения добавленной экономической стоимости, после чего рассматриваются связи этого измерения с оценкой денежных потоков, а в конце обсуждаются ограничения его использования как инструмента увеличения стоимости.

Расчет EVA

Определение EVA выявляет три основных входных параметра, необходимых для ее расчета, — это рентабельность капитала, заработанная на инвестиции; стоимость привлечения капитала по этим инвестициям; капитал, вложенный в эти инвестиции. При измерении каждого из этих параметров мы будем делать много одних и тех же корректировок, ранее обсуждавшихся в контексте оценки денежных потоков.

Насколько велик капитал, инвестированный в существующие активы? Один очевидный ответ заключается в использовании рыночной стоимости фирмы, но она охватывает капитал, инвестированный не только в установленные активы, но и в ожидаемый будущий рост[1]. Поскольку мы хотим оценить качество установленных активов, нам нужна мера рыночной стоимости только этих активов. Учитывая трудность этой оценки, неудивительно, что мы обращаемся к балансовой стоимости капитала как индикатору рыночной стоимости капитала, инвестированного в установленные активы. Однако балансовая стоимость — это величина, отражающая не только учетные решения, принятые в текущем периоде, но и учетные решения (как начислять износ активов, оценивать запасы и обращаться с приобретениями), сделанные в прошлом. Как минимум три корректировки, выполняемые нами для инвестированного капитала в оценке дисконтированных денежных потоков, — преобразование операционной аренды в долг, капитализация расходов на НИОКР и устранение одноразовых или косметических расходов — должны быть сделаны также и при расчете EVA. Чем старше фирма, тем более трудными оказываются корректировки, необходимые в отношении балансовой стоимости капитала, чтобы получить здравую оценку рыночной стоимости капитала, инвестированного в установленные активы. Поскольку это требует знания и учета каждого бухгалтерского решения, возникают случаи, когда балансовая стоимость капитала слишком далека от истинной, чтобы ее можно было скорректировать. Здесь лучше всего оценить капитал, инвестированный с самого

[1] В качестве иллюстрации укажем, что расчет рентабельности капитала в компании Google или Apple в 2011 г. на основе рыночной стоимости фирмы вместо балансовой стоимости дает более низкую рентабельность капитала. Ошибочно рассматривать полученный результат как указание на плохие инвестиции со стороны менеджеров фирмы.

начала: начиная с активов, принадлежащих фирме, затем оценивая рыночную стоимость этих активов и потом суммируя полученную рыночную стоимость.

Для оценки рентабельности инвестированного капитала нам необходима оценка операционной прибыли после уплаты налогов, заработанной фирмой на эти инвестиции. Опять-таки при расчете рентабельности капитала бухгалтерский показатель операционной прибыли необходимо скорректировать для учета операционной аренды, расходов на НИОКР и разовых платежей.

РАСЧЕТ EVA НА ПРАКТИКЕ

В течение 1990-х гг. EVA наиболее активно пропагандировалась расположенной в Нью-Йорке консультационной фирмой Stern Stewart. Учредители фирмы — Джоэл Стерн и Беннетт Стюарт — превратились в выдающихся проповедников этого измерения. Их успех вызвал к жизни целую толпу подражателей в других консультационных фирмах, каждый из которых создавал свою разновидность измерителя избыточной доходности.

В процессе приложения этого измерения к реальным фирмам Stern Steward обнаружила, что необходимо модифицировать бухгалтерские показатели прибыли и капитала, чтобы получить более реалистичные оценки добавленной стоимости. В своей книге «В поисках стоимости» (The Quest for Value) Беннетт Стюарт упоминает ряд корректировок, которые необходимо выполнять в отношении инвестированного капитала, включая учет гудвилла (отраженного и не отраженного в отчетности). Он также предлагает прибегать к корректировкам операционной прибыли, включая преобразование платежей по операционной аренде в финансовые затраты.

Многие фирмы, принявшие EVA в течение этого периода, также основывали вознаграждение менеджмента на измерениях EVA. Поэтому способ этой оценки и измерения стал предметом пристального внимания со стороны менеджеров всех уровней.

Третий и последний параметр, необходимый для оценки добавленной экономической стоимости, — это стоимость привлечения капитала. Если придерживаться нашей аргументации в разделах, посвященных инвестиционному анализу и оценке дисконтированных денежных потоков, то стоимость привлечения капитала должна оцениваться на основе рыночной стоимости долга и собственного капитала фирмы, а не на основе балансовой стоимости. Не существует противоречия между использованием балансовой стоимости для целей оценки инвестированного капитала и использованием рыночной стоимости для оценки стоимости привлечения капитала, поскольку для создания стоимости фирма должна заработать больше, чем рыночная стоимость привлечения капитала. С практической точки зрения использование балансовой стоимости капитала обычно приводит к недооценке стоимости привлечения капитала большинства фирм, и эта недооценка сильнее проявляется для фирм, обремененных долгами, чем для фирм с небольшим объемом долгов. Недооценка стоимости привлечения капитала будет способствовать переоценке добавленной экономической стоимости.

Добавленная экономическая стоимость, чистая приведенная стоимость и оценка дисконтированных денежных потоков

Одна из платформ инвестиционного анализа в традиционных корпоративных финансах — это правило приведенной стоимости. Чистая приведенная стоимость (net present value — NPV) проекта отражает приведенную стоимость ожидаемых денежных потоков от проекта, очищенных от других инвестиционных потребностей, выступая измерителем денежной добавленной стоимости проекта. Так, инвестирование в проекты с положительной чистой приведенной стоимостью будет способствовать увеличению стоимости фирмы, в то время как инвестирование в проекты с отрицательной чистой приведенной стоимостью окажет понижающее влияние на стоимость. Добавленная экономическая стоимость — это простое развитие правила приведенной стоимости. Чистая приведенная стоимость проекта есть приведенная стоимость добавленной проектом экономической стоимости в течение его срока[1]:

$$NPV = \sum_{t=1}^{t=n} \frac{EVA_t}{(1+k_c)^t},$$

где EVA_t — добавленная проектом экономическая стоимость в году t при сроке проекта n лет.

Связь между добавленной экономической стоимостью и NPV позволяет нам связать стоимость фирмы с добавленной фирме экономической стоимостью. Чтобы увидеть это, начнем с простого определения стоимости фирмы через стоимости установленных активов и ожидаемого будущего роста:

Стоимость фирмы = стоимость установленных активов +
+ стоимость ожидаемого будущего роста.

[1] Это верно, только если ожидаемая приведенная стоимость денежных потоков от износа принимается равной приведенной стоимости сохранения капитала, инвестированного в проект. Доказательство этого равенства можно найти в моей статье об увеличении стоимости, опубликованной в *Contemporary Finance Digest* за 1999 г.

Отметим, что в модели дисконтированных денежных потоков стоимости как установленных активов, так и ожидаемого будущего роста можно выразить через чистую приведенную стоимость, созданную каждым компонентом:

$$\text{Стоимость фирмы} = \text{инвестированный капитал}_{\text{установленные активы}} + NPV_{\text{установленные активы}} + \sum_{t=1}^{t=\infty} NPV_{\text{будущие проекты}, t}.$$

Подставляя версию чистой приведенной стоимости в виде добавленной экономической стоимости в это уравнение, мы получаем:

$$\text{Стоимость фирмы} = \text{инвестированный капитал}_{\text{установленные активы}} + \sum_{t=1}^{t=\infty} \frac{EVA_{t, \text{установленные активы}}}{(1+k_c)^t} + \sum_{t=1}^{t=\infty} \frac{EVA_{t, \text{будущие проекты}}}{(1+k_c)^t}.$$

Таким образом, стоимость фирмы может быть записана как сумма трех компонентов — капитала, инвестированного в установленные активы; приведенной величины экономической стоимости, добавленной этими активами, и ожидаемой приведенной величины экономической стоимости, которая будет добавлена этими инвестициями.

ИЛЛЮСТРАЦИЯ 32.1. *Оценка дисконтированных денежных потоков и добавленная экономическая стоимость*

Рассмотрим фирму, инвестировавшую в существующие активы капитал в размере $100 млн. Примем также, что:

- операционная прибыль после уплаты налогов по установленным активам составляет $15 млн. Рентабельность капитала в размере 15%, согласно ожиданиям, будет сохраняться в будущем, а стоимость привлечения капитала у компании составляет 10%;
- в начале каждого последующего года на протяжении пяти лет ожидается, что фирма будет осуществлять новые инвестиции: каждый раз в размере $10 млн. Предположительно, эти инвестиции будут приносить 15%-ную рентабельность капитала при неизменной стоимости привлечения капитала на уровне 10%;
- после пятого года компания будет продолжать делать инвестиции, а рост прибыли составит 5% в год, но новые инвестиции будут приносить рентабельность капитала только 10%, что также является стоимостью привлечения капитала;
- все активы и инвестиции, предположительно, будут иметь неограниченный срок службы[1]. Таким образом, установленные активы и инвестиции, сделанные в первые пять лет, будут приносить 15% в год в бесконечной перспективе при отсутствии роста.

[1] Отметим, что данное допущение принимается исключительно в целях удобства, поскольку оно облегчает расчет чистой приведенной стоимости. Оно также позволяет нам допускать возмещение износа со стороны затрат на поддержание капитала.

Эта фирма может быть оценена с помощью подхода, основанного на добавленной экономической стоимости, следующим образом:

Капитал, инвестированный в установленные активы	\$100 млн.
+ EVA от установленных активов (0,15–0,10) (100)/0,10	\$50 млн.
+ PV EVA от новых инвестиций в году 1 = [(0,15–0,10) (10)/0,10]	\$5 млн.
+ PV EVA от новых инвестиций в году 2 = [(0,15–0,10) (10)/0,10]/1,1	\$4,55 млн.
+ PV EVA от новых инвестиций в году 3 = [(0,15–0,10) (10)/0,10]/$1{,}1^2$	\$4,13 млн.
+ PV EVA от новых инвестиций в году 4= [(0,15–0,10) (10)/0,10]/$1{,}1^3$	\$3,76 млн.
+ PV EVA от новых инвестиций в году 5 = [(0,15–0,10) (10)/0,10]/$1{,}1^4$	\$3,42 млн.
Стоимость фирмы	\$170,85 млн.

Отметим, что приведенные стоимости рассчитываются, основываясь на допущении бесконечного срока денежных потоков от инвестиций, а также осуществления инвестиций в начале каждого года. Кроме того, сегодняшняя стоимость добавленной инвестициями в будущие годы экономической стоимости дисконтируется к текущему моменту по стоимости привлечения капитала. Следует заметить, что приведенная величина (стоимость) экономической стоимости, добавленной инвестициями, осуществленными в начале второго года, дисконтируется для первого года. Стоимость фирмы, составляющая \$170,85 млн, может быть записана в виде ранее приведенного уравнения следующим образом:

$$\text{Стоимость фирмы} =$$
$$= \text{инвестированный капитал}_{\text{установленные активы}} +$$
$$+\sum_{t=1}^{t=\infty}\frac{EVA_{t,\text{установленные активы}}}{(1+k_c)^t}+\sum_{t=1}^{t=\infty}\frac{EVA_{t,\text{будущие проекты}}}{(1+k_c)^t}$$
$$\$170{,}85\text{ млн} = \$100\text{ млн} + \$50\text{ млн} + \$20{,}85\text{ млн}.$$

Таким образом, стоимость существующих активов составляет \$150 млн, а стоимость возможности будущего роста составляет \$20,85 млн.

Другой способ представления этих результатов связан с добавленной рыночной стоимостью (market value added — MVA). Добавленная рыночная стоимость в этом случае представляет собой разницу между стоимостью фирмы, равной \$170,85 млн, и инвестированным капиталом, составляющим \$100 млн, что в результате дает \$70,85 млн. Эта стоимость будет положительной, только если рентабельность капитала больше стоимости его привлечения, и является возрастающей функцией спреда между этими двумя значениями. Если же рентабельность капитала меньше стоимости его привлечения, то получится отрицательное число.

Отметим, что, хотя у фирмы продолжается рост операционной прибыли и она делает новые инвестиции после пятого года, эти предельные инвестиции не создают никакой дополнительной стоимости, поскольку они зарабатывают на уровне стоимости привлечения капитала. Прямой вывод заключается в следующем: стоимость создает не рост, а сочетание избыточной доходности и роста. Это приводит к новому взгляду на качество роста. Фирма может увеличивать операционную прибыль быстрыми темпами, но если она это делает за счет крупных инвестиций на уровне или ниже стоимости привлечения капитала, то она будет не создавать стоимость, а фактически уничтожать ее.

Эту фирму можно также оценить путем использования оценки дисконтированных денежных потоков, применяя ставку дисконтирования, равную стоимости привлечения капитала. В нижеследующей таблице представлены ожидаемые чистые денежные потоки и стоимость фирмы при использовании в качестве ставки дисконтирования стоимости привлечения капитала в размере 10%.

	0	*1*	*2*	*3*	*4*	*5*	*Заключ. год*
EBIT (1 – t) от установленных активов (\$ млн)	0,00	15,00	15,00	15,00	15,00	15,00	
EBIT (1 – t) от инвестиций в году 1 (\$ млн)		1,50	1,50	1,50	1,50	1,50	
EBIT (1 – t) от инвестиций в году 2 (\$ млн)			1,50	1,50	1,50	1,50	
EBIT (1 – t) от инвестиций в году 3 (\$ млн)				1,50	1,50	1,50	

	0	*1*	*2*	*3*	*4*	*5*	*Заключ. год*
EBIT (1 – t) от инвестиций в году 4 ($ млн)					1,50	1,50	
EBIT (1 – t) от инвестиций в году 5 ($ млн)						1,50	
Общая EBIT (1 – t) ($ млн)		16,50	18,00	19,50	21,00	22,50	23,63
– Чистые капитальные затраты ($ млн)	10,00	10,00	10,00	10,00	10,00	11,25	11,81
FCFF ($ млн)		6,50	8,00	9,50	11,00	11,25	11,81
PV FCFF ($ млн)	–10	5,91	6,61	7,14	7,51	6,99	
Заключительная стоимость ($ млн)						236,25	
PV заключительной стоимости ($ млн)						146,69	
Стоимость фирмы ($ млн)	170,85						
Доходность капитала (%)	15	15	15	15	15	15	10
Стоимость привлечения капитала (%)	10	10	10	10	10	10	10

При рассмотрении представленной оценки отметим следующее.

- Капитальные затраты возникают в начале каждого года, поэтому показаны в предыдущем году. Инвестиции в размере $10 млн в первом году показаны в периоде 0, инвестиции 2-го года — в году 1-м и т. д.
- В пятом году чистые инвестиции, необходимые для поддержания роста, рассчитываются при двух следующих допущениях: 1) рост операционной прибыли после пятого года будет составлять 5%; 2) рентабельность капитала по новым инвестициям начиная с 6-го года (она показана в 5-м году) будет равна 10%.

Чистые инвестиции$_5$ = [EBIT$_6$ (1 – t) – EBIT$_5$ (1 – t)]/ROC$_6$ = ($23,625 млн – $22,50 млн)/0,10 = $11,25 млн.

Стоимость фирмы, полученная путем дисконтирования чистых денежных потоков фирмы по стоимости привлечения капитала, составляет $170,85 млн, т. е. аналогична стоимости, полученной при использовании подхода, основанного на добавленной экономической стоимости.

ИЛЛЮСТРАЦИЯ 32.2. *Оценка компании Lululemon при использовании EVA по состоянию на 2011 г.*

Lululemon — канадская компания, производящая спортивную одежду и одежду для отдыха. Чтобы показать равнозначность оценок на основе FCFF и EVA, мы начнем с оценки дисконтированных денежных потоков, используя следующие входные параметры.

	Фаза быстрого роста	*Фаза стабильного роста*
Продолжительность	10 лет (5 лет — постоянный рост, 5 лет — переходный период)	Бесконечно после 10-го года
Входные параметры роста		
Коэффициент реинвестирования (%)	50,00	30,00
Рентабельность капитала (%)	35,00	10,00
Ожидаемые темпы роста (%)	17,50	3,00
Входные параметры стоимости привлечения капитала		
Коэффициент бета	1,40	1,10
Стоимость заимствования (%)	—	5,00

	Фаза быстрого роста	*Фаза стабильного роста*
Продолжительность	10 лет (5 лет — постоянный рост, 5 лет — переходный период)	Бесконечно после 10-го года
Коэффициент долга (%)	0,00	20,00
Стоимость привлечения капитала (%)	10,50	7,80
Общая информация		
Налоговая ставка (%)	40	40

Безрисковая ставка составляла 3,5%, а премия за риск инвестирования в акции была принята равной 5%. В переходный период мы линейно приводим коэффициент реинвестирования и стоимость привлечения капитала к уровням, характерным для стабильного роста. На основе этих данных можно оценить свободные денежные потоки фирмы:

Ожидаемые свободные денежные потоки фирмы: Lululemon

Год	*EBIT (1 – t) ($ тыс.)*	*Ожидаемые темпы роста (%)*	*Коэффициент реинвестирования (%)*	*FCFF ($ тыс.)*	*Стоимость привлечения капитала (%)*	*Кумулятивная стоимость привлечения капитала*	*Приведенная стоимость ($ тыс.)*
Текущий	106 756		50,00	53 378			
1	125 438	17,50	50,00	62 719	10,50	1,1050	56 759,20
2	147 389	17,50	50,00	73 695	10,50	1,2210	60 354,80
3	173 183	17,50	50,00	86 591	10,50	1,3492	64 178,19
4	203 490	17,50	50,00	101 745	10,50	1,4909	68 243,77
5	239 100	17,50	50,00	119 550	10,50	1,6474	72 566,91
6	274 009	14,60	46,00	147 965	9,98	1,8118	81 665,09
7	306 068	11,70	42,00	177 519	9,45	1,9830	89 518,51
8	333 002	8,80	38,00	206 461	8,91	2,1597	95 596,60
9	352 649	5,90	34,00	232 748	8,36	2,3402	99 454,60
10	363 228	3,00	30,00	254 260	7,80	2,5228	100 785,36
Сумма							789 123,02

Сумма приведенной стоимости денежных потоков в течение периода роста составляет $789,123 млн. Заключительная стоимость может быть оценена на основе денежных потоков в заключительном году и стоимости привлечения капитала в размере 7,80%:

$$\text{Заключительная стоимость (тыс.)} =$$

$$= \frac{\text{EBIT(1–налоговая ставка)}_{10}(1+g)(1-\text{коэффициент реинвестирования})}{\text{стоимость привлечения капитала} - g} =$$

$$= \frac{\$363\,228(1{,}03)(1-0{,}30)}{0{,}078-0{,}03} = \$5\,455\,994.$$

Оценка операционных активов Lululemon стоимости на основе дисконтированных денежных потоков следующая:

Стоимость операционных активов (тыс.) = $789 123 + 5 455 994/2,5228 = $2 951 809.

В нижеследующей таблице оценивается EVA и приведенная стоимость EVA компании Lululemon за каждый год на протяжении последующих 10 лет. Чтобы выполнить эту оценку, мы начинаем с существующего капитала, инвестированного в фирму, равного $353 394 (в тыс.), и прибавляем к нему реинвестиции за каждый год из предыдущей таблицы, чтобы получить инвестированный капитал на начало следующего года.

Приведенная стоимость EVA для периода быстрого роста

Год	*Капитал, инвестированный на начало года ($ тыс.)*	*Реинвестиции ($ тыс.)*	*Рентабельность капитала (%)*	*Стоимость привлечения капитала (%)*	*EVA ($ тыс.)*	*Кумулятивная стоимость привлечения капитала*	*Приведенная стоимость ($ тыс.)*
1	358 394	62 719	35,00	10,50	87 806	1,1050	79 463
2	421 113	73 695	35,00	10,50	103 173	1,2210	84 497
3	494 807	86 591	35,00	10,50	121 228	1,3492	89 849
4	581 399	101 745	35,00	10,50	142 443	1,4909	95 541
5	683 144	119 550	35,00	10,50	167 370	1,6474	101 594
6	802 694	126 044	34,14	9,98	193 906	1,8118	107 021
7	928 738	128 549	32,96	9,45	218 313	1,9830	110 090
8	1 057 286	126 541	31,50	8,91	238 810	2,1597	110 575
9	1 183 827	119 901	29,79	8,36	253 691	2,3402	108 403
10	1 303 728	108 969	27,86	7,80	261 538	2,5228	103 670
Сумма							990 704

Сумма приведенных стоимостей EVA для периода быстрого роста составляет $990 704 (тыс.). В конце 10-го года фирма продолжает получать избыточную доходность (только более низкую) при рентабельности капитала 10% в бесконечной перспективе и стоимости привлечения капитала 7,80%. Приведенная стоимость EVA после 10-го года рассчитывается следующим образом:

$$\text{Приведенная стоимость EVA после года 10} =$$

$$= \frac{\text{EBIT}(1-t)_{10}(1+g) - (\text{инвестированный капитал}_{11})(\text{стоимость привлечения капитала}_{11})}{(\text{стоимость привлечения капитала}_{11} - g)} =$$

$$= \frac{\$363\,228(1{,}03) - (3\,741\,253)(0{,}078)}{0{,}078 - 0{,}03} = \$1\,714\,741\ (\text{тыс.}).$$

Совокупную EVA можно определить путем сложения приведенной стоимости заключительной EVA и приведенной стоимости EVA после года 10:

Приведенная стоимость EVA = $990 704 + $1 714 741/2,5228 = $1 670 405 (тыс.).

Обратите внимание на то, что инвестированный капитал при расчете EVA представляет собой вмененный инвестированный капитал, определенный на основе ожидаемой операционной прибыли после налогообложения в заключительный год, а рентабельность капитала принята равной 10%:

$$\text{Вмененный инвестированный капитал} =$$

$$= \frac{\text{EBIT}(1-t)_{10}(1+g)}{\text{стабильная ROC}} = \frac{\$363\,228(1{,}03)}{0{,}10} = \$3\,741\,253.$$

Если бы мы не сделали эту корректировку, то инвестированный капитал в начале года 11 составил бы всего $1 412 696 (тыс.):

Инвестированный капитал на основе DCF =

= инвестированный капитал$_{10}$ + реинвестиции$_{10}$ = $1 303 728 + $108 109 = $1 412 696.

Последний компонент стоимости отражает приведенную стоимость этого изменения инвестированного капитала:

Изменение инвестированного капитала в конце года 10 =
= вмененный инвестированный капитал – инвестированный капитал на основе DCF =
= $3 741 253 – $1 412 696 = $2 328 557.

Приведенная стоимость изменения инвестированного капитала = $2 328 557/2,5228 = $923 010 (тыс.).

Теперь можно определить совокупную стоимость фирмы (в тыс.):

Капитал, инвестированный в установленные активы	$358 394
Приведенная стоимость EVA от установленных активов	$1 670 405
Приведенная стоимость изменения инвестированного капитала	$923 010
Стоимость операционных активов	$2 951 809.

Это идентично тому, что дает модель дисконтированных денежных потоков.

fcffeva.xls — таблица, позволяющая превратить оценку на основе дисконтированных денежных потоков в оценку на основе EVA, и наоборот.

СРАВНЕНИЕ ОЦЕНОК EVA И ДИСКОНТИРОВАННЫХ ДЕНЕЖНЫХ ПОТОКОВ: СЛУЧАИ НЕСОВПАДЕНИЯ

Для того чтобы получить ту же стоимость из оценок, выполненных путем дисконтирования денежных потоков (DCF) и EVA, необходимо соблюдение следующих условий.

- Операционная прибыль после уплаты налогов, используемая для оценки чистых денежных потоков фирмы, должна быть равна операционной прибыли после уплаты налогов, применяемой для расчета добавленной экономической стоимости. Так, если вы решаете скорректировать операционную прибыль с учетом операционной аренды и расходов на НИОКР при проведении оценки дисконтированных денежных потоков, то для расчета вам следует откорректировать также и EVA.
- Для проведения оценок дисконтированных денежных потоков темпы роста, используемые для оценки операционной прибыли после уплаты налогов в будущие периоды, должны быть оценены на основе фундаментальных переменных. Другими словами, они должны быть равны:

  Темпы роста = коэффициент реинвестирования × рентабельность капитала.

  Если рост является экзогенным входным параметром в модели DCF и описанная выше взаимосвязь между темпами роста, реинвестициями и рентабельностью капитала не сохраняется, то при оценке DCF и EVA мы получим разные результаты.
- Инвестированный капитал, используемый для расчета EVA в будущие периоды, следует оценить путем прибавления реинвестиций за каждый период к капиталу, инвестированному в начале периода. EVA в каждый период должна рассчитываться следующим образом:

$$EVA_t = \text{операционная прибыль после налогообложения}_t - \text{стоимость привлечения капитала} \times \text{инвестированный капитал}_{t-1}.$$

- При этом необходимо принять согласованные допущения относительно заключительной стоимости в модели дисконтированных денежных потоков и в оценках EVA. В особом случае, когда рентабельность капитала по всем инвестициям, существующим и новым, равна стоимости привлечения капитала после заключительного года, это сделать просто. Заключительная стоимость будет равна капиталу, инвестированному в начале заключительного года. В более общем случае необходимо обеспечить, чтобы капитал, инвестированный в начале вашего заключительного года, согласовался с допущением о рентабельности капитала в бесконечной перспективе. Другими словами, если операционная прибыль после налогообложения в заключительном году составляет \$1,2 млрд, и мы принимаем, что рентабельность капитала будет составлять 10% в бесконечной перспективе, то следует определить капитал, инвестированный в начале заключительного года, в размере \$12 млрд.

EVA и стоимость фирмы: потенциальные конфликты

Допустим, что фирма принимает добавленную экономическую стоимость в качестве меры своей стоимости и решает оценивать менеджеров по их способности создавать добавленную экономическую стоимость, превосходящую ожидаемый уровень. Каков здесь потенциал для злоупотреблений? Возможна ли ситуация, когда менеджеры обеспечивают превышающую ожидаемый уровень добавленную экономическую стоимость, уничтожая в то же самое время стоимость фирмы? Если да, то можно ли защитить акционеров от этой практики?

Для того чтобы ответить на эти вопросы, вернемся к одному из уравнений, в которых мы раскладывали стоимость фирмы на инвестированный капитал, приведенную величину экономической стоимости, добавленной установленными активами, и приведенную величину экономической стоимости, добавленной будущим ростом.

$$\text{Стоимость фирмы} = \text{инвестированный капитал}_{\text{установленные активы}} + \\ + \sum_{t=1}^{t=\infty} \frac{EVA_{t,\ \text{установленные активы}}}{(1+k_c)^t} + \sum_{t=1}^{t=\infty} \frac{EVA_{t,\ \text{будущие проекты}}}{(1+k_c)^t}.$$

Игра с инвестированным капиталом. Первые два члена в представленном уравнении (инвестированный капитал и приведенная величина экономической стоимости, добавленной этими инвестициями) чувствительны к измерению инвестированного капитала. Если инвестированный капитал снизится при постоянной операционной прибыли, то первый член уравнения сократится, но приведенная стоимость добавленной экономической стоимости пропорционально увеличится. Для примера рассмотрим фирму из иллюстрации 32.1. Допустим, что инвестированный капитал оценивается в размере $50 млн, а не $100 млн, а операционная прибыль по этим инвестициям остается на уровне $15 млн. Это увеличит рентабельность капитала по существующим активам до 30%. Допущения относительно будущих инвестиций остаются неизменными. В этом случае стоимость фирмы можно записать так, как показано в таблице 32.1.

ТАБЛИЦА 32.1. *Оценка EVA фирмы: EVA и установленные активы*

	($ млн)
Капитал, инвестированный в установленные активы	50,00
+ EVA от установленных активов = (0,30–0,10) (50)/0,10	100,00
+ PV EVA от новых инвестиций в году 1 = [(0,15–0,10) (10)/0,10]	5,00
+ PV EVA от новых инвестиций в году 2 = [(0,15–0,10) (10)/0,10]/1,1	4,55
+ PV EVA от новых инвестиций в году 3 = [(0,15–0,10) (10)/0,10]/$1{,}1^2$	4,13
+ PV EVA от новых инвестиций в году 4 = [(0,15–0,10) (10)/0,10]/$1{,}1^3$	3,76
+ PV EVA от новых инвестиций в году 5 = [(0,15–0,10) (10)/0,10]/$1{,}1^4$	3,42
Стоимость фирмы	170,85

Стоимость фирмы неизменна, но она перераспределяется в сторону компонента добавленной экономической стоимости. Когда менеджеры оцениваются относительно добавленной экономической стоимости, возникают сильные стимулы снизить инвестированный капитал, по крайней мере при его измерении для расчета EVA.

Существуют определенные действия, которые менеджеры могут предпринять для сокращения инвестированного капитала, действительно создающие стоимость. Так, в этом примере, если сокращение инвестированного капитала обусловлено закрытием предприятия, не приносящего операционной прибыли (и не ожидается, что оно станет приносить прибыль), то денежные потоки, порождаемые ликвидацией активов предприятия, будут создавать стоимость. Однако некоторые действия оказываются чисто косметическими в плане влияния на инвестированный капитал, поэтому не только не создают стоимость, но и способны уничтожать ее. Например, фирмы могут осуществить разовые расходы на реструктуризацию, приводящие к сокращению капитала, или взять активы в аренду, а не покупать их, поскольку капитальный вклад аренды может быть меньше.

Для того чтобы продемонстрировать разрушительный потенциал этих действий, допустим, что менеджеры фирмы из иллюстрации 32.1 могут заменить половину активов арендуемыми. Также предположим, что оцениваемый инвестированный капитал в этих арендованных активах составляет только $40 млн (т.е. меньше капитала, инвестированного в заменяемые активы, в размере $50 млн). Кроме того, допустим, что данная операция в действительности снижает скорректированную годовую операционную прибыль от этих активов с $15 млн до $14,8 млн. Теперь стоимость фирмы можно записать так, как это сделано в таблице 32.2. Отметим, что стоимость фирмы снижается на $2 млн, но при этом добавленная экономическая стоимость возрастает на $8 млн.

ТАБЛИЦА 32.2. *Снижение стоимости при более высокой EVA*

	($ млн)
Капитал, инвестированный в установленные активы	90,00
+ EVA от установленных активов = (0,1644–0,10) (90)/0,10	58,00
+ PV EVA от новых инвестиций в году 1 = [(0,15–0,10) (10)/0,10]	5,00
+ PV EVA от новых инвестиций в году 2 = [(0,15–0,10) (10)/0,10]/1,1	4,55
+ PV EVA от новых инвестиций в году 3 = [(0,15–0,10) (10)/0,10]/$1,1^2$	4,13
+ PV EVA от новых инвестиций в году 4 = [(0,15–0,10) (10)/0,10]/$1,1^3$	3,76
+ PV EVA от новых инвестиций в году 5 = [(0,15–0,10) (10)/0,10]/$1,1^4$	3,42
Стоимость фирмы	168,85

Когда добавленная экономическая стоимость оценивается по подразделениям, то инвестированный на уровне подразделения капитал является функцией количества принятых фирмой решений относительно его размещения. Это размещение, в свою очередь, определяется предварительно установленным критерием (таким, как выручка или число работников). Хотя нам хочется, чтобы эти правила были объективными и несмещенными, они часто оказываются субъективными и приводят к такому размещению капитала, при котором в одних подразделениях возникает избыток, а в других — недостаток капитала. Если бы это нерациональное размещение было чисто случайным, то можно было бы принять его за ошибку и использовать изменения в добавленной экономической стоимости для измерения успеха. Однако при естественной конкуренции, существующей между подразделениями фирмы за предельный доллар инвестиций, эти размещения, по всей вероятности, будут также отражать способность отдельных подразделений влиять на этот процесс. Таким образом, добавленная экономическая стоимость окажется переоцененной для подразделений, недополучивших капитал в результате его размещения, и недооцененной — для подразделений, получивших его в избыточном объеме в результате размещения капитала.

Игра в будущий рост. Стоимость фирмы — это стоимость ее существующих активов и стоимость перспектив будущего роста. Когда менеджеры оцениваются на основе добавленной экономической стоимости в текущем году или на основе изменений за год, то измеряемая добавленная экономическая стоимость представляет собой просто результат, возникающий вследствие наличия установленных активов. Таким образом, менеджеры могут делать компромиссный выбор между добавленной экономической стоимостью, созданной благодаря будущему росту, и добавленной экономической стоимостью от установленных активов.

Это положение снова можно проиллюстрировать, если взять фирму из иллюстрации 32.1. Фирма получила рентабельность капитала, равную 15%, благодаря установленным активам и будущим инвестициям. Допустим, что существуют действия, которые фирма может предпринять для увеличения рентабельности капитала от установленных активов до 16%, но они снижают рентабельность капитала от будущих инвестиций до 12%. Тогда стоимость этой фирмы может быть оценена так, как представлено в таблице 32.3. Отметим, что стоимость фирмы снизилась, но добавленная экономическая стоимость в первом году теперь выше, чем она была ранее. Фактически добавленная экономическая стоимость в этой фирме в каждом из следующих пяти лет изображена на рисунке 32.1 — как для первоначально оцениваемой фирмы, так и для данного случая. Компромиссный выбор в плане роста хотя и снижает стоимость фирмы, приводит к добавленной экономической стоимости в каждом году из первых трех лет, которая оказывается выше, чем она была бы при отсутствии данного компромиссного выбора.

Механизмы вознаграждения, основанные на EVA, иногда разработаны таким образом, чтобы наказывать менеджеров, отказывающихся от будущего роста ради текущей EVA. Менеджеры частично вознаграждаются исходя из добавленной экономической стоимости данного года, но другая ее часть удерживается в компенсационном резерве, становясь доступной менеджеру только после окончания периода (скажем, 3 или 4 года). Такие подходы имеют значительные ограничения. Во-первых, ограниченный срок пребывания в должности менеджеров в фирме предполагает, что при использовании этой меры узнать добавленную экономическую стоимость можно в лучшем случае через три или четыре года. Реальные издержки компромиссного выбора в отношении роста, скорее всего, выявятся гораздо позднее. Во-вторых, эти подходы, в действительности, нацелены на наказание менеджеров, увеличивающих добавленную экономическую стоимость в текущем периоде, снижая при этом добавленную экономическую стоимость будущих периодов. В более тонком случае, когда добавленная экономическая стоимость продолжает расти, но темпы этого роста ниже, чем они могли бы быть в ином случае, трудно изобрести наказание для менеджеров, предпочитающих разменивать будущий рост. Так, в предыдущем примере добавленная экономическая стоимость — при наличии компромиссного выбора в отношении роста — увеличивается с течением времени. Это увеличение меньше, чем оно могло бы быть при отсутствии компромиссного выбора, но эта величина никоим образом не наблюдаема.

ТАБЛИЦА 32.3. *Компромиссный выбор между будущим ростом и более высокой EVA*

	($ млн)
Капитал, инвестированный в установленные активы	100,00
+ EVA от установленных активов = (0,16–0,10) (100)/0,10	60,00
+ PV EVA от новых инвестиций в году 1 = [(0,12–0,10) (10)/0,10]	2,00
+ PV EVA от новых инвестиций в году 2 = [(0,12–0,10) (10)/0,10]/1,1	1,82
+ PV EVA от новых инвестиций в году 3 = [(0,12–0,10) (10)/0,10]/$1,1^2$	1,65
+ PV EVA от новых инвестиций в году 4 = [(0,12–0,10) (10)/0,10]/$1,1^3$	1,50
+ PV EVA от новых инвестиций в году 5 = [(0,12–0,10) (10)/0,10]/$1,1^4$	1,37
Стоимость фирмы	168,34

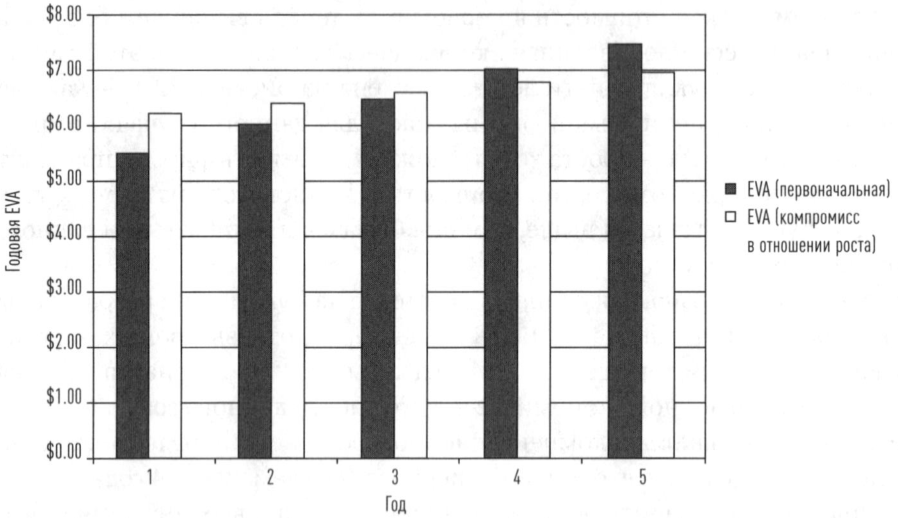

Рисунок 32.1. *Годовая EVA в условиях наличия и отсутствия компромиссного выбора в отношении роста*

Игра со смещением риска. Стоимость фирмы — это сумма инвестированного капитала и приведенной величины добавленной экономической стоимости. Поэтому последний член является функцией не только денежной добавленной экономической стоимости, но и стоимости привлечения капитала. Фирма может инвестировать в проекты с целью увеличения добавленной экономической стоимости, но все же получить более низкую стоимость, если эти инвестиции увеличат ее операционный риск и стоимость привлечения капитала.

Кроме того, можно взять фирму из иллюстрации 32.1 и допустить, что она способна увеличить рентабельность капитала как от установленных активов, так и от будущих инвестиций с 15 до 16,25% и с 10 до 11% после 5-го года. Также допустим, что стоимость привлечения капитала воз-

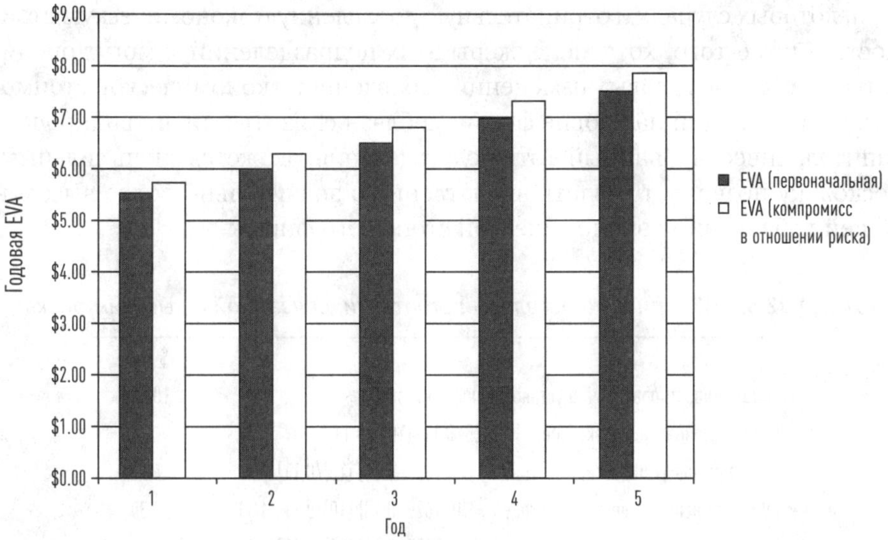

Рисунок 32.2. *EVA: более высокий риск и доходность*

растет до 11%. На рисунке 32.2 добавленная экономическая стоимость в каждом году для последующих пяти лет сравнивается с первоначальной добавленной экономической стоимостью каждого года. Добавленная экономическая стоимость в каждом году выше при стратегии с высоким риском, результаты этого представлены в таблице 32.4, демонстрирующей стоимость фирмы. Отметим, что воздействие риска имеет большее значение по сравнению с эффектом более высокий денежной избыточной доходности и приводит к снижению стоимости фирмы.

Подобное смещение риска может оказаться опасным для фирмы, принявшей добавленную экономическую стоимость в качестве основной целевой функции. Когда менеджеры оцениваются на основе годовых изменений добавленной экономической стоимости, возникает тенденция к смещению в сторону более рискованных инвестиций. Эта тенденция будет увеличиваться, если измеряемая стоимость привлечения капитала не отражает изменений в риске или учитывает их с запозданием[1].

В завершение отметим, что добавленная экономическая стоимость представляет собой подход, смещенный в сторону установленных активов в ущерб будущему росту. Поэтому не следует удивляться, что при расчете добавленной экономической стоимости на уровне подразделения фирмы, подразделения с более быстрым ростом демонстрируют наиболее низкую,

[1] Фактически оценки коэффициента бета, основанные на исторической доходности, будут указывать на изменения риска с запаздыванием. Например, при пятилетнем периоде оценки доходности это запаздывание может достигать трех лет, а полный эффект не проявится в течение пяти лет после изменения.

а в некоторых случаях и отрицательную добавленную экономическую стоимость. Кроме того, хотя менеджеры этих подразделений и могут оцениваться на основе годовых изменений добавленной экономической стоимости, возникающий на уровне фирмы соблазн снизить или ликвидировать капитал, инвестированный в эти подразделения, окажется очень сильным, поскольку позволяет создать впечатление о значительно более высокой общей добавленной экономической стоимости фирмы.

ТАБЛИЦА 32.4. *EVA при осуществлении стратегии, связанной с высоким риском*

	($ млн)
Капитал, инвестированный в установленные активы	100,00
+ EVA от установленных активов = (0,1625–0,11) (100)/0,11	47,73
+ PV EVA от новых инвестиций в году 1 = [(0,1625–0,11) (10)/0,11]	4,77
+ PV EVA от новых инвестиций в году 2 = [(0,1625–0,10) (10)/0,11]/1,11	4,30
+ PV EVA от новых инвестиций в году 3 = [(0,1625–0,11) (10)/0,11]/$1,11^2$	3,87
+ PV EVA от новых инвестиций в году 4 = [(0,1625–0,11) (10)/0,11]/$1,11^3$	3,49
+ PV EVA от новых инвестиций в году 5 = [(0,1625–0,11) (10)/0,11]/$1,11^4$	3,14
Стоимость фирмы	167,31

EVA и рыночная стоимость

Приведет ли увеличение добавленной экономической стоимости к увеличению рыночной стоимости? Хотя рост добавленной экономической стоимости обычно ведет к увеличению стоимости фирмы, когда наблюдаются вышеописанные игры с ростом и риском, это может привести к росту цены акций, а может и не привести. Это обусловлено тем, что рыночная стоимость «встроила» в нее ожидания будущей добавленной экономической стоимости. Например, оценка такой фирмы, как Apple, основывается на допущении, что она будет зарабатывать крупную, причем возрастающую с течением времени добавленную экономическую стоимость. Увеличивается ли или снижается рыночная стоимость фирмы после сообщения о более высокой добавленной экономической стоимости, будет зависеть главным образом от того, какими были ожидаемые изменения добавленной экономической стоимости. Для зрелых фирм, в отношении которых рынок не ожидает увеличения или даже предполагает сокращение добавленной экономической стоимости, объявление об увеличении окажется хорошей новостью и вызовет увеличение рыночной стоимости. У фирм, которые воспринимаются как «обладающие хорошими возможностями для роста» и от которых ожидается сообщение об увеличении добавленной экономической стоимости, рыночная стоимость понизится, если объявленное увеличение добавленной экономической стоимости не оправдывает ожиданий. Это не должно удивлять инвесторов, замечающих описанное явление в связи с изменением прибыли на акцию на протяжении десятилетий. Сообщения о прибыли фирмы оцениваются относительно ожиданий, а неожиданность относительно прибыли является фактором, определяющим цены.

Поэтому не стоит ожидать какой бы то ни было корреляции между величиной добавленной экономической стоимости и доходностью акций, а также между изменениями добавленной экономической стоимости и доходности акций. Акции, «сообщающие» о наиболее значительных увеличениях добавленной экономической стоимости, необязательно должны приносить высокую доходность акционерам[1]. Этот факт подтверждается исследованием, проведенным Ричардом Бернстайном из Merrill Lynch, который изучал взаимосвязь между EVA и доходностью акций и пришел к следующим выводам.

- Портфель из 50 фирм, которые имели наивысшие абсолютные уровни[2] добавленной экономической стоимости в период между февралем 1987 г. и февралем 1997 г., зарабатывал годовую доходность в размере 12,9%, в то время как доходность индекса S&P за тот же период составила 13,1% в год.
- Портфель из 50 фирм с наивысшими темпами роста[3] добавленной экономической стоимости в течение предыдущего года приносил годовую доходность в размере 12,8% в том же периоде.

eva.xls — размещенный в Интернете набор данных, который содержит добавленную экономическую стоимость по отраслевым группам США.

Экономическая стоимость, добавленная собственным капиталом

Хотя EVA обычно рассчитывается при использовании совокупного капитала, ее можно легко модифицировать с целью измерения на основе собственного капитала:

[1] Исследование Крамера и Пушнера (Kramer and Pushner, 1997) выявило, что различия в операционной прибыли объясняют разницу в рыночной стоимости лучше, чем различия в EVA. Однако О'Бирн (O'Byrne, 1996) обнаружил, что изменения EVA объясняют более 55% изменений рыночной стоимости за пятилетние периоды.

[2] См.: Quantitative Viewpoint, Merrill Lynch, December 19, 1997.

[3] См.: Quantitative Viewpoint, Merrill Lynch, February 3, 1998.

EVA ДЛЯ ФИРМ, ХАРАКТЕРИЗУЮЩИХСЯ БЫСТРЫМ РОСТОМ

Тот факт, что стоимость фирмы есть функция капитала, инвестированного в установленные активы, а также приведенной величины добавленной этими активами экономической стоимости и экономической стоимости, добавленной будущими инвестициями, указывает на некоторые опасности, связанные с использованием этой стоимости фирмы в качестве меры успеха или неудачи быстро растущих фирм, в особенности фирм, занимающихся разработкой высоких технологий. Здесь, в частности, просматриваются три проблемы:

1. Мы уже отмечали многие проблемы, связанные с тем, как бухгалтеры измеряют инвестированный капитал в технологических фирмах. Если учесть центральное положение инвестированного капитала для добавленной экономической стоимости, то эти проблемы обладают значительно более серьезным влиянием, когда фирмы используют EVA, а не оценку дисконтированных денежных потоков.
2. Когда 80–90% стоимости обусловлено потенциалом будущего роста, то риск менеджеров, разменивающих будущий рост на текущую EVA, увеличивается. Кроме того, очень трудно отслеживать последствия компромиссных выборов в молодых фирмах.
3. Постоянные изменения, через которые проходят эти фирмы, также делают их гораздо более подходящими кандидатами на смещение риска. В этом случае отрицательный эффект (более высокой ставки дисконтирования) может не только нейтрализовать положительный эффект увеличения добавленной экономической стоимости, но и привести к негативному результату.

Наконец, маловероятно существование корреляции между фактическими изменениями добавленной экономической стоимости в технологических фирмах и изменениями рыночной стоимости. Рыночная стоимость основана на ожиданиях добавленной экономической стоимости в будущие периоды, а инвесторы ожидают быстрого ежегодного роста добавленной экономической стоимости. Таким образом, если добавленная экономическая стоимость возрастает, то на меньшую величину, чем ожидалось; после этого сообщения можно обнаружить снижение рыночной стоимости.

Добавленная собственным капиталом экономическая стоимость =
= (рентабельность собственного капитала –
– стоимость привлечения собственного капитала) ×
× собственный капитал, инвестированный в проект или фирму =
= чистая прибыль – стоимость привлечения собственного капитала ×
× инвестированный собственный капитал.

Кроме того, фирма, зарабатывающая положительную экономическую стоимость, добавленную собственным капиталом, создает стоимость для своих акционеров, в то время как фирма с отрицательной экономической стоимостью, добавленной собственным капиталом, уничтожает акционерную стоимость.

Почему фирма может использовать эту, а не традиционную меру? В главе 21 при рассмотрении фирм сферы финансовых услуг отмечается, что определение долга (и, соответственно, капитала) может выявить проблемы измерения, поскольку в фирме многое может быть классифицировано как долг. Следовательно, фирмы из сферы финансовых услуг должны оцениваться с использованием моделей оценки собственного капитала и мультипликаторов. При распространении этой аргументации на добавленную экономическую стоимость можно утверждать, что добавленная собственным капиталом экономическая стоимость оказывается гораздо лучшим измерителем функционирования фирм сферы финансовых услуг, чем традиционная EVA.

Необходимо добавить, что значительная часть проблем или даже все проблемы, возникающие в контексте традиционного измерения EVA, относятся также и к добавленной собственным капиталом экономической стоимости. Банки и страховые компании могут манипулировать инвестированным капиталом, ростом и риском с целью увеличения добавленной собственным капиталом экономической стоимости, равно как прочие фирмы способны манипулировать традиционной EVA.

ДЕНЕЖНАЯ РЕНТАБЕЛЬНОСТЬ ИНВЕСТИЦИЙ

Денежная рентабельность инвестиций (cash flow return on investment — CFROI) фирмы — это внутренняя норма доходности существующих инвестиций, основанная на реальных денежных потоках. Для того чтобы судить о качестве этих инвестиций, обычно их следует сравнивать с реальной стоимостью привлечения капитала.

Расчет денежной рентабельности инвестиций

Денежная рентабельность инвестиций фирмы рассчитывается на основе четырех входных параметров. Первый — это валовые инвестиции (gross investment — GI), имеющиеся у фирмы в существующих активах, которые получаются путем прибавления к балансовой стоимости накопленного износа и корректировки для учета инфляции. Второй параметр — валовые денежные потоки (gross cash flow — GCF), заработанные в текущем году по этим активам, они обычно определяются как сумма операционной прибыли фирмы после уплаты налогов и неденежных начислений, относимых на прибыль, таких как износ и амортизация. Третий параметр — это ожидаемый срок службы установленных активов (n) во время первоначальных инвестиций, различающийся для разных секторов, но отражающий срок получения прибыли от рассматриваемых инвестиций. Последний параметр — ожидаемая ликвидационная стоимость (salvage value — SV) активов в конце этого срока в денежном выражении на текущий момент времени. Обычно допускается, что она является долей первоначальных инвестиций, таких как земля и здания, которые не подвергаются износу, и корректируется с учетом текущей стоимости денег. Денежная рентабельность инвестиций (CFROI) есть внутренняя норма доходности этих денежных потоков (т. е. ставка дисконтирования, обеспечивающая равенство чистой приведенной стоимости валовых денежных потоков и ликвидационной стоимости валовым инвестициям), поэтому она может рассматриваться как сложная внутренняя норма доходности в текущем денежном выражении.

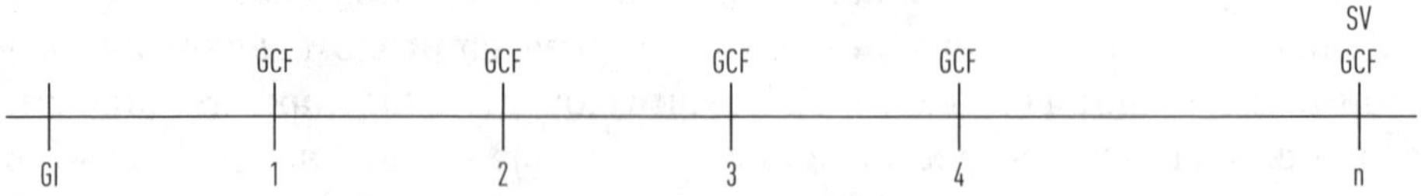

n = срок жизни активов в момент первоначальной покупки.
CFROI — внутренняя норма доходности, обеспечивающая равенство:
PV (GCF + SV) = GL

В альтернативном определении CFROI представлены как размер отложенных ежегодных платежей, позволяющих покрыть стоимость замещения актива по завершении проекта. Эти годовые платежи называют экономическим износом и рассчитывают следующим образом:

$$\text{Экономический износ} = \frac{\text{стоимость замещения в текущем выражении}(k_c)}{(1+k_c)^n - 1}.$$

где n — ожидаемый срок службы актива, k_c — стоимость привлечения капитала, а ожидаемая стоимость замещения актива определяется в текущем денежном выражении как разница между валовыми инвестициями и ликвидационной стоимостью.

Тогда CFROI фирмы или подразделения могут быть записаны следующим образом:

$$\text{CFROI} = \frac{\text{валовые денежные потоки} - \text{экономический износ}}{\text{валовые инвестиции}}.$$

Допустим, что вы имеете активы с балансовой стоимостью \$2431 млн, создающие валовые денежные потоки в размере \$390 млн, с ожидаемой ликвидационной стоимостью (в текущем денежном выражении), составляющей \$607,8 млн, и сроком эксплуатации 10 лет.

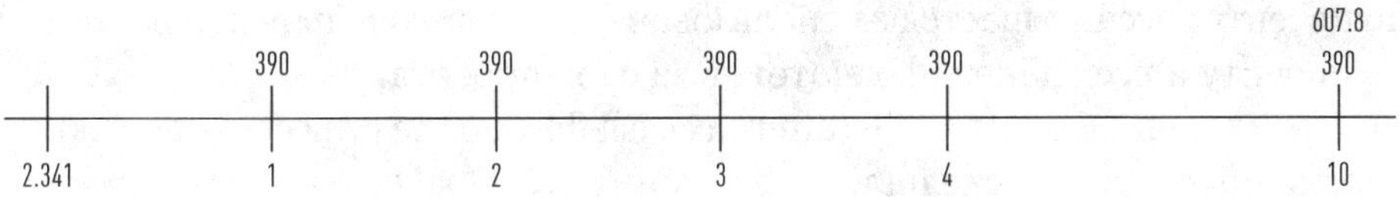

CFROI = внутренняя норма доходности = 11,71%

При традиционном определении CFROI равна 11,71%, а реальная стоимость привлечения капитала составляет 8%. При использовании альтернативного подхода эта оценка будет иметь следующий вид:

$$\text{Экономический износ} =$$
$$= \frac{(\$2{,}431\text{млрд} - \$0{,}6078\text{ млрд})(0{,}08)}{1{,}08^{10} - 1} =$$
$$= \$125{,}86 \text{ млн.}$$

$$\text{CFROI} = (\$390{,}00 \text{ млн} - \$125{,}86 \text{ млн}) /$$
$$/ \$2431 \text{ млн} = 10{,}87\%.$$

Различия в допущении относительно коэффициента реинвестирования объясняют отличия в CFROI, оцененной при использовании двух представленных методов. В первом подходе промежуточные денежные потоки реинвестируются по внутренней норме доходности, в то время как во втором подходе по крайней мере доля денежных потоков, откладываемых на цели замещения, реинвестируется по стоимости привлечения капитала. Фактически, если бы мы оценивали экономический износ с использованием внутренней нормы доходности в размере 11,71%, то эти два подхода дали бы идентичные результаты[1].

Денежная рентабельность инвестиций, внутренняя норма доходности и оценка дисконтированных денежных потоков

Если чистая приведенная стоимость порождает подход к увеличению стоимости, основанный на добавленной экономической стоимости, то для подхода, базирующегося на CFROI, такой основой служит внутренняя норма доходности. В инвестиционном анализе внутренняя норма доходности

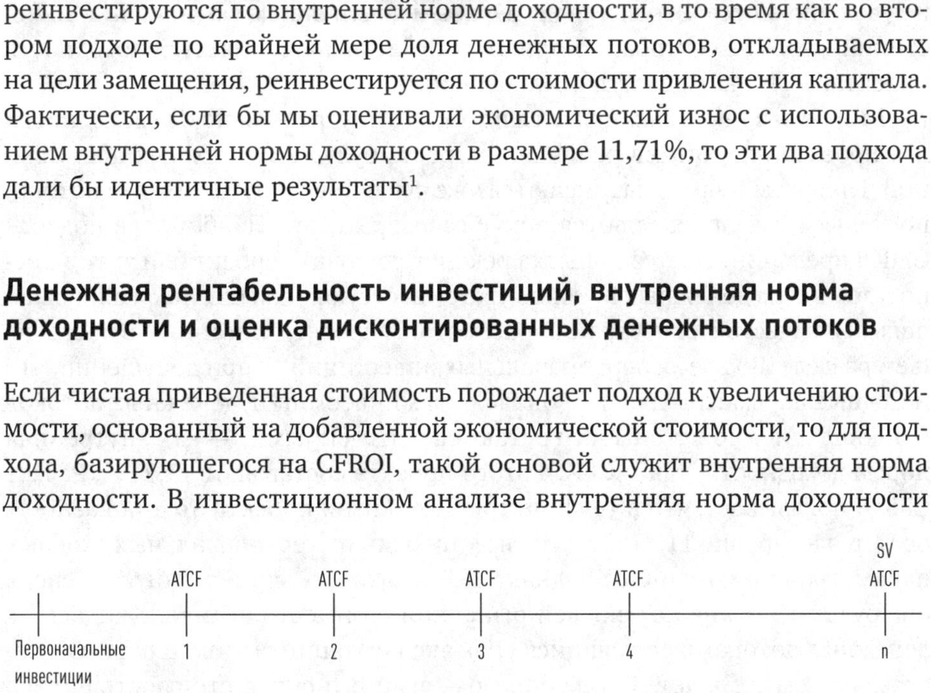

[1] При величине 11,71% экономический износ составляет $105,37 млн, а CFROI = = 11,71%.

по проекту рассчитывается с использованием первоначальных инвестиций по проекту и всех денежных потоков за срок проекта.

В этих вычислениях ATCF (after-tax cash flow on the project) — денежные потоки по проекту после налогообложения, а SV (salvage value) — ожидаемая ликвидационная стоимость активов, связанных с проектом. Этот анализ может быть полностью проведен в номинальном выражении — и тогда внутренняя норма доходности (internal rate of return — IRR) является номинальной и сравнивается с номинальной стоимостью привлечения капитала — или в реальном выражении, если IRR используется как реальная и сопоставляется с реальной стоимостью привлечения капитала.

На первый взгляд кажется, что в подходе CFROI делается то же самое. В нем используются валовые инвестиции в проект (в текущем денежном выражении) в качестве эквивалента первоначальных инвестиций, причем допускается, что валовые денежные потоки в текущих деньгах поддерживаются на протяжении срока жизни проекта, и рассчитывается реальная внутренняя норма доходности. Однако существуют и определенные различия.

Внутренняя норма доходности не требует, чтобы денежные потоки после налогообложения оставались постоянными в течение срока проекта даже в реальном выражении. В подходе, основанном на CFROI, допускается, что реальные денежные потоки по активам с течением времени не увеличиваются. Это выглядит здравым допущением в отношении инвестиций в зрелые сектора, но при этом будет недооцениваться доходность проекта, если наблюдается реальный рост.

Второе различие заключается в том, что внутренняя норма доходности для проекта или актива основана на росте будущих денежных поступлений. При этом не рассматриваются уже существующие денежные потоки, поскольку они определяются как «безвозвратные». Наоборот, в подходе CFROI предпринимается попытка реконструировать проект или актив с использованием денежных потоков уже существующих и еще не реализовавшихся. В качестве иллюстрации рассмотрим проект, описанный в предыдущем разделе. Во время первоначальных инвестиций — при допущении, что исходные параметры для первоначальных инвестиций, денежных потоков и ликвидационной стоимости остаются неизменными, — как внутренняя норма доходности, так и CFROI этого проекта составляют 11,71%. Расчет CFROI показывает, что в течение трех лет жизни проекта этот показатель остается на уровне 11,71%, поскольку ни один из первоначальных входных параметров не изменился. Однако IRR этого проекта изменится. Теперь она будет основана на текущей рыночной стоимости актива, ожидаемых денежных потоках в оставшийся срок эксплуатации актива и периоде, составляющем семь лет. Таким образом, если рыночная стоимость актива возросла до $2,5 млрд, то внутренняя норма доходности по этому проекту будет составлять только 6,80%.

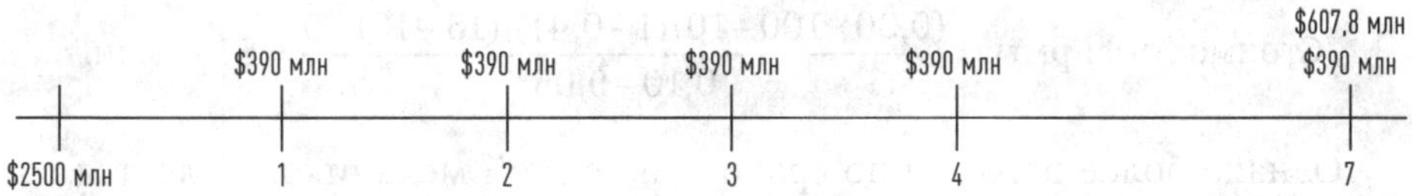

При реальной стоимости привлечения капитала в 8% это означает, что CFROI больше стоимости привлечения капитала, в то время как внутренняя норма доходности — ниже. Почему возникает разница между этими двумя мерами и что из этого следует? Причина различий заключается в том, что IRR основывается исключительно на ожидаемых в будущем денежных потоках, в то время как CFROI на них не основана. Если CFROI превосходит стоимость привлечения капитала, это рассматривается как признак, указывающий на хорошее использование фирмой своих активов. Если IRR меньше стоимости привлечения капитала, такая интерпретация будет ложной, поскольку собственникам фирмы выгодней продать активы и получить за них рыночную стоимость, чем продолжать операции.

Чтобы связать денежную рентабельность инвестиций со стоимостью фирмы, начнем с простой модели дисконтированных денежных потоков фирмы в условиях стабильного роста:

$$\text{Стоимость фирмы} = \frac{FCFF_1}{k_c - g_n},$$

где FCFF — ожидаемые чистые денежные потоки фирмы;
k_c — стоимость привлечения капитала;
g_n — темпы стабильного роста.

Отметим, что это выражение может быть приблизительно переписано с точки зрения CFROI следующим образом:

$$\text{Стоимость фирмы} = \frac{(CFROI \times GI - DA)(1-t) - (CX - DA) - \Delta WC}{k_c - g_n},$$

где CFROI — денежная рентабельность инвестиций;
GI — валовые инвестиции;
DA — амортизация;
CX — капитальные затраты;
ΔWC — изменение оборотного капитала.

Для иллюстрации рассмотрим фирму с CFROI = 30%, валовыми инвестициями, составляющими $100 млн, капитальными затратами = $15 млн, износом = $10 млн и отсутствием потребности в оборотном капитале. Если мы допускаем, что стоимость привлечения капитала составляет 10%, ставка налога = 40%, темпы стабильного роста = 5%, то оценим фирму следующим образом:

$$\text{Стоимость фирмы} = \frac{(0{,}30 \times 100 - 10)(1 - 0{,}4) - (15 - 10) - 0}{0{,}10 - 0{,}05} = \$140 \text{ млн.}$$

Однако более важным по сравнению с этой механикой является тот факт, что стоимость фирмы, хотя она и представляет собой функцию CFROI, оказывается также функцией других переменных в уравнении, таких как валовые инвестиции, ставки налога, темпы роста, стоимость привлечения капитала и потребности фирмы в реинвестициях.

Кроме того, опытные пользователи подхода, основанного на CFROI, все же осознают, что стоимость определяется не только установленными активами, но и будущими инвестициями. Фактически Holt Associates, один из ведущих защитников подхода, основанного на CFROI, предусматривает фактор сближения, т. е. стремления текущей CFROI со временем к реальной стоимости привлечения капитала. Таким образом, в отношении фирмы, имеющей текущую CFROI в размере 20% при реальной стоимости привлечения капитала 8%, следует планировать, что с течением времени она будет иметь более низкую CFROI. Тогда стоимость фирмы в этом более сложном формате можно записать как сумму следующих компонентов.

- Приведенная стоимость денежных потоков от установленных активов в течение оставшегося срока, записанная следующим образом:

$$\sum_{t=1}^{t=n} \frac{CFROI_{aip} \times GI_{aip}}{(1+k_c)^t},$$

где $CFROI_{aip}$ — CFROI от установленных активов (aip — assets in place);
GI_{aip} — валовые инвестиции в установленные активы;
k_c — реальная стоимость привлечения капитала.

- Приведенная стоимость избыточных денежных потоков от будущих инвестиций, записанных в реальном выражении следующим образом:

$$\sum_{t=1}^{t=\infty} \frac{CFROI_{t,NI} \times \Delta GI_t}{(1+k_c)^t} - \Delta GI_t,$$

где $CFROI_{t,NI}$ — CFROI от новых инвестиций, сделанных в год t;
GI_t — новые инвестиции, сделанные в год t.

Отметим, что если $CFROI_{t,NI} = k_c$, то приведенная стоимость равна нулю.

Следовательно, стоимость фирмы зависит от CFROI, зарабатываемой по установленным активам, а также скорости, с которой CFROI приближается к стоимости привлечения капитала. Таким образом, фирма потенциально способна увеличить свою стоимость посредством достижения одного из следующих результатов:

- увеличение CFROI от установленных активов при данных валовых инвестициях;
- сокращение скорости приближения CFROI к реальной стоимости привлечения капитала.

Отметим, что это совсем не отличается от нашего более раннего анализа стоимости фирмы на основе дисконтированных денежных потоков. Этот подход был представлен в главе 31, где рассматривались денежные потоки от существующих инвестиций (увеличение текущей CFROI), продолжительность периода быстрого роста (снижение скорости сближения) и темпов роста в период роста (сохранение избыточной доходности от быстрого сокращения).

cfroi.xls — таблица, позволяющая оценить денежную рентабельность инвестиций для фирмы или проекта.

CFROI и стоимость фирмы: потенциальные конфликты

Взаимосвязь между CFROI и стоимостью фирмы не столь интуитивна, как связь между EVA и стоимостью фирмы, отчасти потому, что она выражается в виде процента. Несмотря на эту фундаментальную слабость, менеджеры могут предпринимать действия, приводящие к увеличению CFROI и одновременному снижению стоимости фирмы:

- *Снижение валовых инвестиций*. Если валовые инвестиции в существующие активы снижаются, то CFROI может возрасти. Поскольку именно произведение CFROI и валовых инвестиций определяет стоимость, фирма имеет возможность увеличить CFROI и прийти к более низкой стоимости.
- *Жертвование будущим ростом*. Подход, основанный на CFROI, даже в большей степени, чем подход на основе EVA, сосредоточен на существующих активах, и в нем не рассматривается будущий рост. При увеличении CFROI стоимость может снизиться — в той степени, в которой менеджеры увеличивают эти CFROI за счет будущего роста.
- *Использование риска*. Хотя CFROI сравнивается с реальной стоимостью привлечения капитала для вынесения суждения о том, создает ли или уничтожает фирма стоимость, она лишь частично учитывает риск. Стоимость фирмы все же является приведенной стоимостью ожидаемых будущих денежных потоков. Таким образом,

фирма может увеличить спред между CFROI и стоимостью привлечения капитала и все же прийти к потере стоимости — если влияние на приведенную стоимость со стороны более высокой стоимости привлечения капитала превосходит влияние увеличенной CFROI.

В целом само по себе увеличение CFROI обычно не указывает на увеличение стоимости фирмы, поскольку это может произойти за счет более медленного роста и/или более высокого риска.

ИННОВАЦИИ CFROI: ФАКТОР СБЛИЖЕНИЯ И ПОДРАЗУМЕВАЕМАЯ СТОИМОСТЬ ПРИВЛЕЧЕНИЯ КАПИТАЛА

Наиболее значительным вкладом, сделанным практиками, которые используют подход, основанный на CFROI, стало изучение процесса сближения рентабельности капитала с течением времени со стоимостью привлечения капитала. В работе Маддена (Madden, 1999) сформулировано положение, согласно которому это явление не только распространено, но и предсказуемо (по крайней мере, частично). В ней представлены данные, собранные Holt Associates, ведущим сторонником CFROI, отсортировавшим 1000 крупнейших фирм по CFROI (от наивысшего до наименьшего их значения) и проследившим их динамику во времени. В результате этого было обнаружено сближение со средними величинами. Следует отметить, что в этой книге факторы сближения использовались без ссылки на них как на таковые в главах, посвященных оценке дисконтированных денежных потоков. Сближение с более низкой рентабельностью капитала происходило либо резко в заключительном году, либо постепенно в течение переходного периода.

Чтобы рассчитать стоимость привлечения капитала, практики, использующие подход, основанный на CFROI, рассматривают рынок вместо моделей риска и доходности, использованных нами для расчета стоимости DCF. Используя текущие рыночные стоимости акций и свои оценки ожидаемых совокупных денежных потоков, они рассчитывают внутренние нормы доходности, используемые ими в своем анализе в качестве стоимости привлечения капитала. В главе 7 используется очень похожий подход для оценки подразумеваемой премии за риск, хотя эта премия использовалась как входной параметр для традиционных моделей риска и доходности.

CFROI и рыночная стоимость

Взаимосвязь между CFROI и рыночной стоимостью существует. Фирмы с высокими значениями CFROI обычно имеют более высокую рыночную стоимость. Это неудивительно, поскольку CFROI отражает все то, о чем мы говорили ранее по поводу добавленной экономической стоимости. Однако доходность возникает в результате *изменения* рыночной стоимости, а не в результате существования самой рыночной стоимости. Когда речь идет о рыночной стоимости, то взаимосвязь между CFROI и изменениями стоимости обычно гораздо слабее. Поскольку рыночные стоимости отражают ожидания, нет причины верить, что фирмы, имеющие высокую CFROI, будут получать избыточную доходность.

Взаимосвязь между изменениями CFROI и избыточной доходностью — более интригующая. В той степени, в которой увеличение CFROI рассматривается как положительное, фирмы с наибольшим увеличением CFROI должны получать избыточную доходность. Но в реальности фактические изменения CFROI должны измеряться по отношению к ожиданиям: если CFROI возрастает, но в меньшей степени, чем ожидалось, то рыночная стоимость должна снизиться; если CFROI сокращается, но в меньшей степени, чем ожидалось, то рыночная стоимость должна возрасти.

ЗАКЛЮЧИТЕЛЬНЫЕ ЗАМЕЧАНИЯ ОБ УВЕЛИЧЕНИИ СТОИМОСТИ

Стоимость фирмы имеет три компонента. Первый — это ее способность создавать денежные потоки от существующих активов, поэтому более значительные денежные потоки превращаются в более высокую стоимость. Второй компонент — ее готовность реинвестировать в создание будущего роста, а также качество этих реинвестиций. При прочих равных условиях фирмы, хорошо реинвестирующие и получающие избыточную доходность от своих инвестиций, будут иметь более высокую стоимость. Последний компонент — стоимость привлечения капитала: более высокая стоимость привлечения капитала приводит к более низкой стоимости фирмы. Таким образом, для создания стоимости фирма должна осуществлять следующее:

- Генерировать более высокие денежные потоки от существующих активов, не влияя на свои перспективы роста или на профиль риска.
- Реинвестировать больше и с более высокой избыточной доходностью без увеличения рискованности своих активов.
- Снизить стоимость финансирования установленных активов или будущего роста без снижения рентабельности этих инвестиций.

Все меры, направленные на увеличение стоимости, — это вариации трех указанных выше компонентов. Независимо от того, на какой показатель ориентированы эти методы: избыточную денежную доходность (как подход, основанный на добавленной экономической стоимости) или избыточную доходность в процентах (как подход, основанный на CFROI), все они имеют своих последователей, поскольку выглядят проще и менее субъективно, чем оценка дисконтированных денежных потоков. Эта простота связана с определенными издержками, поскольку в данных подходах делаются тонкие допущения относительно других компонентов стоимости, которые для многих пользователей часто оказываются ненаблюдаемыми или нераспознаваемыми. Подходы, где акцент делается на добавленной экономической стоимости, а менеджеры вознаграждаются за ее увеличение, часто содержат допущение, что увеличение добавленной экономической стоимости достигается не за счет будущего роста или повышения риска. Практики, судящие о функционировании по денежной рентабельности инвестиций, делают похожие предположения.

Есть ли что-то ценное в этих новых измерителях увеличения стоимости? Безусловно, но только в более широком контексте оценки. Одним из входных параметров, используемых в традиционных моделях оценки, является рентабельность капитала (чтобы получить ожидаемый рост). Корректировка операционной прибыли, предлагаемая теми, кто использует добавленную экономическую стоимость, и дополнительное использование денежной рентабельности, CFROI, может помочь нам прийти к лучшей оценке этой величины. Расчет заключительной стоимости в традиционных моделях оценки, где небольшие изменения допущений способны привести к значительным изменениям стоимости, становится более легким, если мы рассуждаем с точки зрения избыточной доходности инвестиций, а не просто роста и ставок дисконтирования. Наконец, эмпирические данные, собранные практиками, использующими CFROI, относительно фактора сближения, могут быть бесценными в традиционных моделях оценки, в которых иногда практики делают ошибку, допуская сохранение текущей рентабельности в бесконечной перспективе.

ЗАКЛЮЧЕНИЕ

В этой главе рассматриваются два широко используемых измерителя увеличения стоимости. Добавленная экономическая стоимость измеряет избыточную денежную доходность существующих активов. Денежная рентабельность инвестиций представляет собой внутреннюю норму доходности существующих активов, основанную на первоначальных инвестициях в эти активы и ожидаемых в будущем денежных потоках. Хотя оба этих подхода могут привести к выводам, согласующимся с традиционной оценкой дисконтированных денежных потоков, их простота связана с издержками. Менеджеры могут получить выгоду от ограниченности измерителей в обоих подходах, выставляя фирму в более выгодном свете, одновременно снижая ее стоимость. В частности, они могут пойти на снижение роста в будущем ради более высокой добавленной экономической стоимости сегодня и перейти к инвестициям с более высоким риском.

Когда мы рассматриваем различные подходы к увеличению стоимости, нам следует иметь в виду несколько фактов. Первый из них связан с тем обстоятельством, что никакой механизм увеличения стоимости не будет обеспечивать создания стоимости, если менеджеры не считают максимизацию стоимости своей основной целью. Если менеджеры на первое место ставят другие цели, то никакой механизм увеличения стоимости работать не будет. И наоборот, если менеджеры действительно заботятся о максимизации стоимости, они могут заставить работать почти любой механизм в свою пользу. Второй факт обусловлен тем, что хотя есть смысл связывать любой выбранный нами измеритель увеличения стоимости с вознаграждением менеджмента, здесь существует подводный камень. Менеджеры с течением времени склонны концентрироваться на представлении собственных персон в лучшем свете с точки зрения этого измерителя, даже если цена вопроса — снижение стоимости фирмы. Наконец, не существует никаких магических процедур, увеличивающих стоимость. Создание стоимости — тяжелая работа на конкурентных рынках, подразумевающая компромиссный выбор между затратами и выгодами. Каждый играет роль в создании стоимости, и это определенно не является исключительной задачей финансовых аналитиков. Фактически создаваемая финансовыми инженерами стоимость оказывается небольшой и менее значительной, чем стоимость, создаваемая хорошими стратегиями, маркетингом, производством и личными решениями.

КОНТРОЛЬНЫЕ ВОПРОСЫ

В приведенных ниже заданиях, если не указано иное, премия за риск инвестирования в акции принимается равной 5,5%.

1. Корпорация Everlast Batteries Inc. наняла вас в качестве консультанта. Операционная прибыль корпорации после уплаты налогов в 1998 г. составляла $180 млн, чистая прибыль — $100 млн, а сумма выплаченных дивидендов — $50 млн. Балансовая стоимость собственного капитала в конце 1998 г. равнялась $1,25 млрд, а балансовая стоимость долга — $350 млн. В 1998 г. фирма привлекла новый долг в размере $50 млн. Рыночная стоимость собственного капитала в конце 1998 г. вдвое превышала балансовую стоимость собственного капитала, а рыночная стоимость долга была равна балансовой стоимости долга. Стоимость привлечения собственного капитала фирмы составляла 12%, а стоимость заимствования после уплаты налогов — 5%.
   а) Оцените рентабельность капитала, полученную корпорацией Everlast Batteries.

б) Оцените стоимость привлечения капитала корпорации Everlast Batteries.

в) Оцените добавленную корпорацией Everlast Batteries экономическую стоимость.

2. Если в предыдущей задаче допустить, что корпорация Everlast Batteries находится в фазе стабильного роста и, согласно ожиданиям, рост добавленной экономической стоимости будет составлять 5% в год в бесконечной перспективе.

   а) Оцените стоимость фирмы.

   б) Насколько эта стоимость обусловлена избыточной доходностью?

   в) Какова добавленная рыночная стоимость (MVA) этой фирмы?

   г) Как изменились бы ваши ответы на пункты «а», «б» и «в», если бы вам сказали, что после пятого года не будет никакой добавленной экономической стоимости?

3. Stereo City — фирма, занимающаяся розничной продажей стереосистем и телевизоров. Операционная прибыль фирмы после затрат по операционной аренде в размере $50 млн составляла $150 млн. Фирма имеет обязательства по операционной аренде на следующие пять лет и после них:

Год	*Операционная аренда ($ млн)*
1	55
2	60
3	60
4	55
5	50
Годы 6–15	40 каждый год

   Балансовая стоимость собственного капитала составляет $1 млрд, и фирма не имеет долга. Стоимость привлечения собственного капитала фирмы равна 11%, а стоимость заимствования до уплаты налогов — 6%. Ставка налога равна 40%.

   а) Оцените капитал, инвестированный в фирму, до и после корректировки для учета операционной аренды.

   б) Оцените рентабельность капитала до и после корректировки для учета операционной аренды.

   в) Оцените добавленную экономическую стоимость до и после корректировки для учета операционной аренды (рыночная стоимость собственного капитала составляет $2 млрд).

4. Компания Sevilla Chemicals в последний год имела операционную прибыль после уплаты налогов по инвестированному капиталу

в размере $5 млрд. Стоимость привлечения собственного капитала фирмы составляет 12%, коэффициент «долг/капитал» равен 25%, а стоимость заимствования после уплаты налогов равна 4,5%.

а) Оцените добавленную компанией Sevilla Chemicals экономическую стоимость в последнем году.

б) Допустим, что вся химическая отрасль получает прибыль $40 млрд после налогообложения на инвестированный капитал в размере $180 млрд при стоимости привлечения капитала для отрасли 10%. Оцените добавленную всей отраслью экономическую стоимость.

в) Как функционирует компания Sevilla относительно отрасли, если учесть добавленную экономическую стоимость?

5. Jeeves Software — небольшая софтверная фирма, которая находится в фазе быстрого роста. Фирма финансируется только за счет собственного капитала. В текущем году фирма заработала $20 млн операционной прибыли после уплаты налогов на инвестированный капитал в размере $60 млн. Стоимость привлечения собственного капитала фирмы составляет 15%.

а) Допустим, что фирма сумеет обеспечить рост добавленной экономической стоимости на 15% в год в течение следующих пяти лет и что после 5-го года будет отсутствовать избыточная доходность. Оцените стоимость фирмы. Насколько эта стоимость проистекает из EVA и насколько из инвестированного капитала?

б) Допустим, что фирма в этом году сумеет сократить свой инвестированный капитал на $20 млн за счет продажи активов и их обратной аренды. Предполагая, что операционная прибыль и стоимость привлечения капитала в результате продажи и обратной аренды не изменятся, оцените стоимость фирмы. Насколько теперь стоимость фирмы проистекает из EVA и насколько из инвестированного капитала?

6. Healthy Foods — компания по производству готовых супов, сделанных без консервантов. Активы фирмы имеют балансовую стоимость $100 млн. Активы уже используются в течение пяти лет, и их амортизация за этот период составляет $50 млн. Помимо этого, темпы инфляции в течение этих пяти лет в среднем составляли 2% в год. В настоящее время эти активы приносят $15 млн операционной прибыли после уплаты налогов. Оставшийся срок использования активов составляет 10 лет, а износ за каждый год, согласно ожиданиям, будет равен $5 млн. В конце этих 10 лет активы будут иметь ожидаемую ликвидационную стоимость в текущих долларах $50 млн.

а) Оцените CFROI компании Healthy Foods, используя традиционный подход, основанный на CFROI.
б) Оцените CFROI компании Healthy Foods, используя подход, основанный на экономическом износе.
в) Если стоимость привлечения капитала компании Healthy Foods в номинальном выражении составляет 10%, а ожидаемые темпы инфляции — 2%, определите, создают ли или уничтожают стоимость существующие инвестиции компании Healthy Foods.

Глава 33

ВЕРОЯТНОСТНЫЙ ПОДХОД К ОЦЕНКЕ: АНАЛИЗ СЦЕНАРИЕВ, ДЕРЕВО РЕШЕНИЙ И МОДЕЛИРОВАНИЕ

На протяжении этой книги мы уделяли основное внимание таким подходам, как оценка на основе дисконтированных денежных потоков и сравнительная оценка. Несмотря на популярность этих методов, им присущ общий недостаток. Рискованность актива характеризуется единственным показателем — ставкой дисконтирования, денежным потоком или скидкой со стоимости, — а расчет требует принятия допущений (нередко нереалистичные) о характере риска.

В этой главе мы рассмотрим другой, потенциально более информативный подход к оценке стоимости инвестиций. Вместо вычисления ожидаемой стоимости актива, которая должна отражать все возможные исходы, мы можем предоставить информацию о том, какой будет стоимость актива для каждого исхода или как минимум для подмножества исходов. Мы начнем эту главу с рассмотрения простейшего варианта — с анализа стоимости актива при трех сценариях: оптимистичном, наиболее вероятном и пессимистичном, а затем разберем анализ сценариев в целом. После этого мы перейдем к использованию деревьев решений, как к наиболее полному подходу учета последовательного риска, а завершим главу изучением метода Монте-Карло, как наиболее полного подхода к оценке риска.

АНАЛИЗ СЦЕНАРИЕВ

Ожидаемые денежные потоки, которые мы использовали для оценки рискованных активов, можно оценивать двумя способами. Их можно представить как взвешенный по вероятности средний денежный поток при всех возможных сценариях или как денежный поток при наиболее вероятном сценарии. Хотя первый способ более точен, его используют редко из-за того, что он требует сбора очень большого объема информации. В обоих случаях существуют другие сценарии, где денежный поток отличается от ожидаемого: выше в одних случаях и ниже в других. При анализе сценариев мы оцениваем ожидаемые денежные потоки и оцениваем стоимость активов при различных сценариях с тем, чтобы лучше понять влияние риска на стоимость. В этом разделе мы начнем с предельных вариантов и определения стоимости при оптимистичном и пессимистичном сценариях, а затем рассмотрим более общую версию анализа сценариев.

Оптимистичный и пессимистичный сценарии

У рискованных активов фактические денежные потоки могут очень сильно отличаться от ожидаемых. В предельных случаях мы можем оценивать денежные потоки, если все работает идеально (т. е. при оптимистичном сценарии), и, если ничего не работает (т. е. при пессимистичном сценарии). На практике есть два способа осуществления такого анализа. При первом всем входным параметрам стоимости актива задают наилучшие (или наихудшие) возможные значения и оценивают денежные потоки при этих значениях. Например, при оценке фирмы вы можете принять самые высокие значения темпов роста выручки и операционной прибыли, а ставку дисконтирования сделать минимальной и, таким образом, получить стоимость при оптимистичном сценарии. Проблема такого подхода состоит в том, что он может быть просто нереалистичным — на деле для обеспечения высокого роста выручки фирме, вполне возможно, придется понизить цены и согласиться на более низкую маржу. Второй метод предполагает определение оптимистичного сценария с точки зрения того, что реально, при сохранении взаимосвязи между входными параметрами. Так, вместо принятия максимального значения темпов роста выручки и максимальной маржи выбирают такое сочетание темпов роста и маржи, которое является реалистичным и дает максимальную стоимость. Хотя такой подход ближе к жизни, для его реализации требуется больше усилий.

Насколько полезен анализ оптимистичного/пессимистичного сценариев? Существуют два подхода к использованию результатов такого анализа при принятии решений. Во-первых, разница между стоимостями при оптимистичном и пессимистичном сценариях может служить основой для оценки риска актива — диапазон разброса (относительно размера) должен быть выше для более рискованных инвестиций. Во-вторых, инвесторы, которых беспокоит влияние потенциально неудачных инвестиций на их портфель, могут измерить это влияние на основе результатов пессимистичного сценария.

В целом же анализ оптимистичного/пессимистичного сценариев не слишком информативен. В конце концов, вряд ли кто удивится, узнав, что актив стоит очень много при оптимистичном сценарии и не слишком много при пессимистичном. Так, фондовый аналитик, который использует этот подход для оценки акции, торгующейся по $50, может получить оптимистичную стоимость $80 и пессимистичную $10. При таком диапазоне трудно принять решение о том, хорошим или плохим объектом вложений является эта акция.

Анализ множественных сценариев

Анализ сценариев не должен ограничиваться оптимистичным и пессимистичным сценариями. В наиболее общей форме стоимость рискованного актива может вычисляться при многих сценариях с разными допущениями относительно макроэкономических и связанных с активом переменных.

Этапы анализа сценариев

Хотя идея анализа сценариев проста, такой анализ имеет четыре критически важных компонента:

1. На первом этапа определяют, на основе каких факторов будут строиться сценарии. Эти факторы могут варьировать от экономического состояния автопроизводителя, рассматривающего возможность строительства нового завода и реакции конкурентов производителя потребительских товаров на его новый продукт, до поведения органа, надзирающего за регулируемой компанией, которая предполагает выпустить новый продукт или услугу. В целом необходимо сконцентрировать внимание на двух-трех наиболее важных факторах, которые определяют стоимость актива, и выстраивать сценарий на их основе.
2. На втором этапе определяют количество анализируемых сценариев для каждого фактора. Хотя с увеличением количества сценариев картина становится реалистичнее, одновременно становится труднее собирать информацию и различать сценарии с точки зрения денежных потоков. Выполнить оценку денежных потоков по каждому, скажем, из пяти сценариев легче, чем по 15 сценариям. Решение вопроса о количестве сценариев зависит от того, насколько различаются эти сценарии и насколько хорошо вы можете прогнозировать денежные потоки по ним.

3. Третий этап — оценка денежных потоков на актив по каждому сценарию. Для облегчения оценки на этом этапе полезно сосредоточиться на паре-тройке критических факторов и ограничиться сравнительно небольшим количеством сценариев для каждого из них.
4. На заключительном этапе выполняется оценка вероятности для каждого сценария. В случае одних сценариев, например относящихся к таким макроэкономическим факторам, как обменные курсы, процентные ставки, общий темп роста экономики, можно воспользоваться услугами агентств, которые занимаются прогнозированием таких факторов. В случае других сценариев, например связанных с сектором экономики или конкурентами, вам придется положиться на свои знания отрасли. Обратите внимание, впрочем, что это имеет смысл, только если сценарии охватывают весь спектр возможностей. Если сценарии представляют лишь подмножество возможных исходов инвестирования, вероятность никогда не приблизится к 1.

Результаты анализа сценариев можно представить в виде стоимостей по каждому сценарию и в виде ожидаемых стоимостей по сценариям (если возможно оценить вероятности на этапе 4). Если же сценарии неполны, ожидаемую стоимость не удастся определить.

Такое количественное отражение анализа сценариев вызывает возражения со стороны специалистов по вопросам стратегии, которые традиционно рассматривали анализ сценариев как качественный инструмент, основной целью которой является расширение видения лиц, принимающих решения. Как выразился один специалист по стратегиям, анализ сценариев — это «создание правдоподобных картин будущего», а не какие-то там вероятностные исходы. Другими словами, стоит рассматривать даже те сценарии, вероятность реализации которых очень мала. Польза от такого упражнения заключается в том, что оно заставляет вас рассматривать взгляды на то, что может произойти, отличающиеся от официального взгляда.

Использование анализа сценариев при оценке и принятии решений

Насколько анализ сценариев полезен при оценке и принятии решений? Ответ, аналогично ответу в отношении всех других инструментов, зависит от того, как он используется. Наиболее ценной информацией, получаемой в результате анализа сценариев, является диапазон стоимостей по сценариям, который отражает рискованность актива. Стоимость более рискованных активов больше варьирует от сценария к сценарию, а более надежные активы характеризуются большей стабильностью. Кроме того, анализ сценариев полезен при определении входных параметров, оказывающих наибольшее влияние на стоимость. У анализа сценариев есть и еще одно достоинство: зная, при каких сценариях стоимость сильно понижается, инвесторы могут попробовать найти способы хеджирования от них.

Процесс осмысления сценариев полезен как минимум для оценки реакции конкурентов на различные макроэкономические условия и того, что можно сделать для минимизации риска снижения стоимости рискованного актива и для максимизации потенциала ее повышения.

Проблемы

Анализ множественных сценариев более информативен, чем анализ оптимистичного/пессимистичного сценариев, поскольку дает стоимость актива при каждом сценарии. Однако и он не свободен от проблем.

- *Мусор на входе — мусор на выходе*. Центральной частью сценарного анализа является формирование сценариев и оценка денежных потоков при каждом из них. Необходимо, чтобы определенные сценарии не только были реалистичными, но и охватывали весь спектр возможностей. После того, как сценарии определены, проводится оценка денежных потоков для каждого из них. Это необходимо учитывать при определении, сколько сценариев требуется.
- *Непрерывный риск*. Анализ сценариев лучше всего подходит, когда риск принимает форму дискретных исходов. Если исходы могут принимать любое из очень большого числа потенциальных значений стоимости, или риск непрерывен, формирование сценариев затрудняется.
- *Двойной учет риска*. Как и в случае анализа оптимистичного/пессимистичного сценариев здесь существует опасность двойного учета риска. Так, аналитик может принять решение об отказе от инвестиции, даже если она выглядит недооцененной, поскольку она становится переоцененной хотя бы по одному из сценариев. Из-за того что ожидаемая стоимость уже учитывает риск, здесь налицо двойной учет потенциально одного и того же риска или риска, который не должен влиять на решение изначально (в силу того, что он диверсифицирован).

ИЛЛЮСТРАЦИЯ 33.1. *Оценка компании, которой грозит национализация*

Хотя глобальная угроза национализации ослабла за последние десятилетия, в некоторых частях света инвесторы все еще опасаются экспроприации и национализации фирм правительствами. Аналитики, которые пытаются встроить риск национализации в ожидаемые денежные потоки или ставки дисконтирования, очень быстро понимают, что сделать это непросто. Ставки дисконтирования, например, являются грубым инструментом, который не позволяет учитывать дискретные риски (такие, как риски национализации, финансовых затруднений или изменения регулирования).

В качестве альтернативы рассмотрим очень простой случай, когда фирма оценивается при двух сценариях: как действующее предприятие, где денежные потоки получают собственники бизнеса, и как национализированное предприятие, где поступления собственникам не соответствуют справедливой стоимости. Ожидаемая стоимость фирмы определяется как средневзвешенная величина двух оценок.

Чтобы перейти от абстракций к конкретике, предположим, что вы оцениваете венесуэльскую компанию, которая, как ожидается, должна получить на следующий год операционную прибыль после налогообложения в размере $10 млн и имеет темпы роста 3% (в долларах США) в бесконечной перспективе. Допустим, что она имеет рентабельность капитала 20% (балансовая стоимость инвестированного капитала составляет $50 млн) и стоимость привлечения капитала 12% с учетом суверенного риска (но не риска национализации). При оценке фирмы как действующего предприятия мы используем ожидаемые денежные потоки и стоимость привлечения капитала, которые дают стоимость операционных активов в размере $94,44 млн:

$$\text{Коэффициент реинвестирования} = g/ROC = 3\%/20\% = 15\%.$$

$$\text{Стоимость операционных активов}_{\text{действ. предприятие}} =$$

$$= \frac{EBIT(1-t)\left(1-\dfrac{g}{ROC}\right)}{\text{стоимость привлечения капитала} - g} = \frac{\$10(1-0{,}15)}{0{,}12-0{,}03} = \$94{,}44 \text{ млн.}$$

Теперь предположим, что вы предвидите возможность национализации фирмы и знаете, что правительство выплачивает собственникам национализированных компаний только балансовую стоимость операционных активов. Поступления в случае национализации можно оценить следующим образом:

$$\text{Стоимость операционных активов}_{\text{национализация}} = \text{балансовая стоимость} = \$50 \text{ млн.}$$

Введение вероятности национализации (25%) позволяет оценить ожидаемую стоимость операционных активов:

$$\text{Ожидаемая стоимость} = \text{стоимость операционных активов}_{\text{действ. предприятие}} (1 - \text{вероятность национализации}) +$$
$$+ \text{стоимость операционных активов}_{\text{национализация}} (\text{вероятность национализации}) =$$
$$= \$94{,}44\ (0{,}75) + \$50\ (0{,}25) = \$83{,}33 \text{ млн.}$$

Обратите внимание на то, что ожидаемая стоимость уменьшается с повышением вероятности национализации, равно как и поступления от национализации.

ИЛЛЮСТРАЦИЯ 33.2. *Оценка регулируемой компании с риском изменения регулирования*

Анализ сценариев становится сложнее и потенциально полезнее с ростом количества сценариев и усилением неопределенности. Допустим, вы оцениваете Wells Fargo, один из крупнейших коммерческих банков США, по состоянию на 2009 г. Банковский кризис 2008 г. не только подорвал прибыльность банков, но и повысил вероятность ужесточения регулятором требований к достаточности капитала, т. е. требований по резервированию капитала для покрытия потенциальных убытков от операций.

Чтобы показать влияние кризиса на банки, в таблице ниже приведены ключевые финансовые переменные Wells Fargo с 2001 по 2008 г.:

Год	*2008*	*2007*	*2006*	*2005*	*2004*	*2003*	*2002*	*2001*	*Среднее: 01–07*
Дивиденды ($)	5751	3955	3641	3375	3150	2527	1873	1710	
Чистая прибыль ($)	2842	8057	8482	7671	7014	6202	5434	3423	
Балансовая стоимость собств. капитала ($)	47 628	45 876	40 660	37 866	34 469	30 319	27 214	26 488	
Темпы роста (%)	–64,73	–5,01	10,57	9,37	13,09	14,13	58,75	–14,98	12,28
Коэффициент выплат (%)	202,36	49,09	42,93	44,00	44,91	40,74	34,47	49,96	43,73
ROE (%)	5,97	17,56	20,86	20,26	20,35	20,46	19,97	12,92	18,91

Обратите внимание на то, что, хотя дивиденды выросли в 2008 г., чистая прибыль и рентабельность собственного капитала резко упали. В начале 2009 г. аналитикам, которые оценивали Wells Fargo, приходилось решать следующие ключевые вопросы:

- Какой год следует взять за базовый с точки зрения прибыли, дивидендов и рентабельности собственного капитала (ROE)? Другими словами, можно ли считать 2008 г. отклонением и использовать нормализованные значения, которые отражают средние величины с 2001 по 2007 г.?
- Исторически банки имели коэффициент бета близкий к 1, что должно обеспечивать Wells Fargo стоимость привлечения собственного капитала около 9% в феврале 2009 г. (ставка по казначейским облигациям = 3%; премия за риск инвестирования в акции = 6%). С учетом того, что кризис высветил скрытые риски банков, следует ли использовать исторический коэффициент бета при оценке?

Мы не будем пытаться определить составную стоимость Wells Fargo по всем возможным сценариям, а рассмотрим всего три сценария:

1. *Быстрый возврат к нормальному состоянию (вероятность 10%).* Это самый оптимистичный сценарий, при котором мы исходим из того, что кризис будет быстро преодолен, что требования регулятора к достаточности капитала не изменятся и что рентабельность собственного капитала и коэффициент бета быстро вернутся на докризисный уровень (коэффициент бета = 1, ROE = 18,91%).
2. *Медленный возврат к нормальному состоянию (вероятность 60%).* Это более пессимистичный (и более реалистичный) сценарий, при котором кризис постепенно преодолевается, однако этот процесс сопровождается повышением требований к достаточности капитала (что снижает рентабельность собственного капитала до 15%) и увеличением волатильности для банков (что приводит к повышению стоимости привлечения собственного капитала до 10%).
3. *Устанавливается новый мировой порядок (вероятность 30%).* Это самый пессимистичный сценарий, при котором кризис затягивается, требования к достаточности капитала становятся драконовскими, рентабельность собственного капитала падает до 12%, а стоимость привлечения собственного капитала повышается до 11%.

Используя рентабельность собственного капитала и стоимость привлечения собственного капитала в модели дисконтированных дивидендов, мы получаем стоимость собственного капитала:

$$\text{Стоимость собственного капитала} = \text{ожидаемые дивиденды}_{\text{следующего года}}/$$
$$/(\text{стоимость привлечения собственного капитала} - \text{ожидаемые темпы роста}) =$$
$$= [\text{балансовая стоимость собственного капитала}_{\text{базовая}} \times \text{ROE} \times (1 - g/\text{ROE})]/$$
$$/(\text{стоимость привлечения собственного капитала} - \text{ожидаемые темпы роста}).$$

Исходя из того, что Wells Fargo находится в фазе стабильного роста (годовой рост 3%), мы оцениваем стоимость собственного капитала как функцию ожидаемой ROE и стоимости привлечения собственного капитала. В таблице ниже приведены расчетные значения обобщенной стоимости собственного капитала (при использовании в качестве базы балансовой стоимости собственного капитала в размере $47 628 млн) при трех сценариях:

	Вероятность (%)	*Ожидаемая чистая прибыль ($ млн)*	*ROE (%)*	*Стоимость привлечения собственного капитала (%)*	*Стоимость собственного капитала ($ млн)*
Быстрый возврат к нормальному состоянию	10	9006,45	18,91	9	126 294
Медленный возврат к нормальному состоянию	60	7144,20	15,00	10	81 648
Новый мировой порядок	30	5715,36	12,00	11	53 582
Ожидаемая стоимость	0,10 × ($126 294) + 0,60 ($81 648) + 0,30 ($53 582)				77 693

При рыночной капитализации, составлявшей на начало 2009 г. $66,643 млрд, Wells Fargo выглядит недооцененным, однако оценка чувствительна к вероятностям трех сценариев.

ДЕРЕВЬЯ РЕШЕНИЙ

В некоторых случаях риск является не только дискретным, но и последовательным. Другими словами, чтобы иметь стоимость, актив должен отвечать ряду тестов, и невыполнение любого из них потенциально транслируется в полную потерю стоимости. Такая ситуация складывается, например, при разработке лекарства, которое тестируется в целях коммерческого использования. Трехэтапный процесс одобрения Управления по надзору за качеством пищевых продуктов и медикаментов (Food and Drug Administration — FDA) устанавливает барьеры, которые необходимо преодолеть для того, чтобы лекарство могло поступить в продажу, и провал на любом этапе полностью лишает лекарство шансов на выпуск. При оценке крупной фармацевтической компании с портфелем лекарств риск того, что новое лекарство не преодолеет барьеры, усредняется по портфелю, и это позволяет использовать обычные модели дисконтированных денежных потоков. Однако когда вы оцениваете небольшую биотехнологическую компанию, у которой только одно лекарство проходит процесс одобрения, стоимость полностью зависит от последовательных рисков. Дерево решений позволяет не только учитывать риск по этапам, но и напрямую видеть результат каждого этапа.

Этапы анализа дерева решений

Первый этап в понимании деревьев решений заключается в выделении корневых узлов, узлов решений, узлов событий и конечных узлов.

- Корневой узел представляет исходную точку дерева решений, где лицо, принимающее решения, сталкивается с многозначностью решений или с неопределенностью результата. Целью здесь является оценка того, сколько стоит рискованная инвестиция.

- Узлы событий представляют возможные исходы в рискованной игре, например, пройдет лекарство через первый этап одобрения FDA или нет. Необходимо определить возможные исходы и их вероятности на основе информации, доступной в текущий момент.
- Узлы решений представляют варианты решений, которые могут быть приняты лицом, принимающим решения, например, выходить ли на национальный рынок после получения результатов с пробного рынка.
- Конечные узлы обычно представляют окончательные исходы более ранних рискованных исходов и решений, принятых в ответ на них.

Рассмотрим очень простой пример. Вам предстоит решить, забрать определенную сумму ($20) или продолжить игру, в которой вы можете выиграть $50 с вероятностью 50% или $10 с вероятностью 50%. Дерево решений для этой игры представлено на рисунке 33.1.

Рисунок 33.1. *Простое дерево решений*

Обратите внимание на ключевые элементы дерева решений. Во-первых, только узлы событий представляют неопределенные исходы с соответствующими вероятностями. Во-вторых, узел решения представляет выбор. Если судить только на основе ожидаемой стоимости, то игра лучше (с ожидаемой стоимостью $30), чем получение гарантированной суммы $20 — двойное перечеркивание этой ветви означает, что она не выбрана. Хотя этот пример и примитивен, дерево решений содержит необходимые для его построения элементы.

Этап 1. Разбивка анализа на фазы риска. Ключевым моментом создания дерева решений является выделение фаз риска, которому вы будете подвергаться. В одних случаях, таких как процесс одобрения FDA, это сделать легко, поскольку существуют лишь два исхода — лекарство получает одобрение и проходит на следующую фазу или не получает одобрения. В других случаях все намного сложнее. Например, тестовый рынок нового потребительского продукта может дать сотни потенциальных исходов. Здесь необходимо вводить дискретные атрибуты успеха тестового рынка.

Этап 2. Оценка вероятности исходов на каждой фазе. После выделения фаз риска и определения исходов на каждой фазе необходимо рассчитать вероятности исходов. Помимо очевидного условия, в соответствии с которым вероятности исходов должны в сумме составлять единицу, необходимо учитывать, влияют ли исходы более ранних фаз на вероятности исходов фазы 1. Например, как изменится вероятность успешного вывода продукта на национальный рынок, если мы имеем лишь усредненный исход для тестового рынка?

Этап 3. Определение точек решения. В дерево решений встраиваются точки решения, в которых необходимо определить, какой курс действия является наилучшим, на основе исходов более ранних этапов и ожиданий относительно будущего развития событий. В случае тестового рынка, например, необходимо определить в конце испытания на тестовом рынке, хотите ли вы провести еще одно испытание на тестовом рынке, отказаться от продукта или выйти прямо на национальный рынок.

Этап 4. Расчет денежных потоков / стоимости в конечных узлах. Следующим этапом процесса анализа дерева решений является оценка заключительных денежных потоков и стоимости исходов в каждом конечном узле. В одних случаях, например при отказе от продукта по результатам тестового рынка, сделать это довольно легко, поскольку результатом будут денежные средства, затраченные на тестовый маркетинг продукта. В других случаях, например при выходе на национальный рынок, все значительно труднее, так как придется оценивать ожидаемые денежные потоки в течение жизни продукта, а затем дисконтировать их, чтобы получить стоимость.

Этап 5. Обратная свертка дерева. Анализ завершается обратной сверткой дерева, когда ожидаемые стоимости вычисляются при движении по дереву в обратном направлении. Если узел является вероятностным, то ожидаемую стоимость определяют как взвешенное по вероятности среднее всех возможных исходов. Если это узел решения, то ожидаемую стоимость определяют для каждой ветви и выбирают наибольшую из них (как оптимальное решение). Процесс заканчивается получением ожидаемой стоимости актива или инвестиции сегодня[1].

Дерево решений дает два ключевых входных параметра. Во-первых, это ожидаемая сегодняшняя стоимость прохождения через все дерево

---

[1] Существует масса литературы, где рассматриваются допущения, которые необходимо принимать в процессе обратной свертки для получения сообразных значений стоимости. Например, если дерево решений используется для отображения неотъемлемых рисков, то риски должны быть независимыми. См. Sarin and Wakker (1994).

решений. Она включает в себя риск потенциального повышения и понижения стоимости и действия, которые вы принимаете в ответ на этот риск. Фактически это аналог стоимости с учетом риска, о котором мы говорили в предыдущей главе. Во-вторых, это диапазон стоимостей в конечных узлах, который должен отражать потенциальный риск инвестиции.

ИЛЛЮСТРАЦИЯ 33.3. *Использование дерева решение для оценки молодой фармацевтической компании*

Чтобы проиллюстрировать процесс создания дерева решений, оценим небольшую биотехнологическую компанию, имеющую только один продукт — лекарство для лечения диабета 1 типа, которое прошло доклиническое тестирование и готово к первому этапу одобрения FDA[1]. Предположим, что вы предоставляете следующую дополнительную информацию на каждом из трех этапов:

1. На этапе 1 ожидаемые затраты составят $50 млн, и потребуется участие 100 добровольцев для определения безопасности и дозировки; продолжительность этапа оценивается в один год. Существует 70%-ная вероятность, что лекарство успешно пройдет этап 1.
2. На этапе 2 эффективность лекарства будет оцениваться на 250 добровольцах в течение двухлетнего периода. Этот этап обойдется в $100 млн, и, чтобы лекарство прошло на следующий этап, оно должно продемонстрировать статистически значимый эффект. Существует 30%-ная вероятность того, что лекарство окажется эффективным при лечении диабета 1 типа, с 10%-ной вероятностью оно будет действенным при лечении диабета 1 типа и 2 типа и с 10%-ной вероятностью лекарство будет давать эффект при лечении только диабета 2 типа.
3. На этапе 3 в тестировании должны принять участие 4000 добровольцев с тем, чтобы определить долгосрочные последствия приема лекарства. Если лекарство будет тестироваться только на больных диабетом 1 типа или на больных диабетом 2 типа, то этап займет четыре года и потребует $250 млн; шансы на успех составляют 80%. Если же тестирование будет проводиться на больных обоих типов, то его продолжительность составит четыре года, а затраты — $300 млн; шансы на успех составляют 75%.

Если лекарство пройдет через все три этапа, то затраты на разработку и годовые денежные потоки будут следующими:

Тип диабета	*Стоимость разработки ($ млн)*	*Годовой денежные поток ($ млн)*
Только 1 тип	500	300 в течение 15 лет
Только 2 тип	500	125 в течение 15 лет
1 и 2 тип	600	400 в течение 15 лет

Допустим, что стоимость привлечения капитала составляет для фирмы 10%.

Теперь у нас есть информация для построения дерева решений. Сначала мы его построим для этапов, денежных потоков на каждом из них и вероятностей (рисунок 33.2).

Дерево решений показывает вероятности успешного исхода на каждом этапе и дополнительный денежный поток или предельный денежный поток, связанный с каждым действием. Поскольку прохождение этапов одобрения растянуто во времени, существует временной эффект, который необходимо учитывать в ожидаемых денежных потоках для каждой ветви. Мы вводим временной эффект и определяем кумулятивную приведенную стоимость (на сегодня) денежных потоков от каждой ветви, используя в качестве ставки дисконтирования стоимость привлечения капитала, равную 10% (рисунок 33.3).

[1] При диабете 1 типа поджелудочная железа не вырабатывает инсулин. Этим заболеванием страдают даже маленькие дети, и оно не связано с диетой или родом деятельности. Таким больным необходимо вводить инсулин, чтобы не умереть. При диабете 2 типа поджелудочная железа вырабатывает недостаточно инсулина. Заболевание характерно для людей в возрасте, и для лечения иногда достаточно изменить диету и образ жизни.

Обратите внимание на то, что приведенная стоимость денежных потоков от разработки после третьего этапа дисконтируется на дополнительные семь лет (для отражения времени, необходимого для прохождения трех этапов одобрения). На последнем этапе процесса мы определяем ожидаемые стоимости путем свертки дерева и выбора оптимального действия на каждой фазе принятия решений (рисунок 33.4).

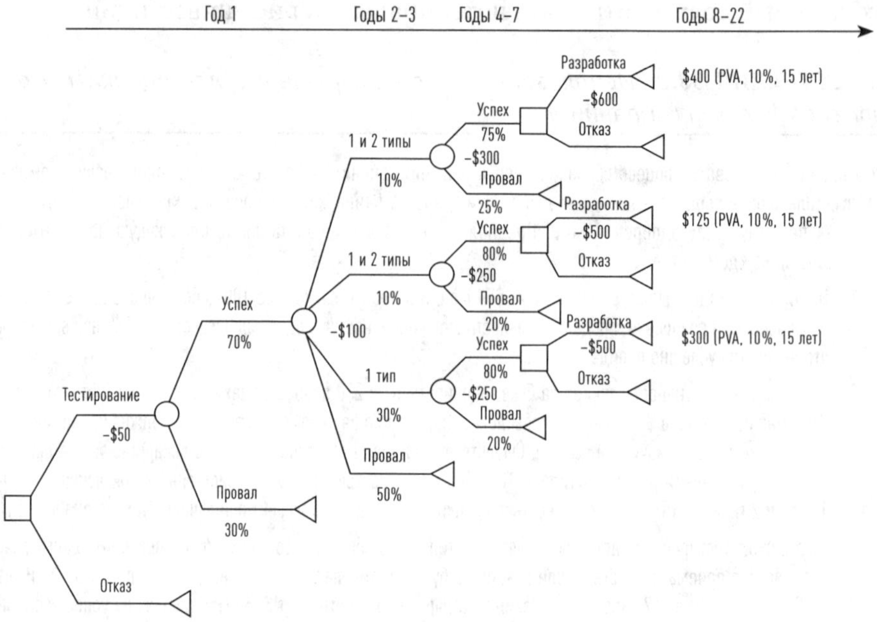

Рисунок 33.2. *Дерево решений для разработки лекарства*

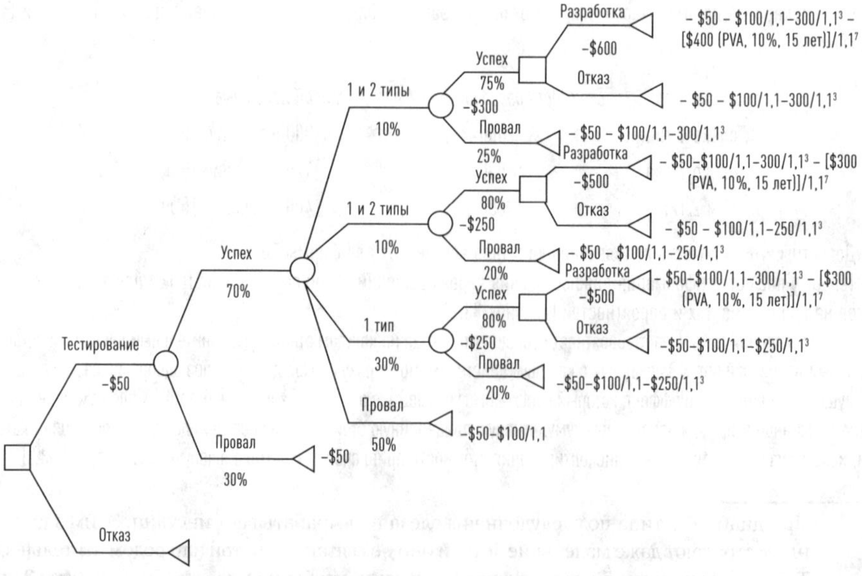

Рисунок 33.3. *Приведенная стоимость денежных потоков в конечных узлах: дерево решений для разработки лекарства*

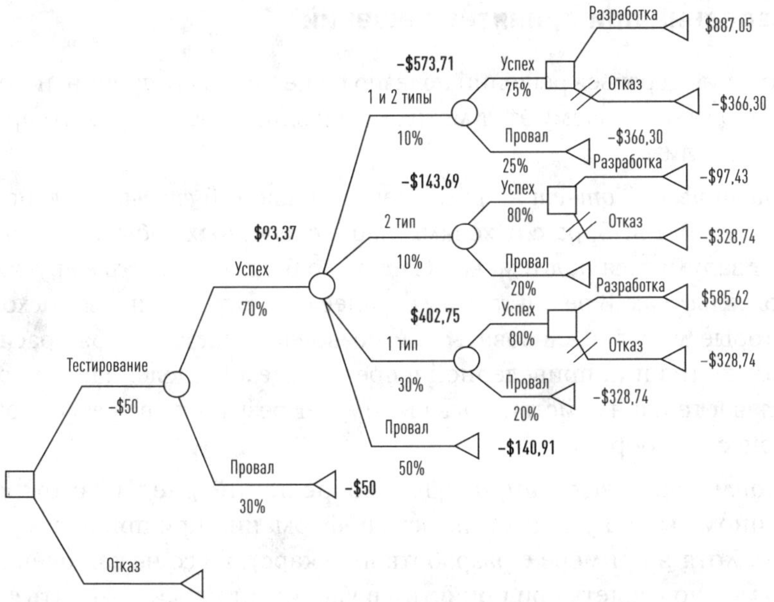

Рисунок 33.4. *Обратная свертка дерева решений для разработки лекарства*

Ожидаемая стоимость лекарства на сегодняшний день с учетом неопределенности его успеха составляет $50,36 млн. Поскольку это единственный продукт компании, эта сумма является также и стоимостью компании при условии, конечно, что у компании нет возможностей разрабатывать новые продукты. Эта стоимость отражает все возможности, которые могут реализоваться во времени, и показывает варианты в каждой ветви решения, которые неоптимальны и от которых следует отказаться. Дерево решений также представляет диапазон исходов, наихудшим из которых является провал лекарства на третьем этапе одобрения в качестве средства для лечения диабета и 1 типа, и 2 типа (–$366,30 млн в сегодняшних ценах), а наилучшим — одобрение как средства для лечения диабета обоих типов ($887,05 млн в сегодняшних ценах).

Один элемент в последнем комплекте ветвей может показаться странным. Обратите внимание на то, что приведенная стоимость разработки лекарства для лечения только диабета 2 типа отрицательна (–$97,43 млн). Почему компания все же должна заниматься такой разработкой? А потому, что вариант отказа от лекарства на последнем этапе процесса одобрения имеет еще более значительную отрицательную приведенную стоимость (–$328,74 млн). На это можно взглянуть и по-другому — как на предельный эффект разработки лекарства только от диабета 2 типа. Раз фирма израсходовала эти средства на прохождение всех трех этапов процесса одобрения, то это уже понесенные расходы, которые не влияют на решения[1]. Предельные денежные потоки от разработки лекарства после третьего этапа одобрения дают положительную приведенную стоимость $451 млн (на седьмой год):

Приведенная стоимость разработки лекарства для лечения диабета 2 типа на седьмой год =
= –500 + 125 (PV аннуитета, 10% 15 лет) = $451 млн.

Обратная свертка дерева решений позволяет видеть стоимость лекарства/компании на каждом этапе процесса одобрения.

[1] Правильнее рассматривать в качестве понесенных расходов только затраты первых двух этапов, поскольку к концу второго этапа фирма знает, что лекарство эффективно только при лечении диабета 2 типа. Даже если мы будем рассматривать затраты только первых двух этапов в качестве понесенных расходов, с точки зрения приведенной стоимости все равно есть смысл выходить на третью стадию.

Использование при принятии решений

Использование деревьев решений полезно по целому ряду причин, и можно только удивляться, почему этот метод не находит более широкого применения при анализе.

- *Динамический ответ на риск*. Дерево решений связывает действия и варианты выбора с исходами неопределенных событий и заставляет задуматься над тем, как следовало бы действовать в других обстоятельствах. В результате вы заранее готовитесь к любым исходам, которые могут реализоваться, и позволяете застать себя врасплох. В иллюстрации, приведенной в предыдущем разделе, например, вы получаете план действий независимо от результатов третьего этапа процесса одобрения.
- *Стоимость информации*. Дерево решений дает возможность по-иному взглянуть на стоимость информации при принятии решений. Хотя в примере с разработкой лекарства все не так очевидно, это можно увидеть при принятии решения, стоит ли выходить с продуктом на пробный рынок, прежде чем браться за его коммерческую разработку. При пробном выводе продукта на рынок вы получаете больше информации о вероятности успеха. Можно оценить ожидаемую стоимость этой дополнительной информации в дереве решений и сравнить ее со стоимостью пробного маркетинга.
- *Управление риском*. Поскольку дерево решений дает картину развертывания денежных потоков во времени, оно полезно при определении, от каких рисков следует защищаться и что дает такая защита. Возьмем, например, дерево для актива, где пессимистичный сценарий реализуется, если доллар падает по отношению к евро. Если у вас есть возможность захеджироваться от этого риска, то стоимость хеджирования можно сравнить с потерей денежного потока в пессимистичном сценарии.

В целом деревья решений представляют собой гибкий и эффективный инструмент анализа рисков на каждом этапе, позволяя принимать решения с учетом исходов предыдущего этапа. Помимо измерения риска они заставляют вас заранее обдумывать реакцию как на негативный, так и на позитивный исход на каждом этапе.

Проблемы

С одними видами риска дерево решений позволяет справиться, а с другими — нет. Например, дерево решений лучше всего подходит для последовательного риска, взять хотя бы процесс FDA, где одобрение происходит поэтапно. Риск, который влияет на актив параллельно, не так просто смоделировать на дереве решений[1].

Как и анализ сценариев, дерево решений представляет риск с точки зрения дискретных исходов. Это не проблема в случае процесса одобрения FDA, где существуют только два исхода — успех и провал. Однако в случае большинства других рисков набор исходов намного шире, и приходится создавать дискретные категории исходов, чтобы остаться в рамках дерева решения. Например, при интерпретации результатов пробного маркетинга можно принять, что продажа более 100 000 единиц — крупный успех, от 60 000 до 100 000 единиц — средний результат, а ниже 60 000 — провал.

Разбивая последовательный риск на дискретные группы, вы сталкиваетесь с вопросами, на которые сложно ответить. Например, вам нужно оценить денежный поток для каждого исхода и связанной с ним вероятностью. В частности, в случае разработки лекарства придется оценивать стоимость и вероятность успеха на каждом этапе. Когда дело доходит до таких оценок, позитивной стороной является то, что можно положиться на эмпирические данные по частоте, с которой лекарства на каждом этапе переходят на следующий этап, и на историческую стоимость тестирования лекарственных средств. Однако при наличии значительных расхождений в условиях успеха лекарств на первом этапе в дереве решений накапливаются ошибки.

Ожидаемая стоимость, получаемая с помощью дерева решений, сильно зависит от того, насколько строго вы соблюдаете дисциплину в точках решений. Другими словами, когда оптимальным решением является отказ от продукта при провале пробного маркетинга, а ожидаемая стоимость вычисляется на основе этого допущения, целостность процесса и ожидаемая стоимость быстро теряются, если вы решаете не обращать внимания на провал пробного маркетинга и приступаете к полномасштабной разработке продукта.

Стоимость с учетом риска и дерево решений

Чем же являются деревья решений, альтернативой или дополнением к методу дисконтированных денежных потоков? Ответ неоднозначен, поскольку некоторые аналитики полагают, что деревья решений, предполагая возможность как хороших, так и плохих исходов, дают стоимость с учетом риска. Фактически они заявляют, что правильной ставкой дисконтирования при оценке приведенной стоимости в дереве решений

[1] Чтобы смоделировать такие риски на дереве решений, они должны быть независимыми друг от друга. Иными словами, здесь не должно быть последовательности.

является безрисковая ставка. Таким образом, корректировка ставки дисконтирования с учетом риска, по их мнению, ведет к двойному учету риска. За исключением некоторых исключительных ситуаций их доводы некорректны.

- *Ожидаемые стоимости не учитывают риск*. Рассмотрим дерево решений, где денежные потоки оцениваются по возможным исходам и их вероятности. Получаемая при этом ожидаемая стоимость, взвешенная по вероятности, не учитывает риска. Единственным основанием для использования безрисковой ставки является то, что риск, встроенный в неопределенные исходы, специфичен для актива и может быть диверсифицирован. В этом случае ставка дисконтирования с учетом риска должна быть равной безрисковой ставке. В случае получения одобрения FDA при разработке лекарства, например, это может служить обоснованием для безрисковой ставки для дисконтирования денежных потоков в течение первых семи лет, когда единственным риском является риск неполучения одобрения. После седьмого года риск, скорее всего, будет содержать рыночный элемент, и ставка с учетом риска должна быть выше безрисковой ставки.
- *Двойной учет риска*. Необходимо очень внимательно следить за тем, чтобы не учесть один и тот же риск дважды в дереве решений при использовании ставок с учетом риска, которым присваивается высокое значение для отражения возможности провала на более ранних стадиях. Наглядным примером этого явления служит оценка венчурного капитала. В главе 23 мы отмечали, что венчурные капиталисты нередко оценивают начинающие компании по стоимости выхода, на основе прогнозных прибылей и мультипликаторов прибыли в будущем, а затем дисконтируют стоимость выхода по целевой ставке доходности. При таком подходе, например, сегодняшнюю стоимость фирмы, которая в настоящий момент несет убытки, но, как ожидается, будет получать \$10 млн через пять лет (когда расчетный мультипликатор прибыли на момент первоначального публичного предложения составляет 40), можно определить следующим образом (если целевая ставка равно 35%):

$$\text{Стоимость фирмы через пять лет} = \\ = \text{прибыль в год } 5 \times PE = 10 \times 40 = \$400 \text{ млн.}$$

$$\text{Стоимость фирмы сегодня} = \$400/1{,}35^5 = \$89{,}20 \text{ млн.}$$

Заметим, однако, что целевая ставка установлена на таком высоком уровне (35%) из-за вероятности банкротства фирмы. Это можно представить графически в виде простого дерева решений (рисунок 33.5).

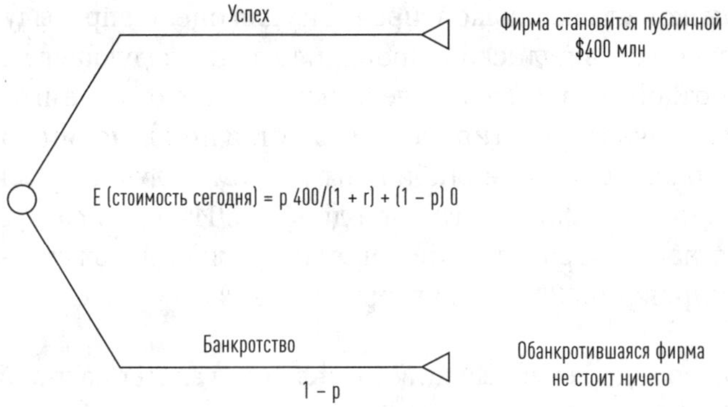

Рисунок 33.5. *Дерево решений для начинающей фирмы*

Предположим, что r — правильная ставка дисконтирования, основанная на риске, который несет венчурный капиталист в этом предприятии. Возвращаясь к численному примеру, допустим, что эта ставка дисконтирования равна 15%. Можно решить уравнение для подразумеваемой вероятности банкротства, встроенной в оценку стоимости ($89,20 млн), полученную венчурным капиталистом:

$$\text{Расчетная стоимость} = \$89{,}20 = \frac{\$400}{1{,}15^5}(p).$$

Решив уравнение для p, получим вероятность успеха 44,85%. С этим значением вероятности вы придете к такой же стоимости, что и венчурный капиталист, если будете использовать правильную ставку дисконтирования. Применение целевой ставки 35% для дисконтирования даст значительно более низкую стоимость, поскольку риск учитывается дважды. Таким же образом можно показать, почему использование высокой ставки дисконтирования при оценке биотехнологической фирмы в дереве решений приведет к занижению стоимости, особенно если ставка дисконтирования уже отражает вероятность того, что лекарство не дойдет до коммерческого производства. Если риск процесса одобрения является специфическим для лекарства и, следовательно, диверсифицируемым, то ставка дисконтирования должна быть умеренной даже для продукта с высокой вероятностью непрохождения начальных этапов процесса одобрения.

- *Правильная ставка дисконтирования*. Если правильная ставка дисконтирования, используемая в дереве решений, должна отражать деловой риск в перспективе, то ставки дисконтирования будут, скорее всего, разными в разных точках дерева. Например, необычный успех на этапе пробного маркетинга может дать более предсказуемые денежные потоки, чем обычный результат. Это ведет к использованию более низкой ставки дисконтирования для оценки предыдущего и более высокой ставки дисконтирования для последующего. В примере с разработкой лекарства вполне возможно, что ожидаемые денежные потоки в случае эффективности лекарства при лечении обоих типов диабета окажутся более стабильными, чем в случае эффективности при лечении только одного типа диабета. Из этого следует, что для первого набора денежных потоков правильной может быть ставка дисконтирования 8%, а для второго — 12%.

Таким образом, деревья решений не являются альтернативой для определения стоимости с учетом риска. Их можно рассматривать как другой способ учета дискретного риска, который сложно ввести в ожидаемые денежные потоки или ставки дисконтирования.

ИМИТАЦИОННОЕ МОДЕЛИРОВАНИЕ

Если анализ сценариев и деревья решений помогают нам оценивать влияние дискретного риска, то имитационное моделирование позволяет анализировать последствия непрерывного риска. Учитывая, что большинство рисков в реальном мире генерируют сотни возможных исходов, имитационное моделирование дает нам более полную картину риска актива или инвестиции.

Этапы имитационного моделирования

В отличие от анализа сценариев, где мы смотрим на стоимость при различных сценариях, моделирование позволяет более гибко обходиться с неопределенностью. В классическом варианте для каждого параметра (роста, рыночной доли, операционной маржи, коэффициента бета и т. д.) оценивается распределение стоимостей. При каждом имитационном эксперименте из каждого распределения берут один из исходов для генерирования уникального сочетания денежных потоков и стоимости. На основе большого числа имитационных экспериментов можно получить распределение стоимости инвестиции или актива, которое отражает базовую неопределенность входных параметров оценки. Имитационное моделирование осуществляется в следующем порядке:

1. *Определение вероятностных переменных*. В любом анализе потенциально существуют десятки входных параметров, одни из которых предсказуемы, а другие нет. В отличие от анализа сценариев и деревьев решений, где число переменных и потенциальных исходов должно быть небольшим, при имитационном моделировании

число переменных не ограничено. По крайней мере теоретически мы можем определить вероятностное распределение для каждой из них и для каждого параметра оценки. В реальности, впрочем, это требует много времени и может не дать значительного выигрыша, особенно в случае входных параметров, незначительно влияющих на стоимость. В результате имеет смысл сосредоточиться на нескольких переменных, которые в наибольшей мере влияют на стоимость.

2. *Определение вероятностного распределения этих переменных*. Это ключевой и наиболее сложный этап анализа. В целом есть три пути определения вероятностных распределений:
   а) *исторические данные*. Для переменных, которые имеют историю существования и по которым есть надежные данные, распределения можно строить на основе исторических данных. Допустим, вы пытаетесь определить распределение ожидаемых изменений ставки долгосрочных казначейских облигаций (чтобы использовать в качестве входного параметра инвестиционного анализа). Вы можете принять гистограмму на рисунке 33.6, отображающую годовые изменения ставки по казначейским облигациям с 1928 по 2010 г. в качестве распределения для будущих изменений. Такой подход подразумевает, что на рынке не было таких структурных изменений, которые могли бы сделать исторические данные недостоверными;

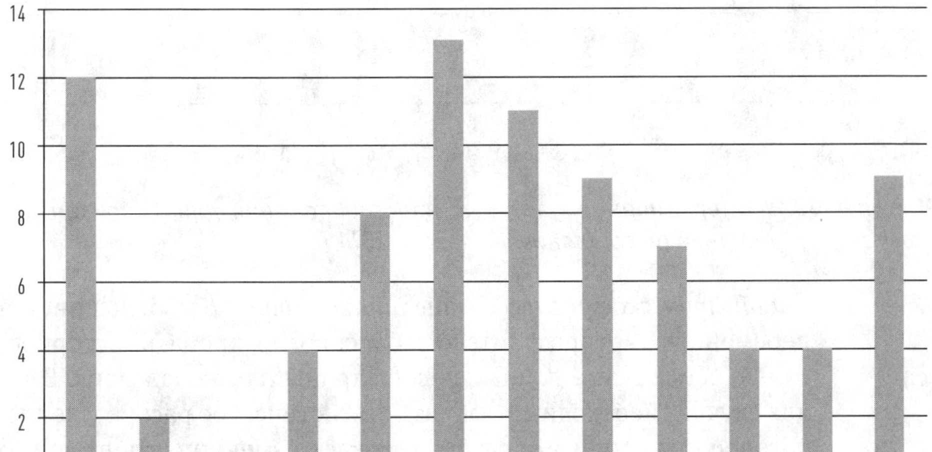

Рисунок 33.6. *Годовое изменение ставки по американским 10-летним казначейским облигациям*

б) *данные по сегментам*. В некоторых случаях можно заменить данные по дискретным производным конкретных переменных на данные по существующим инвестициям, сходным с анализируемой инвестицией. Допустим, вы оцениваете софтверную фирму, и вас беспокоит волатильность операционной маржи. На рисунке 33.7 представлено распределение операционной маржи до налогообложения для софтверных компаний в 2011 г.

В имитационном эксперименте вы можете либо непосредственно использовать это распределение, либо найти близкое по характеристикам стандартное статистическое распределение. Обратите, впрочем, внимание на то, что при использовании этого распределения вы фактически допускаете, что базовое распределение маржи для всех софтверных фирм одинаково.

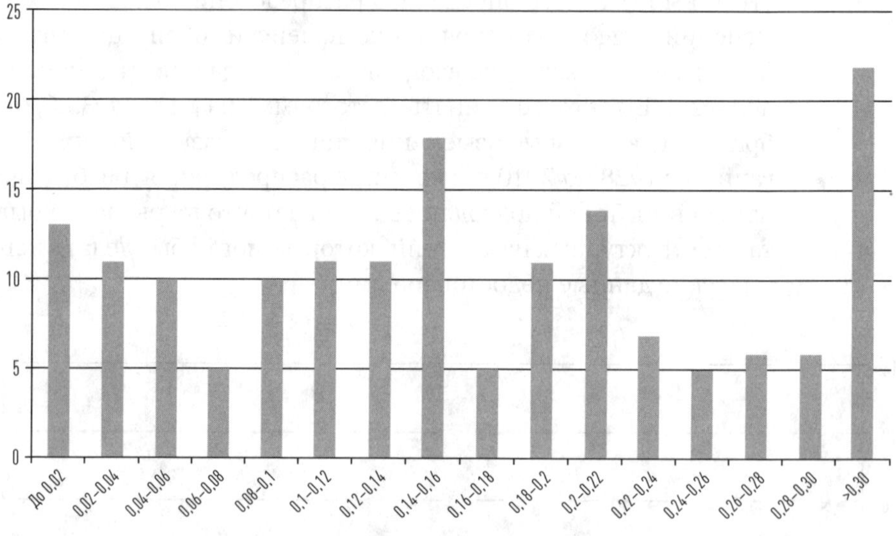

Рисунок 33.7. *Операционная маржа до налогообложения для американских софтверных компаний по состоянию на январь 2011 г.*

в) *статистическое распределение и параметры*. Для большинства переменных, которые хотелось бы спрогнозировать, исторические и сегментные данные недостаточны или ненадежны. В таких случаях необходимо выбрать статистическое распределение, которое наилучшим образом отражает изменчивость входного параметра, и оценить характеристики этого распределения. Например, вы может прийти к заключению, что операционная маржа для софтверных компаний распределяется равномерно, с минимумом, равным 0%, и максимумом — 35%, и что рост выручки имеет нормальное распределение с ожидаемым значением

15% и стандартным отклонением 10%. Существует множество программ моделирования для персональных компьютеров, которые дают массу распределений, однако выбрать правильное распределение и характеристики распределения все равно сложно.

Во-первых, мало какие входные параметры, с которыми мы имеем дело на практике, отвечают жестким требованиям статистических распределений. Рост выручки, например, не может реально иметь нормального распределения, поскольку наименьшее значение, которое она способна принять, составляет –100%. Таким образом, приходится останавливаться на статистических распределениях, которые достаточно близки к реальному распределению, чтобы ошибки не сделали заключение недействительным. Во-вторых, параметры в любом случае необходимо оценивать после выбора распределения. Для этого можно использовать исторические или сегментные данные. В случае роста выручки можно взять рост в прошлые годы или темпы роста по группе сопоставимых компаний. Однако в случае структурных изменений они становятся ненадежными, а группа сопоставимых компаний быть не вполне сопоставимой.

В целом вероятностные распределения являются дискретными для одних входных параметров и непрерывными для других и должны основываться в одних случаях на исторических данных, а в других — на статистических распределениях.

3. *Проверка на корреляцию между переменными*. Несмотря на соблазн перейти к имитационным экспериментам сразу после определения распределений, очень важно сначала оценить корреляцию переменных. Допустим, вы определяете вероятностные распределения для процентных ставок и инфляции. Хотя оба параметра могут быть критическими для определения стоимости, они с высокой вероятностью коррелируют друг с другом — высокая инфляция обычно сопровождается высокими процентными ставками. При наличии сильной корреляции, положительной или отрицательной, между параметрами есть два пути. Первый — взять только один параметр в качестве переменной (имеет смысл выбрать тот параметр, который в наибольшей мере влияет на стоимость). Второй — встроить корреляцию в явном виде в модель (это требует более сложных программных средств и вносит дополнительные детали в процесс оценки).
4. *Выполнение имитационного эксперимента*. В первом эксперименте выбирают по одному исходу из каждого распределения и вычисляют стоимость на основе этих исходов. Процесс можно повторять

столько раз, сколько необходимо, хотя вклад каждого имитационного эксперимента уменьшается с увеличением их числа. Число имитационных экспериментов, которые необходимо выполнить, определяется следующим образом:

- *Число вероятностных входных параметров*. Чем больше входных параметров имеет вероятностное распределение, тем больше требуется имитационных экспериментов.
- *Характеристики вероятностных распределений*. Чем больше разнообразие распределений в анализе, тем больше требуется имитационных экспериментов. Так, число необходимых имитационных экспериментов в том случае, когда все входные параметры имеют нормальные распределения, будет меньше, чем в случае, когда часть из них имеют нормальные распределения, часть основаны на распределениях исторических данных, а часть являются дискретными.
- *Диапазон исходов*. Чем больше потенциальный диапазон исходов для каждого входного параметра, тем больше требуется имитационных экспериментов.

Большинство программ моделирования позволяют пользователям проводить тысячи имитационных экспериментов, причем увеличение их числа не требует приложения значительных усилий. С учетом этого лучше выполнить много экспериментов, чем мало.

Обычно два препятствия мешают выполнить хорошее имитационное моделирование. Одно из них информационное: определение распределения значений каждого входного параметра оценки — трудная задача. Другими словами, намного легче оценить уровень ожидаемых темпов роста выручки на следующие пять лет, скажем 8%, чем определить распределение ожидаемых темпов роста выручки, т. е. тип распределения, характеристики этого распределения. Второе — вычислительное: до распространения персональных компьютеров имитационное моделирование поглощало слишком много времени и сил рядового аналитика. Серьезность обоих этих препятствий уменьшилась в последние годы, и имитационное моделирование стало более доступным.

ИЛЛЮСТРАЦИЯ 33.4. *Оценка компании Exxon Mobil с использованием метода Монте-Карло*

В главе 22 мы оценивали Exxon Mobil, интегрированную компанию, по состоянию на 2009 г. На рисунке 33.8 мы воспроизводим кривую операционной прибыли Exxon в зависимости от средней цены на нефть в каждом году в период с 1985 по 2008 г.

Также в главе 22 мы построили регрессию операционной прибыли Exxon Mobil по цене барреля нефти и получили следующее:

Операционная прибыль = −6395 + 911,32 (средняя цена нефти) R^2 = 90,2%

[(2,950)], [(14,59)]

Операционная прибыль Exxon Mobil вырастает на $9,11 млрд на каждые $10 прироста цены барреля нефти, и 90% изменения прибыли Exxon во времени связано с движением цены на нефть[1].

В главе 22 мы сделали следующие допущения при оценке стоимости собственного капитала Exxon на март 2009 г.:

- Мы оценили восходящий коэффициент бета как 0,90, а затем использовали ставку по казначейским облигациям в размере 2,5% и риск инвестирования в акции 6,5% для оценки стоимости привлечения собственного капитала.

Стоимость привлечения собственного капитала = 2,5% + 0,90 (6,5%) = 8,35%.

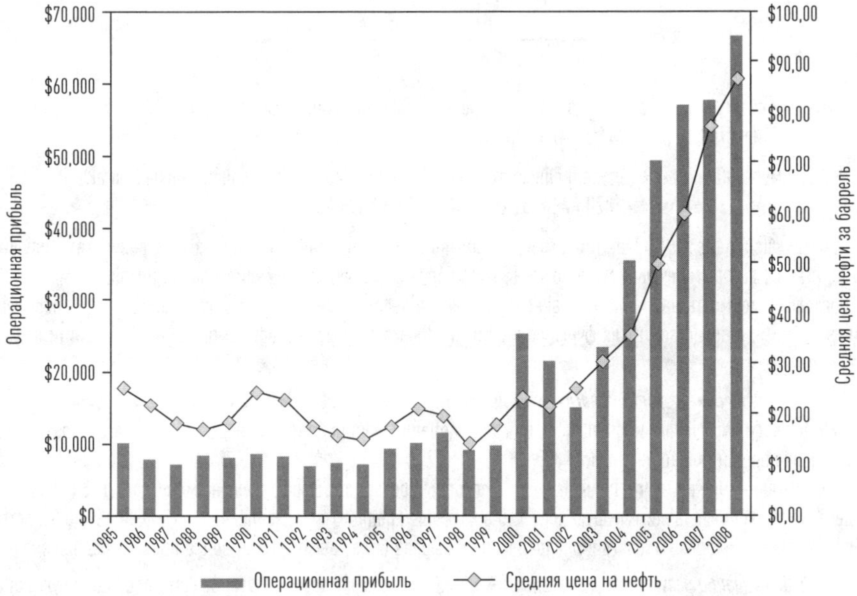

Рисунок 33.8. *Операционная прибыль Exxon Mobil в зависимости от цены на нефть, 1985–2008 гг.*

Exxon имела непогашенный долг $9,4 млрд и рыночную капитализацию $320,4 млрд (4941,63 млн акций, торгующихся по $64,83), что дает коэффициент долга 2,85%. Как компания с рейтингом ААА она имела ожидаемую стоимость заимствования 3,75%, которая отражала дефолтный спред в размере 1,25% по отношению к безрисковой ставке. Используя предельную ставку налогообложения 38% (а не эффективную налоговую ставку) и коэффициент «долг/капитал», равный 2,85%, мы получаем расчетную стоимость привлечения капитала для компании в размере 8,18%.

Стоимость привлечения капитала = 8,35% (0,9715) + 3,75% (1–0,38) (0,0285) = 8,18%.

- Exxon Mobil находится в фазе стабильного роста с темпами роста операционной прибыли 2% в год в бесконечной перспективе. Новые инвестиции, как ожидается, должны приносить рентабельность капитала, которая отражает нормализованную операционную прибыль и вложения в оборотный капитал; эта рентабельность капитала используется для расчета коэффициента реинвестирования.

[1] Эта взаимосвязь очень сильна, поскольку Exxon уже не одно десятилетие является крупной и стабильной компанией. У менее крупных, развивающихся нефтяных компаний взаимосвязь между прибылями и ценой на нефть будет, скорее всего, слабее.

Хотя Exxon Mobil объявила операционную прибыль более $60 млрд в 2008 г., цена на нефть упала до $45 к марту 2009 г., и мы оцениваем нормализованную прибыль компании как $34 614 млн.

Нормализованная операционная прибыль = –6395 + 911,32 ($45) = $34 614.

При такой операционной прибыли рентабельность капитала составляет примерно 21%, коэффициент реинвестирования — 9,52%, с учетом 2%-ных темпов роста[1].

Коэффициент реинвестирования = g/ROC = 2/21% = 9,52%.

$$\text{Стоимость операционных активов} = \frac{\text{операционная прибыль}(1+g)(1-\text{налоговая ставка})\left(1-\frac{g}{ROC}\right)}{\text{стоимость привлечения капитала} - g} =$$

$$= \frac{34\,614(1{,}02)(1-0{,}38)\left(1-\frac{2\%}{21\%}\right)}{0{,}0818-0{,}02} = \$320\,472 \text{ млн.}$$

Если добавить текущий остаток денежных средств ($32 007 млн), вычесть долг ($9400 млн) и разделить результат на количество акций (4941,63 млн), то мы получим стоимость на акцию.

Стоимость на акцию = (операционные активы + денежные средства – долг)/количество акций =
= (320 472 + 32 007–9400)/4941,63 = $69,43/акция.

При текущей цене $64,83 акции выглядят немного недооцененными. Однако это результат допущения, в соответствии с которым текущая цена нефти ($45 за баррель) является нормализованной ценой.

Поскольку стоимость на акцию так зависит от цены на нефть, имеет смысл сделать цену на нефть переменной, стоимость компании представить как функцию этой цены. Имитационные эксперименты помогут нам найти цифровые значения для этого.

Этап 1. *Определение вероятностного распределения для цен на нефть.* Мы использовали исторические данные по ценам на нефть с учетом инфляции и для определения распределения, и для оценки его характеристик. Распределение представлено на рисунке 33.9.

Обратите внимание на то, что цены на нефть могут варьировать от $8 за баррель на минимуме до $120 за баррель и выше. Хотя мы использовали текущую цену $45 в качестве среднего для распределения, можно было бы встроить мнение относительно цены на нефть в распределение, выбрав более высокое или более низкое среднее значение[2].

Этап 2. *Связывание результатов деятельности с ценой на биржевой товар.* Чтобы связать операционную прибыль с ценой на биржевой товар, мы использовали результаты регрессии из более ранней иллюстрации:

Операционная прибыль = –6395 + 911,32 (средняя цена) R^2 = 90,2%.
[2,95]   [14,59]

---

1 Чтобы рассчитать рентабельность капитала, мы сложили балансовую стоимость собственного капитала ($126 044 млн) и балансовую стоимость долга ($9566 млн) и вычли денежные средства ($33 981 млн) на конец 2007 г. и, таким образом, получили стоимость инвестированного капитала в размере $101 629 млн. Рентабельность капитала определяется следующим образом:

Рентабельность капитала = операционная прибыль
(1 – налоговая ставка)/инвестированный капитал =
= 34 614 (1 – 0,38)/101 629 = 21,1%.

2 Мы использовали тридцатилетние исторические данные с учетом инфляции для формирования эмпирического распределения. Затем мы выбрали такое статистическое распределение (логнормальное), которое лучше всего соответствовало эмпирическому, и выбрали значения характеристик, которые давали показатели, наиболее близкие к историческим данным.

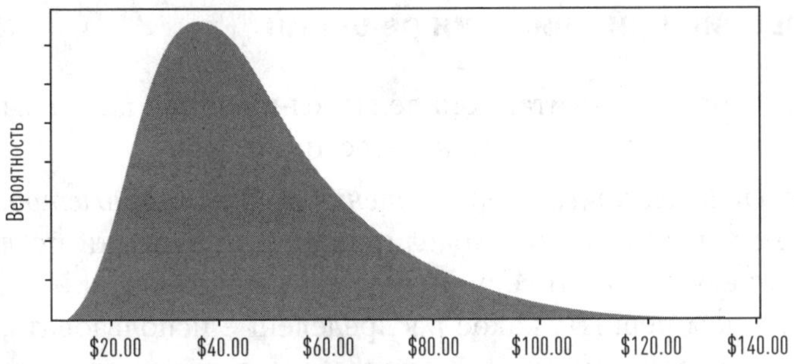

Рисунок 33.9. *Распределение цен на нефть — исторические данные*

Как мы отметили в предыдущем разделе, регрессия дает хорошие результаты в случае Exxon, но может не работать в случае менее крупных, более волатильных сырьевых компаний.

Этап 3. *Оценка стоимости как функции результатов операционной деятельности.* Поскольку операционная прибыль изменяется, существуют два уровня, на которых затрагивается стоимость фирмы. Первый — когда более низкая операционная прибыль, при неизменности прочих параметров, уменьшает свободный денежный поток и снижает стоимость. Второй — когда с изменением операционной прибыли пересчитывается рентабельность капитала, при неизменности инвестированного капитала. При падении операционной прибыли падает и рентабельность капитала, и фирме приходится инвестировать больше, чтобы поддерживать стабильные темпы роста на уровне 2%. Хотя можно допустить, что при этом меняются и стоимость привлечения капитала, и темпы роста, удобнее считать, что они остаются постоянными.

Этап 4. *Определение распределения для стоимости.* Мы выполнили 10 000 имитационных экспериментов при меняющейся цене на нефть и в каждом случае оценивали стоимость фирмы и стоимость на акцию. Результаты представлены на рисунке 33.10.

Средняя стоимость на акцию по имитационным экспериментам составила $69,59 при минимальной стоимости $2,25 и максимальной стоимости $324,42. Существует, однако, 50%-ная вероятность того, что стоимость на акцию будет меньше $64,83 (текущая цена акции). Иначе говоря, этот подход дает не только стоимость на акцию для компании, но и вероятность того, что фирма реально является недооцененной (менее 50%). Такая информация может влиять на инвестиционное решение.

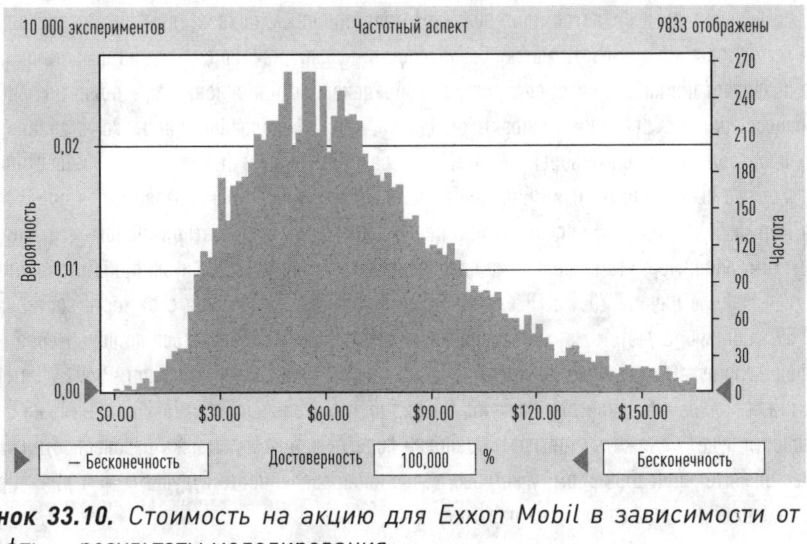

Рисунок 33.10. *Стоимость на акцию для Exxon Mobil в зависимости от цены на нефть — результаты моделирования*

Использование при принятии решений

Хорошо выполненное имитационное моделирование дает нам не только ожидаемую стоимость актива или инвестиции.

- *Оно дает более качественную оценку входных параметров*. При идеальном имитационном моделировании аналитики исследуют как исторические, так и сегментные данные по каждой переменной, прежде чем решить, какое распределение использовать, и определить его характеристики. В процессе моделирования у них появляется возможность избежать субъективности, которая ассоциируется с использованием точечных оценок. Многие оценки на основе дисконтированных денежных потоков опираются на данные по ожидаемым темпам роста, которые поступают от руководителей компаний или аналитиков и нередко не имеют связи с фактами.
- *Оно дает распределение ожидаемых стоимостей, а не точечную оценку*. Возьмем оценку Exxon Mobil из предыдущей иллюстрации. Помимо ожидаемой стоимости $69,59 на акцию мы получили также стандартное отклонение этой стоимости и разбивку стоимостей

МАРЖА БЕЗОПАСНОСТИ И ИМИТАЦИОННОЕ МОДЕЛИРОВАНИЕ

Маржа безопасности — это мера, широко используемая инвесторами в стоимости для контроля риска инвестирования. Она работает следующим образом. Консервативному инвестору в стоимость для покупки нужно, чтобы акция оценивалась более чем на X% (10, 15 или 20%) ниже ее стоимости. X% и есть та самая маржа безопасности. Как величина интуитивная, маржа безопасности является альтернативой традиционным показателям риска, поскольку для того, чтобы использовать маржу безопасности, нужно сначала оценить стоимость акции. Она позволяет привнести ваше восприятие неопределенности и склонность к принятию риска в процесс принятия решений. На практике, однако, маржа безопасности нередко устанавливается произвольно и широко варьирует от инвестора к инвестору и от инвестиции к инвестиции.

Хорошо выполненное имитационное моделирование можно использовать для определения маржи безопасности, поскольку оно дает информацию о расчетной ошибке стоимости. Допустим, например, что ваша маржа безопасности составляет 20%, и вы присматриваетесь к Exxon Mobil в начале 2009 г. В случае Exxon Mobil, где ожидаемая стоимость составляет $69,59 на акцию, с учетом маржи безопасности акция должна торговаться по цене менее $45 (определено путем отделения 20% или 2000 исходов из ожидаемой стоимости $69,59), чтобы она стала привлекательной для покупки. Очевидно, что увеличение (уменьшение) маржи безопасности будет понижать (повышать) ценовой порог. Кроме того, маржа безопасности будет более значительной для фирм, у которых выше неопределенность будущего, чем для фирм, где вы более уверены во входных параметрах.

по процентилям. Распределение подчеркивает очевидный, но очень важный факт — оценки стоимости рискованных активов, которые дают модели, не являются точными, и объясняет, почему аналитики по-разному оценивают стоимость одного и того же актива.

Есть две вещи, связанные с имитационным моделированием, которые нам не хотелось бы делать. Первая — это утверждать, что имитационное моделирование позволяет оценивать ожидаемую стоимость лучше, чем традиционные модели с учетом риска. На деле ожидаемая стоимость, полученная в результате имитационного моделирования, должна быть близкой к ожидаемой стоимости, которую дает использование ожидаемых значений входных параметров (а не полное распределение). Вторая — это утверждать, что имитационное моделирование, давая оценки ожидаемой стоимости и распределение этой стоимости, позволяет принимать более качественные решения. Это справедливо не всегда, поскольку выгоды, которые лица, принимающие решения, получают от более полной картины неопределенности стоимости рискованного актива, могут с лихвой перекрываться неправильным применением этой меры риска. Как мы покажем далее, риск очень часто учитывают дважды при имитационном моделировании, а решения принимают с учетом не того риска.

Имитационное моделирование с ограничениями

Существует второй подход к использованию имитационного моделирования, когда имеются ограничения, которые в случае их нарушения приводят к очень большим издержкам и даже к ликвидации фирмы. Например, когда анализируется вероятность нарушения ограничения при текущих характеристиках фирмы и его влияние на стоимость. В этом разделе мы рассмотрим некоторые их таких ограничений.

Ограничения балансовой стоимости. Балансовая стоимость собственного капитала — это результат бухгалтерского учета и сама по себе значит очень мало. Фирмы вроде Google и Apple торгуются по рыночной стоимости, которая в несколько раз больше балансовой стоимости. На другом конце спектра находятся фирмы, которые торгуются намного ниже балансовой стоимости. Фактически несколько сотен фирм в США (некоторые с очень значительной рыночной стоимостью) имеют отрицательную балансовую стоимость собственного капитала. Существуют два вида ограничений на балансовую стоимость собственного капитала, которые могут влиять на стоимость фирмы.

1. *Ограничения капитала, устанавливаемые регулирующими органами*. Фирмы в сфере финансовых услуг, такие как банки и страховые компании, должны поддерживать балансовую стоимость собственного капитала как долю от кредитов или других активов выше определенного уровня, установленного регулирующими органами. Те, кто нарушает эти требования к капиталу, могут попасть под управление регулирующими органами и прекратить деятельность. Не удивительно, что фирмы сферы финансовых услуг не только внимательно следят за балансовой стоимостью своего собственного капитала (и соответствующими коэффициентами), но и понимают, что риск их инвестиций или позиций может привести к падению балансовой стоимости собственного капитала. Фактически стоимость под риском (value at risk — VAR), используемый многими фирмами в сфере финансовых услуг инструмент измерения риска, является попыткой понять потенциал риска инвестиций и подготовиться к возможности катастрофического исхода, даже если его вероятность очень низка. Моделируя стоимость инвестиций при различных сценариях, инвесторы могут идентифицировать не только возможность невыполнения банком требований к финансовым коэффициентам, но и последствия оценки, которые могут варьировать от потери всей стоимости собственного капитала в худшем случае до разводнения в результате выпуска нового акционерного капитала в лучшем случае.
2. *Отрицательная балансовая стоимость собственного капитала*. Как уже говорилось, в США есть сотни фирм с отрицательной стоимостью собственного капитала, которые прекрасно существуют и имеют высокую рыночную стоимость собственного капитала. В некоторых странах отрицательная балансовая стоимость собственного капитала может очень дорого обходиться фирме и ее инвесторам. Так, компании с отрицательной стоимостью собственного капитала в некоторых частях Европы обязаны привлечь новый акционерный капитал с тем, чтобы поднять балансовую стоимость выше нуля. В некоторых странах Азии компаниям с отрицательной стоимостью собственного капитала запрещено выплачивать дивиденды. Даже в США кредиторы фирм могут выдвигать ограничительные оговорки, которые позволяют им получать как минимум частичный контроль над фирмой, если балансовая стоимость ее собственного капитала становится отрицательной. Как и в случае регуляторных требований к капиталу, инвесторы могут использовать имитационное моделирование для оценки вероятности появления отрицательной балансовой стоимости собственного капитала и учета последствий этого для стоимости.

Ограничения долга. При оценке с использованием метода дисконтированных денежных потоков стоимость фирмы определяется как стоимость действующего предприятия путем дисконтирования ожидаемых денежных потоков по ставке с учетом риска. Вычитание долга из такой оценки дает стоимость собственного капитала. Возможность и потенциальные издержки, связанные с неспособностью осуществлять выплаты по долгу, учитываются в ставке дисконтирования лишь поверхностно. В реальности издержки невыполнения договорных обязательств могут быть значительными. Фактически они, в целом, классифицируются как косвенные издержки банкротства и могут включать в себя убыток клиентов, более жесткие условия предоставления кредита поставщиком и более высокую текучесть кадров. Восприятие фирмы как организации, испытывающей финансовые затруднения, может добавить неприятностей. Позволяя инвесторам сравнивать стоимость компании с непогашенными требованиями к ней при всех возможных сценариях (а не только при наиболее вероятном сценарии), имитационное моделирование дает им возможность не только количественно оценить вероятность финансовых затруднений, но и встроить косвенные издержки банкротства в оценку. В результате появляется возможность прямого моделирования влияния финансовых затруднений на ожидаемые денежные потоки и ставки дисконтирования.

Проблемы

Использование имитационного моделирования в инвестиционном анализе впервые было предложено в статье Дэвида Херца в журнале *Harvard Business Review*[1]. Он утверждал, что использование вероятностных распределений для входных переменных, а не отдельных наилучших оценок, дает более информативный результат. В примере, который он привел в работе, имитационное моделирование применялось для сравнения распределений доходности двух инвестиций. Инвестиция с более высокой ожидаемой доходностью также имела более высокую вероятность потери денег (что рассматривалось как индикатор ее рискованности). Позднее к сторонникам имитационного моделирования примкнули несколько аналитиков, которые получили смешанные результаты. В последние годы возник интерес к имитационному моделированию как к инструменту оценки риска, особенно в контексте деривативов. Впрочем, есть несколько ключевых проблем, которые приходится решать при использовании имитационного моделирования для оценки риска:

1 Херц (Hertz, 1964) является автором классической работы по использованию вероятностных подходов в принятии решений.

- *Мусор на входе — мусор на выходе*. При имитационном моделировании, чтобы получить стоимость, выбранные для входных параметров распределения должны основываться на анализе и данных, а не на умозаключениях. Стоит отметить, что имитационное моделирование дает результаты, которые выглядят превосходно, даже когда входные данные случайны. Ничего не подозревающие лица, принимающие решения, могут, таким образом, получить ничего не значащие картины риска инвестиций. Помимо этого имитационное моделирование требует более чем поверхностного знания статистических распределений и их характеристик. Аналитики, которые не видят разницы между нормальным и равномерным распределением, не должны заниматься имитационным моделированием.
- *Реальные данные могут не подходить распределениям*. Проблема реального мира заключается в том, что данные редко отвечают строгим требованиям статистических распределений. Использование вероятностного распределения, которое имеет мало общего с истинным распределением входных переменных, дает результаты, вводящие в заблуждение.
- *Нестационарные распределения*. Даже когда данные соответствуют статистическому распределению или когда доступны исторические распределения данных, сдвиги в рыночной структуре могут приводить к изменению распределений. В одних случаях может измениться форма распределения, в других — характеристики распределения. Таким образом, среднее и дисперсия, оцененные по историческим данным для входного параметра с нормальным распределением, могут измениться в следующем периоде. Для чего действительно хотелось бы использовать имитационное моделирование, но что редко удается, так это для определения будущих вероятностных распределений.
- *Изменение корреляции между входными параметрами*. Ранее в этой главе отмечалось, что корреляцию входных переменных можно ввести в имитационное моделирование. Однако это работает только в тех случаях, если корреляция остается стабильной и предсказуемой. Если корреляция между входными переменными меняется со временем, то ее моделирование становится намного проблематичнее.

Стоимость с учетом риска и имитационное моделирование

Когда мы говорили о деревьях решений, то указывали на распространенное заблуждение, связанное с представлением о деревьях решений как об инструменте, учитывающем риск, поскольку в них рассматривается вероятность неблагоприятных событий. Такое же заблуждение характерно и для имитационного моделирования, где предполагается, что денежные потоки от имитационных экспериментов учитывают риск в результате использования вероятностных распределений и что при их дисконтировании необходимо применять безрисковую ставку. За одним исключением такое аргументирование не имеет смысла. Денежные потоки, получаемые в имитационных экспериментах, являются ожидаемыми денежными потоками и не учитывают риска. Следовательно, денежные потоки необходимо дисконтировать по ставке с учетом риска.

Исключением является случай, когда стандартное отклонение стоимостей, полученных на основе имитационного моделирования, используется в качестве измерителя риска инвестиции или актива, и на его основе принимаются решения. В этом случае применение ставки дисконтирования с учетом риска приведет к двойному учету риска. Рассмотрим простой пример. Допустим, вы пытаетесь выбрать один из двух активов, которые оценены с использованием имитационного моделирования и ставок дисконтирования с учетом риска. Результаты приведены в таблице ниже.

Актив	*Ставка дисконтирования с учетом риска (%)*	*Моделирование: ожидаемая стоимость ($)*	*Моделирование: стандартное отклонение (%)*
A	12	100	15
B	15	100	21

Отметим, что вы уже считаете актив B более рискованным и используете более высокую ставку дисконтирования для определения стоимости. Если вы теперь пойдете дальше и откажетесь от актива B на том основании, что его стандартное отклонение выше, то накажете этот актив дважды. Во избежание этого можно заново выполнить моделирование, используя безрисковую ставку в качестве ставки дисконтирования для обоих активов, однако следует соблюдать осторожность. Теперь при выборе актива на основе стандартного отклонения смоделированных стоимостей мы исходим из того, что учитывается весь риск, а не только тот, который не может быть диверсифицирован. Иначе говоря, можно отказаться от актива потому, что он имеет высокое стандартное отклонение смоделированных стоимостей, даже в том случае, если его включение в портфель может привнести лишь небольшой дополнительный риск (поскольку значительная часть его риска поддается диверсификации).

Это не значит, что имитационное моделирование бесполезно для понимания риска. Дисперсия смоделированных стоимостей относительно ожидаемой стоимости визуально сигнализирует о том, что мы оцениваем стоимость в неопределенных условиях. Помимо прочего не исключено, что его можно использовать в качестве инструмента принятия решения при управлении портфелем, выбирая между двумя акциями, которые одинаково недооценены, но имеют разные распределения стоимости. Акция с менее волатильным распределением стоимости может считаться более привлекательной, чем акция с более волатильным распределением стоимости.

ОБЩИЙ ВЗГЛЯД НА ВЕРОЯТНОСТНЫЕ ПОДХОДЫ К ОЦЕНКЕ РИСКА

Теперь, когда мы рассмотрели анализ сценариев, деревья решений и имитационное моделирование, нужно не только решить, где каждый из этих подходов наиболее применим, но и в какой мере они дополняют или заменяют подходы к оценке стоимости с учетом риска.

Сравнение подходов

Если вы решили использовать вероятностный подход к оценке риска и у вас есть возможность выбирать между анализом сценариев, деревьями решений и имитационным моделированием, то на чем следует остановиться? Ответ зависит от того, как вы планируете применять результат, и с какими видами риска имеете дело:

- *Избирательный анализ против полного анализа риска*. При анализе оптимистичного / пессимистичного сценариев мы разбираем только три сценария (оптимистичный вариант, наиболее вероятный вариант и пессимистичный вариант) и отвергаем все прочие. Даже рассмотрение множества сценариев не позволяет получить полную оценку возможных исходов для рискованной инвестиции или актива. В дереве решений и при имитационном моделировании мы пытаемся рассмотреть все возможные исходы. Для этого в дереве решений непрерывный риск преобразуется в поддающийся анализу набор возможных исходов. В случае имитационного моделирования для отражения всех возможных исходов используются распределения. С точки зрения вероятности сумма вероятностей сценариев, которые рассматриваются при анализе сценариев, может быть меньше 1, тогда как сумма вероятностей исходов в деревьях решений и при имитационном моделировании должна быть равной 1. В результате в последнем случае мы можем вычислять ожидаемые стоимости по исходам, используя вероятности как веса, и такие ожидаемые стоимости сопоставимы с единичными оценками стоимости с учетом риска, о которых говорилось в предыдущей главе.

- *Дискретный риск против непрерывного*. Как уже говорилось, анализ сценариев и деревья решений обычно строятся на дискретных исходах рискованных событий, а имитационное моделирование больше подходит для непрерывных рисков. Если взять только анализ сценариев и деревья решений, то последние больше подходят для последовательных рисков, поскольку риск рассматривается поэтапно, а первый легче использовать в случае параллельных рисков.
- *Корреляция рисков*. Когда риски, связанные с инвестицией, коррелируют друг с другом, имитационное моделирование позволяет в явном виде смоделировать эту корреляцию (при условии, что ее можно оценить и спрогнозировать). При анализе сценариев корреляцию можно учитывать субъективно, создавая сценарии, в которых она присутствует. Сценарий с высокой (низкой) процентной ставкой включает в себя также низкий (высокий) экономический рост. Коррелирующие риски трудно смоделировать в дереве решений.

В таблице 33.1 взаимосвязь между типом риска и вероятностным подходом представлена в обобщенном виде.

Таблица 33.1. *Тип риска и вероятностные подходы*

Тип риска			Подход к учету риска
Дискретный/непрерывный	**Коррелирующий/независимый**	**Последовательный/параллельный**	
Дискретный	Независимый	Последовательный	Дерево решений
Дискретный	Коррелирующий	Параллельный	Анализ сценариев
Непрерывный	Любой	Любой	Имитационное моделирование

Наконец, выбор подхода зависит от качества информации. Поскольку при имитационном моделировании необходим доступ к вероятностным распределениям и характеристикам, он работает лучше всего в случаях, когда имеются обширные массивы исторических и сегментных данных. Деревья решений требует оценки вероятностей исходов в каждом узле решений, поэтому они лучше подходят для рисков, которые могут быть оценены либо на основе исторических данных, либо на основе характеристик генеральной совокупности. Неудивительно, что, сталкиваясь с новыми и непредсказуемыми рисками, аналитики обращаются к анализу сценариев, несмотря на его грубость и субъективность.

Дополнение или замена методов определения стоимости с учетом риска

Как мы уже отмечали при рассмотрении и деревьев решений, и имитационного моделирования, эти подходы могут использоваться в качестве дополнения или замены методов определения стоимости с учетом риска. Анализ сценариев всегда будет служить дополнением, поскольку он не учитывает полного спектра возможных исходов.

Когда любой из этих подходов используется в качестве дополнения к методам определения стоимости с учетом риска, не следует забывать об ограничениях, упомянутых в этой главе ранее. Все эти подходы строятся на ожидаемых денежных потоках, а не на денежных потоках с учетом риска, *ставкой дисконтирования, которую следует использовать, является ставка с учетом риска*. Безрисковую ставку нельзя применять для дисконтирования ожидаемых денежных потоков. Во всех трех подходах, впрочем, сохраняется гибкость, и ставка дисконтирования с учетом риска может быть разной для различных исходов. Поскольку все эти подходы также дают диапазон расчетных стоимостей и меру изменчивости (как стоимость в конечных узлах в дереве решений или как стандартное отклонение стоимости в имитационном моделировании), очень важно избегать двойного учета риска. Другими словами, явно несправедливо по отношению к рискованным инвестициям дисконтировать их денежные потоки по ставке с учетом риска (в имитационном моделировании и в деревьях решений), а затем отвергать их из-за высокой дисперсии стоимости.

Как имитационное моделирование, так и деревья решений можно использовать в качестве альтернативы оценке стоимости с учетом риска, однако с учетом определенных ограничений. Первое связано с необходимостью дисконтировать денежные потоки по безрисковой ставке для получения стоимости. Второе — с использованием меры изменчивости стоимостей, полученных при обоих подходах, в качестве показателя риска инвестиции. Сравнивая два актива с одинаковой ожидаемой стоимостью (полученной при использовании безрисковой ставки в качестве ставки дисконтирования) мы выбираем тот, у которого ниже изменчивость расчетных стоимостей. При этом мы предполагаем, что все риски, встроенные в имитационную модель, являются релевантными для принятия инвестиционного решения. Фактически мы игнорируем разницу между рисками, которые могут быть диверсифицированы в портфеле, и рисками, специфическими для актива. Для инвесторов, которые намереваются вложить все свое состояние в один актив, это обоснованно. Для портфельного менеджера, сравнивающего две рискованные акции с расчетом добавить одну из них в диверсифицированный портфель, это дает неправильный результат. Отвергнутая акция с более высокой дисперсией смоделированных стоимостей может не коррелировать с другими инвестициями в портфеле и, таким образом, иметь маленький предельный риск.

Использование вероятностных подходов становится все более распространенным с ростом доступности данных и увеличением возможностей вычислительной техники. Сейчас не так уж редко можно встретить анализ капиталовложений с 20–30 сценариями или оценку акции с использованием метода Монте-Карло.

ЗАКЛЮЧЕНИЕ

Оценка стоимости с учетом риска для рискованного актива или инвестиции может показаться бессмысленным упражнением. В конце концов, стоимость является функцией наших допущений относительно риска в будущем. Вероятностные подходы к оценке позволяют получить не только ожидаемую стоимость, но и получить представление о диапазоне возможных исходов, от оптимистичного до пессимистичного сценария.

- В большинстве предельных форм анализа сценариев смотрят на стоимость при оптимистичном и пессимистичном вариантах, и сравнивают ее с ожидаемой стоимостью. В наиболее общей форме этого подхода оценивают стоимость для небольшого числа вероятных сценариев, варьирующих от оптимистичного до пессимистичного варианта.
- Деревья решений ориентированы на последовательные и дискретные риски, когда риск инвестиции рассматривается по этапам, и риск каждого этапа отражается в возможных исходах и их вероятностях. Дерево решений дает полную оценку риска и может использоваться для определения оптимального направления действий на каждом этапе и ожидаемой стоимости актива на сегодняшний день.
- Имитационное моделирование дает наиболее полную оценку риска, поскольку оно строится на основе вероятностных распределений для каждого входного параметра (а не на дискретных исходах). Результат имитационного моделирования принимает форму ожидаемой стоимости по имитационным экспериментам и распределения смоделированных стоимостей.

В случае всех трех подходов крайне важно не допускать двойного учета риска (в результате использования ставки дисконтирования с учетом риска и учета дисперсии расчетной стоимости в качестве меры риска) или принятия решений на основе неправильных типов риска.

КОНТРОЛЬНЫЕ ВОПРОСЫ

В приведенных ниже заданиях, если не указано иное, премия за риск инвестирования в акции принимается равной 5,5%.

1. Вы оценили стоимость на акцию для Littlefield Inc., транспортной компании, при трех сценариях: $5/акция для пессимистичного сценария, $30/акция для оптимистичного сценария и $18/акция для наиболее вероятного сценария. Купили бы вы эту акцию, если она торгуется по $15? Объясните, почему да или нет.
2. Вы анализируете Delta Enterprises, небольшую публичную компанию с непогашенным долгом $50 млн и 25 млн акций, торгующихся по $10. Фирма получила в прошлом году денежный поток после налогообложения в размере $40 млн, и, по вашим оценкам, этот денежный поток будет расти на 2% в бесконечной перспективе, стоимость привлечения капитала составляет 12%.
   а) Оцените стоимость на акцию для фирмы, считая, что у нее нет кассового остатка.
   б) Допустим, теперь вы узнали, что значительная часть выручки фирмы поступает от одного клиента, и существует 20%-ная вероятность потери контракта с ним на следующий год. Считая, что потеря контракта приведет к 50%-ному падению денежного потока после налогообложения, определите стоимость на акцию сегодня. (Можно принять, что темпы роста и стоимость привлечения капитала не изменятся.)
3. Вы оцениваете банка Signet Bank в условиях значительной неопределенности будущих правил регулирования. Signet Bank получил в прошлом году чистую прибыль в размере $100 млн на балансовую стоимость собственного капитала $1 млрд и выплатил $70 млн в виде дивидендов. Хотя ожидается, что Signet останется стабильно растущей компанией, вы предвидите следующие сценарии развития регулирования в будущем:
   - *Все остается как есть* — регулирование не меняется (вероятность 40%): Signet сохраняет текущую рентабельность собственного капитала в бесконечной перспективе и поддерживает существующий коэффициент выплаты дивидендов.
   - *Регулирование смягчается* — понижаются обязательные коэффициенты для капитала (вероятность 25%): Signet увеличивает рентабельность собственного капитала до 12% по будущим инвестициям при сохранении стабильных темпов роста (на текущем уровне).
   - *Регулирование ужесточается* — повышаются обязательные коэффициенты для капитала (вероятность 35%): рентабельность

собственного капитала Signet падает до 9% при сохранении стабильных темпов роста (на текущем уровне).

а) Оцените стоимость собственного капитала Signet Bank при каждом сценарии. (Можно оставить текущую чистую прибыль неизменной для всех сценариев.)

б) С учетом вероятности каждого сценария оцените сегодняшнюю стоимость собственного капитала Signet Bank.

4. Sigma Energy — компания альтернативной энергетики, занимающая производством солнечных батарей. Как ожидается, компания получит в следующем году операционную прибыль после налогообложения в размере $50 млн, однако перспективы ее роста зависят от уровня цен на нефть и доступа к дешевому правительственному финансированию (и субсидирования). Вы определили следующие сценарии (для темпов роста (g), рентабельности инвестированного капитала (ROC) и стоимости привлечения капитала (r)):

	Правительственное субсидирование продолжается	*Правительственное субсидирование прекращается*
Цена на нефть > $100/баррель (вероятность 30%)	g = 4%, ROC = 12%, r = 8%	g = 4%, ROC = 12%, r = 10%
Цена на нефть между $60 и $100/баррель (вероятность 50%)	g = 3%, ROC = 10%, r = 8%	g = 3%, ROC = 10%, r = 10%
Цена на нефть < $60/баррель (вероятность 20%)	g = 2%, ROC =8%, r = 8%	g = 2%, ROC = 8%, r = 10%

а) Оцените стоимость фирмы при каждом сценарии. (Можно принять операционную после налогообложения на следующий год, равную $50 млн, без изменения для всех сценариев.)

б) Если вероятность прекращения субсидирования со стороны правительства составляет 40%, оцените стоимость фирмы для всех сценариев.

5. Chavez Enterprises — небольшая венесуэльская компания. Она прибыльна и по ожиданиям должна принести операционную прибыль после налогообложения в размере 120 млн боливаров на следующий год при инвестированном капитале (балансовая стоимость) 600 млн боливаров. По вашим оценкам стоимость привлечения капитала для фирмы составляет 12%, и вы ожидаете 4%-ный рост в год в бесконечной перспективе.

а) Оцените сегодняшнюю стоимость фирмы.

б) Теперь, предположим, вас беспокоит возможность национализации фирмы. Если это произойдет, то вы получите за активы их балансовую стоимость. Допустим, вероятность национализации составляет 30%, оцените сегодняшнюю стоимость фирмы.

6. Loral Drugs — биотехнологическая фирма, которая работает над новым препаратом для лечения бессонницы. Лекарство проходит процесс одобрения FDA и, по ожиданиям, будет приносить денежный поток после налогообложения в размере $150 млн в год в течение 15 лет после получения одобрения. Чтобы получить одобрение, необходимо преодолеть два препятствия:

- Испытание небольшой партии на лабораторных животных, которое займет год и будет иметь ожидаемую стоимость $100 млн (которые необходимо вложить сегодня), вероятность успешного прохождения этапа составляет 80%.
- Если испытание на лабораторных животных окажется успешным, предстоит испытание на людях, которое займет два года и обойдется в $250 млн (которые необходимо вложить в конце года 1), вероятность успешного завершения этого испытания составляет 60%.

Стоимость привлечения капитала для биотехнологических фирм равна 10%.

а) Постройте дерево решений для разработки этого лекарства.

б) Оцените ожидаемую стоимость этого лекарства для компании на сегодняшний день.

7. Вы — венчурный капиталист, который намеревается вложить $50 млн в Friends Online, социальную сеть. Компании потребуется три года, чтобы выйти на операционный уровень (в течение этого периода она не генерирует положительных денежных потоков), после этого она будет приносить денежный поток после налогообложения в размере $27 млн и иметь темпы роста 3% в бесконечной перспективе. Стоимость привлечения капитала для известных социальных сетей составляет 12%, однако существует 60%-ная вероятность того, что этот бизнес не выживет (в этом случае у не будет имеющих стоимость активов, которые можно ликвидировать).

а) Оцените стоимость Friends Online после выхода на операционный уровень.

б) С учетом вероятности банкротства оцените долю собственного капитала Friends Online, которую вы можете потребовать сегодня в обмен на вложение $50 млн. (Можно считать, что Friends Online не имеет долга и денежного остатка.)

в) Оцените целевую доходность, которую вы потребуете через три года, с учетом риска банкротства.

Для решения следующих двух заданий вам необходима программа имитационного моделирования вроде Crystal Ball или @Risk.

8. Вы оцениваете Stedman Inc., химическую фирму в фазе стабильного роста (рост 3% в год), которая, как ожидается, получит операционную прибыль после налогообложения в размере $100 млн. на следующий год. Вы получили следующие параметры:
   - Рентабельность инвестированного капитала для новых инвестиций имеет нормальное распределение, ожидаемое значение 15%, стандартное отклонение 3%.
   - Стоимость привлечение капитала для фирмы составляет 10%, имеет равномерное распределение с минимальным значением 8% и максимальным значением 12%.

   Фирма имеет непогашенный долг $500 млн и кассовый остаток $200 млн. Определите распределение смоделированных стоимостей для Stedman Inc.
9. Simon Gold — зрелая золотодобывающая фирма, шахты которой, как ожидается, будут приносить 100 000 унций золота в год в течение следующих 25 лет. В конце этого периода запасы золота истощатся и шахты полностью потеряют свою стоимость. Постоянные затраты фирмы составляют $100 млн и, как ожидается, будут оставаться неизменными в течение следующих 25 лет, переменные затраты отсутствуют. Стоимость привлечения капитала для золотодобывающих компаний равна 8%.
   а) Если текущая цена золота составляет $1500 за унцию и, как ожидается, останется неизменной в следующие 25 лет, определите стоимость Simon Gold.
   б) Теперь предположите, что цена на золото имеет нормальное распределение с ожидаемой стоимостью $1500 за унцию и стандартным отклонением $200 за унцию. Определите распределение смоделированных стоимостей для Simon Gold.
10. Вы — портфельный менеджер, и аналитики нашли для вас на основе метода Монте-Карло 10 недооцененных компаний, которые перечислены ниже:

Компания	*Цена ($)*	*Ожидаемая стоимость ($)*	*Стандартное отклонение ($)*	*Вероятность недооценки фирмы (%)*	*Наименьшая стоимость ($)*	*Наибольшая стоимость ($)*
A	8,00	10,00	1,00	80	7,00	13,00
B	12,00	13,50	0,50	75	10,00	16,00
C	15,00	20,00	5	50	4,00	50,00

Компания	*Цена ($)*	*Ожидаемая стоимость ($)*	*Стандартное отклонение ($)*	*Вероятность недооценки фирмы (%)*	*Наименьшая стоимость ($)*	*Наибольшая стоимость ($)*
D	9,00	10,00	0,20	85	8,50	13,00
E	50,00	80,00	10,00	80	40,00	150,00
F	22,00	25,00	1	88	18,00	28,00
G	3,00	5,00	0,50	70	2,50	6,00
H	150,00	200,00	30,00	60	40,00	500,00
I	35,00	70,00	20,00	65	0,00	200,00
J	80,00	100,00	5,00	90	70,00	115,00

а) Ранжируйте эти компании исключительно на основе ожидаемой стоимости (от лучшей к худшей).

б) Если вы включите неопределенность в ваше ранжирование, как оно изменится?

в) Если вас беспокоит риск снижения цены (из-за высокой доли заемного капитала), как включить его в ваш рейтинг?

г) При каких условиях вы можете использовать наибольшую стоимость в процессе ранжирования?

Глава 34

ОБЗОР И ЗАКЛЮЧЕНИЕ

Проблема оценки заключается не в отсутствии достаточного числа моделей для оценки актива, а в том, что их слишком много. Выбор правильной модели для использования в процессе оценки так же важен для получения корректной оценки, как и понимание того, как пользоваться моделью. В этой главе представлены обзор моделей оценки, рассмотренных в этой книге, и общий подход к выбору правильной модели при любой задаче.

ВЫБОР МОДЕЛЕЙ ОЦЕНКИ

В самом обширном ракурсе фирмы и активы можно оценить, пользуясь одним из четырех методов. Первый метод — это оценка, основанная на активах. При ее проведении выясняется, сколько стоят в настоящее время активы, принадлежащие фирме. Второй метод оценки предусматривает дисконтирование денежных потоков, чтобы получить стоимость собственного капитала или фирмы. Третий — это метод сравнительной оценки, который основан на сопоставлении активов-аналогов. Четвертый метод состоит в оценке опциона и использует оценку условных требований. В рамках каждого из этих подходов имеются дополнительные альтернативы, которые помогают прийти к заключительной оценке.

Существует, по меньшей мере, две альтернативы оценки фирмы на основе активов. Можно использовать ликвидационную стоимость, т. е. определить, сколько рынок готов заплатить за активы, если бы они ликвидировались сегодня. Или можно использовать стоимость замещения, когда оценивают, во сколько сегодня обойдется воспроизведение или замена активов, установленных у фирмы.

При использовании дисконтированных денежных потоков для получения стоимости собственного капитала денежные потоки на собственный капитал могут дисконтироваться по стоимости его привлечения, а для того, чтобы получить стоимость фирмы, можно дисконтировать денежные потоки фирмы по стоимости привлечения капитала. Денежные потоки на собственный капитал как таковые наиболее строго можно определить как «дивиденды», или как «свободные денежные потоки на собственный капитал». Затем эти модели можно классифицировать на основе допущений относительно роста, выделяя модели со стабильным ростом, двух-, трех- и n-фазные модели. Наконец, измерение прибыли и денежных потоков можно модифицировать, чтобы найти соответствие между особыми характеристиками фирмы/актива — текущей прибылью фирм/активов или нормализованной прибылью фирм/активов, текущая прибыль которых может быть искажена либо по причине временных факторов, либо за счет циклических эффектов.

В контексте мультипликаторов в качестве меры стоимости можно использовать либо стоимость собственного капитала, либо стоимость фирмы, связав ее с несколькими специфическими для фирмы переменными, такими как прибыль, балансовая стоимость и объем продаж. Сами мультипликаторы можно оценить, опираясь на показатели сопоставимых фирм в том же самом бизнесе или на основе секторных регрессий, в которых используется более широкая генеральная совокупность. Для других активов, таких как недвижимость, цена может быть выражена сходным образом как функция валовой прибыли на квадратный метр площади. В качестве сопоставимых активов здесь выступает другая недвижимость в той же местности с теми же самыми характеристиками.

Модели с условными требованиями также могут использоваться во многих сценариях. Когда мы рассматриваем имеющийся у фирмы опцион на отсрочку осуществления инвестиционных решений, то можем оценить патент или неразработанные запасы полезных ископаемых как опцион. Опцион на расширение может привести к тому, что молодые фирмы с потенциально крупными рынками будут торговаться с премией сверх стоимости дисконтированных денежных потоков. Наконец, инвесторы в собственный капитал могут извлечь стоимость из опциона на ликвидацию проблемных фирм со значительным долгом (рисунок 34.1).

КАКОЙ ПОДХОД СЛЕДУЕТ ИСПОЛЬЗОВАТЬ?

Оценки, получаемые в каждом из четырех представленных выше подходов, могут очень сильно отличаться друг от друга, и решение о том, который из них использовать, может иметь ключевое значение. Однако выбор под-

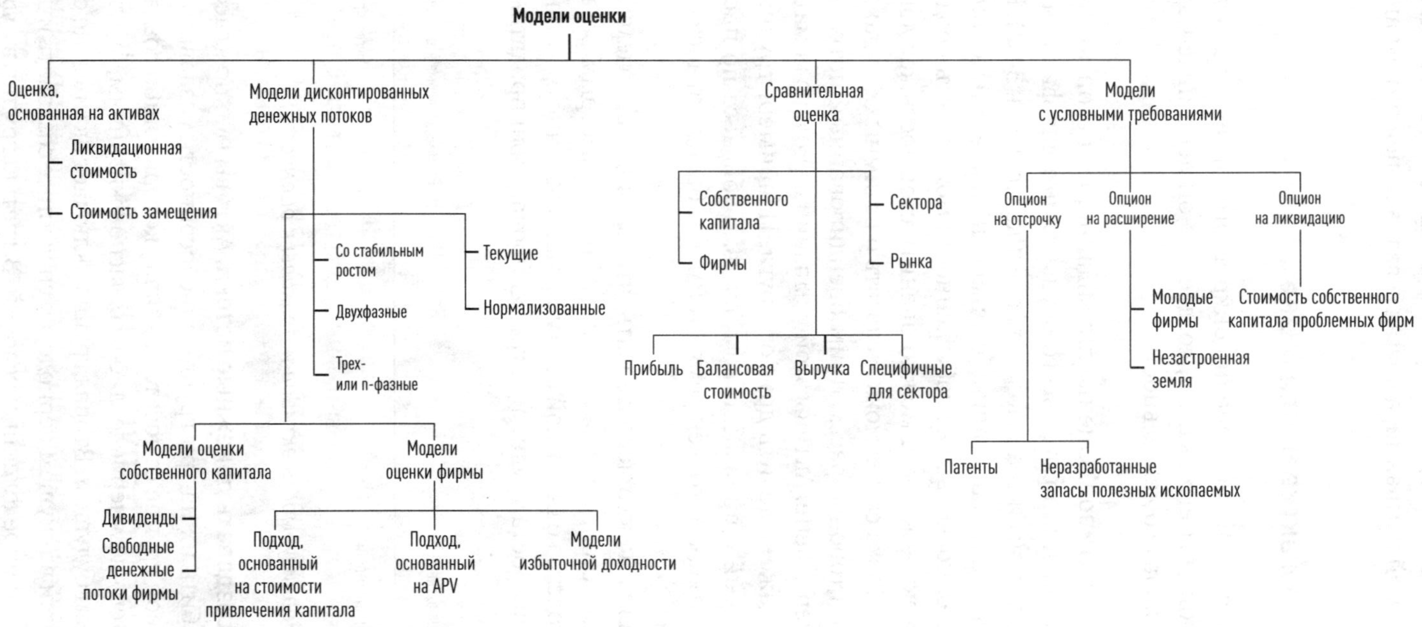

Рисунок 34.1. *Варианты выбора моделей оценки*

хода зависит от нескольких факторов, одна часть которых имеет отношение к оцениваемой компании, а другая связана с оценщиком-аналитиком.

Характеристики активов или бизнеса

Подход, используемый для оценки конкретного бизнеса, зависит от того, насколько ликвидны его активы, создает ли он денежные потоки и насколько уникальна его деятельность.

Реализуемость активов. Оценка ликвидационной стоимости и оценка стоимости замещения проще всего осуществима для фирм, чьи активы могут быть разделены и реализованы на рынке (рисунок 34.2). Например, можно оценить ликвидационную стоимость компании, занимающейся недвижимостью, поскольку ее собственность может быть продана в виде отдельных объектов и легко можно оценить стоимость каждого объекта собственности. То же самое можно сказать о взаимных фондах закрытого типа. С другой стороны, рассмотрим брендированный потребительский товар, например Gillette. Активы этой компании не только нематериальны, но их трудно даже отделить друг от друга. Например, трудно отделить бизнес, связанный с производством бритв, от бизнеса по производству кремов для бритья, и в то же время стоимость бренда относится к обеим сферам бизнеса.

Тот же анализ можно использовать, чтобы увидеть, почему стоимость ликвидации или стоимости замещения фирмы с быстрым ростом может иметь мало сходства с истинной стоимостью. В отличие от установленных активов, активы роста трудно идентифицировать или продать.

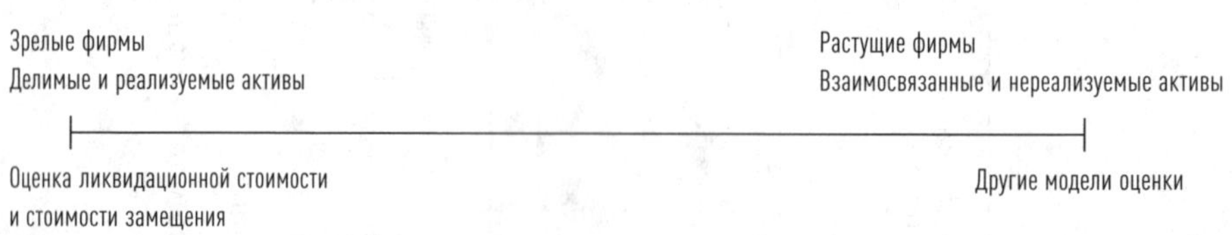

Рисунок 34.2. *Реализуемость активов и подходы к оценке*

Способность создавать денежные потоки. Активы можно классифицировать, если разбить их на три группы по способности создавать денежные потоки. К первой группе относятся активы, которые либо создают денежные потоки в текущем периоде, либо, согласно ожиданиям, будут создавать их в ближайшем будущем. Вторая группа включает активы, не создающие денежные потоки в текущем периоде, но способные создавать их в будущем при наступлении определенных условий. В третью группу входят активы, которые никогда не будут создавать денежные потоки (см. рисунок 34.3).

1. Первая группа включает большинство публичных компаний, и эти фирмы могут оцениваться с помощью моделей дисконтированных денежных потоков. Отметим, что в модели не проводится разграничение между отрицательными и положительными денежными потоками. Тем не менее молодые или начинающие компании, создающие отрицательные денежные потоки, также могут оцениваться с помощью моделей дисконтированных денежных потоков.
2. Вторая группа включает такие активы, как патенты на медицинские препараты, многообещающие (но не жизнеспособные) технологии, неразработанные нефтяные запасы и запасы минерального сырья и неосвоенную землю. Эти активы в текущем периоде не обязательно создают денежные потоки, но могут создавать крупные денежные потоки в будущем при определенных условиях. Например, если Управление по надзору за качеством пищевых продуктов и медикаментов США (FDA) утвердит патент на медицинский препарат, если технология станет коммерчески жизнеспособной, если цены на нефть и стоимость коммерческой недвижимости повысятся. Хотя мы можем оценивать ожидаемые стоимости с помощью моделей дисконтированных денежных потоков, присваивая вероятность различным потенциальным результатам, но если поступать подобным образом, возникает опасность недооценки стоимости этих активов. Эти активы следует оценивать с помощью моделей ценообразования опционов.
3. К активам, которые, согласно ожиданиям, никогда не будут создавать денежные потоки, относятся такие, как жилая недвижимость, используемая для проживания ее владельцев, коллекция бейсбольных карточек и предметы искусства. Эти активы могут быть оценены только при использовании моделей сравнительной оценки.

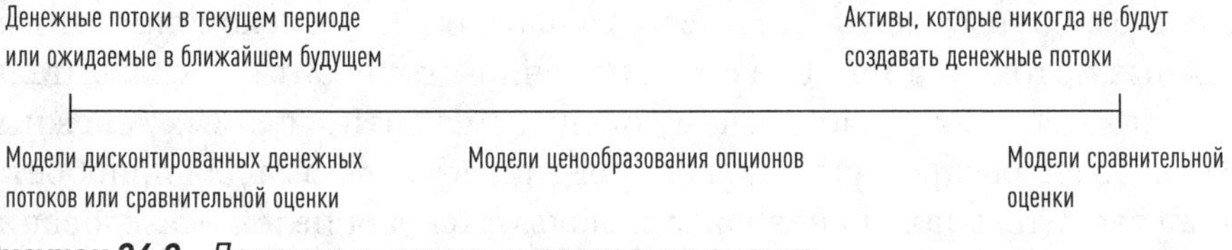

Рисунок 34.3. *Денежные потоки и подходы к оценке*

Уникальность (или наличие сопоставимых активов). На рынке, где торгуются тысячи видов акций и каждый день продаются и покупаются десятки тысяч активов, может оказаться трудным выявить актив или фирму, являющиеся настолько уникальными, что тяжело найти сопоставимые активы. Однако в совокупности отдельные активы и фирмы могут являться частью крупной группы сходных активов при отсутствии существенных различий или с небольшими отличиями между активами (рисунок 34.4). Эти активы как раз подходят для сравнительной оценки, поскольку несложно осуществить отбор сопоставимых активов (видов бизнеса) и выявить различия. Чем дальше вы удаляетесь от этого идеала, тем менее надежной становится сравнительная оценка. Применительно к действительно уникальным фирмам оценка дисконтированных денежных потоков даст гораздо лучшие оценки стоимости.

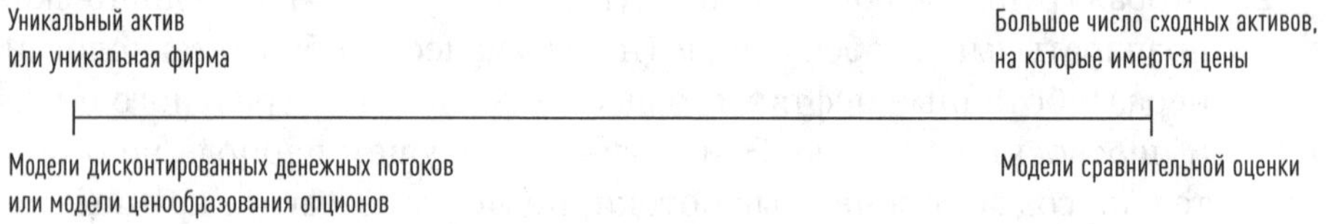

Рисунок 34.4. *Уникальность актива и подходы к оценке*

Характерные черты и убеждения аналитика

Избранный подход к оценке зависит от временного горизонта, причины проведения оценки и мнения о рынках — эффективны ли они, и если нет, то какую форму эта неэффективность принимает.

Временной горизонт. Одна из крайностей, возникающая при оценке дисконтированных денежных потоков, — это рассмотрение фирмы как действующего предприятия, которое будет функционировать бесконечно долго. Другой крайний случай — это когда в основе определения ликвидационной стоимости лежит предположение о сиюминутном прекращении деятельности фирмы. При сравнительной оценке и оценке условных требований мы принимаем промежуточную позицию между этими двумя крайностями (рисунок 34.5). Поэтому неудивительно, что при отдаленном временном горизонте следует использовать оценку дисконтированных денежных потоков, а при близком временном горизонте — сравнительную оценку. Это объясняет, почему оценка дисконтированных денежных потоков более распространена, когда оценивается фирма для приобретения, а сравнительная оценка чаще используется для целей исследования собственного капитала и при управлении портфелем.

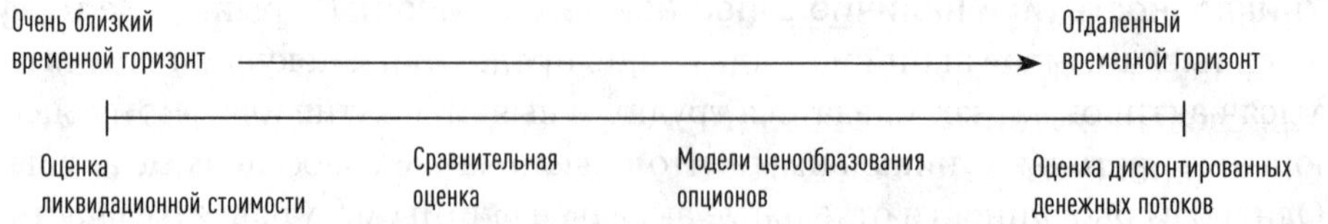

Рисунок 34.5. *Временной горизонт инвестора и подходы к оценке*

Причина проведения оценки. Аналитики оценивают фирмы по различным причинам, поэтому используемый подход к оценке тоже будет различным в зависимости от побудительной причины (рисунок 34.6). Работу аналитика по акциям сталелитейных компаний описать нетрудно. Вместо того чтобы решать вопрос о том, недооценен или переоценен ли сектор в целом, ему необходимо найти самые недооцененные и переоцененные компании в секторе. Здесь ясно, почему на вашем вооружении могут состоять мультипликаторы: они помогают сделать выбор при оценке компаний. Этот эффект, по всей вероятности, окажется еще сильнее, если оценка и вознаграждение аналитика имеют относительную основу (т.е. рекомендации сравниваются с рекомендациями, выданными другими аналитиками по сталелитейным компаниям). Однако если вы индивидуальный инвестор, откладывающий деньги на старость, или владелец частного предприятия, оценивающий фирму для покупки, то вам требуется оценить внутреннюю стоимость. Следовательно, для удовлетворения ваших потребностей лучше всего подойдет оценка дисконтированных денежных потоков.

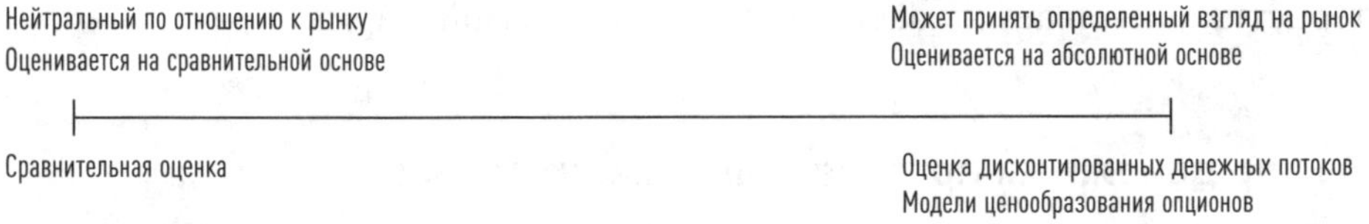

Рисунок 34.6. *Нейтральность по отношению к рынку и подходы к оценке*

Убеждения относительно рынков. В каждом подходе принимаются допущения относительно рынков и того, как они работают или не способны работать (рисунок 34.7). При оценке дисконтированных денежных потоков допускается, что рыночные цены отклоняются от истинной стоимости, но затем они сами корректируются в течение длительных периодов. При сравнительной оценке допускается, что рынки в среднем правы, и, хотя в отношении отдельно взятых фирм в секторе или на рынке может возникать искаженная оценка, в отношении сектора или рынка в целом цены складываются правильно. При использовании модели оценки, основанной на активах, допускается, что рынки на реальные и финансовые активы могут отклоняться друг от друга, и можно извлечь выгоды из этих различий. Наконец, при использовании моделей ценообразования опционов выдвигается предположение о том, что рынки не очень эффективны при определении стоимости гибкости, которой обладают фирмы, поэтому модели ценообразования опционов создают преимущество в этом вопросе. Однако в каждом случае мы допускаем, что рынки в конечном счете распознают свои ошибки и исправят их.

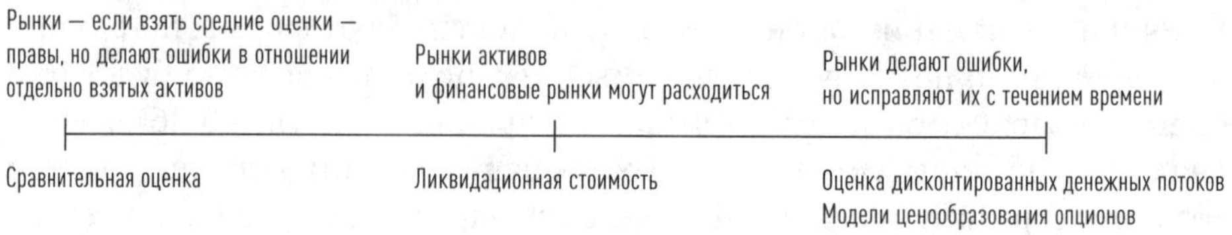

Рисунок 34.7. *Взгляды на рынок и подходы к оценке*

ВЫБОР ПРАВИЛЬНОЙ МОДЕЛИ ДИСКОНТИРОВАННЫХ ДЕНЕЖНЫХ ПОТОКОВ

Используемая в оценке модель должна быть подогнана таким образом, чтобы соответствовать характеристикам оцениваемого актива. Горькая правда скрывается в том, что часто все делается наоборот. Время и ресурсы растрачиваются на то, чтобы приладить активы к заранее определенной модели оценки, поскольку эта модель рассматривается как наилучшая или выбор модели недостаточно продуман. Однако никакой «наилучшей» модели не существует. Выбор модели в каждой ситуации зависит от характеристик оцениваемых активов или оцениваемой фирмы.

Выбор денежных потоков для дисконтирования

При согласованных допущениях относительно роста и рычага вы должны получить одну и ту же стоимость для собственного капитала, используя и подход, основанный на стоимости фирмы (когда оценивается фирма и вычитается существующий долг), и подход, основанный на стоимости собственного капитала (когда напрямую оценивается собственный капитал). Если дело обстоит подобным образом, то стоит задуматься, в чем различия между подходами и зачем надо выбирать между ними. Ответ — сугубо прагматический. Для фирм, имеющих стабильный рычаг (т. е. они имеют коэффициенты долга, предположительно, не изменяющиеся в течение оцениваемого периода), с точки зрения входных параметров, необходимых для оценки, рассматриваемые модели различаются мало. Для того чтобы оценить чистые денежные потоки на собственный капитал в модели оценки собственного капитала и стоимость привлечения капитала в модели оценки фирмы, мы используем коэффициент долга. В этих обстоятельствах мы должны выбрать ту модель, которая лучше всего будет нас удовлетворять.

Для фирм с нестабильным рычагом (т. е. тех, которые имеют слишком большой или слишком маленький долг и хотят двигаться к оптимальному или целевому коэффициенту долга в течение периода оценки) подход к оценке фирмы гораздо проще, поскольку он не требует перспективной оценки денежных потоков на основе выплаты процентов и основной суммы долга, а также гораздо менее чувствителен к ошибкам оценки изменений рычага. Расчет стоимости привлечения капитала требует оценки коэффициента долга, но сама по себе стоимость привлечения капитала не изменяется в результате изменения рычага так же сильно, как изменяются денежные потоки на собственный капитал. Если вы предпочитаете работать с допущениями относительно долга в денежном выражении, а не с его коэффициентами, то можете перейти к подходу, основанному на скорректированной приведенной стоимости.

ПРЕОДОЛЕНИЕ КОНЦЕПТУАЛЬНЫХ РАЗНОГЛАСИЙ

В концептуальном плане между оценкой дисконтированных денежных потоков и сравнительной оценкой существует огромный разрыв. В оценке дисконтированных денежных потоков мы принимаем долгосрочную перспективу, подробно оцениваем фундаментальные переменные и пытаемся оценить действительную стоимость фирмы. При сравнительной оценке мы допускаем, что рынок в среднем прав, и оцениваем стоимость фирмы, изучая, как складываются цены на похожие фирмы. Определенно, ценное есть в обоих подходах, и было бы неплохо, если бы мы сумели использовать лучшие черты сравнительной оценки при проведении оценки дисконтированных денежных потоков, и наоборот.

Допустим, что чутье ведет вас к оценке дисконтированных денежных потоков, но от вас как от аналитика ожидают нейтральной позиции по отношению к рынку. Вы можете оставаться нейтральным к рынку, находясь в рамках концепции дисконтированных денежных потоков, если используете вытекающую из существующих обстоятельств премию за рыночный риск (описанную в главе 7), чтобы оценить стоимость привлечения собственного капитала. При оценке фундаментальных переменных можно также внести информацию о марже и коэффициентах бета сопоставимых фирм. Тогда получаемая оценка действительной стоимости будет нейтральной к рынку и будет вместе с тем включать информацию о сопоставимых фирмах.

В другом случае допустим, что вы предпочитаете сравнительную оценку. Анализ может быть таким же строгим, как и оценка дисконтированных денежных потоков, если вы сумеете внести в проводимые сопоставления подробные характеристики фундаментальных переменных. В главах о сравнительной оценке предпринималась попытка добиться этого посредством указания связи между мультипликаторами и фундаментальными переменными, а также путем рассмотрения, как наилучшим образом учесть в анализе эти различия.

При оценке собственного капитала мы можем дисконтировать дивиденды или свободные денежные потоки на собственный капитал. При этом следует рассмотреть использование модели дисконтирования дивидендов при следующих обстоятельствах.

- Денежные потоки невозможно оценить с приемлемой степенью точности вследствие либо нехватки эффективной или согласованной информации относительно долговых платежей и реинвестиций, либо из-за отсутствия четкого представления о том, что составляет долг. В главе 21 это стало основанием для использования моделей дисконтирования дивидендов при оценке фирм сферы финансовых услуг.
- Существуют значительные ограничения на выкупы акций и другие формы возврата денежных средств, и практически отсутствует контроль над менеджментом в отношении его действий с деньгами фирмы. В этом случае единственными денежными потоками, которые можно ожидать от инвестиций в собственный капитал, остаются дивиденды, которые менеджеры решили выплатить.

Во всех других случаях гораздо более реалистичные оценки стоимости фирмы мы получим при использовании свободных денежных потоков на собственный капитал, которые могут быть выше или ниже, чем дивиденды.

Какую прибыль следует использовать, текущую или нормализованную?

Большинство оценок начинают с текущих финансовых отчетов фирмы и использования полученной из них отчетной прибыли в качестве основы для перспективных оценок. Однако существуют фирмы, для которых это невозможно сделать, поскольку их прибыль либо отрицательная, либо аномально высокая или низкая (прибыль фирмы аномальна, если она не согласуется с собственной историей прибыли фирмы).

Когда прибыль отрицательная или чрезмерная, иногда мы можем заменить прибыль нормализованной оценкой, выполненной путем изучения истории компании или среднеотраслевых показателей, чтобы затем оценить фирму на основе этой нормализованной прибыли. Это простейшая процедура, которую можно использовать, если причины отрицательной или чрезмерной прибыли временные или обусловлены переходной фазой, как это имеет место в следующих случаях.

- Цикличная фирма, как правило, объявляет о снижении прибыли при экономическом спаде и о повышении при экономическом буме. Ни то ни другое не отражает истинного потенциала прибыльности фирмы.
- Фирма может объявлять о слишком низкой прибыли в период, когда она несет чрезвычайные расходы.

- Фирма может объявлять о низкой прибыли в течение периода реструктуризации, когда проводятся в жизнь изменения, осуществляемые с целью улучшения ее функционирования.

Здесь предполагается, что прибыль быстро вернется к нормальному уровню, и немногое будет потеряно, если допустить немедленное достижение результатов. Однако в отношении отдельных фирм отрицательная или низкая прибыль может отражать факторы, которые исчезнут не скоро. По меньшей мере есть три группы фирм, у которых отрицательная прибыль, скорее всего, будет долгосрочным явлением, что может даже угрожать выживанию фирмы:

1. *Фирмы с долгосрочными операционными, стратегическими или финансовыми проблемами* могут иметь продолжительные периоды отрицательной или низкой прибыли. Если заменить текущую прибыль нормализованной и оценить эти фирмы, то они окажутся переоцененными.
   - Если фирма находится в безнадежном состоянии и может обанкротиться, то единственными моделями, дающими значимый результат, оказываются модели ценообразования опционов (если финансовый рычаг высок) или модель, основанная на ликвидационной стоимости.
   - Если фирма находится в бедственном положении (проблемная фирма), но ее банкротство маловероятно, то следует вернуть ей финансовое здоровье. В практическом плане: придется постепенно поднять операционную маржу до более здоровых уровней и оценить фирму на основе ожидаемых денежных потоков.
2. *Инфраструктурная фирма* может объявлять о низкой прибыли в первоначальные периоды роста не из-за того, что она нездорова, а поскольку требуется время, чтобы окупились сделанные инвестиции. Денежные потоки фирмы и денежные потоки на собственный капитал часто тоже отрицательны, поскольку потребности в капитальных затратах для этого типа фирм обычно чрезмерно велики относительно износа. Чтобы эти фирмы приобрели стоимость, капитальные затраты должны снизиться после осуществления инвестиции в инфраструктуру, а операционная маржа должна увеличиться. Чистым результатом станут положительные денежные потоки в будущие годы и определенная стоимость фирмы на сегодняшний день.
3. *Молодые начинающие компании* объявляют о низкой прибыли на ранних стадиях своих жизненных циклов, когда они концентрируются на превращении интересных идей в коммерческие про-

дукты. Для того чтобы оценить такие компании, следует допустить сочетание высокого роста выручки и увеличения операционной маржи с течением времени.

Траектории роста

Обычно при оценке фирмы можно допускать, что фирма уже находится в состоянии стабильного роста, допускать период постоянно быстрого роста и затем снижения темпов роста до уровня стабильного роста (роста из двух фаз) или допускать фазу перехода к стабильному росту (трех- и n-фазные модели). Существует несколько факторов, которые следует рассматривать, когда выносятся суждения по данной проблеме.

Импульс роста. Выбор траектории роста будет определяться уровнем текущего роста прибыли и выручки. Фирмы можно разделить на три группы по темпам роста в последние периоды:

1. Фирмы со стабильным ростом объявляют о росте прибыли и выручки на уровне или ниже номинальных темпов роста экономики, в которой они функционируют. Обратите внимание на то, что эти темпы роста могут быть и отрицательными.
2. Фирмы с умеренным ростом объявляют о темпах роста прибыли и выручки, умеренно превышающих номинальные темпы экономического роста. В качестве эмпирического правила умеренными темпами роста будем считать любые темпы роста в пределах 8–10% от темпов экономического роста.
3. Фирмы с быстрым ростом объявляют о прибыли и выручке, темпы роста которых намного превосходят темпы номинального экономического роста.

В отношении фирм, растущих стабильными темпами, хорошие оценки стоимости дают модели устойчивого состояния, где допускается постоянный рост. Применительно к фирмам, растущим умеренными темпами, модель дисконтированных денежных потоков с двумя фазами обеспечит достаточную гибкость в плане фиксации изменений фундаментальных характеристик фирмы, в то время как модели с тремя или n фазами могут понадобиться для фиксации более длительных переходов к стабильному росту, свойственных фирмам с быстрым ростом.

Источник роста (барьеры для входа). Более высокий ожидаемый рост фирмы может проистекать либо из общих конкурентных преимуществ, приобретенных в течение времени, таких как бренд или более низкие издержки производства (вследствие экономии от масштаба), либо специфических преимуществ, являющихся результатом юридических барьеров для входа, например лицензий или патентов на продукты. Первые с течением времени будут, скорее всего, разрушаться по мере выхода на рынок новых конкурентов. В отношении других более вероятно, что они разрушатся резко, как только исчезнут юридические барьеры. Ожидаемые темпы роста фирмы, имеющей специфические источники роста, по всей вероятности, будут укладываться в процесс из двух стадий, когда рост является быстрым в определенный период (например, период патента), после чего резко снижается до стабильного уровня. Ожидаемые темпы роста фирмы, имеющей общие источники роста, вероятно, будут постепенно сокращаться со временем — по мере появления новых конкурентов. Скорость, с которой это конкурентное преимущество будет утрачиваться, является функцией нескольких факторов, к которым относятся следующие:

- *Характер конкурентного преимущества*. Некоторые конкурентные преимущества, такие как бренд в сфере потребительских товаров труднее ослабить. Следовательно, такие фирмы с наибольшей вероятностью будут генерировать рост на протяжении длительных периодов. Другие конкурентные преимущества, такие как преимущество первопроходца разрушаются гораздо быстрее.
- *Компетенция менеджмента фирмы*. Более компетентный менеджмент в состоянии замедлить, если не остановить, процесс потери конкурентного преимущества с течением времени путем создания стратегий, позволяющих найти новые рынки, где можно использовать существующее конкурентное преимущество фирмы, и поиска новых источников конкурентного преимущества.
- *Легкость вхождения в бизнес фирмы*. Чем серьезнее отраслевые барьеры для входа в бизнес фирмы, связанные либо с требованиями к капиталу, либо с технологическими факторами, тем медленнее будет происходить потеря конкурентного преимущества.

Эти факторы обобщены и представлены на рисунке 34.8, где изображена подходящая модель дисконтированных денежных потоков для каждой комбинации факторов.

ВЫБОР ПРАВИЛЬНОЙ МОДЕЛИ СРАВНИТЕЛЬНОЙ ОЦЕНКИ

Многие аналитики решают оценивать активы, используя модели сравнительной оценки. Когда делается этот выбор, необходимо ответить на два

Рисунок 34.8. *Модели дисконтирования денежных потоков*

основных вопроса: во-первых, какой мультипликатор будет использован в оценке? Во-вторых, относится ли он к сектору или ко всему рынку?

Какой мультипликатор следует использовать?

В главах о мультипликаторах были представлены разнообразные мультипликаторы. Некоторые из них были основаны на прибыли, другие — на балансовой стоимости, а третьи — на выручке. В то время как для одних мультипликаторов была использована текущая стоимость, в других нашла применение форвардная или прогнозная стоимость. Поскольку обычно использование разных мультипликаторов дает разные результаты, решение о выборе мультипликатора оказывает большое влияние на оценку стоимости. Существует три подхода к выбору мультипликатора. Первый из них — циничный, т. е. использование мультипликатора в соответствии с вашими предпочтениями. Второй — использование различных

СТАТУС-КВО И ОПТИМАЛЬНОЕ УПРАВЛЕНИЕ

В главах, посвященных оценке приобретений и проблемных фирм, отмечалось, что стоимость фирмы может оказаться значительно выше, если допускается оптимальность ее управления по сравнению с ее существующим менеджментом. Вопрос, с которым мы часто сталкиваемся при оценке, заключается в следующем: фирму следует оценивать, как она есть, с существующим менеджментом или в условиях оптимального управления? В одних случаях ответ будет простым, а в других — сложным.

- Если вы заинтересованы в приобретении фирмы и намерены изменить в ней управление, вам следует оценивать фирму при оптимальной управленческой политике. Будете ли вы платить эту величину за приобретение, зависит от силы вашей позиции на переговорах и того, сколько времени займет изменение функционирования фирмы.
- Если вы мелкий инвестор и раздумываете над покупкой акций фирмы, то вам не под силу заменить существующий менеджмент, но все же вы можете уплатить премию, если полагаете, что существует возможность замены. Если существуют сильные механизмы корпоративного управления — враждебные поглощения считаются обычным делом, поэтому плохие менеджеры быстро заменяются, — вы можете допускать, что стоимость будет быстро приближаться к оптимальному значению. Однако если смещение существующего менеджмента затруднительно, то вам следует оценивать фирму исходя из неизменности существующего управленческого аппарата.
- Если вы институциональный инвестор, то находитесь между этими двумя крайними положениями. Хотя у вас может и не быть намерения поглотить фирму и изменить характер ее управления, вы способны сыграть свою роль в том, чтобы это изменение произошло.

мультипликаторов и обобщение всех полученных оценок стоимости. Третий — выбор наилучшего мультипликатора и построение оценки на его основе.

Циничный подход. Всегда можно использовать мультипликатор, больше всего подходящий для ваших целей. Так, если вы пытаетесь продать компанию, то будете использовать мультипликатор, дающий наивысшую оценку компании. Если вы покупаете ту же самую компанию, то вы выберете мультипликатор, дающий наиболее низкую оценку стоимости. Хотя при этом, очевидно, пересекается черта, за которой анализ превращается в манипуляцию, подобная практика распространена шире, чем это можно себе представить. Даже если вы планируете никогда не использовать эту практику, следует рассмотреть способы, с помощью которых можно защитить себя от того, чтобы стать жертвой применения ее другими. Во-первых, надо осознавать, что если вы уступите выбор мультипликатора или сопоставимых фирм аналитику, то это равносильно тому, чтобы позволить ему задавать правила игры. Вам следует играть активную роль в принятии решения о том, какой мультипликатор нужно использовать для оценки компании и какие фирмы будут рассматриваться в качестве сопоставимых. Во-вторых, получив оценку стоимости на основе одного мультипликатора, всегда следует проверять, какая стоимость получилась бы при использовании альтернативного мультипликатора.

Тотальный подход. Всегда можно оценить компанию, применяя десяток или более мультипликаторов, а затем использовать все оценки стоимости, как бы они ни различались, для формирования окончательного вывода. Представить заключительную оценку стоимости можно тремя способами. Первый способ связан с диапазоном оценок стоимости, где наименьшая из полученных с помощью мультипликаторов оценок будет нижним пределом диапазона, а наибольшая оценка — верхним пределом. Проблема этого подхода заключается в следующем: этот диапазон обычно столь велик, что он становится бесполезным для принятия решений любого рода. Второй подход связан с простым усреднением расчетных стоимостей, полученных на основе различных мультипликаторов. Хотя он обладает таким достоинством, как простота, в нем присваиваются равные веса оценкам, полученным на основе каждого мультипликатора, несмотря на то, что одни мультипликаторы дают более точные результаты, чем другие. Третий подход связан со средневзвешенным значением, где вес каждой стоимости отражает точность оценки. Этот вес может быть выбран либо на субъективной основе, либо на основе статистических выкладок. Например, можно использовать стандартную ошибку прогноза, основываясь на данных регрессии.

Наилучший мультипликатор. Понятно, что любая информация полезна, но наилучшая оценка стоимости обычно получается при использовании одного мультипликатора, больше всего подходящего для данной фирмы. Этот мультипликатор можно найти тремя способами:

1. *Подход, основанный на фундаментальных переменных*. Следует подумать над использованием переменной, имеющей наибольшую корреляцию со стоимостью оцениваемой фирмы. Например, текущая прибыль и стоимость гораздо сильнее коррелируют у компаний по производству потребительских товаров, чем у компаний из сектора высоких технологий. Использование мультипликаторов «цена/прибыль» имеет больший смысл для первых, чем для последних.
2. *Статистический подход*. Можно построить регрессии для каждого мультипликатора по фундаментальным переменным, которые, как мы определили в предыдущих главах, влияют на значение мультипликатора, и использовать R-квадрат регрессии в качестве меры того, насколько хорошо этот мультипликатор работает в данном секторе. Мультипликатор с наивысшим значением R-квадрата лучше всего проясняет ситуацию посредством фундаментальных переменных, поэтому его необходимо использовать для оценки компаний в данном секторе.
3. *Подход, основанный на традиционных мультипликаторах*. С течением времени мы обычно замечаем, как какой-либо мультипликатор становится наиболее широко используемым в определенном секторе. Например, мультипликаторы «цена/объем продаж» наиболее широко применяются при анализе компаний, занимающихся розничной торговлей.

В таблице 34.1 содержатся наиболее широко используемые мультипликаторы по секторам. В идеальном мире можно обнаружить, как все три подхода сходятся друг с другом. В частности, фундаментальная переменная, лучше всего объясняющая стоимость, должна также иметь наивысшее значение R-квадрата и быть мультипликатором, традиционно используемым в секторе. Фактически, когда традиционно используемый мультипликатор не отражает фундаментальных переменных, — что может случиться, если сектор находится в переходном состоянии или в фазе развития, — то, скорее всего, будут получены вводящие в заблуждение оценки стоимости.

ТАБЛИЦА 34.1. *Наиболее широко используемые мультипликаторы по секторам*

Сектор	Используемый мультипликатор	Обоснование/комментарии
Цикличное производство	PE («цена/прибыль»), относительный PE	Часто с нормализованной прибылью.
Высокие технологии, быстрый рост	PEG («цена/прибыль/рост»)	Большие различия в росте между фирмами затрудняют сравнение мультипликаторов PE.
Быстрый рост/отрицательная прибыль	PS («цена/объем продаж»), VS («стоимость/объем продаж»)	Предполагается, что будущая маржа будет положительной.
Инфраструктура	V/EBITDA («стоимость/прибыль до уплаты процентов, налогов, начисления износа и амортизации»)	Фирмы в секторе имеют потери в первые годы, и объявленная прибыль может различаться в зависимости от метода начисления износа.
Инвестиционные трасты недвижимости (REIT)	P/CF («цена/денежные потоки»)	Ограничения на инвестиционную политику и крупные амортизационные отчисления делают денежные потоки лучшей мерой, чем прибыль на собственный капитал.
Финансовые услуги	PBV («цена/балансовая стоимость»)	Балансовая стоимость часто переоценивается по рынку.
Розничная торговля	PS («цена/объем продаж») VS («стоимость/объем продаж»)	Если рычаг однороден у всех фирм. Если рычаг различается.

Оценка рынка или сектора

В большинстве сравнительных оценок фирма оценивается путем сопоставления с другими фирмами в отрасли, в которой она функционирует. При этом осуществляется попытка ответить на простой вопрос: с учетом того, как рынок оценивает другие фирмы в этом бизнесе (секторе), недооценена или переоценена эта фирма? В рамках этого подхода можно определить сопоставимые фирмы либо в узком смысле — как фирмы, не только функционирующие в бизнесе, где действует оцениваемая фирма, но и похожие на нее с точки зрения размера и обслуживаемого рынка, — либо в широком смысле, когда в фокус попадает значительно больше сопоставимых фирм. Если предпринимается попытка учесть различия между фирмами субъективным образом, то следует держаться более узкой группы. Но если необходимо сгладить различия статистически, например с помощью регрессии, то следует пользоваться более широким определением сопоставимых фирм.

В главах, посвященных сравнительной оценке, представлен альтернативный подход к данному виду оценки, при котором фирмы оцениваются в сопоставлении со всем рынком. В этом случае не только охватывается гораздо более широкий круг вопросов, но и ставится конкретный вопрос: учитывая, что в текущих обстоятельствах подоб-

МОЖЕТ ЛИ ФИРМА ОДНОВРЕМЕННО БЫТЬ НЕДООЦЕНЕННОЙ И ПЕРЕОЦЕНЕННОЙ?

Если фирма оценивается с помощью как модели дисконтированных денежных потоков, так и модели сравнительной оценки, можно легко получить различные ответы. Фирма может оказаться недооцененной по модели сравнительной оценки, но переоцененной при использовании моделей дисконтированных денежных потоков. Что делать с этими различиями и почему они возникают? Если фирма переоценена по модели дисконтированных денежных потоков и недооценена при сравнительной оценке, это обычно является признаком того, что сектор переоценен относительно своих фундаментальных переменных. Например, в марте 2000 г., используя дисконтированные денежные потоки, мы оценивали компанию Amazon в размере $30 за акцию, в то время как она торговалась по $70 за акцию. Очевидно, что она была переоценена. В то же самое время сравнение Amazon с другими интернет-фирмами указывало на то, что она была недооцененной.

Если по модели дисконтированных денежных потоков фирма оказывается недооцененной, а при сравнительной оценке переоцененной, то это указывает на недооцененность сектора. К марту 2001 г. цена акций Amazon снизилась до $15, однако стоимость всех акций интернет-компаний снизилась почти на 90%. В марте 2001 г. оценка дисконтированных денежных потоков указывала на то, что Amazon недооценена, но, согласно сравнительной оценке, теперь она была переоценена относительно сектора.

Как инвестор вы можете использовать для оценки компании как дисконтированные денежные потоки, так и сравнительную оценку. Оптимальным было бы, если бы вы пожелали купить компании, недооцененные при использовании обоих подходов. Таким образом, можно получить выгоду от рыночных корректировок как во времени (что является способом, с помощью которого можно сделать деньги на оценке дисконтированных денежных потоков), так и по компаниям.

ным образом складываются цены других фирм, действующих на рынке, недооценена или переоценена эта фирма? Фирма может быть недооцененной относительно собственного сектора, но переоцененной относительно рынка, если в отношении всего сектора сложились искаженные цены.

Используемый подход к сравнительной оценке опять-таки будет зависеть от того, как определена задача оценки. Если присутствует стремление сосредоточиться только на секторе и выработать суждения о том, какие акции является недо- или переоцененными, то следует придерживаться сравнительной оценки, основанной на рассмотрении секторов. Если же задача стоит шире и преследует попытку найти недо- или переоцененные акции на рынке, то следует рассмотреть второй подход, может быть, в дополнение к первому.

КОГДА СЛЕДУЕТ ИСПОЛЬЗОВАТЬ МОДЕЛИ ЦЕНООБРАЗОВАНИЯ ОПЦИОНОВ?

В главах о применении моделей ценообразования опционов к оценке бизнеса представлен ряд сценариев, где опционная модель может дать премию сверх традиционной оценки дисконтированных денежных потоков. При использовании моделей ценообразования опционов необходимо иметь в виду следующие общие положения.

- *Используйте опционы аккуратно*. Ограничьте использование опционов до тех сфер, где можно получить наибольшую разницу в оценке. Обычно опционы оказывают наибольшее влияние на стоимость более мелких фирм, извлекающих основную часть своей стоимости из активов, которые имеют сходство с опционами. Поэтому оценка патентов как опционов, если мы хотим оценить фирму, имеет больше смысла для мелкой биотехнологической фирмы, чем для компании — гиганта по производству медицинских препаратов, такой как Merck. Хотя компания Merck может иметь множество патентов, значительную часть своей стоимости она извлекает из портфеля разработанных препаратов и создаваемых ими денежных потоков.
- *Возможности не всегда являются опционами*. Следует быть осторожными в том, чтобы ошибочно не принять возможности за опционы. Часто аналитики изучают фирму с потенциалом роста и предполагают, что в ней должны быть заключены ценные опционы. Для того чтобы возможности стали ценными опционами, необходима определенная степень эксклюзивности для рассматриваемой фирмы. Она может проистекать из юридических ограничений или значительного конкурентного преимущества.
- *Избегайте двойного учета опционов*. Слишком часто аналитики включают влияние опционов на фундаментальные переменные в стоимость компании, а затем добавляют премии для отражения тех же самых опционов. Например, возьмем неразработанные нефтяные запасы, принадлежащие нефтяной компании. Хотя допустима оценка этих запасов как опционов, не следует прибавлять эту стоимость к оценке дисконтированных денежных потоков компании, если ожидаемые темпы роста становятся выше благодаря неразработанным запасам фирмы.

ЗАКЛЮЧЕНИЕ

Аналитик, решающий задачу оценки фирмы/активов или ее собственного капитала, должен делать выбор из трех подходов — оценки дисконтированных денежных потоков, сравнительной оценки и моделей ценообразования опционов, а в рамках каждого подхода он должен выбирать из различных моделей. Этот выбор определяется главным образом характеристиками оцениваемой фирмы или оцениваемых активов, такими как величина прибыли, потенциал роста, источники роста прибыли, стабильность рычага и дивидендная политика. Подбор соответствующей оцениваемым активам или фирме модели оценки — такая же важная часть процесса оценки, как и понимание моделей, а также подбор корректных входных параметров.

Когда подход выбран, следует принять еще несколько решений: стоит ли использовать оценку собственного капитала или фирмы в контексте оценки дисконтированных денежных потоков; какой мультипликатор надо использовать для оценки фирм или собственного капитала; опцион какого типа содержится в фирме.

Литература

Глава 1. НАЧАЛЬНЫЕ СВЕДЕНИЯ ОБ ОЦЕНКЕ

Buffett, W. E., and L. A. Cunningham. 2001. *The essays of Warren Buffett: Lessons of corporate America*. Minneapolis, MN: Cunningham Group.

Cottle, S., R. Murray, and F. Bloch. 1988. *Security analysis*. New York: McGraw-Hill.

Graham, B., D. L. Dodd, and S. Cottle. 1962. *Security analysis*, 4th ed. New York: McGraw-Hill.

Глава 2. ПОДХОДЫ К ОЦЕНКЕ

Black, F., and M. Scholes. 1972. The valuation of option contracts and a test of market efficiency. *Journal of Finance* 27: 399–417.

Damodaran, A. 1994. *Damodaran on valuation*. New York: John Wiley & Sons.

Hooke, J. C. 2001. *Security analysis on Wall Street*. New York: John Wiley & Sons.

Глава 3. ОСНОВЫ ФИНАНСОВОЙ ОТЧЕТНОСТИ

Choi, F. D. S., and R. M. Levich. 1990. *The capital market effects of international accounting diversity*. New York: Dow Jones — Irwin.

Stickney, C. P. 1993. *Financial statement analysis*. Fort Worth, TX: Dryden Press.

White, G. I., A. Sondhi, and D. Fried. 1997. *The analysis and use of financial statements*. New York: John Wiley & Sons.

Williams, J. R. 1998. *GAAP guide*. New York: Harcourt Brace.

Глава 4. НАЧАЛЬНЫЕ СВЕДЕНИЯ О РИСКЕ

Ball, C. A., and W. N. Torous. 1983. A simplified jump process for common stock returns. *Journal of Financial and Quantitative Analysis* 18: 53–65.

Beckers, S. 1981. A note on estimating the parameters of the diffusion — jump process model of stock returns. *Journal of Financial and Quantitative Analysis* 16: 127–140.

Bernstein, P. 1992. *Capital ideas*. New York: Free Press.

Bernstein, P. 1996. *Against the gods*. New York: John Wiley & Sons.

Chen, N., R. Roll, and S. A. Ross. 1986. Economic forces and the stock market. *Journal of Business* 59: 383–404.

Elton, E. J., and M. J. Gruber. 1995. *Modern portfolio theory and investment management*. New York: John Wiley & Sons.

Fama, E. F., 1965. The behavior of stock market prices. *Journal of Business* 38: 34–105.

Fama, E. F., and K. R. French. 1992. The cross-section of expected returns. *Journal of Finance* 47: 427–466.

Fang, H., and T.-Y. Lai. 1997. Co-kurtosis and capital asset pricing. *Financial Review* 32: 293–307.

Gabaix, X., P. Gopikrishnan, V. Plerou, and H. E. Stanley. 2003. A theory of power law distributions in financial market fluctuations. *Nature* 423: 267–270.

Jarrow, R. A., and E. R. Rosenfeld. 1984. Jump risks and the intertemporal capital asset pricing model. *Journal of Business* 57: 337–351.

Jensen, M. C. 1969. Risk, the pricing of capital assets, and the evaluation of investment portfolios. *Journal of Business* 42: 167–247.

Kraus, A., and R. H. Litzenberger. 1976. Skewness preference and the valuation of risk assets. *Journal of Finance* 31:1085–1100.

Lintner, J. 1965. The valuation of risk assets and the selection of risky investments in stock portfolios and capital budgets. *Review of Economics and Statistics* 47: 13–37.

Mandelbrot, B. 1961. The variation of certain speculative prices. *Journal of Business* 34: 394–419.

Mandelbrot, B., and R. L. Hudson. 2004. *The (mis) behavior of markets: A fractal view of risk, ruin and reward.* New York: Basic Books.

Markowitz, H. M. 1991. Foundations of portfolio theory. *Journal of Finance* 46 (2): 469–478.

Ross, S. A. 1976. The arbitrage theory of capital asset pricing. *Journal of Economic Theory* 13 (3): 341–360.

Seyhun, H. N. 1986. Insiders' profits, costs of trading and market efficiency. *Journal of Financial Economics* 16: 189–212.

Sharpe, W. F. 1964. Capital asset prices: A theory of market equilibrium under conditions of risk. *Journal of Finance* 19: 425–442.

Глава 5. ТЕОРИЯ И МОДЕЛИ ЦЕНООБРАЗОВАНИЯ ОПЦИОНОВ

Black, F., and M. Scholes. 1972. The valuation of option contracts and a test of market efficiency. *Journal of Finance* 27: 399–417.

Cox, J. C., and M. Rubinstein. 1985. *Options markets*. Upper Saddle River, NJ: Prentice Hall.

Cox, J. C., and S. A. Ross. 1976. The valuation of options for alternative stochastic processes. *Journal of Financial Economics* 3: 145–166.

Cox, J. C., S. A. Ross, and M. Rubinstein. 1979. Option pricing: A simplified approach. *Journal of Financial Economics* 7: 229–264.

Geske, R. 1979. The valuation of compound options. *Journal of Finance* 7: 63–82.

Hull, J. C. 1999. *Options, futures and other derivatives*. Upper Saddle River, NJ: Prentice Hall.

Hull, J. C. 1995. *Introduction to futures and options markets*. Upper Saddle River, NJ: Prentice Hall.

Merton, R. C. 1973. The theory of rational option pricing. *Bell Journal of Economics* 4 (1): 141–183.

Merton, R. C. Option pricing when the underlying stock returns are discontinuous. *Journal of Financial Economics* 3: 125–144.

Глава 6. РЫНОЧНАЯ ЭФФЕКТИВНОСТЬ — ОПРЕДЕЛЕНИЕ, ТЕСТЫ И ОБОСНОВАНИЯ

Alexander, S. S. 1964. Price movements in speculative markets: Trends or random walks? In *The random character of stock market prices*. Cambridge, MA: MIT Press.

Arbel, A., and P. J. Strebel. 1983. Pay attention to neglected stocks. *Journal of Porfolio Management* 9: 37–42.

Banz, R. 1981. The relationship between return and market value of common stocks. *Journal of Financial Economics* 9: 3–18.

Basu, S. 1977. The investment performance of common stocks in relation to their price-earnings: A test of the efficient market hypothesis. *Journal of Finance* 32: 663–682.

Basu, S. 1983. The relationship between earnings yield, market value and return for NYSE common stocks: Further evidence. *Journal of Financial Economics* 12: 129–156.

Bernstein, R. 1995. *Style investing*. New York: John Wiley & Sons.

Capaul, C., I. Rowley, and W. F. Sharpe. 1993. International value and growth stock returns. *Financial Analysts Journal* 49: 27–36.

Carhart, M. M. 1997. On the persistence of mutual fund performance. *Journal of Finance* 52: 57–82.

Chambers, A. E., and S. H. Penman. 1984. Timeliness of reporting and the stock price reaction to earnings announcements. *Journal of Accounting Research* 22: 21–47.

Chan, L. K., Y. Hamao, and J. Lakonishok. 1991. Fundamentals and stock returns in Japan. *Journal of Finance* 46: 1739–1789.

Chan, S. H., J. Martin, and J. Kensinger. 1990. Corporate research and development expenditures and share value. *Journal of Financial Economics* 26: 255–276.

Conrad, J. 1989. The price effect of option introduction. *Journal of Finance* 44: 487–498.

Cootner, P. H. 1961. Common elements in futures markets for commodities and bonds. *American Economic Review* 51 (2): 173–183.

Cootner, P. H. 1962. Stock prices: Random versus systematic changes. *Industrial Management Review* 3: 24–45.

Damodaran, A. 1989. The weekend effect in information releases: A study of earnings and dividend announcements. *Review of Financial Studies* 2: 607–623.

DeBondt, W. F. M., and R. Thaler. 1985. Does the stock market overreact? *Journal of Finance* 40: 793–805.

DeBondt, W. F. M., and R. Thaler. 1987. Further evidence on investor overreaction and stock market seasonality. *Journal of Finance* 42: 557–581.

Dimson, E., and P. R. Marsh. 1984. An analysis of brokers' and analysts' unpublished forecasts of UK stock returns. *Journal of Finance* 39: 1257–1292.

Dimson, E., and P. R. Marsh. 1986. Event studies and the size effect: The case of UK press recommendations. *Journal of Financial Economics* 17: 113–142.

Dimson, E., and P. R. Marsh. 2001. Murphy's law and market anomalies. *Journal of Portfolio Management* 25: 53–69.

Fama, E. F. 1965. The behavior of stock market prices. *Journal of Business* 38: 34–105.

Fama, E. F. 1970. Efficient capital markets: A review of theory and empirical work. *Journal of Finance* 25: 383–417.

Fama, E. F., and M. Blume. 1966. Filter rules and stock market trading profits. *Journal of Business* 39: 226–241.

Fama, E. F., and K. R. French. 1988. Permanent and temporary components of stock prices. *Journal of Political Economy* 96: 246–273.

Fama, E. F., and K. R. French. 1992. The cross-section of expected returns. *Journal of Finance* 47: 427–466.

Fama, E. F., and K. R. French. 2010.

Gibbons, M. R., and P. Hess. 1981. Day of the week effects and asset returns. *Journal of Business* 54: 579–596.

Gultekin, M. N., and B. N. Gultekin. 1983. Stock market seasonality: International evidence. *Journal of Financial Economics* 12: 469–481.

Haugen, R. A. 1990. *Modern investment theory*. Englewood Cliffs, NJ: Prentice Hall.

Haugen, R. A., and J. Lakonishok. 1988. *The incredible January effect*. Homewood, IL: Dow Jones — Irwin.

Jaffe, J. 1974. Special information and insider trading. *Journal of Business* 47: 410–428.

Jegadeesh, N., and S. Titman. 1993. Returns to buying winners and selling losers: Implications for stock market efficiency. *Journal of Finance* 48 (1): 65–91.

Jegadeesh, N., and S. Titman. 2001. Profitability of momentum strategies: An evaluation of alternative explanations. *Journal of Finance* 56 (2): 699–720.

Jennergren, L. P. 1975. Filter tests of Swedish share prices. In *International capital markets*, 55–67. New York: North-Holland.

Jennergren, L. P., and P. E. Korsvold. 1974. Price formation in the Norwegian and Swedish stock markets — Some random walk tests. *Swedish Journal of Economics* 76: 171–185.

Jensen, M. 1968. The performance of mutual funds in the period 1945–64. *Journal of Finance* 2: 389–416.

Jensen, M., and G. A. Bennington. 1970. Random walks and technical theories, some additional evidence. *Journal of Finance* 25: 469–482.

Kaplan, R. S., and R. Roll. 1972. Investor evaluation of accounting information: Some empirical evidence. *Journal of Business* 45: 225–257.

Keim, D. 1983. Size related anomalies and stock return seasonality: Further empirical evidence. *Journal of Financial Economics* 12.

McConnell, J. J., and C. J. Muscarella. 1985. Corporate capital expenditure decisions and the market value of the firm. *Journal of Financial Economics* 14: 399–422.

Michaely, R., and K. L. Womack. 1999. Conflict of interest and the credibility of underwriter analyst recommendations. *Review of Financial Studies* 12: 653–686.

Niederhoffer, V., and M. F. M. Osborne. 1966. Market making and reversal on the stock exchange. *Journal of the American Statistical Association* 61: 891–916.

Peters, E. E. 1991. *Chaos and order in the capital markets*. New York: John Wiley & Sons.

Pradhuman, S. 2000. *Small cap dynamics*. Princeton, NJ: Bloomberg Press.

Praetz, P. D. 1972. The distribution of share price changes. *Journal of Business* 45 (1): 49–55.

Reinganum, M. R. 1983. The anomalous stock market behavior of small firms in January: Empirical tests for tax-loss effects. *Journal of Financial Economics* 12.

Rendleman, R. J., C. P. Jones, and H. A. Latané. 1982. Empirical anomalies based on unexpected earnings and the importance of risk adjustments. *Journal of Financial Economics* 10: 269–287.

Richards, R. M., and J. D. Martin. 1979. Revisions in earnings forecasts: How much response? *Journal of Portfolio Management* 5: 47–52.

Ritter, J., and N. Chopra. 1989. Portfolio rebalancing and the turn of the year effect. *Journal of Finance* 44: 149–166.

Roll, R. 1983. Vas ist das? *Journal of Portfolio Management* 9: 18–28.

Roll, R. 1984. A simple implicit measure of the bid-ask spread in an efficient market. *Journal of Finance* 39: 1127–1139.

Rosenberg, B., K. Reid, and R. Lanstein. 1985. Persuasive evidence of market inefficiency. *Journal of Portfolio Management* 11: 9–17.

Seyhun, H. N. 1998. *Investment intelligence from insider trading*. Cambridge, MA: MIT Press.

Shiller, R. 1999. *Irrational exuberance*. Princeton, NJ: Princeton University Press.

Sunder, S. 1973. Relationship between accounting changes and stock prices: Problems of measurement and some empirical evidence. In *Empirical research in accounting: Selected studies* 1–45. Toronto: Lexington.

Sunder, S. 1975. Stock price and risk related accounting changes in inventory valuation. *Accounting Review* 305–315.

Womack, K. 1996. Do brokerage analysts' recommendations have investment value? *Journal of Finance* 51: 137–167.

Woodruff, C. S., and A. J. Senchack Jr. 1988. Intradaily price-volume adjustments of NYSE stocks to unexpected earnings. *Journal of Finance* 43 (2): 467–491.

Глава 7. БЕЗРИСКОВЫЕ СТАВКИ И ПРЕМИИ ЗА РИСК

Altman, E. I. 1968. Financial ratios, discriminant analysis and the prediction of corporate bankruptcy. *Journal of Finance* 23: 589–609.

Altman, E. I., and V. Kishore. 2000. The default experience of U. S. bonds. Working paper. Salomon Center, New York University.

Booth, L. 1999. Estimating the equity risk premium and equity costs: New way of looking at old data. *Journal of Applied Corporate Finance* 12 (1): 100–112.

Bruner, R. F., K. M. Eades, R. S. Harris, and R. C. Higgins. 1998. Best practices in estimating the cost of capital: Survey and synthesis. *Financial Practice and Education* 14–28.

Chan, K. C., G. A. Karolyi, and R. M. Stulz. 1992. Global financial markets and the risk premium on U. S. equity. *Journal of Financial Economics* 32: 132–167.

Damodaran, A. 1999. *Estimating the equity risk premium*. Working paper. www.stern.nyu.edu/~adamodar/New_Home_Page/papers.html.

Dimson, Marsh, and Staunton 2010.

Elton, E., M. J. Gruber, and J. Mei. 1994. Cost of capital using arbitrage pricing theory: A case study of nine New York utilities. *Financial Markets, Institutions and Instruments* 3: 46–73.

Fama, E. F., and K. R. French. 1988. Permanent and temporary components of stock prices. *Journal of Political Economy* 96: 246–273.

Godfrey, S., and R. Espinosa. 1996. A practical approach to calculating the cost of equity for investments in emerging markets. *Journal of Applied Corporate Finance* 9 (3): 80–81.

Ibbotson, R. G., and G. P. Brinson. 1993. *Global investing*. New York: McGraw-Hill.

Indro, D. C., and W. Y. Lee. 1997. Biases in arithmetic and geometric averages as estimates of long-run expected returns and risk premium. *Financial Management* 26: 81–90.

Pettit, J. 1999. Corporate capital costs: A practitioner's guide. *Journal of Applied Corporate Finance* 12 (1): 113–120.

Rosenberg, B., and V. Marathe. 1979. Tests of capital asset pricing hypotheses. *Research in Finance* 1: 115–124.

Siegel, J. *Stocks for the Very Long Run: The Definitive Guide to Investment Strategies* (New York, McGraw-Hill, 2007).

Stocks, bonds, bills and inflation. 1999. Chicago: Ibbotson Associates.

Stulz, R. M. 1999. Globalization, corporate finance, and the cost of capital. *Journal of Applied Corporate Finance* 12 (1).

Глава 8. ОЦЕНКА ПАРАМЕТРОВ РИСКА И СТОИМОСТИ ФИНАНСИРОВАНИЯ

Blume, M. 1979. Betas and their regression tendencies: Some further evidence. *Journal of Finance* 34 (1): 265–267.

Brown, S. J., and J. B. Warner. 1980. Measuring security price performance. *Journal of Financial Economics* 8 (3): 205–258.

Brown, S. J., and J. B. Warner. 1985. Using daily stock returns: The case of event studies. *Journal of Financial Economics* 14 (1): 3–31.

Bruner, R. F., K. M. Eades, R. S. Harris, and R. C. Higgins. 1998. Best practices in estimating the cost of capital: Survey and synthesis. *Financial Practice and Education* 14–28.

Dimson, E. 1979. Risk measurement when shares are subject to infrequent trading. *Journal of Financial Economics* 7 (2): 197–226.

Hamada, R. S. 1972. The effect of the firm's capital structure on the systematic risk of common stocks. *Journal of Finance* 27: 435–452.

Scholes, M., and J. T. Williams. 1977. Estimating betas from nonsynchronous data. *Journal of Financial Economics* 5 (3): 309–327.

Глава 9. ИЗМЕРЕНИЕ ПРИБЫЛИ

Aboody, D., and B. Lev. 1998. The value relevance of intangibles: The case of software capitalization. *Journal of Accounting Research* 36 (0): 161–191.

Bernstein, L. A., and J. G. Siegel. 1979. The concept of earnings quality. *Financial Analysts Journal* 35: 72–75.

Damodaran, A. 1999. *The treatment of operating leases*. Working paper. www.stern.nyu.edu/~adamodar/New_Home_Page/papers.html.

Damodaran, A. 1999. *The treatment of R&D*. Working paper. www.stern.nyu.edu/~adamodar/New_Home_Page/papers.html.

Deng, Z., and B. Lev. 1998. The valuation of acquired R&D. Working paper. New York University.

Глава 10. ОТ ПРИБЫЛИ К ДЕНЕЖНЫМ ПОТОКАМ

Brennan, M. J. 1970. Taxes, market valuation and corporation financial policy. *National Tax Journal* 417–427.

Graham, J. R. 2000. How big are the tax benefits of debt? *Journal of Finance* 55 (5): 1901–1941.

Graham, J. R. Proxies for the corporate marginal tax rate. *Journal of Financial Economics* 42 (2): 187–221.

Глава 11. ОЦЕНКА РОСТА

Arnott, R. D. 1985. The use and misuse of consensus earnings. *Journal of Portfolio Management* 11: 18–27.

Bathke, A. W., Jr., and K. S. Lorek. 1984. The relationship between time-series models and the security market's expectation of quarterly earnings. *Accounting Review* 163–176.

Box, G., and G. Jenkins. 1976. *Time series analysis: Forecasting and control*. Oakland, CA: Holden-Day.

Brown, L. D., and M. S. Rozeff. 1979. Univariate time series models of quarterly accounting earnings per share: A proposed model. *Journal of Accounting Research* 178–189.

Brown, L. D., and M. S. Rozeff. 1980. Analysts can forecast accurately! *Journal of Portfolio Management* 6: 31–34.

Collins, W., and W. Hopwood. 1980. A multivariate analysis of annual earnings forecasts generated from quarterly forecasts of financial analysts and univariate time series models. *Journal of Accounting Research* 20: 390–406.

Cragg, J. G., and B. G. Malkiel. 1968. The consensus and accuracy of predictions of the growth of corporate earnings. *Journal of Finance* 23: 67–84.

Crichfield, T., T. Dyckman, and J. Lakonishok. 1978. An evaluation of security analysts forecasts. *Accounting Review* 53: 651–668.

Foster, G. 1977. Quarterly accounting data: Time series properties and predictive ability results. *Accounting Review* 52: 1–31.

Fried, D., and D. Givoly. 1982. Financial analysts forecasts of earnings: A better surrogate for earnings expectations. *Journal of Accounting and Economics* 4: 85–107.

Fuller, R. J., L. C. Huberts, and M. Levinson. 1992. It's not higgledy-piggledy growth! *Journal of Portfolio Management* 18: 38–46.

Givoly, D., and J. Lakonishok. 1984. The quality of analysts' forecasts of earnings. *Financial Analysts Journal* 40: 40–47.

Griffin, P. A., "The time series Behavior of quarterly earnings." *Journal of Accounting Research* 15 (Spring 1977): 71–83.

Hawkins, E. H., S. C. Chamberlin, and W. E. Daniel. 1984. Earnings expectations and security prices. *Financial Analysts Journal* 40: 24–27, 30–38, 74.

Little, I. M. D. 1960. *Higgledy piggledy growth*. Oxford: Institute of Statistics.

O'Brien, P. 1988. Analysts' forecasts as earnings expectations. *Journal of Accounting and Economics* 10: 53–83.

Vander Weide, J. H., and W. T. Carleton. 1988. Investor growth expectations: Analysts vs. history. *Journal of Portfolio Management* 14: 78–83.

Watts, R. 1975. *The time series behavior of quarterly earnings*. Working paper. University of Newcastle.

Глава 12. ЗАВЕРШЕНИЕ ОЦЕНКИ: ОЦЕНКА ЗАКЛЮЧИТЕЛЬНОЙ СТОИМОСТИ

Altman, E. I. 1968. Financial ratios, discriminant analysis and the prediction of corporate bankruptcy. *Journal of Finance* 23: 589–609.

Grant, R. M., 1998. *Contemporary strategy analysis.* Malden, MA: Blackwell.

Mauboussin, M., and P. Johnson. 1997. Competitive advantage period: The neglected value driver. *Financial Management* 26 (2): 67–74.

Porter, M. E. 1980. *Competitive strategy: Techniques for analyzing industries and competitors*. New York: Free Press.

Глава 13. МОДЕЛЬ ДИСКОНТИРОВАНИЯ ДИВИДЕНДОВ

Bethke, W. M., and S. E. Boyd. 1983. Should dividend discount models be yieldtilted? *Journal of Portfolio Management* 9: 23–27.

Estep, T. 1985. A new method for valuing common stocks. *Financial Analysts Journal* 41: 26, 27, 30–33.

Estep, T. 1987. Security analysis and stock selection: Turning financial information into return forecasts. *Financial Analysts Journal* 43: 34–43.

Fuller, R. J., and C. Hsia. 1984. A simplified common stock valuation model. *Financial Analysts Journal* 40: 49–56.

Gordon, M. 1962. *The investment, financing and valuation of the corporation*. Homewood, IL: Irwin.

Haugen, R. 1997. *Modern investment theory*. Upper Saddle River, NJ: Prentice Hall.

Jacobs, B. I., and K. N. Levy. 1988a. Disentangling equity return irregularities: New insights and investment opportunities. *Financial Analysts Journal* 44: 18–44.

Jacobs, B. I., and K. N. Levy. 1988b. On the value of “value.” *Financial Analysts Journal* 44: 47–62.

Litzenberger, R. H., and K. Ramaswamy. 1979. The effect of personal taxes and dividends on capital asset prices: Theory and empirical evidence. *Journal of Financial Economics* 7: 163–196.

Sorensen, E. H., and D. A. Williamson. 1985. Some evidence on the value of the dividend discount model. *Financial Analysts Journal* 41: 60–69.

Глава 14. МОДЕЛЬ ДИСКОНТИРОВАНИЯ СВОБОДНЫХ ДЕНЕЖНЫХ ПОТОКОВ НА СОБСТВЕННЫЙ КАПИТАЛ

Damodaran, A. 2001. *Corporate finance: Theory and practice*, 2d ed. New York: John Wiley & Sons.

Глава 15. ОЦЕНКА ФИРМЫ: ПОДХОДЫ НА ОСНОВЕ СТОИМОСТИ ПРИВЛЕЧЕНИЯ КАПИТАЛА И СКОРРЕКТИРОВАННОЙ ПРИВЕДЕННОЙ СТОИМОСТИ

Altman, E. I. (2009).

Altman, E. I., and V. Kishore. 2000. *The default experience of U. S. bonds*. Working paper, Salomon Center, New York University.

Barclay, M. J., C. W. Smith, and R. L. Watts. 1995. The determinants of corporate leverage and dividend policies. *Journal of Applied Corporate Finance* 7 (4): 4–19.

Bhide, A. 1993. Reversing corporate diversification. In *The new corporate finance — Where theory meets practice*, ed. D. H. Chew Jr. New York: McGraw-Hill.

Damodaran, A. 2001. *Corporate finance: Theory and practice*, 2d ed. New York: John Wiley & Sons.

Davis, D., and K. Lee. 1997. A practical approach to capital structure for banks. *Journal of Applied Corporate Finance* 10 (1): 33–43.

Denis, D. J., and D. K. Denis. 1993. Leveraged recaps in the curbing of corporate overinvestment. *Journal of Applied Corporate Finance* 6 (1): 60–71.

Graham, J. 1996. Debt and the marginal tax rate. *Journal of Financial Economics* 41: 41–73.

Inselbag, I., and H. Kaufold. 1997. Two DCF approaches and valuing companies under alternative financing strategies. *Journal of Applied Corporate Finance* 10 (1): 115–122.

Jensen, M. C. 1986. Agency costs of free cash flow, corporate finance, and takeovers. *American Economic Review* 76: 323–329.

Kaplan, S. N. 1989. Campeau's acquisition of Federated: Value destroyed or value added? *Journal of Financial Economics* 25: 191–212.

Mackie-Mason, J. 1990. Do taxes affect corporate financing decisions? *Journal of Finance* 45: 1471–1494.

Miller, M. 1977. Debt and taxes. *Journal of Finance* 32: 261–275.

Modigliani, F., and M. Miller. 1958. The cost of capital, corporation finance and the theory of investment. *American Economic Review* 48: 261–297.

Myers, S. C. 1976. Determinants of corporate borrowing. *Journal of Financial Economics* 5: 147–175.

Myers, S. C., and N. S. Majluf. 1984. Corporate financing and investment decisions when firms have information that investors do not have. *Journal of Financial Economics* 13: 187–221.

Opler, T., M. Saron, and S. Titman. 1997. Designing capital structure to create stockholder value. *Journal of Applied Corporate Finance* 10: 21–32.

Palepu, K. G. 1986. Predicting takeover targets: A methodological and empirical analysis. *Journal of Accounting and Economics* 8 (1): 3–35.

Palepu, K. G. 1990. Consequences of leveraged buyouts. *Journal of Financial Economics* 26: 247–262.

Pinegar, J. M., and L. Wilbricht. 1989. What managers think of capital structure theory: A survey. *Financial Management* 18 (4): 82–91.

Shapiro, A. 1989. *Modern corporate finance*. New York: Macmillan.

Smith, A. J. 1990. Corporate ownership structure and performance: The case of management buyouts. *Journal of Financial Economics* 27: 143–164.

Smith, C. W. 1986. Investment banking and the capital acquisition process. *Journal of Financial Economics* 15: 3–29.

Titman, S. 1984. The effect of capital structure on a firm's liquidation decision. *Journal of Financial Economics* 13: 137–151.

Warner, J. N. 1977. Bankruptcy costs: Some evidence. *Journal of Finance* 32: 337–347.

Глава 16. ОПРЕДЕЛЕНИЕ СТОИМОСТИ СОБСТВЕННОГО КАПИТАЛА НА АКЦИЮ

Carpenter, J. 1998. The exercise and valuation of executive stock options. *Journal of Financial Economics* 48: 127–158.

Cuny, C. C., and P. Jorion. 1995. Valuing executive stock options with endogenous departure. *Journal of Accounting and Economics* 20: 193–205.

Damodaran, A. 1999. *Dealing with cash, marketable securities and cross holdings*. Working paper. www.stern.nyu.edu/~adamodar/New_Home_Page/papers.html.

Lease, R. C., J.J. McConnell, and W.H. Mikkelson. 1983. The market value of control in publicly-traded corporations. *Journal of Financial Economics* 11: 439–471.

Глава 17. ФУНДАМЕНТАЛЬНЫЕ ПРИНЦИПЫ СРАВНИТЕЛЬНОЙ ОЦЕНКИ

Damodaran, A. 2001. *It's all relative: First principles of relative valuation*. Working paper. www.stern.nyu.edu/~adamodar/New_Home_Page/papers.html.

Глава 18. МУЛЬТИПЛИКАТОРЫ ПРИБЫЛИ

Cragg, J. G., and B. G. Malkiel. 1968. The consensus and accuracy of predictions of the growth of corporate earnings. *Journal of Finance* 23: 67–84.

Goodman, D. A., and J. W. Peavy, III. 1983. Industry relative price-earnings ratios as indicators of investment returns. *Financial Analysts Journal* 39: 60–66.

Kisor, M., Jr., and V. S. Whitbeck. 1963. A new tool in investment decision-making. *Financial Analysts Journal* 19: 55–62.

Leibowitz, M. L., and S. Kogelman. 1992. Franchise value and the growth process. *Financial Analysts Journal* 48: 53–62.

Levy, H., and Z. Lerman. 1985. Testing P/E ratio filters with stochastic dominance. *Journal of Portfolio Management* 11: 31–40.

Peters, D. J. 1991. Valuing a growth stock. *Journal of Portfolio Management* 17: 49–51.

Глава 19. МУЛЬТИПЛИКАТОРЫ БАЛАНСОВОЙ СТОИМОСТИ

Capaul, C., I. Rowley, and W. F. Sharpe. 1993. International value and growth stock returns. *Financial Analysts Journal* 49: 27–36.

Chan, L. K., Y. Hamao, and J. Lakonishok. 1991. Fundamentals and stock returns in Japan. *Journal of Finance* 46: 1739–1789.

Fama, E. F., and K. R. French. 1992. The cross-section of expected returns. *Journal of Finance* 47: 427–466.

Graham, B. Jacobs, B. I., and K. N. Levy. 1988. On the value of "value." *Financial Analysts Journal* 44: 47–62.

Lang, L. H. P., R. M. Stulz, and R. A. Walkling. 1991. A test of the free cash flow hypothesis: The case of bidder returns. *Journal of Financial Economics* 29: 315–335.

Porter, M. E. 1980. *Competitive strategy: Techniques for analyzing industries and competitors.* New York: Free Press.

Rosenberg, B., K. Reid, and R. Lanstein. 1985. Persuasive evidence of market inefficiency. *Journal of Portfolio Management* 11: 9–17.

Wilcox, J. W. 1984. The P/B-ROE valuation model. *Financial Analysts Journal* 40: 58–66.

Глава 20. МУЛЬТИПЛИКАТОРЫ ВЫРУЧКИ И СЕКТОРНЫЕ МУЛЬТИПЛИКАТОРЫ

Itami, H. 1987. *Mobilizing invisible assets.* Cambridge, MA: Harvard University Press.

Jacobs, B. I., and K. N. Levy. 1988. Disentangling equity return irregularities: New insights and investment opportunities. *Financial Analysts Journal* 44: 18–44.

Senchack, A. J., Jr., and J. D. Martin. 1987. The relative performance of the PSR and PER investment strategies. *Financial Analysts Journal* 43: 46–56.

Глава 21. ОЦЕНКА ФИРМ, ОКАЗЫВАЮЩИХ ФИНАНСОВЫЕ УСЛУГИ

Copeland, T. E., T. Koller, and J. Murrin. 1999. *Valuation: Measuring and managing the value of companies.* New York: John Wiley & Sons.

Глава 22. ОЦЕНКА ФИРМ С ОТРИЦАТЕЛЬНОЙ ИЛИ НЕТИПИЧНОЙ ПРИБЫЛЬЮ

Altman, R. I. (2010).

Damodaran, A. 2001. *Dealing with negative earnings.* Working paper. www.stern.nyu.edu/~adamodar/New_Home_Page/papers.html.

Глава 23. ОЦЕНКА МОЛОДЫХ И НАЧИНАЮЩИХ ФИРМ

Damodaran, A. 2001. *The dark side of valuation.* Upper Saddle River, NJ: Prentice Hall.

Knaup, A. E. 2005. Survival and longevity in the business employment dynamics data. *Monthly Labor Review* (May): 50–56.

Knaup, A. E., and M. C. Piazza. 2007. Business employment dynamics data: Survival and longevity. *Monthly Labor Review* (September): 3–10.

Глава 24. ОЦЕНКА ЧАСТНЫХ ФИРМ

Beaver, W. H., P. Kettler, and M. Scholes. 1970. The association between market determined and accounting determined risk measures. *Accounting Review* 45 (4): 654–682.

Kim, S. H., T. Crick, and S. H. Kim. 1986. Do executives practice what academics preach? *Management Accounting* 68: 49–52.

Maher, J. M. 1976. Discounts for lack of marketability for closely held business interests. *Tax Magazine* 1: 562–571.

Moroney, R. E. 1973. Most courts overvalue closely held stocks. *Tax Magazine* 1: 144–155.

Pratt, S., R. F. Reilly, and R. P. Schweihs. 2000. *Valuing a business: The analysis and appraisal of closely held companies.* New York: McGraw-Hill.

Rosenberg, B., and J. Guy. 1976. Beta and investment fundamentals; Beta and investment fundamentals — II. *Financial Analysts Journal* 32 (3): 60–72; 32 (4): 62–70.

Rosenberg, B., and J. Guy. 1995. Prediction of beta from investment fundamentals. *Financial Analysts Journal* 51 (1): 101–112.

Silber, W. L. 1991. Discounts on restricted stock: The impact of illiquidity on stock prices. *Financial Analysts Journal* 47: 60–64.

Глава 25. ПРИОБРЕТЕНИЯ И ПОГЛОЩЕНИЯ

Bhide, A. 1989. The causes and consequences of hostile takeovers. *Journal of Applied Corporate Finance* 2: 36–59.

Bhide, A. 1993. Reversing corporate diversification. In *The new corporate finance — Where theory meets practice*, ed. D. H. Chew Jr. New York: McGraw-Hill.

Bradley, M., A. Desai, and E. H. Kim. 1983. The rationale behind interfirm tender offers. *Journal of Financial Economics* 11: 183–206.

Bradley, M., A. Desai, and E. H. Kim. 1988. Synergistic gains from corporate acquisitions and their division between the stockholders of target and acquiring firms. *Journal of Financial Economics* 21: 3–40.

Dann, L. Y., and H. DeAngelo. 1983. Standstill agreements, privately negotiated stock repurchases, and the market for corporate control. *Journal of Financial Economics* 11: 275–300.

Dann, L. Y., and H. DeAngelo. 1988. Corporate financial policy and corporate control: A study of defensive adjustments in asset and ownership structure. *Journal of Financial Economics* 20: 87–128.

DeAngelo, H., L. DeAngelo, and E. M. Rice. 1984. Going private: The effects of a change in corporate ownership structure. *Midland Corporate Finance Journal* 35–43.

DeAngelo, H., and E. M. Rice. 1983. Antitakeover charter amendments and stockholder wealth. *Journal of Financial Economics* 11: 329–360.

Deng, Z., and B. Lev. 1998. *The valuation of acquired R&D.* Working paper. New York University.

Dubofsky, P., and P. R. Varadarajan. 1987. Diversification and measures of performance: Additional empirical evidence. *Academy of Management Journal* 597–608.

Fruhan, W. E., W. C. Kester, S. P. Mason, T. R. Piper, and R. S. Ruback. 1992. *Congoleum: Case problems in finance.* Homestead, IL: Irwin.

Gaughan, P. A. 1999. *Mergers, acquisitions and corporate restructurings.* New York: John Wiley & Sons.

Healy, P. M., K.G. Palepu, and R.S. Ruback. 1992. Does corporate performance improve after mergers? *Journal of Financial Economics* 31: 135–176.

Hong, H., R.S. Kaplan, and G. Mandelkar. 1978. Pooling vs. purchase: The effects of accounting for mergers on stock prices. *Accounting Review* 53 (1): 31–47.

Jarrell, G. A., J.A. Brickley, and J.M. Netter. 1988. The market for corporate control: The empirical evidence since 1980. *Journal of Economic Perspectives* 2: 49–68.

Jensen, M. C. 1986. Agency costs of free cashflow, corporate finance and takeovers. *American Economic Review* 76: 323–329.

Jensen, M. C., and R.S. Ruback. 1983. The market for corporate control. *Journal of Financial Economics* 11: 5–50.

Kaplan, S., and M.S. Weisbach. 1992. The success of acquisitions: The evidence from divestitures. *Journal of Finance* 47: 107–138.

Karpoff, J. M., and P.H. Malatesta. 1990. The wealth effects of second-generation state takeover legislation. *Journal of Financial Economics* 25: 291–322.

KPMG. 1999. *Unlocking shareholder value: The keys to success.* New York: KPMG Global Research Report.

Krallinger, J. C. 1997. *Mergers and acquisitions: Managing the transaction.* New York: McGraw-Hill.

Lewellen, W. G. 1971. A pure financial rationale for the conglomerate merger. *Journal of Finance* 26: 521–537.

Lindenberg, E., and M.P. Ross. 1999. To purchase or to pool: Does it matter? *Journal of Applied Corporate Finance* 12: 32–47.

Linn, S., and J.J. McConnell. 1983. An empirical investigation of the impact of anti-takeover amendments on common stock prices. *Journal of Financial Economics* 11: 361–399.

Michel, A., and I. Shaked. 1984. Does business diversification affect performance? *Financial Management* 13: 5–14.

Mitchell, M. L., and K. Lehn. 1990. Do bad bidders make good targets? *Journal of Applied Corporate Finance* 3: 60–69.

Myers, S. C., and N.S. Majluf. 1984. Corporate financing and investment decisions when firms have information that investors do not have. *Journal of Financial Economics* 13: 187–221.

Nail, L. A., W. L. Megginson, and C. Maquieira. 1998. Wealth creation versus wealth redistributions in pure stock-for-stock mergers. *Journal of Financial Economics* 48: 3–33.

Parrino, J. D., and R. S. Harris. Takeovers, management replacement and postacquisition operating performance: Some evidence from the 1980s. *Journal of Applied Corporate Finance* 11: 88–97.

Roll, R. 1986. The hubris hypothesis of corporate takeovers. *Journal of Business* 59: 197–216.

Sirower, M. L. 1996. *The synergy trap.* New York: Simon & Schuster.

Stapleton, R. C. 1985. A note on default risk, leverage and the MM theorem. *Journal of Financial Economics* 2: 377–381.

Varadarajan, P. R., and V. Ramanujam. 1987. Diversification and performance: A reexamination using a new two-dimensional conceptualization of diversity in firms. *Academy of Management Journal* 30: 369–380.

Weston, J. F., K. S. Chung, and J. A. Siu. 1998. *Takeovers, restructuring and corporate governance.* New York: Simon & Schuster.

Глава 26. ОЦЕНКА НЕДВИЖИМОСТИ

Fama, E. F., and G. W. Schwert. 1977. Asset returns and inflation. *Journal of Financial Economics* 5: 115–146.

Ibbotson, R. G., and G. P. Brinson. 1996. *Global investing.* New York: McGraw-Hill.

Глава 27. ОЦЕНКА ПРОЧИХ АКТИВОВ

Mei, J., and M. Moses. 2001. *Art as an investment and the underperformance of masterpieces: Evidence from 1875–2000.* Working paper. Stern School of Business, New York University.

Глава 28. ОПЦИОН НА ОТСРОЧКУ И ВЫВОДЫ ДЛЯ ОЦЕНКИ

Avellaneda, M., and P. Lawrence. 2000. *Quantitative modeling of derivative securities.* New York: Chapman & Hall.

Brennan, M. J., and E. S. Schwartz. 1985. Evaluating natural resource investments. *Journal of Business* 58: 135–158.

Siegel, D., J. Smith, and J. Paddock. 1993. Valuing offshore oil properties with option pricing models. In *The new corporate finance*, ed. D. H. Chew Jr. New York: McGraw-Hill.

Глава 29. ОПЦИОНЫ НА РАСШИРЕНИЕ И НА ОТКАЗ: ОСОБЕННОСТИ ОЦЕНКИ

Amram, M., and N. Kulantilaka. 1998. *Real options: Managing strategic investments in an uncertain world.* New York: Oxford University Press.

Copeland, T. E., and V. Antikarov. 2001. *Real options: A practitioners guide.* New York: Texere.

Mauboussin, M. 1998. *Get real.* Credit Suisse First Boston.

Глава 30. ОЦЕНКА СОБСТВЕННОГО КАПИТАЛА ПРОБЛЕМНЫХ ФИРМ

Copeland, T. E., and V. Antikarov. 2001. *Real options: A practitioners guide.* New York: Texere.

Глава 31. УВЕЛИЧЕНИЕ СТОИМОСТИ: ПОДХОД НА ОСНОВЕ ОЦЕНКИ ДИСКОНТИРОВАННЫХ ДЕНЕЖНЫХ ПОТОКОВ

Brickley, J., C. Smith, and J. Zimmerman. 1995. The economics of organizational architecture. *Journal of Applied Corporate Finance* 8: 19–31.

Copeland, T. E., T. Koller, and J. Murrin. 1999. *Valuation: Measuring and managing the value of companies.* New York: John Wiley & Sons.

Damodaran, A. 1999. Value enhancement: Back to the future. *Contemporary Finance Digest* 3: 2–47.

Fruhan, W. E. 1979. *Financial strategy: Studies in the creation, transfer and destruction of shareholder value.* Homewood, IL: Irwin.

Grant, R. M. 1998. *Contemporary strategy analysis.* Malden, MA: Blackwell.

Levin, R. C., A. K. Klevorick, R. R. Nelson, and S. G. Winter. 1987. Appropriating the returns from industrial research and development. Brookings Paper on Economic Activity.

McConnell, J. J., and C. J. Muscarella. 1985. Corporate capital expenditure decisions and the market value of the firm. *Journal of Financial Economics* 14: 399–422.

Porter, M. E. 1980. *Competitive strategy: Techniques for analyzing industries and competitors.* New York: Free Press.

Rappaport, A. 1998. *Creating shareholder value.* New York: Free Press.

Schipper, K., and A. Smith. 1983. Effects of recontracting on shareholder wealth: The case of voluntary spin-offs. *Journal of Financial Economics* 12: 437–468.

Schipper, K., and A. Smith. 1986. A comparison of equity carve-outs and seasoned equity offerings: Share price effects and corporate restructuring. *Journal of Financial Economics* 15: 153–186.

Shapiro, A. 1985. Corporate strategy and the capital budgeting decision. *Midland Corporate Finance Journal* 3: 22–36.

Shapiro, A. 1989. *Modern corporate finance.* New York: Macmillan.

Stulz, R. 1996. Does the cost of capital differ across countries? An agency perspective. *European Financial Management* 2: 11–22.

Weston, J. F., and T. E. Copeland. 1992. *Managerial finance*, 9th ed. Orlando, FL: Harcourt Brace Jovanovich.

Woolridge, R. 1993. Competitive decline and corporate restructuring. In *The new corporate finance*, ed. D. H. Chew Jr. New York: McGraw-Hill.

Глава 32. УВЕЛИЧЕНИЕ СТОИМОСТИ: EVA, CFROI И ПРОЧИЕ ИНСТРУМЕНТЫ

Bernstein, R. 1997. *EVA and market returns.* Quantitative Viewpoint, Merrill Lynch, December 19.

Bernstein, R. 1997. *EVA and market returns.* Quantitative Viewpoint, Merrill Lynch, February 3.

Brickley, J., C. Smith, and J. Zimmerman. 1995. Transfer pricing and the control of internal corporate transactions. *Journal of Applied Corporate Finance* 8 (2): 60–67.

Damodaran, A. 1999. Value enhancement: Back to the future. *Contemporary Finance Digest* 3: 2–47.

Ehrbar, A. 1998. *EVA: The real key to creating wealth.* New York: John Wiley & Sons.

Kramer, J. R., and G. Pushner. 1997. An empirical analysis of economic value added as a proxy for market value added. *Financial Practice and Education* 7: 41–49.

Madden, B. L. 1998. *CFROI cash flow return on investment valuation: A total system approach to valuing a firm.* Woburn, MA: Butterworth-Heinemann.

O'Byrne, S. F. 1996. EVA and market value. *Journal of Applied Corporate Finance* 9 (1): 116–125.

O'Byrne, S. F., and S. D. Young. 2000. *EVA and value-based management.* New York: McGraw-Hill.

Stewart, G. B. 1991. *The quest for value.* New York: HarperBusiness.

Stulz, R. 1996. Rethinking risk management. *Journal of Applied Corporate Finance* 9 (3): 8–24.

Глава 33. ВЕРОЯТНОСТНЫЙ ПОДХОД К ОЦЕНКЕ: АНАЛИЗ СЦЕНАРИЕВ, ДЕРЕВО РЕШЕНИЙ И МОДЕЛИРОВАНИЕ

Clemons, E. K., S. Barnett, and J. Lanier. 2005. Fortune favors the forwardthinking. *Financial Times Special Reports/Mastering Risk*, September 22, 2005.

Hertz, D. 1964. Risk analysis in capital investment. *Harvard Business Review*.

Randall, D., and C. Ertel. 2005. Moving beyond the official future. *Financial Times Special Reports/Mastering Risk*. September 15, 2005.

Sarin, R., and P. Wakker, 1994. Folding back in decision tree analysis. *Management Science* 40: 625–628.

Глава 34. ОБЗОР И ЗАКЛЮЧЕНИЕ

Damodaran, A. 2001. *Choosing the right valuation model.* Working paper. www.stern.nyu.edu/~adamodar/New_Home_Page/papers.html.

Алфавитный указатель

З

И

К

Н

О

П

Р

С

Т

У

Ф

Дамодаран Асват

ИНВЕСТИЦИОННАЯ ОЦЕНКА

Инструменты и методы оценки любых активов

Главный редактор *С. Турко*
Руководитель проекта *А. Бохенек*
Корректор *Е. Чудинова*
Компьютерная верстка *М. Поташкин*

Подписано в печать 27.12.2019. Формат 70×100/16.
Бумага офсетная № 1. Печать офсетная.
Объем 82,5 печ. л. Тираж 1500 экз. Заказ № 199 .

ООО «Альпина Паблишер»
123060, Москва, а/я 28
Тел. +7 (495) 980-53-54
www.alpina.ru
e-mail: info@alpina.ru

Знак информационной продукции
(Федеральный закон № 436-ФЗ от 29.12.2010 г.) 0+

Отпечатано в АО «Первая Образцовая типография»,
филиал «УЛЬЯНОВСКИЙ ДОМ ПЕЧАТИ»
432980, Россия, г. Ульяновск, ул. Гончарова, 14

«АЛЬПИНА ПАБЛИШЕР» РЕКОМЕНДУЕТ

Волновой принцип Эллиотта
Ключ к пониманию рынка

Р. Пректер, А. Фрост; Предислов. Ч. Коллинза,
пер. с англ., 9-е изд., 2019, 268 с.

«Волновой принцип Эллиотта» Р. Пректера и А. Фроста — классика Уолл-стрит. Данная книга является переводом 20-го издания. Во многом благодаря книге Пректера и Фроста большинство современных профессиональных инвесторов, трейдеров и аналитиков знакомы с теорией Эллиотта и используют ее на практике.

Исследуя финансовые рынки, Ральф Нельсон Эллиотт обнаружил, что цены на них меняются по узнаваемым моделям. Он назвал, определил и проиллюстрировал эти модели. Волновой принцип — не только один из лучших методов прогнозирования, это прежде всего детальное описание поведения рынков. Подобное описание дает огромное количество информации о положении рынка внутри поведенческого континуума и, таким образом, говорит о его вероятном дальнейшем пути.

Малая энциклопедия трейдера

Эрик Найман, 18-е изд., 2020, 459 с.

Эта книга стала настольным пособием для многих трейдеров. Секрет ее популярности прост: здесь собрано все, что необходимо для успешной торговли на финансовых рынках.

В обновленном издании книги автор не только дает рекомендации по использованию финансовых инструментов, но и анализирует современное состояние рынка капитала. С помощью этой книги читатель сможет разобраться, почему изменяются валютные котировки и стоимость акций и что нужно для успешного инвестирования, какова роль фундаментального анализа и для чего нужен технический анализ. Автор рассказывает о психологии участников рынка, о трейдинге и управлении рисками, а также о том, какие преимущества дают эти знания в реальной торговле.

Энциклопедия предназначена для частных инвесторов и специалистов, работающих на финансовых рынках, сотрудников инвестиционных компаний и банков, а также для тех, кто стремится найти пути приумножения своих средств. Книга может использоваться как учебное пособие студентами экономических специальностей.

«АЛЬПИНА ПАБЛИШЕР» РЕКОМЕНДУЕТ

Опционы
Полный курс для профессионалов

Саймон Вайн, 6-е изд., испр. и доп., 2020, 438 с.

Книга кандидата экономических наук Саймона Вайна, члена правления Альфа-Банка и руководителя Инвестиционно-банковского блока, служит источником уникальной информации для специалистов по срочным операциям на фондовом и валютном рынках. Решения многих проблем, приведенные в этой книге, нельзя найти ни в российской, ни в западной литературе. Поэтому первое издание книги было опубликовано в США на английском языке и вошло в списки рекомендованной литературы ряда западных университетов, включая Кембридж. Важными особенностями книги являются ее практическая направленность и удобство восприятия: по каждой теме даны упражнения, помогающие закрепить пройденный материал.

Разумный инвестор
Полное руководство по стоимостному инвестированию

Бенджамин Грэм, пер. с англ., 5-е изд., 2019, 568 с.

Мировой бестселлер, выдержавший множество переизданий по всему миру, книга Бенджамина Грэма (1894–1976) является уникальным пособием по выстраиванию инвестиционной политики. Автор, всемирно известный экономист и авторитетный профессиональный инвестор, главное внимание уделяет не анализу ценных бумаг, а принципам инвестирования, предлагая действовать разумно и осторожно независимо от поведения фондового рынка. Бенджамин Грэм показывает, как много возможностей открывается перед инвестором, ведущим себя как расчетливый бизнесмен. Разработанные автором подходы к инвестированию — такие как стоимостное инвестирование по оборотным активам, предпринимательское и защищенное стоимостное инвестирование — это бесценные инструменты, безотказно действующие даже в условиях самого капризного рынка.